CARTULAIRE

DE L'ABBAYE

DE

NOTRE-DAME D'OURSCAMP

DE L'ORDRE DE CITEAUX

FONDÉE EN 1129

AU DIOCÈSE DE NOYON

PUBLIÉ

Par M. PEIGNÉ-DELACOURT

Membre titulaire non résidant de la Société des Antiquaires de Picardie.

AMIENS

LEMER Aîné, Imprimeur de la Société des Antiquaires de Picardie, place Périgord, 3.

1865.

MÉMOIRES

DE LA

SOCIÉTÉ DES ANTIQUAIRES

DE PICARDIE.

DOCUMENTS INÉDITS

CONCERNANT LA PROVINCE.

TOME SIXIÈME.

PRÉFACE.

L'attention des Sociétés savantes a été appelée depuis quelques années sur l'intérêt considérable que présente la publication des Cartulaires. Les nombreux documents historiques qu'ils renferment se rattachent à tant de localités que l'historien d'une contrée ne saurait trouver d'éléments plus authentiques à mettre en œuvre.

En entrant dans cette voie, la Société des Antiquaires de Picardie ne pouvait oublier l'une des plus célèbres abbayes qui ait été élevée dans cette province et dont les ruines grandioses excitent l'admiration du touriste et de l'archéologue. Sur la rive gauche de l'Oise, à moins de deux lieues de Noyon, Simon de Vermandois, évêque, frère du comte de Crépy, fonda vers la fin de l'année 1129, près de sa ville épiscopale, le monastère Cystercien d'Ourscamp. Les Archives départementales de l'Oise conservent de cette célèbre abbaye le Cartulaire que j'ai entrepris de publier. Voici la description officielle qu'en donne le catalogue des Cartulaires des Archives départementales. (Imprimerie royale, 1847, in-4°).

> ARCHIVES ECCLÉSIASTIQUES. — Oise. — Clergé régulier, p. 20.
>
> ABBAYE D'OURSCAMP. — Copie de Chartes. — Cartulaire in-folio. — Parchemin, 230 feuillets. XIII°, XIV° et XV° siècles. — 1007 pièces transcrites. — Dates des pièces : de 1131 à 1479.
>
> Relié en bois, recouvert de veau ; en assez bon état. Titres en lettres rouges. Ecriture minuscule sur deux colonnes, des XIII° et XIV° siècles, belle et bien conservée, dont les abréviations seules font la difficulté. Quelques pages écrites dans le XV° siècle. Initiales peintes en vermillon et bleu. La première page, contenant sans doute le titre, manque, ainsi que les derniers feuillets en petit nombre.
>
> A la seconde page, l'initiale majuscule O, paraissant avoir été peinte en or, bleu et vermillon, a été enlevée. Au-dessous est peint, dessiné à la plume, un enfant à genoux, avec ailes d'ange, sonnant de la trompe. — A la 108° page, encadrement avec dessins et fleurs relevés d'or, de bleu et de vermillon,

J'ai suivi pour cette publication l'ordre alphabétique que les religieux d'Ourscamp ont adopté dans le classement des actes où les divisions sont indiquées sous les rubriques suivantes :

1° Titulus abbatum ordinis Cysterciensis . . . —	24 Chartes.
2° — abbatissarum ordinis Cysterciensis . —	5 —
3° — abbatum nigrorum. . . . . . . —	86 —
4° — abbatissarum nigrarum . . . . —	2 —
5° — archiepiscoporum . . . . . . —	7 —
6° — ballivorum regum . . . . . . —	3 —
7° — capitulorum. . . . . . . —	43 —
8° — castellanorum . . . . . . —	77 —
9° — comitum. . . . . . . —	54 —
10° — decanorum . . . . —	3 —
11° — episcoporum . . . . . . —	138 —
12° — hospitalium. . . . . . —	4 —
13° — priorum . . . . —	20 —
14° — privilegiorum . . . . . . —	94 —
15° — regum . . . . —	35 —
16° — templariorum . . . . . . —	2 —
17° — vicecomitum . . . . . . —	1 —
18° — villarum. . . . . . . —	415 —
Total. . .	1013 Chartes.

L'ordre chronologique convient nécessairement beaucoup mieux pour mettre en relief les faits et grouper les chartes d'après les événements qu'elles mentionnent ; mais pour une recherche spéciale et surtout pour les affaires de la communauté, la méthode observée dans le classement du Cartulaire permettait d'arriver promptement par l'ordre alphabétique au but proposé. J'ai cherché d'ailleurs à rétablir la chronologie des actes dans une Table que je publie à la fin de ce volume. J'avais eu un instant la pensée de la compléter par une Table de noms propres, mais j'ai dû y renoncer à cause de la confusion qu'elle aurait présentée avec celle des noms de lieux, qui, à cette époque, fournissaient tant de dénominations de personnes.

Les priviléges des papes concernant seulement l'ordre de Citeaux en général ont été transcrits dans ce Cartulaire ; si je les ai supprimés, c'est qu'ils ont été déjà publiés dans les divers recueils concernant l'ordre entier.

Les nombreuses pièces que renferme ce volume, et j'en publie 949, forment en quelque sorte, par l'intérêt qu'elles présentent, la justification de l'histoire de l'ancienne abbaye d'Ourscamps que j'ai résolu d'entreprendre. J'espère, en effet, mettre en œuvre ces précieux documents en rédigeant les annales de l'abbaye qui occupe une place considérable dans l'histoire ecclésiastique de la Picardie. Les nombreux dessins que je compte y insérer et que j'ai fait exécuter d'après les portefeuilles de Gaignières à la bibliothèque d'Oxford, n'intéresseront pas moins l'archéologue que l'historien en leur faisant connaitre la riche ornementation des pierres tombales que renfermait autrefois le monastère d'Ourscamp et les sceaux armoriés des nombreux seigneurs laïques et religieux ou des ecclésiastiques, qui ont concouru à la rédaction de ces chartes.

Ce volume doit donc être considéré comme l'appendice de l'histoire de l'ancienne abbaye d'Ourscamp et c'est pour ce motif que je me suis abstenu de fournir en note des explications qui n'auraient pu que fatiguer le lecteur.

Si le labeur que m'a donné la transcription de tant de pièces est apprécié comme un témoignage de zèle et de dévouement à l'histoire de notre Province, je serai récompensé de tous les efforts que m'a demandés cette pénible publication. Mais, en tous cas, je ne saurais oublier le généreux concours que m'a prêté la Société des Antiquaires de Picardie en m'autorisant à publier à ses frais cette importante collection de documents historiques qui n'embrassent pas moins de quatre siècles. Son savant secrétaire-perpétuel, M. Garnier, a bien voulu me seconder dans la révision du texte et la correction des épreuves ; je me fais un devoir de l'en remercier.

Peigné-Delacourt.

Ribécourt ce 16 septembre 1865.

CARTULARIUM

MONASTERII B. MARIÆ URSICAMPI.

TITULUS ABBATUM ORDINIS CYSTERCIENSIS.

I.

CYSTERCIENSIS, CLAREVALLIS ET URSICAMPI, DE EMPTIS A DOMINO DE OFFEMONT APUD [BETHENCOURT, OYGNE ET ABBECOURT].

Omnibus presentem paginam inspecturis, frater Guillermus dictus abbas monasterii Ursicampi ejusdemque loci conventus, salutem et orationes in Christo. Noverint tam presentes quam futuri, quod cum viri nobiles dominus Radulphus d'Estrées, dominus quondam de Bosco, miles, frater venerabilis viri ac religiosi domni... abbatis monasterii Sancti Cornelii Compendiensis, et dominus Radulfus quondam ejus filius, miles, defuncti, ac viri quondam venerabiles, dominus Johannes de Monte Desiderio, Magister Robertus de Monte acuto, et Robertus Postiaus ipsius magistri nepos, canonicus ecclesie Noviomensis, defuncti, in ultima voluntate sua et sana memoria constituti, testamenta condidissent et legata ac inde eorum quilibet diversos suos reliquissent executores. Inter cetera que fecerunt et ordinarunt legata quasdam pecunie summas in elemosinam pro animarum suarum salute quibus eorum divisim et diversimode conventui nostro contulit et legavit ad emendum redditus annuales et perpetuos in opus et usus cujusdam pitancie dicti conventus nostri, singulis annis, post dictorum testatorum obitum cedendos et convertendos, quantum ad hec ipsi redditus sufficere poterunt et extendi, et secundum quod iidem executores supra hiis ordinaverint faciendum, prout in dictorum testatorum ordinatione ultima hec et alia plenius continentur. Nos vero abbas

Maio 1285

memorate ecclesie Ursicampi, utilitate conventus nostri pensata, consensu dictorum executorum ad hec una nobiscum interveniente, redditus quosdam annuales inferius annotatos a nobili viro domino Ansoudo, domino de Offemont, milite, et domina Johanna ejus uxore comparavimus, videlicet terras, vineas, prata, pascua, capones, domos, possessiones, aquas, nemora, justicias, dominia, et res alias quascumque et quocumque nomine senceantur. Que omnia tenebant, possidebant, habebant et habere poterant iidem conjuges, et post eos successores eorumdem in perpetuum apud Bethencourt in vallibus, Oygne et Abecourt, ac in territoriis dictarum villarum et locorum. Qui redditus et bona predicta fuerunt quondam Johannis de Genvri, armigeri, nepotis quondam domine de Abecourt defunctorum. Omni eodem modo quo hec tenebat et libere possidebat predictus Johannes armiger, tempore quo vivebat, necnon et iidem conjuges a tempore decessus ejusdem a nobis abbate et conventu Ursicampi nostrisque de cetero successoribus in manum mortuam tenenda libere et pacifice possidenda, prout in litteris dictorum conjugum supra hujus modi emptione et venditione confectis plenius continetur. Factisque venditione et emptione de premissis, ut dictum est, nos abbas et conventus Ursicampi et executores dictorum testatorum, consensu unanimi, ad invicem ordinavimus et volumus quod redditus, possessiones et omnia superius expressa cum eorumdem juribus, proventibus, exitibus, et ea etiam que exinde in futurum eveniri poterunt et acquiri, plenarie absque diminutione aliqua sub forma, penis et conditionibus infra scriptis, in opus et usus pitancie memorate cedant integraliter et convertantur, salvis in omnibus aliis pitanciis nostris consuetis, nobis usque nunc quocumque modo vel a quocumque relictis ac concessis. Hanc igitur paginam concedimus, volumus et disponimus faciendam ordine subnotato, videlicet annis singulis in perpetuum, a festo exaltationis Sancte Crucis usque ad Quadragesimam, excepto tempore Adventus Domini, singulis septimanis, secundum quod suppetere et extendi poterunt predicti redditus et proventus. Et ad petendum exigendum et recipiendum redditus, proventus, possessiones et omnia superius expressa absque diminutione seu retractatione aliqua in opus et usus pitancie sepe dicte convertenda, volumus et ordinamus a nobis et nostris successoribus esse constitutos et constituendos suppriorem monasterii nostri et magistrum custodem cellarii nostri Noviomi existentes, quicunque de cetero pro tempore fuerint provisores dicte pitancie et dispensatores a modo in futurum ad disponendum, prout communi utilitate viderint expediri per totum tempus antedictum. Si autem eventu aliquo nostrum predictum cellarium per aliquem secularem custodiri contigerit, supprior, de consilio nostri, de congregatione sibi socium eligat coadjutorem. Quod si, processu temporis, aliquo casu contigente aut eventu hujus modi, redditus et proventus aut quicquam de eisdem retractari contigerit, quod absit, diminui aut infringi, quominus hec eadem pitancia, salvis aliis, ut dictum est, integraliter fieret et compleretur ut superius est expressum, religiosi viri... abbas et conventus monasterii sancti Cornelii Compendiensis quicunque de cetero pro tempore fuerint, totum redditum ante dictum, sufficienti tamen monitione premissa, ut sua propria tenere, percipere possint et perpetuo possidere ac in usus proprios pro sue libito voluntatis convertere, ut animabus dictorum testatorum viderint expediri. Nos igitur abbas Ursicampi sepedictus pias hujus modi defunctorum voluntates devotorum, ut dignum est, commendantes, et ordinatorum eorumque laudabile propositum in hac parte fieri posse cupientes, et adimpleri cum effectu, ac observari volentes ne forte pie voluntates hujus modi, quod absit, hiis omissis seu minus ydonee pactis in nostrum et dicti nostri monasterii et conventus per inde dampnum aliorumque in similibus redundent et gravamen, pitanciam ante dictam sub forma et dispositione prenotatis fieri volumus et adimpleri. Promittentes bona fide de voluntate et assensu reverendorum patrum domini Th...... abbatis Cysterciensis et domini H.... abbatis Clarevallis patris nostri, ad nostram supplicationem et requisitionem premissa acceptancium et approbancium, nos omnia superius expressa firmiter ac inviolabiter observaturi et in omnibus adimpleturi. Pro quibus omnibus et singulis itaque tenendis, observandis, adimplendis et de non veniendo contra imposterum obligamus nosmet ipsos nostrosque successores et omnia bona nostri monasterii predicti de voluntate et assensu nostri conventus erga dictum suppriorem et custodem nostri cellarii antedicti. Nos autem frater Th...... dictus abbas Cystercii et frater H...... dictus abbas Clarevallis, dicti monasterii Ursicampi pater, abbas, ipsorum abbatis et conventus Ursicampi in premissis conditionem considerantes existere meliorem, ad ipsorum in hac parte supplicationem et instantiam predicta omnia volumus, laudamus, approbamus, acceptamus ac etiam confirmamus. Inhibentes ne dicti redditus, possessiones et proventus quoquo modo alienentur, minuantur aut in usus alteros convertantur seu etiam transmutentur. Et ut hec omnia et singula superius expressa perpetuum robur obtineant firmitatis ac inconcussa permaneant in futurum, sigilla nostra una cum sigillo venerabilis coabbatis nostri Ursicampi predicti, presentibus duximus apponenda. Datum anno domini m° cc° lxxx° quinto mense maio.

II.

DE ELEMOSINA DOMINI REVELINI DE SUSOI, PRESBITERI.

Universis presentes litteras inspecturis, frater G...... Cystercii, R...... Clarevallis, et A...... Ursicampi dicti abbates, salutem in domino. Notum facimus quod...... presbiter de Suesio pro salute proximorum suorum et parochianorum in perpetuam elemosinam ecclesie dedit Ursicampi xlv libras Parisienses a..... grangia de Greuni percipiendas et acquisivit et adhuc acquiret... da allectia que tali modo distribuent conventui. Ab initio Adventus Domini usque ad Pascha, singulis tam monachis quam conversis, diebus interpolatis, dabuntur duo allectia unum album et aliud siccum, si album competenter poterit inveniri. Voluit etiam dictus presbiter quod si dicta summa pecunie non possit sufficere ad pitanciam perficiendam sicut ordinata est, tantum de suo adicere quod ipsa pitancia perfici poterit habundanter. Nos igitur piam viri devotionem in domino commendantes, ordinationem ipsius approbamus, et sub anathematis intimidatione prohibentes ne predicta pecunia in usus alios convertatur, sigillorum nostrorum munimine presentes litteras roboramus. Volumus etiam ut ad boni viri memoriam commendandam, annis singulis, in visitatione Ursicampi presens pagina recitetur et specialis oratio singulis injungatur pro eo. Actum anno Domini m°. cc°. xx.° v°. 1225.

III.

DE CAMERA QUAM HABET ABBAS URSICAMPI IN CYSTERCIO.

Ego frater G......, dictus abbas Cystercii, notum facio omnibus presentes litteras inspecturis, quod coabbas noster Ursicampi et generatio sua cum abbate Longipontis habent 1258.

propriam domum juxta cameram generatoris de elemosina et retro cameram domini abbatis Clarevallis, et proprium stabulum equis suis juxta domum ortolani apud Cystercium, quas domos emerunt et fecerunt denariis et expensis suis. In cujus rei testimonium presentes litteras sigilli nostri munimine roboravi. Actum anno gratie M°. CC°. quinquagesimo octavo, tempore capituli generalis.

IV.

[DE ELEMOSINA MAGISTRI ROBERTI DE SANCTO QUINTINO.]

Junio 1279.

Universis presentes litteras inspecturis, frater W...... dictus abbas Ursicampi; Cysterciensis ordinis, Noviomensis dyocesis, totiusque dicti loci conventus, salutem in domino sempiternam. Noveritis quod cum dilectus noster in Christo quondam magister Robertus de Sancto Quintino, phisicus, clericus, in extremis positus legaverit et contulerit omnes terras et redditus suos tam hereditarios quam acquisitos, cujuscumque generis essent, et in quibuscumque constarent et ubicumque, necnon novies viginti libras parisienses a Johanna dicta le Gourlele, relicta quondam Roberti dicti Fabri, burgensis in Sancto Quintino, ipsa magistro debitas una cum centum libris parisiensibus ex ipsius magistri peccunia cedendas, transeundas et convertendas, annis singulis, post ejus obitum, in perpetuum, in usus et pitancias conventus monachorum et conversorum Ursicampi, singulis ebdomadis, in cenis quibuscumque faciendis a conventu predicto, a Pascha usque ad festum exaltationis sancte † ita videlicet quod haberet et habeat unusquisque dicti conventus ter in ebdomada qualibet die cuibuscumque qua sine quibus ipsos per idem tempus cenare contigerit unum alectium. Bis etiam id est per duas cenas alias tria ova, deinde per binas cenas reliquas caseum pro modo competenti, ut et septies ita quod qualibet hujus modi septimana per idem tempus in cenis hujus modi pitancia fieret et fiat in perpetuum, antedicta sub forma prenotata. Ac ut predicta ullo casu contigente vel eventu infringi possent, aut retractari addiderit, magister, ad cautelam futurorum, quod si premissa processu temporis casu quocumque vel eventu deficerent, aut non fierent, quod fratres militie Templi terras, pecunias et redditus hujus modi caperent, haberent et possiderent in ipsorum fratrum usus ipsius milicie perpetuo convertendos, prout hec et alia in ultima dicti magistri dispositione super hoc confecta plenius continentur. Nos piam ipsius defuncti voluntatem laudabileque propositum adimpleri posse cupientes et fieri cum effectu sub forma prenotata volentes, ne forte pia voluntas hec ultima dicti descendentis hujus omissis in nostrum dictique nostri monasterii dampnum proinde aliorumque religiosorum in similibus redundaret; quod gravamen dictas pitancias, sicut justum est, fieri volumus et erogari ac persolvi, statuimus sub forma prenotata, de voluntate et assensu nostri conventusque predicti recognoscentes ob hec a nobis et nostris a modo successoribus abbatibus et conventu monasterii Ursicampi predicti annis singulis adimplenda competenter recepisse ex bonis, terris, redditibus et pecunia predictis. Mille libras turonenses in utilitatem nostram et nostri monasterii predicti conversas evidentem mediantibus quadraginta libris parisiensibus a modo annis singulis in posterum et in futurum capiendis in bursa nostra communi dicti monasterii, et solvendis nobis et nostris successoribus predictis, ad opus et usus pitancie supra dicte sub dicta forma faciende bursario nostro scilicet converso magistro cellarii nostri Noviomio existentis, quos a modo progressu temporis bursarium Ursicampi et magistrum conversum esse contigerit cellarii supra dicti, quos ad hoc nostros a modo constituimus et in hiis provisores tam nunc presentes bursarium et fratrem J......, conversum quam alios quoscumque de cetero, ut premissum est, bursarium dicti monasterii et magistrum dicti conversum cellarii venturos in futurum videlicet xx libras parisienses die dominicali ramis palmarum, et totidem in festo beati Petri ad vincula, promittentes bona fide de voluntate et assensu domini B...... abbatis Clarevallis prioris, abbatis nostri, ad supplicationem nostram et requisitionem, interponentis ac promissa acceptantis, approbantis etiam et in hiis expresse sua gratia consencientis, hec eademque a nobis fieri volentis. Nos omnia premissa et singula firmiter ac inviolabiliter in perpetuum observaturi et in omnibus adimpleturi. Pro quibus omnibus et singulis itaque tenendis, adimplendis et observandis, et de non veniendo contra in posterum, obligamus nos, nosmet ipsos, nostrosque successores quos libet antedictos et bona nostra nostrique monasterii predicti queque, de voluntate et assensu predictis erga dictum bursarium et fratrem magistrum cellarii supradicti. Noverint insuper universi quod nos frater B...... dictus abbas Clarevallis, dicti monasterii Ursicampi prior, abbas ipsorum abbatis et conventus ac monachorum Ursicampi, in premissis conditionem considerantes existere meliorem ad ipsorum in hac supplicationem et instanciam, predicta omnia volumus, laudamus, approbamus et acceptamus et etiam confirmamus. Et ut hec omnia et singula perpetuum robur obtineant firmitatis, ac inconcussa remaneant in futurum. Nos que abbas Ursicampi et conventus predicti sigillum nostrum etiam presentibus litteris duximus apponendum. Datum anno domini M°. CC°. septuagesimo nono, mense junio.

V.

DE EO QUOD ECCLESIA MORTUIMARIS SIT FILIA URSICAMPI.

Frater L. (Lambertus) Cyst. dictus abbas et humilis abbatum conventus, tam presentibus quam futuris fratribus et coabbatibus nostris ad quos littere iste pervenerint salutem in domino. Quum decet humilitatem nostram caritatem in omnibus sectari, et quod in nobis est inter fratres nostros omnem auferre dissensionis occasionem, presenti scripto notificamus et confirmatum esse volumus, quod abbatia de Mortuomari dudum abbacie Ursicampi libere reddita est, et ab ipsa tanquam filia nutrita et propagata, hoc autem iccirco dicimus ne, quod absit, abbatia de Pinu quoquo modo, hanc aliquando reclamare possit, quasi a se priscis temporibus edificatam. Nos equidem de ejusdem domus de Pinu ad ordinem nostram unione gaudemus. Sed quum olim antequam ad nos foret associata illa de Mortuomari Ursicampo sine contradictione reddita fuit, sic eam manere decrevimus et abbacie Ursicampi tanquam filiam communi auctoritate perpetuo confirmamus.

Circa 1187.

VI.

CYSTERCII ET URSICAMPI DE DUABUS MISSIS IN CAPELLA INFIRMITORII COTIDIE CELEBRANDIS.

Frater G....... dictus abbas Cystercii omnibus ad quos littere iste pervenirint in domino salutem. Universitati vestre volumus certum esse quod vir nobilis dominus B....... de Roia.

1218.

TITULUS ABBATUM ORDINIS CYSTERCIENSIS.

camerarius Francie, deo est plurimum devotus et ordini, cum specialiter domum Ursicampi cum universis rebus que ad ipsam pertinent, cura propensiori diligit et conservat, in qua pro domino Rege, pro se, pro domina P......, conjuge sua, et pro liberis suis, ad honorem divini cultus novam edificasse basilicam, terram ad usum conventus emisse pretio ducentarum et octoginta librarum, et quum plurima eis alia beneficia dinoscitur contulisse, fratres autem prestitis scilicet a dicto viro beneficiis non ingrati, ad petitionem ipsius statuerunt ut due misse diebus singulis in eadem basilica celebrentur, et ut institutio ista perpetue firmitatis robur obtineat, communi ordinavere decreto duas missas que jugiter in ordine celebrantur, unam videlicet in honore beatissime dei genitricis Marie, et aliam pro fidelibus defunctis, amodo in memorata basilica decantari. Nos vero huic constitutioni benivolum impertientes assensum, ut facti memoria posteris certius innotescat, presenti pagine eam comitti et sigilli nostri appensione fecimus roborari, in testimonium et patrocinium firmitatis. Hec eadem sicut presentis scripti serie sunt expressa, ego frater Johannes, dictus abbas Ursicampi, et conventus rata habuimus, volumus et approbamus, et litteris istis sigillum apposuimus nostrum, in testimonium et munimentum. Actum anno domini m°. cc°. octavo decimo.

VII.

CYSTERCII, REGALIMONTIS ET URSICAMPI COMPOSITIO CUM ABBATE REGALIS MONTIS DE TERRIS MAGISTRI ROBERTI SARRASIN.

Junio 1285.   Universis presentes litteras inspecturis frater Th...... divina permissione ecclesie Cysterciencis abbas humilis, salutem in domino sempiternam. Noveritis quod discordia verteretur inter viros religiosos, abbatem et conventum ecclesie Ursicampi Cysterciensis ordinis ex parte una, et viros religiosos, abbatem et conventum de Regali monte ejusdem ordinis ex alia, supra quibusdam terris et aliis eisdem de Ursicampo à magistro Roberto quondam dicto Sarrazin, clerico, legatis seu collatis, sitis in distritu seu tenencia ipsorum de Regali monte, videlicet in territorio d'Estraliers et in villa de Biauvoir les Rohardois, scilicet supra tribus modiatis et tribus sextariis terre vel circiter sitis in hiis locis, videlicet una sextaria et xvi virgas in campo ante leprosariam contingente terre Roberti Pinchart, juxta dictum campum contiguum terre magistri Roberti Carpentarii, una sextaria et tresdecim virgas au pierge des Bruiles ex una parte, et ex alia contigua terre Stephani de Atrio, una sextaria ad viam Datelli, contigua terre que dicitur le main ferme Jehan Foillet, una modia au Coquerel contigua terre Werrici de Kalais, quadraginta et quatuor virge contigue terris clericorum de sancto Quintino, quinque sextaria et triginta virge et de supra contigue terre Thome d'Avesnes, centum virge quatuor minus ad fossata contigue terre Marie Erkeline, centum virge de supra le buisson Roberti decani contigue terre Balduini de Goy, novies viginti virge deriere le bu Radulfi Blanchart in duobus locis contiguis terre Johannis majoris et Petri Meurin, septies viginti et quatuor virge Emmivelli contigue terris clericorum de sancto Quintino, dua sextaria et xv virge ad viam de Vaus contigue domine de Vaus, una sextaria et quatuordecim sextaria bladi ad mensuram sancti Quintini. Annui redditus ratione hostisie apud villam de Biauvoir les Rohardois. Que premissa ipsi de Regali monte volebant quod dicti de Ursicampo a manu sua amoverent. Tandem nos, prefatis partibus ordinationi nostre supra premissis expresse consentientibus, pro bono pacis et ad extinguendum omnis rancoris materiam, inter dictas partes supra hiis ordinavimus et ordinamus quod ipsi de Ursicampo premissa omnia et singula in manu sua tanquam in manu mortua et amortisata de certo imperpetuum pacifice et quiete tenebunt, habebunt et possidebunt, mediantibus quinquaginta libris parisiensibus eisdem de Regali monte ab ipsis de Ursicampo reddendis. Et nos Robertus dictus abbas Ecclesie Regalis montis totiusque ejusdem loci conventus volumus, concedimus et consentimus quod dicti... abbas et conventus ecclesie Ursicampi premissa omnia et singula in manu sua tanquam in manu mortua et amortisata legitime de certo imperpetuum pacifice et quiete teneant, habeant et possideant, mediantibus dictis quadraginta quinquaginta libris nobis..... abbati et conventui Regalis montis ab ipsis de Ursicampo in pecunia bona, legali et bene numerata solutis, et in utilitatem nostram et ecclesie nostre totaliter et procul dubio conversis. Ordinationem dicti domini abbatis Cysterciensis predictam laudantes, approbantes et expresse consencientes in eadem ac promittentes bona fide quod contra premissa vel aliquod eorumdem non veniemus ullo modo in futurum, nec venire procurabimus aut faciemus. Immo ad ea tenenda et adimplenda nos et successores nostros expresse obligamus, et renunciamus in hoc facto exceptioni non numerate pecunie et in utilitatem nostram et ecclesie nostre non converse, exceptioni deceptionis doli mali, beneficio restitutionis, et integrum omni statuto tam ecclesiastico quam civili et omnibus aliis que nobis seu ecclesie nostre possent prodesse, et ipsis de Ursicampo aut ecclesie sue nocere vel obesse. In quorum omnium testimonium presentibus litteris inde confectis, nos abbas Cysterciencis predictus sigillum nostrum, et nos abbas et conventus Regalis montis sigillum ecclesie nostre duximus apponenda. Datum anno domini millesimo ducentesimo octogesimo quinto, mense junio.

VIII.

ALBERIPPE, DE CAMERA ET STABULO ALBERIPPE.

Universis presentes litteras inspecturis, frater Poncius dictus abbas Alberippe et conventus ejusdem domus, salutem in domino. Notum fieri volumus quod venerabiles Patres...... de Ursicampo, de Longo ponte et de Vaucellis, et filii abbates Ursicampi habent cameram propriam in domo Alberippe, videlicet novam cameram, que sita est juxta infirmitorium monachorum. Abbas vero Ursicampi et filii habent similiter ab antiquo stabulum equorum proprium situm juxta portam Alberippe. Actum anno domini m°. cc°. quinquagesimo octavo, tempore capituli generalis.

1258.

IX.

CLAREVALLIS ET URSICAMPI, DE DECEM MODIIS BLADI CAPIENDIS APUD CAILLOEL PRO PITANCIA CONVENTUS.

Universis presentes litteras inspecturis frater Johannes, dictus abbas monasterii beate Marie de Ursicampo, totiusque ejusdem loci conventus, Cysterciensis ordinis, Noviomensis diocesis, salutem in domino sempiternam. Notum facimus universis quod Stephanus, quondam pater duorum fratrum Josephi et Johannis de Malesis monachorum nostrorum, ducenta sexa-

1310.

ginta libras parisienses, nec omnino debilis nec totaliter fortis monete, duo etiam fratres Johannes et Petrus dicti de Fer, armigeri, octoginta octo libras fortis monete, necnon et Reginaldus dictus de Fraisnoy octoginta libras fortis monete in bona pecunia et bene numerata per manum bursarii nostri receptas nobis in elemosinam contulerunt, in augmentationem conventualis pitancie convertendas. Quibus pecunie summis per manum dicti bursarii receptis, cum non possemus invenire quo ad presens terram venalem ad acquirendum annualem ac perpetuum redditum in usus conventualis pitancie convertendum, voluimus et volumus ac etiam expresse unanimiter omnes et singuli in pleno capitulo consentimus viva voce quod supprior domus nostre, una cum magistro cellarii nostri Noviomensis, qui pro tempore fuerint, in futurum habeant et percipiant annis singulis in perpetuum decem modios bladi ad mensuram Noviomensem super domum nostram de Cailloel et supra terris et pertinenciis ad dictam domum pertinentes, et quod pecuniam inde redditam convertant in utilitatem et augmentum pitanciarum conventualium prout et quantum eis dictante conscientia videbitur oportunum. Promittentes bona fide quod contra premissa per nos vel per alterum non veniemus in futurum, sicut firmiter observabimus, nos et successores nostros ad hoc perpetualiter obligantes tali conditione quod si aliquo anno contingeret in futurum, nos contrarium facere, religiosi viri... abbas et conventus sancti Cornelii Compendiensis possint sine conditione aliqua dictos decem modios bladi pro illo anno repetere et recipere tanquam suos. Rogamus insuper reverendum patrem dominum Clarevallis, patrem abbatem domus nostre, ut hiis presentibus dignetur suum sigillum apponere in testimonium et confirmationem omnium premissorum. In cujus rei testimonium, sigillum nostrum quo uniquo utimur, hiis presentibus duximus apponendum. Datum anno domini millesimo trecentesimo decimo, sabbato ante dominicam qua cantatur letare Jerusalem. Et nos frater Johannes dictus abbas Clarevallis, a petitione dictorum abbatis et conventus Ursicampi filie nostre, sigillum nostrum una cum suo hiis presentibus apponendum duximus in testimonium et confirmationem omnium premissorum. Datum anno et die predictis.

X.

FRIGIDIMONTIS, DE CENSIBUS APUD LEGNIACUM, BELLUM PUTEUM, RESSONS, DE CENTUM ET X SOLIDIS REDDITUS.

Decemb. 1241. Universis hec visuris: frater B..... dictus abbas et conventus Frigidimontis, salutem in Domino. Noveritis quod nos, pro utilitate ecclesie nostre pari voluntate et consensu, vendidimus abbati et conventui ecclesie Ursicampi matris nostre pro centum libris parisiensibus, arreragiis preteriti temporis computatis nobis integre persolutis, centum et decem solidos annui et perpetui redditus qui in festo sancti Remigii nobis perpetuo debebantur, videlicet quinquaginta solidos apud Legniacum siccum, Noviomensis dyocesis, capiendos in censibus dicte ville, de elemosina Renaldi militis, domini quondam de Melloto, quos modo nobis debebat Johannes de Tornella junior; item xl solidos, apud Bellum Puteum, Belvacensis dyocesis, capiendos in censibus dicte ville, de elemosina Manasseri militis, domini quondam scilicet de Melloco, quos modo nobis debebat dominus Renaldus de Triecoch. Item xx solidos apud Ressons le Maz, de elemosina domini Johannis de Campo Avene senioris, capiendos in transverso suo predicte ville, quos modo nobis debebat filius ejus dominus Johannes junior. Predictos autem redditus eis tradidimus et concessimus ut eos de certo possideant et teneant et faciant inde quicquid voluerint absque nostra contradictione, promittentes ferre eisdem supra illis contra omnes homines legitimam garandiam. De quibus cartas originales retinuimus et, propter causas legitimas et necessarias, transcriptum ipsarum sub sigillo nostro eis veraciter tribuentęs et cedentes, eisdem omnia jura et actiones que nobis adversus quemlibet hominem pro dictis rebus seu redditibus aliquatenus competebant. Actum anno domini millesimo cc° xl° primo, mense decembri.

XI.

ITEM DE EODEM, DE QUADRAGINTA SOLIDIS REDDITUS.

Universis presentes litteras inspecturis frater B..... dictus abbas Frigidimontis et conventus ejus, notum facimus quod litteras Renaldi et Manasseri militum, dominorum quondam de Melloto, et domini Johannis senioris de Campo Avene habemus de eorum elemosinis sub hac forma. Ego Renaldus, dominus Melloti, notum facio omnibus hec visuris quod ego et mater mea Ermentrudis dedimus in elemosinam pro anima patris mei, in die sepulture ejus, ecclesie de Fresmont, lx solidos parisienses in festo sancti Remigii recipiendos singulis annis in censu meo apud Legniacum. Quod ut ratum et firmum maneat imperpetuum, presentem paginam sigilli munimine roboravi. Actum anno Domini m°. cc°. primo. Ego Manasserus miles, dominus Melloti, notum omnibus facio tam futuris quam presentibus, quod ego, assensu Guillelmi, clerici, fratris mei, dedi in perpetuam elemosinam ecclesie beate Marie de Fresmont, pro remedio anime mee et omnium antecessorum meorum, xl. solidos censuales singulis annis recipiendos ad advocationem meam de Bello Puteo, in festo sancti Remigii. Quod ut ratum et firmum maneat in perpetuum, presentem paginam sigilli mei munimine roboravi. Actum est hoc anno gratie m°. cc. xvi°.

1216.

XII.

ITEM DE EODEM, DE XX SOLIDIS REDDITUS (APUD) RESSONS.

Ego Johannes Campdavene notum facio presentibus et futuris quod pro remedio anime mee et anime uxoris mee Marie contuli fratribus Frigidimontis, Cysterciensis ordinis, in perpetuam et irrevocabilem elemosinam super transversum meum de Ressons super le Mas xx solidos parienses annui et perpetui redditus recipiendos ab eisdem fratribus Frigidi singulis annis in festo sancti Remigii ab uno quem elegerunt de heredibus meis qui michi successerint in eodem transverso. Quod ut ratum et stabile imperpetuum perseveret, presentem paginam sigilli mei karactere corroboravi. Actum anno Domini m°. cc°. xxx°. i°. In quarum rerum testimonium abbati et conventui Ursicampi quibus predictos redditus pro utilitate ecclesie nostre vendidimus, transcripta sigillo nostro sigillata autentica penes nos ex causis legitimis retinentes. Actum anno Domini m°. cc°. xl°. primo, mense decembri.

Decemb. 1241.

XIII.

FRIGIDIMONTIS, DE PITANCIA CONVENTUS EJUSDEM LOCI.

April. 1238. Universis Christi fidelibus presentes litteras inspecturis vel audituris, frater B...... dictus abbas et conventus Frigidimontis, eternam in Domino salutem. Noveritis quod nos pro utilitate domus nostre vendidimus abbati et conventui Ursicampi unum modium bladi et unum avene quos nobis debebant annuatim in perpetuum in grangia sua Arrosiarum, eorumdem pretio competenti nobis integre persoluto. Quod ut ratum et stabile perpetuo perseveret, presentem paginam sigillo nostro fecimus communiri. Actum anno gratie M°. CC°. XXX°. VIII°, mense aprili.

XIV.

ITEM DE EODEM.

Octob. 1206. Ego Galterus de Plana valle notum facio omnibus presentes litteras inspecturis, quod Odo frater meus, quondam monachus Frigidimontis, antequam religionis habitum assumeret, dedit ejusdem loci monachis ibidem Deo et Beate Marie servientibus in puram et perpetuam elemosinam duos modios bladi, unum frumenti et alterum avene, recipiendos singulis annis in grangia de Arreuses. Hanc autem elemosinam benigne concessi et sigilli mei munimine confirmavi. Actum anno gratie M°. ducentesimo sexto, mense octobri.

XV.

KAROLI LOCI, DE PASCUIS ERROSIARUM.

Circa 1163. Quoniam, juxta sententiam Pauli apostoli, sine affectu caritatis nichil prodest, nec ipsa tolerentia passionis opere precium est, omnibus presertim qui Christiana religione predicti esse videntur, ut tanto vigilancius juxta eundem apostolum servent unitatem spiritus in vinculo pacis, quanto periculosius titubat sine ejus compage structura cujuslibet societatis. Quocirca ego Amalricus, abbas Karoliloci, et ego Robertus, abbas Ursicampi, notum volumus fieri Christianis omnibus tam futuris quam presentibus, ita sedatam esse dissensionem illam que inter nos orta erat pro affinitate grangiarum nostrarum, quod fratres de Karoliloco nullatenus pro pascendis quibuslibet animalibus suis poterunt quercum vel pirum transire, que due nimirum arbores aliquo spacio divise metarum vice sunt a nobis designate. Fratres autem de Ursicampo, tam ultra quam infra arbores habebunt omnia pascua circum quaque adjacentia. Quod si abbati Karoliloci oblata fuerit in elemosinam aliqua terra que ultra easdem arbores sit sita, abbas quidem terram suscipiet, sed eam postea pro recompensatione vel pretio quod decreverint duo abbates de ordine nostro, quorum hoc discretioni committent, abbati Ursicampi jure perpetuo possidendam concedet. Qua conventione nichil et abbas Ursicampi obligatus est apud abbatem Karoliloci, si ei aliqua terra ultra designatas arbores data fuerit. Neuter etiam nostrum poterit extra easdem arbores terram aliquam emere neque censualiter vel quovis alio modo sibi acquirere, nec etiam grangiam suam de loco ubi primitus edificata est propius removere. Hec igitur ne possent aliqua vel oblivione deleri, vel quoquo modo perturbari, hoc inde factum cyrographum sigillis nostris jussimus, confirmavimus, testiumque subscriptorum astipulatione corroboravimus. S. domini Manasse abbatis de Fresmont. S. Gileberti ejusdem loci cellararii. S. Warinboldi cellararii Karoliloci. S. Gualteri et Ebrardi cellarariorum Ursicampi. S. Petri monachi et Renaldi de Furnival conversi.

XVI.

SECUNDUM CYROGRAPHUM DE PASCUIS ERROSIARUM.

Ego Amalricus, abbas ecclesie Karoliloci, notum volo fieri fidelium universitati, quod ego et dominus Gilebertus, ecclesie Ursicampi abbas venerandus, juxta preceptum apostoli Pauli, unitatem spiritus in vinculo pacis sollicite servare cupientes, et ne inimicus homo zizaniam discordie, pro affinitate grangiarum nostrarum de Trebulo scilicet de Errosiis, inter nos aliquam seminaret, studiose percaventes pro metis territoria nostra divisuris, jugemque pacem, distantes unam scilicet spinam et unam quercum quemdamque pirum et unum booul designavimus ad quarum radices et quasdam metas defiximus, quas fratres nostros de Tremble pro pascendis quibuslibet animalibus nostris, exceptis bobus terram nostram exarantibus, ullatenus posse pertransire definivimus. Attamen ultra metas novissimas, id est spinam et le booul ad dexteram sive ad sinistram poterunt pecora nostra per adjacens territorium ad pastum transducere, ita dumtaxat ut ad grangiam de Errosiis, propius quam eedem mete sunt, caveant omnino accedere. Fratres autem de Ursicampo qui grangiam suam primitus edificaverunt, nec nos, absque illorum consensu benivolo, ordinis nostri decreto id ipsum prohibente, deinceps tam prope edificare potuimus. Ista potientior prerogativa quod libere ducent et reducent ad pastum sua quelibet animalia per omnia pascua tam ultra quam infra metas circumquaque adjacentia. Ultra easdem vero metas ullatenus poterimus, nec ego, nec quisquam successorum vel fratrum nostrorum quippiam nemoris dirumpere, nec aliquam terram quoquomodo nobis acquirere, nec etiam grangiam nostram de loco ubi primitus edificata est, propius admovere. Quod si aliqua terra que ultra metas sit ecclesie Karoliloci in elemosinam oblata fuerit, ego quidem terram suscipiam, sed eam postea pro recompensatione vel pretio quod decreverint duo abbates de ordine nostro, ecclesie Ursicampi jure perpetuo possidendam relenquemus. Quibus omnibus conventionibus etiam abbas Ursicampi apud me est obligatus. Quicquid autem ecclesia Ursicampi possidebat de terra Haimerici de Plenval et Eustachii Venatoris et Odonis de Moignivilla inter metas et grangiam de Tremble, abbas Ursicampi ecclesie Karoliloci in perpetuum reliquit, hoc pacto quod pro unoquoque modio frumenti vel avene quam in eadem terra seminaverimus quatuor minas annone exsolvemus, videlicet quum frumentum fuerit, frumentum reddetur, quum vero avena, avena persolvetur. Sciendum est autem quod eadem mensura qua semen mensuratum fuerit, census mecietur, et die festo omnium Sanctorum in grangiam de Errosiis deferetur. Sed anno tertio quo terra vacua remanserit, nichil penivitus persolvemus. Si quid vero contigerit ut cujuslibet nostrum terre ultra metam juxta le booul positam extendantur, alie rursus mete longius in directum persinentur, intra quas ab aliqua terra ulterius acquirenda, seu possidenda sicut et de reliquis metis pertaxavimus, utrique arcebimur. Porro de terra et nemore

Circa 1160.

que pertinent ad desertum plaisetum Haimerici de Aurenicale, fedus inivimus, quod si quis nostrum vel ambo pariter communi assensu acquirere poterimus, inter nos per medium dividentur, aut si quis partem habere noluerit, alteri possidenda relinquet. Ne igitur conventiones iste aliquando oblivione delerentur, litterarum monimentis illas commendare curavimus, et ne rursus cujusquam insolencia perturbarentur, sigillorum nostrorum mutua impressione testiumque fidelium astipulatione corroboravimus. S. dompni Petri abbatis de Prato. S. dompni Manasse abbatis de Fresmont. S. dompni Girardi abbatis del Gart. S. dompni Mainardi abbatis de Boheriis. S. fratris Garinboldi Karoliloci. S. fratris Salvalonis de Prato. S. fratris Gilleberti de Fresmont. S. fratris Galteri de Ursicampo. S. fratris Nicholai de Karoliloco. S. fratris Ebrardi de Ursicampo.

XVII.

LONGIPONTIS, DE CONCORDIA INTER NOS ABBATEM ET CONVENTUM LONGIPONTIS SUPER DOMO NOSTRA DE MONTIGNI.

1270. Universis presentes litteras inspecturis, fratres P...... Vallisclare et P...... Vallisregalis abbates, judices dati a capitulo generali super discordia que vertitur inter abbatem et conventum Longipontensem ex una parte, et abbatem et conventum Ursicampi ex altera, salutem in Domino. Noveritis quod cum discordia verteretur inter abbates predictos super eo videlicet quod abbas et conventus Longipontenses dicebant et proponebant contra abbatem et conventum Ursicampi, quod ipsi edificaverant quandam domum apud Montigniacum Langrin, vineas et terras arabiles inibi acquisierunt, carruscam levaverunt, conversos, familias et animalia tenuerunt, et tenent contra diffinitionem capituli generalis et in prejudicium dictorum Longipontensium, ut dicebant dicti Longipontenses. Item super eo quod dicti Ursicampi vel eorum mandatum quamdam peciam terre arabilis emerunt seu emi fecerunt, quam peciam terre dicti Longipontenses per magistrum Gorgie emerant, in hoc contra diffinitionem capituli generalis veniendo, ut dicti Longipontenses asserebant. Item super eo quod dicti Ursicampi vel ipsorum mandatum terras ad modiationem a secularibus percipiebant, in hoc per dictos Longipontenses turbando, et gravando. Item super eo quod dicti Ursicampi, vel ipsorum mandatum superconducebant operarios in vineis suis, supra consuetudinem in domo de Gorgia et in locis vicinis hactenus observatam ac etiam consuetam, sic predictos Longipontenses dampnificantes et gravantes. Nos auditis et intellectis rationibus quas partes proponere voluerunt coram nobis, tam in agendo quam in defendendo, testibus et depositionibus eorum auditis et diligenter examinatis, consideratisque omnibus aliis que nos movere potuerunt et debuerunt, partibus coram nobis per procuratorem in jure constitutis et die sibi assignata, sententiam a nobis fieri petentibus, petivimus a dictis partibus quod juridictionem a generali capitulo nobis datam nobis concorditer ampliarent ut tucius et amicabilius procedere valeamus. Dicte vero partes in hoc benigne consenserunt, et nobis concesserunt quod nos cum auctoritate capituli generalis nobis commissa super dictis discordiis de alto et basso pro nostra voluntate et de consilio reverendi patris domini abbatis Igniaci ipsas partes pacificaremus (si) pacificare possemus, prout secundum Dominum et ordinem dictis partibus expedire videremus. Nos igitur tam auctoritate capituli generalis nobis commissa quam ipsarum partium consensu et concessione suffulti, de consilio et assensu predicti domini abbatis Igniaci, super dicta discordia pronunciavimus et in hunc modum, videlicet quod abbas Ursicampi domum de Montigniaco predictam, cum vineis et terris arabilibus quas in presenti tenent in territorio de Montigniaco predicto, in locis circumadjacentibus de certo in perpetuum teneant pacifice et quiete, et quod acquirere valeant usque ad tres modiatas terre arabilis in illa parte territorii de Montigniaco predicto, et territoriorum circumadjacentium, que protenditur a capella de Pinu prope Vallem Beronis recta linea usque ad ecclesiam de Montigniaco predicto, et de dicta ecclesia recta linea usque ad portam domus Ursicampi de Montigniaco, et sicut rivulus de Banru descendens usque ad Axonam se proportat, et hoc a parte ville que dicitur Banru, hoc salvo quod terras arabiles ultra viam publicam que ducit de Suessione ad Petrefontem versus dictam domum de Capella et grangiam de Valle Beronis, et in reliqua parte territorii de Montigniaco predicto versus Gorgiam et territoriorum circumadjacentium de certo non possint acquirere nec tenere quoquo titulo sine consensu et voluntate abbatis et conventus Longipontensis. Et sciendum quod terre arabiles quas dicti Ursicampi jam acquisierunt, computabuntur in numero trium modiatarum predictarum, exceptis circiter quindecim aissinis terre que vulgo dicitur Avernes, quas dicti Ursicampi tenebunt cum tribus modiatis superius memoratis. Sciendum etiam quod dicti Ursicampi circiter tres aissinos terre quos acquisierunt a Gerardo de Mainu pro quindecim libris parisiensibus, si Longipontenses tamen dare voluerint, reddere tenebuntur omnes etiam terras quas acquisierunt dicti Ursicampi in parte territorii versus Gorgiam, in qua parte potestas acquirendi eis interdicatur, sicut supra dictum est, Longipontensibus per reassignationem seu legitimam estimationem bonorum reddere et deliberare, cum requisiti fuerint, predictis Longipontensibus tenebuntur. Et etiam quamdam peciam vinee modo simili quam supra dicti Ursicampi emerunt, ut dicitur, a Petro dicto Morel. Quemdam vero aissinum terre quem dicti Ursicampi acquisierunt super Axonam pro suis navibus onerandis et exonerandis dictis Longipontensibus excambiare sive reassignaverint pro dicto aissino recipere minime tenebuntur. Ultra vero summam dictarum terrarum arabilium dicti Ursicampi, de cetero terras arabiles nec per amodiationem nec alio modo vel titulo acquirere tenere seu alio modo possidere poterunt sine assensu et voluntate abbatis Longipontensis. Insuper abbas et Conventus Ursicampi in domo sua de Montigniaco, et in pasturagiis dicte ville et locorum circumadjacentium habere poterunt usque ad sex vaccas tantum et tres vitulos unius anni, ita quod cum dicti vituli annum compleverint vel ipsi amovebuntur vel numerus vaccarum pro numero vitulorum qui ibi remanebunt, et nec oves nec alia animalia per que pasturagia dictorum Longipontensium que habent in dictis territoriis minui in aliquo valeant, ipsos Ursicampi inibi habere licebit, sine assensu et voluntate abbatis et conventus Longipontensis. Item pronunciamus et ordinamus quod conversi vinitores seu magistri de Gorgia et de Montigniaco die dominica vel alia die simul in ebdomada in domo de Gorgia vel alibi ubi melius indicaverint, conveniant, concordent de conductione operariorum vinearum suarum ita quod equaliter et uniformiter et concorditer dicti operarii per ipsos conducantur sic ut unum per alterum non solum alteri ledatur et dampnificetur, immo alter juvetur et consoletur per alterum sicut ordo postulat caritatis. Conversus qui contra hoc fecerit ad portam abbatie quam leserit seu dampnificaverit pedes transmittat, in qua in refectorio sit in grosso pane et aqua, in cavo conversorum verberetur, et si denuo ipsum relabi contigerit, de officio suo deponatur per suos superiores et alias graviter puniatur. Nos vero frater P...... Ignaci dictus abbas, in testimonium predictorum et quod predictis consilium nostrum prebuimus et assensum presentibus, sigillum nostrum una cum sigillis abbatum predictorum duximus apponendum. Actum et datum anno domini M°. CC°. septuagesimo, in crastino beatorum Dyonisii sociorumque ejus.

XVIII.

ITEM, DE EODEM, DE VINEIS YSABELLE LEPLASTRIERE.

1241.   Omnibus hec visuris, frater B...... dictus abbas Longipontis, salutem in Domino. Noveritis quod cum querela verteretur inter ecclesiam Ursicampi ex una parte et Ysabellam Le Plastriere ex altera, super duabus vineis quarum una sita est ad vadum de Palie et altera in loco qui dicitur Contesse, tandem partes compromiserunt in nos de dicta querela, de alto et basso, ita quod quicquid nos de dictis vineis et pertinentibus ad eosdem ordinaremus, partes supradicte inviolabiliter in perpetuum tenerentur observare. Et nos, communicato bonorum virorum consilio, pronunciavimus et diximus per decretum nostrum, quod ecclesia Ursicampi de beneficiis suis solvet dicte Ysabelle pro vineis de quibus agebatur inter partes triginta libras fortium, si ipsa Ysabella intraverit religionem. Si autem in seculo remanserit dicta ecclesia, non solvet eidem Ysabelle nisi viginti libras parisienses, et per decretum nostrum tenetur dicta Ysabella quitare dictas vineas dicte ecclesie coram officialem Suessionensem, et de dicta quitatione fient littere communibus sumptibus sub sigillo curie Suessionensis et renunciabit dicta Ysabella per dictas litteras omni juri et exceptioni que possent obici in posterum de dictis vineis contra ecclesiam Ursicampi. Centum vero solidi forcium de supra dictis triginta libris remanebunt penes ecclesiam Ursicampi donec ipsa Ysabella intraverit religionem, de quibus centum solidis dicta ecclesia tenebatur eidem Ysabelle dare fideijussores. In cujus rei testimonium et perpetuam firmitatem presentes litteras sigillo nostro roboravimus. Actum apud Maupas, anno Domini M°. CC°, quadragesimo primo ante Invocavit me.

XIX.

LONGIPONTIS, DE TERRA APUD LE BUS DE SACHI.

1232.   Hugo dictus abbas Longipontis, totus que ejusdem loci conventus, omnibus presentes litteras inspecturis, salutem in Domino. Notum facimus quod nos vendidimus et quitas ac liberas in perpetuum habere concessimus ecclesie Ursicampi apud Arrosias grangiam ejusdem ecclesie, duas minatas terre in loco qui dicitur li Bus de Sachy, que titulo elemosine pervenerant ecclesie Longipontensi. Quod ut ratum et inconcussum permaneat in futurum, presens scriptum sigillo duximus roborandum. Actum anno Domini M°. CC°. XXX°. secundo.

XX.

LONGIVADI, DE CHAMERA ET STABULO EQUORUM ABBATIS URSICAMPI IN ABBATIA LONGIVADI.

1277.   Universis presentes litteras inspecturis, frater Parisius dictus abbas Longivadi et conventus ejusdem loci salutem in Domino. Universitati vestre presentibus innotescat quod venerabilis prior abbas de Ursicampo et generatio sua habent cameram propriam in domo nostra Longivadi. Que camera sita est juxta infirmitorium monachorum et conversorum ex una parte, et ex altera retro dormitorium. Monachi habent insuper cameram propriam pro conversis et stabulum pro equis suis situm subtus dormitorium, quod quondam fuit conversis in grangia abbatie manentibus assignatum. Quas chameras et stabulum sibi assignavimus pro denariis à nobis receptis ab eisdem pro eundo et redeundo ad nostrum capitulum generale. Nos itaque et successores nostri dictas chameras et stabulum in coopertura et aliis necessariis tenemur ad sumptus nostros proprios retinere in perpetuum competenter. Quod si progressu temporis memoratas chameras et stabulum per infortunium, quod absit, in toto vel in parte destrui contigerit, nos et successores nostri equivalentes chameras et stabulum in eisdem locis vel alibi ad opus dictorum abbatum restituere teneremur. In cujus rei testimonium et munimentum presentibus litteris sigillum nostrum dignum duximus apponendum. Actum anno domini M°. CC°. septuagesimo septimo, tempore capituli generalis.

XXI.

URSICAMPI, ELEMOSINA BALDUINI DE ROY DE VIGINTI LIBRIS REDDITUS PRO CONVENTU ET SACRISTA URSICAMPI.

A tous chiaus qui ces presentes lettres verront ou orront, frères Jehans dis abbes d'Oscans et tous li couvens de cel meisme liu de l'ordene de Cystiaus de le dyocese de Noion, salut en notre Seigneur. Nous faisons savoir à tous que nous avons vendu bien et loyaument pour juste prix et loial a sage homme et discret notre chier ami en Dieu Bauin de Roy, maistre de l'hostel notre seigneur le Roy de France et gruier de Chauni, vint livrées de terre a tous jours a penre chascun an seur toute le terre que nous avons a Saint Ligier, lequel terre nous acatasmes au fil et as executeurs Huon de Mommakes, qui fu, et seur toute no terre et no maison que nous avons a Cailloue pour les queles xx livrees de terre dessus dites nous avons rechut dou devant dit Bauduin deus cens livres de bons parisis, les quels nous avons convertis en notre commun profit, les quels vint livres de Paris nous devons rendre et paier chascun an au Noel, el non doudit Bauduin et Heliu jadis sa femme que Diex aissoille, lequele gist en le chapele que li dis Bauduins a fait faire en nostre eglize. En laquele chapele nous avons establis deus prestres pour chanter trois fois le semaine messe, ou plus, pour les dis Bauduin et Heliu se femme a tous jours. Et devons les devant dites vint livres baillier et delivrer au prieus et au soucrestain de nostre eglise qui sont et qui seront ou tamps a venir, li quelles dispenseront au profit dou couvent de nostre eglise en pitance et en le maniere qui sen suit. Chest a savoir que il en meteront chascun an seze livres pour achater amandes pour faire gruel ou tamps de quaresme pour le couvent, et les autres quatre livres pour les aournements de le chapele devant dite maintenir, et pour le luminaire de leglise. Et volons et otroions que de tout ce faire nus ne puist les devant dis prieur et soucrestain empeeschier ne courre a la main, que il ne puissent les dites vint livres dispenser en la maniere que dessus est dit. Et se nous ou nostre successeur faisons au contraire, par quoi les dites vint livres ne fussent dispensees en la maniere que dessus est dit. Nous volons et otroions que li abbes et li couvens de Saint Bertremil de Noion puissent requerre, lever et emporter comme leur propres, les vint livres

1311.

dessus dites, tous les ans que ce avenroit, dusques a tant que nous ou nostre successeur ferions ceste ordenance tenir et warder en le forme que dessus est dit. Et li dis abbes et couvens de Saint Bertremil deveroient et seroient tenu a chanter les trois messes dessus dites toutes les semaines pour le tamps que il rechevroient les vint livres dessus dites. Et a tout ce tenir et warder fermement à tous jours obligons nous les terres de Saint Legier et de Cailloue dessus dites pour aemplir toutes les chozes devant dites, et chascune dicelles si comme il est dessus dit. En tesmoingnage et en confermement desquels chozes nous avons ces presentes lettres seelees de nostre scel dou quel nous usons communement, les queles furent faites en lan de grace mil trois cens et onze le diemenche devant le Annunciacion Notre Dame.

XXII.

PORTE URSICAMPI, DE TERRIS ET BLADO ASSIGNATIS PORTARIO PRO HIIS QUE MAGISTER ROBERTUS DE SANCTO QUINTINO DEDERAT AD PORTAM.

Sept. 1277.

Universis presentes litteras inspecturis, frater Guillelmus dictus abbas Ursicampi totusque ejusdem loci conventus, salutem in Domino sempiternam. Noveritis quod cum dilectus noster quondam magister Robertus dictus Sarracenus, de sancto Quintino, clericus, phisicus, in ultima voluntate sua constitutus aut positus in extremis, inter cetera conventui et monasterio nostris legata et collata, legavit ad opus et usum elemosine porte nostre monasterii nostri predicti quamdam pecunie summam, in quadam archa penes nos existente cum ceteris ipsi elemosine ad opus et usus ante dictos relictis in annuos redditus et perpetuos ad opus et usus hujus modi convertendam atque convertendis, prout in ordinatione et litteris ipsius magistri super hoc confectis hec et alia plenius continentur. Nos piam hujus modi voluntatem alias que pias ultimas exegi posse voluntates, quantum in nos est, debite cupientes, concedimus portario sive janitori nostro qui pro tempore fuerit ad hec exequenda, et ad opus et usus ante dictos in perpetuum pro dicta pecunie summa a nobis jam percepta et in domo nostra de Campasnier reposita, sexdecim modios bladi ad mensuram Noviomensem, singulis annis in perpetuum ad molendinum nostrum de Ursicampo capiendos et ab eodem portario quoque tenendos habendos et percipiendos, necnon totam terram nostram sitam in territorio de Deviscort, triginta jornalia terre parum plus vel parum minus continentur. Item totam terram nostram de Curchi et d'Estalons, tria bovaria parum plus vel parum minus ad virgam Nigelle et mensuram continentem, cum vivario nostro de Louvet proventibus, et exitibus ejusdem et terrarum earumdem quarumcumque cui etiam janitori sive portario nos teneri recognoscimus in duobus modiis bladi ad mensuram Noviomensem, in molendino predicto ab eodem portario ad opus et usus elemosine predicte singulis annis in perpetuum percipiendis de legatis et elemosinis factis ad opus hujus modi a quodam Johanne prebistero de Wignies. Nec non in duobus modiis bladi ad eamdem mensuram Noviomensem una cum premissis, etiam annis singulis in perpetuum a portario predicto ad opus hujus modi et usus percipiendis ex elemosinis et legatis ad opus ecclesie predicte factis a quadam domina Ysabella de Abbecort Promittentes bona fide nos in posterum contra premissa vel aliquod premissorum aliquatenus de cetero non venturos. Immo nos et successores nostros abbates Ursicampi, quantum in nos est, de voluntate et assensu conventus nostri dicti monasterii, quo ad hec omnia et singula tenenda firmiter et observanda et de non veniendo contra specialiter obligamus ac reliquimus obligatos. Nos vero frater B.... abbas Clarevallis, dicti monasterii Ursicampi pater abbas, hinc inde commodum attendentes equitatemque considerantes in premissis, predicta omnia et singula ad majorem hujus affirmationem volumus, laudamus et approbamus, ac etiam confirmamus. Et ut predicta inconcussa permaneant et robur firmitatis obtineant in futurum, nos abbates predicti sigilla nostra presentibus litteris digna duximus apponenda. Actum anno Domini millesimo ducentesimo septuagesimo septimo, mense septembri.

XXIII.

PORTE URSICAMPI. DE QUIBUSDAM PECIIS TERRE QUAS ABBAS EGIDIUS VENDIDIT PORTARIO.

Universis presentes litteras inspecturis, frater Egidius, dictus abbas Ursicampi, totusque ejusdem loci conventus, salutem in Domino. Noverit universitas nostra quod nos dilecto fratri in Christo janitori nostro vendidimus bene et legitime, ad opus elemosine janue nostre Ursicampi pro centum libris parisiensibus nobis ab eodem janitore in pecunia numerata solutis et in utilitatem domus nostre conversis, quasdam pecias terre quas habebamus in locis inferius annotatis, videlicet terram que fuit domini Petri dicti Thayoul defuncti, capellani quondam in Couduno, que sita est ad portum de Mommakes juxta pratum domini regis. Item, terram que fuit Hugonis quondam dicti Lupi, sitam supra mariscum, inter terram leprosorum de Masso et Canteraine. Item, novem sextariatas terre que fuit Petri de Remino, armigeri, site in loco qui dicitur en la jeu de Longolio, subtus Thorotam. Necnon cum premissis terris quamdam vineam que fuit Symonis le Cornu, quam vineam Florencius li Cochons ecclesie Ursicampi in elemosinam legavit, sitam apud Ellincuriam, in loco qui dicitur au Croc, que tenetur a domino Rogone de Franseriis, milite, ut dicitur ab eodem janitore et aliis janitoribus qui pro tempore ibi erunt, quiete, pacifice et integre, sine aliqua contradictione, cum fructibus premissarum vinee et terrarum percipiendis, tenenda, possidenda et habenda. Promittentes bona fide quod contra premissa seu aliquod premissum de cetero non veniemus, nec premissa seu aliquod premissorum cum fructibus inde percipiendis ad alium usum quam ad usum predictum, videlicet ad usum elemosine dicte janue, aliquo modo revocabimus. Nec per nos vel per alium faciemus seu procurabimus aliquo modo revocari. Sed omnia et singula predicta dicto janitori et cunctis janitoribus ibi pro tempore venturis quita et integra ad usum predictum remanebunt. In cujus rei testimonium presentes litteras eidem janitori sigillo nostro tradidimus roboratas. Actum anno Domini millesimo ducentesimo sexagesimo tertio, mense aprili.

April. 1263.

XXIV.

PITANCIA. ELEMOSINA ADE CASTELLANE NIGELLE PRO PITANCIA FACIENDA IN OBITU SUO.

Ego frater J....., dictus abbas Ursicampi, notum facio omnibus presentes litteras inspecturis quod mulier nobilis A...., castellana Nigelle, contulit in elemosinam conventui nostro centum libras parisienses ad emendum terram de cujus proventu fiat eidem conventui in die obitus sui pitancia generalis. Hanc elemosinam sicut pie et caritative facta est, sepe dicto conventui confirmamus. Unde presentem paginam inde conscriptam domine supra dicte tradidimus sigilli nostri munimine roboratam. Actum anno gratie millesimo ducentesimo nono decimo.

1219.

TITULUS ABBATISSARUM ORDINIS CYSTERCIENSIS.

XXV.

DE PARCHO. DE VINEA MONIALIUM DE PARCHO.

Octob. 1225. Ego Katerina, abbatissa, totusque conventus de Parcho, omnibus presentes litteras inspecturis, in Domino salutem. Notum facimus quod nos vendidimus ecclesie Ursicampi vineam quamdam quam habebamus prope Suessionem super Axonam pretio octo librarum nigrorum, de qua venditione nos dicte ecclesie Ursicampi tenemur legitimam ferre garandiam. In cujus rei testimonium presentes litteras sigilli nostri munimine fecimus roborari. Actum anno Domini M°. CC°. vicesimo quinto, mense octobri.

XXVI.

DE GAUDIO. DE I MENCALDATA TERRE QUAM EMIMUS AB ABBATISSA DE GAUDIO IN TERRITORIO DE DRAILINCORT.

Maio 1273. Universis presentes litteras inspecturis, soror Maria, dicta abbatissa, et conventus monialium de Gaudio beate Marie, Cysterciensis ordinis, Suessionensis dyocesis, salutem in Domino. Noveritis quod nos, propria utilitate pensata, quamdam mencoldatam terre sitam in territorio de Drailincort ad locum qui dicitur à la rue de la Sans, contiguam terris Symonis dicti Brekevielle ex parte qualibet, bene et legitime vendidimus pro quadam pecunie summa, quatuor videlicet libris parisiensibus, viris religiosis abbati et conventui Ursicampi, ad usum porte sue, de quibus videlicet quatuor libris parisiensibus nobis est a predictis abbate et conventu in pecunia numerata plenarie satisfactum. In cujus rei testimonium, anno Domini M°. CC°. septuagesimo tertio, mense maio, presentibus litteris sigillum nostrum duximus preponendum.

XXVII.

URSICAMPI. DE UNO MODIO FRUMENTI QUOD DEBEMUS HOSPITALI PAUPERUM DE THOROTA QUOLIBET ANNO.

1204. Frater Balduinus, dictus Abbas Ursicampi, universis fidelibus hec visuris in perpetuum, notum fieri volumus quod ecclesia nostra tenetur domui hospitali pauperum de Thorota in annuo redditu unius modii bladi frumenti mediocris precii, ad mensuram Thorote, qui in festo sancti Remigii est reddendus. Solvitur autem modius iste pro elemosina quam Leduidis, que vocata est Aalidis, uxor condam Petri, militis, cognominato Aldent, eidem hospitali dare statuit de duobus modiis vini, sicut in autentico inde confecto et domini Stephani Noviomensis episcopi sigilli appensione munito, quod apud nos (est), plenius continetur. Quod in perpetuum firmiter teneatur presens scriptum inde confectum sigillo nostro fecimus consignari, in testimonium et munimen. Actum anno dominice incarnationis millesimo ducentesimo quarto.

XXVIII.

ITEM, DE EODEM MODIO FRUMENTI.

Frater Johannes, dictus abbas Ursicampi, omnibus hec visuris imperpetuum. Notum fieri volumus quod ecclesia nostra tenetur domui hospitali pauperum de Thorota in annuo redditu unius modii frumenti mediocris precii ad mensuram Thorote, et hoc frumentum vecturis nostris illuc deferendum est, et in festivitate sancti Remigii reddendum. Solvitur autem modius iste frumenti pro elemosina quam Leduidis, que vocata est Aalidis, uxor quondam Petri, militis, cognominato Aldent, eidem hospitali dare statuit de duobus modiis vini, sicut in autentico inde conscripto et domini Stephani Noviomensis episcopi sigilli appensione munito, quod apud nos est, plenius continetur. Quod ut imperpetuum firmiter teneatur, presentem paginam inde conscriptam sigillo nostro fecimus roborari, in testimonium et munimen. Actum anno Domini millesimo ducentesimo duodecimo.

1212.

XXIX.

MONCHI. COMPOSITIO INTER NOS ET MONIALES DE MONCHI.

Omnibus presentes litteras inspecturis, frater A...... de Prato et frater P...... de Briostel dicti abbates dati a capitulo generali inspectores loci monialium prope Monchiacum petrosum, salutem in Domino. Notum facimus quod cum nos, inspecto loco dictarum monialium, voluissemus ipsas moniales in ordine incorporari, et dominus abbas et conventus Ursicampi secundum diffinitiones capituli generalis, propter vicinitatem cujusdam grangie eorum que vocatur vulgariter Archonval instanter se opponerent; tandem, Dei intuitu et domini Mathei de Roya et multorum aliorum bonorum virorum precum instantia, promiserunt et voluerunt quod locus predictus cum monialibus ordini Cysterciensi sociaretur, compositione hac mediante, videlicet quod dicte moniales a Monchiaco citra versus grangiam prefatam non poterunt amplius de cetero edificare, nec aliquid sibi acquirere ratione emptionis, nec ponere sive mittere animalia sua in pasturas dictorum abbatis et conventus. Ipsi autem abbas et conventus non obstante hac compositione gaudebunt plenarie pasturis quibus ad presens gaudent et gaudere antea consueverant. Hanc autem compositionem voluerunt et approbaverunt abbatissa et conventus dicti loci et dominus Matheus de Roya, qui est fundator illius loci. In cujus rei testimonium et munimen ipsi cum nostris sigillis sigilla sua presenti scripto apposuerunt. Actum anno gratie M°. CC° XL°. primo, mense octobri.

Octob. 1241

TITULUS ABBATUM NIGRORUM.

XXX.

CARTA SANCTI AMANDI DE TERRA VADULORUM ET MENESIARUM.

1133.   In nomine Patris et Filii et Spiritus sancti. Amen. Ego Absalon, divina miseratione abbas humilis cenobii sancti Amandi, presenti scripto, sancte matris ecclesie filiis in Christo dilectis tam futuris quam presentibus notifico quod dominus noster Symon et episcopus venerabilis Tornacensis atque Noviomensis, nostram sincera intensione rogaverit humilitatem quatinus pro Dei amore et pro sua sana peticione domno Gualeranno, abbati venerabili ecclesie sancte Marie de Ursicampo, terram ecclesie nostre, terram scilicet Manessiarum et Vadulorum benigne concederemus. Nos vero sanam ejus petitionem habita humilitate suscipientes, prefatam terram scilicet Manessiarum et Vadulorum, tam alodium quam terram mensualem ecclesie sancte Marie de Ursicampo, ex consilio et pleno assensu totius nostri capituli, ex integro, cum omnibus suis appendenciis concessimus ac immutabiliter contradidimus absolute ac perpetue libertatis jure possidendum. Ipse vero prefatus episcopus ecclesie nostre quam pio patris diligebat affectu, minorationem non sustinens, verum etiam bone voluntatis nostre condignam recompensationem faciens, altare de Moysin nobis tradidit jure perpetuo possidendum. Ut igitur tam pia elemosinarum largicio et tam devota tradicio imposterum inconcussa permaneat, sigilli sancti Amandi impressione et testium qui audierunt et benignum assensum prebuerunt et viderunt, assignationem confirmamus et anathematis sentencia innodamus. Signum domini Symonis, episcopi Tornacensis ac Noviomensis. — S. Absalonis abbatis. S. Hellini prioris. S. Egeriti supprioris. S. Walteri prepositi. S. Roberti cellarii. S. Amolrici. S. Fulconis. S. Hescelini. S. Bernardi. S. Herchembaldi. S. Godefridi. S. Gosetuini. S. Gerardi. S. Hugonis et Johannis puerorum. S. Bartholomei, Hamensis abbatis. S. Roberti, archidiaconi Tornacensis. S. Hugonis, Noviomensis archidiaconi. S. Hugonis cancellarii. S. Bernardi de Guasia. S. Walteri, Tornacensis decani. S. Widonis et Landrici, Noviomensium canonicorum. Actum apud sanctum Amandum in capitulo, sub presentia fratrum, anno incarnati verbi, M°. C°. XXX°. III°, indictione undecima.

XXXI.

DETERMINATIO ABBATIS SANCTI AUBERTI CAMERACENSIS ET ALIORUM DE PREDICTA QUERELA.

April. 1217.   Bartholomeus, abbas sancti Auberti, magister Crispinus et magister Johannes de Roya, canonici Cameracenses, omnibus hec visuris in perpetuum. Notum sit universis quod Odo de sancto, Symone, canonicus sancti Quintini, fratres Ursicampi, auctoritate litterarum domini Pape, coram nobis traxit in causam, impetens eos supra quadam terra que fuerat Petri le

Vermeil, militis, quam Johannes de sancto Symone frater suus et ipse Odo pariter eis jam pridem dederant in elemosinam, sicut in autentico prefati Johannis plenius continetur. Qui postea, saniori usus consilio, apud Ursicampum suam remisit querelam, dederuntque fidem tam ipse Odo quam Matheus filius ejus, coram abbate Ursicampi, quod super memorata terra ecclesiam nunquam deinceps molestarent. Hec eadem postea recognovit dictus Odo in presentia nostra ubi dicte prorsus renunciavit querele, et jam dictam terram eisdem fratribus concessit pace perpetua possidendam, omnibus aliis querelis renuncians similiter coram nobis quas usque ad hanc diem habuerat contra ecclesiam ante dictam. Nos igitur ad petitionem sepedicti Odonis presentem paginam inde conscriptam sigillis nostris roboravimus. Actum anno Domini M°. cc°. septimo decimo, pridie kalendas aprilis.

XXXII.

DE DUOBUS SOLIDIS QUOS ABBAS ET CONVENTUS SANCTI BARTHOLOMEI DEBENT ECCLESIE URSICAMPI.

Ego Absalon, Dei gratia abbas ecclesie sancti Bartholomei Noviomensis, notum volo fieri tam posteris quam modernis quod Holdeburgis, uxor olim Hugonis de Portu, de suo proprio alodio habuit duos agros in territorio Noviomi, unum scilicet ad Petreosum, haud procul a villa de Haplencort, et unum super molendinum nostrum, nostrique vivarii Crepidini contiguum. Hec igitur mulier, generali sorte mortalium viam universe carnis ingressura atque in extremis jam posita, volens juxta dominicum facere sibi amicos de mammona, preceptum iniquitatis, qui eam januamque deficientem in eterna recipient tabernacula, duos agros istos ecclesie nostre in elemosinam contulit, et Paganus de Fonteneto filius ejus id ipsum benigne concessit, ista sane conditione quod post mortem ejusdem Pagani ecclesia nostra terram istam de ecclesia Ursicampi teneret, duosque solidos census annualis die festo sancti Remigii ei persolveret, et interim quamdiu vita comite superesset Paganus. Nos quasi pro recognitione census istius sex denarios termino memorato eidem ecclesie annuatim redderemus. Quod ne quando posset oblivione deleri, litterarum monimentis volui commendari, et ne rursus cujus quam posterorum nostrorum insolencia infringeretur, necessarium credidi ut sigilli nostri auctoritate fratrumque nostrorum astipulatione presens pagina roboraretur. S. magistri Heberti, thesaurarii sancti Bartholomei. S. Walteri prepositi. S. Roberti et alterius Roberti dyaconorum. S. Clementis, Ursicampi prioris et Radulfi supprioris et Walteri atque alterius Walteri, cellariorum Ursicampi. Et sciendum quod hec omnia concessit Petrus, frater supra dicti Pagani, in presencia testium subscriptorum, domini abbatis Ursicampi, Gileberti, Odonis scriptoris de Roia, Walteri hospitalis, Theobaldi panifici, et Petri Rufi famulorum abbatis sancti Bartholomei.

XXXIII.

DE XLVI SOLIDIS QUOS DEBEMUS ECCLESIE SANCTI BARTHOLOMEI NOVIOMENSIS PRO CAISIEX.

Lambertus, sancti Bartholomei Noviomensis dictus abbas; et ecclesie ejusdem fratres, universis fidelibus hec visuris in perpetuum. Sciant omnes quod ecclesia Ursicampi tenebat de ecclesia beate Marie Noviomensis, sub annuo redditu decem solidorum parisiensis monete, quamdam vineam juxta ecclesiam nostram et quosdam hospites in vico qui est inter ecclesiam nostram et portam civitatis. Processu temporis, abbatem et fratres Ursicampi rogavimus ut eandem vineam titulo decambii nobis conferrent. Tandem ad consilium bonorum virorum vineam quam petebamus nomine decambii nobis dederunt cum dictis hospitibus universis, receperuntque de quadam vinea nostra, que vinea episcopi nominatur, portionem similis quantitatis, certa metarum positione terminatam. Sciendum vero quod dictam vinee portionem liberavi eis et ab omni onere et consuetudine absolutam tradidimus, eandemque eis contra omnes warandire tenemur, et insuper predictos decem solidos censuales ecclesie beate Marie solvere annuatim, hiis adjiciendis quod Guido, castellanus Cociacensis, de quadam terra quam cis dederat et scripto confirmaverat nobis circiter quadraginta aissinos assignavit. Cum autem inter nos et fratres Ursicampi querela super hoc mota fuisset, tandem prudentibus viris mediantibus, concessimus eis ut dictam terram cum quadam terra nostra que campus altaris dicitur, quiete et libere in posterum possiderent, et ipsi quantitatem terre consimilem quam ex dono ejusdem castellani possidebant, videlicet ultra haiam de Nancel, domui nostre de Bellofonte viciniorem, nobis contulerent metarum positione limitatam. Ad hec sciendum quod sicut terram quam ab ipsis accepimus ab omni onere vel consuetudine nobis absolutam tradiderunt, ita et nos eam quam ipsis dedimus ab omni onere vel consuetudine liberam tradidimus. Preterea voluimus ut sciatur quod ecclesia Ursicampi debet annuatim ecclesie nostre pro prato de Casiux XLVI solidos consuales et novem denarios ejusdem monete reddendos in festo sancti Remigii. Sciendum vero quod ecclesie Ursicampi domum suam, que fuit Balduini cancellarii, concessimus, salvo censu nostro quatuor denariorum parisiensium et duorum caponum, perpetuo possidendam, et hunc censum nobis reddent fratres sancti Eligii. Hiis adnectendum quod quicquid ecclesia nostra tam in terra arabili quam in vineis possidebat apud Arboream, vice decambii concessimus fratribus Ursicampi, recepimusque ab eis vineam Balduini cancellarii, vineam Symonis de Aisseto in Cuironval et vineam subtus viam in Cuironval, et vineam apud Frigidum Fontem. Sciendum quod redditus quoque qui pro vineis nostris solvi solent, ipsi reddent, et nos redditus qui pro vineis eorum redduntur, solvemus, hoc excepto quod quociens mutatur abbas in ecclesia nostra v solidos quos debemus beate Marie ipsi solvent nobis. Statutum est preterea quod tres modios frumenti quos annuatim percipere habebamus in grangia Puteolorum pro animabus Petri le Vermeil et Roberti Bovis in decima quam ecclesia Ursicampi comparavit de manu Symonis de Bethencort in parrochia sancti Germani in territorio Noviomensi, de meliori percipiemus, et nichil amplius in grangia Puteolorum a fratribus Ursicampi deinceps exigemus. Sciendum preterea quod omnia superius annotata secundum consuetudinem terre ecclesie Ursicampi warandire tenemur, et utrique ecclesie super mensuris tam terrarum quam vinearum est satisfactum. Que omnia ut in posterum firmiter teneantur, presentem paginam inde scriptam sigillo capituli nostri fecimus consignari in testimonium et munimen. Actum anno Domini M°. CC°. quinto.

XXXIV.

ITEM DE EODEM. COMMUTATIO INTER NOS ET CANONICOS SANCTI BARTHOLOMEI NOVIOMENSIS DE DECIMIS.

Ego Lambertus, sancti Bartholomei Noviomensis dictus abbas, totusque conventus, omnibus ad quos littere iste pervenirint, notum fieri volumus quod cum inter nos ex una parte et ecclesiam Ursicampi ex altera, super decimatione de Nanchel coram judicibus, scilicet Johanne thesaurario, magistro Thoma cantore, et Thoma magistro scholarum Noviomensium, auctoritate apostolica, questio verteretur, cum per privilegia eis indulta a sede apostolica a decimis terrarum quas propriis manibus aut sumptibus excolunt, liberi ac soluti esse vellent. Nos vero longa perscriptione temporis et auctoritate privilegiorum nostrorum cum tueremur, tandem consilio bonorum virorum ad pacem mediancium querela inter nos et ipsos in hunc modum amicabiliter est sopita. Fratres Ursicampi ecclesie nostre omnem decimam in territorio de Kokerel sitam tam majorem quam minutam, cum omnibus pertinenciis suis quam a domino Symone le Begue, filio domini Symonis de Betencort, acquisierunt, in perpetuum possidendam concesserunt, excepta tamen decima vinee que fuit pie memorie Hugonis, decani Noviomensis, et insuper decimam tam majorem quam minutam quam apud Seguiscourt ab heredibus Walteri de Caumont acquisierunt. In recompensationem vero predictarum decimarum ecclesia nostra quicquid habebat in majori et minuta de decima de Nanchel eis perpetuo possidendum concessit, et insuper decimam in undecim sextariis terre, decimam quarum habuimus in recompensationem decime viginti duarum sextariatarum quas ab ecclesia sancti Crispini in cavea pro satisfacione decimarum receperunt, quando cum eis supra decimis auctoritate apostolica per privilegia sua litigaverunt, et preterea decimam in campo altaris quam sine participatione alicujus possidebamus. Ipsi autem annuatim pro nobis tenentur persolvere triginta quinque aissinos bladi et sex avene illis quibus antea solvebantur. Ceterum nos quadraginta et sex solidos et novem denarios quos nobis debebant pro sartis de Caisiux singulis annis eis in perpetuum quitavimus. Si quid autem exsartandum est in decimatione de Kokerel, quicquid juris ecclesia Ursicampi ibi habebat nostrum erit; similiter si quid exsartandum est in decimatione de Nanchel, quicquid juris ecclesia nostra ibi haberet eorum erit quando exsartabitur. Ceterum in terris, redditibus et decimationibus quas utraque ecclesia tenet anno presenti, id est anno gratie millesimo ducentesimo nono, altera nichil potest acquirere quin tantundem persolvat quantum persolvebat ille a quo acquisivit. Nos autem ipsi ecclesie legitimam garandisiam adversus omnes qui supra predictis eandem ecclesiam in causam traxerint, et ad justitiam et legem venire voluerint, ferre tenemur. Similiter ecclesia Ursicampi eandem garandisiam nobis facere tenetur. Quod ut ratum permaneat, presens scriptum sigillo nostro fecimus roborari. Actum anno gratie M°. CC°. nono.

1209.

XXXV.

ITEM DE EODEM. COMPOSITIO INTER NOS ET CANONICOS SANCTI BARTHOLOMEI NOVIOMENSIS DE MURO DOMUS NOSTRE APUD NOVIOMUM.

Universis Christi fidelibus presentem paginam inspecturis, Focardus de Costenchi, cano-

1245.

nicus Noviomensis, et Magister Nicholaus, baillivus domini Noviomensis, salutem in Domino. Universitati notum facimus quod cum questio verteretur inter viros religiosos abbates et conventum de Ursicampo et de sancto Bartholomeo Noviomensi super quodam muro cingente domum et cellarium Ursicampi et in parte contiguo cuidam domui sancti Bartholomei et domui Ursicampi apud Noviomum, quem murum dicti abbas et conventus Ursicampi dicebant esse suum, dicti abbates et conventus in nos compromiserunt, promittentes sub pena viginti librarum parisiensium reddendarum parti tenenti dictum nostrum a parte resiliente ab eodem, quod quicquid nos alte et basse supra dicto muro ordinaremus seu arbitrando pronunciaremus, memorati abbates et conventus firmiter observarent. Nos vero super hoc, veritate diligenter inquisita, per dictum nostrum arbitrando dicimus et ordinamus dictum murum esse ecclesie Ursicampi, et quod idem murus est et erit in proprium dictorum abbatis et conventus Ursicampi, dicti vero abbas et conventus sancti Bartholomei habebunt in dicto muro iiij^{or} bukellos sive lapideos, sive ligneos, super quos sepe dicti abbas et conventus sancti Bartholomei poterunt imponere tingna sive fustes ad sustinendum domum predictam sancti Bartholomei, et hoc conceditur eis de gratia prenominatorum abbatis et conventus Ursicampi, quos etiam bukellos sepe dicti abbas et conventus Ursicampi eandem gratiam fecerunt fieri in suo muro supra dicto. Concesserunt etiam dicti abbas et conventus Ursicampi quod si forte contingeret vetustate vel aliquo casu dictos bukellos corruere vel eradicari, iidem abbas et conventus sancti Bartholomei possent reficere in eodem loco in quo sunt illos bukellos, tamen sine dampno ecclesie Ursicampi, et sicut dictum est imponere tingna vel apodiare ad dicte domus sustentationem. Et sciendum quod prefati abbas et conventus Ursicampi reficient dictum murum ejusdem latitudinis cujus latitudinis est murus antiquus et altitudinis quanticumque volent; tres dictorum bukellorum inserentur in dicto muro ex parte dicte domus sancti Bartholomei, quartus vero inseretur in dicto muro ex parte ecclesie sancti Petri ad sustentandam logiam. In cujus rei testimonium presentes litteras sigillorum nostrorum munimine fecimus roborari. Actum anno Domini M.° cc°. quadragesimo quinto.

XXXVI.

ITEM, DE EODEM MURO.

Maio 1255. Omnibus hec visuris, officialis curie Noviomensis salutem in Domino. Noveritis quod dominus Petrus dictus Chopinus, canonicus Noviomensis, propter hoc coram nobis personaliter constitutus, recognovit quod in muro sito inter gardinum domus Ursicámpi site apud Noviomum, quod ad presens tenet Magister Gerardus de sancto Mauritio, canonicus Noviomensis, et domum domini Petri predicti, nichil habet ratione proprietatis, nec alio modo nichilominus tamen abbas Ursicampi concessit eidem Petro, ad preces ejusdem Petri, mera liberalitate, quod quandiu possideret dictam domum, dictus Petrus posset edificare juxta dictum murum et super medietatem dicti muri, videlicet in illa parte que est contigua domui ipsius, pro ita quod nullum dampnum fiat alie medietati dicti muri contigue dicto gardino Ursicampi. Si vero dicta domus dicti Petri ad manum alterius pervenerit, edificium factum inter murum et super murum, si domino abbati placuerit, destruetur et annichilabitur, et idem murus dicte domui Ursicampi quitus omnino remanebit. In cujus rei testimonium et firmitatem presentes litteras, ad petitionem dictorum abbatis et Petri, sigillo curie Noviomensis fecimus communiri. Datum anno Domini M°. CC°. quinquagesimo quinto, mense maio.

XXXVII.

SANCTI BARTHOLOMEI. — EXCAMBIUM DE VINEA EPISCOPI ET DE CENSIBUS DE DOMO BALDUINI CANCELLARII.

Lambertus, sancti Bartholomei dictus abbas, et ejusdem loci conventus, omnibus hec visuris in perpetuum, notum fieri volumus quod ecclesia Ursicampi vineam suam, juxta atrium nostrum sitam, nobis titulo decambii contulit, et nos eidem ecclesie portionem similis quantitatis dedimus de vinea nostra, que vinea episcopi nominatur. Porro ecclesia nostra pro vinea quam fratres Ursicampi nobis dederunt, vi solidos parisiensis monete canonicis beate Marie singulis annis reddet, et ipsi tantumdem census annualis nobis restituent pro illa quam illis dedimus nostre vinee portione. Debemus autem eisdem fratribus annuatim quatuor solidos parisiensis monete de membro hujus censualis quos, cum predictis vi, canonicis beate Marie tenemur solvere. Preterea, ne inter nos et memoratam ecclesiam Ursicampi super censibus querela in posterum moveatur, sed pax firma conservetur, census quos ipsa nobis debet presenti scripto fecimus annotari, pro pratis de Casiux xlvi solidos et novem denarios parisiensis monete, pro vinea cancellarii que dicitur de Braenchun quatuor denarios parisienses, pro vinea Balduini Malclerc iij denarios parisienses reddendos in festo sancti Remigii. Hiis adiciendum quod prefate ecclesie domum suam que fuit Balduini cancellarii concessimus, salvo censu nostro quatuor denariorum parisiensium et ij caponum, perpetuo possidendam. Que omnia ut in posterum firmiter teneantur, presentem paginam inde conscriptam et sigillo capituli nostri consignatam ecclesie Ursicampi dedimus in testimonium et munimen. Actum anno Domini M°. CC°. secundo.

1202.

XXXVIII.

DE FORAGIO ET CENSUS DOMUS NOVIOMENSIS.

Rogerus, penitentiarius, et Adam de Parisius, dictus Magister, canonicus Noviomensis, omnibus presentes litteras visuris notum esse volumus quod cum inter ecclesiam sancti Bartholomei ex parte una et monasterium sancti Eligii Noviomensis ex altera, super foragio, censu et venditionibus domus que fuit Balduini cancellarii, juxta sanctum Petrum, controversia verteretur, tandem partes in nos de ipsa querela unanimiter compromiserunt, ita quod nos secundum deposiciones testium et consuetudinem ville super eadem pronunciaremus; adjecta est insuper pena viginti librarum parisiensium, quam illa pars que a nostro resilierit arbitrio, alteri parti solvere tenebitur. Nos ergo, inspectis attestationibus et diligenter examinatis, inquisita etiam et cognita veritate et consuetudine ville, pronunciavimus censum et venditiones predicte domus ad monasterium sancti Eligii spectare et igitur, juxta consuetudinem ville, foragium ipsius domus ad idem monasterium integraliter pertinere. Actum anno Domini M°. CC°. XXII.

1222.

4.

XXXIX.

SANCTI BARTHOLOMEI. — EXCAMBIUM DE DOMO JUXTA PORTAM NOSTRAM.

Martio 1300.   Universis presentes litteras inspecturis, Ansoldus, permissione divina monasterii beati Bartholomei Noviomensis abbas humilis, totusque ejusdem loci conventus salutem in Domino sempiternam. Ex gestu hominum plerumque suboritur questionis materia nisi lingua testium super hiis robur adhibeat aut scriptura. Noverint ergo universi quod cum nos haberemus et possideremus jure nostro quamdam domiculam sitam Noviomi juxta portam virorum religiosorum abbatis et conventus beate Marie Ursicampi, contiguam dicte porte ex parte una et masure que quondam fuit Magistri Johannis physici Normanni ex altera; et viri religiosi abbas et conventus beate Marie Ursicampi predicti haberent, ut dicebant, quamdam masuram sitam Noviomi ante domum ipsorum religiosorum Ursicampi, quam ad presens inhabitat vir venerabilis magister Hugo de sancto Maxentio, canonicus Noviomensis, contiguam ex parte una masure que quondam fuit domini Petri de Medonta, quondam canonicus Noviomensis, et masure que quondam fuit Johannis de Buchoirre, civis Noviomensis, et ejus uxoris ex altera, et quam inhabitat dominus Petrus dictus Abbas, quondam canonicus Noviomensis tempore quo vivebat. Nos, dicti monasterii nostri super hoc evidenti utilitate pensata, deliberatione etiam habita diligenti, permutationem dictarum domicule et masure fecimus cum dictis religiosis sub modo, forma et conditionibus infra scriptis, videlicet quod nos habebimus ex nunc, et jure hereditario in perpetuum possidebimus dictam masuram liberam et quitam ab omni onere census, supercensus, aut redibenciis quibuscumque, prout se comportat in longum et latum inter metas ibidem de novo positas de consensu nostro et dictorum religiosorum. Et nos in recompensationem hujus modi prefatis religiosis Ursicampi tradidimus, et nos tenore presentium tradidisse recognoscimus domiculam predictam liberam et quitam ab omni onere census, supercensus, aut redibenciis quibuscumque, prout se comportat in longum et latum cum omni jure quod ibidem habuimus, habemus, seu habere possemus aliquatenus in futurum, promittentes bona fide quod contra predictam permutationem per nos vel per alium non veniemus in futurum, nec artem queremus vel ingenium per que dicti religiosi a quoquomodo super premissis inquietari valeant, seu etiam molestari; immo legitimam feremus garandiam dictis religiosis adversus omnes, juri et legi parere volentes, renunciantes in hoc facto exceptioni doli mali, deceptionis seu restitutionis cujus cumque rei non tradite et non deliberate, et omnibus aliis exceptionibus tam juris quam facti que contra premissa aut aliquo premissorum possent obici vel proponi. In cujus rei testimonium et munimen hiis presentibus litteris sigilla nostra duximus apponenda. Datum anno Domini millesimo trecentesimo, mense marcii.

LX.

ITEM DE EODEM.

Avril, 1301.   A tous chiaus qui ces presentes lettres verront ou orront, Raoul Flamens, chevaliers, sires de Cauni, salut en notre Seigneur. Sachent tout que par devant nous sont venu li abbes et convens de Oscans, et ont reconnut que il tenoient de nous comme seigneur tresfonsier une masure assize à Noion, dessous le cavech dou moustier saint Pierre de Noion, entre le masure qui fu monseigneur Perron de Mante, jadis chanoine de Noion, d'une part, et le masure qui fut Jehan de Buchuerre et Maroie se femme, d'autre part, a deus deniers de droit chens par an, et que il de le dite masure avoient baillie une partie en escange a l'abbe et au convent de saint Bertremil de Noion pour une maisonsele qui estoit chiaus de St-Bertremil, seant de lez le porte de le maison chiaus d'Oscans a Noion, entre le dite porté d'une part et le masure qui fu maistre Jahan le phisicien d'autre part, et l'autre partie de chele masure cil d'Oscans ont retenue pour eus, et pour chu que li abbes et li convens de Saint-Bertremil ont bailliet le dite maisoncele a chiaus d'Oscans franke, quite, delivre de tous cens, de toutes rentes et de toutes autres chozes, chil d'Oscans supplierent a nous que nous vaussissiemes souffrir et avoir ferme et estaule a tousjours que le partie que il ont bailliet a chiaus de St-Bertremil de le dite masure fust quite et delivre des deus deniers de droit chens que toute le masure nous devoit, et que li remanans qui leur demeure en fust charchiez des ore en avant, le quele choze nous pour l'amour et l'affection que nous avons a l'abbé et au convent et a leglise d'Oscans dessus dis, et pour chu que assez i est sauvez nos hyretaiges, nous leur avons otriet et otroions bonnement, et volons et nous consentons tant comme en nous est, sauf le droit d'autrui, que le partie de le dite masure que chil de Saint-Bertremil emporteront soit dou tout quite et delivre des deus deniers et che qui demoura par devers chiaus d'Oscans en soit carchiet des ore en avant, et seur chela les prenderons et demanderons des ore en avant. En tesmoignage de laquele choze nous avons ces presentes lettres seelees de no seel. Che fu fait en lan de grace mil trois chens et I, ou mois d'avril, le venredi devant le cloze Paske.

LXI.

S. CRISPINI MAJORIS, SUESSIONENSIS. — RECOGNITIO ABBATIS SANCTI CRISPINI MAJORIS, SUESSIONENSIS, QUOD INJUSTE PETUNT TERRAS, MASURAS ET DOMOS INFRA AMBITUM DOMUS DE MONTIGNI.

Universis presentes inspecturis frater Symon, Dei patientia monasterii sancti Crispini Novemb. 1269. majoris Suessionensis humilis abbas, salutem in Domino. Notum facimus universis quod, licet nos nomine ecclesie nostre petissemus et peti fecissemus a viris religiosis abbate et conventu Ursicampi, Cysterciensis ordinis, quasdam terras, masuras et domos et res alias hereditarias sitas infra ambitum domus ipsorum religiosorum, que dicitur à Moulevoisin, et ecclesiam extra dictum ambitum que fuerant, ut dicebamus, quondam Marie, relicte Balduini Parmentarii, femine ecclesie nostre, quas tenebant dicti religiosi, et diu vivente dicta M... tenuerant, mediante quadam prebenda et pensione annua, ut dicebamus, et in quibus rebus hereditariis dicebamus nos et ecclesiam nostram jus habere ratione mortue manus nostre, ad nos, ut dicebamus, ex morte dicte M..... et ad ecclesiam nostram devolute, tamen quia, inquisitis super hiis a bonis plenius veritate, invenimus predictos religiosos predictas res hereditarias justo titulo possidere. Nos, tanquam non habentes jus publicum nec liquidum in eisdem rebus, quitamus in perpetuum nomine nostro et conventus ac ecclesie nostre predictis religiosis et eorum ecclesie omnes res predictas hereditarias, et proprietatem ac possessionem earum et quicquid habebamus vel habere poteramus seu petebamus in eisdem qualibet ratione, quantum ad nos pertineat et ecclesiam nostram. In cujus rei testimonium et munimen presentes litteras concessimus predictis religiosis sigillo nostro munitas. Datum anno Domini M°. CC°. LXIX°., mense novembri.

XLII.

SANCTI CRISPINI IN CAVEA. COMPOSITIO INTER NOS ET CANONICOS SANCTI CRISPINI IN CAVE DE DECIMIS IN QUIBUSDAM TERRIS DE NANCEL.

1207.

Petrus, sancti Crispini in Cavea dictus abbas, et ejusdem loci conventus, omnibus hec visuris in perpetuum, notum fieri volumus quod, abbas Ursicampi nos et fratrem nostrum presbiterum de Nancel auctoritate apostolica traxit in causam eo quod in quibusdam terris quas in territorio de Nancel excolebant, decimas exigebant ab eis contra libertatem et immunitatem que a sede apostolica ipsis et Cysterciensi ordini est indultum. Tandem vero de consilio venerabilis domini Nivelonis, Suessionensis episcopi, et Radulfi, prepositi, et Guidonis, decani sancti Gervasii, et aliorum prudentium virorum qui erant mediatores ad pacem inter nos et illos, compositum est sub hac forma, tres modiatas terre et quatuor aissinos ipsis ab omni decima in perpetuum quitavimus, sicut metarum positio determinatur et discernitur; ipsi vero si in residuis terris loci prescripti vel deinceps in nostra decimatione terras acquisierint, sine ulla contradictione nostra nobis decima persolvetur, presbitero autem de Nancel, ad preces domini Suessionensis, querelam remiserunt quam adversus eum pro decimis agitabant. Quod ut ratum sit, presens scriptum roboravimus sigillo nostri capituli in testimonium et munimen. Actum anno M°. CC°. VII°.

XLIII.

ITEM DE EODEM, DE DECIMA DE NANCEL.

Martio 1238.

H...., abbas sancti Leodegarii, G...., dictus officialis canonicus et capellanus domini Suessionensis, et Johannes, canonicus sancti Petri Suessionensis, omnibus presentes litteras inspecturis, in Domino salutem. Notum facimus universis quod cum causa verteretur coram decano Tuynensi, unico judice, auctoritate domini pape delegato, inter ecclesiam Ursicampi ex una parte et ecclesiam sancti Crispini in cavea Suessionensem ex altera, super quibusdam articulis contentis in petitione dicte ecclesie Ursicampi facta coram dicto judice contra dictam ecclesiam sancti Crispini in cavea, et compromissum esset in nos super omnibus articulis prenominatis ut de illis secundum dictum et bona fide ordinaremus, inquisita prius veritate de plano, et post ab ordinatione nostra resiliens alteri parti arbitrium ipsum servare volenti tenetur pro pena viginti marcas argenti persolvere. Nos autem, omnibus dictis articulis supra quibus inter dictas ecclesias causa vertebatur auditis et intellectis; et per recensiones utriusque partis plenius instructi, de consilio bonorum virorum, pro bono pacis, ordinavimus in hunc modum. Omnes canonici ecclesie sancti Crispini morantes apud Nancel, tam curatus quam alteri, et omnes servientes eorum, tam clerici quam laici, tenentur singulis annis facere fidelitatem ecclesie Ursicampi, die dominica ante festum beate Marie Magdalene, sub hac forma; jurabunt quod communem decimam duobus annis quibus eam trahere tenentur, vecturis suis ad hec appropriatis et sufficientibus fideliter trahent in grangia communi, et bona decime tracta et congregata in dicta grangia fideliter observabunt et facient observari, et taliter quod dicta ecclesia Ursicampi pro portione sua tam in bonis majoris decime quam minute dampnum non intraret quod sciant, et eamdem formam fidelitatis ecclesie sancti Crispini facient illi qui nomine ecclesie Ursicampi tertio anno predictam decimam trahent, sive sint monachi sive conversi sive laici ab illis conducti sive substituti ad custodiendum, et hanc fideliter facient singulis annis custodes bonorum in dicta grangia, ex parte dicte ecclesie Ursicampi. In instanti autem introitu augusti, due sere in porta dicte grangie communis cum duabus clavibus apponentur, quarum una erit ecclesie Ursicampi et altera ecclesie sancti Crispini in cavea, et ex tunc dicte sere et claves erunt, in perpetuum observabuntur, et per eas simul firmabuntur, et reserabuntur cum opus fuerit, ut unus sine altero grangiam intrare non possit nec presumat. Dum tamen bona communia in dicta grangia presentia fuerint, durabit autem firmatio et reseratio ista a prima receptione decime bladi, avene, ordei, vel alicujus grani pertinentis ad majorem decimam usque ad ultimum granum grangie triturandum et partibus deliberandum. Volumus et etiam ordinamus quod clavis ecclesie Ursicampi taliter apud Nancel custodiatur, quod pro defectu ipsius clavis ecclesia sancti Crispini dampnum aliquo tempore non incurrrat. Horrea autem que dicta ecclesia sancti Crispini in dicta grangia communi fecit, et ques ibi apparabat, de cetero communia erunt, dum bona decime in dicta grangia communi duraverint percipienda, et post abjectionem eorum de dicta grangia, omnes aisancie dicte grangie et orreorum sepe dicte ecclesie sancti Crispini remanebunt usque ad novam receptionem ipsius decime, et tunc serviens ecclesie Ursicampi per clavem suam portam grangie firmabit et bona ejusdem grangie custodiet, fidelitate prius facta sicut dictum est. De trituratoribus vero taliter ordinamus ab exitu omnis augusti usque ad festum omnium sanctorum tres apponentur et coibunt duo videlicet ab ecclesia sancti Crispini et tertius ab ecclesia Ursicampi. In crastino ante omnium sanctorum sex apponentur et triturabunt continue per duos menses, quorum quatuor ex parte sancti Crispini in cavea apponentur, duo vero ex parte ecclesie Ursicampi, et nisi per eos usque ad consummationem trituratum fuerit. Item tres assumentur sub forma qua prius, et triturabunt usque ad finem. Omnes autem trituratores, antequam intrent grangiam, facient fidelitatem quod legitime et bona fide triturabunt, et in fidelitate eorum expressum erit quod hautonem legitime triturabunt et expinabunt, et quod bona communia fideliter observabunt. De duobus vero aissinis avene quos ecclesia sancti Crispini retinuit ex parte ecclesie Ursicampi pro voluntate sua et absque judicio et justitia per quinque annos, sicut dicunt fratres ecclesie Ursicampi, ordinamus quod ecclesia sancti Crispini in cavea dictos aissinos avene per illos quinque annos sic retentos ecclesie Ursicampi restituat. Non imponentes eidem ecclesie sancti Crispini silentium super proprietate quam possit et voluerit contra dictam ecclesiam Ursicampi coram judice sive judicibus experiri. De omnibus autem articulis pertinentibus ad dampna vel ad expensas vel ad sumptus alios que dicta ecclesia Ursicampi petebat ab ecclesia S. Crispini in cavea, perpetuum silencium ecclesie Ursicampi imponimus. Retinuimus autem potestatem corrigendi, declarandi et addendi usque ad instans natale Domini. Actum anno Domini m°. cc°. xxx°. octavo, mense martio, dominica qua cantatur isti sunt dies.

XLIV.

ITEM DE EODEM. CONFIRMATIO INTER NOS DE QUIBUSDAM VINEIS ET TERRIS.

Maio 1275.

Universis presentes litteras inspecturis. G....., dei patientia ecclesie sancti Crispini in cavea Suessionensis humilis abbas, totusque ejusdem loci conventus, salutem in Domino sempiternam. Noveritis quod nos attendentes dilectionem et familiaritatem quam viri religiosi abbas et conventus Ursicampi habent ad nos et ecclesiam nostram, concessimus eisdem et concedimus ut ipsi habeant et possideant in perpetuum, libere et absque contradictione, vineam que fuit domini Anselmi, capellani, sitam in loco qui dicitur au Curouir, decem sextarios circiter continentem, contiguam vinee Alberici dicti Loquet ex parte una, et vinee Oudardi dicti Forrel ex altera, et ex alia parte vinee ecclesie Ursicampi predicte, duos denarios nigrorum annui census nobis et ecclesie nostre debentem. Item vineam la Wachette, sitam es greves, viginti sextarios circiter continentem, contiguam vinee sancti Leodegarii Suessionensis ex una parte et vinee Ernaudi dicti Deboule et terre Petri Armigeri, archidiaconi ecclesie Suessionensis in ripparia, unum obolum cathalanensem annui census nobis et ecclesie nostre debentem. Item terram que fuit Johannis le plastrier, sitam inter baccum de Ponvert et vineas des greves super Auxonam, quinque sextarios circiter continentem, duos solidos nigrorum annui census et ecclesie nostre debentem. Quas quidem vineas et terram dicti abbas et conventus Ursicampi sub treffondo et dominio nostro et ecclesie nostre acquisierant, in quibus vineis et terra predictum annuum censum et alia jura que habebamus in eisdem, nobis et ecclesie nostre retinemus de cetero in futurum. Dicti vero abbas et conventus Ursicampi attendentes dilectam devotionem quam habebamus erga ipsos et ecclesiam suam infaillibilem, voluerunt et concesserunt quod nos et ecclesia nostra teneamus et possideamus ex nunc et in perpetuum quamdam peciam terre arabilis quam habebant dicti abbas et conventus ecclesie Ursicampi predicte, sitam in loco qui dicitur ad vivarium Radulfi dicti ad dentem, contiguam vinee ecclesie Ursicampi, prout undique se comportat, nomine recompensationis rerum predictarum, bona fide promittentes quod contra premissa vel aliquid promissorum non veniemus de cetero in futurum. Immo volumus et in hoc expresse consentimus quod premissa omnia, prout sunt superius facta et ordinata, robur obtineant perpetue firmitatis. In quorum omnium testimonium, robur et munimen, presentes litteras sigillorum nostrorum munimine duximus roborandas. Datum anno Domini m°. ducentesimo septuagesimo quinto, mense mayo.

XLV.

ITEM DE EODEM. CONCESSIO EJUSDEM ABBATIS ET CONVENTUS DE VINEA OUDARDI CRAKET.

Octob. 1227.

Hugo, beati Crispini in cavea Suessionensis humilis abbas, totusque ejusdem conventus loci, omnibus hec visuris in Domino salutem. Noverint universi quod nos concessimus et in perpetuum confirmamus ecclesie Ursicampi vineam quam emerunt ab Odone Craket, cive Suessionense, sitam juxta curatorium, salvo nobis censu consueto. Et perinde recepimus a dicta ecclesia decem libros Suessionensis monete ad redditus emendos. Quod ut ratum et firmum permaneat, presentes litteras sigillorum nostrorum munimine roboravimus. Actum anno Domini millesimo ducentesimo vicesimo septimo, mense octobri.

XLVI.

ITEM DE EADEM VINEA.

Hugo, beati Crispini in cavea Suessionensis humilis abbas, totusque ejusdem loci conventus, omnibus presentes litteras inspecturis salutem in Domino. Noveritis quod nos concessimus et in perpetuum confirmamus abbati et fratribus ecclesie Ursicampi vineam quam emerunt ab Odone Craket, cive Suessionense, sitam juxta curatorium, ad censum duorum denariorum et unius oboli nigrorum, et perinde recepimus a dicta ecclesia decem libros Suessionensis monete ad redditus emendos. Quod ut ratum et firmum permaneat, presentes litteras sigillorum nostrorum munimine roboravimus. Actum anno Domini millesimo ducentesimo vicesimo septimo, mense octobri.

Octob. 1227.

XLVII.

SANCTI CORNELII DE COMPENDIO. — DE TRANSVERSO PER AQUAM APUD COMPENDIUM.

Omnibus presentes litteras inspecturis, Johannes, divina miseratione Compendiensis monasterii minister humilis, et ejusdem loci conventus, salutem in Domino. Noverit universitas vestra quod de querela que inter nos ex una parte et viros religiosos abbatem et conventum Ursicampi ex altera parte vertebatur super transverso quod nos repetebamus ab ipsis de rebus eorumdem transeuntibus apud Compendium per aquam, et ipsi dicerent se ad hujus modi solutorum non teneri, tandem de bonorum consilio firmiter promisimus quod de dicta querela stabimus alte et basse arbitratui sue voluntati et ordinationi venerabilis patris Renaldi, abbatis Corbiensis, sub pena xx marcarum argenti solvenda ab illa parte que parere noluerit arbitratui ejusdem illi parti que parere voluerit. In cujus rei testimonium presens scriptum sigillis nostris fecimus sigillari. Actum anno gratie M°. CC°. xl°. iij°., mense majo.

Maio 1243.

XLVIII.

ITEM DE EODEM.

Radulphus, divina miseratione monasterii Corbiensis minister humilis, universis presentes litteras inspecturis, salutem in Domino. Noverit universitas vestra quod cum esset contentio inter viros religiosos abbatem et conventum Ursicampi ex una parte et abbatem et conventum Compendii ex altera, super transverso quod ipsi abbas et conventus Compendii petebant ab eisdem abbate et conventu Ursicampi de rebus eorum transeun-

Junio 1243.

tibus apud Compendium per aquam, et iidem abbas et conventus Ursicampi dicerent se ad hujus modi solutionem non teneri, tandem de bonorum consilio promiserunt utreque partes firmiter quod de dicta querela starent alte et basse arbitratui seu voluntati et ordinationi nostre, sub pena xx^{ti} marcarum argenti solvendarum ab illa parte que parere noluerit arbitratui seu voluntati et ordinationi nostre illi parti que parere voluerit. Nos vero, habito super jam dicta querela cum bonis viris et prudentibus tractu et deliberatione diligenti, de ipsa querela pro bono pacis ordinavimus quod prenominati abbas et conventus Ursicampi super transverso de rebus suis transeuntibus apud Compendium per aquam liberi erunt et quieti in perpetuum nec super hoc a predictis abbate et conventu Compendii inquietari poterunt vel molestari. Ipsi vero abbas et conventus Ursicampi xx^{ti} libras parisienses nobis tradiderunt ad emendum redditum in usus dictorum abbatis et conventus Compendii convertendas pro recompensatione liberalitatis predicte sibi per ordinationem nostram ab eisdem abbate et conventu Compendii concesse de rebus suis libere ac pacifice de cetero apud Compendium per aquam transeundis. Ille vero qui res predictas conducet sive conversus fuerit sive alius, ad monasterium Compendii veniet, et dicturus in verbo veritatis utrum res alienas conducat cum rebus Ursicampi. In cujus rei testimonium presentes litteras conscribi et sigilli nostri munimine fecimus roborari. Actum anno gratie m°. cc°. xl°. iij°., mense junio.

XLIX.

ITEM DE EODEM. — COMPOSITIO INTER NOS ET ABBATEM ET CONVENTUM SANCTI CORNELII COMPENDIENSIS DE TRANSVERSO AQUE ET DE PASTURAGIIS VILLE DE MARES.

1306. Universis presentes litteras inspecturis, dominus Johannes de Rouviler, monachus, presbiter, professus et prior sancti Cornelii Compendiensis et frater Bertrandus de Buscaria, monachus, professus, presbiter et cellarius monasterii beate Marie de Ursicampo, arbitri arbitratores seu amicabiles compositores communiter electi a viris religiosis et honestis abbate et conventu sancti Cornelii Compendiensis ex una parte, et abbate et conventu monasterii beate Marie Ursicampi ex altera parte super contentis inferius salutem et presentibus dare fidem. Quum vetustate que materia est oblivionis solet elabi memoria hominum, providere utile est ut ea de quibus questiones insurgunt et postea pace, concordia vel celeri judicio terminantur, in scripturam autenticorum redigantur. Ea propter cum inter dominos nostros abbates et conventus predictos eorumdemque ecclesias orta fuisset jam diu materia questionis super eo quod abbas et conventus de Ursicampo predicti dicebant et asserebant se posse ducere per navem seu naves vina sua et res quascumque alias per subtus pontem Compendii et aquam Ysare fluminis ante dictam villam ad monasterium suum seu abbatiam Ursicampi, quiete, libere et pacifice, ulla petita littera ab abbate et conventu sancti Cornelii Compendiensis predicti, per multas rationes et specialiter per quandam compositionem, seu dictum, ordinationem olim initas inter dictas partes dictis abbate et conventu sancti Cornelii Compendiensis per aliquas rationes et specialiter per prefatam compositionem, dictum seu ordinationem contrarium asserentibus pro eo quod quidam conversus res abbatis et conventus Ursicampi per dictam aquam in quadam nave conducens ad monasterium sancti Cornelii Compendiensis predictum ad dicendum in verbo veritatis utrum res alias conduceret cum rebus Ursicampi prefatus non fuerat, sed hoc pretermisso transiverat ultra pontem et transversum predictum. Et ob hoc abbas et conventus monasterii sancti Cornelii Compendiensis predicti abbatem et conventum Ursicampi teneri ad emendam sibi prestandam. Dicebant etiam per compositionem predictam, cujus quidem compositionis totus tenor talis est ut in littera precedente. Nec non super eo quod dicti abbas et conventus Ursicampi dicebant et proponebant sibi licere animalia sua, vacas, boves, tauros, oves et alia animalia de domo sua que Carmeia vulgaliter noncupatur, ducere ad pasturagia ville de Mares, ubicumque se extenderent seu prestenderent, ibidem pro libito voluntatis, libere, sine redivencia aliqua facienda abbati et conventui sancti Cornelii Compendiensis predictis. Abbate et conventu sancti Cornelii Compendii dicentibus ex adverso quod eis hoc facere non licebat sine licencia petita et obtenta ab abbate et conventu sancti Cornelii Compendiensis vel eorum mandato existentibus apud Mares. Tandem bonis mediantibus de premissis omnibus et singulis, unanimiter compromiserunt dicte partes in nos priorem et cellarium predictos. Quo onere compromissi in nos suscepto, et auditis omnibus que dicte partes coram nobis productis et omnibus diligenter inquisitis, visisque omnibus et singulis que nobis incombebant ac pensatis et a nobis consideratis, prout melius et commodius fieri poterat, et tenore dicte compositionis de verbo ad verbum diligenter inspecto, partibus coram nobis sufficienter competentibus, de premissis dicimus, ordinamus, pronunciamus, prout ulterius est expressum, videlicet quod conversus qui res ecclesie conducebat, domino abbati sancti Cornelii Compendiensis emendam prestabit contra compositionem veniendo. Item dicimus et ordinamus quod abbas et conventus Ursicampi vina sua usque ad septies viginti dolia que cressent de cetero in quinquaginta arpentis vinearum vel circiter que habent apud Castenetum et quibusdam aliis locis eidem loco propinquis, et si predictus numerus doliorum de predictis quinquaginta arpentis non posset totaliter ad impleri, predicti abbas et conventus Ursicampi poterunt emere vel propitiante domo acquirere aliunde usque ad supra dictum numerum septies viginti doliorum ac etiam conducere per aquam Ysare, transire per pontem Compendii et transversum, et ducere ulterius cum rebus suis aliis usque ad abbatiam suam seu monasterium Ursicampi libere et quiete, propter usum ecclesie sue predicte, absque difficultate et impedimento aliquibus, ita tamen quod ille qui vina predicta sive res alias conducet tenebitur ire ad monasterium sancti Cornelii Compendiensis predictum, sive conversus fuerit aut alius, et dicet in verbo veritatis preposito dicti monasterii, seu priori, seu loca eorum vel alterius eorumdem tenentibus tantummodo utrum res alienas conducat cum rebus Ursicampi, sicut continetur in antiqua compositione predicta. Item de secundo articulo videlicet de pasturagiis ville de Mares dicimus et ordinamus et pronunciamus sic, videlicet quod abbas et conventus Ursicampi poterunt de cetero ducere ad pasturagia dicte ville de Mares quinquies centum oves et alia animalia, scilicet boves, vacas, atque tauros, usque ad triginta, de domo sua que vulgariter Carmeya noncupatur, mediantibus quatuor denariis parisiensibus solum solvendum et reddendum ab illis de Ursicampo prefatis abbati et conventui sancti Cornelii Compendiensis, seu eorum locum tenenti apud Mares, in octava pasche, quolibet anno. Et ne ordinatio seu pronunciatio nostra super premissis processu temporis elusoria reputetur, requirimus partes predictas ut in signum et munimentum approbationis premissorum presentibus litteris sigilla sua una cum nostris sigillis appositione dignum ducant. Et nos abbates et conventus predicti, premissis omnibus et singulis in recta consideratione deductis et utilitatibus ecclesiarum nostrarum diligenter pensatis, in signum approbationis premissorum omnium et singulorum et testimonium eorumdem presentibus litteris sigilla nostra quibus utimur, duximus apponenda. Datum anno Domini millesimo ccc°. sexto, feria quinta in cena Domini.

L.

ITEM DE EODEM. — DE VINEA HUBERTI PIEDOIE.

Januar. 1236. Radulfus, divina miseratione sancti Cornelii Compendiensis dictus abbas, omnibus presentes litteras inspecturis salutem in Domino. Notum facimus quod cum querela esset inter ecclesiam Ursicampi ex una parte et Ysardum et Avelinam uxorem ejus ex altera, pro quadam vinea sita juxta Johanvile, supra viam que tendit versus Clarais, quam vineam Hubertus cognomento Pisdoie contulit in elemosinam ecclesie Ursicampi. Tandem dicti Hisardus et Avelina coram nobis constituti renunciaverunt omni juri quod in dicta vinea habebant vel habere poterant quoquo modo, volentes et concedentes ut dicta ecclesia dictam vineam in perpetuum quiete possideat et habeat. In cujus rei testimonium ad petitionem dictorum H. et A. presentes litteras sepe dicte tradidimus sigillo nostro communitas. Actum anno Domini m°. cc°. xxx°. vi°., mense januario.

LI.

ITEM DE EODEM. DE DOMO NOSTRA DE COMPENDIO.

1169. Notum sit omnibus tam presentibus quam futuris quod ego Ansoldus, Compendiensis monasterii minister humilis, totiusque nostri universitas capituli, abbatie Ursicampi domum in terra nostra supra rippam Ysare sitam, quam Hugo Martelot in elemosinam eis dederat sub annuo censu quinque solidorum Cathalaonensium in perpetuo possidendam concessimus, salvo tamen omni jure territorii in quo fundata esse dinoscitur, videlicet in banno et sanguine et in foragiis tam de vino suo quam de alieno et ceteris ejusdem terre consuetudinibus, hoc excepto quod si familia prefate domus aliquid, quod absit, ibidem sinistre egerit, hujus vindicta excessus ad abbatem Ursicampi pertinebit. Quod ut ratum et firmum in posterum perseveret, presentem cartam inde fecimus conscribi et sigillo capituli nostri muniri. Actum anno verbi incarnati m°. c°. lx°. ix°.

LII.

DE MASURA RADULFI DE PORTU APUD COMPENDIUM.

1209. Radulfus de Portu, miles, vendidit fratribus Ursicampi masuram suam in oppido Compendii sitam, xij libras parisiensis monete, eamque resignavit in manu Petri de Raduez et in manu Gileberti prepositi sancti Cornelii Compendiensis, et ipsi, de assensu abbatis et capituli Compendiensis per manum Wassonis monachi investiverunt ecclesiam Ursicampi. Hoc concessit Agnes uxor memorati Radulfi, que in dicta masura dotalicium se habere dicebat, alia domo sibi a marito in eodem oppido assignata de qua eam predictus Gilebertus prepositus investivit. Hoc etiam concesserunt Johannes, frater dicti Radulfi, et Adelina, uxor ipsius, et Petrus, eorum filius, qui quartam partem in eadem masura habebant, et warandisiam ferre secundum terre consuetudinem, interposita (fide)spoponderunt. Preterea super hoc plegii dati sunt Petrus miles, Gerardus de Portu, et Albertus Dives, testes Savalo et Radulfus. Id ipsum concessit Ada soror dicti Radulfi, in presentia Gerardi de Portu, Roberti Cordarii, Gregorii et Odonis pel de wanum constituta. Actum anno Domini м°. cc°. ıx°.

LIII.

DE TERRIS SANCTI DYONISII NOBIS AD TENENDUM CONCESSIS.

Ego Sugerius, dei gratia ecclesie beatorum Christi martirum Dyonisii, Rustici et Eleutherii abbas, notum volo fieri tam posteris quam modernis quod ego, totius capituli mei assensu, concessi fratribus et amicis nostris de Ursicampo, ad excolendum et tenendum ad manum firmam in perpetuum terras et nemora in territorio de Bailleul et de Magniviler, salvo jure et redditibus ecclesie nostre.

114...

LIV.

ITEM DE EODEM. — DE TERRA QUE DICITUR DE FROERIIS.

Notum fieri volumus tam futuris quam presentibus, quod ego Odo, dei gratia abbas sancti Dyonisii, communi favore capituli nostri, terram nostram de Froeriis venerabili Gileberto, abbati, et fratribus Ursicampi in perpetuum possidendam tali conditione concessi, ut de uno quoque modio qui in prefata terra seminatus fuerit, constat enim modius ille ex duodecim minis, quatuor minas, duas frumenti et duas avene, eadem mensura qua terra fuerit seminata, usque ad festum omnium sanctorum, in domum beati Dyonisii apud Medianum Viler deferant ac persolvant. Cum vero terra vacua fuerit, nichil inde habebimus. Ut autem hoc per succedentia temporum curricula ratum et illibatum permaneat, scripto mandari et sigilli nostri autoritate fecimus confirmari. S. Ansoldi prioris. S. Huberti supprioris. S. Philippi prepositi. S. Willelmi cantoris. S. Willelmi capellani. Actum anno Verbi incarnati м° c° liiij.

1154.

LV.

ITEM DE EODEM. — DE QUADAM PARTE NEMORIS.

Ego Willelmus, dei gratia beati Dyonisii abbas, notum volo fieri universitati fidelium querelas quasdam exortas esse inter ecclesiam nostram et ecclesiam de Ursicampo pro quodam fossato apud Errosias juxta viam que ducit ad Warnaviller a fratribus predicte ecclesie facto, et pro quodam nemore nostro ab ipsorum bosco ulla terminorum designatione diviso, supra quo eis dampnum tulisse dinoscitur. Cum ergo querelis hujus modi finem imposituri conve-

1180.

nissemus, ego et abbas Guido de Ursicampo in commune decrevimus ut disterminandi predicti nemoris negocium vicinis fidelibus committeretur quibus et loci vicinitas et retroacta temporum series rei veritatem plenius innotuisset. Visum est etiam nobis ut sacerdotibus de Estreis et de Ballolio perciperemus quatinus parochianis suis, quibus imponenda erat eadem divisio, sub anathematis intiminatione denunciarent ne vel amore vel odio vel etiam timore aut cupiditate aliqua abducti scienter a veritatis tramite deviarent, sed fideliter utrique parti quod suum esse noverant assignarent. In hunc ergo modum predictum nemus divisum est presentibus Philippo et Petro, monachis nostris, et Haimerico, presbitero de Ballolio, et Rogero, presbitero de Estreiis, Odone quoque, preposito comitis Suessionensis, qui advocatus ipsius terre erat, nec non et majoribus nostris Petro et Alelino, cum ceteris ministris nostris. Assignatis igitur hinc inde predicti nemoris partibus, fratres Ursicampi partem nostram pertinentem usque ad metam juxta viam que ducit ad Estreias fixam sub annuo censu trium solidorum et duorum denariorum monete cathalaonensis a nobis susceperunt, et sic predicte querele de nemore prenominato controversia sopita est. Ne qua ergo super hac compositione contentio deinceps oriatur, assensu capituli nostri, presentem paginam sigilli beati Dyonisii impressione communire curavimus. Actum hoc est anno ab incarnatione Domini. m° c° lxxx°.

LVI.

ITEM DE EODEM. — DE ASSIGNATIONE METARUM INTER DECIMAM NOSTRAM ET DECIMAM EORUMDEM.

1183. Ego Willelmus, dei gratia beati Dyonisii abbas, ejusdemque monasterii conventus, notum facimus universis fidelibus in perpetuum, querelam quamdam exortam fuisse inter ecclesiam nostram et ecclesiam de Ursicampo super decima terre que est a via de Rouviler per Cruciculas veniente juxta ploiam Arrosiarum et ad Bailluel tendente, usque ad viam fagi de Huavaria. Cum enim inter nos et ipsos constaret universitatem decime territorii ad custodiam majoris de Strata pertinentis juris esse ecclesie Ursicampi, contra vero decimam territorii quod est in custodia majoris de Bailluel ad jus ecclesie nostre, cum omni integritate pertinere, pars utraque confiteretur, finis tamen utriusque decimationis incertus erat eo quod fines predictarum majoriarum in incerto forent. Convenientibus igitur in unum super predictam terram abbate et fratribus Ursicampi, nec non ex parte nostra dilectis filiis nostris Hugone priore et Hugone infirmario atque Philippo ejusdem terre preposito, cum super finibus varia et incerta testimonia suscepissent, et per testes veritas ullatenus inveniri posset, tandem, mediantibus Odone de Prato et Willelmo de Fresmont, venerabilibus abbatibus et supradictis fratribus nostris, pretaxata querela utriusque partis assensu hoc modo pacificata est. Ecclesia quidem nostra de jam factis novalibus de quibus hactenus decimam in pace possedimus, deinceps decimam totam quiete ac libere possidebit; si qua vero novalia deinceps in ea portione nemoris de qua contentio fuerat, facta fuerint, nos et predicti fratres ibi decimam communiter et equaliter accipiemus, nulla a modo de finibus vel pro finibus mutatione vel variatione formam presentis compositionis impediente, tertia vero pars ejusdem decime de qualis mota fuerat, quam quidam miles Rogerus nomine possidet, si a nobis vel a predictis fratribus quolibet tempore acquiri contigerit, decima communis erit, et si sumptus ibi facti fuerint vel ab ipsis vel a nobis, communiter persolventur. Actum est hoc anno ab incarnatione Domini M°. c°. octogesimo tertio.

LVII.

ITEM DE EODEM. — DE DECIMIS ACQUISITIS ET ACQUIRENDIS.

Ego Hugo, dei gratia beatorum Christi martyrum Dyonisii, Rustici et Eleutherii abbas, totumque capitulum nostrum, universis fidelibus in perpetuum, notum volo fieri tam futuris quam presentibus, querelas quasdam exortas fuisse inter ecclesiam nostram et ecclesiam Ursicampi super quibusdam nemoribus et terris quas sine assensu ecclesie nostre predictos fratres acquisisse et possidere conquerebamus, predicti vero fratres contrario quasdam decimas in territorio de Callosellis ad eorum jus pertinentes, nos sine ipsorum assensu possidere columpniabuntur. Disceptatione ergo super hoc diu hinc inhibita, tandem communi ecclesiarum convencia statutum est, et in scriptis redactum, ut de terris quas in Caillosellis excolunt, exceptis eorum novalibus, decimas a modo quiete et libere reciperemus, ipsi vero terras illas quas eatenus in territoriis nostris acquisierant, libere nichilominus et quiete deinceps possiderent, sub hac conditione ut campi partem id est nonam garbam vel censum nostrum in terris illis que censuales esse noscuntur, decimas etiam ad jus nostrum pertinentes cum omnibus integritate persolvant, et justicia nostra scilicet in venditione et garbarum campi partis ad grangias solummodo de Bailluel et de Medio Villari sub vectione et fure et banno et sanguine et fratribus eorum exceptis et familiis et mersennariis nobis integra conservetur. Preterea concessimus eis ut terras et nemora juris nostri in territorio de Bailluel et de Magnivillari et de Vallebrie quo usque decimatio ipsorum extenditur et non ultra, si acquirere potuerint sub predicta conditione, cum omni pace et quiete possideant. Si autem prefatos redditus tempore statuto non solverint, sommoniti a nobis satisfacient inde. Quod ut ratum et inconvulsum permaneat, presens cyrographum tam sigillorum ecclesiarum nostrarum impressione quam testium subscriptorum assertione roborari fecimus. S. Guidonis, abbatis de Valle. S. Willelmi, abbatis de Fresmonto. S. Hugonis, supprioris de Ursicampo. S. Ivonis, monachi de Fresmonto. S. Johannis, monachi de Valle. S. Ancheri et Wicardi, conversorum Ursicampi. S. Odonis, prepositi de Estreis. S. Alelmi, majoris de Estreis. S. Petri, majoris de Bailluel. Actum est hoc anno dominice incarnationis M°. c°. lxxx°. vii, in capitulo nostro, totius capituli assensu, presente Guidone, abbate Ursicampi, Radulfo tunc temporis suppriore, Girardo cantore, Hugone infirmario, Hugone thesaurario.

1187.

LVIII.

COMPROMISSUM SUPER LITTERIS SUPRA SCRIPTIS QUOD NON POSSUMUS ACQUIRERE PROUT SUPRA.

Jacobus, dei gratia Suessionensis episcopus, et magister Johannes de sancto Dyonisio, Belvacensis canonicus, omnibus presentes litteras inspecturis, salutem in Domino. Noverint universi quod cum discordia verteretur inter abbatem beati Dyonisii ex una parte et ecclesiam

Martio 1200.

Ursicampi ex altera super pluribus querelis, de illis omnibus a partibus in nos fuit compromissum, et promiserunt partes sub pena centum librarum quod firmiter et inviolabiliter observabunt quicquid nos de predictis querelis omnibus pro voluntate nostra duxerimus ordinandum. Nos autem, habito diligenti tractatu super dictis querelis, concitato etiam bonorum virorum consilio, dictum nostrum pertulimus in hunc modum. Cum ecclesia Ursicampi haberet cartam ab ecclesia beati Dyonisii ut posset acquirere in territoriis de Balluel et de Magniviler et de Valle Brie quousque decimatio eorum extenditur, et non ultra, de cetero nichil poterunt acquirere monachi Ursicampi; et si aliquid eis fuerit legatum vel donatum, vendere tenebuntur infra diem et annum, nisi de assensu abbatis et conventus beati Dyonisii retinuerint; de decimis in majoria de Estrees, que secundum cartas abbatis et conventus Ursicampi ad ipsos pertinebant, dicimus quod abbas et conventus beati Dyonisii percipient ibi decimas quamdiu terras excolent propriis sumptibus vel laboribus, et non tantum modo illas decimas que modo presentes sunt, sed illas etiam que emergent de cetero, dum modo predicto modo dictas terras excolant. Si autem terre novalium ab abbate et conventu beati Dyonisii darentur aliis excolende, itaque non sumptibus vel laboribus beati Dyonisii excolerentur, dicte decime integraliter ad ecclesiam Ursicampi reverterentur. De decima Balduini vidui et Ade de Bailluel militis, dicimus quod, secundum tenorem cartarum Ursicampi, ecclesia beati Dyonisii solvat mediante sumptuum, et dicte decime percipiat medietatem. Dicimus autem quod infra annum dictos sumptus ecclesie Ursicampi ecclesia beati Dyonisii offerat et persolvat. Itaque interim ecclesia Ursicampi fructus dicte decime percipiat quiete de terra Haiarum quas essartaverunt monachi Ursicampi, dicimus. Dicta terra remanebit ecclesie Ursicampi ad campipartem solitam quam solvent ecclesie beati Dyonisii, remanebunt etiam ecclesie Ursicampi terre quas eidem legaverunt major et majorissa de Balluel, salva campi parte beati Dyonisii. Item dicimus quod monachi Ursicampi facient portari ad grangiam beati Dyonisii decimam cum campiparte, sicut solent, de terra de Froeriis, de qua dicebatur ecclesia Ursicampi non soluisse debitam pensionem. Dicimus quod querela terminabitur per terre mensurationem. Item dicimus quod due garbe solventur de uno quoque centenario de magna cultura que est ante portam de Arrosiis, ita quod ille due garbe de integritate uniuscujusque centenarii erunt et numero. Item dicimus quod ecclesia Ursicampi solvet ecclesie beati Dyonisii nonam garbam pro campi parte secundum antiquam computationem et solutionem que talis est. Ante quam nova computatio incipiat, decima garba pro decima et undecima pro mercede messorum solvetur. Item quod nemus quod est juxta grangiam Arrosiarum, quod ecclesia Ursicampi tenet ab ecclesia beati Dyonisii, eidem remanebit sub censu consueto. Per istam compositionem derogatum est antiquis cartis quas ecclesia beati Dyonisii et ecclesia Ursicampi habebant ad invicem una contra aliam quantum ad illos articulos qui in presenti cartula continentur. Aliis vero articulis quos dictum nostrum non contingit, non intendimus derogare. Ut autem hec nostra ordinatio arbitralis super dictis querelis firmiter observetur, presentem paginam sigillis nostris roboravimus. Actum apud beatum Dyonisium anno Domini M°. CC°. XX°. VI°., mense marcio.

LIX.

ITEM DE EODEM. — CARTA DE COMPOSITIONE.

Petrus, dei gratia beati Dyonisii abbas, et ejusdem loci conventus, universis presentes litteras inspecturis salutem in salutis auctorem. Universitati vestre notum facimus quod cum inter nos ex una parte et ecclesiam Ursicampi ex altera, super diversis querelis contentio verteretur, tandem compromisimus in venerabiles viros dominum Jacobum, Suessionensem episcopum, et magistrum Johannem de sancto Dyonisio, Belvacensem canonicum, qui, habito cum bonis viris consilio, in hunc modum suum arbitrium pertulerit ut supra proxima littera. Ut autem hec nostra ordinatio arbitralis supra dictis querelis firmiter observetur, predictam paginam sigillis roboravimus. Actum apud beatum Dyonisium anno Domini M°. CC° XX° sexto, mense marcio. Ne vero dicte querele et lites a dictis arbitris arbitrantibus jam decise denuo recidiverint, presens scriptum de arbitrio eorum conscriptum ratum de arbitrio eorum ratum habemus et gratum, et illud ad firmitatem et robur in posterum sigillorum nostrorum appositione duximus roborare. Actum anno M°. CC°. XX°. sexto, mense marcio.

Martio 1226.

LX.

ITEM DE EODEM.

Universis presentes litteras inspecturis, M..., miseratione divina monasterii beati Dyonisii in Francia minister humilis, totusque ejusdem loci conventus, in Domino salutem. Noverit universitas vestra quod cum nos haberemus viginti quatuor modiatas terre arabilis vel circiter sitas in territorio de Estrees retro boscum contiguum grangie de Erreuses et quodam manerium in eadem terra, situm in quatuor peciis, existentes in hiis locis, videlicet in quadam pecia subtus locum qui dicitur Vauseine, inter ploiam de Erreuses et viam que dicitur de le Humiere, quatuor decim modiatas, undecim minatas et x et octo virgas in alia pecia que dicitur de le Boueloie, XVI minatas et XXII virgas, et in alia pecia contigua logiis de Warnaviler, quam majorissa de Medio Villari de nobis ad medietatem tenuit, quinquaginta minatas et trigenta et septem virgas. In alia vero pecia in qua dictum manerium situm est, retro ploiam dicte grangie de Erreuses, tres modiatas et quinquaginta et sex virgas. Nos, utilitate monasterii nostri diligenter inspecta, dictam terram cum manerio predicto ab omni campiparte decimatione seu alia redditione liberas et immunes tradidimus et concessimus et communi assensu nostro viris religiosis abbati et conventui Ursicampi, ordinis Cysterciensis, in perpetuum in manu mortua possidendas per conventiones inter nos et dictos religiosos habitas que tales sunt, videlicet quod dicti abbas et conventus Ursicampi in recompensatione dicte terre et manerii tenentur nobis vel certo nostro mandato reddere annis singulis in futurum, infra tertiam diem sequentem ascensionem Domini, sexaginta et duodecim libras parisienses pro terris et manerio supradictis. Solutio autem dicte pecunie debet nobis fieri singulis annis, eodem termino, apud Medio Villare, et si deficerent in solutione dicte pecunie, nobis vel mandato nostro facienda loco et termino supradictis, pro qualibet die qua deficerent, nobis

Febr. 1261.

duos solidos parisienses nomine pene reddere tenentur. Et concedimus eis ac etiam confirmamus, volumus autem abbati et conventui predictis quod peciam nemoris quatuor modiatas terre vel circiter continentem, sitam in retro logias de Erreuses, quam tenent et possident, ad quam extra manum suam ponendam ipsos compellere volebamus, nunc etiam in perpetuum in manu mortua teneant et possideant libere, pacifice et quiete, sina ulla contradictione nobis vel aliis nomine nostro in posterum facienda. Decimam vero quam dicti religiosi tenebant et possidebant apud Baillolum in terris alienis, nobis totaliter quittaverunt, salva nobis justitia in terris, manerio et nemore supradictis. Nos et ecclesiam nostram in perpetuum obligantes quantum ad omnia et singula predicta firmiter et inviolabiliter observanda, prout superius sunt expressa, promittentes etiam dictis abbati et conventui Ursicampi omnia et singula bona fide garandizare contra omnes, et quod contra premissa vel aliqua de premissis per nos vel per alios non veniemus in futurum, renunciantes in hoc facto omni juris auxilio, tam canonici quam civilis, et omnibus aliis, tam juris quam facti, que nobis possent prodesse et dictis abbati et conventui nocere ad eludendum premissa vel aliquod de premissis. In cujus rei testimonium presentes litteras sigillorum nostrorum munimine fecimus roborari. Datum anno Domini M°. CC°. sexagesimo primo, mense februario.

LXI.

ITEM DE EODEM. — DE NEMORIBUS.

1201.

Ego Drogo de Cressunessart notum facio omnibus hec visuris quod vendidi fratribus Ursicampi pretio lxxv librarum parisiensis monete tres modiatas nemoris mei quod dicitur Faiz, ita quod in illis tribus modiatis nichil michi vel heredibus meis retinui, excepto censu xii nummorum parisiensium qui per annos singulos, in festo sancti Remigii, apud Cressunessart michi et heredibus meis reddentur. Si vero evenerit ut eo die fratres per negligentiam censum illum non reddant, reddent postea infra xx dies sine aliquo forisfacto. Hec omnia concesserunt Agnes uxor mea et liberi nostri Drogo, Robertus, Theobaldus, Beatrix et Emelina, plevivit que eadem uxor mea quod prescriptas tres modiatas fratribus Ursicampi contra omnes qui ad justitiam et legem venire voluerint warandiret, et quum ipsa in medietate prefati nemoris dotalicii jus habebat, de voluntate et bene placito ejus assignavi ei ut in reliqua medietate recompensationem accipiat. De hac venditione firmiter tenenda et tuenda se in plegios cum lege miserunt Ansoldus de Ronkeroles, Symon de Spinosis, Odo de Soisi, et Guido filius ejus, Odo de Cauferi, Hugo Reveteaus, Willelmus de Cressunessart, Rogerus de Foillousis et Deubertus milites. Hiis vero adiciendum quod si quando contigerit ut in nemore sancti Dyonisii mea michi portio assignetur, prenominati fratres de ipsa portione tres modiatas ubi eis melius sederit accipient, et ad heredes meos ista venditio reverteretur, salvo eo quod fratres ligna que ibi creverunt, asportabunt. Et ego similiter faciam de nemore quod tradam fratribus memoratis. Hec igitur ut rata in perpetuum sint, presentem paginam sigilli mei appensione munivi. Actum anno gratie M° CC° I°.

LXII.

CALNIACHI. — CARTA ABBATIS DE CALNIACO, QUI MODO DICITUR ELIGII FONTIS, DE MEDIA PARTE DECIME TERRITORII MANESIARUM.

Ego Alulfus, abbas ecclesie sancte Marie de Calniaco, notum volo fieri tam posteris quam modernis, quod fratribus et amicis nostris de Ursicampo, cum consensu et benivolentia totius capituli nostri, in manu domni Symonis, Noviomensis episcopi, in perpetuum concessimus quicquid habebamus in decima omnium terrarum quas ipsi fratres apud Manessias proprio labore exercebunt. Media siquidem pars ejusdem decime nostra erat quam Hugo filius Guiardi apud nos religionis habitum sumens nobis in elemosinam donaverat. Quod quum ratum firmumque in perpetuum esse volumus, presentem cartam sigilli nostri impressione munivimus, testiumque subscriptorum astipulatione corroboravimus. S. Macri prioris. S. Petri subprioris. S. Ivonis prepositi. S. Odonis sacerdotis. S. Balduini et Alani.

Circa 1147.

LXIII.

CYROGRAPHUM DE MOLENDINO DE LIER.

Ego Balduinus, dei gratia Noviomensis episcopus, notum volo fieri presentibus nec ignotum absentibus inter abbatias Ursicampi et Calniaci dissonanciam quandam nostris temporibus fuisse exortam pro quodam videlicet molendino unoque vivario que ab abbate Calniaci fratre Alulfo in territitorio de Lier edificabantur, quorum monachi Ursicampi, ob frequenciam itinerantium molendini gratia illo iturorum, de terris et pascuis suis circumquaque adjacentibus dampnum sibi non modicum imminere conquerebantur. Quocirca reformande pacis et conservande caritatis obtentu, consilio nostro et decreto statutum est firmatumque, utrius que ecclesie assensu, ut molendinum ipsum, sicut fieri ceperat, perficeretur, ita sane ut pecoribus grangie Vadulorum ad pastum euntibus vel redeuntibus per calcheiam vivarii liber transitus preberetur. Porro carris atque quadrigis annonam molendam deferentibus usque ad molendinum per calcheiam licebit transire, sed non ipsis nec quibuslibet vehiculis undequaque venientibus, vel quodcumque alias deferentibus, permittetur molendinum pertransire. Simul etiam hoc statutum est et firmatum atque multo magis observandum, ut fratres de Ursicampo in grangia Vadulorum commanentes unum modium et dimidium frumenti mensura sancti Quintini unaquaque ebdomada nisi forte aque ad molendinum non sufficerent, in eodem molendino gratis et absque ulla moliture prohibitione molerent, et hoc, post illum quem primum preterdictum dumtaxat ville illius in mola molentem invenirent. Quam ob rem conditum est et statutum ne abbas Ursicampi in illo territorio a modo molendinum faciat. Quod si sue commodum ecclesie judicaret, antea sibi facere licebat. Ne igitur istud pactum utrumque habitum et confirmatum oblivio deleat, seu posteritas quoquo modo infringat, litteris illud judicamus commendandum, et sigillo nostro atque utriusque ecclesie privilegio cum fidelium

1162.

inscriptione testium confirmandum. S. Droconis, Raineri atque Johannis, domesticorum clericorum meorum et regularium canonicorum. S. Magistri Galberti, Noviomensis canonici. S. Clementis prioris et Symonis supprioris Ursicampi. S. Walteri et Rogeri cancellariorum. S. Petri et Radulfi presbiterorum. S. Alexandri et Hugonis dyaconorum. S. Johannis et Bartholomei subdyaconorum. S. Petri prioris et Hugonis supprioris Calniaci. S. Petri cantoris. S. Ermenoldi et Gonfredi presbiterorum. Hoc autem sciendum predictam tritici mensuram non nisi propriis usibus fratrum predictorum esse molendam. Actum anno Verbi incarnati m° c° lx° ij°.

LXIV.

DE PASCUIS COMMUNIBUS ET VIA ANTE MANESSIAS QUE COMMUNIA ESSE DEBENT.

1196.

Arnulfus, abbas Calniacensis, et Symon, archipresbiter Noviomensis, universis fidelibus hec visuris in perpetuum. Notum fieri volumus quod Nicholaus de Sarto, miles, movit querelam adversus fratres Ursicampi super pascuis de Manesseis et de Lier et de Vadulis et super calceia vetere et super divisione terrarum quas idem fratres apud vadum de Manessiis possidebant. Cum itaque super hiis diutius fuisset controversia ventilata, nos, de communi parcium assensu inde arbitri constituti, locum adivimus ubi que communia Wichardo, preposito Calniaci, et Johanne Rufo de Viri, baillivis Elienor, illustris comitisse Viromandensis, ad cujus dominium pertinebat ipse locus, et coram multis aliis venerabilibus personis a vicinis loci senioribus cum omni diligencia rei inquisivimus veritatem sub intiminatione videlicet anathematis ex parte domini episcopi Noviomensis a me Symone officiali ejus facta. Cognito autem ex eorum assertione quod prenominata pascua essent communia, et quod via que ante Manessias dirigitur sic deberet manere, quoque calceiam veterem dicti fratres pacifice possidere deberent, hec omnia juxta testimonium fidemque seniorum decrevimus firmiter permansura. Ad testimonium quoque eorundem seniorum terras fratrum juxta vadum de Manessiis divisimus, metas litis peremptorias affigentes ultra quas dicto Nicholao nichil liceat in perpetuum reclamare. Itaque edificia etiam quedam facta ab hominibus ejusdem Nicholay intra metas deprehensa per sententiam dirui fecimus, ut quicquid infra easdem metas continebatur, liberum fratribus in perpetuum permaneret. Ut autem hec omnia rata sint inviolabiliter, nullaque super hiis in posterum contentio renascatur, presentem paginam inde conscribi nostrorumque sigillorum appensione fecimus roborari. Actum anno Verbi incarnati m° c° xc° vi°.

LXV.

CARTA ABBATIS SANCTI ELIGII FONTIS.

1203.

Ego Symon, dictus abbas de sancti Eligii Fonte, et ejusdem conventus monasterii universis fidelibus hec visuris in perpetuum. Ad universitatis vestre notitiam volumus pervenire ex occasione cujusdam decime in territorio de Manessis querelam quandam exortam fuisse inter nos et fratres Ursicampi qui, privilegiis adversum nos utentes apostolicis, querelam eandem agitarunt. Tandem vero bonorum virorum freti consilio, paci et amori vicine nobis ecclesie intendentes, conciderantes etiam quod eorum privilegia nullatenus cassare possemus, concessimus eis decimam terrarum cultarum quas modo possident vel in posterum acquirere poterunt in territorio toto memorato. Item concessimus eis quicquid de decimatione de Lier inter Ferrarias, Caisneel, Malcoup et Gerardinoam continetur, ut ibi quicquid jam acquisierunt, vel in futuro acquirere poterunt, libere possideant et quiete, de terris videlicet que jam deducte sunt ad culturam. De novalibus autem hinc institutum est ut nec ipsi a nobis nec nos ab ipsis mutuo decimas exigamus. Quod ut ratum sit, nulla que deinceps querela inter nos et Ursicampensem ecclesiam suscitetur, presenti pagine inde conscripte sigillum capituli nostri appendivimus in testimonium et munimen. Actum anno Verbi incarnati M°. CC°. iii.

LXVI.

COMPOSITIO INTER NOS ET MONACHOS SANCTI ELIGII FONTIS DE MOLENDINO NOSTRO DE CAMPASNIER.

Universis presentes litteras inspecturis, Thomas, divina permissione abbas monasterii sancti Elegii Fontis, ordinis sancti Augustini, Noviomensis dyocesis, totusque ejusdem loci conventus, salutem in Domino sempiternam. Notum facimus presentibus et futuris quod cum inter nos ex parte una et religiosos viros abbatem et conventum monasterii Ursicampi, Cysterciensis ordinis, ejusdem dyocesis, ex altera, exorta esset materia questionis super eo videlicet quod nos dicebamus molendinum quodam quod ipsi fecerant in ipsorum predio, quod dicitur de Campasnier, remanere non posse, ut pote in prejudicium nostri monasterii constructum, ea videlicet ratione quod idem molendinum consistit intra metas tales, scilicet a haia de Vouel usque ad rivum de Warimpont; et a petra dicta Aguiscoire usque ad Ysaram, in castellania Calniaci, infra quas metas non licet alicui molendinum construere, nobis renitentibus et invitis, jure scilicet et dominio quod super hoc nobis competere dicebamus intra metas predictas, ratione molendinorum que a domino Rege tenemus ad censam perpetuam apud Calniacum. Ipsi vero Cistercienses contrarium asserebant et dicebant quod, non obstantibus hiis que pro parte nostra dicebamus, prefatum molendinum suum remanere debebat de jure et poterat, quia non inter metas predictas existebat de quibus facimus mentionem, nec etiam dominus Rex, a quo dicimus hoc nobis esse concessum, intellexit vel intelligere debuit jus concedere alienum, et si quod suum est concedere potuit ipso jure, dicebant etiam dicti Cistercienses quod et si dominus Rex intellexit et intelligere debuit ut jus concederet alienum, quod utique non est verisimile, ut dicebant, alia tamen ratione dictum molendinum remanere debebat ea videlicet quod de jure communi et illius territorii consuetudine generali, licitum est unicuique molendinum in suo predio construere in quo dominium et justiciam obtinet temporalem. Dicebant insuper dicti Cistercienses, quod et si predicte ipsorum rationes ad eorum deffensiones non sufficerent, nos tamen, rationibus pro nobis propositis, contra dicere non debemus quin ipsorum molendinum predictum remaneat et stare debeat in futurum, quum in ipso

Sept. 1279.

loco in quo dictum molendinum existit, molendinum habuerunt alias domini a quibus ipsi de Ursicampo in eodem predio dominii et proprietatis causam habent; quod utique molendinum sola vetustatis causa vel dominorum paupertate dicitur destitutum, nec propter hoc juri eorum renunciatum, et hoc se probaturos dicebant suo loco vel de hiis tantum quam sufficere posset ad deffensionum eorum quo ad statum molendini predicti. Supra dictis itaque rationibus et causis huic videlicet extra judicium propositis consideravimus diligenter longum, laboriosum et etiam somptuosum imminere tractatum, si super hoc inter nos et ipsos litigium contingeret inchoari vel usque ad finem prosequi. Cum plerunque causarum eventus exitum dubium sorciatur, viso etiam quod dampnum et emolumentum hujusmodi negocii utrobique modici sit valoris, et omnibus ad hec pertinentibus circonspectis diligenter, consideravimus plus valere quod per viam pacis et concordie procederemus in hoc facto ut laboribus parceretur et expensis utrinque, quam cause conflictum inchoari, seu usque ad finem persequi cujus exitus dubius esset utrobique et parti que finaliter obtineret, modica esset utilitas, sumptui et laboribus nullatenus responsura. Tandem nos attendentes pro certo antecessores dictorum de Ursicampo a quibus habent causam et dominium in dicto predio, alias jam diu molendinum in eodem loco habuisse et veterem sedem molendini ibidem fore, de prudentium virorum consilio, concorditer composuimus in hunc modum, videlicet quod nos volumus et expresse consentimus supra dictis religiosis de Ursicampo quod ipsorum molendinum predictum ad eorum utilitates omnimodas quocumque modo faciendum, dum tamen non fiat ibi molendinum ad ventum, perpetuo maneat absque impedimento et perturbatione quacumque, renunciantes expresse omni juri et transferentes in eos si quod habemus vel habere possumus quoquo modo, tam ratione molendinorum Calniacensium quam alia quecunque per quod petere vel proponere possemus contra eos per quod dictum molendinum destituere vel demolire debeant ullo modo. Ita tamen quod Cistercienses predicti, licet de jure suo confiderent, ut dicebant, sumptus et labores et nichilominus dubium litis eventum, sicut et nos, non in merito metuentes ne sint illa tam modice questionis inter nos et ipsos materiam prebeat magni sumptus et occasionem laboris, pro bono pacis et pro amicitia consueta inter nos et ipsos conservando, tres sextarios bladi nobis perpetuo remiserunt, de quantitate in qua eis tenetur annuatim super molendinum nostrum de Lier ex causa legitima eis a nobis jam diu assignata, ad mensuram qua eis tenemur. Insuper dicti Cistercienses asseruerunt quod jure veteri competenti sibi et hiis a quibus causam habent, in prefato loco dictum molendinum faciebant, non intendentes per hoc jus novum acquirere quo ad ista, et promiserunt quod de cetero mittere non poterunt equum vel aliam vecturam infra predictas metas quesituros bladum ad molendinum in dicto molendino suo, nec etiam deinceps dicti religiosi de Ursicampo aliud molendinum construere poterunt infra metas ante dictas. Et hec que acta sunt inter nos et ipsos ea conditione et pacto acta sunt, ut si, quod absit, dominus Rex vel ejus successores vel aliquis causam habens ab eis super dicto molendino de Campasnier, ratione vel occasione molendinorum Calniacensium molestaverint eosdem in futurum, et ad molitionem ejus facto vel verbo compulerit, nos ex tunc dictos tres sextarios bladi, ut dictum est, nobis remissos cum aliis residuis in molendino nostro de Lier predicto, ut dictum est assignatum, perpetuo reddemus eisdem de Ursicampo annuatim, promittentes expresse et ad hoc per has presentes litteras nos obligantes eisdem quod contra factum hujusmodi et compositionem hanc ad utilitatem nostri monasterii habitam, facto vel verbo, in judicio vel extra, per nos vel per alium non veniemus in futurum nec faciemus aut fieri procurabimus quo minus presens compositio firma maneat quoad omnes sui partes. In cujus rei testimonium et munimen presentes litteras dictis religiosis de Ursicampo tradidimus sigillorum nostrorum munimine roboratas. Datum et actum anno Domini m°. cc°. lxx°. nono, mense septembri.

LXVII.

[S. ELIGII. — CONCESSIO DE BOSCO DE PIMPRES.]

Ego Radulfus, abbas, et conventus sancti Eligii universis fidelibus hec visuris in perpetuum notum fieri volumus quod boscum nostrum in territorio de Pinpres situm et pratum fratribus Ursicampi libere concessimus possidenda sub perpetuo censu lx solidorum parisiensis monete, annuatim, in festo sancti Remigii, solvendorum. Et quia non erat sufficiens recompensatio census prenotati, addiderunt fratres Ursicampi pratum quod est ante piscatoriam situm, inter brolium episcopi et Ysaram, continens in divisione xiii falcatas cum dimidia, sicut in positione metarum presentium declaratur, in perpetuum sancti Eligii fratribus possidendum, ita tamen quod in tempore secationis viam ad carricandum fenum prati ulterioris sui dicti fratres haberent. Hiis adiciendum quod domum Balduini, olim cancellarii, sub hac conventione, salvo censu fundali, tenendam eis concessimus in perpetuum. Quod ut ratum permaneat et immotum, presens cyrographum de communi assensu conscriptum, mutua sigillorum nostrorum appensione munivimus, partemque ipsius cyrographi sigillo nostro signatam ecclesie dedimus Ursicampi, reliquam ejusdem ecclesie sigillo munitam penes nos conservantes. Actum anno gratie m°. c°. xc. nono.

1199.

LXVIII.

[S. ELIGII. — EXCAMBIUM CUM ABBATE URSICAMPI.]

Guido, abbas sancte Marie Ursicampi, et fratres ejusdem monasterii et Rainalnus, abbas sancti Eligii Noviomensis, fratresque ipsius monasterii, omnibus in perpetuum fidelibus. Noverint universi ad quos hec scriptura venerit, quod quarumdem possessiuncularum assensu mutuo ea ratione inter nos facta est transmutatio, ut utrumlibet monasteriorum ea que viciniora sibi et commodiora creduntur, sicut inferius annotantur, obtineat, et eorum que obtinuerit census et consuetudines persolvat. Hec autem sunt que a fratribus Ursicampi sancti Eligii fratribus assignata sunt: vinea Holde Aspelete, tres sextarios sementis capiens, que sita est in Braenchou, in vico de Oroir, duo curtilia ejusdem Holde et terra juxta arabilis ea circiter dimidium modium sementis simul capientia, ad fontem Doun, vinea Bartholomei Thuiardi tres similiter sextarios capiens. Pro hiis vero Ursicampi a fratribus sancti Eligii ista recipiunt: vineam in monte Arboreie et terram juxta eam ix circiter sextarios capientia, campum de Pressario iii sextarios, campum de Fontenella ii sextarios, decimam campi qui dicitur Dimidius Mantellus. Supra his itaque ab invicem statutum est quod utrumlibet monasteriorum

Circa 1180.

alteri que sua fuerant contra omnes culumpnias eorum qui ad justitiam venire voluerint acquietabit et defendet, hoc excepto quod ad canonicos beate Marie Noviomensis pertinet. Ut hec igitur utrinque rata maneant et immota, presenti cyrographo mutua sigillorum nostrorum subjunxione munito confirmamus.'

LXIX.

EXCAMBIUM DE PLURIBUS APUD NOVIOMUM INTER NOS ET MONACHOS SANCTI ELIGII NOVIOMENSIS.

April. 1300. Universis presentes litteras inspecturis, Radulphus, permissione divina monasterii beati Eligii Noviomensis abbas humilis, totusque ejusdem loci conventus, salutem in Domino sempiternam. Noveritis quod cum nos de jure ecclesie nostre haberemus et perciperemus tanquam veri domini fonsarii de recto censu annuo nobis persolvendo quolibet anno super masuris infra scriptis et a tenentibus easdem, videlicet super masura que quondam fuit magistri Johannis Normanni, phisici clerici, prout se comportat, infra metas que situatur prope domum Ursicampi apud Noviomum, inter masuram venerabilium virorum decani et capituli ecclesie beate Marie Noviomensis ex parte una, et quamdam domiculam virorum religiosorum abbatis et conventus sancti Bartholomei Noviomensis ex altera, triginta duos denarios parisienses nobis quolibet anno persolvendos a tenentibus eandem. Item, super masura vel quadam domo edificata Johannis de Bello loco mercerii et predicta masura ipsius Johannis eidem edificate domui adjacente sexdecim denarios parisienses, nec non et super quadam masura ibidem prope adjacente, que quondam fuit domini Bertaudi de Curia, quondam succentorum Noviomensis ecclesie, decem denarios parisienses. Et nos videremus et perciperemus nobis fore utilius et ecclesie nostre habere totidem censu vel circiter prope monasterium nostrum et ecclesiam nostram, et sciremus viros religiosos abbatem et conventum monasterii beate Marie Ursicampi habere prope nos fundos et censivas nobis utiliores predictis que ab ipsis tanquam a dominis fonsariis tenebantur, videlicet domum de Morikan, que quondam fuit domini Roberti Fabri, quondam canonici Noviomensis, sitam in vico de Pede in Puteo, inter domum domini Ade de Haussi, capellani ecclesie Noviomensis, ex parte una, et domiculam quamdam virorum venerabilium decani et capituli ecclesie beate Marie Noviomensis ex altera, sub recto censu annuo duorum denariorum parisiensium; item, domum Symonis Thierree, clerici, sitam in vico sancti eligii Noviomensis, inter masuram Jacobi dicti Malisse et ejus uxoris, que quondam fuit Johannis Bernier, ex parte una, et domos Drouardi dicti Abbatis ex altera, sub recto censu annuo trium denariorum parisiensium, nec non et domos sive domiculas Renaldi dicti Mairesse, sitas ultra portam Bosket, que quondam fuerunt domini Guidonis de Ribercourt, militis, inter domum Symonis le Portier ex parte una et domum dicti Renaldi, que quondam fecit Radulphi Mairesse, carpentarii, ex altera, sub recto censu annuo decem denariorum parisiensium, quatuor caponum et duarum fouachiarum. Nos attendentes in hoc nos posse permutationem facere seu excambium cum ipsis propter utilitatem et commodum nostra et nostri monasterii, et ut meliora perspiciamus, permutationem seu excambium cum ipsis fecimus et facimus de premissis meliori modo quo facere possumus, transferentes in predictos religiosos et ecclesiam suam dictos treffondos et quicquid juris habebamus, habemus et habere possemus quoquo modo in dictis masuris, domo, censibus et aliis quibuscumque tanquam domini fonsarii dictorum locorum, cedentes eis omne jus et omnem actionem quod et quam habemus et habere possemus in futurum in dictis locis et tenentibus eadem. Et tenore presentium recognoscimus et confitemur nos pro nobis et nostro monasterio habere sufficientem recompensationem seu restitutionem pro premissis omnibus et singulis, promittentes bona fide et sub voto nostre religionis quod contra premissa vel aliquod premissorum per nos vel per alium de cetero non veniemus aliqualiter in futurum. Immo super premissis et quolibet eorumdem legitimam dictis religiosis feremus garandiam adversus omnes ad usum et consuetudines patrie, et ferre promittimus ad sumptus et expensos nostros. Renunciantes in hoc facto exceptioni deceptionis, doli mali, omni lesioni, beneficio restitutionis in integrum exceptioni rei dicto modo non geste actioni in factum privilegio fori omni juridicenti, generalem renunciationem non valere. Et omnibus aliis exceptionibus, rationibus et deffensionibus juris et facti que contra presentes litteras seu contenta in eisdem possent obici vel adduci, et per quas effectus presentium possit in aliquo retardari seu differri, vel que nobis possent prodesse et dictis religiosis Ursicampi nocere vel obesse. In quorum omnium testimonium et munimen, et ut premissa robur obtineant firmitatis, presentibus litteris inde confectis; de communi assensu capituli nostri, sigilla nostra duximus apponenda. Datum anno Domini millesimo trecentesimo, mense aprilis.

LXX.

PROCURATIO PRO LITTERA IMMEDIATE SUPRA SCRIPTA.

Universis presentes litteras inspecturis, Radulfus, permissione divina abbas monasterii sancti Eligii Noviomensis, totusque ejusdem loci cenventus, salutem in Domino. Noveritis quod nos constituimus, ordinamus et ponimus procuratorem pro nobis et loco nostro fratrem Gobertum, monachum nostrum, latorem presentium, ac etiam damus eidem plenariam potestatem et mandatum speciale faciendi permutationem seu excambium de quacumque possessione et hereditate ad nos pertinentibus cum religiosis viris abbate et conventu beate Marie Ursicampi de possessionibus et proprietatibus eorumdem, ac etiam de vestiendi et investiendi loco nostri et pro nobis etiam pro dictis possessionibus et proprietatibus ad nos et ad predictos religiosos pertinentibus, et omnia et singula facienda que ad dicta excambia seu permutationes pertinent, ratum et gratum habituri quicquid per predictum fratrem G..., procuratorem nostrum, in premissis factum fuerit seu etiam ordinatum, et hec omnibus et singulis quorum interest tenore presentium intimamus presentibus inviolabiliter duraturum. In cujus rei testimonium hiis presentibus litteris sigilla nostra duximus apponenda. Datum anno Domini millesimo CCC°., mense maio.

Maio 1300.

LXXI.

[CYROGRAPHUM EXCAMBIUM INTER S. ELIGIUM ET URSICAMPUM.]

In nomine Patris, et Filii, et Spiritus sancti. Amen. Ego Symon, Dei gratia Noviomensis episcopus, notum facio conventionem que facta est inter ecclesiam sancti Eligii et ecclesiam

1141

de Ursicampo. Siquidem ecclesia de Ursicampo tenebat de Theodorico, thesaurario, terram unam trium sextariorum persolvens ei pro sextariata decem et octo denarios singulis annis. Ecclesia vero beati Eligii terram quatuor sextariorum habebat. Una simul convenientes due ecclesie de istis duabus terris cambium fecerunt et quod unaqueque ecclesia in sua terra alteri concessit, hoc ipsum unaquaque in terra cambita recepit, ita sane ut monachi sancti Eligii a fratribus de Ursicampo censum illum quem thesaurario solvebat, sibi assignatum recipiant, et pro ecclesia de Ursicampo ipsum censum thesaurario deinceps persolvant et pro quarta sextariata terre quam monachi de Ursicampo a monachis sancti Eligii susceperunt, eisdem monachis sancti Eligii decem et octo denarios censualiter assignent. Ut igitur hec ratio firmior habeatur, concedente thesaurario Theodorico, cyrographum super hoc inter ecclesias predictas fecimus et utramque partem cyrographi, ne lis et controversia quandoque oriatur, sigillo nostro corroboravimus. Actum ab incarnatione Domini. M°. C°. XL°. I°. anno. Ego Hugo cancellarius recensui. Amen.

LXXII.

[COMPOSITIO INTER ABBATES S. CORNELII ET S. ELIGII, ET H. DE S. TAURINO.]

1228.

Universis presentes litteras inspecturis sancti Eligii Noviomensis et sancti Cornelii Compendii abbates, salutem in Domino. Notum facimus quod cum magister Hugo de sancto Taurino abbatem et conventum Ursicampi traxisset in causam coram abbate beate Marie in Caya Meldensi, auctoritate apostolica, super quibusdam terris pertinentibus ad grangiam de Greuni quas jure propinquitatis ad se pertinere dicebat, tandem bonorum virorum consilio mediante, dictus magister coram nobis quitavit in perpetuum ecclesie Ursicampi si quid juris habebat in dictis terris seu quibuslibet rebus aliis pertinentibus ad grangiam supradictam, promittens bona fide quod super illis omnibus nichil in posterum reclamaret, nec per se, nec per alium, prefatam ecclesiam molestaret. Nos vero, de assensu et voluntate partium, presentes litteras sigillis nostris roborandas duximus in testimonium et munimen. Actum anno Domini M°. CC°. XX°. octavo.

LXXIII.

[ABBATIS S. ELIGII. — DE CENSU APUD NOVIOMUM.]

April. 1221.

Radulfus, sancti Eligii Noviomensis dictus abbas, et ejusdem loci conventus, omnibus hec visuris in perpetuum, notum fieri volumus quod nos concessimus viris religiosis et dilectis nostris abbati et conventui Ursicampi censum cum fundo et omni jure quod habebamus in domo domini Balduini, quondam cancellarii Noviomensis, que domus sita est ante ecclesiam beati Petri, videlicet quatuor capones et octo denarios, supercensum autem ex eadem domo reddemus ecclesie sancti Bartholomei, sicut solemus. Et dicti fratres Ursicampi dederunt ecclesie nostre, in excambio hujus census, censum cum fundo et omni jure quod habebant in vinea que fuit Hugonis Fabri de Quoquerel, que contigua est vinee nostre de Landrimont, quam modo tenet Susanna relicta Jacobi, quondam camerarii domini Stephani Noviomensis episcopi, videlicet quatuor capones et quatuor panes et xxij. denarios parisienses. Quod ut ratum permaneat et firmum, presentem paginam nostrorum appensione sigillorum munitam predicto monasterio Ursicampi contradidimus in testimonium et munimen. Actum anno Domini M°. CC°. xx°. 1°, mense aprili.

LXXIV.

CARTA ABBATIS SANCTI MARTINI DE GEMELLIS DE QUINQUE JORNALIBUS TERRE JUXTA GRANGIAM DE GREUNI.

Petrus, abbas sancti Martini de Gemellis, et Theobaldus, prepositus Ambianensis, omnibus presentes litteras inspecturis, salutem in Domino. Noverint universi quod cum querela verteretur inter Odelinam, cognomento Felenesse de Roia, ex una parte et abbatem et conventum ex altera Ursicampi, coram nobis, videlicet a Domino papa delegatis, videlicet supra quinque jornalibus terre arabilis juxta grangiam de Greuni sitis, que ad se pertinere ipsa Odelina nomine dotalicii asserebat, tandem illa, saniori usa consilio, fide interposita, liti mote renuntiavit, et predicta quinque jornalia fratribus Ursicampi pleno jure in perpetuum possidenda quittavit. In hujus rei testimonium et confirmationem presentes litteras tradidimus sigillorum nostrorum munimine roboratas. Actum anno gratie M°. CC°. xiiii°, mense maio.

Maio 1214.

LXXV.

[MILITIA TEMPLI. — DE ANTOLIO.]

Petrus abbas et Paulus prior sancti Martini de Gemellis et Theobaldus prepositus Ambianensis, omnibus presentem paginam inspecturis salutem. Noverint universi quod cum querela verteretur inter fratres milicie templi ex parte una et abbatem et conventum Ursicampi ex altera, coram nobis, judicibus a Domino papa delegatis, videlicet super una carrucata terre et managio sitis circa Antolium, que Templarii dicebant ad se pertinere ex elemosina Philippi, domini de Vignemont. Tandem idem Templarii, bonis viris ad pacem mediantibus, usi saniori consilio, liti super hoc mote renuntiaverunt, et predictam elemosinam supradictis fratribus Ursicampi pleno jure ab eis possidendam in perpetuum quitaverunt. In hujus rei testimonium et confirmationem presentes litteras tradidimus sigilli nostri munimine roboratas. Actum anno Domini M°. CC°. XIIII°, mense maio.

Maio 1214.

LXXVI.

[ABBAS DE FLAY. — COMPOSITIO DE DECIMIS.]

Eustachius, dictus abbas de Flay, et ejusdem loci conventus, universis fidelibus hec visuris in perpetuum, notum fieri volumus, querelam quamdam inter nos et monachos Ursicampi,

Martio 1208.

Cysterciensis ordinis, aliquandiu agitatam fuisse occasione decimarum quas in terris suis quas in nostra decimatione excolunt, apostolicis contra nos utentes privilegiis, nobis solvere denegabant. Tandem vero bonorum virorum freti consilio, pro bono pacis, cum eis composuimus et mote querele finem imposuimus sub hac forma. In omnibus terris quas in decimatione ad ecclesiam nostram vel ad membra pertinente ecclesia Ursicampi non excolit, anno videlicet presenti, qui est ab incarnatione Domini M°. CC°. VIII°., media pars decime sibi in perpetuum libera remanebit, residuam vero medietatem ecclesie nostre integre et sine ulla conditione persolvet. Si vero contigerit ut terras quarum ad ecclesiam nostram vel ad membra spectant deinceps acquirant, nec poterunt nobis negare decimas, sed cum omni integritate et pace de terris illis decimas perpetuo consequemur. Quod ut ratum permaneat, mutuo assensu presens cyrographum conscribi fecimus et tam nostro quam eorum sigillo roborari in testimonium et munimen. Actum anno Verbi incarnati M°. CC°. VIII°., kalendas martii.

LXXVII.

[ABBAS HAMENSIS. — DE ELEMOSINA BALDUINI BARAT.]

1200. Johannes, Dei gratia Hamensis abbas, universis fidelibus hec visuris in perpetuum. Notum sit quod Balduinus, cognomento Barat, canonicus Noviomensis, dedit in elemosinam ecclesie Ursicampi tertium vas quod habebat in quadam vinea quam Balduinus, cancellarius Noviomensis, prefati Balduini patroni, dicte ecclesie titulo elemosine dederat. Hanc elemosinam recognovit dictus Balduinus Barat in presentia nostra et prioris nostri nec non et quorumdam fratrum nostrorum, presentibus nichilominus Petro de Porta et Roberto de Maso, burgensibus de Ham, hujus etiam elemosine donationem concesserunt coram nobis et aliis quos pronominamus fratres ejusdem Balduini, Petrus miles et Jacobus, et cum ipso Balduino in manu nostra reddiderunt, et nos inde Ursicampi ecclesiam investivimus per manum fratris Wilardi, monachi ejusdem loci. Hoc idem concessit coram priore nostro Oda, sepe dicti Balduini mater, cum liberis suis Symone, Margereta et Hodierna. Hec universa sicut prescripta sunt recognovit coram decano Hamensi et Bartholomeo de Estoli et Petro de Orooir, prebisteris. Hanc nichilominus elemosinam concessit in presentia Hugonis, decani ecclesie Noviomensis, et Soiberti, ejusdem ecclesie canonici, Joannes, prefati Balduini frater, et hoc idem coram priore nostro recognovit. Ut ergo hec in perpetuum rata sint, presentem paginam inde conscriptam tam nostro quam etiam capituli nostri sigillo munivimus. Johannesque, decanus Hamensis, sigillum suum eidem carte apposuit ad majoris patrocinium firmitatis. Actum anno gratie M°. CC°.

LXXVIII.

[HUMOLARIENSIS ABBAS. — CONCESSIO TERRARUM MANESSIARUM ET VADULORUM.]

1135. In nomine summe Deitatis. Ego Hugo, Dei gratia abbas et humilis minister ecclesie Humolariensis, notum volo fieri universitati fidelium presentium ac futurorum quod dominus et venerabilis pastor noster Symon, Noviomensis et Tornacensis episcopus, nostram rogavit humilitatem ut pro Dei et sui amore concederemus domno abbati Gualeranno et fratribus de Ursicampo terram ecclesie nostre pertinentem, terram scilicet Manessiarum et Vadulorum. Nos vero, sanam ejus petitionem debita humilitate suscipientes, prefatam terram, terram scilicet Manessiarum et Vadulorum, a fossato Gerardino usque ad territorium Ruminiacense, tam alodium quam terram mansualem, ecclesie sancte Marie de Ursicampo, ex consilio et pleno assensu totius nostri capituli, ex integro cum omnibus appendiciis suis concessimus ac immutabiliter contradidimus absolute ac perpetue libertatis jure possidendum. Ipse vero prefatus episcopus ecclesie nostre, quam pio pastoris diligebat affectu minorationem non sustinens, verum et bone voluntatis nostre condignam recompensationem faciens, altare de Marce nobis tradit jure perpetuo possidendum. Ut ergo tam pia elemosinarum largitio et tam devota traditio in posterum inconcussa permaneat, sigilli sancte Marie Humolarensis impressione et testium qui audierunt et benignum assensum prebuerunt et viderunt, assignatione confirmamus et anathematis sententia innodamus. Actum Humolarias in communi capitulo, anno incarnationis dominice M°. C°. XXX°. V°. indictione xiii.

(Au petit cartulaire d'Ourscamp, page 128.)

S. Lamberti prioris. S. Nicholai. S. Petri. S. Eligii. S. Gerardi prepositi. S. Gerardi helemosinarii. S. Alchui. S. Arnulfi decani. S. Arnulfi sacriste. S. Helduini huc usque senioris. S. Symonis diaconi. S. Gozzumi subdiaconi. S. Benedicti. S. Balthulfi. S. Walteri. S. Rogeri. S. Elvardi, canonici prioris de Margellis. S. Agelini, canonici de Margellis. S. Huberti, canonici de Aroasia. S. Clementis, subprioris de Ursicampo. S. Roberti, marescali de Ursicampo.

(Cire jaune. — Le sceau d'un évêque tout rompu.)

LXXIX.

[PHILIPPUS DE VIGNEMONT. — DE CAMPIPARTO ANTOLII.]

Petrus, Dei gratia sancti Justi abbas, et magister Drogo de Moy, domini Belvacensis officialis, universis tam futuris quam presentibus in perpetuum, notum fieri volumus quod miles quidam Philippus de Vignemont, Iherosolimam profecturus, me abbate sancti Justi presente, recognovit quod fratribus Ursicampi dederat in elemosinam campipartum quod habebat in terris quas fratres Ursicampi tunc excolebant et in aliis terris quas homines Gornaci colebant ad jus ipsius pertinentibus, quiete et libere, jure perpetuo possidendum, managiumque quod habebat in villa Antolii, haiamque circa ipsum managium, unamque carrucatam terre arabilis juxta eandam villam, terram scilicet de valle Heluis, terramque subtus predictam haiam et super eandem haiam sitam. Quod si hec non sufficerent ad unam carrucatam, de cultura ejusdem Philippi que est juxta viam que tendit ad Monci perficeretur, Hel diarde ipsius uxore concedente, que in hiis omnibus dotalicii jus habebat. Ea tamen con-

1190.

ditione quod tam ipse Philippus quam ipsa Heldiardis uxor ejus usum managii et predicte carrucate fructus toto vite sue tempore possiderent, et post utriusque decessum totam terram atque managium ad predicte jus ecclesie absolute et libere reverterentur. Hanc elemosinam reddidit ipse Philippus in manu mea, et ego de eadem predictam ecclesiam investivi per manum fratris Salicii, monachi ejusdem loci. Testes Albertus, canonicus noster, et plures alii. Hoc ipsum concesserunt apud Thorote : Rainaldus, predicti Philippi frater, et Johannes ejus filius. Testes sunt plures. Hoc idem concessit Nicholaus, predicti Rainaldi filius. Testes fuerunt plures. Hoc ipsum concessit, apud Hameinvile, Emmelina, predicti Philippi soror, et ejus liberi Arnulfus, Ermengardis et Maria. Testes fuerunt plures. Hoc ipsum concessit Johannes, castellanus Noviomensis, de quo predictus Philippus hec omnia tenebat in feodum et eandem elemosinam scripto fratribus confirmavit. Quod ut ratum sit, presentem paginam inde conscriptam sigillo Bellvacensis episcopi, in posterum confirmandam sigillo palacii, interim curavimus communire. Actum anno Verbi incarnati M°. C°. XC°.

LXXX.

[ACQUISITIO DOMUS A FRATRIBUS URSICAMPI.]

1214.

Ego Lambertus, Dei gratia dictus abbas sancti Leodegarii Suessionensis, ejusdemque ecclesie capitulum, hec visuris in perpetuum. Notum facimus universis quod abbas et fratres Ursicampi domum Johannis Cussel super Axonam emerunt in qua erat quoddam stabulum de quo XXII nummos Cathalanum habebamus annuatim de censu. Et hoc censum abbati et fratribus jam dictis per XXII nummos Cathalanum in perpetuum concessimus salvo jure nostro possidendum. Quod ut ratum et stabile habeatur, sigillorum nostrorum munimine fecimus roborari. Actum anno Domini M°. CC°. XIIII.

LXXXI.

[S. LEODEGARIUS SUESSIONENSIS. — DE VINEA DE CHIRI.]

April. 1220.

Hugo abbas et capitulum beati Leodegarii omnibus hec visuris in perpetuum. Noverint presencium inspectores quod vineam nostram in territorio de Chiri sitam, que Borden dicitur, ecclesie beate Marie Ursicampi liberam et absolutam a decima et vinagio et omni alia consuetudine vendidimus pretio C librarum Provigniensis monete, nichil in ea retinentes preter unum denarium qui nobis in festo sancti Remigii censualiter persolvetur. Qui tamen si ad diem ut infra solutus non fuerit, in vinea capere poterimus nantum pro denario, sine emenda; si vero vinea de manibus fratrum quoquo modo censum et ea que ad censum pertinent. Tenemur autem fratribus Ursicampi super eadem vinea legitimam warandisiam ferre contra omnes qui ad justiciam et legem venire voluerint. Porro partem pecunie quam a fratribus memoratis recepimus in emptionem tredecim aissinorum terre et unius piceti apud

Eipatu jam expendimus, et similiter reliquum in incrementum nostre possessionis debemus expendere. Et cum emptio facta fuerit, renovabitur carta et tota emptio conscribetur. Que ut rata permaneant, presentem paginam inde conscriptam sigillorum nostrorum appensione roboravimus in testimonium et munimen. Actum anno Domini m°. cc°. xx°., mense aprili.

LXXXII.

[CONFIRMATIO VENDITIONIS AB HUGONE, S. LEODEGARII ABBATE.]

Hugo, divina miseratione beati Leodegarii Suessionensis abbas, totusque ejusdem loci conventus, omnibus presentes litteras inspecturis in perpetuum in Domino salutem. Noverint universi quod nos censum et omne jus quod habebamus vel habere poteramus infra ambitum murorum domini abbatis et fratrum Ursicampi site super Axonam, juxta ecclesiam nostram apud Suessionem, videlicet in stabulis et in alia quadam parte curtis ipsius domini, inter pressorium et novam portam, dictis abbati et fratribus quitavimus et transtulimus in eosdem libere in perpetuum tenenda et pacifice possidenda pro xii denariis parisiensibus censualibus percipiendis singulis annis in festo sancti Remigii super totam domum et curtem Gerardi, quondam filii Petri prepositi, civis Suessionensis. In ista quitatione utilitatem ecclesie nostre per omnia conservantes, dictis etiam abbati et fratribus promisimus quod nos contra omnes qui eos super predictis omnibus molestarent vel in causam traherent, ipsis legitimam et perpetuam portabimus garandiam. Quod ut firmum et ratum permaneat in perpetuum, presentes litteras sigillorum nostrorum appensione fecimus roborari. Actum anno Domini m°. cc°. xx°. nono, mense julio.

Julio 1229.

LXXXIII.

[CONCORDIA SUPER DONATIONE ERME DE FURNIVAL.]

Ego Garinus, dei gratia Ambianensis episcopus, notum volo fieri tam posteris quam modernis, quod Erma, filia Balduini de Furnival, quandam terram sibi a patre suo seculo renunciare disponente datam fratribus de Ursicampo apud quos ille religionis habitum sumpsit, pro censu septem modiorum frumenti triumque solidorum Meldencium concessit excolendam. Ipsum vero censum fratres predicti postea emere volentes pro lx libris Meldensis monete puelle donandis fratribusque ipsius, Lescelino scilicet et Huberto; pro eorum impetranda benivola concessione duabus marcis argenti jure perpetue libertatis possidendum habere potuerunt. Sed quia res instabilis videbatur, emptionem tunc temporis consummare noluerunt. Transacto itaque aliquo tempore, Lescelinus et Hubertus, acceptis ab eisdem fratribus duabus marcis argenti, concesserunt eis ut si quando soror eorum ecclesie Ursicampi memoratum censum vendere vel donare aut pro qualibet recompensatione concedere vellet, sine aliqua ipsorum calumpnia ratum firmumque in perpetuum existeret. His ita gestis, non

Circa 1140.

post parvum tempus contigit ut illa muliebrem sexum in ecclesia de Margellis [1] divino servicio mancipatum, non quidem religionis obtentu sed visitationis gratia expeteret, ubique inopinata voluntate concepta cum eis remaneret. Quo audito, fratres illius eam pro mortua reputantes hereditario jure censum habere voluerunt. Quam ob causam fratres de Ursicampo x libras Meldensium illis dederunt, et ab hac eos reclamatione funditus cessare fecerunt, adeo ut in fide sua promiserunt se nullam deinceps ecclesie Ursicampi supra hac re molestiam illaturos quin potius auxilium suum contra omnes inferre nitentes fideliter impensuros. Ne igitur tanta concordia ab aliquo de ipsorum prosapia possit aliquando perturbari, sepe dicti fratres ob pacem et securitatem etiam filiis Airardi patrui puelle, Haimerico scilicet et Waltero, xx solidos similiter pro eorum concessione dederunt, aliasque rursus xi libras ejusdem monete variis in locis tam in debitis ipsius puelle quam in ejus pedisete suoque vestitu distribuerunt. Postea vero scientes, juxta viri sapientis sententiam, melius esse multum dare quam accipere, juxta considerationem trium venerabilium abbatum quorum hoc discretioni commisit abbas de Trunco Berengerii, domni scilicet Radulfi de Valcellis, domni Herveii de Ursicampo, domni Manasse de Fresmont, pro pretio quod restare videbatur, concesserunt ecclesie de Margellis in manu mea quicquid eis Odo Pilosus de Roia apud Dollencourt in decima cujusdam terre que vulgo Avenniis noncupatur contulerat, unumque modium frumenti et unum avene quos apud Roiam in grangia sancti Medardi de Tola a canonicis sancti Florencii singulis annis mensura ejusdem loci accipiebant, videlicet pro duodecima parte cujusdam decime quam Drogo, filius Hugonis, filii Lamberti de Roia, ecclesie sancte Marie de Ursicampo in elemosinam contulerat, quamque domnus Heverius, ejusdem ecclesie abbas, memoratis canonicis pro tali recompensatione concesserat. Hoc factum est concedente Alberico Roiensi, dapifero, a quo Odo Pilosus supradictam decimam in feodum tenebat, Petro quoque Castellano, de quo Drogo illud quod ecclesie Ursicampi contulit, donum simili conditione possidebat. Harum igitur concessionum concordia ne cujusquam ecclesiastice secularisve persone possit aliqua inquietudine perturbari, hoc inde factum cyrographum sigillo utriusque ecclesie confirmare fecimus, nostro quoque sigillo illud munientes, et probabilium personarum testimonio corroboravimus. Ad hanc itaque concordiam inter utramque ecclesiam confirmandam isti testes interfuerunt; Radulfus, abbas de Valcellis, Manasses, abbas de Fresmont, Alulfus, abbas de Calniaco, Evrardus, prior de Margellis, Balduinus, ejusdem loci prepositus. Rursus quum presens cyrographum sigillorum impressione munivimus, istos testes adhibuimus, Eustachium, abbatem sancti Fusciani, Johannem, subpriorem, Walterum, capellanum, Arnulfum, monachum sancte Marie de Ursicampo.

---

(1) Margères, près Ham, d'abord monastère de femmes, devenu plus tard un prieuré de la dépendance de l'abbaye d'Arrouaise, tire son nom des puits naturels y existant. Erme, fille de Baudouin de Fournival, donna sa terre aux frères d'Ourscamp. Lancelin et Hubert, ses frères, transigèrent à ce sujet avec l'église d'Ourscamp.

LXXXIV.

SANCTI MARTINI TORNACENSIS. — DE NEMORE QUOD ECCLESIA SANCTI AMANDI VENDIDIT NOBIS IN MONTE ASTICHIARUM.

Ego Yvo, Dei gratia abbas ecclesie sancti Martini Tornacensis, cunctis fidelibus in perpetuum. Notum fieri volumus quod quedam ecclesia nostra, scilicet ecclesia sancti Amandi, que sita est in episcopatu Noviomense, habebat quoddam nemus in monte Astichiarum, juxta nemus cujusdam Droardi, quod eidem ecclesie Guido de Dreilincort quondam in elemosinam dederat. Hoc nemus, consilio capituli nostri, assensuque domini Ancelini, prioris ejusdem ecclesie sancti Amandi, domni quoque Lamberti et domni Petri, ceterorumque fratrum illius ecclesie, vendidimus septem libras ecclesie sancte Marie de Ursicampo, et adversus omnes qui ad justitiam venire voluerint, anno et die warandire promisimus. Ut hoc ergo ratum consistat, sigillo capituli nostri et testium subjectorum astipulatione roborare decrevimus. S. Symonis abbatis. S. Heldemari prioris. S. Gossuini subprioris. S. Radulfi prepositi. S. Balduini cantoris. S. Walteri de Subreng.

Circa 1170.

LXXXV.

DE DECEM OCTO MODIIS FRUMENTI ET IX AVENE QUOS DEBEMUS ABBATI SANCTI MARTINI TORNACENSIS APUD CARMEIAM PRO DOMO DE LACHENI.

Milo, Dei gratia ecclesie sancti Martini Tornacensis abbas, et ejusdem loci conventus, cunctis fidelibus in perpetuum. Noverit universitas vestra quod cum possessionem de Lacheni, que nobis ex elemosina Rogeri castellani de Thorote pervenerat, longo et inconcusso tenore nostra ecclesia possedisset, domnus Johannes predecessor noster et capitulum nostrum videntes se ibi parum proficere ecclesie nostre utilitatibus, providerunt, ipsamque possessionem cum omnibus pertinentiis suis tam a Rogero collatis quam postea a nobis acquisitis, fratribus Ursicampi libertate perpetua tenendam concesserunt, sub anno censu xx modiorum frumenti et x avene ad mensuram Thorote. Hec vero acta sunt anno gratie M°. C°. XC°. iiij. Postmodum vero, paucis temporibus elapsis, prenotati fratres Ursicampi de warandisia sibi super eadem possessione facienda adversum nos movere querelam. Et quia consilio, pro bono pacis, de ipsa modiatione tres modios, scilicet ij frumenti et unum avene, eis remisimus, et sic querela quam adversus nos de warandisia moverant est sopita. Ergo amodo predicti fratres Ursicampi annuam pensionem xviii modiorum frumenti et ix avene nobis solvent ad mensuram Thorote, que scilicet mensura si aliquando creverit vel decreverit, ullo modo ex hoc pati poterimus detrimentum, sed illa que de communi assensu facta est, immutabilis permanebit. Porro modiationem istam per annos singulos a kalendis novembris usque ad natale Domini ex integro accipiemus in grangia Carmeie de meliori, solo semine excepto. Sciendum autem quod hec compositio de consilio utriusque ecclesie esset facta, tam rata erit semper et firma, quam pro

Julio 1203.

quibuscumque causis ad fratres Ursicampi pertinentibus, ipsi de cetero ullam adversus nos movebunt querelam, pro qua pretaxata modiatio aliquatenus in posterum minuatur. Quod ut ratum habeatur et inviolabilem obtineat firmitatem, presentem paginam inde conscriptam sigillorum nostrorum appensione fecimus consignari et idoneorum testium subnotatione roborari. S. domini Milonis, abbatis. Signum Reneri, etc. Actum anno Verbi incarnati m°. cc°. v°., quarto nonas julii.

LXXXVI.

SANCTI MEDARDI SUESSIONENSIS. — COMPOSITIO ERGA MONACHOS SANCTI MEDARDI SUESSIONENSIS DE DIVERSIS ARTICULIS.

1304.

In nomine Patris et Filii et Spiritus sancti, amen. Universis presentes litteras inspecturis, Johannes de Herchiu, decanus Noviomensis, et Petrus de Lateilliaco, canonicus Suessionensis, domini regis Francorum clericus, salutem in domino sempiternam. Notum facimus quod cum inter religiosos viros abbatem et conventum sancti Medardi Suessionensis, ordinis sancti Benedicti, ex parte una, et religiosos viros abbatem et conventum Ursicampi, ordinis Cysterciensis, ex altera, plures discordie mote seu moveri sperarentur, dicteque partes in nos compromiserunt, prout in compromissis super hoc confectis sigillis predictorum religiosorum sigillatis continetur ad plenum. Nosque, honore dicti compromissi in nos suscepto, recepimus in scriptis articulos quos utraque pars tradere voluit, ac responsionibus procuratorum utriusque partis super dictis articulis factis coram nobis, super hiis litem contestando, jurato etiam de calumpnia a procuratore utriusque partis, audivimus testes quos utraque pars producere voluit coram nobis super premissis, visis etiam quibusdam responsionibus procuratoris utriusque partis factis coram quibusdam compromissariis, et attestationibus quorumdam testium coram eis productorum de quibus compromissariis, nemo sit in compromissis predictis, visis et diligenter inspectis quibusdam litteris et instrumentis a procuratore Ursicampi coram nobis exibitis et productis, visis et quibusdam locis contentiosis, et oculis nostris subjectis renunciato, hinc inde productioni testium et aliarum productionum et reprobationi testium hinc inde productorum, concluso et a procuratore utriusque partis in predicto negotio coram nobis legitime. Tandem nos, viso diligenter processu coram nobis habito, visis responsionibus procuratorum ac attestationibus testium hinc inde productorum, et omnibus aliis que nos de jure et equitate movere poterant et debebant, habito super predictis bonorum virorum consilio, dieque lune ante festum beati Michaelis partibus assignatis ad ferendum seu pronunciandum nostram sententiam arbitralem seu dictum seu ordinationem supra predictis, pretulimus in hunc modum. Videlicet super octo solidis censualibus debitis ab illis de Ursicampo ecclesie sancti Medardi qui consuerunt solvi apud Touzvens, in festo beati Remigii, per commorantes in domo de Puteolis. Item super duobus solidis qui consuerunt solvi prioratui de Retondes. Item super octo eissinis frumenti qui consueverunt solvi annuatim prioratui de Choisi per illos de Ursicampo. Item super xx solidis quos dicebat procurator sancti Medardi deberi ecclesie sancti Medardi ab illis de Ursicampo solvendis apud Viacum, in festo beati Remigii, occasione domus et aliarum rerum quas habent illi de Ursicampo apud Beri, de quibus omnibus requirebat procurator sancti Medardi predictus fieri sibi per illos de Ursicampo denominationem particularem de singulis rebus et locis super quibus premissa debebantur eisdem, petens a nobis dictum procuratorem Ursicampi compelli ad faciendum denunciationem predictam quam procurator Ursicampi denominavit ad preceptum nostrum in modo qui sequitur; et primo confessus fuit quod predicti octo solidi nigrorum censuales bene debebantur illis de sancto Medardo ab illis de Ursicampo et solvi consueverant apud Touzvens, in festo beati Remigii, per commorantes in domo de Puteolis, videlicet vij solidi et unus denarius super quibusdam peciis terre sitis in territorio de Touzvens et de Puteolis et super omnibus aliis que acquisiverunt illi de Ursicampo in censivis et justiciis sancti Medardi ante annum Domini m°. c°. et lvi, prout continetur in quadam carta nobis exhibita sigillata sigillo sancti Medardi, prout prima facie apparebat continente quod pro omnibus acquisitis factis per illos de Ursicampo in censivis sancti Medardi usque ad tempus predicte date debebant illi de Ursicampo ecclesie sancti Medardi quatuor solidos et tres denarios parisienses. Tamen denominavit etiam quod undecim denarii nigrorum residui de predicta summa octo solidorum debebantur illis de sancto Medardo ab illis de Ursicampo super x aissinis terre situatis in monte de Trachi, in treffundo ecclesie sancti Medardi, in tribus peciis quarum una est as Feutiaus, altera ou val de Pois et tertia au Bons Treus quas terras, habuerunt illi de Ursicampo per excambium a Johanne de Atrio et Heda ejus uxore, que terre predicte sunt in justitia sancti Medardi. Item dixit dictus procurator Ursicampi quod illi duo solidi de quibus fit mentio in articulo predicto debentur prioratui de Retondes ab illis de Ursicampo super sex arpentis terre et lvij virgis situatis in loco ubi dicitur en Sarrion, versus Molins. Item ad articulum de octo eissinis frumenti dixit procurator Ursicampi quod dictum frumentum debetur prioratui de Choisi ab illis de Ursicampo in recompensatione cujusdam decime quam olim habuerunt illi de sancto Medardo apud Espermont in Belvacinio, quam decimam illi de sancto Medardo concesserunt et dimiserunt illis de Ursicampo pro dicto redditu dicti frumenti, prout de hoc fit mentio in quodam cyrographo exhibito coram nobis signato quondam antiquo sigillo rotundo ecclesie sancti Medardi, prout prima facie apparebat. Item ad articulum qui facit mentionem de xx solidis censualibus redendis apud Viacum in festo sancti Remigii, occasione domus de Beri, confessus est procurator Ursicampi quod bene debentur ecclesie sancti Medardi ab illis de Ursicampo duodecim solidi novem denarii cum obolo nigrorum pro quibusdam locis, terris et vineis quas tenent in territorio de Beri, videlicet pro loco dicto de Bruiere et pro quadam vinea sita in valle post magnam vineam x solidi nigrorum. Item pro quadam pecia terre que vocatur campus sancti Medardi, situata a lourme traveillie sex decim denarii nigrorum. Item pro muro de vico Oliere unus obolus nigrorum. Item pro quodam picheto terre situato in introitu de Beri versus molinum de Quaigni, vel super duobus eissinis terre situatis in monte de Riviere, quatuor decem denarii nigrorum. Item super quadam pecia alneti situata ultra rivum ante portam de Beri, tres denarii nigrorum qui debentur preposito de Viaco, et voluit et concessit dictus procurator coram nobis quod si illi de sancto Medardo possint ostendere terras alias a predictis que pro censu vel quacumque alia redibentia eidem ecclesie sancti Medardi sint obligate pro eisdem, valeat, prout debebit valere, et quod jus eorumdem in omnibus remaneat eis salvum, quibus denunciationibus et confessionibus pronunciamus esse standum, salvo tamen illis de sancto Medardo. Quod si super rebus et locis denunciatis habeant majores census vel redibentias, quam procurator Ursicampi confessus est, vel si super aliis rebus et locis quos tenent illi de Ursicampo debeantur predicte redibentie, quodvis eorum eisdem salvum remaneat, et quod de predictis possent, explecta, prout jus et consuetudo, dictabunt. Item super articulo quarrerie illorum de Ursicampo que sitatur ante vineam de Touz vens, pronunciamus quod illi de sancto Medardo pro clausura vinee sue de Touzvens et commorantes apud Molins in justicia sancti Medardi pro suis edificiis et clausuris reparandis vel de novo faciendis poterunt trahere lapides vel trahi facere de dicta quarreria, nec illi de Ursicampo poterunt vel debebunt eos super hoc impedire, et si qua impedimenta hactenus opposita fuerunt per eos, ea nichilominus exnunc tanquam injuste facta. Si tamen in bonis illorum de Ursicampo contingeret dampnum inferri per illos de sancto Medardo vel per alios propter aditum ad quarreriam supra dictam, dicta dampna illis de Ursicampo inferentes restituere tenebuntur. Pronunciamus etiam quod neutra partium possit petere aliquam emendam vel aliquid aliud dampnorum, vel emendarum nomine, occasione eorum que facta fuerunt, et retroactis temporibus in dicta quarreria vel occasione contentionis dicte quarrerie usque ad diem pronunciationis presentis. Item super articulo faciente mentionem de chemino rotonde culture qua itur de Piru ad vallem de Pois, in quo illi de sancto Medardo dicebant si habere omnimodam justitiam et quod illi de Ursicampo non poterant nec debebant arare dictum cheminum contra voluntatem illorum de sancto Medardo quia punirentur per eosdem, procuratore de Ursicampo contrarium asserente et petente quod fieret esbonnamentum in dicto chemino inter rotundam culturam predictam et francam culturam que est ex alio latere dicti chemini, que ad eos pertinebat, ut dicebant, pleno jure, cum medietate juridictionis predicti chemini, asserente etiam quod illi de Ursicampo poterant quumcumque volebant predictum cheminum arare et vertere aliquando super rotondam culturam aliquando super francam culturam, absque eo quod illi de sancto Medardo possent propter hoc aliquid petere ab eisdem. Pronunciamus et ordinamus omnimodam justiciam predicti chemini in solidum pertinere ad ecclesiam sancti Medardi: illis de Ursicampo, quantum ad petitionem partis juridictionis quam petebant in dicto chemino, silencium imponendo, et quod illi de Ursicampo nec poterunt nec debebunt arare vel colere predictum cheminum latitudinis triginta pedum, prout per nos extitit esbonnatum, et ponentur mete per illos de sancto Medardo, in locis per nos in presentia partium signatis, et incipiet in capite franche culture a parte Pirus et protendetur versus rotundam culturam. De arreragiis autem et emendis quas petunt illi de sancto Medardo ab illis de Ursicampo occasione predicti chemini, ordinamus quod illi de Ursicampo remaneant quiti penitus et immunes. Item super articulo faciente mentionem de captionibus gagiorum factis per custodes bladorum et aliorum bonorum illorum de Ursicampo, dicimus et pronunciamus quod custodes predicti captiones factas ob causam dampni dati in bonis illorum de Ursicampo, si fiant in locis vel terris in quibus illi de sancto Medardo habent justiciam, tenebuntur ducere vel portare apud Touz vens in domo sancti Medardi, et illi de sancto Medardo seu deputatus ab eis ad custodiam dicte domus facient et tenebuntur facere dampnum datum in bonis illorum de Ursicampo restitui eisdem, absque eo tamen quod illi de Ursicampo possint propter hoc petere aliam emendam. Si vero prisie fiant a custodibus predictis in locis vel terris in quibus illi de sancto Medardo nullam habent justiciam, non tenebuntur eas ducere ad domum de Touz vens predictam, nec poterunt propter hoc illi de sancto Medardo aliquid petere ab eisdem. Item super articulo qui facit mentionem de deductione animalium illorum

TITULUS ABBATUM NIGRORUM.

de Ursicampo de domo de Puteolis, per villam de Molins, ad adaquandum et pasturandum, pronunciamus et ordinamus quod illi de Ursicampo poterunt ducere et duci facere omnimoda animalia sua per viam que ducit descendendo de Puteolis ad introitum ville de Molins, versus curtem Hervardi, ad aquandum in aquis dicte ville de Molins, ad pasturagia sita ultra dictam villam, et readucere per eandem villam absque impedimento quocumque eisdem ab illis de sancto Medardo seu suis gentibus faciendo. Immittere tamen dicta animalia non poterunt in pascuis viridibus in dicta villa de Molins et de Touzvens in justicia sancti Medardi. Item super articulo qui facit mentionem de captione animalium de Ursicampo facta per fratrem Egidium, conversum sancti Medardi, in franca cultura, in loco ostenso in quo petunt illi de Ursicampo locum resaisiri et emendam sibi propter hoc prestari, pronunciamus et ordinamus quod predictus frater Egidius dictum locum non resaisiet nec propter hoc aliquam emendam prestabit illis de Ursicampo. Si tamen predictus frater Egidius vel alius, nomine ecclesie sancti Medardi, fidejussores habuerit de dicta captione, pro recredentia facienda eosdem deliberabit ad plenum sine solutione alicujus emende. Item super octo denariis nigrorum censuales quos dicebant illi de sancto Medardo debitos fuisse per illos de Ursicampo super domum de Puteolis domino Roberto, dicto Chevalier de Viaco, et quos denarios ab ecclesia sancti Medardi, ut dicebant, quando acquisiverant a domino Roberto illi de Ursicampo in prejudicium et diminutionem feodi predicti, propter quod petebant quod illi de Ursicampo solverent ecclesie sancti Medardi dictos octo denarios cum arreragiis, pronunciamus et ordinamus quod illi de sancto Medardo cessabunt a petitione predicti census nec dictum censum petere poterunt in futurum. Imo illi de Ursicampo dictos octo denarios acquirere poterunt aut retinere si jam acquisiverint, absque eo quod illi de sancto Medardo possint eos super hoc in aliquo molestare vel compellere ponere dictos octo denarios extra manum nec petere ab eisdem de Ursicampo quintum denarium vel aliud, nomine ventarum, occasione predicta. Item super xii eissinis terre vel circa qui fuerunt quondam Johannis de Vassen et Liede ejus uxoris, quod dicebat procurator sancti Medardi illos de Ursicampo ponere extra manum suam, pronunciamus quod remanebunt penes illos de Ursicampo, perpetuo, nec illi de sancto Medardo poterunt illos compellere ponere extra manum suam, vel aliquid ab eis propter hoc petere preter undecim denarios nigrorum censuales annuatim. Item super quatuor eissinis terre qui fuerunt Dyonisii de Atichi et duabus peciis terre Alani sutoris, quos dicebat procurator sancti Medardi illos de Ursicampo debere ponere extra manum suam, ordinamus et pronunciamus quod remanebunt penes illos de Ursicampo perpetuo, sine solutione terragii vel census, secundum quod frater Egidius, conversus sancti Medardi concordavit, quum factum fuit excambium inter illos de Ursicampo et dictos Dyonisium et Alanum, nec eos poterunt illi de sancto Medardo compellere ponere extra manum suam. Item, super feodo quod fuit Symonis Pylate et Gervasii Taie ad quod ponendum extra manum suam petebant illi de Ursicampo compelli illos de sancto Medardo asserentes predictum feudum esse de feudo suo, pronunciamus et ordinamus quod dictum feudum penes illos de sancto Medardo perpetuo remanebit, nec poterunt illi de Ursicampo in posterum aliquid petere in feudo predicto vel occasione. Predictam autem pronunciationem facimus et ordinamus, salvo in omnibus jure alieno, salvo et jure ecclesiarum predictarum in omnibus aliis de quibus nulla facta est vel habita mentio in pronunciatione presenti, retinentes nobis potestatem declarandi usque ad instans festum omnium sanctorum usque ad quod durat potestas nobis a partibus data, si in prelatione predicta emergeret aliquid dubium vel obscurum in quorum omnium testimonium et munimen sigilla nostra una cum sigillis predictorum abbatis et conventus sancti Medardi et abbatis Ursicampi duximus apponenda. Actum et pronunciatum in domo de Puteolis anno Domini M°. CCC°. iiij°. die lune predicta, presentibus abbatibus utriusque ecclesie predicte et procuratorum eorumdem. Et nos Philippus, divina permissione abbas monasterii sancti Medardi, ac totius ejusdem loci conventus, predicta omnia sic pronunciata volumus, laudamus, ratificamus ac expresse emologamus, non intendentes contra venire in aliquo in futurum ac sigilla nostra una cum sigillo dictorum arbitrorum, die Jovis post dictam pronunciationem, presenti pronunciationi apposuimus in testimonium approbationis ejusdem. Et nos frater Johannes, dictus abbas monasterii beate Marie de Ursicampo, totusque ejusdem loci conventus, ordinis Cysterciensis, predicta omnia sic pronunciata volumus, laudamus ac expresse emologamus, non intendentes contra venire in aliquo in futurum, ac sigillum nostrum, quo unico utimur, una cum sigillis dictorum arbitrorum, die sabbati post dictam pronunciationem, presenti pronunciationi apposuimus in testimonium approbationis ejusdem.

LXXXVII.

[ITEM. — CONFIRMATIO A JOHANNE DE HERCHIU.]

1300.

Universis presentes litteras inspecturis, Johannes de Herchiu, decanus Noviomensis, et Petrus de Latilliaco, canonicus Suessionensis, salutem in Domino sempiternam. Noverint universi quod cum in prelatione dicti nostri arbitralis pronunciationis seu ordinationis nostre quam nuper fecimus, protulimus, seu ordinavimus inter viros religiosos abbatem et conventum sancti Medardi Suessionensis ex parte una, et abbatem et conventum Ursicampi ex altera, contineatur inter cetera quod abbas et conventus Ursicampi possunt ducere et poterunt animalia sua per villam de Molins ad adaquandum vel pasturandum absque eo quod ab illis de sancto Medardo vel gentibus suis fiat eisdem impedimentum quodcumque. Nos illa verba gentibus suis intelligimus et declamamus continere monachos conversos sancto Medardo servientes, familiares et alios quoscumque qui de mandato illorum de sancto Medardo, seu illis de sancto Medardo rationem habentibus, impedimentum aliquid facerent in predictis. In cujus rei testimonium sigilla nostra huic presenti declarationi duximus apponenda. Datum die Jovis post festum beati Dyonisii, anno Domini M°. CCC°.

LXXXVIII.

[DE PUTEOLIS. — CONCORDIA INTER S. MEDARDUM ET URSICAMPUM.]

1313.

Universis presentes litteras inspecturis. Nicholaus, permissione divina monasterii sancti Medardi Suessionis, ad romanam ecclesiam nullo medio pertinentis, humilis abbas, totusque ejusdem loci conventus, salutem in Domino. Notum facimus quod cum discordia seu ques-

TITULUS ABBATUM NIGRORUM.

tionis materia verteretur inter nos et ecclesiam nostram ex parte una, et religiosos viros abbatem et conventum monasterii beate Marie Ursicampi, Cisterciensis ordinis, Noviomensis dyocesis, ex altera, super eo quod nos dicebamus et manutenebamus quamdam peciam terre arabilis sitam in territorio de Puteolis, juxta vallem que dicitur de Martinet, prout se comportat et extendit a quemino per quem itur de cruce Herouardi apud Compendium usque ad terram Mathildis dicte Lenglesche, versus villam de Molendinis totam esse terragiabilem nobis et nostro monasterio ac etiam decimalem, dictis religiosis de Ursicampo contrarium asserentibus et dicentibus. Tandem nos abbates et conventus predicti habere pacem et concordiam ad invicem affectantes, de bonorum virorum freti consilio, super premissa compromissemus nos et ipsi in religiosos et honestos viros domnos Odonem de Castellione, nostrum et nostri monasterii commonachum et priorem, et Johannem de Sachiaco, monachum et cellarium Ursicampi, arbitros et arbitratores seu amicabiles compositores nominatos a nobis partibus et electos, ac promisissemus legitime, bona fide, et sub pena centum marcharum argenti ad magnum pondus reddenda pro media parte illustrissimo Regi Francorum et pro alia media parte parti parenti a parte resiliente, nomine pene et pro pena, tenere firmiter et inviolabiliter observare quicquid duo arbitri, auditis rationibus et probationibus utrorumque et ipsis super hiis informatis, pronunciarent, sententiarent aut diffinirent inter nos partes predictas concorditer in premissis, prout in compromisso super hiis confecto hec et alia continentur. Prefati arbitri, suscepto in se onere, et adhuc durante termino hujusmodi compromissi, ex potestate sibi a nobis partibus tradita et concessa, cognito de meritis dicte discordie et ipsis super hiis informatis secundum dispositionem testium productorum a nobis partibus hinc et inde, in presentia procuratorum dictarum partium dictum suum sive ordinationem suam aut sententiam arbitralem pronunciaverunt in modum qui sequitur, et dixerunt videlicet quod tota terra existens a meta concorditer posita per eosdem de super quarreriam de Ribon donante visciam de meta ad metam usque ad terram dicte Mathildis Lenglesche versus villam de Molendinis juxta pendentem vallis dou Martinet, ex tunc in perpetuum erit ad terragium et decimam quod et quam illi de Ursicampo nobis et nostro monasterio reddere et solvere tenebuntur perpetuo et debebunt. Et tota terra sita inter metam supradictam donantem visciam a meta in metam usque ad dictum cheminum ducentem de cruce Herouardi apud Compendium, dictis religiosis de Ursicampo remanebit, mediante decima dumtaxat ab ipsis nobis in perpetuum et nostro monasterio persolvenda, excepta tamen terra sita de subtus cristam larricii de valle dou Martinet contigua dicto quemino de Compendio in qua terragium et decimam in perpetuum habebimus et habemus, qua presenti et ultima compositione mediante, nullum gravabitur prejudicium in carta et privilegiis partium utrarumque, quinimmo in suo robore remanebunt et virtute. Et nos premissa omnia et singula, prout divisa sunt superius et expressa, ratificantes et approbantes, ac etiam acceptantes, promittimus et promissimus legitime, bona fide et sub pena in dicto compromisso contenta, tenere firmiter et in perpetuum observare, ac nulla de causa de cetero contra facere vel venire. Nos successores nostros, bona nostra et nostri monasterii, quantum ad hec tenore presentium specialiter obligantes, presentibus religiosis viris dominis Johanne de Suisiaco, nostro nostrique monasterii monacho, Thoma de Roulecort, Guillermo de Compendio placitatore, Egidio de Courtix, magistro de Puteolis, monachis ecclesie Ursicampi predicte, Renaudo Doilli, censario de Touzvens, Petro des Gardins de Courtix, domino Johanne, curato de Molins, Petro de sancto

Vedasto, serviente de Touvens, Renaudo de Cruce de Molins, et Jaquemino de sancto Amando in Pabula, ad premissa in testimonium specialiter evocati. In cujus rei testimonium et munimen presentibus litteris sigilla nostra duximus apponenda. Actum et datum anno Domini millesimo trecentesimo tertio decimo, die sabbati, in vigilia beate Marie Magdalene.

LXXXIX.

[EXCAMBIUM TERRARUM INTER URSICAMPUM ET S. MEDARDUM.]

1138.   Ego Walterus, Dei gratia abbas sancti Medardi, notum volo fieri tam futuris quam presentibus ecclesiam sancte Marie Ursicampi in confinio nostre grangie de Touvens terras arabiles possedisse, scilicet terram domine Havidis de Thorota a terragio et decima absolutam, et campum sancti Martini a terragio et decima similiter absolutum, et terram Gerardi Matel, et cum illa aliam terram, que due scilicet terre tertiam decimam debebant, quas insimul decambuit nobis Gualerannus abbas ecclesie ejusdem Ursicampi pro alia consimilis quantitatis, terra que in parte arabilis, et in parte inculta est, et vicina est grangie sue de Puteolis, hoc pacto scilicet ut quemadmodum predicta ecclesia Ursicampi terras jam predictas perpetuo jure possidendas tenebat, ita terram illam quam pro hujus cambii recompensatione ei tradidimus eodem modo absolutam perpetua libertate possideat. Similiter nostra ecclesia sicut terram illam quam in decambio dedimus liberam et absolutam tenebat, sicut terras illas nobis decambio datas absolutas et liberas in perpetuum possideat. Porro si aliquis ecclesiam nostram hujus decambii aliqua portione ostendendo in ea suum jus privaverit, de illa terra que primum sua fuit, ecclesia nostra tantam portionem in loco quo ei dabitur recipiet quantam de cambitis terris amiserit, donec a fratribus Ursicampi ablata portio juste ei restituta fuerit. Similiter ex alia parte si ecclesia Ursicampi de terra hujus que fuit ecclesie nostre per aliquem qui in ea jus suum ostendat, aliquid amiserit de illa terra que sua fuit, tum recipiet quantum de terra nostra perdiderit, donec ab ecclesia nostra ablata terra juste ei reddita fuerit. Hoc inter utramque ecclesiam conservabitur. Quod qualem quelibet ecclesia ea causa quam duximus perdiderit sive nudam sive tum aratam sive vestitam tritico aut avena aut aliquo legumine, talem ab altera ecclesia recipiet. Ut igitur omni tempore hujus conceptionis concordia indissolubilis permaneat, consilio et concessione capituli nostri presentem paginam sigillavimus et testium suppositione firmavimus. Hujus rei testes sunt, Symon, episcopus Noviomensis, Theodoricus, abbas sancti Eligii, Hugo, cancellarius Noviomensis. De capitulo sancti Medardi testes, Raudulfus, prior, Hugo, secundus prior, Robertus, tertius prior, Raimboldus, sacrista, et omnes alii. Actum ab incarnatione Domini M°. C°. XXX. VIII. Regnante clarissimo rege Ludovico, piissimi Ludovici regis filio.

XC.

[DE EADEM. — EXCAMBIUM TERRARUM INTER ABBATES S. MEDARDI ET URSICAMPI.]

1166.   Ego Ingerrannus, Dei gratia abbas sancti Medardi, tam posteris quam modernis notum volo fieri ecclesiam nostram possedisse terras quasdam in territorio Puteolorum nemorosas satis ac pene incultas, sed terris ecclesie beate Marie Ursicampi contiguas et ex parte non modica perjunxtas, ex quibus unus ager est prope crucem Heroardi et unus ibidem ex altera parte vie publice, unus quoque prope quarreriam et unus in monte Puteolorum, scilicet et unus in semita Altrachiarum et unus in valle Caneviarum, unus quoque versus grangiam Leodegarii secus viam que ducit Trachiacum. Porro ecclesia Ursicampi similiter possidebat in confinio grangie nostre que dicitur Omnium ventorum quasdam terras optime excultas atque uberrimas que nobis esse probabantur eo utiliores ad possidendum quo et exaptiores ad excolendum et uberiores ad fructificandum. Ex quibus quoque sciendum est unum agrum esse in valle Curcium, et duos juxta grangiam Omnium ventorum, unum apud Blihercamp et tres in monte Furcarum, unum ad Sarrion fontem et unum in monte Molendinorum, unum in goin Salcheio et unum in ruellis Claremboldi, unum juxta culturam sancti Medardi, et unum in semita sancti Petri, unumque ortum qui est haut procul a domo majoris Curcium Pagani. Iste vero ager quem diximus de Blihercamp noster quidem jam ante fuerat, sed eum et duos agellos davesnes qui adjacent dextera levaque secus viam que de Puteolis ducit ad fontem Curcium, jam pridem dederamus Gararardo Matel de Thorota, postea Ursicampi monacho, pro omnibus hospitibus et ortis quos habebat in villa Curcium et Molendinorum, et pro quadam terra sua et nemore que adjacent secus grangiam Omnium ventorum. Igitur ego et dominus Gilebertus, abbas ecclesie Ursicampi, nostrarum perspicientes utilitatibus ecclesiarum, consilio et consensu capitulorum nostrorum, hujus modi fecimus decambium quod nos terras nostras predictas ecclesie Ursicampi in perpetuo possidendas reliquimus et nominatas ejusdem ecclesie terras similiter possidendas recepimus, et hoc tali conditione quod unus quisque nostrorum quicquid in decambio alterius contulit, contra omnem calumpniam liberum illi et absolutum jure facere habebit. Quod si nequviverit facere, quantum quislibet nostrorum de terris sibi ab alio decambitis perdiderit, tantum recipiet de illis quas ecclesia sua ante decambium possedit, nisi forte alter aliud pro alio restituens ipsius bene placito satisfecerit. Omnia quoque decambia que nos aut predecessores nostri de quibuslibet rebus jam antea feceramus, iterum confirmavimus, rataque et inconvulsa in perpetuum permanere concessimus. Preterea concessimus ecclesie Ursicampi quicquid ipsa usque in presentem diem de terris censualibus sancti Medardi acquisierat seu in elemosinam acceperat, ita sane quod absque licentia nostra nichil sibi a modo et usque in sempiternum acquirat, et pro jam acquisitis terris quatuor solidos et tres denarios die festo sancti Remigii in grangia Omnium ventorum nobis annuatim persolvat. Nec ergo quippiam horum irritum fiat in perpetuum, tam sigillorum nostrorum mutua impressione quam etiam fidelium testium astipulatione confirmari volumus. Hoc ex inde factum cyrographum. S. Walteri, prioris sancti Medardi. S. Radulfi, subprioris, et touz les autres. Actum in capitulo sancti Medardi, toto presente conventu, anno Verbi incarnati M°. C°. LVI°, indictione quarta.

XCI.

[CONFIRMATIO DE CAMBIO INTER ABBATES S. MEDARDI ET URSICAMPI.]

In nomine sancte et individue Trinitatis. Ego Albricus, Dei gratia Hostiensis episcopus, sedis apostolice legatus, abbatibus sancti Medardi et Ursicampi, omnibusque successoribus

1115.

eorum canonice sustituendis in perpetum, notum sit omnibus tam futuris quam presentibus quod in presentia nostra et confratris nostri Josleni, Suessionensis episcopi, inter Walterum, venerabilem sancti Medardi abbatem, et in capitulo suo, assensu totius capituli, et priorem et monachos Ursicampi, loco abbatis sui, talis pactio inita est et instituta. Abbas itaque sancti Medardi instancia et parte nostra concessit predicto abbati suisque successoribus silvam ad dirumpendum usque ad unam carrucatam terre, si tamen in eadem possit inveniri, tali pacto ut singulis annis de ejusdem terre laboribus persolvant monachi Ursicampi et reddant decimam et terragium ad nonam garbam. Quod si idem monachi aut successores eorum ab hoc pacto recederent, ita videlicet ut decimam et terragium non redderent libere, licebit abbati sancti Medardi aut successoribus ejus eandem terram cum omni melioratione, sine ulla contradictione et calumpnia, tanquam propriam et liberam possidere, et in jus et proprietatem beati Medardi reducere. Ut autem hujusmodi pactio inconcussa permaneat, nostri et domini Josleni, Suessionensis episcopi, sigilli auctoritate munivimus et testium qui inferius annotati sunt astipulatione utile duximus confirmari. Cujus rei testes sunt Theodoricus, abbas sancti Eligii, Ernaldus, abbas sancti Crispini, et abbas sancti Leodegarii, et plures alii. Actum in capitulo sancti Medardi, assensu totius capituli, anno incarnationis Dominice M°. C°. XL°. V°. (1).

XCII.

DE ACQUIRENDIS TAM IN TERRA QUAM IN NEMORE AD GRANGIAM NOSTRAM DE TOUSVENS PERTINENTE.

1167.

Notum sit tam presentibus quam futuris quod ego Ingerannus, Dei gratia abbas sancti Medardi, et universum capitulum nostrum concessimus fratribus ecclesie Ursicampi quicquid potuerint acquirere tam in terra quam nemore in grangiam nostram de Touz Vens pertinente, quam agricole de Trachi coluerunt, salvis redditibus nostris cum terragio et decima, ea conditione quod terragium ad grangiam nostram de Touz Vens carricabunt, nec sine serviente nostro ab eis submonito de campo garbas movere poterunt nec propter aliquod privilegium romane ecclesie quod habeant de suis novalibus decimam nostram amittemus, nec aliquam in eadem terra construent mansionem. Actum est assensu utriusque capituli, concedentibus Ingeranno abbate sancti Medardi et Stephano abbate Ursicampi. Quod ut ratum sit, utriusque capituli sigillorum impressione roboravimus, testesque quorum nomina subscripta sunt annotavimus, Johannes, prior sancti Medardi, et omnes alii in carta continentur. Anno ab incarnatione Domini M° C°. LX°. VII°.

XCIII.

DE TERRA IN MONTE DE ATECHI APUD VIACUM.

Circa 1170.

Ego Ingerannus, Dei gratia abbas sancti Medardi, et universum capitulum nostrum, notum esse volumus presentibus et futuris quod Johannes de Rupe querelam quam erga nos habebat

---

(1) *Gallia Christiana*, tom. IX, p. 416. Cet acte est porté à la date de l'an 1147.

pro quadam terra que sita est in monte de Atichi apud Vicum, coram servientibus nostris quitam clamavit. Nos vero ipsam terram que estimatur ad modium unum ad mensuram Suessionensem, sicut Johannes eam clamabat, annuente capitulo nostro, dedimus ecclesie Ursicampi, ad terragium et decimam, colendam et possidendam in perpetuum. Si quis vero in ipsam terram aliud clamaverit, nos eam liberabimus ut warandi erimus. Ut autem firmum sit et ratum, litteris presentibus confirmavimus et sigilli nostri auctoritate roboravimus. Actum in capitulo sancti Medardi, astipulantibus testibus subscriptis, Radulfo priore, et omnibus aliis qui in carta continentur.

XCIV.

DE TERRA JUXTA CRUCEM HEROARDI.

In nomine sancte et individue Trinitatis, amen. Ego Bertrannus, Dei gratia sancti Medardi abbas, et totum ejusdem loci capitulum, universis fidelibus in perpetuum. Notum fieri volumus quod Petrus de Ultrabrai dedit in elemosinam ecclesie Ursicampi quandam terram inter crucem Heroardi et Gerverolt fosse sitam, circiter xxi aissinos sementis recipientem, concedente hoc ipsum Emmelina matre sua de cujus parte ad ipsum hereditario jure terra illa devenerat, hoc, et avunculi ipsius Petrus, Philippus, Robertus et Adam et Odila soror eorum, Drogo, Symon'et Petrus filii Philippi, Remigius et Margareta liberi Roberti concesserunt, Obertus quoque de Altrachia, cognatus ejusdem Petri. Testes sunt et plegii Petrus major de Nancel et plures alii. Sciendum preterea quod de predicta terra quatuor aissinos excolebat ad tertiam garbam prefatus Petrus et alios vigenti aissinos ad nonam garbam. Nos vero, utilitati jam dicte ecclesie Ursicampi providere volentes, concessimus totam terram illam sub terragio none garbe ab eadem ecclesia in perpetuum possideri. Quam videlicet terram sepedictus Petrus in manu nostra reddidit, et ego, de eadem, per manum fratris Remigii Ursicampi ecclesiam investivi de cujus videlicet ecclesie beneficio idem Petrus xxvii libras et dimidiam monete Suessionensis accepit. Ut ergo hanc elemosinam ecclesia Ursicampi libere et quiete possideat, tam ego quam capitulum nostrum, nos inde plegios constituimus, et contra omnes calumpniatores warandisiam feremus. Unde etiam, presentem cartam inde conscriptam sigillo capituli nostri fecimus communire. Actum est anno Verbi incarnati m°. c°. octogesimo octavo.

1188.

XCV.

DE II SOLIDIS PARISIENSIBUS IN FESTO BEATI REMIGII APUD BETHENCOURT PRO QUADAM VIA ET ALIIS.

Ego Milo, sancti Medardi Suessionensis abbas, notum facio omnibus hec visuris in perpetuum, quod contentio vertebatur inter nos et fratres Ursicampi, de censu duorum solidorum parisiensis monete quem nobis Gobertus miles de Thorota reddere tenebatur pro via molendini de Loveto per quam non licebat quemquam nec bigam ducere nec quadrigam, et pro quadam

1209.

parte molendini memorati, et quadam parte vivarii versus terram nostram, sicut medietas fluvii defluit, et sicut metarum positio determinat et discernit, et pro quodam alneto quod contiguum est ipsi vivario, que ipsi fratres, sine assensu nostra et licentia, acquisierant. Tandem vero, bonorum nostrorum usi consilio, hec predicta a fratribus memoratis perpetua pace tenenda concessimus, sub hac conditione quod ipsi fratres duos solidos parisiensis monete in festo sancti Remigii annuatim reddent, apud Bethencourt, illi qui custos ejusdem domus nostre fuerit constitutus, et quatuor aissinos frumenti ad mensuram Suessionensem dicti fratres predicte domus custodi persolvent annuatim infra festum sancti Martini in ipso molendino percipiendos. Pro jam dicto autem alneto quod ad jus pertinet de Molincot, in predicto festo sancti Remigii reddent annuatim XII denarios parisiensis monete apud Molincot illi qui custos domus nostre fuerit. Terra autem que inter duo brachia predicti alneti continetur, quita et libera ecclesie sancti Stephani remanet. His adiciendum quod nemini de parochia de Molincot licet ire ad molendinum de Loveto causa molendi, nec a vecturis molendini ipsius hominibus de parochia illa in deferendo annonam ad molendinum auxilium licet impendi. Sciendum preterea quod fratribus prenominatis concessimus ut de terra nostra quam sibi commodiorem et propinquiorem esse prospexerint, duas sextariatas possent acquirere, salvis reditibus ecclesie sancti Stephani. Quod ut ratum permaneat, presentem paginam inde conscriptam sigillo nostro fecimus roborari in testimonium et munimen. Actum anno Domini M°. CC°. IX°.

XCVI.

ITEM DE EODEM. — DE DECIMA D'ESPARMONT.

1163.   Notum sit omnibus tam presentibus quam futuris quod Radulfus, prior de Coisiaco, concessione totius capituli sui concessit ecclesie sancte Marie de Ursicampo, in perpetuum, decimam cujusdam terre site apud Esparmont, que erat de feodo Renaldi de Antolio, ita sane quod fratres de Ursicampo dabunt in singulis annis censualiter apud Ursicampum monachis de Coisiaco, in festivitate sancti Remigii, IIII^{or} sextarios frumenti mensura Noviomensi mensurati. Hoc autem factum est concessione Domini Walteri, abbatis sancti Medardi, et totius capituli sui. Quod ne possit aliquando vel oblivione deleri, vel cujus ecclesiastice secularisve persone insolentia perturbari, hoc inde factum cyrographum sigillo sancte Marie de Ursicampo, et sigillo abbatis sancti Medardi est confirmatum, et probabilium personarum ustipulatione corroboratum. S. domini Roberti, abbatis Ursicampi; Clementis, prioris; Randulphi, sub prioris; Walteri et Ebrardi, cellarii. S. domini Walteri, abbatis sancti Medardi. Radulfi, prioris. Hugonis, subprioris. S. Radulfi, prioris de Coisiaco. Duranni, cellarii. Herberti, Rainaldi et Arnulphi, monachorum.

XCVII.

ITEM DE EODEM. — DECAMBIUM GERARDI VIATEL ET BERARDI DE AINSOLVIEIS.

1147.   Ego Walterus, Dei gratia abbas sancti Medardi, notum volo fieri tam presentibus quam futuris, quod Gerardus Viatel de Thorota habuit alodium unum situm sub graugia nostra de

Touz vens, et dedit illud ecclesie sancte Marie de Ursicampo liberum et quietum sicut ipse possidebat. Sed quia ipsa terra commodior nobis erat, dedimus fratribus de Ursicampo pro illa de terra nostra que erat juxta grangiam illorum de Puteolis, et erat illis commodior, quantum inter nos convenit. Ipse et Gerardus, et Symon, filius ejus, coram domino Roberto, abbate de Ursicampo, et fratribus suis Roberto, Hugone et Thoma, et eorum priore nostro Raudulfo, et servitoribus suis Petro Croisez et Adam, filio Alcheri de Rivire, et Roberto Grimont concesserunt donum ecclesie sancte Marie de Ursicampo et decambium, Berardus etiam de anselmi Maso habuit terram quam tenebat de Odardo, filio Oliveri, sitam in valle et in monte inter terras nostras, quam decambivit cum fratribus Ursicampi, pro vineis quas habebant in Sachi; propriam similiter terram, quia erat nobis commodior, ut pote sita inter terras nostras, cambivimus cum eis, dantes pro illis de terra nostra culta et inculta, tantum pro tanto, cordam ad cordam, tali scilicet conditione quod si aliqua inquietudo de terris istis nobis evenerit, imo ipsi nos liberare non possint, nostras terras accipiemus usquequo illi suas liberaverint. Factum est istud in capitulo sancti Medardi, assensu totius capituli, anno incarnationis dominice M°. C°. XL°. VII. S. Radulfus. Philippus, prepositus. Raimbaldus, sacrista. Symon, puer. Rainoldus miles. Ernoldus, major. Petrus de Castro.

XCVIII.

S. QUINTINI BELVACENSIS — DE MINUTA DECIMA DE ARCHONVAL.

Notum sit tam presentibus quam futuris quod ego Remoldus abbas et omnis conventus canonicorum beati Quintini, in communi capitulo nostro, ecclesie beate Marie Ursicampi et domno Galeranno, ejusdem loci abbati, ejusque fratribus totam minutam decimam tam in pecudibus quam in ceteris omnibus de curia eorum et orto, liberam contradidimus in terra super Aronam, castro Gornaco adjacenti. Hujus rei sunt testes hii, Serlo, abbas beati Luciani; Natalis, prior; Johannes, cantor; Urso, succentor; Lanselmus de Buglis, Renerus et Radulfus milites.

Circa 1140.

XCIX.

ITEM DE EODEM — DE DECIMA GORNACI.

Quoniam bona que gratia Dei ecclesiis studio caritatis aguntur, ne quicquam tacere debemus, O (do), Dei patientia Belvacensis episcopus, tam futurorum quam presentium memorie commendare curavimus, quia querelam illam que inter ecclesiam de Ursicampo et ecclesiam sancti Quintini Belvacensis pro quadam decima exorta erat, consilio domni Bituricensis et domni parisiensis, aliarumque religiosarum personarum diffinivimus, ea scilicet conditione quod monachi de Ursicampo de terra Balduini de Furnival quam prius tenebant, vel sibi postea acquirerent, canonicis sancti Quintini per singulos annos tres modios annone, ij frumenti et tertium avene persolvent, quos ministri canonicorum in horreo monachorum mensura ejusdem loci mensuratos accipient. Si autem predicti monachi de alterius terra

Circa 1140.

cujus decima ad ecclesiam beati Quintini pertineat, aliquid sibi acquirere poterunt, pro dimidia carruca sex minas frumenti et tres avene per singulos annos, sicut dictum est, canonicis dabit. Carruca autem continebit decem et octos modios sementis. Quod si aliquando eandem annonam commutare secundum valens vel melius ecclesie de Ursicampo placuerit, inde fiet secundum quod noster et archidiaconorum nostrorum consultus approbabit. Quod ut firmum et indiscissum permaneat, scriptum hoc inde factum sigilli nostri impressione munivimus, et clericorum ibi presentium astipulatione confirmavimus. S. Rogeri, decani. S. Henrici, archidiaconi. S. Renaldi, abbatis sancti Quintini. S. Petri, prioris. S. Petri, Vedasti, Raudulfi, Frogeri, sacerdotum et aliorum canonicorum.

C.

ITEM DE EODEM. — CYROGRAPHUM.

1164.   Ego Henricus, Dei gratia abbas ecclesie beati Quintini Belvacensis, notum volo fieri presentibus et futuris monasterium beate Marie de Ursicampo antiquitus possedissse terras quasdam in territorio Gornaci, quarum decima nostre ecclesie de Gornaco erat reddenda. Ceterum inter nostros predecessores, nostrorum assensu capitulorum, consilio fidelium et sublimium, conditum fuit et statutum quod fratres de Ursicampo pro dimidia carruca sua, scilicet pro terra novem modiis serenda, reddent ecclesie de Gornaco annuatim novem minas annone, sex frumenti et tres avene. Porro Gunselinus de Castaneo tertiam partem habebat decime predicti territorii, tam in terris nostris quam in terris Ursicampi, sed hanc tertiam partem suam, nobis et illis, in perpetuum concessit, sub annuo censu quinque modiorum annone, duorum scilicet frumenti et duorum avene, et dimidii pisorum, et dimidii vece. Quod si veca defuerit, pro veca reddetur avena. Hoc concessit Renaldus Lieschanc de Gornaco, et domina Villana atque Richildis de Faiel, de quorum feodo Guscelinus hanc partem decime tenebat, et tali conditione quod si quis debitum illis pro decima denegeret servitium, non decimam recipient, sed censum predictum pro decima Guncelino reddendum. Inter nos autem et fratres de Ursicampo conventio ista statuta est, quod ipsi totum istum censum quinque modiorum Gunscelino prebebunt, et propter hoc ab omni censu quem pro decima predicti territorii debebant, ecclesie de Gornaco liberi et absoluti amodo et usque in sempiternum remanebunt, sed et terragium quod habebamus apud Salichetum in uno agello suo quatuor circiter minis serendo, illis in perpetuum propter hoc dimisimus. Aliud quoque terragium quod in quodam ortulo suo duabus ferme minis seminando apud Fuisnilvillam habebamus. Quod si quando evenerit ut aliqua terrarum suarum quas in presentiarum in predicto habent territorio velint expendere, et a manu sua alienare, sicut ipsi eam absque decima reddenda possiderint, sic possidebit, et ille cui illam habendam relinquent, hoc uno siquidem excepto, si terram pro terra in sepe dicto territorio commutare voluerint, sicut ipsi terram commutatam cum decima possidebunt, ita et illius terre, quam per commutationem dimiserint, decima nostra erit. Si vero preter has omnes terras adhuc forte aliquam terram acquisierint, cujus decima ecclesie debebatur, sicut antiquitus de prescriptis terris fuit institutum, ita teneatur, scilicet pro dimidia carrucata ix modiis serenda reddantur ecclesie ix mine annone, sex frumenti et tres avene. Ut ergo omnes conventiones iste inter nos, nostrorum assensu capitulorum statute et firmate, rate permaneant et inconcusse, visum est nobis necessarium cyrographum istud inde fieri, et tam sigillorum nostrorum vicaria impressione confirmari. S. Roberti, prioris sancti Quintini. S. Herkengeri, subprioris. S. Gaufridi, tunc temporis prioris ecclesie Gornaci. S. domini Stephani, abbatis Ursicampi. S. Drogonis de Cressonessart. Actum ab incarnatione Domini M° C° LX° iiij°.

CI.

ITEM DE EODEM. — DE DECIMA GORNACI.

1195.

Robertus, Dei gratia abbas sancti Quintini Belvacensis, universis fidelibus in perpetuum. Sciant tam posteri quam moderni, querelam illam que dudum exorta fuerat inter nostram et Ursicampi ecclesiam super terris quas fratres ejusdem ecclesie acquisierant in territorio Gornaci, cujus decima nostra erat, a predecessore nostro Henrico, bone memorie, postmodo Silvanectensi episcopo, tali modo fuisse terminatam, quod idem fratres Ursicampi pro dimidia carruca ix modiis serenda, quam in predicto territorio acquirerent, novem minas annone, sex frumenti et tres avene, ecclesie nostre de Gornaco singulis annis redderent, juxta quod in cyrographo quod inde conscriptum fuerat continetur. Quia vero idem cyrographum plus quam oporteret obscuritate fuerat involutum, nec ita lucide ut utrique parti satisfaceret, rei veritatem exprimere videbatur, rursus inter nos et fratres Ursicampi supra dicta decima contentio exorta est. Demum vero, post longam disceptationem, mediante prudentium virorum consilio, ad reformandam concordiam inter nos et Ursicampi ecclesiam, talis pactio intercessit quod ejusdem ecclesie tam de terris quam in territorio Gornaci ab anno Verbi incarnati M°. C°. LX°. iiij°. usque ad annum presentem qui est, M°. C°. XC°. V°. acquisierunt, quam etiam de hiis quas deinceps acquirerent, pro singulis modiatis singulas minas annone nobis quotannis reddent, ita quod ejusdem annone due partes erunt frumenti et tertia avene. Porro quia dubium erat quantum terrarum in predicto Gornaci territorio a tempore predecessoris nostri Henrici fratres acquisissent Ursicampi, et inquirendum hoc fore ratio exigebat, dominus Hugo, abbas ejusdem loci, ad petitionem nostram, fratribus suis agricolis in virtute obedientie ac sub periculo animarum suarum injunxit, quatenus de hoc veritatem quam noscerent dicerent, quod et fecerunt in suo capitulo, presente Randulfo, canonico nostro, qui ad audiendum hujus rei testimonium a nobis fuerat destinatus. Ceterum de terris ante annum ab incarnatione Domini millesimum centesimum sexagesimum quartum acquisitis, ratum et inconvulsum permaneat quod in priore cyrographo continetur. Ut ita rata sit hec compositio, nec ulla deinceps super hoc a successoribus nostris adversus fratres Ursicampi querela vel contentio moveatur, presentem paginam inde conscriptam ipsis fratribus Ursicampi tradidimus sigillo capituli nostri et subscriptorum testium assertione munitam. Testes dominus Salicius, abbas de Fresmont, et Gerardus cellarius, et omnes alii in carta contenti.

CII.

ITEM DE EODEM — DE TERRA DE SALICETO.

1190.   Ego Matheus, dictus abbas sancti Quintini Belvacensis, totiusque conventus, notum fieri volumus tam futuris quam presentibus, quod quedam querela versabatur inter ecclesiam nostram et ecclesiam Ursicampi propter quamdam terram sitam in territorio de Friemvalez, in Saliceto, terre Warneri castellani contiguam, in qua fratres Ursicampi clamabant decimam et campartum. Tandem res ita pacificata est, quod utraque pars in Rogerum, prepositum de Mondisderio compromisit, quod Rogerus, rei veritate diligenter inquisita, decimam et campartum predicte terre ecclesie Ursicampi adjudicavit, et fratres Ursicampi, eodem Rogero approbante, nobis pro expensis nostris vi libras Atrebatenses addiderunt. Testes M....., abbas sancti Quintini; Guido, abbas Ursicampi; Joibertus, prior de Gornaco, et alii. Quod ut ratum permaneat, presentem paginam inde conscriptam sigilli nostri impressione et prescriptorum testium assertione fecimus communiri. Actum anno Verbi incarnati, M° centesimo nonogesimo.

CIII.

ITEM DE EODEM — COMPOSITIO INTER NOS ET IPSOS SUPER AQUA MOLENDINI DE SALICETO.

1190.   Sciant omnes tam posteri quam moderni, querelam quamdam exortam fuisse inter ecclesiam sancti Quintini Belvacensis et ecclesiam sancte Marie Ursicampi super aqua molendini de Salice, quem, de elemosina petri de Hameviler, Ursicampi ecclesia possidebat. Abbas siquidem sancti Quintini eamdem aquam sui juris esse contendebat, quam predictus Petrus, jure hereditario, libere et quiete, cum ipso molendino possederat. Ventilata est etiam eadem querela in curia domini Remensis et in curia domini Regis. Tandem dominus Rex precepit preposito suo de Monsdidier, Rogero, ut si abbas sancti Quintini de abbate et fratribus Ursicampi conquereretur, eos in presentia sua convocaret. Die itaque ad hoc prefinito, convenerunt ex una parte venerabilis abbas Matheus sancti Quintini et ejus canonici; Robertus, prior de Mieni, Henricus de Arnele. Ex alia autem parte, Guido, abbas Ursicampi, fratres ejus Salicius, Gerardus, Renerus, monachi; Engilbertus et Symon, conversi, et cum eis persone prudentes et discrete. Et cum multa partes hinc inde allegassent, tandem in arbitros compromiserunt ut quod de predicta aqua utrique parti arbitri assignarent, pars utraque absque reclamatione et calumpnia deinceps possideret. Nomina autem arbitrorum hec sunt : Rogerus, prepositus Montisdesiderii. Bernardus, de Angeviler et Odo frater ejus, Florentius de Hangest et Albertus frater ejus, Petrus de Plaissito miles. Statuerunt autem arbitri in eadem aqua metam quamdam ut ecclesia Ursicampi a molendino de Salice usque ad illam metam eandem aquam pacifice possideret, ecclesia autem sancti Quintini ab eadem meta usque ad molendinum de Mieni partem aque reliquam possideret. Statuerunt preterea ut fratres Ursicampi in ea parte aque que ecclesie sancti Quintini est assignata, possint herbam ipsius rivi falcare, et de ipso limum ac bitumen pala et houva ejicere. Et ut hec compositio rata et stabilis inter predictas ecclesias permaneret, scripto est tradita, et earundem ecclesiarum sigillis et fidelium personarum testimonio roborata. Testes Ivo, prepositus de Ruricurte; Hugo, presbiter de Menoisviler; Manasserus de Gornai; Odo, prepositus de Estreis et alii. Actum anno Verbi incarnati. M° C° nonagesimo.

CIV.

ITEM DE EODEM — DE MOLENDINO DE ARNELE.

Universis presentes litteras inspecturis, Johannes, abbas sancti Quintini Belvacensis, totiusque ejusdem loci conventus salutem in Domino. Notum facimus quod cum querela vertebatur inter nos ex una parte et abbatem et conventum Ursicampi ex altera, occasione molendini nostri de Arnele et molendini ipsorum de Salice, tandem de bonorum consilio compromisimus in Robertum des Cours, Ingerannum le Bane de Novavilla Regis, Robertum Paumart de Moenevile et Robertum molendinarium de Bello Puteo, qui fide corporali, sacramento prestito, diligenter et fideliter super dicta querela, rei veritate inquisita, de bonorum virorum consilio, dictum suum pertulerunt in hunc modum. Nos, predictorum virorum arbitrio tenemur calceiam super molendinum nostrum de Arnele, tendentem versus Mairi, in tali statu tenere et conservare quod aqua vivarii nostri super calceiam in marisco non defluat subjacentem. Quod si aliquo casu dicta calecia rupta fuerit, quam citius fieri poterit, ipsam tenemur nostris sumptibus reparare et integram conservare. Si vero pro aliqua necessitate, molendini nostri vel vivarii aquam laxare voluerimus, ex parte ville de Arnele supra molendinum rupturam faciemus qua cursus aque ad molendinum de Salice non valeat impederi. Tenemur etiam per predictum arbitrium rivum per quem aqua defluit de molendino nostro ad molendinum de Salice nostris sumptibus falcare et mundare cum necesse fuerit, a molendino nostro usque ad confinium terre nostre et terre domini de Triecoc. Fratres autem Ursicampi per jam dictum arbitrium tenentur supradictum rivum aque suis sumptibus mundare cum falce, falcato et junco cum necesse fuerit, a dicto confinio terre nostre usque ad molendinum suum de Salice. Tenentur etiam dicti fratres ripam aque, que exclusa dicitur, a molendino de Salice usque ad molendinum de Arnele versus mariscum, sicut necesse fuerit, reficere et integrum conservare. Murum vero posticii sui salientem in aqua versus domum domini de Triecoc dicti fratres non debent aliquo fulcimento sustentare. Quem si cadere contigerit, ultra rippam aque non debent dictum murum reparare. Nos autem et prefati abbas et conventus Ursicampi tenemur supradictum arbitrium firmiter et inviolabiliter observare sub pena xx^{ti} librarum parisiensium a parte resiliente a dicto arbitrio reddendarum. In cujus rei testimonium et munimen presens cyrographum inde conscriptum supradictis abbati et conventui Ursicampi tradidimus sigillorum nostrorum munimine roboratum. Actum anno Domini M° CC° XXX° VIII°, mense aprili.

April. 1238.

CV.

ITEM DE EODEM. — DE TERRITORIO DE FRIENVALET.

Arnaldus, Dei gratia abbas sancti Martini de Ruricurte, universis fidelibus in perpetuum. Notum volumus fieri quod ecclesia nostra possidebat in territorio de Friemvalet et de Balan-

1190.

viler terras, campartos et decimas, que quidem a nobis nimis remota erant et minus utilia, fratribus autem Ursicampi commoda videbantur. Utriusque ecclesie, nostre scilicet et Ursicampi utilitatibus providentes, concessimus ego et capitulum nostrum eidem ecclesie quicquid in predictis territoriis habebamus vel habere debebamus, unde Walterus pontenarius et Ingerrannus, ejus filius, ecclesie nostre homines fuerant et servientes, quiete et libere jure perpetuo possidendum. Statutum est etiam inter nos et predictam ecclesiam, ut si qua de eisdem possessionibus ad jus ecclesie nostre pertinentia nobis forte fuerint hactenus occultata, eam bona fide juvabimus ut ad jus suum ea revocet, nullos tamen sumptus super hoc facere tenebimur. Recepit autem ecclesia nostra in horum omnium recompensationem possessionem sibi multo magis utilem, terram videlicet Wiardi de Angeviler, pecunia ecclesie Ursicampi comparatam. Die itaque ad hoc perfinito, convenerunt in capitulum nostrum Gerardus prior, Salicius cellarius, Renerus monachi, Ingerbertus conversus Ursicampi, ex parte ejusdem ecclesie, et de omnibus supradictis per manum Gerardi prioris, annuente capitulo nostro, Ursicampi ecclesiam investivi. Testes Ricardus, prior ecclesie nostre, Ivo prepositus, Hugo thesaurarius, presbiteri, Robertus dyaconus, Petrus de Cuioverel, Petrus de Gornaco subdiaconi. Ad majorem autem hujus rei firmitatem, Petrus, abbas sancti Justi, domini Belvacensis officialis, in domum nostram venit, ibique, presente et annuente conventu nostro, supradicta omnia in manu ejusdem abbatis reddidi, qui his omnibus per manum fratris Salicii cellarii sepe dictam Ursicampi ecclesiam investivit. Testes Hugo et Albertus, canonici sancti Justi. Ut autem hec omnia inviolabilem in posterum obtineant firmitatem, presens cyrographum utriusque ecclesie sigillo fecimus communiri, ut partem ejusdem scripti sigillo capituli nostri roboratam ecclesia Ursicampi penes se repositam habeat, aliam vero partem sigillo Ursicampi impressam ecclesia nostra possideat. Actum anno Verbi incarnati m°. c°. nonogesimo.

CVI.

ITEM DE EODEM. — DE TERRITORIO DE FRIENVALET.

1180. Arnaldus.... (*Ut suprà*)....... tenebimur. Ecclesia autem Ursicampi in horum omnium recompensationem dedit nobis lx libras Atrebatensis monete hac condicione ut de eadem pecunia possessionem ecclesie nostre magis utilem emeremus. Die itaque........ possideat. Actum anno Verbi incarnati m°. c°. octogesimo.

CVII.

ITEM DE EODEM. — QUITATIO DE DECIMA QUAM HABEBANT IN TERRA JOHANNIS DE ROUVILER.

Junio 1258. Walo, miseratione divina abbas sancti Martini Ruricurtensis, et ejusdem loci conventus humilis, universis presentes litteras inspecturis salutem in Domino sempiternam. Noverint quod nos, utilitati ecclesie nostre ad hoc attendentes, quitavimus et quitamus in perpetuum viris religiosis abbati et conventui beate Marie Ursicampi totam decimam quam habebamus in sex minis terre quas Johannes, filius quondam domini Manasseri de Rousviler, ipsis Religiosis Ursicampi excambivit, quarum sex minarum terre quatuor site sunt ad kiminum herbosum, prope crucem fratris Drogonis, et due mine contigue sunt quemino per quod itur de Rousviler apud Stratas, pro qua decima sex minarum terre predictarum dicti religiosi Ursicampi nobis decimam octo minarum terre sitarum ad ulmum Tieboudi, juxta quiminum per quod itur de Rouviler apud Erreuses, dicto Johanni filio Manasseri in excambium a dictis religiosis Ursicampi concessarum concesserunt, quitaverunt perpetuo possidendam, quiminis et dominio kiminorum dictorum excambiorum ipsis religiosis Ursicampi libere remanentibus. In cujus rei robur et perpetuam firmitatem presentes litteras dictis religiosis Ursicampi tradidimus sigillorum nostrorum appensionibus communitas. Actum anno Domini M°. CC°. quinquagesimo octavo, mense junio.

CVIII.

SILVE MAJORIS. — DE CENSU XXXV SOLIDORUM QUI DEBENTUR PRIORI SANCTI LEODEGARII IN BOSCO.

Petrus, Silve Majoris, et Balduinus, Ursicampi, abbates utriusque conventus monasterii, universis presentem paginam inspecturis in Domino salutem. Notum fieri volumus ecclesiam sancti Leodegarii de Bosco, que a monasterio Silve majoris emanasse dinoscitur, partem illam nemoris quod Casiux dicitur, quam diebus multis inconcusso tenore possederat, ecclesie beate Marie Ursicampi concessisse jure perpetuo possidendam sub annuo censu xxxv solidorum parisiensis monete et viij denariorum qui ecclesie sancti Leodegarii a fratribus Ursicampi in festo sancti Remigii sunt reddendi. Quod ut ratum permaneat et immotum, presens cyrographum mutua sigillorum nostrorum appensione munivimus, ea consideratione ut ecclesia sancti Leodegarii partem illam que sigillo Ursicampi est consignata apud se loco cautionis conservet, et ecclesia Ursicampi partem alteram cui sigillum Silve Majoris appensum est, nichilominus penes se habeat in munimen. Actum anno Verbi incarnati M°. CC°. I°.

1201.

CIX.

ITEM DE EODEM. — PROCURATIO PRIORIS SANCTI LEODEGARII IN BOSCO.

Universis presentes litteras inspecturis, frater G.........., permissione divina humilis abbas beate Marie Silve Majoris, Burdigalensis dyocesis, totiusque ejusdem loci conventus, salutem in Domino sempiternam. Noveritis quod nos, in omnibus negotiis que habemus et causis quas movemus vel movere intendimus contra quascumque personas ecclesiasticas vel seculares, seu etiam ipse persone movent, vel moture sunt contra nos, ratione prioratus nostri sancti Leodegarii in Bosco, Suessionensis dyocesis, et pertinentiarum ejusdem, coram quibuscumque judicibus ecclesiasticis vel secularibus, ordinariis, delegatis, subdelegatis, arbitris, conser-

1275.

vatoribus, fratrem Petrum Hugonem, priorem prioratus sancti Leodegarii predicti, nostrum constituimus per procuratorem, sindicum vel actorem, dantes eidem plenariam potestatem et speciale mandatum agendi, redimendi, deffendendi, compromittendi, pasciscendi, excipiendi, replicandi, litem contestandi et etiam jurandi de calumpnia seu de veritate dicenda in animas, nostra in causis predictis vel aliqua parte earum faciendi cujuslibet alterius generis juramentum, sententiam audiendi, appellandi in judicio vel extra judicium, si necesse fuerit, appellationem suam persequendi, petendi restitutionem in integrum, quandocumque sibi visum fuerit expedire, expensas petendi et jurandi easdem, et recipiendi, et omnia alia et singula faciendi que verus et legitimus debet aut potest facere procurator sindicus, sive actor, dantes eidem nichilominus plenariam potestatem substituendi loco sui procuratorum sive procuratores, quandocumque ei placuerit, et sibi crediderit expedire, et eosdem etiam revocandi, ratum habituri et gratum quicquid tam dicto procuratori et substituto vel substitutis ab ipso in dictis causis, vel aliqua parte earum, coram memoratisj udicibus actum fuerit, seu etiam procuratum. Nos et bona prioratus predicti pro judicato solvendo, si necesse fuerit, obligantes. In cujus rei testimonium presentibus litteris sigilla nostra duximus apponenda. Datum in capitulo nostro, in crastino beati Mathei apostoli et evangeliste, anno Domini M°. CC°. LXX°. quinto. Dictus autem procurator prior ante dictus; coram nobis in jure, propter hoc, personaliter recognovit, nomine suo ac etiam nomine procuratoris predicti, omnia et singula in litteris hiis annexis presentibus contenta esse vera, et fieri velle eo modo quo plenius continetur in eisdem litteris sigillo suo sigillatis quo usus est utique intendit, ut dicebat. Datum anno et die predictis.

CX.

ITEM DE EODEM. — DE MOLENDINO DICTO HUBELET.

Febr. 1275. Omnibus hec visuris P.........., prior sancti Leodegarii et monachi ejusdem loci omnis, ordinis sancti Benedicti, Suessionensis dyocesis, salutem in Domino sempiternam. Noverit universitas nostra quod nos, viris religiosis abbati et conventui ecclesie beate Marie Ursicampi, Cysterciensis ordinis, Noviomensis dyocesis, tenemur in quatuor aissinis bladi ad mensuram de Trachi, de molitura cujusdam molendini siti apud Trachi, dicti de Hubelet, solvendis religiosis predictis in perpetuum annuatim, in purificatione beate Marie, ad usum porte dicte ecclesie, pro eo quod abbas et conventus predicti nobis et successoribus nostris vendiderunt, concesserunt in perpetuum, et quitaverunt sextamdecimam partem dicti molendini cum quodam aissino bladi quod in predicto molendino antiquitus singulis annis percipiebant, in parte Symonis dicti Pilate, et fratrum suorum. Ita tamen quod si nos et successores nostros in solutione hujus, termino predicto deficiente, deficere contigeret aut contingat, nos et successores nostri tenemur et tenebimur pro qualibet septimana qua preter voluntatem abbatis et conventus predictorum, elapso dicto termino defecerimus in solutione predicta, in uno quarterio bladi ad mensuram predictam nomine pene ipsis religiosis cum dictis quatuor aissinis persolvendo. Insuper molendinarius qui fuerit pro tempore, tenebitur juramentum prestare in termino predicto, cum a sepe dictis religiosis requisitus fuerit, super hoc quod quatuor aissinorum predicta solutio erit de pura moltura molendini sepe dicti, et quod non fuerit, se sciente, aliquo modo pejorata. In cujus rei testimonium et munimen presentibus litteris sigillo nostro sigillatis per curiam nostram, sigillo curie Noviomensis sigillatam, duximus annectendam. Datum anno Domini m°. cc°. septuagesimo quinto, mense februarii.

CXI.

ITEM DE EODEM. — DE UNO MODIO FRUMENTI.

Ego Loislenus *(sic)*, Dei gratia Suessionensis episcopus, tam presentibus quam posteris notum esse cupio ecclesiam sancti Leodegarii domno Ludovico, regi Francie, unum modium decime ad mensuram parisiacensem singulis annis debuisse, quem ipse rex deinceps longo tempore habitum ecclesie sancte Marie Ursicampi liberum et absolutum concessit. Verum quia institutio Cysterciensis ordinis redditus tenere omnino refugit, frater Walerannus, minister predicte ecclesie sancte Marie Ursicampi, eundem modium decime, sicut cum sua ecclesia habebat, michi reddidit. Postmodum autem nos, utrique prefate ecclesie consulere et bene facere volentes, a priore Alelmo sancti Leodegarii precibus obtinuimus quod unum campum ecclesie sue interjacentem vie regie que vulgo appellatur kalchye, et valli de Kaneuheris sepe dicte ecclesie sancte Marie Ursicampi dedit, et nos, ecclesie sue ne gravaretur, in recompensatione agri sui, prenominatum modium decime liberum et absolutum tradidimus. Quo ita completo, hoc a nobis, utraque ecclesia concedente, diffinitum est, ut si quando predictus rex Francie Ludovicus aut suorum successorum quisquam ecclesiam sancti Leodegarii jam dictam a sepefato modio decime spoliaret, abbas Ursicampi de puriore frumento crescente ad Puteolos ibidem quot annis unum modium ad mensuram supra scriptam et ad electionem prioris sancti Leodegarii, aut alicujus illuc ex sua parte transmissi persolveret, et sic postea ad sanctum Leodegarium transferri faceret. Si autem abbas Ursicampi postmodum aliqua occasione hoc statutum prosequi nollet, monachi sancti Leodegarii ad prefatum campum redirent, et deinceps ut prius possiderent. Hoc verbum sic compactum, ratum in sempiternum permanere episcopali auctoritate decernimus, et ne quis infringere aut irritum facere presumat, sub anathemate interdicimus et presenti cyrographo confirmamus. Actum tempore Alelmi de Trachi, prioratum sancti Leodegarii obtinentis. Hoc autem concessit Petrus, abbas Silve Majoris, et sigillo suo muniri precepit. Nos vero, ut majori robore firmaretur, eandem cartam sigilli nostri auctoritate munivimus. Actum anno ab incarnatione Domini m°. c°. xxx°. iij°.

1133.

CXII.

ITEM DE EODEM. — DE TERRA DEL BUS.

In nomine Patris, et Filii, et Spiritus sancti. Amen. Ego Goislenus, Dei gratia Suessionensis episcopus, notum facio cunctis fidelibus tam futuris quam presentibus, quod terram del Bux sancti Leodegarii, de qua erat controversia inter monachos sancti Leodegarii et Guido-

1146.

nem, castellanum Noviomi, ecclesia Ursicampi acquisivit sibi perpetuo jure possidendam, concedente ei castellano quicquid in ea habebat, monachis sancti Loodegarii eque id ipsum concedentibus per abbatem suum Petrum. Eadem vero ecclesia Ursicampi dedit in decambio memoratis monachis pro omni jure quod in ea habebant, terram quandam sementis decem et septem aissinorum quam ab Alberto de Trachi et fratribus ejus, Henrico videlicet et Gualtero, et ab omnibus comparticipibus emerat, concedentibus uxoribus eorum et filiis, que terra juxta grangiam sancti Leodegarii sita est, et est de censuali terra sancti Medardi, tot scilicet denariorum quot aissinorum. Sed quia monachi sancti Leodegarii eundem censum de suo reddere recusabant, ecclesia Ursicampi Henrico, fratri predicti abbatis, dedit in territorio Noviomi, pro sua parte predicte terre, quandam sextariatam terre sub censu decem et septem denariorum quos idem Henricus, in festo sancti Michaelis, ad ecclesiam sancti Leodegarii persolvere haberet. Quod si non faceret, ecclesia Ursicampi submonita a monachis S. Leodegarii predictum censum solveret aut solvere faceret. Tunc vero ecclesia Ursicampi ad illam terram rediret quousque Henricus predictum censum legali jure persolveret. Hoc pacto retento inter utramque ecclesiam, quod si quelibet harum ecclesiarum qualicumque occasione terram quam tenebat amitteret, ad illam quam werpivit redire non posset. Hoc autem est a Galeranno, abbate Ursicampi, et a Bertranno, priore sancti Leodegarii, concedente Petro, abbate suo de Silva Majore, concedentibus ad ipsum fratribus Ursicampi, Clemente scilicet, priore; Reinaldo, cellario; Ebrardo, Tescelino, ceterisque omnibus. Ut autem prescripta pactio rata permaneat et intemerata, cyrographum inde factum sigillo nostro et utriusque ecclesie abbatis sigillo signavimus, et auctoritate episcopali confirmavimus, personarum etiam suppositarum astipulatione corroboramus. Signum Guidonis, abbatis sancti Johannis Suessionensis. S. Radulfi, archidiaconi. S. Guillelmi, archidiaconi. S. Johannis, capellani. Actum Suessioni, anno Verbi incarnati м°. c°. xl°. sexto, indictione x.

CXIII.

VANDREGISILI. — REDEMPTIO CENSUS VANDREGISILI SANCTI.

Circa 1150.   In nomine sancte et individue Trinitatis, amen. Ego Hugo, Dei gratia Rothomagensis archiepiscopus, universis sancte matris ecclesie filiis tam futuris quam presentibus, notum fieri cupio quod dilectus filius noster domnus Rogerus, sancti Wandregisili abbas, communi totius capituli sui assensu, quicquid habebat ecclesia beati jam dicti Wandregisili in territorio de Warnaviler, ecclesie Ursicampi beate Dei genitricis semperque virginis Marie in manu domni Gileberti, ejusdem loci abbatis, perpetuo jure possidendum concessit, et contradidit videlicet duas marchas argenti quas prefata Ursicampi ecclesia censualiter reddebat beati Wandregisili, et quicquid terre ac nemoris habebat in eodem territorio. Fratres autem Ursicampi de sua substantia cc libras Rothomagensis monete dederunt ecclesie sepedicti sancti Wandregisili, in recompensatione harum rerum. Ut ergo hoc ratum et inconcussum in perpetuum permaneat, sigilli nostri et sigilli sancti Wandregisili impressione confirmamus, et horum testium astipulatione. S. Renaldi de Pratellis. S. Radulfi, prioris sancti Wandregisili. Willelmi, sacriste. Lamberti, cellarii. S. Petri, abbatis de Prato. S. Sauvonis, cellarii ejus. S. Stephani, prioris de Ursicampo. S. Guillelmi Mali, nepotis. S. Gilonis, archidiaconi. S. Fulberti, archidiaconi. S. Randulfi, sacriste. S. Laurencii, cancellarii.

CXIV.

SANCTI VEDASTI. — DE THELONEO MONACHORUM SANCTI VEDASTI.

In nomine sancte et individue Trinitatis, ego Samson, divina miseratione Remorum archiepiscopus, apostolice sedis legatus, universis sancte matris ecclesie filiis tam presentibus quam futuris in perpetuum. Ut ab oblivione deffendatur quod expedit reminisci, litterarum memorie tradere curavimus quod controversia agitata est in presencia nostra inter ecclesiam sancti Vedasti Atrebatensis et abbates Funiacensis, Igniacensis, Ursicampi, Longipontis, et Valleclare et abbatiarum que ab his processerunt, de theloneo quod exigerent Atrebatenses ab eis, et illi nec hactenus si dedisse dicerent, nec debere. Demum ordinatum est inter eos et ab utraque parte susceptum, ut donec judicio Remensis ecclesie eadem controversia terminetur, pax fiat in hac expetitione thelonei, nec vadium accipiatur, vel aliqua exinde inquietatio fiat. Ubi autem judicatum fuit, ipsum deinceps judicium teneatur. Vadia vero sive fidejussiones que pro eo theloneo tenebantur, libere dimittantur. Super hiis autem que in predicta civitate fratres illarum abbatiarum hactenus vendiderint, vel adduxerint, unde Attrebatum theloneum totum vel dimidium volebant habere, abbates de Igniaco et Ursicampo, in manu acceperunt per se et pro predictis coabbatibus suis, quousque ad tertium annum, si tam diu contigerit tardare judicium, fideliter in domibus suis computari et scribi facient que esset ejusdem summa thelonei, si daretur, et tam de ipsa summa quam fecerint computari, quam de reliquo exinde theloneo persolvendo, quod fuerit judicatum facient observari. Ultra tertium enim annum, si judicium factum non fuerit, omnis deinceps computatio dimittetur, sed de futuro ex tunc theloneo, cum Atrebatenses voluerint, parata erit pars altera subire et observare judicium. Ut autem hujus institutionis series rata et inconvulsa permaneat, sigilli nostri impressione et probabilium personarum attestatione corroborari fecimus, S. Jofridi, abbatis Igniaci. S. Gileberti, abbatis Ursicampi. S. Odonis, abbatis Dyonisii. S. Bartholomei, archidiaconi. S. Leonis, decani. S. Drogonis, prepositi. S. magistri Fulgonis. S. magistri Herluini. S. magistri Letoldi, dyaconorum. S. magistri Radulphi. Actum Remis, anno incarnati Verbi M°. C°. lx°., indictione octava. Regnante Ludovico, nobilissimo Francorum rege, anno xxIIII°. Archiepiscopatus autem nostri anno xxI°. Robertus cancellarius recognovit et subscripsit.

CXV.

ABBATIS VIROMANDENSIS. — DEFFINITIO QUERELE VIROMANDENSIS ECCLESIE SUPER DECIMA DE SETFURS.

Balduinus Ursicampi et Johannes Viromandensis abbates, totiusque loci utriusque conventus universis presentem paginam inspecturis in Domino salutem. Cum apud Rotunviler nos Ursicampenses terras quasdam teneremus, quarum decimatio Viromandensi competebat ecclesie, antequam ad nos earundem terrarum possessio deveniret, querelam quam de nobis super decimarum illarum detentione Viromandensis ecclesia proponebat, amicabiliter sub eo tenore dignum duximus sopiendam, ut pro omnibus terris ad decimationem de Rotunviler pertinentibus quas scripti hujus conditi tempore tenebamus, unum bonnerium terre ad mensuram Nigellensem juxta Rotunviler, certa metarum designatione conclusum, sepe dicte Viromandensi ecclesie traderemus jure perpetuo quiete ac libere possidendum. Igitur Viromandensis ecclesia, pretaxata compensatione contenta, per dictas terras quamdiu nostri juris fuerint, ab omni decimarum exactione prorsus recognovit immunes, querele renuntians in perpetuum, quam super predictarum terrarum decimatione a nobis detenta proposuit. Ut ergo memorate transactionis tenor ulla in posterum valeat calliditate vel occasione convelli, presentis eum cyrographi et sigillorum nostrorum munimine decrevimus roborari. Actum anno Verbi incarnati M°. CC°.

TITULUS ABBATISSARUM NIGRARUM.

CXVI.

ABBATISSE SANCTI JOHANNIS IN BOSCO. — DE TRIBUS MODIIS BLADI ABBATISSE SANCTI JOHANNIS IN BOSCO APUD ERREUSES.

Decemb. 1259. A tous chiaus qui ces lettres verront, suer H......, abbeesse et li convens de sainct Jehan ou bos de Quise, faisons asavoir que nous a hommes religieux l'abbe et le convent dOscans, pour le pourfit de notre eglise et bien de pais, avons otroie a tenir et a avoir a touz jours quitement et en pais touz les dismages que nous aviemes entre le ru de Balli et Primpres, selonc ce que Oise l'avironne, et leur bos ou parrochage de Primpres, pour trois muis de ble moitain au mui de Clermont a rendre chascun an, a la feste de Saint-Martin en yver, et prendre a leur grange de Arreuses. Et est assavoir que il renderont au prestre de Primpres deus muis de ble metail chascun an, au mui de Noion, que nous li deviens pour le dismage devant nomme. Et nous loiaument prometons que dore en avant nen irons encontre, ni ne querrons art ou engien pour quoi li dit abbes et convent soient de toutes ces choses devant dites adamagie, ains leur sommes tenues a porter a touz jours loial garandie contre tous chiaus qui a droit et a loi en vaurroint venir, et il nous sont tenu a rendre III muis de ble moitain et au prestre de Primpres II muis de ble mesteil, si comme il est devise par devant. En tesmoignage de le quel chose nous avons as devant dis abbe et convent ches presentes lettres baillies seelees de no seel. Che fu fait lan del incarnacion Nostre Seigneur M. CC. et LIX, ou mois de decembre.

CXVII.

ITEM DE EODEM. — DE DUOBUS [MODIIS] PREBISTERO DE PRIMPRES.

Omnibus presentes litteras inspecturis, officialis curie Noviomensis salutem in Domino. Noveritis quod in jure propter hoc constitutis coram nobis magistro Petro, rectore parochiali ecclesie de Primpres et procuratore monasterii Ursicampi, exhibite nobis fuerunt per eosdem quedam littere sigillo abbatis Ursicampi sigillate, modum et formam conventionis cujusdam habite inter predictos abbatem et conventum ex parte una et prefatum magistrum ecclesie sue nomine ex altera, continentes in hec verba. Universis Christi fidelibus ad quos presentes littere pervenirent, frater Egidius, monasterii Ursicampi, Cisterciensis ordinis, dictus abbas ejusdem loci et conventus, salutem in Domino. Universitatem vestram scire volumus quod cum religiose mulieres abbatissa videlicet et conventus monasterii sancti Johannis in nemore quod Quisia dicitur sita, perciperent et haberent decimas in quodam territorio suo inter rivum de Baalli et flumen Ysare, versus Primpres, prout ipsum flumen et nemus nostrum, quod nemus Ursicampi dicitur, ab illa parte se comportant, nos et religiose predicte, monasteriorum nostrorum utilitate pensata, contraximus et convenimus super dictis decimis inter nos in hunc modum. Videlicet quod nos easdem decimas in loco supra dicto percipiemus et habebimus in futurum, et, in recompensationem earum, prefatis abbatisse et monialibus certam et inter nos conventam reddemus annis singulis quantitatem annone, hoc expressum agentes quod salvum esset, quoad hoc, jus ecclesie parochialis, videlicet ecclesie de Primpres, in cujus decimatione locus existebat predictus. Qua conventione pacta, comperimus, et nobis extitit super hoc facta fides, quod olim inter ipsas ex parte una, et parochialem presbiterum ecclesie de Primpres ex altera predicte, super eisdem decimis sic fuerat ordinatum, quod ipse moniales ipsas decimas perpetuo possiderent, et duos modios annone eidem presbitero redderent annuatim. Quia vero de specie vel valore ipsius annone non fuerat inter nos satisfactum, nos, volentes et ei jus suum conservare, et materiam questionis pro juribus evitare, sic expressum agentes ecclesiarum nostrarum, convenimus cum eodem quod quicquid de predicto territorio vel decimagio fiat sive culture dimittatur, sive non, nos eidem et successoribus ejus dicte parochie presbiteris solvemus annuatim, infra festum omnium sanctorum, nostris sumptibus et vecturis, in villa de Primpres, ubi maluerit, duos modios annone ad mensuram Noviomensem, unum videlicet frumenti, secundum quod vulgariter appellatur frumentum, et alium modium siliginis pagabilis et legalis. Et ad hec perpetuo nos eidem presbitero et successoribus ejus obligamus et recognoscimus nos esse obligatos, et sic supra dicte decime quoad ipsos nobis perpetuo libere remanebunt. In cujus rei testimonium et munimen presentes litteras dicto presbitero tradidimus sigilli nostri roboratas. Datum anno Domini M°. CC°. lx°, mense julio. Dictus autem magister coram nobis ibidem ea que in supra dictis litteris, prout dictum est, continentur, asseruit esse vera, firmiter hoc astruens quod ecclesie sue utilitas versatur aperte in hoc quod pro duobus modiis annone non specificate quos moniales monasterii sancti Johannis in nemore consueverant ei et ejus antecessoribus solvere annuatim, pro jure quod in predictis decimis ecclesie de Primpres competebat. Prefati

Aug. 1260.

abbas et conventus unum modium frumenti et unum modium sigilinis pagabilis et legalis se promittunt ei et ejus successoribus perpetuo soluturos, pro jure quod ecclesie sue competebat in decimis supradictis, et specificatione et permissione predictis asseruit se nomine ecclesie sue esse contentum, et promisit fide prestita corporali quod contra conventionem hanc per se vel per alium non veniet in futurum, nec per se nec per alium faciet, quominus perpetuo teneat et servetur, ad hoc successores suos obligando. Et hec quidem omnia fecit dictus magister de auctoritate nostra et consensu, qui circa hoc versari credimus ecclesie parochialis utilitatem et perfectum. In quorum omnium testimonium robur et perpetuam firmitatem, presentes litteras, ad petitionem utriusque partis, prefato procuratori Ursicampi ecclesie sue nomine tradidimus sigillo Noviomensis curie sigillatas. Datum et actum anno Domini m°. cc°. sexagesimo, mense augusto.

TITULUS ARCHIEPISCOPORUM.

CXVIII.

ARCHIEPISCOPI REMENSIS. — CARTA ARCHIEPISCOPI RAINALDI CONFIRMANS.

1138.

In nomine Patris et Filii et Spiritus sancti, Rainaldus, Dei gratia Remorum archiepiscopus, dilecto filio Galeranno, monasterii Ursicampi abbati, et ejus fratribus in eodem beate Marie monasterio monasticam vitam professis, eorumque successoribus in eadem observantia permansuris in perpetuum. Desiderium quod ad religionis propositum et salutem animarum pertinere dinoscitur, dignum est ut, auctore Deo, celerem effectum sorciatur. Venerabilis itaque confratris nostri Symonis, Noviomensis episcopi, vestrisque petitionibus paterno affectu annuentes, monasterium in quo omnipotenti Deo secundum regulam beati Benedicti servire proposuistis, presentis privilegii auctoritate munivimus. Universa etiam ad vestrum monasterium pertinencia et precipue ea que in privilegio predicti episcopi continentur, ita limitata, et ab omni exactione et inquietudine libera, ut in eodem privilegio scriptum est, tam vobis quam successoribus vestris in perpetuum confirmamus. Preterea quecumque idem monasterium in presentiarum juste possidet, quecumque eciam in futurum legitime poterit adipisci, firma vobis vestrisque successoribus et illibata permaneant. Ad hec decernimus ut nulli omnino liceat idem cenobium temere perturbare, aut ejus possessiones aufferre, vel ablatas retinere, minuere vel temerariis vexationibus fatigare. Si qua autem persona, quod absit, contra hanc constitutionem, possessiones vestras occupare vel vos successoresve vestros inquietare presumpserit, nisi presumptionem suam celeri emendatione correxerit, ab omnium fidelium communione sequestrata ab ecclesia Dei ejicietur, et Sathane punienda tradetur. Ut autem privilegii hujus pagina auctoritatis pondus obtineat, sigilli nostri impressione ac probabilium personarum testimoniis eam corroborari fecimus. Signum Albrici, archidiaconi, et omnia alia. Actum Remis, anno incarnati Verbi M°. c°. xxx°. iij°, indictione xi°. Regnante Ludovico Francorum rege, anno xxvi°. Archiepiscopatus autem domni Rainaldi anno ix°. Drogo cancellarius recognovit, scripsit, subscripsit.

CXIX.

ITEM DE SANSONE ARCHIEPISCOPO. — ALIA LITTERA.

In nomine Patris, et Filii, et Spiritus sancti. Amen. Sanson, Dei gratia Remorum archiepiscopus, dilecto filio Herveio, monasterii Ursicampi abbati (*ut supra*)...... sortiatur. Nos igitur, inspecto predecessoris nostri bone memorie Rainaldi, Remensis archiepiscopi privilegio, quod confratris nostri Symonis, Noviomensis episcopi, et Gualeranni bone memorie, vestri loci abbatis, petitionibus ad monasterii vestri et rerum que ad idem monasterium pertinent olim fecerat, dilectissimi filii vestri Herveii, Ursicampi abbatis, et fratrum ejusdem loci postulationibus annuentes, monasterium in quo.... (*ut supra*). Anno M°. c°. xl°. iij°.

1143.

CXX.

CALUMPNIA HOMINUM DE PRIMPRES IN NEMORE ODONIS GOVINI.

Ego Hainricus, Dei gratia Remensis archiepiscopus, omnibus fidelibus tam futuris quam presentibus, in perpetuum universorum notitie volumus commendari, querelam quandam exortam fuisse inter fratres Ursicampi et homines de Primprez pro quodam nemore quod Odo Govinus contulit in elemosinam ecclesie Ursicampi, in quo homines de Primpres usagium ad opus ecclesie sue clamabant. Cum igitur, pro ecclesie sue reparatione, in prefato nemore ligna cedere vellent, et fratres Ursicampi contradicerent, dicentes se paratos esse ut in curia Noviomensis episcopi, quantum jus exposceret, eis super hoc responderent, illi non acquieverunt, sed contra vetitum ligna incedentes asportaverunt. Que cum ab eis ex parte episcopi libere vel plegium reddenda requirentur, reddere noluerunt. Quam ob rem in prefata villa divina prohibita sunt celebrari. Hoc itaque modo coacti ligna libera reddiderunt, et propriis vehiculis Ursicampum reduxerunt. Postea ad diem sibi et fratribus prefixum in curia Noviomensis episcopi venientes, usagium in predicto nemore ob ecclesie sue necessaria sibi concessum ab Odone Govino, prius quam illud fratribus in elemosinam contulisset, clamaverunt, et hoc ipsum se testibus probaturos astruxerunt. Fratribus autem respondentibus se nemus illud jam xxx annis possedisse, et homines de Primpres per idem tempus nullum omnino usuagium ibi habuisse, venerabilisque memorie Symonem, Noviomensem episcopum, predictam Odonis elemosinam sine cujusquam usagii mentione ecclesie Ursicampi simpliciter privilegio confirmasse, homines predicti testes suos produxerunt qui a judicibus examinati reprobabiles inventi sunt, quia in attestationibus suis discordes plurimum extiterunt. Demum cum dies peremptorius illis prefixus fuisset, in quo si conventiores testes

1174.

habere possent, adducerent, et, utriusque partis consideratione habita, causa deberet judicio terminari, illi ad diem statutum non venerunt, sed a causa defecerunt. Quum igitur, defuncto episcopo Noviomense, hec terminata sunt, que episcopatus nostra habebat providencia ordinari, ne prefata ecclesia aliquam deinceps super hac calumpnia vexationem sustineat, prohibemus, et presentem paginam tam sigilli nostri impressione quam subscriptorum testium astipulatione firmamus. Signum magistri Gerardi, prioris sancti Bartholomei. S. Balduini, Noviomensis cancellarii. S. magistri Ingerranni, Noviomensis canonici, etc. Actum anno ab incarnatione Domini, M°. C°. lxxiiij.

CXXI.

ARCHIEPISCOPI ROTHOMAGENSIS. — DE MONASTERIO MORTUIMARIS.

Circa 1136.

Reverendo abbati R..... (1), sacroque conventui Cysterciensi, Hugo, Rothomagensis (2) sacerdos, salutem, gratiam et benedictionem. Tempore nostro edificatum est in parochia nostra monasterium Mortuimaris quod precibus regis Anglorum donavimus ordini vestro per manum domini Gualeranni, abbatis de Ursicampo. Abbas vero qui nunc preest monasterio Mortuimaris, Alexander nomine, fuit quidem monachus Willelmi, abbatis de cenobio Pini, sed idem Willelmus, in presentia ecclesie tenens manum prefati Alexandri, manu sua reddidit eum in manu nostra nobis, quem ego postea dedi vestro ordini sub manu predicti abbatis Galeranni. Orate pro me, fratres mei, ut remittat peccata mea michi, et misereatur mei Agnus Dei qui tollit peccata mundi.

CXXII.

REDEMPTIO CENSUS SANCTI WANDREGISILI.

(*Supra*, N° CXIII.)

CXXIII.

ITEM DE PEDAGIIS PER ARCHIEPISCOPATUM.

(*Le texte manque sur le manuscrit.*)

CXXIV.

ARCHIEPISCOPI SENONENSIS. — DE PEDAGIIS PER ARCHIEPISCOPATUM SUUM.

(*Le texte manque sur le manuscrit.*)

(1) Renaud, abbé. — 1133-1151.
(2) Hugues III d'Amiens. — 1129-1164.

TITULUS BAILLIVORUM REGUM.

CXXV.

[COMPOSITIO INTER URSICAMPI FRATRES ET MORICANOS.]

Guillelmus cognomento Pastez et Rainaldus de Bestisiaco, domini regis baillivi, omnibus hec visuris in perpetunm. Sciant presentis pagine inspectores quod Drogo et Petrus de Ponte, episcopi fratres, qui cognominati fuerunt Moricanni, adversus ecclesiam Ursicampi gravamen habuere, discordiam propter quam eidem monasterio injurias et dampna plurima intulerunt. Die tandem pacis inter eos et ipsam ecclesiam reformande prefixa, ad locum qui Malconseil dicitur, a domino nostro rege missi accessimus, qui nobis perceperat ut pacem inter ecclesiam et fratres memoratos adeo firmam et stabilem reformaremus, ut fratres Ursicampi ad ipsum propter hoc querelam deinceps non referrent. Igitur, prudentibus viris nobiscum ad pacem mediantibus, pacem inter eos reformavimus in hunc modum. In primis dicti Drogo et Petrus omnibus querelis et discordie quas adversus ecclesiam Ursicampi habuerant, renuntiaverunt. Post hec idem Drogo vendidit fratribus Ursicampi, de consilio amicorum suorum, pretio c. lx°. librarum parisiensis monete, decem modiatas de portione illa nemoris que ipsi in'Esga silva a domino Stephano, Noviomensi episcopo, fuerat assignata. Has autem decem modiatas metarum positio determinat et discernit. Venditionem istam ipse Drogo et Petrus frater ejus bona fide tenere pleviverunt. Ad majorem vero securitatem venditionis ejusdem firmiter tenende a sepe dicto Drogone, plegii fratribus Ursicampi dati sunt Hugo de Betencourt et Symon, frater ejus, pro xl libris, Balduinus de Villa, pro decem libris et Gillebertus Lovez, pro decem libris parisiensis monete, constituti super hoc, et dominus Stephanus, Noviomensis episcopus, de quo memoratus Drogo dictas decem nemoris modiatas tenebat in feodum, venditionem factam ratam habens et approbans, ejusdem in posterum se defensorem constituit, et ad patrocinium firmitatis cartam inde confectam sigillo proprio roboravit. Nos vero, qui de mandato domini Regis pacis hujus auctores et mediatores extitimus, et in quorum presentia hec venditio est solenniter celebrata, paci et indempnitati Ursicampensis ecclesie in posterum providere volentes, in rei testimonium et munimen presentem paginam conscribi precepimus, et sigillorum nostrorum appensione muniri. Actum anno Verbi incarnati m°. cc°. iii°.

1203.

CXXVI.

DE QUINQUE MODIATIS NEMORIS DROGONIS MORICANI.

Omnibus hec visuris officialis curie Noviomensis, salutem in Domino. Notum vobis facimus quod cum dominus Drogo Moricans, miles, legasset ecclesie Ursicampi in elemosinam perpetuam

Decemb. 1236.

v modiatas nemoris sui siti juxta nemus dicte ecclesie, ita quod dicta ecclesia in presentiarum medietatem dictarum v modiatarum sine contradictione possideret, et domina Marga, uxor dicti Drogonis, aliam medietatem quoad viveret nomine dotalicii teneret, et ipsa Marga tam illam medietatem dictarum v modiatarum nemoris ipsam Margam ratione dotalitii contingentem, quam omne aliud jus quod ex parte dicti Drogonis nomine dotalicii habere debebat, in nostra presentia Roberto de Ponte vendidisset, et ipsi Roberto et ejus heredibus in proprium quitasset, sicut in litteris curie Noviomensis super hoc confectis plenius vidimus contentum. Tandem dictus Robertus de Ponte, postmodum in nostra presentia constitutus, recognovit se vendidisse dicte ecclesie dictam medietatem nemoris quam idem Robertus a dicta Marga comparavit, eidem ecclesie bene et legitime in perpetuum possidendum, et ad voluntatem abbatis et conventus prefate ecclesie assignavit ipsam ecclesiam coram nobis, ubi ipsa ecclesia dictas v modiatas nemoris, scilicet tam illas duas modias et dimidium de quibus ipsa ecclesia tenens et pendens, quam alias duas modiatas et dimidium dictarum Margam, ut dictum est, nomine dotalitii contingentes, et ab ipsa Marga dicto Roberto venditas habeat et possideat in perpetuum juxta nemus ipsius ecclesie, sicut idem nemus se comportat, et quemdam rivum qui dicitur rivus sancti Eligii. Huic autem venditioni a dicto Roberto prefate ecclesie facte interfuit Helissendis, uxor dicti Roberti, que dictam venditionem voluit, laudavit et approbavit, recognoscens se sufficiens habere excambium pro dotalitio quod in dictis duabus modiatis et dimidio nemoris dicte ecclesie venditis habebat, videlicet duas modiatas et dimidium nemoris ipsis duabus modiatis et dimidio venditis contiguas de residuo nemoris dicti Roberti. Et super hujus excambium omne jus quod in dictis duabus modiatis et dimidio dicte ecclesie venditis habebat vel habere debebat, tam jure dotalicii quam alio titulo, spontanea et non coacta in manu nostra resignavit, et eisdem fide data penitus renuntiavit, et tam dictus Robertus quam ipsa Helissendis spontanei et non coacti fidem in manu nostra prestiterunt corporalem, quod dictam ecclesiam super dicto vendagio vel super aliquibus superius notatis de cetero non molestabunt nec gravabunt, nec artem vel ingenium per se vel per alium querent, per que dicta ecclesia possit vel debeat super eisdem in posterum molestari vel gravari, vel coram aliquo judice ecclesiastico vel seculari in causam trahi. In cujus rei testimonium presentes litteras ad petitionem dictorum Roberti et Helissendis sigillo curie Noviomensis fecimus communiri. Actum anno Domini M°. CC°. XXX°. VI°, mense decembri.

CXXVII.

RECOGNITIO SYMONIS, CLERICI EPISCOPI NOVIOMENSIS, SUB SIGILLO BAILLIVI VIROMANDENSIS, DE ARRESTATIONE PISCIUM NOSTRORUM ABSQUE VOLUNTATE EPISCOPI.

Octob. 1280.

A tous chiaus qui verront ces presentes lettres, Gautiers Bardins, baillius de Vermendois, salut. Sachent tout que par devant religieus hommes labbe et le couvent de Ourcans en leur chapistre, et par devant nous presens ou dit lieu, vint en sa propre personne Simons dis de Babue, adonc clers a reverend pere en Nostre-Seigneur levesque de Noion, reconnut en la presence de religieus labbe et le couvent dessus dis et de nous aussint, que le poisson que il avoit arreste entre Caupegueule et Lengni pour lusage le dis evesque de Noion, si comme il disoit, lequel poisson freres Jehans Darras, commis de la dite eglize, avoit achete aussint pour lusage del abbe et dou couvent dessus dis, que il arresta a tort et de sa volente et sans ce que il en eust eu commandement du dit evesque, son seigneur, si comme il reconnut en plain chapistre de Ourcamps devant nous, et amenda l'arrest que il avoit fait du dit poisson ou lieu dessus dit, pour ce que il avoit pris et fait ou grief et ou prejudice del abbe et dou couvent dessus dis. En tesmoignage de la quele choze nous avons ces presentes lettres saielees dou scel de la baillie de Vermendois, qui furent faites lan del incarnation Nostre-Seigneur mil deus cens et quatre vins, le venredi devant la feste saint Remi.

TITULUS CAPITULORUM.

CXXVIII.

CAPITULI BELVACENSIS. — CONFIRMATIO CAPITULI BELVACENSIS DE REBUS NOSTRIS DE CASTANETO.

A(dam) decanus et capitulum Belvacense omnibus presentes litteras inspecturis in Domino salutem. Cum venerabilis pater noster R(obertus), Dei gratia Belvacensis episcopus, viris reigiosis abbati et conventui Ursicampi sub generalitate quadam vineas et manerium cum presssrio que ipsi abbas et conventus Ursicampi in territorio de Castaneto, Belvacensis dyocesis, sub potestate et dominio ejusdem episcopi habebant, anno Domini M°. CC°. XL° III°, mense julio, confirmavit ab eisdem abbate et conventu in perpetuum pacifice tenenda, ipsique abbas et conventus Ursicampi nobis specialiter supplicaverunt quod nos pretaxatam confirmationem quantum ad vineas et manerium cum pressorio ante dicta gratam haberemus et approbaremus. Nos, dictorum abbatis et conventus precibus inclinati, eandem confirmationem, quantum in nobis est, gratam habemus et approbamus quoad vineas et pressorium cum manerio ante dicta, salvis justitia et redditibus episcopi Belvacensis jureque ecclesie cathedralis. In cujus rei robur et testimonium presentes litteras sigillo nostro fecimus communiri. Actum anno gratie M°. CC°. XL°. VII°, sabbato post purificationem beate Virginis.

1243.

CXXIX.

[DE VINEA QUAM HABEMUS APUD BUCI, QUAM DEDIT NOBIS PETRUS, FILIUS ALBERICI DE PONTE.]

Radulfus, prepositus et archidiaconus, et Guido, decanus, totumque capitulum Suessionensis ecclesie omnibus in perpetuum hec visuris in Domino salutem. Notum facimus universis quod Petrus, filius Alberici de Ponte, dedit in elemosinam ecclesie beate Marie Ursicampi

1207.

quamdam vineam quam habebat apud Buci, que vinea Crucis dicitur ab antiquo, et hanc elemosinam fidei interpositione ratam se habiturum firmavit. Hanc elemosinam concessit Ada, ejusdem Petri uxor, cum liberis suis Agnete, Nicholao, Willermo et Ada, ac fide interposita plevivit quod eandem concessionem sine coactione fecisset, nichilque in posterum vel per se, vel per alium, in prefata vinea reclamaret, sed ipsam elemosinam contra omnes qui ad justitiam et legem venire voluerint, warandiret. Hoc etiam concesserunt fratres Ade, Petrus clericus et Gaufridus de Muro. Sciendum autem quod Petrus cum Ada, uxore sua, hujus elemosine donationem coram me Radulfo, preposito et archidiacono, recognoverunt, atque eandem elemosinam in manu domini Alani, canonici nostri, qui tunc subprepositurum nostram gerebat, reddiderunt. Idem vero Alanus de prenominata vinea ecclesiam Ursicampi investivit per manum fratris Johannis de Castro, clerici, monachi Ursicampi. Nos igitur, ad quos tertia pars vinagii dicte vinee pertinebat, salvo vinagio et decima nostra, prescriptam elemosinam benigne concessimus ad petitionem scilicet prefatorum Petri et Ade, presentemque paginam inde conscriptam sigillo ecclesie nostre munivimus in perpetuum testimonium et inviolabilem firmitatem. Actum anno Verbi incarnati M^o. CC^o VII°.

CXXX.

[CAPITULUM NOVIOMENSE. — DE TERRIS URSICAMPI.]

Julio 1238.   Prepositus, J....(1), decanus, totumque Suessionensis matris ecclesie capitulum, omnibus presentes litteras inspecturis in Domino salutem. Cum fratres et procuratores hospitalarie nostre excambiaverunt ecclesie beate Marie Ursicampi tres pecias vinee sitas in valle Randulfi, in dominio et fundo domini Suessionensis episcopi, quarum due pecie fuerunt Tierrici de Puteo, tertia vero Johannis de Cuisi, pro duabus aliis peciis vinee quas fratres dicte ecclesie Ursicampi tenebant et possidebant, unam in territorio de Bellen, in fundo et dominio domini Suessionensis episcopi, in loco qui dicitur ad Tormoulam, alteram vero subtus sanctam Genovefam, in fundo et dominio domini Roberti, capellani sancti Nicholay, in ecclesia nostra, et sicuti predicti fratres Ursicampi dicebant. Una istarum peciarum fuit Petri de la Fou et Odonis de Bouton, altera vero fuit Johannis de Buci. Quam excambationem volumus et approbamus, et concedimus predictis fratribus Ursicampi predictas terras quas hospitalaria nostra tenebat, in perpetuum possidere, et faciemus eas a fratribus dicte hospitalarie legitime garandari. In cujus rei testimonium presentes litteras sigilli nostri munimine fecimus roborari. Actum anno Domini M^o. CC^o. xxx octavo, mense julio.

CXXXI.

[CAPITULUM SUESSIONENSE. — DE PUTEOLIS.]

1141.   Ansculfus, ecclesie beati Gervasii prepositus, et Normannus, decanus, ceterique canonici, Gualeranno, Ursicampi abbati, totique ejusdem conventui, in perpetuum. Notum sit tam pre-

---

(1) Jean de Vailly.

sentibus quam futuris quod ego Ansculfus, beati Gervasii Suessionensis ecclesie prepositus, et ego Normannus, decanus, ceterique canonici, ad posterorum memoriam scripto tradi voluimus quod quemadmodum in terra quondam sancti Medardi, que vicina adjacet cuidam grangie sancte Marie Ursicampi que vocatur Puteolis, decime medietatem accipiebamus, ita amodo accipimus in illa quam Gualerannus, ejusdem loci abbas, pro ista dedit in decambio ecclesie sancti Medardi, que videlicet terra in confinio est cujusdam grangie ejusdem sancti nomine Tousvens, predicta terra de Puteolis, que pro ista commutata est, ab hujus decime redditu in perpetuum manente libera et absoluta. Ut vero hoc ratum maneat ac firmum, sigilli nostri firmavimus impressione et eorum qui interfuerunt et assenserunt subnotatione. S. Nivelonis, archidiaconi. S. Radulfi, archidiaconi. S. Theobaldi, archidiaconi. S. Walteri, archidiaconi, etc. Actum anno Domini incarnationis m°. c°. xli°, regnante Ludovico rege, episcopante Gosleno episcopo.

CXXXII.

[DE EODEM. — CONFIRMATIO SUESSIONENSIS PREPOSITI ET DECANI.]

Ego Petrus, Suessionensis prepositus, et Willelmus, decanus, et capitulum, notum fieri volumus tam futuris quam presentibus quod nos concessimus monasterio Ursicampi ad terragium et decimam solvendam terram nostram adjacentem vie crucis Heroardi perpetuo possidendam, et ne istud processu temporis in scrupulum contentionis debeat devenire, illud presenti scripto commendavimus et sigilli nostri auctoritate communivimus. Data per manum Willelmi decani.

Circa 1179.

CXXXIII.

CAPITULI DE LAUDUNO. — CARTA CANONICORUM LAUDUNENSIUM DE DECAMBIO CUJUSDAM TERRE IN TERRITORIO PUTEOLORUM.

Ego Galterus, sancte Marie Laudunensis ecclesie decanus, et universalis canonicorum congregatio. Commutationes terrarum que a diversis ecclesiis pro earum utilitate fiunt, debent dictante ratione firmiter statui, et ne valeant immutari, litterarum monimentis annotari. Pateat itaque tam modernis quam posteris quod agrum unum a terra nostra remotum juxta crucem que Puteolis dicitur, ad cenobium beate Marie de Ursicampo pertinentem habuimus, quod alium campum terre conjunctum quem habemus apud villam que Altrechia dicitur, longo tempore possederat. Ceterum cum fratres prefati cenobii non tantum suam sed et nostram attendentes utilitatem postularent ut nostrum campum sue curti proximum eis libere concederemus, et suum agrum terre nostre vicinum et ab aliena potestate liberum ab eis nichil in eo juris tenentibus reciperemus, causa Dei et sue sanctissime religionis, eorum humillime petitioni assensum prebuimus. Statutum est etiam ut nobis liceat ad possessionem campi nostri redire, et eis terram suam recipere, si aliquam vexationem de agro a predictis fratribus nobis dato perpessi fuerimus. Quod ne valeat in posterum immutari, illud scriptum

1145.

fieri cum annotatione testium et sigilli nostri impressione firmari precepimus. Actum Launduni, in capitulo beate Marie, anno Verbi incarnati m°. c°. xl°. v°. Signum Walteri decani. S. Ricardi archidiaconi. S. Bartholomei thesaurarii, etc.

CXXXIV.

CAPITULI NOVIOMENSIS. — DE NEMORE QUOD FUIT GUIDONIS DE THOROTA.

April. 1218.

Johannes, decanus, totumque beate Marie Noviomensis ecclesie capitulum, omnibus hec visuris in perpetuum. Notum sit universis quod venditiones quas fecerunt fratribus Ursicampi, Johannes, Noviomensis castellanus, de quadam portione nemoris Esge silve in propriam suam possessionem sibi a domino Noviomense episcopo assignati, ac dictus Guido, primo genitus, de toto residuo, sicut in autenticis Stephani, Noviomensis episcopi, et Johannis, castellani Noviomensis, et Guidonis, filii ejus primogeniti, super hoc confectis plenius continetur, nos laudavimus et approbavimus, litterasque presentes sigillo nostro roboravimus, ut prescripte venditiones inviolabilem in posterum obtineant firmitatem. Actum anno Domini m°. cc°. xviii°, mense aprili.

CXXXV.

ITEM DE EODEM. — DE ANIMALIBUS NOSTRIS IN NEMORIBUS DE MORICAN.

Maio 1265.

Universis presentes litteras inspecturis, G......., decanus et capitulum Noviomense, salutem in Domino. Noverit universitas vestra quod cum discordia verteretur inter nos ex parte una, et viros religiosos abbatem et conventum Ursicampi ex altera, super quibusdam animalibus dictorum abbatis et conventus captis in nemoribus nostris de Morican, nos decanus et capitulum ex una parte et dicti abbas et conventus ex altera, ita ordinavimus et voluimus expresse quod magister Johannes de Barro, canonicus noster, et frater Nicholaus, cellararius Ursicampi, ordinarent de istis querelis ad sue libitum voluntatis, et nos decanus et capitulum, necnon et dicti abbas et conventus, ratum haberemus quicquid super hiis statuerent seu etiam ordinarent. Quod istud factum ita ad tantum deducatur, ac si nunquam factum fuisset, salvis privilegiis abbatis et conventus Ursicampi, et privilegiis et consuetudinibus omnibus ecclesie nostre. Que omnia privilegia utriusque partis et consuetudines valeant in futurum, prout de jure debent valere, non obstante facto isto. In cujus rei testimonium presentibus litteris duximus apponendum. Datum anno Domini m°. cc°. sexagesimo quinto, mense maio.

CXXXVI.

ITEM DE EODEM. — DE DIVERSIS ARTICULIS, SCILICET DE JUSTICIA ET HOSTISIIS DE LACHENY, ARBOREA, ET PASTURA IN LISGA.

Julio 1304.

Universis presentes litteras inspecturis, J(ohannes) decanus, et capitulum beate Marie Noviomensis, salutem in Domino. Cum inter nos ex parte una et religiosos viros abbatem et conventum monasterii beate Marie Ursicampi, Cysterciensis ordinis, Noviomensis dyocesis, ex altera, super variis et diversis articulis olim orta fuisset materia questionis super eo videlicet quod nos in domo dictorum religiosorum, sita in territorio de Lacheni, que dicitur Mala domus, prout se comportat infra clausuram ejusdem domus, necnon in terris arabilibus, pratis, nemoribus, vineis et cheminis, ac aliis locis dicti territorii, sive sint ipsorum religiosorum, vel ab eis aut a nobis teneatur ad garbam, vel ad censum, et in decem et octo hostisiis parum plus vel parum minus, situatis in villa de Lacheni, que a nobis et dictis religiosis sub annuis certis censibus communiter tenebantur, et in ortis, pratellis, vineis ad dictas hostisias pertinentibus, ac etiam in domo ipsorum religiosorum sita apud Arboream, in monte, in ortis, nemoribus et aliis appenditiis ejusdem, infra clausuram murorum dicebamus justiciam nos habere, nosque esse et fuisse in possessione et saisina justiciandi in domibus, terris, vineis, nemoribus, hostisiis, appenditiis, cheminis et locis predictis per nos et predecessores nostros, a tempore a quo memoria non extitit. Item, super eo quod nos in terris ipsorum religiosorum in quibus habemus terragium, dicebamus nos posse et debere levare terragium nostrum non per disellos sed per moncellos, antequam garbe essent reposite in disellis, nosque esse et fuisse in possessione et saisina sic terragiandi a longo tempore et sufficienti ad saisinam acquirendam. Item, super eo quod nos dicebamus quod dicti religiosi animalia sua sive pecudes immittere non poterant nec debebant ad pasturandum in nemoribus nostris de Lesgua antequam dicta nemora essent tante etatis post incisionem quam a predictis animalibus sive pecudibus se possent commode deffendere, prefatis religiosis contrarium asserentibus et dicentibus in dictis domibus suis nullam justitiam nos habere, et in terris, pratis, vineis, hostisiis, appenditiis et locis ante dictis suis, et in hiis quibuscumque de quibus eisdem religiosis aliqua debetur redibentia, justitia ad ipsos, non ad nos pertinere, et quod in campis suis terragia nobis debita per disellos et non per moncellos eligere, levare et colligere debebamus, quodque animalia sua poterant immittere ad pasturandum in nemoribus nostris de Lesga, statim post quintum folium, ipsos esse et fuisse in possessione premissorum pascifica et quieta, a tempore a quo memoria non extitit. Cumque super hiis inter nos et dictos religiosos in curia domini regis fuisset diutius litigatio, tandem mediantibus bonis viris, ad evitandum litigiorum anfractus, pro bono pacis, super omnibus et singulis premissis deliberatione habita diligenti, inter nos et dictos religiosos consensu unanimi concordatum extitit, prout inferius continetur. Videlicet, quod nos in dicta domo de Lacheni, que dicitur Mala domus, prout se comportat infra muros seu clausuram medianam, nullam justitiam habebimus aut de cetero reclamabimus. Et si dictam clausuram augmentare voluerint dicti religiosi edificio vel nova clausura, in locis dicte clausure adjacentibus, de quibus locis nobis decano et capitulo nulla debetur redibentia, hoc facere poterunt dicti religiosi, et eis licebit, nec in dictis locis sic edificatis vel de novo clausis justitiam habebimus aut reclamabimus de cetero, sicut nec in domo supradicta. Item, in omnibus locis, terris, pratis, vineis, nemoribus ipsorum religiosorum sitis in territorio de Lacheni, de quibus nobis et ecclesie nostre terragium sive census aut aliqua redibentia non debetur, nullam habebimus justitiam. Item, in terris, pratis, vineis et aliis rebus nostris, de quibus ipsis religiosis nulla debetur redibentia, dicti religiosi justitiam aliquam non habebunt, sed penes nos penitus remanebunt. Item, in terris, pratis, vineis, nemoribus et rebus aliis de domanio dictorum religiosorum in territorio predicto, de quibus tam nobis quam religiosis supradictis redditus, terragia, aut alique debentur redibentie emendam seu legem importantes, justitia communis erit nobis et ipsis religiosis. Precipue si qui primo inveniet delinquentem in locis premissis in quibus justitia est communis, ipsum justiciare poterit et detinere. Tenebitur tunc parti alteri dictas captionem et detentionem nuntiare, ut veniat et intersit processui et taxationi emende, si voluerit, alioquin, per diem expectata et non amplius, detentor procedere poterit contra delinquentem juxta patrie consuetudinem et condempnationem et emendam, et tenebitur parti absenti portionem emolumenti cujuslibet et emende fideliter reservare, et sibi integraliter deliberare, et de emenda, si eam levare contigerit, tam nos quam dicti religiosi portionem habebimus juxta quantitatem portionis quam habet quelibet pars in terragiis, redditibus aut redibentiis supradictis. Hoc excepto, quod si dicti religiosi adportarent aut adportari facerent terragium debitum nobis, justitia et emenda juxta consuetudinem proprie ad nos totaliter pertinebit, et de premissis fideliter, ut dictum est, circa communem justitiam excequendis serviens noster ipsis religiosis aut magistro Male domus, ac serviens ipsorum religiosorum nobis aut preposito nostre ecclesie prestabunt solenniter juramentum. Item, in terris dictorum religiosorum in quibus terragium habemus, gentes nostre terragiabunt per disellos, ita tamen quod poterunt capere et levare et eligere valorem terragii nobis debiti per disellos, et de quibuscumque disellis et garbis in quoquo campo voluerint, pro terragio tum cujuslibet campi in eodem campo. Item, in viis et cheminis sitis in territorio predicto de Lacheni, nobis aut dictis religiosis remanebit justitia juxta usum et consuetudinem Viromandie, usu temporis non obstante. Item, in domo de Arborea predicta, videlicet in domibus, vel edificiis, ortis, nemore et aliis locis contentis infra clausuram murorum modernorum, penes ipsos religiosos justitia remanebit, exceptis clausuris vinearum contiguarum de quibus nichil extitit tractatum vel deliberatum, sed in dictis vineis remanebit justitia sicut prius. Sciendum est tamen quod in familiam servientes nostri capituli aut canonicorum nostrorum vel alios quoscumque euntes et redeuntes vel existentes in domo aut clausura dicte domus de Arborea, pro querendis, custodiendis aut portandis rebus ad nos de jure spectantibus, ab illo tempore quo dicti religiosi vendemiare incipient apud Arboream, usque ad sequens festum omnium Sanctorum, dicti religiosi nullam habebunt justitiam, nec manum mittere poterunt in eos, aut eorum alterum; quod si secus facerent, nobis decano et capitulo emendare tenebuntur. Item, a dicto festo omnium Sanctorum usque ad tempus vendemiarum predictarum, si contigerit illo medio tempore majorem nostrum de Arborea, baillivum nostrum aut eorum locum tenentes, aliquem nostrum servientem vel aliquem de clericis nostris (intrare) dictam domum de Arborea vel appenditias predictas pro repetendis, colligendis, vel adportandis censibus, redditibus, vinagiis aut aliis rebus nostris, dicti religiosi in dictas personas aut earum aliquam nullam justitiam habebunt, nec in eas manum mittere poterunt; quod si secus facerent, reddere et nobis decano et capitulo emendare tenerentur. Item si aliquis delinquens in territorio nostro, pro delicto suo, per gentes nostras ad visum oculi persecutus, domum de Arborea aut appenditias predictas intraverit, gentes nostre prosequentes eundem delinquentem in domo et appenditiis predictis capere poterunt et reducere, secundum consuetudinem proprie, ad territorium nostrum, pro justitia facienda, quas persecutionem et captionem predictas religiosi predicti impedire non poterunt nec debebunt. Item, dicti religiosi clerico aut servienti nostro custodienti in pressorio dicte domus de Arborea pressoragia, vinagia et alia jura nostra tempore vendemiarum, hospitium et lectum tantummodo ministrare tenebuntur.

Item, dicti religiosi non poterunt mittere animalia sua de cetero ad pasturandum in nemoribus nostris de Lesga predictis, quousque dictum nemus post incisionem vel talliam septimum folium completum habebit, sed completo dicto septimo folio immittere poterunt in nemoribus supradictis. Item, in recompensationem aliquorum premissorum, domorum, terrarum, nemo-.'um et plurimorum aliorum locorum in quibus nos habere justitiam omnimodam dicebamus, quod destitimus et desistimus pro bono pacis a persecutione premissorum contra religiosos predictos, voluerunt, consenserunt, volunt, consentiunt religiosi prediciti, quod nos de cetero et in perpetuum possideamus, habeamus et teneamus jure nostro census, redditus et omni- modam justitiam que habebant, habere poterant et se habere tunc dicebant, in decem et octo hostisiis situatis in villa de Lacheni, in quibus hostisiis habebant ipsi religiosi decem et octo capones et alias redibentias. Item, redditus, census, justitia et queque habebant aut habere poterant in vineis, gardinis, terris et locis quibuscumque extra domanium ipsorum religio- sorum, nobis et ipsis communibus penes nos in perpetuum remanebunt, et specialiter vij denarii quorum heredes Rainaldi de Lacheni, armigeri, supra domum Marie Berarde, et xii denarii super unum pratum quod dicitur a le Haie au carme. Item, omnia et singula terra- gia que dicti religiosi in nonaginta jornalibus terre circiter, site in territorio de Lacheni, habebant, que, tempore presentis tractatus, Renaldus dictus Grosse Poire ab ipsis religiosis tenebat ad firmam et modiagium et diu tenuerat pro quinque modiis bladi et avene annis singulis ab eodem Renaldo prefatis religiosis reddendis et solvendis, ac omnia alia et singula que dictus R........., tunc ab eis religiosis tenebat extra domanium ipsorum religiosorum, mediante modiagio supradicto, penes nos remanebunt cum omnibus censibus, redditibus, justitia que in premissis terris et locis aliis ipsi religiosi ante tractatum istum habebant aut habere poterant et se habere dicebant. Hoc salvo, quod decem solidi quos Renaldus Grosse Poire debet dictis religiosis supra septem quarteronnos terre site au Courtil a le Crois, et duo solidi ipsis religiosis debiti supra molendinum situm juxta vineam Reneri le Vignon, et supra circiter sexaginta virgas terre site circa dictum molendinum, penes dictos abbatem et conventum predictos libere remanebunt. Et sciendum est quod in omnibus domibus vel hosti- siis, vineis, terris, pratis, et locis aliis quibuscumque supradictis super quibus dicti religiosi nobis et ecclesie nostre debent census, redditus, vinagia, terragia et alias reddibentias, as- signare, justiciare, capere et levare poterimus pro predictis censibus, redditibus, vinagiis et terragiis aut aliis reddibentiis nobis loco et tempore non solutis, ac pro emendis et legibus, occasione premissorum, nobis juxta consuetudinem proprie debitis. Notandum est insuper quod premissa omnia et singula inter nos tractata sunt et, ut dictum est, ordinata, salvis pri- vilegiis, cartis, litteris et juribus quibuscumque partium aliis de quibus non est superius ordinatum, salvis etiam nobis decano et capitulo predictis censibus, redditibus, vinagiis, terragiis, decimis et justitiis quibuscumque que habemus et habere poteramus in omnibus et singulis locis predictis et aliis de quibus superius pacificatum non extitit, vel etiam ordina- tum. In quorum omnium testimonium et munimen sigillum nostri capituli litteris presen- tibus duximus apponendum. Datum anno Domini m°. ccc°. quarto, mense julio.

CXXXVII.

ITEM DE EODEM. — COMPOSITIO INTER NOS DE PASTURAGIIS IN LESGA.

Januar. 1304.
Universis presentes litteras inspecturis J......., decanus, et capitulum beate Marie Noviomensis ac etiam Johannes, Dei patientia monasterii beate Marie Ursicampi, Cysterciensis ordinis, humilis abbas, totusque ejusdem loci conventus, salutem in Domino. Noveritis quod cum inter nos decanum et capitulum ex parte una, et abbatem et conventum predictos ex altera, pro bono pacis et concordie, inter cetera extitit concordatum quod nos religiosi predicti aut gentes nostre nostro nomine in nemore de Lesga, que sunt nostra decani et capituli predictorum ad pasturandum animalia nostra immittere non possumus ante VII folium completum post incisionem nemorum predictorum, prout in litteris super hiis confectis plenius continetur. Actum est expresse inter nos partes predictas, quod si homines de villis adjacentibus qui usum habent et jus usagii immittendi animalia sua in nemoribus predictis, pace vel concordia vel judicio obtinerent contra nos decanum et capitulum supra dictos quod ipsi usagiarii, ante dictum septimum folium possent animalia sua immittere ad pasturandum ibidem, nos abbas et conventus predicti in dictis nemoribus poterimus immittere animalia nostra ad pasturandum illo tempore vel spatio quo vel quibus poterunt usagiarii supradicti, predicta concordia inter nos habita de septennio non obstante. Et si forte dicti usagiarii longiori tempore quam septennio ad immittendum animalia sua ad pasturandum in dictis nemoribus pace vel judicio abstinerent, nos abbas et conventus predicti nichilominus statim post dictum septimum folium completum immittere poterimus animalia nostra pasturanda in dictis nemoribus prout superius est expressum. Nos vero abbas et conventus predicti, pacem vel concordiam tractandam vel habendam inter dictos decanum et capitulum ex parte una, et dictos usagiarios ex altera, non impediemus per nos vel alios, nec procurabimus impediri. Et si ipsos usagiarios contra dictos decanum et capitulum supra dicto usagiario litigare contigerit, promittimus bona fide quod dictis usagiariis per nos vel alios non prestabimus supra hiis consilium, auxilium vel favorem, contra decanum et capitulum supra dictos. Preterea, actum est inter nos partes predictas et etiam concordatum, quod si reverendus pater dominus Noviomensis episcopus nobis abbati et conventui domum illam vel masuram sitam Noviomi ex altera parte domus seu cellarii nostri, inter domum presbiteri sancti Petri Noviomensis ex una parte et domum seu masuram nostram decani et capituli predictorum, quam ad presens tenet vir venerandus dominus Petrus de Houssoy, decanus Ambianensis, admortisare voluerit, nos decanus et capitulum sepedicti dicte admortizationi, quantum in nobis est, consentimus et tenebimur consentire. In quorum testimonium nos decanus et capitulum sigillum nostri capituli, et nos abbas et conventus predicti sigillum nostrum quo unico utimur, litteris presentibus duximus apponenda. Datum anno Domini M°. CCC°. quarto, mense januario.

CXXXVIII.

EXCAMBIUM STEPHANI, NOVIOMENSIS EPISCOPI, ET TOTIUS CAPITULI, DE DECIMA NOVI ESSARTI JUXTA DOMUM DE LACHENI.

Stephanus, Dei gratia Noviomensis episcopus, omnibus presentes litteras inspecturis in Domino salutem. Noverint universi quod nos, assensu et voluntate decani et totius capituli beate Marie Noviomensis, dedimus in excambium totam decimam quam habebamus in terris novi essarti juxta domum de Lacheni, ecclesie beate Marie Ursicampi, libere et absolute in perpetuum possidendam, pro tertia parte decime quam predicti fratres habebant in decima de Mareigni. Quod ut ratum et firmum permaneat, presentes litteras sigillo nostro fecimus communiri. Actum anno Verbi incarnati M°. CC°. nono decimo, mense maio.

Maio 1219.

CXXXIX.

CONCESSIO CLARI MAJORIS DE JURE SUO IN ESSARTO ET TERRIS DE LACHENI.

Ego Hugo decanus totumque capitulum ecclesie beate Marie Noviomensis, universis fidelibus in perpetuum. Notum facimus omnibus hec visuris quod major noster de Lacheni, Clarus nomine, Lupellus cognomine, annuente filio suo Petro, benigne concessit ecclesie Ursicampi omne jus quod habebat ad majoriam nostram pertinens tam in essarto quod fratres Ursicampi a nobis sub annuo censu suscepere colendum, quam in aliis terris quas nobis annuentibus idem fratres acquisierunt jam, vel acquirere poterunt in futurum, nichil in hiis omnibus sibi vel heredi suo retinens. Testes Gaufridus de Lacheni, capellanus. Vincentius clericus. Evrardus, Hugo, Gerardus, conversi Ursicampi. Petrus Oculus lupi. Wichardus major et Bartholomeus filius ejus. Johannes de Cuni. Martinus de Atio et Odo tabernarius. Hanc concessionem suam recognovit predictus Clarus in presentia nostra, et plevivit bona fide tenendam. Nos quoque, ad petitionem ipsius concessimus fratribus Ursicampi quod si ipse vel alius ad eum pertinens aliquod dampnum vel injuriam super hoc eisdem fratribus inferret, quicquid de nobis tenet saisiremus et tam diu teneremus in manu nostra donec fratribus tam de dampno quam de injuria esset plenarie satisfactum. Hoc ergo ut ratum permaneat, presentem paginam inde conscribi fecimus, eamdemque tam sigilli nostri impressione quam prescriptorum testium assertione munitam tradidimus fratribus Ursicampi. Actum anno Verbi incarnati millesimo centesimo nonagesimo sexto.

1196.

CXL.

CONCESSIO EPISCOPI ET CAPITULI NOVIOMENSIS DUARUM CARRUCATARUM DE ESSARTIS ET MINUTA DECIMA NON SOLVENDA.

Stephanus, Dei gratia Noviomensis episcopus, universis fidelibus tam futuris quam presentibus in perpetuum, notum fieri volumus quod concessimus fratribus Ursicampi ut de

1197.

novalibus que fecerunt vel facturi sunt in territorio de Lacheni, duas carrucatas triginta sex modiorum libere possideant et quiete, absque ulla decime exactione. Universam et minutam decimam de grangia eorum de Lacheni eis concessimus, scientes eos auctoritate sedis apostolice ab omni decima tam de nutrimentis animalium quam de suis novalibus absolutos. Et ut hec omnia inviolabilem obtineant firmitatem, utque omnis deinceps adversus fratres Ursicampi debeat questio consopiri, hec omnia de voluntate et assensu capituli nostri fecimus, presentemque paginam inde conscriptam tam nostro quam eorum sigillo fecimus communiri. Actum in capitulo nostro anno ab incarnatione Domini millesimo centesimo nonogesimo septimo.

CXLI.

COMPOSITIO INTER NOS ET ECCLESIAM BEATE MARIE NOVIOMENSIS, DE GARBIS ET PARTIBUS TERRARUM ET NOMINA TERRARUM.

Febr. 1214. Ego Johannes decanus totumque capitulum ecclesie beate Marie Noviomensis, notum facimus omnibus hec visuris in perpetuum, quod tempore bone memorie Hugonis, decani nostri, super terris juris nostri in territorio de Lacheni a fratribus Ursicampi acquirendis conventiones fecimus, de quibus carta conscripta est et sigillo capituli roborata, sub hac forma. Ego Hugo decanus totumque capitulum beate Marie Noviomensis, universis fidelibus hec visuris in perpetuum, notum fieri volumus quod concessimus fratribus Ursicampi terras nostri juris, exceptis terris hospitum nostrorum, in territorio de Lacheni acquirendas, et libere in perpetuum possidendas, salvo nobis sicut et antea camparto, justitia et districto. Cum ergo dicti fratres in predictas terras quoquo modo intraverint, venient in capitulum nostrum ut de eis terris per nos investituram accipiant. Si vero aliquis canonicorum nostrorum terram pretio acquisitam ad opus ecclesie nostre acquirere voluerit, ei utique comparare licebit, terram vero eisdem fratribus titulo elemosine collatam ullus nostrorum habere poterit. Hiis adjiciendum quod de unaquaque sextariata terre quam fratres Ursicampi quoquo modo habuerunt, quinque solidos parisiensis monete in ingressu habebimus, et tantumdem scilicet in mutatione abbatis. Tempore vero messionis, fratres Ursicampi custodem ecclesie nostre pro camparto segregando requirent, qui, si forte a fratribus ante sextam commonitus venire noluerit, post eandem horam diei crastine fratres, absque ullo forisfacto, campartum sequestrabunt et ad grangiam deducent. Ita quod si nobis placuerit, frater custos messis fideli verbo asseret quod de camparto nichil diminuerit, aut aliquis de servientibus fratrum de hoc ipso sacramentum prestabit. Sciendum preterea quod (si) fratres in easdem terras absque consciencia nostra intraverint, de hoc secundum legem terre forisfactum exigere poterimus. Si vero easdem terras, nobis ignorantibus, per annum tenuerint, easdem de cetero possidebimus tanquam nostras. Ne qua ergo in posterum super hiis molestia valeat exoriri controversie, presentem paginam inde conscriptam eamque totiens memoratis fratribus tradidimus sigilli nostri appensione munitam. Actum anno gratie м°. c°. xc°. octavo. Processu vero temporis, Johannes abbas et conventus Ursicampi quinque solidos, quos pro sua quaque sextaria terre quam sub dominio nostro in territorio de Lacheni acquisierant, in mutatione abbatis nobis reddere tenebantur, ita redimerunt quod de illis quinque solidis nichil ulterius solvent. Propter hoc autem accepimus a fratribus memoratis sexaginta libras parisienses quas in commodum et augmentatum ecclesie nostre expendere tenemur. Hiis adjiciendum quod si supradicti fratres in posterum terras nostri juris in prefato territorio quoquo modo acquirent, sive per elemosinam sive per emptionem, quamdiu terras illas habebunt, eas utique sub priore pactioni tenebunt. Nomina autem terrarum quas a priore pactione absolvimus, hic duximus annotanda. Terra domine Ermentrudis post Castellium habet septem sextariatas quinque virgas minus; in ista habet ecclesia nostra de xii garbis septem garbas. Terra sub Castellio, juxta terram sancti Crispini, tres sextariatas et xxvii virgas; in ista habet ecclesia nostra de duodecim garbis vii garbas. Terra de Cailloel habet quinque sextariatas una virga minus et dimidium; in illa habet ecclesia nostra de duodecim garbis vii garbas. Terra Nicholai, modo est Ermentrudis, habet xvii sextariatas et xxxvii virgas et dimidium; in ista habet ecclesia de xii garbis vii garbas. Terra Bartholomei Rose habet iiii sextariatas iii virgas et dimidium minus; in ista habet ecclesia de xii garbis vii garbas. Terra Henre habet xi sextariatas et xxx virgas; in ista habet ecclesia duas partes et tredecimam in tertia parte. Terra Hugonis le Pifle habet duas sextariatas; in ista habet ecclesia duas partes et tredecimam in tertia parte. Terra Wiardi, filii Mathildis, apud Wieus, v sextariatas et xxiii virgas et dimidium; in ista habet ecclesia duas partes et tredecimam in tertia parte. Terra que fuit Radulfi de Ulmo habet ii sextariatas et xxi virgas et dimidium; in ista habet ecclesia quintam partem. Terra Martini ad Pissot unam sextariatam; in ista habet ecclesia de xii garbis vii garbas. Terra Henrici Rigal in valle Wilhelmi habet ii sextariatas et xxiiii virgas et dimidium; in ista habet ecclesia duas partes et xiii in tertia parte. Terra Odonis Boutel, a le buscaille, v sextariatas et dimidium et xxvi virgas et dimidium; in ista habet ecclesia duas partes et xiii in tertia parte. Terra Petri le Sech, a Tyrefol, i sexteriatam et xiiii virgas; in ista habet ecclesia duas partes et xiii in iii parte. Terra Johannis Aleste, a Lesgoi, duas sextariatas et dimidium; in ista habet ecclesia duas partes et xiii in tertia parte. Terra Fraessendis sextariatam et dimidium; in ista habet ecclesia de xii garbis vii garbas. Terra que tenet au Defois, que fuit de terra sancti Amandi, habet i minam; in ista habet ecclesia duas partes et xiii in tertia parte. Terra Milonis habet i sextariatam; in ista habet ecclesia de xii garbis vii garbas. Terra juxta campum Oculi lupi, ad alnetum majoris, habet i sextariatam et dimidium; in ista habet ecclesia quintam partem. Terra Andree Rouel et Ade viii sextariatas x virgas et dimidium minus; in ista habet ecclesia duas partes et xiii partem in tertia parte. Que ut in perpetuum rata permaneant, presentem paginam inde conscriptam sigillo capituli nostri roboravimus in testimonium et munimen. Actum anno Domini millesimo ducentesimo quarto decimo, mense februarii.

CXLII.

DE TERRIS BEATE MARIE ACQUIRENDIS, PRO QUIBUS DEBEBAMUS QUINQUE SOLIDOS IN INGRESSU ET MUTATIONE ABBATIS, MODO REDEMPTI SUNT.

Ego Hugo decanus..... (*ut in superiore carta refertur*).

CXLIII.

CYROGRAFUM BEATE MARIE, DE CENSU XI MODIORUM FRUMENTI QUOS DEBEMUS CANONICIS BEATE MARIE NOVIOMENSIS, ET DIVISIONES TERRARUM.

1197.
Ego Hugo decanus totumque capitulum beate Marie Noviomensis, universis fidelibus in perpetuum notum fieri volumus quod fratres Ursicampi receperunt a nobis quicquid habebamus in Deffenso sancti Amandi et in Tyrefol, et tertium decimum vas quod habebamus in tertia parte essarti quod dicitur Deffensum sancti Amandi, et quicquid habebamus in frutecto quod erat de nemore de communia ante portam grangie ipsorum sito. Hec omnia receperunt a nobis sub annuo censu undecim modiorum frumenti ad mensuram fori que tunc erat, que bona fide facta, ferrata et signata ab utraque ecclesia servabitur. Reddent autem dicti fratres predictum frumentum de meliori quod erit in grangia eorum de Lacheni post sementem, annis singulis, decem et septem mencoldos fust a fust rasos, pro uno modio, in claustrum nostrum propriis eorum vehiculis infra festum sancti Martini deferendos. Faciet autem unus de servientibus fratrum, si voluerimus, ecclesie nostre fidelitatem quod de meliori frumento post sementem, sicut dictum est, reddent. Hec omnia concessimus salva justitia nostra. Que ut inviolabilem obtineant firmitatem, presens cyrografum tam nos quam dicti fratres inde conscribi fecimus, partemque ejus retinuimus domini Noviomensis episcopi et Ursicampi sigillo impressam, et aliam partem ipsis fratribus tradidimus domini Noviomensis pariterque nostri capituli sigillorum impressione munitas. Actum est anno ab incarnatione Domini M°. C°. XC°. VII°. (1).

CXLIV.

ITEM. — COMPROMISSUM DE EODEM.

1305.
Universis presentes litteras inspecturis. J......... decanus et capitulum ecclesie beate Marie Noviomensis, salutem in Domino. Noveritis quod nos religiosis viris abbati et conventui beate Marie Ursicampi, ordinis Cysterciensis, Noviomensis dyocesis, olim dedissemus in territorio de Lacheni sub annuo censu XI modiorum et XI mencoldarum bladi ad mensuram fori que tunc erat, nobis annis singulis ab eisdem religiosis sub expressis conditionibus reddendorum et solvendorum certis loco et termino, quicquid tunc habebamus in Defenso sancti Amandi et in Tyrefol, et tertium dimidium vas quod habebamus in tertia parte essarti quod dicitur Defensum sancti Amandi, et quicquid habebamus in fructecto quod erat in nemore de communia sito ante portam grangie ipsorum religiosorum que dicitur Mala domus, prout in litteris super hiis confectis hec et alia plenius continentur. Cumque inter nos et religiosos predictos, processu temporis, orta fuisset materia questionis presertim cum ex tenore dictarum litterarum sub verbis generalibus confectarum munimine appareret, pro quibus terris,

---

(1) Cet acte est transcrit dans le Cartulaire du Chapitre de Noyon, f° 13. r°.

pratis, seu aliis rebus hereditariis undecim modii et undecim mencoldi predicti a dictis religiosis nobis decano et capitulo, annis singulis, ut dictum est, debebantur. Tandem pro bono pacis et ut per premissorum specificationem generalitatis ambiguitas tolleretur, nostro et dictorum religiosorum consensu unanimi et mandato, per viros providos indigenas et in talibus expertos, et qui a retroactis temporibus prope dictum territorium de Lacheni per longa tempora habitarunt, facta super premissa inquisitione diligenti, compertum est quod dicti religiosi dictos undecim modios et undecim mencoldos ad dictam mensuram nobis decano et capitulo tenentur reddere annis singulis, ut dictum est, pro pratis, terris et rebus inferius annotatis, videlicet pro viginti modiatis terrarum et pratorum vel circiter, que dicuntur les Grans Essars, contiguorum terris de le Taulette ex parte una et terris de le Poitiere ex altera, et terris ipsorum religiosorum quas tenent des allûes et terre Renaldi Grosse Poire ex alio latere, site ou Mont d'Olivet, et terre que fuit Renaldi de Lacheni, armigeri; ex alio latere, et terris ipsorum religiosorum que dicuntur terre sancti Amandi. Item pro tribus modiatis vel circiter terre site a Tyrefol, contigue territorio de Dive ex parte una, et prato Watare ex altera, et ex alio latere terre Domicelle de Breteigni, et ex quodam latere pratis ipsorum religiosorum sitis in loco qui dicitur au Ponchel Oeul de Leu. Item, pro quatuordecim sextariis terre vel circiter situatis ante portam dicte grangie dictorum religiosorum, contigue loco qui dicitur a le fosse a liaue ex una parte, et terris ipsorum religiosorum que dicuntur terre sancti Amandi et terre communie ex altera, et versus villam de Lacheni, contigue terre Aelidis de le Plache. Actum est etiam et concordatum inter nos et religiosos predictos quod de emolumentis et expletis justitie qualiscunque que in locis predictis et terris predictis obvenire de cetero contigerit, due partes ad nos et tertia pars ad religiosos viros predictos pertinebit. Et super hiis sic expletandis et fideliter observandis, serviens dictorum religiosorum nobis aut mandato nostro, et serviens noster ipsis religiosis aut eorum mandato prestabunt solenniter juramentum, hoc excepto quod si dicti religiosi in solutione undecim modiorum et undecim mencoldorum predictorum in toto vel in parte, loco et termino debitis deficerent, nos, aut gentes nostre poterimus saisire terras, prata et res predictas, levare et adportare, seu fecere adportari fructus et spolia terrarum, pratorum, et rerum premissorum, quousque de dicto blado nobis debito et de emendis pro defectu solutionis nobis debitis esset nobis integraliter satisfactum. Nec in emendis talibus prefati religiosi portionem aliquam habebunt, sed emenda vel emende pro defectu solutionis predicte ad nos decanum et capitulum in solidum pertinebit. Nos autem decanus et capitulum predicti, ad futuram rei memoriam et in testimonium premissorum sigillum nostri capituli presentibus litteris duximus apponendum. Datum anno Domini M°. CCC°, quinto, die Veneris ante festum beate Marie Magdalene.

CXLV.

COMPOSITIO INTER NOS ET CANONICOS NOVIOMENSES DE USAGIO PASCUARUM.

Th........ (1) decanus et capitulum Noviomense omnibus hec visuris, salutem in Domino. Octob. 1238.
Vobis notum facimus quod cum inter nos ex una parte et viros religiosos abbatem et conven-

(1) Ce doyen du Chapitre de Noyon doit figurer entre Hugues II, désigné en 1189, et Fromont, en 1243. — *Gallia Christiana*, t. IX, p. 1037.

tum Ursicampi ex altera super usagio pascuarum in nemoribus et alnetis nostris ac suis, sitis inter le Carmoie, domum Ursicampi, et Canethecort, et inter le Carmoie et Tihercort, vel prope has duas villas videlicet Canetecort et Tihercort, vel sunt appendicia villis illis, questio moveretur, tandem inter nos et ipsos amicabiliter convenimus in hunc modum, quod animalia nostra vel hominum nostrorum vel etiam aliorum manentium in villis predictis non intrabunt de cetero in predicta nemora et alneta Ursicampi. Animalia similiter Ursicampi non intrabunt in predicta nemora de cetero, vel alneta nostra, vel hominum nostrorum, vel manentium in predictis villis, nec dumtaxat per alnetum Houde Cauderoie, femine nostre. In quo alneto nos, de assensu Houde predicte, Mathei, Marie et Isabellis, liberorum ipsius Houde, concessimus predictis abbati et conventui in perpetuum duas virgas in latum ad faciendum ibi transitum ad pascuas vacuas ultra alneta de Canetecort, ad opus animalium suorum, salva nobis nichilominus in loco illo transitus omnimoda justitia sicut prius. Quod si forte aliquid animalium nostrorum, vel hominum nostrorum, seu manentium in villis predictis aliquid predictorum nemorum vel alnetorum Ursicampi intraret, dampnum tantummodo quod ibi fieret, bonorum virorum arbitrio dictis abbati et conventui redderetur. Similiter si aliquid animalium Ursicampi aliquid predictorum nemorum vel alnetorum nostrorum vel manentium in dictis villis intraret, dampnum tantummodo quod ibi fieret dicti abbas et conventus modo supradicto ei redderent cui esset illatum. Pasture autem alie remanebunt communes, sicut in cartis nostris et suis inde confectis super hiis plenius continetur. In cujus rei testimonium presentes litteras sigillo nostro fecimus roborari. Actum anno Domini M°. CC°. XXX°. VIII°, mense octobri.

CXLVI.

[COMPOSITIO DE PASTURAGIIS DE LACHENI, CARMEIA, ET ARBOREA.]

1236.

Universis presentes litteras inspecturis. Th..... decanus et capitulum Noviomensis ecclesie, salutem in Domino. Noveritis quod nos, mediantibus viris venerabilibus et discretis B(ernardo) abbate Frigidimontis, magistris Petro de Collemedio, preposito sancti Audomari, et Huberto, canonico nostro Noviomense, concessimus in perpetuum viris religiosis dilectis nostris fratribus Ursicampi, quod ipsi possint immittere libere et quiete usque ad duo milia animalium ad pasturandum in omnibus terris nostris vacuis hominum et hospitum nostrorum que sunt ad unam leugam in circuitu circa grangias eorum, videlicet de Lacheni, de Carmeia et de Arborea. Nec poterunt ipsi fratres plura animalia immittere in terris predictis, et tenebuntur pastores per fidem datam quod plura non immittent scienter, nisi de licentia nostra. In terras tamen nostras de Besincort, nulla poterunt immittere animalia, nisi de licentia nostra vel prepositi dicti loci. Et sciendum quod alia animalia dictorum fratrum, si plura quam duo milia habuerint, poterunt libere ire et redire per dictas terras nostras, hominum et hospitum nostrorum vacuas, ad alias pasturas, sed in dictis terris morari non poterunt in pastura. Nos vero et homines et hospites nostri poterimus immittere animalia nostra in terras dictorum fratrum vacuas circa grangias memoratas ad pascendum. Per istam autem compositionem sopite sunt omnes controversie de quibus in dictos mediatores fuerat compromissum. Quod ut ratum et firmum permaneat, presentes litteras fratribus tradidimus sigilli nostri munimine roboratas. Actum anno Domini м°. cc°. xxx°. vi°. in crastino sancti Petri ad vincula.

CXLVII.

DE PRATO ANTE PORTAM ET DE NEMORE CIRCA PERVILER.

Ego Rainoldus, divina miseratione Noviomensis episcopus, notum volo fieri tam futuris quam presentibus quod venerabilis Balduinus, Noviomensis episcopus, quedam dumeta et frutecta super ripam Ysare fluminis, ante magnum pontem Ursicampi, extirpari fecit et in pratum redegit. Quo humanis rebus exempto, cum episcopali sede fungeretur decessor meus dominus Balduinus, prius Noviomensis decanus, predictum pratum monasterio Ursicampi, ubi etiam sepultus est, in elemosinum delegavit. Ego quoque, qui largiente domino prescripte ecclesie pastoris vicem deservio, curans paci fidelium in posterum providere, pratum prenominatum pro anima domini mei recolende memorie Henrici, Remorum archiepiscopi, et nostra fratribus in pretaxato monasterio divino obsequio mancipatis, assensu totius capituli nostri, benigne concessi possidendum. Preterea parum nemoris de Esga silva, quod est juxta grangiam eorum de Porvillari, sicut per fossatum dividitur a reliquo nemore, illud quod parvum nemus quod est ante eandem grangiam usque ad illud nemus quod cauda Wenemari dicitur, sicut per fossatum dividitur, ipsis nichilominus capitulo nostro annuente concessi. Ne quis igitur hoc nostre liberalitatis beneficium a nobis predictis fratribus benigne collatum temerare presumat, sub anathemate prohibemus, ut ratum inconcussumque permaneat, tam sigilli nostri sigilliique ipsius capituli impressione, quam testium subscriptorum assertione roboravimus. S. Johannis, Noviomensis decani. S. Reineri, abbatis Calnicensis, etc. Actum est hoc anno ab incarnatione Domini millesimo centesimo octogesimo.

1180.

CXLVIII.

[CONCESSIO DE PASTURAGIIS.]

Universis presentes litteras inspecturis Th....... decanus et capitulum Noviomensis ecclesie, salutem in Domino. Noveritis quod nos, mediantibus viris venerabilibus et discretis Bernardo, abbate Frigidimontis, magistro Petro de Collemedio, preposito sancti Audomardi, et Huberto, canonico nostro Noviomense, concessimus in perpetuum viris religiosis dilectis nostris fratribus Ursicampi quod ipsi possint imittere libere et quiete usque ad duo milia animalia.

Circa 1236.

CXLIX.

[ITEM. — DE CHIRIACO.]

Ego Hugo, Noviomensis ecclesie decanus, et capitulum, ad notitiam universorum pervenire volumus quod nos concessionem illam quam in Christo venerabilis pater noster Stephanus

1195.

episcopus fecit karissimo fratri et canonico nostro Matheo de Sancto Quintino, super VII falcatis prati in brolio episcopi, juxta Chiriacum, hereditario jure possidendis, sub annua pensione quatuor solidorum parisiensium in festo beati Martini solvendorum, ratam habemus et firmam, eamque sigilli nostri patrocinio communivimus. Actum anno gratie M°. C°. XC°. quinto.

CL.

CYROGRAPHUM BEATE MARIE NOVIOMENSIS DE PRESSORAGIO DE ARBOREA. SIGILLUM.

Circa 1138.

Ego Petrus, ecclesie Noviomensis canonicus et cantor, notum volo fieri tam posteris quam modernis quod fratribus de Ursicampo quoddam pressorium in curte de Arborea et alterum quod est in clauso Laurentii, cum totius capituli nostri benevolentia et assensu, jure perpetue libertatis concessimus. Et ut nullus in eisdem omnino nisi ipsi pressuret pariter statuimus, hac tum perfinita conditione ut ex omnibus vineis ad jus nostrum pertinentibus quas possident vel possidebunt, legitimum pressoragium et sextum vas habeamus. Ut autem hujus concessionis concordia inter nos et illos rata inconcussa permaneat, sigillo nostro et ipsorum ecclesie presens cyrographum confirmavimus, et presentium testimonio corroboravimus.

CLI.

DE VINEA ET TERRA FULCONIS DE ARBOREA. — SIGILLUM ANTIQUUM.

1138.

In nomine sancte Trinitatis. Notum sit omnibus tam presentibus quam futuris, quod Fulco de Arborea dedit in elemosinam ecclesie sancte Marie Ursicampi medietatem vinee sue quam habebat juxta vineam ejusdem ecclesie apud Arboream et medietatem duorum camporum post mortem suam et uxoris sue et Roberti filii sui ad quem pertinebat illa hereditas, ipsis concedentibus, et reddidi in manu Roberti Chardon, prepositi sancte Marie Noviomensis, concedente capitulo ejusdem ecclesie, cujus sigillo presens carta confirmata est, et ipse Robertus prepositus reddidit ecclesie Ursicampi in manu Gauleranni abbatis. Ipsa vero ecclesia Ursicampi eidem Fulconi predictam vineam et terram sub hac investitura reddidit, quod uno quoque anno duos modios vini in eadem vinea sibi scilicet ecclesie pro recognitione redderet. Alteram vero partem predictus Fulco, tam vinee quam terre, Roberto filio suo relinquit. Ipse vero Robertus, concessione uxoris sue, dedit in elemosinam prefate ecclesie, sub illa investitura duorum modiorum vini, medietatem partis sue scilicet quartam partem, si sine herede moreretur, vel si heres ejus sine alio herede obiret vel seculo abrenunciaret, alteram quartam partem sibi retinuit, quam partem prefatus Robertus ecclesie Ursicampi postmodo vendidit IX libris, concessione uxoris sue. De illa vero medietate quam pater suus in elemosinam ecclesie dederat, et ipse Robertus tenere in vita sua tantum debebat, post mortem patris sui et matris sue, illam teneuram quam habere debebat, vendidit prefate ecclesie VI libris, sic tamen si eveniret quod Robertus ante patrem suum et matrem suam moreretur, ecclesia Ursicampi pro suis sex libris ad illam quartam partem rediret quam uxor Roberti vel heres teneret, et uxor Roberti ante primam messionem vi libras ecclesie redderet. Quod si'ante messionem primam sex libras redderet ecclesie, ad illam quartam partem quam prius Robertus dederat, si sine herede vel heres ejus sine alio herede moreretur, Roberti uxor rediret et teneret in vita sua tantum, nisi heredem vivum de Roberto relinqueret. Si autem uxor Roberti vi libras non redderet predicto tempore ecclesie, ecclesia predicte femine vel heredi sexaginta solidos daret, et totam terram et vineam liberam et absolutam in perpetuum possideret. Actum Noviomi, in presentia canonicorum. Anno ab incarnatione Domini m°. c°. xxxviii°, epacte xviii. Signum Balduini, decani. S. Petri, cantoris, etc.

CLII.

CAPITULI BEATE MARIE PARISIENSIS. — DE DOMO NOSTRA PARISIENSE. — CONCESSIO FRATRUM DOMUS DEI ET CAPITULI BEATE MARIE PARISIENSIS DE AMORTISATIONE.

Universis presentes litteras inspecturis, G......... decanus et capitulum Parisiense, salutem in Domino. Notum facimus quod in nostra presentia constitutus magister et fratres domus Dei Parisiensis asseruerunt et recognoverunt quod viri religiosi abbas et conventus monasterii Ursicampi, Cysterciensis ordinis, Noviomensis dyocesis, habebant et possidebant in terra et dominio ipsius domus Dei ista que sequuntur sita Parisiis ultra magnum pontem, ad portam Bauderii, prope magnam domum dictorum religiosorum, videlicet quodam operatorium profunditatis quatuor thesiarum pedis et dimidium ac latitudinis octo pedum et dimidium, contiguum ex una parte operario domus Petri de Meldis et operatorium domus Hugonis Rousselli ex altera, partim subtus domum dicti Petri et partim subtus domum dicti Hugonis. Item domum quamdam sitam ibi prope, inter domum Radulfi dicti Loyer, et domum quamdam dicte domus Dei. Item, omnia appenticia et totum hoc quod et que situantur in medietate retro dictam domum Radulphi Loyer, retro dictas domos dictorum religiosorum dicte domus Dei, dicti Petri de Meldis et dicti Hugonis Rosselli, ac retro dictum operatorium, a dicta scilicet ejus profunditate in antea, pro ut dicta omnia appenticia et totum quod est, predictas domos et dictum operatorium dictorum religiosorum de latitudine a dicta domo dicti Radulfi Loyer, continue sine ullo intervallo usque ad domum Richardi dicti Charite, et de profunditate a dictis domibus et operatorio recta linea, sine ullo intervallo inferius et superius, usque ad terram seu censivam camerarie Francie se comportant et protendunt. Item, portam seu introitum per quem in predictis et dictam magnam domum dictorum religiosorum ingreditur, et voltam eidem porte seu introitui junctam, contiguam ex una parte domui Petri borelarii, et ex alia parte domui dicti Radulfi Loyer, latitudinis inter ipsas duas domos duarum thesiarum pedis et dimidium cum uno durno, prout inferius et superius se comportant, et ab inde in antea secundum ipsam latitudinem, de profunditate recta linea sine ullo intervallo usque ad terram seu censivam dicte camerarie Francie sexdecim thesiarum et quatuor pedum. Item et hoc totum quod situatur in medietate retro domum dicti Petri borelarii inferius et superius a muro scilicet posteriori domus ipsius Petri secundum ejusdem muri latitudinem de profunditate novem thesiarum quatuor pedum et dimidium recta linea usque ad murum domus Mar-

Jul. 1281.

garete de Bosco, situm in terra sancti Martini, medietate utriusque muri in ipsa profunditate nichilominus computata, ut dicebant, et cum dicti religiosi a dictis magistro et fratribus domus Dei petiissent ut ipsi magister et fratres promitterent dictos religiosos predicta in terra domus dicte Dei situata in manu mortua possidere, tandem dicti magister et fratres, utilitate dicte domus pensata, voluerunt et concesserunt coram nobis expresse ac dictis religiosis concesserunt ut ipsi religiosi ac eorum dictum monasterium per dicta omnia et singula que ipsi, ut dictum est, in terra dicte domus Dei possidebant, prout ante et retro, inferius et superius, secundum declarationem mensurarum et metarum predictarum se comportant, habeant, teneant et ex nunc perpetuo possideant pacifice et quiete in manu mortua sine coactione vendendi aut extra manum quocumque modo ponendi, salvis tum dictis magistro et fratribus et dicte domui Dei tribus denariis et obolo fundi terre eis debitis super predictis solvendis ad festum sancti Remigii, et quatuor libris et dimidia Parisiensibus census, incrementi annui redditus, quas ipsi magister et fratres supra predictis hactenus habebant et percipiebant quatuor terminis Parisiis consuetis, et salvis etiam eis aliis quatuor libris et dimidia Parisiensibus census annui redditus, quas dicti religiosi, ratione concessionis hujusmodi manus mortue, dicte domui et fratribus ejusdem dederunt et concesserunt percipiendas annuatim in posterum super omnibus predictis amortisatis et eis una cum predictis aliis quatuor libris et dimidia census quas inibi ante hujusmodi amortisationem habeant solvendas quatuor terminis antedictis, salva nichilominus dicte domui Dei et fratribus ejusdem, ac eis retenta in predictis omnibus ab eis amortisatis omni justitia. In monachis vero conversis et famulis sive servientibus dicti monasterii ibidem existentibus et de bonis dicti monasterii viventibus, ullam penitus justitiam vel juridictionem habebunt, seu de cetero poterunt reclamare, hoc salvo quod si aliquis servientium sive famulorum ipsorum religiosorum crimen tale committeret propter quod membrum vel corpus amittere deberet, justitia taliter delinquentis ad dictam domum domus Dei pertinebit in servientibus sive famulis predictis, nec predicta amortisata claudi poterunt de cetero vel alias obsturari, quin dicti fratres domus Dei pro malefactore ibidem capiendo et pro censibus suis predictis habendis et pignoribus ibi capiendis libere, pacifice et quiete intrare valeant ; sine inescapere et si clauderentur, licebit eis fratribus domus Dei intrare auctoritate propria in predictis amortisatis viam facere pro malefactore censibus suis predictis habendis et pignoribus propter hoc ibidem capiendis. Si vero contingeret dictos monachos dictas res vel partem earum vendere vel extra manum suam ponere in manu laycali, dicta domus Dei et fratres ejusdem habebunt ventas et omnia alia jura que in talibus consueverunt habere domini fundi terre, et promiserunt dicti magister et fratres bona fide et per stipulationem legitimam suo et dicte domus Dei nomine, quod contra hujusmodi manus mortue concessionem non venient jure aliquo per se vel alium in futurum. Immo omnia et singula ab eis ammortizata, prout se comportant et superius exprimuntur, quita et libera ab omnibus oneribus preterquam de illis que ipsi magister et fratres sibi retinent, ut dictum est, garantizabunt prefati abbati et conventui ac eorum monasterio in manu mortua, ut dictum est, ad usus et consuetudines Parisienses, quocumque opus fuerit, contra omnes. Pro quibus omnibus et singulis supradictis firmiter tenendis et plenarie adimplendis, ipsi magister et fratres se et dictam domum Dei et eorum successores in ea obligaverunt, confitentes se ab ipsis religiosis habuisse et recepisse pro concessione hujusmodi amortizationis sexies viginti libras Parisienses in pecunia numerata, de quibus quitaverunt religiosos predictos exceptioni non numerate et non recepte dicte pecunie doli actioni in factum beneficio restitutionis in integrum et omnibus aliis juris et facti rationibus per quas premissa possent in aliquo impediri, juri etiam dicenti generalem renunciationem non valere quantum ad hoc renunciantes expresse. Nos autem attendentes in premissis utilitatem dicte domus Dei, dictisque magistro et fratribus ad omnia facienda, sicut predictum est, auctoritatem prestantes, ea omnia singula, prout superius sunt expressa, volumus, approbamus, et quantum in nobis est confirmamus, sigillum nostrum litteris presentibus apponentes in memoriam et testimonium rei geste. Datum anno Domini M°. CC°. octogesimo primo, mense julio.

CLIII.

CAPITULI SANCTI PETRI IN PARVISIO SUESSIONENSI. — DE VINEA STEPHANI DE PARVAGNANT, SITA AD FOSSAM WILARDI.

Omnibus hec visuris, decanus sancti Petri in Parvisio Suessionensis, totumque ejusdem ecclesie capitulum, salutem in Domino. Noveritis quod cum Stephanus de Parnant defunctus ecclesie Ursicampi contulit et concessit in puram et perpetuam elemosinam unam peciam terre circiter unum arpentum vinee continentem, sitam ad locum qui vocatur fossa Wilardi, sub nostro dominio et trefundo, ob anime ipsius Stephani remedium et salutem ab eadem ecclesia Ursicampi in perpetuum (possidendam). Nos dictam collationem dicte ecclesie factam approbamus, mediantibus quinquaginta solidis Parisiensibus, quas propter hoc ut nostrum preberemus assensum ab eadem ecclesia Ursicampi recepimus in pecunia numerata, volentes et concedentes quod dicta ecclesia dicta vinea gaudeat et teneat libere et pacifice in futurum, salva justitia nostra et vinagio constituto, nec poterimus de cetero dictam ecclesiam Ursicampi compellere quod extra manum suam ponat vineam supradictam. In cujus testimonium presentes litteras dicte ecclesie Ursicampi sigilli nostri munimine tradidimus roboratas. Actum anno Domini M°. CC°. quinquagesimo primo, mense februario.

Febr. 1251.

CLIV.

ITEM DE EODEM. — CONCESSIO HUARDI ET RADULPHI DE LEGATO STEPHANI DE PARGNANT.

Jacobus, archidiaconus Suessionensis, omnibus presentes litteras inspecturis, salutem in Domino. Noverint universi quod Huardus de sancto Quintino et Ada ejus uxor et Radulphus dictus Tatins et Heluidis ejus uxor, cives Suessionenses, in presentia curie nostre Suessionensis constituti, laudaverunt et approbaverunt legatum quod Stephanus de Parnant, civis Suessionensis, fecerat, ut recognoverunt coram nobis, ecclesie Ursicampi de tota terra et vinea quas idem Stephanus habuerat tempore dicti legati, ad locum ubi dicitur ad fossam Wilardi, et quicquid juris in predictis vinea et terra habebant et habere poterant seu debebant modo quocumque predicte ecclesie, fide media, coram nobis penitus in perpetuum quitaverunt spontanei, non coacti, sub religione dicte fidei sue, promittentes quod in predictis

Jul. 1242.

terra et vinea nichil de cetero per se vel per alium molestabunt in posterum, nec facient molestari. In cujus rei testimonium et robur presentes litteras sigillo nostro curie Suessionensis fecimus roborari. Actum anno Domini m°. cc°. xl°. secundo, mense julio.

CLV.

CAPITULI SANCTI QUINTINI. — CYROGRAPHUM GERARDI DECANI SANCTI QUINTINI DE QUADAM PARTE DECIME IN TERRA VADULORUM ET MANESCIARUM.

1134.

In nomine Patris et Filii et Spiritus sancti, amen. Cum Christi membra sumus, oportet nos invicem compati et consulere. Ego igitur Gerardus, sancti Quintini decanus, ceterique canonici, notum fieri volumus tam presentibus quam posteris dominum Symonem, Noviomensem ac Tornacensem episcopum, venerabilem capitulum nostrum humiliter exorasse quatenus pro modulo nostro paupertati ecclesie sancte Marie Ursicampi subveniremus. Perpendentes autem quam frater fratrem adjuvans ambo consolabuntur, attendentesque Christum dicentem date et dabitur vobis, pie petitioni supra dicti episcopi nec non et abbatis Gauleranni obaudientes, concessimus predicte ecclesie, videlicet sancte Marie de Ursicampo, partem illam decime quam habebamus in terra Manessiarum et Vadulorum, videlicet trans aquam Manessiarum ex parte Ferrariarum, et contradidimus jure perpetue libertatis possidendam. Quod ut inconvulsum permaneat, sigillo ecclesie nostre corroboravimus, et presencium litterarum confirmavimus testimonio. S. domni Symonis, Noviomensis ac Tornacensis episcopi. S. domni Huberti, sancti Prejecti abbatis. S. domni Gerardi, decani, etc. Actum apud Sanctum Quintinum, in capitulo, sub presentia predictorum fratrum, anno incarnati Verbi m°. c°. xxx°. iiij.

CLVI.

CAPITULI ROIENSIS. — CARTA ROIENSIS CAPITULI DE DOMO ROBERTI DE SANCTO PETRO.

1194.

Ego Bernardus, decanus ecclesie Roiensis, totumque capitulum nostrum. Notum fieri volumus tam presentibus quam futuris, quod Robertus, cognominatus de sancto Petro, canonicus noster, dedit in elemosinam ecclesie beate Marie Ursicampi domum suam quam de nobis tenebat, sub annuo censu xii denariorum et vi pro theloneo in natali Domini solvendorum, et iiij in natali sancti Johannis-Baptiste. Hujus elemosine collationem concessit in presentia capituli nostri Radulfus, cognomento filius Eustachii, cum uxore sua Hescelina, sorore predicti Roberti. Hoc etiam concesserunt apud sanctam Margaretam, Hugo, filius dicti Radulfi, et Agnes, uxor ejus, cum liberis suis Odone, Radulfo et Eremburge, presentibus Balduino priore, Gileberto et Ranere monachis Ursicampi, et Odone prebistero de Ailincourt. Hoc quoque nos salvo prataxato censu nostro benigne concessimus, et ut ratum permaneat, presentem paginam inde conscriptam sigilli nostri impressione munivimus. Actum anno Verbi incarnati m°. c°. xc°. iiij.

CLVII.

CONCESSIO CAPITULI BEATI FLORENCII ROIENSIS, DE DUABUS DOMIBUS DOMUI NOSTRE DE ROIA CONTIGUIS.

Universis presentes litteras inspecturis, decanus et capitulum ecclesie beati Florencii Royensis, salutem in Domino. Notum facimus quod nos volumus et concedimus quod abbas et conventus ecclesie beate Marie Ursicampi teneant, habeant et possideant ab ecclesia nostra beati Florencii de Roya, et a nobis, perpetuo, in manu mortua, sine coactione vendendi aut extra manum suam ponendi, duas domos sitas apud Roiam, inter domum dictorum abbatis et conventus ex una parte, et domum Ade dicte Coterele, que sunt Stephani dicti Coterel, ex altera, quarum una fuit Petri de Crimeri, carpentarii, et alia eidem domui dicti Petri, contigua predicte Ade Coterele, ad septem solidos et novem denarios et tres capones, unum sextarium bladi capitalis census, nobis et ecclesie nostre reddendos a dictis abbate et conventu et eorum ecclesie beate Marie Ursicampi singulis annis in posterum apud Royam, duobus terminis inferius nominatis, videlicet in crastino nativitatis Domini quatuor solidos et tres denarios Parisienses, tres capones et unum sextarium bladi, ad mensuram Royensem, et in festo beati Johannis-Baptiste tres solidos sex denarios parisienses, retento nobis, quod si in solutione dicti census sive in aliquo termino defecerint, quod nos possumus capere in predictis domibus, pro lege et censu, quousque nobis de dicto censu ab ipsis plenarie satisfactum fuerit et etiam de emenda, et promittimus nos garandizaturos dictis abbati et conventui ad censum superius nominatum, predictas duas domos ad usus et consuetudines patrie, contra omnes juri et legi parere volentes. In cujus rei testimonium presentibus litteris nostrum sigillum duximus apponendum. Datum anno Domini millesimo ducentesimo septuagesimo, mense decembris.

Decemb. 1270.

CLVIII.

ITEM DE EODEM. — DE DUABUS DOMIBUS.

Universis presentes litteras inspecturis, S......., decanus Royensis, salutem in Domino. Notum facimus quod communitas capellanorum ecclesie Royensis in nostra presentia constitutorum recognovit se perpetuo et hereditarie vendidisse viris religiosis abbati et conventui Ursicampi duas cameras suas sitas apud Royam, inter horreum ipsorum abbatis et conventus ex una parte, et posticum de Camboto ex altera, pro sex libris Parisiensibus de quibus recognovit dicta communitas sibi ab ipsis abbate et conventu vel eorum mandato esse plenarie satisfactum in pecunia numerata. Recognoverunt etiam dicti capellani se debere garandire ipsis abbati et conventui ad usus et consuetudines ville Roiensis cameras supra dictas. Nos etiam et capitulum nostrum hujus modi venditionem ratam habemus et gratam, utilitate ipsorum capellanorum a nobis et ab eodem capitulo plenius circumspecta. In cujus rei testimonium, de consensu et auctoritate capituli nostri, presentibus litteris sigillum nostrum duximus apponendum. Actum anno Domini M°. CC°. sexagesimo quinto, mense maio.

Maio 1265.

CLIX.

ITEM DE EADEM DOMO, QUE FUIT WARINI.

Octob. 1265. Universis presentes litteras inspecturis, S......., decanus ecclesie Royensis, salutem in Domino. Notum facimus quod Warinus, quondam filius Hugonis dicti Karqueleu defuncti et Marie ejus uxoris, vendidit viris religiosis abbati et conventui Ursicampi quandam domum quam habebat sitam apud Royam, contiguam cameris quas ipsi abbas et conventus emerunt capellanis ecclesie Royensis, juxta domum ipsorum abbatis et conventus, que fuit quondam magistri Petri dicti Malot, clerici, ex una parte, et posticum de Camboto ex altera. Dicta Maria, de consensu et voluntate Petri dicti Fignon, nunc mariti sui, que in dicta domo vendita dotalicium dicebat se habere, juravit quod huic venditioni spontanea non coacta benignum prebebat assensum pro xl quinque solidis Parisiensibus sibi plenarie persolutis, et dictum dotalicium ad opus ipsorum abbatis et conventus in manu nostra libere resignavit, promittens, fide prestita corporali, quod nichil in dicta domo nomine dotalicii vel hereditatis seu aliquo alio nomine de cetero reclamabit, nec ipsos abbatem et conventum super ipsa aliquatenus molestabit. Juravit etiam quod gratum et sufficiens sibi recepit excambium, videlicet xlv solidorum Parisiensium ante dictorum. In cujus rei testimonium presentibus litteris sigillum nostrum duximus apponendum. Datum anno Domini M°. CC°. sexagesimo quinto, mense octobri.

CLX.

ITEM EXCAMBIUM DOMINI LAMBERTI, CAPELLANI ECCLESIE ROYENSIS. CYROGRAPHUM CAPITULI.

Decemb. 1239. Decanus et capitulum Royense, omnibus presentes litteras inspecturis salutem in Domino. Notum facimus quod magister Lambertus, capellanus noster, dedit fratribus Ursicampi in perpetuum excambium tria bonaria et dimidium bonarium et xxix virgas terre ad virgam sancti Georgii, site in valle de Goiencourt, in duobus locis, videlicet secus viam que ducit apud Goiencort novem jornalia et xii virgas, et secus viam que tendit a Roya versus Lihons quinque jornalia et xvii virgas, et terre iste libere sunt ab omnibus consuetudinibus et rebus aliis, preter quam a decima. Has igitur terras prenotatas dedit, sicut dictum est, prefatus Lambertus fratribus memoratis in excambium tenendas in perpetuum et habendas pro terris ejusdem libertatis, ejusdem mensure et quantitatis, videlicet pro tribus bonariatis et quinquaginta virgis sitis in campo qui dicitur des Fossez, juxta semitam que ducit a sancto Georgio usque ad Crapoumaisnil, et pro uno jornali et dimidio et viginti quatuor virgis sitis apud vetus castrum Roye. Nos vero, sine quorum assensu et voluntate istud excambium fieri non poterat, quum terre quas dictus Lambertus tradidit dictis fratribus erant de capellania ejusdem Lamberti, que consistit in ecclesia nostra Royensi, et pertinet ad nostram donationem et jurisdictionem, dicte capellanie commodum attendentes, ad petitionem sepe dicti Lamberti, capellani nostri, dictum excambium fieri concessimus, volumus et approbamus, et tenemur ad invicem nos dictis fratribus et dicti fratres nobis et dicto capellano dictum excambium fideliter garandire. Et sciendum quod, cum nos haberemus tres denarios annui census super uno jornali et dimidio et viginti quatuor virgis terre antedicte site apud vetus castrum Roye, quam terram dicti fratres dicto capellano tradiderunt, iidem fratres illos tres denarios de assensu nostro alibi assignaverunt nobis singulis annis reddendos, videlicet pro uno jornali et dimidio et xx^t quatuor virgis terre illius quas dicti fratres a dicto capellano receperunt, que terra sita est secus viam que tendit a Roya versus Libons. In cujus rei testimonium et perpetuam firmitatem presentes litteras sepedictis fratribus Ursicampi tradidimus sigillo capituli nostri confirmatas. Actum anno Domini m°. cc°. tricesimo nono, mense decembri.

CLXI.

EXCAMBIUM QUARUMDAM TERRARUM ET CENSUUM INTER NOS ET FRATRES DOMUS DEI DE ROYA ET CONCESSIO CAPITULI ROYENSIS DE EODEM.

Universis presentes inspecturis, magister Jacobus de Essomis, decanus, et capitulum Royense, salutem in Domino sempiternam. Notum facimus universis quod in nostra presentia constituti, magister et fratres domus Dei hospitalarie de Roya asseruerunt quod habebant et possidebant tria jornalia terre arabilis parum plus aut parum minus, site in territorio de Fraysnoi, inter viam que ducit aut qua itur sive quum de Roya apud Fraisnoi et culturam monachorum grangie de Greuni, que tria jornalia terre, parum plus aut parum minus, recognoverunt coram nobis prefati magister et fratres se dedisse et concessisse auctoritate nostra, permutationis nomine, in perpetuum, religiosis viris abbati et conventui beate Marie Ursicampi, Cysterciensis ordinis, Noviomensis dyocesis, pro tribus jornalibus terre arabilis site in territorio de Roya, in valle sancti Firmini, juxta terram de Marcgni, capiendis, tenendis et habendis, et possidendis in perpetuum a dictis magistro et fratribus in quadam pecia terre site in loco predicto; septem jornalia et quatuordecim virgas terre arabilis vel circiter continentis, que pecia terre fuit ipsorum abbatis et conventus. Asseruerunt insuper et recognoverunt iidem magister et fratres de Roya coram nobis, quod pro quatuor jornalibus et sexdecim virgis predicte terre, parum plus aut parum minus, residuis, tenentur annis singulis in posterum solvere dictis abbati et conventui, infra octabas nativitatis Domini, in villa Royensi, decem sextarios et dimidium bladi et tantumdem avene ad mensuram Royensem, nec non et quod tenentur reddere singulis annis in posterum dictis abbati et conventui in villa Royensi, in festo nativitatis beati Johannis Baptiste, pro dicta tota pecia terre vii jornalia et xvi virgas vel circiter continentis, tres denarios censuales. Preterea asseruerunt et recognoverunt coram nobis iidem magister et fratres quod ipsi posuerunt in censiva dictorum abbatis et conventus decem et septem jornalia terre arabilis, parum plus aut parum minus, site in territorio de Roya, juxta calceiam Ambianensem ex una parte, et viam que ducit de Goiencort apud sanctum Medardum ex altera, pro qua terra tenentur iidem magister et fratres solvere singulis annis in posterum in villa Royensi predictis abbati et conventui, in festo nativitatis beati Johannis Baptiste, sex denarios censuales et quatuor, bonaria terre site in territorio de le Chavate, de sex denariis censualibus quos ipsi magister et fratres debebant pro dictis quatuor bovariis terre predictis abbati et conventui, a modo et in perpetuum quita

1280.

libera penitus et immunia remanebunt. Que omnia supradicta promiserunt coram nobis iidem magister et fratres fideliter adimplere et inviolabiliter observare, nec non super hiis ipsis abbati et conventui legitimam ferre garandiam in perpetuum erga omnes juri et legi parere volentes. Insuper consentientes ac volentes expresse coram nobis iidem magister et fratres una cum premissis, quod iidem abbas et conventus ipsis magistro et fratribus in hujus modi garandia deficientibus, quod absit, quominus abbas et conventus pacifice gaudere valeant de premissis sibi, ut premissum est, nomine permutationis ab eisdem magistro et fratribus concessis et dimissis, dicta septem jornalia et XVI virgas terre arabilis, parum plus aut parum minus, ab eisdem abbate et conventu dictis magistro et fratribus, ut premissum est, nomine permutationis predicte dimissa et concessa adire queant, tenere et possidere, ac eadem teneant et possideant pacifice et quiete ut sua propria in futurum cum ceteris, ut dictum est, ipsis abbati et conventui concessis a magistro et fratribus antedictis. Et hec omnia et singula prenotata nos decanus et capitulum Royense approbamus, volumus et gratificamus. In quorum omnium testimonium et munimen perpetuum, et ut predicta permutatio seu contractus inter memoratas personas firma, inviolata et stabilia permaneant, nos sigillum capituli nostri presentibus litteris duximus apponendum. Datum anno Domini M°. CC°. octogesimo.

CLXII.

CARTA CAPITULI ROYE DE QUINQUE JORNALIBUS TERRE QUAM VENDIDIT LI POIS DOMINO BAILLIVO DE FRANSART.

1195.   Ego Bernardus, Dei gratia Royensis ecclesie decanus, cum universis de capitulo ejusdem ecclesie, notum facimus tam presentibus quam futuris quod parochianus noster Drogo li Pois, voluntate et assensu uxoris sue Odeline, vendidit quinque jugera terre que de jure possidebat hereditario, militi Balduino de Fransart, qui ea, nobis aliisque multis assistentibus, legitime comparavit. Predicta vero mulier Odelina dotalicium quod in eadem terra prius habuerat in manu nostra libens et spontanea resinavit, accipiens in concambium dotalicii XX libras Parisienses quas de manu emptoris acceperat. Dominus siquidem terre illius Radulfus de Gerpilleriis, ad quem servicium ejusdem terre pertinebat, venditionem istam voluit, et ipsam terram immunem ab omni servicio prefato militi tenendam concessit et habendam. Hujus autem rei testes sunt Petrus, major Roye, etc. Ad hujus vero majorem noticiam presentem paginam sigillo nostro corroborari fecimus et muniri. Actum anno verbi incarnati M°. C°. XC° V.

CLXIII.

[CARTA DECANI ROYE DE CENSU APUD ROYAM.]

Novemb. 1298.   Universis presentes litteras inspecturis, decanus de Roya, salutem in Domino. Noverint universi quod Florentius dictus li Cas, clericus, filius et executor Hugonis, quondam dicti Cati, recognovit in jure coram nobis se tanquam executor predicti Hugonis, quondam patris sui, et pro utilitate executionis ipsius, hereditarie vendidisse abbati et conventui Ursicampi duos capones et sex denarios Parisienses annui census quos dictus Hugo habebat, tempore quo vivebat, super quandam domum ipsorum abbatis et conventus, sitam apud Royam, que domus dicitur domus Ursicampi, pro triginta quinque solidis Parisiensibus a dictis abbate et conventu, de voluntate domini Florencii et nostra, mandato nostro persolutis. Promisit autem dictus Florencius sub juramento suo corporali prestito, quod contra hujusmodi vendicionem per se vel per alium non veniet in futurum, et quod dictos duos capones et sex denarios Parisienses annui census venditos bene et legitime eisdem abbati et conventui et suis successoribus tanquam executor dicti Hugonis garandisabit et garandizari procurabit ad usus et consuetudines patrie, adversus omnes juri et legi parere volentes, renuncians expresse exceptioni doli mali, fori, non numerate pecunie restitutioni in integrum propter minorem etatem et omnibus aliis exceptionibus et barris que contra hujusmodi instrumentnm possent obici vel proponi, et que ipsis abbati et conventui et suis successoribus possent obesse et dicto Florencio prodesse. Has autem conventiones volumus, laudamus et approbamus, et huic venditioni tanquam supra in dicta venditione et executione benignum prebemus assensum. In cujus rei testimonium presentibus litteris sigillum nostrum duximus apponendum. Datum anno Domini millesimo ducentesimo nonagesimo octavo, feria quinta post diem beati Martini hyemalis.

CLXIV.

ITEM DE EODEM. — SUB SIGILLO BAILLIVIE.

A tous chiaus qui ces presentes lettres verront et orront, Thoumas dis li Seliers, de Roye, Novemb. 1298. garde de par le roy du seel de le baillie de Vermendois, establi à Roie, salut. Sachent tout que par devant nous est venus en se propre personnne Florens li Cas de Roye, fiex jadis Huon le Cat, et executeres dou dit Huon, si comme il dist, et a reconnut que il a vendu a leglise Nostre Dame de Ourscans, ij capons et vi deniers parisis de cens par an a tous jours hiretablement, appartenans a le exeqution dou dit Huon, que il avoit seur le maison de le dite eglize à Roye, a le maison que on apele le maison de Ourscans, a deus termes, au terme dou Noel deus capons et iij deniers, et au terme de le St.-Jehan iij deniers, de laquele vente li dis Florens se tient a paies tout a plain de le dite eglize en sec argent et les deus capons et les vi deniers de cens devant dis. A, li dis Florens, promis et creante seur lamende le roy a warandir a le dite eglize ou a celui que le dite eglize aroit cause ou au porteur de ces lettres a tous jours, contre tous, as us et as coustumes dou pais, si comme excequteres doit warandir a acheteur. Et est tenus li dis Florens a rendre et a paier a le dite eglise ou au porteur de ces lettres, tous cous et tous damages que ele aroit eus ou li porteres de ces lettres pour le defaute de son warant, dont le dite eglise ou li porteres de ces lettres seroit creus par son sairement, sans autre preuve faire. Et a tous che tenir et a emplir que dessus est dit, a li dis Florens obligie envers le dite eglise ou le porteur de ces lettres lui et ses hoirs et ses biens del exeqution devant dites, meubles et non meubles, presens et a venir, a prendre, vendre, lever, saisir et detenir partout a camp et a ville, par le gent le roy, sans nul meffait. En tesmoignage desquels chozes nous avons ces presentes lettres seelees du seel de le baillie de Vermandois, sauf le droit le roy et l'autrui. Che fut fait en lan de grasse mil. deus cens quatre vins et dis wit, el mois de novembre, le lundi devant le St.-Martin en yver.

CLXV.

CAPITULI DE THOROTA. — DE TERRIS PETRI COGNOMINE ALEXANDRI ET THEOBALDI MARTIAUS APUD THOROTAM.

Julio 1238.   Universis sancte Matris ecclesie filiis ad quos littere iste pervenient, decanus et capitulum beate Marie de Thorota salutem in Domino. Notum facimus universitati vestre quod Petrus, cognomine Alexander, miles, pro salute anime sue et antecessorum suorum contulit ecclesie Ursicampi terram quamdam retro domum leprosorum de Thorota sitam, in puram elemosinam perpetuo possidendam. Sciendum est quod Theobaldus Martiaus contulit eidem ecclesie circiter dimidium modii terre site prope prefatam domum leprosorum in perpetuum possidendam. Huic autem donationi et concessioni prebuit assensum pariter et consensum Gaufridus miles, cognomento monachus de Vi, de cujus feodo dicta terra tenebatur, ea quidem conditione quod prefata ecclesia persolvet eidem et heredibus suis, annis singulis in perpetuum, pro dictis terris quatuor denarios censuales in festo sancti Remigii. Utrique vero donationi et concessioni presentes fuerunt hii : P.........., presbiter et canonicus de Thorota, Johannes, miles, de Drailincort, et R.........., frater ejus, Johannes, armiger, de Cosduno, et Rogerus, frater ejus, magister Johannes et magister Hugo de Vi, Petrus Calleus, P. Louves Sotiaus, P. Theobaldus Martiaus, R.......... et O.........., fratres, Egidius de Petro et Renerus de Ansoltineis. Nos autem ad petitionem ecclesie Ursicampi presentes litteras sigillo capituli nostri sigillavimus, et eidem ecclesie tradidimus in testimonium conservandas. Actum anno Domini M°. CC°. XXX°. VIII°, mense julio.

CLXVI.

DE TERRIS BARTHOLOMEI ET DECANI DE THOROTA.

Martio 1234.   Universis presentes litteras inspecturis. P,........., decanus de Thorota, salutem in Domino. Notum fieri volumus universitati vestre quod Bartholomeus Rivere, pater meus, contulit in elemosinam ecclesie beate Marie Ursicampi medietatem terre sue quam habebat supra molendinum de Loveth ad usus ejusdem molendini commodiorem, et ejusdem terre medietatem alteram dedit ecclesie beate Marie de Thorota. Ego vero medietatem istam acquisivi per emptionem a capitulo ecclesie de Thorota. Postmodum autem istius medietatis acquisite, unam mencoldatam vendidi ecclesie Ursicampi pro xl solidis Parisiensis monete, certis metis assignatam et medietati sue contiguam. Preterea sciendum est, quod unam sextariam predicte emptionis residuam concessi ecclesie Ursicampi ad modiationem quamdiu vixero mihi reddendam, videlicet quum terra portabit bladum, reddentur mihi quatuor mine bladi ad mensuram Thorote, et quum portabit avenam, tres mine avene michi reddentur. Ego itaque cupiens et omnino desiderans fieri particeps omnium bonorum que de cetero fient in ecclesia Ursicampi, terram ipsam de qua dictam modiationem percipiebam, contuli in elemosinam eidem ecclesie post decessum meum perpetuo possidendam. In cujus rei testimonium et munimen presentes litteras sigilli mei nec non et sigilli capituli Thorotensis appositione firmavi. Actum onno Domini m°. cc°. xxx°. iiij°, mense martii.

CLXVII.

CONCESSIO DECANI ET CAPITULI DE THOROTA DE TERRA GODARDI DICTI LUPI.

Nous diens et li capitres deleglize Nostre Dame de Thorote, faisons savoir à tous chiaus qui ches presentes lettres verront et orront, que nous avons otroie a tenir a tous jours a l'eglise d'Ourscans le terre qui fu Godard Leleu de Choisi, lequel terre siet de seure le Mas, en tele maniere comme li dis Godars le tenoit de nous, a disme et a terrage, et le doivent mener a leur cous en nostre grange a Thorote. Et pour cou que ceste choze soit ferme et establee, nous avons seelees ces presentes lettres du seel de nostre chapitre. Ce fu fait en l'an de l'incarnacion nostre Seigneur, mil deus cens et soissante vii, el mois de decembre.

Decemb. 1267.

CLXVIII.

EXCAMBIUM CUJUSDAM VINEE INTER NOS ET HOSPITALARIAM SANCTI VEDASTI SUESSIONENSIS.

Universis presentes litteras inspecturis, decanus totumque capitulum ecclesie sancti Vedasti in Domino salutem. Noverit universitas vestra quod cum hospitalaria nostra sancti Vedasti haberet et teneret in manu mortua quamdam peciam vinee quatuordecim sextarios vel circiter continentem, sitam in territorio de Cuffies, ubi dicitur in Ailli, pro qua tantummodo debentur annuatim domino episcopo Suessionensi unum obolum Parisiense censualis et Stephano de Cuffies septem sextarii vinagii qui eos, ut dicitur, comparavit ab heredibus domini Petri de Bosco de Bailliaco, prout frater Bonardus, magister dicte hospitalarie, asserebat, et ecclesia Ursicampi, Noviomensis dyocesis, haberet et teneret in manu mortua quamdam aliam peciam vinee quindecim sextarios vel circiter continentem, sitam in territorio de Cuffies, ubi dicitur in vinea Reneri ad saccum, pro qua debentur annuatim nobis octo solidi nigrorum censuales. Tantummodo predictus frater Bonardus magister et alii fratres hospitalarie predicte, de speciali consensu et assensu nostri, dederunt et quitaverunt in perpetuum eidem ecclesie Ursicampi, nomine permutationis legitime, dictam peciam vinee xiiii sextarios continentem, sitam in Ailli, cum omni jure proprietatis et possessionis quod dicta hospitalaria habebat in eadem pecia vinee que dicitur vinea Reineri ad saccum, supradicta, eidem hospitalarie ab abbate et conventu dicte ecclesie Ursicampi, nomine hujus modi permutationis, data et quitata. Promiserunt etiam dicti magister et fratres bona fide, firmiter et expresse, et de assensu nostro speciali, quod contra permutationem predictam non venient in futurum, nec aliquid in dicta pecia vinee sita en Ailli, de cetero ratione qualibet reclama-

Maio 1267.

bunt neque facient per alium reclamari. Immo eidem ecclesie Ursicampi contra omnes juri et placito parere volentes, supradicta pecia vinee, sita en Ailli, legitimam portabunt garandiam ad ipsius vinee redditum prenotatum, renunciantes expresse, quantum ad hec, exceptionibus doli, fraudis, lesionis et deceptionis cujuscumque et omni alii auxilio juris canonici et civilis. In cujus rei testimonium et munimen presentes litteras sigilli nostri ad instanciam dictorum magistri et fratrum fecimus roborari. Actum anno Domini M°. CC°. sexagesimo sexto, mense maio.

CLXIX.

CONCESSIO STEPHANI DE CUFFIES DE EADEM VINEA.

Août 1271.

Je Estenes de Cuffies fas savoir a tous qui sont et qui a venir sont, que je gree et otroie lescange que l'ostelerie de Saint Vaast de Soissons a fait a l'eglise d'Oscans, c'est asavoir de la vigne qui siet en Ailli, laquele la devant dite hostelerie tenoit de moi a la vigne con dit Renier au Sac, et weil et otroi que la devant dite eglize d'Oscans, la devant dite vigne qui siet en Ailli tiegnent a tous jours de moi et de mes hoirs, en au tel point ou en au tel maniere comme la devant dite ostelerie la tenoit de moi, c'est assavoir parmi une maille de cens et VII setiers de vinage paiant chascun an, a tous jours, a moi et a mes hoirs. Et pour ce que ce soit ferme et estable, j'ai seelees ces presentes lettres de mon seel. Ce fu fait et donne en lan de grace mil et CC soissante et onze, au mois d'aoust.

TITULUS CASTELLANORUM.

CLXX.

COUCHI. — CARTA GUIDONIS, CASTELLANI DE COUCHIACO, DE TERRA APUD NANCHEL.

1190.

Guido, Couciacensis castellanus, universis fidelibus in perpetuum. Notum volo fieri quod Iherosolimam profecturus, fratribus Ursicampi dedi in elemosinam pro animabus patris et matris mee, nec non et antecessorum meorum, partem haie mee in territorio de Nanchel, que terris eorum erat contigua, ut eam dirumperent, et libere et quiete possiderent. Dedi preterea eisdem fratribus unam carrucatam terre arabilis novem modiorum mensura Suessionensi, cujus quedam pars, circiter XXX assinos sementis capiens, in monte de Audignicourt sita est, alie vero due haie mee, in territorio de Nancel, huic inde adjacent. Hac tamen conditione, si in suscepta peregrinatione rebus humanis exemptus fuero vel etiam quocumque loco, si de uxore propria heredem non habens decessero, hanc elemosinam in capitulo

TITULUS CASTELLANORUM. 113

Ursicampi, presente Guidone abbate, et ejusdem loci conventu, concessi. Testes, Odo de Nancel, Robertus sellarius, prepositus meus. Postmodum vero, in abbatia de Nongento, hanc elemosinam recognovi, et presentem paginam sigilli mei impressione feci communiri. Testes Robertus, abbas de Nongento, etc. Actum anno incarnati Verbi M°. C°. nonagesimo.

A la suite du mot *Novigento* on lit, dans le petit cartulaire d'Ourscamp :

Presente Guidone abbate, Johannes, castellanus Noviomensis, Matheus de Sancto Symone, Rainaldus de Trachi, et Petrus Proterius et Hugo predicti Rainaldi filius, Guido de Sancto Medardo, et Petrus frater ejus, Rainaldus de Guni, Odo de Nancel, Germundus de Trosli, Lancelius de Ham. 1190.

CLXXI.

CONCESSIO GUIDONIS CASTELLANI DE ELEMOSINA RAINERI DE MAGNI.

Ego Guido, castellanus Couciaci, notum facio tam posteris quam modernis quod Malduta, domina de Magniaco, concessione Raineri mariti sui ac liberorum suorum, Rainaldi, canonici beate Marie Noviomensis, Arnulfi, Aude, comitisse Aelidis et Eustachie, dedit in elemosinam ecclesie beate Marie Ursicampi, pro salute anime sue ac viri sui, Johannis quoque filii sui, et omnium liberorum suorum, totam terram suam in territorio de Nancel sitam, que ad meum feodum pertinebat. Hujus autem elemosine ego particeps esse desiderans, ad petitionem dicte Madulte et heredum ipsius factam donationem ratam ac stabilem fore in perpetuum benigne concessi. Quod ut ratum sit, presentem paginam inde conscriptam sigilli mei appensione munivi. Actum anno gratie M°. C°. nonagesimo VIII°.

1198.

CLXXII.

NOVA CARTA GUIDONIS CASTELLANI, DE CARRUCATA TERRE IN MONTE DE AUDIGNECOURT.

Ego Guido, castellanus Couchiaci, universis fidelibus hec visuris in perpetuum, notum volo fieri quod anno dominice incarnationis M°. C°. XC° Iherosolimam profecturus, ecclesie beate Marie Ursicampi dedi in elemosinam pro animabus patris et matris mee nec non et antecessorum meorum partem haie mee in territorio de Nancel, que terris fratrum Ursicampi erat contigua, ut eam dirumperent, et libere et quiete perpetuo possiderent. Dedi preterea ejusdem ecclesie fratribus unam carrucatam terre arabilis novem modiorum mensura Suessionensi, cujus quedam pars XXX aissinos sementis capiens in monte de Audignecourt sita est, alie vero due haie mee in territorio de Nancel huic inde adjacent, hac tamen conditione, si in in suscepta peregrinatione ex hac luce migrarem, vel etiam quocumque in loco, si de propria uxore heredem non habens decederem, sicut in autentico inde facto plenius est expressum. Processu vero temporis placuit michi predicte carrucate donationem absolute et absque ulla

1199.

heredis habendi vel non habendi conditione facere, veniensque in capitulum Ursicampi, anno Verbi incarnati M°. C°. XC°. IX°, presente abbate et conventu, hanc meam donationem solenniter feci, et in manu Balduini abbatis per librum reddidi, et super altare ejusdem ecclesie titulo elemosine posui, statuens et presenti scripto confirmans ut post decessum meum, absque ulla mora, vel alicujus persone contradictione, ipsam carrucatam in omni integritate tanquam suam dicte ecclesie fratres percipiant, pace perpetua possidendam. Quando autem donationem meam super altare posui, presentes interfuerunt Radulfus prior, etc. Que omnia ut rata in posterum maneant et immota, presentem paginam rei ordinem fideliter exprimentem et sigilli mei appensione munitam sepe dictis Ursicampi fratribus dedi, ut eis adversus omnes calumpnias esse debeat in munimine.

CLXXIII.

ITEM DE EODEM. — QUITATIO DOMINI DE COCIACO.

Confirmation par ...., seigneur de Couci, aux frères d'Ourscamp, de la donation de la haie de Nampcel, faite par Gui, chatelain de Couci, en l'acte précédent.

CLXXIV.

ITEM DE EODEM. — CARTA NIVLONIS, EPISCOPI SUESSIONENSIS.

Confirmation par Nivelon, évêque de Soissons, de la même donation.

CLXXV.

ITEM DE EODEM. — CONFIRMATIO DE TERRA PETRI DICTI LE VERMEIL, DE FEODO CASTELLANI.

1199. Ego Guido, castellanus Couchiaci, notum facio omnibus in perpetuum hec visuris, quod Johannes de sancto Symone, et Odo clericus frater ejus, dederunt in elemosinam ecclesie beate Marie Ursicampi tertiam partem terre que fuit Petri le Vermeil. Et quia eadem terra de meo feodo erat, ego, ad petitionem dictorum Johannis et Odonis hanc elemosinam benigne concessi, et quicquid tam in ea quam in toto residuo ipsius terre quam de feodo meo esse constabat, juris habebam, quitum clamavi, ac pro salute anime mee et antecessorum meorum, prefate ecclesie concessi libere et quiete perpetuo possidendum. Hoc ergo ut ratum sit atque inviolabilem obtineat firmitatem, presentem paginam inde conscriptam sigilli mei appensione munivi. Actum anno gratie M°. C°. XC°. IX°.

CLXXVI.

CARTA NIVELONIS, EPISCOPI SUESSIONENSIS, DE EODEM.

Nivelo, Dei gratia Suessionensis episcopus, universis fidelibus hec visuris in perpetuum, notum fieri volumus quod Johannes dictus de sancto Symone et Odo Clericus, frater ejus, tertiam partem terre que fuit Petri le Vermeil, in territorio de Nancel sitam, monasterio Ursicampi titulo elemosine contulerunt. Hujus elemosine largitionem in capitulo Ursicampi recognoverunt Johannes et Odo coram Balduino abbate et toto conventu, et postea in ecclesia super majus altare solenni donatione, Deo, coram multis testibus, obtulerunt. Donationem concessit Agnes, uxor dicti Johannis, corumque liberi, Symon, Johannes, et Milesendis, Robertus quoque de Rossoi, frater ipsius Johannis. Sciendum vero quod sepedictus Johannes de sancto Symone beneficii hujus non ullam recompensationem a fratribus Ursicampi, videlicet lv libras Parisiensis monete accepit. Hanc elemosinam Guido, castellanus Cochiaci, ad cujus feodum terra spectare dinoscitur, ratam habuit et concessit, et per cartam sigillo suo munitam confirmavit. Nos itaque, Ursicampensis ecclesie paci et commodis providere volentes, ad precem et petitionem dictorum Johannis de sancto Symone et Guidonis castellani, sepefatam donationem presenti scripto et pontificali sigillo confirmavimus, quatinus eidem ecclesie in posterum adversus omnes querelas presens pagina esse debeat munimen. Actum anno Dominice incarnationis M°. C°. XC°. IX°.

1199.

CLXXVII.

DONATIO GUIDONIS, CASTELLANI COUCHIACI, DE DUABUS CARRUCATIS TERRE APUD NANCEL.

Ego Guido, castellanus Cochiaci, universis fidelibus hec visuris in perpetuum, notum volo fieri quod in prima profectione mea Iherosolimitana dedi in elemosinam ecclesie beate Marie Ursicampi unam carrucatam terre in territorio de Nancel, quam habebam viciniorem grangie Puteolorum. Postea vero, in secunda profectione mea dedi eidem ecclesie residuum terre illius, circiter carrucatam unam, sicut est metarum assignatione terminata, quam etiam pro medietate fructuum fratres Ursicampi per aliquot annos excoluerant. Sciendum autem quod utramque hujus terre carrucatam cum omni integritate ecclesie Ursicampi contuli, nichil michi vel heredi meo in ea retinens aut reservans. Fratres vero, huic beneficio non ingrati, medietatem fructuum utriusque carrucate toto vite mee tempore michi dabunt. Concessi etiam eisdem fratribus aisanciam pascuarum in tota terra mea. Concessi nichilominus elemosinas quas eidem ecclesie fecerant Adam, prepositus meus, et Symon, filius ejus, nec non et fratres ipsius, Petrus et Rogerus Buceax de nemore suo super Bellum Fontem. Item concessi dicte ecclesie Ursicampi omnes elemosinas quas ex donis antecessorum meorum possidebat, et quicquid in meo feodo acquisivit. Has elemosinas feci in capitulo Ursicampi, presente Balduino abbate et conventu, ubi mecum interfuerunt dominus Matheus de Marli, avunculus meus, et alii quidam milites, et donationes easdem super altare in ecclesia Deo

1201.

obtuli. Hec omnia concessit Margareta uxor mea, et jus dotalicii quod in terra secunde donationis habebat, quippe, quia, antequam eam ducerem in uxorem, primam carrucatam eis contuleram, quitum clamavit, atque in manu Radulfi prioris Ursicampi reddidit, accepto prius ad concilium et laudationem amicorum suorum congruo, ac sibi bene placito decambio xx libris Laudunensis monete, in abbatia sancti Vincentii Laudunensis annuatim percipiendis, et x libris de nummis quos mihi debet comes Suessionensis. Hec omnia concesserunt Johannes, castellanus Noviomensis, Rainerus de Magniaco et Malduta uxor ipsius, et eorum liberi, Rainaldus, Arnulfus, Gobertus de Cherisi, Johannes de sancto Symone et Odo canonicus sancti Quintini, et Robertus Ronsoi, Johannes quoque de Tor, et Rainaldus de Cochiaco consanguinei mei. Ut ergo hec omnia sicut in presenti pagina distincta sunt, salva in posterum ecclesie Ursicampi permaneant et illesa, presentem cartam ego et Margareta, uxor mea, sigillorum patrocinio fecimus roborari, ut eidem ecclesie adversus omnes calumpnias esse debeat in munimen. Actum anno Verbi incarnati. M°. CC°. I°.

CLXXVIII.

ITEM DE EODEM. — CONCESSIO J, CASTELLANI NOVIOMENSIS, DE IPSA DONATIONE.

1201.

Ego Johannes, castellanus Noviomensis et Thorote, omnibus hec visuris in perpetuum notum volo fieri quod Guido, castellanus Cociaci, patruelis meus, in prima profectione sua Iherosolimitana..... (*ut suprà*.) Ego quoque, qui jure successionis in hiis donationibus aliquid poteram reclamare, tanti beneficii particeps esse desiderans, ad petitiorum dicti castellani, pro salute anime mee, ipsas donationes concessi, et ecclesie Ursicampi salvas in posterum volui permanere, inter quas specialiter nemus de Morlainval, quod sepedictus Guido dudum ecclesie dederat Ursicampi censui exprimendum. Hec omnia concesserunt Guido primogenitus meus et ceteri liberi mei. Ut ergo hec omnia, sicut distincta sunt, rata permaneant, presentem paginam inde conscriptam fratribus Ursicampi dedi, sigilli mei patrocinio roboratam. Actum est hoc anno Verbi incarnati. M°. CC°. I°.

CLXXIX.

CONCESSIONES GUIDONIS DE ELEMOSINA SUA.

Confirmation de la donation faite par Gui aux frères d'Ourscamp.

CLXXX.

LITTERE NIVELONIS, SUESSIONENSIS EPISCOPI, DE IPSA DONATIONE.

Confirmation de la donation précédente.

(Au petit cartulaire d'Ourscamp on trouve la confirmation par Eudes, doyen de l'église de Noyon, des deux donations faites à Ourscamp par Gui, chatelain de Couci.)

CLXXXI.

DE CAMPO RAINALDI DE NANCEL QUI DE WAROUT DICITUR.

Ego Matulda, castellana Cochiaci, notum facio omnibus hec visuris in perpetuum, quod Rainaldus de Nancel, homo meus, vendidit fratribus Ursicampi, lxvii libris Parisiensis monete, campum suum qui de Warut dicitur, in territorio de Nancel situm, et xxx aissinos sementis recipientem, quem dudum Laurencie conjugi sue in dotalicium contulerat, cum eam duceret in uxorem. Venditionem istam eadem Laurencia sponte et absque ulla coactione concessit, quippe cui maritus suus in hujus recompensatione agrum alium qui Campellus nominatur, titulo decambii assignavit, ad consilium et laudationem amicorum suorum. Porro Heluidis, mater, et Elizabeth, filia dicti Renaldi, hoc concesserunt. Fratres quoque ipsius Rainaldi, Guido et Gerardus, venditionem hanc concesserunt cum sororibus suis, Sabina, Maria, Petronilla, Gila, Agnete, et Richeldi. Ad hec sciendum quod sepe dictus Rainaldus fidei interpositione tenetur ecclesie Ursicampi agrum quem vendidit contra omnes qui ad justiciam et legem venire voluerint, warandire. Quia vero memoratus ager de Warut de feodo meo erat, et venditio inde facta sine assensu meo firma esse non poterat, ego Rainaldus, clericus, meus major natu filius, ad precem et petitionem prescripti Rainaldi, eandem venditionem concessimus, ea tamen conditione quod idem Renaldus terram aliam similis quantitatis in feodo meo mittere tenetur, cum a me vel herede meo fuerit requisitus. Ut igitur memorata venditio rata constet, inviolabilemque in posterum obtineat veritatem, presentem paginam inde conscriptam, sigillo meo communiri feci, quatinus presens quarta ecclesie Ursicampi adversus omnes calumpnias in posterum esse debeat in munimen. Actum anno Domini m°. cc°. iiij°.

1204.

CLXXXII.

DECAMBIUM PETRI, MAJORIS DE NANCEL.

Ego Maltuda, castellana Cochiaci, notum facio omnibus hec visuris in perpetuum, quod Petrus, major de Nancel, homo meus, lx aissinos terre arabilis possidebat secus haiam castellani et prope crucem Herouardi, ex hac terra idem Petrus quinque aissinos titulo elemosine dedit fratribus Ursicampi. Porro lv aissinos qui de memorata terra sibi supererant, dictus Petrus eisdem fratribus nomine decambii contulit et concessit, recepitque similem quantitatem terre ipsorum fratrum equa sibi dimensione consignatam, in terra quadam que fuit Rainaldi filii Ade, prepositi de Nancel, et in terra que fuit Guidonis, castellani, que ipsi Petro vicinior et commodior videbatur. Pro hiis autem ipse Petrus de beneficio Ursicampi ecclesie xv libras monete parisiensis accepit. Hujus terre tam donationem quam decambium Aalidis, uxor dicti Petri, que in ea jus dotalicii habebat, voluit et concessit, dato tamen ei prius a marito, ad consilium et laudationem amicorum suorum, congruo et sibi grato decambio, simili videlicet portione terre illius quam fratres Ursicampi ipsi Petro in decambium contulerunt. Werpivit autem dicta Aalidis primam donationem, resignavitque in manu Symonis presbiteri

1205.

sui sub fidei interpositione, promittens quod in ea nichil in posterum reclamaret. Hec eadem concesserunt Johannes et Guido, liberi dicti Petri. Gerardus quoque presbiter, et Johannes laicus memorati Petri fratres, hec eadem concesserunt, pleviveruntque, quod contra omnes qui ad justititiam et legem venire voluerint, super dicta terra fratribus Ursicampi warandisiam ferrent. Quia idem Petrus terram illam de me sub terragii conditione tenebat, rogavit me et petivit ut donationem et decambium inde factum concederem et ratum haberem, quod feci, salvo terragii mei redditu et nona garba, ita videlicet, quod sepedictus Petrus terram a fratribus sibi collatam deinceps de me sub terragii conditione tenebit, et terra quam fratribus contulit et decambivit erit a terragio libera et immunis. Ut ergo hec omnia ratam et inviolabilem obtineant firmitatem, presentem paginam inde conscriptam sigilli mei feci patrocinio roborari, ut ecclesie Ursicampi in posterum adversus omnes calumpnias carta hec sit in testimonium et munimen. Actum anno Domini millesimo ducentesimo quinto.

CLXXXIII.

CONCESSIO MALDUTE CASTELLANE DE DONATIONIBUS GUIDONIS CASTELLANI.

1204.

Ego Malduta, castellana Cochiaci, et domina de Magniaco, notum facio omnibus hec visuris in perpetuum, quod omnes donationes quas Guido, castellanus Cochiaci, nepos meus, fecerat ecclesie beate Marie Ursicampi, tam de terra arabili quam de nemore de Morlanval, et de aisantiis pascuarum in tota terra sua, ego, cum liberis meis, ratas habui et concessi. Concessiones etiam quas idem Guido dicte ecclesie fecit de universis ab ea in suo feodo acquisitis, sicut in scriptis inde factis continentur, voluimus, concessimus, et laudavimus, tam ego quam liberi mei, et plevivimus quod a nobis super omnibus predictis tam donationibus quam concessionibus adversus prefatam ecclesiam reclamatio per nos in posterum nulla fiet. Has Guidonis donationes pariter et concessiones tempore quo ab ipso Guidone facte sunt, ego et filii mei, Rainaldus et Arnulphus, concessimus, processu temporis, quod cum, post ejusdem Guidonis decessum, castellania Cochiaci in manum meam devenit, et sigillo proprio usa sum, hec eadem presenti scripto et sigilli mei patrocinio roborare curavi. Adhuc sciendum quod dominum Rainerum de Magniaco, maritum meum, cum de Iherosolimitana peregrinatione eum redire contigerit, sub fidei interpositione ad hoc inducere teneor, ut hec predicta concedat et juxta formam presentis scripti cartam quam fratres Ursicampi ei obtulerint, sigilli sui appensione confirmet. Actum anno Domini M°. CC°. iiij°.

CLXXXIV.

DE DECAMBIO JOHANNIS DE ATECHI ET PETRI, MAJORIS DE NANCEL.

1210.

Ego Rainaldus, castellanus Cochiaci, notum facio omnibus hec visuris, quod gratum habeo et concedo decambium quod fratres Ursicampi fecerunt de terris suis que site sunt in monte sancti Petri, cum Johanne de Atechi, tam de terris ipsius Johannis in territorio de Nancel, quam de terris Petri, majoris de Nancel, fratris sui, sitis in eodem territorio, sicut metarum positio determinat et discernit. Concedo etiam ut dicti fratres xxx aissinos terre quos Johannes habebat in memorato territorio, pace perpetua teneant, ita quod campipartum quod idem Johannes michi reddebat, ipsi fratres de cetero michi reddant. Hiis adiciendum quod dictus Johannes prescriptas terras de Petro fratre suo tenebat in feodum, et Petrus eas quas decambivit cum fratre suo Johanne, de me in feodum tenebat, propterea quod terram de monte sancti Petri que fuerat fratrum Ursicampi in feodum meum posuit idem Petrus. Sciendum quoque quod Petrus, major de Nancel, et Aalidis, uxor ejus, pleviverunt quod in decambio quod ipse fecit cum fratre suo Johanne, nichil in posterum reclamabunt, sed contra omnes qui ad justiciam et legem venire voluerint, warandisiam ferent. Similiter Johannes de Atechi et Sibilla, uxor ejus, dederunt fidem quod hoc decambium firmiter tenebunt, et warandisiam ferent contra omnes propter hoc ad legem et justiciam venientes. Quod si facere nequiverint fratres Ursicampi, terram suam quam Johanni in decambium contulerant, iterum possidebunt salvis expensis quas fecerunt in terris predictorum Petri et Johannis. Que ut rata permaneant, presentem paginam inde conscriptam sigilli mei appensione confirmo in testimonium et munimen. Actum anno Verbi incarnati M°. CC°. X°.

CLXXXV.

QUERELE RAINALDI CASTELLANI PRO ACQUISITIS IN FEODO SUO.

Ego Rainaldus, castellanus Cochiaci et dominus de Magniaco, notum facio omnibus hec visuris in perpetuum, quod adversus fratres Ursicampi diu querelas habueram super hiis que inferius nominantur, videlicet de caulis pecorum que sunt in terra que vocatur essartum presbiteri. Item de preteritis dampnis fimi caularum que sunt in Gonboudi loco, de quo videlicet fimo illa tantum modo dimidia modiata terre ad mensuram Suessionensem fimanda est, in qua managium continetur, de toto autem residuo fimo fiet de cetero sicut in autentico predecessoris mei Guidonis, castellani Cochiacensis, est expressum. Item, de elemosina fratris Fulberti de Vassen, tam in terra quam in alodio. Item, de terra illa quam habent nominati fratres ex dono jam dicti predecessoris mei Guidonis, castellani Cochiacensis. Postmodum vero ad consilium venerabilis domini Stephani, Noviomensis episcopi, domini Radulfi, castellani Nigelle, domini Alberti de Hangest, et aliorum quorumdam prudentium virorum, hiis omnibus querelis renuntiavi et concessi ut dicti fratres omnia hec in posterum quiete libereque possideant, neque de cetero a me vel ab heredibus meis alique inde calumpnie renoventur. Concessi nichilominus rata fore quecumque predecessores mei seu per elemosinam seu per venditionem memoratis fratribus contulerunt. Itaque ulli de heredibus meis in hiis omnibus que ecclesia Ursicampi, die quo hec scripta sunt, possidebat, sit fas in posterum aliquid reclamare. Que ut rata permaneant et immota, presenti pagine inde conscripte sigillum meum appendi feci in testimonium et munimen. Acta sunt hec anno ab incarnatione Domini M°. CC°. XI°, mense octobri.

Octob. 1211.

CLXXXVI.

ITEM DE EODEM. — LITTERE STEPHANI, EPISCOPI NOVIOMENSIS.

Octob. 1211.   Stephanus, Dei gratia Noviomensis episcopus, omnibus hec visuris in perpetuum. Notum fieri volumus quod Rainaldus, castellanus Cochiaci, adversus fratres Ursicampi diu querelas habuerat, prout in littera precedenti continetur. Que ut rata permaneant et immota, nos presenti pagine inde conscripte sigillum nostrum appendi fecimus in testimonium et munimen. Actum anno ab incarnatione Domini m°. cc°. xi°, mense octobri.

CLXXXVII.

DE DOMO ET NEMORE SUPER MONTEM DE NANCEL.

1211.   Ego Rainaldus, castellanus Cochiaci et dominus Magniaci, notum facio omnibus hec visuris in perpetuum quod contuli in elemosinam ecclesie beate Marie Ursicampi, per manum Johannis abbatis, totum managium meum super montem de Nancel situm, cum nemore adjacenti, sicut metarum positio hec eadem determinat et discernit. Verumtamen dictum nemus non essartabitur, ut venationi mee sit locus, nichil preter venationem ibidem retinui. Donationem istam concessit Aanor, uxor mea, cum liberis nostris Guidone et Renaldo. Ipsa etiam recognovit quod in predictis dotalicium non habebat, et si quid juris ibi habere videretur, totum contulit ecclesie Ursicampi, fidemque interposuit quod super hiis nichil in posterum reclamaret, sed potius calumpniantibus pro posse resisteret. Hec eadem Arnulphus de Maniaco, frater meus, voluit et concessit. Sorores et mee, cum maritis suis, videlicet Auda cum Johanne de Gondran et Eustachia, cum Gaufrido de Ham, donationem hanc concesserunt. Ego autem eandem donationem contra omnes qui ad justitiam et legem venire voluerint, sub interpositione fidei teneor warandire. Ut ergo hec donatio mea in posterum salva ecclesie Ursicampi permaneat et illesa, hanc paginam inde conscriptam sigillo meo roborari feci in testimonium et munimen. Actum anno ab incarnatione Domini m°. cc°. xj°.

CLXXXVIII.

DE QUODAM TERRAGIO DOMINI REGINALDI, CASTELLANI COUCHIACI.

Junio 1240.   Ego Reginaldus, miles, castellanus Cochiaci, omnibus presentes litteras inspecturis, notum facio quod ego vendidi bene et legitime in perpetuum abbati et conventui ecclesie beate Marie Ursicampi totum terragium quod habebam in terris ejusdem ecclesie in territorio de Nancel, que site sunt in hiis locis: apud Hasel xxv essinos, desuper Wru, ij essinos, ad couturam castellani xxii essinos, ad vallem Richeri, ii essinos, ad couturam les Vermaus, ij essinos et unum quarterum, apud Morlainval, iiij essinos et dimidium, et ad salicem, duos essinos. Sciendum autem quod ego recepi a fratribus dicte ecclesie pro singulis essinis dictarum terrarum quindecim solidos parisienses de quibus satisfactum michi in pecunia numerata, et ego quitavi in perpetuum quicquid habebam vel habere poteram in terris supradictis, exceptis tribus denariis censualibus, videlicet noires, qui michi et heredibus meis in perpetuum reddentur singulis annis, in festo beati Remigii, pro terragio supradicto. Ita tamen quod si dicti tres denarii, statuto termino, a fratribus dicte ecclesie non fuerint persoluti, ad submonitionem meam reddere tenebuntur absque emenda. Et ego dictam venditionem in perpetuum teneor garandire contra omnes qui ad legem et jus venire voluerint, ad ipsum faciendum heredes meos in perpetuum obligando. Concessi etiam eisdem fratribus ut in malleriis communibus territorii de Nancel accipiant mallam quam voluerint ad ducendum in terras supradictas. Hanc autem venditionem voluit et concessit Mabilia, uxor mea, renuncians omni juri, si quod habebat vel habere poterat aliquo modo in terris supradictis. In cujus rei testimonium et robur presentes litteras sepe dictis fratribus tradidi sigilli mei munimine roboratas. Actum anno Domini M°. CC°. XL°, mense junio.

CLXXXIX.

DOMINUS REGINALDUS CONCEDIT ACQUISITA IN FEODO SUO.

Ego Reginaldus, castellanus de Cochi et dominus de Magni, notum facio omnibus presentes litteras inspecturis, quod ego, remedio anime mee et antecessorum meorum, volui et irrevocabiliter concessi ecclesie Ursicampi quod ipsa in perpetuum pacifice et quiete possideat quicquid eadem hactenus acquisivit, nomine elemosine vel alio quocumque modo, sive in dominio nostro, sive in feodo nostro. In cujus rei testimonium presentes litteras dicte ecclesie sigillo meo tradidi sigillatas. Datum anno Domini M°. CC°. XL°. IX°.

1249.

CXC.

DE DONIS GUIDONIS, CASTELLANI DE COUCHIACO, CARTA DOMINI PHILIPPI. REGIS FRANCORUM.

Philippus, Dei gratia rex Francorum. Noverint universi ad quos littere presentes pervenerint, quod nos dono illi de terra arabili et de nemore quod Morlainval dicitur, sicut Guido, castellanus Cochiaci, fratribus Ursicampi in elemosinam pro salute anime sue et antecessorum suorum contulit, et sicut Ingerrannus, dominus Cochiaci, sigillo confirmavit, per presentes litteras et sigilli nostri appensione testimonium perhibemus. Actum Parisius, anno Domini M°. CC°. secundo, mense aprili.

April. 1202.

CXCI.

DE PEDAGIIS IN TERRA CASTELLANI DE COUCHI, ET CONCESSIO EJUSDEM DE HIIS QUE HABEMUS IN DOMINIO EJUS ET DE PASCUIS.

Febr. 1255.   Ego Renaldus, miles, castellanus Couchiaci et dominus de Magni, et Mabilia, uxor mea, nniversis presentes litteras inspecturis, notum facimus quod nos, pro remedio animarum nostrarum et omnium antecessorum nostrorum, damus et concedimus in puram et perpetuam elemosinam ecclesie beate Marie Ursicampi liberum transitum per totam terram nostram ad bona sua ita quod pedagium, theloneum, et aliam consuetudinem non persolvat, et omnia que dicta ecclesia ab antecessoribus nostris tenet, sive per elemosinam, sive per acquestum, vel alio modo, predicte ecclesie in perpetuum confirmamus. Damus etiam sepe dicte ecclesie pascua in tota terra nostra ad ejusdem ecclesie animalia nutrienda. In cujus rei testimonium, et firmitatem perpetuam, ego Reginaldus, de voluntate et assensu Mabilie, uxoris mee, presentes litteras dicte ecclesie sigillo meo tradidi sigillatas. Actum anno Domini m°. cc°. lv°, mense februario.

CXCII.

CONFIRMATIO DOMINI SYMONIS, FRATRIS DICTI RENALDI, DE HAIA JUXTA NANCEL QUAM VENDIDIT FRATER SUUS.

Octob. 1268.   Je Symons, escuiers, chastelains de Couchi, fas savoir a tous chiaus qui ces lettres verront et orront, que Renaus mes freres, escuiers, sires de Nancel, a vendu bien et loiaument....... Et je Symons, chastelains devant dis de qui li dis Renaus tenoit le dite haie, et otroi gre et conferme a le dite eglise le marchie et les convenances deseur nommees, et que ele ait la dite haie quitement et en pais a tous jours, laquele haie je leur promet a warantir encontre tous chiaus qui a droit et a loi en vodroient venir as us et as coustumes dou pais. Et pour que ce soit ferme et estable a tous jours, je ai ces presentes lettres seelees et confermees de mon seel. Che fu fait en l'an de l'incarnation nostre Seigneur m. cc. lxviii, au mois de octembre.

CXCIII.

DE HAIA QUAM EMIMUS A REGINALDO, DOMINO DE NANCEL.

Décemb. 1268.   Je Renaus, escuiers, sires de Nancel, freres a Symon, chastelain de Coucy, fas savoir a tous ciaus qui ces lettres verront, que je ai vendu bien et loiaument pour men pourfit, a leglise Notre Dame d'Oscans, me haie delez Nancel que on dit le Haie le Chastelain, si come ele se comporte et de lonc et de le, des la croix Herouart dusques au bos monseigneur Jehan

TITULUS CASTELLANORUM.   123

Bochere pour deus cens livres de tours que je ai recheus plenierement de le dite eglise en deniers contez, nient retenans a moi ne a mes hoirs a tous jours en la dite haie en forfait, en fons, ne en autre maniere, sauf le haute justice que je retieng pour moi et pour mes hoirs, saus les biens et les persones de le devant dite eglise, c'est asavoir en moines convers et familiers rendus, laquel haie je ai promis a esbonner a le dite eglise loiaument et deseurer des autres terres dedens les vint jours que je en aurai de par l'eglize este requis. Et se il avenoit que mi homme de Nancel, ou dautre lieu que mi homme fussent, en grevassent ou cnivriassent de la dite haie pour pasturage ou autre choze sans raison la dite eglise, je suis tenus et mi hoir a tous jours a warantir en pais et tenir la dite haie a la dite eglize selonc ce que mi ancisseur mesire Renaus et autre lont tenue devant moi. Et se l'eglise deseur dite encouroit cous ou damages ou gries, par ma defaute, je serois tenus a rendre tous cous et tous damages, et a mettre en pais le nommee eglize as us et as coustumes dou pais, en toutes ces chozes, et en chascune a par li promet jou, par ma foi plevie, et par abandon de tous mes biens a tenir et warantir loiaument a tous jours envers tous chiaus qui a droit et a loi en vorroient venir, as us et as coustumes dou pais. Et a toutes ces chozes desseur dites oblige je moi et mes hoirs et mes biens, et ai prie Symon men frere comme a seigneur, que il conferme toutes ces chozes. En tesmoignage de la quel choze je ai ces presentes lettres seelees de mon seel. Che fu fait en l'an del incarnacion nostre Seigneur mil deus cens et soissante wit, ou mois de decembre.

CXCIV.

DE QUATUOR LIBRIS QUAS NOBIS ANNUATIM DEBET SYMON, CASTELLANUS DE COUCI, PRO HAIA DOMINI R........ CASTELLANI DE COUCI.

Je Symons, chastelains de Couci et sires de Nancel, escuiers, fas assavoir a tous chiaus qui ces lettres verront, que comme me sires Renaus mes oncles, chastelains de Couchi, chevaliers jadis, qui hiretage je tieng, eut laissie en aumone a l'eglize d'Oscans un bos que il avoit a le crois Herouart, que on apele le Haie chastelain, et Enguerans de Couci, de cui fief se mouvoit, ne vousist mie souffrir que le devant dite eglize le tenist, je, qui ne voloie mie souffrir que l'aumosne peresist, en ai fait a l'eglize escange et restor a quatre livres de rente a Paris, que je li ai assenez a prendre chascun an, a le S. Remi, seur toute ma taille de Nancel, en tele maniere que se la taille faloit ou amenusoit ou detrioit en aucune maniere, je et tout mi oir, seur toute ma terre de Nancel, sommes tenu toutes les fois que che avenroit, a rendre a le devant dite eglize iiii livres de Paris, dedens la quinsaine apres la saint Remi, et tous les cous et les damages que cele eglize auroit par le defaute du devant paiement. Et toutes ches chozes li ai je en convent a tenir et a acomplir a tous jours sans empeechement, et ai requis par ces presentes lettres et pourcache a Engerran de Couchi, men seigneur, que il cest escange conferme et leur laist tenir en pais. Et en tesmoignage de ces chozes, je ai ces presentes lettres scelees de men scel et baillies a leglize devant dite, en lan del incarnacion nostre Seigneur M. CC. et lx el mois de march.

Mars 1260.

CXCV.

CONCESSIO INGERRANNI DE COUCHI DE TERRAGIO LX AISSINORUM TERRE DOMINI RAU- DULFI, CASTELLANI DE COUCHI, ET DE IIII LIBRIS QUAS NOBIS ANNUATIM DEBET SYMON, CASTELLANUS DE COUCI, SUPRA CENSU DE NANCEL, ET DE ACQUISITIS IN TERRI- TORIO DE BAIRI, ET DE QUITATIONE JURIS IN QUIBUSDAM NEMORIBUS NOSTRIS.

Juin 1261.

Je Engerrans, sires de Couchi, fas savoir a tous ciaus qui ces lettres verront, que comme Renaus, jadis chastelains de Couci, mes homes, eust en son tamps vendu et quite a toujours a l'eglize Nostre Dame d'Oscans, pour une somme de deniers qu'il eut de l'eglize devant dite, le terrage qu'il avoit en lx essins de terre, peu plus ou peu mains qui sont es coustures de la maison de Puisius ou terroir de Nancel, lesquels lx essins de terre, peu plus ou peu mains, cele eglize tenra a tous jours de moi et de mes hoirs par III deniers noires de cens, a payer chascun an, le jour de la Saint Remi, a men maieur de Audignicourt, sauf a le dite eglize que si elle ne paioit a jour le cens devant dit, elle nen cherroit en nule amende, et sauf a moi et a mes oirs toute autre justice et toute autre seigneurie en la dite terre. Et de rechief, comme Symons, chastelains de Couchi et sires de Nancel, mes homs, eust assene a l'eglise de- vant dite IIII livres de rente a Paris, a prendre chascun an seur sa taille de Nancel en restor et en escange de la haie de la crois Herouart, que li devant dis Renaus cui heritage cil Symons ses nies tient comme hoirs en la chastelerie de Couchi, et meismes en la ville et ou terroir de Nancel, avoit laissie a le dite eglize, et eust cil Symons obligie lui et ses hoirs à tous jours a rendre a cele eglize les IIII livres devant dites, par abandon de touz ses biens a saisir et a dete- nir par le seigneur de Couchi, ensi comme il est contenu es lettres celui Symon que j'ai veues. Je, a la requeste celui Symon, et pour ce que soie personniers des bienfais del eglize devant dites, et pour le salu des ames a mes ancessours, otroi et conferme comme sires toutes les chozes devant dites qui muevent de mon fies otroies des devant dis Renaut et Simon a la dite eglize, si comme il est dessus dit, a tenir de par l'eglize devant dite a tous jours, sauve audit chastelain la haie devant dite, et weil et otroi que cele eglize des ore en avant tiegne en pais et a tous jours toutes les choses quele tient et a tenu jusques aujour de hui ou terroir de Bairi, et es apartenances de cel lieu et quit et ai quite en non d'ausmone a la dite eglize et a touz jours la gruerie que je avoie en ces bois appendans, et a sa maison de Puisius, c'est a savoir ou bois dou Bouillon, ou bois de Val de la Haisie, ou bois de Morlainval, et ou bois dou Fai desseur Nancel, en tele meniere que cele eglize puist faire son porfit et sa volente de touz ces bois, en toutes les manieres quele vorra pour user, pour vendre et pour donner, sans ce que je, ne mi oir, ni a riens ni penriens riens, sauf ce que je i retieng la waresne et la hoe, en tele maniere que la dite eglize ne aucuns autres ni puist sarter, et toute la justice haute et basse et de fourfait de bois et toute autre. Et si porra des ore en avant la dite eglize metre et avoir ses sergens es bois devant dis, pour warder et pour penre pour moi pour amer, et pour l'eglize ravoir son damage, ciaus quil trouveront a damage, et seront li devant dit sergent tenu amer et livrer leur prise selonc leur loyal pooir en la maison men maieur de Audegnicourt, et livrer audit maieur ou a sa maisnie, se li dis maire n'est presens, et s'il ne li pucent mener, il sont tenu a denoncier celui qui le fourfait aroit fait au prevost de Couci, et sont tenus a faire faute a moi ou men comandement de warder men droit es bois devant dis feront autel faute a leglise devant dite ou a son comandement de son damage warder. Et a toutes ces choses dessus escriptes tenir fermement et warantir a tous jours a leglise devant dite je oblege moi et mes oirs. Et pour ce que ce soit ferme et estable a tous jours, je ai baillies ces presentes lettres a la dite eglize seelees de mon seel. Che fu fait en l'an de l'incarnacion nostre Seigneur Jeshu-Crist M. CC. lxi, ou mois de juing.

CXCVI.

DONATIO GUIDONIS CASTELLANI DE NEMORE DE MORLAINVAL.

Ego Guido, castellanus Cochiaci, universis fidelibus in perpetuum. Sciant omnes quod dedi fratribus Ursicampi ad luminaria ecclesie perpetuo facienda totum nemus de Morlainval, excepto fructecto quod est ultra viam versus Bellum fontem. De hac elemosina feci ego oblationem in eadem Ursicampi ecclesia super quodam altare, presentibus Hugone abbate, Balduino priore, Gisleberto, Radulfo, Hescelino, manachis, Galtero mercatore, Wassone conversis ejusdem loci, cum aliis. Postmodum quoque hanc elemosinam in capitulo ejusdem ecclesie recognovi in presentia Hugonis abbatis, totius que conventus, presentibus etiam predicto Johanne, Petro de Caumenchon, Petro majore de Nancel, et Johanne fratre ejus, Gerardo de Atechi, cui cognomen est Castellanus. Sciendum autem quod hanc elemosinam tam libere et absolute obtuli, quod nil omnino michi aut successoribus meis in ea retinui, quod etiam Margareta, uxor mea, sponte propria et absque ulla coactione concessit. Ut ergo nostre largitionis elemosina perpetuam obtineat firmitatatem, presens pagina inde conscripta, tam sigilli mei impressione quam sigilli uxoris mee testimonio est communita. Actum anno Verbi incarnati M° centesimo XC° VII°.

1197.

CXCVII.

CONCESSIO DOMINE COCHIACENSIS DE NEMORE DE MORLAINVAL.

Ego Aalidis, domina Cochiaci. Notum volo fieri tam posteris quam modernis quod Guido, Couciacensis castellanus, recognovit in presentia mea ut supra dictum est. Actum anno Verbi incarnati M°. C°. XC°. VII°.

1197.

CXCVIII.

CARTA SUESSIONENSIS EPISCOPI DE NEMORE DE MORLAINVAL.

Ego Nivelo, Dei gratia Suessionensis episcopus, universis fidelibus in perpetuum. Notum fieri volumus quod Guido, castellanus Cochiaci, in nostra presentia recognovit ut supra. Actum anno Verbi incarnati M°. C°. XC°. VII°.

1197.

CXCIX.

CONCESSIO GUIDONIS CASTELLANI DE MODIO FRUMENTI, ET DE DOMO DE GOMBOLTIU.

1197.

Ego Guido, castellanus Couchiaci, universis fidelibus hec visuris in perpetuum, notum volo fieri quod, pro salute anime mee et antecessorum meorum, dedi in elemosinam ecclesie beate Marie Ursicampi unum modium frumenti ad mensuram Noviomi, ad hostias ipsius ecclesie faciendas, annis singulis recipiendum de meliori frumento quod essartum de Gomboltliu attulerit, quocumque in loco, sive apud Nancel, sive alias, ipsum frumentum fuerit deportatum. Dedi etiam predicte ecclesie dimidiam modiatam terre ad mensuram fori Suessionensis, in eodem essarto, apud Petram fritam, ad faciendum tecta in usus animalium, sub annuo censu XII denariorum Suessionensis monete, in festo sancti Remigii solvendorum, et stipulam in omnibus ejusdem essarti et in aliis terris meis ad facienda lectisternia ipsorum animalium, ea conditione quod fumum eorumdem gregium in usus meos de curte fratrum faciam adportari, excepto illo quod fratres ad fimanda curtillia sua retinebunt. Quando vero parcum oportunum tempore figi potuerit sine pecorum detrimento, in terris dicti essarti de Gombotliu tantum modo defigetur. Adjeci insuper liberos egressus et ingressus eorumdem animalium per terras meas usque ad publicam viam. Has omnes donationes recognovi in capitulo Ursicampi et resignavi in manu domini Gisleberti prioris coram universo conventu, et postmodum super principale altare solenniter obtuli, presentibus Radulpho, etc. Hec omnia Margareta, uxor mea, benigne et absque ulla coactione concessit, et sigilli sui fecit munimine roborari. Ut ergo memorata ecclesia Ursicampi donationes istas pie et rationabiliter sibi collatas quiete et intemerate perpetuo jure possideat, presentem paginam inde conscriptam ejusdem ecclesie fratribus tradidi sigilli mei patrocinio communitam. Actum anno Verbi incarnati M°. C°. XC° septimo.

CC.

CONCESSIO INGERRANI, DOMINI DE COUCHIACO, DE DONATIONIBUS GUIDONIS, CASTELLANI COUCHIACENSIS.

1197.

Ego Ingerannus, dominus Couchiaci, notum volo fieri tam posteris quam modernis quod Guido, Cochiacensis castellanus, recognovit in presentia mea se dedisse in elemosinam fratribus Ursicampi ad luminaria ecclesie facienda totum nemus suum de Morlainval, excepto fructecto quod est ultra viam versus Bellum fontem et unum modium frumenti ad mensuram Noviomi, ad hostias ejusdem ecclesie faciendas, recipiendum annuatim de meliori frumento quod essartum de Gomboutliu attulerit quocumque in loco, sive apud Nancel, sive alias, ipsum frumentum fuerit deportatum. Asseruit etiam se memorate ecclesie contulisse dimidiam modiatam terre ad facienda tecta in usus animalium sitam in eodem essarto apud Petram fritam, ad mensuram fori Suessionensis, sub annuo censu XII denariorum Suessionensis monete in festivitate sancti Remigii solvendorum. Quod tamen si eodem die redditi non fuerint, postea quum fratres voluerint, sine lege solventur. Item recognovit dictus Guido memoratis fratribus se dedisse stipulam in omnibus ejusdem essarti et in aliis terris suis ad facienda lectisternia predictorum animalium, liberosque egressus et ingressus dictorum gregium per terras suas, usque ad publicam viam, sicut in autentico eorumdem fratrum plenarie continetur, dicti Guidonis sigilli impressione munito. Quia vero omnia hec de me tenebat sepefatus Guido, super hec me censivit requirendum ut de consensu ac de voluntate mea donationes quas ipse fecerat firmiores in posterum permanerent. Ego itaque eorumdem beneficiorum particeps fieri capiens, pro salute anime mee omniumque antecessorum meorum, ad petitionem ipsius Guidonis prefatas donationes ratas fore ac stabiles benigne concessi atque ut inviolabilem firmitatem obtineant, presens scriptum inde fieri sigillique mei patrocinio volui communiri. Acte sunt hec anno Verbi incarnati m°. c°. xc°. vii°.

CCI.

CONCESSIO DOMINI REGINALDI DE COUCHI DE UNO MODIO FRUMENTI APUD ROY. [1]

Ego Reginaldus, castellanus Couchiaci, et dominus de Magni, notum facio omnibus hec visuris in perpetuum quod elemosinam illam quam comitissa illa, uxor Gaufridi de Cella, soror mea, in extremis agens fecit porte Ursicampi de uno modio frumenti apud Roi, in festo sancti Remigii annis singulis percipiendo, ego ratam habui et approbavi, et sicut dominus confirmavi per presentes litteras sigillo meo raboratas in testimonium et munimen. Actum anno Domini m°. cc°. xviii°.

1218.

CCII.

DE DUOBUS MODIIS BLADI APUD FAI DOMINE AELIDIS DE MAGNI ET DOMINI PETRI FILII SUI.

Ego Renaldus de Magni, castellanus Cochiaci, omnibus presentes litteras inspecturis, notum facio quod domina Aelidis de Magni et dominus Petrus de Markateglise, miles, filius ejus, dederunt in perpetuam elemosinam ecclesie beate Marie Ursicampi duos modios frumenti ad mensuram Noviomi, singulis annis capiendos apud Fai et Catheni super terram suam quam de me tenebant in feodo. Ego approbavi volui et concessi ut dicta ecclesia duos modios frumenti libere et pacifice in perpetuum possideat et habeat. In cujus rei testimonium, presentes litteras sigilli mei feci munimine roborari. Actum anno gratie millesimo cc°. xliii°, mense septembri.

Sept. 1243.

CCIII.

CASTELLANI DE FERA. — CARTA BALDUINI, NOVIOMENSIS EPISCOPI; DE ADVOCARIA ET MASIS MANESIARUM ET VADULORUM SARRACENI, CASTELLANI DE FERA.

Ego Balduinus, Dei gratia Noviomensis episcopus, notum volo fieri futuris ut presentibus,

Circa 1162.

(1) Le Petit-Rouy, canton de Nesle (Somme.)

quod Sarracenus, castellenus de Fera, consilio fratrum suorum, Gaufridi scilicet et Odonis, Hugonis et Radulfi, concessit in perpetuum ecclesie sancte Marie de Ursicampo justitiam et advocariam et omnia que clamabat contra fratres de Ursicampo in terris Manessiarum et Vadulorum. Concessit nichilominus ut si quando possint ipsi fratres quolibet modo acquirere quod necdum acquisierant de masis Manessiarum, libere et absque ulla contradictione acquirant et possideant. Hoc excepto quod si capiet ibi latronem aliquod ei dampnum inferentem, et alium quemlibet humanum sanguinem effundentem vel belli gerentem, operarios tamen aut famulos fratrum de Ursicampo pro quolibet commisso nullatenus sumet neque percutiet, nec de omnibus ad eos pertinentibus quamlibet ob causam se intromittet. Divisionemque terrarum illarum que fuerant sancte Marie Humolariarum et sancti Amandi, sed nuper in jus et ditionem redacte erant ecclesie Ursicampi, ut illarum terrarum que tunc erant Letoldi de Vendolio, et Hugonis filii Guiardi, ipsiusque castellani Sarraceni, concessit ipse in proprium conservandam, sicut Hugo li Besluns, et Alelmus de Baresi, et Robertus de Lier, et Ebrardus Carpentarius, et Johannes Judas, et Arnulfus major Manessiarum, terras illas a terris diviserant, et qui quas possidere deberent, dato prius fidei sue sacramento, ad certiorem veritatis assertionem designaverunt. Ante quippe erant permixte et a predictis ecclesiis militibus que memoratis diu communiter et indiscrete possesse. Hujus concordie testes sunt isti: Vido de Vendolio, etc. Ne ergo quelibet harum concessionum irrita fiat in perpetuum, presentem paginam volui confirmari, tam sigilli mei auctoritate quam testium conscriptorum astipulatione.

CCIV.

CARTA RAINOLDI, NOVIOMENSIS EPISCOPI, DE CALUMPNIA RADULFI DE SARTO, PRO VIA QUAM SARRACENUS PATER EJUS CONCESSERAT FRATRIBUS URSICAMPI

1177.

Ego Rainoldus, divina miseratione Noviomensis episcopus, notum volo fieri futuris ut presentibus quod Sarracenus, castellanus de Fera, concessit in elemosinam fratribus Ursicampi ut viam publicam que per terras eorum in territorio Vadulorum tendebatur et ipsis dampnosa erat, per terram ejus diverti facerent. Pro qua fratres hominibus de Manessiis per terras suas aliam viam a predicta villa usque ad mariscum restituerunt. Sarraceno vero humanis rebus exempto, post aliquanti temporis intervallum, Radulfus de Sarto, filius ejus, pro via quam pater suus fratribus Ursicampi concesserat, adversus eos calumpniam movit. Fossatum quo terre eorum claudebantur impleri fecit, et per easdem terras veterem viam reparare contendit. Quamvis etiam pascua de Manessiis et de Lier communia essent, ne fratres per territorium de Manessiis pecora sua ad pastum educerent vel ejusdem territorii haberent aisantias, interdixit. Demum saniori usus consilio, ab injustitia sua resipiscens, quod injuste fratres vexasset, in domo eorum de Vadulis recognovit. Sed et si quid juris habuerat in hiis que adversus fuerat calumpniatus, coram subscriptis testibus eis in elemosinam concessit, duobus fratribus ejus Nicholao et Petro id ipsum concedentibus. Huic autem tam Radulphi quam fratrum ejus concessioni interfuerunt isti: Ebrardus, Gilebertus, monachi Ursicampi, et omnes alii qui in littera continentur. Ut ergo super hoc omnis calumpnie occasio deinceps amputetur, presentem paginam volui tam sigilli mei impressione quam prescriptorum testium fideli assertione roborari. Actum anno ab incarnatione Domini millesimo centesimo septuagesimo septimo.

CCV.

[RADULFI, CASTELLANI NIGELLE, CONCESSIONES FRATRIBUS URSICAMPI.]

Ego Raudulfus, Nigelle castellanus, notum fieri volo omnibus presentis pagine inspectoribus, quod ego, assensu et voluntate Ade uxoris mee, legavi ecclesie Ursicampi pro anima mea et patris mei et matris mee et uxoris mee et antecessorum meorum, de propria hereditate mea et patris mei, octo boveria terre que est sita apud Beaufort, ubicunque fratres Ursicampi eam sibi eligere voluerint, in uno loco vel in duobus, tali conditione quod si aliquis post decessum meum juste reclamaverit quod per me vel per patrem meum in aliquod dampnum delapsus fuerit, et hoc sufficienter probare potuerit, predicti fratres, de proventibus ex eadem terra venientibus, eidem satisfacere tenebuntur, et postea eadem terra jam dictis fratribus remanebit pacifice et quiete in perpetuum possidenda. Item dedi sepedictis fratribus x boveria terre accipienda in terra mea que est sita versus Waiescort, ex quibus tria boveria cedent in usus infirmarie fratrum, et si hoc quod ad luminare legavi, non sufficit, de septem residuis perficietur. Item legavi eisdem fratribus vi boveria nemoris mei apud Cempiegn, accipienda in quacumque parte nemoris magis fratribus placuerit, etc. Hec omnia facta sunt salva vita Ade, uxoris mee, et salvo ejus dotalicio. Omnia legata ista ita facio, sive sint nummorum sive terrarum sive nemorum, quod quandiu vixero ad voluntatem meam ea michi liceat commutare. Quod ut ratum permaneat in posterum et inconcussum, ego et uxor mea Ada presentem paginam sigillorum nostrorum munimine fecimus roborari. Actum anno Domini M°. CC°. XXII°, mense maio.

Maio 1222.

CCVI.

VENDITIO DOMINI JOHANNIS DE KIKERI DE SEX BOVARIIS TERRE APUD WAILLI.

Ego Johannes de Kikeri, miles, notum facio omnibus hanc paginam inspecturis, quod fratribus Ursicampi, concedente Odone filio meo, vendidi sex bovaria terre arabilis certis metis distincta, sita apud Walli, que acquisieram, et ab eisdem fratribus nonaginta libras parisiensis monete recepi, quam terram quandiu vixero contra omnes qui ad legem et justitiam venire voluerint, teneor garandire. Hanc venditionem concessit et laudavit Holdiardis, uxor mea, et fide interposita quitavit quicquid juris in eadem terra quocumque modo habebat. Ut ergo hec rata et inconcussa permaneant, presentem paginam sigilli mei appensione munivi. Actum anno gratie M°. CC°. tertio decimo, mense maio.

Maio 1213.

CCVII.

[ITEM DE EODEM. — CONCESSIO RADULFI, CASTELLANI NIGELLE.]

Maio 1213.   Ego Radulfus, Nigellensis castellanus, notum facio omnibus hanc paginam inspecturis quod Johannes de Kikeri, miles, vendidit sex bovaria terre arabilis....... *(ut suprà)*.

CCVIII.

ELEMOSINA DOMINI GAUCHERI DE THOROTA DE OCTO LIBRIS IN PONTE EPISCOPI ET DE TERRAGIIS.

Avril. 1255.   Je Gauchiers de Thorote, chevaliers, fas savoir à tous chiaus qui ces lettres verront ou orront, que je, pour le salu de mame, et de mes femmes, et de tous mes ancisseurs, ai donne a labeic de Nostre Dame d'Oscans VIII livres de Paris de rente, a penre chascun an permanablement ou travers dou Pont le vesque, que je tenoie du chastelain de Noyon, a deux termes, cest a savoir iiij livres a le chandelier et iiij livres a le Saint Jehan. Apres jai donne a le dite abeie tout le terrage de trois muies de terre qui tenoient de moi a terrage es terres d'Oscans qui sient vers Oresmiex; d'autre part jai donne a la dite abie d'Oscans j bonnier et LX verges de terre, petit plus petit mains, laquelle terre et bonnier siet de lez le bos quon apele les Alues, ou terroir de Denicort. Et toutes ces chozes, la dite abie d'Oscans tenra franchement et permanablement a touz jours. Et ceste aumosne je lai faite par le gre et par le volente de ma femme, et ces presentes lettres seelees de mon seel jai donnees a la dite abeie d'Oscans en perdurable tesmoing et garnissement. Et ce fu fait en lan del incarnation nostre Seigneur M°. CC. et LV, ou mois d'avril.

CCIX.

CONCESSIO JOHANNIS, CASTELLANI NOVIOMENSIS, DE EODEM.

Août 1255.   Je Jehans, chastelain de Noyon et de Thorote, fas savoir a tous qui ces presentes lettres verront ou orront, que je, pour le salut de mame, et de mes ancisseurs, ai otroie et gree l'aumosne que Gauchiers de Thorote, mes freres, a fait a touz jours a l'abie d'Oscans de VIII livres de Paris a penre chascun an perdurablement a mon travers du Pont de le vesque. C'est a savoir iiij livres a la Chandelier et iiij livres a le Saint Jehan, et des terrages qu'il avoit en iij muis de terre que cil d'Oscans tenoient a terrage de lui qui sient en Oresmiex, et des terrages de VI sestiers de terre dont il partist a ceus de Dive, il leur en donne sa moitie, et en I buvier et LX verges de terre, petit plus petit mains, qui sient de lez le bos con apele les Alues, ou terroir de Denicourt. Et s'il avenoit chose que li vesques de Noion alast encontre ces chozes, je i puis rassener comme sires. Et pour ce que ceste aumosne soit ferme et estale, a la requeste ledict Gauchier qui de moi tenoit toutes ces chozes, j'ai seelees ces presentes lettres de mon propre seel, en tele maniere que toutes ces chozes devant dites seront touz jors en ma garde et en le garde de mes oirs. Ce fu fait en l'an del incarnation nostre Seigneur M. CC. et LV, ou mois de aoust.

CCX.

CONCESSIO EJUSDEM JOHANNIS DE X LIBRIS PRO CONVENTU, CAPIENDIS IN MINUTA CASTELLANIA NOVIOMENSI.

Ego Johannes, castellanus Noviomensis et Thorote, universis presentes litteras inspecturis notum facio quod bone memorie pater meus Johannes, quondam castellanus Noviomensis et Thorote, legavit ecclesie beate Marie Ursicampi x libras annui redditus pro facienda pitantia in die anniversarii sui, capiendas ad minutam castellaniam Noviomensem, si tum valuerit: et si non valuerit, ad molendinum de Courcellis capiantur. Ego vero hujus elemosine volens fieri particeps, eandem elemosinam volui, et approbavi, et concessi quod dicta elemosina juxta ordinationem dicti Johannis, patris mei, annis singulis in perpetuum in minuta castellania, vel in dicto molendino, sicut superius dictum est, capiantur. Et ut hec mea concessio perpetuam firmitatem obtineat, presentes litteras dicte ecclesie sigillo meo tradidi roboratas. Datum anno Domini M°. CC°. quinquagesimo, mense februario,

Febr. 1250.

CCXI.

CARTA CASTELLANI NOVIOMI DE DECEM LIBRIS.

Universis ad quos presens pagina pervenerit, ego J., castellanus Noviomi et Thorote, notum facio quod ego, ob remedium anime mee, nec non et pro animabus parentum meorum, in perpetuam elemosinam dedi ecclesie Ursicampi x libras parisienses, annis singulis, in festo omnium sanctorum percipiendis in transverso de Thorota. Ita sane quod Willelmus, filius meus, et ejus heredes illas persolvere tenebuntur in perpetuum de sua portione transversi. Ad majorem etiam firmitatem, procuravi quod dictus Willelmus, filius meus, istam elemosinam sigillo suo et litteris patentibus confirmavit, et ad persolvendam eam, se ipsum et heredes suos in perpetuum obligavit. Ut igitur hec elemosina perpetue firmitatis robur obtineat, et quia volo quod ex dictis x libris pro anima mea vestimenta pauperibus erogentur, presentem sigilli mei appositione paginam firmavi in testimonium et munimen. Actum anno dominice incarnationis M°. CC°. XXIII°.

1224.

CCXII.

ITEM. — DOMINI WILLELMI, FILII EJUS, DE EODEM.

Ego Willelmus de Thorota, miles, notum facio omnibus hec visuris quod tam ego quam heredes mei reddere tenemur, annis singulis, in perpetuum, de elemosina patris mei J., cas-

Decemb. 1224.

tellani Noviomi et Thorote, porte Ursicampi x libras parisienses in festo omnium sanctorum persolvendas. Ad hoc autem teneor sub fidei mee sacramento, rogans baillivos domini mei regis quod si ego vel heredes mei in predicta solutione deficeremur, ipsi nos absque forisfacto compellerent ad dictarum decem librarum solutionem faciendam. Quod ut ratum permaneat, presentes litteras sigilli mei munimine roboravi. Actum anno Domini м°. cc°. xx°. quarto, mense decembri.

CCXIII.

ELEMOSINA GAUCHERI, CASTELLANI NOVIOMI, DE DECEM LIBRIS ANNUI REDDITUS CAPIENDIS SUPER TRANSVERSUM THOROTE.

Octob. 1272.

Je Gauchiers, chastelains de Noyon et de Thorote, chevaliers, fas savoir a tous chiaus qui ces lettres verront, que pour la grant devocion que jai a l'eglize Nostre Dame d'Oscans, et pour la devocion que mes aieuz et maieule cui hoirs je sui i ont eu en lor vivant et a lor mort, et qui laiens gisent avvekes autres plusieurs de mes oncles, de mes cousins, et de mes antecesseurs, pour les ames des quez proieres et autre bien fait sont en ladite eglize fait chascun an, si comme ju en ai entendu et seu vraiement, je, qui desire et mestier ai de estre es bienfais de la maison pour le pourfit as ames des mors devant dis, et de la moie, et de monseigneur Robert mon frere, chanoine de Rains, qui sa devocion i a mout grant, et qui moult ma meu a che faire a le devant dite eglize, ai donne et otroie hiretaublement pour Dieu et en aumosne a tous jours, dis livres de Paris de rente, chascun an a le feste de tous saints, et li promech vraiement et fermement ensi a paier. Et pour ce que la choze soit plus seure, ai je cele rente asseuee et assise a penre seur mon travers de Thorote, et weil et commant que mi oir et mi successeur et cil qui de par moi et apres moi tenront des ore en avant celui travers, paient ladite rente au terme deseure nomme sans coust, sans delai et sans empeechement, et tou chou ai je fait, sauve la droiture le roy, de cui je tiengt. En tesmoignage et en seurte de laquele choze, je ai ces presentes lettres seelees de mon propre seel, et baillies a le dite eglize en l'an del incarnacion nostre Seigneur mil deus cens soissante et douze, ou mois d'octembre.

CCXIV.

ITEM DE EODEM. — DE C SOLIDIS SUPRA TRANSVERSO THOROTE.

Juillet 1281.

Je Gauchiers, chastelains de Noyon et de Thorote, chevaliers, fas savoir a touz qui ces lettres verront, que pour le grant devocion que je ai a leglize Nostre Dame Sainte Marie d'Oscans et maimement pour le pourfit as ames de mes deus femmes que jai eues, cest asavoir Biatris de Honnecourt et Marie de Vervin, ai donne et otroie a le dite eglize cent sous de Paris de rente, chascun an a le Chandeliere, a penre seur men travers de Thorote, et weil et commant que mi hoir et mi successeur et cil qui, de par moi, et apres moi, tenront des ore en avant celui travers, paient ladite rente entierement au terme deseur nomme, sans coust, sans delai et sans empeeschement, et tou chou ai je fait sauve la droiture le roy, de cui je tiengt. En tesmoignage et en seurte de laquele choze je ai ces presentes lettres seelees de mon propre seel et baillies a le dite eglize en l'an del incarnacion nostre Seigneur mil CC LXXXI, ou mois de julet.

CCXV.

DE CENSU PRATI LEPROSORUM DE TRACHI.

Ego Johannes, castellanus Noviomi et Thorote, notum facio omnibus hec visuris in perpetuum, quod dedi in elemosinam fratribus Ursicampi censum duorum solidorum qui michi pro prato leprosorum de Trachi ap ipsis leprosis per annos singulos solvebantur. Hanc autem elemosinam feci concessione Odothe, uxoris mee, et Guidonis primogeniti nostri, et ceterorum liberorum nostrorum. Hoc ergo ut ratum sit, presentem paginam inde conscriptam sigillorum nostrorum fecimus appentione muniri. Actum anno gratie millesimo ducentesimo quinto.

1205.

CCXVI.

DE MOLENDINO ET VIVARIO DE LOUVET.

Ego Johannes, castellanus Noviomi et Thorote, notum facio omnibus hec visuris in perpetuum, quod Gobertus, miles, de Thorota, dedit in elemosinam ecclesie Ursicampi molendinum suum de Louvet cum vivario adjacente, sicut antiquitus erat, totumque rivum usque ad pontem proximum domui leprosorum. Dedit insuper insulam quamdam subtus molendinum, sicut olim rivo undique cingebatur. Sciendum autem quod dictus Gobertus hec omnia ecclesie Ursicampi dedit libera prorsus et emancipata, et ab omni onere vel redditu tam sancti Amandi quam Gilotus (sic) et omnium aliorum qui in eodem molendino et vivario aliquid habere consueverant emancipata, nichil sibi vel heredi suo in hiis omnibus retinens, hoc excepto quod sibi vel heredi suo annis singulis tringinta modios bladi ad mensuram Thorote in usus proprios absque molitura in molendino molire licebit, post illum tamen quem in molendino molentem invenient. Ecclesie vero sancti Amandi decem modios bladi in dicto molendino licebit annis singulis molere, si tamen eorum molendinum constiterit defecisse. Capellanus autem leprosorum de Mas duos modios bladi in eodem molendino percipiet annuatim, a festo sancti Remigii usque ad festum sancti Andree. Hec omnia tam Gobertus quam fratres sui, Johannes clericus, Henricus et Gerardus, super altare in ecclesia Ursicampi, Balduino abbate ejusdem loci et me pariter, multisque aliis astantibus, in elemosinam obtulerunt, pleviveruntque hanc elemosinam bona fide tenendam et quod in ea nichil in posterum reclamarent. Recepit autem dictus Gobertus de beneficio ecclesie cc libras Parisiensis monete. Hanc elemosinam concessit mater Goberti, Ermengardis, et jus dotalicii quod habebat in medietate dicte donationis quitum clamavit, et in manu Thescardi decani reddidit, qui inde ecclesiam Ursicampi

1205.

investivit. Hoc etiam concessit Beatrix, uxor Goberti, cum Eustachia filia sua, et jus dotalicii quod ibi habebat in manu dicti decani resignavit, qui inde Ursicampensem ecclesiam investivit. Recepit autem de manu mariti sui decambium, et sibi et amicis suis bene placitum C videlicet solidos Suessionensis monete, quos idem Gobertus, de comite Suessionensi tenet in feodum, plevivitque quod in prescriptis omnibus nichil in posterum reclamaret. Preterea concesserunt hec eadem sorores Goberti, Elizabeth de Atechi, cum Odone marito suo, Maria, cum Balduino marito suo et Symone filio eorum, et Emelina, cum Radulfo marito suo, qui omnes tam viri quam mulieres pleviverunt hanc elemosinam bona fide tenendam, et quod in ipsa in posterum nichil reclamarent. Item hoc concessit Leduidis de Thorota, que vocata est Aelidis, cum filiabus suis et earum maritis, videlicet Elizabeth cum Hugone Gallo, marito suo, et Petro eorum filio, Elisabeth, cum Thoma Dura Boisa, marito suo, et Elisabeth de Courtdoumenche, marito suo. Hec eadem concessit Hugo Alexander, cum Petro filio suo. Concessit hec eadem Gaufridus, cognomento Monachus, nepos dicte Aalidis. Item hec eadem concessit Idela, mater molendinariorum cum filiis suis et eorum uxoribus, videlicet, Bartholomeus cum Emelina, Gislebertus Taissons cum Theisna, Hugo cum Hecia. Hec eadem concesserunt filie dicte Ydele, cum maritis suis, videlicet, Adelina cum Huberto, Ermengardis cum Haimerico, et Maria cum Dyonisio. Quia vero sepedictus Robertus hoc molendinum cum omnibus predictis de me tenebat in feodum, ego, ad petitionem ipsius, donationem inde factam benigne concessi, et tam me quam heredes meos de perpetuo warandisia ferenda plegios et obsides sub fidei interpositione constitui, videlicet contra omnes qui ad justitiam et legem venire voluerint. Ut autem hec omnia rata permaneant, inviolabilem et in posterum obtineant firmitatem, presentem paginam inde conscriptam ego et Odotha, uxor mea, sigillorum nostrorum patrocinio roborare curavimus, ut ecclesie Ursicampi carta ipsa adversus omnes calumpnias esse debeat in testimonium et munimen. Actum anno Verbi incarnati m°. cc°. v°.

CCXVII.

CARTA STEPHANI, NOVIOMENSIS EPISCOPI, DE EADEM DONATIONE.

1205.   Stephanus, Dei gratia Noviomensis episcopus, universis fidelibus hec visuris in perpetuum. Notum fieri volumus quod Gobertus, miles, de Thorota, recognovit in presentia nostra se dedisse in elemosinam ecclesie Ursicampi molendinum suum de Louvet, cum vivario adjacente. Hanc autem donationem fecit idem Gobertus tam libere et absolute, quod in ea in posterum sibi vel heredibus suis nichil prorsus retinuit. Hoc concessit Johannes, castellanus Thorote, de cujus feodo erat cum vivario molendinum. Hoc etiam concesserunt mater et uxor Goberti et multi alii qui in prefato molendino aliquid reclamare poterant, sicut in carta castellani plenius continetur. Nos vero volentes prescriptam donationem ratam in perpetuum permanere, ad petitionem prenominatorum Johannis, castellani, et Goberti, presentem paginam inde conscriptam sigilli nostri appentione fecimus roborari, ad perpetue patrocinium firmitatis. Actum anno Domini millesimo ducentesimo quinto.

CCXVIII.

DE REDDITU MOLENDINARIORUM DE LOVET.

Ego Johannes, castellanus Noviomi et Thorote, notum facio omnibus hec visuris in perpetuum, quod Bartholomeus de Lovet, Gillebertus Taissons, et Hugo, fratres, et Odelina, soror eorum cum Huberto Bulengario, marito suo, annuum redditum xxvi minarum bladi percipiebant in molendino de Lovet, quod est ecclesie Ursicampi, hunc redditum ex integro pariter et ortum suum prope vivarium de Lovet adjacentem communi assensu vendiderunt ecclesie Ursicampi, nichil sibi in his penitus retinentes, data fide quod venditionem suam contra omnes qui ad justitiam et legem venire voluerint secundum terre consuetudinem, acquitabunt. Porro Widela, mater eorum, que in predicto redditu jus dotalicii, jus ipsum prorsus werpivit, et in manibus Johannis, Suessionensis archidiaconi, et Joiberti, decani christianitatis, reddidit; data fide quod nec per se nec per alium aliquid in eo in posterum reclamaret. Avelina quoque uxor Bartholomei, et Thescia, uxor Gilleberti Taissons, et Hescia, uxor Hugonis, in portionibus maritorum suorum memorati redditus dotalicii jus habebant, que a maritis suis congrua accipientes decambia, sponte et absque ulla coactione werpiverunt singule dotalicium suum, et in manibus predictorum archidiaconi et decani reddiderunt, fide interposita quod in redditu illo nichil in posterum reclamabunt. Porro mariti eorum dignam et gratam sibi dotaliciorum suorum recompensationem assignaverunt, videlicet Bartholomeus, Aveline in molendino de Ruella apud Clarois, Hugo Hescie in medietate domus quam habebat apud Thorotam, Gillebertus Thescie in duabus minis terre apud Mommaches. Dyonisius quoque et Maria, uxor ejus, que dictorum fratrum soror est, hec eadem concesserunt. Item hec omnia concesserunt omnes liberi predictorum fratrum, scilicet Bartholomei, Gileberti et Hugonis et Odeline sororis eorum. Testes Lambertus, Wilardus, Rainerus, monachi Ursicampi, Herbertus presbiter, et Richardus clericus et alii. Ea ergo, que in presentia mea gesta sunt, ad preces et petitionem utriusque partis scripti memorie commendavi, et litteras inde conscriptas dedi fratribus Ursicampi in testimonium conservandas. Actum anno Verbi incarnati millesimo ducentesimo septimo.

1207.

CCXIX.

DE VIVARIO IN ESGA.

Johannes, castellanus Noviomi et Thorote, omnibus hec visuris in perpetuum. Sciant omnes quod pro salute anime mee et pro anima Odote, uxoris mee, necnon et pro animabus antecessorum meorum, dedi in elemosinam ecclesie beate Marie Ursicampi, ad vivarium faciendum, de portione mea Esge silve, tres modiatas ad mensuram Noviomi, seu quatuor, si tunc necesse habuerit, nichil in eis hel heredibus meis in proprium retinens aut reservans. Hanc donationem meam concesserunt Odotha uxor mea, Guido primogenitus et ceteri liberi mei. Ut ergo presens donatio ecclesie Ursicampi salva in perpetuum maneat et indempnis,

1205.

136 TITULUS CASTELLANORUM.

ego et dicta Odota, uxor mea, presentem paginam inde conscriptam sigillorum nostrorum patrocinio fecimus roborari, quatinus eidem ecclesie in posterum adversus omnes calumpnias carta ista esse debeat in testimonium et munimen. Actum anno Domini millesimo ducentesimo quinto.

CCXX.

DE VIVARIO IN ESGA ET DE CENSU PRATI LEPROSORUM.

1205.   Stephanus, Dei gratia Noviomensis episcopus, universis fidelibus hec visuris in perpetuum. Notum fieri volumus quod Johannes, castellanus Noviomi et Thorote, in presentia nostra constitutus recognovit se dedisse in elemosinam ecclesie beate Marie Ursicampi, pro salute anime sue et pro anima Odote, uxoris sue, nec non et pro animabus antecessorum suorum, ad vivarium faciendum de portione illa in Esge silve que sibi a nobis est in proprium ipsius dominium assignata, tres modiatas ad mensuram Noviomensem, seu quatuor, si tum necesse habuerit, itaquod in eis nichil sibi vel heredi suo retinuit, nichil in posterum reservavit. Dedit etiam dicte ecclesie idem Johannes censum duorum solidorum qui sibi pro prato leprosorum de Trachi ab ipsis leprosis per annos singulos solvebatur. Donationes istas fecit dictus Johannes de gratuito assensu Odothe, uxoris sue, Guidonisque primogeniti, et ceterorum liberorum suorum. Donationes istas ad petitionem ejusdem Johannis, castellani, nos ipsi ratas habuimus et concessimus, et ut salve in perpetuum ecclesie Ursicampi permaneant et illese, presentem paginam inde conscriptam sigillo nostro fecimus roborari, in testimonium et munimen. Actum anno Verbi incarnati M°. CC°. V°.

CCXXI.

DE NEMORE JOHANNIS, CASTELLANI NOVIOMI ET THOROTE, PROPE RIVUM DE LARGIERE.

1203.   Ego Johannes, castellanus Noviomi et Thorote, notum facio omnibus in perpetuum hec visuris, quod dedi in elemosinam ecclesie Ursicampi quicquid nemoris habebam inter rivum qui dicitur de Largiere et eam nemoris portionem que a domino Stephano, Noviomensi episcopo, de concessione capituli sui Ursicampi ecclesie est in proprium ipsius dominium assignati. Donationem istam feci de gratuito et assensu Odothe, uxoris mee, et de concessione Guidonis primogeniti, et ceterorum liberorum nostrorum. Ego vero, et heres meus, hanc elemosinam contra omnes qui calumpniam inde suscitaverint, ecclesie Ursicampi warandire tenemur. Quod ut ratum sit firmiter, et in posterum teneatur, ego et dicta Odotha, uxor mea, presentem paginam inde conscriptam sigillorum nostrorum appensione fecimus communiri. Actum anno Domini M°. CC°. III°.

CCXXII.

STEPHANI, NOVIOMENSIS EPISCOPI, DE EODEM NEMORE.

Stephanus, Dei gratia Noviomensis episcopus, universis fidelibus hec visuris in perpetuum. Notum fieri volumus quod vir venerabilis Johannes, castellanus Noviomi et Thorote, in presentia nostra constitutus recognovit se dedisse in elemosinam monasterio Ursicampi quicquid nemoris habebat inter rivum qui dicitur de Largiere, et eam nemoris portionem que a nobis de concessione capituli nostri Ursicampi ecclesie est in perpetuum ipsius dominium assignata. Asseruit et se donationem istam fecisse de gratuito assensu Odothe uxoris sue, et de concessione Guidonis primogeniti, et ceterorum liberorum suorum. Donationem istam nos concessimus ipsi paci et indempnitati Ursicampi ecclesie in posterum providere volentes, presentem paginam in testimonium facte in presentia nostra recognitionis conscriptam sigilli nostri fecimus appensione muniri. Actum anno Domini M°. CC°. III°.

1203.

CCXXIII.

DE VINEA JOHANNIS DE DARNESTAL APUD MACHEMONT.

Ego Johannes, castellanus Noviomi et Thorote, notum facio omnibus hec visuris quod donationem illam quam Johannes de Darnestal, miles, fecit ecclesie Ursicampi de vinea sua apud Machemont sita, ad petitionum abbatis et fratrum Ursicampi, pro salute anime mee ratam habui et concessi, et insuper dimidium modium vini qui censualiter tempore vindemie pro eadem vinea solvebatur, in elemosinam contuli ad missas in eadem ecclesia celebrandas. In hujus rei testimonium et confirmationem presentes litteras conscribi volui et sigilli mei appensione muniri. Actum anno Domini M°. CC°. XV°, mense aprili.

April. 1215.

CCXXIV.

DONATIO JOHANNIS, CASTELLANI, DE BOSCO QUOD ORESMOX DICITUR.

Ego Johannes, castellanus Noviomi et Thorote, universis fidelibus hec visuris in perpetuum, notum volo fieri quod ecclesie Ursicampi donavi quicquid habebam in bosco quod de Oresmox dicitur, situm quod est inter Floocourt et calceiam de Behencourt, et duos modios de portione mea que michi in silva Esge, pro hereditario jure meo quod in ea habebam, a domino Noviomense episcopo est assignata, in ea videlicet parte que propinquior est nemori ejusdem ecclesie, nichilominus contuli, titulo elemosine perpetuo possidendos. Redditum etiam capellanie mee de Thorota centum solidos monete parisiensis annuatim valentem dedi dicte ecclesie, post mortem capellani qui tunc eam tenet, aut si interim ad religionem

1199.

transierit, vel redditum unde vivere possit aliunde perceperit ab ejusdem loci fratribus recipiendum. Sciendum vero, quod si de silva Esge pars aliqua in eorumdem fratrum possessionem devenerit, in tota illa portione nichil omnino juris nec michi, nec heredi meo retinui, absque cacheria, ita tamen quod haiam aut alia ad venandum machina menta (1) in ea parte. nec ego, nec heres meus facere poterimus. Sed si forte fera aliqua quam venando fuero insecutus illuc fugerit, persequi et apprehendere michi licebit. Preterea possessionem de Sermangle, cum omnibus appenditiis ejus, que de feodo meo esse dinoscitur, si eam in posterum acquisierint, memoratis fratribus liberam et quietam et immunem a me et ab heredibus meis possidendam concessi, nichil in ea juris in perpetuum retinens. Hec omnia Odotha, uxor mea, et liberi mei Guido, Willelmus, Johannes, Radulfus, Aalidis, et Ermengardis concesserunt. Notandum vero quod eadem Odotha, in prescriptis dotalitii jus habebat, est quod pro concessione sua congrua et bene placita recompensatio amedieta est, et in perpetuum assignata, redditus videlicet de Molincort, dictum quod jus in manu Jacobi, presbiteri de Thorota, sponte et absque ulla coactione liberum reddidit, qui de eodem, per manum Rogeri, monachi, dictam Ursicampi ecclesiam investivit. Hec etiam concesserunt dominus Stephanus, Noviomensis episcopus, et Odo Cacheleu, ad quorum feodum dicte possessiones pertinere noscuntur. Sciendum vero quod dominus Noviomensis memoratis fratribus ad petitionem meam permisit quod si quis ex parte mea super hoc ecclesie Ursicampi gravamen intulerit, personam ipsius anathemati et terram interdicto supponet. Ne qua ergo, adversus sepe dicte ecclesie fratres, super hiis omnibus molestia seu calumpnia suscitetur, prescripta omnia fideliter tenere et contra omnes qui querelam inde moverint, warandisiam ferre plevivi, facamque exinde donationem in capitulo Ursicampi, in presentia Balduinit, abbatis, et conventus ejusdem loci recognovi et super altare ejusdem ecclesie obtuli. Abbas vero et conventus concesserunt tam michi quam uxori mee ut habeamus in eodem loco cum meis antecessoribus meis sepulturam et uterque nostrum plenarium sicut unus ex eis servitium. Hiis adiciendum quod dictus abbas et fratres in temporali recompensatione donationis mee, michi centum viginti sex libras monete Parisiensis dederunt. Ut autem hec omnia me largiente ecclesie Ursicampi assignata sunt, ratam, perpetuam, et inviolabilem optineant firmitatem, presentem paginam inde conscriptam, et tam sigilli mei quam etiam sigilli uxoris mee appensione munitam, ipsius ecclesie fratribus dedi, ut eis adversus omnes calumpnias esse debeat in munimen. Actum anno Verbi incarnati M°. C°. XC°. IX°.

CCXXV.

COMMUTATIO CAMPARTI DE KAISNIAUS.

1210.   Ego Johannes, castellanus Noviomi et Thorote, et Odotha, uxor mea, notum facimus omnibus hec visuris in perpetuum, quod de concessione omnium liberorum nostrorum dudum dedimus in elemosinam fratribus Ursicampi redditum capellanie nostre de Thorota, juxta constitutionem et modum qui in carta nostra necnon in carta domini Stephani No-

(1) La *haie* est ici nommée *machinamentum*.

viomensis episcopi, inde conscriptis plenius est expressum. Postmodum vero, prefatum capellanie redditum nos restrinximus, ac pro eo congruum decambium fratribus memoratis assignavimus, videlicet portionis nostre in camparto de Kaisniax medietatem ad emendum butirum per annos singulos ad usum conventus Ursicampi; in ea tamen medietate quod est dictis fratribus assignata, retinuimus nobis et heredibus nostris justiciam. Hoc autem decambium de voluntate nostra fecimus et de concessione Guidonis primogeniti et aliorum liberorum nostrorum. Quod ut ratum permaneat, presentem paginam inde conscriptam sigillis nostris roborari fecimus in testimonium et munimen. Actum actum anno Domini M°. CC°. decimo.

CCXXVI.

CARTA ANSCULFI SUESSIONENSIS, ET BALDUINI, NOVIOMENSIS EPISCOPORUM, DE ELEMOSINIS GUIDONIS, CASTELLANI NOVIOMENSIS.

Ego Ansculfus, Dei gratia episcopus Suessionensis, et ego Balduinus, eadem gratia pontifex Noviomensis, notum fieri volumus presentibus et futuris quod Guido, Noviomensis castellanus, peregre profecturus et cum tribus filiis suis, Johanne scilicet, Guidone, et Ivone, sancti Jacobi limina revisurus, desiderans fratribus de Ursicampo carnalia sua seminare, ut et eorum spiritualia possit metere, dedit in elemosinam ecclesie Ursicampi unum agrum situm in territorio Puteolorum, qui potest seminari tribus circiter modiis sementis ad mensuram Suessionis, et est inter campum qui dicitur sancti Leodegarii et campum altaris. Ita sane quod terragium pro anima illius ecclesie Ursicampi in perpetuum dimittetur, nec cuiquam heredum ejus denuo exsolvetur. Dedit etiam idem castellanus ecclesie Ursicampi alium agrum prescripto agro contiguum, ab omni terragio liberum, et absolutum, et terram que adjacet super vallem Caveniarum, nec non agrum unum qui est prope crucem Herouardi, et quicquid ipse habebat in terra delbus sancti Leodegarii. Preterea concessit ut quicunque de feodo ejus aliquid tenerent, quantumcunque vellent, de eodem feodo ecclesie Ursicampi darent vel venderent, et ut fratres de Puteolis in toto nemore de Nancel, excepto nemore quod ei vendiderat Radulfus Bega, absque ulla contradictione sumerent quicquid ad usus proprios necessarium haberent. Que omnia tres predicti filii ejus apud Noviomum, patre suo singula annotante, et annotando ecclesie sepedicte largiente, benigne concesserunt et contradiderunt, et postea in ipsa ecclesia Ursicampi, presente me Balduino, Noviomensi episcopo, et Hugone, cancellario meo, meis que clericis, et coram multis aliis testibus, et monachis, et militibus, ipsiusque castellani non nullis nepotibus, super altare sancte Marie una cum patre suo deo pariter et ecclesie sepedicte obtulerunt. Ne ergo quippiam horum beneficiorum irritum fiat in perpetuum, ipsius castellani pia petitione preventi, litteris volumus eadem beneficia commendari, et tam sigillorum nostrorum auctoritate quam et fidelium testium astipulatione fecimus confirmari. S. Drogonis Hamensis canonici, etc. Omnes isti scilicet et plures alii in claustro Noviomensis ecclesie sancte Marie presentes fuerunt, ubi castellanus ita distinxit beneficia, et filii ejus omnia pariter concesserunt et contradiderunt. Actum anno Verbi incarnati M°. C°. quinquagesimo sexto, indictione quarta, epacta XXVI, concurrente septimo.

1156.

CCXXVII.

DE NEMORE GUIDONIS DE THOROTA.

1217.

Ego Guido, domini Johannis, castellani Noviomi et Thorote, primogenitus, notum facio omnibus hec visuris in perpetuum, quod vendidi fratribus Ursicampi nemus quod habebam in Esga silva ex dono bone memorie Roberti, episcopi Laudunensis, patrui mei, et insuper quicquid juris habebam in terris cultis que infra nemus ipsum clauduntur. Vendidi autem hec ab omni jure tam meo quam alieno exempta, excepta cacheria, absque incisione nemoris, haia et districto propter quam tamen cacheriam, fratres Ursicampi nihil impedientur quin de nemore omnem suam faciant voluntatem. Porro hanc venditionem pro necessitate debiti quo eram astrictus ex occasione emptionis cujusdam alterius nemoris et quarumdam terrarum apud Offemont. Dyonisia autem, uxor mea, venditionem inde factam benigne concessit et in perpetuum quitavit, ac quicquid juris ibi habebat in manu Stephani, Noviomensis episcopi, reddidit, affidavitque in manu ejusdem episcopi quod nec per se nec per alium ibidem in posterum aliquid reclamaret. Hiis adiciendum quod venditionem memoratam in capitulo monachorum, presente conventu, recognovi, nec non coram omnibus plevivi quod ipsam venditionem bona fide tenerem, quandiu viverem, et warandirem contra omnes qui ad justitiam et legem venire voluerint, ac post modum in ecclesia per liberam impositionem super majus altare, premissa omnia me servaturum firmavi. Prefatam nichilominus venditionem concesserunt fratres mei et sorores mee, suamque concessionem aut per interpositionem fidei, aut per litteras sigillis suis appendentibus firmaverunt. Nec pretereundum quod dominus Stephanus, Noviomensis episcopus, totiens memoratam venditionem a me, et uxore mea, in manibus suis resignatam recepit, ipse vero de eadem ecclesiam Ursicampi investivit per manum domini Johannis, abbatis, dominum quoque episcopum de premissis omnibus servandis plegium dedi, ita quod si ego aliquandiu a ferenda premissa warandisia deficerem, dominus episcopus quicquid in feodum de ipso teneo saisiret, et proventus inde venientes fratribus Ursicampi traderet, donec ipsis fratribus super dampnis pro defectu warandisie mee habitis foret plenarie satisfactum. Et hec omnia plevivi in manu ipsius episcopi bona fide a me servanda. Que omnia ut inviolabilem optineant firmitatem, presenti pagine inde conscripte tam ego quam uxor mea sigilla nostra appendimus in rerum gestarum testimonium et munimen. Actum anno Verbi incarnati m°. cc°. xvii°.

CCXXVIII.

CARTA JOHANNIS CASTELLANI DE EODEM NEMORE.

1217.

Ego Johannes, castellanus Noviomi et Thorote, notum facio omnibus hec visuris in perpetuum quod cum portionem illam nemoris, que sita est inter vivaria Ursicampi et villam de Trachi in Esga silva, a domino Stephano, Noviomensi episcopo, michi assignatam aliquandiu libere ac pacifice tenuissem, et absque ulla contradictione superficiem ejusdem nemoris vendidissem, tandem post aliquot annos eamdem portionem Domino et fratri meo R........ Laudunensi episcopo, in fundo et superficie absolute vendidi, ita quod in omnem suam de cetero posset facere voluntatem, qui et ipse per annos multos, quandiu vixit, eadem libere possidens, ejusdem nemoris superficiem pacifice et quiete et absque ulla quorumlibet contradictione bis vendidit. Decedens vero rebus humanis, memoratum nemus Guidoni primogenito meo gratuito dono tradidit possidendum. Nec multo post idem Guido, cum sorore sua D........, ere alieno depressus, ex occasione emptionis cujusdam alterius nemoris et quarundam terrarum apud Offemont, favente et laudante eadem conjuge, ipsum nemus fratribus Ursicampi vendidit et quicquid juris habebat in terris cultis que infra ipsum nemus clauduntur. Vendidit autem hec ab omni jure tam suo quam alieno exempta, excepta cacheria sive haia. Ego quoque venditionem memoratam bona voluntate concessi, ratam habui, et laudavi, fide prestita in capitulo monachorum, presente conventu, quod dictum nemus fratribus Ursicampi quamdiu viverem warandirem, eo scilicet modo quod si filius meus a warandisia aliquando deficeret, ego ad arbitrium abbatis Ursicampi unum militem in aliqua villa aut castello meis sumptibus ponerem sub fidei sue interpositione non discessurum a loco donec fratribus Ursicampi, super. dampnis pro defectu warandisie nemoris habitis, foret plenarie satisfactum. Hec omnia postmodum coram domino Stephano, Noviomensi episcopo, recognovi, concessi et reddidi in manu ipsius et promisi quod bona fide servarem. Que ut inviolabilem obtineant firmitatem, presenti pagine inde conscripte sigillum meum appendi in testimonium et munimen. Actum anno gratie M°. CC°. XVII°.

CCXXIX.

ASSIGNAMENTUM QUOD FECIT STEPHANUS, NOVIOMENSIS EPISCOPUS, CASTELLANO DE QUINQUAGINTA QUINQUE MODIIS NEMORIS.

Stephanus, Dei gratia Noviomensis episcopus, omnibus hec visuris in perpetuum, notum fieri volumus quod cum inter nos et Johannem, castellanum Thorote et Noviomi, de jure quod habebat in Esga silva diu questio verteretur, tandem consilio bonorum virorum ad pacem mediancium pax inter nos hoc modo intercessit quod illi et heredibus suis lv modiatas nemoris seorsum mensuratas et metis terminatis, salva vita matris sue concessimus. Itaque ipse et heredes sui nobis et successoribus nostris residuum totius nemoris predicti et omne jus quod pertinet ad cacheiam quitaverunt, et omnes portiones a nobis inde factas et faciendas concessit, hoc retento quod ubi in eodem nemore venari poterit, extra parcum nostrum, si parcum ibi fecerimus, sicut et nos ubique venabimus extra parcum nostrum, si parcum habere contigerit. In illa vero parte nemoris quam ei concessimus ullam facere munitionem ei licebit, sed domum absque munitione et x hospites tantum, et vivarium sine molendino habere ibi poterit, ac de hiis omnibus ipse omnem suam faciet voluntatem. Hec vero omnia sicut prescripta sunt de nobis ligie cum alio feodo suo tenebit et nos eadem contra omnes qui ad justitiam et legem venire voluerint, eidem warandire tenemur. Sciendum autem quod predictus castellanus de suo proprio dominio tantum pacem nobis fecit quod Johannes illis, sicut et nostri

1205.

extra portiones modo a nobis assignatas et in posterum assignandas in toto residuo nemore jus suum habebunt. Quod ut ratum sit, presentem paginam inde conscriptam sigillo nostro fecimus roborari. Actum anno Verbi incarnati M°. CC°. V°.

CCXXX.

CARTA NOVIOMENSIS EPISCOPI DE EODEM NEMORE.

1217.

Stephanus, Dei gratia Noviomensis episcopus, omnibus hec visuris in perpetuum, notum fieri volumus quod cum Johannes, castellanus Noviomi, portionem nemoris in Esga silva a nobis sibi assignatam aliquandiu tenuisset, tandem partem quamdam illius portionis fratribus Ursicampi vendidit perpetuo possidendam, sicut in scriptis inde factis plenius continetur. Interjectis quoque annis aliquibus totum quod residuum erat de prefata portione, Guido, dicti castellani primogenitus, de bona voluntate patris sui, prenominatis fratribus vendidit perpetua possessione tenendum, sicut eorum carte continent que inde sunt scripte. Hec omnia recognoverunt dicti Johannes castellanus et Guido cum uxore sua Dyonisia, in presentia nostra, apud Noviomum, et in manu nostra reddiderunt fidem corporaliter tam proprio Guidone quam uxore sua interponentibus quam in illa venditione nichil in posterum reclamarunt, sed insuper contra omnes qui ad justitiam et legem venire voluerint warandirent. Porro quia memoratum nemus de feodo nostro erat, et sine nostra voluntate et assensu firma esse non poterat venditio inde facta, nos, ad petitionem Johannis castellani et filii ejus, ipsam venditionem ratam in perpetuum fore concessimus, et inde investivimus ecclesiam Ursicampi per manum domini Johannis abbatis. Concesserent etiam prenominati castellanus et ejus primogenitus quod si aliquando a warandisia super dicto nemore ferenda deficerent, nos eorum personas et terras excommunicationis sententie subjiceremus donec super dampnis per defectum warandisie habitis foret eisdem fratribus plenarie satisfactum. Que ut perpetue robur firmitatis obtineant, presenti pagine inde conscripte sigillum nostrum appendi fecimus in testimonium et munimen. Actum anno Domini M°. CC°. XVII.

CCXXXI.

CARTA REGIS FRANCIE DE EODEM.

1218.

Philippus, Dei gratia Francorum rex. Noverint universi pariter et futuri quod nos cartam Stephani, Noviomensis episcopi, inspeximus, sub hac forma, Stephanus, Noviomensis episcopus, omnibus hec visuris in perpetuum. Notum facimus quod cum Johannes, castellanus Noviomi, portionem nemoris in Esga silva a nobis sibi assignatam aliquandiu tenuisset, tandem partem quamdam illius portionis fratribus Ursicampi vendidit perpetuo possidendam sicut supra dictum est. Nos vero ad petitionem Guidonis, filii Johannis castellani Noviomensis, supradictam venditionem confirmavimus Deo et ecclesie beate Marie de Ursicampo; et, ut perpetue stabilitatis robur obtineat, sigilli nostri auctoritate et Regis nominis karactere inferius annotato presentem paginam roboramus. Actum apud Compendium anno dominice incarnationis M°. cc°. xviii°, regni vero nostri anno xxxix°, astantibus etc.

CCXXXII.

CARTA CAPITULI NOVIOMENSIS.

Johannes, decanus, totumque beate Marie Noviomensis ecclesie capitulum, omnibus hec visuris in perpetuum. Notum sit universis quod venditiones quas fecerunt fratribus Ursicampi pius quondam Johannes, Noviomensis castellanus, de quadam portione nemoris Esge silve in propriam suam possessionem sibi a domino Noviomensi episcopo assignati, ac dictus Guido primogenitus de toto residuo sicut in autenticis Noviomensis episcopi, Stephani et Johannis castellani Noviomensis, et Guidonis, filii ejus primogeniti, super hoc confectis plenius continetur, nos laudavimus et approbavimus, litterasque sigillo nostro roboravimus, ut prescripte venditiones inviolabilem in posterum obtineant firmitatem. Actum anno Domini M°. cc°. xviii°, mense aprili.

April. 1218.

CCXXXIII.

DE PLANTA DE BEHERICOURT QUATUOR MODIOS FRUMENTI, PRATUM APUD TRACHI, ET X MODIOS NEMORIS G. DE THOROTA.

Ego Guido de Thorota, primogenitus Domini Johannis castellani Noviomi et Thorote, omnibus presentes litteras inspecturis in perpetuum, notum facio quod ego pro anima mea et antecessorum meorum legavi ecclesie beate Marie Ursicampi plantam meam de Behericourt juxta nemus Milonis, et quatuor modios frumenti ad pitanciam conventui faciendam. Ita quod duo modii capientur in molendino de Corcellis apud Noviomum, quod est castellani, alii duo in grangia mea de Offemont, et medietatem pratorum meorum apud Trachy, et x modios nemoris nostri quod est inter Noviomum et Behericourt, videlicet de illo nemore quod appellatur nemus Milonis, in ea parte quam fratres Ursicampi voluerint, hec omnia volentibus et approbantibus dicto J........ castellano, patre meo, et fratribus meis Johanne de Thorota, et Willelmo, et Walchero. Et ut elemosina non possit vel violari nec minui, presentes litteras dedi supradicte ecclesie sigillo meo sigillatas. Actum anno gratie M° cc° xxi°, mense maio.

Maio 1221.

CCXXXIV.

CONCESSIO DOMINI JOHANNIS, CASTELLANI, PATRIS EJUS, DE EODEM.

Ego Johannes, castellanus Noviomi et Thorote, universis presentes litteras inspecturis in perpetuum, notum facio quod ego volui et concessi illam perpetuam elemosinam quam Guido

1229.

de Thorota, quondam primus filius meus, fecit ecclesie beate Marie Ursicampi de x modiis nemoris sitis inter Noviomum et Behericort juxta nemus Milonis. Item de quatuor modiis bladi, duobus scilicet capiendis in grangia de Offemont et II in molendino de Corcellis. Item de quadam vinea apud Behericort et de omnibus aliis que idem Guido contulit ecclesie memorate. Quod ut ratum et inconcussum permaneat, ego, processu temporis, appensione sigilli mei predictam elemosinam confirmavi. Actum anno gratie m°. cc°. xxix°.

CCXXXV.

CARTA MAJORISSE DE BEHERICORT ET LIBERORUM EJUS DE OBOLIS.

Aug. 1232.

Omnibus in perpetuum hec visuris, magister Hugo, canonicus et officialis Noviomensis, notum facimus quod Ada, majorissa de Behericourt, et filii ejus Radulfus scilicet presbiter, et Petrus, et Maria, filia ejusdem, liberaliter concesserunt et approbaverunt venditionem illam quam Johannes, filius supradicte majorisse, fecerat ecclesie Ursicampi super obolis pervenientibus ex venditione illius nemoris quod Guido, filius castellani, in elemosinam dederat memorate, nec non et super custodia ejusdem nemoris, sicut in autentico ejusdem castellani oculis propriis vidimus contineri. Recipiebat vero prefatus Johannes singulos obolos de singulis quadrigatis nemoris que vendebantur, pro eo quod ipse erat custos nemoris, et de castellano Noviomi tenebat hoc in feodum. Prefata quoque Ada vidua cum filiis suis et filia supradicta, sub cautione fidei interposite, promiserunt quod venditionem istam fideliter et firmiter observabunt, et nunquam de cetero super premissis ecclesiam sepedictam in aliquo molestabunt, nec molestari procurabunt. In cujus rei testimonium presentes litteras sigillo Noviomensis curie reddi sigillatus. Actum anno Domini m°. cc°. tricesimo secundo, mense Augusto.

CCXXXVI.

DE USAGIO HOMINUM DE DRAILINCORT QUOD HABENT IN NEMORIBUS NOSTRIS DE BAUMONT.

Mars 1216.

Je Jehans, castellains de Noion et de Torote, fas savoir a tous chiaus qui ces presentes lettres verront et orront que li abbes et li convens dOscans a ma requeste et pour mamour de pure grace ont otrie as hommes de la paroche de Drailincourt, qui mi homme ou mi hoste ou homme ou hoste a mes hommes de fiefs ont pour leur propres vaques seulement, lusage des pastures de leur bos ci dessus noumes. Cest assavoir del bois de Baumont dou val de la Coure et dou bois Sarrasin en tel maniere que li homme devant dit ne porront avoir es bois dessus noumes cel usage dusquatant que li bois auront x ans daage, et est asavoir que son caupoit les bois devant dis dedens laage ou apres laage des x ans, li abbes et li couvens devant dit sont et seroient tenu a laissier le tierce partie des devant dis bois a lusage des pastures devant dites. Et quant li bois devant dit auroient x ans passez, li homme devant dit auroient les pastures tout par tout ches bois, et ne poeut cil homme in ces bois clamer, calangier ne demander autre choze que lusage devant dit, si comme il est devise. Ne en nul des autres bois del eglize dOscans, il ne poent clamer me demander usage de pasture ne autre choze. Et se il avenoit que il demandassent ou clamassent autres choses que lusage es bois qui sont dessus expres, ne aucune droiture es autres bois del eglize devant dite, je et mi hoir seriens tenu a contraindre ces devant dis hommes tant comme il seroient dessous nous, et desous nos hommes de fief, niant a ce quil se souffrissent de demander autre choze que lusage devant dit es bois dessus nommez. En tesmoignage et en gavissement des quels choze, et pou ce queles soient fermes et estaules, je fis ces presentes lettres seeler de mon seel, en l'an del incarnation nostre Seigneur mil deus cens LVI, ou mois de march.

CCXXXVII.

VENDITIO DOMINI WILLELMI DE THOROTA DE XII BOVARIIS TERRE APUD DEVISCOURT.

1218.

Ego Willelmus, filius domini Johannis, castellani Noviomi et Thorote, notum facio omnibus hec visuris quod dominus pater meus assignavit michi in partem terre totum illud tenementum quod emerat apud Deviscourt, de concessione et assensu domini Guidonis, primogeniti fratris mei. Processu vero temporis ego nimio debitorum onere propugnatus, duodecim bovaria terre arabilis in eodem tenemento fratribus Ursicampi vendidi precio centum sexaginta librarum Parisiensis monete. Hanc autem venditionem feci de voluntate et assensu atque laudatione domini patris mei, domini que Guidonis, primogeniti fratris, ceterorumque fratrum et sororuum mearum. Hoc nichilominus concessit Beatrix uxor mea, et jus dotalicii quod habebat in pretaxatis duodecim bovariis ex toto quitavit et in manu Walteri presbiteri sui reddidit, qui inde investivit ecclesiam Ursicampi per manum domini Wilardi monachi. Plevivit etiam in manu ejusdem presbiteri quod in predictis nichil in posterum reclamaret, et quod concessionem istam spontanea faceret non coacta. Assignavi autem eidem conjugi mee congruum decambium dotalicii prefati, ad consilium et laudationem amicorum suorum, videlicet alia duodecim bovaria residua memorati tenementi. Hiis adiciendum quod totiens memoratam venditionem contra omnes qui ad justitiam et legem venire voluerint per fidei interpositionem, juxta usus et consuetudines terre teneor warandire. De hoc etiam dominus Johannes Cosduni, Wermundus de Cessoi, et Petrus de Ribercourt, milites, ad preces meas plegii remanserunt, ea conditione quod si fratres Ursicampi ex occasione facte emptionis, aliquos sumptus fecerint vel dampna increverint, ipsi plegii prisoniam tenebunt, ubi dominus abbas Ursicampi voluerit, donec sibi super sumptibus et dampnis fuerit plenarie satisfactum. Quod ut ratum et in perpetuum maneat et inconcussum, presentem paginam inde conscriptam sigilli mei appensione feci roborari. Actum anno gratie M°. CC°. XVIII°.

CCXXXVIII.

CONCESSIO DOMINI JOHANNIS, CASTELLANI NOVIOMENSIS ET THOROTE, PATRIS SUI, DE EODEM.

1218.

Ego Johannes, castellanus Noviomi et Thorote, notum facio omnibus hec visuris in perpetuum, quod venditionem illam quam dilectus filius meus Willelmus miles fecit fratribus Ursicampi de xii boveriis terre arabilis apud Deviscourt, de eo scilicet tenemento quod ibi emeram, ipsique filio meo in parte terre assignaveram, ego benigne concessi, volui et laudavi. Reddidit autem eandem terram in manu mea, et ego investivi ecclesiam Ursicampi per manum domini Johannis abbatis, factamque inde venditionem contra omnes qui ad justiciam et legem venire voluerint, juxta usum et consuetudinem terre, tanquam dominus teneor warandire. Quod ut ratum permaneat, presentem paginam inde conscriptam meo sigillo roboravi in testimonium et munimen. Actum anno Domini m°. cc°. viii° et x°.

CCXXXIX.

CONCESSIO STEPHANI, NOVIOMENSIS EPISCOPI, DE EODEM.

1290. Stephanus, Dei gratia Noviomensis episcopus, omnibus hec visuris in perpetuum. Notum fieri volumus quod Willelmus miles, filius Johannis castellani Noviomi et Thorote, in nostra presentia constitutus recognovit se vendidisse fratribus Ursicampi duodecim bovaria terre arabilis apud Deviscourt, de illo scilicet tenemento quod ibi emerat, et sibi in partem terre assignaverat pater suus, sicut in carta ipsius Willelmi sigillo munita plenius continetur. Et quia terra de nostro erat dominio, et venditio inde facta sine assensu nostro rata esse non poterat, nos ad petitionem dicti Willelmi contractum illum ratum et firmum esse concessimus, presentemque paginam inde conscriptam sigillo nostro roboravimus, in testimonium et munimen. Actum anno Domini m°. cc°. octavo decimo.

CCXL.

DE PEDAGIIS PER CASTELLANIAM THOROTE.

Decemb. 1290. Nous Gauchiers, chastelains de Noion et de Thorote, et Ansous sire d'Offemont, chevalier, faisons savoir a touz que nous volons et confermons pour Dieu et en aumosne a labbe et au couvent d'Oscans, que il puissent mener et ramener lor propres choses pour lor user par nostre travers de Thorote franchement a tous jours sans payer winage. En tesmoignage des quex choses, nous avons ces presentes lettres seelees de nos seaus. Ce fu fait en lan del incarnacion nostre Seigneur, mil deus cens quatre vins et dis, ou mois de decembre.

CCXLI.

CONFIRMATIO CASTELLANI ROYENSIS DE DOMO NOSTRA ROYE, ET QUOD IBI VINUM VENDERE POSSUMUS.

Août 1265. Je Simons de Dargies, chevaliers, chastelains de Roye, fas savoir a touz chiaus qui ches lettres verront que, je, pour Dieu et pour remission de mes pechies et de mes ancisseurs, et pour estre es biens fais de leglize Nostre Dame d'Oscans del ordre de Cisteaux, ai otroie a labbe et au convent de leglise devant dite, que il leur maison quil ont a Roye qui siet de lez le maison monseigneur Jehan de Falevi, chevalier, ainsi comme elle se comporte devant et derriere tant com on en tient de moi et en ma partie en apartient, tiegnent quitement et en pais des ore en avant, en morte main, a touz jours, en tele franchize comme elle est, et com ele a este dusques a ore, sauf men cens I denier et me justice qui me demeure, fors que de leur moines et de leur convers. Apres jou ai otroie a labbe et au convent devant dis que il, des ore en avant, leur vins en la vile de Roye en leur maison puissent vendre a leur volente quitement et franquement sans rien rendre, ne par raison de fuer ne en autre maniere ne a moi ne a men remanant, tant come a ma partie en afiert ne le puis deffendre ne a aus ne a leur acheteur. Et a toute ces choses sans aler de riens encontre ne par moi ne par autrui tant com a ma partie en afiert, oblige jou moi et mes hoirs. Et pour chou que ce soit ferme chose et estable ai jou ces presentes lettres seelees de mon seel. Ce fu fait en lan del incarnation notre Seigneur mil deus cens et soissante chinc, en mois daoust.

CCXLII.

CONFIRMATIO CASTALANE ROYE ET DOMINE DE TRIECHOC DE DOMO NOSTRA APUD ROYAM, ET QUOD IBI LIBERE VINUM POSSUMUS VENDERE.

Je Gile, dame de Triechoc et castelaine de Roye, fas savoir a tous chiaus qui ces lettres verront, que je, pour Dieu et pour remission de mes pechies, et de mes anchisseurs, et pour estre es biens fais del eglize Notre Dame d'Oscans, del ordre de Cisteaux, ai otroie a l'abbé et au convent del eglize devant dite, qui il leur maison que il ont à Roye, qui sie de lez la maison monseigneur Jehan de Falevi, chevalier, ainsi comme elle se comporte devant et derriere, tant com en tient de moi, et a ma partie en appartient, tiegnent quitement et en pais des ore en avant en morte main a touz cens et me justice qui me demeure, fors de leurs moignes et de leurs convers. Apres, je ai otroie a labbe et au convent devant dis, que il des ore en avant, leur vins en la ville de Roye en leur maison puissent vendre a leur volente quitement et franchement, sans rien rendre, ne par raison de fuer ne en autre maniere ne a moi ne a men remanant, tant com a ma partie en afiert, ne le puis deffendre ne a aus ne a leurs acheteurs. Et a toutes ces choses tenir fermement sans de riens aler encontre ne par moi ne par autrui, tant com a ma partie en affiert, je oblige moi et mes hoirs a touz jours. Et pour chou que che soit ferme choze et estaule, ai je ces presentes lettres seelees de mon propre seel. Che fu fait en lan del incarnation Jesu Crist mil deus cens et soissante chuinc, en mois de jenvier.

Janvier 1265.

CCXLIII.

CONCESSIO DOMINI WILLELMI DE BULLES DE DUOBUS BOVARIIS TERRE ET DIMIDIUM.

Ego Guillelmus, Buglensis oppidi dominus et Roye castellanus, notum volo fieri tam futuris quam presentibus quod quidam miles, Macharius nomine, quamdam terram circiter duo boveria et dimidium tenentem fratribus Ursicampi vendidit, que de feudo meo ex parte Hermentrudis uxoris mee erat. Hanc vero, concessione uxoris mee et liberorum meorum, videlicet Rainaldi, Petri, et Guillelmi, et Agnetis filie mee, et Avitie, benigne concessi, et a predictis fratribus in perpetuum libere possidendam. Ne vero cujusquam violenta presumptione pro eadem terra post modum molestentur, presentem paginam sigilli mei impressione munivi, et testium subscriptorum assertionibus roboravi. Radulfus de Grandviler, Balduinus de Sancto Justo, Galterus de Lavrecinis, Petrus de Conteville, Nicholaus de Compendio, frater Nicholaus cellararius, frater Robertus de Rupi, Wibertus de Fresmont.

CCXLIV.

CONCESSIO DOMINI WERRICI, ROYENSIS CASTELLANI, ET UXORIS EJUS DOMINE ODOTE, DE TERRIS SEMPIGNIACI.

1102. In nomine Patris et Filii et Spiritus sancti, ego Balduinus, Dei gratia Noviomensis episcopus, tam futuris quam presentibus in perpetuum. Sciant omnes tam posteri quam moderni, quod dominus Royensis castellanus et domine Odota uxor ejus concessione Petri, filii sui, dominique Symonis, Noviomensis episcopi, de quo tenebat in feodum quicquid possidebant apud Sempigniacum, dederunt in elemosinam ecclesie Ursicampi de suo dominio agrum unum qui dicitur Forestella, et quemdem agrum alium situm in Valle Maris quem receperant à Soltano de Thorota milite suo, tenendum sub tribus sextariis census annualis. Postea vero domino Werrico rebus humanis jam exempto, dedit etiam domina Oda, concessione memorati filii sui, per manum jam dicti episcopi domini sui, et assensu ipsius prefate ecclesie, quicquid fratres de Ursicampo acquisierant sive denuo quoquo modo acquirere possent de illius hereditate apud Sempigniacum, ab omnibus qui de ea quicquid tenebant in eodem territorio censualiter vel in feodo sive etiam sub terragio. Cui beneficio conferendo testes inter fuerunt Petrus, Noviomensis cantor ecclesie, Hugo cancellarius, etc. Hoc autem a predecessore nostro sancte et religiose factum nos quoque confirmamus et sigillo nostro munimus. Et ne quis violare presumat, sub anathemate interdicimus. Actum anno ab incarnatione Domini M^o. C^o. II°. episcopatus autem nostri tercio.

CCXLV.

CARTA BALDUINI, NOVIOMENSIS EPISCOPI, DE ELEMOSINA DOMINI ODOTE IN TERRITORIO SEMPIGNIACI.

1157. In nomine sancte et individue Trinitatis, Patris, Filii et Spiritus sancti, ego Balduinus, Dei gratia Noviomensis episcopus, notum volo fieri moderne etati ac secuture posteritati quod quedam fidelis matrona, domina scilicet Odota, Royensis olim castellana, voluit juxta preceptum dominicum facere sibi amicos de iniquo mammona, qui eam deficientem in eterna reciperent tabernacula, dedit in elemosinam ecclesie beate Marie Ursicampi quicquid habebat de suo dominio in toto territorio Porvillaris et Sempigniaci, excepto duntaxat feodo cujusdam militis sui nomine Soltani. Ego autem hujus elemosine desiderans fieri particeps, ut et divine quoque retributionis existerem municeps, beneficium istud quod totum erat de feodo meo benigne concessi, ac prius de manu ipsius mulieris receptum per manum meam propriam ecclesie Ursicampi contradidi. Ne quis ergo munificentiam istam presumat infringere, seu propter eam dampnum vel molestiam aliquam sepedicte ecclesie inferre, sub anathematis interpositione prohibeo, ac presentem paginam sigilli mei auctoritate, testiumque presencium astipulatione confirmari precipio. S. Balduini ecclesie decani. S. Hugonis cancellarii mei, etc. Actum anno Verbi incarnati. M°. C°. lvii°.

TITULUS COMITUM.

CCXLVI.

COMITIS BELLIMONTENSIS DE WIENAGIIS.

Ego Matheus, comes Bellimontis, notum fieri volo presentibus pariter et futuris, quod pro salute anime mee et omnium antecessorum meorum, dedi et concessi ecclesie beate Marie Ursicampi et fratribus ibidem deo servientibus, liberam quitanciam per totam terram meam et per aquam de omnibus propriis rebus ad proprios usus eorum pertinentibus, quas per transversa mea duci vel reduci fecerint, de assensu et concessione uxoris mee Elienor et Johannis fratris mei, accepta tamen fide ab uno servientium cui licebit quod res traducte proprie sunt ecclesie. Quod si convictus fuerit fidem fuisse transgressum, consuetudinem cum forisfacto reddet. Quod ut ratum permaneat, presentem cartam conscribi et sigilli mei impressione feci communiri, et Johannes frater meus sigillum suum apposuit. Conventus vero Ursicampi me in beneficiis omnibus domus sue recepit. Actum anno incarnationis Dominice. M°. C°. XC°. nono.

1199.

CCXLVII.

ELIENOR COMITISSA QUITAT NEMUS QUOD BELLIMONTIS DICITUR SUPER DRELINCORT.

Elyenor, Dei gratia comitissa Bellomontis et illustris comitis Perone Radulfi filia, universis fidelibus tam futuris quam presentibus in perpetuum. Notum volo fieri quod fratres Ursicampi quodam nemus quod Bellomontis dicitur juxta villam de Drailincourt situm acquisierunt circiter sex modiatas terre mensura Suessionensi. Et quod de feodo meo Calniacensi erat nemus illud, pro anima patris mei comitis Radulfi, et matris mee et antecessorum

1189.

meorum et puerorum, prescriptis fratribus ipsum concedo quiete et libere jure perpetuo possidendum, et presentem paginam inde conscriptam sigilli mei impressione et testium subscriptorum assercione communire curavi. Testes Gilebertus, prior nove domus de Longoprato. Ricardus, capellanus ejusdem domus, Quintinus, capellanus meus, Gaufridus monachus Ursicampi, Savalo conversus, Wigerus. Actum in domo de Longoprato, anno ab incarnatione Domini m°. c°. octogesimo nono.

CCXLVIII.

CARTA STEPHANI, NOVIOMENSIS EPISCOPI, DE ELEMOSINA SYMONIS LE BEGUE, SCILICET DE NEMORE QUOD DICITUR BELLOMONTIS SUPRA VILLAM DE DRAILINCOURT.

1190.   In nomine sancte et individue Trinitatis amen. Ego Stephanus, Dei gratia Noviomensis episcopus, universis fidelibus in perpetuum tam futuris quam presentibus. Notum sit omnibus quod miles quidam Symon, scilicet li Begues de Ribercourt, in infirmitate positus dedit in elemosinam ecclesie beate Marie Ursicampi quicquid habebat in nemore quod Bellomontis dicitur, super villam de Drailincourt sito, post decessum suum a predicto ecclesie fratribus perpetuo possidendum, hoc ipsum concedente Petro Sarcello et Radulfo ejus filio, de quorum feodo predictum nemus tenebat. Testes Stephanus de Pimprez, etc. Processu vero temporis idem Simon jam dicte ecclesie prescriptum nemus ex integro dereliquit absolute et libere pace perpetua possidendum, ipsumque in manu nostra reddidit, et ego de eo predictam ecclesiam per manum fratris Salicii, ejusdem loci monachi, investivi. Testes Hugo archidiaconus Noviomensis, etc. Hanc elemosinam concessit Herma, predicti Symonis uxor, et Petrus, eorum filius, et quia ipsa Herma in eodem nemore dotali jus habebat, ipsum in manu magistri Ingerranni apud Ribercourt, loco nostro assistentis, reddidit, qui de eodem predictam Ursicampi ecclesiam per manum fratris Raineri, ejusdem loci monachi, investivit. Symon vero, maritus ipsius Herme congruum decambium ei reddidit, tres scilicet modiatas terre in Walterivalle sitas. Testes Ingerrannus, Noviomensis scolarium rector, Rainerus, monachus Ursicampi, etc. Ne qua ergo super hac elemosina adversus sepedictam ecclesiam questio in posterum suscitetur, presentem paginam sigilli nostri impressione fecimus communiri. Actum anno ab incarnatione Domini m°. c°. xc°. Data per manum cancellarii.

CCXLIX.

[CARTA COMITISSE BELLOMONTIS, DE TERRA DE WAESCOURT.]

1184.   Ego Elienor, Dei gratia comitissa Bellomontis et heres Viromandie, Universis fidelibus tam futuris quam presentibus in perpetuum. Ad universorum noticiam volo pervenire quod illustris comes Flandrie Philippus, eo tempore quo Viromandia, que ad me jure patris hereditario pertinet, in manu sua tenebat, assensu et voluntate mea dedit in elemosinam viris religiosis in monasterio Ursicampi Deo servientibus totam terram arabilem de Waescourt et masum ejusdem loci cum omnibus appenditiis suis, excepto censu, ut ea perpetua pace et libertate possideant. Dedit autem pro animabus patris et matris mee hanc elemosinam, simulque pro animabus uxoris sue, sororis mee, comitisse Elyzabeth, et mea, nec non et pro animabus Mathei comitis Bellomontis, mariti mei, Henricique junioris, regis Anglie, consanguinei mei, et maritorum quos prius habui, sed etiam omnium antecessorum meorum, ut hujus beneficii fructum percipiant sempiternum. Ut autem hujus elemosine liberalis et pia largitio fratribus inconcussa permaneat, eam scripto volui commendari, et presentem paginam tam sigilli mei impressione quam testimonio subscriptorum assertione muniri. S. Quirini capellani mei. S. Petri de Vallibus, etc. Actum est hoc in presentia venerabilis Rainoldi, Noviomensis episcopi, anno Verbi incarnati M°. C°. octogesimo quarto, Guidone tunc temporis abbate Ursicampi.

CCL.

BLESENSIS ET CLAREMONTIS. — QUERELE INGERANNI DE VILERON ET MARIE DE MOGNIVILLA ET ALIORUM.

Ego Ludovicus, Dei gratia comes Blesensis et Claromontis, universis fidelibus hec visuris in perpetuum. Notum volo fieri quod Ingerrannus de Vileron et Maria de Mognivilla, uxor ejus, et Johannes filius ejusdem Marie, Randulfus quoque Dauregni miles, et duobus fratribus suis Guidone et Manesse militibus, moveruut calumpniam adversus Ursicampum super quibusdam viis in territorio de Magniviler quas idem fratres in terram arabilem redegerant, et super triginta sex mansuras quas ipsi fratres in eodem territorio dudum acquisierant, pro quarum singulis unam minam avene quotannis reddebant, et due mine pro singulis masuris ab aliis hominibus redderentur. Cum ergo super hiis diu fuisset controversia ventilata, tandem prenominati calumpnie auctores prudencium virorum acquiescentes consilio, querelam suam quitam penitus clamaverunt, ac fidei interpositione firmaverunt quod super eadem querela dictis fratribus ullam in posterum molestiam suscitarent. Concesserunt ergo quatinus idem fratres tam predictas vias quam masuras sicut eas per multos annos tenuerant, pacifice et quiete possiderent perpetuo, et quod super hiis ecclesie Ursicampi bona fide ferrent warandisiam promiserunt. Ipsi vero de beneficio ecclesie xv libras monete Parisiensis acceperunt. Sciendum autem quod de masuris que in predicto territorio residue sunt, fratres nullam acquirere poterunt sine predictorum calumpniatorum vel heredum ipsorum conscientia et consensu. Hoc concesserunt liberi dicte Marie de Magnivilla, Rainaldus, Emmelina, et Eufamia. Hoc etiam concesserunt Amalricus de Vernolio et Constantia mater ejus ad quorum feodum ea que prediximus pertinebant. Hiis itaque testes interfuerunt, Balduinus abbas, etc. Ut ergo hec rata sint neque ulla de cetero super hiis adversus fratres Ursicampi calumpnia renascatur, presentem paginam inde conscriptam sigillo meo volui roborari. Actum anno Verbi incarnati, M°. C°. XC°. VII.

1197.

CCLI.

LITTERE KATERINE COMITISSE DE EADEM COMPOSITIONE.

1197.   Ego Katerina, Blesensis et Claromontensis comitissa, notum volo fieri omnibus hec visuris quod approbavi et ratam habui compositionem illam quam fratres Ursicampi fecerunt cum Ingerranno de Vileron et Maria de Mognivilla, uxore ejus, et cum ceteris qui adversus eosdem fratres calumpniam moverant, juxta omnia que continentur in autentico inde facto et domini maritique mei comitis Ludovici sigilli appensione munito. Ut autem hoc nullius cavillatione vel malitia in posterum violetur, presentem paginam inde conscribi et sigillo meo volui communiri. Actum anno gratie M°. C°. XC°. VII°.

CCLII.

CARTA COMITIS LUDOVICI DE CAMPARTO WALTERI DE NUELI.

1198.   Ego Ludovicus, Dei gratia comes Blesensis et Claromontensis, notum volo fieri omnibus hec visuris in perpetuum quod secundum tenorem carte autentice illustrissimi comitis Radulfi predecessoris nostri, miles quidam Walterus de Nueli dedit in elemosinam ecclesie beate Marie Ursicampi campartum quod habebat in essarto de Foilleuses, quod erat fratrum Ursicampi, hoc etiam adito quod si iidem fratres residuum nemoris quod juxta essartum pro districto relictum fuerat, disrumperent, ullum campartum Waltero vel heredi ejus inde persolverent. Et quia de hereditate Margarete uxoris sue hoc ei provenerat, eadem Margareta hoc ipsum concessit et in manu comitis reddidit, ipse vero ecclesiam Ursicampi investivit per manum Salicii monachi ejusdem loci. Recognovit etiam in presentia comitis eadem Margareta, quod juraverat super sanctas reliquias se hanc elemosinam spontanea voluntate et absque ulla coactione concessisse, et quod supra eadem elemosina nichil in posterum reclamaret, dato sibi nimirum decambio congruo a marito suo, terra scilicet de Auviler. Postmodum vero Odo frater dicte Margarete supra hiis que prescripta sunt calumpniam movit adversus ecclesiam Ursicampi. Deinde autem injustitiam suam recognoscens, saniore ductus consilio querelam istam prorsus quitam clamavit, ac fide interposita plevivit quod deinceps ullam fratribus inde dicte ecclesie molestiam suscitaret, et insuper contra omnes qui ad justitiam vellent venire warandiret. Hoc idem tenendum pleviverunt prefata Margareta, Simon de Noereto, frater ejus, Theobaldusque ejusdem Margarete maritus. Ut autem hec omnia inconcussa firmitate roborentur, eorundem inviolabiliter tenendorum et petitorum dictorum Symonis, Odonis et Margarete plegium atque obsidem me constitui, presentemque paginam inde conscriptam sigilli mei appensione muniri feci. Actum anno gratie M°. C°. XC°. VIII°.

CCLIII.

DE DECIMA DE BAILLOL APUD ERROSIAS.

Ego Ludovicus, Dei gratia comes Blesensis et Claromontensis, notum volo fieri omnibus in perpetuum hec visuris quod Adam de Baillol dedit in elemosinam ecclesie Ursicampi totam decimam quam habebat in terris fratrum ejusdem ecclesie apud grangiam eorum de Arrosiis, itemque totam decimam terrarum suarum et insuper decimam quam habebat in aliis terris territorii de Ballol, usquedum ex hiis omnibus xxx modiatarum terre decimatio compleatur. Adjecit etiam prefatus Adam huic elemosine totam decimam que ad eum pertinet in ea parte nemoris sancti Dyonisii que adjacet inter Valsemer et Cressunessart: hanc elemosinam ipse Adam recognovit in capitulo, presente toto conventu, ac deinde in ecclesia super altare Deo obtulit. Hec omnia concesserunt Richeldis mater et Willelmus frater ipsius Ade, et quicquid juris in predictis decimis habebant bona fide quitum clamaverunt et in manu Wilardi monachi Ursicampi reddiderunt. Hec etiam concesserunt Hersendis et Cecilia sorores ejusdem Ade, et quicquid in eis juris habebant in manu Arnulfi presbiteri de Baillol reddiderunt et ipse inde ecclesiam Ursicampi investivit per manum Nicholai conversi. Quia vero hec omnia de feode meo erant et sine meo assensu et bene placito inde elemosina fieri non debebat, ego ad petitionem sepedicti Ade eandem elemosinam benigne concessi, de eadem firmiter tenenda plegius et obses remansi, et ne qua in posterum adversus fratres Ursicampi supra hiis calumpnie molestia suscitetur, presentem paginam inde conscriptam sigilli mei appensione feci muniri. Actum anno Verbi incarnati M°. C°. XC°. IX°.

1199.

CCLIV.

CARTA COMITIS LUDOVICI DE QUERELIS BERNARDI FILII ANSELLI VITULI.

Ego Ludovicus, Dei gratia comes Blesensis et Claromontensis, universis fidelibus hec visuris in perpetuum. Notum volo fieri quod Bernardus, filius Ancelli vituli, querelavit fratres Ursicampi longo tempore pro territorio de Callosellis, quod dicti fratres ad excolendum manu firma sub camparto none garbe dudum receperant de manu dicti Ancelli et Hersendis uxoris ejus, cui dicta terra in maritagium data fuit. Post modum vero amicorum suorum usus consilio dictam querelam omnino remisit, et ut memoratam terram sub eodem camparto pace perpetua fratres excolerent, benigne concessit. Preterea quicquid agricole de eodem territorio sub camparto excolebant, concessit idem Bernardus ut predicti fratres, cum potuerint, de manu eorum acquirant, salvo sibi camparto suo, hac tamen conditione quod quicquid de terra illa in puram elemosinam datum fuerit ecclesie Ursicampi, fratres absque ulla Bernardi vel heredum suorum contradictione recipere poterunt et tenere. Si vero quodque catallum pro eadem terra datum fuerit, idem Bernardus juxta quantitatem catalli venditionis a venditore recipiet, etiam si venditor domino suo venditiones dare noluerit, abbas

1199.

Ursicampi de catallo tantum retinebit ut dicte venditiones inde possint reddi. Sciendum autem quod si Bernardus objicere voluerit quod eo tempore quo pars aliqua terre illius data fratribus vel vendita fuerit, dator vel venditor in querela et placito de eadem terra erga se erat, et dator vel venditor hoc ipsum negaverit, abbas vel fratres Ursicampi presbiterum de Ballol facient in plena ecclesia excommunicare omnes qui rei scierint et celaverint veritatem. Post hanc autem excommunicationem si ex parrochianorum testimonio constiterit datorem vel venditorem tum temporis de eadem terra in querela fuisse adversus dominum suum, fratres eam non poterunt acquirere donec querela illa fuerit terminata. Si vero terra illa in querela non fuerit, fratres eam acquirent, et Bernardus et heredes ipsius nullatenus poterunt prohibere. Quotiens autem fratres aliquam portionem terre illius acquisierint, Bernardo sex denarios Parisiensis monete tantum pro investitura dabunt. Hiis adiciendum quod tempore messionis quum fratres campartare voluerint, mittent ad domum Bernardi apud Cressunessart et nunciabunt ei ut mittat ad campartum suum sequestrandum. Quod si non miserit, fratres nichilominus campartum illius sequestrabunt, et ad Cressunessart et non alibi propriis vecturis deducent. Si vero Bernardus conquestus fuerit aliquid de terragio suo sibi a fratribus fuisse direptum, fratres de ejus terragio nichil sibi scienter detinuisse verbis simpliciter affirmabunt, quorum assertionibus, si ille fidem noluerit adhibere, fratres unum de familia sua hoc plevire facient, et super hoc nichil ab eis postmodum exigetur. Hec omnia in presentia Drogonis de Cressunessart, totiens dictus Bernardus bona fide tenenda plevivit, eo die quo dicti territorii campartum de eodem Drogone tenebat in feodum, ante quam fratrem suum inde reciperet in hominem. Hec omnia concesserunt Ansellus et Hersendis, dicti Bernardi genitores, et Johannes frater ejus, et bona fide tenenda pleviverunt. Hec universa recognovit in capitulo Ursicampi dictus Bernardus, et post modum super altare quodam in ecclesia elemosinam inde fecit. Ipse de beneficio ecclesie L libras monete Parisiensis accepit. Hec omnia concessit Drogo de Cressunessart et Agnes uxor ejus et liberi eorum Drogo, Adelina, et Biatrix. Hujus rei firmiter tenende ad petitionem sepe dicti Bernardi ego me et heredem meum plegium atque obsidem constitui, ita quod si de omnibus istis que predicta sunt, adversus dictos fratres aliqua molestia in posterum suscitabitur, vel dampnum aliquod illatum fuerit, ego et heres meus tenebimur emendare. Hiis adjiciendum quod Ansellus, dicti Bernardi pater, de catallis super quibus ecclesiam Ursicampi diu querelando vexaverat, omnem querimoniam benigne in perpetuum remisit. Ut ergo hec omnia irrevocabilem obtineant firmitatem, presentem paginam inde conscriptam ad petitionem sepe memorati Bernardi sigilli mei impressione munivi. Actum anno Verbi incarnati M°. C°. XC°. IX°.

CCLV.

VENDITIO CENSUS PETRI DE VILERS.

1202.   Ego Katerina, Blesensis et Claromontensis comitissa, omnibus notum facio quod Petrus de Vilers, miles, Iherosolimam profecturus, dedit in elemosinam ecclesie Ursicampi xx et ix sextaria vini et dimidium ad mensuram Castineti, que prefatus Petrus singulis annis in vineis fratrum ejusdem ecclesie apud Castinetum tempore vendemiarum accipiebat, et insuper quicquid juris in eisdem vineis habebat, exclusa omni justitia, preter hominum illorum fratrum, ipsis fratribus contulit et concessit; dedit etiam eisdem fratribus idem Petrus tres solidos et sex denarios Belvacensis monete, qui eis ab ipsis censualiter solvebantur. Hanc autem elemosinam concessit Berta uxor Petri; Johannes, Richardis, et Amelina dicti Petri liberi concesserunt. Sciendum autem quod sepedictus Petrus in hujus elemosine recompensationem XI libras Parisienses de beneficio ecclesie Ursicampi accepit. Quia vero census iste de feodo domini comitis Iherosolimam profecti, et meo esset, ego in ejus absencia vices ipsius supplens, ad preces utriusque hoc volui et concessi, et garandizandum firmiter manu cepi. Quod ut ratum sit, litteris commendo, et etiam sigillo meo confirmo. Actum ville Noviomi, anno gratie M°. CC°. secundo.

CCLVI.

CARTA PHILIPPI, BELVACENSIS EPISCOPI, DE DECIMIS ADE DE BAILLOL.

Philippus, Dei gratia Belvacensis episcopus, omnibus hec visuris in perpetuum. Notum fieri volumus quod Adam miles de Ballol dedit in elemosinam ecclesie Ursicampi totam decimam quam habebat in terris ejusdem ecclesie apud grangiam de Arrosiis, et totam de terris suis, necnon et decimam quam habebat in aliis terris territorii de Ballol usquedum ex hiis omnibus triginta modiatarum terre decimatio compleatur. Adjecit autem dictus Adam huic elemosine totam decimam que ad eum pertinet in ea parte nemoris sancti Dyonisii que adjacet inter Valsoemer et Cressunessart, excepta decima essartorum que fecerunt homines de Cressunessart, sicut in autentico viri nobilis Ludovici, comitis Blesensis et Claromontensis, plenius est expressum. Hanc donationem magister Willelmus de Ballol, frater memorati Ade, coram Rainulfo decano nostro de Fraisneto ratam habuit et concessit, fidem que interposuit, quod propter hanc elemosinam Ursicampi non dampnificabit aliquatenus nec nocebit, vocatis etiam ad hoc audiendum coram eo quibusdam aliis prudentibus et honestis. Ut hec ergo in posterum rata permaneant, ad petitionem magistri Willelmi de Baillol presentem paginam inde conscriptam sigillo nostro roboravimus, salvo jure episcopali. Actum anno ab incarnatione Domini M°. CC°. duodecimo.

1212.

CCLVII.

CARTA LUDOVICI, COMITIS BLESENSIS ET CLAROMONTENSIS, DE DONATIONE RAINULFI DICTI HERLIS, MILITIS.

Ego Ludovicus, Blesensis et Claromontensis comes, notum facio presentibus et futuris quod Rainulfus miles, cognomento Herlis, dedit in elemosinam ecclesie Ursicampi totum campartum suum quem habebat in terris fratrum Ursicampi, assensu et voluntate Willelmi de Vilers, a quo eumdem campartum tenebat in feodum. Ego autem ut hujus beneficii particeps efficiar, ad petitionem dicti Willelmi de Vilers sepedictum campartum quem de me tenebat in feodum, memorate ecclesie Ursicampi perpetua concessi libertate tenendum. Quod ut ratum

Maio 1227.

et inconcussum permaneat, presentem paginam inde conscriptam sigilli mei impressione volui confirmari. Actum est hoc anno ab incarnatione Domini M°. CC°. XX°. VII°. Datum Noveville, per manum Theobaldi, cancellarii, quinto Idus Maii.

CCLVIII.

CONCESSIO COMITISSE KATERINE DE EODEM.

1197.

Ego Katerina, Blesensis et Claramontensis comitissa, notum facio presentibus et futuris quod Rainulfus, miles, cognomento Herlis, dedit in elemosinam ecclesie Ursicampi, totum campartum quod habebat in terris fratrum Ursicampi, assensu et voluntate Willelmi de Vilers, a quo eumdem campartum tenebat in feodum. Ego autem ut hujus beneficii particeps efficiar ad petitionem domini Balduini de Ursicampo, et domini Salicii de Fresmont abbatum, dictum campartum quem de karissimo domino meo comite Ludovico et de me prefatus Willelmus de Vilers tenebat in feodum, memorate ecclesie Ursicampi perpetua concessi libertate tenendum. Quod ut ratum et inconcussum permaneat, presentem paginam inde conscriptam sigilli mei impressione volui confirmari. Actum anno ab incarnatione Domini M°. C°. XC°. VII°.

CCLIX.

CAMPANIE ET BRIE. — LITTERE THEOBALDI, REGIS NAVARRE, DE ANNUO REDDITU XX LIBRARUM TURONENSIUM APUD PRUVINUM, ANNIS SINGULIS IN PORTAGIO SUO CAPIENDARUM IN NUNDINIS SANCTI AIGULFI.

April. 1260.

Nos Theobaldus, Dei gratia rex Navarre, Campanie et Brie comes palatinus, notum facimus universis presentes litteras inspecturis quod pro nostre et karissime uxoris Ysabellis eadem gratia regine Navarre, Campanie et Brie comitisse palatine, ac etiam parentum et aliorum antecessorum nostrorum animarum remedio, damus et concedimus monasterio Ursicampi, Cysterciensis ordinis, Noviomensis dyocesis, in perpetuam elemosinam, xx libras Turonenses pro anniversario nostro post obitum nostrum in eodem monasterio in futurum celebrando, pro nobis et dicta regina, quamdiu vixerimus, quolibet anno due misse conventuales in ipso monasterio celebrabuntur, una de Sancto Spiritu, altera de gloriosa Dei genitrice virgine Maria, et de illis xx libris fiet pitancia conventui dicti loci singulis annis, videlicet dum vixerimus die Jovis proxima ante resurrectionem Domini, et post obitum nostrum die qua celebrabitur anniversarium nostrum. Assignamus autem predictas xx libras capiendas apud Pruvinum annis singulis in nundinis que dicuntur sancti Aigulfi infra rectum pagamentum earum in portagio nostro de Pruvino. Et volumus et ex nunc mandamus quod ille vel illi qui dictum portagium pro tempore tenebunt, certo ipsius monasterii nuncio dictas xx libras absque alterius nostri expectatione mandati integre ac benigne persolvant, loco et termino supra scriptis. Et si forte contigeret quod dictas xx libras dicto nuncio infra tres dies post quam ad hoc veniret non solverent, voluimus et statuimus quod ei pro singulis diebus quibus ultra illud triduum in solutione cessarent, duos solidos Turonenses nomine pene de suo reddere teneantur. In cujus rei testimonium presentes litteras fieri fecimus, et sigilli nostri munimine roborari. Data apud Barrum super Secanam, per manum dilecti vicecancellarii nostri fratris Petri de Roscida Valle. Galterus de Perona scripsit anno ab incarnatione Domini M°. CC°. LX°, mense aprili.

CCLX.

CARTA RADULFI, COMITIS CLARIMONTIS, DE PEDAGIIS.

Ego Radulfus, comes Claromontensis, notum volo fieri tam futuris, quam presentibus, quod dedi in elemosinam ecclesie Ursicampi, pro remissione peccatorum meorum, necnon et pro animabus predecessorum meorum, ut fratres ejusdem loci per totam terram meam et per omnes transitus dominationis mee, tam in aquis quam in terra, cum suis omnibus securi, et ab omni exactione vetigalium, et ab omni consuetudine liberi et absoluti eant et redeant, que sibi necessaria emant et vendant, ullumque theloneum sive pedagium aut winagium michi meis que successoribus exsolvant. Omnimodis ergo prohibeo ne quis in omni potestate mea eis molestus existat, nec aliquid jure forensis exactionis aut consuetudinis ab eis sicut et ab aliis ementibus et vendentibus exigere presumat, ne divinam iram et indignationem meam incurrat. Quod elemosine beneficium ne qua possit oblivione deleri, presenti scripto volui commendari. Et ut ratum consistat, sigilli mei impressione et testium subscriptorum astipulatione confirmare decrevi. S. Alveredi, abbatis de Britolio, et Wiberti, monachi ejus. (Petri, monachi Ursicampensis. S. Stephani, monachi de Fresmont. S. Symonis, fratris mei. S. Petri Ambianensis, nepotis mei. S. Symonis de S^{to} Samson et Mathei filii ejus. S. Philippi, fratris ejusdem Symonis. S. Odonis de Ronkeroles. S. Arnaldi de Angiviler. S. Radulfi de Cresonessart. S. Erardi de Beni. S. Wiardi prepositi. S. Odonis cubicularii.) Actum est hoc concessione Adelidis, uxoris mee, et filiarum mearum Katerine et Adelidis, anno ab incarnatione Domini M°. C°. LXX°. VIII°.

1178.

CCLXI.

ITEM DE EODEM, DE WIENAGIO LANE PECUDUM DE ERROSIIS.

Ego Radulfus, comes Clarimontis, notum fieri volo tam presentibus quam futuris, quod pro amore Dei et remissione peccatorum meorum predecessorumque meorum, concessione uxoris mee Aalidis et filie mee quitum clamavi et in elemosinam dedi ecclesie Ursicampi, per manum magistri Odonis, ejusdem loci abbatis, winagium de lana pecudum ejusdem ecclesie quod exigebam et calumpniabar quando pecudes ipse ab tondendum de Errosiis ducebantur ad Arcusvallem. Hujus elemosine testes interfuerunt Guido Rubeus canonicus de Compendio et magister Stephanus de Roi. Arnulfus de Ouinni? et Erardus frater ejus et Symon

Circa 1180.

Mortvilanus. Concessi quoque fratribus predicte ecclesie ut grangiam Arcusvallis si vellent, muro clauderent.

CCLXII.

ITEM DE EODEM, DE CULTURA DE VALLERIIS.

1162.   Ego Radulfus, Dei gratia comes Clarimontis, notum volo fieri universis quod ego sciens beneficia pauperibus Christi pro Christo impetita ipsi ipso teste specialiter erogata, dedi in elemosinam ecclesie Ursicampi et super altare sancte Marie ejusdem ecclesie Ursicampi Deo obtuli totam culturam meam de Valeriis quam hereditario jure possidebam in territorio Gornaci. Hoc pacto quod ecclesia perpetua cum pace illam possideret, et singulis annis quibus terra tritico vel avena seminaretur, quinque modios ejusdem annone qua terra foret seminata, michi persolveret, sed anno illo quo terra remaneret vacua, nichil omnino redderet. Et hoc manifestius elucidandum, quod anno quo terra tritico fuerit seminata, triticum michi persolvetur, et quando avena seminabitur, avena reddetur, et quum in gascheriis terra remanserit, nichil pro illa restituetur. Hic autem census in horreo grangie Arcusvallis in festo sancti Remigii michi est persolvendus, sed michi alibi non est a fratribus deferendus, et mensura Gornaci ministris meis ibidem prebendus. Ego autem propter hanc LX libras Parisiensis monete de beneficio predicte ecclesie recepi, et contra omnes calumpnias quamdiu vita comes fuerit, totam terram illam me deffensurum eidem ecclesie spopondi. His omnibus testes affuerunt isti. Guido Campus Avene nepos meus et Hugo cognomento Flandrensis, Petrus Truncato et Ansculfus de Lis, Petrus li Eschans et Symon de Garmeni. Hec omnia concesserunt apud Cretolium Adelidis, uxor mea, et Matildis, soror mea, ut testantur Haimardus, capellanus meus, et Sanson de Fontibus, etc. Concesserunt hoc nichilominus fratres mei Symon et Stephanus coram multis audientibus. Ut ergo istud pactum permaneat ratum in perpetuum et inconvulsum, presentem paginam volui conscribi ad prohibendum posteris veritatis testimonium, et sigilli mei impressione roborari cum fidelium astipulatione testium. Actum anno incarnationis dominice M°. C°. LX°. II°.

CCLXIII.

ITEM DE EODEM. — DE QUINQUE MODIIS CENSUALIBUS IN GRANGIA ARCUSVALLIS.

1178.   Ego Radulfus, comes Clarimontis, notum volo fieri tam futuris quam presentibus quod contuli in elemosinam pro anima mea et pro animabus antecessorum meorum, ecclesie beate Marie Ursicampi, censum quinque modiorum annone quos michi ecclesia pro cultura de Valeriis in granea Arcusvallis persolvebat, et ut hoc mee devotionis beneficium in conspectu Domini gratius redoleret, de eodem ecclesiam Ursicampi, presente conventu, in capitulo, per manum domini Guidonis abbatis investivi, deinde super altare ejusdem ecclesie cum fratre meo Symone illud obtuli. Id ipsum etiam concessit Aelidis, uxor mea, Katerina et Aelidis, filie mee. Ut ergo prefatus census fratribus in ecclesia Ursicampi deo famulantibus a me impensus, ab eisdem libere deinceps possideatur, nec a me vel a quoquam successorum meorum exigatur, presentem paginam tam sigilli mei impressione quam testium subscriptorum astipulatione roborari volui. S. Johannis Belvacensis archidiaconi. S. Joscelini cantoris et Petri capellani nostri. (S. Petri Ambianensis. S. Symonis de Maniaco. S. Rainaldi de Trachiaco. S. Andree de Plaiseio. S. Egidii de Bretinniaco. S. Airardi de Oeni militum.) Actum Verbi incarnati anno M°. C°. LXX°. VIII°.

CCLXIV.

ITEM DE EODEM. — COMITIS CLAROMONTENSIS DE ESSARTIS.

In nomine sancte et individue Trinitatis. Amen. Ego Radulfus, comes Claromontis, notum volo fieri tam presentibus quam futuris quod fratribus Ursicampi concessi ob restaurationem dampnorum que intuli eis tempore guerre que fuit inter Regem Francorum et comitem Flandrie, ut in silva sua que sancti Wandregili dicitur, extirpent, donec sufficiat ad xxv modios seminandos, et confirmo eis essartum quodam quod per manum fratris Petri, monachi, ipsis concesseram cum aliis quibusdam parvis essartis, ita ut in summa habeant xxx modios seminandos. Concesseram autem eisdem fratribus alio tempore in eadem silva essartum xl modiorum et universe concessionis mee quam feci eis summa est LXX modii sementis mensura Gornaci qua venditur et comparatur. Hec omnia concessi eis et per manum domini Guidonis abbatis investivi apud Claromontem, annuente uxore mea Aëlis, filio que meo Philippo, et Katerina filia mea. Et ut hec concessio mea rata permaneat, eam scripto volui commendare, et presentem paginam tam sigilli mei impressione quam testium subscriptorum assertione munire. S. Salicii. S. Renaldi, monachorum, etc. Actum est hoc anno incarnationis Dominice M°. C°. LXXX°. II°, apud Claromontem.

1182.

CCLXV.

LITTERA DOMINI REGIS DE SENTENCIA LATA CONTRA NOS, DATA PER COPIAM PRO GARDA DE WARNAVILER PERTINENTE AD DOMINUM CLAROMONTENSIS.

Notum facimus quod cum abbas et conventus Ursicampi, Cysterciensis ordinis, proponerent in curia nostra contra karissimum fratrem et fidelem nostrum R...., comitem Clarimontis, quod ipsi et membra sui monasterii cum pertinenciis suis erant in custodia nostra ratione privilegiorum eis a nostris predecessoribus concessorum, et quod ipsi erant et fuerant in pascifica possessione dominice custodie, et quod dictus comes ceperat seu capi fecerat, injuste et sine causa, equos ipsorum et quadrigas in quadam grangia eorum que dicitur Warnaviller, quam dicebant dicti monachi esse de garda predicta, et ibi habere omnem justiciam ratione cujus captionis dampnificati fuerant in centum libris Parisiensibus quas a dicto comite petebant sibi reddi, prefato vero comite contrarium affirmante et dicente quod dicta grangia cum

Martio 1282.

pertinenciis suis est et erat de gardia sua et comitatus Claremontis, et quod habebat ibidem omnem justiciam et quod ipse et predecessores sui sunt et fuerant in possessione predictarum garde et justicie, ratione comitatus Claremontis, et ipse dictam captionem fecerat utendo jure suo. Tandem visa inquesta de mandato nostro inde facta, visis et privilegiis, cartis et instrumentis ex utraque parte exibitis, et auditis et intellectis que partes proponere voluerunt, coram nobis per judicium curie nostre pronunciatum est, justiciam et gardiam predictas esse domini comitis et ad eundem comitem pertinere in dicta grangia et pertinenciis suis, propter quod eundem comitem ab impetitione dictorum monachorum per idem judicium diximus absolvendum, supra dictis eisdem monachis perpetuum silencium imponendo, salvo tamen jure nostro, si quod nobis competit in premissis et jure in omnibus alieno. Actum anno Domini м°. cc°. octogesimo secundo, mense martio, iij°. kalendas ejusdem mensis, in presentia domini regis Philippi, astantibus abbate sancti Dyonisii, juxta palacium Regis. Parisiis.

(Est ensuite écrit en lettres rouges : *Istam cartam non habemus.*)

CCLXVI.

QUITATIO COMITIS CLARIMONTIS DE EMENDATIONE PRO CUSTODIA GRANGIE DE WARNAVILER, PRO V. C. LIBRIS TURONENSIBUS.

Martio 1286.

Universis presentes litteras inspecturis, Robertus, filius regis Francorum, comes Claromontis, salutem. Notum facimus quod cum religiosi viri abbas et conventus Ursicampi, Cysterciensis ordinis, propter quod grangiam de Warnaviler esse de garda nostra negaverant, cujus grangie cum ejus pertinenciis garda et justicia per judicium curie domini Regis Francorum nobis adjudicate fuerunt, nobis tenerentur ad emendam, que quidem negatio garde nostre dicte grangie de Warnaviler cum ejus pertinenciis taxata fuit in curia nostra, licet multo major potuisset esse secundum cousuetudinem et jus. Nos ad supplicationem dictorum religiosorum, et pietatis intuitu, quod amplius petere possemus ab ipsis et habere occasione dicti facti, pro dictis quingentis libris Turonensibus de quibus est nobis plenarie satisfactum contenti, dictos religiosos de omni emenda ratione dicti facti preteriti quittavimus. In cujus rei testimonium dictis religiosis presentes litteres dedimus sigilli nostri appensione munitas. Datum apud Lorcinas prope Parisiis, die lune ante festum sancti Gregorii. Anno Domini м°. cc°. octogesimo sexto, mense marcio.

CCLXVII.

ITEM DE EODEM. — DE ESSARTO PETRI DE NOERETO ET EVRARDI DE FOULEUSES.

1173.

Ego Radulfus, comes Clarimontis, cunctis fidelibus tam presentibus quam futuris in perpetuum notum fieri volo quod Petrus de Noereto et Evrardus de Fouleuses dederunt in elemosinam ecclesie Ursicampi et contra omnes calumpnias warandire promiserunt, partem nemoris de Follouses ad eradicandam et excolendam scilicet a districto de Foillouses, usque ad nemus de Cressonessart, sicut nemus Gaufridi dividit ex una parte et territorium de Callosellis ex altera parte. Hoc vero factum est concessione uxorum suarum omniumque liberorum suorum. Tali quoque conditione id ipsum actum est, quod milites illi terragium inde debebunt, nonam licet garbam excepta dimidia modiata terre quam prefata Ursicampi ecclesia ab omni redditu liberam habebit, in qua, si voluerit, edificia construere possit. Sciendum vero quod tempore messis fratres Ursicampi mittent ad Foillouses ad hospitia predictorum militum nunciantes ut terragium suum recipiant, et si non venerint milites illi vel miserint, predicti fratres Ursicampi, non expectatis illis, ad prefatam villam terragium illud deducent. Quod si predicti milites fratres illos suspectos habuerint, ne terragium suum eis juste solverint, fratres id simpliciter verbis asserentes certos eos facient. Si autem adhuc dubitaverint, majorem ab eis certitudinem exigerint, unum de servientibus suis id plevire fratres facient, et milites illi nil ultra ab eis exigere poterunt. Sciendum preterea quod nemus illud de feodo meo est. Si ego vel heres meus per defectum servitii vel alia causa feodum illud saisire voluero, memorati fratres terragium illud ad predictam tum villam de Foilleuses, sicut militibus facere consueverant, michi deducent. Hec omnia apud Clarummontem in presentia mea acta sunt, ubi predicti milites feodum istum in manu mea reddiderunt. Et ego prefate Ursicampi ecclesie eum in elemosinam tradidi, et per manum domini Guidonis, abbatis, eam investivi, et contra omnes calumpnias et ubique illum me jure promisi warandire. Hoc testantur dominus abbas Petrus de Fresmont et Petrus de Claromonte monachus ejus, etc., hec omnia concesserunt. Hii testes fuerunt, Obertus presbiter ejusdem ville, Evrardus monachus et Petrus de Belleria, conversus Ursicampi. Quando autem Maria, uxor Evrardi de Fouillouses, et filius ejus Rogerus, et filia ejus Holda, hec omnia concesserunt, hii testes affuerunt, Richardus presbiter ejusdem ville, Haimericus presbiter de Ballol et Petrus ejusdem ville major. Ut ergo hoc ratum et inconvulsum permaneat, sigilli mei impressione, testiumque prescriptorum astipulatione roborare decrevi. Actum anno Verbi incarnati M°. C°. LXX°. iij°.

CCLXVIII.

ITEM DE EODEM. — DE ELEMOSINA ANSELMI VITULI ET HERSENDIS, UXORIS EJUS, DE TERRA DE CAILLOSELLIS.

Ego Radulfus, comes Clarimontis, notum volo fieri tam futuris quam presentibus quod Drogo dominus de Cressunessart et Emelina, uxor ejus, acquisierunt tertiam partem territorii de Callosellis, in qua quia sine mea concessione firmitatem construere non poterant, firmitatem inibi constructam in meo feodo posuerunt. Deinde Drogone defuncto, Hersendis mater, et Emelina, uxor ejusdem, Hersendem, Drogonis filiam Anselmo cognomento Vitulo matrimonio conjunxerunt, et ei predictam terram in maritagio tradiderunt. Postea exacto aliquanti temporis spacio, prefatus Anselmus et Hersendis, uxor ejus, amicorum suorum usi consilio prescriptam terram tam campestrem quam nemorosam fratribus Ursicampi salvo sibi terragio, id est nona garba, perpetuo excolendam in elemosinam concesserunt. Ita sane

1177.

quod agricole prefati territorii terras quas actenus excoluerant deinceps similiter excolent, donec prefati fratres eas quoquomodo ab eis acquirere poterunt. Rogatus itaque ab Anselmo et uxore ejus Hersende, et Drogone, fratre ejus, eorumque amicis quicquid in predicta terra juris habueram excepto terragio ubi feodum meum esse constiterit, debito tamen ecclesie prius persoluto, pro anima mea ecclesie Ursicampi in elemosinam concessi, hujus conventionis inter eandem ecclesiam et Anselmum ejusque uxorem Hersendem habite, me fidejussorem esse et deinceps warandire promisi, hoc cum tenore, ut si pro hac elemosina aliquod dampnum ecclesie Ursicampi emerserit, de Anselmi et uxoris ejus vel amicorum suorum proprio dampnum illatum predicte ecclesie restaurari faciam. Hujus etiam elemosine testes sunt et fidejussores, Symon de sancto Sansone, etc.

Hanc elemosinam apud Cressunessart sub hiis testibus concesserunt, Guidone, abbate Ursicampi. Ut ergo super hac elemosina omnis calumpnie aditus deinceps excludatur, presentem paginam sigilli mei impressione et testium subscriptorum astipulatione volui roborare. S. Guillelmi de Buisvalle. S. Magistri Guillelmi, capellani, etc. Actum est hoc anno ab incarnatione Domini M°. C°. LXX°. VII°.

(Au petit cartulaire d'Ourscamp, page 191, cet acte est abrégé; mais on y trouve les noms des témoins suivants :)

Odo de Roncheroles, avunculus sepedicte Hersendis, et Radulfus, patruus ejusdem. Hersendis quoque de Cressonessart, et Emelina, quondam uxor Drogonis, et Drogo, filius ejus, et Matildis, filia sua; Laurentio dicte Emeline marito. Radulfo de Cressonessart, militibus... Sigilli mei impressione... S. Guillelmi de Buisvalle. S. Albrici, comitis de Dammartin. S. Symonis de S. Sansone, et Philippi, fratris ejus. S. Rainaldi Aguillum. S. Erardi de Oceni. S. Johannis de Monte.

CCLXIX.

CARTA COMITISSE KATERINE CLAROMONTENSIS ET BLESENSIS DE CENSU PETRI DE VILERS.

1202.

Ego Katerina, Blesensis et Claromontensis comitissa, omnibus notum facio, quod Petrus de Vilers miles Iherosolimam profecturus dedit in elemosinam Ecclesie Ursicampi xx et ix sextaria vini et dimidium ad mensuram Castineti, que prefatus P. singulis annis in vineis fratrum ejusdem Ecclesie apud Castinetum tempore vendemiarum accipiebat et super quicquid juris in eisdem vineis habebat, exclusa tamen omni justitia preter hominum illorum fratrum, ipsis fratribus misericorditer contulit et concessit. Dedit etiam eisdem fratribus idem Petrus quatuor solidos et vi denarios Belvacensis monete, que ei ab eis consualiter solvebantur. Hanc autem elemosinam concessit Berta, uxor dicti Petri, et Johannes, Richardis et Amelina dicti Petri liberi concesserunt. Sciendum autem quod sepedictus Petrus nichilominus in elemosine recompensationem undecim libras Parisienses de beneficio ecclesie Ursicampi accepit. Quia vero census iste de feodo domini comitis Iherosolimam profecti et modo est, ego in ejus absentiam vices ipsius supplens, ad preces utriusque partis hoc volui et concessi et garantizandum et tenendum firmiter manu cepi. Quod ut ratum sit et firmum, litteris commendo et sigillo meo confirmo. Actum Villenove anno gratie m°. cc°. secundo.

CCLXX.

CARTA COMITIS FLANDRENSIS DE PEDAGIIS ET TELONEIS.

Ego Theodoricus, Dei gratia Flandrensis comes, utilitati et paci ecclesiarum pro bona voluntate perspiciens, votis religiosarum personarum me concordare debere justisque petitionibus assensum prebere non solum honorificum immo in Deo anime mee fructiferum fore perpendi, perpendens opere id in lucem ponere deliberavi. Venerabilis ergo et pie memorie abbatis Clarevallis domini Bernardi merito sui per secula commendandi piis postulationibus devote et benevole occurrens, annuere volui, et in perpetuum contradidi ut per totam terram meam et omnes transitus mee ditionis, mei comitatus sive mee potestatis, omnes abbatie a monasterio Clarevallis egresse vel ulterius exiture vel etiam ab hiis abbatiis processure que a Clarevallis cenobio sunt, progresse in eundo et redeundo a theloneo et passagio sint omnimodis libere. Quod quatinus ratum stabile et imperturbatum permaneat, sigilli mei impressione auctorizare et baronum meorum subscriptione confirmare institui. Testes hujus concessionis Rogerus prepositus Brugensis, Wilhelmus castellanus sancti Audomarensis, etc. Actum anno Dominice incarnationis. m°. c°· xlii, indictione v. concurrente iii. epacta xxii.

1142.

CCLXXI.

DE WIENAGIIS FLANDRIE ET HAINONIE.

Ego Balduinus, comes Flandrie atque Hainonie, universis fidelibus hec visuris in perpetuum notum volo fieri quod immunitatem illam quam pie memorie Theodoricus comes Flandrie avus meus beato Bernardo et domui Clarevallis et omnibus domibus a Clarevalle egressis pia largitione contulit et concessit, et post modum Philippus comes, avunculus meus, simili devotione eisdem monasteriis confirmavit. Ego ipsorum vestigiis inherere desiderans pro salute anime mee et pro anima uxoris mee, necnon et animabus antecessorum meorum, ratam et stabilem permanere concedo videlicet ut per omnem terram et transitus ditionis mee Claravallis et omnes abbatie ex ea egresse vel etiam ab eisdem abbatiis derivate et precipue Ursicampi in eundo et redeundo ab omni exactione thelonei et passagii seu cujuslibet consuetudinis liberi et immunes existant. Ne quis ergo fratribus Ursicampi super hujusmodi exactionibus molestiis esse presumat, districte prohibeo, presentemque paginam in robur et testimonium donationis mee conscriptam sigilli mei appensione confirmo. Actum anno Verbi incarnati m°. c°. nonagesimo nono.

1199.

CCLXXII.

CARTA JOHANNE, COMITISSE FLANDRIE, DE PEDAGIIS.

1235. Ego Johanna, Dei gratia comitissa Flandrie et Hainonie, universis presentes litteras inspecturis notum fieri volo quod immunitatem illam quam pie memorie Theodoricus, comes Flandrie, beato Bernardo et domui Clarevallis, et omnibus domibus a Clarevalle egressis pia largitione contulit et concessit, et postmodum Philippus, Flandrensis et Viromendensis comes, simili devotione iisdem monasteriis confirmavit, eandem immunitatem pie recordationis Balduinus pater meus, comes Flandrie et Hainonie, approbavit postmodum et confirmavit, sicut vidi in eorum autenticis contineri. Ego quoque ipsorum vestigiis inherere desiderans pro salute anime mee et pro anima bone memorie Ferrandi, comitis Flandrensis, domini mei, necnon et pro animabus antecessorum meorum eandem immunitatem volo, concedo ratam et stabilem in perpetuum permanere, videlicet ut per omnem terram, etc...... *(Ut suprà)*.... Actum anno Verbi incarnati M°. CC°. XXX°. V°.

CCLXXIII.

DE PEDAGIIS PER FLANDRIAM ET VIROMANDIAM.

1164. In nomine sancte et individue Trinitatis, amen. Ego Philippus, Dei gratia comes Flandrensis et Viromandensis, notum facio omnibus fidelibus tam futuris quam modernis quod libertatem et confirmationem quam pater meus Theodoricus domino Bernardo abbati et domui· ejus Clarevalli, omnibus que domibus ejus concessit et in proprium contradidit, et ego simili modo concedo et in proprium ratum esse volo, videlicet ut per totam terram meam et omnes transitus mee ditionis, mei comitatus sive mee potestatis Clarevallis et omnes abbatie ex ea egresse vel ulterius exiture vel ab hiis abbaciis processure, que a Clarevalle sunt progresse et precipue Ursicampi in eundo et redeundo, a theloneo et passagio sint omnimodis libere. Quod quatinus ratum stabile et imperturbatum permaneat, sigilli mei impressione auctorizare et baronum meorum subscriptione confirmare. Institui testes hujus concessionis, Desiderius prepositus Tragensis etc. Actum est hoc Furnis anno ab incarnatione Domini M°. C°. LXIIII, indictione XIII, concurrente III, epacta VI°

CCLXXIV.

GRANDI PRATI. — DE DOMO PARISIENSI.

Novemb. 1251. Je Henris, cuens de Grant Pre, a tous chiaus qui verront ou orront ces lettres, salut. Je fais savoir a tous que Mahius de Saint Germain, borjois de Paris, et Heluis se femme por ce establi par devant nous, donerent et reconnurent que il avoient done a leglise d'Oscans, del ordre de Cystiaux, en pure et perdurable aumosne, une maison que il avoient acquise en ma censive, la quele maisons siet a joignant de la leur maison ou il manoient, qui siet devant l'aigle en la rue de la porte Baudoier, et ensemblement tout le quint de cele meesme maison ou il manoient, la quele maisons estoit del hyretage le devant dit Mahiu ; de rechief cil Mahius et Heluis sa feme por ce establi par devant nous reconnurent et par deseur tout le devant dit quint de la devant dite maison ou il manoient, que il avoient vendu a labbe et au couvent de la devant dite eglize tout le remant de cele meisme maison pour le pris de CC° livres de Paris, des ques il se tenoient a paiet. Et por que ces ij maisons devant dites sont de ma censive, et les tenoient de moi a iij deniers parisis de cens, li devant dit Mahius et Heluis sa femme, il sen devestirent en ma main. Et je, la devant dite eglise des devant dites maisons revesti comme sires par le main de dan Rogier moigne et cellerier de cele dite eglize, et leur otroi a labbe et au couvent de la devant dite eglize et ai octroie a tenir paisiblement et franchement a tousjours perdurablement, en main morte, sans coaction de vendre ou de metre hors de leur mains, sauf men cens devant dit et sauve ma droiture et ma justice tele que je li doi avoir, et promet a garantir comme sires a la devant dite eglise toutes ces choses devant dites a tousjours contre tous, selonc la loi e les coustumes de Paris. En tesmoignage de laquele choze et en confermement, je ai ces presentes lettres seelles de mon seel. Et ce fu fait en lan del incarnation notre Seigneur, M°. CC°. et LI. ou mois de novembre.

CCLXXV.

QUITATIO ET CONFIRMATIO HENRICI COMITIS GRANDI PRATI DE DOMO PARISIENSI.

Universis presentes litteras inspecturis, Henricus, comes Grandi prati, salutem in Domino sempiternam. Noveritis nos litteras dilecti filii nostri Henrici militis, domini de Livriaco, et Lore de Monteforti, dicti filii nostri uxoris, non abolitas nec viciatas nec cancellatas in aliqua sui parte vidisse et diligenter inspexisse in hec verba. Universis presentes litteras inspecturis, Henricus de Grandi Prato, miles et dominus Livriaci, et Lora de Monteforti ejus uxor salutem in Domino sempiternam. Noveritis nos litteras inferius annotatas vidisse et diligenter inspexisse in hec verba. Ego Odardus Arrodes notum facio quod cum contentio verteretur inter me ex una parte et viros religiosos abbatem et conventum Ursicampi ex altera super eo videlicet quod dicti abbas et conventus dicebant quamdem partem manerii quod habent Parisiis siti in vico porte Bauderii ante aquilam, videlicet magnam domum lapideam que facit angulum vici Rogeri asinarii ab oppositis domus de Aquila esse in censura comitis Grandi Prati, et honeratam esse in tribus denariis tantummodo capitalis census reddendis predicto comiti ab ejusdem abbate et conventu, singulis annis, et dictam domum amortizatam esse, tam a dicto comite quam a Ludovico illustri rege Francorum, me in contrarium asserente et dicente dictam domum lapideam esse in censura mea et honeratam esse in tribus denariis capitalis census michi et heredibus meis reddendis singulis annis, et me ibi habere omne jus, omnem justiciam ad jus censuale spectantia, asserente etiam dictos tres denarios cum jure et justicia predictis ad me obvenisse ex successione paterna, et me dictos tres denarios cum jure et jus-

Maio 1267.

titia predictis, una cum quibusdam aliis rebus tenere in feodum a nobili viro domino Henrico de Grandi Prato, domino Livriaci, eodemque filio comitis Grandis Prati predicti, propter que preceperam dictis abbati et conventui, tanquam dominus primus, quod dictam ponerent extra manum suam infra annum et diem, asserens dictam amortizationem, si facta fuerat in meum prejudicium, non valere, et quia infra annum et diem non posuerunt dictam domum extra manum suam, ceperam ibi quandam crucem positam in summitate domus in signum libertatis vel amortizationis, hostia et fenestras propter que dicti abbas et conventus me fecerunt adjornari et citari pluries coram Henrico, filio et herede dicti comitis, et ejus baillivis. Tandem super hiis lite pendente coram eis, ego ex una parte, et abbas et conventus ex altera, de bonorum concilio, de predictis tanquam dubiis et lite in cunctis transegimus in hunc modum. Quod ego remitto et quito predictis abbati et conventui ex causa conventionis et transactionis quicquid juris in predictis domo lapidea, censu, jure, justitia, et aliis quibuscunque ratione census predicti habebam vel habere potaram quoquo jure pro ducentis libris turonensibus, michi a predictis abbate et conventu solutis in pecunia numerata, renunciantes exceptioni non numerate pecunie, non tradite, non solute. Volens et concedens tanquam dominus primus dicti census quod dicti abbas et conventus teneant, habeant et possideant perpetuo dictam domum in manu mortua libere, pacifice et quiete, absque coactione aliqua, dictam domum extra manum suam, et absque aliqua redibentia a predictis abbate et conventu michi et heredibus meis in posterum facienda, ex nunc transferens in eosdem abbatem et conventum omne jus, omnem possessionem, omnem proprietatem quos et quas habebam et habere poteram in predictis aliqua ratione, nichil in his penitus retinendo, promittens ex certa scientia tactis sacrosanctis Evangeliis, quod contra predicta seu aliquid de predictis per me vel per alium non veniam in futurum me et heredes meos ac successores, bona mea et heredum meorum mobilia et immobilia ad observantiam omnium predictorum obligando renuncians per idem sacramentum quantum ad hoc, omni juris auxilio tam canonici quam civilis, specialis vel communis, omnibus privilegiis, gratiis et indulgenciis impetratis vel impetrandis, omnibus consuetudinibus et statutis terre et patrie et generaliter omnibus que possent michi et heredibus meis dilatorie vel peremptorie prodesse et dictis abbati et conventui obesse et que contra presens instrumentum possent obici vel opponi. Ego autem domino meo domino Henrico, domino Livriaci, supplicavi ut predicta omnia et singula vellet, concederet et laudaret, et sigillo suo presentes litteras roboraret. Omnia acta et singula premissa voluerunt, laudaverunt, concesserunt et approbaverunt magister Petrus de Meullento, canonicus Cathalaunensis, consanguineus meus, et Radulfus de Passiaco, avunculus meus, datum anno Domini Mº. CCº. lxvii. die Mercurii ante Epiphaniam Domini. Nos autem Henricus omnia et singula volumus et etiam approbamus, ac etiam promittimus nos contra predicta vel aliquod de predictis aliquo tempore non venturos. Nos etiam predicta Lora specialiter volumus, concedimus et laudamus et promittimus fide prestita corporali, nos contra predicta seu aliquid de predictis ratione dotis seu datalicii seu quacunque ratione alia non venire. Nos etiam Henricus et Lora nostra uxor promittimus quod ab eodem Odardo per nos vel per alium nichil petemus, vel ipsum Odardum in aliquo molestabimus seu molestari faciemus occasione premissorum vel alicujus de premissis, nichil retinentes vel reclamantes nobis in predictis ducentis libris turonensibus eidem Odardo salutis ratione transactionis predicte, confitentes dictum Odardum in ullo modo nobis teneri ratione predicte transactionis vel ratione alicujus premissorum, remitentes eidem Odardo et suis heredibus quicquid nobis vel nostris heredibus competit, seu competere posset, ratione ventarum in dicta domo vel ratione alicujus premissorum seu ratione competentis superiori domino quod quintus denarius vulgaliter appellatur, et quantum ad premissa tenenda, obligamus nos et heredes et successores nostros. In testimonium autem premissorum nos Henricus et Lora sigilla nostra presentibus litteris apponi fecimus. Datum anno Domini M°. CC°. lxvii°. die Mercurii ante Epiphaniam Domini. Nos autem per eundem Henricum super hiis factum est prout superius continetur, ratum et gratum habentes illud quantum in nobis est, ad instanciam dictorum religiosorum, confirmamus, quitantes eisdem per nos et per heredes nostros omne jus si quod ex causa quacunque nobis competit vel competere poterat in premissis, ac promittentes quod contra premissa deinceps non veniemus aliquo ingenio vel cautela. In cujus rei testimonium sigillum nostrum presentibus litteris apponi fecimus. Datum anno Domini M°. CC°. LXVII°. mense maio.

CCLXXVI.

CARTA COMITIS MELLOTENSIS DE PEDAGIIS.

In nomine sancte et individue Trinitatis. Notum sit universis sancte ecclesie fidelibus, tam futuris quam presentibus, quod ego R(enaudus) Mellotensis, amore Dei compunctus, pro salute mea et uxoris mee et liberorum meorum do et concedo in perpetuam elemosinam Deo et abbacie sancte Marie Ursicampi et monachis ibidem Deo servientibus, quod omnes res ad abbaciam pertinentes, sint libere et quiete per totum dominium meum, in terra et in aqua, de theloneo, passagio et roagio, et de omnibus aliis consuetudinibus quas homines sui suas esse proprias potuerint affidare. Et si quis eos super hoc vexaverit vel disturbaverit, unum marcum argenti de forisfactura dabit michi. Hoc autem factum est anno ab incarnatione Domini M°. C°. LXX°. VIII. testibus Richardo abbate Mortuimaris, Willelmo abbate de Vallacia, Richardo le Bigot, Waltero de Brione et Radulfo clerico.

1278.

CCLXXVII.

CARTA COMITIS MONTISFORTIS INFRA CONFLANS

Universis ad quos littere presentes pervenirint, Almaricus, comes Montisfortis, Francie constabularius, salutem. Notum facimus quod nos confirmamus ecclesie beate Marie Ursicampi et monachis et fratribus ibidem Deo servientibus pro salute ac remedio anime nostre et antecessorum nostrorum totum usagium et omnem libertatem quam pie recordationis karissimus genitor noster per cartam suam concessit eisdem, et sicut continetur in illa quam habent ab eodem. Insuper concedimus fratribus et monachis predictis ut ipsi possent omnes res suas alias ad usum ipsorum pertinentes per portum de Conflans libere ducere et reducere sine omni pedagio vel consuetudine, ad valorem quadraginta solidorum Parisiensium pedagii per annum. Quod ut ratum sit, presentes litteras sigilli nostri munimine fecimus roborari. Actum Parisiis, anno Domini M°. CC°. XXX°. IIII. mense februario.

Febr. 1234.

CCLXXVIII.

MONSTEROLI ET PONTIVI DE WIENAGIIS.

Martio 1232. Ego Symon, comes Pontivi et Monsteroli, et Maria uxor mea comitissa, notum facimus universis presentibus et futuris, quod vir nobilis Johannes, quandam comes Pontivi, fecit elemosinam ecclesie Ursicampi, de qua elemosina cartam dedit in hunc modum. Johannes, comes Pontivi, omnibus hominibus et amicis suis salutem. Notum volo fieri omnibus hominibus et amicis meis quod pro amore Dei et domini Guidonis abbatis d'Oscans, dulcissimi consanguinei nostri, omnia ecclesie d'Oscans pertinencia libera et quieta per totam terram meam ab omni exactione et consuetudine et transverso et theloneo in perpetuum ecclesie d'Oscans in elemosina concessi, et in conductu meo et pace per totam terram meam res predicte ecclesie recepi. Et ut firmum et stabile teneatur, sigilli mei impressione confirmo. Nos ergo ego videlicet S. comes Pontivi et M. uxor mea comitissa pro salute animarum nostrarum et antecessorum et amicorum nostrorum ut tanti beneficii mereamur esse participes, de assensu et voluntate Johanne filie nostre progenite, tunc temporis heredis, istam elemosinam et cartam inde conscriptam sigillorum nostrorum appensione confirmamus. Actum anno Domini m°. cc°. xxx°. secundo, mense marcio.

CCLXXIX.

CARTA COMITIS PONTIVI DE PEDAGIIS.

Johannes, comes Pontivi, omnibus hominibus et amicis suis salutem. Notum volo fieri omnibus hominibus et amicis meis, quod pro amore Dei et domini Widonis abbatis d'Oscans, dilectissimi consanguini nostri, omnia ecclesie d'Oscans pertinencia libera et quieta per totam terram meam ab omni exactione et consuetudine et transverso et theloneo in perpetuum ecclesie d'Oscans in elemosina concessi, et in conductu meo et pace per totam terram meam res predicte ecclesie recepi, et ut firmum et stabile teneant, sigilli mei impressione confirmo.

CCLXXX.

CARTA COMITIS SUESSIONENSIS DE PEDAGIIS ET ELEMOSINA FACTIS ET FACIENDIS.

Junio 1248. Ego Johannes, comes Suessionensis, notum facio omnibus presentes litteras inspecturis, quod ego dedi in elemosinam pro animabus antecessorum meorum fratribus ecclesie beate Marie Ursicampi, ut in omnibus feodis meis et in omni terra et dominatione mea omnes elemosinas ipsis jam factas et deinceps faciendas libere in perpetuum possideant, et per totam terram meam et omnes transitus dominationis mee cum omnibus rebus suis securi et liberi eant et redeant, que ad usus suos sibi necessaria fuerint emant et vendant, ullum que theloneum, sesteragium et wienagium, calceiam, vel aliam consuetudinem que ab aliis ementibus et vendentibus exigi, michi meisque successoribus exsolvant. Ut ergo hec elemosina inviolabilem et perpetuam firmitatem optineat, presentes litteras inde conscriptas et sigillo meo sigillatas predictis fratribus tradidi in testimonium et munimen. Actum anno Domini m°. cc°. xl°. viii. mense junio.

CCLXXXI.

DE PEDAGIIS IVONIS, COMITIS SUESSIONENSIS, ET DOMINI CONONIS.

Ego Ivo, comes Suessionensis et dominus Nigellensis, notum volo fieri tam presentibus quam futuris quod pro amore Dei et pro remissione peccatorum meorum et pro animabus predecessorum meorum, concessi fratribus Ursicampi, ut per totam terram meam et per omnes transitus comitatus mei meeque dominationis, cum suis omnibus, securi et ab omni exactione vectigalium et calcheiarum et ab omni consuetudine liberi eant et redeant, que necessaria sunt eis ad usus suos emant et vendant, nullumque theloneum sive pedagium aut wienagium michi meisque successoribus a modo et usque in sempiternum exsolvant. Omnimodis probibeo ergo ne quis prepositorum meorum eis in aliquo molestus existat, nec aliquid jure forensis exactionis aut consuetudinis quod a mercatoribus exigitur, ab eis exigere presumat. Hoc beneficium uxor mea Hyolens benigne concessit, suoque sigillo roboravit. Hoc ipsum etiam nepos meus Cono, heres meus, et dominus Petrifontis in omni terra et ditione sua concessit et sigillo suo confirmavit. Quod elemosine beneficium ut ratum permaneat, sigilli mei impressione et testium subscriptorum stipulatione confirmare decrevi. S. Rainaldi Hamensis abbatis, etc.

Circa 1175.

CCLXXXII.

CARTA CONONIS, COMITIS SUESSIONENSIS, DE WIENAGIIS.

Ego Cono, Dei gratia comes Suessionensis, dominus Petrofontis et Nigelle, notum volo fieri tam futuris quam presentibus, quod cum aliis elemosinis quas dedi ecclesie beate Marie Ursicampi, concessi ut fratres ejusdem loci per totam terram meam, et per omnes transitus dominationis mee securi et liberi cum suis omnibus eant et redeant, que sibi sunt necessaria emant et vendant, nullumque wienagium, sesteragium vel calceiam sive aliam consuetudinem michi meisque successoribus exsolvant. Prohibeo etiam ne quis prepositorum meorum vel officialium meorum in aliqua exactione que ab aliis ementibus et vendentibus exigitur, eis molestus existat. Ut autem hec elemosina quam ad remissionem peccatorum meorum, et pro animabus antecessorum meorum prefate ecclesie contuli, inconcussa permaneat, presens scriptum tam sigilli mei appositione quam testium subscriptione communivi. S. Agathe, comitisse. [S. Radulfi, castellani. S. Johannis et Radulfi, fratrum meorum. S. Johannis Griochi. S. Roberti de Chilli] (1). Actum est anno ab incarnatione Domini m°. c°. lxx°. viii°.

1178.

(1) Les noms entre parenthèses [ ] se trouvent dans l'acte abrégé du petit cartulaire d'Ourscamp.

CCLXXXIII.

AGATHE, COMITISSE SUESSIONENSIS ET DOMINE PETREFONTIS.

1177.

Ego Agatha, Dei gratia Suessionensis comitissa et domina Petrofontis, notum volo fieri tam presentibus quam futuris, quod dedi in elemosinam fratribus Ursicampi pro anima mea et animabus antecessorum meorum, ut in feodis meis et in omni terra mea et dominacione omnes elemosinas sibi jam factas vel deinceps faciendas libere et quiete possideant, et per totam terram meam et transitus dominationis mee cum suis omnibus secure et libere eant et redeant, que ad usus suos sibi necessaria sunt emant et vendant, nullumque theloneum, wienagium, calceiam vel aliam consuetudinem que ad aliis ementibus et vendentibus exigitur, michi meisque successoribus in perpetuum exsolvant. Nullus ergo prepositorum vel officialium meorum, eis in aliquo molestus existat, ne iram Dei et meam indignationem juste incurrat. Ut ergo hec elemosina quam predictis fratribus contuli, a meis successoribus integre conservetur, nec aliquam vexationem ab eisdem fratres patiantur, hujus scripti monumentum posterorum notitie transmitto, quod tam sigilli mei appositione quam testium subscriptorum astipulatione communio. S. Drogonis capellani mei, etc. Actum est hoc anno ab incarnatione Domini m°. c°. lxx°. vii°

CCLXXXIV.

ELEMOSINA RADULFI, COMITIS SUESSIONENSIS, DE III MODIIS VINI, ET HUGONIS DE BETANCORT DE V APUD BUCI.

1199.

Ego Radulfus, comes Suessionensis, universis fidelibus hec visuris in perpetuum, notum volo fieri quod ego in capitulo Ursicampi constitutus, dedi in elemosinam eidem ecclesie et in proprium assignavi, pro salute anime mee et anima uxoris mee necnon et animabus antecessorum meorum, tres modios vini ad mensuram de Buci ad missas ibidem perpetuo celebrandas apud Buci, de primis winagiis meis, ubi fratres Ursicampi voluerint, exceptis winagiis conversorum, percipiendos. Concessi etiam et ratam habui donationem quinque modiorum vini quam fecit Hugo, dominus de Betencourt, eidem ecclesie, ad usus missarum, de quindecim modii, quos idem Hugo tenebat de feodo meo apud Buci, salva justicia mea. Porro donationem suam dominus Hugo in hiis locis percipiendam assignavit, in vinea de Cruce quinque sextarios et dimidium, in vinea Walteri, filii Falconis ad Crucem, quinque sextarios et dimidium, secus vineam de Isembart octo sextarios et dimidium, secus vinam presbiteri iiii sextarios, de vinea et alneto suo, xii sextarios, in chowart xv sextarios, in larris dimidium modium, in vallibus xii sextarios et dimidium, in treilla sex sextarios, in vinea Alberici Goim quinque sextarios, in Masuris duos sextarios, in adverso monte unum sextarium et dimidium. Elemosine siquidem predicti Hugonis largitionem ea ratione et libertate concessi quod, si summa predicti vini non reddatur ad diem qua debet fieri solutio fratribus Ursicampi, debitorum vini vadia capere licebit, salva justicia mea. Si quis vero vadium suum dare per vim contradixerit, meum erit forisfactum emendare. Donationes istas tam ego quam dictus Hugo in capitulo fecimus Ursicampi, et ipsas in manu Radulfi, priore presente resignavimus, et postea solenni donatione posuimus super altare ecclesie memorate. Hec beneficia Aalidis uxor mea, que in eis jus dotalicii habebat, sponte et absque ulla coactione concessit, et sigillum suum presenti pagine fecit apponi. Ego quoque, ut utraque donatio salva Ursicampensi ecclesie in posterum permaneat et illesa, presenti scripto eam annotari volui, et sigilli mei appensione muniri. Actum anno Verbi incarnati, M°. C°. XC. nono.

CCLXXXV.

CARTA NIVELONIS, SUESSIONENSIS EPISCOPI, UTRAMQUE DONATIONEM CONFIRMANS.

Nivelo, Dei gratia Suessionensis episcopus, universis fidelibus hec visuris in perpetuum, notum fieri volumus quod Radulfus, comes Suessionensis, in capitulo Ursicampi constitutus dedit in elemosinam eidem ecclesie et in proprium assignavit ibidem ad missas perpetuo celebrandas tres modios vini apud Buci percipiendos. Concessit etiam et ratam habuit donationem quinque modiorum vini quam fecit eidem ecclesie Hugo, dominus de Betencurt, ad usus missarum, de quindecim modiis vini quos ipse apud Buci de eo tenebat in feodum, sicut in autentico de utraque donatione facto et ipsius comitis sigilli appensione munito plenius est expressum. Nos vero paci et indempnitati Ursicampensis ecclesie providere volentes in posterum, presentes litteras in testimonium utriusque donationis confectas sigilli pontificalis impressione fecimus muniri. Actum anno Dominice incarnationis. M°. C°. XC°. nono.

1199.

CCLXXXVI.

CARTA COMITIS SUESSIONENSIS DE CLAUSURA DOMUS SUESSIONENSIS.

Ego Radulfus, comes Suessionensis, tam presentibus quam futuris notum facio quod ego ecclesie sancte Marie Ursicampi, intuitu divine remunerationis et salute anime mee et antecessorum meorum, illam vacuam terram, que est inter domum dicte ecclesie et aquam Axone, eo ordine claudendam quo domus sancti Leodegarii Suessionensis est clausa, et clausura predicte domus Ursicampi exigit, nomine elemosine donavi in proprium possidendam, pro sex denariis census annuatim reddendis, nostre justicie jure retento. Actum anno gratie millesimo ducentesimo, mense Augusto.

1200.

CCLXXXVII.

CONCESSIO RADULFI, COMITIS SUESSIONENSIS, DE VINEA PETRI FILII ALBERICI APUD BUCI.

Ego Radulfus, comes Suessionensis, notum facio omnibus hec visuris in perpetuum, quod Petrus, filius Alberici de Ponte, et Ada uxor ejus, dederunt in elemosinam ecclesie Ursicampi

1206.

quandam vineam sitam apud Buci, in loco qui dicitur ad crucem. Hanc elemosinam concesserunt liberi eorum Petrus, Nicholaus, Willelmus, Agnes et Ada, concedentibus hoc ipsum fratribus Ade prenominate, Petro canonico sancti Vedasti, et Gaufrido de Muris. Hanc autem elemosinam omnes prefati in manu mea reddiderunt, et ego inde ecclesiam Ursicampi investivi per manum Johannis monachi ejusdem loci. Ego quoque eandem donationem benigne concessi, salvo redditu meo et justitia mea, atque ad perpetuam firmitatem presenti pagine sigillum meum apposui. Actum anno gratie millesimo ducentesimo sexto.

CCLXXXVIII.

DE DOMO NOSTRA APUD SUESSIONEM.

1210.

Ego Radulfus, comes Suessionensis, natum facio omnibus hec visuris in perpetuum quod Robertus clericus et frater ejus Johannes vendiderunt fratribus Ursicampi, pretio quinquaginta librarum Parisiensis monete, domum suam que sita est super Axonam, in urbe Suessionis, juxta abbatiam sancti Leodegarii. Hanc venditionem recognoverunt coram me fratres prenominati, atque in manu mea reddiderunt, et ego inde ecclesiam Ursicampi investivi per manum fratris Johannis monachi ejusdem loci, pleviverunt quoque idem fratres quod in prefata domo, vel per se vel per alios, nichil penitus in posterum reclamarent, sed etiam contra omnes qui ad justitiam et legem venire voluerint, warandirent. Ego etiam de cujus feodo eadem domus erat, ad petitionem dictorum fratrum Roberti et Johannis, hanc venditionem concessi, et ut domum illam fratres Ursicampi libere et quiete perpetuo possiderent, salvo michi et heredibus meis censu XII denariorum Suessionensium annuatim infra octavas sancti Remigii solvendorum. Mea quoque erit in prefata domo justitia latronis et sanguinis, hoc excepto quod in personas religiosas aut proprios servientes earum, ullam ibi potero justitiam exercere. Tamen si quis de servientibus illis aliquid forefecerit, unde ad me vel ad baillivos meos clamor deferatur, ego de jure emendare tenebor. Foragium etiam ac sexteragium ibidem habeo, si fratres Ursicampi bladum suum aliquando ibi vendiderint, aut vinum adbrocham. Preter ea vero que nominatim expressa sunt, concessi ut domus totiens memorata ab omni sit consuetudine et exactione libera penitus et immunis. Hec ergo ut rata sint, presenti pagine inde conscripte ego et Yolendis, uxor mea, sigilla nostra appendimus in testimonium et munimen. Actum anno gratie M°. CC°. X°.

CCLXXXIX.

ELEMOSINA RENALDI, COMITIS SUESSIONENSIS, DE TRIBUS MODIIS ET DIMIDIO TERRE IN MONTE DE VASSEN.

1139.

In nomine sancte et individue Trinitatis, amen. Goislenus (1), Dei patientia Suessorum vocatus episcopus, Galeranno ejusdem gratia venerabili abbati sancte Marie de Ursicampo, om-

(1) Gosselin ou Josselin de Vierzy, 1126 ＋ 1152.

nibus que successoribus canonice substituendis in perpetuum, notum fieri volumus tam presentibus quam futuris quod Rainaldus, comes Suessionensis, dedit in elemosinam ecclesie beate Marie de Ursicampo quandam terram trium modiorum et dimidii sementis, ab eadem ecclesia jure perpetuo libere possidendam, quam videlicet terram predictus comes Rainaldus habebat in dominio suo in monte de Vassen. Testes ego Goislenus, etc. Actum est hoc anno incarnationis Dominice M°. C°. XXX°. IX°, episcopatus nostri XIII°.

CCXC.

ELEMOSINA CONONIS, COMITIS SUESSIONENSIS ET DOMINI NIGELLENSIS, DE TERRA DE SETTOURS.

In nomine sancte et individue Trinitatis. Amen. Bonum principem dedit boni operis exemplum posteris suis relinquere, et de commissis sibi a Deo divitiis erga pauperes Christi et religiosos quosque viros opera pietatis exibere. Ego ergo Cono, comes Suessionensis et dominus Nigellensis, notum fieri volo, tam futuris quam presentibus, quod dedi in elemosinam ecclesie beate Marie Ursicampi, pro anima mea et pro anima patrui mei, comitis Yvonis, necnon et pro animabus predecessorum meorum, totam terram meam arabilem, in territorio de Setfurs, et per manum domini Guidonis, abbatis prius apud Crispiacum, et postea apud Nigellam, coram multis, de ipsa elemosina predictam ecclesiam investivi, et hoc totum in presentia domini Rainoldi, Noviomensis episcopi, recognovi, eumque rogavi ut elemosinam meam sigilli sui appensione prenominate ecclesie confirmaret. Hoc totum etiam fratres mei, Johannes et Radulfus laudaverunt. Ut ergo hujus largitionis mee beneficium ratum et inconcussum sepe dicte ecclesie in perpetuum valeat permanere, ad posterorum noticiam ne oblivioni tradatur, per presentem scripturam volui transmittere, et tam sigilli mei impressione quam testium subscriptorum astipulatione hanc paginam communire. S. Odonis, domini Hamensis, etc. Actum est hoc anno ab incarnatione Domini M°. C°. LXX. VI°.

1276.

CCXCI.

CARTA RAINOLDI, NOVIOMENSIS EPISCOPI, DE EODEM.

Ego Rainoldus, Dei gratia Noviomensis episcopus, tam futurorum quam presentium notitie volo commendari, quod Cono, comes Suessionensis et dominus Nigellensis, dedit in elemosinam ecclesie beate Marie Ursicampi, pro anima sua et pro anima patrui sui, comitis Yvonis, necnon et pro animabus predecessorum suorum, totam terram arabilem in territorio de Setfurs, et per manum Guidonis, ejusdem ecclesie abbatis, prius apud Crispiacum, et postea apud Nigellam, coram multis, de eadem elemosina predictam ecclesiam investivit, quod etiam in presentia mea recognovit. Hoc ergo beneficium ecclesie Ursicampi memorati principis pia liberalitate collatum Dei nostraque auctoritate confirmamus. Et ne quis illud presumat infringere, et prenominatam ecclesiam causa illius perturbare, sub anathemate prohibemus, atque ad perhibendum posteris rei hujus testimonium, presentem paginam sigilli nostri impressione et

1176.

testium subscriptorum astipulatione communimus. S. Gaufridi Noviomensis cantoris. [S. Hugonis magistri scholarnm. S. Magistri Ingelranni. S. Adonis de Compendio. S. Geroldi de Calniaco. S. Cyrosi, canonicorum Noviomensium. S. Johannis de Roia. S. Walteri de Marchais. S. Rainaldi de Manniaco, et Ugonis de Unnole. S. Petri Volens. S. Adami de Erci, militum. S. Mainardi de Remeio.] Actum est hoc anno ab incarnatione Domini M°. C°. LXX°. VI°.

CCXCII.

CONCESSO PHILIPPI, COMITIS FLANDRENSIS ET VIROMANDENSIS, DE EODEM.

1179.

Ego Philippus, Dei gratia comes Flandrensis atque Viromandensis, notum volo fieri tam futuris quam presentibus, quod Cono, comes Suessionensis et dominus Nigellensis, dedit in elemosinam ecclesie beate Marie Ursicampi, pro anima sua et pro anima patrui sui, comitis Yvonis, necnon et pro animabus predecessorum suorum, totam terram suam arabilem in territoria de Setfurs, et per manum domini Guidonis, ejusdem ecclesie abbatis, in presentia mea, apud Crispiacum, jam dictam ecclesiam investivi. Hujus elemosine beneficium concessi et laudavi, et ne ulla temporum successione (*la fin de la formule a été passée dans l'acte*), quam testium subscriptorum astipulatione roboravi. S. Roberti, advocati Bethunensis. [S. Odonis, domini Hamensis. S. Hellini, senescalchi Flandrensis. S. Johannis, militis Roiensis. S. Hugonis, de Hamelencurt. S. Eustachii de Novavilla. S. Petri, de Remini.] Actum est hoc anno ab incarnatione Domini millesimo centesimo septuagesimo nono.

CCXCIII.

CONCESSIO JOHANNIS, COMITIS SUESSIONENSIS, DE VINEA GALTERI POTELET EN ROCHEMONT.

Januar. 1232.

Ego Johannes, Radulfi comitis Suessionensis genitus, notum facio omnibus presentes litteras inspecturis vel audituris, quod Galterus Poteles, civis Suessionensis, vendidit fratribus Ursicampi vineam suam de Rochemont, que debet michi, et Rogero, militi de Foilleuses, homini meo, annuatim, XII sextarios vinagii, et sita est juxta vineam dictorum fratrum in Rochemont. Hanc venditionem ego volui et approbavi, predictam vineam jam dictis fratribus concessi libere et quiete in perpetuum possidendam, et quum predicta vinea ad feodum et dominium meum pertinet, teneor illam sepe nominatis fratribus legitime contra omnes homines garandire, qui juri et placito venire voluerint. Quod ut ratum et firmum sit, ipsis fratribus tradidi presentes litteras sigilli mei munimine roboratas. Actum anno Domini M°. CC°. XXX°. secundo, mense Januarii.

CCXCIV.

DE VINEA GALTERI POTELET EN ROCHEMONT.

Januar. 1232.

Nivelo major, archidiaconus Suessionensis, omnibus presentes litteras inspecturis, in Domino salutem. Noveritis quod Galterus Poteles, civis Suessionensis, in nostra presentia constitutus, recognovit se vendidisse ecclesie Ursicampi novem sextarios vinee site in loco qui dicitur Rochemont, juxta vineam dicte ecclesie, pretio vigenti librarum Parisiensium. Quam venditionem Ada, uxor dicti Galteri, voluit et laudavit, et spontanea quitavit quicquid juris habebat in dicta vinea ratione dotis sive alio modo, fidem interponentes tam ipsa quam ipse Galterus, maritus ejus, quod dictam ecclesiam supra dicta venditione, per se, vel per alios, de cetero non molestabunt. Immo eidem ecclesie legitimam tenentur portare garandiam. Hersendis autem vidua, Emelina et Aelidis, sorores dicti Galteri, de voluntate maritorum suorum, istam venditionem voluerunt. Dederunt etiam dictus Galterus et Ada, uxor ejus, plegios. et legitima garandia portanda eidem ecclesie, Odonem Potelet, fratrem dicti Galteri, Robertum Warembour, avunculum eorum, qui plegiatores coram nobis subierunt, et venditionem voluerunt et laudaverunt. In cujus rei testimonium presentes litteras sigilli nostri munimine fecimus roborari. Actum anno Domini M°. CC°. XXX°. secundo, mense Januario.

CCXCV.

DE TRIBUS SEXTARIIS VINEE EN ROCHEMONT.

Nivelo major, archidiaconus Suessionensis, omnibus presentes litteras inspecturis, in Domino salutem. Noveritis quod Galterus Poteles, civis Suessionensis, et Ada, uxor ejus, in presentia nostra constituti recognoverunt se dedisse in perpetuam elemosinam ecclesie Ursicampi, pro remedio animarum suarum, tres sextarios vinee, site in loco qui dicitur Rochemons, juxta vinam dicte ecclesie, fidem interponentes quod de certo dictam ecclesiam Ursicampi per se vel per alios supra jam dicta elemosina non molestabunt. In cujus rei testimonium presentes litteras, sigilli nostri munimine fecimus roborari. Actum anno Domini millesimo ducentesimo secundo, mense Januario.

Januar. 1232.

CCXCVI.

IVONIS, COMITIS SUESSIONENSIS, DE QUERELA QUAM ADVERSUS NOS MOVIT PETRUS DE FLAVI [1] PRO TERRA QUAM DEDIT NOBIS JOHANNES DE MARCEL.

Ego Ivo, comes Suessionensis et dominus Nigellensis, notum volo fieri quod Petrus de Flavi, calumpniam quamdam habebat contra ecclesiam Ursicampi pro terra quam Johannes de Marcel, cognatus ejus, in presentia mea et curie mee, eidem ecclesie, ibidem monachus factus, in elemosinam donaverat, et hoc, concessione Roberti Malifiliastri, de cujus illam in feodo tenebat. De hac etiam concessione meam cartam predicta ecclesia habebat, quare et ipse Robertus hujus terre advocationem de me tenebat. Hanc calumpniam postea idem Petrus quitam clamavit, et plevivit in manu Radulfi, castellani Nigellensis, quod nec ipse,

Circa 1175.

---

(1) Flavy-le-Martel (Aisne).

nec alius per eum dampnum aliquod predicte ecclesie nec appendiciis ejus unquam inferret. Et hoc ipsum sacramento firmavit in presentia mea fratrisque mei Theodorici, testiumque subscriptorum. S. Radulfi, castellani Nigellensis. S. Radulfi Belli, etc.

CCXCVII.

CARTA RADULFI, COMITIS VIROMANDENSIS, DE PEDAGIIS ET THELONEIS PER TERRAM SUAM.

Circa 1166.

Ego Radulfus, Dei gratia legitima pro genitorum meorum successione comes Viromandensis, fidelibus universis in perpetuum. Quum, sicut apostolum Paulum dixisse audivimus, oportet nos omnes exhiberi ante tribunal ut ibi recipiat unusquisque prout gessit in corpore sive bonum sive malum, expedit nobis ut juxta salutarem ipsius admonitionem, dum tempus habemus, operemur bonum ad omnes, maxime autem ad domesticos fidei. Quocirca notum volo fieri moderne ac subsecuture generationi, quod ego religiosis viris in monasterio beate Marie de Ursicampo divino mancipatis obsequio pium prebens auditum, concessi eisdem pro remissione omnium peccatorum meorum et pro anima patris mei Radulfi, comitis, meorumque predecessorum, ut per totam terram meam, et per omnes transitus comitatus mei, meeque dominationis, cum suis omnibus securi et ab omni coactione vectigalium liberi et absoluti eant et redeant, quecumque sibi necessaria fuerint ad usus proprios emant et vendant, nullumque pedagium sive theloneum michi meisve successoribus a modo et usque in sempiternum persolvant. Hoc ergo omnino prohibeo ne quis prepositorum meorum eis in aliquo molestus existat, nec ab eis vendentibus vel ementibus sicut a ceteris institoribus aliquid accipere presumat, verum etiam, si necesse habuerint, pro Dei amore et nostro consilium suum et auxilium illi devotissime impendat. Quod beneficium meum ne oblivione deleatur vel a posteris meis aliquando infringatur, presentium litterarum monumentis volui commendari, et sigilli mei impressione testiumque subscriptorum astipulatione confirmari. S. Radulfi Campi avene. S. Alberici de Roya, [et Rorgonis, filii sui. S. Rorgonis de Faiel. S. Adam de Athies. S. Romlini, capellani mei.]

CCXCVIII.

CARTA RADULFI, COMITIS VIROMANDORUM, MULTA CONFIRMANS.

1133.

In nomine Patri et Filii et Spiritus sancti. Amen. Bonum principem bonis decet assentire desideriis, siquidem et de commissis ab actore rerum divitiis dignum est aliquam facere Christi pauperibus et religiosis ecclesiis dispensationem, scriptum est enim quia sicut aqua extingit ignem, ita elemosina extingit peccatum. Quamobrem ego Radulfus, Viromandorum comes, juxta petitionem venerabilis fratris nostri Simonis, episcopi et custodis Sancti Quintini, apud Leirvillam, partem illam cum possessione thesaurarie quam idem frater noster assensu et consilio capituli Sancti Quintini, fratribus ecclesie de Ursicampo contulerat, omnemque decimam tam ipsius partis quam aliarum terrarum circumquaque quas predicti fratres jam vel adepti, vel in futurum adepturi sunt, a canonicis Sancti Quintini, ipsis de omni labore et nutrimento suo concessam, nos quoque juxta privilegium ejusdem fratris nostri laudamus, concedimus et firmamus. Statuimus itaque presentis carte precepto ut nullus successorum nostrorum, nulla deinceps ecclesiastica secularisve persona donum hoc infringere, nullamque predictis fratribus Ursicampi de sibi concessis in nostro comitatu elemosinis calumpniam inferre presumat, quin potius eis inconvulsa et inviolata permaneant. Actum est apud Bitisiacum, in presentia domini regis Ludovici et Adelaidis regine, qui hoc ipsum laudaverunt, anno ab incarnatione Domini M°. C°. xxx°. III°. S. Symonis, Noviomensis atque Tornaensis episcopi. S. Hugonis, cancellarii. [S. magistri Petri de Roia. S. Johannis de Asse. S. Walteri, pincerne episcopi.]

CCXCIX.

CARTA ELYENOR, COMITISSE VIROMANDIE, CONFIRMANS POSSESSIONES NOSTRAS DE LACHENI AB ECCLESIA SANCTI MARTINI COLLATAS.

Ego E......, Viromandie comitissa et Valesie domina, fidelium universitatem scire volumus quod abbas sancti Martini Tornacensis, de gratuito assensu totius ejusdem monasterii conventus, omnia que habebant apud Lacheni, cum appendentiis suis in terris, aquis, pratis, et silvis, et aliis proventibus monasterio beate Marie Ursicampi bene et legitime concessit, et in proprium assignavit, sub annuo censu vigenti modiorum frumenti et x modiorum avene ad mensuram Toroti. Quam conventionem inter predicta monasteria et coram nobis tam soleniter celebratam, nos gratam et ratam habentes, et sicut in autenticis eorum plenarie continetur approbantes, in ejusdem rei firma observatione, presens scriptum fieri et sigilli nostri karactere communiri decrevimus. Datum apud Sanctum Quintinum, presentibus et videntibus domino Renero de Guisia, Bartholomeo de Thory, Alberto de Faïel, etc. Actum anno Verbi incarnati M°. C°. XC°. tertio.

1193.

CCC.

ELEMOSINA ROBERTI, DECANI ATREBATENSIS, DE HIIS QUE HABEBAT IN TERRITORIO DE CARNOIA ET MOLLIMANSO, ET DE VINEA APUD VAUCELLAS JUXTA NOVIOMUM, PRO QUA DEBEMUS III DENARIOS DE CENSU.

Universis presentes litteras inspecturis vel audituris, Robertus, decanus Atrebatensis, in Domino salutem. Noverit universitas vestra quod ego, pro remedio anime mee et bone memorie Hugonis, quondam comitis Sancti Pauli, et Iolendis, uxoris ejus, necnon et antecessorum et benefactorum meorum, contuli ad presens et inter vivos in puram et perpetuam elemosinam Deo et beate Marie Ursicampi, Noviomensis dyocesis, et fratribus ibidem commorantibus et Deo servientibus in ipso capitulo congregatis, quicquid habeo et habiturus sum in futurum quocumque modo, in terroriis de Carnoia et de Mollimanso, Ambianensis dyocesis,

Febr. 1225.

etetiam in aliis territoriis circum adjacentibus, tam in decimis quam in terris cultis et incultis, nemoribus, pratis et pascuis, et piscationibus, et in omnibus rebus aliis mobilibus et immobilibus, corporalibus et incorporalibus, michi vel meis heredibus in predictis omnibus nihil juris et consuetudinis retinendo preter solam detentationem quamdiu vixero. Et ut statim eos omnium predictorum veros et solos faciam possessores, omnia que donavi, me eorum nomine a modo possidere vel retinere constituo. Dedi etiam eisdem quamdam vineam sitam apud Vaucellas, juxta Noviomum, modo predicto possidendam et habendam per octo denarios censuales qui annis singulis thesaurario Noviomensi, vel ejus servienti persolventur. Quod ut ratum permaneat, presentem paginam sigilli mei munimine roboravi. Actum apud Ursicampum anno Domini M°. CC°. XX°. V°. mense Februario.

CCCI.

ELEMOSINA ROBERTI, DECANI ATREBATENSIS, DE LIBRIS SUIS.

Maio 1227.

Universis presentes litteras inspecturis vel audituris. Robertus, decanus Atrebatensis, salutem in Domino. Universitati vestre notum facio quod ego, pro salute anime mee, dedi in perpetuam elemosinam ecclesie Ursicampi omnes libros meos de theologia glosatos quos in presenti pagina duxi propriis nominibus exprimendos, videlicet Genesim glosatam in uno volumine, Exodium glosatum in uno volumine, Numeri glosatum, Leviticum et Deuteronomum glosatos in I volumine, Regum glosatum in I volumine, Josue, Judicum, Paralipomenon glosatos in I volumine, tres libros Salomonis scilicet et parabolas, Ecclesiasten, Cantica canticorum, et librum Sapientie et Ecclesiasticum glosatos in uno volumine, Psalterium glosatum secundum magistrum Gilebertum in uno volumine, Esdram, Neemiam, Ruth, Thobiam, Hester, Judith glosatos in I volumine, Job glosatum in I volumine, Ysaiam glosatum in I volumine, Jeremiam et lamentationes glosatos in I volumine, Ezechielem, Danielem, glosatos in I volumine, duodecim Prophetas glosatos in I volumine, Machabeorum primum et secundum in I volumine, Matheum, Marcum, glosatos in I volumine, Lucam et Johannem, glosatos in I volumine, Epistolas Pauli glosatas secundum magistrum Gilebertum, Epistolas canonicas, Apochalipsim, glosatos in I volumine, Actus apostolorum glosatos in uno volumine. Item librum Sententiarum magistri Petri Lumbardi in uno volumine, Historiam scolasticum, in uno volumine. Sciendum est autem quod in libris supradictis habeo usum fructum in vita mea, tam quos etiam libros dare non potero, vel impignorare, vel vendere, vel extra claustrum Attrebatense accomodare, vel quoquo modo a supra dicta ecclesia alienare. In hujus autem rei testimonium presentem paginam sigilli mei munimine roboravi. Actum apud Ursicampum, anno Domini M°. CC°. vicesimo septimo, mense Maio.

CCCII.

ELEMOSINA DE TERRIS BARTHOLOMEI ET DECANI DE THOROTA.

Martio 1233.

Universis presentes litteras inspecturis. P..., decanus de Thorota, salutem in Domino. Notum volo fieri universitati vestre quod Bartholomeus Rivière, pater meus, contulit in elemosinam ecclesie beate Marie Ursicampi, medietatem terre sue quam habebat super molendinum de Louvet, ad usus ejusdem molendini commodiorem et ejusdem terre medietatem alteram dedit ecclesie beate Marie de Thorota. Ego vera medietatem istam acquisivi per emptionem a capitulo ecclesie de Thorota. Post modum autem istius medietatis acquisite unam mencoldatam vendidi ecclesie Ursicampi pro XL solidos Pariensis monete, certis metis assignatam et medietati sue contiguam. Preterea sciendum est quod unam sextariatam predicte emptionis residuam concessi ecclesie Ursicampi ad modiationem quoad vixero michi reddendam, videlicet quum terra portabit bladum, reddentur michi quatuor mine bladi ad mensuram Thorote, et quum portabit avenam, tres mine avene michi reddentur. Ego itaque cupiens et omnino desiderans fieri particeps omnium bonorum que de cetero fient in ecclesia Ursicampi, terram ipsam de qua dictam modiationem percipiebam, contuli in elemosinam eidem ecclesie post decessum meum perpetuo possidendam. In cujus rei testimonium presentes litteras sigilli mei, nec non et sigilli capituli Thorotensis appositione firmavi. Actum anno Domini M°. CC°. XXX°. IIII°. mense Martii.

TITULUS EPISCOPORUM.

CCCIII.

AMBIANENSIS. CARTA GUARINI EPISCOPI DE ROBERTO DE BRAIO, ET DE TERRA DE MARCEL ET ALIORUM, VIDELICET DE DECIMA DE STALLIEFAI, ET DE DOLENCOURT, ET DE TOULA.

In nomine sancte et individue Trinitatis, amen. Ego Garinus, dei gratia Ambianensis episcopus, notum volo fieri tam futuris quam presentibus, quod Robertus Malusfiliaster de Braio, quicquid habebat in terra de Marcel, tam dominium quam feodum seu decimam concessione Johannis et Ermorici, filiorum suorum, vendidit ecclesie sancte Marie Ursicampi pro XL libris Meldentium et uno palefrido sexaginta solidorum, et werpivit illud in manu Rainaldi, cellarii Ursicampi, in presentia Fraaburgis, domine de Braio, et militum suorum, et eandem ipsam dedit fidejussorem hujus rei inter se et ecclesiam Ursicampi. Quod ne possit oblivione deleri vel a posteris infirmari, sigilli nostri auctoritate firmavimus. S. Radulfi Willelmi, etc., presbiterorum. Actum apud Braium, anno ab incarnatione domini M°. C°. XL°. epacta ultima concurrente j. indictione iij.

1140.

Similiter et decimas eidem ecclesie in elemosinam datas in episcopio nostro, illam scilicet de Stalliefai, et illam de Dollencourt, et de Toula, concedo libenter et confirmo.

CCCIV.

CARTA EPISCOPI DE ELEMOSINA ROBERTI, CANONICI ROIE, DE DOMO SUA ANTE ECCLESIAM BEATI PETRI SITA.

1193. Theobaldus, Dei gratia Ambianensis episcopus, omnibus qui presentem paginam inspexerint eternam in Domino salutem. Notum fieri volumus quod dilectus filius noster Robertus, canonicus Roiensis, dedit in elemosinam ecclesie beate Marie Ursicampi, pro anima sua et pro anima fratris sui, pie memorie, Hugonis canonici Roiensis, antecessorumque suorum animabus, domum suum, cum appenditiis ejus ante ecclesiam beati Petri sitam Roye, hac conditione quod quamdiu ipse in habitu seculari vixerit et ei placuerit, habitabit in ea. Hanc autem elemosinam in manu nostra resignavit idem Robertus apud Ambianis, et nos ad preces ipsius Roberti de eadem prefatam ecclesiam Ursicampi investivimus per manum fratris Salicii, monachi ejusdem loci. Ut ergo hoc ratum permaneat, donationem istam presentis scripti testimonio confirmamus, et sigilli nostri munimine roboramus. Actum est hoc presentibus Ebrardo, capellano, Manassero, Theobaldo, etc. Datum Ambianis, anno Verbi incarnati M°. C°. XC°. III°.

CCCV.

ITEM DE EODEM, DE REBUS MATHEI, FILII HUGONIS DE PERONA, IN TERRITORIO DE HANGEST.

1147. Ego Theodoricus, Dei gratia Ambianensis episcopus, notum volo fieri futuris ut presentibus, quod Matheus, filius Hugonis de Perona, Jerosolimam profecturus, dedit in elemosinam ecclesie beate Marie de Ursicampo, quicquid ipse possidebat in territorio de Hangest, post obitum suum jure perpetuo possidendum, si tum heredem non haberet legitimum, scilicet de uxore sibi legitime copulata procreatum. Omnium autem que habebat in territorio memorato erat dimidia pars de suo proprio alodio, dimidia vero de feodo domine Fraeburgis de Braio. De ejus beneficii particeps fieri desiderans, benigne illud concessit, atque in domo sua apud Braium, presente ibidem Balduino, capellano suo, et Johanne, clerico, Hugone quoque de Asseio, et Hugone, nepote ejus, ratum et illibatum permanere instituit. Id ipsum nichilominus concesserunt juxta nemus quod est super Marchas tres filii domine Fraeburgis, Rogerus videlicet Peronensis castellanus, Balduinus Rufus, et Odo, clericus. Ibi nanque convenerant eundem Balduinum inimicis suis reconciliare volentes, et de ipsa pace ibidem pertractantes. Cui concessioni testes interfuerunt hii, Warnerus, abbas ecclesie Sancti Bartholomei, etc. Actum anno Verbi incarnati M°. C°. XL°. VII°.

CCCVI.

ELEMOSINA ROGONIS DE ROIA, DE DECEM BOVARIIS ET DIMIDIO TERRE INTER GARMENI ET ANDECHI.

Ego Rorgo de Roia, notum facio omnibus, tam futuris quam presentibus, quod dedi in elemosinam fratribus Ursicampi, circiter decem bovaria et dimidium de terra mea, inter Garmeni et Andechi sita, Radulfo, filio meo, hoc ipsum concedente. Hoc recognovimus ego et Radulfus, filius meus, in capitulo Ursicampi, presente domino Guidone, abbate, et toto conventu, ac deinde super altare ejusdem ecclesie pro nostris, et antecessorum nostrorum animabus Deo obtulimus. Testes : Rogerus Suessionensis, etc. Concessum est autem michi ut pote fratri ejusdem domus, quod quamcumque voluero, quacumque infirmitate preventus sim, me recipient. Ut autem hec elemosina inconcussam obtineat firmitatem, presentem paginam inde conscriptam sigilli mei impressione munire curavi. Actum anno Verbi incarnati M°. C°. nonagesimo.

1190.

CCCVII.

ELEMOSINA PETRI SARCEL DE OCTO BOVARIIS ET DIMIDIO TERRE, IN TERRITORIO DE GROENI.

Ego Robertus, Dei gratia Ambianensis episcopus, cunctis fidelibus tam futuris quam presentibus, in perpetuum notum fieri volumus, quod Petrus Sarcellus dedit in elemosinam per manum nostram ecclesie Ursicampi, octo et semis bovaria terre, in territorio de Greuni. Quod beneficium uxor mea Agnes benigne concessit ratumque fieri plevivit coram Helgoto, de cano nostro Roie, concedentibus similiter liberis suis Radulfo et Ada, et Elizabeth. Hoc ipsum etiam concesserunt et pleviverunt Gislebertus et Joibertus, ejusdem Petri fratres, et Radulfus de Sancto Georgio, cognatus ejus, Warinus quoque dux de cujus feodo terra illa descendit, id ipsum concessit et contra omnes columpnias warandire spopondit et plegius extitit. Ne quis ergo hoc infringere audeat, sub anethemate prohibemus, et ut ratum inconcussumque consistat, sigilli nostri impressione et testium subscriptorum astipulatione roborari decrevimus. S. Odonis, abbatis Sancti Martini de Gemellis etc. Data per manum Roberti cancellarii, anno Verbi incarnati M°. C°. XL°. VII°.

1167.

CCCVIII.

ELEMOSINA RADULFI WINGNON, DE II BOVARIIS ET DIMIDIO TERRE, INTER GOIENCOURT ET GROENI. — ITEM ELEMOSINA ROBERTI BOCHESTANT DE III BOVARIIS TERRE, IN TERRITORIO DE GROENI. — ITEM ELEMOSINA EBRARDI DE AMIHI DE VII BOVARIIS TERRE, IN EODEM TERRITORIO.

Ego Theobaldus, Dei gratia Ambianensis episcopus, univerfsis fidelibus, tam futuris quam presentibus, in perpetuum notum fieri volumus quod Radulfus, cognomento Winnans, uxor que illius Maria, concessione filiorum suorum Johannis scilicet, Rainerique Petri, filiarumque suarum Agnetis, Berte, et Margarete, dederunt per manum venerabilis Roberti, predecessoris mei, in elemosinam ecclesie Ursicampi, duo bovaria terre et dimidium, inter Goiencurt et Greuni, coram his testibus, Drogone ejusdem episcopi capellano, etc. Hanc elemosinam ipse Radulfus super altare Ursicampi obtulit, eamque contra omnes calumpnias warandire ipse cum Evrardo de Verli, cognato suo, promisit atque plevivit sub his testibus, Balduino de Botangle, Anselmo et Golduino de Roia. Maria quoque, uxor ejus, hoc ipsum plevivit et super altare de Goiencurt ad opus Ursicampi similiter obtulit. His astantibus, Geroldo, ejusdem loci tunc tempore postea vero Sancti Martini de Ruricourt abbate, Manesse, Odone et Ivone, canonicis. Dedit autem prefato Radulfo memorata ecclesia, hujus beneficii gratia, xxxi libras Provinentium. Hoc totum factum est concessione Guillelmi de Mello, castellani Roie, uxoris que illius Ermentrudis, de quorum feodo terra illa descendit et concessione filiorum suorum, Rainaldi et Petri, filiarum suarum, Agnetis et Beatricis, sub his testibus, Rainaldo ejusdem Willelmi fratre, Bartholomeo de Compendio, et Huberto de Plenavalle. Preterea Robertus Bochestant et Hauvidis, uxor ejus filii, per manum predicti episcopi in elemosinam dederunt ecclesie Ursicampi tria bovaria terre, in territorio de Greuni, concessione filiorum suorum Rainaldi et Ingeranni, filieque sue Cheice. Hoc concessit Radulfus Ligne haste, de cujus feodo terra illa venit, uxor que ejus Suplicia et filii eorum Robertus, Petrus, Rainerus et Balduinus, ipsum quoque Gilebertus de Mello, castellanus Roie, uxorque ejus Ermentrudis de quibus ad ipsum Radulfum feodum illud descendit, filii que eorum. Propter quod beneficium dedit eidem Roberto eadem ecclesia xxxiii libras Provinentium, quod testantur Radulfus de Heilli, decanus Ambianensis, et Drogo, predicti episcopi capellanus, etc. Item Ebrardus de Amihi, dedit in elemosinam ecclesie Ursicampi vii bovaria terre in territorio de Greuni, concessione Beatricis, uxoris sue, filiarum que suarum, Emme scilicet, Elizabeth et Aelidis, concessione quoque Rogonis, fratris sui. Ebrardus etiam et idem Rorgo, frater ejus, pleviverunt quod hanc elemosinam contra omnes calumpnias warandirent, ne dampnum vel incommodum aliquod per se vel per alios aliqui de hoc vel propter hoc prefate ecclesie inferrent. Hoc autem factum est concessione Warini ducis de quo idem Ebrardus terram illam tenebat, concessione nichilominus comitis Yvonis Suessionensis de cujus feodo ad eundem Warinum ipsa terra descendebat. Ecclesia vero Ursicampi ob hujus gratiam beneficii dedit eidem Ebrardo lxx libras Provinentium. Hoc testantur Wermundus de Roia, Hugo et Albericus, filii ejus, Joibertus de Calcheia, Balduinus de Aqua, et Robertus de Cella. Quia vero hec elemosina erat de dote memorate Beatricis uxoris ejusdem Ebrardi, ut ipsa eam in pace dimitteret atque concederet, dedit illi idem Ebrardus maritus ejus pro recompensatione aliam terram que eidem Beatrici et amicis ejus in tantum placuit, ut predictam elemosinam omni modis quitam clamaret ac benigne concederet. Hec autem terre commutatio quam diximus, prefata Beatrix cum suis amicis laudavit et approbavit, facta est voluntate et conivential memorati episcopi, assistentibus, vice ipsius, clericis ejus, scilicet: magistro Hugone de Roia et Roberto fratre ejus, et Gileberto cognomento Caperon. Quod testantur Walterus de Welpeiliers ejusdem Beatricis avunculus et Rorgo, filius Alberici, Herveius filius Thome, Balduinus Thesis, et Petrus, frater ejus, milites. Hec omnia pie memorie predictus Robertus episcopus predecessor meus impressione sigilli sui confirmare promisit. Si quia morte preventus hoc implere non potuit, ex sollicitudine pastoralis officii justum et pium esse credimus ut hoc sigilli nostri confirmatione suppleamus. Ne quid ergo beneficia fideliter et legitime facta aufferre, minuere vel infrinfere audeat, sub anathemete prohibemus. Et ut rata inconcussaque permaneant, sigilli nostri impressione et testium subscriptorum astipulatione roboramus.

CCCIX.

PHILIPPI, BELVACENSIS EPISCOPI. — ELEMOSINA EJUSDEM DE CLAUSO SUO APUD CASTINETUM.

Philippus, Dei gratia episcopus Belvacensis, omnibus presentes litteras inspecturis in Domino salutem. Ad noticiam omnium voluimus pervenire quod nos, ob remedium anime nostre et antecessorum nostrorum, ecclesie Ursicampi, Noviomensis dyocesis, et fratribus ibidem Deo servientibus, clausum quod habebamus apud Castinetum, quod titulo emptionis acquisieramus a Johanne, preposito Castineti, dedimus in perpetuam elemosinam sub annuo censu XII denariorum nobis et successoribus nostris apud Castinetum reddendorum in festo sancti Remigii, retenta etiam nobis et successoribus nostris justicia seculari. Volumus autem quod conventus Ursicampi habeat vinum illius ad bibendum clausi, non de vino pro cultura vinee aliquid vendatur, sed de aliis bonis ecclesie colatur. Vinea et vinum illud non poterit vendi nec permutari, nec in alios usus vel alias personas expendi, sed tantum in potum conventus bona fide ministrari. Nec aqua vino admisceatur nisi bibentes propria voluntate voluerint admiscere. Si vero episcopo Belvacensi constiterit quod conventus vinum non bibat vel aliter quam supra dictum est expendi contigerit, episcopus clausum illud saisire poterit. Quod ut ratum sit et firmum, presentem paginam sigilli nostri munimine confirmamus. Actum anno gracie millesimo ducentesimo tercio decimo, mense Maio.

Maio 1213.

CCCX.

CONFIRMATIO EPISCOPI BELVACENSIS DE DECIMIS.

Milo, Dei permissione Belvacensis episcopus, omnibus presentes litteras inspecturis, in Domino salutem. Notum fieri volumus universis quod nos, ad preces dilectorum nostrorum in Christo abbatis et conventus Ursicampi, auctoritate nostra ordinaria, confirmamus eisdem decimas novalium factorum et faciendorum infra territoria de Estreies et de Bailluel in locis illis in quibus antiquas decimas percipiunt et perceperunt. In hujus rei testimonium presentes litteras sigilli nostri munimine confirmamus, salvo jure alieno. Datum anno Domini M°. CC°. XXIIII°. mense Marcio.

Martio 1224.

CCCXI.

EPISCOPUS BELVACENSIS QUITAT NOBIS OMNIA QUE HABEMUS IN DOMINIO SUO DE CASTENETO.

Robertus, Dei gratia Belvacensis episcopus, omnibus presentes litteras inspecturis, salutem in Domino. Ad omnem notitiam volumus pervenire quod nos, attendentes devotionem et sin-

Julio 1243.

ceram caritatem quam predecessores nostri Belvacenses episcopi erga dilectos nostros viros religiosos abbatem videlicet et conventum Ursicampi ab antiquo habuisse dinoscuntur, necnon et gratiam et dilectionem specialem quam dicti abbas et conventus erga predecessores nostros et ecclesiam Belvacensem, tam affectu quam effectu semper habuisse et adhuc habere nobis constat, eorumdem paci et quieti in posterum providere volentes, pietatis intuitu eisdem concessimus et confirmamus omnia illa que habent in episcopatu et dominio nostro tam in decimis quam in terris, vineis et rebus aliis libere et pacifice, et a supra dictis abbate et conventu Ursicampi in perpetuum tenenda et possidenda, salvis redditibus nostris qui nobis debentur de rebus supra dictis. In cujus rei testimonium et perpetuam firmitatem presentes litteras sigilli nostri caractere fecimus communiri. Actum anno gratie M°. CC°. XL°. III°. mense Julio.

CCCXII.

CARTA MILONIS, EPISCOPI BELVACENSIS, DE DOMO ET MANERIO, TERRIS, VINEIS ET QUICQUID HABEMUS APUD CASTENETUM.

Januar. 1226.   Milo, Dei gratia Belvacencis episcopus, universis presentes litteras inspecturis, salutem in Domino. Notum facimus quod nos pietatis intruitu concessimus et confirmavimus karissimis nostris in Christo monachis Ursicampi libere et pacifice in perpetuum possidenda et habenda domum et manerium, terras et vineas et quicquid habent apud Castinetum in dominio nostro, salvis redditibus quos in illis antea habebamus, eisdem nichilominus confirmantes decimam de Baillol, de Stratis, de Magniviler, et de Vallebrie, et quicquid habent in tota dyocese nostra. Actum apud Ursicampum, anno Domini M°. CC°. XX°. VI°. mense Januario.

CCXCIII.

CARTA MILONIS, BELVACENSIS ELECTI, DE HIIS QUE HABEBAT BALDUINUS DE ESTREES IN DECIMA DE CRESSUNESSART.

Nov. 1218.   Milo, divina miseratione Belvacensis electus, omnibus presentes litteras inspecturis, in Domino salutem. Noverint universi quod Bulduinus de Estrees, laicus, et Cecilia, uxor ejus, in presentia nostra constituti confessi sunt coram nobis se vendidisse abbati et conventui Ursicampi quicquid habebant in decima de Cressonessart, de assensu liberorum suorum et magistri Guillelmi de Balolio a quo decimam tenebant in feodum. Ipsi autem B... et uxor ejus dissaisierunt se in manu nostra, assensu dicti G..., a quo decima movebat, et nos, dictum abbatem nomine monasterii sui investivimus de eadem. Fidem autem dederunt coram nobis predicti B..., et uxor ejus, et liberi eorum, quod de cetero in ipsa decima nichil reclamarent, neque super ipsa molestarent monasterium Ursicampi vel facerent molestari. In cujus rei testimonium presens scriptum sigilli nostri munimine fecimus roborari. Actum anno gratie M°. CC°. octavo decimo, mense Novembri.

CCCXIV.

CONCESSIO BARTHOLOMEI, BELVACENSIS EPISCOPI, DE DECIMA VALLISBRIE QUAM DEDIT NOBIS HUGO MARTELOS, DECANUS BELVACENSIS.

Ego Bartholomeus, Dei gratia Belvacensis episcopus, universis sancte matris ecclesie filiis presentibus et futuris in perpetuum. Quum speculatores domui Jerusalem, Dei patientia, dediti sumus, pro injuncto nobis officio, utilitati et paci domus Christi, quanta possumus diligentia, perspicere et providere debemus. Icirco omnibus notum fieri volumus quod dilectus filius noster Hugo Martelos, ecclesie Belvacensis decanus, quicquid decime habebat in territorio Vallisbrie, pia largitate contulit religiosis viris in ecclesia Ursicampi divino obsequio mancipatis. Hanc autem quia de nostro feodo tenebat decimam, nobis in manu nostra reddidit et werpivit, et ut istud beneficium concederemus et confirmaremus petiit et impetravit. Nos enim congaudentes pie sue devoteque munificentie, desiderantesque divine recompensationis participes fieri, beneficium illud concessimus, atque in manu domini Gileberti, abbatis Ursicampi, de eadem decima memoratam ecclesiam investivimus. Hanc ergo decimam sub dominio libera possessione ecclesie Ursicampi in perpetuum redigimus et confirmamus, et ne aliqua ecclesiastica secularisve persona amodo et usque in sempiternum istud beneficium presumat infringere, seu quantulacunque ex parte minuere, sub anathemate prohibemus. Quod etiam ne quando oblivione deleri, vel a posteris nostris modo quolibet infirmari, rei veritatem, ut gesta est, presentium litterarum monumentis volumus commendari, et tam sigilli nostri impressione, quam fidelium testium astipulatione roborari. S. domini Manasse, abbatis de Fresmonte, etc. Actum anno incarnationis Dominice, M°. C°. LX°. II°. Indictione X, epacta tertia, concurrente septimo.

1162.

CCCXV.

DE QUITATIONE WERRICI, FILII MILONIS DE VI, DE EADEM DECIMA.

Ego Bartholomeus, dei gratia Belvacensis episcopus, universis sancte matris Ecclesie filiis presentibus et futuris in perpetuum notum volumus fieri quod Guerricus, filius Milonis de Vi, elemosinam illam scilicet decimam Vallisbrie quam calumpniabat et quam dilectus filius noster Hugo Martelos, ecclesie Belvacensis decanus, ecclesie Ursicampi dederat, nobis in manu nostra quod de nostro exstat feodo apud Charrum domum nostram werpivit, et ab omni calumpnia liberam reddidit. Hanc ergo decimam sub dominio et libera possessione ecclesie Ursicampi in perpetuum redigimus et confirmamus, et ne aliqua ecclesiastica secularisve persona amodo et usque in sempiternum istud beneficium presumat infringere, seu quantulacunque ex parte minuere, sub anatemate prohibemus, et presentem cartam sigilli nostri impressione et fidelium testium astipulatione roboramus. S. Symonis, decani de Pont, etc. Hujus etiam concessionis apud Choziacum per se exhibuit testem et obsidem Radulfum de Cosduno et Radulfum filium ejus. Ubi testes hii qui subjecti sunt affuerunt, scilicet Hugo li Cos, Alexan-

1164.

der li Falconiers, Ansculfus de Portibus, Ebrardus filius Haveth et Odo clericus ejus. Actum anno Verbi incarnati. M°. C°. LX°. IIII°. Indictione XII². concurrente III°. Epacta xxv².

CCCXVI.

CARTA PHILIPPI, EPISCOPI BELVACENSIS, DE ELEMOSINA ODONIS DE MOIGNEVILE, S. DE QUINQUE MINIS FRUMENTI, ET QUINQUE AVENE, ET UNA PISORUM, QUE HABEBAT IN GRANGIA DE ERROSIARUM.

1189.   Philippus, Dei gratia Belvacensis episcopus, omnibus fidelibus in perpetuum notum fieri volumus tam futuris quam presentibus quod Odo de Moignevile, veniens ad nos apud Belvacum, dedit in elemosinam ecclesie Ursicampi per manum nostram quinque minas frumenti et quinque minas avene, et unam minam pisorum, quas ei eadem ecclesia in grangia de Arrosiis censualiter annuatim persolvebat. Nos autem de hac elemosina, accepta de manu ipsius Odonis, prefatam ecclesiam investivimus per manum Salicii cellararii ejusdem ecclesie. Cui rei hii testes interfuerunt, Petrus de Cambli, canonicus Belvacensis, etc. Hanc elemosinam concesserunt apud Moignivile Heremburgis, mater ipsius Odonis, et fratres ejus Ursio et Petrus, et sorores ejus Hodierna et Eufamia, Ermengardis et Emelina, et nepotes ejus, Odo, Alelmus, Dyonisius, Johannes, qui omnes eam reddiderunt in manu Petri, decani nostri de Semquez, et ipse inde investivit ex parte nostra ecclesiam Ursicampi per manum Salicii cellararii coram hiis testibus, Arnulfo de Rui, Haimerico de Bailleolo presbiteris, Waltero converso Ursicampi, Stephano majore, Fulberto de Munci, Johanne medico, Joislano de Ulmulo, etc. Et sciendum quod coram hiis testibus prefatus Odo et Ursio, frater ejus, hanc elemosinam contra omnes qui ad justiciam vellent stare warandirent, bona fide fiduciaverunt. Item, hanc elemosinam concesserunt apud Macoigni Stephanus et Drogo, nepotes ipsius Odonis, et soror eorum Emelina. Ubi testes affuerunt Symon de Macoigni, etc. Item, hanc elemosinam Balduinus de Larderes, de quo prefatus Odo eam tenebat in feodo, et Ada uxor ejusdem Balduini, de cujus hereditate ipsa elemosina descendebat, ante Plessetum suum per manum prefati decani de Senquez prenominate ecclesie contradiderunt, et eorum liberi Johannes et Lancelinus, Hilsendis, Adelina, Ysabeldis, concesserunt, et ibidem testes interfuerunt Godefridus, frater ipsius Balduini, etc. Porro prefatus Odo vineam suam del Markis et octo sextarios vinagii, et quadraginta septem solidos vadiorum, predicto Balduino pro hac concessione in feodum suum restituit. Pro hujus autem elemosine temporali recompensatione, ecclesia Ursicampi dedit prenominato Odoni VII libras Parisienses. Ut autem hoc firmum et stabile in perpetuum permaneat, presentem paginam inde conscriptam sigilli nostri impressione et testium prescriptorum astipulatione roboramus. Actum est anno ab incarnatione Domini. M°. C°. octogesimo nono.

CCCXVII.

CARTA PHILIPPI, EPISCOPI BELVACENSIS, DE DECIMIS ADE DE BAILLOL.

1211.   Philippus, Dei gratia Belvacensis episcopus, omnibus hec visuris in perpetuum notum fieri volumus quod Adam, miles de Baillol, dedit in elemosinam ecclesie Ursicampi totam decimam quam habebat in terris ejusdem ecclesie, apud grangiam de Arrosiis et totam decimam de terris suis, necnon et decimam quam habebat in aliis territoriis de Baillol, usquedum ex hiis omnibus triginta modiatarum terre decimatio compleatur. Adjecit etiam dictus Adam huic elemosine totam decimam que ad eum pertinet in ea parte nemoris Sancti Dyonisii, que adjacet inter Valsemer et Cressunessart, excepta decima essartorum que fecerunt homines de Cressunessart, sicut in autentico viri nobilis Ludovici, comitis Blezensis et Claromontensis, plenius est expressum. Hanc donationem magister Willelmus de Baillel, frater memorati Ade, coram Rainulfo, decano nostro de Fraisneto, ratam habuit et concessit, fidemque interposuit, quod propter hoc ecclesiam Ursicampi non dampnificabit aliquatenus aut nocebit, vocatis etiam ad hoc audiendum cum eo quibusdam aliis prudentibus et honestis. Ut hec ergo in posterum rata permaneant, ad petitionem magistri Willelmi de Baillol presentem paginam inde conscriptam sigillo nostro roboravimus, salvo jure episcopali. Actum anno ab incarnatione Domini m°. cc°. undecimo.

CCCXVIII.

ITEM DE EODEM. — DE SITU GRANGIE DE WARNAVILER.

Ego Odo, Dei gratia Belvacensis episcopus, notum facio tam posteris quam modernis quod Wido Saccellus et Odo frater ejus advocariam et quicquid commune habebant cum monachis sancti Wandregisili in terra de Warnaviller et de Bertranessart et in nemore quod dicitur sancti Wandregisili, vel ubicumque, dederunt in elemosinam ecclesie sancte Marie de Ursicampo, nichilque sibi prorsus retinuerunt, preter unam terram trium modiorum sementis quam in matrimonio sororis sue dederant, et preter omagia feodorum uasorum que ipse Guido retinuit in manu sua, hac conditione quod alii non poterunt ea dare aut concedere nisi eidem ecclesie, et quicquid illorum qui feoda tenent, ecclesie prefate feodum suum vendere aut dare voluerint, ipse Guido concessit et frater ejus et Gaufridus filius ejus. Fratres autem de Ursicampo in recompensationem tanti beneficii centum quadraginta libras denariorum Meldencium et duos equos illis dederunt. Hoc totum concessit Milo de Vi cum filiis suis, a quo Guido Saccellus advocariam et terram et nemus in feodum tenebat. Pro cujus rei concessione, idem Guido et Odo, frater ejus, sexaginta libras pecunie in ejus feodo posuerunt, ejusque homines inde facti sunt. Paganus vero major majoriam ab eis in feodum tenebat, ideoque factus eorum homo ligius, singulis annis dabat eis in natali Domini, censuali consuetudine, sex albos panes grandes, quibus majores non inveniantur in vicinia, et tres gastellos, et tres tortellos, et unam flexengam decem et octo denarios valentem, aut ipsos denarios, nec non et quartam partem modii vini mediocris pretii, mensura Compendii mensurati. Hunc ergo hominem suum dedit Guido Saccellinus et Odo frater ejus, fratribus de Ursicampo, concedentes scilicet ut ille homo qui eis tanquam dominus suis fuerat, fratribus ipsis faceret, eisque memoratum censum sicut antea consuetudinis fuerat, annuatim exsolveret, propter quod apud Compendium pleviverunt Guido et Gaufridus filius ejus, et Odo frater Guidonis, quod hanc pactionem fideliter et sine malo ingenio in perpetuum tenerent, et quod contra omnes quidquam in illa terra vel nemore clamare nitentes, tutores ac deffensores omnibus in locis jure

Circa 1147.

existerent, ubi tamen securi possent pergere, aut eos ipsi fratres tute possent conducere. Hujus rei testes sunt Ausculfus, archidiaconus Suessionensis, etc., et Rainaldus de Vilers a quo Milo de Vi hoc feodum tenebat, et idem Rainaldus cum uxore sua Emelina et filiis suis Willelmo, Symone, et Benedicto et filia sua Hescelina hoc concessit. Huic concessioni interfuerunt hii testes, Guido sacerdos, Arnulfus li Flamains, etc. Huic etiam concessioni testes interfuerunt hii, Drogo de Rouviler, etc. Apud Cosdun juraverunt, quod pactionem supradictam in perpetuo sine dolo tenerent, et uxor Guidonis Saccelli Aalisis, et filii sui Radulfus et Albricus, et Petrus, et filia sua Hildeburgis hoc concesserunt. Isti testes interfuerunt, Radulfus de Cosdun, Anselmus frater ejus, Warnerus prepositus, Thomas Malafuosons, Richardus de Fonte, Theobaldus Venator.

CCCXIX.

ITEM DE EODEM. — DE FEODO FILIORUM MILONIS DE VI IN HIIS QUE DEDERAT GUIDO SACCELLUS.

1156.   Ego Henricus, Dei gratia Belvacensis episcopus, notum volo fieri futuris et presentibus quod Petrus et Werricus, filii Milonis de Vi, et Margarita uxor ejusdem Petri, concesserunt in perpetuum et contradiderunt ecclesie Ursicampi, per manum fratris Petri, cognomento Molnelli, ejusdem loci monachi, quicquid Guido Saccellus et Odo frater ejus vendiderant seu in elemosinam dederant eidem ecclesie de feodo patris eorum predicti Milonis in toto territorio de Warnaviler et de Bertranessart, et in nemore quod dicitur sancti Wandregisili, quod quidem ipsi jam antea cum patre suo adhuc superstite concesserant. Sed illo mortuo, succressente radice malorum omnium cupiditate, se penitus concessisse denegabant, ipsi et duo fratres, Petrus videlicet et Werricus, manutentum pleviverunt, et ad majorem rei certitudinem dominum Drogonem de Petrofonte et dominum Radulfum de Cosduno fidejussores ac testes pro semetipsis ecclesie Ursicampi dederunt, quod nullam molestiam vel dampnum hac de causa ecclesie sepedicte amodo et usque in sempiternum non solum non inferrent, verum contra omnes qui niterentur inferre, presidium ac deffensionum suam fideliter pro juribus suis impenderent. His omnibus testes interfuerunt hii, Landricus et Hugo, filius Gosselini de Petrofonte, Wermondus de Selvai et Byatrix uxor jam dicti Drogonis de Petrofonte, Walterusque cellararius, et Petrus Molnellus, monachi Ursicampi, necnon et Petrus de Warnaviler, et Hubertus de Errosiis conversi et earumdem grangiarum magistri. Concessioni autem Margarete uxoris Petri interfuerunt prescripti duo milites Landricus scilicet et Hugo, filius Gosselini, atque predicti monachi et conversi. Actum anno Verbi incarnati M°. C°. quinquagesimo sexto.

CCCXX.

CALUMPNIA DOMINE DE CRESSONESSART IN FORESTA SANCTI WANDREGISILI.

Circa 1147.   Ego Odo, Dei gratia Belvacensis episcopus, notum volo fieri tam futuris quam presentibus quod Hersendis, domina de Cressonessart, recognovit coram iis testibus, Radulfo de Cosdun,

Rainaldo de Franseriis, Rogone de Roia, Rainaldo de Antolio, se nichil habere in foresta que dicitur sancti Wandregisili, sed nunc est sancte Marie de Ursicampo, preter caceriam et alia ad caceriam pertinentia, et preter hoc quod nemo possit intra fossatum dirumpere absque ejus suorumque heredum concessione. Dominus vero Robertus, abbas Ursicampi, concessit eidem domine et heredibus suis custodiam nemoris sui tantum intra fossatum in ea parte que fuit Widonis Saccelli, scilicet in medietate, salvo tamen jure majoris, et ad propriam domum suam tantum, suum ardere, claudere et edificitare, ita tamen quod ipsa vel heredes ejus non poterunt quicquam inde vendere vel dare, sed pro posse suo fideliter custodient ecclesie Ursicampi in perpetuum. Fratres autem de Ursicampo, sicut in proprio, sument quicquid voluerint ad proprios usus suos per se et per suos operarios, apes etiam omnes habebunt, et pastionem, et fructum arborum sine aliqua contradictione ibi colligere poterunt, sed ipsi non poterunt de nemore quicquid dare vel vendere, nec etiam oves aut alia animalia sine consensu domini de Cressonessart, ad pascendum ducere. Si quando tamen quadrigam vel carrum suum illuc duxerint, animalia trahentia poterunt ibi pascere. Hoc pactum promisit ipsa Hersendis de Cressonessart una cum omnibus liberis suis se in perpetuum tenere ecclesie Ursicampi. Si vero deviaverit ab eo, concessit ut de ea et de heredibus ejus justitiam faceremus. Hec ergo concordia ne possit aliquando vel oblivione deleri vel a posteris nostris quolibet modo perturbari, hoc inde factum cyrographum sigillo nostro et sigillo abbatis Ursicampi confirmavimus. S. Radulfi de Cosdun, etc. Preterea sepe dicta Hersendis de Cressonessart clamabat nichilominus caceriam et cetera que dicta sunt de nemore de Errosia que sita est in foresta Sancti Dyonisii, dicens etiam neminem jure posse in eodem nemore dirumpere sine sua suorumque heredum concessione. Que dissentio ita pari partis utriusque assensu sedata est, quod fratres Ursicampi ultra pirum vel quercum, que due arbores aliquo inter se distantes intervallo pro metis sunt designate, sine alicujus contradictione poterunt dirumpere, sed tam inter graneam de Errosia et easdem arbores quam ultra graneam versus nemus ab hujusmodi arcebuntur potestate. Hujus quoque concordie testes sunt Radulfus de Cosdun, Radulfus Herlis, etc.

CCCXXI.

CONCESSIO RADULFI FLAMENC DE DECIMA RADULFI DARIDEL.

In nomine sancte et individue Trinitatis, amen. Ego Henricus, Dei gratia Belvacensis episcopus, notum volo fieri futuris et presentibus quod Radulfus, cognomento Flandrensis, concessit et confirmavit in proprium quicquid Radulfus Daridellus de minuta decima territorii de Warnaviler que ad feodum ipsius pertinebat, ecclesie Ursicampi in elemosinam dederat, seu vendiderat. Quod ne possit aliquando perturbari, presentem paginam sigilli mei auctoritate testiumque subscriptorum astipulatione volui confirmari. S. memorati Radulfi Daridelli et fratris ejus Rainaldi, ipsorum cognati, S. fratris Roberti monachi mei, S. Ebrardi mei cubicularii.

Circa 1158.

CCCXXII.

CARTA RADULFI DARIDEL DE MAJORE DECIMA DE WARNAVILER.

1156.

Ego Henricus, Dei gratia Belvacensis episcopus, notum volo fieri fidelibus universis tam posteris quam modernis, quod quidam Miles de Triecoc Radulfus nomine qui et ipse Daridellus cognominatur, concessione uxoris sue Aveline et filii sui Petri, fratris que sui Rainaldi et duarum sororum suarum Odeline et Emeline dedit in elemosinam et concessit in proprium ecclesie beate Marie de Ursicampo quicquid ipse tenebat de feodo Radulfi cognomento Flamenc, seu cujusque alterius, in decima totius territorii de Warnaviler, in omnibus terris circumquaque adjacentibus tam nemorosis quam campestribus, ita sane conditione quod in solennitate omnium Sanctorum ad mensuram Gornaci, et juxta vulgarem consuetudinem vendendi et emendi, quindecim modii frumenti et quinque avene post sementes melioris annone in orreo grangie de Warnanaviler ei et heredibus ejus post eum censualiter persolventur, nec alias inde ei transferentur ex quibus xv mine frumenti et xx avene Wilellmo de Bellenvalle militi ejus, cui censum istum quinque modiorum de se ipso tenendum concessit, tribuentur. Quod si termino isto censum suum non acceperat, aut sua scilicet spontanea dilatione aut pro indigentia fratrum Ursicampi vel necessitate usque ad Natale Domini in horreo predicto illi custodietur, hoc pacto quod si post hunc diem quolibet modo perierit, vel aliquod dampnum inde acciderit, nichil pro dampno ei restituetur. Willemo vero de Bellenvalle census suus die festo decollationis sancti Johannis Baptiste, loco predicto et prescripta mensura dabitur, et si differre voluerit usque ad festum sancti Remigii, eadem conditione qua et domino ejus Radulfo Daridel conservabitur. Quod si quando contigerit ut Radulfus Daridellus domino suo Radulfo Flament debitum servicium renuat exhibere, et ille propter hanc causam vel forte aliam aliquam sive etiam quislibet alius de quo aliquid inde teneatur, censum feodi sui velit accipere, fratres de Ursicampo idipsum Radulfo notum facient, et quodcumque dampnum post quintum decimum diem inde ei evenerit, nichil illi omnino restituent. Que conventio habetur inter Villelmum quoque de Ballenvalle et fratres de Ursicampo de censu illi debito et servitio ejus domino suo Radulfo Daridel impendendo. Postea, propter hunc eundem censum concesserunt Radulfus Daridellus et Willelmus miles ejus, ut de omnibus terris quas fratres de Ursicampo in toto territorio quod Tuletel dicitur, quomodocumque acquirere possent, et proprio labore suo excolerent, ab omni decima liberi et absoluti in perpetuum permanerent, nec ipsis nec cuiquam heredum suorum aliquid inde persolverent. Radulfus quippe Daridellus totam decimam ejusdem territorii de feodo Radulfi Flamenc tenebat, et quandam partem illius Willelmo militi suo de se ipso tenendam concesserat. Hec omnia concessit Radulfus Flamens et testis ac fidejussor extitit, et Radulfum Daridel et ejus heredes ut pote suos homines has omnes pactiones fideliter tenere faceret, multis audientibus promisit. Idem quoque Radulfus Daridellus et Rainaldus frater ejus, sicut et Willelmus de Ballenvalle et Alelmus filius ejus, manutentum pleviverunt quod has omnes conventiones fideliter et absque dolo quandiu viverent fideliter tenerent, et nunquam molestiam vel dampnum aliquod super hiis omnibus ecclesie Ursicampi inferre presumerent. Acta sunt hec anno Verbi incarnati M°. C°. L°. VI°. apud Ursicampum, in presentia testium subscriptorum. S. Gomari, prioris Sancti Amandi, etc. Porro apud Noviomum ubi presente uxore Radulfi Daridel et concedente, filioque ejus Petro similiter coannuente, hec omnia perfectius confirmata sunt. Isti testes interfuerunt, Willelmus de Haimeviler, etc. Hec omnia in perpetuum concesserunt. Isti testes presentes interfuerunt, Airardus presbiter et alii qui nunc non sunt.

CCCXXIII.

CARTA WILLELMI DE MELLO, DE FEODO SUO IN MAJORE DECIMA DE WARNAVILER.

Ego Henricus, Dei gratia Belvacensis episcopus, notum volo fieri fidelium moderne ac subsecuture generationi quod Willelmus de Merlo apud Luath, Belvacensis castellani, in mea multorumque fidelium testium presentia benigne concessit atque in perpetuum ratum firmumque esse instituit omne pactum illud quod ecclesia Ursicampi inierat cum Radulfo Daridel de Triecoc de omni decima totius territorii de Warnaviler, quam decimam idem Radulfus Daridel de Radulfo Flamenc tenebat, ipseque Radulfus Flamens de feodo ipsius Willelmi tenere habebat. Quod et ipse Willelmus tali concessit conditione quod si quando contigerit ut servicium quod sibi pro decima debetur, ab aliquo qui feodum istud teneat denegatur, et ipse propter hanc causam vel forte aliam aliquam, feodum suum sibi vendicare conetur, nec ipse nec heredes ejus ullatenus ad decimam redient, sed censum, qui Radulfo Daridel debet persolvi, pro decima, mensura et loco et termino quo ille recipere consuevit, recipient. Omnes quoque querelas quas sepe dictus Willelmus habebat contra ecclesiam Ursicampi illi in perpetuum dimisit, et ab universis manum et os amodo usque in sempiternum se compesciturum promisit. His omnibus mecum pariter testes affuerunt, Stephanus, abbas Mortuimaris, etc. Actum anno Verbi incarnati M°. c°. quinquagesimo octavo.

1158.

CCCXXIV.

COMPOSITIO NICHOLAI PONTENARII, DE TERRIS SUIS.

Philippus, Dei gratia Belvacensis episcopus, universis fidelibus in perpetuum. Notum fieri volumus quod Nicholaus, filius Ingeranni Pontenarii, tenebat de ecclesia Ursicampi sub annuo censu decem modiorum annone decimas de Frienvalet et de Balenviler, quas ecclesia Ursicampi ab Odone de Plenval acquisierat, unde etiam idem Nicholaus homo ligius ejusdem ecclesie erat. Porro quia pluribus et gravibus forisfactis eidem ecclesie fuerat obligatus, que vix aut nunquam posset emendare, fratres ejusdem loci miserantes hominis paupertatem, et volentes ipsi tanquam homini ecclesie sue fideliter consulere, de consilio plurium, presertim ipsius Nicholai et aliorum prudentium virorum qui aderant, fratres hanc formam pacis cum eo inierunt. Querelas omnes quas adversus eum ecclesia clamabat, omnino remiserunt, terras etiam quas propria pecunia redemerant, summa videlicet l. circiter librarum Parisiensis monete ei quitas clamaverunt, et ipse a solutione census quo eis astrictus tenebatur, absolutus. Quicquid juris clamabat in universis decimis, ubicumque essent, maxime in decimis de Frienvalet et

1195.

de Balainviler, et Sancti Martini de Ruricurte et leprosorum de Montdisderio, que omnes, antequam ista compositio facta fuisset, ad jus predictorum fratrum Ursicampi pertinebant, totum ex integro quitum clamavit, et insuper quicquid juris clamabat in illa parte decime quam tunc temporis monachi de Britolio tenebant, si eam fratres poterunt acquirere, totum nichilominus quitum clamavit. Hec omnia reddidit sepe dictus Nicholaus in manu Hugonis, abbatis Ursicampi, et firmiter tenenda plevivit. Hec etiam tenenda pleviverunt Rainaldus Daridellus sororius totiens dicti Nicholai, etc. Hec quoque Emelina prefati Nicholai uxor, cum unico filio suo Radulfo cessit, atque in manu Fulconis, decani de Mairi, officialis nostri, tenenda plevivit. Porro quia eadem Emelina in dimidia parte totius decime jus dotalicii se habere dicebat et in dimidia parte totius hereditatis Nicholai, accepto decambio sibi cognito duorum modiorum annone in alia parte hereditatis juris sui que extra dotalicium jus erat, quicquid juris in prescriptis decimis habebat, quitum clamavit atque in manu predicti Fulconis decani nostri reddidit. Ipse vero inde ecclesiam Ursicampi investivit per manum Frederici, monachi ejusdem loci. Testes Rainerus monachus Ursicampi, etc. Ut ergo hec omnia inviolabilem optineant firmitatem, presentem paginam inde conscriptam, cum prescriptorum testium assertione, sigilli quoque nostri impressione fecimus roborari. Actum est hoc anno ab incarnatione Domini M°. C°. XC°. quinto.

CCCXXV.

MORINENSIS. DE ROAGIO QUOD SYMON DE MAGNIACO CLAMABAT IN CIVITATE DE BAIRI.

Circa 1165.

Ego Milo, Dei gratia Morinorum episcopus, venerabili Stephano Ursicampi abbati et universis ejusdem loci fratribus regulariter sub eo degentibus, eorumque successoribus in perpetuum. Notum sit omnibus tam futuris quam presentibus quod Symon de Magniaco calumpniam illam quam habebat adversus ecclesiam vestram pro roagio quod clamabat in civitate nostra de Bairi, quam tenet de feodo nostro, concessione eidem nostra ecclesie in pace dimisit, annuentibus filiis, Rainero videlicet atque Rainaldo. Si autem fratres Ursicampi vinum emerint de vineis que sint juris ejusdem Symonis, roagium more solito solvere non recusabunt, scilicet duos denarios de una quadrigaria. Sic vero de civitate illa statutum est antiquitus et ante nos recognitum apud Sanctum Albinum juxta Bapalmas. Hoc testificantur dominus Balduinus, Noviomensis episcopus, Dominus Rainerus, abbas Calniacensis, etc.

CCCXXVI.

NOVIOMENSIS. — CARTA ANDREE, NOVIOMENSIS EPISCOPI, QUOD PER LITTERAM NOBIS MISSAM ULLUM PREJUDICIUM NOBIS GENERETUR.

1304.

Universis presentes litteras inspecturis, Andreas, Dei gratia Noviomensis episcopus, salutem in Domino sempiternam. Cum nos litteras nostras abbati et conventui ecclesie beate Marie de Ursicampo direxerimus formam que sequitur continentes. Andreas, permissione divina Noviomensis episcopus, dilecto nostro abbati ecclesie beate Marie de Ursicampo salutem in eo qui est omnium vera salus. Cum hac instanti die dominica ante festum beati Laurentii martiris, ad civitatem nostram Noviomensem, Deo dante, primitus accedere intendamus, nos vero ad domum vestram predictam die sabbati precedente proponentur interesse, amicitiam vestram requirimus et rogamus quatenus dicta dominica die ingressum apud predictam civitatem, et ecclesiam nostram Noviomensem velitis presentia decorare. Datum apud Carolipontem, die Mercurii precedentis, quod asserunt dicti abbas et conventus non esse consuetum. Nos dictam litteram annulantes volumus quod per eam litteram predicte ecclesie de Ursicampo nullum prejudicium generetur in futuris. In cujus rei testimonium presentibus litteris sigillum nostrum duximus apponendum. Datum apud Karolipontem anno Domini M° CCC° quarto, die Veneris ante festum beati Laurentii martyris.

CCCXXVII.

CONCORDIA SUPER EXCOMMUNICATIONE LATA AB EPISCOPO ET OFFICIALI NOVIOMENSIBUS IN NOS, QUOD PROPTER HOC PREJUDICIUM NOBIS NON GENERETUR.

Universis presentes litteras inspecturis, Andreas, Dei gratia Noviomensis episcopus, salutem in Domino. Licet ad nostram audientiam devenerit, jam diu est, fama publica referente, quod viri religiosi abbas et conventus monasterii Ursicampi nostre dyocesis seu fratres Gaufridus quondam magister de Perviler, Johannes Naves, Petrus de Capi, Petrus de Tugni, Florencius Grangiarius, monachi Ursicampi, Balduinus de Bergaria, Petrus de Piscaria, Laurentius Parmentarius, Johannes de Nancello, Philippus Willelmus de Furno et Robertus de Carritaria, conversi, duos clericos de nostra juridictione existentes in dicta dyocesi ceperunt seu capi fecerunt, et captos carceri manciparunt in nostre jurisdictionis prejudicium non modicum et gravamen, in hoc et per hoc, excommunicationis sententiam incurrentes a canone promulgatam, cumque ex parte officialis nostri Noviomi moniti fuisse dicantur, ut dictos clericos nobis redderent seu de mandato nostro deliberarent, indilateque facere non curaverunt, dicentes se de nostra juridictione existere, et ob hoc predictus officialis noster suspensionis, excommunicationis et interdicti sententias in predictos religiosos seu singulos eorum mandaverit promulgari, dictique abbas per se et conventus seu predicte persone per ydoneum responsalem super premissa competenter se excusaverint, nosque nichilominus super captione et aliis predictis diligentem informationem fieri mandaverimus, et per predictam informationem ipsos religiosos immunes a captione et detentione predictis invenerimus, omnibus et singulis ad quos presentes littere pervenerint damus tenore presentium in mandatis ut a denuntiationibus sententiarum predictarum quas predictus officialis noster mandavit fieri, in eosdem cessent penitus et desistant, quia sententias predictas per prefatum officialem nostrum latas seu promulgatas in predictos religiosos aut in singulos eorumdem, si de jure tenuerunt, in hiis scriptis sine difficultate aliqua relaxamus. Si vero nulle fuerunt, nec predictas personas et ecclesiam predictam ligarunt, eas nullas et vacuas nunciamus. Volumus etiam quod per predicta nobis et ipsis religiosis nichil novi juris accrescat seu decrescat, in possessione et proprietate seu jure

Aug. 1308.

quocunque. In quorum testimonium et munimen dictis religiosis presentes litteras tradidimus sigilli nostri munimine roboratas. Actum anno Domini m°. trecentesimo octavo, mense Augusto, feria tertia post festum beati Bartholomei apostoli.

CCCXXVIII.

COMPROMISSUM INTER NOS ET ANDREAM, EPISCOPUM NOVIOMENSEM, SUPER TEMPORALIBUS CONTROVERSIS.

1309.

Universis presentes litteras inspecturis, Andreas, Dei gratia Noviomensis episcopus, ac frater Johannes, Dei permissione monasterii beate Marie de Ursicampo, Cysterciensis ordinis, Noviomensis dyocesis, dictus abbas humilis, totusque ejusdem loci conventus, salutem in Domino, et presentibus dare fidem. Noverint universi quod nos, episcopus predictus, nomine nostro, episcopatus nostri et ecclesie nostre ex una parte, nosque abbas et conventus predicti, nomine nostro, et monasterii nostri ex altera, super omnibus articulis contentiosis jurisdictionem temporalem tangentibus motum inter nos ac super omnibus aliis que una pars petere possit ab alia usque in diem confectionis presentium litterarum et specialiter de quibus venerabiles viri magistri Johannes de Herciu decanus, Johannes Wastelli cantor, Hubertus de Sancto Walerico canonicus Noviomensis ecclesie, ac discretus vir et providus Walterus de Cahon, cognoscere inceperant inter se, de consensu et assensu nostris compromisimus, et compromittimus de alto et basso, nosque compromisisse bene et legitime recognoscimus in venerabiles et discretos viros videlicet religiosum virum fratrem Johannem de Castellione canonicum sancti Johannis Premonstratensis ordinis, ac magistrum Johannem de Jussi, clericum advocatum, tanquam in arbitros, arbitratores, seu amicabiles compositores, promittentes bona fide nos tenere, adimplere ac inviolabiliter observare quicquid per predictos fratrem Johannem et J. clericum, super premissa, inter nos dictum arbitrium sententiatum fuerit ordinatum seu etiam concordatum et hoc sub pena centum marcharum argenti ad magnum pondus pro dimidia parte illustrissimo Francorum regi, et pro alia dimidia parte parti dictum arbitrium, sententiam, compositionem seu ordinationem dictorum magistrorum Johannis et Johannis observanti a parte resiliente solvenda dicto arbitrio sententia seu compositione predictis nichilominus in suo robore duraturis, pro quibus tenendis, adimplendis et inviolabiliter observandis obligamus et ypothecamus nobis invicem et alter alteri omnia bona nostra ecclesiarumque nostrarum predictarum quecunque mobilia et hereditaria, presentia et futura, ubicunque sint, fuerint et poterint inveniri et renunciavimus adhuc renunciamus. Hoc facto sub bona fide exceptioni premissorum sic inter nos non factorum et non concordatorum exceptioni doli mali, fraudis, lesionis et deceptionis cujuscunque, et quod petere non possimus dictum arbitrium seu ordinationem dictorum Johannis et Johannis, petere redigi ad arbitrium boni viri beneficio restitutionis in integrum ex quacunque causa, omni juri et legis auxilio canonico et civili, omni consuetudini et statuto cujuscunque loci, et omnibus aliis exceptionibus, deffensionibus et allegationibus juris et facti que contra premissa vel eorum aliqua possent obici vel opponi. Volentes et expresse consentientes quod tamen valeat hec presens renunciatio generalis quantum valeret, si facta esset specialiter et expresse in omni casu in quo posset et deberet, quantum pertinet ad premissa fieri renunciatio specialis et expressa, volentes et expresse consentientes quod dictum arbitrium seu sententia arbitralis dictorum Johannis et Johannis infra festum Assumptionis beate Marie Virginis proximo venturum terminetur, nisi de consensu et assensu nostris ac arbitrorum terminus fuerit prorogatus. In cujus rei testimonium presentibus litteris sigilla nostra duximus apponenda. Datum anno Domini M°. CCC°. nono, dominica post ascensionem Domini.

CCCXXIX.

COMPOSITIO INTER NOS ET EPISCOPUM NOVIOMENSEM ANDREAM SUPER DIVERSIS ARTICULIS.

Universis presentes litteras inspecturis, frater Johannes, canonicus de Castellione ecclesie Premonstratensis, Laudunensis dyocesis, ac Johannes de Jussi, Noviomensis dyocesis clericus. salutem in Domino et presentibus dare fidem. Noverint universi quod cum inter reverendos in Christo patrem ac dilectum dominum Andream, Dei gratia Noviomensem episcopum ex una parte, et religiosos viros abbatem et conventum monasterii Ursicampi, Noviomensis dyocesis, ex altera, super pluribus articulis infra scriptis orta esset materia questionis, et super hiis fuisset a partibus multipliciter altercatum, tandem placuit eisdem partibus nos fratrem Johannem ac magistrum Johannem predictos evocare, ut ad dictam discordiam sopiendam partes nostras interponere curaremus, et in nos super dictis articulis tanquam in arbitros, arbitrores, seu amicabiles compositores compromiserunt dicte partes, prout in litteris super hoc confectis plenius continetur. Nos predicti fratres Johannes habens super hoc potestatem et auctoritatem a reverendo patre domino Adam, Dei gratia abbate Premonstratensi, et magister Johannes onere dicti compromissi in nos prius suscepto, predictis articulis contentiosis diligenter inspectis, de bonorum et jurisperitorum consilio super eisdem dictam sententiam seu ordinationem nostram proferimus in hunc modum. Primo. Super articulo in quo fit mentio de pasturagio prati dicti reverendi Patris siti versus Chiri, pronunciamus et ordinamus quod feno seu mofli feni in dicto prato existentibus animalia dictorum religiosorum dictum pratum ad pasturandum non poterunt intrare nec debebunt, nisi alia animalia, quecunque sint, dictum pratum ad pasturandum communiter intrent. Quod si contigerit, animalia dictorum religiosorum dictum pratum ad pasturandum poterunt subintrare. Dicimus autem, super hoc diligenter informati, quod mofli feni infra octo dies post festum beati Remigii in capite octobris a dicto prato debebunt anno quolibet amoveri, infra quod tempus, moflis in dicto prato existentibus, herba in dicto prato scindi nec poterit nec debebit, nec per aliqua animalia pasturari, ne per hoc usuariis prejudicium generetur. Et si post dictum tempus moflis feni in dicto prato contigerit remanere, animalia dictorum religiosorum post dictum tempus necnon infra dictum tempus moflis seu feno amotis intrare poterunt et ea licebit inibi pasturari. Item super articulo in quo fit mentio de retensione seu reverso aque molendinorum de Ponte Episcopi, pronuntiamus et ordinamus quod dicti religiosi quum cursus aque erit modicus, poterunt ponere ligna et asseres in dicta aqua prout facere consueverunt, dum tantum per hoc molendinis reverendi Patris impedimentum non fiat. Quod si contigerit, dicti religiosi ad requisitionem

Aug. 1309.

gentium dicti reverendi Patris aut molendinariorum de Ponte Episcopi, qui pro tempore erunt, amovere dictis ligna et asseres tenebuntur. Quod si dicti religiosi recusaverint, aut plus debito distulerint, gentes dicti episcopi seu dictus molendinarius dictis ligna et asseres poterunt amoveri. Item, super articulo in quo fit mentio de justicia communi domorum Johannis de Andeu et circumquaque sitarum ultra pontem Ponti Episcopi versus Sempigniacum, dicimus et pronuntiamus quod de consensu partium communis serviens ibidem ponatur et instituatur, quod etiam cavetur in littera super hoc confecta, et de communibus emendis sue wardie ipsi servienti suum salarium persolvatur. Item super articulo contensioso in quo fit mentio de pasturagio du Petit Boulenguel, quum dictum locum per loci visionem et informationem legitimam per nos factam reperimus esse de pasturagio de Sempigni, pronunciamus et dicimus quod parte predicte id quod in compositionibus et cartis super hoc confectis continetur, teneant et observent. Item, super articulo in quo fit mentio de custode nemorum Ursicampi, dicimus et pronunciamus quod serviens ad custodiam dictorum nemorum institutus vel instituendus, quecunque instrumenta ad custodiam nemorum apta, exceptis arcu et sagittis, deferre poterit, et idem serviens eundo ad suam wardiam transire poterit per cheminos et vias dicti reverendi Patris, dum tamen ibidem modicam arrestantiam faciat sive nullam. Item, super articulo contensioso in quo fit mentio de serviente instituto per dictos religiosos versus Karolipontem, qui captus fuit per gentes dicti reverendi Patris, diligenter informati didicimus quod captus fuit propter hoc quod quasdam mulieres apud Karolipontem atrociter verberavit, super quo sic duximus ordinandum, quod serviens qui pro tempore fuerit ibidem institutus, sergentare poterit in locis sue wardie, et non extra, prout in cartis super hoc confectis plenius continetur. Dicimus insuper quod si et quando reverendus Pater ex parte dictorum religiosorum exstiterit requisitus, seu ejus baillivus, quod predicta mulier dampna que dictis religiosis intulit restituat et emendet, baillivus dicti reverendi Patris secundum tenorem cartarum et compositionem ac secundum usum et consuetudinem patrie dictis religiosis exhibebit justitie complementum. Item, super articulo contensioso in quo fit mentio de porcis quos reverendus Pater aut ejus ministri ceperunt in nemoribus clausure de Parviler, facta per nos visione dicti loci, visisque et diligenter inspectis cartis super hoc confectis, dicimus et pronunciamus dictum reverendum Patrem jus non habere venandi, levandi seu pecudes accipiendi in clausura predicta. Item, super articulo in quo fit mentio de haiando et plaissando nemora, dicimus quod reverendus Pater venari poterit, non autem haiare, plaissiare, seu inscindere poterit, nec debebit nemora, prout in cartis et compositionibus confectis alias continetur. Item, super articulo de quo fit mentio de quodam homine portante cuniculos, qui captus fuisse dicitur per baillivum dicti reverendi Patris ante magnam portam de Ursicampo, visis per nos cartis dictorum religiosorum de fundatione sui monasterii mentionem facientibus, pronunciamus dictos religiosos in loco in quo dicta captio dicitur esse facta habere justitiam, quare dicimus dictam captionem seu prisiam, si qua fuit, esse nullam, nec per eam debere dicto monasterio aliquod in futurum nec in proprietate nec in possessione prejudicium generari, sed sic ordinamus sicut ordinatum fuit de murcerio et latrone, prout in compositionibus continetur. Item, super articulo in quo fit mentio de navium captione facta per gentes dicti reverendi Patris in aquis Boscagii. Quia veritate diligenter inquisita, invenimus quod altera dictorum navium fuit antiquitus cujusdam laici qui dicto domino episcopo censum pro dicta nave reddebat, qui laicus dictam navem dictis religiosis elemosinavit, dicimus et pronunciamus quod de illa nave dicti religiosi dicto reverendo Patri censum debitum solvere tenebuntur. Item, super quodam articulo in quo fit mentio de quodam homine qui pugnavit apud Chiri et manus servientium dicti reverendi Patris evasit, quare servientes insecuti fuerint usque inter majorem portam de Ursicampo et portam que dicitur porta Gambart, prosecutione pedis et oculi, cum clamore et tumultu, quem alter de conversis de Ursicampo ab eisdem servientibus rescoussit, dicimus et ordinamus quod dictus homo dicto reverendo Patri aut ejus ministris per dictum conversum restituetur, dumtamen per hoc dictis partibus seu alteri earundem aut earum cartis seu privilegiis ullum prejudicium generetur. Item, de articulo contentioso in quo fit mentio de quadriga ecclesie Ursicampi que capta fuit per majorem de Karoliponte, dicimus dictam quadrigam juste captam fuisse et quod dictus reverendus Pater in loco captionis dicte quadrige omnimodam habet justitiam, dictisque religiosis nullam, quod etiam recognovit procurator dictorum religiosorum coram nobis in manu dicti reverendi Patris predictam prisiam reponentes. Item, super articulo in quo fit mentio de waranna territorii domus de Parviler, quia per inspectionem cartarum dictorum religiosorum et legitimam informationem per nos factam, invenimus quod quedam restitutiones facte fuerunt religiosis predictis a predecessoribus dicti reverendi Patris venantibus ibidem, dictum reverendum Patrem non habere jus venandi ibidem pronunciamus per nostram sententiam arbitralem. Item, super articulo in quo fit mentio de quodam vacario de Ursicampo qui captus fuisse dicitur in waranna dicti reverendi Patris, pro eo quod ducebat unum canem sine laissia, dictis religiosis contrarium asserentibus et dicentibus dictum vacarium captum fuisse in nemoribus suis, quia nobis constat per juramentum servientis custodis nemorum, eundem captum fuisse in nemoribus reverendi Patris, dicimus eandem prisiam juste fuisse factam, eandem alias in manu domini Regis propter debatum dictarum partium positam in manu dicti domini episcopi reponentes. Item, super articulo in quo fit mentio de quodam cane de Ursicampo quem major de Karoliponte fecit occidi in nemoribus capituli Noviomensis pro eo quod inventus fuit sine laissia, quem ducebat quidam vacarius, dicimus quod licuit majori predicto facere quod factum fuit de dicto cane, et quod canes dictorum religiosorum non possunt duci nec debent sine laissia ibidem per vacarios seu alios, nisi in locis in quibus habent jus venandi religiosi supradicti, et nisi canes suos transeundo ducant ad loca in quibus eisdem competit jus venandi. Item, super articulo in quo fit mentio de canibus de Ursicampo captis per majorem de Karoliponte in chemino dicti reverendi Patris, quia nobis constat quod dictus reverendus Pater habet ibidem omnimodam justitiam, dicimus quod eidem licuit hoc facere prisiam predictam una cum prisia de qua fit mentio in predicto articulo immediate precedenti, ad manum domini episcopi reponentes. Item, super articulo in quo fit mentio de quadam venatione facta in nemoribus de Chevauchisons, dicimus quod partes teneant et observent id quod in compositionibus continetur. Item dicimus quod dictus reverendus Pater venari poterit in nemoribus que dicuntur nemora castellani absque haia et incisione nemorum facienda. Nolumus autem quod per premissa seu aliquod premissorum, privilegiis, cartis et compositionibus inter dictas partes factis, habitis et initis, aliquod in futurum prejudicium generetur, sed in suo robore permaneant in quo erant tempore confectionis presentium litterarum. Ut autem premissa omnia et singula rata et firma permaneant in futurum, nos arbitri, arbitratores, seu amicabiles compositores predicti, venerabilem virum officialem Noviomensem requisivimus et rogavimus ut sigillum curie Noviomensis presentibus litteris apponi faciat in testimonium premissorum. Et nos officialis Noviomensis ad rogatum et requisitionem predictorum arbitrorum, in premissorum testimonium et munimen presentibus litteris sigillum curie Noviomensis duximus apponendum. Nos vero Andreas, Dei gratia Noviomensis episcopus, et nos Johannes, eadem permissione abbas et conventus monasterii Ursicampi predicti, supradictam compositionem partibus utilem attendentes, eam expresse duximus approbandam, promittentes expresse nos eam omni tempore servaturos et nulla ratione contraventuros, ad hoc successores nostros obligantes expresse. In quorum omnium testimonium et munimen sigilla nostra una cum sigillo curie Noviomensis presentibus litteris duximus apponenda. Datum anno Domini M°. CCC°. nono, mense Augusti, in vigilia beati Laurentii martiris.

CCCXXX.

COMPOSITIO INTER NOS ET DOMINUM ANDREAM, EPISCOPUM NOVIOMENSEM, FACTAM PER MAGISTROS JOHANNEM DE GAISSART ET JOHANNEM WASTEL, CANTOREM NOVIOMENSEM, SUPER DIVERSIS ARTICULIS.

1312.

Universis presentes litteras inspecturis, Andreas, Dei gratia Noviomensis episcopus, salutem et presentibus dare fidem. Que pace, concordia seu judicio terminantur, ne cadant a memoria hominum labili, consulter, a peritisque scripture auctentice testimonio roborentur. Orta siquidem discordia jam diu est inter nos nomine episcopatus nostri ex una parte et viros religiosos et honestos abbatem et conventum monasterii Ursicampi, Cysterciensis ordinis, nostre Noviomensis dyocesis, ex altera parte, super articulis pluribus et diversis contentis inferius. Videlicet super eo quod dicti religiosi imponebant nobis nos occupasse quandam partem cujusdam loci existentis in exitu ville nostre que Pons Episcopi vulgaliter nuncupatur, qui Portus de Vilers appellari consuevit, et dictam partem dedisse seu concessisse ad edificandum, quod vertebatur ad prejudicium dictorum religiosorum, ut dicebant, gentibus nostris contrarium asserentibus. Item, super eo quod ipsi religiosi dicebant gentes nostras collegisse et levasse rivagium ante portam Johannis dicti Labbe, quondam dicti de Erchiu, in injuriam et prejudicium dictorum religiosorum et saisine quam dicebant se habere, licet gentes nostre contrarium assererent. Item, super captione quam gentes nostre fecerunt de Guillelmo de Peskencourt serviente dictorum religiosorum injuriosa et in prejudicium ipsorum, licet contrarium asserent gentes nostre. Item, super quibusdam captionibus seu perturbationibus piscariarum ipsorum religiosorum in aqua sua de Quarieres, quas captiones seu perturbationes gentes nostre fecerant in prejudicium ipsorum religiosorum, ut dicebant, licet gentes nostre proponerent se hoc juste fecisse. Item, super quibusdam captionibus seu arestationibus factis a nobis et dictis religiosis in chemino per quod itur ad villam Sempigniaci versus Karolipontem, quas captiones seu arrestationes factas a nobis seu gentibus nostris dicti religiosi dicebant et asserebant factas fuisse in prejudicium et gravamen eorum, et captiones seu arrestationes factas ab ipsis asserebant justas esse, licet gentes nostre dicerent in predictis casibus contrarium verum esse. Item, super pluribus captionibus et rescoussis factis hinc et inde justiciando in nemoribus dictorum religiosorum extra clausuram magni nemoris eorum. Item, super haia et postico factis a nobis in villa de Sempigni, prope viam seu cheminum per quod itur versus prata, terras vel nemora dictorum religiosorum. Item, super eo quod dicti religiosi ceperant et tenebant pignus a nobis propter hoc quod nos feceramus onerari quandam navem pro nobis juxta ventam mercatoriam qui vendunt partem magni nemoris ipsorum religiosorum, et volebat a nobis rivagium exigere et habere, quumque diceremus ipsos hoc non posse facere nec debere. Item, super pignoribus captis per gentes nostras in domibus hospitum dictorum religiosorum in dicto magno nemore eorum. Item, super cachia quam dicunt dicti religiosi se habere, et usos fuisse in omnibus suis nemoribus extra clausuram sui magni nemoris, gentibus nostris contrarium asserentibus. Item, super captione cujusdam leporis facta prope nemus capituli ecclesie Noviomensis. Item, super eo quod nos extra clausuram magni nemoris dictorum religiosorum venari et cachiare possumus, et facere haiam, saltum in magna parte et garenam habemus ibidem, licet dicti religiosi contrarium asserent in hac parte quod quamquam ibidem venari possumus, seu etiam chachiare, hoc tamen sine haia et sine inscisione nemorum et sine garena. Quibus articulis nos dicimus gentes nostras juste captiones predictas et arrestationes et alia fecisse, et nos esse et fuisse in saisina, et dictos religiosos ea que fecerunt fieri non debere, licet ipsi religiosi contrarium asserant, et ea que fecerunt se juste fecisse et in saisina esse et fuisse. Tandem nos qui pacem et concordiam apud omnes et specialiter apud dictos religiosos totis viribus affectamus, de premissis omnibus et singulis articulis, bonis viris mediantibus, videlicet magistris Johanne de Gaissart, venerabili doctore in theologia, canonico Ambianense, Johanne dicto Watel, cantore et canonico ecclesie Noviomensis, ad pacem et concordiam devenimus et compositionem cum ipsis religiosis pro bono pacis et litibus evitandis, fecimus de eisdem prout inferius continetur. Et primo, concordatum est inter nos et dictos religiosos quod portus de Vilers remanebit in statu in quo nunc est, et ponentur ibi mete et fient super hoc littere ad hunc finem, quod dictus portus non minuatur in posterum, sed remaneat in statu in quo nunc est ad aisiamenta facienda carcando et discarcando et ibidem remanendo denariatas seu bona mobilia dictorum religiosorum et alia bona, prout est fieri consuetum. Item, de rivagio colligendo ante portam Johannis dicti Labbe predicti, inquiretur per dictos canonicos seu alios ydoneos de saisina et jure partium capiendi et levandi rivagium in eodem loco, et consentimus quod per ipsos canonicos vel alios ydoneos dictum negotium terminetur. Item, de articulo tangente captionem Guilloti seu Guillelmi de Peskencourt, compositum est inter nos partes predictas quod captio predicta pro infecta habeatur, et quod per eam non fiat prejudicium privilegiis seu juribus dictorum religiosorum. Item, consentimus et volumus quod captiones facte in aqua dictorum religiosorum de Karieres per gentes nostras, predictos canonicos seu alios ydoneos loco ipsorum debito modo reponantur. Item, de articulo tangente captiones et arrestationes factas hinc et inde in chemino per quod itur de Sempigni versus Karolipontem, volumus et consentimus quod pro infectis totaliter habeantur, et quod perinde sit ac si nunquam facte fuissent, carta olim facta inter predecessorem nostrum et dictos religiosos super justitia dicti chemini in suis viribus remanente, non obstantibus captionibus et arrestationibus predictis. Item, super articulo tangente justitiam in nemoribus dictorum religiosorum extra clausuram, concordatum est quod captiones et rescousse facte a partibus hinc et inde in dictis nemoribus, pro non factis habeantur nec prejudicent partibus in futurum. Carta facta super hoc non obstantibus premissis in suo robore duratura. Item, de articulo tangente haiam et posticum de quibus superius fit mentio, concordamus quod dictum cheminum cherqueminabitur et esbonnabitur ubicunque fieri poterit, et debebit per dictos canonicos seu alios ydoneos loco ipsorum, questione justitie dicti chemini penes ipsos canonicos remanente. Item, de articulo tangente rivagium pro quo pignus nostrum captum est et retentum, per dictos religiosos concordatum est quod dictum pignus nobis reddetur, nec fiet per hoc prejudicium dictis religiosis, quin ab aliis possint exigere et habere rivagium in dicto loco si sua crediderint interesse et non a nobis. Item, pignora capta in domibus hospitum illorum de Ursicampo in suo magno nemore per gentes nostras pro pedagio seu wienagio non soluto apud villam nostram que Pons Episcopi nuncupatur, reddentur dictis religiosis seu eorum hospitibus, et dicti hospites solvent de cetero quandiu erunt hospites in dicto nemore apud Pontem Episcopi, sicut consuetum est solvere ab hospitibus aliis de Sempigni, et libere transibunt ibidem hoc mediante, nec per captionem dictorum pignorum volumus seu consentimus fieri prejudicium juridictioni illorum de Ursicampo in nemore predicto. Item, de captione leporis facta prope nemus capituli, quia nescitur qui eam fecit, pro non facta habeatur, sed carta super justitia ville et territorii de Sempigni salva remaneat ut prius. Item, de articulo tangente cachiam quam dicunt dicti religiosi se habere et usos fuisse competenter in omnibus suis nemoribus extra clausuram sui magni nemoris, licet nos asseramus contrarium, saltem pro magna parte dictorum nemorum extra clausuram dictos religiosos non posse venari, nec usos fuisse competenter, immo dicamus nos habere garenam in dictis nemoribus extra clausum et esse in saisina garene specialiter contra dictos religiosos, licet dicti religiosi contrarium asserant et ponant, contra quos dictos religiosos nullam movemus questionem de cachia facienda in magno nemore predicto infra clausuram. Tractatum est et concordatum inter nos partes predictas pro bono pacis et ea nutrienda et litibus evitandis, quod compositio facta olim inter reverendum Patrem predecessorem nostrum bone memorie dominum Wermundum, tunc Noviomensem episcopum, et religiosos predictos super cachia facienda per partes predictas in nemoribus antedictis extra clausuram, tenet et tenebit firmiter in futurum. Et cum per dictam compositionem nos possimus cachiare seu venari in omnibus nemoribus predictis, excepto magno nemore predicto et nemore de Porviler, et hoc sine haia et sine incisione nemoris, dicti vero religiosi possint cachiare vel venari in nemore tres modiatas vel circiter continente, et in nemore Guioti et ejus appendiciis que sunt de dominio dominorum de Eblaincourt, dicti religiosi omni tempore venari poterunt in predictis nemoribus, videlicet in nemore tres modiatas continente et in nemore Guioti cum appendiciis ejusdem etc., prout in dicta compositione et carta facta super hoc plenius continetur. In omnibus autem aliis nemoribus dictorum religiosorum venari poterunt dicti religiosi quolibet anno termino inferius annotato, videlicet qui incipiet in festo beati Martini hyemalis et durabit usque ad diem octabarum festi Purificationi beate Marie Virginis inclusive et non amplius, tali modo quod inter venatores nostros et venatores dictorum religiosorum qui primo fecerit signa cachie in die qua voluerit cachiare, primo venabitur illa die, nisi dicti venatores ad invicem concordarent de cachia, insimul facienda illa die, et poterimus facere haiam in nemoribus ante dictis extra clausuram de genestris et spinis, sine incisione alterius nemoris, quod tamen facere poterimus et plicare pro dicta haya facienda sine dampno notabili dictorum religiosorum. Durabit autem hec concordia seu compositio facta de cachia predicta et haya facienda tantum modo quamdiu nos erimus episcopus Noviomensis, et non ultra. Immō, carte et compositiones facte olim super dicta cachia et haya facienda et jura partium tam in saisina quam in proprietate in suis juribus et in eo statu in quo nunc sunt remanebunt, non obstantibus usibus et factis et faciendis a partibus ante dictis post istam compositionem. In quorum omnium testimonium nos episcopus memoratus sigillum nostrum litteris presentibus duximus apponendum. Datum anno Domini millesimo trecentesimo duodecimo. Die dominica qua cantatur, oculi mei.

CCCXXXI.

BALDUINI. — DE ACQUISITIONE VIARUM DE CHIRI.

Circa 1107.

Ego Balduinus, Dei gratia Noviomensis episcopis, cunctis fidelibus tam futuris quam presentibus, in perpetuum notum fieri volumus quod tempore venerabilis Balduini, predecessoris mei, homines de Chiri violenter abstulerant et obstruxerant fratribus Ursicampi antiquam viam que ducit a quadrigaria ad Ursicampum, quantum videlicet ab ipsi quadraria tendit usque ad stratam publicam que ducit ad Thorotam. Qua injuria ego postea factus episcopus audita, convocatis ad illius destructe locum vie cunctis pene viris ejusdem ville, cum de via illa ubinam esset plerique illorum diversa sentirent, et, ut omnimodis eam absconderent, diversis in locis eam esse dicerent, quosdam ex eis probabiliores et fideliores multis adjuravi sermonibus ut quo in loco consueverat esse michi ostenderent. Cum ergo sic adjurati demonstrassent illius antique locum vie nec ulterius eam contra suam conscientiam auderent abscondere, ejusdem mox vie terminos designando posui, eamque in instanti pro dictis fratribus reddidi et confirmavi. Hoc testantur Hugo clericus meus cognomento Episcopus, etc. Sciendum preterea quod memoratis Ursicampi fratribus dederunt in elemosinam ad faciendam viam a campo Vivarii usque ad predictam stratam publicam quidam viri qui subscripti sunt unusquisque quamdam sue terre partem. Andreas de Bretoneria dedit ecclesie Ursicampi quamdam terram que dicitur campus del Biez, que est juxta campum Viviani, concessione omnium liberorum suorum. Walterus etiam causidicus dedit quartarium unum quem habebat de hac terra. Pro hac concessione dederunt fratres Ursicampi prefato Andree et liberis ejus xxx solidos et Waltero x solidos. Hoc factum est concessione Joiberti filii Symonis prepositi, a quo terra illa movebat. Warinus etiam filius Werrici Ganimai dedit ecclesie eidem quamdam terram juxta campum Viviani pro qua dicti fratres dederunt eidem Warino xx solidos. Robertus et Maria uxor ejus, Garnerus et Gerba uxor ejus, Hubertus et Lidia uxor ejus, dederunt prefate ecclesie quendam campum qui erat communis eis pro quo predicti fratres dederunt eis xx solidos. Drogo etiam de Passel et sorores ejus, Rabodo et Berengerius, Petrus et Odolina soror ejus, et Alulfus dederunt prefate ecclesie quamdam terram pro qua predicti fratres dederunt eis xii solidos. Hoc factum est concessione Garini filii Werrici Ganimay de quo tenebat eamdem terram et domine Heluidis de Villa de qua terra illa descendebat. Paganus quoque de Chiri, cognomento Decanus et Albinus frater ejus dederunt quandam terram memorate Ursicampi ecclesie, ad faciendam viam, pro qua acceperunt a predictis fratribus sex solidos. Hubertus et Lidia soror ejus dederunt eidem ecclesie quandam terram pro qua dederunt eis idem fratres quinque solidos. Rainaldus de Belvaco et Heluidis uxor ejus dederunt quandam terre partem pro qua ab eisdem fratribus acceperunt quinque solidos. Clemens et Rosa uxor pro parte terre quam dederunt, acceperunt v solidos. Andreas Palmarius pro parte terre quam dedit eidem ecclesie accepit vi solidos. Berengerius major pro parte quam dedit accepit iii solidos. Gurardus Gastellus accepit duo paria calchiamentorum. Hubertus filius ejus falcem unam. Theobaldus et Heiza uxor ejus acceperunt xv solidos. Géraudinus et Berengerus major es Drogo filius Alelmi acceperunt v solidos pro partibus terre quas eidem ecclesie dederunt. Hoc autem factum est concessione mea de cujus feodo predicti homines terram illam tenebant. Hoc testantur Alulfus major de Chiri, Hubertus filius Dodonis, Theobaldus de Trachi, et Drogo de Drellencort. Ne quis ergo hec omnia beneficia legitime facta presumat infringere, sub anathemate prohibemus, et ut rata inconcussaque permaneant, sigilli nostri impressione et testium subscriptorum astipulatione roboramus.

CCCXXXII.

DE PRATO QUOD EST ULTRA PONTEM YSARE ET DE NEMORE QUOD EST INTER ANTIQUUM BOSCUM ET INTER ILLUM QUEM ODO GOVINUS DEDIT.

Circa 1167.

Ego Balduinus, Noviomensis episcopus, cunctis fidelibus tam futuris quam presentibus in perpetuum, notum fieri volumus quod venerabilis Symon, quondam Noviomensis episcopus, predecessor noster, cum ecclesiam Ursicampi fundaret et edificaret, inter cetera liberalitatis beneficia dedit in elemosinam eidem ecclesie convenientia totius capituli sui trans Ysaram ex parte Chiri omnia fructeta et dumeta que erant de jure episcopi, ab eo loco ubi aqua molendini ejusdem ecclesie in Ysaram cadit usque ad lavatorium de Chiri. Postea tempore successoris illius meique predecessoris pie memorie Balduini episcopi, quidam Drogo dispensator ejusdem Balduini episcopi, infra terminos istos ipsa fructeta et dumeta, reclamante semper et calumpniante predicta ecclesia, dirumpi ex magna parte fecit, et in pratum redegit. Memorato autem Balduino episcopo defuncto, dominus rex in cujus manu res episcopi devenerant, audita injuria Ursicampi fratribus illata, precepit ut in capitulo Noviomense, presentibus canonicis, multis militibus et burgensibus ejusdem civitatis, cum ministris ejusdem regis, Bartholomeo scilicet et Odone, eorumdem fratrum carta legeretur, et juxta ipsius carte tenorem omnia libere possiderent, et si quid ablatum vel imminutum fuisset, eis ex integro restitueretur. Que cum lecta fuisset, ego tunc assistens decanus et ipsius capituli conventus apertam fratribus inferri videntes injuriam, memoratum pratum juxta regis imperium et ipsius carte continentiam eisdem fratribus, sicut jus erat, reddidimus et libere possidere adjudicavimus. Ego quoque ejusdem civitatis postea factus episcopus hoc ipsum concessi et confirmavi. Sciendum preterea quod prefatus Balduinus episcopus, annuente Noviomensis ecclesie capitulo, dedit in elemosinam ecclesie Ursicampi totum nemus illud quod erat inter antiquum boscum ejusdem ecclesie et inter illud nemus quod Odo Govinus eidem ecclesie olim in elemosinam dederat. Hanc eandem elemosinam ego postea factus episcopus, similiter concessi et confirmavi. Hoc quoque Robertus Moricans, forestarius meus, assensu conjugis sue Joie, liberorumque suorum, benigne concessit, et cum duobus filiis suis Balduino et Drogone in ecclesia Ursicampi super altare obtulit, sub his testibus, Gileberto suppriore etc. [Guillelmo monacho cimentario, Petro de Berleria, Evrardo et Henrico conversis Ursicampi, Drogone ejusdem Roberti sororio, Godefrido et Manasse famulis ejusdem, Roberto et Gerardo Theutonico de Sempenni]. Idipsum nichilominus concesserunt et ceteri qui sub ipso Roberto erant forestarii, Arnulfus scilicet de Cruce, Odo Rex, Robertus Boches, Martinus filius Gerardi de Sempigni, Ingerannus filius Theobaldi, Arnulfus de Quarchi, Rainerus de Pontesia, Gozo Walcardus, Odo del Biez et Drogo de Drelincort. Hoc testantur Hugo cognomento Episcopus, clericus meus, etc. [Hugo Louez prepositus meus, Hubertus filius Gileberti de Trachi, et Arnulfus custos nemoris Ursicampi et multi alii.] Ne quis ergo beneficia omnia hec legitime facta infringere presumat, sub anathemate prohibemus, et ut rata inconcussaque permaneant, sigilli nostri impressione et testium subscriptorum astipulatione roboramus. S. Thezonis decani xristianitatis, etc. [S. magistri Gerardi canonici Sancti Bartholomei. S. Symonis de Magniaco et Dudonis militis ejus. S. Wermundi de Welpellieres et Fulconis cognomento Niart de Noviomo].

CCCXXXIII.

DE NEMORE QUOD EST INTER NOSTRUM ANTIQUUM BOSCUM ET ILLUM QUEM ODO GOVINUS DEDIT NOBIS.

Ego Balduinus, Dei gratia Noviomensis episcopus, cunctis fidelibus tam futuris quam presentibus in perpetuum. Boni pastoris est proprium ad omnes bonum operari, maxime autem ad domesticos fidei. Divine ergo memores retributionis dilectissimis fratribus ecclesie Ursicampi per manum Domini Willelmi, supprioris ejusdem loci, pia largitate concessimus et in elemosinam dedimus, quicquid nemoris nostro competebat juri inter antiquum ipsius ecclesie boscum et illum quem Odo Govinus in elemosinam dederat. Hoc Robertus Moricans, forestarius noster, benigne concessit, et quicquid in eo juris habebat quitum clamavit. Ne quis ergo hoc beneficium infringere audeat, sub anathemate prohibemus, et ut ratum inconcussumque permaneat sigilli nostri impressione et testium subscriptorum astipulatione roborare decrevimus. S. Raineri abbatis Calnianensis, etc. Actum anno Verbi incarnati M°. C°. LX°. VII°.

1167.

CCCXXXIV.

DE AQUA PETRI DE ANDEU.

Balduinus, Dei gratia Noviomensis episcopus, fratri Guidoni, Ursicampi abbati, et universis ejusdem ecclesie fratribus in perpetuum. Boni pastoris est officium utilitatibus ecclesiarum sedula devotione perspicere, fidelium elemosinas ipsis collatas auctoritate pontificali roborare, et ne quis temere super his malignetur, sub anathematis interminatione prohibemus, ipsarum quoque largitiones elemosinarum, ne per oblivionem in posterum revocentur in dubium, scriptis auctenticis tradere. Notum sit ergo tam presentibus quam futuris quod tempore venerabilis Balduini, Noviomensis episcopi, predecessoris mei, Petrus de Andeu, concessione uxoris sue Aalidis filiique sui Symonis, dedit in elemosinam ecclesie Ursicampi quicquid habebat in aqua Ysare a Ponte episcopi usque ad Divam de Passel ubi in Ysaram cadit, et hoc ipsum beneficium super altare quodam in predicta ecclesia, una cum filio suo Simone, Deo obtulit.

Circa 1170.

Predictus quoque Petrus et Aalidis uxor ejus cum filio suo pleviveruut quod de hać elemosina nec per se, nec per alium quemlibet dampnum aliquod duos solidos valens eidem ecclesie inferrent. Pro hujus autem recompensatione beneficii, memorata ecclesia dedit eidem Petro xv libras. Hoc autem tali conditione factum est ut pro implendo episcopi servitio de cujus feodo aqua illa erat, prefata ecclesia ij solidos annuatim eidem Petro daret, donec episcopus hoc concederet, at ubi episcopus hoc concessisset, ecclesia ab hoc debito liberata aquam illam cum pace perpetua possideret, unumque annualem denarium Petro vel heredi ejus deinceps pro recognitione persolveret. Hujus rei testes fuerunt Johannes Pes aque prepositus, etc. Ubi vero Emmelina predicti Petri filia concessit, testes interfuerunt Drogo de Villa, nepos Radulfi comitis, et Hugo de Britoneria, filius Gerardi majoris. Evoluto deinceps tempore, cum ego factus essem episcopus, elemosinam hanc rationabiliter et legitime factam esse recognoscens, quia de feodo nostra erat, ob salutem anime mee et parentum meorum, vobis dilectis fratribus eam concessimus, et ut in pace perpetua hanc possideatis, omni censu vel exactione exclusa preter illum annualem denarium qui Petro vel heredi ejus debetur, confirmavimus hiis, coram astantibus Roberto Radulfo. Cum vero predictus Symon post mortem patris sui Petri propter memoratam elemosinam adversus Ursicampi ecclesiam calumniam moveret, et statutis placitandi diebus sepius tergiversando subterfugeret, ego perpendens ecclesiam injuste vexari, tandem eidem Symoni diem peremptorium constitui. Ad quem cum se deinceps subtrahere non audens ipse venisset, penitus a causa sua decidit, et ecclesiam, sicut justum erat, ab ipsa calumpnia liberam deinceps debere consistere in curia nostra adjudicatum est coram hiis testibus, Balduino cancellario et Thorote christianitatis decano, etc. Ne quis ergo hoc infringere audeat, sub anathemate prohibemus, et ut ratum permaneat, sigilli nostri impressione et testium prescriptorum astipulatione corroboramus.

CCCXXXV.

DE AQUA AUBERTI DE CHIRIACO.

Circa 1170.   Ego Balduinus, Dei gratia Noviomensis episcopus, notum esse volo futuris ut presentibus quod Hubertus de Chiriaco dedit in elemosinam ecclesie beate Marie Ursicampi et obtulit Deo super altare quodam ejusdem ecclesie quicquid habebat in aqua Ysare ab inclusa veteris molendini, usque ad Pontem episcopi. Et quia de me tenebat quicquid in aqua predicta habebat, beneficium hoc manu mea reddidit, et ego illud contuli ecclesie prefate per manum fratris Walteri subcellarii. Quod ut ratum firmumque permaneat in eternum, presentem paginam sigilli mei auctoritate volui confirmari testiumque subscriptorum astipulatione corroborari. S. Radulfi majoris de Chiriaco.

CCCXXXVI.

GUIDONIS DE ERBLENCOURT DE CONCESSIONE NEMORIS ODONI GOVINI.

Circa 1170.   Ego Balduiuus, Dei gratia Noviomensis episcopus, notum volo fieri presentibus et futuris quod Guido de Erblencourte concessit ac dimisit monasterio Ursicampi perpetua cum pace possidendum, totum nemus illud quod eidem monasterio jam pridem dederat Odo Govinus predecessor ejus, quantum scilicet adjacet a portu de Pomerulo super Ysaram sito usque ad quercum croisatam et inde usque ad petram, conscedens insuper ut omnia pecora ad idem monasterium pertinentia pascendi gratia eant libere et absque contradictione per omne territorium ex utraque parte Ysare. Monachi vero Ursicampi concesserunt ei similiter cum pace possidenda cetera que cum nemore dederat eis predictus Odo in terra, pratis et aqua, et hoc tali conditione quod nec ipsi Guidoni nec cuiquam heredum suorum, sed nec ipsis quidem monachis licebit aliquando antiquum molendinum de Primprez reedificare, nec exclusam ejus exstruere. Ut ergo ista concordia in nostra presentia nostroque consilio perlocuta et statuta permaneat rata et inconcussa, presentem paginam sigilli nostri impressione et fidelium testium subscriptione confirmavimus, et ne quis ausu temerario amodo et usque in sempiternum presumat illam infringere, sub anathemate prohibemus. S. Raineri et Johannis domesticorum clericorum.

CCCXXXVII.

DE VINEA WIDONIS DE BELLORAMO ET DE NEMORE HUGONIS DE DIVA.

Ego Balduinus, divina miseratione Noviomensis episcopus, jugi volo memoria retineri nec illa unquam oblivione deleri Guidonem militem de Belloramo tempore non parvo possedisse ex parte uxoris sue Nicholaie quandam vineam suam apud Arboream quam, concessione ejusdem conjugis sue, ecclesie beate Marie de Ursicampo in elemosinam contulit, et super altare quodam ejusdem ecclesie Deo obtulit, ita tamen quod de beneficio fratrum de Ursicampo xxvii libras Provenentium pro sui beneficii moderna recompensatione recepit; ipse etiam promisit quod contra omnes calumpnias vineam istam semper et ubique ecclesie sepedicte defenderet, et liberos suos, cum ad intelligibilem pervenirent etatem, istud suum beneficium concedere et tenere faceret. His omnibus testes affuerunt isti, Theodoricus et Hugo Roienses, etc. Postea Hugo miles de Diva dedit nichilominus sepedicte ecclesie Ursicampi in elemosinam totum nemus suum quod habebat apud Petram Levatam et quandam vineam suam apud Arboream. De hac tamen vinea conditum fuit et statutum quod fratres de Ursicampo eam excolerent, ac dimidiam partem fructuum eidem Hugoni quandiu viveret preberent, illoque rebus humanis exempto, totam ex integro perpetua cum pace deinceps possiderent. Ista sua beneficia Hugo in manu mea reddidit Deo que obtulit, et ego, ipso petente, sepedictam inde revestivi ecclesiam in manu domni abbatis Gileberti, coram testibus subscriptis. S. Raineri Calnichi, etc. Hec ergo beneficia Christi ecclesie juste et legitime collata ne cujusquam insolentia amodo et usque in sempiternum infringantur, seu qualibet ex parte minuantur, sub anathemate prohibeo, et ne quem excuset ignorantia, ad prohibendum posteris rei veritatem, scriptum istud sigilli mei impressa figura consigno et corroboro. Actum hoc anno Incarnationis dominice millesimo centesimo septuagesimo primo.

1171.

CCCXXXVIII.

DE TERTIA PARTE DECIME ASTICHIARUM.

Circa 1171

Ego Balduinus, Dei gratia Noviomensis episcopus, notum volo fieri universis fidelibus tam futuris quam presentibus, quod Albericus Malus clericus de Noviomo, dedit in elemosinam ecclesie beate Marie de Ursicampo tertiam partem decime Astichiarum tam majoris quam minute, vicaria recompensatione recipiens quod ei datum est de proprio ejusdem ecclesie, scilicet xv libras. Hoc ipsum largiente pariter et concedente Radulfo de Drailincurte, cujus sororem idem Albricus habebat in conjugio. Porro hanc partem decime supradicte acceperat idem Albricus in matrimonio uxoris sue, sororis Radulfi, a patre eorum Guidone de Drailincurte jam antea, sicut dicebat, hereditario jure possessam. Hujus autem beneficii datum factum fuit concessione Lamberti de Trameri a quo Albricus et Radulfus eandem decimam tenebant, et concessione Widonis, castellani Noviomensis, de cujus feodo eandem decimam Lambertus tenebat, sicut et dominus Symon, Noviomensis episcopus, predecessor meus, de cujus feodo predictam decimam castellanus tenere dicebatur. Recepit eam de manu eorum et per manum suam, suamque concessionem tradidit prefate ecclesie Ursicampi legitimo jure possidendam. Postmodum vero, plurimis annorum exactis curriculis, in presentia mea et in manu mea id ipsum concessit Rosa, filia Albrici Mali clerici, ad quam hereditaria successione eadem decima pertinere dicebatur, assentiente pariter et concedente marito suo Hugone Huarth. Testes autem in quorum audientia facta fuit prima concessio, dum adhuc filia ipsius Albrici etatem ydoneam rei concedende nequaquam haberet, extiterunt isti, dominus Symon, Noviomensis episcopus, Hugo cancellarius, etc. Hoc ergo beneficium quatinus perpetua stabilitate ratum permaneat, auctoritate nostra fecimus, et sigilli nostri impressione munimus, atque personarum subscriptarum astipulatione corroboramus. S. Balduini, Noviomensis episcopi.

CCCXXXIX.

CARTA HOLDE FILIE BOUCHARDI DE FEODO RAINALDI DE ANTOLIO.

Circa 1171

Ego Balduinus, Dei gratia antistes ecclesie Noviomensis, notum fieri volo tam posteris quam modernis quod Holda, filia Bochardi de Thorota, uxor Radulfi de Roberti valle, dedit in elemosinam ecclesie beate Marie de Ursicampo quicquid tenebat de feodo Rainaldi de Antolio in monte Astechiarum, concessione Odonis filii sui et concessione Rainaldi prescripti domini sui, qui hoc ipsum beneficium contulit ecclesie prefate in manu Roberti, abbatis ejusdem loci. Hoc ergo beneficium memorate mulieris concessione quam filii ejus Odonis atque domini ipsius Rainaldi testantur duo filii Boisardi de Hospitalaria, Haimo scilicet clericus et Gerardus frater ejus, etc. Hoc ipsum autem beneficium postea obtulit Deo sepe dictus Rainaldus et Philippus filius ejus super altare quodam in ecclesia Ursicampi, coram hiis testibus, Radulfo Widone de Dralincurte, Petro Trulardo de Trachiaco, etc.

CCCXL.

QUITATIO CLARI FILII RADULFI DE MORENCHON DE TRIBUS SOLIDIS ET VI DENARIIS CENSUS ET DE OMNIBUS QUE TENEBAT APUD LACHENI AB ECCLESIA SANCTI AMANDI.

Ego Balduinus, Dei gratia episcopus Noviomensis, notum volo fieri fidelium universitati quod Radulfus de Morenchon, filius Rabodi, clamabat redemptiones quasdam in quibusdam terris quas ecclesia sancti Amandi habet in territorio de Lacheni, et sex denarios de quodam prato, que eadem ecclesia in eodem habet territorio. Hec ergo omnia concessione uxoris sue suorumque liberorum dimisit Radulfus ecclesie predicte in perpetuum pro tribus solidis et sex denariis sibi suoque heredi, mediante martio, annuatim censualiter persolvendis, decernens etiam quod de omnibus que ecclesia eadem in eodem territorio amodo et usque in sempiternam quoquo modo acquireret, nullam omnino redemptionem preter censum predictum trium scilicet solidorum et sex denariorum Provenientium ei persolveret. Actum apud Cosdunum, anno ab incarnatione Domini M°. C°. L°. IX°. in presentia testium subscriptorum. S. domini Radulfi de Cosduno. S. Radulfi Flamenc. [S. Petri de Remeio et Odonis fratris ejus. S. Hugonis Durebare et Thome nepotis ejus. S. Roberti Malefoison. S. Odonis de Buenvilla. S. Wilhelmi de Renou.]

1159.

CCCXLI.

DE NEMORE DE CASNEEL ET TERRA PETRI DE LIER.

Ego Balduinus, Dei misericordia Noviomensis episcopus, presentium et futurorum volo commendari noticie quod Walbertus, miles de Lier, dedit in elemosinam ecclesie beate Marie de Ursicampo quicquid ipse habebat in toto nemore illo quod Caisnel dicitur, quod quiddem a meta de Soremont usque ad Gerardi noam, via dividente, extenditur. Hanc elemosinam suam michi in manu mea reddidit et werpivit, et ego memoratam inde revestivi ecclesiam per manum fratris Godescalci ejusdem ecclesie conversi. Ecclesia vero hujus beneficii sui non nulla recompensatione x libras obolorum Walberto donavit et alias x libras ejusdem monete commodavit, quas ille infra unum anni spatium se rediturum spopondit, fratremque Alulfum Calniacensem abbatem et conversum ejus fratrem Robertum de Campona hujus sponsionis sue fidejussores instituit. Actum est hoc apud Sanctum Quintinum in ecclesia Sancti Projecti, in mea testiumque subscriptorum presentia. S. Rainardi, ejusdem ecclesie abbatis, etc. Hec autem omnia, uti in presenti habentur conscripta, concessit apud Lier in domo sua Heldiardis, uxor Walberti, et Adam filius ejus, Margaque et Elizabeth, Mabila et Odila, filie ipsius, quod testantur Rogerus presbiter ejusdem ville et Johannes Rivars miles, sicut et Oatra, ejusdem loci incola, etc. Preterea Petrus et Rainelmus atque Rainerus filii Odonis Dollati et nepotes sepedicti Walberti dederunt in elemosinam sepedicte ecclesie Ursicampi, pro anima memorati patris sui nuperime occisi, quandam terram suam unius modii semini sufficientem, atque in

1161.

territorio ville prefate emimus adjacentem. Cui beneficio conferendo testes affuerunt Alulfus abbas Calniaci, [Symon de Riboltis monte et Gobertus filius ejus, Herbertus Rivars et Walbertus eorundem puerorum patruus, Josephus Rivars et Walterus Gallus.] Hec ergo omnia rata firmaque in perpetuum permanere precipio, et ne quis quicquam horum amodo et usque in sempiternum presumat infringere, sub anathemate prohibeo, presentemque paginam sigilli mei auctoritate corroboro. Actum anno incarnationis dominice M°. C°. LXI°. Epacta XXII concurrente. VI. indictione nona.

CCCXLII.

DE DUABUS DOMIBUS WIDONIS POECHEN, CANONICI NOVIOMENSIS, ET II VINEIS, ETC.

1158. Ego Balduinus, Dei gratia presul ecclesie Noviomensis, notum volo fieri presentibus et futuris, quod quidam canonicus noster Wido nomine, cognomento Poechen, non auditor obliviosus factus sed factor illius dominici precepti quo dicitur facite vobis amicos de mammona iniquitatis, qui, cum defeceritis, recipiant vos in eterna tabernacula, volensque Christi pauperibus in ecclesia Ursicampi Deo famulantibus sua carnalia seminare in terris, ut et illorum spiritualia metere posset in celis, dedit eis in elemosinam, concedente simul et condonante Ebrardo filio suo duas domos suas, quarum unam habebat in claustro Noviomi, alteram post monasterium sancti Ylarii. Dedit eis nichilominus vineam suam de Boleto, et quandam aliam vineam apud Landrici montem, que fuerat fratris sui Hugonis Pijon, unumque predium suum eidem vince via publica interjacente contiguum, de quo recipiebat annualem censum decem solidorum et sex caponum. His omnibus revestivit Wido et filius ejus Ebrardus ecclesiam Ursicampi in manu domini Gileberti, ejusdem ecclesie abbatis, in communi capitulo Noviomensis, ecclesie circumsedentibus canonicis, Balduino videlicet decano et Rainaldo presbitero, etc. Abbas vero Ursicampi solam vineam de Landrici monte sibi interim retinens et de eadem vinea duos modios vini Widoni filioque ejus Ebrardo, et Aye socrui ipsius annuatim, quamdiu vixerint se redditurum promittens, cetera omnia illi et filio ejus in vita sua tenenda reddidit, ista sane conditione quod nichil horum poterunt omnino dare nec vendere, neque pro qualicumque necessitate vadimonio obligare. Hoc concessit Aya socrus Widonis, hoc pacto quod si ipsa post obitum illius et filii sui supervixerit, solam domum sancti Ylarii, que sua fuerat, et duos modios vini, quandiu superstes fuerit, habebit. Que concessio facta est in communi capitulo ecclesie Noviomensis, prescriptis audientibus canonicis. Concesserunt hec omnia nichilominus apud Ursicampum in mea presentia Paganus de Fonteneto et Petrus frater ejus, nepotes Widonis, ipso Widone ibidem et hec sua beneficia in nostris et illorum auribus recapitulante. Hic quoque mecum pariter testes affuerunt Gaufridus clericus, nepos meus, etc. Ne ergo quodlibet horum beneficiorum cujusquam mortalium sacrilega presumptione amodo et usque in sempiternum infringeretur, necessarium judicavi ut sigilli mei auctoritate presens pagina premuniretur. Actum anno Verbi incarnati M°. C°. L°. VIII°.

CCCXLIII.

CARTA BALDUINI EPISCOPI DE CENSU SOLTANI.

Ego Balduinus, Dei gratia Noviomensis episcopus, modernorum volo commendare memorie et ad posterorum notitiam transmittere, quod quidam miles de Thorota, Soltanus nomine, concessione cujusdam fratris sui et uxoris sue suorumque omnium liberorum, reliquit ecclesie beate Marie de Ursicampo, jure perpetuo possidendum, quicquid ipse tenebat de feodo domine Ode Roiensis olim castellane, in toto territorio Sempigniaci et Porvillaris, in terris et pratis, censibus et terragiis, seu quibuslibet redditibus aliis, ita sane quod fratres de Ursicampo persolvent ei et heredibus ejus post eum apud Ursicampum, die festo decollationis beati Johannis Baptiste, quinquaginta solidos census annualis. Quod predicta matrona benigne concessit et inde testis ac fidejussor extitit, et quod Soltanum ejusque heredes utpote suos homines pactum istud fideliter tenere faceret, multis audientibus repromisit. Idem quoque Solthanus et Simon filius ejus in manu ejusdem domine sue manutentim pleviverunt, quod et ipsi pactum istud fideliter tenerent, et suos omnes consanguineos prout possent tenere similiter facerent. Omnibus his testes interfuerunt isti, Gervasius de Ursellicurte, Odo de Dralincurte, et duo fratres ejus Wido et Philippus milites, Odo armiger, filius Henridi, et Hugo major ville Ligniaci. Concessionis vero Roberti primogeniti filii Soltani, testes sunt predictus Odo de Drailincurte et frater ejus Philippus, et Solimans de Trachiaco, Evroldus quoque et Wilbertus de Halons et Arnulfus ecclesie Ursicampi monachus. Apud villam memoratam presentes fuerunt vero uxor Solthani et reliqui filii ejus. Fulcho scilicet et Johannes et Usbertus et sorores eorum Liciardis et Fraessendis ad ipsum similiter concesserunt. Actum anno incarnationis Domini M°. C°. L°. V°.

1155.

CCCXLIV.

CARTA BALDUINI EPISCOPI DE ELEMOSINA FULCONIS VIART ET THEODORICI NOVIOMENSIS.

Ego Balduinus, Dei gratia Noviomensis episcopus, notum volo fieri presentium et futurorum universitati et utrique sexui, quod Fulco, cognomento Viardus, filius Petri Baleth, dedit in elemosinam et pro xx libris ecclesie Ursicampi quicquid habebat in terris et pratis seu hospitibus in toto territorio Sempigniaci, et hoc concessione uxoris sue Heluidis et duarum sororum suarum Elizabeth et Ermengardis. Quod etiam beneficium benigne concessit dominus Simon de Magniaco, una cum Rainero, filio suo primogenito, de quorum feodo Fulco tenebat quicquid in memorato territorio possidebat. Hanc ergo Fulconis elemosinam seu venditionem et predictorum dominorum suorum concessionem testantur Herbertus Pulchius, canonicus Noviomensis, et Petrus de Villa frater decani, Philippus Taissons, etc. Concessioni vero uxoris ejusdem Fulconis interfuerunt testes, Miles de Reio et Radulfus de Givri. Rohardus quoque de Reio, et Joibertulus de Villa, sicut et Theobaldus major de Molin-

1160.

coth et duo filii ejus Radulfus et Rohardus, atque Odo de Fresmont testes affuerunt. Vero idipsum concessit Ermengardis, soror sepedicti Fulconis. Porro concessionem Elizabeth alterius sororis sue testantur dominus Symon de Magniaco et Johannes Tacons atque Jobertulus de Villa. Preterea memorie nichilominus commendandum quod Theodericus, venerabilis noster canonicus nostreque Noviomensis ecclesie thesaurarius, cum benivolencia mea et assensu concessit ecclesie Ursicampi jure perpetuo possidendum hoc quod de me tenebat ex jure Noviomensis thesaurarii in territorio Sempigniaci, sub annuo censu sex denariorum qui persolvendi sunt Noviomensi thesaurario die festo sancti Remigii, quod testantur magister Stephanus et Lambertus Ruffus Noviomensis ac Nigellensis canonici, Ingrannus quoque et Odo Frians Nigellensis canonicus. Ut ergo hec omnia rata permaneant et inconcussa, presentem paginam sigilli mei auctoritate volui confirmari, et testium qui conscripti sunt astipulacione raborari. Sed neque hoc silenter pretereundum quod pactum Theoderici et ecclesie Ursicampi concesserunt in communi capitulo suo nostre Noviomensis ecclesie canonici, quorum pauca nomina perpetuandi testimonii gratia volui subnotari. S. Hugonis cancellarii, etc. Acta anno incarnati Verbi M°. C°. LX°.

CCCXLV.

CARTA BALDUINI, NOVIOMENSIS EPISCOPI, DE ELEMOSINA DOMINE ODE IN TERRITORIO SEMPIGNIACI.

1157.

In nomine sancte et individue Trinitatis, Patris et Filii et Spiritus sancti, ego Balduinus, Dei gratia Noviomensis episcopus, notum volo fieri moderne etati ac secuture posteritati, quod quedam fidelis matrona, domina scilicet Oda, Roiensis olim castellana, volens juxta preceptum dominicum facere sibi amicos de iniquo mammona, qui eam deficientem in eterna reciperent tabernacula, dedit in elemosinam ecclesie beate Marie Ursicampi quicquid habebat de suo dominio in toto territorio Porvillaris et Sempigniaci, excepto duntaxat feodo cujusdam militis sui nomine Solthani. Ego autem hujus elemosine desiderans fieri particeps, ut et divine quoque retributionis existerem municeps, beneficium istud quod totum erat de feodo meo, benigne concessi ac prius de manu ipsius mulieris receptum per manum meam propriam ecclesie Ursicampi contradidi. Ne quis igitur munificentiam istam presumat infringere, seu propter eam dampnum vel molestiam aliquam sepedicte ecclesie inferre, sub anathematis interpositione prohibeo, ac presentem paginam sigilli mei auctoritate testiumque presentium astipulatione confirmari precipio. S. Balduini, Noviomensis ecclesie decani. S. Hugonis cancellarii mei, etc. Actum anno Verbi incarnati M°. C°. LVII°.

CCCXLVI.

GERARDI EPISCOPI. — DE NEMORE DOMINI RAINALDI DE SARMAISES.

Maio 1226.

Gerardus, Dei gratia Noviomensis episcopus, universis presentes litteras inspecturis, salutem in Domino. Noveritis nos bonorum virorum relatu didicisse, qui presentes affuerunt, quod

TITULUS EPISCOPORUM. 211

Rainaldus miles, dominus de Sarmaises, duas modiatas nemoris sui, nec melioris nec pejoris, siti prope grangiam de Arborea, ecclesie Ursicampi contulit, tam in elemosinam quam in recompensationem rerum quas ex ipsa domo habuerat. Quam donationem concedimus et approbamus salvo jure episcopali. Verum quia heres infra annos est, et sine tutore non ratum haberetur quicquid super predicta donatione ad presens ageretur, tempore opportuno pro posse nostro opem et operam impendemus ut dicta donatio ad debitum deducatur effectum. Actum anno Domini M°. CC°. XX°. VI°, mense maio.

CCCXLVII.

CARTA GUIDONIS, EPISCOPI NOVIOMENSIS, DE DECEM LIBRIS ANNUI REDDITUS.

Guido, Dei gratia Noviomensis episcopus, universis presentes litteras inspecturis salutem in Domino. Noveritis quod in nostra presentia personaliter constituta, domicella Beatridis, filia quondam et heres domini Gerardi de Roinsoy, militis defuncti, filia et nobilis mulieris domine Johanne uxoris ad presens domini Ansoudi de Offemont militis, mota intuitu pietatis, ut dicebat, et ob remedium animarum parentum suorum et specialiter quondam Roberti fratris sui, cujus corpus in cenobio Ursicampi intumulatum est, et aliorum amicorum suorum, elemosinavit, dedit, contulit et concessit donatione facta inter vivos pure et irrevocabiliter religiosis dicti cenobii de Ursicampo x libras Parisienses annui et perpetui redditus, capiendas et recipiendas ab eisdem religiosis, annis singulis, in posterum, ad portionem et redditum qui eidem Beatridi debentur ad winagium seu pedagium Nigelle quod tenet in feodo a domino Rege, ita videlicet quod ex dictis decem libris Parisiensibus, c solidi Parisienses convertantur annis singulis in pitancia pro conventu dicti cenobii, die obitus predicti Roberti, et alii solidi Parisienses erogentur pauperibus ad portam ejusdem cenobii. Et ut hoc ratum maneat et firmum, eadem domicella dictum redditum suum ad hoc obligavit et voluit esse obligatum ac ejus heredes et successores quoscumque. In cujus rei testimonium presentibus litteris nostrum fecimus apponi sigillum. Actum presentibus hiis testibus, scilicet Nicholao de Pratis cancellario, etc., qui presentibus litteris sigilla sua ad majorem hujus rei certitudinem apposuerunt. Datum anno Domini M°. CC°, octogesimo secundo, mense martio.

Martio 1282.

CCCXLVIII.

COMPOSITIO INTER NOS ET GUIDONEM, EPISCOPUM NOVIOMENSEM, DE DIVERSIS ARTICULIS, SCILICET DE LE CACHE DE CONNINS ET DUN POR DE MOTES ET WASONS ET ALIIS.

A tous chiaus qui ches presentes lettres verront et orront, nous Guis, par le grasse Deu evesques de Noion, Guillaumes abbes et tous convens d'Oscans de lordre de Cystiaus, del evesquie de Noion, salut en notre seigneur. Sachent tuit que comme contens fust entre nous et divers articles dont nous evesques dune part et nous abbes et convens devant dis dautre part, nous plaignans li uns de lautre, nous consentimes et vosismes que Gautiers Bardins,

March 1285.

adonc baillie de Vermandois, vausist oir les debas dune partie et dautre, et que des dis debas il nous accordast selonc che que il verroit que miex et raisons seroit, des quez debas, li premiers de par nos abbe et convent devant dit est tex, li dis evesques ou sa gens avoient pris motes ou wasons pour refare le pont que li evesques doit au Pont levesques pour retenir liaue en nos pastures et nos griez et en no damage. Item, dun islel que nous disons qui estoit de nos pastures et de no justice ou li evesques avoit fait planter sans que faire ne pooit ne devoit, si come ni disons. Item, dautre part del islel par devers le maison levesque que li evesque faisoit arriver ses bos, sa buche et ses eschalas, aussi come en faisant port en empeechant les pastures dont li coustumier nous rendoient redevances certaines. Item, de ce que il arrivoit au chief du pont par devers sa maison et dautre part par devers la tuilerie, ses bos, sa buche et ses eschalas contre no droiture. Item, de ce quil avoit fait cachier as conins en nos clos de Parviller. Cest a savoir au boschet qui tient as ce mur de no maison de Parviller, si come il se comporte, selonc les fossez qui isont. Item, de 1 porc sengler que la gent dou dit evesque prinsent en nos garesne ou fosse qui est dedens les bonnes de nos grant bos et qui environnent nos grant bos et la haye dont li grand bos est enclos. Item, de ce que nous evesques disiens que li dis abbes et convens avoient fait une rigole en refaisant leur pont delez Oscans en empeeschant le chemin qui nostres est, si come nous disons. Item, de ce quil empeeschent 1. lavoir ou cil de Chiri et autre ont accoustume a laver leurs bestes et leur dras ne ne voloient souffrir que les nez qui par la passoient nes es lieus entour i arrivassent ne atachassent en leur terres, ne ne voloient que on descarchast riens. Item, de 1 home noie qui fu trouvez en liaue et en no justice, si come nous disons, li devant dis abbes et convens le leverent ou fisent lever par eus ou par leur gens ou grief et ou prejudice de nous evesque devant dit par lacort de nous du conceill du bailli devant dit, nous nous somes apaisente des contens dessus dis en le maniere que sensuit. Del premier article c'est à savoir des motes ou des wasons, accorde est que nous evesques enpoirons user au mains de damage que on porra, toutesfois que necessitez venra apparoir des pons et des chaucies refaire. Dou secont article cest a savoir del islel les saus que Jehan li panetiers i fit planter, il venra seur le lieu et dira je plantai ces saus come Jehans et les ote come Jehans, et remanra a li illiaus a pasturage selonc les conditions des lius voisins sauf ce que prejudices ne soit fais a nule des parties pour le planter ne pour loster. Dou tiers article cest a savoir delautre part des pastures par devers la maison a nous evesques devant dit pres du pont par desous, nous evesques i porrons faire arriver no bos, no buche et nos eschalas, et autres chozes semblables pour metre es nez sans fraude et sans barat, sans rien vendre en qui ne penre louir por souffrir a vendre. Dou quart article cest a savoir de ce que nous evesques arrivans au chief du pont par devers no maison et dautre part par devers la tieulerie. Nous evesques serons de la partie par devers no maison come de la notre propre, car ele est notre; et de lautre par devers la tieulerie, nous evesques en userons et pourrons user en la maniere quil est contenu ou tierch article por mettre en nez sans fraude et sans barat sans riens vendre en qui ne penre louier pour soffrir a vendre. Dou quint article cest a savoir que nos aviens fait cachier as conins ou clos de Parviller, qui est garesne a labbé et au convent, si come il dient, nous nous en soufferrons de faire cachier car nous navons droit en cel liu. Et du porc qui fu pris par la gent de nous evesques devant dit, es fosses qui sont es clostures du grant bos, il est accorde que prendre ne le peurent. Mais se il avenoit que nous ou nostre gent levissiens la bete hors des fossez et de la closture devant dite, en lui ou nous eussiens droit de cachier, se nous ou no sergant le trouvoient la en suivant penre le porroient, mais que il ne pasast la haie dou grant bos. Et toutes ces choses sont acordees sauf le droit de nous parties devant dites en autres lius et en autres clostures la ou eles seroient. Item, de la rigole dont nous evesques nous plaignans qui avoit este faite par labbe et le convent devant dis por ce qnil empiroient le chemin qui nostre est, si come nous disons, accorde est que toutes fois que li abbes et li convens referont le cauchie du pont et que mestiers leur sera apparans et il courra y ave au refaire, refaire le porront, au mains de damage que on porra, et quant li cauchie sera refaite, nous abbes et convens devant dis, remeterons la rigole arriere en bon estat. Item, au second article pour nous evesques de ce que li abbes et convens devant dis empeechent I. lavoir et que les nez ni puissent arriver, accorde est que les bones gens i porront arriver allant et venant sans faire port, toutes fois que mestier sera et laver leur beste et leur dras et avoir leur aisemens tout a laver. Item, del article de la justice del yaue ou I. noies fut trouvez pres de un liu que on appelle Juemont, la justice de cellui appartient a nous evesque devant dit, sauf a nous abbe et convent devant dit la justice de notre peescherie en celui et en autres tant come nostre pescherie dure, ensi come il est contenu es chartres et es munimens de notre eglise de Oscans, et toutes ces choses sont accordees entre nous parties devant dites, sauves les ordenanches et les compositions qui furent faites entre levesque Wermon et labbe Joibert, et les autres chartres dune part et dautre. En temoignage de laquele chose nous avons ces presentes lettres seelees de no seaus. Che fu donne lan del incarnacion notre Seigneur mil cc°. quatre vins et chuinc el mois de march.

CCCXLIX.

EXCAMBIUM INTER NOS ET DOMINUM GUIDONEM, EPISCOPUM NOVIOMENSEM, DE HOSTISIIS SEU MASURIS DE SEMPEGNI AD HOSTISIAS SEU MASURAS APUD CAILLOEL.

Universis presentes litteras inspecturis, Guido, Dei gratia Noviomensis episcopus, salutem in Domino. Noveritis quod ad preces et requisitiones nostras pro evidenti utilitate nostra et manerii nostri de Sempigni, viri religiosi amici nostri karissimi abbas et conventus ecclesie Ursicampi concesserunt ut nos septem hostisias seu masuras vel circiter apud Sempigni, in quibus dicti religiosi quolibet anno percipiebant de retro censu et habebant decem et novem solidos VII denarios Parisienses et octo capones cum justitia tali quam habebant ibidem dicti religiosi, prout in compositione facta jam diu est inter bone memorie dominum Wermondum predecessorem nostrum ex parte una et dictos religiosos ex altera plenius continetur, nostro manerio predicto pro augmentatione ejusdem adjungeremus seu etiam caperemus, mediante recompensatione seu restauratione eisdem religiosis a nobis competenter facienda pro premissis et verum necessarie et dictis religiosis recompensationem seu restauretum pro premissis velimus facere, ut tenemur, domum Walteri le charpentier, cum gardino sito apud Cailloe, domum Goberti majoris, domum seu manerium Petri Hure, domum seu manerium Johannis de Bellencort et sue sororis, item, guardinum Petri Pillier et Petri Godart, et duas

1290.

sextariatas prati vel circiter quod est Goberti majoris siti a Dourains, in quibus nos recipimus et habemus quolibet anno de recto censu septem solidos et unum denarium Parisiensem, dictis religiosis in recompensationem seu restaurationem premissorum damus, tradimus, et deliberamus cum tali justitia qualem habebant dicti religiosi in predictis maneriis seu masuris ab eis nobis concessis. Et cum dicte domus site apud Cailloe sive maneria et pratum predicta non sufficiant ad competentem restaurationem pro predictis hostisiis seu masuris, volumus quod de XL solidis census in quo nobis tenentur dicti religiosi quolibet anno pro Casiex in festo sancti Remigii, deducantur seu minuantur in perpetuum decem et octo solidi Parisienses cum premissis, et quantum in nobis est eos deducimus seu diminuimus, et predicta summa pecunie census predicti, et de hiis quitamus dictos religiosos in perpetuum, salvo nobis et successoribus nostris jure nostro censuali. Rogantes ex affectu et requirentes viros venerabiles et discretum decanum et capitulum ecclesie nostre Noviomensis ut premissa consentiant et suum velint prestare assensum, suasque patentes litteras tradere et suo sigillo sigillare in testimonium premissorum. In cujus rei testimonium et munimen sigillum nostrum presentibus litteris duximus apponendum. Datum anno Domini millesimo CC°, nonagesimo sexto, in vigilia beati Mathei apostoli evangeliste.

CCCL.

CONFIRMATIO CAPITULI NOVIOMENSIS DE EODEM.

1296. Universis presentes litteras inspecturis, Johannes decanus et capitulum ecclesie Noviomensis salutem in Domino. Noveritis nos anno Domini M°. CC°. XC°. VI°, feria sexta post epiphaniam Domini litteras reverendi prioris nostri G..., Dei gratia Noviomensis episcopi, vidisse et legisse formam que sequitur continentes, ut supra proxima littera. Nos autem decanus et capitulum predicti pensatis omnibus et singulis contentis in dictis litteris, necnon considerata utilitate evidenti tam ecclesie nostre quam episcopatus Noviomensis, omnia et singula contenta in dictis litteris volumus, laudamus et approbamus, et in eisdem expresse consentimus. In cujus rei testimonium et munimem sigillum nostrum presentibus litteris duximus apponendum. Datum anno et die predictis.

CCCLI.

DE CALCEIA DE SEMPIGNI.

Julio 1232. Nicholaus, divina permissione Noviomensis episcopus, omnibus in perpetuum notum facimus quod bone memorie Stephanus, quondam Noviomensis episcopus, predecessor noster, fecit fieri calceiam in loco qui dicitur Vallis Maris, et propter hoc ibidem recepi a transeuntibus pedagium donec predicta perficeretur ex toto, et tunc cessaret pedagii consuetudo. Cum ergo predicta calceia sit perfecta, predicti predecessoris nostri animam et nostram liberare volentes, omnes transeuntes per predictum locum absolvimus a consuetudine supra dicta, et immunes volumus pertransire. Preterea volentes facere calceiam a Sempigniaco usque ad Pontem episcopi, propter viarum dispendia qui ibi sunt frequenter, volumus quod in eodem loco pedagium capiatur, donec ipsa calceia consummatur. Qua consummata cessabit pedagium et omnis exactio, nec a nobis vel successoribus nostris aliquid a transeuntibus ex tunc poterit extorqueri, sed erit sicut ante omnibus liber transitus et immunis, quantum ad calceiam pertinet ante dictam. In cujus rei testimonium presentes litteras sigilli nostri munimine ducimus roborandas. Actum anno Domini M°. CC°. xxx°, secundo, mense julio.

CCCLII.

ITEM DE EODEM. — LITTERA WERMUNDI.

Nos vero Wermundus predictus, attendentes litterarum predictarum tenorem, et quod dicta calceia a Sempigniaco usque ad Pontem episcopi, licet cum magnis sumptibus sit plenius consummata, pro liberatione nostra et predecessorum nostrorum, omnes transeuntes per locum predictum a solutione pedagii et honere cujusque exactionis volumus esse quitos et immunes. Et ne de cetero occasione premissa a nobis vel successoribus nostris aliquid a transeuntibus possit extorqueri sive peti, sed erit in posterum omnibus liber transitus et immunis quantum ad calceias pertinet antedictas. In cujus rei testimonium presentes litteras sigilli nostri appositione fecimus communiri. Datum anno Domini M°. CC°. LXX°. II°.

1272.

CCCLIII.

ITEM. — LITTERA GUIDONIS PER EADEM VERBA.

Datum anno Domini M°, ducentesimo XC°. III°, mense julio.

Julio 1293.

CCCLIV.

RAINOLDI EPISCOPI. — CALUMPNIA HUBERTI DE TRACHIACO, ET PETRI FILII PETRI BAHE.

Ego Rainoldus, divina miseratione Noviomensis episcopus, jugi volo fidelium memorie commendari quod Hubertus, filius Gileberti de Trachiaco, in nemore fratrum Ursicampi quod ab Odone Govino eis in elemosinam est collatum ligna succidit et asportavit et de jure majorie sue quam in eodem nemore clamabat, id sibi licere asseruit, cui calumpnie fratribus reclamantibus et super hoc Noviomensi curie judicium subire paratis, in eadem curia Hubertus est submonitus. Ibi judicio est definitum ut Hubertus dampnum illatum fratribus restitueret et de injuria satisfaceret, qui nec dampnum reddidit, nec de injuria satisfecit. Demum ad meam vocatus presentiam in causam calumpnie quam adversus fratres habebat, persequeretur, et de rogata injuria satisfaceret, die quoque peremptoria ei prefixa

1178.

venire contempsit. Michi autem rei veritatem instancius perquirenti quidam conversus predicti Huberti patruus est exhibitus, qui majoriam quam Hubertus clamabat agnitus est tenuisse, quam Odonis Govini domini sui liberalitate sibi fuisse collatam asseruit, et quod eamdem monasterio Ursicampi, quando ibidem seculo renunciavit, in elemosinam contulisset, affirmavit. Judicatum est ergo in curia mea ut fratres Ursicampi predictum nemus suum libere deinceps possiderent, et Hubertus pro hac causa ulterius in curia calumpniandi copiam non haberet. Qui etiam pro irrogatis fratribus injuriis et curie mee contemptu a me justa sententia est anathematis ligatus. Demum, super calumpnia sua penitentia ductus Ursicampi venit, injuriam se fratribus fecisse recognovit eisque satisfecit, si quid etiam juris habuerat in predicta majoria quam clamabat, quitum clamavit, et predictis fratribus in elemosinam contulit. Hoc totum concesserunt Emelina uxor ipsius Huberti, Petrus filius ejus, Eligius et Nivardus fratres ipsius. Testes Willelmus, prior Ursicampi, etc. Item, aliquanto tempore evoluto, Petrus de Prinprez, filius Petri Bahe de Ribercurte, in prefato nemore ligna succidit. Qui cum a fratribus Ursicampi pro sibi irrogata injuria in curia mea traheretur in causam in prefato nemore se ligna succidisse, et ad hunc cesurum esse ut pote suo proprio respondit, quod id sibi ex jure liceret testibus ydoneis se asseruit probaturum. Die ergo prefixa, fratres Ursicampi curie mee ydoneos testes exhibuerunt, qui se assererent prefatum nemus sub Odone Govino qui illud ecclesie Ursicampi in elemosinam contulit, et custodisse, ecclesiam Ursicampi idem nemus ea libertate qua ab Odone Govino possessum fuerat, xxx annis et amplius possedisse, privilegium etiam pie memorie Symonis, Noviomensis episcopi, predictam Odonis elemosinam confirmans in medium protulerunt. Petrus quoque ex adverso testes suos produxit, qui secrete conventi et studiose examinati in assertionibus suis dissentire et a veritatis tramite deviare sunt inventi. Judicatum est igitur in curia mea ut Petrus dampnum ecclesie Ursicampi restitueret et de injuria satisfaceret, et ecclesia predictum nemus libere possideret. Petrus vero prelato judicio non solum non acquievit, sed facte violentie addens, curie mee contemptum veteres injurias novis superadditis cumulavit, ob quam causam a me anathemate est ligatus. Demum, ab ostinatione sua recipiscens Ursicampum venit, factas injurias recognovit, abbati ejusdem loci satisfecit, si quid etiam in prefato nemore juris habuerat ecclesie Ursicampi in elemosinam concessit, et ab omnibus querelis quas adversus eandem ecclesiam suscitaverat se deinceps cessaturum fiduciavit, et super hoc Robertum de Chosiaco et Symonem Beggum de Ribercurte de quo se tenere asserebat quod in prescripto clamabat nemore milites, fidejussores dedit. Ipse quoque Symon Beggus quicquid in eodem nemore clamabat quitum clamavit. Testes Guido abbas Ursicampi, etc., pace ergo a predictis Huberto videlicet et Petro cum fratribus Ursicampi ex integro firmata eorundum fratrum interventu, tam Petrum quam Hubertum anathematis vinculo absolvi. Ut ergo predicta concordia nulla possit successorum malignitate convelli, presentem paginam volui tam sigilli impressione quam testium prescriptorum assertionibus roborari. Actum est hoc anno incarnationis dominice m°. c°. lxx°. viii°.

CCCLV.

CALUMPNIA GUIDONIS DE ERBLENCOURT ET HOMINUM DE PRINPREZ SUPER USUAGIO IN NEMORE ODONIS GOVINI.

Ego Rainoldus, divina miseratione Noviomensis episcopus, notum volo tam presentibus quam futuris fieri quod post contentionem terminatam et pacem reformatam inter monasterium Ursicampi et Guidonem dErblencourt in presentia predecessoris mei pie memorie Balduini, Noviomensis episcopi, clamavit idem Guido et homines ejus de Prinprez usuagium in nemore quod eidem monasterio Odo Govinus, predecessor Guidonis, in elemosinam jam pridem dederat, et ipse Guido prefati monasterii fratribus perpetua cum pace possidendum concesserat, quantum scilicet adjacet a portu de Pomerulo super Ysaram sito usque ad Quercum Croisatam et inde usque ad Petram sicam. Deinde elapso aliquanto tempore, prenominatus Guido usuagium quod in prefato nemore ipse et homines ejus clamaverant, werpivit, et fratribus Ursicampi in elemosinam derelinquit nichil in eo juris retinens. Homines quoque de Prinprez ante portam monasterii Ursicampi idem usuagium werpiverunt eidem monasterio, et quod ibidem concesserant, postea in ecclesia sua de Prinprez post missarum sollempnia coram suo sacerdote recognoverunt. Demum post obitum Guidonis apud Ursicampum, ubi habitum religionis in extremis positus suscepit, eodem die quo ibi sepultus est, in mea et multorum aliorum presentia, Mathildis uxor ejus, Guido, Robertus, Adam, Radulfus, filii ejusdem, et Hauvidis, ejus filia, hoc beneficium quod tamen ante concesserant recognoscentes laudaverunt. Hoc etiam concessit Odelina, uxor Guidonis junioris, quam tamen nondum duxerat quum ipse et fratres sui hoc beneficium concesserunt. Ut ergo deinceps super hoc omnis contentionis occasio aufferatur, presentem paginam tam sigilli mei impressione quam testium subscriptorum astipulatione volui roborari. S. Michaelis, abbatis de Ruricurte, etc. Actum est hoc anno ab incarnatione Domini M°. C°: LXX°. IX°.

1179.

CCCLVI.

DE AQUA BERENGARII DE CHIRIACO.

Ego Rainoldus, divina miseratione Noviomensis episcopus, notum volo fieri tam futuris quam presentibus, quod Berengarius de Chiriaco, contulit in elemosinam fratribus quicquid in tota aqua Ysare, ab introitu fossati molendini Ursicampi usque ad Curthiex in byezo de Thorota, hereditario jure possedit, et partem quam a Huberto nepote suo comparavit, pro cujus beneficii aliquanta recompensatione pecuniam a fratribus accepit. Similiter Andreas, nepos Berengarii, quicquid in prefata aqua et biezo juris habuit, fratribus in elemosinam contulit : pro cujus collatione beneficii fratres ei de sua substancia contulerunt. Hoc totum concessit Liduidis, uxor Berengarii, Hubertus, Radulfus, etc. Quia vero predicti

Circa 1176.

Berengarius et Andreas hoc de feodo meo tenebant, in manu mea reddiderunt. Nolens itaque precipue eorum deesse utilitatibus, qui precium regimine pastorali quicquid a predictis hominibus monasterio Ursicampi in mea presentia concessum est, pro anima domini mei recolende memorie Hainrici, Remorum archiepiscopi, et mea, eidem monasterio concessi libere possidendum. Verum ne predicte largitioni cujusque presumptio valeat obviare, presentem paginam sigilli mei impressione et testium subscriptorum astipulatione volui roborari. S. Walteri, majoris de Chiriaco. S. Drogonis. S. Pagani decani, S. Petri cum macula.

CCCLVII.

CARTA RAINOLDI EPISCOPI DE PRATO ULTRA PONTEM YSARE.

1176.

Ego Rainoldus, divina miseratione Noviomensis episcopus, notum volo fieri tam futuris quam presentibus quod venerabilis Balduinus, Noviomensis episcopus, quedem dumeta et fructeta super ripam Ysare fluminis, ante magnum pontem Ursicampi, propriis extirpavit expensis, et in pratum redegit. Quo humanis rebus exempto cum episcopali sede, decessor meus dominus Balduinus, prius Noviomensis ecclesie decanus, predictum pratum monasterio Ursicampi ubi sepultus est in elemosinam delegavit. Ego quoque, qui largiente domino Noviomensi pastoris vice deservio, curans fidelium paci in posterum providere, pratum prefatum pro anima Domini mei recolende memorie Henrici, Remorum archiepiscopi, et nostra, fratribus in prenominato monasterio divino obsequio mancipatis presens in eorum capitulo concessi possidendum. Ut ergo successoribus meis pro eodem prato omnis calumphie aditus deinceps obstruatur, presentem paginam sigilli mei impressione et testium subscriptorum astipulatione volui communiri. S. Guidonis, abbatis Ursicampi, etc. Actum anno ab incarnatione Domini M°. C°. LXX°. VI°.

CCCLVIII.

CARTA RAINOLDI, NOVIOMENIS EPISCOPI, DE PRATO BERENGARII DE VETERIVILLA.

1185.

In nomine sancte et individue Trinitatis, amen. Rainoldus, Dei gratia Noviomensis episcopus, omnibus in perpetuum ad notitiam tam futurorum quam presentium pervenire volumus, quod pratum illud quod ab homine nostro Berengario de Veteri Villa comparavimus, pro anniversario nostro in sancta ecclesia Ursicampi singulis annis in perpetuum faciendo, ad pascendas vacas a quibus ad usum conventus butyrum elicitur, memorate ecclesie sub annuo censu duodecim denariorum in festum sancti Remigii persolvendorum in perpetuum contulimus. Quod ne calumpnia vel aliqua in posterum reclamatione possit infirmari, sigilli pontificalis et testium patrocinio dignum duximus communiri et confirmari. Testes Rainerus frater olim abbatis Calniacensis, etc. Actum anno Verbi incarnati M°. C°, octogesimo quinto.

CCCLIX.

CARTA RENOLDI, NOVIOMENSIS EPISCOPI, DE TERRA ANSELLI APUD LACHENI.

Ego Rainoldus, Dei gratia Noviomensis episcopus, ad notitiam tam futurorum quam presentium pervenire volumus quod Ansellus, nepos Leonardi decani olim nostri, terram ad octo minas sementis quam habebat apud Lacheni, ubi dicitur ad pratum Suleberti, quam etiam Berte uxori sue, cui post decessum Rogeri Aucupis nupserat, in dotem contulit, beato Amando, cum moriens decederet, assensu ejusdem Berte uxoris sue in elemosinam relinquit. Ita quod ecclesia beati Amandi in prefata terra agriculturam exerceret, et prefata uxor ejus Berta, quandiu ipsa viveret, fructuum terre illius medietatem propriis ecclesie vehiculis ad granaria ejusdem mulieris adductam annuatim perciperet, post decessum vero ipsius Berte, prefata ecclesia beati Amandi tam terram illam quam fructus terre illius universos libere et quiete in proprium nullo reclamante possideret. Quod ut ratum permaneat, sigilli nostri auctoritate testiumque subscriptorum communimus. S. Rainoldi, abbatis sancti Eligii, etc. Actum anno Verbi incarnati M°. C°. octogesimo.

1180.

CCCLX.

CARTA RAINOLDI, NOVIOMENSIS EPISCOPI, DE ELEMOSINA CONONIS COMITIS IN TERRITORIO DE SECFURS.

Ego Rainoldus, Dei gratia Noviomensis antistes, tam futurorum quam presentium notitie volo commendari quod Cono, comes Suessionensis et dominus Nigellensis, dedit in elemosinam ecclesie Ursicampi pro anima sua et pro anima patrui sui comitis Yvonis necnon et pro animabus predecessorum suorum totam terram suam arabilem in territorio de Secfurs, et per manum domini Guidonis, ejusdem ecclesie abbatis, prius apud Crespiacum et postea apud Nigellam, coram multis, de eadem elemosina predictam ecclesiam investivit, quod et postmodum in presentia nostra recognovit. Hoc ergo beneficium ecclesie Ursicampi memorati principis pia liberalite collatum Dei nostraque auctoritate roboramus atque in perpetuum confirmamus, et ne quis illud presumat infringere et prenominatam ecclesiam causa illius perturbare, sub anathemate prohibemus, atque ad prebendum posteris rei huius testimonium, presentem paginam sigilli nostri impressione et testium subscriptorum astipulatione communimus. S. Gaufridi, Noviomensis cantoris, etc. Actum est hoc anno ab incarnatione Domini millesimo centesimo septuagesimo nono.

1179.

CCCLXI.

CARTA RAINOLDI, NOVIOMENSIS EPISCOPI, DE ELEMOSINA COMITIS ET COMITISSE FLANDRENSIUM DE TERRA DE WAESCURT.

In nomine sancte et individue Trinitatis, Rainoldus, Dei gratia Noviomensis episcopus,

1184.

omnibus fidelibus in perpetuum notum fieri volumus tam futuris quam presentibus, quod vir illustris Philippus, Flandriarum et Viromandie comes magnificus, totam terram suam arabilem de Waescourt assensu Elienor, nobilis comitisse Bellomontis et Valesie, ad quam terra illa jure attigebat hereditario, dilecte Deo et hominibus ecclesie Ursicampi pro sua et uxoris sue Elizabeth, comitisse Flandrensium, et memorate sororis ejus Elienor comitisse Bellomontis animabus, in nostra et multorum presentia perpetuo concessit. Quia vero altera bonitas alteram appellat, memorata ecclesia collate sibi gratie ingrata nolens apparere, ut temporale bonum boni spiritualis collatione pulcrius elucesseret, memoratis comiti scilicet et utrique comitisse diem obitus eorum annua commemoratione agere in perpetuum constituit. Nos autem, qui sicut audivimus sic vidimus, ne prefata deinceps ecclesia super hoc molestari, vel processu temporis indulta elemosina in irritum possit revocari, presentem cartulam beneficii utriusque interpretem sigilli pontificalis et testium patrocinio dignum duximus communiri. Testes magister Ingerannus, Johannes de Nigella, sacerdotes, etc. Actum anno Domini millesimo c°. LXXX° quarto.

CCCLXII.

DE PRATO ANTE PORTAM ET DE NEMORE CIRCA PORVILER.

1180.   Ego Rainoldus, divina miseratione Noviomensis episcopus, notum volo fieri tam presentibus quam futuris, quod venerabilis Balduinus, Noviomensis episcopus, quedam dumeta et frutecta super ripam Ysare fluminis ante magnum pontem Ursicampi extirpari fecit, et in pratum redegit. Quo humanis rebus exempto cum episcopali sede fungeret, decessor meus dominus Balduinus, prius Noviomensis decanus, predictum pratum monasterio Ursicampi, ubi etiam sepultus est, in elemosinam delegavit. Ego quoque qui largiente domino prescripte ecclesie pastoris vice deservio, curans paci fidelium in posterum providere, pratum prenominatum pro anima Domini mei recolende memorie Henrici, Remorum archiepiscopi, et nostra, fratribus in pretaxato monasterio divino obsequio mancipatis assensu totius nostri capituli benigne concessi possidendum. Pretera parum nemoris de Esga silva quod est circa grangiam eorum de Porvillari, sicut per fossatum dividitur a reliquo nemore, illud quoque parvum nemus quod est ante eamdem grangiam usque ad illud nemus quod cauda Wenemari dicitur, sicut per fossatum dividitur, ipsis nichilominus capitulo nostro annuente concessi. Ne quis ergo hoc nostre liberalitatis beneficium a nobis predictis fratribus benigne collatum temerare presumat, sub anathemate prohibemns, et ut ratum inconcussumque permaneat, tam sigilli nostri, sigilliique ipsius capituli impressione, quam testium subscriptorum assercione roboramus. S. Johannis, decani Noviomensis, etc. Actum est hoc anno ab incarnatione Domini M°. c° octogesimo.

CCCLXIII.

CARTA STEPHANI, NOVIOMENSIS EPISCOPI, NOSTRA CONFIRMANS, SCILICET NEMORA, LAPIDICINAM ET MULTA ALIA BONA NOSTRA.

Stephanus, Dei gratia Noviomensis episcopus, universis fidelibus in perpetuum notum volumus universitati vestre quod omnia que data sunt et concessa ecclesie Ursicampi ab antecessoribus nostris episcopis, sicut in autenticis eorum continetur, iterum innovamus et confirmamus, et precipue ea que posterius ex donatione bone memorie antecessorum nostrorum Balduini Boloniensis et Rainoldi eidem ecclesie in elemosinam collata sunt, que suis nominibus duximus exprimenda. Nemus videlicet inter nemus fratrum antiquum et nemus Govini, nemus circa grangiam de Porviler, aquam Radulfi Pesche, Raineri pratum ultra pontem ejusdem domus, pratum Berengeri eidem contiguum, cooperturam sexagenorum pedum in latum super ripam Ysare in longum a Diva flumine usque ad lavatorium de Chiri, sicut eidem ecclesie ab ipsa est fundatione confirmatum, usum etiam lapidicine et habitationis in monte de Malconseil, que fratres predicte ecclesie a longe retro temporibus habuerunt, et alia omnia que usque ad tempora nostra quiete et pacifice possiderunt, aisantiam quoque Ysare, prout commodius usui domus visum fuerit, salva tamen via navium et mercatorum ad Pontem Episcopi ascendentium. Adicimus etiam ex nostra donatione ad communem viatorum utilitatem ut liceat predictis fratribus facere fossatum per terram nostram juxta pratum suum. Interdicimus etiam, et sub intiminatione anathematis prohibemus, ne quis ante pontem Ursicampi in campo qui dicitur Viviani portum lignorum seu quarumque rerum venalium faciat, neque mulieres ad abluendos pannos ibi conveniant, ne fratrum quies occasione hujusmodi aliquatenus perturbetur. Quod ut ratum sit, presentem inde conscriptam sigilli nostri appensione et subscriptorum testium assignatione roboramus. S. Johannis abbatis sancti Bartholomei, etc. Actum est hoc anno ab incarnatione Domini m°. c°. xc° tercio.

1193.

CCCLXIV.

DE TERRA GAUFRIDI DE CRIMERI IN TERRITORIO DE CHIRI.

Stephanus, Dei gratia Noviomensis episcopus, universis fidelibus in perpetuum notum volo fieri quod Gaufridus de Crimeri famulus meus dedit in elemosinam porte Ursicampi terram suam in territorio de Chiri sitam xii sextarios sementis recipientem, ipsamque elemosinam in presentia mea fidei interpositione tenendam plevivit, ac de eadem tuenda plegium me atque obsidem constituit. Hanc quoque elemosinam idem Gaufridus in manu mea reddidit. Et ego de eadem Ursicampi ecclesiam investivi per manum fratris Lamberti portarii. Quia vero predicta terra de feodo meo erat, ego ad petitionem prefati Gaufridi factam exinde elemosinam sub conditione annui census duorum denariorum Noviomensium michi apud Malconceil a fratribus solvendorum benigne concessi, restituta in feodo meo alia terra quatuor

1195.

modiorum quam idem Gaufridus apud Erchi comparavit pretio xxx librarum Parisiensis monete, quas ipse de beneficio portarii accepit. Testes Theobaldus capellanus meus, etc. Hanc etiam elemosinam concessit apud Lacheni Agnes uxor sepenominati Gaufridi cum liberis suis, Stephano, Odelina, Colaia, Johanna. Testes, Gaufridus sacerdos, Arnulfus Dulcis, Wicardus major, Evrardus, Hubertus conversus Ursicampi. Ut ergo rata hec et inconcussa permaneant, presentem paginam inde conscriptam sigilli mei impressione et prescriptorum testium assertione volui communiri. Actum anno Verbi incarnati m°. c°. xc°. v°.

CCCLXV.

CARTA NOVIOMENSIS EPISCOPI STEPHANI DE UNO MODIO FRUMENTI AD MENSURAM DE ATHECHI.

1197.

Stephanus, Dei gratia Noviomensis episcopus, universis fidelibus hec visuris in perpetuum notum fieri volumus quod Hugo, nepos domini Suessionensis episcopi, positus in extremis dedit in elemosinam ecclesie Ursicampi unum modium frumenti ad mensuram de Athechi ad portam ejusdem ecclesie, pro anima sua et animabus antecessorum suorum pauperibus erogandum. Hoc autem frumentum accipitur singulis annis in festivitatem Remigii et natale Domini de redditibus de Athechi qui ipsi Hugoni competebant in eo videlicet loco ubi idem redditus fuerint congregati. Hanc elemosinam recognovit apud Ursicampum in presentia nostra Havidis, dicti Hugonis uxor. Testes Balduinus prior, Rainerus, Radulfus, Petrus, monachi Ursicampi, magister Jovinus, et magister Theboldus, canonici Noviomenses. Herbertus, presbiter de Ribercourt, Bartholomeus de Lier, nepos memorati Jovini, Symon de Betencourt et Symon filius ejus, Odo et Wido de Lier, milites. Hoc etiam concesserunt liberi ejusdem Havidis, Garardus, Hugo, Robertus, Mathildis, Hescia, Petronilla, Maleducta. Ut igitur hec elemosina inviolabilem obtineat perhenni tempore firmitatem, presentem paginam inde conscriptam tam prescriptorum testium assertione quam sigilli nostri impressione volumus communiri. Acta sunt hec anno dominice incarnationis m°. c°. xc°. vii°.

CCCLXVI.

DE DOMO NOTRA IN OPPIDO NIGELLENSE.

1200.

Stephanus, Dei gratia Noviomensis episcopus, universis fidelibus hec visuris in perpetuum notum volumus fieri quod Petrus, filius Roberti Normanni, Sancti Quintini canonicus, fratris Gaufridi patrui sui consilio inductus et monitus, domum quamdam cum appendiciis suis in Nigellensi opido sitam que ei ex paterna hereditate pervenerat, dedit in elemosinam ecclesie Ursicampi nichil omnino juris in ea sibi retinens aut reservans. Hujus elemosine largitionem fecit Petrus in capitulo Ursicampi, presente conventu, consistentibus ibidem Rainaldo, abbate de monte sancti Eligii, et Stephano, archidiacono Silvanectensi, magistro quoque Roberto de Curchun et magistro Johanne Facete, aliisque personis secularibus, et postmodum solempni donatione super altare ecclesie posuit coram multis. Donationem istam dictus Petrus in nostra constitutus presentia recognovit, prefatam domum in manu nostra titulo elemosine resignavit et nos de ea per manum Radulfi prioris ecclesiam investivimus Ursicampi. Adjecit memoratus Petrus se plevivisse pariter et jurasse, quod super dicta domo et omnibus que ad eam pertinent nullam in posterum movebit querelam, sed nec aliquis ex parte ipsius de conscientia tamen et voluntate sua dampnum aut vexationem inferet ecclesie memorate. Nos itaque paci et indempnitati Ursicampi ecclesie cupientes esse provisum, presentem paginam, in robur et testimonium dicte donationis conscriptam, pontificali sigillo fecimus consignari, quatinus eidem ecclesie adversus omnes calumpnias in posterum presens autenticum esse debeat in munimen. Actum est hoc anno dominice incarnationis M°. CC°.

CCCLXVII.

DE DECIMA SYMONIS DE BETENCURTE INTER NOVIOMUM ET GENVRI.

Stephanus, Dei gratia Noviomensis episcopus, universis fidelibus hec visuris in perpetuum notum fieri volumus quod Symon de Betencurt junior dedit in elemosinam porte Ursicampi quicquid decime habebat tam in vino quam in blado in territorio Noviomi inter Versam fluviolum et montem sancti Symeonis et villam que Genvri dicitur, et quicquid decimationis ad jus ejusdem Symonis pertinens inter has metas in futurum contingere potest. De hac decima dedit in puram elemosinam quinque modios, tres vini et duos bladi, residuum vero decimationis hujus nichilominus in elemosinam contulit, ita tamen quod pro singulis modiis bladi de summa portarii decem libras et pro singulis modiis vini centum solidos Parisiensis monete in recompensatione accepit. Hujus elemosine largitionem fecit Symon solempniter in capitulo Ursicampi et postea super altare ecclesie posuit coram multis. Item, hanc decimam in manu nostra resignavit dictus Symon et nos de eadem per manum Lamberti monachi portam investivimus Ursicampi. Donationem istam concessit Margareta uxor ejusdem Symonis, et jus dotalicii quod habebat in medietate ejusdem decime quitum clamavit et in manu nostra reddidit, sic tamen quod coram nobis congruam ac sibi placitam recompensationem accepit, aliam scilicet medietatem de Orestmoux super illam quam in dotalicio habebat, sicut in autentico inde facto pro tempore donationis hujus innovatum, et sigillo nostro confirmatum continetur. Hoc concesserunt liberi Symonis et Margarete, Rainaldus, Elizabeth, Cecilia, Emelina. Istam nichilominus donationem concesserunt preterea Symon et Emelina, mater sepedicti Symonis, Matheus quoque canonicus sancti Quintini, et Hugo frater ipsius et liberi ejusdem Hugonis, Johannes et Elizabeth. Agnes soror ipsius hoc concessit cum liberis suis, Roberto, Rainaldo, Symone, Eustachia, Ada, et Agnete. Idipsum concesserunt nepotes ejusdem Symonis, Wido, et Radulfus de Belloramo. Ad hoc sciendum quod memoratus Symon fide interposita plevivit se hanc elemosinam contra omnes qui ad justiciam venire voluerint, sicut justum fuit warandire, et insuper de hoc ipso Symon, senior de Betencourt, obses ac debitor. Rainerus autem de Magniaco et Hugo de Betencourt plegii remanserunt. Porro predicta Margareta interposita plevivit quod in hac decima nichil in posterum reclamaret. Ut

1200.

ergo memorata donatio salva in posterum porte Ursicampi permaneat et illesa, presentem paginam in robur et testimonium rei geste conscriptam sigilli nostri patrocinio fecimus communiri. Acta sunt hec anno Verbi incarnati millesimo ducentesimo.

CCCLXVIII.

CARTA STEPHANI, NOVIOMENSIS EPISCOPI, DE BOSCO DE CASIUX.

1200.   Stephanus, Dei gratia Noviomensis episcopus, omnibus hec visuris in perpetuum notum fieri volumus quod concessione capituli nostri dedimus ecclesie Ursicampi titulo elemosine, ac sub annuo censu XL solidorum Parisiensis monete in festo sancti Remigii nobis apud Malconseil solvendorum, totum boscum nostrum de Casiux, quod situm est inter pontem Ursicampi et villam de Prinprez, perpetua possessione tenendum, exhibituri eis warandisiam super hoc contra omnes qui ad justiciam et legem venire voluerint. Preficimus autem fratribus ejusdem ecclesie hanc conditionem quod in ea parte dicti bosci que pratis fuit deputata, unam tantum per annum falcationem facient, atque etiam viam sufficientem prestabunt animalibus illuc in pascua post segetum messionem ituris. Quia vero homines nostri in eodem bosco usuagium habebant, ad compescendam eorum querimoniam et clamorem, congruum et gratum decambium eis assignavimus, adicientes per iter cooperturam sexagenorum pedum quam prenominati fratres habebant super Ysaram, consentientibus fratribus in hoc ipsum. Hiis etiam adjiciendum quod fratres totiens memorati videntes ecclesiam gravi ab antiquis diebus inopia cimeterii laborare, nostris tandem et capituli nostri precibus petionibusque faverunt, ac vineam suam quam extra muros civitatis nostre habebant, in proprium usum publici cimiterii condonarunt. Hec ergo ut in perpetuum rata sint atque inviolabilem obtineant firmitatem, presentem paginam inde conscriptam nostri similiter et capituli ecclesie nostri sigillorum nostrorum impressione fecimus roborari. Actum anno Verbi incarnati millesimo ducentesimo.

CCCLXIX.

CONFIRMATIO PASCUARUM IN ESGA SILVA.

1196.   Stephanus, Dei gratia Noviomensis episcopus, universis fidelibus in perpetuum. Noverint tam posteri quam moderni, quod fratres Ursicampi habent jus atque usum pascuarum in ea parte Lesge quam ego propriam mihi retinui, sicut etiam in parte reliqua habere noscuntur. Hoc ergo ut nulli unquam posterorum liceat infirmare, presentem paginam inde conscribi atque sigilli mei feci appensione muniri. Actum anno Verbi incarnati M°. C°. XC°. VI°.

CCCLXX.

CARTA EPISCOPI STEPHANI ET CAPITULI NOVIOMENSIS DE SEXAGINTA MODIATIS ESGE SILVE.

1202.   Stephanus, Dei gratia Noviomensis episcopus, universis fidelibus hec visuris in perpetuum notum fieri volumus quod fratres Ursicampi diu conquesti sunt nos eorum ecclesiam jure suo privasse usagio, scilicet quod in silva Lesge a prima fundatione domus sue ad omnimodos se habuisse dicebant. Nos vero dicte ecclesie indempnitati providere volens, ad hujus usagii querimoniam sopiendam, de assensu et benivolentia totius capituli nostri LX modiatas ejusdem silve eis dedimus ab omni jure alieno preter pasturam exemptas et pace perpetua possidendas, quinque videlicet modiatas juxta nemus ipsorum de Morlainval, quinquaginta quinque vero residuas juxta eorum nemus antiquum et juxta portionem que castellano Noviomensi a nobis fuerat assignata, metarum positione undique circumclusas, et hoc ipsum factum est de gratuito assensu Balduini abbatis et totius capituli Ursicampi. Hanc autem portionem que eis a nobis assignata est, fratres fossato vel alio quocumque modo pro libitu suo claudent, hoc observato quod sufficientes exitus et introitus facient animalibus ad pastum deducendis. Hiis adiciendum quod in universis portionibus dicti nemoris, fratres Ursicampi habebunt, sicut eatenus habuerant, usagium pascuarum, exceptis talliciis ubicumque fuerint in eadem foresta, qui ab omni accessu animalium, xxx mensium spatio servabuntur. Ut hec ergo rata permaneant, inviolabilemque in posterum obtineant firmitatem, presentem paginam inde conscriptam sigillo necnon et sigillo capituli nostri fecimus communiri, sub anathemate prohibentes ne quis presumat paginam nostre compositionis infringere, aut ei in aliquo ausu temerario contraire. Actum anno Verbi incarnati M°. CC°. II°.

CCCLXXI.

CARTA DOMINI REGIS EASDEM SEXAGINTA MODIATAS ESGE SILVE CONFIRMANS.

In nomine sancte et individue Trinitatis, amen. Philippus, Dei gratia Francorum Rex. Noverint universi presentes pariter et futuri quod compositionem illam quam amicus et fidelis noster Stephanus, venerabilis Noviomensis episcopus, de assensu capituli sui fecit cum abbate et fratribus Ursicampi, de silva Lesge, sicut in eorumdem episcopi et capituli carta continetur, ratam esse volumus et approbamus. Quod ut perpetuum robur obtineat, sigilli nostri auctoritate et regii nominis karactere inferius annotato ad petitionem dicti episcopi salvo jure nostro confirmamus. Actum apud Compendium, anno Domini M°. CC°. II°, regni vero nostri anno vicesimo tertio, astantibus in palatio nostro quorum nomina supposita sunt et signa. Dapifero nullo. S. buticularii, S. Mathei camerarii, etc. Datum vacante cancellaria per manum fratris Garini.

1202.

CCCLXXII.

CONCESSIO JOHANNIS, CASTELLANI NOVIOMENSIS, DE SEXAGINTA MODIATIS.

Johannes, castellanus Noviomi et Thorote, omnibus ad quos littere pervenirint in Domino salutem. Noverit universitas vestra quod compositionem quam dominus Noviomensis episcopus fecit fratribus Ursicampi LX modiatarum Esge silve pro jure usagii eis assignans, ratam

1201.

habui, volui et approbavi, nichil quod juris in ea portione que fratribus data est, ego et heredes mei prater cacheriam in posterum poterimus reclamare. Hoc concesserunt Odota uxor mea et Guido primogenitus noster, ceterique omnes liberi nostri. Quod ut inviolabiliter observetur, presentes litteras sigillo meo signatas dedi fratribus Ursicampi in testimonium et munimen. Actum anno Domini M°. CC°. I°.

CCCLXXIII.

CARTA WERMONDI, EPISCOPI NOVIOMENSIS, DE EODEM ET DE JUSTITIA IN EISDEM.

April. 1271.

Wermondus, Dei gratia Noviomensis episcopus, universis Christi fidelibus presentem paginam inspecturis salutem in quo est omnium vera salus. Ad perpetuam rei geste memoriam per litteras volumus esse notum quod, cum inter nos ex parte una, et dilectos filios abbatem et conventum Ursicampi ex altera, orta esset materia questionis super justitia quam habere dicebamus in nemore dictorum abbatis et conventus ipsis dudum de communibus foreste que Lesga dicitur nemoribus, pro sua portione assignata quinquaginta quinque modia sita inter magnum nemus et vivarium Ursicampi usque ad crucem presbiteri et quinque modia sita in monte super villam Karolipontis vel circiter continente. Necnon etiam in alio quodam nemore ipsorum abbatis et conventus quod vulgariter nemus Moricannorum nuncupatur. Et insuper in chemino sive via magna publica dictis nemoribus adjacente per quam itur apud Trachi. Quequidem dicti abbas et conventus non confitebantur ita esse nisi in chemino ante dicto, dicentes dicti abbas et conventus prefatorum nemorum ipsorum justitiam ad ipsos pertinere debere, prout a quibusdam ipsis dabatur intelligi, assenti ipsos abbatem et conventum eadem justitia aliquotiens esse usos. Tandem nos qui non immerito pacem volumus apud omnes, bonis viris ad hoc mediantibus super predictis, nostro etiam episcopatus nomine, secundum modum et formam que inferius continetur, pacem fecimus et concordiam, videlicet quod dictis abbati et conventui eadem nemora fossato vel alia clausura licitum erit claudere, dum tamen sufficientes introitus et exitus animalibus ad pascendum competenti termino venientibus dimittantur, prout in carta super hoc confecta continetur. Poterunt etiam dicti abbas et conventus dicta nemora per conversos et seculares servientes suos prout voluerint facere custodiri, et quoslibet ipsis dampnum dantes in eis et animalia indebite pascentia in eisdem capere et apud Ursicampum vel ubi voluerint ducere, cohercere et tenere, donec ipsis abbati et conventui dampnum presens resarciatur et emenda fiat competens secundum consuetudinem regionis. Quod si forte servientes nostri ad nemorum nostrorum custodiam deputati invenerint homines seu animalia in dictorum abbatis et conventus nemoribus predictis, eisdem abbati et conventui dampnum dantia seu facientia in servientum dictorum abbatis et conventus absentia, hujus modi dampnum dantia seu facientia capere poterunt, et apud Karolipontem ducere vel alibi ubi voluerint. Et ea nos cum dampnum fuerit restitutum et tertia pars emende secundum patrie modum pro hujusmodi commisso debite ipsis abbati conventui fuerit exsoluta, alie vero partes emende nostre erunt, hoc tamen salvo quod in sepedictis nemoribus dictorum abbatis et conventus, nos vel nostri vecturas suas, animalia seu conversos suos capere non poterimus, nec tenere nec sevientes suos et seculares laicos, nisi forte ipsos laicos seculares ipsis abbati et conventui furtim invenerint dampnum dantes vel eosdem laicos alia crimina sue melleias committentes. Preter hec autem predicta, que ipsis abbati et conventui et monasterio eorundem reservantur expresse, tota omnimoda justitia ad minis supradictis. Et salvo quod ipsi abbas et conventus per conversos et servientes suos laicos personas quaslibet in nemoribus ipsorum abbatis et conventus ipsis dampnum dantes et de nemoribus suis furtim vel injuriose afferentes, et animalia quecumque in predictis nemoribus tempore vel modo indebitis pascentia apud Karolipontem ducere tenebuntur abbas et conventus memorati aut eorum servientes. Et tunc nos vel ille qui loco nostri erit, ibi de emenda pro hujus commisso debita secundum usum patrie abbati et conventui medietatem facient exsolvi, et alia medietas nostra erit, hoc notato quod servientes ipsorum abbatis et conventus jurabunt nobis quod ipsi fideles erunt nobis in premissis, salvo etiam quod si servientes nostri presentes fuerint vel forte supervenirint captionibus hujus in chemino faciendis ipsi demisso eisdem abbati et conventui quod suum est vel de suo ablatum fuerit, captiones hujus et apud Karolipontem deducent, et medietatem emende ipsis abbati et conventui reddi faciemus, vel ille qui loco nostri ibi erit. Et nos servientibus nostris sub juramento quo nobis tenentur, precipiemus quod in hiis captionibus et ipsis dictis abbati et conventui et monasterio predicto fideles existent. Et hec acta sunt salvis cartis et privilegiis dictorum abbatis et conventus in omnibus aliis, et salvo jure nostro in aliis et etiam alieno. In cujus rei testimonium presentibus litteris sigillum duximus apponendum. Datum anno Domini M°. CC°, septuagesimo primo, mense aprili.

CCCLXXIV.

COMPOSITIO INTER NOS ET WERMUNDUM, EPISCOPUM NOVIOMENSEM, DE PASNAGIO NEMORUM ET CACEIA, ABSQUE INCISIONE ET ALIIS.

Wermondus, Dei gratia Noviomensis episcopus, universis presentes litteras inspecturis Decemb. 1251. salutem in Domino. Universitati vestre notum facimus, quod cum controversia verteretur inter nos ex una parte et viros religiosos abbatem et conventum Ursicampi ex altera parte super pasnagio quorumdam nemorum ejusdem monasterii sitorum in Esga, videlicet LX modiatarum nemoris quas bone nemorie Stephanus, quondam Noviomensis episcopus, eidem monasterio assignavit in partem nemoris, et etiam LV modia que fuerunt nobilis viri domini Johannis, quondam castellani Noviomi. Item, et super cacheia dictarum LX modiatarum, et nemoris illius qui dicitur nemus Guioti et aliorum nemorum dicti monasterii in Esga sitorum extra clausuram magni nemoris ejusdem monasterii, sicut ipsa se comportat per fossata a territorio de Sempigni usque ad territorium de Prinprez, et super haia facienda in eisdem nemoribus de quorum cacheia erat contentio, ut dictum est. Tandem bonis mediantibus viris, dicta controversia quantum ad pasnagium sopita est in hunc modum. Videlicet quod nos in scriptis cartis et munimentis dicti monasterii voluimus et volumus quod dictum monasterium de cetero et in proprium habeat pasnagium in prefatis LX et LV modiatis nemoris, cum pasnagium fuerit ibidem, cum in dicto pasnagio ullum jus habeamus, salvo tamen omni jure alieno et precipue nostrorum hominum de Karlepont, si quod jus habent in pasnagio memorato. Et quum servientes nostri nostro nomine aliquid de dicto pasnagio levaverunt, nos propter hoc quinque solidos Parisienses ipsi monasterio restituentes reddidimus. De controversia autem super cacheia predicta, nos et dicti abbas et conventus composuimus sub hac forma, videlicet, quod nos et successores nostri episcopi Noviomenses in dictis LX modiatis nemoris et in nemore Guioti, sicut se comportat, et in nemore quod dictum monasterium Aelide quondam domina de Couchi habuit et habet continente tres modiatas nemoris, vel circiter, et in omnibus aliis ipsius monasterii nemoribus que sunt in Esga sita extra clausuram prefatam supradicti magni nemoris poterimus venari, preter quam in nemore de Parviller, sicut clausura ipsius nemoris determinatur in cartis bone nemorie Symonis et Rainoldi quondam episcoporum Noviomensium. Fient autem pretaxate venationes absque haia et incisione nemorum nec per easdem venationes impedietur dictum monasterium quin possit sepes et fossata dictorum nemorum reparare et ea claudere et voluntatem suam de dictis nemoribus facere sicut prius, dum tamen durante nemore pateat liber introitus nobis et successoribus nostris ad venandum in ipsis nemoribus, prout superius est expressum, et animalibus nostris et successorum nostrorum, et hominum nostrorum ad pasturam ubi nobis et hominibus eisdem competit jus pasture. Dictum autem monasterium in supra dicto nemore tres modiatas nemoris vel circiter continente et in nemore Guioti et in ejusdem appendenciis que fuerunt de dominio dominorum de Erblencourt, et etiam in nemoribus ejusdem domini seminatis et seminandis, plantatis et plantandis poterit venari absque haia et absque inscisione nemorum. Hec autem omnia superius expressa non faciant prejudicium cartis utriusque partis. In cujus rei testimonium et munimen presentes litteras dictis abbati et conventui sigillo nostro tradidimus roboratas. Actum anno Domini M°. CC°. LI°, mense decembri.

CCCLXXV.

CARTA STEPHANI, EPISCOPI NOVIOMENSIS, DE BOSCO MORICANNORUM.

1203.

Stephanus, Dei gratia Noviomensis episcopus, universis fidelibus in perpetuum. Notum fieri volumus omnibus hec visuris in perpetuum quod Drogo, cognomento Moricans, homo ligius noster, Hierosolimam profecturus vendidit fratribus Ursicampi, consilio amicorum suorum, pretio C librarum Parisiensis monete X modiatas de portione illa nemoris quam ipsi et matri ejus in Lesga silva assignavimus. Has autem X modiatas metarum positio determinat et discernit. Venditionem concessit Joia, mater ejusdem Drogonis, que jus dotalicii habebat in prefata nemoris portione. Hoc etiam concessit Maria, uxor Drogonis, que in presentia nostra recognovit quod in prefato nemore dotalicii nil haberet, Petrusque frater ejusdem Drogonis et Helvidis hoc concesserunt. Sciendum autem quod prefatam nemoris portionem Drogo prenominatis Basilie sorori sue et Albrico de Fontineto, marito ejus, obtulit ut eam si vellent emerent, sed ipsi renunciaverunt emptioni. Hoc autem factum est de assensu et voluntate nostra, de cujus ligio feodo constet esse predictam nemoris portionem. Hanc autem venditionem sepedicti Drogo et Petrus in presentia nostra firmiter tenendam pleviverunt, et quicquid juris in eadem nemoris portione habebant in manu nostra resignaverunt, et nos de ipsa per manum domini Balduini abbatis investivimus Ursicampum. Quod ut ratum sit inviolabilemque in perpetuum obtineat firmitatem, presentem paginam inde conscriptam sigillo nostro fecimus consignari in testimonium et munimen. Actum anno Verbi incarnati M°. CC°. III°.

CCCLXXVI.

DE QUINQUE MODIATIS NEMORIS DROGONIS MORICAN.

Omnibus hec visuris, officialis curie Noviomensis salutem in Domino. Vobis notum faci- Decemb. 1206. mus quod cum dominus Drogo Moricans miles legasset ecclesie Ursicampi in elemosinam perpetuam quinque modiatas nemoris sui siti juxta nemus dicte ecclesie ita quod dicta ecclesia in presentiarum medietatem dictarum v modiatas sine contradictione possideret, et domina Marga, uxor domini Drogonis, aliam medietatem quoad viveret, nomine dotalitii teneret, et ipsa Marga tamen illam medietatem dictarum v modiatarum nemoris ipsam Margam ratione dotalicii contingentem quam omne aliud jus quod ex parte dicti Drogonis nomine dotalicii habere debebat, in nostra presentia Roberto de Ponte vendidisset et ipsi Roberto et ejus heredibus in proprium quitasset, sicut in litteris curie Noviomensis super hoc confectis plenius vidimus contineri. Tandem dictus Robertus de Ponte post modum in nostra presentia constitutus recognovit se vendidisse dicte ecclesie dictam medietatem nemoris, quam idem Robertus a dicta Marga comparavit eidem ecclesie bene et legitime in perpetuum possidendum, et ad voluntatem abbatis et conventus prefate ecclesie assignavit ipsam ecclesiam coram nobis ubi ipsa ecclesia dictas v modiatas nemoris, scilicet tam illas duas modiatas et dimidiam, de quibus ipsa ecclesia erat tenens et pendens, quam alias duas modiatas et dimidiam, dictam Margam, ut dictum est, nomine dotalicii contingentes, et ab ipsa Marga dicto Roberto venditas, habeat et possideat in perpetuum juxta nemus ipsius ecclesie in medietate quod nemus Moricanni dicitur, scilicet inter ipsum nemus dicte ecclesie, sicut idem nemus se comportat, et quemdam rivum qui dicitur rivus sancti Eligii. Huic autem venditioni a dicto Roberto prefate ecclesie facte interfuit Helissendis uxor dicti Roberti, que dictam venditionem voluit, laudavit et approbavit, recognoscens se sufficiens habere excambium pro dotalicio quod in dictis duabus modiatis et dimidia nemoris dicte ecclesie venditis habebat, videlicet duas modiatas et dimidium nemoris ipsis duabus modiatis et dimidium venditis contiguas de residuo nemoris dicti Roberti. Et super hujus modi excambium omne jus quod in dictis duabus modiatis et dimidium dicte ecclesie venditis habebat vel habere debebat tam jure dotalicii quam alio titulo spontanea et non coacta in manu resignavit, et eisdem fide data penitus renuntiavit et tam dictus Robertus quam ipsa Helissendis spontanei et non coacti fidem in manu nostra prestiterunt corporalem quod dictam ecclesiam super dicto vendagio vel super aliquibus superius notatis de cetero non molestabunt nec gravabunt, nec artem nec ingenium per se vel per alium querent, per que dicta ecclesia possit vel debeat super eisdem in posterum molestari vel gravari, vel coram aliquo judice ecclesiastico vel seculari in causam trahi. In cujus rei testimonium presentes litteras ad petionem dictorum Roberti et Helissendis sigillo curie Noviomensis fecimus communiri. Actum anno Domini M°. CC°. VI°, mense decembri.

CCCLXXVII.

WILLELMI PASTE ET RAINALDI DE BETISIACO DE BOSCO MORICANNORUM.

1203.

Guillelmus cognomento Pastez et Rainaldus de Betisiaco domini regis baillivi omnibus hec visuris in perpetuum. Sciant presentis pagine inspectores quod Drogo et Petrus de Ponte episcopi fratres qui cognominati sunt Moricanni adversus ecclesiam Ursicampi gravem habuere discordiam propter quam eidem monasterio injurias et dampna intulerunt. Die tandem pacis inter eos et ipsam ecclesiam reformande prefixa, ad locum qui Malconseil nominatur, a domino nostro rege missi accessimus, qui nobis preceperat ut pacem inter ecclesiam et fratres memoratos adeo firmam et stabilem reformaremus, ut fratres Ursicampi ad ipsam propter hanc querelam deinceps non referrent. Igitur prudentibus viris nobiscum ad pacem mediantibus, pacem inter eos reformavimus in hunc modum. In primis dicti Drogo et Petrus omnibus querelis et discordie quas adversus ecclesiam Ursicampi habuerant renuntiaverunt. Post hoc idem Drogo vendidit fratribus Ursicampi de consilio amicorum suorum pretio .CLX librarum Parisiensis monete x modiatas de portione illa nemoris que ipsi in Esga silva a domino Stephano, Noviomense episcopo, fuerat assignata. Has autem decem modiatas metarum positio determinat et discernit. Venditionem istam iste Drogo et Petrus frater ejus bona fide tenere pleviverunt. Ad majorem vero securitatem venditionis ejusdem firmiter tenende a sepedicto Drogone plegii fratribus Ursicampi dati sunt Hugo de Betencort et Simon frater ejus pro XL libris, Balduinus de Villa pro decem libris, Gilebertus Louvez pro decem libris Parisiensis monete constituti. Super hoc etiam dictus Stephanus, Noviomensis episcopus, de quo memoratus Drogo dictas decem nemoris modiatas tenebat in feodum, venditionem factam ratam habens et approbans, ejusdem in posterum se defensorem constituit, et ad patrocinium firmitatis cartam inde confectam sigillo proprio roboravit. Nos vero qui de mandato domini regis pacis hujus auctores et mediatores exstitimus, et in quorum presentia hec venditio est solempniter celebrata, paci et indemnitati Ursicampi ecclesie in posterum providere volentes in rei testimonium et munimen presentem paginam conscribi precepimus et sigillorum nostrorum appensione muniri. Actum anno verbi incarnati millesimo CC°. III°.

CCCLXXVIII.

CARTA STEPHANI, NOVIOMENSIS EPISCOPI, DE DONATIONE GUIDONIS DE ERBLENCURT DE BOSCO.

1203.

Stephanus, Dei gratia Noviomensis episcopus, universis fidelibus hec visuris in perpetuum notum fieri volumus quod Guido de Erblencurt miles, in nostra presentia constitutus, recognovit se dedisse in elemosinam ecclesie Ursicampi partem illam nemoris sui que continetur inter nemus Ursicampi et nemus domini Cochiacensis super viam que ducit ad sanctum Leodegarium, sicut metarum positio determinat et discernit. Asseruit etiam se elemosinam hanc tam libere et absolute fecisse, quod in ea nichil sibi vel heredibus suis retinuit, sed insuper dicte ecclesie prescripti nemoris donationem ab omni usuario prorsus liberam et immunem contra omnes qui ad justitiam et legem venire voluerint, fide interposita warandire tenetur. Donationem istam concessit uxor Guidonis et sub fidei interpositione plevivit, facta prius recognitione, quod ibi ullum dotalicii jus haberet. Idipsum fide interposita concesserunt Johannes frater Guidonis et sorores sue cum maritis earum, scilicet Matildis cum Rainardo, Oda cum Johanne, Osilia cum Rainero, domina quoque Oda de Prinprez jus dotalicii quod in dicto nemore habebat in presentia Balduini abbatis Ursicampi et Nicholai sacerdotis qui loco nostro aderat, quitum clamavit, et ceteri dicte ville homines usuarium quod in eodem nemore habebant quitaverunt, data fide quod ibi nichil in posterum reclamarent. Preterea Johannes, castellanus Noviomi et Thorote, hanc elemosinam que de suo feodo erat, ad petitionem dicti Guidonis concessit ejusdem donationis firmiter in posterum tenende plegium et obsidem se prestitit et heredem suum constituit, ita quod contra omnes qui ad justitiam et legem venire voluerint, eam tenebuntur Ursicampi ecclesie warandire. Sciendum autem quod jam dictus Guido hujus rei gratia de beneficio ecclesie Ursicampi cxv libras Parisiensis monete accepit. Nos vero eandem donationem ecclesie Ursicampi salvam in perpetuum et illesam permanere volentes, presentem paginam inde conscriptam sigillo nostro fecimus roborari in testimonium et munimen. Actum anno Domini m°. cc°. v°.

CCCLXXIX.

CARTA STEPHANI, NOVIOMENSIS EPISCOPI, DE VIVARIO IN ESGA ET DE CENSU PRATI LEPROSORUM.

Stephanus, Dei gratia Noviomensis episcopus, universis fidelibus hec visuris in perpetuum notum fieri volumus quod Johannes, castellanus Noviomi et Thorote, in nostra constitutus presentia, recognovit se dedisse in elemosinam ecclesie beate Marie Ursicampi pro salute anime sue et pro anima Odothe uxoris sue, necnon et pro animabus antecessorum suorum, ad vivarium faciendum, de portione illa Esge silve que sibi a nobis est in proprium ipsius dominicum assignata tres modiatas ad mensuram Noviomensem seu iiij°r. si tum necesse habuerint, ita quod in eis nichil sibi vel heredi suo retinuit, nichil in posterum reservavit. Dedit etiam dicte ecclesie idem Johannes censum duorum solidorum qui sibi pro prato leprosorum de Trachi ab ipsis leprosis per annos singulos solvebatur. Donationes istas fecit dictus Johannes de gratuito assensu Odothe uxoris sue, Guidonisque primogeniti et ceterorum liberorum suorum. Donationes istas ad petitionem ejusdem Johannis castellani nos ipsi ratas habuimus et concessimus, et ut salve in proprium ecclesie Ursicampi permaneant et illese, presentem paginam inde conscriptam sigillo nostro fecimus roborari in testimonium et munimen. Actum anno verbi incarnati m°. cc°. v°.

1205

CCCLXXX.

CARTA STEPHANI, NOVIOMENSIS EPISCOPI, DE VIVARIO WILARDI.

1213.

Stephanus, Dei gratia Noviomensis episcopus omnibus, hec visuris in Domino salutem. Universitati vestre notum fecimus quod illa vivaria que per sollicitudinem et laborem fratris Wilardi monachi Ursicampi in foresta Lesga facta sunt, nos ab ipso totius operis illius initio in nostra custodia et protectione suscepimus, unde ad opus illud perficiendum et fautorem benivolum nos prestitimus et commodum adjutorem. Facta sunt autem illa vivaria tam de nostra munificentia quam de multorum aliorum x. fidelium quorum unum fuit unaque devotionis intentio, ut ipsa vivaria communibus fratrum usibus deservirent, nec transirent aliquando in usus extraneos, exclusis pariter quibuslibet particularibus et privatis pitanciis, ut tammodo proficiant ad fratrum pitancias generales. Nos vero providere curantes ut nostra fideliumque devotio fructu gaudeat quam requirit, ex parte Dei omnipotentis, et beate semper Virginis Marie omniumque sanctorum interdicimus ac sub anathemate prohibemus ne quis omnino aliter quam prescripsimus prefatorum vivariorum piscibus uti audeat, nec quod vivarium illud quod est juxta calceiam de Trachi, quociens opus fuerit, fratribus infirmis deserviet, nec tamen sedet in eorum usum quibus pro majore reverentia subcellarius tenebitur providere. Has ergo constitutiones nostras servantibus sit pax et salus a Domino, transgressores vero nisi correxerint, comprehendat ira Dei et indignatio per quam et sub presentibus semper gemant incommodis, et in futuro cum dignis miseriis affligantur, fiat, fiat, fiat. Porro ut hec memoria diuturniore firmentur, presentibus litteris sigillum nostrum appendi fecimus, quarum scilicet litterarum exemplar aliquibus libris claustri transcribi precipimus, ut legentes videlicet transgredi metuant, vel transgredientes a legentibus admoniti quod male gesserunt, studeant emendare. Actum anno Domini M°. CC°. tredecimo.

CCCLXXXI.

DE DECIMA JOHANNIS PRESBITERI DE YAUCOURT.

1208.

Willelmus, Ariensis prepositus et Noviomensis cancellarius, omnibus hec visuris in Domino salutem. Notum fieri volumus quod Johannes de Caumont, presbiter de Yaucourt, decimam illam quam de nobis tenebat apud Genvri, assensu et voluntate matris sue, fratrum et sororum suarum, in manu nostra resignavit. Nos autem de eadem decima ecclesiam Ursicampi investivimus, dictam decimam in proprium possessuram. Quod ut ratum permaneat presens scriptum sigilli nostri munimine fecimus roborari. Actum anno Domini M°. CC°. VIII°.

CCCLXXXII.

CARTA STEPHANI, NOVIOMENSIS EPISCOPI, DE EADEM DECIMA.

1208.

Stephanus, Dei gratia Noviomensis episcopus, omnibus hec visuris in perpetuum notum fieri volumus quod Johannes de Caumont, presbiter de Yaucurt decimam illam quam venerabili et dilecto fratre nostro Willelmo Ariensi preposito et Noviomensi concellario tenebat apud Genvri, assensu et voluntate matris sue et sororum suarum, in manu ejusdem fratris nostri resignavit. Ipse vero frater noster de eadem decima ecclesiam Ursicampi solempniter investivit, sicut in scripto ipsius autentico continetur. Ut ergo memorata decima ecclesie Ursicampi in perpetuum permaneat et indempnis, presens scriptum sigillo nostro fecimus roborari in testimonium et munimen. Actum anno Domini M°. CC°. VIII°.

CCCLXXXIII.

CARTA STEPHANI, NOVIOMENSIS EPISCOPI, DE FONTE ET TERRIS APUD CHIRI ACQUISITIS.

Stephanus, Noviomensis episcopus, Dei gratia universis fidelibus hec visuris in perpetuum, notum fieri volumus locum quemdam esse in territorio nostro de Chiri aquis irriguum in quo fratres Ursicampi fontem de terra qui tunc in diversis locis scaturit perducentes, aquam in claustrum suum, ex dono nostro deduxerunt. Locum ergo fontis in quo scaturigenes aque per canales confluunt, cum ipsis canalibus memoratis fratribus duximus confirmandum, statuentes quod si pro requirenda aque vena eos processu temporis oportuerit laborare, ubicumque canales eorum extenduntur, prout eis visum fuerit, fodiant et laborent, salvo dampno agricolarum, et salvo censu sex nummorum qui nobis in festo sancti Remigii super hoc est reddendus. Sciendum preterea quod adversus prenominatos fratres querelam movimus pro eo quod terras in territorio nostro de Chiri sine nostro acquisierunt assensu. Post modum vero ad consilium bonorum virorum mote querele supersedentes terras quas dicti fratres acquisierant, presenti scripto exprimi fecimus et distingui, terram que fuit Gaufridi de Crimeri, xij sextariatarum, pro qua terra quedam apud Erchiu in nostro est feodo restituta, IX sextariatas terre ab hominibus nostris qui servilis conditionis sunt acquisitas, item, IX sextariatas alodiorum. Item, undecim sextariatas et dimidios de censu Florentii de Villa, item, de terra censuali fundi nostri, VII sextarias. Terras istas memoratis fratribus perpetuo tenendas concessimus, salva justitia nostra, et earum redditibus qui tam nobis quam aliis dominis sunt reddendi. Utque hec predicta perpetue robur firmitatis obtineant, presentem paginam inde conscriptam sigillo nostro fecimus roborari in testimonium et munimen. Actum anno Verbi incarnati M°. CC°. XII°.

1212.

CCCLXXXIV.

CARTA STEPHANI, NOVIOMENSIS EPISCOPI, DE PRATO DOMINI MATHEI.

Stephanus, Dei gratia Noviomensis episcopus, omnibus ad quos littere iste pervenerint in Domino salutem. Noverit universitas vestra quod nos contulimus dilecto clerico et socio nostro Matheo de Sancto Quintino septem falcatas prati in brolio nostro juxta Chiriacum et in perpetuum habendas concessimus, sex videlicet quas propriis sumptibus sartari fecit, et unam quam a quodam homine nostro Garnero scilicet Engaigne et ejus heredibus emit. Ita

1295.

tamen quod inde nobis iiij°ʳ solidi Parisienses de censu in festo beati Martini solventur annuatim. In cujus rei testimonium presens ei scriptum tradidimus communitum. Actum anno Domini m°. cc°. xc°. v°.

CCCLXXXV.

CARTA STEPHANI NOVIOMENSIS EPISCOPI, DE BOSCO DE ORESMIEX.

1199. Stephanus, Dei gratia Noviomensis episcopus, universis fidelibus hec visuris in perpetuum notum fieri volumus quod Johannes, castellanus Noviomensis et Thorote, donavit ecclesie Ursicampi quicquid habebat in bosco quod de Oresmiex dicitur, situm quod est inter Floocurt et calceiam de Behencurt, et duos modios de propria portione quam habebat in silva Esge, que ei pro hereditario jure quod in ea habebat a nobis est assignata in ea parte que propinquior est nemori ejusdem ecclesie, redditumque capellanie sue de Thorata centum solidos monete Parisiensis annuatim valentem, pace perpetua possidenda. Concessit etiam fratribus Ursicampi ut si de silva Esge pars aliqua, precepta portione illa quam eo tempore quo hec facta sunt habuisse noscuntur, in eorum possessionem devenerit, partem illam liberam possideant et quietam, nichil omnino juris sibi vel heredi suo in ea retinens, hoc excepto quod si fera quam venando fuerit insequtus illuc fugerit, persequi et apprehendere sibi licebit. Hujus elemosine largitionem idem Johannes in nostra constitutus presentia recognovit, adiciens quod eam quandiu vixerit fideliter tenere et contra omnes qui querelam male moverint fratribus warandisiam ferre pleviverat, ipsamque donationem in manu nostra reddidit, et nos de ea per manum Radulfi prioris Ursicampi ecclesiam investivimus, idipsum in nostra presentia concedente Odone Cacheleu ad cujus feodum nemus de Oresmox dinoscitur pertinere. Nos vero memoratis fratribus ad petitionem dicti castellani spopondimus quod si quis ex parte sua eis super hoc gravamen intulerit, terram ipsius interdicto et personam anathemati supponemus. Hec omnia concessit Odota uxor sepedicti Johannis et eorum liberi, etc. Sciendum autem quod eadem Odota in prescriptis dotalicii jus habebat, ipsum que jus sponte et absque ulla coactione in manu Jacobi presbiteri de Thorota liberum reddidit, data sibi a marito suo congrua et ipsi Odote grata recompensatione, redditu videlicet de Molincoc, et ipse Jacobus ecclesiam Ursicampi per manum Rogeri monachi ex eisdem rebus investivit, Maria quoque de Plaisseto, que jus dotalicii in nemore de Oresmox habebat, dictam donationem concessit, ipsumque jus in manu Raineri prebisteri de Diva liberum resignavit, qui de eo per manum Raineri monachi Ursicampi monasterium investivit. Ut ergo omnia que distinximus rata in perpetuum et inconcussa permaneant, presentem paginam inde conscriptam sigilli nostri patrocinio fecimus communiri. Acta sunt hec anno Verbi incarnati m°. c°. xc°, nono.

CCCLXXXVI.

ELEMOSINA LEDUIDIS DE THOROTA DE VINAGIO.

1204. Stephanus, Dei gratia Noviomensis episcopus, universis fidelibus hec visuris in perpetuum notum fieri volumus quod Leduidis de Thorota, que nominata est Aalidis, uxor quondam

Petri militis cognomento Aldent, in domo de Arborea habebat vinagium. Ex hoc vinagio in extremis posita pro salute anime sue et pro anima mariti sui nec non et pro animabus antecessorum suorum unum modium vini ecclesie Ursicampi contulit et legavit, duos etiam modios de eodem vinagio domui hospitali pauperum quam edificavit in Thorota dare statuit, sed attendens frumentum ad pauperes sustinendos magis necessarium, et eidem domui esse commodius, precibus obtinuit ab abbate Ursicampi ut hos duos vini modios retineret sibi et unum modium frumenti mediocris pretii ad mensuram Thorote singulis annis in festo sancti Remigii dicto redderet hospitali. Itaque tres modii vini de supradicto vinagio liberi remanebunt ecclesie Ursicampi. Hec omnia concesserunt tres filie memorate Leduidis, Elizabeth, Eremburgis, et alia Elizabeth, et earum mariti, Thomas cognomento Duraboisa, Radulfus de Ursaucourt et Hugo Gallus. Nos vero Ursicampi ecclesie paci et indempnitati in posterum providere volentes, presenti pagine inde conscripte sigillum nostrum appendi fecimus in testimonium et munimen. Actum anno Domini M°. CC°. III°.

CXCLXXXVII.

DONATIO BARTHOLOMEI DE DINOIX DE TERRA ET CENSU.

Stephanus, Dei gratia Noviomensis episcopus, universis fidelibus hec visuris in perpetuum notum fieri volumus quod Bartholomeus de Dinoix, miles, dedit in elemosinam ecclesie beate Marie Ursicampi campum de Borel Flequeroi XIIII sextarios sementis capientem, et hoc libere et absolute a fratribus dicte ecclesie perpetuo possidendum concessit. Item, XI solidos Parisiensis monete et tres capones quos ipsi Bartholomeo fratres singulis annis censualiter debebant, remisit, et quitos clamavit, si tamen contigerit eum decedere sine herede carnis proprie ex legitima uxore. Hec omnia recognovit dictus Bartholomeus in presentia nostra ubi etiam asseruit quod uxor sua hanc elemosinam sponte et absque ulla coactione concesserat. Ut ergo presens donatio rata constet et inviolabilem obtineat firmitatem, presentis scripti et sigilli nostri patrocinio eam Ursicampi ecclesie fecimus confirmari. Actum anno Domini millesimo CC°. primo.

1201.

CCCLXXXVIII.

CARTA STEPHANI, NOVIOMENSIS EPISCOPI, DE VINEA SYMONIS DE MAGNIACO SITA IN SUBURBIO NOVIOMI ET DE DONIS R.., FILIO EJUS APUD BAIRI.

In nomine sancte et individue Trinitatis, amen. Stephanus, Dei gratia Noviomensis episcopus, universis sancte matris ecclesie filiis tam futuris quam presentibus in perpetuum notum fieri volumus quod Symon dictus de Magniaco dedit in elemosinam ecclesie Ursicampi in qua habitum religionis accepit, quandam vineam in Noviomensi suburbio sitam. Hoc concesserunt Agnes uxor ejus et liberi eorum Rainerus, Rainaldus, et Guido Raineri filius. Die

1188.

vero quo idem Symon traditus est sepulture, predictus Rainerus in presentia nostra in eadem ecclesie constitutus dedit in elemosinam eidem ecclesie quosdam redditus quos ei ipsa debebat apud Bairi singulis annis persolvendos, vidicet quatuor solidos et quatuor denarios et unum obolum, duos assinos et dimidium avene, unum modium et dimidium vini et quatuor sextarios, et roagium quod habebat in curte fratrum. Hanc Raineri elemosinam concesserunt Guido ejus filius et Rainaldus ejus frater et altari ejusdem ecclesie tam ipse Rainerus quam ejus filius et frater obtulerunt, presentibus Guidone abbate, Alexandro priore, Hugone subpriore, Salicio cellarario, Gaufrido de Nigella et quam pluribus aliis ejusdem loci monachis. Testes, Hugo decanus, [Albertus prior de Magniaco, Symon de Betencurt, Hugo de Muiriencurt, et Symon frater ejus, milites.] Ne qua ergo in posterum super hiis adversus fratres Ursicampi possit calumpnia suscitari, presentem paginam inde conscriptam tam sigilli nostri impressione quam testium prescriptorum assertione fecimus communiri. Actum est hoc anno ab incarnatione Domini M°. C°. octogesimo octavo.

CCCLXXXIX.

EXCAMBIUM STEPHANI, NOVIOMENSIS EPISCOPI, ET TOTIUS CAPITULI DE DECIMA NOVI ESSARTI JUXTA DOMUM DE LACHENI.

Maio 1219. Stephanus, Dei gratia Noviomensis episcopus, omnibus presentes litteras inspecturis in Domino salutem. Noverint universi quod nos, assensu et voluntate decani et totius capituli beate Marie Noviomensis, dedimus in excambium totam decimam quam habebamus in terris novi essarti juxta domum de Lacheni ecclesie beate Marie Ursicampi libere et absolute in perpetuum possidendam, pro tertia parte decime quam predicti fratres habebant in decima de Mareigni. Quod ut ratum et firmum permaneat, presentes litteras nostro fecimus sigillo communiri. Actum anno ab incarnatione Domini millesimo CC°. nono decimo, mense maio.

CCCXC.

COMPOSITIO DE QUERELA GAUFRIDI DE CRIMERI DE DECIMA ESSARTORUM DE LACHENI.

1196. Stephanus, Dei gratia Noviomensis episcopus, universis fidelibus hec visuris in perpetuum. Sciant omnes quod Gaufridus de Crimeri, serviens noster, querelam quandam movit adversus fratres Ursicampi super essartis de Lacheni in quibus decimam clamabat et quendam redditum qui vulgo carrinis nominatur. Tandem vero nostro et aliorum prudentium virorum consilio acquiescens, quicquid juris clamaverat in essartis quos fratres fecerant jam vel facturi erant usque ad XXXVI. modiatas terre ad mensuram de Lacheni quittum clamavit et in manu mea reddidit, et ego inde ecclesiam Ursicampi investivi per manum Hugonis abbatis. Si vero fratres amplius in territorio de Lacheni essartaverunt, ibi prefatus Gaufridus, nisi de voluntate ejus remanserit, decimam suam sequetur. Hoc concessit in presentia mea apud Noviomum

Agnes, prefati Gaufridi uxor, atque fidei interpositione plevivit quod nunquam adversus fratres Ursicampi super his calumpniam suscitaret. Hoc etiam concesserunt liberi eorundem Gaufridi et Agnetis, Stephanus, Nicholaia et Johanna, et hoc ipsum reddiderunt in manu Gaufridi prebisteri de Lacheni, qui loco nostro aderat, et ipse inde ecclesiam Ursicampi investivit per manum Wilardi monachi ejusdem loci. His vero adiciendum quod redditus quem dictus Gaufridus pro omagio suo fratribus Ursicampi singulis annis solvere tenebatur, ipsi fratres eidem Gaufrido et heredibus ejus quitum in perpetuum clamaverunt. Ut ergo hec rata sint atque inviolabilem obtineant firmitatem, presens cyrographum inde conscriptum sigilli nostri impressione fecimus communiri. Actum anno Verbi incarnati м°. c°. xc°. vi°.

CCCXCI.

CONCESSIO GAUFRIDI DE CRIMERI DE SEX MODIATIS TERRE ESSARTANDIS APUD LACHENI.

Stephanus, Dei gratia Noviomensis episcopus, universis fidelibus hec visuris in perpetuum notum fieri volumus quod Gaufridus miles de Crimeri homo noster, eo tempore quo Iherosolimitane peregrinationis iter arripuit, in nostra presentia positus recognovit se fratribus Ursicampi dedisse titulo elemosine et concessisse in territorio de Lacheni liceat eis libere et absque sui vel heredum suorum contradictione vi modiatas terre essartare, vel ullam omnino decimam quantum ad ejus portionem pertinet, seu alium redditum vel consuetudinem sibi vel heredi suo super hoc reddere teneantur. Hoc concessit Agnes uxor ejus. Et ne super hac elemosina dicti fratres aliquam in posterum debeant sustinere molestiam, presentem paginam inde conscriptam ad petitionem ipsius Gaufridi sigillo nostro fecimus communiri. Actum anno Verbi incarnati м°. cc°. secundo, mense maio.

Maio 1202.

CCCXCII.

CARTA ODONIS DE PERONA DE QUADAM DECIMA IN ESSARTIS DE LACHENI.

Stephanus, Dei gratia Noviomensis episcopus, universis fidelibus tam futuris quam presentibus in perpetuum notum fieri volumus quod Odo de Lacheni miles, cognomento de Perona, querelam quandam movit adversus fratres Ursicampi super essartis de Lacheni in quibus decimas clamabat, et quemdam redditum qui vulgo carinus nominatur. Tandem vero nostrorum et aliorum prudentium virorum consilio saniori acquiescens, quicquid jure clamaverat in essartis quos fratres jam fecerant vel facturi erant usque ad triginta sex modiatas terre ad mensuram de Lacheni quitum clamavit et in manu mea reddidit, et ego inde ecclesiam Ursicampi investivi per manum Hugonis abbatis. Si vero fratres amplius in territorio de Lacheni essartaverint, ibi prefatus Odo, nisi de voluntate sua remanserit, decimam suam sequetur. Ad hec sciendum quod decimam quam sepefactus Odo clamabat in campo Fraassent, et campartum ac redemptionem que sui juris erant in quodam agro trium minarum sementis

1196.

de possessione sancti Amandi et quodam fructetum agris fratrum Ursicampi contiguum, ipse ecclesie Ursicampi libere et quiete possidenda concessit, et in manu mea reddidit, et ego inde ecclesiam Ursicampi investivi per manum Hugonis abbatis. Porro Hugo abbas et fratres qui cum eo erant, eidem Odoni concesserunt partem suam de alneto quod est inter Divam et Planum Montem. Hec omnia concessit Aalidis uxor ejusdem Odonis, et filius eorum Radulfus. Ipsa quoque Aalidis, si quid juris dotalicii ibi habebat, totum voluntate spontanea et absque ulla coactione quitum clamavit ad consilium patris sui et aliorum amicorum suorum, congruo accepto decambio, medietate scilicet vinee mariti sui in Plano Monte, cujus aliam medietatem jam antea in dotem acceperat. Hec etiam reddidit dicta Aalidis in manu Gaufridi prebisteri de Lacheni qui loco nostro aderat, et ipse inde ecclesiam Ursicampi investivit per manum Wilardi monachi ejusdem loci. Hujus rei firmiter tenende plegium se constituit Radulfus de Sancto Taurino, prefate Aalidis pater. Hec etiam omnia concessit mater totiens dicti Odonis Udila vidua, cum liberis suis Johanne, Petro, Henrico, Ada, Agnete, Heluide, et tam ipsa quam ejus liberi hec eadem reddiderunt in manu prefati Gaufridi presbiteri de Lacheni qui inde ecclesiam Ursicampi investivit per manum Wilardi monachi. Ut ergo hec rata sint atque inviolabilem obtineant firmitatem, presens cyrographum inde conscriptum sigilli nostri fecimus impressione muniri. Actum est hoc anno ab incarnatione Domini M°. C°. XC°. sexto.

CCCXCIII.

CONCESSIO EPISCOPI ET CAPITULI NOVIOMENSIS DUARUM CARRUCATARUM DE ESSARTIS ET MINUTA DECIMA NON SOLVENDA.

1197. Stephanus, Dei gratia Noviomensis episcopus, universis fidelibus tam futuris quam presentibus in perpetuum notum fieri volumus quod concessimus fratribus Ursicampi ut de novalibus que fecerunt vel facturi sunt in territorio de Lacheni duas carrucatas triginta sex modiorum libere possideant et quiete et absque ulla decime exactione, universam et minutam decimam de grangia eorum de Lacheni eis concessimus, scientes eos auctoritate sedis apostolice ab omni decima tam de nutrimento animalium quam de suis novalibus absolutos. Et ut hec omnia inviolabilem obtineant firmitatem, ut que omnis deinceps adversus fratres Ursicampi debeat questio consopiri, hec omnia de voluntate et assensu capituli nostri fecimus, presentem que paginam inde conscriptam tam nostro quam eorum sigillo fecimus communiri. Actum in capitulo nostro anno ab incarnatione Domini millesimo centesimo nonagesimo septimo.

CCCXCIV.

CARTA STEPHANI, NOVIOMENSIS EPICOPI, DE MINUTA DECIMA DUARUM CARRUCATARUM TERRE IN DEFFENSO SANCTI AMANDI.

1196. Stephanus, Dei gratia Noviomensis episcopus, universis fidelibus in perpetuum notum fieri volumus quod possessionem de Lacheni quam fratres Ursicampi sub censu a monachis sancti Amandi acceperant, eis benigne concessimus libere et quiete perpetuo possidendam. Universam et munitam decimam essartorum duarum carrucatorum in defenso sancti Amandi et in Tyrefol ab eis factorum super quibus adversus eos moveramus calumpniam, ipsis nichilominus benigne concessimus, scientes eos auctoritate sedis apostolice ab omni tam decima de nutrimentis animalium quam de suis laboribus absolutos. Ut ergo rata sit hec nostra concessio, et ut nulla deinceps super hiis adversus fratres Ursicampi a posteris nostris calumpnia suscitetur, presentes litteras inde conscriptas eisdem fratribus tradidimus sigilli nostri appensione munitas. Actum anno Verbi incarnati M°. C°. XC°. VI°.

CCCXCV.

DONATIO EMMELINE, UXORIS ANDREE LE VALLET, DE JURE SUO IN TERRITORIO DE LACHENI.

Stephanus, Dei gratia Noviomensis episcopus, universis fidelibus hec visuris in perpetuum notum fieri volumus quod Emelina quondam uxor Andree le Vallet de Trachi cum liberis suis Andrea, Petro, Guidone et Odone dederunt in elemosinam ecclesie beate Marie Ursicampi quicquid habebat juris in duobus essartellis quos fratres Ursicampi fecerant in bosco de communia et in grossa Poiteria, in fructeto quoque de communia ante portam quoque de Lacheni sito, quicquid etiam juris eorum erat in essartis quos dicti fratres fecerant vel facturi erant in territorio de Lacheni usque ad duas carrucatas XXXVI modiorum in quibus continetur campus Fraassendis, receperunt autem de beneficicio prefate ecclesie, x libras Parisiensis monete. Quia vero liberi ejusdem Emeline infra etatem erant quum hec donatio facta est, pari consensu et de consilio amicorum suorum tam matrem quam plegios dederunt hujus donationis firmiter tenende ut si ipsi in posterum quolibet modo contra hoc factum venire vellent, plegii pro ipsis de xx libris Parisiensis monete ecclesie Ursicampi satisfacerent, Odo scilicet de Perona miles, et Johannes frater ejus de x libris, Ivo de Trachi miles de centum solidis, Drogo de Vassen de centum solidis, omnes fide data plevierunt. Nos quoque, ut ratam et inviolabilem permaneat, presentem paginam inde conscribi et sigillo nostro fecimus communiri. Actum anno Verbi incarnati M°. C°. XC°. VII°.

1197.

CCCXCVI.

CARTA STEPHANI, NOVIOMENSIS EPISCOPI, ET CONCESSIO DOMINI RAINALDI DE MELLOTO FILII DICTE G.

Stephanus, Dei gratia Noviomensis episcopus, universis fidelibus hec visuris in perpetuum notum fieri volumus quod de elemosina quarumdam terrarum apud Lacheni quas domina Ermentrudis, Roiensis castellana, et domina Lagniaci ecclesie contulit Ursicampi, fidelium virorum qui donationi interfuerunt testimonium audivimus et insuper ejusdem Ermentrudis

1201.

autenticum propriis oculis inspeximus et legimus ubi et querela quam diu fratres Ursicampi pro territorio Sempigniaci sustinuerant, penitus remissa fuerat sub ea forma. Ego Ermentrudis, Roie castellana, et domina de Lagniaco notum facio omnibus hec visuris quod querelam illam quam diu movi adversus ecclesiam Ursicampi pro hiis que juris mei esse dicebam in territorio Sempigniaci, saniori post modum usa consilio benigne remisi, et si quid juris in predictis habere poteram, pro salute anime mee et antecessorum meorum prenominate ecclesie in elemosinam contuli et concessi, adjeci etiam in beneficio totam terram meam arabilem que sita est in territorio de Lacheni, eamque prefate ecclesie Ursicampi in elemosinam dedi pace perpetua possidendam nichil michi vel heredibus meis in ea retinens vel reservans. Has vero donationes feci de bona voluntate et assensu mariti mei Johannis de Crapoutmaisnil, easque in manu Theobaldi presbiteri de Crapoutmaisnil una cum eodem marito meo reddidi, et ipse presbiter exinde ecclesiam Ursicampi investivit per manum domini Balduini abbatis. Hiis donationibus testes affuerunt Rohardus presbiter de Fresneriis, etc. [Albericus de Beurignes Everardus de Loocourt et Robertus li Menuz milites.] Nos igitur beneficium dicte castellane debita laudatione approbantes, ipsiusque elemosinam ratam fore in perpetuum cupientes, presentem paginam inde conscriptam juxta tenorem autentici conscribi voluimus, et eam sigilli nostri appensione fecimus roborari. Actum anno gratie M°. CC°. I°.

CCCXCVII.

CARTA STEPHANI DE AGRO WICARDI ET QUICQUID JURIS HABEBAT A VIA DE PELEE VILE USQUE AD BOSCUM ODONIS DE PERONA, ITEM QUICQUID HABEBAT IN BOSCO, IN FRUCTETO ET IN LAPIDICINIA.

1197.

Stephanus, Dei gratia Noviomensis episcopus, omnibus hec visuris in pepetuum. Sciant omnes quod Wicardus major de Lacheni dedit in elemosinam ecclesie beate Marie Ursicampi quemdam agrum in territorio de Lacheni circiter quatuordecim sextarios sementis capientem. Accepit autem de beneficio ejusdem ecclesie xxv libras Parisiensis monete. Dedit quoque in elemosinam predicte ecclesie quicquid habebat de jure majorie alodiorum quam tenebat de domino Petro de Plaisseto a via de Pelee vile usque ad boscum Odonis militis de Perona, et quicquid juris habebat in hiis que fratres Ursicampi essartaverant in bosco de communia, et in fruteto ante portam grangie de Lacheni site et in aisantia lapidicine in Plano Monte site, quam dictus Petrus de Plaisseto titulo elemosine contulit ecclesie Ursicampi, insuper etiam quicquid juris sui erat tam decime quam redditus cujusdam qui vulgo carions dicitur, in essartis quos sepedicti fratres fecerant vel facturi erant in territorio de Lacheni usque ad duas carrucatas xxxvi modiorum. Hec omnia concessit Villana uxor prefati Wicardi cum liberis suis Bartholomeo, Guidone, Albrico, Helizabeth, Heluide, Agnete, Mathea, Aalide. Ut ergo hec rata et inconcussa permaneant, presentem paginam inde conscriptam sigilli nostri impressione fecimus communiri. Actum anno Verbi incarnati millesimo centesimo, xc°. vii°.

CCCXCVIII.

CARTA STEPHANI, NOVIOMENSIS EPISCOPI, DE DONATIONE DOMINI PETRI DE PLAISSETO TERRARUM, NEMORUM ET ALIORUM.

Ego Stephanus, Dei gratia Noviomensis episcopus, universis fidelibus hec visuris in perpe- 1196. tuum notum fieri volumus quod Petrus dominus de Plaisseto dedit in elemosinam ecclesie Ursicampi pro salute anime sue antecessorumque suorum quicquid habebant in terra que notatur de Noviomo sita inter Guri et domum Albrici militis de Buvrignes. Item, quicquid habebant in bosco de Tirefol. Item, unam modiatam terre in Plano Monte et omnes aisantias lapidicine ejusdem montis ad omnes usus grangie de Lacheni, croonium, et ejusdem lapidicine ad meliorandas terras. Item, terragium in terra de Alodiis inter viam de Pilita Villa et boscum Odonis de Lacheni. Item, omnes aisantias herbagii in omni terra sua ubicumque sit, excepto deffenso suo. Item, concessit eidem ecclesie ut si aliquam fratres acquirere potuerint in bosco communie dirumpere valeant, usque ad unam carrucatam terre absque prohibitione heredum ipsius. Hec omnia concesserunt Goda, uxor ejusdem Petri, et Oeda filia ipsorum. Testes Balduinus prior, etc. Hiis adiciendum quod predictus Guido contulit in elemosinam ecclesie Ursicampi quicquid juris sui erat in hiis que fratres essartaverant, in Grossa Poiteria et in loco communie, et insuper quicquid ad eum pertinebat in Buscalia que est ante portam grangie de Lacheni. Hanc elemosinam reddidit idem Guido in manu Hugonis abbatis Ursicampi coram hiis testibus, Balduino priore, Rogero, Gaufrido, etc. Hujus elemosine beneficium concessit Ada, uxor dicti Guidonis, et liberi eorum Radulfus et Petrus. Et hoc ipsum eadem Ada in manu Radulfi presbiteri de Plaisseto, qui loco nostro aderat, reddidit, qui inde ecclesiam Ursicampi per manum Wilardi monachi investivit. Testes, Rainerus monachus Ursicampi, Johannes Lefrardus, Arnulfus serviens sepe fati Guidonis. Ut ergo hec omnia ratam atque inviolabilem obtineant firmitatem, presentem paginam inde conscriptam, tam proscriptorum testium assertione quam sigilli mei impressione volui communiri. Acta sunt hec anno ab incarnatione Domini M°. C°. nonagesimo sexto.

CCCXCIX.

CARTA STEPHANI, NOVIOMENSIS EPISCOPI, DE TERRA PETRI, FILII GILBERTI LOUVET.

Stephanus, Dei gratia Noviomensis episcopus, omnibus hec visuris in perpetuum notum 1217. fieri volumus quod Petrus, filius Gileberti Louvet, vendidit fratribus Ursicampi quinque modiatas terre uno mencoldo et quatuor virgis minus, sitas in territorio de Lacheni, singulas modiatas sub pretio viginti librarum Parisiensis monete. Hanc venditionem concessit Maria uxor Petri, accepto congruo et bene placito sibi dotalicii quod in terra illa habebat decambio, videlicet in pratis que maritus suus habebat apud Pontem Episcopi. Reddidit autem predicta Maria dotalicium quod in terra habebat, in manu nostra, fidemque dedit quod in ea nichil in posterum reclamaret, et nos de terra illa investivimus ecclesiam Ursicampi per manum Wilardi monachi. Quia vero venditio prescripta sine nostro assensu rata esse non poterat, nos vero ad petitionem Petri et Marie contractum illum ratum et firmum esse concessimus, salvo jure nostro. Quod ut perpetue firmitatis robur obtineat, presentem paginam inde conscriptam sigillo nostro confirmamus in testimonium et munimen. Actum anno Domini m°. cc°. septimo decimo.

CCCC.

CARTA STEPHANI, NOVIOMENSIS EPISCOPI, DE ELEMOSINA PETRI DE LIER IN NEMORE DE KAISNEAUS.

1189.

In nomine sancte et individue Trinitatis, amen. Stephanus, Dei gratia Noviomensis episcopus, universis sancte matris ecclesie filiis tam futuris quam presentibus in perpetuum notum fieri volumus quod in nemore quod Kesneaus dicitur, juxta grangiam Vadulorum sito, fratres Ursicampi tres partes habebant, Petrus vero dominus de Lier quartam partem jure hereditario possidebat, qui Iberosolimam profecturus dedit eam fratribus Ursicampi in elemosinam, insuper et quicquid habebat in alneto retro curtem Vadulorum sito, a fossato quod tendit ad molendinum de Lier usque ad fossatum quod tendit ad Vilepre. Hanc elemosinam reddidit Petrus in manu nostra, et nos de eadem ecclesiam Ursicampi investivimus per manum fratris Hugonis monachi ejusdem loci. Testes Rainoldus sancti Eligii Noviomensis, etc. Hanc elemosinam concesserunt Odo, Bartholomeus, Robertus, Margareta, Ermengardis, liberi Petri, et Agnes uxor Guidonis ejusdem Petri filii. Testes Ingerannus Noviomensium scholarum rector, etc. Hoc etiam concessit Agnes filia predicti Petri. Testes Arnulfus Calniacensis abbas, etc. Ut ergo hec elemosina fratribus Ursicampi canonice collata inviolabilem obtineat firmitatem, presentem paginam inde conscriptam tam sigilli nostri impressione quam testium prescriptorum assertione fecimus communiri. Actum est hoc anno ab incarnatione Domini millesimo centesimo octogesimo nono.

CCCCI.

CARTA STEPHANI, NOVIOMENSIS EPISCOPI, DE REBUS NICHOLAI DE SARTO.

1197.

Stephanus, Dei gratia Noviomensis episcopus, omnibus hec visuris in perpetuum notum fieri volumus quod Nicholaus de Sarto miles dedit fratribus Ursicampi sub annuo censu quatuordecim modiorum frumenti ad mensuram Sancti Quintini, qui nunc est anno ab incarnatione Domini m°. c°. xc°. septimo, totum managium quod fecerat in maresco de Manessiis cum omni terra sua arabili et pratis, alnetis et aquis, et universis que sine participe possidebat a predicto managio usque ad veteres Manessias et inde usque ad Plantas et itero a Plantis usque ad managium subtus grangiam de Vadulis, et hec omnia presente Balduino abbate,

Rogero, Arnulfo et Rainero monachis Ursicampi firmiter tenenda plevivit, data similiter fide quod hec omnia contra omnes qui inde moverunt calumpniam warandiret, sicut deberet. Dominus quoque Radulfus de Sarto, et Petrus castellanus de Fera, fratres ejus, Symon de Regiscurt, et Robertus Catus de Vendolio milites hec eadem tenenda pleviverunt et inde se per annum et diem plegios atque obsides constituerunt. Servabunt autem fratres prescriptam mensuram in grangia sua de Vadulis de communi assensu ferratam et signatam, et consimilem prefatus Nicholaus sibi si voluerit conservabit. Reddetur vero prescripta modiatio in festo sancti Martini de meliori grangie de Vadulis post sementem. Si autem de meliori se non accepisse idem Nicholaus conquestus fuerit, conversus custos grangie inde abbate sub periculo conscientie requisitus fideli verbo asseret se de meliore dedisse, et ita super hoc nichil fratribus amplius exigetur. Servabitur autem dicta modiatio in grangia fratrum usque ad Pasca, si eidem Nicholao placuerit. Et si forte alicui alteri dandam modiationem suam assignare voluerit, fratres facient de hac re quod ab eo fuerit imperatum. Hiis adiciendum quod si servientes fratrum infra prescriptum censuale inter se rixati fuerint, et quocumque casu sanguinem fecerint, dictus Nicholaus de hac re nichil se penitus intermittet. Si vero aliquis de familia grangie cum aliquo extraneo rixam moverit, vel sanguinem fuderit, infra triduum ex quo prefatus Nicholaus magistrum inde convenerit, ipse magister aut offensam emendari faciet aut de grangia ejiciet servientem. Sciendum quod fratres super prescriptam modiationem centum etiam libras Parisiensis monete et decem libras Laudunensis Nicholao dederunt totiens memorato. Hec omnia recognovit Nicholaus in capitulo Ursicampi, vero etiam fratribus in elemosinam dedit quicquid habebat in Essarto Euberti. Hec universa sicut prescripta sunt concessit Agnes uxor ejusdem Nicholai cum liberis suis Hugone, Johanne, Radulfo, Beatrice, et Perota. Ipsa quoque Agnes jus dotalicii quam in pescriptis habebat quitum clamavit, et fidei interpositione plevivit, quod in eodem dotalicio nichil in posterum reclamaret.....

CCCCII.

CARTA STEPHANI, NOVIOMEMSIS EPISCOPI, DE TERRA APUD SEMPIGNIACUM QUAM ADAM BALA DE DEDIT NOBIS ET PRIUS ROBERTUS MORICANS, FILIUS EJUS.

In nomine sancte et individue Trinitatis, amen. Stephanus, Dei gratia Noviomensis episcopus, universis sancte matris ecclesie filiis tam futuris quam presentibus in perpetuum notum fieri volumus quod Adam de Batlande tenebat apud Sempigniacum de Petro Bae sub annuo censu duorum solidorum terram quamdam et unum pratum quod excolebat, medietatem fructus ejus accipiens et aliam medietatem Petro reddens. Terram hanc dedit Adam Betlande ecclesie Ursicampi in elemosinam, quo defuncto, Robertus Moricans, filius ejus, eandem elemosinam saisivit et diu injuste tenuit. Processu vero temporis in infirmitatem positus, apud Ursicampum recognovit quod elemosinam patris sui injuste tenuerat, eamque super quodam altare ejusdem ecclesie offerens, reliquit ei pace perpetua possidendam. Testes Willelmus tunc temporis prior, Gilebertus et Theobaldus monachi Ursicampi, Hugo Louet, et Albericus de Gloa. Porro Petrus Baez, predicti Petri Bae filius, apud Ursicampum in extremis agens, ubi

1189.

et sepultus est, dedit eidem ecclesie in elemosinam suprascriptum censum et quicquid in predicto prato habebat. Joia vero predicti Roberti uxor et Drogo eorum filius sepedictam elemosinam diu injuste tenuerunt. Postea vero Drogo Iherosolimam profecturus, Ursicampum veniens recognovit quod hanc elemosinam injuste tenuerat, ipsamque in manu Guidonis abbatis Ursicampi reddidit. Insuper et quicquid aliud habebat apud Sempigniacum, exceptis redditibus quos ei figuli dabant, et terra que communis est sibi et cognatis suis de Catheni. Testes Alexander prior, Gilebertus Salicius, etc. Sciendum preterea, quod prefata Joia jus dotalicii quod in sepedicta elemosina reclamabat, Noviomi apud sanctum Eligium ecclesie Ursicampi libere reliquit, et tam ipsa quam ejus liberi, scilicet Drogo, Petrus, et Basilia ibidem in manu Hugonis decani eandem elemosinam reddiderunt, et contra omnes warandire pleviverunt. Porro Hugo decanus de eadem elemosina ecclesiam Ursicampi investivit per manum fratris Salicii cellararii. Testes Petrus, prior sancti Eligii, Gerardus prepositus, etc. Ut ergo hec elemosina fratribus Ursicampi legitime collata inviolabilem obtineat firmitatem, presentem paginam inde conscriptam tam sigilli nostri impressione quam testium subscriptorum assertione fecimus communiri. Actum est hoc anno ab incarnatione Domini M°. c°. LXXX°. nono.

CCCCIII.

CARTA STEPHANI, NOVIOMENSIS EPISCOPI, DE PRATO HENREDI DICTI HAVART.

1191.   Stephanus, Dei gratia Noviomensis episcopus, universis fidelibus in perpetuum notum fieri volumus quod miles quidam Noviomensis, Henredus cognomento Havars, quodam pratum piscarie fratrum Ursicampi que super Ysaram sita est contiguum a quodam alio prato quod de censu beate Marie Noviomensis tenet metarum assignatione separatum, quod dedit in elemosinam ecclesie beate Marie Ursicampi ab omni censu et consuetudine absolutum utpote alodium suum, ita sane quod de beneficio ejusdem ecclesie LX libras Atrebatenis monete recepit. Hanc elemosinam recepit in manu mea, una cum Ada sorore sua et Joiberto fratre suo. Testes Ingerannus, scolarum Noviomensium rector, etc. Nos vero post modum de eadem elemosina predictam ecclesiam Ursicampi per manum Guidonis abbatis ejusdem loci investivimus. Testes Ingerannus, etc. Hanc elemosinam concessit Odo, predicti Henredi filius. Testes Gilebertus, Hugo etc., quos etiam plegios constituit idem Henredus quod elemosinam hanc firmiter tenebit. Quibus etiam Gervasium Burnel, et Symonem fratrem ejus et Petrum Simonis de Ponte, ejusdem rei plegios super addidit. Hoc etiam concessit Mathildis de Drailincurt, predicti Henredi soror. Testes Richardus presbiter, monachus Ursicampi, Odo Govinus miles, Willelmus de Galles. Hoc etiam concessit Auda predicti Henredi soror, et Arnulfus Perles maritus ejus. Testes Gilebertus, etc. Hoc etiam concessit Joibertus sepedicti Henredi filius. Testes Renerus, monachus Ursicampi, Fromundus Joiberti filius, Nicholaus de Arborea, Salembertus. Ut ergo hec elemosina fratribus sepedicte ecclesie inconcussa permaneat, presentem paginam sigilli mei impressione, et prescriptorum testium patrocinio communiri feci. Actum anno Verbi incarnati millesimo centesimo nonagesimo primo.

CCCCIV.

CARTA STEPHANI, NOVIOMENSIS EPISCOPI, DE XII BOVARIIS TERRE APUD DEVISCOURT.

Stephanus, Dei gratia Noviomensis episcopus, omnibus hec visuris in perpetuum notum fieri volumus quod Willemus miles filius Johannis castellani Noviomi et Thorote, in nostra presentia constitutus recognovit se vendidisse fratribus Ursicampi XII bovaria terre arabilis apud Deviscurt, de illo scilicet tenemento quod ibi emerat et sibi in partem terre assignaverat pater suus, sicut in carta ipsius Willelmi sigillo munita plenius continetur. Et quia terra illa de nostro erat dominio, et venditio ista facta sine nostro assensu rata esse non poterat, nos ad petitionem dicti Willelmi contractum illum ratum et firmum fore concessimus, presentemque pagniam inde conscriptam sigillo nostro roboravimus, in testimonium et munimen. Actum anno Domini M°. CC°. XVIII°.

1218.

CCCCV.

DE VINEA DOMINI HUGONIS DECANI, ET SEX MODIIS FRUMENTI.

Stephanus, Dei gratia Noviomensis episcopus, universis fidelibus hec visuris in perpetuum, notum fieri volumus quod vir venerabilis Hugo, Noviomensis decanus, in nostra constitutus presentia recognovit se ecclesie Ursicampi in perpetuam elemosinam contulisse vineam quam in Landricimonte habebat. Asseruit etiam quod Ursicampensem ecclesiam a solutione sex modiorum bladi quitaverat, et liberam reddiderat, quos cuidam capellano ecclesie Noviomensis annuatim post mortem ipsius eadem ecclesia reddere tenebatur, ex testamento fratris sui Petri, et bladum illud in decima de Magniaco assignaverat percipiendum. Ut hec ergo rata permaneant, inviolabilemque in posterum obtineant firmitatem, presentem paginam inde conscriptam ad preces memorati decani sigillo nostro fecimus roborari in testimonium et munimen. Actum anno Verbi incarnati millesimo ducentesimo octavo.

1208.

CCCCVI.

CARTA EGIDII, NOVIOMENSIS EPISCOPI, DE NON PREJUDICIO.

Universis presentes litteras inspecturis, Egidius, Dei gratia Noviomensis epicopus, salutem in Domino. Cum nos ad monasterium seu ecclesiam de Ursicampo, Cysterciensis ordinis, nostre diocesis, in sancta septimana novissime preterita declinaverimus et divina in eadem ecclesia celebrantur, sanctumque crisma die Jovis ejusdem septimane conficientur, tonsuras quam pluribus ad hoc ydoneis, eadem die et aliis diebus in dicta ecclesia seu monasterio contulerimus. Notum facimus quod nos volumus et expresse consensimus quod propter premissa vel

Maio 1372.

premissorum aliqua nullum prejudicium religiosis, abbati et conventui predicti monasterii vel successoribus suis, franchisiis, libertatibus, juribus, privilegiis eorumdem quovismodo generetur, vel nobis aut successoribus nostris, Noviomensibus episcopis, in possessione vel saisina aliquod jus novum tribuatur, sed sint et maneant dictorum religiosorum et monachorum privilegia, jura et libertates, firma et illibata prout erant et esse debebant diebus supra dictis. Quod ut stabile permaneat et firmum, presentibus litteris sigillum nostrum duximus apponendum. Datum apud dictum monasterium, anno Domini M°. CCC°. septuagesimo secundo, die xxiiij°. mensis maii.

CCCCVII.

DE PANE EPISCOPI FACIENDO SI VOLUMUS.

Aug. 1213. Nicolaus, Dei gratia Noviomensis episcopus, omnibus presentes litteras inspecturis salutem in Domino. Noverint universi quod fratres Ursicampi de mera gratia sua panem nostrum quamdiu eis placuerit conficient de blado nostro quod ad domum Ursicampi faciemus sufficienter deportari, et quod hoc nobis de gratia tum fieri reputavimus, ne forte aliquis successorum nostrorum hoc nobis factum fuisse de jure vel consuetudine estimet et inde molestiam aliquam fratribus inferat supradictis, jus et consuetudinem in hoc penitus abnegamus, unde litteras nostras dedimus sepedictis fratribus in testimonium veritatis. Actum anno Domini millesimo ducentesimo tricesimo, mense Augusti.

CCCCVIII.

IN ISTA LITTERA RECOGNOSCIT GUIDO, EPISCOPUS NOVIOMENSIS, QUOD NULLUM JUS CLAMARE POTEST IN DOMO NOSTRA QUAM EI INFRA CLAUSURAM MONASTERII NOSTRI ACCOMODAVIMUS.

Maio 1278. Guido, miseratione divina, Noviomensis episcopus, universis presentes litteras inspecturis, salutem in Domino sempiternam. Cum nos propter diversarum causarum negotiorumque, molestias evitandas cotidie et quasi continue emergentes coram nobis, nonnunquam magis in domo Dei habitare elegerimus et in corporis requie pariter et mentis ibidem conservari quam in mundi molestiis et tumultibus periclitari, virique religiosi abbas et conventus monasterii Ursicampi, Cisterciensis ordinis, nostre Noviomensis diocesis, dilectionis nostre ac caritatis intuitu qua invicem conjungimus, precibus nostris benigniter inclinati, domum quamdam infra antedicti monasterii clausuram hospitalitatis gratia et mera eorumdem libertate nobis duxerunt acomodandam, ut ibidem, quotiens nobis expedierit, necnon et quandiu dictis religiosis placuerit, valeamus a seculo remoti tumultibus tutius et salubrius commorari. Ne igitur, quod absit, dicti religiosi de bonitate sua et gratia, ut dictum est, viderentur incommodum reportare universitati vestre tenore presentium, intimamus quod nos non volumus, nec nostre intentionis existit, quod per acomodationem seu gratiam predictam eisdem religiosis seu privilegiis et immunitatibus eorumdem dampnum seu prejudicium aliquod in posterum generetur. In cujus rei testimonium presentes litteras sigilli nostri munimine roboratas memoratis abbati et conventui duximus concedendas. Datum anno Domini millesimo ducentesimo septuagesimo octavo, mense mayo.

CCCCIX.

SYMONIS, NOVIOMENSIS EPISCOPI, CYROGRAPHUM INTER NOS ET MONACHOS SANCTI ELIGII, DE EXCAMBIO TERRARUM.

Ego Symon, Dei gratia Noviomensis episcopus, notum facio conventionem que facta est inter ecclesiam sancti Eligii et ecclesiam de Ursicampo. Siquidem ecclesia de Ursicampo tenebat de Theoderico thesaurario terram unam trium sextariorum persolvens ei pro sextariata decem et octo denarios singulis annis. Ecclesia vero beati Eligii terram quatuor sextariorum habebat, unde simul convenientes due ecclesie de istis duabus terris cambium fecerunt, et quod unaqueque ecclesia in sua terra alteri concessit, hoc ipsum unaqueque in terra cambita recepit, ita sane ut monachi sancti Eligii a fratribus de Ursicampo censum illum quem thesaurario solvebant sibi assignatum recipiant, et pro ecclesia de Ursicampo ipsum censum thesaurario deinceps persolvant, et pro quarta sextariata terre quam monachi de Ursicampo a monachis sancti Eligii susceperant, eisdem monachis sancti Eligii decem et octo denarios censualiter assignent. Ut ergo hec ratio firmior habeatur, concedente thesaurario Theodorico, cyrographum super hoc inter ecclesias predictas fecimus, et utramque partem cyrographi ne lis et controversia quandoque oriatur, sigillo nostro corroboravimus. Actum anno ab incarnatione Domini M°. C°. XL°. I°. Ego Hugo cancellarius recensui. Amen.

1141.

CCCCX.

CARTA SYMONIS, NOVIOMENSIS EPISCOPI, DE ELEMOSINA ODONIS GOVINI.

Ego Symon, Dei gratia Noviomensis episcopus, scire volo universitatem fidelium presentium et futurorum, quod Odo Govinus dedit in elemosinam ecclesie sancte Marie de Ursicampo quamdam partem nemoris sui quam tenebat in feodum a Rogero de Thorota, scilicet a Curbiez usque ad essartum Nivardi, sicut via de Hargiercamp eandem partem a reliquo nemore segregat et discernit. Dedit etiam eidem ecclesie medietatem alterius partis ejusdem nemoris post mortem uxoris sue jure perpetuo possidendam, cui dederat illam in dotem tali dumtaxat condicione quod si uxor ejus eandem medietatem eidem ecclesie in vita sua werpiverit, ecclesia ei x libras denariorum donabit, quod si mulier vivens non fecerit, post ejus mortem ecclesia eandem medietatem juri suo sine aliqua recompensatione mancipabit. Preterea, ex altera parte Ysare dedit Odo Govinus ecclesie Ursicampi pratum de Porta et le Bez, et totam masuram cum planta et adjacenciis et culturam demtus furcos Lausic et altam culturam de Seusch Heldieri. Que omnia que erant de feodo Rogeri de Thorota et uxoris ejus Havidis, Odo reddidit ea eidem Rogero domino suo, et idem Rogerus contulit ea ecclesie Ursicampi per manum domini Gualeranni abbatis. Hec omnia postea recognovit O... apud Ursicampum presente conventu et coram domino Radulfo de Cosdun et Anselmo fratre ejus et Symone Flandrense, multisque aliis testibus. Transacto denique non parvo tempore, dedit insuper sepedicte ecclesie sedem molendini sui et pratum de Brolio, et illud de Camba et culturam de Marleria que omnia recepit in vita sua tenenda pro vɪ denariis eidem ecclesie censualiter pro recognitione exsolvendis. Hunc autem censum secunda vice reddidit apud Ursicampum coram hiis testibus, Petro de Doaco, Radulfo Niatel de Thorota, Helvide de Abecurte cognata sua, presente ibidem Hesca uxore sua, que hec omnia concessit et confirmavit cum multa benivolentia. Hec igitur omnia unius hominis beneficia posterorum nostrorum versipellem insolenciam precaventes litteris judicavimus commendanda, et tam sigilli nostri auctoritate quam insertorum testium astipulatione confirmanda.

CCCCXI.

CARTA SYMONIS, NOVIOMENSIS EPISCOPI, INTER NOS ET ODONEM DOLLATUM DE TERRITORIO MANESSIARUM.

1133.

In nomine sancte et individue Trinitatis, amen. Symon, Dei gratia Noviomensis atque Tornacensis episcopus et Sancti Quintini custos, karissimo filio nostro abbati Waleranno et ecclesie sue in perpetuum. Ecclesiam Ursicampi quam Deo cooperante fundavimus, diligere nos atque venerari debite paternitatis amor compellit, ceterum et fratribus de labore suo victuris alimosinam in posterum providere, sacri ordinis propositum et religionis sancte poscit ipsa devotio. Quocirca fili tibi, venerabilis abbas Galeranne, tuisque fratribus loca vestris oportuna laboribus ac nutrituris acquirere et confirmare curavimus. Est autem apud Lier villa quedam de thesauro beatissimi Quintini martyris antiqua possessio, quam Petrus Schina de Vendolio a nostris predecessoribus censualiter redditis per singulos annos xɪ solidis diu se tenuisse affirmabat. De qua partem unam que ad laborandum vobis et edificandum, vestrisque nutrimentis competens visa est, ipso Petro concedente et filiis ejus, Odone, Dollato, Roberto et Galberto, vobis in perpetua libertate possidendum contradimus. Quicquid igitur predicta possessio inter Ferrarias et mares de Lier a Vadulis, aqua usque ad Gerardinoam continetur, terra videlicet, silva, etiam prata et pascua, omnes decime laboris et nutrimenti, quocunque feceritis vestri juris et possessionis in perpetuum erunt, excepto quod a parte Ferrarium mediam partem naturalis silve et antiquioris que Kaisnellus dicitur, Petrus Schina sibi suisque heredibus retinuit. Porro intra easdem metas inferius a parte Manassiarum de Alneto quantum intra has metas assignatas, et divisionem Plassati continebitur, vestrumque omnino erit. Reliquam partem Alneti totam sibi retinuit. In qua tamen pecudibus et animalibus vestris herbam et pascua et omnes habebitis aisantias quecunque vobis necessarie erunt. Similiter et in supradicto mares et in reliquis omnibus pascuis communes habebitis aisantias sicut et ipse cum ceteris hominibus ville, sane et super eundem rivum molendinum facere poteritis ad usus vestros, et quecunque domui et ecclesie vestre necessaria erunt, tantum ne aliorum annonam molendam recipiatis. Simul et quecunque loca aqua vivarii ocupaverit, vobis concessa sunt. De cetero, quicquid de eadem possessione intra sive extra predictas metas nostris vel successorum nostrorum temporibus, Deo largiente, adipisci poteritis, presenti cyrographo vobis concedimus et firmamus. Verum enim vero reliquum predicte possessionis, concedente fratre nostro Radulfo comite, consilio et assensu capituli sancti Quintini, Petro Chisne suisque heredibus sub annuo censu concedimus, ita ut singulis annis in festivitate sancti Remigii nobis nostrisque successoribus xxx solidos reddant et ederam (1) in pascha in choro sancti Quintini, juxta priorem consuetudinem administrent. Quod si forte in aliquo tempore Petrus Schina vel heredes ejus debitum censum non reddiderint, et secundo tertiove summoniti ad justiciam et judicium nostrum venire contempserint, quicquid inde contingat, quecunque dissensio, quocunque dampnum pro hac seu pro alia qualibet occasione deinceps intercesserit, nec iste custos nec Petrus ipse vel heredes ejus ad prefinitam partem monachorum redire, vel ecclesiam et res ipsorum infestare presumant, sed omnis illa divisio firma eis et inconvulsa absque omni retractatione permaneat. Nulla igitur deinceps ecclesiastica secularisve persona donum infringere, libertatemque violare presumat, et qui presumpserit post secundam et tertiam admonitionem, nisi satisfaciat, anathema sit. Actum in capitulo sancti Quintini, presente conventu et laudante, anno incarnationis Dominice m°. c°. xxx°. iii°. indictione xi et utrique abbas et Petrus partem suam cyrographi receperunt. S. Symonis, epicopi et custodis sancti Quintini, etc.

CCCCXII.

CARTA SYMONIS, NOVIOMENSIS EPISCOPI, PETRI DE BERLERIA PACTIONES ET MULTA MULTORUM CONTINENS BENEFICIA.

Ego Simon, Dei gratia Noviomensis episcopus, notum volo fieri tam posteris quam modernis quod Petrus Berleria dedit in elemosinam ecclesie sancte Marie Ursicampi perpetua libertate possidendum quicquid ipse possidebat in Astichiis, scilicet quartam partem totius terre et totius silve ad feodum Petri Baic pertinentis, et masuram unam que fuit Maineri patris sui cum plesseto quo eadem masura circumdatur, concessione ejusdem Petri Baic domini sui a quo tenebat in feodum eandem quartam partem et masuram et plessetum, concessione etiam domine Havidis de Thorota a qua Petrus Baez eundem feodum tenebat, et ego concessi et laudavi a quo predicta Havidis ipsum feodum tenebat. Medietatem autem hujus quarte partis habebat in vadimonio Odo de Diva, quam ecclesie Ursicampi de manu illius redemit, et in manu domini Galeranni ejusdem loci abbatis eam ipse Odo werpivit et quicquid clamabat in ea, si aliquid habere debebat concessione uxoris sue et heredum suorum, eidem ecclesie tradidit. Similiter notum sit omnibus quod ego, Symon, Noviomensis episcopus, in elemosinam dedi ecclesie Ursicampi tertiam partem decime territorii de Marcel et sancti Georgii, in illis tantummodo terris que ad dominium ejusdem ecclesie pertinent. Et hoc sciant omnes quod tractum ejusdem decime quam dedi ecclesie Ursicampi liberum

1143.

---

(1) Le lierre employé pour la feuillée, à la fête de Pâques.

et absolutum tradidit Hubertus de Gumercurt eidem ecclesie, me concedente a quo ipsum tractum in feodum tenebat. Hoc etiam notum sit omnibus quod ecclesia sancte Marie Ursicampi clamabat manum firmam in quadam terra que fuit Amisardi contra ecclesiam sancte Marie Noviomensis. Porro canonici sancte Marie Noviomensis pacis gratia concorditer concesserunt eandem terram ecclesie Ursicampi perpetua libertate possidendam, hoc pacto quod ecclesia Ursicampi per singulos annos pro eadem terra censum persolvet sancte Marie Noviomensi, scilicet xviii denarios pro uno quoque sextario seminature. Similiter notum sit omnibus quod Godefridus de Andeio dedit in elemosinam ecclesie sancte Marie Ursicampi campum unum et tertium sextarium seminature, concessione Hugonis clerici de Valcellis a quo eundem campum tenebat, sub censu x denariorum et quatuor caponum et quatuor foachiarum, quem censum eidem Hugoni clerico singulis annis persolvebat. Porro censum eundem dedit Hugo clericus ecclesie Ursicampi in elemosinam, et propter unum pressorium quod ecclesia Ursicampi fecit eidem Hugoni apud Valcellas. Quod totum factum est concessione domini Ivonis de Trachiaco, a quo predictum censum Hugo clericus in feodum tenebat. Hoc etiam notum sit omnibus quod Odelina de Arborea vendidit xvi libris ecclesie vineam quandam que est juxta pressoria sancte Marie Noviomi, concessione filiarum suarum et filii sui Liberti et fratris sui Fulconis, et nepotum suorum, concedente communi capitulo sancte Marie Noviomi a quo predicta Odelina eandem vineam tenebat sub vinagio octo sextariorum vini et unius cope vini, et tertie partis sextarii. Hujus rei testes sunt Drogo major, etc. Hoc totum factum est anno ab incarnatione Dominice m°. c°. xl°. iij°. concurrente iiij°, indictione vi°, epacta tertia.

CCCCXIII.

ELEMOSINA PETRI MOLINEL DE XVIII MODIIS TERRE APUD MAGNI, QUAM DECAMBIVIMUS CUM DOMINO SYMONE DE MAGNI PRO ALIIS XVIII APUD AUTRECHE. ITEM DE II DOMIBUS APUD NOVIOMUM.

1142.

Ego Simon, Dei gratia Noviomensis episcopus, notum volo fieri tam posteris quam modernis quod Petrus Molinensis de Noviomo quandam terram xviii modiorum sementis quam possidebat apud Magniacum monasterio Ursicampi perpetuo jure possidendam contradidit, concedentibus filiis suis et filia concedente et Odone de Drailincurt filio Gileberti Taisson a quo eam in feodum tenebat. Domnus vero Galerannus abbas et fratres ejusdem monasterii eandem terram decambiverunt cum Symone de Magniaco pro quadam terra jacente apud Altrechiam xviii modiorum ad mensuram Noviomi. Hanc autem terram de Altrechia predictus Symon tenebat in feodo ab episcopo Taruennensi domno Milone, cujus videlicet episcopi concessione factum est decambium terrarum inter prefatum monasterium et Simonem. Hoc autem definitum est Noviomi in presentia mea, ubi idem Simon de Magniaco in manu mea reddidit eandem terram de Altrachia pro decambio predicte terre et in elemosina, hoc pacto ut eandem terram liberam reddat in perpetuum. Hujus testes pactionis affuerunt, subscripte persone, Hugo cancellarius, etc. Dedit etiam idem Petrus predicte ecclesie quandam domum quam a parte uxoris sue Emeline ab ecclesia sancte Marie Noviomi cum viridiario simul et orto eidem domui adjacentibus sub censu octo denariorum tenebat, concessione Radulfi sororii sui, de cujus hereditate descendebat domus illa cum appendiciis suis. Porro dominus Walerannus abbas pro hac concessione reddidit ipsi Radulfo eandem domum cum viridario et orto quam ipse in vita sua et post eum heredes sui, scilicet filius suus vel filia, filii etiam vel filie filiorum suorum legitima dumtaxat propagationis linea ab illo descendentes tenebunt ab ecclesia sancte Marie Ursicampi sub censu novem denariorum quos eidem ecclesie singulis annis in festo sancti Remigii persolvent. Hoc etiam statutum est quod idem Radulfus et heredes sui non poterunt domum istam nec viridarium nec ortum vendere nec in vadimonium ponere nec alicui ecclesie nec aliquibus sive cognatis sive extraneis dare, sed deficiente legitimo herede in jus predicte ecclesie Ursicampi redigentur. Dedit etiam idem Petrus aliam domum que sita est Noviomi in vico qui dicitur Masus episcopi, quam tenebat ab ecclesia sancte Marie Noviomensis sub censu denariorum XVIII ecclesie Ursicampi in perpetuum. Hanc vero domum accomodavit Petrus cuidam mulieri que dicitur Emelina, quandiu ipsa supervixerit, et sic libera post mortem mulieris ad ecclesie Ursicampi dominium revertetur. Hujus rei testes affuerunt Johannes de Assiaco, Drogo de Sancto Petro, Johannes, filius Gileberti, milites. Actum anno ab incarnatione Domini M°. C°. XLII°. Indictione v.

CCCCXIV.

CARTA GILEBERTI FATATI DE MEDIETATE YSARE.

Ego Simon, Dei gratia Noviomensis episcopus atque Tornacensis, notum fieri volo tam futuris quam presentibus quod Gilebertus Fatatus medietatem Ysare ab atramentariis usque ad rivum Versam nomine necnon et cybarie medietatem a molendino Simonis de Magniaco, usque ad locum ubi in matris sinum refunditur quam a me tenebat in feodum, pro IX libris vendidit, et in elemosinam dedit filiis nostris Ursicampi monachis, ita tamen quod utriusque partis vendite medietatem sub censu duorum denariorum ecclesie Ursicampi in festivitate sancti Remigii reddendorum sibi retinuit. Porro si ipsum non relicta legitima sobole obire contigerit, iste ipse partes aquarum quas censualiter tenebat, in liberam et quietam possessionem memorate transibunt ecclesie. Si vero legitimam prolem reliquerit, filium videlicet aut filiam cui tenendas aquas istas dimittat, sub eodem censu tenebit quo ipse tenuerit, eritque in potestate et arbitrio monachorum ut quumcunque voluerint datis heredi illi centum solidis, sepedictas aquas ex integro libere et quiete perpetuo jure possideant. Michi autem et successoribus meis retinui quod scientibus monachis ad meam propriam mensam in anno sexies piscari possim. Actum est hoc et concessum anno ab incarnatione Domini M°. C°. XLII°, indictione v, epacta XXII, in capitulo nostro et presentia nostra, sigillique nostri impressione, ac subscriptorum testium astipulatione roboratum. Testes sunt Balduinus decanus, etc.

1142.

CCCCXV.

CARTA CASTELLANI GUIDONIS DE FEODO ET DE LE BUS ET CONCESSIO EJUSDEM DE MULTIS.

1142. Item, notum volo fieri quod Guido, castellanus Noviomi, concessit in elemosinam ecclesie sancte Marie Ursicampi, per manum nostram quicquid eadem ecclesia de feodo ipsius castellani jam acquisivit vel acquirere potuerit. Qui videlicet castellanus dedit in elemosinam ecclesie sancte Marie Ursicampi de suo dominico Le Bus cum terra adjacente qui est inter campum sancti Leodegarii in territorio de Nancel, et unum campum similiter de suo dominico qui jacet ad calceiam in eodem territorio, et in territorio Noviomi dedit similiter in elemosinam predicte ecclesie totum censum vinee Theobaldi de Andeu, id est duos solidos, et ipsam vineam eidem ecclesie concessit, quam videlicet vineam Theobaldus ab eodem dominio suo sub censu duorum solidorum tenuerat et vineam Godefridi, avunculi Theobaldi, ejusdem quantitatis et consimilis census eidem ecclesie tradidit I masum Raineri filii Lamberti cum suis appendenciis qui de suo feodo erat, quem idem Rainerus predicte ecclesie in elemosinam dederat. Ut autem hujus concessionis concordia rata et inconvulsa permaneat, sigillo nostro confirmavimus, et testimonio presentium corroboravimus. Testes sunt Theodoricus abbas sancti Eligii, etc. Actum anno ab incarnatione Domini M°. C°. XLII°. Indictione V. Epacti XXII.

CCCCXVI.

CARTA SIMONIS, NOVIOMENSIS EPISCOPI, DE SITU GRANEARUM PORVILLARIS ET ASTICHIARUM.

1139. In nomine sancte Trinitatis, amen. Ego Symon, Dei gratia Noviomensis episcopus, tam presentibus quam futuris in Christo fidelibus in perpetuum. Injuncta episcopalis officii sollicitudo nos admonet ut circa servorum Dei necessitates studium caritatis habeamus et justis eorum postulationibus facilem prebeamus assensum. Quocirca, fili Roberte in Domino plurimum dilecte, abba de Ursicampo, ad quietem monasticam et victualium vestrorum augmentandam utilitatem in silva Esga juxta Porviler locum ab omni jure tam seculari quam ecclesiastico et omni etiam decima liberum ad collocandam graneam vestram, ad exercendam nutricaturam vestram, tibi tuisque successoribus et ecclesie tue concessione Roberti forestarii contradidimus, et clausuram ejusdem granee de ipso nemore per certas metas ibi positas vel per fossatum designamus. Simili modo apud Astiches in monte Ville alium locum ad aliam graneam constituendam cum omni libertati donamus, et ab omni jure et decima concessu Viardi canonici nostri ad quem pars quedam ipsius decime pertinebat, emancipamus. Ut ergo nostra datio firma et intemerata permaneat, scripto presenti eam firmamus, et tam sigillo nostro, quam testium suppositione corroboramus, et perturbatores hujus elemosine nostre auctoritate Dei et nostra excommunicamus. S. Bonefacii, archidiaconi. S. Hugonis, cancellarii, etc.

CCCCXVII.

CARTA PETRI DICTI MOLINEL DE DECAMBIO QUOD FECIT NOBIS APUD AUTRECHE.

In nomine sancte et individue Trinitatis, amen. Symon, Dei gratia Noviomensis ac Tor- 1142.
nacensis episcopus, notum fieri volumus tam futuris quam presentibus, quod Petrus Molinellus miles quandam terram xviii modiorum sementis quam possedit apud Magniacum monasterio Ursicampi perpetuo jure possidendam contradidit, concedente Odone de Drailincurt, filio Gileberti Taisson, a quo eam in feodum tenebat. Dominus vero Galerannus abbas et fratres ejusdem manasterii, eandem terram decambiverunt cum Symone de Magniaco pro quadam terra jacente apud Altrechiam xviii modiorum ad mensuram Noviomi. Hanc autem terram de Altrechia predictus Symon tenuerat in feodo ab episcopo Taruennensi domino Millone, cujus videlicet episcopi concessione factum est in presentia mea decambium terrarum inter prefatum monasterium et Symonem. Hoc autem definitum est in presentia mea in cujus manu idem Symon de Magniaco reddidit eandem terram de Altreschia pro decambio predicte terre et in elemosina, hoc pacto ut eandem terram liberam reddat in perpetuum. Hujus rei testes sunt, ego Symon, episcopus. Hugo cancellarius, etc. Actum anno Verbi incarnati m°. c°. xlii°. Indictione v. Epacta xxii.

CCCCXVIII.

CARTA SYMONIS, NOVIOMENSIS ATQUE TORNACENSIS EPISCOPI, DE FONDATIONE DE LACHENI.

Symon, Dei gratia Noviomensis atque Tornacensis episcopus, universis ecclesie filiis in 1124.
perpetuum. Noverit dilectio vestra dominum Baldericum predecessorem meum felicis memorie episcopum dedisse cenobio sancti Martini Tornacensis quandam capellulam in pago Noviomensi, in honore sancti Amandi constructam, katinus monachi eam sub perpetua libertate possiderent et ad honorem Dei multiplicare studerent. Cum ergo illic habitare cepissent, Adeladix; mater Domini Rogeri Thorotensis, assensu ejusdem filii sui et conjugis ejus Adeguidis, tertiam partem alodii sui quod dicitur Lacheni, in terra et aqua, in prato et nemore atque hospitibus, totumque partis illius comitatum, districtum, advocationem et justitiam eisdem monachis, hereditario jure libere et absque ulla coactione perpetualiter possidenda, pro anima sua in elemosinam coram testibus dedit. Hanc itaque donationem predictus dominus Rogerus postea in presentia mea sicut supra scripta renovavit, dans scilicet monachis ex integro quicquid in eadem tertia parte habebat, exceptis feodis militum suorum, et excepta mercede seu exactione que ab habitatoribus circumpositarum villarum exigitur pro pascuis animalium suorum que vulgo appellatur forisecum herbagium, excepto quoque frutecto ab occidentali plaga ville sito. Hospitibus quoque eorum talem libertatem concessit, ut heredes ejus vel ministri eorum neque in terra monachorum neque extra terram nec etiam in publico itinere eos capere aut implacitare vel justiciam de hiis facere possint, nisi forte in publica

via eos presentialiter in forisfacto deprehenderint, alias autem nunquam super eos manum mitterent, sed si quid delinquerint ad monachos, se de is clamabunt, et monachi eis ex inde ubi sibi visum fueritjusticiam facient. Villicus sive major ejusdem alodii de tertia que ad monachos pertinet feodum suum per hominium accipiet et fidelitatem eis per sacramentum faciet. Et quando monachi eum commonuerint ad domum eorum placitare, et quod justum eis fuerit facere, pereget. Preterea Petrus quidam sancte Marie Noviomensis canonicus vineam unam eisdem monachis apud Landrimontem donavit, pro cujus aliqua parte prefato Rogero singulis annis debebantur sex minimi quos me concedente eis deinceps remisit. Alius quoque ejusdem ecclesie canonicus nomine Gouherus, non longe ab ea, unam eis vineam donavit, itemque alteram apud Brainceum, quas cum ceteris que supra scripta sunt in hac carta a me confirmari petierunt. Quorum petitioni assensum prebentes, omnia hec sicut hic scripta sunt, prefatis monachis confirmamus, et ne quis eis molestiam exinde inferre presumat sub anathemate prohibemus, presentemque cartam sigilli nostri impressione et testium subscriptione roboramus. S. Domini Symonis, Noviomensis atque Tornacensis episcopi, etc. Actum Noviomi anno Dominice incarnationis M°. C°. xxiiij°, episcopatus autem domni Symonis anno secundo.

CCCCXIX.

COMPOSITIO INTER NOS ET DOMINUM SYMONEM, NOVIOMENSEM EPISCOPUM, DE DIVERSIS ARTICULIS.

Maio 1299. Universis presentes litteras inspecturis, Symon, Dei gratia Noviomensis episcopus, necnon frater Johannes dictus abbas Ursicampi, totusque ejusdem loci conventus, salutem in Domino. Noveritis quod cum discordia verteretur jamdiu inter nos episcopum ex parte una, nos abbatem et conventum predictos ex altera, super tantillo terre existente inter pedem pontis lignei de villa que Pons Episcopi vulgariter nuncupatur versus Sempigni ex una parte, et molendina ibi prope existentia ex altera. Item, super justitia duorum cheminorum, videlicet unius chemini qui ducit de Sempigni versus villam de Quarchi, et alterius chemini de salicibus domini Lamberti. Videlicet a pede pontis petrini pardevers Chiri usque ad fines salicum dicti Lamberti versus Chiri, inter campum Viviani ex una parte et terram ecclesie Ursicampi ex altera. Item, super exactione winagii quam faciunt gentes nostri episcopi ab hospitibus abbatis et conventus predictorum manentibus in villa de Sempigni predicta. Item, super X libris annui redditus et perpetui quas petebamus nos abbas et conventus predicti nobis reddi et solvi quolibet anno ab herede quondam Petri de Remino laici, quarum solutionem nos episcopus impediebamus et inhibueramus, ne fieret abbati et conventui predictis, in quibus omnibus nos episcopus dicebamus nos habere jus et ea ad nos pertinere debere et non ad religiosos predictos, abbate et conventu contrarium asserentibus et dicentibus jus nobis competere in omnibus et singulis premissis et ad nos pertinere debere et non ad episcopum memoratum. Tandem nos episcopus abbas et conventus qui pacem et concordiam inter nos specialiter quam plurimum affectamus, bonis viris mediantibus, ad evitandum lites, sumptus et expensa de premissis, ad pacem et concordiam devenimus sub forma inferius annotata. Videlicet quod dictum tantillum terre seu platea sicut est pro aisiamentis solitis ibidem factis et faciendis, et pro communi utilitate sic de cetero erit seu etiam remanebit. Ita tamen quod de emolumentis seu obventionibus que poterunt percipi, haberi, seu levari pro aisiamentis solitis faciendis in dicto loco per servientem a nobis partibus eligendis concorditer et instituendis, cuilibet parti medietas equaliter tribuetur seu tradetur, salvo jure ducendi animalia in pasturam si aliquibus competat ibidem. Item, justicia totalis chemini per quod itur de Sempigni versus Quarchi penes nos episcopum et successores nostros episcopos de cetero remanebit, exceptis monachis et conversis ceterisque personis et familia de manupastu sine fraude dictorum religiosorum nec non eorum hospitibus de Sempigni et pecudibus seu animalibus dictorum religiosorum quorum omnium et singulorum omnimoda justitia in dicto loco ad nos abbatem et conventum predictos de cetero pertinebit. Item, omnimoda justitia chemini qui est inter pedem pontis petrini ex parte versus Chiri et exitum salicum dompni Lamberti inter campum Viviani ex una parte et terram dictorum religiosorum ex altera penes nos episcopum et successores nostros episcopos de certo remanebit, exceptis monachis et conversis ecclesie Ursicampi, necnon familia seu servientibus dictorum religiosorum qui sunt et qui erunt de manupastu ipsorum religiosorum sine fraude et animalibus seu pecudibus dictorum religiosorum et eorum hospitibus quorum omnium omnimoda justicia penes nos abbatem et conventum de certo remanebit. Item, si hospites ecclesie Ursicampi morantes apud villam de Sempigny non mercatores transeant per winagium seu pedagium Pontis Episcopi et aliquid emerint pro usu proprio et de hoc facient fidem pedagiario, ut est consuetum, nichil solvent, sed libere poterunt transire, exceptis panibus et denariis quos tenentur solvere in festis nativitatis Domini. Sed si sint mercatores, transeuntes per dictum locum de suis mercaturis solvent winagium seu pedagium, prout alii transeuntes. Item, nos abbas et conventus dictas x libras annui redditus poterimus de cetero libere petere et exigere ab herede dicti Petri de Remino seu ab eodem causam habente, nec nos episcopus hoc poterimus impedire dum tamen feoda seu feodalia nostra de hoc nullatenus onerentur. Si vero processu temporis, dictus heres vel ab eo causam habens ad tantam devenirent inopiam, quod aliunde non posset solvi dictus annuus redditus nisi oneraretur feodum seu feodale nostrum, in hoc casu nos epicopus poterimus si velimus precipere dictis religiosis ut dictum redditum ponant extra manum suam et dicti religiosi de hoc facient quod debebunt. Item quum contentio erat de usu extrahendi lapides de quarreria montis Ville, quem usum nos abbas et conventus dicebamus nobis competere, nobis episcopo hoc contradicentibus, concordatum est inter nos quod nos abbas et conventus poterimus uti de dicta quarreria sicut solebamus ante tempus istius compositionis. Ita tamen quod si, occasione nostri usus, nemus domini episcopi ibidem deterioratum sit in presenti vel deterioretur in futurum, nos eidem episcopo restituemus dampnum competenter. Item, ut evitetur discordia inter nos partes predictas de parvis pascuis et de le morte Dive ville de Chiri seu territorii ejusdem, tractatum est et concordatum quod nos episcopus dicta pascua et le morte Dive poterimus ponere in deffenso quuncunque nobis placuerit per nos vel per alium, nec non abbas et conventus hoc poterimus impedire et pecunia inde redacta convenienter per nos episcopum seu gentes nostras in refectionem seu reparationem pontis dou Bruisle, et viarum seu itinerum que sunt in districtu et dominio nostri episcopi inter quarreriam que ducit de Chiri apud Passel et de Chiri apud pontem de Bruisle, aut ad reficiendum viam seu cheminum per quod itur du

Robinet ad quarreriam de monte de Mauconseil, vocato bursario Ursicampi ad audiendum compotum refectionis seu reparationis dicti pontis aut viarum seu cheminorum predictorum, si ad hoc venire noluerit. Item, ne oriatur briga et contencio pro vinea que quondam fuit presbiteri de Wignies, nos episcopus volumus et consentimus quod dicti religiosi teneant a nobis dictam vineam de cetero sine cohersione et compulsione ponendi eam extra manum suam mediantibus duobus solidis Parisiensibus solvendis et reddendis de recto censu nobis episcopo quolibet anno apud Noviomum in festo beati Remigii in capite octobris, que omnia nos abbas et conventus predicti volumus et promittimus nos facturos et in perpetuum firmiter servaturos. Ista omnia sunt tractata pro bono pacis, et etiam de communi assensu nostro partium predictarum et ad evitandum discordias, lites, sumptus et expensa finaliter concordata, salvis cartis, privilegiis et compositionibus et omnibus munimentis nostris quantum ad casus alios de quibus in presenti compositione seu tractatu mentio non haberetur. Nec est pretermittendum quod nos partes predicte ex certa scientia volumus et consentimus expresse quod si una pars contra alteram processu temporis utatur seu usa fuerit contra contenta in presenti ordinatione, compositione seu tractatu, vel contra aliquod contentorum quod per talem usum quantumcunque longum ullum jus acquiratur seu acquiri possit parti sic utenti nec prejudicium aliquod alteri parti pro hoc generetur, sed hoc non obstante duret et valeat in perpetuum compositio seu ordinatio predicta in suo robore et vigore. In quorum omnium testimonium et munimen, nos episcopus, abbas et conventus predicti presentibus litteris sigilla nostra duximus apponenda. Datum anno Domini millesimo ducentesimo nonagesimo nono, mense maii.

CCCCXX.

COMPOSITIO WERMONDI, NOVIOMENSIS EPISCOPI, INTER NOS ET HOMINES DE KAROLIPONTE DE PASCUIS IN ESGA.

Aug. 1255.

Wermondus, Dei gratia Noviomensis episcopus, omnibus istas inspecturis litteras, salutem in Domino. Noverint universi quod cum inter dilectos in Christo filios nostros religiosos viros abbatem et conventum Ursicampi, Cysterciensis ordinis, nostre dyocesis, ex parte una, et homines ville nostre de Karlepont ex altera, esset querela super pasnagio illius nemoris, quod bone memorie Stephanus, Noviomensis episcopus, antecessor noster, eisdem religiosis viris in partem nemoris dederat in Esga silva et super pasnagio illius nemoris quod dictus Stephanus, Noviomensis episcopus, in partem nemoris castellano Noviomensi dederat in eadem silva. Tandem cartis ipsorum abbatis et conventus inspectis, suisque rationibus auditis, hiidem homines ville nostre de Karlepont in nostra constituti presentia omne jus, si quod habebant, vel habere poterant in pasnagio dictorum nemorum, eisdem abbati et conventui quitaverunt in perpetuum coram nobis et coram aliis bonis viris, salva tamen pastura hominibus de Karlepont antedictis. Quum vero pasnagium fuerit proclamatum in Esga, tunc predicti homines de Karlepont, a festo nativitatis beate Marie virginis usque ad festum sancti Andree apostoli proximo sequens nec poterunt suos porcos immittere in nemoribus supradictis. In cujus rei testimonium et memoriam, nos hanc paginam fieri nostroque sigillo fecimus roborari. Datum apud Karolipontem, kalendas Augusti, anno Domini. M°. CC°. LV°.

CCCCXXI.

CARTA WERMONDI, NOVIOMENSIS EPISCOPI, DE COMPOSITIONE INTER NOS ET CANONICOS SANCTI BARTHOLOMEI.

Universis presentes litteras inspecturis, Wermondus, Dei gratia Noviomensis episcopus, salutem in Domino. Noveritis quod cum inter religiosos viros abbatem et conventum Ursicampi ex una parte et abbatem et conventum sancti Bartholomei Noviomensis ex altera mota esset controversia et diutius coram diversis judicibus agitata super eo quod ipsi abbas et conventus sancti Bartholomei dicebant contra partem alteram, quod cum iidem abbas et conventus sancti Bartholomei essent et diu fuissent in possessione vel quiete percipiendi annuatim a dictis abbate et conventu Ursicampi tres modios frumenti ad mensuram Noviomi in eorundem abbatis et conventus Ursicampi grangia de Arborea, et ipsi abbas et conventus Ursicampi a solutione dictorum trium modiorum cessassent injuste et sine causa rationabili, et solvere contradicant, ad hoc licet, super hoc pluries requisiti ab ipsis, et in hoc predictos abbatem et conventum sancti Bartholomei possessione ipsorum vel quiete spoliassent, ut dicebant, iidem abbas et conventus sancti Bartholomei, tandem bonis viris mediantibus inter easdem partes super premissis et super arrieragiis dictorum trium modiorum, non solutorum abbati et conventui supradictis sancti Bartholomei, necnon et super hiis que dicti abbas et conventus Ursicampi dicebant memoratos abbatem et conventum sancti Bartholomei indebite recepisse ab ipsis dictos tres modios frumenti per XL annos et amplius, quare ipsi de Ursicampo repetere ab eisdem abbate et conventu S. B. Nov. intendebant, ut dicebant, et super omnibus aliis de quibus inter ipsas partes usque in presentem diem possit moveri quando ratione vel occasione premissorum in nos extitit compromissum, et promiserunt eedem partes quod quicquid nos super premissis de alto et basso ordinabimus utraque pars sub pena C librarum Parisiensium alteri parti reddendarum si contra veniret, inviolabiliter observabit. Nos autem super hiis prebito diligenti et amicabili tractatu cum ipsis partibus, quia de jure alterutriusque partis plene non liquebat, percaventes pretium laboribus et expensis, pro bono pacis ordinamus et dicimus quod prelibati abbas et conventus Ursicampi satisfaciant de L libris Parisiensibus predictis abbati et conventui sancti Bartholomei, pro redditibus emendis, et per hoc ipsi abbas et conventus sancti Bartholomei quitent in perpetuum jam dictos abbatem et conventum Ursicampi de prescriptis tribus modiis et de omnibus in prenotata narratione contentis, et similiter iidem abbas et conventus Ursicampi quitent in perpetuum prefatos abbatem et conventum sancti Bartholomei Noviomensis quantum in se et super repetitione dictorum trium modiorum et omnium aliorum premissorum et quitationes hiis fecerunt coram nobis inter se partes antedicte. In quorum omnium testimonium, litteris istis sigillum nostrum fecimus appendi. Actum et datum anno Domini M°. CC°. LVI°. dominica qua cantatur Reminiscere.

1256.

CCCCXXII.

DE OCTO MODIIS FRUMENTI DOMINI ROBERTI DE RIBERCORT QUOS REDEMIT WERMONDUS EPISCOPUS.

Maio 1257.   Wermondus, Dei gratia Noviomensis episcopus, universis ad quos presentes littere pervenirint, salutem in Domino. Universitatem vestram scire volumus quod cum dilecti nostri religiosi viri abbas et conventus Ursicampi haberent et perciperent octo modios frumenti annui ac perpetui redditus ad mensuram Noviomi, videlicet sex modios in decima que quondam fuit domini Radulfi de Voiane militis, quam idem R..., miles vendidit ecclesie Noviomi, et duos modios in molendino Johannis de Vyulaines jam dictis religiosis in perpetuam ac puram elemosinam concessi a domino Roberto de Ribercourt milite et domina Ysabella ejus uxore, qui siquidem reditus de nobis tenebatur in feodum, nos abbati et conventui prefatis innuentes quod utilis nobis esset ipse reditus si noster fieret, ut pote in nostras commoditates utillimas convertendas, instituimus apud eos ut ipsi prenotatum reditum nobis venderent justo precio mediante. Supradicti autem religiosi huic petitioni nostre annuentes vice ista tanquam familiares amici liberaliter consenserunt quod nos ipsum reditum haberemus per titulum emptionis. Nos itaque de justo precio convenientes cum eis, sepedictum reditum ab ipsis religiosis emimus justo mediante precio de quo plenarie satisfecimus eisdem. In cujus rei testimonium litteras istas memoratis abbati et conventui concessimus sigillo nostro munitas. Actum et datum anno Domini M°. CC°. quinquagesimo septimo, mense maio.

CCCCXXIII.

CONCESSIO EPISCOPI NOVIOMENSIS, QUOD MUTATIO MENSURARUM APUD NOVIOMUM NULLUM PREJUDICIUM FACIAT NOBIS.

Maio 1266.   Wermondus, Dei gratia Noviomensis episcopus, dilectis in Christo viris religiosis abbati et conventui Ursicampi salutem in omnium salvatorem. Cum nos in civitate Noviomi mensuram antiquam vini ceterorumque liquorum mutaverimus in mensuram Suessionensem, et vinum omnesque alios liquores ad mensuram Suessionensem de cetero vendi atque mensurari precipimus, religiositati nostre duximus annuendum quod mutatio istarum mensurarum nobis et ecclesie nostre ullum faciat prejudicium in posterum, dumtamen vos sicut alii vendatis vinum vestrum et alios liquores vestros ad mensuram denuo institutam. In cujus rei testimonium presentes litteras vobis sigillo nostro tradidimus roboratas. Datum anno Domini M°. CC°. sexagesimo sexto, mense maio.

CCCCXXIV.

EXCAMBIUM INTER NOS WERMONDUM, EPISCOPUM NOVIOMENSEM, ET CAPITULUM DE QUIBUSDAM AQUIS, PRATIS ET TERRIS SITIS IN DIVERSIS LOCIS.

Universis presentes litteras inspecturis, Wermondus, Dei gratia Noviomensis episcopus, salutem in Domino sempiternam. Noverint universi quod cum religiosi viri abbas et conventus Ursicampi, Cysterciensis ordinis, haberent et possiderent aquam fluvii Ysare a me sitis in loco qui dicitur deseur le Pierot de parconniaria Goillani usque ad viginti pedes subtus boucas aque Dive mensurandum a rivagio de Diva versus Chiriacum. Item, duas sextariatas terre sitas apud Sempigni, contiguas domui nostre de Sempigni. Item, x falcatas pratorum vel circiter in duabus pietiis, videlicet in loco qui dicitur de Porta, vii falcatas et dimidiam et duas falcatas et dimidiam inter Pontem Episcopi et domum nostram predictam. Item, quodam pratellum contiguum pratello nostro retro dictam domum existenti. Nos, utilitate episcopatus nostri pensata ad premissa omnia et singula, ut dictum est, ad ipsos abbatem et conventum pertinentia, de rebus nostris inferius annotandis permutationem fecimus in hunc modum, videlicet quod nos et successores nostri, Noviomenses episcopi, dictam aquam totam, dictas duas sextariatas terre, decem falcatas prati et dictum pratellum, prout sunt bonnata, et totum jus et totam justitiam quod et quam prefati abbas et conventus habebant aut habere poterant in aqua predicta duabus sextariatis terre, x falcatis pratorum et pratello antedictis perpetuo pacifice et libere tenebimus, possidebimus pariter et habebimus, nec aliquid predicti abbas et conventus retinuerunt in premissis. Ita tamen, quod ipsi naves suas applicare poterunt quocienscunque voluerint et necesse fuerit in aliqua parte sufficienti rippe portus de Vilers in pasturis nostris, subtus portum Pontis Episcopi, et etiam res suas quascunque voluerint ibi ponere libere et amovere, discarcare, ducere et reducere ad usum suum quocienscunque voluerint et eis fuerit oportunum. Pro premissis vero nos concessimus eis, ratione permutationis predicte, v falcatas prati sitas in prato nostro de Lompre, prout sunt bonnate, prato suo contiguas, nec vero a dictis viginti pedibus rippe predicte de Dyva totam aquam quam habemus tam in principali alveo cursus aque quam in fossato de Chiri subtus le revers usque ad lavatorium de Chiri, et totam piscariam et omnes redditus et census quos habebamus in predictis et etiam quicquid habebamus in locis qui dicuntur le Morbies et Betenlangle, et quicquid habebamus in loco qui dicitur en Loseroie et in prato qui fuerunt Drogonis et Caumay et liberorum ipsius perpetuo tenendum a dictis abbate et conventu possidendum, pascifice pariter et habenda, hoc etiam adito quod acquirere poterunt tytulo emptionis seu venditionis, donationis, elemosine, legati, vel alio justo et legitimo tytulo, et in manu mortua tenere quicquid in predictis aquis ab hominibus nostris seu aliis tenetur et etiam possidetur. Ita etiam quod si quis pisces eorum abbatis et conventus caperet in dicta aqua seu aliquas res mobiles eorum vel etiam in rippa ejusdem aque ipsi male factores poterunt capere, ducere et tenere quousque de rebus captis et etiam de emenda fuerit satisfactum, et si contigerit aliquem vel aliquos ibidem monachis seu conversis suis vel familie sue injuriam facere seu melleiam occasione piscium seu rerum suarum ipsi injuriatores suos

Sept. 1266.

predictos et bellatores possent capere, ducere, tenere et punire, quousque sibi et personis predictis de emenda esset satisfactum, vel etiam contigerit aliquem vel aliquos monachorum seu conversorum vel famule seu famulorum ibidem melleiam facere, ipsi abbas et conventus haberent justitiam talium personarum. De aliis autem omnibus forisfactis et aliis personis tota justitia in dictis locis ad nos et successores nostros episcopos Noviomenses pertinebit, exceptis monachis et conversis suis de quibus omnem justitiam retinuerunt. Item, sciendum est quod prelibati abbas et conventus portum in aliqua dictarum aquarum seu rippis earum de novo curare non poterunt, nec etiam in ipsis aquis seu rippis earum aliquid facere per quod via navium et navigii et hominum et equorum ducentium naves et navigium per aquas et rippas earum valeat aliquatenus impederi. Immo portas aque suas sitas in abbatia sua quando necesse fuerit ad transeundum naves et navigium ascendendo et descendendo libere tenebuntur aperire. Concesserunt etiam pro bono pacis quod ipsi aperient portas predictas quater in anno per tres dies continuos qualibet vice, si necesse fuerit, quum molendina nostra de Ponte Episcopi indiguerint necessaria et manifesta reparatione seu refectione in aqua, ita, quod nos ante quam dictas portas aperire debeant, sex diebus ante nunciari faciemus eisdem. In cujus rei testimonium presentes litteras sigilli nostri munimine fecimus roborari. Nos autem Egidius decanus et capitulum Noviomense predictam permutationem volentes et approbantes et consentientes expresse, in ea sigillum nostrum una cum sigillo reverendi patris W..., Dei gratia episcopi nostri, presentibus litteris duximus apponendum. Datum anno Domini M°. CC°. L XVI°., mense septembri.

CCCCXXV.

CONCESSIO EPISCOPI ET CAPITULI NOVIOMENSIS QUOD POSSUMUS ACQUIRERE II SEXTARIOS TERRE SUBTUS BOUCAM DE DYVA USQUE AD PONTEM QUI EST ANTE PORTAM NOSTRAM.

Maio 1266.

Universis presentes litteras inspecturis, Wermondus, Dei gratia Noviomensis episcopus, salutem in domino Jesu Christo. Noverit universitas vestra quod nos, mediante permutatione que facta est inter nos ex parte una et viros religiosos abbatem et conventum Ursicampi ex altera, de aquis nostris et quibusdam rebus aliis ad quas et quasdem res ipsorum, prout in litteris inde confectis continetur, concessimus eis quod ipsi possint acquirere et in manu mortua tenere duas sextariatas terre in una pecia vel pluribus ad viginti pedibus subtus boucam de Dyva usque ad pontem qui est ante portam Ursicampi, cum obtulit se facultas. Retinuimus tamen nobis et successoribus nostris episcopis Noviomi eandem justitiam in duabus predictis sextariatis terre quam nos retenuimus in aquis et locis que dicti religiosi tenent et possident ratione dicte permutationis, secundum quod in litteris que confecte sunt super hoc plenius continetur. In cujus rei testimonium presentes litteras sigillo nostro fecimus communiri. Nos autem G..., decanus et capitulum Noviomense, predictam concessionem volentes et approbantes et expresse in eandem consentientes, sigillum nostrum presentibus litteris una cum sigillo patris predicti, episcopi nostri, duximus apponendum. Datum anno Domini M°. CC°. sexagesimo sexto, mense maio.

CCCCXXVI.

COMPOSITIO INTER NOS ET DOMINUM WERMONDUM, NOVIOMENSEM EPISCOPUM, SUPER JUSTICIA VILLE ET CHEMINI AC TERRITORII DE SEMPIGNI, AC CONFIRMATIO EJUSDEM COMPOSITIONIS PER REGINAM BLANCAM.

Wermondus, Dei gratia Noviomensis episcopus, universis presentes litteras inspecturis salutem in Domino. Omnibus notum facimus quod cum inter nos ex una parte et viros religiosos abbatem et conventum ecclesie Ursicampi, Cysterciensis ordinis, nostre dyocesis, ex altera, controversia verteretur in curia domini regis Francie super justicia de Sempigni et territorii ville ejusdem, et etiam super justicia vie que est inter pontem lapideum qui est pardevers Chiri, et pontem ligneum dicte ecclesie qui est pardevers eandem ecclesiam super rippam Ysare, videlicet a capite dicti pontis lapidei pardevers Chiri usque ad pontem ligneum predictum, necnon et super quibusdam rebus aliis tam in dictis locis quam aliis, pascificatum fuit inter nos et dictos abbatem et conventum in hunc modum, facto super premissis a nobis et sepedictis abbate et conventu unanimiter compromisso in virum nobilem Johannem, castellanum Noviomi et Thorote, Ybertum de Templex milites, fratrem Henricum de Cessoy, de ordine fratrum minorum, et Symonem de Fossatis, baillivum domini regis Francie in Viromandia. Promisimus etiam tam nos quam dicti abbas et conventus, sub pena ducentarum marcharum argenti a parte que ab ordinatione sine arbitrio predictorum arbitriorum resiliret parti alteri reddendarum, nos ratum habituros quicquid ipsi arbitri vel tres sive duo eorum, si omnes hiis interesse non possent, super premissis alte et basse ducerent ordinandum, hoc adjecto quod si contingeret nos et dictum abbatem et conventum discordes esse super querelis vel aliqua earum de quibus in dictos quatuor fuerit compromissum, dicti quatuor arbitri vel tres vel duo ipsorum, si omnes inter se non possent recordari, querelam omnium de quibus fuit in ipsos compromissum, et quicquid ipsi quatuor sive tres vel duo ipsorum super ipsis recordarentur et dicerent, ratum haberemus. Tres autem predictorum arbitrorum, videlicet castellanus, Ybertus et frater Henricus, cum dictus baillivus interesse non posset, super justicia de Sempigni et territorii ville ejusdem dictum suum pertulerunt in hunc modum, videlicet quod raptus, multrum, latrocinium, incendium, et omnia delicta de quibus convictus secundum legem patrie deberet vita privari, si cognita fuerint vel convicta coram nobis vel justitia nostra secundum legem patrie, in dicto territorio vocato abbate Ursicampi, vel illo qui conventum tenebit, et presente, si presens esse voluerit per se vel per alium, ad videndum et audiendum tractatum et processum placiti et judicii, et ad custodiendum jus ecclesie Ursicampi in predictis delictis, ullam justitiam habebit in cognoscendo, judicando, vel exequendo sententiam sive judicium mortis. Ita etiam quod si post vocationem, abbas Ursicampi, vel qui conventum tenebit, presens non fuerit per se vel per alium, nicholominus procedemus secundum quod fuerit procedendum, nobis et successoribus nostris in episcopatu Noviomensi in perpetuum quita et libera remanebunt. Et debent terminari placitum et justitia super premissis in territorio eodem, modo tali, scilicet quod mobilia illorum qui tale

Sept. 1251.

quid perpetrabunt que inventa fuerint super terram ecclesie Ursicampi et hereditates que de ipsa ecclesia movent et movebunt, ipsi ecclesie quita et libera in perpetuum remanebunt, hoc expresso quod mobilia illorum qui talia perpetrabunt, que inventa fuerint in chemino bonnato qui ducit per Sempigniacum apud Karlepont, vel in terra nostra, si fuerint extranei, erunt nostra. Si vero fuerint hospites ecclesie Ursicampi apud Sempigniacum, vel servientes ejusdem ecclesie, ubicunque manserint et mobilia illorum fuerint inventa in dicto chemino, ipsa mobilia erunt ecclesie Ursicampi. In predictis autem casibus, raptu, multro, incendio, latrocinio, et aliis delictis pretaxatis, facere pacem nullo modo poterunt absque consensu et voluntate abbatis Ursicampi, vel ejus qui tenebit conventum. Omnem vero justitiam preter raptum, multrum, incendium, latrocinium et alia delicta pretaxata habebit in perpetuum ecclesia Ursicampi, in villa et territorio Sempigniaci, extra cheminum predictum et extra terram nostram vel que tenetur a nobis. In eodem quoque chemino ecclesia Ursicampi de hospitibus et servientibus suis pretaxatis, de monachis suis et conversis, habebit omnem justitiam preterquam in casibus predictis qui mortem reo interferunt, in quibus tota justitia nobis remanebit, sicut est predictum, preter quam in monachos et conversos Ursicampi. In predicto vero chemino, nos et successores nostri de extraneis habebimus justitiam preter hoc scilicet quod extraneos pretaxatos ecclesia Ursicampi poterit arrestare in chemino sepedicto pro catallis suis et hospitum et servientium suorum. Et si in hoc casu in eodem chemino ecclesia Ursicampi vel ille qui ex parte ejusdem ecclesie aliquem extraneum arrestaverit, ille qui arrestationem faciet bona fide significabit hoc nobis vel mandato sive justitie nostre, pro conservando jure nostro qui emendam habebimus, si inde emenda pervenire debebit. Si autem in dicto chemino aliquis extraneus et aliquis de hospitibus Sempigniaci servientibus, monachis vel conversis, ecclesie Ursicampi melleias ad invicem fecerint, emenda de extraneis ad jus nostrum pertinebit, emenda vero de hospite Sempigniaci, serviente monacho vel converso ecclesie Ursicampi, ad jus ejusdem ecclesie pertinebit, et in hoc casu potestatem cognoscendi et judicandi habebunt. Illi duo quorum unus ex parte nostra ad custodiendum jus nostrum, alter ex parte ecclesie Ursicampi ad custodiendum jus ejusdem ecclesie apud Sempigni fuerint deputati, qui duo custodes juramentum tenebuntur prestare quod super conservatione juris partium apud Sempigniacum fideles existent. Si vero nos et successores nostri episcopi Noviomenses aliquem de hospitibus Sempigniaci ecclesie Ursicampi coram nobis citari fecerimus, citatus comparere non tenebitur extra territorium Sempigniaci, citatus quoque venire non tenebitur nisi si ipsa citatione exprimatur crimen pro quo citabitur, scilicet raptum, multrum, incendium, latrocinium vel aliquod predictorum delictorum de quibus convictus secundum legem patrie deberet vita privari. Ordinaverunt etiam predicti tres arbitri arbitrando, pronunciantes de via que est inter terminos dictos pontium predictorum in hunc modum, videlicet quod latro qui captus fuerit in ipsa via sepedicte ecclesie Ursicampi remanebit et quod merciarius qui institutus fuerit per gentes nostras ad vendendum merces suas in via predicta, ibidem institui de jure non potuit vel debuit per nos sive gentes nostras sine assensu et voluntate abbatis et conventus predictorum. Et sciendum quod grangia de Parviler cum clausura ejusdem et domus piscatorie cum clausura ejusdem remanent et remanebunt dicte ecclesie Ursicampi sub eadem libertate sub qua eas tenebant et possidebant tempore confectionis presentium litterarum. Hec autem omnia superius expressa ordinata sunt, salvis in omnibus aliis tam nostris et successorum nostrorum quam dicte ecclesie Ursicampi cartis, privilegiis ac juribus, prout prius salva erant. In cujus rei testimonium et munimen presentem paginam sigilli nostri munimine duximus roborandam. Actum anno Domini millesimo CC°. LI°, mense septembri.

CCCXXVII.

CONFIRMATIO WERMONDI, NOVIOMENSIS EPISCOPI.

Wermondus, Dei gratia Noviomensis episcopus, universis presentes litteras inspecturis salutem in Domino. Noveritis quod viri religiosi abbas et conventus ecclesie beate Marie de Ursicampo unum manerium situm apud Passel ante molendinum nostrum et contiguum domui ipsorum abbatis et conventus ab uxore Petri dicti Gaillard emptione legitima comparassent, et Johannes dictus Roussiaus, filius Johannis dicti Roussel de Syusoi assereret se habere hereditario jure in quadam parte dicti manerii duos solidos et duos capones, cum una corveia de redditu sive censu annuo, necnon et omnimodam justitiam in toto manerio supradicto, sicut se comportat in longum et in latum inter metas, quam justitiam ipsi abbas et conventus eidem Johanni filio totaliter denegabant, quem etiam censum sive redditum cum dicta corveia idem Johannes filius tenebat in feodum de Radulfo de Diva armigero, cum quibusdam aliis rebus, et quem feodum idem Radulfus de nobis tenebat, et demum dicti abbas et conventus tantum fecissent erga dictos Johannem filium et Radulfum quod ipsi cesserunt et quitaverunt eisdem abbati et conventui omne ejus quod sibi competebat aut competere poterat seu debebat quocumque jure vel titulo, in censu, redditu et corveia predictis, et in toto manerio predicto tenenda possidenda et habenda, de cetero in perpetuum ab ibsis abbati et conventu tanquam in manu mortua. Nos considerantes utrinque rem utiliter esse gestam et propter favorem dicte ecclesie, et quia ipsi abbas et conventus ad utilitatem nostram alias nobis dederunt et concesserunt unam mencoldatam terre ipsorum abbatis et conventus parum plus parum minus sitam apud Sempigni, tenentem ad curtillum Hodee le Fourniere, et curtillum qui fuit Mathildis le Gressiere, prenominati manerii venditionem necnon concessionem et quitationem supra dictas volumus, concedimus et etiam approbamus, volentes et concedentes quod ipsi abbas et conventus dictum manerium de cetero in perpetuum teneant et possideant in manu mortua ab omni onere et subjectione liberum et immunem. Retinentes tamen penes nos altam justitiam in eodem manerio quoad omnes personas preterquam in monachos et conversos dicte ecclesie, aliam autem justitiam penes nos retinemus in manerio ante dicto, preter quam in dictos monachos et conversos et servientes eorumdem, scilicet quantum ad omnes alias personas. In cujus rei testimonium et firmitatem perpetuam, presens scriptum sigillo nostro fecimus roborari. Datum anno Domini millesimo centesimo septuagesimo, mense junio.

Junio 1170.

CCCCXXVIII.

WERMONDI, NOVIOMENSIS EPISCOPI, DE TRANSITU IN ESGA SILVA.

Decemb. 1251. Wermondus, Dei gratia Noviomensis episcopus, universis litteras inspecturis salutem in Domino. Universitati vestre notum facimus quod cum controversia verteretur inter nos ex una parte, et viros religiosos abbatem et conventum monasterii Ursicampi, Cysterciensis ordinis, nostre dyocesis, ex altera, super pasnagia quorumdam nemorum ejusdem monasterii sitorum in Esga, videlicet sexaginta modiatarum nemoris quas bone memorie Stephanus, quondam Noviomensis episcopus, eidem monasterio assignavit in partem nemoris et etiam quinquaginta quinque modiatarum que fuerunt nobilis viri domini Johannis, quondem castellani Noviomensis. Item, et super cacheia dictarum sexaginta modiatarum et nemoris illius quod dicetur Guioti, et aliorum nemorum dicti monasterii in Esga sitorum extra clausuram magni nemoris ejusdem monasterii, sicut ipsa se comportat per fossata a territorio de Sem-. pigni usque ad territorium de Primprez, et super haia facienda in eisdem nemoribus, de quorum cacheia erat contentio, ut dictum est. Tandem bonis mediantibus viris dicta controversia quantum ad panagium sopita est in hunc modum, videlicet quod, nos inspectis cartis et munimentis dicti monasterii, voluimus et volumus quod dictum monasterium de cetero et in perpetuum habeat pasnagium in prefatis sexaginta et quinquaginta quinque modiatis nemoris, cum pasnagium fuerit ibidem, cum in dicto pasnagio nullum jus habeamus, salvo tamen omni jure alieno, et precipue nostrorum hominum de Karlepont, si quod jus habent in pasnagio memorato. Et quod servientes nostri nomine nostro aliquid de dicto pasnagio levaverint, nos propter hoc quinque solidos Parisienses ipsi monasterio restituentes reddidimus. De controversia autem super cacheia predicta, nos et dicti abbas et conventus composuimus sub hac forma, videlicet quod nos et successores nostri episcopi Noviomenses in dictis sexaginta modiatis nemoris et in nemore Guioti, sicut se comportat, et in nemore quod dictum monasterium ab Aelide, domina de Couchi, habuit et habet, continente tres modiatas nemoris vel circiter, et in omnibus aliis ipsius monasterii nemoribus que sunt in Esga sita extra clausuram prefatam sepedicti magni nemoris, poterimus venari preterquam in nemore de Parviler, sicut clausura ipsius nemoris determinatur in cartis bone memorie Symonis et Rainoldi, quondam episcoporum Noviomensium. Fient autem pretaxate venationes absque haia et absque incisione nemorum nec per easdem venationes impedietur dictum monasterium quin possit sepes et fossata dictorum nemorum reparare et ea claudere et voluntatem suam de dictis nemoribus facere sicut prius, dumtamen durante nemore pateat liber introitus nobis et successoribus nostris ad venandum in ipsis nemoribus, prout superius est expressum, et animalibus nostris et successorum nostrorum et hominum nostrorum ad pasturam, ubi nobis et eisdem hominibus competit jus pasture. Dictum autem monasterium in supra dicto nemore tres modiatas nemoris vel circiter continente, et in nemore Guioti et in ejusdem appendiciis que fuerunt de dominio dominorum de Erblencort, et etiam in nemoribus ejusdem dominii seminatis et seminandis, plantatis et plantandis poterit venari absque haia et absque incisione nemorum. Hec autem omnia superius expressa non faciant prejudicium cartis utriusque partis. In cujus rei testimonium et munimen presentes litteras dictis abbati et conventui sigillo nostro tradidimus roboratas. Actum anno Domini M°. CC°. quinquagesimo primo, mense decembri.

CCCCXXIX.

CONCESSIO WERMONDI, NOVIOMENSIS EPISCOPI, DE PONTE FACIENDO IN DOMO NOSTRA DE PASSEL ET PERPETUO RETINENDO, ET DE TERRA ROBERTI FOUACHE.

Universis presentes litteras inspecturis, Wermondus, Dei gratia Noviomensis episcopus, salutem in Domino. Noverint universi quod cum nos domum nostram de Sempigni edificassemus de novo, consideravimus bonum esse ut ejus ambitus satis arctus amplior fieret, si possemus : videntes itaque quod due domuncule manso nostro contigue que erant Ode le Gressiere et Ode le Fourniere, de religiosis viris abbate et conventu Ursicampi sub annuo censu quadraginta quatuor denariorum, ut pote que in eorum fundo existebant, tenebantur, ipsos religiosos requirendos duximus et rogandos ut ipsi censum predictum et jus quod in predictis domunculis habebant nobis cederent et conferrent a nobis et successoribus nostris perpetue retinenda, recompensationem congruam propter hoc recepturi a nobis. Ipsi vero voluntatem et utilitatem nostram attendentes, sicut alias in nostris petitionibus se favorabiles soliti sunt exibere, predicta a nobis, ut dictum est, requisita concesserunt et ea nobis concedentes totaliter, et cedentes, et in eis nichil sibi penitus retinentes. Nos autem quod ab eis pro utilitate nostra curialiter factum erat volentes, cum nec hoc posse in eorum cedere lesionem, ydoneam fecimus recompensationem pro predictis talem videlicet quam ipsi in mansione sua de Passel a parte posteriore versus pasturas pontem facere possunt et perpetuo retinere pro exitu et introitu animalium suorum ad pasturas et vecturarum suarum ad itinera et terras, quequidem pontem et aisantias de nobis et successoribus nostris episcopis sub annuo censu sex denariorum Parisiensium tenebunt perpetuo in festo beati Remigii apud Noviomum annis singulis reddendorum, addentes et perpetuo concedentes ut iidem religiosi duas sextariatas et dimidiam terre et unum quarteronum vel circiter au fraisne Berdel, que fuerunt Roberti dicti Fouache, que de nobis tenebantur, in manu mortua teneant, et de eadem tanquam de sua propria faciant et disponant sub annuo censu sex denariorum Parisiensium nobis et successoribus nostris Noviomi in festo sancti Remigii reddendorum, penes nos in dicta terra omnimodam justitiam retinentes. In quorum omnium testimonium et munimen presentes litteras dictis religiosis tradidimus sigillo nostro roboratas. Datum anno Domini millesimo ducentesimo septuagesimo primo, mense aprili.

April. 1271.

CCCCXXX.

CARTA WERMONDI, NOVIOMENSIS EPISCOPI, DE TERRA ROBERTI DICTI FOUACHE AU FRAISNE BREDEL.

Universis presentes litteras inspecturis, Wermondus, Dei gratia Noviomensis episcopus, salutem in Domino. Noveritis quod nos benigne volumus et non sine causa concedimus quod

April. 1271.

viri religiosi abbas et conventus Ursicampi erga nos et jura episcopatus nostri bene meriti habeant, et in manu sua mortua perpetuo retineant duas sextarias et dimidiam terre vel ea circiter au Fraisne Berdel sitas, que quondam fuerunt Roberti Fouache, ita videlicet quod pro eadem terra castellano Noviomensi et ejus heredibus solvere teneantur, nomine recti census tres denarios vel quatuor secundum quod convenerit inter eos et castellanum predictum, qui scilicet census sit et remaneat de feodo quem de nobis tenet castellanus predictus, promittentes quod contra hoc per nos vel per alium non veniemus in futurum, utpote qui a dictis religiosis majora recepimus in utilitatem episcopatus nostri jam conversa. In cujus rei testimonium presentes litteras dictis religiosis tradidimus sigillo nostro roboratas. Datum anno Domino millesimo ducentesimo septuagesimo primo, mense aprili.

CCCCXXXI

SUESSIONENSIS EPISCOPI. ELEMOSINA DOMINI PETRI BOUCHEL ET ROGERI FRATRIS EJUS DE XXX ESSINIS NEMORIS INTER NANCEL ET BELLUMFONTEM.

1199.

Nivelo, Dei gratia Suessionensis episcopus, universis fidelibus hec visuris in perpetuum notum fieri volumus quod Petrus Bucaux et Rogerus frater ejus, milites, dederunt in elemosinam ecclesie Ursicampi xxx aissinos nemoris sui, quod in territorio de Nancel situm est, inter Nancel et Bellumfontem, concedente ipsam donationem Rainaldo preposito de quo ipsum nemus tenebant in feodum. Hanc elemosinam Petrus et Rogerus et dictus Rainaldus prepositus de Nancel, in ecclesia Ursicampi Deo obtulerunt, et super altare solemni donatione posuerunt, ipsamque insuper memorati Petrus et Rogerus se quamdiu vixerint firmi tenere, et contra omnes calumpnias warandire, fide interposita pleviverunt. Hujus elemosine largitionem ratam habuerunt et concesserunt Elizabeth uxor Petri et eorum liberi, Petrus, Johannes, Rainaldus, Theophania, Heluidis, Ada, Eustachia, Agnes, Emmelina, uxor que Rogeri Eremburgis cum liberis suis, Adam, Johanne, Sabina, Agnete. Hiis adiciendum quod sepedicti fratre Petrus et Rogerus donationis hujus nonnullam recompensationem a fratribus Ursicampi ecclesie receperunt LXIIIJ libras Parisiensis monete. Ut ergo memorata donatio constans et rata permaneat, inviolabilemque in perpetuum obtineat firmitatem, presentem paginam inde conscriptam pontificali sigillo fecimus roborari, ut Ursicampensis ecclesie adversus omnes calumpnias eadem quita esse debeat in munimen. Actum anno gratie millesimo c°. xc°. nono.

CCCCXXXII.

ELEMOSINA YTERI DE GUNI DE DECIMA CASTELLI ET DEL BUS SANCTI LEODEGARII ET DE USUAGIO IN BOSCO DE ALBOUESNE.

Circa 1142.

Ego Goislenus, divine miserationis patientia Suessionnensis episcopus, notum volo fieri universitati fidelium tam futurorum quam presentium quod Yterus de Guni dedit in perpetuam elemosinam ecclesie sancte Marie de Ursicampo totam partem suam de decima terre quam possidebat eadem ecclesia in territorio de Nancel, videlicet de campo Castellani et del bus sancti Leodegarii, quantum in propria tenebat manu, quum facta est datio ista, hoc tenore utrinque habito ut si ecclesia deinceps acquireret decem aissinos quos nundum habebat del bux sancti Leodegarii, vel aliam terram ad eandem decimam partinentem, Hitero daret ejus decimam, nec ipse eam spontanea ei donatione conferret, quam decimam in presentia nostri werpivit, michique reddidit. Ego quoque ecclesie in perpetuum contradidi. Pretera concessit idem Yterus prefate ecclesie usuagium in bosco de Albouesne, et utramque elemosinam obtulit Deo super altare coram his testibus, Clemente priore, etc. Idipsum concedentibus pro anima matris sue Elizabeth duobus liberis ejus, Hitero et Mathildi. Et ut firmior esset atque fidelior elemosine hujus datio, dedit inde fidejussores Adonem fratrem suum de Guni et Guidonem castellanum Noviomi. Ecclesia vero ad recompensationem hujus elemosine in perpetuum date retribuit eidem Itero uxori que et liberis suis jam nominatis perpetuam remunerationem, ut in omnibus que fecerit bonis comparticipes habeat et consortes amodo et usque in sempiternum. Hoc ergo datum et acceptum ut ratum perduret atque indiruptum, sigilli nostri impressione signavimus, personarumque suppositarum astipulatione corroboravimus. S. Ivonis, comitis Suessionensis. S. Guidonis, castellani Noviomensis. S. Rainaldi de S. Medardo.

CCCCXXXIII.

CARTA JACOBI, SUESSIONENSIS EPISCOPI, DE VINEA EMELINE DE PARIS.

Jacobus, Dei gratia Suessionensis electus, omnibus presentes litteras inspecturis in perpetuum. Noverint universi quod Emelina de Paris, civis Suessionensis, in nostra presentia constituta dedit in elemosinam ecclesie beate Marie Ursicampi vineam suam sitam in valle Radulfi, quam ipsa emerat a Guidone de Maresi cognato suo, et se de ea in manu nostra devestivit. Nos autem ad petitionem dicte Emeline ecclesiam Ursicampi per manum Johannis abbatis investivimus de vinea memorata. In cujus rei testimonium et confirmationem presentes litteras sigilli nostri munimine fecimus roborari. Actum anno gratie millesimo cc°. nonodecimo, mense Augusto.

Aug. 1299.

CCCCXXXIV.

CARTA GOISLINI, EPISCOPI SUESSIONENSIS, DE FEODO DOMINE HAVIDIS DE THOROTA APUD SANCTUM PETRUM IN TERRITORIO DE BITERI ET MULTA ALIA BONA.

In nomine sancte et individue Trinitatis, amen. Ego Goislenus, Dei gratia Suessionensis episcopus, notum esse cupio tam futuris quam presentibus quod Gerardus de Thorota, cognomento Niatel, seculo renunciare deliberans atque apud Ursicampum una cum Symone filio suo divino mancipare servitio, dedit in elemosinam ecclesie ejusdem loci omnia que tenebat de feodo domine Havidis de Thorota tam apud sanctum Petrum, quam in territorio Bitriaci.

Circa 1140.

Cujus tanti beneficii memorata mulier particeps esse desiderans, benigne illud sua concessione confirmavit coram Johanne de Asseio et Matheo, filio Hugonis de Perona, et Radulfo Niatel, fratre ipsius Gerardi, qui et ipse nichilominus concessit, et obtulit Deo hoc ipsum beneficium per manum fratris Petri Molinelli, predicte ecclesie monachi. Gerardus autem suam volens amplificare elemosinam, ut ampliorem a Domino reciperet mercedem, dedit etiam ecclesie Ursicampi quicquid habebat apud Atechi concessione Berneri et Odonis avunculorum suorum de quibus omnia in feodum tenebat, et concessione Guidonis de Atichi et matris ejus domine Agnetis de quibus idem feodum movebat. Quod idem Guido concessit prius quam seculo renunciare disponens religionis habitum sumeret apud Ursicampum, sicut testantur Petrus Cordella, monachus sancti Eligii, et Symon nepos ejus, filius Boscardi, de Diva, et Godefridus Noviomensis carpentarius. Concessionis quoque Berneri et Odonis testes sunt Guido, Noviomensis ecclesie canonicus, et Rainerus de Betencurt, cum multis aliis qui omnes simul inter fuerunt quando ille hoc ipsum beneficium super altare quodam in ecclesia Ursicampi Deo obtulit. Dedit preterea Gerardus ecclesie Ursicampi quicquid tenebat apud sanctum Petrum de feodo Johannis Turchi de Petrefonte, tam ipsius quam uxoris et omnium liberorum ejus concessione, nec non et quicquid tenebat apud Turchi de feodo Govin. Quod et ipse nicholominus concessit et firmavit. Porro concessionem Johannis Thurci et tam uxoris quam liberorum suorum testantur Ebrardus de Barris, etc. Super hec omnia addidit elemosine sue sepedictus Gerardus duos modios frumenti ad mensuram Suessionensem quos singulis annis censualiter accipiebat apud molendinum de Cerios, quod est subter Puteolos et aream alterius molendini post illud primitus extruendi, terram quoque arabilem et hospites censuales apud sanctum Petrum, que omnia dederat ei Robertus Cossez in matrimonio filie sue. Hoc igitur beneficium factum est concessione filiorum ejusdem Roberti jam defuncti, id est Philippi Odonis et Warneri, de quorum hereditate hoc feodum descendebat, et concessione Radulfi de Cosdun de cujus feodo erant duo predicti modii frumenti et area alterius molendini. Itaque concessionem Philippi et fratrum ejus testantur Radulfus, Suessionensis ecclesie thesaurarius, et Normannus decanus et Johannes capellanus et Escotus major communie, etc. Talia ergo et tanta predicti viri beneficia posterorum nostrorum insolentiam percaventes, necessarium duximus litteris annotare et tam sigilli nostri auctoritate quam insertorum testium astipulatione confirmare.

CCCCXXXV.

DE VINEA SYMONIS FLANDRENSIS.

Aug. 1216.
Haimardus, Dei gratia Suessionensis episcopus, omnibus in perpetuum notum facimus presentibus et futuris, quod Symon Flandrensis, civis Suessionensis, in nostra presentia recognovit se vendidisse dilecto nostro Simoni de Tornella, canonico Suessionensi, pro XXII libris nigrorum vineam suam quam habebat in laterico sancte Genovefe prope Suessionem, fidem coram nobis corporaliter interponens quod super eadem vinea de cetero non reclamaret, nec faceret reclamari et quod contra omnes qui ad jus venire vellent, prefato Symoni legitimam garandiam portaret. Hanc venditionem laudaverunt in nostra presentia Mensendis, uxor prefat

Symonis Flandrensis, et Theobaldus filius ipsius, et vineam penitus quitaverunt fide data coram nobis quod similiter super ipsa vinea jam dictum S. canonicum Suessionensem de cetero nunquam per se vel per aliam personam facerent molestari, et sciendum quod cum inquireremus si ipsa Maisendis in eadem vinea aliquid haberet ratione dotis, dixit nobis quod non, sed eadem vinea erat de acquisitione viri sui et sua. In cujus rei testimonium presentes litteras scribi fecimus et sigilli nostri munimine roborari. Actum anno Domini M°. CC°. XVI°, mense Augusto.

CCCCXXXVI.

CARTA JACOBI, EPISCOPI SUESSIONENSIS, DE EXCAMBIO VINEE IN TRIBUS PECIIS THIERRICI ET JOHANNIS IN VALLE RADULFI.

Jacobus, Dei gratia Suessionensis episcopus, omnibus ad quos presentes littere pervenirent, Januar. 1238. in Domino salutem. Notum facimus universis quod nos volumus et concedimus quod ecclesia beate Marie Ursicampi teneat et possideat in perpetuum tres pecias vinee sitas in valle Radulfi in fundo et dominio nostro, quarum due fuerunt Thierrici de Puteo, et familie ejus, tria vero Johannis de Cuisi, sicut dicitur, et quas pecias fratres ecclesie Ursicampi receperunt a fratribus hospitalarie beati Gervasii Suessionensis pro excambio facto inter eos de duabus aliis peciis vinee quam dicti fratres dicte ecclesie Ursicampi tenebant et possidebant, quarum una sita est in territorio de Belleu in fundo et dominio nostro, in loco qui dicitur ad Torniculam, altera vero subtus sanctam Genovefam, in fundo et dominio domini Roberti, capellani sancti Nicholai ecclesie Suessionensis. Quarum etiam peciarum una fuit Petri de la Fou et Odonis Bouton, altera vero fuit Johannis de Buci. Hanc autem concessionem fecimus salvis reddittibus nostris consuetis. In cujus rei testimonium presentes litteras salvo jure nostro et ecclesie Suessionensis, et salvis conventionibus inter nos et dictos fratres Ursicampi habitis, sigilli nostri munimine fecimus roborari. Actum anno Domini M°. ducentesimo XXX°. VIII°, mense januario.

CCCCXXXVII.

ELEMOSINA DOMINI RAINALDI DE COUCI AC PETRI LE VERMEIL, FRATRIS EJUS, DE QUATUOR MODIIS TERRE APUD NANCEL.

In nomine sancte et individue Trinitatis, amen. Ego Nivelo, Dei gratia Suessionensis episco- 1186. pus, notum volo fieri universitati fidelium quod viri nobiles Rainaldus de Couciaco et Petrus li Vermaus frater ejus viam universe carnis ingressuri salubri consilio de terrena possessione sua pro animabus statuerunt erogari pauperibus a quibus in eterna tabernacula recipi mererentur, ad majorem autem propitiationis divine fiduciam Ursicampum se contulerunt, ibique suscepto religionis habitu in manus celestis patris tandem animas reddiderunt. De terra igitur quam apud Nancel predictus Petrus possidebat quedam portio quatuor modiis ad mensuram Couciaci seminanda fratribus Ursicampi assignata est, et in elemosinam pia largitione contradita ab ipsis in proprium possidenda. Porro predictorum militum fratres, venerabilis scilicet Hugo, Noviomensis decanus, et Robertus cognomine Bos ad quem eadem terra hereditario jure devenerat, hujus elemosine beneficium devote et libere concesserunt et per libri positionem super principale altare ecclesie Ursicampi domino obtulerunt, ipso die et hora eadem qua fratrum eorum corpora ibi fuerant tumulata, presentibus et hoc ipsum testantibus Guidone de Ursicampo et Hugone de sancto Bartholomeo, abbatibus, Petro priore sancti Eligii, magistro Ingeranno et Odone de Compendio, Noviomensis ecclesie canonicis, Radulfo, castellano Nigellensi, etc. Hoc etiam concesserunt Guido, Cociacensis castellanus, de cujus feodo predicta terra erat, et in mea presentia recognovit coram hiis testibus Radulfo de Ulcheia, etc. Ego vero volens ut pie et canonice concessa prefate Ursicampi ecclesie elemosina inviolabilem obtineat firmitatem, presentem paginam inde conscriptam sigilli mei impressione muniri feci. Actum est hoc anno ab incarnatione Domini millesimo c°. octogesimo sexto.

CCCCXXXVIII.

CARTA NIVELONIS, SUESSIONENSIS EPISCOPI, DE DOMO NOSTRA ET LARRICO SUESSIONENSIS.

1207.

Ego Nivelo, Dei gratia Suessionensis episcopus, omnibus hec visuris in perpetuum. Notum facimus quod cum inter monachos Ursicampi ex una parte et Hatardum et Odelinam uxorem ejus ex altera contencio esset super domo in qua defunctus Obertus de Satenia manebat, et super larrico de Fesmundo quod similiter idem Obertus tenuerat, in quibus prefati Hatardus et Odelina se dicebant hereditarium jus habere, tandem idem Hatardus et Odelina in nostra presentia constituti recognoverunt se nullum jus habere in domo et larrico supradicto, et si quid juris habebant in illis totum quitaverunt in perpetuum monachis memoratis, et fidem in manu nostra reddiderunt se nichil reclamaturos de cetero in domo et larrico neque contentionem moturos adversus domum Ursicampi. Preterea domina Anselina quondam uxor dicti Oberti si quod dotalicium habebat in domo et larrico memorato, totum quitavit in perpetuum monachis Ursicampi, et fidem dedit in manu nostra quod ullam inde moveret questionem. Et quia predicta domus in nostra justitia erat, et vineam concessimus eisdem fratribus, ut tam domum quam vineam libere et quiete in perpetuum possideant salvis redditibus nostris et justitia. Quod ut ratum permaneat, presentem paginam sigilli nostri appensione fecimus communiri. Actum anno gracie millesimo ducentesimo septimo.

CCCCXXXIX.

CONCESSIO CAPITULI SUESSIONENSIS DE ACQUISITIS IN FUNDIS ET FEODIS SUESSIONENSIS EPISCOPI.

Sept. 1227.

S..., prepositus et C... decanus totumque capitulum Suessionense, omnibus hec visuris in Domino salutem. Noverint universi quod reverendus pater Jacobus, Dei gratia Suessionensis episcopus, de consensu et voluntate nostra, ecclesie Ursicampi concessit in perpetuum libere et pascifice possidenda omnia que in ejus feodis acquisierant a quadraginta annis, et deinceps tam ex contractibus quibuscumque quam ex factis sibi elemosinis et legatis, sicut in ipsius domini episcopi litteris continetur, retenta omni justitia seculari sibi et successoribus suis in premissis preterquam in ipsius ecclesie monachis vel conversis. In cujus rei testimonium presentes litteras ipsi ecclesie tradidimus sigilli nostri munimine roboratas. Actum anno Domini M°. CC°. XXVII°. mense septembri.

CCCCXL.

QUOMODO GUILLELMUS, EPISCOPUS NOVIOMENSIS, RECOGNOSCIT NON HABERE JUS PLACITA TENENDI, ORDINES SACROS CELEBRANDI, CHRISMA FACIENDI, ETC., IN MONASTERIO URSICAMPI.

Guillelmus, Dei et sancte sedis apostolice gratia episcopus et comes Noviomensis, par Francie, universis presentes litteras inspecturis salutem in Domino. Cum pestis in nostra Noviomensi civitate, quod dolentes referimus, adeo vigeat quam ad locum pretorii curie nostre spiritualis in quo officialis noster placita tenere, causas tractare consuevit, absque magno dicti nostri officialis et subditorum nostrorum periculo ad curiam nostram spiritualem pro justitia habenda recursum habere volentes, commode accedere non valentes, proque justitia exercenda et placitis tenendis, religiosos abbatem et conventum monasterii beate Marie Ursicampi, ordinis Cisterciensis, Noviomensis diocesis, a nostra jurisdictione penitus exemptos instantissime requisiverimus quatenus in justitie favorem locum propitium in sui monasterii pourprisio sine suorum privilegiorum prejudicio concedere et accordare vellent, quod nobis de sua gratia speciali promisereunt et concesserunt. Notum facimus nos die date pretium recognovisse, prout etiam recognoscimus, presentes religiosos eorumque monasterium et totum ordinem Cisterciensem fore et esse penitus exemptos, immunes et liberos a nostra jurisdictione, ita quod sine licentia, permissione et gratia speciali eorumdem religiosorum, in eorum monasterio, pourprisio et jurisdictione placita tenere, ordines sacros celebrare, chrisma facere, causas tractare, conventus evocare, nec aliquid de justicia contingente exercere non valemus. Nolentes quod ratione concessionis loci porte versus magnum pontem per dictos religiosos nobis occasione dicte pestis et pro temporis necessitate pro dicta justicia exercenda pro hac vice concessi et accordati aliquod prejudicium dictis religiosis in suis francisiis, libertatibus et privilegiis generetur, sed sint et maneant dictorum religiosorum privilegia, jura, libertates et exemptiones firma et illibata, prout erant, esse, temporibus preteritis, debebant, sunt, et esse debebunt, presentibus et futuris. In cujus rei testimonium sigillum prefate curie nostre spiritualis una cum signeto dicti nostri officialis presentibus litteris apponi fecimus. Datum apud Carolipontem die prima mensis septembris, anno Domini millesimo quadringentesimo nonagesimo sexto, sic signatum. A. Des Mares.

1496.

TITULUS EPISCOPORUM.

CCCCXLI.

DE TERRA FRATRUM DE HOSPITALI SITA IN TERRITORIO DE ANTOLIO.

Circa 1172

Notum sit omnibus tam futuris quam presentibus, fratres de hospitali quilibet eo tempore preerat frater Gualterus de Landella, fratribus Ursicampi terram quamdam in territorio de Antolio sitam ix solidos vendidisse. Hanc autem terram de Hugone Faisant liberam et absolutam ab omni exactione cum tenerent, eo tenore predictis fratribus tradiderunt pro pretio supra memorato perpetuo possidendam. Ut contra omnem calomniam, si forte emerserit, suam defensionem adhibeant hujus emptionis, testes affuerunt Guillelmus de Hamenviler, Rainaldus Eschacers, Radulfus Herlis, Radulfus de Bosco et Radulfus filius ejus.

CCCCXLII.

DE QUADAM DOMO CONTIGUA DOMUI NOSTRE PARISIENSI, PRO QUA DEBETUR DOMUI DEI PARISIENSI TRIGINTA SOLIDORUM SINGULIS ANNIS CENSUS.

Aug. 1257.

Universis presentes litteras inspecturis officialis curie Parisiensis salutem in Domino. Notum facimus quod in nostra presentia constituti Matheus, dictus de sancto Germano, civis Parisiensis, et Heloisis ejus uxor recognoverunt se dedisse et in perpetuum concessisse donatione inter vivos et in puram et perpetuam elemosinam religiosis viris abbati et conventui Ursicampi quandam domum quam dicebant se habere de conquestu suo proprio Parisiis, apud portam Balderi, contiguam domui Ursicampi ex una parte, et domui Roberti de monte Gissonis ex altera, ut dicebant, oneratam de xxx solidis Parisensibus, debitis dicte domui Dei Parisiensi, quatuor terminis Parisius consuetis, habendam et percipiendam a dictis religiosis quite et libere et sine contradictione immediate post ipsorum decessum, retento tamen in eadem domo eisdem Matheo et Heloisi ejus uxori vel alteri eorum qui supervixerit alteri, quandiu vixerit, usufructu. Voluerunt insuper et concesserunt insuper predicti Matheus et Heloisis ejusdem uxor quod dicti religiosi ex nunc in eadem domo cum eisdem habeant usum ad recipiendum se et suam familiam et res suas quocienscumque casus se obtulerit et occurrerit, promittentes dicti Matheus et Heloisis uxor ejus, fide in manu nostra prestita corporali, quod contra donationem et concessionem hujusmodi jure aliquo communi vel speciali per se vel alium non venient in futurum. Datum anno domini millesimo ducentesimo quinquagesimo septimo, mense augusto.

CCCCXLIII.

EXCAMBIUM INTER NOS ET FRATRES DOMUS DEI DE ROYA QUARUMDEM TERRARUM ET CENSUUM ET CONCESSIO CAPITULI ROYENSIS DE EODEM.

Maio 1280.

Universis presentes litteras inspecturis Magister Jacobus de Essomis, decanus et capitulum Roiense, salutem in Domino sempiternam. Notum facimus universis quod in nostra presentia constituti magister et fratres domus Dei hospitalarie de Roia asserunt quod habebant et possidebant tria jornalia terre arabilis parum plus aut parum minus site in territorio de Fraisnoy, inter viam que ducit aut qua itur sive quum de Roia apud Fraisnoy, et culturam monachorum Grangie de Greuni. Que tria jornalia terre parum plus aut parum minus recognoverunt coram nobis prefati magister et fratres se dedisse et concessisse auctoritate nostra, permutationis nomine, in perpetuum religiosis viris abbati et conventui beate Marie Ursicampi, Cysterciencis ordinis, Noviomensis dyocesis, pro tribus jornalibus terre arabilis site in territorio de Roia, in valle Sancti Firmini, juxta terram de Maregni capiendis et habendis, tenendis ac possidendis in perpetuum a dictis magistro et fratribus, in quadam pecia terre site in loco predicto, septem jornalia et quatuordecim virgas terre arabilis vel circiter continentis, que pecia terre fuit ipsorum abbatis et conventus. Asseruerunt insuper et recognoverunt iidem magister et fratres de Roia coram nobis quod, pro quatuor jornalibus et sexdecim virgis predicte pecie terre parum plus aut parum minus residuis, tenentur singulis annis in posterum solvere dictis abbati et conventui, infra octavam nativitatis Domini, in villa Roiensi, decem sextarios et dimidium bladi et tantundem avene ad mensuram Roiensem. Nec non et tenentur reddere singulis annis in posterum dictis abbati et conventui in villa Roiensi, in festo nativitatis beati Johannis Baptiste, pro dicta tota pecia terre septem jornalia et sexdecim virgas vel circiter continentis tres denarios censuales. Preterea asseruerunt et recognoverunt coram nobis idem magister et fratres quod ipsi posuerunt in censiva dictorum abbatis et conventus decem et septem jornalia terre arabilis parum plus aut parum minus site in territorio de Roia juxta calceiam. Ambianensem ex una parte, et viam que ducit de Goiencourt apud sanctum Medardum ex altera; pro qua terra tenentur iidem magister et fratres solvere singulis annis in posterum in villa Roiensi predictis abbati et conventui, in festo beati Johannis Baptiste, sex denarios consuales. Et quatuor bovaria terre site in territorio de le Chavate de vi denariis censualibus quos ipsi magister et fratres debebant dictis quatuor bovariis terre predictis abbati et conventui a modo et in perpetuum quita libera penitus et immunia remanebunt. Que omnia supra dicta promiserunt coram nobis iidem magister et fratres fideliter adimplere et inviolabiliter observare, necnon super hiis abbati et conventui legitimam ferre garandiam in perpetuum erga omnes juri et legi parere volentes. Consentientes insuper ac volentes expresse coram nobis iidem magister et fratres una cum premissis quod iidem abbas et conventus ipsis magistro et fratribus in hujus modi garandia deficientibus, quod absit, quominus iidem abbas et conventus pacifice gaudere valeant de premissis sibi, ut premissum est, nomine permutationis ab iisdem magistro et fratribus concessis et dimissis, dicta septem jornalia et XVI virgas terre arabilis parum plus aut parum minus ab eisdem abbati et conventu dictis magistro et fratribus ut premissum est, nomine permutationis predicte demissa et concessa adire queant tenere et possidere, eadem teneant et possideant pacifice et quiete, et sua propria in futurum cum ceteris, ut dictum est, ipsis abbati et conventui concessis a magistro et fratribus ante dictis et hec omnia et singula prenotata. Nos decanus et capitulum Roiense approbamus, volumus et gratificamus. In quorum omnium testimonium et munimen perpetuum, et ut dicta permutatio seu contractus inter memoratas personas firma, inviolata et stabilis permaneat, nos, sigillum capituli nostri presentibus litteris duximus apponendum. Datum anno Domini m° ducentesimo octogesimo, mense maio.

CCCCXLIV.

COMPOSITIO INTER NOS ET HOSPITALE SANCTI JOHANNIS NOVIOMENSIS SUPER CENSU DOMUS HELUIDIS DE AMBLEGNI.

Januar. 1259.   Omnibus hec visuris, magister et fratres hospitalis Sancti Johannis Noviomensis salutem in Domino. Noverint universi quod cum nos haberemus quatuor fouachias et sex denarios Parisienses singulis annis de recto annuo censu super domum quondam Heluidis de Ambligniaco, in qua clerici seculares solebant hospitari et super curtem adjacentem sicut est consignata ante in muro prope domum quondam ipsius H. in qua manere solebat dum vivebat, et retro in muro ville, et dicta Heluidis duos capones et quatuor solidos et tres obolos, dum vivebat, haberet de recto censu annuo super quamdam domum et appendicia ejus et pratum, que quidem domus quondam fuit Johannis Bouche sita in lavendaria supra Versam, inter domos Richardi Anglici et Juliane de Plaisence, et dicta Heluidis duas partes dictorum duorum caponum, IIII° solidorum et trium obolorum predictorum viris religiosis abbati et conventui Ursicampi et nobis tertiam partem duorum caponum quatuor solidorum et trium obolorum predictorum in elemosinam perpetuam et puram contulisse. Nos utilitate domus nostre considerata et pensata, de predictis omnibus et singulis inter nos et predictos abbatem et conventum convenimus in hunc modum, videlicet quod dicti abbas et conventus nobis et successoribus nostris dictas tuas partes eisdem legatas seu concessas, ut dictum est, perpetuo quitaverint et quicquid juris habebant seu habent in eisdem pro quatuor caponibus quatuor fouachiis et sex denariis predictis que omnia dictis abbati et conventui in perpetuum quitavimus et quitamus, sane quum fundus et census dictarum domus et curtis plus valet propter foragium quod ibidem habere consueveramus et habebamus quam fundus et census dictorum domus appendiciorum et prati promiserunt nobis dicti abbas et conventus sub ypotheca rerum monasterii sui soluturos seu nobis reddituros annis singulis viginti II solidos Parisienses hiis terminis, scilicet medietatem in medio martio, et aliam medietatem in festo sancti Remigii in capite octobris, ad cellarium suum apud Noviomum, quousque nos vel ipsi invenire poterimus, viginti duos solidos Parisienses annuos et perpetuos, seu unum modium bladi ad mensuram Noviomensem annuum et perpetuum in loco competenti ad emendum ad quos seu ad quem nos a dictis abbate et conventu sufficienter assignemur. Ita quod invento dicto modio bladi seu inventis xx duobus solidis et emptis eisdem dicti abbas et conventus incontinenti nobis vel successoribus nostris, qui pro tempore fuerint, de viginti libris Parisiensibus ad emendum ad opus nostrum dictos viginti duos solidos seu dictum modium bladi satisfacere tenebuntur sine calumpnia et lite: quibus xx libris solutis a solutione dictorum viginti duorum solidorum dicti abbas et conventus perpetuo quiti remanebunt et immunes. Promisimus etiam dictis abbati et conventui bona fide, quod contra premissa vel premissorum aliquod, in judicio vel extra, per nos vel per alium non veniemus in futurum, profitentes et recognoscentes domus nostre predicte in hiis que supra dicta sunt et que inter nos fecimus seu convenimus, ut dictum est, conditionem existere meliorem, renunciantes expresse omni beneficio restitutionis in integrum et alterius restitutionis cujuscunque omni exceptioni juris et facti, omni juris auxilio canonici et civilis, omni privilegio impetrato et impetrando et omni vici contra presentes litteras seu contenta in eisdem. In cujus rei testimonium presentes litteras dictis abbati et conventui sigillo nostro tradidimus roboratas. Datum anno Domini millesimo ducentesimo quinquagesimo nono, mense januario.

TITULUS PRIORUM.

CCCCXLV.

CARTA MILONIS PRIORIS LEHUNENSIS DE TERRA DE BRITINIACO ET DE CENSU SEPTEM SOLIDORUM.

Milo, Lehunensis prior, et ejusdem cenobii conventus fratri Galeranno abbati de Ursicampo et ecclesie sue in perpetuum. Ea que de rebus ecclesie nostre temporibus nostris gesta sunt, et que in futurum permanere decrevimus ad notitiam posterorum scripto, et memorie dignum est commendare sane concessionem quam tibi et ecclesie tue fecimus de terra Sancti Petri de Britiniaco juxta Puteolos, tam de censu vii solidorum quam de ejusdem census decambio, que etiam domni Petri, Cluniacensis abbatis, scripto et precepto in perpetuum firmata est. Nos presentibus litteris assignamus, et quemadmodum in eodem scripto domni abbatis continetur, in finem sine contradictione tenendam concedimus. Actum Lehuni in capitulo Sancti Petri anno incarnationis dominice M° C° XXX° IIII°. S. Milonis prioris. S. Nicholai prioris Britiniaci. S. Gileberti, etc.

1134.

CCCCXLVI.

CYROGRAPHUM ABBATIS DE CLUNIACO DE DECAMBIO TERRE SANCTI PETRI DE BRITINIACO.

Per misericordiam Dei Cluniacensium abbas fratri Galeranno abbati Ursicampi et ecclesie sue in finem. Ea que a fratribus nostris prioribus per cellas et monasteria de rebus ecclesiarum ratione gesta vel bene ordinata sunt, merito nostre debent habere bone voluntatis assensum. Quocirca terram juxta Puteolos sancti Petri de Britiniaco quemadmodum a prioribus nostris Milone Lehunensi Nicholao Britiniacensi tibi et ecclesie tue in perpetuum pro vii solidis Britiniacensi ecclesie sub annuo censu reddendis concessa est, et nos dilectionis tue et religiosorum gratia virorum concedimus. Porro et ejusdem census decambium de terra videlicet et pratis que Werricus de Roia ecclesie de Britiniaco pro supra dictis vii solidis jure possidenda commutavit, hoc ipsum laudamus. Verumptamen, si in posterum aliqui de heredibus terram ipsam reinvadere, et de eadem possessione Britiniacenses defraudare pre-

Circa 1132.

sumpserint ad predictum vii solidorem censum redeundum esse ex utrorumque assensu decrevimus. Donec fratres de Ursicampo terram illam manu sua alienare vel venditione vel commutatione vel quolibet modo voluerint, sine assensu prioris et capituli Lehunensis facere non poterunt. Hujus rei testes fuerunt hi. Serlo, abbas Sancti Luciani. Balduinus, abbas Sancti Wlmari, etc.

CCCCXLVII.

DECAMBIUM RAINALDI, COMITIS SUESSIONENSIS, ET MONACHORUM DE BRITINIACO.

1148.

Presenti cyrographo tam futuris quam presentibus notificamus quod ecclesia Sancti Petri de Britiniaco decambivit ecclesie Sancte Marie de Ursicampo quandam terram pene unum modium sementis ad mensuram Suessionis continentem pro alia terra tantumdem et insuper quatuor aissinos ad eandem mensuram continente, et sita in monte de Vassen, data in elemosinam ecclesie Ursicampi a Rainaldo, comite Suessionense. Hec autem conventio inter utramque ecclesiam facta est, quod utraque ecclesia terram alteri earum per decambium datam contra omnes homines, si quis hinc vel inde aliquam calumpniam intulerit, semper jure acquitabit. Quod si non poterit altera alteri totam illam terram acquitare, ecclesia que totam terram sibi per decambium datam perdiderit, totam terram quam prius possidebat recipiet. Et quia ecclesia Ursicampi majorem terram dedit et minorem accepit, ut dictum est, si partem de sua perdiderit, dimidium majoris recipiet, si terciam partem perdiderit, terciam partem recipiet, et sic de ceteris partibus, et e converso. Hoc autem totum factum est concessione domini Galeranni, abbatis de Ursicampo, et capituli sui et Drogonis, prioris de Lehons, et capituli ejusdem loci, et Gislani, prioris de Britiniaco. Et sciendum quod terra quam ecclesia Ursicampi in decambio accepit, sita est prope campum alodiorum. Testes Lehunensis ecclesie Azo suprior, Lambertus prepositus, etc. Actum anno ab incarnatione Domini m° c° xl° viii°. Indictione vi°.

CCCCXLVIII.

CARTA MILONIS, PRIORIS LEHUNENSIS, DE TERRA SANCTI PETRI DE BRITINIACO.

1130.

In nomine Patris et Filii et Spiritus Sancti, ad memoriam tam presentium quam futurorum. Quum dominus precepit quod vultis ut faciant vobis homines, et vos eadem facite illis, et apostolus, bene facite ad omnes maxime autem ad domesticos fidei, nos tam benigna summoniti auctoritate sectari debemus invicem ea que caritatis sunt, et misericordie. Ego igitur frater Milo, prior Lehunensis cenobii, consilio et assensu capituli nostri, pro devota domni Simonis, episcopi Noviomensis, postulatione, nos successores nostri que tibi, frater Galeranne, venerabilis in Christo abba, tuisque successoribus fratribusque tuis apud Ursicampum sub habitu monachico Deo servientibus, concedimus terram quamdam tam in decimis quam in terragio ad jus ecclesie beati Petri de Britiniaco pertinentem, que sita est inter Querculos et Puteolos, undique a terra Sancti Medardi circumvallata, ita sane ut singulis annis in festo

Sancti Remigii annuali censu vos successores que vestri, ecclesie beati Petri de Britiniaco vii solidos persolvatis. Ut autem hujus concessionis concordia rata inter nos et vos inconvulsaque permaneat, sigillo Beati Petri Lehunensis firmavimus et testimonio fratrum nostrorum corroboravimus. S. Milonis prioris, S. Nicholai prioris de Britiniaco, etc. Actum in capitulo Lehunensis anno ab incarnatione Domini M° C° xxx°, domno Petro existe abbate Cluniacense.

CCCCXLIX.

CYROGRAPHUM INTER NOS ET MONACHOS DE COISIACO DE DECIMA TERRE DE SPARMONT.

Notum sit omnibus tam futuris quam presentibus quod Radulfus, prior de Coisiaco, concessione totius capituli sui concessit ecclesie beate Marie de Ursicampo in proprium decimam cujusdam terre site apud Esparmont, que erat de feodo Renaldi de Antolio, ita sane quod fratres de Ursicampo dabunt inde singulis annis censualiter apud Ursicampum monachis de Coisiaco in festivitate Sancti Remigii quatuor sextarios frumenti mensura Noviomi mensurati. Hoc autem factum est concessione domini Walteri abbatis Sancti Medardi et totius capituli sui. Quod ne possit aliquando vel oblivione deleri vel cujusquam ecclesiastice secularisve persone insolencia perturbari, hoc inde factum cyrographum sigillo Sancte Marie de Ursicampo et sigillo abbatis Sancti Medardi est confirmatum et probabilium personarum astipulatione corroboratum. S. domini Roberti, abbatis Ursicampi, Clementis prioris, Radulfi supprioris, Walteri et Ebrardi cellariorum. S. Domini Walteri, abbatis Sancti Medardi, etc.

1163.

CCCCL.

COMPOSITIO INTER NOS ET MONACHOS SANCTE MARGARETE DE VIA ANTE GRANGIAM DE PORTIS AD ANIMALIA DUCENDA.

Ego Bartholomeus, Dei gratia Belvacensis episcopus, omnibus fidelibus tam futuris quam presentibus in perpetuum notum fieri volumus controversiam extitisse inter ecclesiam Ursicampi et ecclesiam Sancte Margarete pro strata publica que est ante Grangiam de Portis, eo quod fratres Ursicampi per eam pecora sua in pastum ducere vellent, monachi vero Sancte Margarete id omnimodis interdicerent, ne, si per eam pecora transirent, segetes ipsorum depascerent. Que cum diu in presentia nostra esset ventilata, omisso judicio, tam consilio nostro et eorum qui aderant quam.... acquieverunt et concesserunt quod Ursicampi pecora per predictam viam libere et absque contradictione deinceps transirent, ita tamen quod in transeundo dampnum non inferrent, vel de illato, si accideret, satisfacerent. Ut ergo hoc ratum consistat, sigilli nostri impressione et testium subscriptorum astipulatione roboramus. S. Johannis Belvacensis, etc. Actum anno verbi incarnati, M°. C°. LXX°.

1170.

, CCCCLI.

COMPOSITIO INTER MONASTERIUM URSICAMPI ET SANCTE MARGARETE.

1172. Ego Balduinus, Dei gratia cancellarius Noviomensis, et ego Leonardus, prebister de Noviomo, et ego Radulfus, dominus de Cosdun, et ego Petrus de Plaisseto cunctis fidelibus tam futuris quam presentibus in perpetuum notum fieri volumus quod inter ecclesiam beati Marie de Ursicampo et ecclesiam Sancte Margarete controversia quedam extiterit super quibusdam terris et nemore que sita sunt in monte de Astichiis. Cum autem inter utranque ecclesiam diu causa ventilata fuisset, nec ad invicem concordari valerent, tandem consilio pacis habito utrique placuit ecclesie ut formam compositionis hujus disponendam nobis imponerent; et quicquid nos quatuor pariter et hii quos ad nostrum consilium vocaremus super hac causa decerneremus ratum haberent. Quos autem ad faciendam compositionem istam ad consilium nostrum vocavimus sunt hii. Anselmus, prior Sancti Amandi, Evrardus, decanus de Ressons, et Matheus de Compendio. Diligenter itaque hinc inde inquisita veritate rei, pro certo comperimus quod in una parte que est versus fontem de Orval (1), quicquid est a quadam magna petra et carmo in descensu a sinistris usque ad quandam esculum, et ab hac esculo usque ad quamdam magnam quercum esset totum fratrum Ursicampi. Id tamen fratres a nobis rogati causa pacis concesserunt ecclesie Sancte Margarete quamdam partem ejusdem terre ut videlicet mete essent a predicta carmo usque ad cujusdam rivuli ortum qui est contra alnetum, et ab hujus rivuli ortu, usque ad prefatam quercum, ex altera vero parte versus Sanctam Colombam terram que interjacet inter nemus Rainaldi de Vinnemont, et inter calcheiam, cognovimus esse Sancte Margarete. Quicquid autem ab ipsa calcheia versus montem est, totum deprehendimus esse fratrum Ursicampi, et ibi metas ponendas esse decrevimus. In tercia vero parte que est versus fontem Arnulfi Mainil et versus Montegni, terram que sub cava via jacet a dextris descendentibus per eandem viam de monte Astichiarum versus Camberonam jacet in quam a fago que est in superiori parte pene juxta introitum ejusdem vie usque ad carmum que est a dextris in valle et inde usque ad Marech, terram hanc comperimus esse ecclesie Sancte Margarete. Quicquid autem ab eadem fago et carmo versus montem est, et quicquid a sinistris est ejusdem vie, totum esse cognovimus fratrum Ursicampi et ibi metas ponendas esse decrevimus. In hiis ergo omnibus tam nemore quam terris sicut jam metas distinximus, singulis ecclesiis suas partes adjudicavimus et determinavimus. Huic autem compositioni presentes affuerunt ex parte ecclesie Ursicampi, dominus Guido, abbas ejusdem loci, Guillelmus prior, duo cellararii Theobaldus et Rogerus et Gilebertus Grangiarius, Gualo Ohens, Guillelmus, etc. Ut ergo hoc firmum inconvulsumque permaneat, presentem paginam sigillorum nostrorum impressione et testium subscriptorum astipulatione corroborare decrevimus. S. magistri Ingelberti, Noviomensis prebisteri. S. Theobaldi, prebisteri de Camberona, etc. Actum verbi incarnati anno M°. C°. LXX°. II.

(1) Le bois d'Orval existe encore, mais la fontaine a pris le nom de l'Écassy.

CCCCLII.

EXCAMBIUM SYMONIS DE PUILLE DE TRIBUS PECIIS TERRE PRO ALIIS DUABUS. — ITEM ELEMOSINA EJUSDEM SYMONIS DE UNA MINA AD GODAM.

Igo J., prior de Gornaco, notum facio universis presens scriptum inspecturis, quod Symon de Apulia, parochianus noster, assensu et voluntate Ermengardis uxoris sue dedit beate Marie Ursicampi tres pecias terre in perpetuum, excambium pro duabus aliis. Una de tribus peciis sedet ad Godam, altera ad stratam Compendii, tertia ad monasterium de Frienvalet. Una de duabus peciis quas Symon pro dictis tribus jure hereditario possidebit, sedet ad stratam Gornaci, altera contigua est terris domini Hemmenvillaris. Preterea dictus Symon assensu similiter et voluntate dicte uxoris sue ad quam omnes terre quas dictus Symon in partibus illis possidet, jure hereditario spectant, dedit beate Marie Ursicampi unam minetam terre que sedet ad Godam in elemosinam in perpetuum possidendam. Huic pactioni interfuerunt duo de canonicis Sancti Quintini Belvacencis, scilicet Laurentius de Vilers, Guillelmus de Gerboredo, ambo presbiteri, etc., fratres beate Marie de Ursicampo, dominus Manasserus de Gornaco miles. Et ut hoc excambium a posteris non possit infirmari, hoc scriptum sigilli nostri impressione roborari decrevimus. Actum anno gratie m°. cc°. vicesimo, mense julio.

Julio 1220.

CCCCLIII.

DE QUADAM TERRA JUXTA VINEAM ASTICHIARUM PRO QUA DEBEMUS DUOS DENARIOS CENSUS.

Ego Herveius, prior Sancte Margarete de Elincourt, et ejusdem loci capitulum, omnibus hec visuris in perpetuum notum fieri volumus quod dedimus patribus Ursicampi unum sextarium et dimidium terre sterilis site juxta vineam eorum in monte Astichiarum. Dedimus autem eis hanc terram ab omni redditu et consuetudine liberam, excepto censu duorum denariorum monete Parisiensis qui nobis singulis annis in festo Sancti Remigii sunt solvendi. Quod ut ratum permaneat, partem hujus cyrographi inde conscripti sigillo ecclesie nostre roboratum fratribus memoratis tradidimus, aliam vero partem ab eis accepimus, sigillo ecclesie communitam. Actum anno gratie m°. c°. xc°. viii°.

1198.

CCCCLIV.

DE DOMO NOSTRA APUD PERONAM PRO OCTO LIBRIS PARISIENSIBUS IN FESTO SANCTI REMIGII.

Universis presentes litteras inspecturis, frater Laurentius, humilis decanus ecclesie Sancti Petri de Lehuno in Sanguine terso, totusque ejusdem loci conventus, ordinis Cluniacensis, salutem et fidem presentibus adhibemus. Illa que inter ecclesias ex mutua caritate statuta sunt propter bonum utriusque non debent in posterum immutari. Notum igitur fieri volumus uni-

1309.

versis, cum venerabilis ac religiosi nobisque in Christo carissimi viri Abbas et conventus monasterii Ursicampi, Cysterciensis ordinis, Noviomensis dyocesis, haberent et possiderent a temporibus retroactis quamdam domum sitam in villa Perone, videlicet inter ecclesiam sancti Fursei et molendina ejusdem ville nobis et ecclesie nostre plurimum necessariam. Iidem religiosi dictam domum cum pertinentiis ejusdem ville bene et legitime nobis in perpetuum sub annuo redditu et perpetuo tradiderunt, videlicet mediantibus octo libris Parisiensibus fortis monete in crastino natali Domini a nobis et ecclesia nostra predicta prefatis religiosis in domo sua de Greuni annis singulis reddendis in perpetuum et solvendis. Quibus octo libris Parisiensibus mediantibus prefati religiosi dictam domum cum onere et omne jus ac dominium, proprietatem et actionem que vel quas habebant, et habere poterant in predictis in nos et ecclesiam nostram ex nunc et in perpetuum transtulerunt. Pro dictis autem octo libris annis singulis, ut dictum est, sine dispendio persolvendis obligamus et ypotecamus erga prefatos religiosos in perpetuum nos et prefatam ecclesiam et specialiter dictam domum de Perona omnemque decimam quam habebamus in terris ipsorum religiosorum ad prefatam domum de Greuni pertinentibus, ita quod si in solutione predicti redditus defecerimus, quod absit, dicti religiosi ex tunc possint auctoritate propria, sine aliquo forisfacto, penes omnem prefatam decimam retinere, donec supra dicto redditu et dampnis que propter solutionis hujus modi defectum incurrerint, eisdem fuerit plenarie satisfactum. In cujus rei testimonium et munimen, sigilla nostra quibus communiter utimur presentibus litteris duximus apponenda. Datum anno Domini m°. ccc°. nono, feria secunda post assumptionem gloriose Virginis.

CCCCLV.

CONFIRMATIO ABBATIS CLUNIACENSIS DE EODEM.

1312.

Universis presentes litteras inspecturis, frater Henricus, miseratione divina Cluniacensis ecclesie minister humilis, salutem in Domino. Noveritis quod nos obligationem quam karissimi fratres nostri Laurencius, tunc decanus domus nostre de Lehuno in Sanguine terso, et ejusdem loci conventus de octo libris Parisiensibus annui et perpetui redditus religiosis viris abbati monasterii Ursicampi, Cysteriensis ordinis, Noviomensis dyocesis, et ejusdem loci conventui annis singulis persolvendis pro quadam domo quam habet dicta domus nostra de Lehuno in villa Perone, sicut in huic annexa littera seriosius continetur, fecerunt, laudamus, approbamus et tenore presentium confirmamus. In cujus rei testimonium sigillum nostrum presentibus litteris duximus apponendum. Datum anno Domini millesimo ccc° duodecimo.

CCCCLVI.

CYROGRAPHUM SANCTI LEODEGARII DE BOSCO DE XXXV SOLIDIS CENSUS ED I DENARIO PRO NEMORE DE CAISIUX.

1201.

Petrus Silve Majoris et Balduinus Ursicampi abbates, et utriusque conventus monasterii, universis presentem paginam inspecturis in Domino salutem. Notum fieri volumus ecclesiam

Sancti Leodegarii de Bosco que a monasterio Silve Majoris emanasse dinoscitur, partem illam nemoris que Caisiux dicitur, quam diebus multis inconcusso tenore possidebat, ecclesie beate Marie Ursicampi concessisse jure perpetuo possidendam sub annuo censu triginta quinque solidorum Parisiensis monete, et unius denarii qui ecclesie Sancti Leodegarii a fratribus Ursicampi in festo sancti Remigii sunt reddendi. Quod ut ratum permaneat et immotum, presens cyrographum mutua sigillorum nostrorum appensione munivimus, ea consideratione ut ecclesia Sancti Leodegarii partem illam que sigillo Ursicampi est consignata apud se loco cautionis conservet, et ecclesia Ursicampi partem alteram cui sigillum Silve Majoris appensum est, nichilominus penes se habeat in munimen. Actum anno verbi incarnati, M°. CC°. primo.

CCCCLVII.

TRANSCRIPTUM DE PEDAGIIS PRIORIS SANCTI LUPI.

Universis presentes litteras inspecturis, magister Robertus de Monte Acuto, canonicus et officialis Noviomensis, salutem in Domino. Notum facimus universis quod nos anno Domini M°. CC°. LX nono, mense januario, vidimus et diligenter verbo ad verbum inspeximus litteras virorum religiosorum prioris et conventus Sancti Lupi verborum seriem subscriptorum plane et per ordinem continentes. Ego Nicholaus, Sancti Lupi prior, et ejusdem loci conventus, notum facimus omnibus in perpetuum hec visuris quod monachis Ursicampi, amicis et familiaribus nostris, concessimus ut per transversum aque nostre de Sancto Lupo res suas ad proprios usus conventus pertinentes libere ducant et reducant, absque omni consuetudine et exactione immunes. Si autem res comparatas et alibi vendendas vel etiam res alienas in navibus suis habuerint, de hiis nobis satisfacere tenebuntur. Semper vero vel per se vel per servientem alienem suum nobis transitum annunciabunt. Quod ut ratum sit, presentibus litteris sigillum conventuale appendimus in testimonium et munimen. Actum anno gratie M°. CC°. X°. Quod autem vidimus hoc testamur, presentibus litteris curie Noviomensis sigillum apponentes. Actum anno et mense supradictis.

1210.

CCCCLVIII.

DE VINAGIO VINEE DE FERMET SIGILLUM PRIORIS DE PIERREFONS.

Symon, prior Sancti Simplicii de Pierrefons, omnibus presentes litteras inspecturis in perpetuum notum facimus quod cum fratres Ursicampi XVIII sextaria vini de vinagio ad mensuram de Beri annuatim percipienda in vinea sua de Fremet nobis deberent, nos, de voluntate et assensu nostrorum fratrum, hoc vinagium dictis fratribus plenarie quitavimus, ita sane quod Symon de Quinchi de quo istud tenetur vinagium, alia nobis decem et octo sextaria vinagii nobis reddidit in excambium, firmum in perpetuum habeatur et ratum ad petitionem dicti Symonis de Quinchi de cujus petitione et voluntate hoc excambium factum fuit, presens scriptum nostro sigillo fecimus confirmari. Actum anno gratie M°. CC°. vicesimo.

1220.

CCCCLIX.

DE TERRA PETRI FILII ROBERTI BELONGNE APUD LOVET.

1221. Guillelmus, prior Sancti Leodegarii in nemore, omnibus hec visuris salutem. Ad omnium noticiam volumus pervenire quod Petrus, filius Roberti de Bolongne de Behencurt, contra Albigenses pro deffentione catholice fidei peregre profecturus, legavit in elemosinam ecclesie beate Marie Ursicampi quandam terram perpetuo possidendam, salvo sibi quandiu viveret usu fructuario. Hec autem terra recipit circiter unam minam et dimidiam sementis et est sita prope molendinum de Lovet. Sciendum tamen quod ipsa terra liberum alodium erat. Sed eam dicti fratres Ursicampi nostro reddiderunt dominio, volente predicto Petro et annuente, et pro ea solvunt nobis singulis annis unum denarium censualem in festo Sancti Remigii. Tandem idem Petrus, cum post reversionem suam jam accepisset uxorem, acceptis sexaginta solidis Parisiensibus pro fructuum recompensatione, quitavit ecclesie Ursicampi quicquid in predicta terra juris retinuerat sibi, eamque absolute reddidit in manu nostra, et nos de ea investivimus dictam ecclesiam Ursicampi per manum fratris Petri monachi ejusdem loci. Idem vero Petrus Bolongne fidem prestitit corporalem quod in dicta terra nichil de certo reclamaret, sed eam contra omnes qui ad legem et justiciam venire vellent dicte ecclesie garandiret. Soror etiam ejus Aelidis, cum jam hanc elemosinam concessisset, sub patris adhuc posita potestate, postea marito tradita eandem denique concessit, presente magistro Odone de Drailincourt, volente et jubente hoc Widone marito suo, et uterque fidem manu propria dedit quod nec per se nec per alium super dicta elemosina deinceps ecclesiam Ursicampi molestarent, hanc etiam elemosinam creantaverunt et voluerunt Laurencia de Behencurt mater dicti Petri et filius ejus major, Johannes nomine. Quod ut ratum permaneat, presens scriptum sigilli nostri appensione fecimus roborari. Actum anno gratie millesimo cc°. xxi.

CCCCLX.

DE ALNETO IVONIS DE PRIMPREZ IN CAISIUX.

1210. Ego Wermondus de Cessoi, notum facio omnibus hec visuris in perpetuum, quod Ivo, filius Henredi Taisson, concessione Guidonis Bae, vitrici sui, dedit in elemosinam fratribus Ursicampi duas sextariatas de alneto quod ad se pertinebat de Casiux, et de me tenebat in feodum, et alias sex sextariatas et dimidiam cum xiiii virgis dictis fratribus vendidit pro xxxvii libris Parisiensis monete. Hec concessit Hescia mater dicti Ivonis cum Roberto filio suo, et jus dotalicii quod ibi habebat in manu Willelmi prioris Sancti Leodergardi reddidit, qui inde ecclesiam Ursicampi investivit per manum Wilardi monachi ejusdem loci. Ipsa quoque Hescia fidei interpositione plevivit quod in prefato alneto nichil in posterum reclamaret, accepto prius congruo dotalicii sui decambio, videlicet, viii sextariatis terre quam memoratus Guido emit a quibusdam hominibus de Labewrere. Testes Hugo, monachus Sancti Leodegarii, Wilardus et

Johannes, monachi Ursicampi et Adam Bellehere. Hec nichilominus reddiderunt in manu mea prenominati Guido et Ivo, ac fide interposita pleviverunt quod bona fide contra omnes qui ad justiciam et legem venire voluerint, warandirent. Ego etiam ad petitionem dictorum Guidonis et Ivonis hec benigne concessi, ac feodum quem ibi habebam quitum clamavi, concedentibus pariter Agnete uxore mea et socru mea domina Leduide. Inde quoque fratres Ursicampi investivi per manum Wilardi monachi coram testibus Rainero, monacho Ursicampi, Johanne Le Blon, Johanne Egret et Gileberto Petin. Que ut rata permaneant, presentem paginam inde conscriptam sigilli mei patrocinio roboravi in testimonium et munimen. Acta sunt hec anno verbi incarnati millesimo ducentesimo decimo.

CCCCLXI.

ITEM DE EODEM. CARTA PRIORIS SANCTI LEODEGARII.

Ego Willelmus, prior Sancti Leodegarii in Bosco, de bona et fideli consciencia testimonium prebeo veritati quod Ivo, filiaster Guidonis Bae, coram me recognovit se dedisse in elemosinam fratribus Ursicampi II sextariatas de alneto que ad se jure hereditario pertinebant in Casiux et alias sex sextariatas et dimidiam cum XIIII virgis in eodem alneto dictis fratribus vendidisse pro XXXVII libris Parisiensis monete. Hec concesserunt dictus Guido Baez et Hescia ejus uxor cum Roberto filio suo. Reddidit autem Hescia in manu mea jus dotalicii quod in prescripto alneto habebat, et ego inde ecclesiam Ursicampi investivi per manum fratris Wilardi monachi ejusdem loci, fideique interpositione plevivit Hescia quod in prefato alneto nichil in posterum reclamaret, assignato sibi prius congruo dotalicii sui decambio, videlicet octo sextariatis terre quos Guido vir suus emerat a quibusdam hominibus de Labeurere. Testes Hugo monachus noster, Johannes monachus Ursicampi et Adam Belehere. Hec igitur ut rata sint, presentes litteras sigillo nostro roboratas fratribus Ursicampi tradidimus in testimonium et munimen. Actum anno gratie M°. ducentesimo decimo.

1210.

CCCCLXII.

DE UNO MODIO FRUMENTI LUDOVICI REGIS.

Ego Goislenus, Dei gratia Suessionensis episcopus, tam presentibus quam posteris notum esse cupio ecclesiam Sancti Leodegarii domno Ludovico Regi Francie unum modium decime ad mensuram Parisiacensem singulis annis debuisse quem ipse Rex deinceps longo tempore habitum ecclesie sancte Marie Ursicampi liberum et absolutum concessit. Verum, quia institutio Cysterciensis ordinis redditus omnino tenere refugit, frater Walerannus minister predicte ecclesie sancte Marie Ursicampi eundem modium decime sicut eum sua ecclesia habebat michi reddidit. Post modum autem nos utrique prefate ecclesie consulere et benefacere volentes, a priore Alelmo Sancti Leodegarii precibus obtinuimus quod unum campum ecclesie

1133.

sue interjacentem vie regie que vulgo appellatur calchie et valli de Kaneuheris sepe dicte ecclesie sancte Marie Ursicampi dedit, et nos ecclesie sue, ne gravaretur, in recompensatione agri sui prenominatum modium decime liberum et absolutum tradidimus. Quo ita completo, hoc a nobis utraque ecclesia concedente, diffinitum est ut si quis predictus Rex Francie Ludovicus aut suorum successorum quisquam ecclesiam Sancti Leodegarii jam dictam a sepe fato modio decime spoliaret, abbas Ursicampi de puriori frumento crescente ad Puteolos ibidem quotannis unum modium ad mensuram suprascriptam et ad electionem prioris Sancti Leodegarii aut alicujus illuc ex sua parte transmissum persolveret, et sic postea ad Sanctum Leodegarium transferri faceret. Si autem abbas Ursicampi post modum aliqua occasione hoc statutum persequi nollet, monachi Sancti Leodegarii ad prefatum campum redirent et deinceps ut prius possiderent. Hoc verbum sic compactum ratum in sempiternum permanere episcopali auctoritate decernimus et, ne quis infringere aut irritum facere presumat, sub anathemate interdicimus et presenti cyrographo confirmamus. Actum tempore Alelmi de Trachi prioratum Sancti Leodegarii obtinentis. Hoc autem concessit Petrus abbas Silve Majoris et sigillo suo muniri precepit. Nos vero ut majori robore firmaretur, eandem cartam sigilli nostri auctoritate munivimus. Anno ab incarnatione Domini, M°. C°. XXX°. III°.

CCCCLXIII.

CARTA GOISLINI, SUESSIONENSIS EPISCOPI, DE TERRA DEL BUX SANCTI LEODEGARII.

1146.

In nomine Patris et Filii et Spiritus Sancti, ego Goislenus, Dei gratia Suessorum episcopus, notum facio cunctis fidelibus tam futuris quam presentibus quod terram del bux Sancti Leodegarii de qua erat controversia inter monachos Sancti Leodegarii et Guidonem, castellanum Noviomi, ecclesia Ursicampi acquisivit sibi perpetuo jure possidendam, concedente ei castellano quicquid in ea habebat, monachis Sancti Leodegarii eque idipsum concedentibus per abbatem Petrum. Eadem vero ecclesia Ursicampi dedit in decambio memoratis monachis pro omni quod in ea habebant terram quandam sementis decem et septem assinorum quam ab Abbato de Trachi et fratribus ejus Henrico videlicet et Galtero et ab omnibus comparticipibus emerat, concedentibus uxoribus eorum et filiis, que terra juxta grangiam Sancti Leodegarii sita est, et est de censuali Sancti Medardi, tot scilicet denariorum quot aissinorum. Sed quia monachi Sancti Leodegarii eundem censum de suo reddere recusabant, ecclesia Ursicampi Henrico fratri predicti Abbati dedit in territorio Noviomi pro sua parte predicte terre quandam sextariam terre sub censu decem et septem denariorum quos idem Henricus in festo Sancti Michaelis ad ecclesiam Sancti Leodegarii persolvere haberet. Quod si non faceret, ecclesia Ursicampi submonita a monachis Sancti Leodegarii predictum censum solveret aut solvere faceret. Tunc vero ecclesia Ursicampi ad illam terram rediret, quousque Henricus predictum censum legali jure persolveret. Hoc pacto retento inter utranque ecclesiam quod si quelibet harum ecclesiarum qualicunque occasione terram quam tenebat amitteret, ad illam quam werpivit redire non posset. Hoc actum est a Gualeranno abbate Ursicampi et a Betranno priore Sancti Leodegarii, concedente Petro abbate suo de Silva Majore, concedentibus id ipsum fratribus Ursicampi, Clemente scilicet priore, etc., ceterisque omnibus concedentibus monachis Sancti Leodegarii, Vitale, Odardo, etc. Ut autem prescripta pactio rata permaneat et intemerata, cyrographum inde factum sigillo nostro et utriusque ecclesie abbatis sigillo signamus et auctoritate episcopali confirmamus, personarum etiam suppositarum astipulatione corroboramus. S. Guidonis, abbatis Sancti Johannis Suessionensis, S. Radulfi archidiaconi. Actum Suessioni anno ab incarnatione Domini millesimo centesimo quadragesimo sexto, indictione decima, epacta XVII; concurrente I°.

CCCCLXIV.

DE PACE REFORMATA INTER NOS ET PRIOREM SANCTI LEODEGARII IN BOSCO DE QUADAM VIA.

Julio 1270.

Universis presentes litteras inspecturis, prior Sancti Leodegarii in Bosco, ordinis Sancti Benedicti, Suessionensis dyocesis, et ejusdem loci conventus salutem in Domino. Noveritis quod cum quedam discordia verteretur inter nos et ecclesiam nostram ex una parte et viros religiosos abbatem et conventum Ursicampi, Cysterciensis ordinis, Noviomensis dyocesis, ex altera, super eo videlicet quod nos petebamus quamdam viam ad quadrigam per nemus dictorum abbatis et conventus in semita qua itur de Baalli a Primprez, qua possemus nos et servientes nostri ire et redire ad terras nostras que sunt in essartis de Primprez cum equis et quadrigis, et spolia dictarum terrarum per dictam viam adducere, asserentes etiam nos dictam viam jam pridem habuisse et ipsos nos jure nostro et possessione spoliasse minus juste, ipsis e contra dicentibus nos et ecclesiam nostram in supradictis ullum jus habere seu etiam habuisse, solam semitam ad pedem in dicto loco esse et esse debere ab antiquo asserentes. Tandem mediantibus bonis viris et ut parceatur laboribus partium et expensis de dicta discordia pacificatum est in hunc modum, scilicet quod nos quitamus dictis religiosis dictam viam et omne jus quod habemus vel habere poteramus quoquo modo, si quid habemus, sola semita ad pedem remanente, permittentes bona fide in ordine nostro et ex certa scientia quod contra quitationem istam per nos vel per alios non veniemus in futurum, confitentes nichilominus quod nos habebamus litteras abbatis et conventus nostri de Grandi Silva in Gasconia et potestatem hec et alia faciendi, ad hoc nos et successores nostros in perpetuum obligantes. In cujus rei testimonium et munimen sigillum nostrum duximus apponendum. Actum anno Domini millesimo ducentesimo septuagesimo, mense julio.

TITULUS PRIVILEGIORUM.

CCCCLXV.

PRIVILEGIUM INNOCENTII PAPE NOSTRA CONFIRMANS.

1131.   Innocentius, episcopus, servus servorum Dei, dilecto filio Galeranno, abbati monasterii Ursicampi ejusque successoribus regulariter substituendis in perpetuum. In eminenti beati Petri cathedra, disponente Domino, constituti, ex injuncto nobis a Deo apostolatus officio religiosas personas diligere et ne loca sibi commissa pravorum hominum agitentur molestiis, apostolice sedis patrocinio debemus communire. Proinde, dilecte in Domino fili Galeranne abbas, tuis rationibus postulacionibus clementer annuimus et monasterium Ursicampi, cui Deo auctore presides, presentis scripti pagina roboramus. Statuentes ut quascunque possessiones, quecunque bona in presenciarum juste et legitime possideant, in futurum, concessione pontificum largitate regum seu principum, oblatione fidelium seu aliis justis modis prestante Domino poterit adipisci, firma vobis et illibata permaneat. In quibus hec propriis nominibus duximus annotanda. Terram videlicet Ursicampi, sicut Ysara flumine et fossato exteriori usque ad Folru et inde usque ad eundem fluvium limitatur. Et aquam a principio interioris fossati usque ad finem ejus, graneam de Porvillare cum terris, pratis, silvis ad eam pertinentibus. Silvam Lesgue, tam ad extirpandum quam ad alios omnimodos usus libere et absque regali vel episcopali feodatorum suorum, excepto Radulfo Venatore, exauctione vel consuetudine. Ultra Ysaram vero, a prato Canimont terram incultam que est inter aquam et pratum episcopi, usque ad atramentarias. Vineas quoque ab Odone et Hugone cancellario ac Hugone forbitore vobis concessas. Que nimirum omnia que admodum vestro monasterio concessa sunt, libere et absque terragio possideatis ex dono etiam Milonis, prioris Lehunensis cenobii et fratrum ejus. Terram quamdam tam in decimis quam in terragio ad jus ecclesie beati Petri de Britiniaco pertinentem que sita est inter Querculos et Puteolos, undique a terra sancti Medardi circumvallata, ita scilicet ut singulis annis in festo sancti Remigii annuali censu ecclesie sancti Petri de Britigniaco VII solidos parisienses persolvatis. Decernimus ergo ut ulli omnium hominum liceat prefatum cenobium temere perturbare, aut ejus possessiones auferre, vel ablatas retinere, minuere, aut aliquibus vexacionibus fatigare, sed omnia integra conserventur eorum pro quorum gubernatione et sustentatione concessa sunt usibus omnimodis perfutura. Si qua igitur in futurum ecclesiastica secularisve persona hanc nostre constitutionis paginam sciens, contra eam temere venire temptaverit, secundo, tertiove commonita, si non satisfactione congrua emendaverit, potestatis honorisque sui dignitate careat, reamque se divino judicio existere de perpetrata iniquitate cognoscat et a sanctissimo corpore et sanguine Dei et Domini redemptoris nostri Jesu Christi aliena fiat, atque in extremo examine districte ultioni subjaceat. Cunctis autem eidem loco justa servantibus, sit pax Domini nostri Jesu Christi, quatinus hic fructum bone actionis percipiant, et apud districtum judicem premia eterne pacis inveniant. Amen. Amen. Amen. † Ego Innocencius, catholice ecclesie episcopus. † Ego Guillelmus,

Prenestinus episcopus. † Ego Matteus, Albanensis episcopus. † Johannis, Hostiensis episcopus. † Ego Petrus, presbyter, cardinalis tituli Equitii. Datum Altisiodori per manum Haimerici sancte Romane ecclesie diaconi cardinalis et cancellarii. Nonis decembris. Indictione x. Incarnatione Dominice anno m°. c°. xxxi. Pontificatus vero Domini Innocentii pape II, anno secundo.

CCCCLXVI.

PRIVILEGIUM URBANI III PAPE NOSTRA CONFIRMANS.

Urbanus, episcopus, servus servorum Dei, dilectis filiis Guidoni, abbati Ursicampi, ejusque fratribus tam presentibus quam futuris regularem vitam professis in perpetuum. Desiderium quod ad religionis propositum et animarum salutem pertinere monstratur, sine aliqua est dilatione complendum. Eapropter, dilecti in Domino filii, vestris justis postulationibus clementer annuimus et prefatum monasterium, in quo divino mancipati estis obsequio, predecessorum nostrorum sancte recordationis Innocentii et Alexandri, Romanorum pontificum, vestigiis inherentes, sub beati Petri et nostra protectione suscipimus et presentis scripti privilegio communimus. In primis siquidem statuentes ut ordo monasticus qui secundum Dominum et beati Benedicti regulam atque institutionem Cysterciensium fratrum in vestro monasterio noscitur institutus, perpetuis ibidem temporibus observetur. Preterea quascunque possessiones, quecumque bona, idem monasterium juste et canonice possidet, aut in futurum possessione pontificum, largitione regum vel principum, oblatione fidelium, seu aliis justis modis, prestante Domino poterit adipisci, firma vobis vestrisque successoribus et illibata permaneant. In quibus hec propriis duximus exprimenda vocabulis, locum qui dicitur Ursicampus in quo monasterium vestrum situm est, cum nemore et terris, aqua et pratris, et ceteris ad ipsum locum pertinentibus. Grangiam de Porviler, cum omnibus pertinenciis suis et omnem arabilem et decimam ad altare de Porviler pertinentem, concedente episcopo et capitulo Noviomense, et quicquid habetis in eodem territorio, in territorio Sempigniaci. Terram de Vadulis et aliam terram que fuerat ecclesie sancte Marie Humolariensis et sancti Amandi, data condigna recompensatione ex assensu capituli utriusque ecclesie, et decimam ad altare de Lier pertinentem, quam nobis dedit Odo, filius Joiberti, canonicus Noviomensis, concedente Simone episcopo, domos et vineas de monte Arboree, et quicquid illic habetis ex dono filii Joiberti, scilicet Odonis et Ogeri de Haldart atque Lamberti, filii Raineri. Vineas quas habetis ex dono filii Joiberti, intra et extra urbem Noviomensem atque interritorio de Bairi et totam decimam de curte Arboree ex dono canonicorum Noviomensium. Grangiam de Puteolis et aliam terram sibi adjacentem. Terras quas habetis ex dono monachorum vestrorum Gerardi Niatel et Petri Monelli, et alias terras ex dono Guidonis Castellani et campum sancti Martini, censum trium solidorum annuatim prestando. Terras quas vobis dedit Hawidis de Thorota et Agnes de Attechi. Terras de Marcello quas nobis dedit Johannes vir nobilis, vester postea monachus. Grangiam de monte Astichiarum cum nemore et omnibus terris quas ibidem habetis tam de dono Petri de Belleria conversi nostri quam etiam Hugonis de Diva, et Olde filie Bocardi de Thorota. Omnes terras quas habetis ex dono Balduini de Furnival et Hermetis filie sue, in toto territorio Gornasci

1186.

et Fuisniville. Culturam de Valeriis quam tenetis a comite Clarimontis; Terras Rainaldi Leschacer de Gornaco, et domine Villane et Richeldis sororis Radulfi de Cosduno. Quicquid etiam habetis a Rainaldo apud Antolium et Huberti locum et quod habetis ex dono Guidonis le Faisant, apud Ligniacum. Terras, boscum Remigii et Iterii conversorum nostrorum. Terram tam campestrem quam nemorosam quam habetis in territorio de Warnaviler. Terras campestres et nemorosas quas habetis in territorio de Magniviler et de Errosiis, ex dono Walteri monachi vestri et fratrum ejus, Gileberti, Huberti, Odonis et Cecilie sororis sue. Quicquid de terris sancti Dyonisii tenetis sub conditione que in scripto auctentiquo exinde facto continetur expressa. Terram Haimerici de Alvregni et Symonis de Bestisiaco, generi sui, et ceteras terras, tam censuales quam proprias, quas in eisdem territoriis habetis. Decimam territorii de Magniviler, ex dono Hugonis Martelot Belvacensis decani. Domum et vineam apud Compendium, et ex ipsius dono et Petri Malcuvert et decimam territorii quod Vallisbrie dicitur, concedente Bartholomeo, Belvacense episcopo. Esartum quoque de Folloses et terram de Callosellis in elemosinam nobis datam. Pratum ultra pontem et nemus inter Esgham et antiquum boscum, ex dono Balduini, natione Boloniensis, episcopi Noviomensis, et nemus utrumque juxta Porviler. Pratum quoque Berengeri, ex dono Renoldi, Noviomensis episcopi. Aquam etiam quam idem Renaldus a Radulfo Caumenchii emit et postea vobis vendidit. Grangiam de Groeni cum appendiciis suis, terram de Setfors quam Conon, comes Suessionensis, nobis in elemosinam dedit, terram etiam de Waescourt quam vir illustris Philippus, comes Flandrensis et Viromandensis, ex voluntate et rogatu uxoris sue Helyzabeth et concessione sororis ejusdem Elienor nobis in elemosinam contulit. Terras ecclesie sancti Medardi, juxta tenorem scripti auctentici exinde facti et decambium quarumdam terrarum que inter nos et monachos ejusdem ecclesie, assentientibus capitulis, factum est, et quicquid nobis tam in decimis et terris quam aliis modis juste acquisitis. Porro conventiones que inter nos et monachos Cluniacenses super quibusdam terris et decimis facte sunt, et scriptis auctenticis. Pactum quoque super quodam molendino inter nos et Calniacenses canonicos factum, et auctentico instrumento firmatum. Illud etiam pactum quod inter nos et canonicos sancti Quintini Belvacensis super decimis rationabiliter intercessit, sicut in auctenticis scriptis ex inde factis noscitur contineri, vobis auctoritate apostolica confirmamus et inconvulsa perpetuo manere scimus. Libertates vero sive immunitates a Manasse, vicecomite de Bulis, et Lanchelino et Rainaldo fratribus suis, et Guillelmo de Mello nepote eorum juste nobis indultas, vobis nichilominus duximus confirmandas. Inhibemus etiam ne terras seu quolibet beneficium ecclesie vestre collatum liceat alicui personaliter dari sive alio modo alienari absque assensu totius capituli aut majoris et sanioris partis. Si que vero donationes vel alienationes, aliter quam dictum est, confecte fuerint, irritas esse censemus. Ad hec etiam prohibemus ne aliquis monachus vel conversus sub professione domus nostre astrictus sine consensu et licentia abbatis et majoris partis capituli vestri pro aliquo fide jubeat vel ab aliquo pecuniam mutuo accipiat ultra precium capituli vestri prudentia constitutum, nisi propter manifestam vestre domus utilitatem. Quod si facere presumpserit, non teneatur conventus pro his aliquatenus respondere. Licitum preterea vobis sit in causis propriis fratres vestros ydoneos ad testificandum adducere, atque ipsorum testimonio, sicut justum fuerit, et propulsare violenciam et justitiam vendicare. Sane laborum vestrorum quos propriis manibus aut sumptibus colitis, tam de terris cultis quam incultis, sive de vineis et virgultis, seu de nutrimentis animalium vestrorum nullus a vobis decimas exigere vel extorquere presumat. Liceat quoque vobis clericos vel laicos e seculo fugientes liberos et absolutos ad conversionem et sepulturam recipere, et absque ulla contradictione retinere. Prohibemus insuper ut nulli fratrum vestrorum post factam in eodem loco professionem fas sit absque abbatis sui licentia de eodem loco discedere, discedentem vero sine communium litterarum cautione nullus audeat retinere. Quod si quis eos forte retinere presumpserit, liceat vobis in ipsos monachos vel conversos vestros sententiam regularem ex vestra auctoritate preferre, paci quoque et tranquillitati vestre paterna sollicitudine providere volentes, auctoritate apostolica prohibemus ut nullus intra clausuras locorum seu grangiarum vestrarum violenciam vel rapinam seu furtum facere, hominum capere vel interficere, seu ignem apponere audeat. Pro consecrationibus vero altarium seu ecclesiarum, oleo sancto, ordinationibus monachorum qui ad sacros ordines fuerint promovendi, vel quibuslibet ecclesiasticis sacramentis, nullus a nobis aut sub obtentu consuetudinis aut quolibet modo quicquam audeat extorquere. Sed hec omnia a dyocesano suscipiatis episcopo, sin minus quidem catholicus fuerit, et ea gratis et absque pravitate aliqua nobis voluerit exhibere. Alioquin liceat vobis quecumque malueritis catholicum adire antistitem gratiam et communionem apostolice sedis habentem, qui nostra fultus auctoritate, quod postulatur impendat. Insuper etiam apostolica auctoritate scimus quemadmodum a predecessoribus nostris Romanis pontificibus vestro ordini est indultum, ut nullus episcopus vel alia quelibet persona ad synodos vel ad conventus forenses vos ire vel judicio seculari de propria substantia vel possessionibus subjacere compellat. Illud adicientes ut nullus electionem regularem abbatis vestri impediat, aut de instituendo vel deponendo seu removendo eo qui pro tempore fuerit contra statuta Cysterciensis ordinis, et autoritate privilegiorum vestrorum se nullatenus intromittat. Quod si episcopus in cujus parochia domus vestra est fundata, tertio cum humilitate et devotione qua convenit requisitus, substitutum abbatem benedicere forte renuerit, licitum sit eidem abbati, si tum sacerdos fuerit, proprios novicios benedicere, et alia que ad officium suum pertinent exercere, donec idem episcopus duriciam suam recogitet, et abbatem sine pravitate aliqua benedicat. Porro si qui episcopi in personas vestras vel monasterium ipsum sententiam aliquam contra libertatem ordini a predecessoribus nostris et a nobis indultam promulgaverint, eandem sententiam tanquam contra apostolice sedis indultam prolatam decernimus irritandam. Libertates quoque et omnes immunitates a predecessoribus nostris indultas, et exemptiones secularium exactionum a regibus et principibus et aliis fidelibus pia devotione vobis concessas auctoritate apostolica confirmamus, et illibatas statuimus perpetuo permanere, quemadmodum predicti reges et principes vobis scriptis auctenticis confirmarunt. Decernimus ergo ut ulli omnino hominum liceat prefatum monasterium temere perturbare aut ejus possessiones auferre vel ablatas retinere, minuere, seu quilibet molestiis fatigare, sed omnia integre conserventur eorum pro quorum gubernatione ac sustentatione concessa sunt usibus omnimodis profutura, salva sedis apostolice auctoritate. Si qua ergo in futurum ecclesiastica secularisve persona hanc vestre constitutionis paginam sciens contra eam temere venire temptaverit, secundo tertiove commonita, nisi presumptionem suam congrua satisfactione correxerit, potestatis honorisque sui dignitate careat, reamque se divino judicio existere de perpetrata iniquitate cognoscat, et sanctissimo corpore et sanguine Dei et Domini redemptoris nostri Jesu-Christi aliena fiat, atque in extremo examine districte subjaceat ultioni. Cunctis autem eidem loco sua jura servantibus sit pax Domini nostri Jesu-Christi, quatinus hic fructum bone actionis percipiant apud districtum judicem premia eterne pacis inveniant. Amen. Datum Verone per manum Alberti, Romane ecclesie prebisteri cardinalis et cancellarii. vi nonas maii. Indictione quarta. Incarnationis dominice anno m°. c°. lxxxvi. Pontificatus Domini Urbani pape III anno primo.

CCCCLXVII.

QUOD POSSUMUS CELEBRARE DIVINA IN DOMIBUS, IN CIVITATIBUS, VILLIS, GRANGIIS NOSTRIS.

Circa 1163. Alexander, episcopus, servus servorum Dei, dilectis filiis abbati et conventui monasterii Ursicampi, Cysterciensis ordinis, Noviomensis diocesis, salutem et apostolicam benedictionem. Devotionis vestre precibus inclinati auctoritate vobis presentium indulgemus ut in civitatibus, villis, grangiis et domibus vestris liceat vobis divina officia celebrare sine juris prejudicio alieni. Ulli ergo omnino hominum liceat hanc paginam nostre concessionis infringere, vel ei ausu temerario contraire. Si quis autem hoc attemptare presumpserit, indignationem omnipotentis Dei et beatorum Petri et Pauli apostolorum ejus se noverit incursurum. Datum Viterbii, nono kalendas januarii, pontificatus nostri anno quarto.

CCCCLXVIII.

PRIVILEGIUM SPECIALE PRO DOMO NOSTRA CONTINENS PLURA.

Circa 1162. Alexander, episcopus, servus servorum Dei, dilectis filiis abbati et conventui monasterii Ursicampi, Cysterciensis ordinis, ejusque fratribus tam presentibus quam futuris regularem vitam professis, in perpetuum. Desiderium quod ad religionis propositum et animarum salutem pertinere monstratur, sine aliqua est dilatione complendum. Ea propter dilecti in domino filii vestris justis postulationibus clementer annuimus et prefatum monasterium in quo domino mancipati estis obsequio, predecessoris nostri sancte recordationis Eugenii vestigiis inherentes, sub beati Petri et nostra protectione suscipimus, etc. (*Ut suprà* ccclxvi). Amen.

CCCCLXIX.

PRIVILEGIUM INNOCENTII PAPE DE DECIMIS.

Circa 1187. Innocentius episcopus, servus servorum Dei, venerabilibus fratribus archiepiscopo Remensi et suffraganeis ejus, et dilectis filiis abbatibus, prioribus, decanis, archidiaconis et aliis ecclesiarum prelatis per Remensem provinciam constitutis, salutem et apostolicam benedictionem. Audivimus et audientes mirati sumus quod cum dilectis filiis abbati et conventui de Ursicampo, Cysterciensis ordinis, a pluribus nostris predecessoribus quod concessum sit, et post modum a nobis ipsis indultum et confirmatum ut de laboribus quos propriis manibus aut sumptibus excolunt, nemini decimas solvere teneantur, quidam ab eis nichilominus contra apostolice sedis indulgencias decimam exigere et extorquere presumunt, et prava et sinistra interpretatione apostolicorum privilegiorum capitulum pervertentes, asserunt de novalibus debere intelligi, ubi noscitur de laboribus esse scriptum. Quum ergo magnifestum est omnibus qui recte sapiunt interpretationem hujus modi perversam esse et intellectui sano contrariam, cum secundum capitulum illud a solutione decimarum tam de terris illis quas deduxerunt vel deducunt ad cultum, quam de terris et cultis quas propriis manibus vel sumptibus excolunt, liberi sint penitus et immunes. Ne ullus contra eos materiam habeat malignandi, universitati vestre per apostolica scripta precipiendo mandamus, quatinus parochianis vestris auctoritate apostolica prohibere curetis, ne a memoratis fratribus de novalibus vel de aliis terris quas propriis manibus vel sumptibus excolunt, seu de nutrimentis animalium nullatenus decimam presumant exigere, vel quomodo libet extorquere. Quia vero non est conveniens vel honestum ut contra sedis apostolice indulgencias temere veniatur, que obtinere debent inviolabilem firmitatem, mandamus vobis firmiterque precipimus ut si qui monachi, canonici, clerici vel laici contra privilegia sedis apostolice, memoratos fratres super decimarum exactione gravaverint, laicos excommunicationis sententia percellentes, monachos, canonicos sive laicos contradictione dilatione et appellatione cessante ab officio suspendatis, et tam excommunicationis quam suspensionis sententiam faciatis usque ad dignam satisfactionem inviolabiliter observari. Ad presentium vobis auctoritate precipiendo mandamus quatinus si quis eorundem parochianorum vestrorum in sepe dictos fratres violentas manus injecerit, eum accensis candelis excommunicatum publice nuncietis, et tanquam excommunicatum faciatis ab omnibus cautius evitari, donec iisdem fratribus congrue satisfaciat, et cum litteris dyocesani episcopi rei veritatem continentibus, apostolico se conspectui representet. Datum Laterani, nonas maii, pontificatus nostri anno VII°.

CCCCLXX.

ITEM. PRIVILEGIUM EJUSDEM NOSTRA CONFIRMANS.

Innocencius, episcopus, servus servorum Dei, dilectis filiis Balduino, abbati Ursicampi, ejusque fratribus tam presentibus quam futuris regularem vitam professis in perpetuum. Religiosam vitam eligentibus apostolicum convenit adesse presidium, ne forte cujuslibet temeritatis incursus, aut eos a proposito revocet, aut robur, quod absit, sacre religionis infringat. Ea propter dilecti in Domino filii nostris justis postulationibus clementer annuimus, et prefatum monasterium sancte Dei genitricis et virginis Marie de Ursicampo, in quo divino mancipati estis obsequio, sub beati Petri et nostra protectione suscipimus, et presentis scripti privilegio communimus. In primis statuentes ut ordo monasticus qui secundum Deum et beati Benedicti regulam atque institutionem Cysterciensium fratrum in eodem monasterio institutus esse dignoscitur, perpetuis ibidem temporibus observetur. Preterea quascumque possessiones, quecumque bona idem monasterium in presenciarum juste et canonice possidet aut in futurum concessione pontificum, largitione regum vel principum, oblatione fidelium sive aliis

Circa 1130.

justis modis, prestante Domino poterit adipisci, firma vobis vestrisque successoribus et illibata permaneant. In quibus hec propriis duximus exprimenda vocabulis, locum ipsum in quo prefatum monasterium situm est, cum omnibus pertinenciis suis. Usuagium Esge silve, quod vobis a prima fundatione monasterii, Symo, quondam Noviomensis episcopus, et portionem ejusdem silve quam venerabilis frater noster Stephanus successor ipsius vobis de concessione sui capituli concesserunt, portionem que ejusdem silve quam ex dono Johannis, castellani Noviomensis, habetis. Nec non et illam portionem quam a Drogone Moricam acquisistis, boscum Odonis Gouini et essartum de Caisiux tam in terra arabili quam in pratis, xx modios frumenti de dono Walteri militis de Vendolio, quos annuatim solvit ecclesia de Novigento. Grangiam de Vadulis cum appendenciis suis et terram que fuit Nicholai de Sarto ad eandem grangiam pertinentem. Grangiam de Porviler cum pratis, pasturis, nemoribus, piscaria et ceteris appendenciis suis, et etiam grangiam de Puteolis cum terra arabili, nemoribus, pasturis et ceteris appendiciis suis, in quibus nominatum hec duximus exprimenda. Terram que fuit quondam Rainaldi et Petri fratrum militum de Cochiaco. Terram que fuit Johannis Vituli de Magniaco. Duas carrucatas terre arabilis ex dono Guidonis castellani de Cochi. Nemus de Morlainval, et ea que ex dono Guidonis castellani habetis, pasturasque terre ipsius, et vineas de Bairi. Grangiam Carmei cum pertinenciis suis, et lapidicinam quam habetis in monte de Malconcel ad lapides eruendos. Grangiam de Arborea cum terris arabilibus, vineis, sarto de Oresmiex, et ceteris pertinenciis suis. Vineas de Landricimonte cum pertinenciis suis. Grangiam Arcuvallis cum pertinenciis suis. Unam carrucatam terre arabilis circa Antolium, et quosdam campartos in Herberti loco, ex dono Philippi de Vineemonte, et managium quod ejus fuit juxta eandem villam. Grangiam de Warnaviler cum pertinenciis suis et molendinum de Salice. Grangiam Arrosiarum cum pertinenciis suis. Vineas de Castineto. Grangiam de Groeni cum pertinenciis suis, et terram de Waescurt, Philippi quondam comitis Flandrencis, et terram de Sectfurs ex dono Cononis comitis Suessionensis. Grangiam de Lacheni cum pertinenciis suis et terram quam habetis ex dono Ermentrudis de Melloto, et portionem nemoris quod Poiteria nominatur, ad eandem grangiam pertinentem. Sane laborum vestrorum quos propriis manibus aut sumptibus colitis, tam de terris cultis quam incultis, sive de ortis et virgultis, et piscationibus vestris, vel de nutrimentis animalium vestrorum ullus a nobis decimas exigere vel extorquere presumat, liceatque vobis clericos vel laicos liberos et absolutos e seculo fugientes ad conversionem recipere, et eos absque contradictione aliqua retinere. Prohibemus insuper ut ulli fratrum vestrorum post factam in monasterio vestro professionem fas sit sine abbatis sui licentia de eodem loco discedere, discedentem vero absque communium litterarum vestrarum cautione ullus audeat retinere. Quod si quis retinere forte presumpserit, licitum vobis sit in ipsos monachos vel conversos regularem sententiam promulgare; illud districtius inhibentes ne terras seu quolibet beneficium ecclesie vestre collatum liceat alicui personaliter dari sive alio modo alienari absque consensu tocius capituli vel majoris aut sanioris partis ipsius. Si que vero donationes vel alienationes aliter quam dictum est facte fuerint, eas irritas esse censemus. Ad hec etiam prohibemus ne aliquis monachus sive conversus sub protectione vestre domus astrictus sive consensu et licentia abbatis et majoris partis vestri capituli pro aliquo fide jubeat vel ab aliquo pecuniam mutuo accipiat ultra pretium capituli vestri prudentia constitutum, nisi propter magnifestam domus vestre utilitatem. Quod si facere presumpserit, non teneatur conventus pro hiis aliquatenus respondere. Licitum preterea sit vobis in causis propriis, sive civilem sive criminalem contineant questionem, fratrum vestrorum testimoniis uti, ne pro defectu testium jus vestrum in aliquo valeat deperire. Insuper auctoritate apostolica inhibemus ne ullus episcopus vel alia quelibet persona ad synodos vel conventus forenses vos ire vel seculari judicio de propria substantia vel possessionibus vestris subjacere compellat, nec ad domos vestras causa ordines celebrandi, causas tractandi, vel conventus aliquos publicos convocandi venire presumat, nec regularem abbatis vestri electionem impediat, aut de instituendo vel removendo eo qui pro tempore fuerit contra statuta Cysterciensis ordinis, se aliquatenus intromittat. Si vero episcopus in cujus parochia domus vestra fundata est, cum humilitate ac devotione qua convenit requisitus substitutum abbatem benedicere, et alia que ad officium episcopale pertinent vobis conferre renuerit, licitum sit abbati, si tamen sacerdos fuerit, proprios novitios benedicere et alia que ad officium suum pertinent exercere, et vobis omnia ab alio episcopo percipere que a vestro fuerint indebite denegata, illud adicientes, ut in recipiendis professionibus que a benedictis vel benedicendis abbatibus exhibentur, ea sicut episcopi forma et expressione contenti que ab origine ordinis noscitur instituta, ut scilicet abbates ipsi salvo ordine suo proficeri debeant, et contra statuta ordinis sui ullam professionem facere compellantur. Pro consecrationibus vero altarium vel ecclesiarum, sive pro oleo sancto vel quolibet alio sacramento ecclesiastico, ullus a vobis sub obtentu consuetudinis, vel alio quolibet modo quicquam audeat extorquere, sed hec omnia gratis vobis episcopus dyocesanus impendat. Alioquin liceat vobis quemcunque malueritis catholicum adire antistitem gratiam et communionem apostolice sedis habentem, qui nostra fretus auctoritate vobis que postulatis impendat. Quod si sedes dyocesani episcopi forte vacaverit, interim omnia ecclesiastica sacramenta a vicinis episcopis accipere libere et absque contradictione possitis, sic tamen ut ex his in posterum propriis episcopis ullum prejudicium generetur. Quia vero interdum propriorum episcoporum copiam non habetis, si quem episcopum Romane sedis, ut diximus, communionem habentem et de quo plenam noticiam habeatis, per vos transire contigerit, ab eo benedictiones vasorum et vestium, consecrationes altarium, ordinaciones monachorum, auctoritate apostolice sedis recipere valeatis. Porro si episcopi vel alii ecclesiarum rectores in monasterium vestrum vel personas inibi constitutas, suspensionis, excommunicationis vel interdicti sententiam promulgaverint, sive etiam in mercennarios vestros, pro eo quod decimas non solveritis, sive aliqua occasione eorum que ab apostolica benignitate vobis indulta sunt, seu benefactores vestros pro eo quod aliqua vobis beneficia vel obsequia ex caritate prestiterint, vel ad laborandum adjuverint in illis diebus in quibus vos laboratis, et alii ferientur, eandem sententiam protulerint, ipsam tanquam contra sedis apostolice indulta prolatam duximus irritandam. Nec littere ille firmitatem habeant, quas tacito nomine Cysterciensi ordini et contra tenorem apostolicorum privilegiorum constiterit impetrari. Paci quoque et tranquillitati vestre paterna in posterum sollicitudine providere volentes, auctoritate apostolica prohibemus ut infra clausuras locorum seu grangiarum vestrarum ullus rapinas seu furtum facere, ignem apponere, sanguinem fundere, hominem temere capere vel interficere, seu violentiam audeat exercere. Preterea omnes libertates et immunitates a predecessoribus nostris Romanis pontificibus ordini vestro concessas, necnon et libertates et exemptiones secularium exactionum a regibus et principibus et aliis fidelibus rationabiliter vobis indultas, auctoritate apostolica confirmamus, et presentis scripti privilegio communimus. Decrevimus ergo ut ulli omnino homini liceat prefatum monasterium temere perturbare aut ejus possessiones auferre vel ablatas retinere, minuere seu quibuslibet vexationibus fatigare, sed omnia integre conserventur eorum pro quorum gubernatione ac sustentatione concessa sunt, usibus omnimodis perfutura salva sedis apostolice auctoritate. Si qua ergo in futurum ecclesiastica secularisve persona hanc nostre constitutionis paginam sciens contra eam temere venire temptaverit, secundo tertiove commonita nisi reatum suum congrua satisfactione correxerit, potestatis honorisque sui dignitate careat, reamque se divino judicio existere de perpetrata iniquitate cognoscat, et a sanctissimo corpore et sanguine Dei et Domini redemptoris nostri Jesu Christi aliena fiat, atque in extremo examine districte ultioni subjaceat. Cunctis autem eidem loco sua jura servantibus sit pax Domini nostri Jesu Christi, quatinus et hic fructum bone actionis percipiant et apud districtum judicem premia eterne pacis inveniant. Amen.

CCCCLXXI.

DE DECIMIS.

Circa 1130.   Innocencius, episcopus, servus servorum Dei, dilectis filiis abbati et conventui monasterii Ursicampi, Cysterciensis ordinis, Noviomensis dyocesis, salutem et apostolicam benedictionem. Significastis nobis quod cum nobis a sede apostolica sit indultum, ut de ortis, virgultis, pratis, pascuis, nemoribus, salinis, molendinis, piscationibus ante et post concilium acquisitis, ac de vestrorum animalium nutrimentis, ullus a vobis decimas exigere vel extorquere presumat, injuncto nichilominus ab eadem sede venerabilibus fratribus nostris archiepiscopis et episcopis et aliis ecclesiarum prelatis per regnum Francie constitutis, ut vos et alios vestri ordinis regni ejusdem immunes a prestatione decimarum hujus modi conservarent. Nonulli tamen ecclesiarum prelati et clerici Noviomensis dyocesis dicentes hujusmodi indulgenciam ad acquisita post modum ipsius aliquatenus non extendi, vos super hoc multiplici molestatione fatigant. Nos ergo credentes pacificam indulgentiam ad acquisita postmodum extendendam, ut ullus vos super hoc hujus modi occasione fatiget, auctoritate presentium inhibemus. Nulli ergo omnino hominum liceat paginam nostre inhibitionis infringere, vel ei ausu temerario contraire. Si quis autem hoc attemptare presumpserit, indignationem omnipotentis Dei et beatorum Petri et Pauli apostolorum ejus se noverit incursurum. Datum Laterani. xiii kalendas marcii, pontificatus nostri anno primo.

CCCCLXXII.

DE DECIMIS.

Circa 1130.   Innocencius, episcopus, servus servorum Dei, venerabilibus fratribus, archiepiscopis, episcopis, dilectis filiis, abbatibus, prioribus, decanis, archidiaconis, archipresbiteris et aliis ecclesiarum prelatis ad quos littere iste pervenerint, salutem et apostolicam benedictionem. Cum abbates Cysterciensis ordinis, generalis concilii congregati, ne occasione privilegiorum suorum ecclesie ulterius minime gravarentur, ad commonitionem felicis recordationis Innocenci pape, predecessoris nostri, statuerint ut de certo fratres ipsius ordinis nisi pro monasteriis de novo fundandis emant possessiones de quibus decime debentur ecclesiis, et si pro monasteriis de novo fundatis tales possessiones pia fidelium devotione collate fuerint aut empte committantur aliis excolende, a quibus ecclesiis decime persolvantur, dictus predecessor noster statutum hujus modi gratum habetis et ratum decrevit ut dicti fratres de alienis terris ab eo tempore acquirendis, etiam si eas propriis manibus aut sumptibus excolant, decimas persolvant ecclesiis quibus ratione prediorum antea solvebantur, nisi cum ipsis ecclesiis aliter ducerent componendum, quod et ad alios regulares qui similibus gaudent privilegiis extendi voluit et mandavit, ut ex hoc ecclesiarum prelati promptiores et efficaciores existerent, ad exhibendum eis de suis malefactoribus justitie complementum, eorumque privilegia diligencius et perfectius observentur. Sed quum dolentes referimus in contrarium res est versa quasi sicut ex gravi querela. Dilectorum filiorum abbatis et conventus monasterii Ursicampi, Cysterciensis ordinis, Noviomensis dyocesis, frequenter audivimus nonulli ecclesiarum prelati et alii clerici eorum privilegia temere contempmentes et contendentes malitiose ipsorum pervertere intellectum, eosdem multipliciter inquietant. Nam cum sit ipsis indultum ut de novalibus que propriis manibus aut sumptibus excolunt, sive de ortis, virgultis, et piscationibus suis, vel de suorum animalium nutrimentis, ullus ab eis decimas exigere vel extorquere presumat. Quidam perverso intellectu conficto dicentes quod hec non possunt nec debent intelligi nisi de hiis que sunt ante generale concilium acquisita, ipsos super hiis multiplici vexatione fatigant. Nos ergo quieti eorum paterna sollicitudine providere volentes, universitati vestre per apostolica scripta mandamus, quatinus dictos abbatem et conventum a prestatione decimarum tam de possessionibus habitis ante concilium memoratum antequam susceperint ejusdem ordinis instituta, quam de novalibus sive ante sive post idem concilium acquisitis, que propriis manibus aut sumptibus excolunt, de quibus novalibus aliquis hactenus non percepit, nec non de ortis, virgultis et piscationibus suis, et de suorum animalium nutrimentis. Contradictores per censuram ecclesiasticam appellatione postposita compescendo. Datum Laterani, vi kalendas aprilis, pontificatus nostri anno primo.

CCCCLXXIII.

DE DECIMIS PRO ANIMALIBUS AD MEDIETATEM TRADITIS.

Alexander, episcopus, servus servorum Dei, dilectis filiis abbati et conventui monasterii Ursicampi, Cysterciensis ordinis, Noviomensis dyocesis, salutem et apostolicam benedictionem. Perinsignis ordinis vestri religio fecunditate referta virtutum, et meritorum conspicua sanctitate, necnon et devotionis sinceritas quam reverenter et sedulo erga nos et romanam ecclesiam exhibetis, permittetur ut nos apostolici favoris plenitudine prosequentes, vobis assidue nos reddamus ad gratiam liberales, sane cum sicut lecta nobis ex parte vestra petitio continebat, sepe contigit quod nos de vestris animalibus societatem cum aliis contrahentes, ea ipsius ad terram partem custodienda traditis seu et nutrienda. Vestris itaque supplicationibus inclinati ut de contigente vos predictorum animalium seu fructuum eorumdum portione non teneamini,

Circa 1159.

cuicumque decimas solvere nec ad eos solvendos compelli possitis. Nulli ergo omnino homini liceat hanc paginam nostre concessionis infringere, vel ei ausu temerario contraire. Si quis autem hoc attemptare presumpserit. Indignationem omnipotentis Dei et beatorum Petri et Pauli apostolorum ejus noverit incursurum. Datum Aniagnie, nonas octobris, pontificatus nostri, anno primo.

CCCCLXXIV.

DE DECIMIS ANIMALIUM NOSTRORUM NON SOLVENDIS.

Circa 1130.   Innocentius episcopus, servus servorum Dei, dilectis filiis abbati et conventui monasterii Ursicampi, Cysterciensis ordinis, Noviomensis dyocesis salutem et apostolicam benedictionem. Solet annuere sedes apostolica piis votis et honestis petentium precibus favorem benivolam impetiri. Cum ergo sicut ex parte vestra fuit propositum coram nobis ordini vestro et vobis a sede apostolica per privilegia et indulgentias sit indultum ut ullus a vobis de vestrorum animalium nutrimentis vel aliis, pro eo quod animalia vestra in pastura pro custodia sua habeant, decimas exigere vel quomodolibet extorquere presumat, et si quis in benefactores vestros, pro eo quod aliqua vobis beneficia vel obsequia ex caritate prestiterint, excommunicationis suspensionis vel interdicti sententias promulgaverit, hujusmodi sententie tanquam contra apostolice sedis indulta prelate decernuntur, per easdem indulgentias irrite et inanes. Quia non nulli ecclesiarum prelati ordinarii et rectores, spretis privilegiis et indulgentiis supra dictis, vos et benefactores vestros super hiis multiplici vexatione fatigant, nobis humiliter suplicastis indempnitati vestre providere in hac parte paterna sollicitudine curaremus. Nos ergo vestre providere quieti et molestancium maliciis obviare volentes, ne quis contra indulta privilegiorum apostolice sedis a vobis vel aliis occasione premissa hujus modi decimas exigere vel in vos seu alios ob hoc et etiam benefactores vestros prefatos sententias promulgare presumat, auctoritate presentium districtius inhibemus. Quas si forsam promulgari contigerit, eadem auctoritate decernimus irritas et inanes. Nulli ergo omnino hominum liceat hanc paginam nostre inhibitionis infringere vel ei ausu temerario contraire. Si quis autem hoc attemptare presumpserit, indignationum omnipotentis Dei et beatorum Petri et Pauli apostolorum ejus noverint incursurum. Datum Laterani, x kalendas marcii, pontificatus nostri anno primo.

CCCCLXXV.

(CONFIRMATIO PRIVILEGIORUM.)

Circa 1130.   Innocencius episcopus, servus servorum Dei, dilectis filiis abbati et conventui monasterii Ursicampi, Cysterciensis ordinis, Noviomensis dyocesis, salutem et apostolicam benedictionem. Cum a nobis petitur quod justum est et honestum, tam vigor equitatis quam ordo exigit rationis ut id per sollicitudium officii nostri ad debitum perducatur effectum. Ex parte siquidem vestra fuit propositum coram nobis quod nonnulli ecclesiarum prelati vestris libertatibus invidentes, cum eis non liceat ex apostolice sedis indulto in vos excommunicationis vel interdicti sententias promulgare, in familiarum servientes et benefactores, ac illos qui molunt in molendinis vel coquunt in furnis vestris, quicquid vendendo seu emendo vel alias vobis communicant, sententias proferunt memoratas, sicque non vim et potestatem privilegiorum vestrorum sed sola verba servantes, vos quodam modo excommunicant, dum vobis alios communicare non sinunt, ex hoc judicari videmini judicio Judeorum et qui vobis communicant in predictis illud evenit inconveniens quod majorem excommunicationem incurrant quum excommunicatis communicando fuerant incursuri. Quare nobis humiliter supplicastis ut providere quieti vestre super hoc paterna sollicitudine curaremus. Nos igitur vestris supplicationibus inclinati, ne quis predictorum hujus modi sententias in fraudem privilegiorum apostolice sedis de cetero promulgare presumat, auctoritate presentium inhibemus, decernentes eas, si presumptionem cujuspiam taliter promulgari contigerit, irritas et inanes. Nulli ergo omnino hominum liceat hanc paginam inhibitionis infringere vel ei ausu temerario contraire. Si quis autem hoc attemptare presumpserit, indignationem omnipotentis Dei et beatorum Petri et Pauli apostolorum ejus se noverit incursurum. Datum Lateranensi, nonas martii, pontificatus nostri anno primo. (Non absque dolore.)

CCCCLXXVI.

AD UNIVERSOS PRELATOS QUOD EXCOMMUNICENTUR QUI RES NOSTRAS INJUSTE DETINENT, ET QUI IN NOS MANUS MITTUNT VIOLENTAS.

Innocentius, servus servorum Dei, venerabilibus fratribus archiepiscopis, episcopis et dilectis filiis abbatibus, prioribus, decanis, archidyaconis et aliis ecclesiarum prelatis ad quos littere iste pervenerint, salutem et apostolicam benedictionem. Non absque dolore cordis et plurima turbatione didicimus quod ita in plerisque partibus ecclesiastica censura dissolvitur et canonice sententie severitas enervatur ut viri religiosi et hii maxime qui per sedis apostolice privilegia majori sunt donati libertate, passim a malefactoribus suis injurias sustineant et rapinas dum vix invenitur qui congrua illis protectione subveniat, et pro fovenda pauperum innocentia se murum deffensionis opponat. Specialiter autem dilecti nostri fratres Ursicampi, Cysterciensis ordinis, tam de frequentibus injuriis quam de ipso cotidiano defectu justitie conquerentes, universitatem vestram litteris petierunt apostolicis exitari, ut ita videlicet eis in tribulationibus suis contra malefactores eorum prompta debeant magnanimitate consurgere, quod ab angustiis quas sustinent et pressuris, vestro possint presidio respirare. Ideoque universitati vestre per apostolica verba mandamus et in virtute obedientie districte precipimus quatinus illos qui in aliquem de fratribus ipsis manus violentas injecerint, vel res seu domos eorum vel hominum suorum irreverenter invaserint, aut ea que predictis fratribus ex testamento decedentium relinquuntur contra justiciam retinuerint, vel decimas laborum seu nutrimentorum suorum spretis privilegiis apostolice sedis extorserint, aut res eorum a fugitivis ablatas illicite retinere presumpserint, si layci fuerint, eos et principales fautores eorum publice candelis accensis excommunicationis sententia procellatis, clericos aut canonicos sive monachos, appellatione remota, ab officio et beneficio suspendatis, neutram relaxaturi sententiam donec predictis fra-

Circa 1200.

tribus plenarie satisfaciant, et precipue hii qui pro violenta manuum injectione vinculo fuerint anathematis innodati. Cum dyocesani episcopi litteris ad sedem apostolicam venientes ab eodem vinculo mereantur absolvi, villas autem in quibus eorundem fratrum seu hominum suorum per violenciam detenta fuerint aut ipsi predones permanserint, seu etiam fratres fugitivi, monachi vel conversi, contra voluntatem eorum extiterint, nisi habitatores ipsorum diligenter ammoniti eos a se curaverint amovere, quandiu ibi fuerint interdicti, sententie appellatione postposita supponatis. Datum Laterani, XI kalendas julii, pontificatus nostri anno tertio.

CCCCLXXVII.

DE ABSOLUTIONE VENIENTIUM AD ORDINEM CUM ALIIS PLURIBUS.

Circa 1203. Innocentius, episcopus, servus servorum Dei, venerabilibus fratribus Remensi archiepiscopo et suffraganeis ejus et dilectis filiis abbatibus, prioribus, et aliis ecclesiarum prelatis in Remensi provincia constitutis, salutem et apostolicam benedictionem. Non absque dolore.....

Cum dyocesani episcopi litteris ad sedem apostolicam venientes ab eodem vinculo mereantur absolvi, de monachis vero et canonicis regularibus id servetur ut si ejusdem claustri fratres manus in se injecerint violentas, per abbatem proprium. Si vero unius claustri frater in fratrem alterius claustri hujus modi presumpserit violenciam exercere per injuriam passi et inferentis abbates absolutionis beneficium assequuntur, etiam si eorum aliqui priusquam habitum reciperent regularem tale actum commiserunt propter quod ipso actu excommunicationis sententiam incurrissent, nisi excessus ipsorum esset difficilis, enormis, ut pote si esset ad mutilationem membri vel sanguinis effusionem processum, aut violenta manus in episcopum vel abbatem injecta, cum excessus tales et similes sine scandalo. Si vero in clericos seculares manus injecerint, pro vitando scandalo mittantur ad sedem apostolicam absolvendi. Villas autem in quibus bona predictorum fratrum vel hominum suorum per violenciam detenta fuerint, quandiu ii sunt interdicti sentencie supponatis. Datum Rome apud sanctum Petrum, VI kalendas decembris, pontificatus nostri anno sexto. (Non absque dolore.)

CCCCLXXVIII.

(DE PRIVILEGIIS URSICAMPI.)

Circa 1228. Gregorius, episcopus, servus servorum Dei.... *(ut suprà)*. Datum Assisii VI idus junii, pontificatus nostri anno secundo. (Non absque dolore).

CCCCLXXIX.

PRIVILEGIUM SPECIALE PRO DOMO URSICAMPI, IN QUO PLURA CONTINENTUR.

Julio 1228. Gregorius, episcopus, servus servorum Dei, dilectis filiis abbati monasterii Ursicampi ejusque

TITULUS PRIVILEGIORUM.

fratribus tam presentibus quam futuris regularem vitam professis in perpetuum. Religiosam vitam eligentibus apostolicum convenit adesse presidium, ne forte cujuslibet temeritatis incursus aut eos a proposito revocet aut robur, quod absit, sacre religionis infringat. Ea propter, dilecti in Domino filii, vestris justis postulationibus clementer annuimus et monasterium sancte Dei genitricis virginis Marie de Ursicampo in quo divino estis obsequio mancipati, sub beati Petri et vestra protectione suscipimus et presentis scripti privilegio communimus. In primis siquidem statuentes ut ordo monasticus qui secundum Deum et beati Benedicti regulam atque institutionem Cysterciensium fratrum in eodem monasterio institutus esse dinoscitur, perpetuis ibidem laboribus observetur, preterea quascumque possessiones, quecumque bona idem monasterium in presentiarum juste et canonice possidet, aut in futurum concessione pontificum, largitione regum vel principum, oblatione fidelium seu aliis justis modis prestante domino poterit adipisci, firma vobis vestrisque successoribus et illibata permaneant. In quibus hec propriis duximus exprimenda vocabulis locum ipsum in quo prefatum monasterium situm est, cum omnibus pertinentiis suis. Grangiam que vocatur Arbroie, cum pertinenciis suis. Grangiam que vocatur Archonval, cum pertinenciis suis. Grangiam que vocatur Carmoie, cum pertinenciis suis. Grangiam que vocatur Warnaviler, cum pertinenciis suis. Grangiam que vocatur Erreuses, cum pertinenciis suis. Grangiam que vocatur Greuni, cum pertinenciis suis. Grangiam que vocatur Voiaus, cum pertinenciis suis. Grangiam que vocatur Bari, cum pertinenciis suis. Grangiam que vocatur Landrimont, cum pertinenciis suis. Domum quam habetis in civitate Suessionensi, cum pertinenciis suis. Domum quam habetis in civitate Noviomensi, cum pertinenciis suis. Domum quam habetis Nigelle, cum pertinenciis suis. Domum quam habetis in castro Compendii, cum pertinenciis suis. In episcopatu Ambianense decimam de Canoya et de Mollimanso, cum pratis, terris, vineis, nemoribus, usagiis, pascuis in bosco et plano, in aquis et molendinis, in viis et semitis et omnibus aliis libertatibus et immunitatibus suis, salva supra predicta decima moderatione concilii generalis. Sane laborum vestrorum et possessionibus habitis ante concilium generale ac etiam novalium que propriis manibus aut sumptibus colitis, sive de ortis, virgultis et piscationibus vestris, sive de nutrimentis animalium vestrorum, ullus a vobis decimas exigere vel extorquere presumat. Liceat quoque vobis clericos vel laicos liberos et absolutos e seculo fugientes ad conversionem, ac eos absque contradictione aliqua retinere. Prohibemus insuper ut ulli fratrum vestrorum post factam in monasterio vestro professionem fas sit sine abbatis sui licentia de eodem loco discedere. Discedentem vero absque communium litterarum vestrarum cautione nullus audeat retinere. Quod si quis retinere forte presumpserit, licitum vobis sit in ipsos monachos vel conversos regularem sententiam promulgare. Illud districtius inhibentes ne terras seu quolibet beneficium ecclesie vestre collatum liceat alicui personaliter dari, sive alio modo alienari, absque consensu totius capituli vel majoris aut sanioris partis ipsius. Si que vero donationes vel alienationes aliter quam dictum est facte fuerint, eas irritas esse censemus. Ad hoc etiam prohibemus ne aliquis monachus vel conversus sub professione vestre domus astrictus sine licentia et consensu abbatis et majoris partis capituli vestri pro aliquo fidejubeat vel ab aliquo pecuniam mutuo accipiat ultra precium capituli vestri prudencia constitutum, nisi propter magnifestam domus vestre utilitatem. Quod si facere forte presumpserit, non teneatur conventus pro hiis aliquatenus respondere. Licitum preterea sit vobis in causis propriis sive civilem sive criminalem contineant questionem, fratrum vestrorum testimoniis uti, ne per defectum testium jus vestrum valeat aliquo deperire. Insuper auctoritate apostolica inhibemus ne ullus episcopus vel quelibet alia persona ad sinodos vel conventus forenses vos ire, vel judicio seculari de propria vestra subtancia vel possessionibus vestris subjacere compellat, nec ad domos vestras causa ordines celebrandi, causas tractandi, vel conventus aliquos publicos convocandi venire presumat, nec regularem abbatis vestri electionem impedire aut de instituendo vel removendo eo qui pro tempore fuerit, contra statuta Cysterciensis ordinis se aliquatenus intromittat. Si vero episcopus in cujus parochia domus vestra fundata est, cum humilitate ac devotione qua convenit requisitus subtitutum abbatem benedicere, ac alia que ad officialem episcopalem pertinent, vobis conferre renuerit, licitum sit eidem abbati, si tamen sacerdos fuerit, proprios novicios benedicere ac alia que ad officium suum pertinent exercere, et omnia vobis ab alio episcopo precipere que a vestro fuerunt indebite denegata. Illud adicientes ut in recipiendis professionibus que a benedictis vel benedicendis abbatibus exhibentur ea sunt episcopi forma et expressione contenti que ab origine ordinis noscitur instituta, ut scilicet abbates ipsi, salvo ordine suo, profiteri debeant, et contra statuta ordinis sui, nullam professionem facere compellantur. Pro consecrationibus vero altarium vel ecclesiarum, sive pro oleo sancto, vel quolibet alio ecclesiastico sacramento, ullus a vobis sub obtentu consuetudinis vel alio modo quicquam audeat extorquere, sed hec omnia gratis vobis episcopus dyocesanus impendat. Alioquin liceat vobis quemcumque malueritis catholicum adire antistitem gratiam et communionem apostolice sedis habentem, qui nostra fretus auctoritate vobis postulata impendat. Quod si sedes dyocesani episcopi forte vacaverit, interim omnia ecclesiastica sacramenta a vicinis episcopis accipere libere et absque contradictione possitis, sic tamen ut ex hoc in posterum propriis episcopis ullum prejudicium generetur. Quia vero interdum propriorum episcoporum copiam non habetis, si quem episcopum Romane sedis, ut diximus, gratam communionem habentem et de quo plenam noticiam habeatis, per vos transire contigerit, ab eo benedictiones vestium et vasorum, consecrationes altarium, ordinationes monachorum, auctoritate sedis apostolice recipere valeatis. Porro si episcopi vel alii ecclesiarum rectores in monasterium vestrum vel personas inibi constitutas, suspensionis, excommunicationis vel interdicti sententiam promulgaverint sive etiam in mercennarios vestros pro eo quod decimas sicut dictum est non persolvitis, sive aliqua occasione eorum que ab apostolica benignitate vobis indulta sunt, seu benefactores vestros pro eo quod aliqua vobis beneficia vel obsequia ex caritate prestiterint, vel ad laborandum adjuverint in illis diebus in quibus vos laboratis et alii feriantur, sententiam eamdem protulerint ipsam tam quam contra apostolice sedis indulta prelatam duximus irritandam, nec littere ulle firmitatem habeant, quas tacite nomine Cysterciensis ordinis, et contra tenorem apostolicorum privilegiorum constiterit impetrari, preterea cum commune interdictum fuerit, licat vobis nichilominus in vestro monasterio, exclusis excommunicatis et interdictis, divina officia celebrari. Paci quoque et tranquillitati vestre paterna in posterum sollicitudine providere volentes, auctoritate prohibemus ut infra clausuras murorum seu grangiarum vestrarum nullus rapinam seu furtum facere, ignem apponere, sanguinem fundere, hominem temere capere vel interficere, seu violentiam audeat exercere. Preterea omnes libertates et immunitates a predecessoribus vestris Romanis Pontificibus ordini vestro concessas nec non libertates et exemptiones secularium exemptionum a regibus vel principibus vel aliis fidelibus rationabiliter vobis indultas, auctoritate confirmamus, et presentis scripti privilegio communimus. Decrevimus ergo ut nulli omnino hominum liceat prefatum monasterium temere perturbare, aut ejus possessiones auferre, vel ablatas retinere seu quibuslibet fatigare vexationibus, sed omnia integra conserventur eorum pro quorum gubernatione, sustentatione concessa sunt usibus omnimodis perfutura, salva sedis apostolice auctoritate. Si qua ergo in futurum ecclesiastica secularisve persona hanc vestre constitutionis paginam sciens contra eam temere venire temptaverit, secundo tertiove commonita non reatum suum congrua satisfactione correxerit, potestatis honorisque sui careat dignitate, ream que se divino judicio de perpetrata iniquitate cognoscat, et a sanctissimo corpore ac sanguine Dei et Domini redemptoris nostri Jesu-Christi aliena fiat, utque in extremo examine districte subjaceat ultioni. Cunctis autem eidem loco sua jura servantibus sit pax Domini nostri Jesu-Christi quatinus et hic fructum bone actionis percipient, et apud districtum judicem premia eterne pacis inveniant. Amen. Amen. Datum Perrusii, per manum Martini, sancte Romane ecclesie vicecancellarii, tertio decimo kalendas julii. Indictione prima. Incarnationis dominice anno M°. CC°. XXVIII°. Pontificatus vero Domini Gregorii, pape noni, anno secundo.

CCCCLXXX.

QUOD NON TENEMUR COGNOSCERE DE CAUSIS NEC ESSE JUDICES AUCTORITATE APOSTOLICA.

Honorius, episcopus, servus servorum Dei, dilectis filiis abbati et priori monasterii Ursicampi, Cysterciencis ordinis, salutem et apostolicam benedictionem. Cum propter rerum dispendia et labores quos, sicut asseritis, pro causis que vobis a sede apostolica delegantur, oportet vos multotiens subire, et quies monastici ordinis pertubetur, et grave commisso nobis monasterio immineat detrimentum, nos, vestris supplicationibus inclinati, auctoritate vobis presentium indulgemus ut de causis aliquibus auctoritate apostolica in posterum cognoscere compellamini, nisi forsan obtente ad vos littere de hac indulgentia expressam fecerint mentionem. Nulli ergo omnino hominum liceat hanc paginam concessionis infringere vel ei ausu temerario contraire. Si quis autem hoc attemptare presumpserit, omnipotentis Dei et beatorum Petri et Pauli apostolorum ejus se noverit (indignationem) incursurum sciat. Datum Laterani, II nonas decembris, pontificatus nostri XI°.

Circa 1227.

CCCCLXXXI.

NE A GRANGIIS NOSTRIS VEL CELLARIIS NOSTRIS PROCURATIONES EXIGANTUR.

Honorius, episcopus, servus servorum Dei, dilectis filiis abbati et conventui monasterii Ursicampi, Cysterciencis ordinis, salutem et apostolicam benedictionem. Monasterii Ursicampi profectibus providere misericorditer et indempnitati percavere in posterum cupientes, districtius auctoritate presentium inhibemus ne quis cellariis seu grangiis vestris indebitum procurationis bonus de novo imponere aut ab eis indebitas procurationes exigere vel extorquere presumat. Nulli ergo...... Datum Laterani, VII° kalendas martii, pontificatus nostri anno undecimo.

Circa 1227.

CCCCLXXXII.

DE PRATO ULTRA PONTEM PRIVILEGIUM.

Circa 1254.   Alexander, episcopus, servus servorum Dei, dilectis filiis suis Willelmo priori et fratribus Ursicampi salutem et apostolicam benedictionem. Justis petentium desideriis dignum est facilem nos prebere consensum, et vota que a rationis tramite non discordant effectum sunt prosequente complenda. Eapropter, dilecti in Domino filii,. vestris justis postulationibus, grato concurrentes assensu, pratum illud quod bone memorie B..... quondam Noviomensis episcopur infra terminos vestros contra privilegium monasterii vestri noscitur extirpasse, quod postea venerabilis frater noster Noviomensis, qui nunc est episcopus, vobis scripti sui munimine confirmavit, vobis et eidem monasterio vestro auctoritate apostolica confirmamus, et presentis scripti patrocinio communimus, statuentes ut ulli omnino liceat hanc paginam nostre confirmationis infringere aut ei aliquatenus contraire. Si quis..... Data Tusculani, II idus septembris.

CCCCLXXXIII.

PRIVILEGIUM DE EODEM DE PRATO ULTRA PONTEM ET DE NEMORE ESGA ET POSSESSIONIBUS QUIBUSDAM APUD SUESSIONEM SITIS.

Circa 1254.   Alexander, episcopus, servus servorum Dei, dilectis filiis G..... abbati et fratribus Ursicampi salutem....., pratum quod est ultra majorem pontem vestrum juxta ripam Ysare, et exiguum nemoris de Esga silva, quod est inter nemus ecclesie vestre et nemus quod Odo Govinus dedit eidem ecclesie, et quandam vineam que est in territorio de Landri que venerabilis frater noster B...., quondam Noviomensis ecclesie decanus, nunc autem ejusdem ecclesie episcopus, vobis rationabiliter concessisse dinoscitur, et nemus quod Odo Govinus vobis in elemosinam dedit, et quandam vineam sitam juxta urbem Suessionensem in loco qui dicitur Cochi, quam recolende memorie O...., quondam Tusculanensis episcopus, ecclesie vestre de mera liberalitate donavit, quandam quoque domum in civitate Suessionense et quandam vineam in ejusdem civitatis territorio sitam que Hatto de Brongeria, concedente uxore sua et filiis, vobis rationabiliter dedit, sicut ea pascifice possidetis, vobis et per vos monasterio vestro auctoritate apostolica confirmamus..... Datum Tusculani, IX kalendas marcii.

CCCCLXXXIV.

PRIVILEGIUM EJUSDEM DE VINEIS DE BARI.

Circa 1254.   Alexander, episcopus, servus servorum Dei, dilectis filiis abbati et capitulo Ursicampi salutem..... Ea propter.... vineas de Bayri et ceteras elemosinas juste et canonice vobis concessa, sicut eas pacifice possidetis, devotioni vestre auctoritate apostolica confirmamus, statuentes..... Datum Signie, x kalendas aprilis.

CCCCLXXXV.

PRIVILEGIUM EJUSDEM DE DOMO ET REBUS BELVACENSIS DECANI.

Alexander, episcopus, servus servorum Dei, dilectis filiis abbati et fratribus Ursicampi salutem et apostolicam benedictionem. Justis petentium desideriis dignum est nos facilem prebere assensum et vota que a rationis tramite non discordant effectum sunt prosequente complenda. Eapropter, dilecti in Domino filii, vestris justis postulationibus grato concurrentes assensu, domum quam dilectus filius noster decanus Belvacensis monasterio vestro apud Compendium rationabiliter contulit, et terras quas in streis pia largitione donavit, necnon etiam decimam quam predictus decanus in eodem territorio possidebat, et venerabilis frater noster B...., Belvacensis episcopus, vobis de consensu et petitione ipsius decani legitime concessit, sicut predicta omnia canonice possidetis, vobis et eidem monasterio auctoritate apostolica confirmamus, et presentis scripti patrocinio communimus, statuentes ut de terris ipsis, si eas propriis manibus aut sumptibus colitis, ulli decimas solvere teneamini. Decernimus ergo ut ulli omnino hominum liceat hanc paginam nostre confirmationis infringere vel ei aliquatenus contraire. Si quis autem..... Data Ferentium vi idus aprilis.

Circa 1254.

CCCCLXXXVI.

PRIVILEGIUM EJUSDEM DE COMPOSITIONIBUS INTER NOS ET ALIOS FACTAS.

Alexander, episcopus, servus servorum Dei, dilectis filiis abbati et fratribus Ursicampi salutem et apostolicam benedictionem. Fervor et integritas religionis qua dante domino preminentis nos movet propensio et inducit vestris commodis et perfectibus diligentius intendamus et petitionibus vestris que rationi conveniunt nostrum facilem prebeamus assensum. Ea propter, dilecti in Domino filii, vestris justis postulationibus annuentes, compositiones seu transactiones inter vos et alios de decimis vel de rebus aliis sine pravitate qualibet factas ratas habemus et firmas, easque temporibus perpetuis integras et illibatas manere censemus, possessiones quoque a Dei fidelibus monasterio vestro collatas, et dyocesani scripto autentico roboratas, sicut eas rationabiliter possidetis, vobis et eidem monasterio auctoritate apostolica confirmamus, statuentes ut de cetero donaciones vobis de his taliter non possunt quorum libet revocari. Prohibemus autem ne quis grangiam vel possessiones alias ad vestrum monasterium pertinentes sine assensu capituli vel majoris et sanioris partis alienare vel in alium transferre presumat. Ulli ergo hominum liceat hanc paginum vestre confirmationis seu constitutionis infringere... Si quis autem... Data Aggnoni, x kalendas februarii.

CCCCLXXXVII.

PRIVILEGIUM EJUSDEM EXCLUSAM ET DIVERSA PRATA NOBIS CONFIRMANS.

Circa 1254. Alexander, episcopus, servus servorum Dei, dilectis filiis abbati et fratribus monasterii Ursicampi salutem et apostolicam benedictionem. Justis.... Eapropter.... exclusam quam habetis in flumine Ysare et prata in territorio Porvillaris, et utraque parte Ysare et prata que sunt circa monasterium vestrum a bone memorie S...., quondam Noviomense episcopo, prescripto monasterio vestro in ea libertate in qua hactenus habuisse ipsa noscimini, auctoritate apostolica confirmamus, et presentis scripti patrocinio communimus. Decernimus ergo.... Datum Aggnoni, xv kalendas octobris.

CCCCLXXXVIII.

NE POSSUMUS EVOCARI AD JUDICIUM PER ORDINARIAM JURIDICTIONEM, NEC SUSPENDI SEU EXCOMMUNICARI NEC INTERDICI ABSQUE MANDATO SEDIS APOSTOLICE SPECIALI.

Circa 1254. Innocentius, episcopus, servus servorum Dei, dilectis filiis abbati et conventui monasterii Ursicampi, Cysterciensis ordinis, Noviomensis dyocesis, salutem et apostolicam benedictionem. Cum a nobis petitur quod justum est et honestum, tam vigor equitatis quam ordo exigit rationis ut id per sollicitudinem officii nostri ad debitum perducatur effectum. Ex parte si quis vestra fuit propositum coram nobis quod licet ordini vestro per privilegia sedis apostolice sit indultum ut nullus episcopus seu alia persona ad synodos vel forenses conventus nisi pro fide vos ire compellat aut in vos vel monasteria seu etiam personas ordinis supradicti excommunicationis, suspensionis seu interdicti sententias promulgare presumat. Que si promulgate fuerint, tanquam contra apostolice sedis indulta perlate decernuntur per eadem privilegia irrite ac inanes. Nichilominus tamen plerique prelati et judices ordinarii, et alii ecclesiarum rectores eadem privilegia quibus muniti estis evacuare supersticiosis adinventionibus molientes asserunt vos pro quavis offensa ratione delicti existere fori sui sic que vocantes vos ad placita, capitula et penitentiale forum sicut alios clericos seculares vos super hoc multiplici vexatione fatigant, quamquam excessus vestri tam per generale quam etiam cotidiana capitula que fiunt in singulis monasteriis vestri ordinis, congrua penitentia puniantur. Quare vobis humiliter supplicastis ut presumptionem talium cohibere paterna sollicitudine curaremus. Nos ergo attendentes quod et si ex suscepti cura regiminis de universis sancte matris ecclesie filius curam et sollicitudinem gerere teneamur, de illis tamen specialius cogitare vos convenit qui propositis vanitatibus seculi jugem impendunt Domino famulantem, ac volentes quieti vestre super premissis paterna in posterum sollicitudine providere. Ut nullus vos seu monasterii vestri personas ad sinodos vel forenses conventus nisi pro fide dumtaxat vel hujus modi placita seu capitula vel forum penitentiale absque mandato sedis apostolice speciali evocare etiam delicti ratione presumat, maxime cum tu, fili abbas, punire excessus quoslibet secundum statuta tui ordinis sit paratus auctoritate presentium inhibemus districtius. Decernentes eadem auctoritate sententias, si quas hac occasione per presumptionem cujus piam promulgari contigerit, irritas et inanes, salvo in omnibus apostolice mandato. Nulli ergo omnino hominum.... Datum Laterani III nonas marcii pontificatus nostri anno primo.

CCCCLXXXIX.

PRIVILEGIUM DE EMENDIS ALIORUM NON SOLVENDIS POST SATISFACTIONEM FACTAM DAMPNA PASSIS.

Innocentius, episcopus, servus servorum Dei, dilectis filiis abbati et conventui monasterii Ursicampi, Cysterciensis ordinis, Noviomensis dyocesis, salutem et apostolicam benedictionem. Ex parte vestra fuit propositum coram nobis quod cum interdum alia vestra vobis invitis aliquibus dampna in facta nonulli domini seu baillivi locorum in quorum districtu dampna hujus modi sunt illata post satisfactionem debitam a vobis dampna passis impensam emendam pro dampnis hujus modi a vobis extorquere nituntur, vos super hiis multipliciter molestantes. Quare congruum apostolice sedis in hac parte remedium humiliter implorastis. Nos ergo vestris supplicationibus inclinati auctoritate presentium districtius inhibemus ut ullus de cetero super emendis hujus modi postquam de predictis dampnis ea passis satisfactionem debitam duxitis exhibendam, vos molestare presumat. Nulli ergo omnino hominum..... Si quis..... Datum Lugduni II nonas decembris, pontificatus nostri, anno sexto.

Circa 1203.

CCCCXC.

QUOD LICET NOBIS SUCCESSIONES BONORUM MOBILIUM VEL IMMOBILIUM PETERE ET RECIPERE AC RETINERE.

Innocentius, episcopus, servus servorum Dei.... Devotionis vestre precibus inclinati ut possessiones et alia bona mobilia et immobilia exceptis que feudalibus et personas liberas monachorum conversorum ad monasterium vestrum mundi relicta vanitate volantium et professionem facientium in eodem, si remansissent in seculo, ratione successionis vel quocumque alio justo titulo contigissent, petere, recipere ac retinere libere valeatis, auctoritate vobis presentium indulgemus. Nulli ergo omnino hominum... Si quis autem hoc..... Datum Lateranensi, XV kalendas januarii, pontificatus nostri undecimo.

Circa 1208.

CCCCXCI.

CONSERVATIO PRIVILEGII SUPRA SCRIPTI AD OFFICIALEM PARISIENSEM SUPER PREDICTIS.

Innocentius, episcopus, servus servorum Dei, dilecto filio officiali Parisiensi salutem et

Circa 1208.

apostolicam benedictionem. Devotionis dilectorum filiorum abbatis et conventus monasterii Ursicampi, Cysterciensis ordinis, Noviomensis dyocesis, precibus inclinati ut possessiones et alia bona mobilia et immobilia exceptis feudalibus que personas liberas monachorum et conversorum ad ipsorum monasterium mundi relicta vanitate volantium et professionem facientium in eodem, si remansissent in seculo, ratione successionis vel quocunque alio justo titulo contigissent, petere, recipere ac retinere libere valeant, eis per nostras duximus litteras indulgendum. Quo circa discretioni tue per apostolica scripta mandamus quatinus non permittas dictos abbatem et conventum contra concessionis nostre tenorem super hiis ab aliquibus indebite molestari, molestatores hujus modi per censuram ecclesiasticam appellatione proposita compescendo. Datum Laterani, xv° kalendas januarii, pontificatus nostri anno undecimo.

CCCCXCII.

QUOD POSSUMUS CONFESSIONES HOMINUM COMMORANTIUM IN NOSTRO SERVITIO AUDIRE ET ABSOLVERE.

Circa 1208.

Innocentius, episcopus, servus servorum Dei, dilectis filiis abbati et conventui monasterii sancte Marie de Ursicampo, Cysterciensis ordinis, Noviomensis dyocesis, salutem et apostolicam benedictionem. Animarum salutem desiderio ferventi querentes vobis auctoritate presentium indulgemus ut hominum ad servicium commorantium qui non possunt de facili suorum habere copiam sacerdotum, liceat sacerdotibus de conventu vestro quos tu, fili abbas, et hoc duxeris deputandos confessiones audire, penitentiam salutarem eis injungere et sacramenta ecclesiastica exibere sine juris prejudicio alieni. Nulli ergo..... Si quis..... Datum Asissii, viij idus maii, pontificatus nostri anno undecimo.

CCCCXCIII.

NE TENEAMUR ALICUI CLERICO IMPENSIONE PECCUNIARIA PROVIDERE PER LITTERAS A SEDE APOSTOLICA IMPETRATAS.

Circa 1256.

Alexander, episcopus, servus servorum Dei, dilectis filiis abbati et conventui Ursicampi, Cysterciensis ordinis, Noviomensis dyocesis, salutem et apostolicam benedictionem. Ex parte vestra fuit nobis humiliter supplicatum, ut cum nonulli clerici super provisione sua in pensionibus eis per vos facienda ad executores sibi propicios litteras apostolicas impetraverint subvenire, vobis contra hujus modi gravamina paterna diligentia curaremus. Vestris itaque supplicationibus inclinati vobis et monasterio vestro ut per litteras apostolice sedis impetractas hactenus, dummodo per eas non sit jus alicui acquisitum, seu impetrandas in posterum nec heredem impetrande plenam et expressam fecerint de hac indulgentia mentionem, non teneamini cuiquam in hujus modi pensionibus providere, nec ad providendum tali alicui per hujus modi litteras compelli possitis, auctoritate presentium indulgemus. Nulli ergo.... Si quis autem..... Datum Laterani, x kalendas januarii, pontificatus nostri anno secundo.

CCCCXCIV.

CONFIRMATIO CUJUSDAM VINEE APUD SUESSIONEM QUAM NOBIS DEDIT ODO, TUSCULANENSIS EPISCOPUS.

Alexander, episcopus, servus servorum Dei, dilectis filiis abbati et conventui Ursicampi, salutem et apostolicam benedictionem. Officio nostre sollicitudinis imminet ea que sacris Dei ecclesiis et religiosis locis pia devotione et rationabili conferuntur illesa et integra conservare, et ne illicite possint diminui vel auferri apostolico patrocinio communire. Ea propter, dilecti in Domino filii, vestris justis postulationibus gratum impetientes assensum vineam in territorio Suessionensi positam quamadmodum eam bone memorie Odo, condam Tusculanensis episcopus, vestro monasterio rationabiliter contulit, cum se et sua eidem monasterio tradidit, vobis et per eos eidem loco auctoritate apostolica confirmamus et presentis scripti patrocinio communimus statuentes ut ulli omnino hominem liceat etc. Si quis autem..... Datum Tusculani, viii° kalendas julii.

Circa 1257.

CCCCXCV.

CONFIRMATIO VINEE QUAM NOBIS DEDIT IN ELEMOSINAM HUGO, DECANUS NOVIOMENSIS.

Innocentius, episcopus, servus servorum Dei, dilectis filiis abbati et conventui Ursicampi, Cysterciensis ordinis, salutem et apostolicam benedictionem. Solet annuere sedes apostolica piis votis et honestis petentium precibus favorem benivolum impertiri. Eapropter, dilecti in Domino filii, vestris justis postulationibus grato concurrentes assensu, vineam quam bone memorie Hugo, decanus Noviomensis, domui vestre contulit intuitu pietatis, sicut eam juste ac pascifice possidetis, vobis et post vos eidem domui auctoritate apostolica confirmamus, et presentis scripti patrocinio communimus. Nulli ergo..... Si quis autem..... Datum Lateranensi, viii idus maii, pontificatus nostri anno xiii°.

Circa 1211.

CCCCXCVI.

CONFIRMATIO TERRE NOSTRE DE WAESCOURT ET DE SECFOURS QUAM DEDIT NOBIS PHILIPPUS, COMES FLANDRENSIS.

Lucius, episcopus, servus servorum Dei, dilectis filiis abbati et fratribus Ursicampi, salutem et apostolicam benedictionem. Justis petentium desideriis dignum est nos facilem prebere consensum et vota que a rationis tramite non discordant effectum persequente complere. Ea propter, in Domino filii, vestris justis postulationibus grato concurrentes assensu terram de Waescourt quam vobis dilectus filius noster nobilis vir Philippus, Flandrensis comes, de as-

Circa 1181.

308 TITULUS PRIVILEGIORUM.

sensu uxoris et Elienor sororis sue ad quem predicta terra jure hereditario pertinebat, in elemosinam pia devotione concessit, predicta vobis jus suum nichilominus conferente, terram etiam de Secfours quam nobilis vir G...., comes Suessionensis, similiter vobis donavit. Grangiam quoque de Greuni cum omnibus pertinenciis suis sicut hec omnia juste et sine controversia possidetis vobis et ecclesie vestre auctoritate apostolica confirmamus et presentis scripti patrocinio communimus. Nulli ergo..... Si quis..... Datum Verone, XI kalendas aprilis, pontificatus nostri anno primo.

CCCCXCVII.

NE LICEAT ALICUI PRETEXTU ALICUJUS CONSUETUDINIS BONA NOSTRA OCCUPARE, VADIARE SEU ETIAM DETINERE.

Circa 1276.   Johannes, episcopus, servus servorum Dei, dilectis filiis abbati et conventui monasterii Ursicampi, Cysterciensis ordinis, Noviomensis dyocesis, salutem et apostolicam benedictionem. Ex parte vestra fuit propositum coram nobis, quod nonnulli clerici et laici asserentes se in vos aliquid questionis habere aliquando monachos interdum conversos et nonnunquam alia et alia bona monasterii vestri pretextu cujusdam prave consuetudinis temeritate propria vadiare, invadere, detinere presumunt, donec sit eis de hujus modi questionibus juxta ipsorum beneplacitum satisfactum, quamque juridictionem qua hoc possint in vos non habeant ordinariam seu delegatam. Cum itaque judicialis vigor sit ideo in medio constitutus ut nemo sibi audeat presumere ultionem et ob hoc id tanquam ullo jure subnixum non sit aliqualiter tolerandum. Nos volentes quieti vestre consulere ac predictorum maliciis obviare, auctoritate presentium districtius inhibemus ne quis predicte consuetudinis ecclesie vobis memoratas inferre molestias ac bona monasterii vestri absque juris ordine occupare, vadiare seu quolibet modo detinere presumat. Nulli ergo..... Si quis..... Datum Viterbii, IV nonas maii, pontificatus nostri anno primo.

CCCCXCVIII.

DE QUIBUS ALIQUIS DECIMAS HACTENUS NON ACCEPIT PRIVILEGIUM.

Circa 1198.   Innocentius, episcopus, servus servorum Dei, dilectis filiis abbati et conventui monasterii beate Marie Ursicampi, Cysterciensis ordinis, Noviomensis dyocesis, salutem et apostolicam benedictionem. Justis petentium desideriis dignum est nos facilem prebere concensum et vota que a rationis tramite non discordant effectum persequente complere. Eapropter, dilecti in Domino filii, vestris justis precibus inclinati auctoritate vobis presentium indulgemus ut in parochiis illis in quibus vobis veteres decime sunt concesse, novalium quoque de quibus aliquis hactenus non percepit, pro portione quam veteres vos contingunt percipere valeatis. Ulli ergo..... Datum Laterani, idus marcii, pontificatus nostri, anno primo.

CCCCXCIX.

CONFIRMATIONES PRIVILEGIORUM URSICAMPI IN FORMA SEQUENTI VIDELICET HONORII, URBANI, GREGORII, CLEMENTIS III, MARTINI, NICHOLAI III, BENEFACII PRIVILEGIA.

Clemens, episcopus, servus servorum Dei, dilectis filiis abbati et conventui monasterii de Ursicampo, Cysterciensis ordinis, Noviomensis dyocesis, salutem et apostolicam benedictionem. Cum a nobis petitur quod justum est et honestum, tam vigor equitatis quam ordo exigit rationis ut id per sollicitudinem officii nostri ad debitum perducatur effectum. Eapropter, dilecti in Domino filii, vestris justis postulationibus grato concurrentes assensu omnes immunitates a predecessoribus nostris, Romanis pontificibus, sive per privilegia aut alias indulgencias vobis et monasterio vestro concessas nec non libertates et exemptiones secularium exactionum a regibus et principibus ac aliis Christi fidelibus rationabiliter vobis et monasterio vestro indultas, sicut eas juste et pacifice obtinetis, vobis et per vos eidem monasterio auctoritate apostolica confirmamus et presentis scripti patrocinio communimus. Nulli..... Si quis autem..... Datum Burdegali, vi° nonas julii, pontificatus nostri, anno primo.

Circa 1305.

D.

CONSERVATIONES PRIVILEGIORUM URSICAMPI IN CANABO ARCHIEPISCOPO REMENSI ET OMNIBUS SUIS SUFFRAGANEIS ET ALIIS PRELATIS UT REVOCENT ET FACIANT REVOCARE OMNES SENTENTIAS EXCOMMUNICATIONIS, SUSPENSIONIS VEL INTERDICTI IN VOS LATAS.

Innocentius, episcopus, servus servorum Dei, dilectis filiis capitulo Remensi, et venerabilibus fratribus episcopis et universis abbatibus, prioribus et aliis ecclesiarum prelatis per Remensem provinciam constitutis, salutem et apostolicam benedictionem. Dilecti filii abbas et conventus monasterii Ursicampi, Cysterciensis ordinis, Noviomensis dyocesis, suam ad nos querimoniam destinarunt quod licet eis a sede apostolica sit indultum ut a forensibus conventibus sint immunes, nullique liceat in eos vel eorum monasterium seu confratres in ibi constitutos et morantes excommunicationis seu interdicti contra id quod ab origine ordinis observatum fuisse dignoscitur, sententias promulgare, que si promulgate fuerint, decernimus etiam per hujus modi indulgenciam irrite ac inanes, vos tamen eorum quieti et libertatibus de quo miramur non modicum invidentes ac molientes infringere indulgenciam supradictam in eos contra indultum hujus modi de facto predictas sententias promulgatis, quos ut fatigetis laboribus et expensis interdum ad forenses conventus accedere quumque sententiarum vestrarum exequtores quacunque sint auctoritate prelate, suscipere per invitos compellitis pro vestre arbitrio voluntatis, quumque ex generali que suscepisse dicimini apostolice sedis mandato teneamini eos suis libertatibus et privilegiis contra pravorum pressuras et molestias deffensare sic quod fit ut indulgencia concessa eis tam solacii et quietis sit ipsis, vobis contra ipsam

Circa 1198.

quasi conspirantibus causa dispendii et laboris. Cum ergo sicut in lege dicitur par sit in civitate jus esse, nisi illud quod tueatur existat, dignum que ac conveniens videatur, ut indulgencie ac privilegia que devotis ac bene meritis indulgentur contra presumptorum audanciam cum expedit deffendantur. Universitatem vestram rogamus, monemus et ortamur attempte per apostolica vobis scripta in virtute obediencie districte precipiendo mandantes quatinus privilegia, indulgencias et libertates eisdem ab apostolica sede concessa ac eorum consuetudines rationabiles et antiquas, firmas et illibatas eis de cetero per apostolice sedis et nostra reverentia observantes ab eorum super premissis coactione ac molestia penitus quiescatis ita quod ipsi concessa eis valeant tranquillitate gaudere ac nos qui gratum habemus penitus et acceptum devotionem vestram perinde non invito commendamus. Datum Laterani, XII kalendas martii, pontificatus nostri anno primo.

DI.

CONSERVATIO AD EPISCOPOS AMBIANENSEM, SUESSIONENSEM ET BELVACENSEM, UT BONA NOBIS ABLATA FACIANT RESTITUI.

Circa 1205. Innocencius, episcopus, servus servorum Dei, venerabilibus fratribus Belvacensi, Suessionensi et Noviomensi episcopis, salutem et apostolicam benedictionem. Gravem vobis, dilecti filii, abbas et conventus Ursicampi, Cysterciensis ordinis, transmisisse querelam quam cum non ulli clerici et laici eos et domos eorum sepius irreverenter invadant, non attendentes quanta intuitu religionis sue sit eis exhibenda reverencia, contra privilegia et indulgencias ab apostilica sede ordini Cysterciensi concessas, vexationibus indebitis, dampnis et injuriis ipsos opprimant graviter et molestant. Et quum pro singulis querimoniis non possunt sine maximo dispendio apostolicam adire presentiam, humiliter postularunt a nobis ut eis dignaremus super hiis congrue provisionis remedium impetrari. Nos ergo sperantes quod pro vestre discretionis industriam valeant de suis malefactoribus justiciam obtinere, firmitati vestre per apostolica scripta mandando precipimus quatinus malefactores eorum qui fuerint vestre juridictionis objecti, cum ab ipsis fueritis requisiti ut ablata restituant, de dampnis et injuriis irrogatis satisfactionem debitam exhibentes per districtionem ecclesiasticam, sublato cujus libet occasionis et appellationis obstaculo, compescere jure proponatis, provisuri attentius ut taliter super hiis vestram diligentiam adhibere curetis ut predicti abbas et fratres per vos suam justitiam consequantur, nec possit in vobis aliquis de facto vel negligenter denotari. Testes autem qui fuerint nominati, si se gratia, odio vel timore substraxerint, per districtionem eamdem appellatione cessante compellatis veritati testimonium perhibendum. Datum Rome, V kalendas decembris, pontificatus nostri anno VII°.

DII.

NE LICEAT ALICUI BONA NOSTRA INVADERE, DETINERE, INFESTARE, ET DE HOC CONSERVATIO AD OMNES PRELATOS, ET DE HIIS QUI IN NOS MANUS INJECERINT.

Circa 1262. Urbanus, episcopus, servus servorum Dei, venerabilibus fratribus archiepiscopis, episcopis et aliis ecclesiarum prelatis ad quos littere iste pervenirent, salutem et apostolicam benedictionem. Quum habundante nequitia malorum hiis temporibus caritas refrigescit, attentata, vobis imminet, sollicitudine providendum, ne a viris maleficis que sua sunt querentibus non que Jesu-Christi viri religiosi conditoris obsequiis laudabiliter insistentes ex vestra quod absit negligentia gravius oprimantur. Inde est quod dilectos filios nostros abbatem et monachos Ursicampi qui Cysterciensis ordinis sunt professi, universitati vestre tanto diligentius commendamus quanto pro religione sua cariores illos habemus et magis acceptos. Rogamus ergo universitatem vestram, per apostolica scripta mandamus quatinus si qui de subdictis vestris ausu temerario prenominatos fratres eorum vel bona presumpserit infestare vel eorum res invadere aut detinere, cum ad aliquem vestrum fuerit prelata querela, malefactores eorum et detemptores bonorum suorum nisi ad commonitionem vestram emendaverint que perperam commiserunt, censura ecclesiastica tam Domini dilatione et appellatione preposita procellatis donec prenominati fratres super illatis injuriis satisfactionem debitam consequantur, eos vero qui in aliquem de monachis vel conversis predicti loci temere manus violentas injecerint, tandiu sicut excommunicatos publice nuncietis ab omnibus evitandos donec injuriam pacis sicut justum fuerit satisfiat et ad sedem apostolicam veniant absolvendi. Datum Verone, III° nonas maii.

DIII.

CONSERVATIO AD ABBATEM CORBEIE NE SEDE APOSTOLICA VACANTE AB ALIQUO MOLESTEMUR.

Innocencius, episcopus, servus servorum Dei, dilectis filiis abbati et priori Corbiensibus, Ambianensis dyocesis, salutem et apostolicam benedictionem. Ex parte dilectorum filiorum abbatis et conventus monasterii Ursicampi, Cysterciensis ordinis, Noviomensis dyocesis, nobis est ablata querela quod non nulli episcopi, decani, archidiaconi, officiales et alii ecclesiarum prelati Remensis provincie, apostolica sede vacante, dictum monasterium et ipsos in personis et rebus multipliter molestaverunt, presumpseruntque in eos auctoritate propria contra indulta eis ab apostolica sede privilegia evocare, quare nobis humiliter supplicaverunt ut providere ipsis super hoc paterna sollicitudine curaremus. Quo circa discretioni vestre per apostolica scripta mandamus quatinus ea que a tempore inceperit vacare ecclesia, inveneritis in eorum prejudicium temere attemptatum, instatum, debitum in quo erant ante vacationem, hujus modi revocantes sententias, si que hac occasione contra indulta eadem late sunt, decernatis auctoritate nostra irrita sint et inanes, contractores eadem auctoritate appellatione preposita compescendo. Testes ut supra II. Datum Laterani, VII kalendas marcii, pontificatus nostri anno primo.

Circa 1198.

DIV.

CONSERVATIO AD ABBATEM DE CORBEIA DE EMENDIS ANIMALIUM NOSTRORUM NON SOLVENDIS.

Innocencius, episcopus, servus servorum Dei, dilecto filio abbati de Corbeia, Ambianensis

Circa 1204.

dyocesis, salutem et apostolicam benedictionem. Ex parte dilectorum filiorum abbatis et conventus monasterii Ursicampi, Cysterciensis ordinis, Noviomensis dyocesis, fuit propositum coram nobis quod cum interdum eorum animalia, ipsis invitis, aliquibus dampna inferant, non ulli domini aut baillivi locorum in quorum districtu dampna hujus modi sunt illata, post satisfactionem debitam ab eis dampna passis inpensam emendam pro dampnis hujus modi ab eis extorquere nituntur, eos super hiis multipliciter molestantes. Quare congruunt in hac parte remedium humiliter implorarunt. Cum ergo eorum supplicationibus inclinati auctoritate litterarum districtius duximus inhibendum ut nullus de cetero super emendis hujus modi prius quam de predictis dampnum ea passis satisfactionem debitam exhibuerint eos molestare presumat. Discretioni tue per apostolica scripta mandamus quatinus non permittas eorum super hiis contra inhibitionis nostre tenorem ab aliquibus indebite molestari, molestatores hujus modi per censuram ecclesiasticam appellatione proposita compescendo. Datum Lugduni, II° nonas decembris, pontificatus nostri anno sexto.

DV.

DE DOMO NOSTRA COMPENDII AD AMBIANENSEM ET ATTREBATENSEM EPISCOPOS CONTRA ABBATEM COMPENDII.

Circa 1256.   Alexander, episcopus, servus servorum Dei, venerabilibus fratribus Ambianensi et Attrebatensi episcopis, salutem et apostolicam benedictionem. Conquestione abbatis et fratrum Ursicampi adversus Compendiensem abbatem recepimus quod ipse eosdem fratres Ursicampi, super quadam domo quam decanus Belvacensis monasterio suo dedit ita quod singulis annis monasterio Compendii quinque solidos solverent, molestare et novas eis et indebitas consuetudines imponere non formidat. Inde est que firmitati vestre per apostolica scripta precipiendo mandamus quatinus predictum abbatem Compendii ex parte nostra et vestra monere, et diligenter inducere laboretis ut prelibatis abbati et fratribus Ursicampi super jam dicta domo novas et indebitas exactiones non imponat, seu ipsos eam ad consuetum censum libere possidere permittat vel in presentia vestra ipsis exinde justicie plenitudinem non differat exhibere. Quod si admonitionem vestram neutram facere forte voluerit, vos ipsum ad alterum horum exequendum, sublato appellationis remedio, ecclesiastica districtione cogatis porro si uterque vestrum hiis exequendis intercesse non poterit, alteris ascitis viris prudentibus et honestis eas nichilominus exequatur. Datum Venecie in Rivo Alto, kalendas junii.

DVI.

(DE FESTIVITATE CONVERSIONIS SANCTI PAULI.)

Anno 1325.   Universis presentes litteras inspecturis officialis Noviomensis salutem. Noveritis quod cum nos olim per apparitorem nostrum gagiare fecissemus certos homines pro eo dumtaxat quod in die festi conversionis sancti Pauli in vineis religiosorum virorum abbatis et conventus monasterii de Ursicampo, Noviomensis dyocesis, operabantur sicut diebus aliis non festivis, ex post facto tamen ab ipsis religiosis informati et per privilegia sedis apostolice que premissa eisdem licebat facere auctoritate privilegiorum per eamdem sedem concessorum eisdem, predicta pignora a predictis hominibus, ut est dictum, capta occasione predicta, per eundem apparitorem nostrum predictis hominibus reddi fecimus libere et impune. In quarum testimonium has presentes litteras sigilli Noviomensis curie fecimus appensione muniri. Datum anno Domini millesimo ccc°. xxv°, die Sabbati, in die festo beati Laurentii.

DVII.

CONCESSIO USUS PONTIFICALIUM.

Martinus, episcopus, servus servorum Dei, dilectis filiis Johanni abbati et conventui monasterii Ursicampi, Cysterciensis ordinis, Noviomensis dyocesis, salutem et apostolicam benedictionem. Exposcit vestre devotionis sinceritas et religionis promeretur honestas, ut tam vos quos speciali dilectione prosequimur, quam monasterium vestrum dignis honoribus attollamus. Hinc est quod nos vestris in hac parte supplicationibus inclinati ut tu, fili abbas, et successores tui abbates dicti monasterii qui pro tempore fuerint, mitra, anulo et aliis pontificalibus insigniis libere possitis uti, nec non quidem in dicto monasterio et prioratibus eidem monasterio subjectis ac parrochialibus et aliis ecclesiis ad vos communiter vel divisim pertinentibus, quamvis vobis pleno jure non subsint, benedictionem solemnem post missarum, vesperorum et matutinarum solemnia, dummodo in benedictione hujus modi aliquis antistes, vel sedis apostolice legatus prius non fuerit, elargiri possitis, nec non monachis vobis et monasterio vestro subjectis minores ordines impendere ac vasa et vestimenta usui altaris et ministrorum ejus competentia benedicere possitis. Felicis recordationis Alexandri pape IV, predecessoris nostri, que incipit, abbates, et aliis quibuscunque constitutionibus apostolicis in contrarium editis nequaquam obstantibus vobis et eisdem successoribus auctoritate apostolica de speciali gratia tenore presentium indulgemus. Nulli ergo etc. Si quis etc. Datum Gebennis IV, kalendas julii, pontificatus nostri anno primo.

Julio 1417.

TITULUS REGUM.

DVIII.

CARTA REGIS PHILIPPI NOSTRA CONFIRMANS.

In nomine sancte et individue Trinitatis. Amen. Philippus, Dei gratia Francorum rex. Boni principis est boni operis et relinquere posteris suis exemplum. Siquidem ea que in regno

1183.

nostro servis Dei et ecclesiis concessione pontificum, collatione fidelium, attributa sunt, firma eis et illibata servare et regie auctoritatis precepto minuere debemus. Noverint ergo universi presentes pariter et futuri, quem locum Ursicampi prope Noviomum et abbatiam quam venerabilis episcopus Noviomensis in eodem loco, adductis de Clarevalle monachis, fundavit, juxta privilegii sui tenorem intra metas et terminos constitutos, ad opus servorum Dei, pater noster venerande memorie, rex Ludovicus, concessa quiete et omni libertate donavit. Sane quecunque eidem ecclesie ex pontificis dono, quecunque ex militum, sive quorumlibet fidelium feodo, beneficio collata jam seu in posterum juste conferenda sunt, firma eis et inconcussa permanere concessit, et ubicumque ad labores, ubicumque ad pascua in Lesga exire vellent, ab omni consuetudine et exactione emancipatos regie auctoritatis munimento liberos esse roboravit. Nos ergo, vestigiis patris nostri inherentes, sicut ipse hec omnia concessit et confirmavit, concedimus, et, ut perpetuam obtineant stabilitatem, presentem paginam sigilli nostri auctoritate ac regii nominis karactere confirmamus. Actum Compendii anno incarnati verbi M°. C°. LXXX°. III. regni nostri anno quinto. Astantibus in palatio nostro quorum nomina supposita sunt et signa. S. comitis Theobaldi, dapiferi nostri. S. Guidonis, buticularii nostri. S. Radulfi, constabularii. Data per manum Hugonis, cancellarii.

DIX.

CARTA REGIS PHILIPPI DE DEFFENSIONE AB INJURIOSA MOLESTATIONE ET GRAVAMINIBUS ILLATIS VEL NOBIS INFERENDIS.

Martio 1184.   Philippus, Dei gratia Francorum rex, universis baillivis suis ad quos littere presentes pervenirent salutem. Mandamus vobis et precipimus quatinus universa que pertinent ad domum fratrum Ursicampi, manu teneatis et per potestates vestras ab injuriosa molestatione deffendatis neque sustineatis ipsis aut rebus eorum injuriam, aut gravamina aliquod inferri. Sed si quis eisdem aut rebus suis contrairet, vos emendari faciatis, quotiens vero de justitia requisierint, ipsis maturam exhibeatis justiciam. Actum Parisiis, anno Domini M°. C°. LXXXIIII, mense marcio.

DX.

CARTA LUDOVICI REGIS DE VIOLENTIA NOBIS FACTA AMOVENDA PER PREPOSITOS ROYE, COMPENDII ET PETREFONTIS.

Maio 1231.   Ludovicus, Dei gratia Francorum rex, prepositis Petrefontis, de Roia, de Compendio, salutem. Mandamus vobis quatinus si quis in abbatiam de Ursicampo abbati et conventui ejusdem ecclesie vel rebus ipsorum violentiam inferre voluerit, vos, vel ille vestrorum qui super hoc fuerit requisitus, violenciam inde removeatis, quandiu ipsi abbas et conventus coram nobis parati sunt juri stare. Actum apud Ferrarias, anno Domini M°. CC°. XXX°. primo, mense maio.

DXI.

[CARTA LUDIVICI REGIS PRO ABBATIA URSICAMPI.]

Ludovicus, Dei gratia Francorum rex, universis baillivis ac prepositis suis ad quos littere pervenirent, salutem. Mandamus vobis quatinus si episcopus vel alius abbatie Ursicampi, vel rebus suis gravamen vel molestiam aliquam intulerit, violentiam illam amoveatis. Actum apud Vernonem, anno Domini millesimo ducentesimo vicesimo septimo, mense julio.

Julio 1227.

DXII.

[CARTA LUDIVICI REGIS CONFIRMATIVAS.]

Ludovicus, Dei gratia Francorum rex. Notum facimus universis tam presentibus quam futuris quod litteras dilecti et fidelis nostri Henrici, comitis Grandi Pratis, scriptas in Gallico, verbo ad verbum in hac forma. Ie Henris, cuens de Grant Pré etc. ut supra. Nos autem concessionem et investituram istam, prout superius continetur, salvo jure nostro et alieno volumus et concedimus, et in hujus rei testimonium et munimen presentes litteras sigilli nostri fecimus impressione muniri. Actum apud Peronam, anno Domini m°. cc°. quinquagesimo quarto, mense octobri.

Octob. 1254.

DXIII.

[CARTA PHILIPPI REGIS CONFIRMANS DONATIONEM.]

Philippus, Dei gratia Francorum rex. Notum facimus universis tam presentibus quam futuris, nos infra scriptas litteras vidisse de verbo in verbum formam que sequitur continentes. Nos Ludovicus, regis Francie filius, comes Ebroicensis, notum facimus universis presentes litteras inspecturis, quod cum clare memorie Margareta, quondam consors carissima nostra, in suo testamento seu ultima volentate legaverit inter alia monasterio, abbati et conventui de Ursicampo, Cysterciensis ordinis, Noviomensis dyocesis, quadraginta solidos Turonenses annui et perpetui redditus pro suo anniversario singulis annis in eodem monasterio celebrando, nos ejus in hac parte desiderium salubriter implere volentes, dictos quadraginta solidos Turonenses redditus prefato monasterio, abbati et conventui ejusdem, ratione predicta, tenore presentium assidemus et assignavimus supra redditus quos in thesauro domini karissimi fratris nostri, regis Francie, annis singulis percipimus, ac nomine assisie et assignationis ex nunc in perpetuum damus et concedimus super dictos redditus nostros percipiendos et sibi solvendos annis singulis in posterum ad opus anniversarii predicti die festivitatis omnium sanctorum, rogantes predictum dominum nostrum regem predictam nostram assigna-

Aug. 1311.

tionem approbare et confirmare dignetur. Et ad hoc nos, heredes et successores nostros et dictos redditus nostros et alia bona nostra monasterio, abbati et conventui predictis, specialiter et in perpetuum obligamus. In cujus rei testimonium nostrum presentibus fecimus apponi sigillum. Actum Parisiis, die Mercurii post festum sancti Petri ad vincula, anno M°. CCC°. undecimo. Nos autem predictam donationem, concessionem et assignationem, et omnia supradicta rata et firma habentes, ea volumus et auctoritate regia approbamus. Volentes et concedentes religiosis predictis de gratia speciali ut ipsi et successores sui redditum supradictum in thesauro nostro Parisiensi capiant, percipiant, et habeant perpetuo, sine coactione vendendi aut extra manum suam ponendi, aut nobis seu successoribus nostris ex inde aliquam financiam faciendi. Dantes insuper thesaurariis nostris Parisiensibus, qui pro tempore fuerint, tenore presencium in mandatis ut dictum redditum religiosis predictis aut ipsorum mandato termino supra dicto persolvant de nostro, de cetero, annis singulis, sine alterius expectatione mandati. Quod ut firmum et stabile perpetuo perseveret, presentibus nostrum fecimus apponi sigillum, salvo in aliis jure nostro et in omnibus quolibet alieno. Actum apud sanctum Audoenum prope sanctum Dyonisium in Francia. Anno Domini M°. CCC°. undecimo, mense Augusti.

DXIV.

[CARTA PHILIPPI REGIS DE CAPELLA BEATI LUDOVICI IN URSICAMPO.]

Martio 1301.   Philippus, Dei gratia Francorum rex, notum facimus universis tam presentibus quam futuris, quod nos discreto viro nobis dilecto magistro Johanni Gastelli, canonico Noviomensi, presentium tenore concedimus quod ipse ad opus fundationis cujusdam capelle in honore beati Ludovici, in feodis retro feodis et censivis nostris viginti libras parisienses annui et perpetui redditus possit acquirere, quodque persona vel locus in quam vel in quem dictum redditum ad opus predictum transtulit, illum teneat, habeat et possideat perpetuo, libere et quiete, absque prestatione cujuscumque financie et exactione vendendi vel extra manum suam ponendi. Justicia et gardia dicti redditus nobis nostrisque successoribus regibus Francie remansuris, salvo etiam in aliis jure nostro et in omnibus jure quolibet alieno. Quod ut ratum et stabile maneat in futurum, presentibus nostrum fecimus apponi sigillum. Actum apud Spernacum, anno Domini M°. CCC°. primo, mense marcii.

DXV.

CARTA RICHARDI, REGIS ANGLORUM, DE OMNIBUS PEDAGIIS TERRE SUE.

Martio   Ricardus, Dei gratia rex Anglorum, dux Normannie, Aquitanie, comes Andegavie, archiepiscopis, episcopis, abbatibus, comitibus, barronis, justitie vicariis, senescallis, baillivis et omnibus prepositis et fidelibus suis, salutem. Sciatis nos pro salute anime nostre concessisse Deo et ecclesie beate Marie Ursicampi, quod fratres ejusdem loci et omnes res et homines eorum sint quieti de theloneo et traverso, de passagio et pontagio et de omni alia consuetudine de omnibus rebus quas emerint, vel vendiderint, vel deportare fecerint ad proprios usus per omnes terras nostras circa mare et ultra, tam per terram quam per aquam, quia tam ipsos quam omnia que ipsorum sunt in omni loco potestatis nostre, sicut res nostras proprias et dominicas, bene et in pace, libere et quiete, integre et honorifice volumus protegi et custodiri. Prohibemus quoque ne quis eos vel res eorum vel homines aliquo modo vexet aut disturbet, super decem libris forisfacture. Teste Waltero, Rothomagensi archiepiscopo. xv die marcii, apud Nantcurt.

DXVI.

CARTA HENRICI, REGIS ANGLIE, DE PEDAGIIS.

Henricus, Dei gratia rex Anglorum, dux Normannie, Aquitanie, et comes Andegavie, justitie vicariis et omnibus baillivis et fidelibus suis totius terre sue, et portuum maris, salutem. Sciatis me concessisse et presenti carta mea confirmasse abbatie sancte Marie de Ursicampo, et monachis Cysterciensis ordinis ibidem Deo servientibus, libertatem et quitanciam thelonei, et passagii, et pontagii, et paagii, et omnium consuetudinum que ad me pertinent, per terram et per aquam, in omnibus terris meis circa mare et ultra, de omnibus rebus suis quas ipsi vel servientes sui poterunt assecurare, eorumdem monachorum esse proprias. Quare volo et firmiter precipio quod illa abbatia et idem monachi predictam libertatem et quietanciam habeant bene et in pace, libere et integre, et prohibeo ne quis eis inde vexationem vel disturbationem inferat aut gravamen. Testes Gaufridus de Luci, archidiaconus. Actum apud Beauvoir.

Circa 1170.

DXVII.

CARTA REGIS LUDOVICI NOSTRA CONFIRMANS.

In nomine Patris, et Filii, et Spiritus sancti. Ego Ludovicus, Dei gratia rex Francorum, servis Dei, et omnibus christianis, boni principis est boni operis dare et reliquere posteris suis exemplum. Siquidem ea qui in regno nostro servis Dei et ecclesiis concessione pontificum, liberalitate principum, collatione fidelium, attributa sunt firma eis et illibata, servare et regie auctoritatis precepto munire debemus, locum igitur Ursicampi prope Noviomum et abbatiam quam venerabilis consanguineus noster Symon, Noviomensis episcopus, in eodem loco, adductis de Clarevalle monachis, nuperrime fundavit juxta privilegii sui tenorem intra metas et terminos constitutos, ad opus servorum Dei, concessa quiete et omni libertate donamus. Sane quecunque eidem ecclesie ex pontificis dono, quecunque ex militum sive quorumlibet fidelium feodo beneficio collata jam seu in posterum conferenda sunt, firma eis et inconvulsa permanere concedimus, et ubique ad labores, ubicunque ad pascua exire voluerint, ab omni consuetudine et exactione emancipatos regie anctoritatis munimento liberos esse roboramus. Actum est assensu gloriose conjugis nostre Adelaydis, regine, et filii nostri Philippi, ipso anno in regem coronati, presentibus Rainaldo, Remorum archiepiscopo,

Circa 1137.

Goisleno Suessionensi, Bartholomeo Laudunensi, Simone Noviomensi episcopis. S. Ludovici gloriosi, Francorum regis. S. Philippi, junioris regis. S. Raduifi, comitis Viromandorum.. S. Rogeri de Thorota.

DXVIII.

CARTA LUDOVICI REGIS NOSTRA CONFIRMANS.

1138. In nomine sancte et individue trinitatis. Amen. Ego Ludovicus, Dei gratia rex Francorum et dux Aquitanorum, servis Dei (...*Ut suprà*.) Quod ne valeat oblivione deleri, scripto commendare volumus, et ne possit a posteris infirmari, sigilli nostri auctoritate et nominis nostri caractere, subter firmari volumus. Actum apud Compendium publice, anno ab incarnatione Domini M°. C°. XXX°. VIII°, regni nostri anno III, astantibus in palacio nostro quorum nomina subtitulata sunt et signa. S. Radulfi, Viromandorum comitis et dapiferi nostri. S. Willelmi buticularii, etc.

DXIX.

TRANSCRIPTUM LUDOVICI REGIS DE CONFIRMATIONE OMNIUM BONORUM NOSTRORUM.

Junio 1258. A tous ceus qui ces lettres verront, Guillaume de Hangest, de la prevosté de Paris, salut. Sachent tuit que nous, en lan de grace M°. CC°. IIII^{xx} et douze, le lundi devant le mi karesme, veismes unes lettres en la fourme que sensuit. Ludovicus, Dei gratia Francorum rex, notum facimus universis presentes litteras inspecturis, quod nos, divini amoris intuitu, ob remedium anime nostre et animarum inclite recordationis regis Ludovici, genitoris nostri, et clare memorie Blanche, regine, genitricis nostre, et aliorum antecessorum nostrorum, abbati et conventui Ursicampi, Cysterciensis ordinis, terras, vineas, domos ac alias quascumque res suas titulo emptionis seu donationis vel aliquo quoquomodo ab ipsis rationaliter acquisitis, quas usque nunc pascifice possederunt, concedimus et auctoritate regia confirmamus, salvo jure in omnibus alieno. Quod ut in perpetuum ratum et stabile permaneat, presentes litteras sigilli nostri fecimus impressione muniri. Actum apud Compendium, anno Domini M°. CC°. L°. VIII, mense junio. — Et nous ou transcrit de ces lettres, avons mis le seel de la prevosté de Paris, sauf le droit de chascun, en lan et le jour dessus dit.

DXX.

CARTA REGIS LUDOVICI, DE PEDAGIIS SIMILITER ET THELONEIS FRANCIE.

1155. Ludovicus, Dei gratia Francorum rex, suis omnibus prepositis et ministris salutem. Accidit interdum fratres Ursicampi in terram nostram venire pro faciendis domus sue et ea que conventui sunt necessaria quererere. Sciatis itaque quod pro amore Dei cui serviunt, de omnibus que ad victum et vestitum pertinent eis ubique in terra nostra perdonavimus omnem consuetudinem, vobisque omnibus precipimus ut neque pedagium neque theloneum nullam que prorsus consuetudinem super his omnibus de quibus vestiendi sunt, aut pascendi a fratribus exigatis, sed presentium testimonio sint liberi et eant quieti. Actum Compendii, anno dominice incarnationis M°. C°. LV°. Data per manum Hugonis, cançellarii,

DXXI.

CARTA LUDOVICI REGIS DE JUSTITIA NOBIS FACIENDA.

Ludovicus, Dei gratia Francorum rex, universis baillivis, prepositis suis, ad quos littere Nov. 1223.
presentes pervenirint, salutem. Mandantes vobis precipimus sicut vos et res vestras diligitis ut dilectum nostrum venerabilem abbatem Ursicampi et ipsius fratres et universas res ad eos pertinentes caros habeatis et sicut res nostras proprias injusta molestatione defendatis, et quamdiu parati fuerint stare juri coram nobis vel mandato nostro non sustineatis gravamen aliquod seu impedimentum rebus eorum inferri. Quociens autem predicti fratres vos de justicia acquisierint, eis plenitudinem justitie seu dilationis obstaculo exhibeatis. Scientes pro certo quod ex defectu vestro ad nos querimonia venerit, graviter in nos id vindicabimus et nobis id emendabitur. Actum Compendii, anno Domini M° CC° XXIII, mense novembri.

DXXII.

ITEM. LITTERE LUDOVICI REGIS AD OMNES BALLIVOS ET PREPOSITOS, UT FIRMITER TENEANT
ET TENERI FACIANT LITTERAS LUDOVICI REGIS PATRIS EJUS DE JUSTITIA NOBIS FACIENDA.

Ludovicus, Dei gratia Francorum rex, universis ballivis et prepositis suis ad quos littere Octob. 1241
presentes pervenirent, salutem. Mandantes vobis precipimus districte quatinus cartam quam dilecti nobis abbas et fratres Ursicampi habent a bone memorie Ludovico, patre nostro, de justitia eisdem exhibenda, firmiter teneatis et teneri faciatis. Actum apud Asnerias, anno Domini M° CC° quadragesimo primo, mense octobri.

DXXIII.

LITTERE LUDOVICI REGIS AD OMNES PREPOSITOS ET BAILLIVOS FRANCIE DE JUSTICIA NOBIS
EXHIBENDA SUB PENA C. SOLIDORUM QUAMDIU DISTULERINT.

Ludovicus, Dei gratia rex Francorum, universis baillivis et prepositis suis ad quos littere Martio 1258.
presentes pervenirent, salutem. Litteras inclite recordationis regis Philippi avi nostri vidimus in hec verba. — Philippus, Dei gratia Francorum rex, prepositis suis et baillivis omnibus ad quos littere presentes pervenirent, salutem. Universos qui de ordine Cysterciensi sunt quodam

speciali privilegio amoris pro ceteris qui religionis habitum assumpserunt fovere intendimus. Inter eos tamen quosdam familiarius diligentes precipimus vobis universis et singulis, quatinus abbates et monachos et fratres Vallis sancte Marie, Curie Dei, Lorreis, Sacre Celle, Sacri portus, Karoli loci, Longipontis, Baleuses, Gardi, Ursicampi, Alneti, Belliprati, Fresmont, cum universis rebus ad jam dicta monasteria pertinentibus, in nostra custodia et protectione susceptis, in pace et quiete liberatos ab incursu malignancium manere faciatis. Hoc autem dicimus de rebus que in nostro dominio constitute sunt. Si quis vero de rebus fratrum predictorum monasteriorum in potestatibus vestris constitutus aliquid sine clamore ceperit, tantum de rebus malefactoris capiatis, ex precepto nostro, que res eisdem sine mora restituantur, et forisfactum emendetur. Si quis autem de baronibus nostris vel aliquis terris eorum aliquid injurie jam dictis fratribus vel rebus eorum inferre presumpserit, volumus ut ipsi vel eorum justiciarii super emendatione injurie vel forisfacti quam totius conveniantur ut eis res que ablate fuerint restituantur et forisfactum emendetur. Attendentes quod si quis vestrum, quod non credimus, precepti nostri transgressor extiterit, totiens nobis C. solidos Parisienses pro emendatione nobis dabit, quotiens ab hujus executione precepti ab abbatibus vel fratribus predictis requisitus defecerit. Quod ut perpetuum robur obtineat, sigillo nostro confirmamus. Actum Parisiis, anno verbi incarnati M° C° XC°, mense junio. — Nos autem piis ejusdem avi nostris vestigiis inherentes, vobis universis et singulis districte precipimus ut abbatem, fratres ac monachos Ursicampi ab incursu malignantium liberatos faciatis in pace ac quiete manere, eosdem et bona ipsorum in vestris potestatibus constituta custodiatis et defendatis, prout in scriptis ipsis avi nostri litteris continetur, non permittentes ipsos super bonis suis ab aliquibus vobis subditis indebite molestari. Actum apud Novamvillam in hoc anno Domini M° CC° LVIII, mense martio.

DXXIV.

[PHILIPPI REGIS CONFIRMANS PRIVILEGIA URSICAMPI.]

Maio 1281.

Philippus, Dei gratia Francorum rex. Notum facimus universis tam presentibus quam futuris quod nos litteras inclite recordationis karissimi genitoris nostri Ludovici, Francorum regis, vidimus in hec verba. — Ludovicus, Dei gratia Francorum rex, universis baillivis..... Sicut supra usque hic. — Nos autem premissa similiter servari precipientes, in hujus rei testimonium presentibus litteris nostrum fecimus sigillum apponi. Actum apud sanctum Germanum in Laya. Anno Domini M° CC° LXXXI°, mense maio.

DXXV.

CARTA LUDOVICI REGIS PRO DEFENSIONE GRANGIE PUTEOLORUM CONTRA DOMINUM ENGERRANNUM DE COUCHI.

Jul. 1233.

Ludovicus, Dei gratia Francorum rex, prepositis Compendii et Petrefontis salutem. Mandamus vobis, precipimus quatinus si dilectus et fidelis noster Ingerrannus de Cociaco seu alii dilectis nostris abbati et conventui Ursicampi in grangia sua de Puteolis vel in pertinenciis ejusdem grangie, que est de advocaria nostra, violentiam inferre vellet vel injurias facere, vos ipsam violentiam ab eadem grangia amoveatis indilate et presentes litteras nostras penes vos retineatis et nobis reservatis. Actum apud Carnotum anno Domini M° CC° xxx III, mense Julio. .

DXXVI.

[LUDOVICI REGIS CONFIRMATIO DONATIONUM GODEFRIDI DE BRITINIACO.]

Ludovicus, Dei gratia Francorum rex, Symoni de Fossatis salutem. Sire tibi facimus quod nos volumus et bene placet nobis quod ecclesia Ursicampi habeat et perpetuo possideat ad opus pauperum ad portam Ursicampi venientium quamdam elemosinam eidem ecclesie factam a Godefrido de Britiniaco et Oisillia quondam uxore ipsius defuncta, videlicet xx modios bladi ad mensuram Sancti Quintini, quos xx modios dictus Godefridus, miles, tenebat de dilecto et fideli nostro J..., domino de Hamo, et dictus J... de nobis in feodum, prout nobis perpetuas litteras intimasti. Unde tibi mandamus et precipimus quantinus dictam elemosinam quam saisinas dicte ecclesie Ursicampi deliberes indilate. Actum apud Stampum, anno Domini M° CC° XL° VIII°, mense maio.

Maio 1248.

DXXVII.

CARTA LUDOVICI REGIS PRO DEFENSIONE GRANGIE PUTEOLORUM CONTRA DOMINUM INGERRANUM DE COUCHI.

Ludovicus, Dei gratia Francorum rex, dilecto et fideli suo Renaldo de Berona salutem et dilectionem. Monstraverunt nobis dilecti nostri in Christo abbas Ursicampi quod dilectus et fidelis noster Ingerannus de Couciaco cepit res grangie sue de Puteolis que est in advocaria nostra constituta, propter quod vobis mandamus quatinus ad eundem Ingerannum sine dilatione personaliter accedatis, ipsumque requiratis ex parte nostra ut dictas res suas reddat et deliberet abbati et conventui memoratis. Si vero easdem res ipsis restituere noluerit, vos de rebus ipsius tantum capiatis. Quapropter ad ipsas restituendas compellatur. Nos autem vestras patentes litteras propter hoc vobis mittimus pro eo quod non volumus quod vos queratis occasionem quominus in hac parte mandatum nostrum efficaciter adimpleatis. Actum Parisiis, anno Domini M° CC° xxx°, mense Augusti.

Aug. 1230.

DXXVIII.

CARTA PHILIPPI REGIS DE AMORTIZATIONE BONORUM NOSTRORUM, ET CUM ISTA EST LITTERA BAILLIVI VIROMANDIE IN QUA LOCA EXPRIMUNTUR ET ACQUISITA.

Philippus, Dei gratia Francorum rex, notum facimus universis tam presentibus quam futuris, quod cum religiosi viri abbas et conventus monasterii Ursicampi, Cysterciensis

Julio 1276.

ordinis, finaverint cum baillivo nostro Viromandensi super retinendis perpetuo acquisitis ab eis a xxx annis citra in feodis et retrofeodis nostris, videlicet in baillivia Viromandensi, nos finationem hujus ratam et gratam habentes, concedimus predictis abbati et conventui, quantum in nobis est, ut ipsi predicta acquisita tenere valeant et possidere in proprium pacifice et quiete, sine ulla coactione vendendi vel extra manum suam ponendi, salvo in aliis jure nostro et jure in omnibus alieno. Quod ut ratum et stabile permaneat in futurum, presentibus litteris nostrum fecimus apponi sigillum. Actum Parisiis, anno Domini millesimo ducentesimo septuagesimo vi°, mense Julio.

DXXIX.

CARTA REGIS PHILIPPI DE HIIS QUE HABEBAMUS IN BAILLIVIA SILVANECTENSI A XXX ANNIS ET INTRA.

[Aug. 1277.] Philippus, Dei gratia Francorum rex, notum facimus universis tam presentibus quam futuris, quod cum abbas et conventus Ursicampi finaverint juxta ordinis nostre tenorem cum baillivo nostro Sylvanectensi super acquisitis ab ipsis post tempus xxx annorum nostra ordinatione perfinitum in feodis et retrofeodis nostris sibi et monasterio suo perpetuo retinendis que acquisita sunt hec. Videlicet in prepositura Clarimontis, undecim arpenta bosci que habent in territorio Castineti ex venditione sibi facta, ut dicitur ab Henrico dicto Galeit de Novavilla regis, que tenent ab Adam de Insula milite pro vi denariis annui census. Item, quatuor arpenta vinee sita in territorio Castineti de elemosina Theobaldi de Cressonessart, militis. Item, in prepositura Sachiaci magni, una minata terre sita in territorio ibidem in loco qui dicitur la Boueloie, quam habere dicuntur de elemosina dicti le Vaillant de Sachi. Nos finationem hujus ratam et gratam habentes, concedimus, quantum in nobis est, quod prefati abbas et conventus predicta acquisita possint tenere perpetuo et pacifice possidere absque coactione vendendi vel extra manum suam ponendi, salvo in aliis jure nostro et jure in omnibus alieno. Quod ut ratum et stabile permaneat in futurum, presentibus litteris nostrum fecimus apponi sigillum. Actum Parisiis, anno Domini m° cc° lxxvii°, mense Augusto.

DXXX.

CARTA PHILIPPI REGIS DE ACQUISITIONE TRIUM DENARIORUM SUPER DOMUM NOSTRAM PARISIIS.

[Junio 1280.] Philippus, Dei gratia Francorum rex, notum facimus universis tam presentibus quam futuris, quod cum abbas et conventus Ursicampi, Cysterciensis ordinis, acquisierint post tempus nostra ordinatione prefinitum tres denarios capitalis census quos Odardus Errode, civis Parisiensis, percipere solebat annuatim super domo dictorum abbatis et conventus versus portam Baudair existentem in censiva dicti Odardi, et dicti abbas et conventus cum preposito nostro Parisius finationem hujusmodi recipiente pro nobis videlicet tres denarios censuales predictos possint perpetuo tenere et pacifice possidere. Nos finationem hujus modi ut predicti abbas et conventus predictos tres denarios censuales perpetuo teneant et possideant vendendi vel extra manum suam ponendi salvo in aliis jure nostro et jure in omnibus alieno. Quod ut ratum et stabile permaneat in futurum, presentibus litteris nostrum fecimus apponi sigillum. Actum Parisiis, anno Domini M° CC° octogesimo, mense junio.

DXXXI.

CARTA PHILIPPI REGIS DE PEDAGIIS ET THELONEIS TAM PER TERRAM NOSTRAM. QUAM PER AQUAM.

Philippus, Dei gratia Francorum rex, universis prepositis et ministris suis ad quos littere iste pervenirent, salutem. Accidit interdum fratres Ursicampi in terram nostram venire pro faciendis domus sue, et ea querere que conventui sunt necessaria. Sciatis itaque quod pro amore Dei cui serviunt, eis in omni loco dominationis nostre tam in terra quam in aqua perdonavimus omnem consuetudinem, vobisque omnibus precipimus ut neque pedagium neque theloneum nullamque prorsus consuetudinem a fratribus exigatis, sed presentium testimonio tam ipsi quam eorum res libere et quiete eant et redeant. Actum Compendii, anno incarnati Verbi M° C° octogesimo tertio, mense februario.

Febr. 1183.

DXXXII.

LITTERA REGIS PHILIPPI SUB SIGILLO EPISCOPI SYLVANECTENSIS DE JUSTICIA ET ADVOCARIA PLURIUM ABBATIARUM ET DE EMENDIS ANIMALIUM NON SOLVENDIS POST SATISFACTIONEM DAMPNI DATI, CUM PLURIBUS ALIIS.

Universis presentes litteras inspecturis, Robertus, Dei gratia Sylvanectensis episcopus, salutem in Domino. Noveritis anno Domini M° CC° LX°, mense martio, litteras pie recordationis Philippi, quondam Francorum regis illustrissimi, in quibus nec in filo, nec in sigillo, nec in scriptura, nec in pergameno aliquod vitium vidimus tenuisse et legisse in hec verba. In nomine sancte et individue Trinitatis. Amen. Philippus, Dei gratia Francorum rex, universis bailllivis suis, majoribus, prepositis, et aliis quibuscunque potestatem ab ipso habentibus, ad quos presentes littere pervenirent, salutem. Ad regiam sollicitudium summo opere respicit ut ab ecclesiis sibi commissis importunam luporum rabiem arcendo procul extra eat, et in ejus partem conservandam studium sancte sollicitudinis apponat. Hinc est quod primogenitorum nostrorum vestigiis inherentes religiosas ecclesias Cysterciensis ordinis, videlicet Pontiniacensem, Clarevallensem, ceterasque ex eisdem pendentes maxime tamen domos quarum nomina in hoc privilegio sunt subtitulata, una cum ipsis specialiter, in nostra protectione et custodia suscepimus domum Longipontis, Karoliloci, Ursicampi, de Vaucellis, Valle Beate Marie, Frigidimontis, de Gardo, de Briostel, Fulcardimontis, Balanchiarum, de Longo Viler, Caricampi. Una tam singulis quam universis mandantes vobis precipimus

1221.

quatinus predictas domos et ea que ad ipsas pertinent, que sunt in posse nostro, per jus custodiatis ac defendatis ab omni gravamine et injuria, nec eas injuste sustineatis ab aliquibus molestari. Quod si aliquis super quem posse habeatis, ipsas domos aut res earum molestaverit aut injuriam intulerit vel gravamen, id ipsum absque omni dilatione et excusatione emendari faciatis, et si fratres dictarum domorum pro jure suo postulando ad vos aliquotiens accesserint, ipsos taliter exaudire et expedire curetis, quod propter vestros defectus ad nos ipsos non oporteat laborare, concedentes dictis fratribus ut de propriis rebus suis per universa propria pedagia nostra tam per terram quam per aquam quiti sint et liberi ab omni pedagio, theloneo, rothagio, seu alia exactione vel coustuma quacunque. Verum quare ad dirigenda potissimum eorum negotia et bona que possident contra pravorum hominum multiformes astucias defendenda qui divinis sunt serviciis mancipati, studium et diligentiam nos convenit adhibere. Ex parte siquidem abbatum domorum supradictarum gravis vobis est oblata querela, nam nonnulli principes ac nobiles occasione juris patronatus, advocatie seu custodie quam in domibus seu in grangiis eorum se habere proponunt, bladum, vinum, evectiones, animalia et res alias pro edificatione ac munitione castrorum et villarum nec non pro tyrociniis, torneamentis, expeditionibus et aliis usibus eorundem ab ipsis exigunt et extorquent et, quod gravius est, per vim domos ipsorum ingredientes justitiam ibidem proclamantes et contra Cysterciensis ordinis instituta judicium sanguinis exercere volentes, propter quod et quies monastici ordinis perturbatur, et grave prefatis domibus imminet detrimentum, vobis singulis et universis precipimus ne quis premissa a dictis fratribus audeat exigere. Mandati nostri transgressores tanquam raptores et violatores capiantur, et digne pro meritis puniantur. Et quod absurdum est, rationique contrarium, ut ab illis qui emendas seu leges non capiunt, ab ipsis leges et emende post dampni restaurationem requirantur. Volumus, precipimus universis bailivis nostris, prepositis, baronibus, militibus, scutiferis, seu vavassoribus in quorum districtu dampna hujus modi fuerint illata, si contingat quod interdum dictorum fratrum animalia ipsis invitis aliquibus dampna inferant, nullus de cetero super emendis hujus, postquam de predictis dampnis debitam satisfactionem duxerint exhibendam, ab ipsis impensam emendam extorquere nitatur, nec ipsos aliquo modo molestare presumat. Nichilominus omnes libertates et immunitates a predecessoribus nostris regibus Francie nec non et libertates et exemptiones a baronibus, militibus et aliis Christi fidelibus dictis fratribus rationabiliter concessas et indultas confirmamus. Quod ne valeat oblivione dileri, scripto commendamus. Et ne possit a posteris infringi, sigilli nostri auctoritate et regii nominis karactere inferius annotato, presentem paginam precipimus confirmari. Actum apud Sanctum Germanum in Laya, anno dominice incarnationis M° CC° XXI°, regni vero nostri XLIII°, astantibus in palacio nostro quorum nomina supposita sunt et signa. Dapifero nullo, buticulario nullo. S. Bartholomei, camerarii. S. Mathei, constabularii. Data vacante cancellaria. Quod autem vidimus hoc testamentum, presentibus litteris sigillum apponentes. Actum anno et mense supra scripto.

DXXXIII.

[PHILIPPI REGIS CONFIRMATIO DONATIONUM.]

Jun. 1304. Philippus, Dei gratia Francorum rex, notum facimus universis tam presentibus quam futuris quod nos dilectorum nostrorum abbatis et conventus monasterii Ursicampi, Cysterciensis ordinis, supplicationibus annuentes, eisdem ac ecclesie seu monasterio suo ducimus concedendum quod ipsi conquesta omnia ab eis sue ecclesie nomine facta a tempore retroacto usque ad tempus concessionis hujus modi in feodis, retrofeodis et allodiis nostris aut subdictorum nostrorum, in quantum ad nos spectat, tenere possint perpetuo absque occasione vendendi vel extra manum suam ponendi et prestandi aliquam nobis financiam pro eisdem. Item, quod bona eorum mobilia non capientur vel justiciabuntur in aliquo casu per justitiam secularem. Item, quod in casu ubi licite bona ipsorum immobilia capi contigerit, ea consumi vel destrui non liceat aut expandi. Quod si fiat, id ante omnia emendari et eos deinceps servari. Et, quod si ad bonorum ipsorum saisinam vel custodiam servientium deputari oporteat, una tantum modo serviens in abbatia et in qualibet domo ipsorum deputetur, qui de stipendiis suis vivere teneatur, prout in nostris continetur statutis. Item, quod recognitiones et advocationes nove que ab ipsorum religiosorum subditis vobis fuerint ullatenus admittentur, et factas de novo faciemus penitus revocari. Item, quod baillivi et alii officiales nostri teneantur jurare quod mandata sibi facta et facienda per litteras pro ecclesia illa et personis ejusdem absque difficultate fideliter exequatur. Item, quod non inquietabuntur super possessionibus sive redditibus emptis per ipsos in feodis et retrofeodis, aut censivis suis in quibus omnimodam altam et bassam habent justiciam, quin possessiones et redditus taliter acquisitos tenere perpetuo valeant absque coactione vendendi vel extra manum suam ponendi aut prestandi nobis financiam pro eisdem. Item, quod tollantur gravamina eis per nostras gentes illata ac nostra jam concessa statuta serventur et ea baillivi nostri jurare teneantur se firmiter servaturos. Item, quod ad opus garnisionum nostrarum bona eorum vel subdictorum suorum eis invictis ullatenus capientur. Item, quod pro gravaminibus sibi illatis corrigendis de quibus liquebit auditores non suspectos eisdem, cum requisiti fuerimus, concedemus qui vice nostra ceteris complementum justicie super hoc fideliter exequebuntur. Item, quod non punientur pro delictis monachorum seu conversorum aut familiarium suorum nec quatenus sunt propter hoc puniendi de jure vel de consuetudine patrie cui subsunt. Item, quod non impedientur capere personas sue abbatie et eorum mobilia cum armis moderate vel sine armis, ac delinquentes in sua abbatia, seu locis ejusdem conventus facere consuerunt. Quod ut firmum permaneat in futurum, salvo in aliis jure nostro et in omnibus alieno, presentibus litteris nostrum fecimus apponi sigillum. Actum Parisius, anno Domini M° CCC° quarto, mense junio.

DXXXIV.

LITTERA BAILLIVI VIROMANDIE DE PLURIBUS ACQUISITIS IN SUA BAILLIVIA. CONFIRMATIONEM HUJUS LITTERE QUERE SUPRA IN ISTO TITULO. REGUM LITTERA.

Je Wautiers Bardins, baillius de Vermendois, a tous cyaus qui ces lettres verront, salut. Comine nostre sires li roys Phelippes, par le grace de Dieu, par se bonne volente ait otroie par ces lettres pendans a leglise Notre Dame Doscans et a labbe et au convent devant dit lieu que il tiegnent a tous paisaublement et quietement sans nule coaction de vendre et sans

Octob. 1266.

metre hors de leur main tous les aques que il ont fais en quel maniere que ce soit, en le baillie de Vermendois, en ces fies et en ces arrierfiez puis trente ans en encha et en aient fine a moi si come il est contenu es lettres le Roy. Sachent tuit que li abbes et li convens devant dit ont fine a moi en deniers ses des rachas des chozes qui ci desous sont nommees. Chest assavoir de Perron de Remin a Drailincort, dis livres de rente et set soudees quil tenoit dou chastelain de Noion, et li chastelains de leveske, et li evesques du Roi. Apres, chunc soudees de rente à Drailincort de laumosne le file le Borgnete que on tient de levesque, et li evesques du Roi. A Cailloue, dis livrees daumosne de Jehan de Genvri, que on tenoit de monseigneur Renaut de Crespeigni, et mesires Renaus du Roi. A le Crois Herouart, le moitie de le haie le chastelain, que on prise l saus par an, que on tenoit du chastelain de Couchi, et li chastelains du seigneur de Couchi, et li sires de Couchi du Roi. A Betencourt es Vaus, iij muis de ble de laumosne Bauduin, que on tient de monseigneur Raoul Flamenc, et mesires Raous de levesque, et levesques du Roi. A Noion, iij setiers et demi de vingne que on tient de monseigneur Raoul Flamenc, et mesires Raous de levesque, et levesque du Roi. Apres ij setiers de vingne de laumosne monseigneur Raoul Flamenc que il tenoit de levesque, et levesque du Roi, que on prise xl s. A Noion, une maison de laumosne monseigneur Robert Lefeure que on prise soissante sous par an, que on tient de monseigneur Raoul Flamenc, et mesires Raous de levesque, et levesque du Roi. A Genvri, j mui de ble que on prise vint saus, que on tient de le dame de Coudun, et le dame de Coudun de levesque de Noion, et levesque du Roy, de laumosne monseigneur Raoul de Genvri. A Couchi, j mui de ble de laumosne le mere Bernart du Plaissie, que on tient dou Roi. A Ressons, xl s. de rente de laumosne monseigneur Peron Daridel, de quoi li rois est secuns sires. A Verrine, j pre que on prise xvi s. par an, que on tient de Jehan de Cuy, et Jehans de Cui du Roi. Au bos Oingnois, xvi mines de bos la ou li Rois a le quart denier, de laumosne le dame de Abbecort, que on tient du Roi, que on prise par an xi livres. A Thorote, dis livres de rente de laumosne le chastelain et sen frere, que li chastelain tient du Roi. De rechief a Thorote, chent sodees de terre de laumosne monseigneur Ansout d'Offemont que il tient du chastelain, et li castelains du Roi. A Oretsmieus, demie muie de terre de laumosne Jehan de Cuy, que on prise vint sous. A Biaurain, iii muis de ble de laumosne monseigneur Jehan de Biaurain et sen pere, que on prise lx sous, que on tient de levesque, et levesque du Roi. A Vile, un mui de ble de laumosne monseigneur Surien, que on tient du Roi, que on prise vint sous. De rechief, ij muis de ble de laumosne le fame monseigneur Jehan de Vile, que on prise xl sous. Entour Chempieng, iij jorneus de terre de laumosne Baudouin de Waescourt, que on prise xxx sous. A Antueil, demi mut de ble de laumosne Daridel, chevalier, que on prise xii sous. A Thorote, xv s. de seurchens seur ij maisons que on tient du Roi. Et apres, des acquestes as loges de Larbroie ij muiees de terre poure qui cousterent xvi livres que on tient du chastelain, et li chastelain de levesque et levesque du Roi, que on prise par an quarante s. A le croix Herouart, le moitie de le haie le chastelain que on prise v s. par an, que on tenoit du chastelain de Couchi, et li chastelain du seigneur de Couchi, et li sires du Roi. A Cailloue, wit livrees de terre que on aquasta a monseigneur Raoul de Genvri, que il tenoit de monseigneur Renaut de Crespeigni, et mesires Renaus du Roi. A Monteigni, de terres waignaules vint aissins que on prise par an quatre livres. Apres v aissins de aunois que on prise par an xv s. Apres xv aissins de avesnes que on prise par an vint sous. Apres, de vignes dis et sept aissins que on prise par an wit livres et dis sous. Apres, iij pieches qui furent de le masure Wivelet, que on prise par an quinze sous, et de toutes ces choses de Monteigni deseur dites est li Rois secuns sires. Encore, daumosne des terres Rekignie, j mui peu plus peu mains et j arpent de pre qui sont en pris de quarante sous, ce tient on du Roi. Et en le declaration et en especifiement des chozes deseur nommees de quoi il ont fine a moi, je leur ai baillie ces presentes lettres seelees du seel de le baillie de Vermendois, lesqueles furent donnees en lan de lincarnation notre Seigneur mil deus chens et soissante sis, ou mois de octembre.

DXXXV.

AMORTIZATIO REGIS PHILIPPI DE PLURIBUS REBUS VERSUS THOROTAM.

Febr. 1284.

Philippus, Dei gratia rex Francorum, notum facimus universis tam presentibus quam futuris nos infra scriptas vidisse litteras tenorem hujus modi continentes. A tous ceus qui ces presentes lettres verront et orront, Adam Hailos, baillis de Senlis, salut. Sachent tuit que nous avons receu de hommes religieus et honnestes labbe et le convent dOscans par le main de dan Joce, portier de leglize dOscans, trente sis livres sept sous parisis pour le reson des aumosnes les queles ont este aumosnees a la devant dite eglize es fiez et es arriefiez nostre seigneur le Roy, du tamps contenu en lordenance, cest assavoir pour ij muies de terre seant au port de Mommac, del aumosne Robert Lefieve, et pour deus mines que pre que terre seant en ce lieu dessus dit, de laumosne sire Gile de la Pierre. Item, pour trois mines de terre seant derriere la maladrerie de Thorote, de laumosne Godart Leleu de Choisi. Item, pour un mencout de vigne ou la entour, seant ou mont de Machemont qui est dite Grain dOr. Item, pour trois mencout de vigne seant a Cambrone, de laumosne monseigneur Pierre Cahiens, chapelain de Coudun. Item, pour iij mines et demie de terre seant a Vilere et au port de Mommakes, de laumosne le devant dit Pierre. Item, pour nuef mines de terre seant as ieaus de Longueil, de laumosne P. de Remin, escuier. Item, dudit pour iij pieches de vignes seant a Coudun es lieus que on apele as Rooloirs et en Abaper. Item, pour trois mines de vigne seant a Cambronne, de laumosne Symon Rivier. Item, dudit Symon ij mines de terre seant a la voie qui va de Mommakes a la maladrerie de Thorote. Item, pour cent sous parisis chascun an seur le paage de Thorote, de laumosne le chastelain de Noion pour lame de sa fame, si comme il est tesmoigniet par monseigneur Pierre de Ribecourt, chevalier, ordene a ce faire du commandement de court. Ou tesmoignage de la quele choze nous avons seelees ces presentes lettres du seel le devant dit Pierre de Barbe, chevalier, avecques le seel de le baillie de Senlis, ordene et atire a ce faire. Ce fu fait en lan de grace notre Seigneur mil deus cens quatre vins et iij, ou mois de octembre, ou jour de feste saint Denis. — Nos itaque firmationem hujus modi ratam et gratam habentes volumus et concedimus quod dicti abbas et conventus ac successores eorum premissas res habeant, teneant et possideant in futurum pacifice et quiete, absque coactione vendendi vel extra manum suam ponendi, salvo in aliis jure nostro et in omnibus alieno. Quod ut ratum et stabile perseveret, presentibus litteris nostrum fecimus apponi sigillum. Actum Parisiis, mense februario. Anno Domini millesimo ducentesimo octogesimo quarto.

DXXXVI.

CONCESSIO ET COMFIRMATIO LUDOVICI, REGIS FRANCORUM, DE CAMPASNIER CUM OMNIBUS APPENDICIIS SUIS.

Sept. 1270.

Universis presentes litteras inspecturis, Matheus, miseratione divina ecclesie beati Dyonisii in Francia abbas humilis, et Symon, dominus Nigelle, locum tenentes domini regis Francie, salutem. Cum Maria, domina de Chauressy diceret se tenere in feodum ab Ansoldo de Offemont, milite, domum suam de Campasnier, terras arabiles, vineam quandam, vivarium, prata, terragia, jura, et justicias altas et bassas, et nemora quedam, circiter xxvi modiatas continentia, quarum xxIIII^{or} modiate contingue sunt nemori ecclesie Ursicampi ex uno latere et nemori sancti Eligii fontis ex alio. Et alie due modiate site sunt juxta domum predictam. Et hec omnia que ipsa domina sicut dictum est se habere et possidere dicebat in territorio de Campasnier jure hereditario ad ipsam pertinentia cum omnibus juribus justiciis tam altis quam bassis, que in eodem territorio habere poterat et debebat ecclesie Ursicampi, titulo permutationis dedisse et tradidisse videlicet pro lx libris annui et perpetui redditus ab eadem ecclesia eidem domine propter hoc constitutis et premissis, et in hoc utilitatem suam et domini sui de quo tenebat predicta, factam esse diceret. Et hec omnia facta essent de voluntate et expresso consensu Ansoldi de Offemont predicti, de quo in feodum predicta omnia tenebantur, sicut asserebat domina supradicta. In cujus feodum sexaginta dicte libre redditus erant posite loco omnium predictorum, et Ysabella, domina de Abbecourt, de qua dictus Ansoldus, sicut dicebat, feodum tenebat ante dictum in predictis omnibus consensisset, prout hec omnia vidimus plenius contineri in litteris sigillatis Marie, Ansoldi et Ysabelle predictorum sigillis. Tandem significato nobis ex parte dicte ecclesie de sepedicta Ysabella, domina de Abbecort, tenebat in feodum de illustri domino nostro Ludovico, Dei gratia regis Fancie, hommagium predictum dicti Ansoldi, et quod dominus rex de jure suo habebat in dictis nemoribus permutatis nomine grearie quartum denarium precii quotiens vendebantur. Nos sepe et sepius requisiti ut permutationem supra dictam caritatis intuitu nomine domini regis confirmare vellemus et expresse consedere, ut res utrinque permutate videlicet tam redditus dictarum sexaginta librarum quam domus de Campasnier, cum aliis ex parte dicte domine traditis, ut est dictum, in manum mortuam possent quocunque titulo transferri, et translata quite libere et pacifice perpetuo remanere. Et quod eidem ecclesie supradictam greariam et quicquid occasione ejus vel alias ad dominum regem in prefatis nemoribus pertinebat vellemus vendere, demum nos utilitatem domini regis facere cupientes, ut tenemur, inquiri fecimus diligenter tam de dicta grearia quam de feodo et aliis que in dictis rebus permutatis pertinebant et pertinere poterant ad dominum regem memoratum, super quibus omnibus providere et diligenter consulti sic convenit finaliter inter nos domini regis nomine, ex una parte et ecclesiam Ursicampi, ex altera, quod nos permutationem hujus modi totalem approbantes, et confirmationes tam a dicto Ansoldo quam a dicta Ysabella predictis super hoc factas ratas habemus et firmas, et eas nomine et auctoritate regia confirmamus. Volentes expresse concedentes quod ecclesia Ursicampi res omnes et singulas supradictas a dicta Maria ecclesie supradicte permutatas et traditas tenere possit in perpetuum quite, libere et quiete, absque coactione aliqua vendendi vel extra manum suam ponendi, et quod sepedictus dictarum sexaginta librarum redditus in permutationem ab eadem ecclesia datus in ipsam ecclesiam transferri et penes eam perpetue valeat remanere libere et quiete. Si quando ab eadem Maria vel a quovis alio dicti redditus domino, quocunque jure vel titulo, eidem ecclesie dari vel in eam transferri contigerit quandocunque, nullis ex parte domini regis ab eadem ecclesia vendis vel redevanciis propter hoc exigendis, cum pro predictis omnibus taliter faciendis ab eadem ecclesia receperimus quinquaginta libras turonenses in pecunia numerata, quas in utilitatem domini regis duximus convertendas. Quod ut ratum et stabile permaneat in futurum, presentibus litteris sigillum regium duximus apponendum, salvo in aliis jure domini regis ac jure etiam in omnibus alieno. Actum apud Sanctum Dyonisium. Anno Domini M° CC° septuagesimo, mense septembri.

DXXXVII.

[CARTA PHILIPPI REGIS DE VENDITIONE ANSOLDI DE OFFEMONTE.]

Sept. 1284.

Philippus, Dei gratia Francorum rex, notum facimus universis tam presentibus quam futuris quod cum dilectus miles et fidelis noster Ansoldus, dominus Offemontis, et Johanna, uxor ejus, pure, sicut idem Ansoldus coram nobis asseruit, vendiderunt et quitaverunt religiosis viris abbati et conventui monasterii Ursicampi, Cysterciensis ordinis, totam terram quam habebant vel habere debebant apud Bethencuriam in vallibus et in territorio de Bethencuria, apud Oingne et in territorio de Oigne, apud Abbatiscuriam, et in territorio de Abbatiscuria vel circa, que terra quondam fuit defuncti Johannis de Genvri, armigeri, sicut ipsa terra de domibus, terris, pratis, vineis, boscis, aquis, pasturagiis, dominiis, justiciis sive aliis quibuscunque rebus consistat, a predictis abbate et conventu et eorum monasterio tenendum in perpetuum, eodem modo quod dictus Johannes dum vixit, et ipsi conjuges post cum tenuerunt eandem. Nos prefati militis nostri precibus annuentes, ob remedium anime nostre atque progenitoris et aliorum antecessorum nostrorum, venditionem et quitationem hujus modi ratam et gratam habemus et approbamus, atque quantum in nobis est concedimus quod prememorati abbas et conventus et eorum monasterium perpetuo dictam terram possint tenere, possidere et habere sine ulla coactione vendendi vel extra manum suam ponendi, salvo jure nostro in aliis, et jure in omnibus alieno. Quod ut ratum et stabile perseveret, presentem paginam nostri sigilli fecimus auctoritate communiri. Actum apud Vicenas. Anno Domini M° CC° octogesimo quarto, mense septembri.

TITULUS TEMPLARIORUM.

DXXXVIII.

QUITACIO TEMPLARIORUM DE HIIS QUE CLAMABANT IN UNA CARRUCATA TERRE ET UNO MANAGIO SITIS CIRCA ANTOLIUM.

Maio 1214.

Ego Andreas, preceptor Templi in regno Francie, omnibus presentem paginam inspecturis salutem. Noverint universi quod cum querela verteretur inter nos ex una parte'et abbatem et conventum Ursicampi ex altera coram judicibus a domino papa delegatis, scilicet Petro abbate et Paulo priore sancti Martini de Gemellis et Theobaldo, preposito, Ambianensibus, videlicet super una carrucata terre et managio sitis circa Antolium, que dicebamus ad nos pertinere ex elemosina domini Philippi de Vignemont; tandem mediantibus bonis viris, usi saniori consilio, liti super hoc mote renunciavimus, et predictam elemosinam supradictis fratribus Ursicampi pleno jure ab eis possidendam in perpetuum quitavimus. In hujus autem rei testimonium et confirmationem presentes litteras tradidimus, sigilli nostri munimine roboratas. Actum anno Domini M° CC° quarto decimo, mense maii.

DXXXIX.

COMPOSITIO INTER NOS ET TEMPLARIOS DE DECIMIS TERRARUM IN TERRITORIO DE CHIRI ET DOMO APUD PASSEL.

Octob. 1304.

In nomine Domini, anno a nativitate ejusdem millesimo CCC° quarto, indictione secunda, mensis octobris quarta die, sede romana vacante, per istud publicum instrumentum cunctis appareat evidenter quod cum materia questionis verteretur inter fratres militie Templi Ierosolimitani ex parte una, abbatem et conventum ecclesie beate Marie Ursicampi, Cysterciensis ordinis, ex altera, super hoc quod frater Robertus de Sarnoy, preceptor domorum militie Templi in baillivia de Viromandia, procurator dictorum fratrum, sufficienter instructus per procuratorium sigillo fratris Hugonis de Perando, generalis visitatoris domorum cismaritim militie Templi sigillatum cujus tenor talis est....... Petebat nomine procuratorio supradicto a dictis abbate et conventu Ursicampi habere decimas in omnibus terris et locis quas et que dicti abbas et conventus habent et habuerunt in territorio de Chiri, ultra pontem de Brule, excepta decima campi de Iessart Cardon, quas quidem decimas petebat dictus preceptor ratione usus seu usagii dicens quod ipse et predecessores sui usitati sunt et fuerunt dictas decimas per se vel per suas gentes bene et sufficienter levare, habere et asportare. Insuper dictus preceptor nomine quo supra, per eandem rationem usus seu usagii petebat habere a predictis abbate et conventu Ursicampi decimam campi qui vocatur Gloriete, et campi qui

vocatur Goubain et managii qui fuit quondam dicti Toupet, dictis abbate et conventu Ursicampi in contrarium asserentibus et dicentibus se adportasse dictas decimas bene et sufficienter et fructus omnium predictorum locorum habuisse et levavisse sine solutione decimarum dictis Templariis ab ipsis facienda. Cumque super hoc a dictis partibus diu altercatum
fuisset, tandem dicte partes pro bono pacis concordaverunt et voluerunt quod decanus et
cantor ecclesie beate Marie Noviomensis, inquisita veritate per magistrum Johannem de Jussiaco et Johannem de Fay, communiter a partibus antedictis ad hoc faciendum electos, super
usu seu usagio habendi, levandi et adportandi a dictis Templariis dictas decimas in supradictis
locis....... Nos enim Johannes de Erchiu, decanus ecclesie beate Marie Noviomensis, ac Johannes Wastellus, ejusdem ecclesie cantor, arbitri arbitratores seu amicabiles compositores, a dictis
partibus super discordiis et querelis antedictis communiter electi, de bonorum consilio, super
premissa dictum nostrum seu sententiam arbitralem protulimus in hunc modum. Scilicet quod
campus de Gloriete solvet in futurum decimam dictis templariis et ad hoc obligatur secundum
usum seu usagium ante dictum. Item quod campus de Goubain, et managium quod quondam
dicti Toupet, situatum apud Passel, tanto tempore quod abbas et conventus Ursicampi tenebunt ipsos in sua manu erunt et sunt liberi et immunes solvendi decimas dictis Templariis. Et
si acciderit quod dicti abbas et conventus traderent dictos campum et manerium ad modiagium seu ad firmam, seu illos alienarent alio quoquo modo, dicti campus et manerium solverent
decimas Templariis antedictis. Item de omnibus terris et locis qui sunt ultra pontem de Brule
dicti abbas et conventus Ursicampi solvent et reddent decimas Templariis sepedictis, excepto
campo de Iessart Cardon de quo non solvent nec tenebuntur solvere dictis Templariis decimas
in futurum. Qua sententia, arbitratu seu dicto prelatis, ut dictum est, dicti arbitri quesierunt
a dictis partibus, utrum sententie eorum arbitrali et dicto vellent obedire vel in aliquo
contraire, a quibus responsum fuit competenter quod dicte sententie seu dicto amicabiliter
consentiebant et ipsam seu ipsum quantum in ipsis erat benigniter approbatum. Et tunc dicte
partes rogaverunt me tabellionem publicum ut super premissis cuilibet parti facerem publicum instrumentum. Datum et actum anno, die et loco, mense et indictione predictis, sede
romana vacante, presentibus et astantibus magistris Johanne de Vallibus, Johanne de
Jussiaco, Michaele Normanno, curie Noviomensis tabellione, Johanne dicto Fay, Henrico
Danielis, vicario in ecclesia Noviomense, clericis, ac magistro Reginaldo de Hercheio, testibus
ad premissa notatis et rogatis, et nos, decanus et cantor supradicti, ad majorem confirmationem presenti instrumento publico sigilla nostra duximus apponenda. Datum ut supra....
Et ego magister Hugo de Gamachiis, clericus Ambianensis dyocesis, publicus et auctenticus
auctoritate imperiali notarius, una cum testibus supra scriptis predicte pronunciationi sententie arbitralis seu dicti presens interfui, et ex inde istud publicum instrumentum propria
manu mea scripsi et in formam publicam redegi signoque meo solito signavi in testimonium
premissorum rogatus a partibus antedictis. Datum et actum ut supra.

TITULUS VICECOMITUM.

DXL.

CARTA ROBERTI DE BUGLIS DE OCTAVA PARTE TERRITORII MEDIANE VILLE.

1190.

Ego Robertus de Buglis, presentibus pariter et futuris notum facio quod Iherosolimam profecturus in perpetuam elemosinam dedi ecclesie beate Marie Ursicampi, octavam partem totius territorii Medianeville, quam jure hereditario possidebam, nichil omnino retinens ibi exceptis feodis et hospitibus meis. Dedi etiam omnes aisantias meas prefate ecclesie et fratribus in eodem territorio ad jus meum pertinentes et in vicecomitatu et majoria dominium quantum ad ejusdem ecclesie et fratrum usus necessarium fuerit, dedi preterea jam dicte ecclesie et fratribus in eodem territorio quicquid juris et dominii habebam in nemore sancti Dyonisii, quoad majoriam de Estreiis et de Baillolio pertinet, ita ut illud custodire, extirpare et excolere eis per se vel per operarios suos liceat vel quicquid aliud ibidem ad usus ecclesie et fratrum videbitur necessarium. Dedi preterea et concessi fratribus sepe dicte ecclesie, ut libere et sine omni exactione animalia sua et greges suos causa pastus vel transitus per nemora in quibus in adventu Domini cerchiam habeo, secure ducant et custodiant. Ceterum dedi pretaxate ecclesie et fratribus universum jus quod habebam apud Medianamvillam in aquis videlicet, in mariscis, in pascuis, sive in aliis omnibus aisanciis. Que omnia ut perpetuam in posterum sorciantur stabilitatem, presentem paginam sigillo meo feci communiri. Hujus autem donationis et elemosine per librum in capitulo, circumstante conventu, in manu domini Guidonis, abbatis Ursicampi, facte et postea super altare ipsius ecclesie devote et humiliter oblate, testes sunt quorum nomina in presenti scripto supponuntur, Gerardus prior,.... Confirmavi etiam sepedicte ecclesie fratribus molendinum de Salice, quod habebant de donatione et elemosina Petri, domini de Hameviler, quod de me Bernardus de Angeviler tenebat in feodum et eisdem fratribus hoc ipsum concesserat. Sartum etiam quod in foresta Sancti Wandregisilii fratres fecerant in qua jus meum habebam, ecclesie confirmavi, sub prescriptorum testium testimonio. Actum apud Ursicampum, anno incarnati Verbi M° C° nonagesimo.

TITULUS VILLARUM.

DXLI.

DE CE QUE LI SIRES D'OFFEMONT NOUS VENDI A ABBECORT, A BETHENCORT, ES VAUS DE OINGNE, QUANQUE IL I AVOIT ET POOIT AVOIR.

Sept. 1284.

Nous Ansous, chevaliers, sires de Offemont, et Jehenne, se feme, faisons savoir a tous ceus qui ces presentes lettres verront et orront que nous avons vendu bien et loiaument et quite a tous jors iretaulement a religieus hommes a labbe et au couvent de Oscans, de orde de Cystiaus, toute la terre que nous avons ou aviemes a Bethencort, es vaus et ou terroir de Bethencort, a Oingne et ou terroir de Oingne, a Abecort et ou terroir de Abecort, ou la entour, que jadis fu Jehan de Genvri, escuier, neveu madame de Abecort que morte est, soit en rentes, en prez, en vignes, maisons, bos, capons, pasturages, iaues, justice, seignouries et toute autres chozes quez queles soient, et comment queles soient apelees, et tout ainsi comme chuis Jehans le tenoit, et tout ainsi comme nous les avons tenues puis le mort chelui Jehan, a tenir et a avoir des religieus hommes devant dis, et de leurs successeurs, bien quitement et en pais a tous jors et sommes tenus et prometons toutes les choses devant dites a amortir envers nostre seigneur le Roy de France et envers tous autres seigneurs terriens et tous autres seigneurs qui riens en vorroient, porroient ou deveroient en nulle maniere demander seur les chozes vendues devant dites ou en aucune partie deles, et quiter et delivrer quites de toutes debites, save les aumosnes que le terre devant dite a religieus gens, et deffendre et warandir a tous jours envers tous qui a droit et a loy en vorroient venir. Et sil avenoit choze que li devant dit religieus pour locoison des chozes vendues devant dites ou aucune de eles fussent trait en cause ou autrement empeechiet fust devant justice ou juge terrien ou devant autre personne quele quele soit. Nous, tantost comme nous serons requis de par labbe et le convent devant dit ou de leur commandement, sommes tenu et prometons les devant dis religieus a deffendre, aquiter et delivrer et a warder de damage et metre en pais seur toutes les chozes devant dites. Et ce il avenoit choze que li abbes et li convens devant dit i avoient cous ou damages, frais ou despens seur les chozes devant dites ou aucunes deles par no defaute ou autrement, tous cous et tous damages, frais et despens que il ou leur procureur ou leur commandement diront par leur simple parole sans autre prueve a amer ou autre choze faire en contre que il auroient eu, nous leur sommes tenu et prometons a rendre entierement. Et est a savoir que nous a labbe et au convent devant nomme avons toutes les choze devant dites werpies des orendroit et volons, otroions et consentons que tres maintenant des ore en avant a tous jors les chozes devant dites aient, tiengnent et goient comme de leur propre aquest et toute le droiture, laction et le seignorie que nous en ces chozes devant dites aviemes en quel maniere que ce fust. Nous quitons, otroions a labbe et au convent devant dis et renonchons sans riens retenir es chozes vendues devant dites. Et est a savoir que nous avons vendu ces chozes devant dites par droit pris et loial, cest a savoir parmi douze cens livres de Paris. Desquez deniers nous nous tenons a paiet a plain, et avons rechut en bonne monnoie et bien contee et tornee en no pourfit, et a toutes les chozes devant dites tenir et a emplir bien et loiaument en chascun article nous obligons nous et nos hoirs et tous nos biens presens et a venir par le foy de nos cors et prometons que nous encontre les choses devant dites ne venrons ne ne proposerons par nous ne par autrui jamais nule choze par quoi les convenanches devant dites doivent ou puent estre empeechies, rapelees ou afoiblies en nule maniere, et renonchons et avons renonchie en ce fait a toutes exceptions, baras et deffenses a toutes aives de droit et de fait à l'exception de monnoie nemie, nombree et contee, a toutes coustumes et a tous establissemens et a toutes graces, respis et privileges empetrez ou a empetrer et a toutes autres chozes que nous ou nos hoirs porroient aidier en nule maniere et grever l'abbe et le convent dit ou leur successeur. Et pour ce que ce soit ferme choze et establie nous avons seelees ces presentes lettres de nos propres seaus et baillies a labbe et au convent devant dis. Ce fu fait en lan del incarnacion nostre Seigneur Jesu Crist, mil cc iiii^{xx} et quatre, ou mois de septembre.

DXLII.

DE HIIS QUE EMIMUS A DOMINO DE OFFEMONT APUD ABECOURT, BETHENCORT ET OINGNE, IN TERRIS, VINEIS, CENSIBUS, JUSTITIIS ET OMNIBUS ALIIS.

Février 1284. Je Ansous, chevaliers et sires d'Offemont, fas savoir à tous chiaus qui ces presentes lettres verront et orront, que comme je aie vendu à hommes religieus l'abbe et le convent d'Oscans, del orde de Cystiaus, tout ce que je et Jehenne, me femme, aviemmes si comme en terres ahanables, en vignes, en chens, en rentes, en capons, en deniers, en bles, en avaines, en justices, en seignouries, en maisons et en toutes autres chozes queles que eles soient, es lieus chi dessous nommes, cest asavoir a Betencourt es Vaus et en terroir de Bethencort, a Oingne et en terroir de Oingue et ou terroir d'Abecort, pour douze cens livres de Paris, desquez douze cens livres de Paris li devant dit religieus ont fait men gre, et recognois que je les ai recheus en bonne monnoie secke bien contee et que je men tieng bien a paies soufflssamment, et il soit ensi que entre les autres chozes devant nommees et vendues ait une vigne qui est en che meisme vendage, liquele vigne siet ou terroir de Bethencort es Vaus, lequele vigne je tenoie du doyen et du chapistre del eglize Saint-Quentin-en-Vermendois, et je soie tenus par convenanche faite entre moi dune part et les devant dis religieus dautre part de le devant dite vigne a amortir envers les devant dis doien et chapistre de Saint-Quentin, et a faire metre en leur main, tant comme en main morte, a tous jours bien et soufflssamment a mes propres cous. Je Ansous devant dis prames bien et loiaument par le foi de men cors baillie as devant dis religieus que je le devant dite vigne leur ferai amortir et metre en leur main tant comme en main morte a tous jours a mes propres cous bien et souffisamment, et sil avenoit choze que li devandit religieus eussent cous ou damages par me defaute en ce que je ne leur eusse mie amorti le vigne devant dite, je leur seroie tenus a rendre tous cous et tous damages quil i aroient eus, et en seroie tenus a aus croire par leur simple parole sans autre prueve traire. Et pour che ne demourroit mie que je ne fusse tenus a amortir le devant dite vigne si comme il est deseur devise. Et a toutes ches chozes desseur dites et devisees tenir et a emplir, je Ansous devant dis oblige moi et mes hoirs et mes successeurs a tous jors. Et pour ce que ce soit ferme choze et estable, jai ces presentes lettres seelees de men propre seel, en lan del incarnacion nostre seigneur mil cc. quatre vins et quatre, el mois de fevrier.

DXLIII.

CONFIRMATIONS MONSEIGNEUR FLORENT DE POTES, SEIGNEUR D'ABECOURT, DE CHE QUE NOUS AVONS ACHATET A MONSEIGNEUR D'OFFEMONT A BETHENCORT ES VAUS, A OINGNE ET A ABECORT.

Février 1284. Je Flourens, chevaliers, sires d'Abecort, fas savoir a tous chiaus qui ces presentes lettres verront et orront, que comme nobles homs mesires Ansous d'Offemont, chevaliers, et me dame Jehanne, se fame, aient vendu as hommes religieus labbe et le convent d'Oscans, del orde de Cystiaus, tout chou que li devant dis me sires Ansous et me dame Jehenne, se fame, tenoient de moi en fief et en hommage qui muet du fief le Roi en terres ahanables, en vignes, en chens, en rentes, en capons, en deniers, en bles, en avainnes, en justices, en seignouries et en maisons et en toutes autres chozes queles que cles soient es lieus chi dessous nommees, cest asavoir a Bethencourt es Vaus et ou terroir de Bethencort, a Oingne et ou terroir de Oingne et ou terroir d'Abbecort, et en toutes autres chozes qui de ce fief muevent. Je Flourens devant dis loe et gree le vendage devant dit et weil et mi consens expressement que li dis abbes et convens tiegnent des ore en avant a touz jors en main morte tout le vendage devant dit, sans faire nule redevanche a moi na mes hoirs, en tele maniere que je, ne mi hoir, ne mi successeur, ni puissons jamais riens demander en toutes les chozes devant dites par quelconques maniere que che soit. Et je Emmeline, dame d'Abbecort, fame au devant dit monseigneur Flourent, tout le marchiet devant dit loe, gree et mi consens expresseement, et renonche a tout le droit que je iavoie ou pooie avoir en toutes les chozes devant dites par raison de doaire ou en autre maniere et prames par le foi de men cors que je encontre ne venrai par moi ne par autrui et recognois que mesires Flourens, mes barons devant dis, men a fait souffisant restor pour men doaire et men tieng a paie, et a toutes ces chozes qui devant sont dites et devisees tenir et a emplir, je Floures devant dis oblige moi et mes hoirs et mes successeurs a tous jors, et pour che que ce soit ferme choze et estable nous avons ces presentes lettres seelees de nos seaus en l'an de l'incarnation notre Seigneur mil cc. lxx. et quatre, el mois de fevrier.

DXLIV.

TESTAMENTUM YSABELLE, DOMINE DE ABBECORT, NULLI TRADENDUM SED IN PERPETUUM APUD URSICAMPUM CUSTODIENDUM.

In nomine Patris, et Filii, et Spiritus Sancti, Amen. Jous Ysabiaus, dame d'Abbecourt, fas et ordenne men devis et men testament en men bon sens et en me plainne volente en tele maniere comme il est chi dessous devises. Tout au commencement je weil que mes dettes soient paies premierement, et mi torfait soient rendu es lieus et as personnes la ou il porroit estre prouve souffissamment, par le main de mes exequuteurs. Apres je lais a leglize Nostre Dame d'Oscans, la ou jai eslite ma sepulture seze muies de bos au mui de Noion, peu plus peu mains, dou quel bos devant dit il sont maintenant en tenance et en prenance, et siet li bos devant dis entre Wignies et Saint Eloi Fontaine que on appelle le bos Oingnois, dou quel bos devant dis il y en a wit mines pour une chapelerie que je ai estoree a Oscans por mame et les amesde mes anchisseurs et iiii muies pour pitanche au couvent au jor de men anniversaire, et apres quatre muies a le porte de Oscans pour donner coteles et soulers as poures de le parroche de le vile d'Abbecort, si comme il est contenu es lettres que il ont seelees de moi et de mes hoirs, etc. Ce fu fait l'an del incarnation nostre Seigneur Jesu Crist mil cc. lx et quatre, ou mois de march.

Mars 1264.

DXLV.

ELEMOSINA ET DONATIO PIA YSABELLE, DOMINE D'ABBECOURT, DE SEXDECIM MODIATIS NEMORIS QUOD DICITUR LI OINGNOIS.

Mars 1214.

Je Ysabiaus, dame d'Abbecort, fas savoir à tous ceus qui ces presentes lettres verront et orront que pour le pourfit de mame et des ames a mes anchisseurs, ai pourveu que en leglize ma dame Sainte Marie d'Oscans est nostre sires Diex devotement servis et religieuse vie menee et en charite sont lor bien dispense, pour laquele choze je ai ma devotion atournee a celui lieu especiaument, et enten que ce soit biens, et pour ce que je me weil pourveir tant comme dame Diex me donne espasse jou ordenne et atorne dune partie de mes biens tant comme je sui en men bon sens et en me delivre poeste en tel maniere, cest asavoir que je tres orendroit doins et atroi en aumosne pure et perpetuel a le devant eglise d'Oscans tout un mien bos que jou ai de men hiretage que on apele le bos Ongnois, tout ensi comme il est mesurez et esbonnez, et qui contient seze muies de bos a le mesure de Noion ou la entour, et siet cis bos devant dis entre Wignies et Saint Eloy Fontaine en une pieche. Et weil et otroi que la devant dite eglize tout le devant dit bos en quoi jou nai nient retenu pour moi ne pour mes hoirs comme cele qui tout le bos leur ai donne, et quanques jou ou mi hoir i poiemes avoir, tignent franch et delivre de tout cens, de toutes aloiances et de toutes redevances fors que de la droiture le roi de cui fief li bois muet. Et weil que la dite eglize puis cest jour en avant dou devant dis bos du fons et du seurfais, et de la seignourie et de la justice et de quanques il i afiert joisse en pais et franchement, et se volente et sen pourfit en face de toutes guises sauve la droiture le roi devant dite, et ceste aumosne fas je pour ce que cil del eglise devant dite qui ore sont et qui avenir sont, soient tenu especiaument a proier pour moi a ma vie et pour tous mes hoirs tant comme il viveront, et apres pour les ames de nous et de nos anchisseurs, et pour ce que nous soionmes parchonnier a tous jors de tous les biens que on fera de ore en avant en leglise, en messes, en matines, en oroisons, en aumosnes et autres biens, et quil soient tenu a faire especial oroison pour nous et a no vie et a no mort. Et a ce weil je que soit ordenee et establie li moities del aumosne devant dite, et li moities del autre moitie soit livree chascun an en le pitance du convent au jor que il feront mon obit ou au plus prochain jor apres quant on porra profitablement acheter le pitance. Et del autre moitie del autre moitie weil je que il soit ainsi quele soit atournee a laumosne de le porte, et que cuis qui en sera menistres en departe chascun an as poures demourans en le vile d'Abbecort dis coteles et dis paires de solers, et quil se consaut au prestre d'Abbecort pour savoir li quel sont plus poure et lau il sera miex emploie, et se de seur ce avoit remanant, se weil je que il soit a loumosne del eglise. Tout cest atournement ai jou fait seulement pour Dieu et pour mame. Et si ai fait et por cahie que Marie, me file, qui est mes hoirs et me sire Ansous d'Offemont, ses maris, a ma proiiere et por avoir partie es biens fais de la devant dite eglise, ont cest don et ceste ordenanche, si comme il est deseur escrit et devise, gree et otroiie et approuve par leurs seaus que il ont mis a ces presentes lettres avecque le mien, et a tout ce tenir sans aler encontre oblige je Ysabiaus devant dite moi et tous mes hoirs et tous mes successeurs quelque il soient a tous jours. Et nous, Marie et Ansous pardeseure nomme a le proiiere de le devant dite Ysabel no dame, et pour ce que nous volons estre parchonnier de laumosne et des biens fais de la devant dite eglise avons nous toutes ces choses deseure devisees grees et otroies et approuvees comme hoir de la dame, et prometons que par nous ne par autrui ne venrons encontre en nule maniere, et a ce obligons nous, nous et nos hoirs. Et en tesmoignage et seurte de toutes ces chozes, jou Ysabiaus devant dite ai ces presentes lettres seelees de mon seel baillies a la dite eglise. Et nous, Marie et Ansous devant dit, avecques le seel de la dite Ysabel, en tesmoignage et en seurte et en confermement de tout ce, avons pendus nos seaus en ces meismes lettres devant dites. Toutes ces chozes furent faites en lan del incarnation Nostre Seigneur Jesu Crist M. CC. LX. et quatre, ou mois de march.

DXLVI.

ELEMOSINA PETRI DICTI REMUSE DE TERRAGIO ET CENSU QUOD HABEBAT IN DUABUS PECIIS TERRE SITIS IN TERRITORIO DE AUDIGNECOURT.

Universis presentes litteras inspecturis, officialis Suessionensis, salutem in Domino. Noverint universi quod coram nostro fideli clerico curie nostre notario et jurato cui fidem in hiis et aliis majoribus indubiam adhibemus propter hoc personaliter constitutus Petrus dictus Remusez de Vassen, dicens et asserens quam multa bona et grata servitia se habuisse et etiam recepisse a religiosis viris monachis monasterii beate Marie Ursicampi de quibus hactenus eisdem ullam fecerat restaurationem seu recompensationem congruentem, nolens de remuneratione seu recompensatione a Deo sive ab aliquibus, quod absit, in aliquo reprehendi seu puniri, idcirco in recompensationem seu remunerationem premissorum in puram vestram perpetuam et irrevocabilem elemosinam donatione facta inter vivos dedit, concessit, contulit et quitavit, et se dedisse, concessisse, contulisse et quitasse legitime recognovit in futurum dictis religiosis terragium quod dictus Petrus habebat et hactenus habuerat in quadam pecia terre dictorum religiosorum, sita in territorio de Audignecort, in loco ubi dicitur en Franval unum pichetum terre vel circiter continens, nec non censum quem dictus Petrus habebat et hactenus habuerat super quadam pecia terre dictorum religiosorum sita in territorio de Audignecort, in loco ubi dicitur en Gonbouliu duos aissinos terre vel circiter continentem, nichil juris seu proprietatis in dictis peciis terre sibi aut suis retinens quoquomodo. Et promisit dictus Petrus, fide media super hoc prestita corporali, quod contra hujus modi donationem et concessionem, collocationem et quitationem predictas per se vel per alium seu alios non venient in futurum, nec eas per se vel per alium seu alios de cetero revocabit. Preterea Johannes clericus et Petrus, liberi Petri predicti, premissa voluerunt, laudaverunt et approbaverunt, et quicquid juris seu proprietatis habebant aut habere poterant et debebant ex quacunque causa in predictis peciis terre ratione dotis, dotalis quitationis, acquestus, jure hereditario successionis aut aliqua alia ratione in dictos religiosos et eorum monasterium ex nunc penitus transferentes, et si forsan dictos seu aliquem eorum contra premissa venire seu aliquid attemptare contigerit, de cetero, quod absit, promiserunt

1301.

dicti Johannes et Petrus fide media se reddituros et soluturos nomine pene dictis religiosis quinquaginta solidos Parisienses ad voluntatem et submonitionem predictorum religiosorum, et renunciaverunt tam dictus Petrus quam dicti Johannes et Petrus sub fide sua predicta penitus et expresse in hoc facto omnibus exceptionibus doli, mali fori, fraudis, lesionis et deceptionis, cujuscunque exceptioni rei non geste, exceptioni per quam subvenitur deceptis ultra medietatem justi pretii, omnibus litteris et indulgentiis sedis apostolice legatorum seu regum aut principum quibuscunque impetratis et etiam impetrandis, et omnibus hiis et aliis rationibus, allegationibus, deffensionibus juris et facti canonici et civilis, que contra presens instrumentum possent objici sive dici, ad elidendum premissa vel aliquid premissorum. Presente ad hec cum scriptore presentium Radulfo dicto Tripaut de Altrachia et Adam catellano de Vassen in testimonium specialiter evocatis. In cujus rei testimonium presentibus litteris sigillum curie Suessionensis duximus apponendum. Datum anno Domini M° CCC° primo, die dominica post nativitatem Domini.

DXLVII.

DE QUIBUSDAM PECIIS TERRE IN LOCO UBI DICITUR EN CHASTEL ERNAUT, PRO QUO DEBENTUR NOBIS VIII DENARII CENSUS PRO QUOLIBET ASSINO.

Januar. 1301. Universis presentes litteras inspecturis, officialis Suessionensis, salutem in Domino. Noveritis quod cum Petrus dictus Troullars, Laurencius dictus Noel, Johannes Barbiaus de Vassen, Robertus dictus de Castro de Altreschia, Radulfus dictus Martres, Petrus Martres et Thomas Sutor de Vassen, dicerent et assererent se tenere a religiosis viris abbate et conventu beate Marie Ursicampi ad terragia quasdam pecias terre arabiles infra scriptas, videlicet Petrus Troullars tres assinos et sex virgas terre sitos in loco ubi dicitur en Chastel-Ernaut. Item, Laurencius Noel, duos assinos et dimidium cum octo virgis terre. Item, Johannes Barbiaus, duos aissinos et dimidium cum octo virgis terre. Item, Robertus de Castro, septem quarteronnos cum sex pedibus terre. Item, Radulfus et Petrus dicti Martres, quinque quarteronnos duos virgas terre minus. Item, Thomas Sutor, viginti octo virgas cum dimidia terre. Tandem predicti Petrus et Laurencius, Johannes, Radulfus, Robertus, Petrus et Thomas, coram nostro fideli clerico, curie nostre notario et jurato, cui fidem in hiis et aliis majoribus indubiam adhibemus, propter hoc personaliter constituti, predictas pecias terre arabiles recognoverunt se ad annuum censum accepisse in futurum a predictis religiosis scilicet quemlibet aissinum terre pro octo denariis censualibus reddendis et solvendis a prefatis personis dictis religiosis quolibet anno apud Puteolum, in festo Sancti Remigii in octobri. Si vero contingat Petrum, Laurentium, Johannem, Robertum, Radulfum, Petrum et Thomam predictos in solutione dicti annui census in dicto festo deficere vel cessare, quod absit, quilibet eorum deficiens dictis religiosis reddere et solvere septem solidos et dimidium monete Laudunensis, nomine emende, ac si esset terragium dictorum terrarum, tenetur. Et tunc liceret dictis religiosis terragia deficienti in solutione dicti annui census petere et exigere, et promiserunt dicti Petrus, Laurentius, Johannes, Robertus, Radulfus, Petrus et

Thomas, fide media super hoc prestita corporali in manu dicti clerici nostri, se ad annuum censuum quilibet eorum pro rata ipsum contingente solvere et reddere dictis religiosis apud Puteoleum, in festo beati Remigii in octobri, annuatim, prout superius est expressum, et pro premissis tenendis et solvendis et ad implendum Petrus et Laurentius, Johannes, Robertus, Radulfus, Petrus et Thomas predicti erga dictos religiosos se et omnia bona sua ac bonorum suorum possessores specialiter obligaverunt, et renunciaverunt Petrus, Laurentius, Josephus, Robertus, Radulphus, Petrus et Thomas predicti sub dicta fide sua penitus et expresse in hoc facto omnibus exceptionibus doli, mali fori, fraudis, lesionis, circumventionis et deceptionis cujuscunque, exceptioni rei ita non geste, exceptioni per quam subvenitur deceptis ultra medietatem justi pretii, exceptioni juris dicentis generaliter renunciationem non valere, omni crucis privilegio indulto et indulgendo a domino papa, seu ejus legato vel a quocunque principe et omnibus hiis et aliis rationibus, allegationibus, deffensionibus juris et facti canonici et civilis que contra presens instrumentum possint obici sive dici ad elidendum promissa vel aliqua promissorum, presentibus ad hec cum scriptore presentium Petro Remuse de Vassen, Adam castellano, domino Johanne, curato de Molins, et Petro, boscuiario de Chiry, in testimonium specialiter evocatis. In cujus rei testimonium presentibus litteris sigillum curie Suessionensis duximus apponendum. Datum anno Domini millesimo ccc° j° die dominica post epiphaniam Domini.

DXLVIII.

QUITANCIA MARGARETE DE CHUISI, CIVIS SUESSIONENSIS, DE HEREDITATE ROBERTI DE CHERINGES.

Févr. 1222.

Garnerus, major archidiaconus Suessionensis, omnibus presentes litteras inspecturis, salutem in Domino. Noverint universi quod Margareta de Chuisi, civis Suessionensis, in nostra presentia constituta, quitavit ecclesie Ursicampi quicquid jure hereditario ad eam devenire debebat de hereditate Roberti de Cheringes, scilicet xxxvi sextarios vinee site in Ailli, et quicquid juris habebat in tribus aissinis terre arabilis sitis super Axonam ante domum dicte ecclesie et in tribus sextariis vinee sitis in valle Radulfi. Petrus clericus, Johannes et Crispinus, filii dicte Margarete, dictam hereditatem memorate ecclesie quitaverunt et tam ipsi quam dicta Margareta michi eorum fidem interposuerunt corporalem quod contra omnes qui ad jus et placitum venire voluerint super xxx sextarios vinee sitis in Ailli, sepe dicte ecclesie legitimam portabunt garandiam. Albericus vero Malvoisins, et Odo Martins, generi dicte Margarete, per se manuburniis suis dictam hereditatem jam dicte ecclesie quitaverunt promittentes quod de cetero dictam ecclesiam per se vel per alios non molestabunt. Preterea dominus Nivelo de Billi, miles, concessit vineas sitas in Ailli supradictas tanquam dominus fundi in perpetuum possidendas fidem interponens quod dictam ecclesiam super predictis vineis non molestaret, immo contra omnes super dominio suo legitimam portaret garandiam. In quorum testimonium presentes litteras sigilli nostri munimine fecimus roborari. Actum anno gratie m° cc° xx° ii°, mense februarii.

DXLIX

DE VINEA DROGONIS CLERICI, FILII GERONDI PESEL.

1227. G......., archidiaconus Suessionensis, presentes litteras inspecturis in domino salutem. Noveritis quod Drogo clericus, filius Geroudi Pesel, civis Suessionensis, coram nobis recognovit se vendidisse ecclesie Ursicampi quatuor sextarios vinee site in loco qui dicitur Aillis pretio sexaginta solidorum nigrorum, fidem interponens quod de cetero dictam ecclesiam supra dicta venditione per se vel per alios non molestabit. Immo contra omnes qui juri et placito venire voluerint, legitimam portabit garandiam. Hanc autem venditionem voluit Maria, mater dicti Drogonis, et quitavit fide media quicquid juris habebat in illa ratione dotis vel alio modo. Johannes vero, frater dicti Drogonis, hanc venditionem voluit et laudavit fide media de non reclamando, et Symon de Curte, avunculus ejus, et se plegios constituerunt de legitima garandia portanda. In cujus rei testimonium presentes litteras sigilli nostri munimine fecimus roborari. Actum anno domini M° CC° xx. septimo.

DL.

QUITATIO ERMENGARDIS DE HIIS QUE HABEBAT IN TERRITORIO DE AILLI.

Jul. 1232. Nivelo, major archidiaconus Suessionensis, omnibus presentes litteras inspecturis in Domino salutem. Noverint universi quod Ermengardis, relicta domini Roberti militis de Ponte Sancti Medardi, Thomas et filii ejus Philippus, in nostra presentia constituti concesserunt ecclesie beate Marie Ursicampi quic in territorio de Ailli, quod ad dominium et fundum eorum pertinet, acquisierat, in proprium pacifice possidendum, salvo vinagio suo, quod de vineis in dicto territorio sitis eis dicta ecclesia solvere consuevit, fidem interponentes tam dicta Ermengardis quam liberi ejus, quod dictam ecclesiam Ursicampi super dicta quitatione per se vel per alios non molestabunt. In cujus rei testimonium presentes litteras sigilli nostri munimine fecimus roborari. Actum anno domini M° CC° xxx° secundo, mense julio.

DLI.

CONCESSIO STEPHANI DE CUFIES DE VINEA EXCAMBII INTER NOS ET HOSPITALARIUM SANCTI VEDASTI.

Août 1271. Je Estenes de Cufies, fas savoir a tous qui sont et qui a venir sont, que je gree et otroi leschange que lostelerie de Saint Vaast de Soissons a fait a leglise d'Oscans, ces asavoir de la vigne qui siet en Ailli, laquele la devant dite ostelerie tenoit de moi a la vigne con dit Renier au Sac. Et weil et otroi que le devant dite eglise d'Oscans la devant dite vigne, qui

TITULUS VILLARUM. 341

siet en Ailli, tiegne a tous jors de moi et de mes hoirs en au tel point ou en au tel maniere comme la devant dite ostelerie la tenoit de moi, cest assavoir en une maale de cens et sept septiers de vinage paiant chascun an a tous jors a moi et a mes hoirs. Et pour ce soit ferme et estable je ai seelees ces presentes lettres de mon seel. Ce fu fait et donne en lan de grace mil cc soissante et onze, ou mois daoust.

DLII.

ELEMOSINA RAINALDI DE ANTOLIO ET PHILIPPI, FILII EJUS, DE TERRA CIRCA HERBERTILOCUM ET DE ORTIS IN TERRITORIO DE FUNISVILE QUI FUERANT ECCLESIE SANCTE MARGARETE ET DE JURE QUOD HABEBAT ALBERTUS GONTERI IN EISDEM.

Ego Henricus, Dei gratia Belvacensis episcopus, notum volo fieri futuris ut presentibus quod Rainoldus de Antolio filiusque ejus Philippus dederunt in elemosinam ecclesie Ursicampi et obtulerunt Deo super quodam altare terram quandam circa Herbertilocum adjacentem que xviii minas sementis capere putabatur. Concedentes etiam eo amplius usque ad sex minas, si terra tantum capere denuo probaretur. Huic quoque beneficio suo superaddiderunt quosdam ortos in territorio Fusniville, qui fuerant ecclesie sancte Margarete, sed in eorum descambio dederant eidem ecclesie quandam terram suam in territorio de Portis adjacentem. Ne ergo beneficia ista quisquam aliquando presumat infringere, presentem paginam sigilli mei impressione et testium subscriptorum astipulatione confirmo, atque omnes qui super his omnibus ecclesie Ursicampi dampnum aliquod inferre temptaverint, Dei meaque auctoritate excommunico. S. Alberti cognomento Gonteri, de cujus majoria terra prescripta erat, qui etiam dedit ecclesie Ursicampi quicquid in ea juris habebat. S. Ogeri Carpentarii. S. Theobaldi Caudeu, etc.

Circa 1159.

DLIII.

ELEMOSINA DOMINI ALBERICI DE BETHENCORT, DE HIIS QUE TENEBAT APUD BETHENCORT DE FEODO RENALDI DE ANTOLIO, PROPTER DECIMAM EX CONCESSSIONE IPSIUS R....... — ITEM, CONCESSIO EJUSDEM R........ DE ELEMOSINA HOLDE DE THOROTA IN MONTE ASTICHIARUM.

Ego Balduinus, Dei gratia Noviomensis episcopus, notum volo fieri fidelium universitati quod quidam miles de Betacurte, Albericus nomine, et uxor ejus dederunt in elemosinam ecclesie Ursicampi post obitum suum jure perpetuo possidenda omnia que tenebant apud Betacurtem de feodo Rainoldi de Antolio preter decimam dumtaxat terrarum arabilium quam huic beneficio detraxerunt et cuidam alii ecclesie nichilominus in elemosinam dederunt. Ceterum quia eandem possessionem habuit in vita sua quandiu voluerit tenere, daturi sunt annuatim ecclesie die festo Sancti Remigiix ii denarios pro doni pristini rememoratione.

Circa 1159.

Porro fratres Ursicampi promiserunt se eundem Albericum recepturos, si quum uxore ejus defuncta sive qualibet in ecclesia Deo consecrata, ipse apud Ursicampum divino se voluerit mancipare officio. Hec autem omnia concessit prefatus Rainoldus de Antolio et obtulit Deo, una cum eodem Alberico, super altare quodam in ecclesia Ursicampi, hoc pacto quod ei licebit eandem possessionem aliquantulum vilius comparare, si quidem fratres ejusdem ecclesie decreverint eam cuilibet alii vendere vel decambire. Horum omnium testes sunt Balduinus et Fulco, etc., Preterea quicquid Holda, filia Bochardi de Thorota, dederat ecclesie Ursicampi in monte Asticheiarum de feodo sepedicti Rainaldi, sed et hoc ipsum prescriptum beneficium tam ipse Rainaldus quam Philippus, filius ejus, secunda vice benigne concesserunt et in presentia testium subscriptorum super altare quodam sepe dicte ecclesie Deo nichilominus obtulerunt. S. Alberti cognomento Gonteri. S: Ogeri, etc.

DLIV.

CONCESSIO RANALDI DE ANTOLIO ET PHILIPPI FILII EJUS DE FEODO REMIGII ET ITHERI FILIORUM ARNULPHI CAINET. — ITEM, DE SEPTEMDECIM MINIS TERRE INTER ARCHONVAL ET VIAM DE MONCHI PER CENSUM XV LIBRARUM. — ITEM., DE ACQUISITIS IN FEODO DICTORUM RENALDI ET PHILIPPI. — ITEM, DE TERRA ALBERICI DE BETENCORT.

1159.   Ego Henricus, Dei gratia Belvacensis episcopus, notum fieri volo presentibus et futuris quod Rainaldus de Antolio et filius ejus Philippus benigne concesserunt et confirmaverunt in perpetuum ecclesie Ursicampi quicquid Remigius et Iterus, filii Arnulfi Cainet, de feodo eorum ejusdem ecclesie in elemosinam dederant, ubicumque ipsum feodum tenebant preter feodum dumtaxat Odonis Bovet quantum in suo dominico habebat, quantum de Arnulfo Cainet, ipso vivente, tenuerat. Porro de feodo ejusdem Rainaldi dederant Remigius et Itherus sororibus suis maritandis terram quamdam unius modii sementis, quam Rainaldus et Philippus eisdem mulieribus ab omni homagio liberam fore et absolutam in perpetuum concesserunt, et quod ullum penitus dampnum vel inquietudinem pro terra illa illis inferrent uterque pariter pleviverunt. Preterea concesserunt Rainoldus et Philippus ecclesie Ursicampi sub conditione terragii sibi annuatim persolvendi in perpetuum manu firma tenendam et excolendam quandam terram suam xvii minas sementis recipientem inter Arcusvallem et viam de Monchi adjacentem. Hujus autem terre partem quamdam vii circiter minis serendam tenebant et excolebant Warnerius major, et Robertus filius Roberti majoris Antolii, sed Rainoldus dedit eis tenendam tantumdem alterius terre sue ubi illi voluerunt, et sic terram illam liberam ecclesie Ursicampi reliquerunt. Pro hiis vero omnibus Rainoldus et Philippus xxxv libras de beneficio sepe dicte ecclesie receperunt ex quibus tum xv libras de terragio predicte terre sibi annuatim persolvendo recipiendas designaverunt, et quicquid fratres de Ursicampo de feodo eorum ubicumque acquisierant absque dono alicui prebendo sub libertate perpetua possidendum concesserunt. Ipsi etiam pleviverunt quod has omnes consuetudines fideliter et absque dolo tenerent, ullamque molestiam vel dampnum super hiis omnibus vel pro quibuslibet aliis rebus ad suum dominicum pertinentibus ecclesie Ursicampi a modo et usque in sempiternum inferrent, immo etiam contra omnes qui niterentur inferre, ipsi tutores ac deffensores ecclesie semper et ubique existerent. Actum anno ab incarnatiône Domini nostri Jeshu-Christi M° C° L° IX°, in presencia testium subscriptorum. S. Odonis Taisson de Drailincurte. S. Widonis fratris ejus, etc. Hec ergo rata permanere precipio, et ne quis presumat infringere omnino prohibeo. Sed, et hoc nichilominus memorie censeo commendandum ac perpetua cum pace tenendum quod Albricus, miles de Betancurte, dedit in elemosinam sepe dicte ecclesie Ursicampi in qua et semetipsum divino postea mancipavit obsequio, totam terram quam apud Antolium habebat et hoc concessione Arnulfi de Angiviler et uxoris ejus de quorum feodo eam tenebat. Quod beneficium Alberici testantur isti, Arnulfus Pisellus, Noviomensis canonicus, Odo, miles de Remin, Albericus filius Haganonis de Noviomo, etc. Concessionis quoque Arnulfi, pro qua abbas Ursicampi VII libras et unum equum ei donavit, testes sunt isti : Odo de Angiviler et Willelmus de Haimeviler, fratres ipsius Arnulfi, Rainaldus de Antolio, etc. Porro apud Parveletum vero uxor Arnulfi concessit beneficium Alberici, testes interfuerunt isti, Paganus de Caillosellis, major Parveleti, et Odo de Marreni, etc.

DLV.

CONCESSIO RAINOLDI DE ANTOLIO DE TERRIS REMIGII ET ITERI FRATRUM URSICAMPI ANTE GRANGIAM DE PORTA.

Ego Henricus, Dei gratia Belvacensis episcopus, notum volo fieri fidelibus et infidelibus, quod duo quidam adolescentes, Remigius scilicet et Itherus, filii Arnulfi Caineth, utroque parente orbati, omnia cum Paulo quasi stercora reputantes ut Christum sibi lucrifacerent in ecclesia Ursicampi jugum Christi suave et onus ejus leve super se tulerunt et de rebus propriis holocaustum medullatum Deo offerre cupientes, universa que ex jure primo possidere habebant in seculo, eidem ecclesie possidenda prebuerunt. Verumptamen scientes se peccare si recte offerrent nec recte dividerent, duas sorores suas Mariam et Elizabeth quas reliquebant maritatas in seculo nec debuerunt, nec voluerunt omnino suo defraudavere patrimonio et idcirco dederunt eis quandam terram suam XVI circiter minis serendam ab omni hominio seu servicio alicui faciendo liberam prorsus et absolutam. Quod ita concessit dominus Rainaldus de Antolio de cujus feodo eadem terra erat tenenda. Quo circa memorate mulieres leto libentique animo concesserunt atque in perpetuum confirmaverunt omne illud fratrum suorum beneficium, id ipsum coannuentibus Theobaldo et Rainoldo maritis eorum, Haimardo quoque et Alberto Raissende, et Holdaburga, et Erma filiis et filiabus ipsarum. Hanc horum omnium concessionem testantur Willelmus presbiter Antolii, etc. Porro domino suo Rainoldo de Antolio diviserunt Remigius et Itherus feodum cujusdam terre XVIII minarum sementis quam Odo Bouez patruus suus de feodo patris sui Arnulfi Caineth tenuerat, et de ipsis similiter tenere debebat. Eidem vero Odoni Boueth et duobus filiis Bochardo et Odoni Ruffo concessit dominus abbas Gilebertus Ursicampi, salvo sibi suo terragio, tenendam et excolendam quandam terram ecclesie sue que XVI minis serendis potest sufficere. Quamobrem idem Odo una cum eisdem filiis suis suorumque filiorum uxoribus et liberis gratanter concesserunt omne beneficium quod duo fratres sepe dicti consanguinei sui contulerant ecclesie Ursicampi.

1260.

Scilicet et ipse Odo plevivit et duo filii ejus super sacra evangelia juraverunt quod omnia ad illam elemosinam pertinentia ecclesie Ursicampi perpetua cum pace possidenda relinquerent, nec illius occasione fratres de Ursicampi ullatenus inquietarent seu molestarent. Actum est hoc apud Vincemontem, populo circumstante et audiente, ubi etiam Fulchois, uxor supra scripti Odonis Ruffi, et tres filii ejus Renaldus, Petrus et Henricus presentes fuerunt, et hec omnia pariter concesserunt. Quod testantur Willelmus presbiter, etc. Sed neque hoc periculoso silencio premendum censeo quod ecclesia sancte Margarete tenebat de terris Remigii et Itheri terram quamdam tribus modiis serendis sufficientem ante grangiam Portarum emimus adjacentem pro qua monachi ejusdem ecclesie omne terragium et insuper unum modium ejusdem annone qua terra foret seminata solebant illis prebere que a modo et usque in sempiternum ecclesie Ursicampi debent exsolvere. Hec autem omnia uti conscripta sunt in presenti concessit dominus Rainaldus de Antolio de cujus de feodo sepe dicti fratres partem maximam sue hereditatis tenebant. Huic ipsi concessioni benigno favore concordantibus Philippo et Rainaldo filiis ejus, Maissende et Ysavia filiabus ipsius. Quod evidentius declarat quedam alia quarta inde specialiter conscripta et sigilli mei impressione testiumque fidelium inscriptione permunita. Sepe dictus vero Remigius et quidam miles de Cosduno Arnulfus, cognomento Rosselinus, quasdam terras similiter possederant, pro quibus quedam inter eos controversia orta fuerat, quia unus quisque partem majorem sibi vendicabat, per inde pacis reformande gratia, partis utriusque assensu decretum est et statutum ut Arnulfus earumdem terrarum dimidiam partem haberet, et cetera pars dimidia ecclesie Ursicampi dominio subjacere preter unum dumtaxat agrum trium circiter minarum sementis quem abbas Ursicampi dominus G......... ei reliquit habendum et ille pro illo restituit illi unum alium agellum suum una mina serendum. Idem quoque Arnulfus concessione Hesse, uxoris sue, suorum que liberorum dedit in elemosinam et pro xv libris ecclesie Ursicampi quicquid ipse habebat in toto nemore de Maerli et dimidium modium avene census annui quem ecclesia illi debebat pro quadam terra sua que est in territorio de Monchi. Quod testantur et fidejussores sunt dominus Radulfus de Cosduno, et Radulfus filius ejus. Testantur hoc etiam Petrus de Remeio et Ansculfus de Sancto Avoscio. Actum anno incarnationis dominice millesimo. cc. sexagesimo.

DLVI.

CONCESSIO DOMINI RADULFI FLAMENC DE DECIMA DOMINI GALTERI DE ANTOLIO.

Févr. 1227.

Ego Radulfus, cognomento Flamenc, omnibus presentes litteras inspecturis in perpetuum, notum facio quod dominus Galterus de Antolio, miles, homo meus ligius, de assensu et voluntate domine Doe, uxoris sue, nec non et Arnulfi ipsorum filii vendidit in perpetuum ecclesie Ursicampi tertiam partem decime decem et octo modiatarum terre quam tenebat de me in feodo prope Antolium tam in terris suis quam in terris ecclesie supra dicte, videlicet in novem modiatis et triginta virgis terre jam dicte ecclesie tertiam partem decime et residuum in terris ipsius Galteri que sunt contigue terris ecclesie Ursicampi circa logias Arcusvallis. Ego autem hanc venditionem volui et quitavi meum feodum in perpetuum et concessi ut sepe dicta ecclesia dictam decimam libere et pacifice in perpetuum possideat et habeat, nichil michi vel heredibus meis in supra dicta decima in posterum retinendo. Quod ut ratum permaneat, presentes litteras sigilli mei munimine roboravi. Actum anno gratie millesimo ducentesimo vicesimo septimo, mense februario.

DLVII.

CONCESSIO MILONIS, EPISCOPI BELVACENSIS, DE DECIMA DOMINI GALTERI DE ANTOLIO IN DIVERSIS LOCIS.

Milo, Dei gratia Belvacensis episcopus, universis presentes litteras inspecturis, salutem in Domino. Notum facimus quod Galterus de Antolio, miles, in nostra presentia constitutus, contulit in perpetuam elemosinam ecclesie beate Marie Ursicampi totam decimam quam habebat in territoriis de Guniviler et de Anifontaine, et de Baienselve, et in vicinis locis, fide data coram nobis de hoc fideliter observando. Nos vero pietatis intuitu dictam decimam prefate ecclesie Ursicampi concessimus et in perpetuum confirmamus. Actum anno gratie M° CC° XXVIII°, mense augusto.

Aug. 1228.

DLVIII.

CONCESSIO DOMINI BUCARDI DE MONTEMORENDI DE TERTIA PARTE CLAUSI HERENBOLDI ET TERTIA PARTE IN PRATIS DE JAUSI PRO XVI DENARIIS CENSUS ET DE XIII SOLIDIS CENSUS APUD ATECHI.

Ego Buchardus, dominus de Monte Morenciacho, notum volo fieri tam futuris quam presentibus quod domina Matildis de Atechi dedit in elemosinam ecclesie Ursicampi pro salute anime sue et antecessorum suorum tertiam partem clausi Herenboldi et tertiam partem quam possidebat in pratis de Gauzi sub annuo censu XVI denariorum, XIII quoque solidos census apud Atechi, in festo Sancti Remigii accipiendos, que omnia, quia de me in feodo tenebat, in manu mea derelinquit. Ego vero, ut hujus beneficii essem particeps, de his omnibus per manum domini Guidonis abbatis prefatam ecclesiam investivi. Ut ergo hec elemosina in perpetuum rata et inconvulsa permaneat, presentem paginam tam sigilli mei impressione quam testium subscriptorum astipulatione roboravi. S. Guidonis, abbatis Ursicampi, etc. Actum est hoc ante ecclesiam de Atechi, anno ab incarnatione Domini millesimo C. LXXX° V°.

1185.

DLIX.

CARTA SUESSIONENSIS EPISCOPI DE ELEMOSINA HUGONIS DE ATECHI.

Nivelo, Dei gratia Suessionensis episcopus, universis fidelibus hec visuris in perpetuum notum fieri volumus quod Hugo de Atechi, nepos noster, positus in extremis, dedit in elemosi-

1197.

nam ecclesie Ursicampi unum modium frumenti ad mensuram de Atechi, ad portam ejusdem ecclesie, pro anima ipsius Hugonis et antecessorum ejus, pauperibus erogandum. Hoc autem frumentum accipietur singulis annis inter festivitatem sancti Remigii et natale Domini de redditibus de Atechi qui ipsi Hugoni competebant, in eo videlicet loco ubi idem redditus fuerint congregati. Hanc elemosinam recognovit apud Ursicampum, domino Stephano, venerabili Noviomensi episcopo, ibidem presente, Havidis, dicti Hugonis uxor. Testes Balduinus prior... Ut ergo hec elemosina inviolabilem obtineat firmitatem perenni tempore, presentem paginam inde conscriptam tam prescriptorum testium assertione quam sigilli nostri impressione volumus communiri. Acta sunt hec anno dominice incarnationis m° c° xc° septimo.

DLX.

ITEM DE EODEM. — ELIZABETH, BUTICULARIE SILVANECTENSIS, DE ELEMOSINA HUGONIS DE ATECHI.

1197.

Ego Elizabeth, butelleria Silvanectensis, universis fidelibus hec visuris in perpetuum notum volo fieri quod Hugo, nepos domini Suessionensis, positus in extremis, dedit in elemosinam ecclesie Ursicampi unum modium frumenti ad mensuram de Atechi, ad portam ejusdem ecclesie, pro anima sua et animabus antecessorum suorum, pauperibus erogandum. Hoc autem frumentum accipitur singulis annis inter festivitatem sancti Remigii et natale Domini de redditibus de Atechi qui ipsi Hugoni competebant, in eo videlicet loco ubi iidem redditus fuerint congregati. Et quia hec elemosina de feodo meo est, ego eam benigne concessi, et presentem paginam sigilli mei testimonio roboravi.

DLXI.

TRANSCRIPTUM DE PEDAGIIS DE AVESNES. ISTUD PRIVILEGIUM EST APUD FUSNIACUM.

1244.

Universis presentes litteras visuris, Walterus, dominus de Avesnis, salutem in Domino. Noveritis quod nos concessimus et dedimus pro salute anime nostre et antecessorum et successorum nostrorum in perpetuam elemosinam religiosis viris abbati et conventui Clarevallis, Cysterciensis ordinis, totique generationi corumdem tam monachorum quam monialium, quod ipsi et res que ad ipsorum proprios usus pertinent et pertinebunt, per totam terram nostram eundi et redeundi liberam et perpetuam habeant facultatem, nullumque omnino winagium, nullamque consuetudinem, nullamque exactionem, de predictis rebus suis, nobis et successoribus nostris ipsi de certo solvere teneantur, et ad hoc semper in perpetuum observandum heredes et successores nostros modis omnibus obligamus. Quod ut firmum et stabile permaneat, presentem cartam sigilli nostri munimine duximus roborandam. Actum anno Domini m° cc° xl° quarto.

DLXII.

DE CAMPARTO AALIDIS DE AVREGNI IN TERRIS NOSTRIS ARROSIARUM, ET DE CENSU.

Ego Radulfus, dominus de Avregni, notum facio omnibus hec visuris in perpetuum, quod Aalidis de Avregni, amita mea, habens campartum in quibusdam terris fratrum Ursicampi apud Arrosias, dedit in elemosinam eisdem fratribus medietatem totius illius camparti, residuam autem medietatem dedit eisdem libere pacificeque tenendam sub anno censu unius modii avene et XVIII minarum bladi melioris quam mediocre in festo sanctorum omnium reddendorum. Hec omnia reddidit dicta Aalidis cum liberis suis Manasse clerico et Guidone in manus meas et Aveline matris mee. Nosque inde ecclesiam Ursicampi investivimus per manum fratris Wilardi, monachi ejusdem loci. Accepit autem Aalidis de beneficio fratrum xxv libras Parisiensis monete. Pleviverunt etiam ipsa et liberi sui quod in prefata elemosina nichil in posterum reclamarent, sed tam elemosinam quam prescripti census constitutionem bona fide servarent, et contra omnes pro posse warandirent. Porro ego et mater mea hec omnia benigne concessimus. Que ego, tanquam dominus, per annum et diem warandire promisi, ea tamen conditione premissa quod si quid dampni mei evenerit, Aalidis et liberi ejus plene restituent, et de hoc dederunt in vadium quicquid feodi de me tenent. Sciendum autem quod prescriptus census in meo remansit feodo, nec potero pro aliquo defectu Aalidis vel liberorum ejus ad res fratrum Ursicampi manum mittere, nisi tantummodo ad censum prescriptum. Hiis omnibus testes affuerunt Johannes presbiter de Avregni, etc. Hec ergo ut in perpetuum rata sint, presentem paginam inde conscriptam roboravi meo sigillo in testimonium et munimen. Actum anno gratie M° CC° X°, apud Avregni, in crastino festivitatis beati Dyonisii.

1210.

DLXIII.

QUERELA GUIDONIS DE AVREGNI, PRO CAMPARTO DOMINE AALIDIS.

Manasses de Gornaco et Radulfus de Streiis milites. Omnibus hec visuris in perpetuum notum sit quod dominus Guido de Avregni movit querelam adversus fratres Ursicampi super camparto quod domina Aalidis de Avregni, amita sua, in quibusdam terris fratrum Ursicampi aliquando habuerat, sed tandem illud partum in elemosinam dederat, partim sub annuo censu tradiderat predictis fratribus, sicut in carta domini Radulphi de Avregni, fratris ipsius prenominati Guidonis, plenius continetur. Deinde vero nobis et aliis quibusdam prudentibus viris mediantibus, ad pacem saniori consilio acquiescens, querelam suam prorsus remisit et bona voluntate concessit ut fratres Ursicampi predictum campartum, sicut ceperant, perpetuo possiderent. Reddidit etiam in manu domini Johannis, abbatis Ursicampi, coram nobis et multis aliis, quicquid juris in eodem camparto se habere dicebat. Ne qua ergo super hoc querela denuo renascatur, nos ad petitionem memorati abbatis Ursicampi presentem paginam istam inde conscriptam sigillis nostris munivimus in testimonium veritatis. Actum anno Dominice incarnationis M° ducentesimo quinto decimo.

1215.

DLXIV.

LI TESTAMENS JEHAN DE BAILLI.

Febr. 1298. Au non dou Pere et dou Fil et dou Saint Esprit. Amen. Je Jehans de Bailli, en men bon sens et en me bone volente, fas et ordenne men testament.... a leglize Nostre Dame d'Oscans la ou je requier et eslis me sepulture, xviii sestiers de terre qui mien sont en les viviers d'Oscans et mes bos seant, et vint livres de Paris et dis livres en pitance au convent, de quez dis livres de Paris je leur ai donne bonnes lettres.... en lan m cc iiij^{xx} et dis wit, el mois de fevrier.

DLXV.

QUOD JOHANNES DE BAILLI DEDIT NOBIS XVIII SESTERIATAS TERRE IN TERRITORIO DE BAILLI, INTER NEMUS SUUM ET NOSTRUM.

Junio 1285. Je Jehans de Bailli, escuiers, fas savoir a tous ceux qui ces presentes lettres verront et orront, que je donne et ai donne pour Dieu et en aumosne pure et perpetuel pour lame de moi et de mes ancisseurs a hommes religieus labbe et le convent de leglize Nostre Dame d'Oscans dis et wit sestiers de terre ahanable peu plus peu mains à le mesure et a le verge de Trachi, seant el terroir de Bailli entre mes bos et les bos de le dite eglize que je tieng de monseigneur de Couci a terrage a tenir a tous jors de le dite eglize franchement, sauf ce que je en retien les fruis tout le cours de ma vie en tel maniere que se le dite terre estoit carchie au jour que je trespasserai de ceste presente vie, je weil que tout li fruit soient et demeurent a le dite eglize franchement et entierement. De rechief je donne et ai donne au convent de le dite eglize dis livres de Paris en pitance au jor de me sepulture et quatre livres de Paris a l'enfermerie des poures de cele mesme eglize. Et a ce tenir et a emplir oblige je moi et mes hoirs et touz mes biens meubles et immeubles a vendre et a despendre pour aemplir toutes les choses deseur dites. En tesmoignage desques chozes je ai ces presentes lettres seelees de men propre seel, qui furent faites lan de grace mil deus cens quatre vins et chinc, el mois de juing.

DLXVI.

CARTA GUIDONIS BAE DE DUOBUS MODIIS BLADI.

1234. Ego Guido, baez de Bailli, miles, notum facio universis presentes litteras inspecturis, quod ego, de voluntate pariter et assensu uxoris mee, dedi in puram et perpetuam elemosinam duos modios bladi ad mensuram Noviomi pro salute anime mee et antecessorum meorum ecclesie beate Marie Ursicampi percipiendos annuatim super decem sextariatas terre site inter vivaria ejusdem ecclesie et nemus meum. Testes autem hujus elemosine sunt fratres Laurencius supprior, Warncrus subcellarius, Theobaldus monachi et sacerdotes Ursicampi. Et in illorum presentia illam feci, et sigillum meum presentibus litteris apposui in testimonium et munimen. Actum anno Domini millesimo ducentesimo tricesimo quarto, in vigilia beati Nicholai confessoris.

DLXVII.

EXCAMBIUM JOHANNIS DE BAILLI DE DECEM SEXTARIIS TERRE PRO DUOBUS MODIIS BLADI, QUOS NOBIS DEBEBAT IDEM JOHANNES.

Jou Jehans, baez de Bailli, escuiers, fas savoir a tous chiaus qui ces lettres verront, que comme je deusse a leglize Nostre Dame de Oscans deus muis de ble a le mesure de Noion, les quez deus muis de ble mesires Guis, baez de Bailli, chevaliers, qui fu cui remanant, je tieng comme hoirs celui monseigneur Guion avoit donne a prendre a tous jors de leglize devant dite chascun an seur dis sesterlees de le terre celui monseigneur Guion seant entre les viviers de leglise devant dite et le bois qui fu monseigneur Guion devant dit, et ces deus muis de ble je deusse chascun an et a tous jors pour le raison del don devant dit qui avoit este fais a leglize devant nomee de monseigneur Guion devant dit a reprendre chascun an tous jors sur les dis sestier de terre devant nommez, lesquez dis sestiers de terre je tieng comme hoirs celui monseigneur Guion, et ai tenues par lonc tamps, Et je, puis le tamps que je ai tenue le terre devant dite ai je este en defaute par plusieurs ans des deus muis de ble devant dis. Et seur les defautes del paiement des deus muis de ble devant dis, et des arrierages descors ait este entre moi et le devant dite eglize, a darrains pour bien de pais et pour apaier le descort devant dit, je donne et otroi a touz jors a le dite eglize perpetuelement en tel maniere que je et mi hoir dore en avant a tous jors serommes quite et delivre del paiement des deus muis de ble devant nomez, et de tous les arrierages devant dis, les dis sestiers de terre devant dites. Et a toutes les chozes devant dites fermement a tenir a touz jours oblige je moi et mes hoirs par le foy creantee de mon cors. Et pour ce que ce soit ferme choze et estable, je ai ces presentes lettres seelees de mon propre seel. Ce fut fait en lan del incarnation nostre Seigneur mil et deus cens et soissante wit, el mois de fevrier.

Febr. 1268.

DLXVIII.

DE PRATO AGNETIS BOUDARDE, UXORIS OUDARDI PISCATORIS DE PRIMPREZ, INTER PRIMPREZ ET BAILLI.

Omnibus hec visuris, officialis curie Noviomensis, salutem in Domino. Noveritis quod Agnes Boudarde, uxor Oudardi piscatoris de Primprez, in nostra presentia constituta recognovit se vendidisse et vendidit, de auctoritate et assensu dicti Oudardi mariti sui et ipso

Maio 1257.

O........ coram nobis presente in ipso vendagio expresse consentiente, pro XIII libris Parisiensibus sibi, ut dicebat, in pecunia numerata, jam solutis dimidium, ecclesie Ursicampi unam falcam prati de hereditate dicte Agnetis, site inter Primprez et Bailli, quod pratum tenebat, ut dicebat, de dicta ecclesia, a dicta ecclesia de certo quite, libere et pacifice in perpetuum habendum pariter et possidendum. Et spontanei et non coacti fidem in manu nostra prestiterunt dicti A........ et O........ corporalem, quod contra dictum vendagium non venient ullo modo in futurum, nec in judicio nec extra, nec dictam ecclesiam molestabunt super dicto prato vendito, nec gravabunt, nec ut possit aut debeat molestari vel gravari procurabunt, immo legitimam eidem ecclesie super eodem prato ferent garandiam ad usus et consuetudines patrie adversus omnes juri et legi parere volentes. In cujus rei testimonium et perpetuam memoriam presentes litteras ad petitionem dictorum A........ et O........ sigillo curie Noviomensis fecimus communiri. Datum anno Domini M° CC° L° VII°, mense maio.

DLXIX.

DE PRATO ARNULPHI PISCATORIS DE PRIMPREZ INTER BAILLI ET PRIMPRES.

Martio 1256.

Omnibus hec visuris, officialis curie Noviomensis, salutem in Domino. Noveritis quod Arnulphus, piscator de Primprez, in nostra presentia constitutus recognovit se vendidisse et vendidit pro quatuor libris Parisiensibus et dimidium sibi jam, ut dicebat, in pecunia numerata solutis, ecclesie Ursicampi XXX et unam virgam prati de hereditate dicti A........ sitis inter Bailli et Primprez a dicta ecclesia de certo bene et legitime in perpetuum habendum pariter et possidendum. Ad hoc autem fuit presens coram nobis Emmelina, uxor dicti A...... que dictum vendagium voluit et laudavit et approbavit et in eodem vendagio expresse consensit, recognoscens se habere sufficiens excambium pro dotalicio suo quod habebat, ut dicebat, in dicto prato vendito, videlicet medietatem dictorum denariorum ad quam dictus A........, dictam E........, pro dotalicio suo predicto coram nobis assignavit, et per hujus modi excambium quicquid juris in dicto prato vendito habebat vel habere poterat tam jure dotalicii quam alio modo spontanea et non coacta in manu nostra ad opus dicte ecclesie resignavit penitus et guerpivit, et tam dictus A........, quam dicta E........, spontanei et non coacti fidem in manu nostra prestiterunt corporalem quod contra dictum vendagium per se vel per alium non venient in futurum, nec in judicio nec extra ullo modo, nec dictam ecclesiam gravabunt super dicto prato vendito, nec ut possit aut debeat molestari vel gravari procurabunt, imo legitimam eidem ecclesie supradicto prato vendito ferrent garandiam ad usus et consuetudines patrie adversus omnes juri et legi parere volentes. In cujus rei testimonium et perpetuam memoriam presentes litteras ad petitionem dictorum A........ et E........ sigillo curie Noviomensis fecimus communiri. Datum anno Domini M° CC° quinquagesimo sexto, mense marcio.

DLXX.

DE TRIBUS MENCOLDATIS TERRE ROBERTI HEMART ET COLAIE UXORIS EJUS, ET YSABELLIS SORORIS DICTI R....... IN TERRITORIO DE BAILLI.

Omnibus hec visuris officialis curie Noviomensis salutem in Domino. Noveritis quod Robertus Haimardi, Colaia ejus uxor, et Ysabellis soror dicti R........, in nostra presentia propter hoc constituti recognoverunt se vendidisse pro VII libris Parisiensibus sibi jam, ut dicebant, in pecunia numerata solutis ecclesie Ursicampi tres mencoldatas terre partim de acquestu dictorum R........ et C........, et partim de hereditate dicte J........ site in territorio de Bailli, juxta motam Brunelli, a dicta ecclesia in perpetuum bene et legitime de certo habendum et possidendum. Ad hoc autem fuit presens coram nobis Willelmus Hustins, maritus dicte J........, qui dictum vendagium voluit, laudavit et approbavit, et in eodem vendagio expresse consensit et auctum prestitit et assensum dicte J........, uxori sue faciendi dictum vendagium et etiam faciendi omnia et singula que in presenti pagina continentur. Et tam dictus R......., quam dicti C........, J........ et W........, fidem in manu nostra spontanei et non coacti corporalem prestiterunt quod contra dictum vendagium per se vel per alium non venient in futurum nec in judicio nec extra judicium, nec dictam ecclesiam supra dicta terra vendita vel supra aliqua parte ejusdem de cetero molestabunt vel gravabunt nec etiam molestari procurabunt. Immo, eidem ecclesie supra dicta terra vendita legitimam ferent garandiam ad usus et consuetudines patrie adversus omnes juri et legi parere volentes. In cujus rei testimonium et perpetuam memoriam presentes litteras ad petitionem dictorum R........, et J........, et W........, sigillo curie Noviomensis fecimus communiri. Datum anno Domini millesimo ducentesimo quinquagesimo septimo, mense octobri.

Octob. 1257.

DLXXI.

DE TERRA ET PRATO PETRI BOLONGII JUXTA PONTEM DE BAILLI.

Hemardus, presbiter, vices agens decani sancti Clementis, omnibus presentes inspecturis in Domino salutem. Noverit universitas vestra quod Petrus Bolongii in nostra presentia constitutaus recognovit se dedisse in elemosinam ecclesie Ursicampi totam terram cum prato quam acquisierat juxta pontem de Bailli, ita quidem quod de bonis dicte ecclesie recepit XL solidos Parisienses. Hoc autem voluit et laudavit Sara, uxor ejus, spontanea non coacta quittans omnino coram nobis, fide prestita corporali, quicquid in ea jure dotalicii vel alio modo habebat. Similiter et filia ejus Eufania hoc ipsum voluit et laudavit. Quod ut ratum et stabile perseveret, ad instantiam illorum, presenti pagine sigillum meum apposui in testimonium et munimen. Actum anno Domini millesimo ducentesimo tricesimo secundo, mense junio.

Jun. 1232.

DLXXII.

CONFIRMATIO DOMINI NIVELONIS DE VOUTIERS, MILITIS, DE ACQUISITIS ET ACQUIRENDIS IN TERRITORIO DE BANRU.

1266.

Je Nevelons de Voutie, chevaliers, fas savoir a tous ceues qui ces presentes lettres verront, que còmme me sires Renaus de Voutie, chevaliers, sires de Banru, mes hom, pour lame de lui et de ses ancesseurs eust otroie del assentement et le propre volente Jehan, sen ainne fil, a l'eglise Nostre Dame d'Oscans, que l'eglize en sen terroir et en sen destroit de Banru que on tenoit de lui, aquesist et peust acquerre des ore en avant fust pour raison d'acat, d'aumosne ou en autre maniere et quanques ele i avoit acquis franquement, quitement et sans nul contredit a tous jors en mortemain tenist, sauves a lui et a ses hoirs sa justice et ses rentes acoustumees et li eussent cil Renaus et Jehans, ses fis, premis et otroie par leur fois a tenir et warandir envers ceus qui a loi et a justice en vorroient venir, ne que des ore en avant par aus ne par autrui ne venroient encontre, si come je vi toutes ces chozes estre contenues es lettres monseigneur Renaut devant dit, je, Nevelons devant dis, pour estre es biensfais del eglise devant dite, toutes ces chozes weil et otroi, gree et conferme, comme sires, et weil que en tout le terroir devant dit quanques me sires Renaus devant dit et me sires Gauchiers de Courtius tenoient de moi que des ore en avant l'eglize i puisse acquerre et par achat, et par aumosne, et par escange et en toute autre maniere et quanques ele i a acquis, dusques a ore quele tiegne quitement, franchement et sans contredit en main morte a tous jours, sauves les justices et les rentes as hoirs les devant dis Renaut et Gauchiers, les queles justices et les queles rentes l'eglise ne porra acquerre sans le consentement des hoirs celui Renaut en sen tenement et Gauchier el sien tenement et le mien ou le consentement no remanant; et se il avenoit choze que le justice ou les rentes des lieus devant dis fussent donnees ou vendues ou mises en autre main fust en main morte ou en autre main en quelcunques maniere que che fust, l'eglize d'Oscans devant dite porroit acquerre el terroir et el destroit devant dis ainsi comme il est devises quicunques les tenist. Et a toutes ces choses devant dites promet je a tenir et a warandir comme sires a tous jors par me foi envers toutes gens qui a droit et a loi en vorroient venir, fors que envers le Roy de Franse, et oblige a toutes ces chozes moi et mes hoirs. En tesmoignage de laquele choze je ai a l'eglize d'Oscans devant dite baillies ces presentes lettres seelees de men seel. Ce fu fait en l'an del incarnation notre Seigneur M. CC. soissante-sis, en la crastine saint Nicholais.

DLXXIII.

QUITATIO OUDARDI TROUSSEL DE HIIS QUE CLAMABAT IN DECIMIS ET TERRIS DOMINI ADE DE BAILLOLIO.

Sept. 1230.

Magister Robertus de Avrigni, officialis Belvacensis, omnibus presentes litteras inspecturis in Domino salutem. Noverint universi quod cum fratres ecclesie Ursicampi traxissent in causam auctoritate ordinaria coram nobis Odardum Troussel, clericum de Juncheriis, super decima quam habebant in terris que fuerunt domini Ade, militis de Bailluel, quam etiam diu in pace perceperant, de qua decima dictus Odardus ecclesiam memoratam sua auctoritate spoliaverat violenter. Tandem dictus Odardus, clericus, bonorum et prudentium virorum usus consilio, ad nos cum fratribus dicte ecclesie venit et coram nobis quitavit in proprium ipsi ecclesie decimam supradictam, recognoscens plenarie coram nobis quod in illa decima ullum omnino jus habebat. Preterea recognovit coram nobis idem clericus quod omne jus quod habebat vel habere poterat contra ecclesiam Ursicampi in decimis, donis, terragiis et aliis costumeis in terris que fuerunt dicti domini Ade, militis de Bailluel, sepe dicte ecclesie in perpetuum quitavit, nec non etiam quitavit pretaxate ecclesie omnes querelas quas potuisset novisse contra ipsam ab omnibus retro diebus usque ad nativitatem beate virginis. In cujus rei testimonium presentes litteras sigillo curie Belvacensis fecimus communiri. Actum anno M° CC° XXX°, mense septembri.

DLXXIV.

CONCESSIO JULIANI ET HEMARDI ET PETRI DARIDEL, DE ELEMOSINA HAIMERICI MAJORIS DE BAILLUEL.

Manasses de Gornaco et Radulfus de Streiis, milites, omnibus hec visuris in perpetuum. Notum sit quod Julianus et Haimardus, heredes Haimerici, majoris de Baillol, longam adversus fratres Ursicampi habuere querelam super elemosina quam dictus Hamericus, major, contulerat fratribus memoratis. Tandem vero, nobis et aliis quibusdam prudentibus viris mediantibus ad pacem, saniori sunt usi consilio sueque penitus renunciantes querele benivolo animo concesserunt ut prescriptam elemosinam fratres Ursicampi plenarie et pacifice in perpetuum possiderent, ipsamque elemosinam in manus Petri Daridel, militis, de quo quedam pars ejusdem decime tenebatur in feodum, unanimiter reddiderunt, et ipse Petrus Daridiaux, propria sua concessione adhibita, inde investivit ecclesiam Ursicampi per manum domini Johannis, ejusdem loci abbatis. Hoc ergo ut ratum permaneat, nos ad petitionem dicti Johannis abbatis presentem paginam inde conscriptam sigillis nostris munivimus in testimonium veritatis. Actum anno verbi incarnati M° CC° XV°.

1215.

DLXXV.

CONCESSIO THOME DARIDEL DE ACQUISITIS IN TERRITORIO DE BAILLOL ET MAXIME DE ELEMOSINA HAIMERICI MAJORIS DE BAILLOL.

Ego, Thomas Daridels, notum facio universis tam presentibus quam futuris presentes litteras inspecturis, quod ego, de assensu et voluntate Marie, uxoris mee, volo et concedo ob remedium anime mee et animarum antecessorum meorum, ad instantiam Haimerici, quondam majoris de Baillolio, quod ecclesia Ursicampi possideat in perpetuum pacifice et sine recla-

Aug. 1233.

matione mei vel heredum meorum omnia illa que quoquomodo acquisivit eadem ecclesia Ursicampi in toto territorio de Baillolio et maxime de hereditate dicti Haimerici, promittens, ut dominus feodi, me super predictis acquisitis dicte ecclesie Ursicampi contra omnes legitimam portare garandiam, et de predictis omnibus firmiter et fideliter tenendis et observandis fidem prestiti corporalem. Quod ut ratum et firmum permaneat in perpetuum, presentes litteras sigillo meo roboravi. Actum anno Domini millesimo ducentesimo tricesimo tertio, mense Augusti, in octabis assumptionis beate Marie virginis.

DLXXVI.

CARTA JOHANNIS DE BETENCOURT ES VAUS DE ELEMOSINA PERPETUA TRIUM MODIORUM FRUMENTI QUAM DEDIT BALDUINUS FRATER EJUSDEM ECCLESIE URSICAMPI.

Décemb. 1264. A tous ceus qui ces presentes lettres verront, je Jehans de Betencourt es Vaus, escuiers, fas savoir que Bauduins de Betencourt, qui fu mes freres, entre les autres lais que il fist, laissa a l'eglise d'Oscans en aumosne, pour l'amour et pour la devocion que il avoit, et en remission de ses pechies, iij muis de fourment a le mesure de Chauni a rendre chascun dedens le Chandeleur, a prendre chascun an en perpetuite seur tout son heritage, et fas savoir que cuis Bauduins devant dis, mes freres, est mors, et que je ai et tieng en bail Guiot qui fu fius et est hoirs a chelui Bauduin devant nomme, et que tieng tout l'eritage devant dit celui Bauduin, par la raison de bail, et ai promis par me foi que je paierai a l'eglise devant dite cel lais devant dit tous les ans que je tenrai l'eritage devant dit par le raison de bail ou en autre maniere quele quele soit. Et a ce faire ai jou obligie et oblege je a l'eglize devant dite, mi et mes hoirs. Et en tesmognage et en seurte de ceste choze je ai ces presentes lettres seelees de men seel. Ce fu fait en l'an del incarnacion nostre Seigneur Jesus Christ M. CC. LXIIIj, ou mois de decembre.

DLXXVII.

CARTA OFFICIALIS NOVIOMENSIS DE EODEM.

Novemb. 1264. Universis presentes litteras inspecturis, magister Robertus de Monte acuto, officialis curie Noviomensis, salutem in Domino. Noveritis quod Johannes de Betencourt es Vaus, armiger, coram nobis in jure personaliter constitutus recognovit quod Balduinus, quondam frater ejus defunctus, in ultima voluntate sua, ob specialem dilectionem quam erga ecclesiam Ursicampi habebat, inter cetera legata que fecit, legavit in elemosinam et in perpetuum ipsi ecclesie tres modios frumenti ad mensuram Calniacensem, capiendos singulis annis infra purificationem beate Marie in perpetuum ab eadem ecclesia super totam hereditatem ipsius Balduini. Recognovit insuper idem Johannes quod ipse tenebat et habebat in tutela Guidonem quemdam dicti Balduini filium et heredem, et quod ratione ipsius tutele ipse Johannes tenebat hereditatem predictam, et sciens idem Johannes, ut dicebat, predictum legatum a domino Balduino de dictis tribus modiis frumenti super dictam ejus hereditatem legitime et ob remedium precaminum ipsius Balduini predicte ecclesie fuisse factum, et nolens ipsum legatum aliquatenus deperire, promisit quod singulis annis, quandiu dictam hereditatem ratione dicte tutele vel alio quocunque jure vel titulo tenebit, solvet predicte ecclesie legatum predictum et ad hoc idem Johannes fide data prefate ecclesie se et suos obligavit heredes. In cujus rei testimonium presentes litteras ad petitionem dicti Johannis sigillo curie Noviomensis fecimus communiri. Actum anno Domini m° cc° lxiiij°, mense novembri.

DLXXVIII.

CARTA DOMISSELLE MARIE DE BETENCOURT DE TRIBUS MODIIS FRUMENTI ACCIPIENDIS APUD BETHENCOURT ES VAUS.

1310.

A tous ciaus qui ces presentes lettres verront et orront, Marie, damoisele de Bethencort, salut en nostre Seigneur. Sachent tout que Banduins de Bethencort, mes chiers taions dont Diex ait l'ame, donna pour Dieu et en aumosne pure et perpetuel a homes religieus et honnestes l'abbe et le convent d'Oscans, trois muis de ble de rente a penre chascun an a tous jours sor le terre de Bethencourt es Vaus, devant le feste Saint Andriu. Et pour ce que je sui tenue et weil estre a tout ce qui apartient au salu de s'ame et de la moie, por estre compaigne et parconniere des biens fais, des oroisons et des aumosnes de lor eglize et de tout l'orde de Cystiaus, le don et l'aumosne dessus dite je lo, gree et conferme comme hoirs, et oblige moi et mes hoirs a rendre et a paier les trois muis de ble dessus dis en le maniere dessus dite. En tesmoignage des queles chozes je ai ces presentes lettres seelees de men propre seel. Ce fu fait en lan de grace mil ccc et dis, le dimenche devant les Brandons.

DLXXIX.

DECAMBIUM ROBERTI DE ALTRACHIA.

1197.

Nivelo, Dei gratia Suessionensis episcopus, omnibus hec visuris in perpetuum. Universitati vestre notum fieri volumus quod fratres Ursicampi decambium fecerunt cum Roberto majore de Altrachia dantes ei vineam suam que sita est in territorio Suessionensi, quod dicitur Coci, quam Magister Odo eidem ecclesie contulerat pro vinea quam idem Robertus apud Bairi habebat, hoc concessit Elizabeth, ejusdem Roberti uxor, et liberi eorum, Drogo, Petrus, Heluidis, Erma et Perrota. Testes Hugo abbas, Balduinus prior, Radulfus, etc. Sciendum autem quod prefatus Robertus et heredes illius debent fratribus warandire dictam vineam sub annuo censu duorum denariorum. Ipsi autem fratres ullam ei quidem warandisiam donant, sed tamen in testimonium dicendum promiserunt. In qua libertate vineam quam dictus Robertus ab eis accepit per xxx circiter annos tenuissent sub annua pensione quatuor sextariorum vini quod sancto Petro in Calce pro memoria redditur. Hec autem omnia, sicut presens pagina comprehendit, recognoverunt in presentia nostra tam dicti fratres quam prefatus Robertus. Que ut in perpetuum rata sint, presentis cyrographi inde conscripti partem sigillo nostro roboratam fratribus Ursicampi tradidimus, aliam vero partem sepedictus Robertus accepit sigilli Ursicampi impressione munitam. Actum anno Verbi incarnati m° c° xc° vii°.

DLXXX.

DE VINEA DROGONIS LE BEGUE.

1209. Ego Joisbertus, decanus de Altrachia, notum facio omnibus hec visuris in perpetuum, quod Guido, cognomento Boivehuverus, et filii ejus Symon et Petrus in mea presentia constituti concesserunt fratribus Ursicampi quatinus vineam quam Drogo dictus li Begues eis in elemosinam contulit, pace perpetua teneant et possideant, salvo censu suo, qui pro vinea ipsa eis debetur. Testes Fulco prior etc. Quod est ratum permaneat, presentem paginam inde conscriptam sigillo meo roboravi in testimonium et munimen. Actum anno Verbi incarnati. m° cc° ix°.

DLXXXI.

DE VINEA WILARDI DE ALTRACHIA.

1213. Theobaldus Sancti Christophori et Milo de Vassen decani, omnibus hanc paginam inspecturis salutem in Domino. Noverit discretio vestra quod venerabilis Joisbertus, presbiter de Altrachia, et Ermengardis relicta Wilardi, parochiana ipsius, in nostra presentia constituti recognoverunt memoratum Wilardum, dum ageret in extremis, ecclesie Ursicampi legasse ex testamento vineam suam, apud Bairi sitam, quam eidem Ermengardi olim in dotalicium contulerat, cum eam duceret in uxorem. Huic recognitioni presentes fuerunt Petrus, Ricardus, et Soiboldus, fratres prenominati Wilardi, et ullatenus contradixerunt. Nos vero paci et indempnitati ecclesie Ursicampi volentes in posterum providere, presentem paginam in robur et testimonium recognitionis ejusdem conscribi fecimus et sigillorum nostrorum appensione muniri. Actum anno Verbi incarnati. m° cc° tertio decimo.

DLXXXII.

DE VINEA ERMENGARDIS DE SANCTO CHRISTOFORO IN BRUERIIS.

1214. Ego Theobaldus, Sancti Christophori decanus, notum facio omnibus hec visuris in perpetunm quod Ermengardis de Sancto Christophore dedit in elemosinam fratribus Ursicampi totam terram suam juxta vineas eorum in Brueriis sitam, ita tamen quod ipsa, hujus rei gratia, a memoratis fratribus xlv solidos monete Parisiis accepit. Dedit etiam fidem quod firmiter hanc donationem tenebit. Et insuper liberi ejusdem Ermengardis, Petrus, Stephanus, Wido, Walterus, hec eadem fide interposita concesserunt. Ad majorem vero, rei tenende securitatem, Jacobus de Sancto Christoforo, et Odardus Cheirras, frater ejus, qui majores terre illius erant et feodati, Gerardus quoque et Berardus juratus et Nicholaus de ferenda warandisia plegii cum lege dati sunt eo tempore quod si fratres Ursicampi pro terra illa dampnum vel penam sustinuerint, ipsi in integrum restituere tenebuntur. Testes : Rolandus li Borgnes, etc. Et quum hec coram me gesta sunt et tractata, indempnitati fratrum Ursicampi volens in posterum providere, presentem paginam inde conscriptam sigillo meo roboravi in testimonium et patrocinium firmitatis. Actum anno Domini m° cc° xiiii.

DLXXXIII.

DE VINAGIO SYMONIS DE QUINCHI.

Magister G..., officialis Suessionensis, omnibus presentes litteras inspecturis in perpetuum notum facimus quod Symon de Quinchi in nostra presentia constitutus recognovit quod contulit in elemosinam ecclesie beate Marie Ursicampi decem et octo sextariata vini et dimidium de vinagio ad mensuram de Beri perpetuo possidenda et in manso Odardi Cossier capienda sub ea libertate qua illud tenebat managium, videlicet, quod illi qui istud debent vinagium vindemiam suam non poterunt calcare nisi de licentia magistri de Beri, qua calcata, vinum illud scilicet decem et octo sextaria illa et dimidium vinagii propriis vecturis ad domum Ursicampi apud Beri adducent, solam sibi et heredi suo justitiam retinendo. Et quia illa decem et octo sextaria vini et dimidium ad uxorem ipsius Symonis jure dotalicii pertinebat, opportuit ut hec elemosina de ejus fieret voluntate. Que cum a decano de Altrachia requisita fuisset utrum hanc concederet elemosinam, non coacta, sed concessit volens, receptis prius in excambio pro dotalicio suo xv solidis censualibus in novis avesnis sepedicti Symonis apud Beri, fidem interponens corporalem quod nichil in hiis omnibus reclamaret. Et forte hec elemosina in tempore suo minime redderetur, dictus Symon et heredes ipsius ad eam reddendam tanquam domini compellerent debitores. Ut autem hec elemosina firma in perpetuum habeatur, ad petitionem ipsius Symonis, eam sigillo curie Suessionensis fecimus confirmari, sicut et decanus de Altrachia, in cujus presentia hec omnia facta fuerunt, huic scripto sigillum suum ad majorem apposuit firmitatem. Actum anno gratie m° cc. xx°, mense marcio.

Martio 1220.

DLXXXIV.

ITEM. DE REBUS SYMONIS DE QUINCHI.

Berardus, decanus de Beri, omnibus presentes litteras inspecturis, salutem. Noverint universi quod Simon de Quinchi in nostra presentia constitutus sub fidei sue sacramento concessit

1223.

ut omnia que domus Ursicampi tenuit apud Beri sub dominio suo usque ad hanc diem a modo teneat et in proprium sub censu trium denariorum nigrorum, solam in hiis omnibus justitiam sibi et suo heredi retinendo. Voluit etiam dictus Symo ut in masura Odardi Cossier, ubi dicta ecclesia Ursicampi x et octo sextaria vini et dimidium de vinagio capiebat, unum modium integre capiat, ibi sola justitia sibi in ceteris reservata. Hec omnia Avelina uxor jam dicti Symonis tenenda in perpetuum sponte non coacta concessit et quitavit, fidem prestans in manu nostra corporalem quod in hiis omnibus nichil in proprium reclamaret, et recepit in excambio pro dote Johannem de Cruce apud sanctum Christoforum, hospite sepedicti Symonis mariti sui. Hec omnia concesserunt et voluerunt Petrus frater sepedicti Symonis et Walterus sororius sepedicti Symonis, fide prestita corporali quod super hoc ecclesiam Ursicampi in perpetuum non molestarent, nec aliquid in hiis omnibus per se vel per alium reclamarent, sed contra omnes qui ad legem et placitum volent venire legitime garandirent. Conventiones autem istas voluit et concessit Gerardus de Corchum de quo sepedictus Symon tenebat, et promisit quod hec omnia tanquam dominus garandiret. Quod ut ratum permaneat, presentes litteras sigillo nostro sigillavi in testimonium veritatis. Actum anno gratie. M° CC° XX° tertio.

DLXXXV.

DE OMNIBUS QUE HABEBAMUS IN FEODO SYMONIS DE QUINCHI.

April. 1228. Gerardus, canonicus et officialis domini Suessionensis, omnibus presentes litteras inspecturis in Domino salutem. Noverit universitas vestra quod Symon de Quinchi, armiger, in nostra presentia constitutus concessit ecclesie beate Marie Ursicampi sub fidei sue sacramento ut omnia que ipsa ecclesia acquisivit dono vel emptione, seu alio modo apud Beri usque ad hunc diem in feodo et toto dominio suo libere de certo tenebit et habebit in perpetuam et pacificam hereditatem ab omni corveia, exactione, seu quolibet alio jure prorsus exempta, preter censum undecim denariorum nigrorum eidem a fratribus dicte ecclesie in festo sancti Remigii annuatim persolvendorum. Ad majorem autem evidenciam eorum que dicuntur et noticiam posterorum res ipsas cum locorum expressione ad instanciam dicti Symonis et fratrum jam dicte ecclesie Ursicampi, presentibus duximus propriis nominibus exprimendas, videlicet vineam de Burnello, vineam de Fermet, vineam de Bernui, vineam la Marguete, plantam ad marescum, vineam au treu de Huum, vineam que fuit Petri de Bairi, vineam que fuit Johannis Cossier, vineam que fuit Willelmi in Valeri, vineam que fuit Cecilie juxta predictam, vineam de Cruvello, vineam que fuit Tilict, juxta vineam de Mauchions, vineam que fuit Roberti de Vi, item septem aissinos terre ad Boonfosse, septem aissinos ad gorgiam, sex essinos in plano montis juxta campum nostre domine, item tres pichetos avene super managium Berardi Landrici quos percipit ecclesia Ursicampi annuatim infra medium Marcii et portatur ad domum dicte ecclesie, que dicta annona dicto termino solvetur, fieret ex hac emenda septem solidorum et dimidii sepedicte ecclesie. Item unum pichetum avene super managium Petri de Campis, sub eadem conditione persolvendum. Item unum essinum super managium Cossatorum sub predicta forma persolvendum. Item unum modium vini super idem managium hoc modo persolvendum. Ille qui tenet managium Cossatorum predictorum, postquam vindemiaverit vineam suam, debet hoc significare magistro domus Ursicampi de Bairi, et coram eo calcare vendemiam et vinum portare ad predictam domum Ursicampi et ibidem ad mensuram reddere modium supradictum. Omnia vero ad mensuram de Altrachia sunt reddenda. Quitavit etiam prefatus Symon ecclesie supradicte in perpetuum rotagium et totum jus quod habebat vel habere poterat in domo et in curia quam habent fratres Ursicampi apud Bari, et etiam in omnibus que in ejus territorio sive dominio acquisierunt usque ad hunc diem, salvo tamen censu supradicto. Hec autem omnia voluit et laudavit spontanea et non coacta Avelina, uxor prefati Symonis, restaurata sibi dote ad creantum suum ad xiiii essinos bladi quos idem S.... habet annuatim in molendino de Vesenolio, fiducians in manu nostra quod super hoc de certo non reclamabit nec per se nec per alium prefatam ecclesiam Ursicampi molestabit. Prefatus vero Symon se et heredes suos ad portandam garandiam prenominate ecclesie Ursicampi de omnibus supra dictis firmiter obligavit. In hujus rei testimonium presentes litteras sigilli nostri munimine fecimus roborari. Actum anno gratie millesimo cc° xxviii°, mense aprili.

DLXXXVI.

DE TERRA PETRI BOIHUERS IN MONTE DE BAIRI.

Gerardus, archidiaconus Suessionensis, omnibus ad quos presentes littere pervenirent in Domino salutem. Noveritis quod Petrus Boihuers de Quinchi, in nostra presentia constitutus, recognovit se vendidisse ecclesie Ursicampi sex essinos terre arabilis et unum pichetum sitos in monte de Bairi precio x librarum Parisiensium, v solidis minus, quam venditionem Elizabeth, uxor ejus, voluit, laudavit et spontanea quitavit quicquid juris habebat in dicta terra ratione dotis, fidem interponens tam ipsa quam Petrus, maritus ejus, in manu nostra corporalem, quod de certo dictam ecclesiam super terra memorata per se vel per alium non molestabit vel faciet molestari, immo super eadem terra eidem ecclesie legitimam portabunt garandiam. Et dictus P........, assignavit dicte E........, uxori sue, octo essinos avene in recompensatione dotis sue, quos recepit singulis annis apud Bairi. Symon autem, frater dicti Petri, de cujus feodo dicta terra movet, concessit dicte ecclesie dictam terram pacifice in perpetuum ad duos denarios possidendam, fidem interponens de non molestando et de legitima garandia portanda. In cujus rei testimonium presentes litteras sigilli nostri munimine fecimus roborari. Actum anno gratie m° cc° xxv°, mense junio.

Junio 1225.

DLXXXVII.

DE TERRA MARIE DE VI, SUPER VILLAM DE BERI.

Magister Th...... de Monte acuto, canonicus et officialis, omnibus presentes litteras inspecturis, in Domino salutem. Noverint universi quod in presentia curie Suessionensis

Novemb. 1247.

constituta Maria de Vi, relicta Petri de Cuisiaco, vidua, dedit et concessit in puram et perpetuam elemosinam ecclesie beate Marie Ursicampi quamdam peciam terre, que vulgariter appellatur Avesne, sitam desuper villam de Bairi, in loco ubi dicitur in valle Corbel, sex essinos terre vel circiter continentem, promittens, fide interposita corporali, dicta M....., quod contra donationem et concessionem predictas de certo venire ullatenus attemptabit, nec dictam ecclesiam super dicta terra in posterum aliquatenus molestabit neque per alium faciet molestari, immo eandem ecclesiam permittet dictam terram de certo ratione dicte elemosine pacifice possidere. Huic autem elemosine assensum suum benigne et amabiliter concesserunt et prebuerunt Odardus, Johannes, Petrus Torianus, Petrus dictus abbas, et Mailetus, fratres filii, videlicet dicte Marie et fidem in manu nostra corporalem prestiterunt quod contra premissa de certo non venient, nec dictam ecclesiam super dicta pecia terre per se nec per alium in posterum aliquatenus molestabunt. In cujus rei testimonium presentibus litteris sigillum curie Suessionensis duximus apponendum. Actum presentibus domino Ansculfo, presbitero de Willerni, Goberto clerico, cum Matheo notario curie Suessionensis. Anno Domini M° CC° XLVII°, mense novembri.

DLXXXVII.

DE TERRA ET CENSU JOHANNIS DE BAIRI, ET DE ACQUIRENDIS ET EXCOLENDIS TERRIS ALIENIS IN DOMINIO SUO.

Decemb. 1254

Omnibus presentes inspecturis, magister J....... de Paris, canonicus et officialis Suessionensis, in Domino salutem. Noverint universi quod Johannes de Bairi, manens apud Fontenoi, et Theofania, ejus uxor, coram mandato nostro speciali propter hoc constituti, dederunt et se dedisse recognoverunt ecclesie Ursicampi, Cysterciensis ordinis, in puram et perpetuam elemosinam quamdam peciam terre arabilis quam dicebant se habere in territorio de Bairi, in loco qui dicitur in Campo Sancti Medardi, duos essinos et dimidium vel circiter continentem, continguam cuidam terre ecclesie supradicte, et XVI denarios census vel circiter, quod dicta ecclesia debebat eisdem, ac totum alium censum in quo predicta ecclesia eis quacunque tenebatur, volentes et concedentes quod eadem ecclesia de cetero in perpetuum teneat et possideat pacifice predictam peciam terre titulo donationis predicto, et quita sit et libera a solutione dictorum XVI denariorum et cujuslibet alterius census in quo dicta ecclesia eidem hactenus tenebatur. Voluerunt etiam et concesserunt eidem ecclesie nomine elemosine pure et perpetue quod ipsa ecclesia possit de cetero quandocunque et quotienscunque offerret se facultas, emere et quocunque alio titulo acquirere quecunque poterit in censiva et dominio eorundem, et hec acquisita in perpetuum pacifice possideat, salva tamen eisdem et heredibus suis justitia debita in omnibus hiis acquisitis seu etiam acquirendis, et quod etiam dicta ecclesia possit de cetero in eorum censiva pacifice facere excoli terras non suas gratis vel mercede mediante absque eorum contradictione vel heredum eorumdem. Item, dederunt et concesserunt in elemosinam eidem ecclesie ad opus pitancie conventus XX solidos Parisienses annuatim de cetero in festo animarum sive crastino omnium sanctorum dicte ecclesie ab ipsis vel eorum altero, quam ipsi vel alteri eorum vixerint, persolvendos, ita videlicet quod uno ipsorum sublato de medio, superstes eorum nichilominus solvere tenebitur annuatim quoad vixerint persolvendos, quandiu vixerint, xx solidos supradictos, pro quibus xx solidis annuatim quoad vixerint persolvendis, dictam ecclesiam ad domum eorum sitam apud Fontenoi ubi dicitur ad portum assignaverunt et propriam domum ad hoc specialiter obligaverunt, insuper quibus eorum legavit dicte ecclesie xv libras Parisienses eidem ecclesie a bonorum suorum possessoribus post decessum eorum persolvendas ita videlicet quod altero corum defuncto xv libre Parisienses eidem ecclesie ratione dicti legati debebuntur, et totidem post decessum alterius eorundem. Promiserunt etiam quod contra premissa vel aliquo premissorum non venient in futurum, nec aliquid de premissis per se vel per alium revocabunt de cetero, nec procurabunt revocari. Ad hec autem omnia et singula Johannes eorum filius assensum suum benigne prebuit, et de non veniendo contra fidem prestitit corporalem. In cujus rei testimonium presentibus litteris sigillum curie Noviomensis duximus apponendum. Actum anno Domini m° cc° liiii°, mense decembri.

DLXXXIX.

CARTA JOHANNIS DE BRITIGNIACO DE PEDAGIIS PER TOTAM TERRAM SUAM.

Ego Johannes, dominus Britigniaci, universis fidelibus hec visuris in perpetuum notum volo fieri quod pro salute anime mee et pro anima uxoris mee, nec non et pro animabus antecessorum meorum, religiosos viros in monasterio Ursicampi divino mancipatos obsequio per totam terram et aquam dominationis mee ab omni exactione wienagii, pedagii et transversi quitavi prorsus et absolvi, statuens ut de rebus ecclesie sue propriis quas per terram vel per aquam deferri fecerunt, ullam michi vel heredibus meis consuetudinem solvant, sed omnimoda exactione liberi transeant et immunes. Hoc concesserunt Hersendis, uxor mea, que vocata est Broda, et filia nostra Elisabeth. Quod ut ratum sit firmiterque in posterum teneatur, presentem paginam inde conscriptam tradidi fratribus Ursicampi sigilli mei patrocinio roboratam. Actum anno Domini m° cc° quarto.

1204.

DXC.

CARTA DE TRIBUS MINIS TERRE QUAS NOBIS VENDIT PETRUS TASSEL DE BELLO PUTEO.

Omnibus presentes litteras inspecturis, officialis Belvacensis, salutem in Domino. Noverint universi quod Petrus Tassel de Bello Puteo et Ysabellis, ejus uxor, in nostra constituti presentia vendiderunt et quitaverunt in perpetuum viris religiosis, abbati et conventui beate Marie Ursicampi, Cysterciensis ordinis, quandam peciam terre arabilis tres minas paulo plus vel paulo minus continentem, quam tenebat dictus P......., a dictis religiosis in feodum, ut asserebat, sitam au Cessier, inter terram Colardi Vallart et terram Barchin de Curiis, cum omni jure et dominio que in illa terra habebant vel habere poterant quoquomodo,

1258.

pro xx libris Parisiensibus suis quitis, de quibus recognoverunt dicti Petrus Tassel et Ysabellis, ejus uxor, sibi a dictis religiosis plene et integre fuisse satisfactum, exceptioni non numerate et non solute pecunie, quoad hoc fide data, renunciantes. Prefata vero Ysabellis dotem seu donationem propter nuptias, quam in dicta pecia terre vendita habebat vel habere poterat, sponte et expresse non coacta in manu nostra resignavit, et dictis religiosis et ecclesie Ursicampi coram nobis in perpetuum benigne quitavit, facta sibi a dicto Petro, marito suo, coram nobis, recompensatione dotis sufficienti ad domum quandam quam habebat idem Petrus, ut asserebat, apud Novam villam Regis, et promiserunt coram nobis dicti Petrus Tassel et Ysabellis, ejus uxor, fide prestita corporali, quod ipsi de cetero, ratione cujuscunque juris, et specialiter dicta Ysabellis, ratione dotalicii, in dicta terra vendita dictis religiosis per se vel per alium nichil reclamabunt, vel facient reclamari, et quod super eadem terra vendita dictis religiosis contra omnes legitimam garandiam portabunt, et de legitima garandia dictis religiosis supra terra predicta vendita portanda Petrus li Pages, frater Johannis la Poire de Bello Puteo, erga ipsos religiosos, predictis Petro venditore et ejus uxore, fide data, se fidejussorem constituit. In cujus rei testimonium presentes litteras sigillo curie Belvacensis fecimus communiri. Actum anno Domini M° CC° quinquagesimo octavo, die Veneris post Epifaniam Domini.

DXCI.

BIAURAIN. — TRANSCRIPTUM DE UNO MODIO FRUMENTI SUB SIGILLO CURIE NOVIOMENSIS.

1276.

Omnibus hec visuris, officialis curie Noviomensis, salutem in Domino. Noverit universitas vestra nos anno Domini M° CC° septuagesimo sexto, feria tertia post Epiphaniam Domini, testamentum Petri de Belloramo, armigeri, deffuncti, sigillo dicti armigeri sigillatum, prout prima facie apparebat, vidisse, in quo quidem testamento inter cetera contenta in eodem hanc clausulam vidimus contineri, prout sequitur. Et un muid de ble chascun an a Oscans a prendre seur toutes mes aquestes ou queles soient. In cujus rei testimonium presentibus litteris sigillum curie Noviomensis duximus apponendum. Actum anno et die predictis.

DXCII.

DE UNO MODIO BLADI SUPER TOTAM TERRAM DOMINI DE BELLORAMO.

1276.

Omnibus hec visuris, officialis curie Noviomensis, in Domino salutem. Noveritis nos anno Domini M° CC° septuagesimo sexto, die Mercurii ante festum beati Thome apostoli, testamentum quondam domini Johannis de Belloramo, militis, defuncti, sub sigillo curie Noviomensis vidisse, in quo quidem testamento inter cetera in eodem contenta certis locis et personis eroganda et legata aliasque disposita clausulam hanc justam in ipso vidimus et contentam sive contineri in hec verba. A leglise d'Oscans un mui de ble de rente chascun an, a prendre seur toute me terre que chuis en portera qui iert mes hoirs de Biaurain.

Item, dan Thomas d'Oscans, c. s. a faire se volente. In cujus rei testimonium presentibus sigillum curie duximus apponendum. Datum anno predicto.

DXCIII.

CONCESSIO PETRI COLART DE BIENVILER DE XI MINIS TERRE DOMINI PETRI THAIEUS.

A tous ceus qui ces presentes lettres verront, je Pierres Colars de Bienviler, escuiers, fas savoir que comme me sires Pierre Thaieus, capelains de Condun, eut xi mines de terre, peu plus ou peu mains, que il avoit acquis ou terroir de Vilers que on tenoit de moi a campart, cest a savoir en un lieu que on apele Hardemont, v mines et demie, et en un lieu que on apele Baudempre, deseur saint Ladre, iii meneaus, et au pre du Bruel iiii mines, en chascun lieu peu plus ou peu mains et chuis Pierres eust aumosne toute cele terre a leglise d'Oscans, en tel maniere que leglize tenist a tous joors des ore en avant quitement et entierement, sauf le campart devant dit paie, et chuis Pierres de se fust desvestus de cele terre en ma main comme en le main de seigneur pour ravestir leglize devant dite, ju pour mi et pour demoiselle Mehaut me femme et pour me mere estre es biens fais de leglize devant dite, et pour les ames a mes ancisseurs, a la requeste monseigneur Pieron devant dit, ai ravestu comme sires le devant dite eglize de le terre devant dite et weil et otroi l'aumosne ainsi comme ele est devant devisee, en tel maniere que cele eglize tenra dore en avant cele terre a tous jors quite et en pais, sauf le campart devant dit paie, ne ju ne mi oir nen porrons dore en avant contraindre leglize devant dite de vendre cele terre ne en tout ne en partie ne de metre hors de leur main et s ui tenus, comme sires, warandir cele terre envers tous ciaus qui a droit et loi en vorroient venir, et a toutes ces choses tenir fermement a tous jours oblige je moi et mes hoirs. Ce fu fait en l'an del incarnacion nostre Seigneur. M. CC. LXI, el mois de octembre.

Octob. 1261.

DCCIV.

ELEMOSINA RENALDI DE BOSCO DE CENSU VII DENARIORUM ET QUATUOR ESSINORUM TERRE.

Omnibus hec visuris, officialis curie Noviomensis, salutem in Domino. Noveritis quod in nostra constitutus presentia Renaldus de Bosco recognovit se dedisse in puram et perpetuam elemosinam ecclesie beate Marie Ursicampi vii denarios Parisienses censuales annui redditus quos ei debebant de annuo redditu, singulis annis, hii subnotati in festo sancti Remigii, videlicet dominus Adam de Monte, miles, ejusdem Renaldi avunculus, quatuor denarios super xx es sinis terre arabilis site in valle de le Haise, Colardus Cahorsins, 1 denarium super tribus essinis terre uno quartorio minus, site in eodem loco. Et Helos soror Lepreu ii denarios super tribus essinis et dimidio terre site in loco supra dicto, quas quidem terras predicti A... miles, Colardus et Helos tenebant a dicto Renaldo, sicut idem Renaldus dicebat, per censum supra dictum vii denariorum. Voluit etiam et concessit idem Renaldus coram nobis quod ista donatio

_1249._

supra dicte ecclesie inter vivos ad presens facta firma et irrevocabilis in perpetuum perseveret, et quod dicta ecclesia de predicto censu libere et pacifice de cetero in perpetuum gaudeat, nichil sibi vel suis heredibus in predicto censu de cetero retinens aut reservans. Recognovit etiam coram nobis idem Renaldus se dedisse ecclesie supra dicte in puram et perpetuam elemosinam quatuor essinos, quatuor virgis minus, terre arabilis site ad viam d'Orgiere, in quibus quatuor essinis, quatuor virgis minus, dictus R........, retinuit sibi usumfructum ad vitam suam tantum; post decessum vero ipsius R........, predicti quatuor essini terre quatuor virgis minus, libere pacifice et absque contradictione ad ecclesiam supradictam revertentur, sicut sepe dictus R......... dicte ecclesie Ursicampi coram nobis recognovit. In cujus rei testimonium presentes litteras, ad petitionem dicti R........, dicte ecclesie Ursicampi tradidimus sigillo curie Noviomensis roboratas. Actum anno Domini M° CC° XL IX, in crastino nativitatis beati Johannis Baptiste.

DXCV.

ELEMOSINA PETRI DE FONTAINNES DE UNO MODIO BLADI SUPER TERRAGIA DE BLERENCOURT.

Junio 1287.

Je Pierres de Fontainnes, sires de Blerencourt, escuiers, et je Marie, se fame, faisons savoir a tous ceus qui ces presentes lettres verront et orront, que nous devons a leglize Nostre Dame d'Oscans a tous jors de aumosne perpetuel et perdurable, j mui de ble a le mesure de Blerencourt, lequel mui de ble nous sommes tenu et promettons en bonne foi a rendre et a paier des ore mais a tous jors bien et loiaument a chascune feste touz sains a le dite eglize chascune anee seur tous nos terrages de Blerencourt, lesquels terages especialement et nous et nos hoirs, quant au mui de ble devant dit, nous obligons et abandonnons envers le dite eglize de Oscans, et les religieus hommes labbe et le convent de leglize devant dite. En tesmoignage des ques chozes durables a tous jours nous avons donnees ces presentes lettres a le dite eglize seelees de nos propres seaus. Ce fu fait en lan del incarnacion nostre Seigneur mil deus cens quatre vins et sept, el mois de juyng.

DXCVI.

DE DEMI MUI DE BLE SEUR LE MOLIN DE BLERANCOURT.

Sept. 1276.

Je Jehans de Fontaines, escuiers, et je Emmeline, fame celui Jehan, faisons savoir a tous ceus qui ces presentes lettres verront et orront, que nous, por le devotion que nous avons a leglize de Nostre Dame d'Oscans, por le porfit de nos ames et des ames a nos anchisseurs, avons donne a leglize devant dite en pure et perdurable aumosne, demi mui de ble de rente a le mesure de Ham, a penre chascun an a tous jors au Noel, en nostre grange de Sommete, seur nostre terrage de le quarte garbe et commenseront a penre le demi mui de blet devant dit de Noel qui vient en un an, et sera pris en le devant dite grange tant comme me dame Agnes, me mere, vivra, et apres son decest il sera pris ou molin a iauc de Blerencort, et a ce tenir fermement a tous jors obligons nous nous et nos hoirs. Et por ce que ce soit ferme choze et estable, je Jehans descur nommez ai ces presentes lettres seelees de me propre sel et baillies a leglize devant dite, lesqueles furent faites en lan del incarnation nostre Seigneur M° CC. LXXVI, el mois de septembre.

DXCVII.

DE CENTUM SOLIDIS REDDITUS AD PITANCIAM DE ELEMOSINA JOHANNIS BELVACENSIS DOMINI DE CAINNE.

A tous ceus qui ces presentes verront et orront, je Jehans de Bieauvais, escuiers, sires de Cainne et de Liuviler, salut. Connene choze soit a tous, que comme mes peres Jehans de Biauvais, escuiers, jadis sire de Cainne et de Liuviler eust laissiet pour Dieu et amosne pure et perpetuel a l'eglise Nostre-Dame d'Oscans, cent sous de Paris de rente par an, por acater pitance au convent le jor de sen obit a prendre seur toute se terre de Cainne, en tele maniere que se il i avoit hoir de sen cors qui le rente devant dite vaussist racater, il lanrait pour c livres de tornois dont on acateroit autre rente por faire le pitanche devant dite, si comme che et autres chozes sont contenues en sen testament. Je qui sui hoirs de sen cors, pour le devocion que je ai a le devant dite eglize d'Oscans et pour estre parchonniers des biens fais de laiens, par le gre et par le volente de damoisele Peronne, me famme, renonche des ore a le condicion et au rachat de le rente devant dite, et amortis a le dite eglize d'Oscans devant dite le devant dite rente des cens sous devant dis, et le promet a warandir a le devant dite eglise envers tous, et oblige a ce faire moi et mes hoirs. Et por ce que je weil que ceste rente soit a tous jors, mais chascun an paie a le devant dite eglise d'Oscans sans anui et sans riote, et a mains de painne, je lai assise et assignee seur toute une piece de terre que jai seant ou terroir de Nanchel, contenant entour soissante et un essins de terre de les le haie que on dit le chastelain de Couchi, en tele maniere que avant che que, je, ne mi hoir a tous jors mais nen puissions lever les fruis de cele tere ne goir ent devant ce que li grez soit fais a leglize d'Oscans des cent sous de Paris, en queque condicion le terre devant dite soit des ore en avant soit en le main de moi ou de mes hoirs, soit a muiage ou a ferme ou autrement. Et weil et otroi que chil cent sous soient paie chascun an au jor de le saint Remi, a comenchier à le premiere feste St.-Remi que nous atendons. Et se li abbes et li convens de le dite eglise d'Oscans avoient aucun tamps cous ou painne ou damages par defaute de paiement, je et mi hoirs leur seriens tenu a rendre et a restorer plainement, et se il avenoit par aventure que one peust ces cent sous seur les fruis de le terre devant dite en aucune annee, je les assenne et assie seur toute me terre de Cainne. Et je demoisele Peronne devant dite, de me bonne volente et sans nul contraignement, ceste assise et ceste assenance, en le forme et en le maniere que il est dessus devise, weil et otroie et gree et mi assent bonnement. Et a toutes ces choses dessus dites et a chascune ainsi comme eles sont devisees et ordences tenir et aemplir et warandir, nous Jehans et demoisele Peronne dessus nomme avons obligie et

Octob. 1289.

obligons nous et nos hoirs, et nos successeurs, tous et chascun et ceus qui oroient cause de nous et de nos hoirs, et renonchons a toutes exceptions et a toutes aides de fait et de droit qui en ceste ordenanche porroient nuire a le devant dite eglize de Oscans, et aidier et valoir a nous ou a nos hoirs ou a ceus qui de nous ou de nos oirs aroient cause. Et por ce que ceste cose et ceste ordenance soit ferme et estaule a tous jours, nous Jehans et demoisele Peronne devant dis, avons mis et pendus nos seaus a ceste lettre. Et ce fu fait en lan de grace M. CC. quatrevins et IX ou mois d'octembre.

DXCVIII.

DE SEX MODIIS TERRE ET MANSO APUD CRESPIGNI ET CAILLOUE ET DUOBUS PRATIS APELLI QUE DEDIT NOBIS DOMINUS GUIDO DE CHINCHENI.

1230. Omnibus hec visuris, officialis curie Noviomensis salutem in Domino. Notum vobis facimus quod domina Diedla de Lanchi in nostra presentia constituta, domino Guidoni de Chincheni, fratri suo, canonico Noviomensi, vendidit bene et legitime in perpetuum sex modiatas terre arabilis site in territorio de Crespigni et de Cailloue, et duo pratula apud Apelli, et unum mansum apud Cailloue, Margareta, filia predicte Diedle, Egidio, marito dicte Margarete, concedentibus et laudantibus, necnon et domino Hugone de Porquericort, Beatrice uxore ejus, et Widone primogenito eorum, similiter concedentibus et laudantibus, fidemque corporalem prestiterunt domina Diedla, Margareta filia ejus, Egidius maritus dicte Margarete, dominus Hugo (de) Porquericort, Beatris uxor ejus, et Wido filius eorum, qui jus in predicta terra reclamabant, quod nunquam de cetero in predicta terra aliquid reclamabunt nec prefatum Guidonem vel illos quibus predictam terram predictus Guido donaverit super hoc molestabunt, nec artem nec ingenium querent que possit vel debeat super hoc molestari. Sane dominus Renaldus de Crespigni de quo predicta terra, pratula, et mensum in feodum tenebantur, predicto Guidoni et omnibus quibuscumque predictam terram et pratula et mansum donare voluerit, omne jus et servitium quod in eisdem habebat coram nobis quitavit penitus in perpetuum pro XII denariis Parisiensibus de censu singulis annis in festo sancti Remigii ipso Renaldo vel heredibus ejus, vel certo nuncio eorum infra Noviomum in perpetuum solvendis. Ita tamen quod nec ipse Renaldus nec heredes ipsius aliquid ultra dictos XII denarios a sepe dicto Guidone vel ab illis qui predictam terram tenebant nomine legis seu requestus vel alia qualibet occasione sive alicujus alterius oneris et servicii pro predicta terra exigere poterunt vel debebunt, salva sibi et heredibus suis alta justitia. Insuper domina Eustachia, uxor predicti Renaldi, de voluntate et consensu mariti sui spontanea omni juri quod in predicta terra habebat nomine dotis vel alio quocumque modo fide interposita renunciavit. Si vero statuto census, sicut supra dictum est, non fuerit persolutum, et ob hoc ab ipso Renaldo vel heredibus ipsius in supradicta terra carrusca vel aliqua alia vadia caperentur, idem Renaldus voluit et concessit quod statim cum predicti duodecim denarii fuerint persoluti, quicquid captum vel arestatum fuerit, ipse et heredes ejus quite et libere reddent, et predictum censum supra dicto Guidoni et omnibus illis quibus predictam terram donare voluerit, de predicta terra adversus omnes qui ad jus et legem venire vellent perpetuam ferent garandiam. In cujus rei testimonium presens scriptum sigillo curie Noviomensis fecimus roborari. Actum anno Domini M° CC° XXX.

DXCIX.

ELEMOSINA DOMINI GUIDONIS DE CHINCHENI DE SEX MODIATIS TERRE APUD CAILLOUE.

Ego Renaldus, miles, dominus de Crespigni, omnibus presentes litteras inspecturis notum facio quod ego ob remedium anime mee, ad preces domini Guidonis de Chincheni, canonici Noviomensis, avunculi mei, sex modiatas terre arabilis parum plus vel parum minus site in territorio de Crespigni et de Cailloue et duo prata apud Apelli, que vocantur les Rueles et mansum unum apud Cailloue, que omnia de me tenebat sub annuo censu duodecim denariorum Parisiensium in festo sancti Remigii michi et heredibus meis vel certo nuntio nostro infra Noviomum in perpetuum solvendorum domui Ursicampi cui dictus Guido dictam terram et dicta prata et dictum mansum in perpetuum contulit in elemosinam, de me et heredibus meis in perpetuum tenenda concessi et omne jus et servicium quod in predicta terra pratis et manso habebam ipsis fratribus quitavi penitus in perpetuum pro XII denariis Parisiensibus de censu singulis annis in festo sancti Remigii infra Noviomum michi vel heredibus meis vel certo nuntio nostro in perpetuum persolvendis, nec ego nec heredes mei aliquid ultra XII dictos denarios quos michi et heredibus meis prefatus Guido pro sepedicta terra reddere tenebatur, a predictis fratribus Ursicampi pro dicta terra nomine legis seu requestus vel alia qualibet occasione sive alicujus alterius oneris et servicii exigere poterimus vel debebimus. Quod si contigerit dictum censum prefato termino, sicut dictum est, non esse solutum et in sepedicta terra ob hoc a me vel heredibus meis caperetur, nos illud, cum dicti XII denarii de censu fuerint persoluti, quiete et libere reddere tenemur. Per dictum vero censum ego et heredes mei dictam terram fratribus Ursicampi adversus omnes qui ad jus et legem venire vellent in perpetuum garandire tenemur. Quod ut ratum permaneat et stabile perseveret, presentem paginam sigillo meo dictis fratribus tradidi communitam. Actum anno Domini millesimo ducentesimo XXX septimo, mense Augusto.

Aug. 1237.

DC.

CONCESSIO DOMINI RENALDI DE CRESPEGNI, MILITIS, QUOD POSSUMUS ACQUIRERE SUB IPSO.

Je, Renaus de Crespigni, chevaliers, fas savoir a tous ceus qui ces lettres verront et orront, que pour l'amour et por le devotion que je ai a leglize Nostre-Dame d'Oseans, et por estre parchonniers des bienfais del dite eglize, je leur doins por Dieu et en aumosne tel privilege et tel franchise des orendroit que il se puissent acroistre de XX saudees de rentes par an a tous jors en mes fies et en mes arrier fies que je ai ou que on tient de moi es villes et es terroirs de Crespigni, de Cailloue et de Appelli en men vivant ou apres me mort, soit par

Nov. 1265.

achat, par escange, par don, par lais ou par autre maniere qui porra estre faite tout ensamble ou par parties, et avec ce leur doinge tel privilege et tel franchise que il se puissent acroistre es viles et es terrois devant dis, en ces meismes manieres devant devisees en mes propres terres et en mes propres cheusens, ou en ceus que on tient de moi hors de fief, de cent sodees de rente par an a tous jors et se quil en aquerront, ainsi come il est devant devise, je weil et leur otroi que il tiegnent quitement et franquement a tous jors, mais sans nule redevanche faire a moi ne a mes hoirs, fors que de mes chens et de mes rentes, se il acqueroient chozes qui chens ou rentes me deussent. Et promet en bone foi que encontre cest don et ceste aumosne je ne venrai des ore en avant, en nule maniere, ne pour moi ne pour autrui, et a ce oblege je moi et mes hoirs. En tesmoignage en seurte et en confermement desques chozes je ai ces presentes lettres seelees de men seel. En lan del incarnation Nostre Seigneur mil deus chens soissante et chuine, el mois de novembre.

DCI.

ELEMOSINA JOHANNIS DE GENVRI, SCUTIFERI, DE DECEM MODIIS BLADI ANNUI REDDITUS.

1265.

Jou, Jehans de Genvri, escuiers, fas savoir a tous ceus qui ces presentes lettres verront, que je, entre les autres chozes que jou ai donnees et aumosnces en mon testament, je ai donne en pure et perdurable aumosne a tous jors a leglize de Nostre-Dame de Oscans, del orde Cistiaus, la ou je ai eslit ma sepoulture, dis muis de ble a le mesure de Chauni, a penre et a paier chascun an a le feste saint Martin en yver, sour toute me terre que je ai ou terroir de Cailloue, que je tieng en fief de monseigneur Renaut de Crespigni chevalier; et de ces dis muis de ble devant dis, je weil et ordenne que il en ait a le porte de Oscans, trois muis en acroissant de laumosne et li remanans soit tornez au couvent de Oscans chascun an en pitance pour faire mon anniversaire a tous jors chascun an le jor de mon obit. Et a ce tenir fermement sans venir encontre a tous jors oblige je moi et mes hoirs, et tous mes successeurs quel quil soient, et pour que ce soit ferme choze et estable a tous jours, je Jehans en ai baillie a le devant dite eglize ces presentes lettres seelees et confermees de mon propre seel. Ce fu fait en lan del incarnation Nostre Seigneur mil et deus cens et soissante chinc, le mardi apres le pentecouste.

DCII.

QUITATIO DOMINI RADULFI DE GENVRI, MILITIS, DE HIIS QUE TENEBAT A JOHANNE DE GENVRI, SCUTIFERO, PRO LEGATIS A DICTO JOHANNE. — ITEM VENDITIO EJUS DE PLURIBUS REBUS.

Jun. 1267.

Je, Raous de Genvri, chevaliers, fas savoir a tous ceus qui ces presentes lettres verront, que comme je fusse tenus envers leglize Nostre Dame d'Oscans, del orde de Cystiaus, en dis muis de fourment chascun an de rente, ale mesure de Chausni, du lais et del aumosne Jehan de Genvri, qui fu, lesquez dis muis cuis Jehans avoit assenez a prendre chascun an a toute se

TITULUS VILLARUM. 369

terre et a tout sen fief de Cailloue que il tenoit de monseigneur Renaut de Crespigni, chevalier, qui fu, lequel tere et leques fief me sont escheu de lui Jehan comme a droit oir. De rechief, comme je fusse encore tenus a leglize devant dite en trois muis de ble chascun an de rente du lais et de laumosne le pere et le mere le devant dit Jehan, li quel III muis estoient assene a prendre seur le terrage de Bougiez, et li quel terrage me sont aussi escheu de par celui Jehan comme a droit hoir, je, a men grant besoing et pour men grand porfit, que je mieus ne pooie faire et pour estre quites de paier le fourment et le ble devant dis toute le terre et tout le fief de Cailloue qui eschen me sont de celui Jehan, cest assavoir sept mines de terre araule a le mesure de Chauni, et XXXII capons, III quartiers de vin a le mesure de Cailloue qui escheu me sont de celui Jehan et IX s. et demi de Paris de cens foncel, un mui de ble et demi mui davainne de terrage qui sont assis seur dis et IX sestiers de terre a le mesure de Chauni, et seur sis sestiers de terre deus mui de ble quant ele est a ble, et mui et demi davainne, quant ele est en avainne, que Martins li maires tient, le terrage seur trois sestiers et demi de terre et sis hostizes qui sieent a Cailloue et toutes les appendances et quanques je avoie ou devoie et pooie avoir a Cailloc et el terroir del escanche Jehan de Genvri devant dit, en quelconques maniere que ce fust, sans riens retenir ne a moi ne a mes hoirs avec les fais du fourment et du ble devant dit, ai vendu bien et loiaument a leglize devant dite quite et franc de toutes redevances, fors que de disme parmi le pris de neuf vins livres de Paris, et VIII muis de ble, des ques deniers et du quel ble je me tieng a paies plainement et entierement et les ai mis en men pourfit, et des chozes devant dites me sui je desvestus en la main Jehan de Crespegni, fils et hoir de monseigneur Renaut devant dit, pour leglize devant dite ravestir, li ques Jehans en a leglize ravestue a me requeste et otroiet a tenir en mainmorte a tous jours. Et weil et otroi et me consent espressement que leglize devant dite des ore en avant, toutes les chozes devant dites tiengne quitement et em pais a tous jors, et promet par me foi et par men sairement, que des ore en avant ne venrai encontre ces chozes par moi ne par autrui, ne en tout ne en partie. Ains leur sui tenus et promet a warandir et a deffendre a tous jors as us et as coustumes dou pais envers tous ciaus qui a droit et a loi en vorroient venir. Et a toutes ces chozes tenir entierement a tous jors oblige je moi et mes hoirs. En tesmoignage et en seurte de laquele choze, je ai a leglize devant dite baillies ces presentes lettres seelees de men seel. Ce fu fait en lan del incarnacion Notre Seigneur, mil. CC. LX. VII. el mois de juignet.

DCIII.

CONFIRMATIO JOHANNIS DE CRESPEGNI DE QUITATIONE ET VENDITIONE DOMINI RADULFI DE GENVRI PRO LEGATIS A JOHANNE DE GENVRI NOBIS FACTIS.

Je, Jehans de Crespegni, escuiers, sire de Crespegni et de Cailloue, fius monseigneur Renaut de Crespegni, chevalier, qui fu, savoir fas a tous ceus qui ces lettres verront que, comme mesires Raoul de Genvri, chevaliers, mes homes, fust tenus a leglize Notre Dame d'Oscans chascun an en dis muis de fourment du lais et del aumosne Jehan de Genvri qui fu, lesques dis muis cis Jehan avoit leglize assenee a prendre seur toute se terre et tout sen fief de Cailloue,

Junio 1267.

lequele terre et li ques fies sont escheu a celui Raoul de par celui Jehan de Genvri, et cis Raus toute le terre devant dite et tout le fief de Cailloue qui escheu li sont de par celui Jehan, que il tient de moi, ait vendu a leglize devant dite, ainsi comme il est contenu en ces lettres qui teles sont. Je, Raous de Genvri, chevaliers, etc. Je Jehan, pour mame et pour les ames a mes ancesseurs et pour estre et bienfais de leglize devant dite, le marchie devant dit weil et gree et otroie bonement comme sires, et que leglize des ore en avant toutes les terres et tout le fief devant dis tiegne quitement et en pais en main morte, hors ce fief et sans nule redevance faire ne a moi ne a mes hoirs ne riens ni retieng nen cens nen rentes ne terrage ne justice nule, fors que la haute justice que je retieng en toute le terre et en tout le fief devant dit, et les rentes davainne et de deniers que on me doit et que je ai acoustume a avoir es hostizes devant dites et leur otroi a tenir quitement et franchement des ore en avant a tous jors et leur promet a warandir comme sires envers tous ceus qui a loi et a droit en vaulroient venir fors que envers le Roy de France, et a ce oblige je moi et mes hoirs. En tesmoignage et en confermement de laquele cose je ai a leglize devant dite baillies ches presentes lettres seelees de men seel. Ce fu fait en lan del incarnation Nostre-Seigneur, mil deus cens soissante et sept el mois de juingnet.

DCIV.

QUITATIO JOHANNIS MAJORIS DE CRESPEGNI DE MAJORIA QUAM HABEBAT IN TERRIS DE CAILLOUE ET OMNI ALIO JURE.

Junio 1268. Universis presentes litteras inspecturis, magister Robertus de Monteacuto, canonicus et officialis Noviomensis, salutem in Domino. Noverit universitas vestra quod cum Johannes major de Crespigni teneret, ut dicitur, et possideret a viris religiosis abbate et conventu Ursicampi quamdam majoriam qui dicitur majoria de Cailloue in fidelitate, ratione cujus majorie, idem Johannes, ut dicitur, vacuum fourragium rehautonnum et pro tricturatione cujuslibet modii bladi et avene octavum sextarium in vigenti duabus sextariatis terre parum plus vel parum minus site in teritorio de Cailloue ad mensuram Calniacensem habebat, idem Johannes coram fideli nostro Arnulpho, dicto de Sancto Quintino, clerico nostro, curie Noviomensis notario, ad hoc a nobis specialiter destinato, personaliter constitutus, quitavit in perpetuum dictis abbati et conventui omne jus quod habebat vel habere poterat seu quod sibi competebat vel competere poterat in dicta majoria et ratione majorie dicte, et in omnibus pertinenciis ejusdem ratione hereditatis vel alia quacunque ratione. Ad hec autem presentes interfuerunt coram dicto notorio : Emmelina, uxor dicti Johannis, Tassardus, Willelmus, Robertus, Jacobus et Maria, liberi dictorum Johannis et Emeline, qui premissa omnia et singula fieri voluerunt, laudaverunt et approbaverunt, et in hiis omnibus et singulis expresse consenserunt, promittentes tam dicti Johannes et Emelina ejus uxor quam ejus liberi predicti, per fidem ab eisdem in manu dicti notarii corporaliter prestitam, quod premissa omnia et singula firmiter tenebunt et inviolabiliter observabunt, et quod contra dictam quitationem seu contra premissa vel aliquod premissorum per se vel per alium non venient in futurum in judicio vel extra. Recognovit etiam dicta Emelina coram dicto notario quod premissa omnia et singula fecit et concessit spontanea voluntate sua, nulla vi vel metu dicti Johannis mariti sui vel alterius cujuscumque ad hec ducta. Nos vero premissa omnia et singula facta coram dicto notario de quibus nobis constat per relationem ipsius notarii cui super hiis omnibus et singulis fidem adhibemus, volumus, laudamus, et approbamus, et ea rata et firma habemus ac si facta essent in jure coram nobis. In cujus rei testimonium presentes litteras interfactas sigillo curie Noviomensis fecimus communiri. Actum anno domini, m° cc° lx. octavo, mense junio.

DCV.

DE DIMIDIO MODIO BLADI QUEM NOBIS VENDIDIT JOHANNES, MAJOR DE CRESPEGNI, ANNUATIM CAPIENDO IN LOCO QUI DICITUR VALLIS DES RUES.

Universis presentes litteras inspecturis, magister Robertus de Monteacuto, canonicus et officialis Noviomensis, in Domino salutem. Noverint universi quod coram fideli nostro Johanne de Querlu, clerico, curie Noviomensis notario, ad hoc a nobis deputato, cui fidem adhibemus constitutus Johannes, major de Crespegni, vendidit et se vendidisse bene et legitime recognavit in perpetuum justo pretio et legitime mediante, ut dicebat, videlicet pro sex libris Parisiensibus sibi solutis ad plenum in pecunia numerata et legali, ut dicebat, ecclesie Ursicampi, dimidium modium bladi ad mensuram Noviomensem, sani, sicci, et mediocris de annuo redditu et perpetuo singulis annis reddendum et deliberandum ecclesie predicte et conducendum ab eodem Johanne vel ejus herede et successoribus et ad sumptus proprios eorumdem, in festo beati Remigii, in capite octobris, ad domum ecclesie predicte ville de Cailloue propinquiorem, capiendum in perpetuum, ut premissum est, super tribus sextariis terre dicti Johannis site in territorio de Cailloue, in loco qui dicitur vallis des Rues, in dominio sive tenencia ecclesie supra dicte ab eadem ecclesia de cetero in perpetuum in manum mortuam tenendum, habendum pariter et possidendum libere pacifice et quiete. Huic autem venditioni coram dicto notario presentes fuerunt Emelina, uxor dicti Johannis, Eustachius et Willelmus fratres, liberi eorumdem, ut dicebant, qui dictam venditionem fieri volebant, et eandem laudavit et approbavit, et ecclesia accepit expresse consentientes, ut dicebant, et quicquid juris habebant aut habere poterant et debebant, seu sibi competebat in dicto dimidio modii bladi venditi antedicti ad opus ecclesie predicte coram dicto notario cesserunt in perpetuum et quitaverunt eidem, recognoscens ipsa Emelina se sufficiens habere restauramentum de dote sua sive pro dotalitio et donatione propter nuptias quas vel quod habebat aut habere poterat et debebat in blado vendito supra dicto, videlicet in duobus sextariis terre dicti Johannis site in territorio predicto sub dominio et tenentia predictis in loco qui dicitur ad Mesum, inter manerium quod fuit Borodini ex parte una et terram Jacobi Clerici ex altera. Mediante quo restauramento in recompensationem dicte dotis dotalitii seu donationis propter nuptias ab eadem Emelina, ut premissum est, acceptato, recognovit coram dicto notario se esse contentam, nulla vi, dolo, metu seu cohertione aliqua ad hoc ab aliquo, ut dicebat, inductam, promittentes dicti Johannes, Emelina, Eustachius, et Willelmus per fidem suam corporalem prestitam in manu dicti notarii ab eisdem, quod contra premissa vel aliquid premissorum

Martio 1269.

per se vel per alium non venient in futurum, nec aliquid juris de cetero in dicto blado vendito vel aliqua parte sui reclamabunt seu reclamari procurabunt in judicio vel extra judicium coram aliquo judice ecclesiastico sive seculari. Immo supra dicto blado vendito, ut premissum est, idem Johannes eidem ecclesie adversus omnes juri et legi parere volentes ad usus patrie et consuetudines legitimam feret garandiam. Quoad hec omnia et singula firmiter et inviolabiliter tenenda et observanda, in perpetuum se et heredes suos quoscumque obligando, et in iis omnibus et singulis agendum et recognoscendum, idem Johannes major eidem Emeline uxori sue auctoritatem prestitit et assensum. Nos autem omnia premissa et singula coram dicto notario facta de quibus nobis constat per relationem ejusdem cui fidem adhibemus, rata habentes et firma, et eadem laudantes, acceptantes, et approbantes ac sicoram nobis acta fuissent, presentibus litteris ad memoriam perpetuam et munimentum, sigillum curie Noviomensis duximus apponendum. Datum anno Domini millesimo ducentesimo sexagesimo nono, mense martio.

DCVI.

VENDITIO THOME DICTI DE VAUS DE BEHERICOURT ET ODELINE UXORIS EJUS DE TRIBUS MENCOLDATIS TERRE IN LOCO QUI DICITUR DE SOUS LE MES IN TERRITORIO DE CAILLOUE.

Décemb. 1272. Universis presentes litteras inspecturis, officialis curie Noviomensis in Domino salutem. Noverint universi quod cum coram nobis in jure personaliter propter hoc constituti Thomas dictus de Vaus de Behericort et Odelina uxor ejus vendidit, quitavit et guerpivit Odelina predicta, et se vendidisse, quitasse et guerpisse bene et legitime in perpetuum recognovit, de assensu et auctoritate dicti Thome mariti sui coram nobis presentis et eidem Odeline uxori sue premisssa et subsequenda faciendi assensum prestantis et auctoritatem ac eadem fieri volentis, laudantis et approbantis et acceptantis plenius, ut dicebat, ecclesie Ursicampi tres mencaldos terre dicte Odeline de hereditate sua, ut dicebat, sitos in territorio de Cailloue de tenentia dicte ecclesie in loco qui dicitur de sous le Mez, contiguo terre dicte ecclesie et terre Betranni dicti Foillebert, pro quatuor libris et decem solidis Parisiensibus sibi solutis ad plenum, ut dicebant ipsi conjuges, a ecclesia predicta in pecunia numerata et legali, concedentes et transferentes ipsi conjuges coram nobis ecclesie predicte et ad opus ejusdem ex nunc in perpetuum et quilibet eorum in solidum, quicquid juris habebant aut habere poterant aut debebant seu sibi eorum alteri in dicta terra vendita competebat aut competere poterat aut debebat, quocunque jure, titulo, nomine vel ullo modo sive ratione quacunque ab eadem ecclesia tenendum, habendum pariter et possidendum, dictam terram venditam cum omni jure predicto in manum mortuam pacifice et quiete ex nunc in futurum, promittentes ipsi conjuges per fidem suam corporalem ad hoc ab eisdem prestitam quod contra premissa vel aliquid premissorum per se vel per alium non venient in futurum nec aliquid juri ullo modo in terra vendita predicta per se vel per alium reclamabunt, aut reclamari procurabunt ullo modo in judicio vel extra judicium coram aliqua justicia ecclesiastica vel seculari, nec artem querent, ingenium vel materiam per quas super quod ecclesia predicta super premissis aut aliquid premissorum vel occasione eorundem ullo modo valeat a modo ullo inquietari. Dicta vero

TITULUS VILLARUM.

Odelina super dicta terra vendita ecclesie predicte legitimam feret garandiam ad usus patrie et consuetudines erga quoscunque juri volentes et legi parere, renunciantes quo ad hoc ipsi conjuges, sub fide predicta, firmiter et expresse, coram nobis, exceptioni non numerate pecunie, non solute, non recepte, beneficio divisionis et restitutionis in integrum et cujus cunque lesionis, exceptioni doli mali, et alterius rei cujuscunque et omnibus aliis exceptionibus, beneficiis, rationibus, defensionibus et auxiliis quibuscunque juris et facti, tam canonici quam civilis que contra presentes litteras et contenta in eisdem obici possent aut proponi, per que premissa vel aliquod premissorum in aliqua parte sui minus robur obtineant firmitatis. Que omnia premissa et singula dicta Odelina spontanea, non coacta, nulla vi, dolo vel metu ad hoc inducta, ut dicebat coram nobis, in jure se fecisse recognovit. In quorum omnium premissorum testimonium et munimen perpetuum, ad petionem dictorum conjugum, presentes litteras sigilli curie Noviomensis impressione fecimus communiri. Datum anno Domini millesimo ducentesimo septuagesimo secundo, sabbato ante festum beati Thome apostoli, mense decembri.

DCVII.

DE DOMO DE CAILLOUE QUAM EMIMUS A PETRO DE MESO DE CAILLOUE.

Universis presentes litteras inspecturis, officialis curie Noviomensis in Domino salutem. Noveritis quod coram fideli nostro Johanne dicto de Querlu, clerico, curie Noviomensis notario, ad hoc a nobis specialiter destinato cui fidem adhibemus, personaliter propter hoc constitutus Petrus dictus de Meso de Cailloue vendidit et se vendidisse bene et legitime in perperpetuum recognovit, quitasse et concessisse ecclesie beate Marie Ursicampi, Noviomensis dyocesis, Cysterciensis ordinis, pro triginta et quinque libris Parisiensibus sibi solutis ad plenum, ut dicebat ipse Petrus, in pecunia numerata et legali, quoddam manerium dicti Petri de hereditate sua cum grangia, domibus et aliis ejusdem manerii quibuscunque appendiciis, prout se comportat in longum et latum, ante et retro, sitis apud Cailloue, in loco qui dicitur ad Mesum, inter manerium Johannis dicti Maisnier ex parte una et manerium quoddam Johannis de Sancto Quintino ex altera, ab eadem ecclesia ex nunc in perpetuum tenendum, habendum pariter et perpetuo possidendum pacifice et quiete. Huic autem venditioni presentes fuerunt coram dicto notario Aelidis uxor et Ysabella mater ipsius Petri que dictam venditionem, ut dicebant, fieri voluerunt, laudaverunt eam, acceptarunt et approbarunt spontanee, non coacte, consentientes, ut dicebant, in eadem. Que quidem Aelidis uxor ipsius Petri quitavit, fide media prestita corporaliter ab eadem, ecclesie predicte dotem, dotalicium sive donationem propter nuptias quamcunque quam vel quod habebat aut habere poterat aut debebat in manerio vendito predicto et appendiciis ejusdem cum alio jure quocumque ipsam Aelidem quocumnomine, titulo sive ratione, in premissis venditis contingente. Dicta vero Ysabella similiter, ut premissum est, consentiens in premissis et fieri volens omnem dotem, dotalicium sive donationem propter nuptias quam et quod habebat in premissis venditis ex parte patris ipsius Petri, quondam ipsius Ysabellis mariti, ut dicebat, ecclesie similiter ex nunc in perpetuum quitavit ante dicte, mediante quadam mencoldata vinee dicti Petri site in territorio de Cailloue, contigua vinee Huardi dicti le Dyable, ab eadem Ysabella, in recompensationem dotis ante dicte sive donationis propter nuptias ejusdem Ysabellis et restauramentum acceptata. Quem vinee mencoldum dictus Petrus coram dicto notario dicte Ysabelli matri sue dedit et concessit et se concessisse recognovit in recompensationen predictam et restaurationem, mediantibus quibus tam dicti conjuges quam Ysabella predicta cesserunt coram dicto notario dicte ecclesie et ad opus ejusdem ex nunc in futurum et in eamdem ecclesiam transtulerunt quicquid juris habebant aut habere poterant seu sibi competebat aut competere poterat, ullo modo, quocunque nomine, titulo et ratione quibuscunque in rebus venditis ante dictis, promittentes ipsi conjuges et Ysabella, fide prestita corporali in manu notarii predicti, quod contra premissa vel aliquod premissorum per se vel per alium non venient in futurum, nec aliquid juris a modo in rebus venditis ante dictis reclamabunt aut reclamari procurabunt ullo modo in judicio vel extra judicium coram aliquo judice ecclesiastico vel seculari. Dictus vero Petrus eidem ecclesie super rebus venditis legitimum feret garandiam erga omnes juri et legi parere volentes. In hiis autem agendum et recognoscendum idem Petrus eidem Aelidi uxori sue coram dicto notario auctoritatem prestitit et assensum. Nos vero premissa omnia coram dicto notario facta de quibus nobis constat per relationem ipsius sui fidem adhibemus rata habentes, et firma, et eadem laudantes, acceptantes et approbantes ac si coram nobis acta essent, in testimonium premissorum et munimen perpetuum, presentibus litteris sigillum curie Noviomensis duximus apponendum. Datum anno Domini millesimo cc° septuagesimo tertio, feria secunda post festum beati Andree apostoli.

DCVIII.

DE CENSU ET JURE SIVE JUSTITIA DOMUS NOSTRE DE CAILLOUE QUAM ACQUISIVIMUS.

April. 1290. Universis presentes litteras inspecturis Johannes, permissione divina sancti Eligii Noviomensis abbas, totius que dicti loci conventus salutem in Domino. Natum facimus quod cum nos in villa de Cailloue, Noviomensis dyocesis, haberemus tres solidos Parisienses de annuo censu et recto solvendos et debitos nobis in festo beati Remigii in capite octobris videlicet xxxxii denarios Parisienses supra manerium Petri dicti Doumez et quatuor denarios supra manerium Agnetis le Caucine et a tenentibus ipsa maneria nobis in dicto festo solvendos et reddendos, ac viri religiosi abbas et conventus monasterii Ursicampi, Noviomensis dyocesis, Cysterciensis ordinis, haberent et possiderent census in villa predicta et in territorio ejusdem et alibi sibi debitos et solvendos in festo predicto pro terris que dicuntur du Ries, scilicet a Johanne dicto Godart et Johanna ejus sorore duos denarios, Huardo telario unum denarium, Johanne Bethencort unam pictam, Stephano dicto Baillivi unam pictam, Johanne dicto de Goy unam pictam, Johanne dicto Flacon unam pictam, et insuper unam duos capones et duas fouachias super domum Marie dicte Dargent, filie Manasseri Cerarii, sitam in vico sancti Eligii Noviomensis. Tandem bonis super hoc intervenientibus, utilitate nostri monasterii considerata in hac parte, inter nos et religiosos antedictos convenit quod ipsi religiosi de cetero dictos censos nostros habeant, recipiant et possideant pleno jure tanquam suos in perpetuum pacifice et quiete, me-

TITULUS VILLARUM.   375

diantibus censibus eorum religiosorum predictorum nobis datis et concessis et deliberatis ab eisdem ratione excambii nostri census predicti inter nos et ipsos facti, assensu nostro et ipsorum communi super hoc interveniente, et omne jus nobis competens et quod poterat competere in predicto censu nostro et ipsum tangentibus ipsis religiosis ad opus ipsorum et causam in hoc habentibus ab eisdem quitamus in perpetuum et transferimus in eosdem, promittentes bona fide quod contra premissa vel aliquod premissorum per nos seu alterum nostrum non veniemus in futurum, nec ipsos inquietabimus ullo modo sed inviolabiliter observabimus predicta et observari faciemus. Datum anno Domini millesimo ducentesimo nonagesimo, mense aprilis.

DCIX.

ELEMOSINA DOMINI AUBERTI DE MARKATEGLIZE DE DIMIDIO MODIO BLADI.

A tous ceus qui ces presentes lettres verront, je Willaumes le Herles de Campremi, chevaliers, fas savoir que comme je deusse et doie a hommes religieux, labbe et le convent de Oscans demi mui de ble, a le mesure de Ressons, chascun an, de laumosne mon seigneur Aubert de Markateglize, chevalier, et li dis abbes et li convens me demandassent VII ennees darrierage de laumosne dessus dite que je navoie mie rendue a iaus ne paiie, en la fin je fis pais a dis abbe et couvent, en tel maniere que jou par men sairement et par abbandon de toutes mes coses a penre sans forfait, ou queles soient, leur doi rendre loiaument dedens les octaves de le tous sains premeraine que nous ateindons, soissante et onze saus de Paris et demi mui de ble. En tesmoignage de laquel choze jai, as dis religieus, ces presentes lettres seelees de mon seel. Ce fu fait en lan del incarnation Notre-Seigneur, mil CC soissante et onze ou mois de fevrier.

Febr. 1271.

DCX.

CONCESSIO DOMINI RADULFI DE ANNEEL DE TERRA RADULFI DE DRAILINCORT SITA IN TERRITORIO DE CAMBRONNE.

Ego Radulfus de Anneel, dictus de Mota, omnibus tam presentibus quam futuris notum facio quod Radulphus de Drailincort, filius quondam domini Gilonis, vendidit et assensu et voluntate mea ecclesie Ursicampi III sextarios terre parum plus vel parum minus, site in territorio de Cambronne, in loco qui en le Cailloere dicitur, quam terram dictus Radulfus de me tenebat sub annuo censu sex den. Par. et quam terram dicta ecclesia tenebit de me et heredibus meis sub eodem annuo censu michi et heredibus meis annis singulis in domo mea apud Anneel, in festo beati Remigii, in capite octobris, reddendos, ita quod nec ego, nec heredes mei a dicta ecclesia ratione dicte terre aliud servicium vel aliud quicquam petere possumus aut debemus quam censum predictum. Imo per eundem censum ego et heredes mei dicte ecclesie legitimam tenemur ferre garandiam super eadem terra ad usus et consuetudi-

Maio 1249.

nes patrie, adversus omnes qui juri et legi parere noluerint. In cujus rei testimonium presentes litteras dicte ecclesie sigilli mei inunimine tradidi roboratas. Testes Gerardus, etc. Actum anno Domini millesimo cc°. xl°. ix. mense maio.

DCXI.

DE VINEA DOMINI PETRI THAYN, ET ii MINATIS TERRE.

Maio 1259.

Omnibus hec visuris, officialis curie Noviomensis salutem in Domino. Noveritis quod Dominus Petrus Thains, capellanus de Cosduno, in nostro presentia sanus et incolumis et mentis compos constitutus, contulit et concessit in puram et perpetuam elemosinam irrevocabiliter ecclesie Ursicampi, salva vita ipsius Petri, vineam ejusdem Petri sitam apud Cambrone, que vocatur Campus Paris, et duas minatas terre arabilis ejusdem Petri, sitas in territorio Thorote ad portum de Mommaques, videlicet inter molendinum de Louvet et dictum portum. Que vinea et terra proveniunt de acquestu ipsius Petri, ut dicebat idem Petrus, et voluit et concessit idem Petrus quod si dicta ecclesia, dum vixerit idem Petrus, dictas vineam et terram excoluerit, quod dicta ecclesia habebat medietatem fructuum ipsarum vinee et terre, et post decessum ipsius Petri dicta ecclesia habeat totam terram et vineam cum fructibus earumdem. In cujus rei testimonium et perpetuam memoriam presentes litteras ad petitionem dicti Petri sigillo curie Noviomensis fecimus communiri. Datum et actum anno Domini m° cc° lix, mense maio.

DCXII.

DE UNO MODIO FRUMENTI DOMINI GILONIS DE PLAISSEIO CAPIENDO APUD COUCHI.

Sept. 1300.

Universis presentes litteras inspecturis, officialis curie Noviomensis salutem in Domino. Noveritis nos anno Domini millesimo trecentesimo, die Martis ante festum Nativitatis beate Marie virginis, testamentum nobilis viri domini Gilonis de Plasseio, militis, domini quondam de Crapoutmaisnil, sigillo ipsius militis nec non sigillo prioris monasterii beate Marie Ursicampi et prebisteri curati de Crapout, prout prima facie apparebat, sigillato vidisse et transcribi fecisse, continens formam que sequitur et tenorem. In nomine Patri et Filii et Spiritus sancti. Amen. Sachent tout cil qui cest present escrit verront et orront que je, Gilos du Plaissier, chevaliers, sires de Crapoutmaisnil, estaulis en mon bon sens et en me bonne memoire, pensans du pourfit de mame, et considerant quil convient morir, fais et ai fait men devis, men avis et men testament, et ordenne de mes biens pour le cause de me darraine volente, et pour plus seurement attendre leure de le mort, en le maniere qui sensuit, etc. Item, je laisse, devise et ordenne a Perron, men autre fil, le terre qui fu demoisele Fauque Mante, que on tient de noble homme monseigneur Jehan du Plaissier, chevalier devant dit, en tel maniere que je weil, que je li dis Pierre mes fiex paieche et paiera seur cele dite terre tous les ans hiretaulement a labbe et au couvent de l'eglise Notre-Dame d'Ourscans, ou a leur commant, un mui de ble a le mesure de Roye et a sis deniers parisis dou meilleur, pris en le ville de Conchi. Ce fu fait en lan de grace mil et trois cens ou mois de septembre. Et nos officialis Noviomensis in testimonium premissarum presenti scripto sigillum curie Noviomensis duximus apponendum. Datum anno et die supradictis.

DCXIII.

CARTA DOMINI BERNARDI DE PLEISSI, DOMINI DE CONCHY, DE TRIBUS MODIIS BLADI REDDITUS, SCILICET I. APUD CRAPOUTMAISNIL ET I. APUD CONCHI.

A tous ceus qui ces presentes lettres verront et orront, je, me sires Bernars du Plaissier, chevaliers, sires de Conchi, fas savoir a tous que je doi a leglize Notre-Dame d'Oscans, de lordre de Cystiaus, des arrierages de II muis de fourment que je leur doi chascun an seur me terre de Crapoutmaisnil, et des arrierages de I mui de fourment, que je leur doi chascun an seur me terre de Conchi, XIII livres de Paris. Et ces deniers devant dis ai je promis, je me sires Bernars devant diz, a rendre et a paier a le devant dite eglize ou a leur mesaige ces presentes lettres portant, a le Toussains le premiere que nous atendons, et tous cous et tous damages que il i aroient par le faute de men paiement, comment que ce fust, puis le terme devant nomme dont il seroient creu, ou leur propres mesaiges ces lettres portans, par leur seul sairement, sanz nule autre preuve metre avant. Et pour ces deniers devant dis vendre et paier au terme devant nomme, et pour les cous et les damages restorer se il i estoient, si comme il est devant dit, oblige je a le devant dite eglize, moi et mes hoirs et tous mes biens meubles et non meubles presens et a venir, a penre et a detenir par tout ou que il soient a champ ou a vile, sanz nul fourfait, et renonche espresseement en ce fait a tous privileges de crois donnez ou a donner a toutes lettres impetrees ou a empetrer de apostoile ou de legat, a tous respis donnez ou a donner a toutes lettres empetrees ou a empetrer de Roi ou dautre prince, a toutes exceptions de droit ou de fait, a toutes barres ou a toutes autres choses qui moi ou mes hoirs porroient aidier, et a le devant dite eglise d'Oscans nuire. En seurte et en tesmoignage de toutes ces chozes devant dites, jai ces presentes lettres seelees de mon propre seel et baillies a le devant dite eglize d'Oscans. Ce fu fait en lan de grace mil deus cens quatre vins et chuinc el mois de march.

Martio 1285.

DCXIV.

DOMINI AUBERTI DE CAUMENCHON DE UNO MODIO FRUMENTI, ANNIS SINGULIS.

Omnibus hec visuris, officialis curie Noviomensis, salutem in Domino. Noveritis quod cum inter religiosos viros abbatem et conventum monasterii Ursicampi, Cysterciensis ordinis, ex parte una, et dominum Aubertum de Caumenchon, militem, ex altera, controversia verteretur super uno modio frumenti dictis religiosis videlicet ad usum porte dicti monasterii, ex ele-

1293.

mosina domicelle Comitisse uxoris quondam Gaufridi de Celle et sororis Reginaldi olim castellani Couciaci et domini Magniaci facta ab ipsis religiosis annis singulis in perpetuum, percipiendo sibi, quod supra quodam feodum predicte comitisse situm apud Roy dictum le Petit, in territorio Nigellensi, de tenencia predicti castellani Couciaci, assignato, cujus quidem feodi dicebant ipsi religiosi predictum dominum Aubertum militem esse possessorem, ipsumque militem predictum feodum tenere et possidere, et per consequens hac de causa teneri ad solutionem predicti modii frumenti annui redditus et quorumdam arreragiorum minime solutorum dictis religiosis faciendam ; prefatus dominus Aubertus miles tandem, post aliquas oltercationes super premissis habitas inter partes ante dictas, coram nobis in jure propter hoc personaliter constitutus recognovit se teneri dictis religiosis in dicto modio frumenti annui redditus, et fide data promisit coram nobis se dictum modium frumenti de cetero annis singulis in festo beati Remigii soluturum et redditurum religiosis ante dictis, se et heredes suos ac insuper prefatum feodum de Roy ad hoc in perpetuum obligando. In cujus rei testimonium sigillum curie Noviomensis presentibus litteris duximus apponendum. Actum anno Domini, M° CC° XC° III°, feria secunda post misericordia Domini.

DCXV.

DE FEODO DOMINI JOHANNIS DE LOECORT APUD CREMERI, SCILICET DE QUARTA GARBA QUAM HABEBAT IN SEX JORNALIIS TERRE IN DIVERSIS LOCIS. — ITEM DE UNO MENCOLDO BLADI, ET II. DENARIIS ET I. CAPONE CENSUS.

Novemb. 1243.   Ego Johannes de Looucort, miles, omnibus presentes litteras inspecturis notum facio quod ego vendidi ecclesie beate Marie Ursicampi in perpetuum feodum unum situm apud Cremeri, quem tenebam de domino Radulfo de Kierriu milite, videlicet quartam garbam quam habebam in sex jornalibus terre arabilis ad virgam Nigellensem, de qua Johannes dictus Vavassor de Crimeri tenet quinque jornalia in quatuor peciis, scilicet inter Crimeri et domum Leprosi duo jornalia, et ad viam qua itur de Liencort apud Tylloi septem quarteria, et ad eamdem viam versus Crimeri quinque quarteria, et Maigretus de Crimeri unum jornale secus terram domini Johannis Vavassoris que tenet ad viam de Liencort, et etiam unum mencoldum bladi annui redditus ad mensuram Roiensem et duos denarios Parisienses et unum caponem censuales annuatim in nativitate Domini persolvendos super medietatem domus dicti Johannis Vavassoris site apud Crimeri, pro qua venditione recepi ab ecclesia predicta xx libras Parisienses et quitationem quatuor sextariorum bladi annui redditus in quibus de legatis patris mei annuatim tenebar ecclesie prenominate. Quam venditionem ego dictus Johannes et heres meus dicte ecclesie beate Marie Ursicampi ad usus et consuetudines patrie contra omnes qui juri et legi parere noluerint, tenemur in perpetuum garandire. In cujus rei testimonium, ad perpetuam firmitatem, presentes litteras sepe dicte ecclesie tradidi sigilli mei munimine roboratas. Actum anno Domini, M° CC° XL° tertio, mense novembri.

DCXVI.

CONCESSIO DOMINI RADULFI DE KIERRIU DE EODEM.

Ego Radulfus de Kierriu, miles, omnibus presentes litteras inspecturis notum facio quod Novemb. 1243. dominus Johannes de Looucort, miles, homo meus, vendidit in perpetuum ecclesie beate Marie Ursicampi, ex assensu et voluntate mea, feodum unum situm apud Crimeri, quem de me tenebat, videlicet quartam garbam quam habebat in sex jornalibus terre arabilis ad virgam Nigellensem, de qua Johannes dictus Vavassor de Crimeri tenet quinque jornalia in quatuor peciis scilicet inter Crimeri et domum Leprosi, etc. prout superius dictum est. Quam venditionem ad petitionem dicti domini Johannis, hominis mei, volui, concessi, et approbavi et tanquam dominus homagium quod inde michi debebatur, pro remedio anime mee et antecessorum meorum quitavi in perpetuum ecclesie prenotate, volens et concedens quod dicta ecclesia absque aliqua exactione sive servitio dictam venditionem teneat in posterum immuniter et quiete. Sciendum est etiam quod a predicta ecclesia dictus J. miles, homo meus, viginti libras Parisienses recepit de venditione predicta. In cujus rei testimonium ad perpetuam firmitatem presentes litteras ad instantiam dicti domini Johannis, hominis mei, sepe dicte ecclesie tradidi sigilli mei munimine roboratas. Actum anno Domini M° CC° XL° III°, mense novembri.

DCXVII.

DE DUOBUS MODIIS FRUMENTI APUD CRIMERI CAPIENDIS.

Je, Pierres de Canduerre, chevaliers, fais savoir a tous que je donne et ai donne en au- Octob. 1296. mosne a homme religieux, labbe et le convent de leglize d'Oseans, c. libres de tornois por Dieu et en aumosne et por lame de moi et de mes ancisseurs, et pour faire men aniversaire et estre parchonniers de tous les biens fais de le dite eglize a tous jours. Des quez c. livres de tornoiz je et mi hoir sons tenus a paier L livres de tornoiz a le dite eglize, de dens le jour de me sepulture, et por les autres L livres de tornoiz, je leur donne et ai donne II mui de fourment de rente a tous jours, a penre chascun an, a le Saint-Martin, seur tout ce que je ai a Crimeri, et que je tieng de monseigneur de Neele, en tele maniere que se li dit religieux ne pooient joir de la dite rente, ne tenir en main morte, ne rechevoir paisiblement chascun an a tousjors les II muis de fourment dessus dis, mes hoirs qui la dite terre de Crimeri tenra est tenus a paier et a rendre a le dite eglize les L. livres de tornois dessus dis, et parmi che il sera quites de paier le rente dessus dite, et a ce tenir fermement a tous jours, oblige je envers le dite eglize tout ce que je tieng de mon seigneur de Neele, et men hoir qui la dite terre tenra et tous mes successeurs qui apres le tenront. En tesmoignage des quels chozes, je ai ces presentes lettres seelees de men propre seel. Ce fu fait en lan de grace M. CC. LXXX et seze, el mois de octembre.

DCXVIII.

ELEMOSINA HENRICI DE RUELLA DE VINEA DE SOMMIERS APUD CHEVINCORT, INFIRMITORIO PAUPERUM.

Aug. 1250.   Universis presentes litteras inspecturis W...... Dei gratia Belvacensis episcopus, in Domino salutem. Notum facimus universis quod Henricus de Ruella et de Chevincort et Hessia ejus uxor dederunt, contulerunt, concesserunt in puram et perpetuam elemosinam ecclesie Ursicampi, ad opus pauperum in infimitorio pauperum de Ursicampo et utilitatem ipsorum pauperum, post decessum ipsorum Henrici et Hessie committendam quandam vineam sitam in territorio de Chevincort que vocatur Sommiers, quam etiam vineam dicti Henricus et Hessia constante matrimonio inter ipsos acquisierant, ut dicebant, ab ipsa ecclesia post decessum ipsorum H...... et H......, ut dictum est, quite, libere, pacifice et integre possidendam, tenendam et habendam, ita tamen quod quam cito alterum ipsorum mori contingeret, dicta ecclesia medietatem dicte vinee percipiet et habebit tanquam propriam elemosinam sibi collatam. Promittentes prefacti Henricus et Hessia ejus uxor, fide et juramento corporaliter prestitis ab eisdem coram nobis quod contra hujusmodi collationem per se vel per alium de cetero non venient ullo modo, et quod eadem nullatenus revocabunt nec revocari procurabunt. In cujus rei testimonium et firmitatem perpetuam, presentes litteras ad petitionem dictorum H...... et H...... prefate ecclesie sigillo nostro tradidimus roboratas. Datum anno Domini M°. CC°. quinquagesimo, mense augusto.

DCXIX.

EXCAMBIUM INTER NOS ET ECCLESIAM SANCTI ARNULPHI DE CRESPI DE TERRIS, CAMPARTIS ET DECIMIS.

Decemb. 1238.   Universis presentes litteras inspecturis, Henricus prior et conventus beati Arnulphi de Crespeio salutem in Domino. Notum facimus quod nos habebamus in territorio Belvacensi quasdam terras remotiores a terris domus nostre de Francieres et terris fratrum Ursicampi viciniores. Fratres similiter Ursicampi quasdam terras habebant a grangia sua Arcusvallis remotiores et terris dicte domus vicinores. Convenientibus igitur nobis et dictis fratribus in unum, pensatisque ecclesiarum nostrarum utilitatibus, de dilecti nostri Radulphi, prioris dicte domus nostre de Francieres, ceterorumque prudentium virorum consilio, fecimus inter nos excambium in hunc modum. Habebamus si quidem octo minas terre sitas inter Fransieres et molendinum de Warnaviler, in quibus fratres Ursicampi habebant et habent totum campartum et decimam. Habebamus etiam unam minam et dimidium terre juncte predictis octo minis. In qua mina et dimidia iidem fratres habebant et habent tertiam partem camparti, et totam decimam. Habebamus iterum duas minas et dimidiam sitas au bus Wermondin ab omnibus liberas preterquam a decima. Habebamus preterea totum campartum et totam decimam in septemdecim minis et dimidia et quinque virgis terre eorumdum fratrum sitis in duabus peciis inter crucem Lescachier et le Tielluel. Que omnia donavimus, concessimus et confirmavimus dictis fratribus Ursicampi in perpetuum possidenda et habenda pro viginti duobus minis et dimidia terre sitis prope motam Martini, secus viam que ducit ad molendinum quod dicitur Laigni, et pro tribus minis et dimidia et octo virgis ex altera parte vie illius sitis. Quam terram dicti fratres nobis tradiderunt tam a terragia quam a decima liberam, et ab omnibus consuetudinibus aliis emancipatam, et pro quarta parte decime quam dicti fratres habebant in quodam campo dicte domus nostre de Fransieres, qui campus junctus est eidem terre quam accepimus a fratribus supra dictis. Hec omnia tenemur ad invicem in perpetuum garandire nos ipsis et ipsi nobis, sicut in presentibus litteris nostris et suis super hoc confectis plenius continetur. In cujus rei testimonium et munimen presentem paginam sigillorum nostrorum patrocinio duximus confirmandam. Actum anno Domini. M°. CC°. XXX. octavo, mense decembri.

DCXX.

DE CENTUM ET DECEM LIBRIS PARISIENSIBUS ET XIII SOLIDIS ET VII DENARIIS QUOS DEBEMUS APUD SANCTUM DYONISIUM, IN PERPETUUM, ANNUATIM.

Universis presentes litteras inspecturis, Matheus, miseratione divina ecclesie beati Dyonisii in Francia abbas humilis, totus que ejusdem loci conventus, salutem in Domino sempiternam. Notum facimus quod cum haberemus et percipere consuevissemus in religiosorum virorum abbatis et conventus monasterii Ursicampi, Cysterciensis ordinis, Noviomensis dyocesis, terris quibusdam ad grangiam ipsorum de Erreuses pertinentibus decimam, terragia seu campipartus et centenagium, secundum quod inferius distinguitur, videlicet in quater centum et quadraginta et uno arpentis et octo virgis et dimidia ad mensuram et virgam arpenti Regis, fructuum cressentium in eisdem, campipartum, seu terragium, et alibi in octoginta et tribus arpentis et dimidio et decem virgis centenagium, id est de centum garbis duas et tam alibi quam in aliquibus de predictis in ducentis et septuaginta quinque arpentis et triginta tribus virgis et dimidia ad eandem mensuram rectam decimam, secundum quod in illis partibus recta decima percipi consuevit, et cum tot diversitatum anfractus inter nos et Cystercienses predictos frequenter inducerent materiam questionis quam non decet inter religiosos maxime ventilari, habito super iis inter nos et ipsos frequenti colloquio et diligenti tractatu, consideravimus bonum esse quod utraque pars sine lite perciperet quod suum est in futurum, ita quod viis et modis quam pluribus circumscriptis per quas ad propositum ipsorum et nostrum veniretur, illam inter ceteras viam elegimus potiorem, videlicet quod prefati Cystercienses id quod in predictis, ratione predictorum habebamus, percipient in futurum, congrua propter hoc ab ipsis recompensatione nobis facta. Inde est quod nos diligenti investigatione facta ab hiis maxime qui de hujus modi notitiam dicebantur habere, visis commodis et incommodis, sumptibus et laboribus que nos contingere poterant ex predictis et occasione eorum, ecclesie nostre negotium gerentes utiliter in hac parte, prefatis Cystereiensibus dedimus, concessimus et contulimus decimas, terragium seu campipartum et centenagium supra dicta et quicquid juris et possessionis nobis competebat in eis et com-

Nov. 1276.

petere poterat ratione predictorum quoquomodo, cedentes eis et in eos transferentes omne jus et actionem quod et quam in predictis et occasione predictorum singulorum et omnium nobis competebat quacunque ratione vel causa ab eisdem Cysterciensibus, perpetuo possidenda, percipienda et habenda, et pro suo libito disponenda, nichil nobis vel successoribus nostris retinentes in eisdem nisi justitiam temporalem quam in predictis retinemus sicut nos vel predecessores nostri in predictis locis habere seu exercere consuevimus. Ipsi vero pro predictis et singulis et universis recompensationem legitimam fecerunt nobis utilem, congruam et acceptam, videlicet tertiam partem cujusdam decime que dicitur decima de Cresonessart, cujus scilicet decime nos habebamus duas alias partes. Item, in recompensatione predicta cum illa tertia parte predicta dederunt nobis centum et decem libras parisienses et xiii solidos et septem denarios annui et perpetui redditus quem nobis solvere promiserunt et tenentur apud Mediumvillare in domo nostra, annis singulis, in octavis apostolorum Petri et Pauli, sine diminutione et mora. Ut hec autem compositio seu permutatio bona fide inita perpetuo debeat observari, nos ei et ipsi nobis invicem promisimus et promiserunt quod contractum superius scriptum in omnibus et singulis suis pertinenciis observabimus et integraliter tenebimus, nec ipsos religiosos molestari in judicio vel extra judicium causa vel occasione. Immo, nos universa et singula supra scripta et a nobis eis tradita et concessa garantizabimus et eos quoad hec indempnes servabimus, prout decet, et secundum quod presentis requirit forma contractus, renunciantes expresse nos eis et ipsi nobis invicem omni auxilio consuetudinis et juris, omni privilegio obtento et obtinendo, beneficio restitutionis in integrum et generaliter omni auxilio per quod presens contractus in judicio vel extra possit retractari vel aliqua tenus impediri, volentes ut hec generalis renunciatio valeat hinc et inde etiam in casibus qui expressam renunciationem requirunt de consuetudine vel jure. Additum est etiam quod si dictos Cystercienses in solutione dicti redditus deficere contigerit vel cessare, pro singulis diebus quibus cessabitur ab eisdem, quatuor solidos parisienses nomine pene nobis solvere tenebuntur, et, quantum ad hec et ratione predictorum, dicti Cystercienses nobis omnia bona sua mobilia et immobilia generaliter et specialiter dictam grangiam de Erreuses cum pertinenciis obligaverunt. Et hec omnia sunt acta et concordata inter nos ad invicem, omnibus redditibus, redevantiis et juribus aliis que ante contractum hujusmodi habebamus in locis et in terris aliis dictorum religiosorum nobis et successoribus nostris salvis remanentibus in futurum. In quorum omnium testimonium et munimen presentes litteras dictis religiosis tradidimus sigillorum nostrorum munimine roboratas, per quarum traditionem eos investivimus de omnibus et singulis in presenti carta contentis a parte nostra parti sue datis, traditis, seu concessis. Datum anno Domini millesimo cc° septuagesimo sexto, mense novembri.

DCXXI.

ELEMOSINA DE TRIBUS MODIIS BLADI CAPIENDIS IN MOLENDINO DE CRESSONESSART.

Aug. 1254.

Ego Theobaldus, miles et dominus de Cressonessart, universis presentes litteras inspecturis notum facio quod cum fratres Ursicampi haberent tres modios bladi annui redditus in grangia mea de Cressonessart de elemosina antecessorum meorum, de communi assensu assignavi eos ad molendinum meum de Cressonessart de dictis tribus modiis qui capientur in ipso molendino de cetero in festo sancti Remigii, ita plane quod neque ego neque alius poterimus aliquid levare sive capere in dicto molendino donec dicti tres modii jam dictis fratribus plenarie persolvantur. Porro si aliqua occasione contigeret quod dicti tres modii solvi non possent de dicto molendino, in grangia mea de Cressonessart jam dicti tres modii supra dicto termino, videlicet in festo sancti Remigii, caperentur. In cujus rei testimonium et munimen presentes litteras dedi jam dictis fratribus sigilli mei munimine roboratas. Actum anno Domini millesimo ducentesimo quinquagesimo quarto, mense augusto.

DCXXII.

CONCESSIO DOMINI THEOBALDI DE CRESSONESSART DE DEDUCTIONE DECIMARUM ET DE PASCUIS ET AISANTIIS IN TERRA SUA.

Ego Theobaldus, dominus de Cressonessart, omnibus hec visuris in perpetuum, notum facio quod ego profecturus in terram Albigentium, de assensu et voluntate uxoris mee Isabel, pro salute anime mee et antecessorum meorum, contuli in perpetuam elemosinam ecclesie beate Marie Ursicampi quicquid juris reclamabam in deductione decimarum de Arrosiis apud Cressonessart, volens quod fratres Ursicampi commorantes apud Arrosias suas decimas tam de terris veteribus quam de novis, tam de meis propriis quam alienis, libere et absque ulla contradictione vel mea vel heredum meorum deducant de cetero ad quemcumque locum voluerint et sibi viderint expedire. Preterea omnes aisantias et pascuas totius terre mee ecclesie supra dicte concessi in perpetuum de voluntate et assensu predicte uxoris mee, adeo libere quod a me vel heredibus meis super hoc ullum impedimentum vel molestiam in posterum sustinere debeant, secundum quod in carta bone memorie Drogonis patris mei continetur. Huic etiam elemosine superaddere volui quod si dictorum fratrum Ursicampi animalia in eundo ad pascuas per terram meam sive etiam redeundo extra viam forte diverterint ibique dampnum fecerint, sepe dicti fratres sine alia emenda arbitratu bonorum virorum dampnum solvent. Actum anno domini. MM°. CC°. XXVI°, mense aprili.

Avril. 1226.

DCXXIII.

CYROGRAPHUM HERSENDIS DOMINE DE CRESSONESSART DE CERCHERIA ET DE ESSERTANDO ULTRA QUERCUM ET PIRUM.

Notum sit omnibus tam futuris quam presentibus quod Hersendis, domina de Cressonessart, clamabat cacheriam in nemore de Arrosia que sita est juxta forestam sancti Dyonisi, dicens nemine jure posse in eodem nemore sue in predicta foresta disrumpere sine sua suorumque heredum concessione. Que calumpnia ita pari utriusque partis assensu sedata est quod fratres de Ur-

1145.

sicampo ultra quercum et pirum, que due arbores aliquo inter se distantes intervallo pro metis sunt designate, sine alicujus contra poterunt dirumpere, sed tam inter grangiam de Arrosiis et easdem arbores quam ultra grangiam, versus nemus, ab hujusmodi arcebuntur potestate. Hujus concordie testes sunt Radulfus de Cosdun, etc. Actum anno Incarnationis Domini M°. C°. XL°. V°.

DCXXIV.

ITEM CARTA DROGONIS DE CRESSONESSART.

1201.

Ego Drogo, dominus de Cressonessart, notum fieri volo omnibus in perpetuum hec visuris quod Drogo pater meus dedit Hersendi sorori mee quicquid habebat in territorio de Caillosellis in maritagio, pro sua portione hereditatis. Hanc autem hereditatem dedit eadem Hersendis Bernardo filio suo qui et ipse hoc idem dedit Johanni fratri suo de se tenendum in feodum. Demum vero dictus Bernardus jam factus miles prenominatam hereditatem a Johanne fratre suo recepit, me presente et hoc ipsum annuente. Processu quoque temporis, Bernardus et Hersendis mater ejus jam vidua et sui juris, accipientes de beneficio fratrum Ursicampi IV libras Parisiensis monete, dederunt in elemosinam eisdem fratribus prefatam hereditatem tam ex ea parte quam ipsi fratres tenebant, quam etiam ex ea que ab aliis hominibus excolebatur. Hanc autem elemosinam in manu mea reddiderunt, et ego inde ecclesiam Ursicampi investivi per manum domini Balduini abbatis, ita quod homagium et feodum quod ibi habebam eidem ecclesie in elemosinam contuli, nichil michi vel heredibus meis in predicta hereditate retinens, sicut Bernardus et Hersendis nichil penitus sibi vel heredibus suis ibidem retinuerunt. Hec itaque, sicut prescripta sunt, Bernardus, Hersendis et Johannes filius ejus bona fide tenenda pleviverunt, et quod in prenominata hereditate nichil in posterum reclamarent, sed etiam contra omnes qui ad justitiam venire voluerint fratribus Ursicampi warandirent. Ego quoque ad majorem firmitatem hoc ipsum bona fide tenendum plevivi, atque inde me et heredem meum plegium obsidemque constitui, ita quod si aliquod dampnum fratribus inde pervenerit, ego emendari faciam infra XV dies ex quo inde fuero requisitus, aut apud Compendium, si tunc temporis liber et sanus fuero, in libera custodia me mittam, extra muros oppidi non egressurus nisi de fratrum Ursicampi licentia, donec eisdem fratribus plenarie fuerit satisfactum. Hec omnia concesserunt Agnes uxor mea et liberi nostri, Matildis quoque soror mea. Hiis adjiciendum quod ego et Bernardus et Hersendis de hac re firmissime tenenda Radulfum et Guidonem de Auregni fratres, Willermum quoque cognatum meum, milites, plegios dedimus, et quod Johannes, filius Hersendis, nepos meus, cum extra manburniam fuerit, hoc concedit. Si tamen a viro illustri Ludovico Blesensi et Claramontensi comite impetrare poterimus ut de hac re plegium et obsidem se constituat, dicti plegii a sua plegiatione liberi remanebunt. Hec ergo ut inviolabilem obtineant firmitatem, presentem pagina minde conscriptam sigilli mei appensione munivi. Actum anno gratie millesimo CC°. I°., in octavis sancti Johannis evangeliste.

DCXXV.

CARTA DROGONIS DE CRESSONESSART DE NEMORE RETRO GRANGIAM ET TERRAM APUD TROIS ESTOS.

Ego Drogo, dominus de Cressunessart, notum volo fieri omnibus hec visuris quod in peregrinationem beati Jacobi profecturus, veniens in capitulum Ursicampi, ibidem coram toto conventu dedi in elemosinam eidem ecclesie, pro salute anime mee et uxoris mee atque omnium antecessorum meorum, unam modiatam de parte mea nemoris quod est retro grangiam eorundem fratrum de Arrosiis, ubi eis melius sederit, et hii me etiam vivente semper habebunt. Si vero in eadem peregrinatione mori me contigerit, duas modiatas de eodem nemore ad mensuram videlicet Gornaci dedi eis libere in perpetuum possidendas. Quod si forte, monachis sancti Dionisii prohibentibus, prenominati fratres Ursicampi hoc beneficium meum in pace habere non potuerint, concessi ut post decessum meum essartum quod feceram juxta essartum Willelmi, cognati mei, in perpetuum libere possideant et quiete. Sciendum preterea quod anno M° C° XC° V° dederam totiens dictis fratribus in elemosinam unam modiatam terre apud Trois estos, hac conditione quod quandiu viverem medietatem fructuum ejusdem terre haberem, post decessum vero meum totam terram illam fratres libere possiderent. Hec itaque omnia Deo obtuli super altare in ecclesia Ursicampi. Hec omnia concesserunt Agnes uxor mea et liberi nostri Drogo, Robertus, Adelina et Beatrix. Ne ergo devotionis mee pia largitio aliquo unquam eventu valeat infirmari, presentem inde conscribi et sigillo meo volui roborari. Actum anno Verbi incarnati M° C° XC° VIII°.

1298.

DCXXVI.

CONCESSIO DROGONIS DE CRESSUNESSART SUPER CACHERIA ET OMNIBUS QUE HABEBAT IN FORESTA SANCTI WANDREGISILIS.

Ego Bartholomeus, Dei gratia Belvacensis episcopus, universis sancte matris ecclesie filiis presentibus et futuris in perpetuum, notum sit omnibus quod Drogo de Cressonessart, concessione Radulfi fratris sui, dedit in elemosinam ecclesie beate Marie Ursicampi et liberam reddidit totam cacheriam seu venationem et omnem custodiam et quicquid juris sive exationis habebat in tota foresta sancti Wandregisili, ut eam secare, dirumpere et excolere et per omnia de illa, sicut de sua, sine aliqua reclamatione seu calumpnia juxta placitum suum fratres Ursicampi possint facere. Majorem quoque ejusdem foreste nomine Paganum ab omni conventione et juramento quod ei faceret absolvit et concessit, et omnes pascuas in tota foresta et in omni terra sancti Dyonisii, et in cunctis nemoribus que adjacent predictis duabus forestis. Hec omnia ipse et predictus frater ejus Radulfus pleviverunt tenere et warandire contra omnes ex sua parte calumpniantes. Hoc etiam totum ipse cum predicto fratre suo in Ursicampi capitulo, presente conventu, recognovit, et de forisfacto tam pro se quam antecessoribus suis

1165.

indulgentiam et absolutionem petiit et recepit, ac deinde predictam elemosinam in memorata ecclesia super altare obtulit. Pro quo beneficio concessum est ab eodem capitulo ipsi et fratri ejus Radulfo, et matri eorum Hersendi, ut, audito eorum abitu, fiat tam pro singulis quantum pro uno monacho. Hoc autem totum factum est coram his testibus. S. Balduini de Ham, etc. Hoc etiam totum in presentia nostra ipse Drogo recognovit, ipsamque elemosinam in manu nostra werpivit, et liberam reddidit, nosque de ipsa per manum domini Stephani abbatis predictam investivimus ecclesiam. Ne ergo aliqua ecclesiastica secularisve persona istud beneficium quoquomodo presumat infringere, sub anathemate prohibemus, et presentem cartam sigilli mei impressione et fidelium testium astipulatione roboramus. S. Johannis, archidiaconi Belvacensis, etc. Actum anno ab incarnatione Domini M°. C°. LXV°.

DCXXVII.

QUITATIO DROGONIS DE CRESSONESSART DE NEMORE INFRA CLAUSURAM.

1197.

Ego Drogo, dominus de Cressonessart, notum volo fieri presentibus et futuris quod adversus fratres Ursicampi movi calumpniam pro nemore quod continetur intra clausuram que est circa grangiam eorum de Arrosiis, post modum, prudentum virorum consilio acquiescens, penitencia ductus, eandem querelam quitam clamavi, et predictum nemus absque ulla in posterum mei vel heredum meorum reclamatione ipsis fratribus perpetua possidendum libertate concessi. Hoc concesserunt Agnes uxor mea et liberi nostri Drogo, Adelina et Beatrix. Testes Arnulfus prior etc. Ut igitur hoc ratum et inconcussum permaneat, presentem paginam inde conscriptam et sigillo meo volui communiri. Actum anno Domini M° C° nonagesimo septimo.

DCXXVIII.

QUITATIO CALUMPNIE RADULPHI DE GRANVILER ET FILIORUM EJUS IN FORESTA SANCTI WANDREGISILI. — ITEM DE PASCUIS IN TERRIS DOMINI DROGONIS DE CRESSONESSART.

1165.

Ego Bartholomeus, Dei gratia Belvacensis episcopus, universis sante Matris ecclesie filiis tam futuris quam presentibus in perpetuum notum fieri volumus quod Radulfus de Granviler et Heremburgis uxor ejus cum liberis suis Rainaldo et Drogone et Elizabeth, calumpniam quam ecclesie Ursicampi pro foresta sancti Wandregisili injuste intulerant, quitam clamaverunt sub testimonio personarum que infra nominate sunt. Rainaldus li Escachir de Gornaco, Radulfus de Bosco, et Radulfus filius ejus, Odo Pirus, Galerannus de Balenni et Alelmus frater ejus. Post prefatam ergo calumpniam Drogo de Cressonessart in presentia nostra fideliter recognovit quod in predicta foresta sancti Wandregisili a nemine quicquam tenebat nisi tamen ab ecclesia Ursicampi. Recognovit nichilominus quod in elemosinam dederit memorate ecclesie Ursicampi quicquid juris sive exactionis habebat in tota foresta et in omni foresta sancti Dyonisii et in cunctis nemoribus que adjacent duabus forestis et in omnibus nemoribus omnique terra ubi aliquam habet justitiam. Deinde ipse Drogo fraterque ejus Radulphus in nostra manu pleviverunt se elemosinam istam contra Radulfi predicti de Grantviler omnium que ex parte ejus calumpnias in perpetuum warandire, illustremque virum Radulfum de Cosdun hujus conventionis fidejussorem prebuit, eundemque cum matre sua Hersende et uxore sua Emmelina, quatinus si forte aliqua necessitas eo absente ingrueret, contra omnes prefactas ex sua parte calumpnias pro viribus suis suis causas agerent, loco suo dereliquit. Porro fratres Ursicampi in recompensatione hujus beneficii dederunt ei XL marcas argenti, totidem oves uxori ejus et duas vaccas filie ipsius. Quod ne quisquam presumat infringere, sub anathemate prohibemus, et presentem cartam sigilli nostri impressione et fidelium testium astipulatione roboramus. S. venerabilis Balduini, Noviomensis episcopi, etc. Actum anno ab incarnatione Domini, millesimo centesimo LX° V°, epacta VI, concurrente IIII. indictione XIII°.

DCXXIX.

CONCESSIO LUDOVICI REGIS DE QUITATIONE DROGONIS DE CRESSONESSART DE CACHERIA IN SILVA SANCTI WANDREGISILI ET DE PASCUIS IN TERRA SUA.

In nomine sancte et individue trinitatis. Amen. Ego Ludovicus, Dei gratia Francorum rex, notum facimus universis tam presentibus quam futuris quod fidelis noster Drogo de Cressonessart veniens in presentiam nostram Noviomi, ubi presentes erant Balduinus, venerabilis Noviomensis episcopus, et Guido, castellanus de Couciaco, et alii ex baronibus nostris quamplures, condonavit et quitam clamavit fugationem ferarum et quicquid omnino habebat in bosco sancti Wandregisili qui est fratrum de Ursicampo, pascua etiam nemorum qui sunt sua et de custodia sua eisdem fratribus ad opus pecorum suorum in perpetuum concessit, quod et nos ex regia benignitate concessimus, et ut ratum sit deinceps et inconvulsum, scribi et sigilli nostri auctoritate confirmari precepimus. Actum Noviomi, anno Domini M° C° LX° IIII°, astantibus nobis quorum subscripta sunt nomina et signa. S. comitis Theobaldi, dapiferi nostri, etc.

1164.

DCXXX.

DE TRIBUS MODIS BLADI IN MOLENDINO DE CRESSONESSART.

Je Thiebaus, chevaliers, sires de Cressonessart, fais savoir a tous ceus qui ces presentes lettres verront et orront, que doi a hommes religieus labbe et le convent d'Oseans, delordre de Cystiaus, del evesquie de Noion, trois muis de ble a le mesure de Clermont de rente par an a tous jors a prendre chascun an del abbe et dou couvent devant dis, seur mon molin de Cressonessart. Et plus grant seurte de ceste rente rendre et paier souffisament et plainnement chascun an a tousjors, si comme il est desus dit, a labbe et au convent devant dis, et de prendre seur le molin devant dis des religieux hommes devant dis ou de leur commandement, je doi et sui tenus a commander des ore mais a chascun qui des ore en avant tenra ou tenront et tienent le molin devant dit que il paient et rendent desoremais a tous jors chascun

1287.

an plainnement a labbe et au convent devant dis ou a leur commandement tous les trois muis de ble devant dis bien et soffisamment. Et a ce faire tenir et a emplir bien et loiaument, je oblige moi et mes hoirs et mes successeurs avenques le molin devant dit et a tous jor envers labbe et le convent devant dis. Et pour ce que ce soit ferme chose et estable, jai donnees ces presentes a labbe et au couvent devant dis seelees de men propre seel. Ce fu fait en lan del incarnacion Nostre Seigneur M. CC. LXXX et sept.

DCXXXI.

CONCESSIO DOMINI (ODARDI DE BERNUILE) DE QUIBUSDAM CAMPARTIS IN TERRITORIO DE WARNAVILER.

Januar. 1242.

Ego Theobaldus, dominus de Cressonessart, notum facio omnibus presentes litteras inspecpecturis, qod Odardus de Bernuile et Genovefa ejus uxor dederunt in perpetuum excambium fratribus Ursicampi campipartum quem habebant in quibusdam terris corumdem fratrum pertinentibus ad grangiam de Warnaviller. Quodquidem campartum dicti Odardus et G.... ejus uxor tenebant de me in feodo, videlicet pro quatuordecim minatis et quinque virgis terre libere et ab omni consuetudine preterquam a decima quam sibi dicti fratres in perpetuum retinuerant. Que terra sita est in hiis locis in campo videlicet Aufrien quinque minate et dimidie et xv virgarum, in semita etiam don Fresnel ducente virge et in cultura de Logiis versus Rouviler v minate, et dimid., et xv virge et terra ista tenet ad campum qui dicitur campus Godet. Ego autem ad petitionem partium dictarum excambium fieri concessi, et quitavi in perpetuum jam dictis fratribus quicquid juris habebam in camparto supra predicto, terra tamen quam dicti O.... et G.... ejus uxor a dictis fratribus receperunt, in meo feodo loco camparti supradicti restituta. Predicta vero Genovefa, dicti Odardi uxor, quitavit in perpetuum coram me fratribus memoratis quicquid juris habebat ratione dotis sive alio modo in jam dicto camparto. Manasserus etiam filius dictorum O.... et G.... dictum excambium voluit et approbavit et tam ipse Manasserus quàm Genovefa ejus mater fidem in manu mea presitierunt corporalem quod in jam dicto comparto nichil de cetero reclamabunt nec facient reclamari. In cujus rei testimonium et perpetuam firmitatem presentes litteras sigilli mei munimine roboravi. Actum anno Verbi incarnati M° CC° XL° secundo, mense januario.

DCXXXII.

COMPOSITIO INTER NOS ET HOMINES DE CHIRI.

1228.

Universis presentes litteras inscripturis, Renaldus de Berona, et Willelmus de Casteler, baillivi domini Regis, salutem. Notum facimus quod nos in capitulo Ursicampi presentialiter constituti, audivimus et vidimus quod major de Chiri Petrus piscator, filius Clementis, et fratres ejus, Johannes Louscars et ceteri homines de Chiriaco quitaverunt in perpetuum quicquid juris et consuetudinis pascuarum clamabant vel clamare poterant infra terminos ecclesie Ursi-

-campi a prima fundatione ejusdem monasterii constitutos, juraverunt etiam in eodem capitulo super sacras reliquias quod de dampnis, injuriis et contumeliis ab eisdem prefate ecclesie multipliciter illatis, stabunt mandato et voluntati abbatis et conventus Ursicampi. Adjecerunt etiam in suo sacramento quod jam dictam ecclesiam nec res ejus dampnificabunt ultra precium XII denariorum, nec dominus suus ad hoc ipsum ipsos compellet pro posse suo fideliter renitentes, sed bona jam dicte ecclesie per se et per suos conservabunt bona fide. Quod si forte contingeret aliqua suprectione aliquem de prefatis hominibus ultra pretaxatum numerum XII denariorum contra prefactam ecclesiam Ursicampi delinquere, per sacramentum suum tenetur hoc ipsum infra quindenam emendare ad voluntatem abbatis et conventus Ursicampi. Nos vero ad instanciam partium presentes litteras sigillis nostris sigillavimus in testimonium et munimen. Actum anno gratie M°. CC°. vicesimo octavo.

DCXXXIII.

ELEMOSINA FROGERI DE CHIRI DE TERRIS, PRATO, QUATUOR SOLIDIS CENSUS ET QUATUOR CAPONIBUS CAPIENDIS SUPER HOSTISIIS DE PASSEL.

Omnibus hec visuris, officialis curie Noviomensis salutem in Domino. Noveritis quod Frogerus, major de Chiri, in nostra presentia constitutus, contulit in elemosinam puram et perpetuam ecclesie Ursicampi, salva vita ipsius F....., ea de quibus inferius fit mentio. Que omnia et singula eidem ecclesie a dicto F..... collata proveniunt, ut dicebat idem F...., de acquestu suo. Contulit enim eidem ecclesie tres mencoldatas terre site juxta Veterem villam in territorio de Chiri. Tres mencoldatas terre juxta Passel que quondam fuerunt Marie Maquete. Unam falcatam prati siti in loco qui le Brulle dicitur, videlicet juxta pratum dictum Caillet. Unam sextariatam terre site juxta sartum dictum Cardon, que quondam fuit Evrardi Fardel. Unam sextariatam vinee site in territorio de Chiri, que quondam fuit Symonis dicti Capellani. Tres sextariatas terre site au Ru de Carneel. IIII°r solidos Parisienses et quatuor capones qui eidem Frogero debentur, ut dicebat, de annuo et perpetuo censu super hostisiis suis de Passel extra feodum majorie sue, et istum censum annuum denariorum et caponum contulit specialiter in augmentationem elemosine porte Ursicampi tenendum et possidendum cum predictis omnibus et singulis a dicta ecclesia Ursicampi quite libere et pacifice post decessum dicti Frogeri. Ad hec autem fuit presens coram nobis Matildis uxor dicti F...... dictam elemosine collationem et omnia et singula in presenti pagina contenta voluit, laudavit et approbavit, et in eis expresse consensit, recognoscens quod omnia premissa et singula dicte ecclesie a dicto F......, ut dictum est, collata contingunt Dictum F....., maritum suum, pro portione sua dictorum acquestuum, et quod ipsa M....... habet consimilem portionem et equivalentem de dictis acquestibus factis constante matrimonio inter ipsos F...... et M....., et quod ipsa M...... contenta est de portione sua de acquestibus memoratis. Et spontanea et non coacta renunciavit omni juri quod habebat vel habere poterat in premissis omnibus et singulis dicte ecclesie a dicto F....., ut dictum est, collatis, fide corporali in manu nostra prestita, firmiter creantans quod contra premissa vel aliquid premissorum per se vel per alium non veniet ullo modo in futurum nec in judicio nec extra,

April. 1257.

immo ea omnia et singula tam firmiter quam inviolabiliter observabit. In cujus rei testimonium et perpetuam firmitatem presentes litteras ad petitionem dictorum F...... et F......, sigillo
curie Noviomensis fecimus communiri. Actum anno Domini M°. cc° quinquagesimo septimo,
mense aprili.

DCXXXIV.

DE ELEMOSINA BARTHOLOMEI ET BURNE DE CHIRI IN TERRIS.

Julio 1247.

Omnibus hec visuris, officialis curie Noviomensis salutem in Domino. Vobis notum facio
quod Bartholomeus Carpentarius et Burna, ejus uxor, in nostra presentia constituti recognoverunt se contulisse in puram et perpetuam elemosinam ecclesie Ursicampi duas sextariatas
terre ipsorum Bartholomei et Burne, sitas in territorio de Pimprez, in una petia, in loco qui
dicitur Ultra-le-Biez. Recognoverunt etiam se contulisse eidem ecclesie in puram elemosinam
et perpetuam quinque quarterios terre in loco qui au Radel dicitur, a dicta ecclesia bene et
legitime post decessum dictorum B..... et B..... in perpetuum tenendum, habendum, pariter
et possidendum. Quam terram totam dicti B..... et B..... se contulisse eidem ecclesie in puram elemosinam sex libras Parisienses capiendas a dicta ecclesia post decessum amborum,
videlicet a tempore ultimo decedentis in duos annos, super duabus sextariis terre site in dicto
territorio, in una pecia, juxta terras dicte ecclesie, et dimidia, tali modo quod si illi ad quos
dicte due sextarie et dimidia post decessum dictorum B..... et B..... jure hereditario debent
devenire, voluerint eas de dictis sex libris Parisiensibus erga dictam ecclesiam redimere, eas
redimere poterunt de sex libris ante dictis, non obstante elemosina dictarum sex librarum
Parisiensium super illis duabus sextariis terre et dimidia dicte ecclesie facta, et spontanei et
non coacti, sani et incolumes, sane et sensate loquentes, fide corporali prestita, creantaverunt dicti B..... et B..... quod contra dictam elemosine collationem de cetero per se vel per
alium non venient, nec facient, nec fieri procurabunt, quominus dicta ecclesia de tota dicta
elemosina, prout superius continetur, possit quiete et pacificere gaudere et eandem elemosinam integraliter habere. In cujus rei testimonium et firmitatem perpetuam presentes litteras
ad petitionem dictorum B..... et B..... sigillo curie Noviomensis fecimus communiri. Actum
anno Domini M° cc° xL° vii°, mense Julio.

DCXXXV.

ELEMOSINA MARIE LE ROUSSE DE CHIRI DE QUODAM MANERIO APUD CHIRI ET VI SEXTARIIS TERRE, VINEE, PRATI, IN TERRITORIO DE CHIRI IN DIVERSIS LOCIS.

1272.

Universis presentes litteras inspecturis, officialis curie Noviomensis in Domino salutem.
Noveritis quod cum Maria dicta le Rousse de Chiri possideret, ut dicitur, et haberet de acquestu
suo quoddam manerium cum domibus sive cameris sibi annexis, curtillis et aliis appenditiis
sitis in villa de Chiri inter domum Johannis dicti Portarii ex parte una et domum Johannis

dicti Baiart ex altera parte, sub annuo censu et perpetuo duorum caponum et unius denarii Parisiensis, tantum modo singulis solvendum annis et reddendum. Item sex sextariatas terre, prati et vinee, site in territorio de Chiri in diversis locis et peciis inferius expressis, videlicet sex bustellos terre in loco qui dicitur au Riu Carnel, contiguos terre Petri de Diva, de tenencia capellanorum ecclesie Noviomensis, unam sextariatam terre in loco qui dicitur a Bele Ausne, de tenencia domini episcopi Noviomensis, contiguam terre Symonis dicti Quaillet, tres quarteronnos terre que fuit Roberti, majoris, inter Chiri et Passel, contigue terre Aelidis de Passel, de tenencia domus sancti Lazari de Chiri. Sex bustellos terre in loco qui dicitur au sestier de le Marie, contiguos terre Johannis dicti Havet, de tenencia dicti episcopi, et tres quarteronnos terre vel circiter retro villam de Passel, contigue terre Roberti dicti Quaillet, de tenencia domus sancti Lozari predicte. Item unum quarteronum prati juxta pratum de Meso, de tenencia dicti episcopi. Quandam peciam vince, unam mencoldatam continentem, in loco qui dicitur en le Rue Cavee, contiguam vinee Johannis Portarii, de tenencia domini Bernardi de Morolio, militis. Unam sextariatam terre parum plus vel parum minus, in loco qui dicitur in valle, contiguam terre Johannis le Pesqueur sive Petri de Diva, de tenencia Domini de Vaucellis, et tres quarteronnos in loco qui dicitur in Brule, contiguo terre Ursicampi. Dicta Maria coram fideli nostro Johanne dicto de Querlu, clerico, curie Noviomensis notario, ad hoc a nobis specialiter destinato, personaliter constituta dedit, contulit et concessit irrevocabiliter, et se dedisse, contulisse et concessisse bene et legitime in puram et perpetuam elemosinam donatione quidem inter vivos recognovit ecclesie Ursicampi dictum manerium cum domibus, cameris, curtillis et aliis suis appendiciis quibuscunque, prout se comportat in longum et latum, ante et retro. Item sex sextariatas terre, prati et vinee superius expresse, ab eadem ecclesia ex nunc in perpetuum tenendas, habendas pariter et possidendas pacifice et quiete, tres scilicet sextariatas terre primo superis expressue et determinate de predictis sex sextariatis terre, prati et vinee. Ceteras autem tres sextariatas terre, prati et vinee, cum dicto manerio, domibus, cameris, curtillis et aliis appendiciis suis ante dictis ab eadem ecclesia post decessum ipsius Marie capiendis, habendis pariter et perpetuo possidendis pacifice et quiete cum dicta Maria, quandiu vixerit, in eisdem tribus sextariatis terre, prati et vinee ultimo expressis cum dictis manerio et appendiciis ejusdem quibuscunque predictis, sibi retinuit et retineat usumfructum, promittens ipsa Maria per fidem suam corporalem in manum dicti notarii prestitam ab eadem se omnia premissa et singula superius expressa firmiter et inviolabiliter observaturam, et non in aliquo de cetero contraventuram in futurum; nec est etiam pretermittendum quod si dicte pecie terre, prati et vinee superius expresse ad sex sextarios non sufficerent, tenetur ipsa Maria et coram notario predicto promisit defectum seu defectus quoscunque de premissis, eidem ecclesie competenter adimplere. Nos autem omnia premissa et singula coram dicto notario facta, de quibus nobis constat per relationem ipsius cui fidem adhibemus, rata habentes et firma ac si coram nobis acta essent, presentes litteras in testimonium premissorum et munimen perpetuum sigilli curie Noviomensis fecimus impressione muniri. Datum anno Domini millesimo CC° LXX° secundo, feria quarta ante Trinitatem.

DCXXXVJ.

DE CENSU IN QUADAM TERRA INTER CHIRI ET PASSEL, QUEM QUITAVIT ALBERTUS DE PONTE EPISCOPI PETRO MAJORI DE CHIRI.

Aug. 1241.
Omnibus hec visuris, officialis curie Noviomensis, salutem in Domino. Vobis notum facimus quod cum Petrus, major de Chiri, teneret de Alberico de Ponte-Episcopi tres sextarias terre, parum plus vel parum minus, site in territorio de Chiri, videlicet inter Chiri et Passel, sub annuo censu sex denariorum Parisiensium, sicut dicti Petrus et Albericus coram nobis recognoverunt, dictus Albericus in nostra presentia constitutus tam dictum censum quam omne aliud jus et omne dominium quod in dicta terra habebat quocunque jure vel titulo dicto Petro et ejus heredibus pro quinquaginta solidis Parisiensibus in perpetuum quitavit penitus et guerpivit, et d: omni jure et dominio quod in dicta terra habebat in manu nostra ad opus dicti Petri et ejus heredum se devestivit, et nos ad petitionem ejusdem Alberici dictum Petrum de omni jure et dominio quod dictus Albericus in dicta terra habebat investivimus. Concessit etiam dictus Albericus et expresse consensit coram nobis quod dictus Petrus dictam terram de cetero teneat de quocunque voluerit idem Petrus sive ad censum sive sub alio quocunque onere, et quod idem Petrus dictam terram de cetero ponat sub cujus vel sub quorum dominio voluerit, et nichil juris vel dominii sibi vel heredibus suis idem Albericus in dicta terra retinuit, et spontaneus et non coactus fide data creantavit idem Albericus quod dictum Petrum vel ejus heredes vel illum seu illos qui dictam terram de cetero tenuerint ratione dicte terre vel ratione census vel alicujus dominii ejusdem terre de cetero non molestabit nec gravabit in aliquo modo, velquod possint aut debeant molestari vel gravari procurabit. In cujus rei testimonium presentes litteras ad petitionem dicti Alberici sigillo curie Noviomensis fecimus communiri. Actum anno Domini M° CC° XLI°, mense Augusto.

DCXXXVII.

EXCAMBIUM JOHANNIS CAUMAI ET STEPHANI FILII EJUS ET ALIORUM DE AQUA, PRATO ET OSERIA IN CAUDA DE GRAVEROLES.

Junio 1259.
Omnibus hec visuris, officialis curie Noviomensis salutem in Domino. Noveritis quod sicut recepimus a magistro Thoma, dicto Cokerel, notario curie Noviomensis, cui fidem adhibemus et quem loco nostri specialiter deputavimus ad id faciendum, Johannes dictus Caumais, Stephanus ejus filius, Agnes Quevele, Robertus li Gressiers et Matildis Quevele ejus uxor in presentia ipsius Thome constituti ex parte una et procurator ecclesie Ursicampi ex altera recognaverunt quod cum ipsi J....., S....., A....., R...... et M...,.. haberent jure hereditario videlicet unus quisque pro rata sua quandam peciam aque, quoddam pratum et quandam oseriam sitam in cauda de Graveroles, juxta insulam dictam de Moricam, et dicta ecclesia haberet quatuor sextariatas terre et dimidiam sita inter Chiri et Passel, dicti J....., S....., A....., R..... et

M..... excambium fecerant pro commodo eorum, ut dicebant, cum dicta ecclesia hoc modo quod ipsi J....., S....., A....., R..... et M..... dictam terram a dicta ecclesia receperunt, videlicet, unus quisque eorum pro rata sua, pro aqua, prato et oseria predictis et quicquid juris in dictis aqua, prato et oseria habebant vel habere poterant jure hereditario vel alio modo, dicte ecclesie quitaverunt et quitum clamaverunt pro quatuor sextariatis terre et dimidia predictis, et voluntate spontanea et non coacta, fide data, creantaverunt quod contra premissa vel aliquod premissorum non venient per se vel per alium in futurum, in judicio vel extra, nec dictam ecclesiam super premissis vel aliquod premissorum molestabunt nec gravabunt nec ut possit aut debeat molestari vel gravari procurabunt. In cujus rei testimonium et perpetuam memoriam presentes litteras sigillo curie Noviomensis fecimus communiri. Datum anno Domini M° CC° LIX°, mense junio.

DCXXXVIII.

ELEMOSINA PETRI, MAJORIS DE CHIRI SENIORIS, ET BERTE, UXORIS EJUS, DE QUADAM TERRA SITA INTER CHIRI ET PASSEL IN CAMPO QUI DICITUR GLORIETE.

Universis presentes litteras inspecturis, officialis curie Noviomensis in Domino salutem. Noverint universi quod cum Petrus, major de Chiri senior, et Berta ejus uxor haberent, ut dicitur, de acquestu suo constante matrimonio inter ipsos quandam peciam terre, tres sextariatas et dimidiam terre continentem, sitas in territorio inter villam de Chiri et villam sibi vicinam que dicitur Passel, in campo qui Gloriete nuncupatur, contiguas terre domini Stephani dicti Vigreus militis ex parte una, et terre Gervasii dicti Militis de Noviomo ex altera, dictus Petrus anime sue volens providere saluti, coram fideli nostro Johanne dicto de Querlu, clerico, curie Noviomensis notario ad hoc a nobis specialiter destinato, personaliter constitutus medietatem dicte pecie terre de Gloriete et quicquid habebat aut habere poterat et debebat, seu sibi competebat in medietate predicta quocunque jure, titulo sive ratione vel alio modo quibuscunque, dedit, contulit et concessit, et se dedisse et contulisse coram dicto notario bene et legitime irrevocabiliter in puram et perpetuam elemosinam, donationem inter vivos recognovit ecclesie beate Marie Ursicampi, a tempore quo decessit ipse Petrus in futurum, pacifice et quiete ab eadem ecclesia tenendam habendam pariter et perpetuo possidendam cum omni jure predicto sub conditionibus inferius annotatis, quarum una sequitur, videlicet quod ipse Petrus usumfructum ipsius petie terre collate medietatis quamdiu vixerit sibi retinet in eadem, volens quod ipso Petro de medio sublato dicta Berta si supervixerit prima spolia in ipsa meditate collata quecunque existentia sive fructus quos post decessum Petri predicti percipiat, habeat absque contradictione aliqua et possideat et de eisdem pro sue voluntatis arbitrio ordinet et disponat. Quam Bertam predecedere si contingat, superstite Petro predicto, heredes ipsius Petri dicta eadem spolia prima, sive fructus tantummodo primitivos post decessum Petri predicti in ipsa medietate dicte terre collata, ut premissum est, existens eo modo quo dicta Berta si dictum Petrum superviveret, perciperet et percipere posset eosdem et de ipsis disponere posset, percipiant, habeantque si velint et disponant de eisdem fructibus tantummodo prout voluerint et si viderint expedire. Quibus primis spoliis sive fructibus post decessum predicti Petri semel ita perceptis ab uxore vel heredibus predictis, ipsa medietas ecclesie predicte collata cum omni jure predicto ad ecclesiam predictam devolvet absolute. Cujus quidem medietatem dicte petie terre dictam Bertam contingentem, dicta Berta quamcunque voluerit et quocunque latere sive qua parte sibi viderit expedire et eidem placuerit, eligere poterit ad opus ejusdem et sibi retinere, medietate reliqua, ut premissum est, deinde ecclesie predicte perpetuo permanente. Promittentes ipsi conjuges per fidem suam in manu dicti notarii prestitam ab eisdem quod contra premissa vel aliquid premissorum per se vel per alium non venient in futurum, immo omnia premissa et singula firmiter et inviolabiliter tenebunt et observabunt. Nos vero omnia et singula premissa coram dicto notario facta de quibus nobis constat per relationem ipsius cui fidem adhibemus, rata habentes et firma et eadem laudantes, approbantes etiam et acceptantes ac si coram nobis essent facta, presentibus litteris in testimonium premissorum et munimen sigillum curie Noviomensis duximus apponendum. Datum anno Domini M° CC° LXX° j°, feria quinta post nativitatem Domini.

DCXXXIX.

QUITATIO RADULFI DE CUIGNIERES DE XI MINIS TERRE SITIS OU SAUCHOI.

Julio 1263.   Je Raous de Cuignieres, escuiers, fas savoir à tous ceus qui ces lettres verront que comme l'eglise d'Oscans eust et ait onze mines de terre ou la entour qui sient en i lieu que on apele ou Sauchoi en diverses pieches que on tenoit de Oudart de le Couarde et que cis Oudars tenoit de moi en fief, et chuis Oudart eust gree et otroie a leglize devant dite quele peust cele terre tenir cuite et en pais à tous jors en main morte, jou tel otroi que chuis Oudars avoit fait weil et otroi et conferme sires et tout le droit que jo i avoie ou pooie avoir en quelconque maniere que ce fust, jou le cuite et doins pour Dieu et en aumosne a leglise devant dite sans riens retenir, et promet que en le terre devant dite dore en avant riens ne demanderai ne jou ne mi oir, ne par raison de seigneurie ne en autre maniere, ains leur warandirai loiaument envers toutes manieres de gens qui a droit et a loi en vauroient venir fors que envers le Roy de France. Et se il avenoit choze que li Rois contrainsist par aucune maniere que cele terre revenist au fief, je seroie tenus à rendre à leglize devant dite IX livres de Paris dedens le mois que li terre seroit remise en fief, et toutes ces chozes devant dites sui je tenus a warandir et a faire par abandon de tous mes biens a prendre sans fourfait en quelquonques lieu que il seroient trouve et a toutes ces chozes oblige je moi et mes hoirs à tous jors. Et pour ce que ce soit ferme chose et estaule, jai ces presentes lettres seelees de men seel. Ce fu fait en lan del incarnacion Nostre-Seigneur. M. CC. LXIII, ou mois de jugnet.

DCXL.

RECOGNITIO ET CONCESSIO BERNADI DE PLAISSETO DE ELEMOSINA DOMINE AGNETIS, MATRIS SUE, DE UNO MODIO FRUMENTI ANNUI REDDITUS AD MENSURAM NOVIOMENSEM CAPIENDUM APUD CONCHI.

Nov. 1270.   Je Bernars du Plaissie, escuiers, fiex monseigneur Jehan du Plaissie, chevalier, fas savoir à tous ceus qui ces presentes lettres verront et orront que comme me dame Agnes me mere eust laissie pour Dieu et en aumosne à leglize nostre dame d'Oscans, del ordre de Cystiaus, la ou elle gist, un mui de ble fourment à la mesure de Roye de rente a tous jors a prendre a Conchi chascun an as octaves dou Noel. Je pour le salut de ma mere laime devant dite et de mame et de mes anchisseurs ceste aumosne devant dite gre, lo et otroi, et oblige moi et mes oirs a paier le devant dite rente a tous jours a le devant dite eglize, chascun an as octaves de Noel, seur toute me terre que jai a Conchi et as apartenances et se le devant dite eglize en eust ou cout ou damage par defaute de cest paiement, je sui tenus a rendre a le devant dite eglise tous cous et tous damages quele en aroit par defaute de cest paiement et a toutes ces chozes tenir et warder a tous jours je oblige moi et mes oirs. Et pour ce que ce soit ferme choze et estable jai seelees ces presentes lettres de men propre seel. Che fu fait en lan del incarnacion Nostre Seigneur. M. CC. LXX, el mois de novembre.

DCXLI.

CARTA DOMINI ROBERTI DE COSDUNO DE PEDAGIIS PER JEHANVILLE ET PER TOTAM TERRAM SUAM.

Je, Robers de Coudun, chevaliers, sires de Jehanville, fas savoir a tous ceus qui ces presentes lettres verront ou orront, que jai veues unes letttres seelees dou seel de noble homme monseigneur Raoul, chevalier, jadis seigneur de Coudun, saines et entieres non cancellees, non violees en aucune partie diceles, contenans la forme qui sen sient. Ego Radulfus, Dei gratia Cosduni oppidi dominus, cunctis fidelibus tam posteris quam modernis, in perpetuum bonum decet principem bonis assentire desideriis, bonique operis exemplum suis dare ac relinquere posteris. Divine ergo memor retributionis pro remissione peccatorum meorum predecessorumque meorum dedi religiosis viris in ecclesia Ursicampi divino obsequio mancipatis liberum transitum per Cosdunum et per totam terram meam ab omni redditu et exactione. Hujus etiam participes beneficii duo filii mei, Hugo videlicet et Radulfus, volentes fieri, eandem elemosinam pari assensu benigne concesserunt. Quod ne qua posset oblivione deleri, presentibus volui litteris commendari, et ne a posteris quoquo modo posset infringi, sigilli mei impressione testiumque subscriptorum astipulatione volui roborari. Ubi ergo apud Genolmont ego et filius meus Hugo hanc elemosinam concessimus in manu venerabilis viri domini Clementis, Ursicampi prioris, et coram ejusdem loci fratribus, donno scilicet Ebrardo monacho, et Eustachio et Walone et Andrea conversis. Hii de hominibus meis testes fuerunt, dominus Gaufridus decanus, Robertus Male Fuison et Arnulfus nepos ejus, Odo de Remini, Thoma Dura Boisa, Symon li Flamens et Willelmus de Ressons, gener ejus, milites, Raimondus, Erardus, Richardus de Cosdun, Wiardus de Caldri et Petrus Calvinus de Gornaco burgenses. Ubi vero hoc ipsum beneficium apud Ursicampum in manu predicti prioris filius meus Radulfus concessit, hii testes fuerunt, domina Amelia conjux mea, et Balduinus miles de Vinemont, etc. Actum anno incarnationis Dominice, M° C° LXVI. Et je, Robers de Coudun, chevaliers, sires de Jehanville dessus dis reconnois et appreuve les lettres et le seel dessus dis. Et pour

Martio 1305.

ce que je doi et weil ensinir mes devancliiers en bonnes œvres, je weil, gree et otroie, et conferme le don et laumosne faite de mes devanciers a leglize d'Oscans, en le fourme et en le maniere quil est contenu es lettres dessus dites, obligans moi et mes hoirs et tous ceus qui de moi oront cause a tous jors comme je isoie tenus tant pour laumosne de mes devanciers desus dis, comme pour ce que li abbe et convens de le dite eglize mont acompaignie par especial en tous les biens fais de laiens, la ou il mont rechu en plain chapistre. Et en acomplissant les chozes dessus dites, je weil que li dit religieux ou cil qui menront leur biens puissent passer et rapasser franchement par toute me terre et par mon paage de Jehanville sans paier paage, ne coustume, ne exaction nulle quelequele soit, excepte cas de marchandise. Cest assavoir se il acatoient aucunes chozes pour revendre, ou quel cas il seroient tenu a paier paage a Jehanville et a faire foi li convers, ensi comme autre marchant. Et pour ce qui ni puist avoir nulle fraude, li maistres de le nef, soit convers soit lais, sera tenus, avant que les chozes montent ne avalent a Jehanville, de venir au paageur qui, pour le tamps, tenra ou wardera le paage a Jehanville et faire foi li convers seur sen ordre et li lais seur sen sairement, que li bien que il maine sont pour lusage de leglize d'Oscans ou des appendances, et ce fait, il porront avaler et monter franchement sans riens paier et sans autre choze faire, ne ne les porrons arrester ne faire arrester ne empoeschier par nous ne par autrui en quelconque maniere. Et en tesmoing et en garnissement et confermement de toutes les chozes desus dites, je, Robers de Coudun, chevaliers, sires de Jehanville dessus dis, ai ces presentes lettres seelees de men propre seel dou quel je ai use et use, obligans moi et mes hoirs et mes successeurs et tous ceus qui de moi aront cause, a tenir toutes les chozes dessus dites a tous jours sans aler encontre. Ce fu fait en lan de grace mil ccc et chinc, ou mois de march.

DCXLII.

DE VIGINTI QUINQUE SOLIDIS ANNUI REDDITUS GERARDI DE ATRIO DE COUDUNO.

1247.

R......., miseratione divina Belvacensis episcopus, universis presentes litteras inspecturis salutem in Domino. Universitati vestre notum facimus quod Gerardus de Atrio de Couduno in nostra presentia constitutus recognovit se debere ex dono et elemosina Johannis de Cosduno, quondam filii Laurentii Strabonis, ecclesie Ursicampi viginti quinque solidos et unum denarium annui et perpetui census redditus singulis annis in festo sancti Remigii de quadam vinea que dicitur Planta, sita super prata de Couduno et tribus minis terre arabilis sitis a le Marrote, et tribus aliis minis terre arabilis ad mensuram virge sitis au Roulouir et una mina terre arabilis sita super Bercemval. Ita videlicet quod ipse G....., dictum unum denarium de vinea dicta debet reddere dicte ecclesie singulis annis nomine fundi terre. Nichilominus tamen de eadem vinea et tribus prenominatis tenetur reddere dictos viginti quinque solidos prefate ecclesie termino prenominato communiter, et pro indiviso consuetudines etiam census et redditus, alio si quos debent vinea et terre predicte, prefatus G...... illis quibus debentur reddere tenetur. Hec autem predicta prenominatus G.... coram nobis constitutus recognovit, promittens fide media in manu nostra prestita quod sepe

TITULUS VILLARUM. 397

dictos xxv solidos et unum denarium reddet dicte ecclesie singulis annis termino prenominato et contra hoc per se vel per successores suos aut alias quascunque personas nullo tempore veniet aut dictam ecclesiam molestabit. In cujus rei testimonium presentes litteras sigillo nostro fecimus roborari. Actum anno Domini, M° CC° XL° septimo, die lune post dominicam qua cantatur jubilate.

DCXLIII.

CONCESSIO DOMINI JOHANNIS DE COUDUNO DE ELEMOSINA AVI SUI XL SOLIDORUM ANNUI REDDITUS PRO PITANCIA.

Je Jehans, sires de Coudun, chevaliers, fas savoir a tous ceus qui ces lettres verront que je ai enquis et apris souffissamment que mesires Jehans mes taions, jadis sires de Coudun, cui iretage je tieng, en son darrain devis, entre les autres chozes que il devisa pour le pourfit de same, laissa pour Dieu et en aumosne a leglize d'Oscans, pour faire pitance au convent de che meisme lieu, quarante sous de Paris de rente a tous jours, seur le rente ou seur le chense que si homme de Coudun li devoient chascun an, as octaves de le feste de tous les sains. Et je qui weil estre parchonniers de laumosne et qui sui tenus del acomplir par le raison del iretage que je en tieng, promech que des ore en avant, au terme devant dit, chascun an, a le devant dite eglize, sans delai et sans cous, renderai ces quarante sous devant dis. Et a ce oblige je mi et mes hoirs et mes biens et especiaument le chense devant dite, et promet que je encontre nirai. Et en tesmoignage et en seurte de ceste choze, ai ge baillies a leglize devant dite ces presentes lettres seelees de mon seel. En lan del incarnation Nostre Seigneur, M. CC. et LX, el mois mois de juing.

Junio 1260.

DCXLIV.

CONCESSIO DOMINI GUIDONIS DE FOILLOUEL DE PORTU DE CONDRAN ET AMORTIZATIONE, I. MODII FRUMENTI, ET ASSANCIIS UNIUS PRATI. — ITEM LITTERA UXORIS DE EODEM ANNEXA.

A tous ceus qui ces presentes lettres verront et oront, je Guis Foillouel, chevaliers et sires de Foillouel et de Condren, salut en Notre Seigneur. Sachent tuit que ai otrie, baillie et delivre par le teneur de ces presentes lettres a hommes religieux et mes bons amis, labbe et le couvent de Oscans, pooir de arriver et le arrivage a men port de Condran franc, quite et delivre a tous jors. Et weil, gree et otroie bonnement que li dit religieux pour leur usage de leur maison d'Oscans et de toutes leur autres maisons, en quel lieu que eles soient, puissent des ore en avant perpetuement toutes les fois que il leur plaira, descarchier et arriver audit port de Condren, blez et avainnes, toute autre maniere de grenuille, escaras, cerchiaus, mairien et toutes autres chozes queles queles soient a toutes les choses dessus dites recarchier et emmener dou dit port ou il leur plaira franchement, quitement, sans riens rendre et sans riens paier a mi ne a mes hoirs ne a mes successeurs. Et se il

Novemb. 1299.

avenoit que li dit religieus vendissent leur bos de Wiaus a marcheans et li dit marchant la arrivassent au port de Condren, il paieroient larrivage. Et avec tout ce je leur otroi que il puissent tenir et avoir des ore en avant, toutes les fois que il leur plaira, un manoir en le dite ville de Condren a loage ou a prest pour metre, recheyoir et hebergier toutes les chozes dessus dites, sauf ce que il ni porront mie mettre bestes pour demourer. De rechie jai otrie et otrie as religieus desus dis le pasturage et lusage de pasturer en i pre qui est miens, que on apele le pre a Acre, pour toutes leur bestes que il ont, queles queles soient, et que il aront en leur maison et en leur manoir de Wiaus, franchement, quitement, sans riens rendre a mi, ne a mes hoirs, ne a mes successeurs, hors mis pourchiaus et bestes lainne portans, se il nestoit ensi que chil de Foillouel et de Ferrieres y menassent les leur pasturer. Car se il i menoient pourchiaus et bestes lainne portans, a donc les i porroient mener li dit religieus, et non autrement. Et est a savoir que dou pre desus dit, je puis emporter le premier despuelle et laissier en wain quant il me plaira, et ou tamps des deus despuelles durant, il ni porront aler pasturer, sauf ce que je serai tenus a oter le fain rewainnie quant je li lairai de dens le tous sains et plus ne le porrai laissier. De rechief comme li dit religieus aient de bonne cause et de loial un mui de fourment a le mesure de Chauni tous les ans, seur le mairie et liretage men homme le maieur de Foillouel, je fas savoir a tous que je weil et otroie as dis religieus que il puisse tenir, avoir et rechevoir le mui de ble de sus dit chascun an des ore en avant en main morte, tant comme en mi et a mi et a mes hoirs et a mes successeurs peut appartenir. Et que li dis maires, si hoir, ou cil qui aroient cause de lui soient tenu a paier le ble desus dit as dis religieus, sans constrainte de mi de metre hors de leur main. Et toutes ces choses weil jou, si comme elles sont desus dites, et otrie as dis religieus en le fourme et en le maniere que il est contenu chi de dens, et premet as dis religieus a tenir et warandir bien et loiaument tous les poins et toutes les chozes contenues chi deseure parmi L. livres de Paris, que je ai recheus des dis religieus en bonne monnaie bien contee et delivree et convertie en men pourfit. Et se li dit religieus avoient cous ou damages pour le defaute de me warandise, je me oblige a aus rendre et paier et a tenir, et a faire toutes les chozes desus dites oblige jou moi et mes hoirs, mes successeurs et tous ceus qui aroient cause de mi, et tous mes biens meubles et non meubles presens et a venir, et permet que encontre je ne venrai par mi ou autrui, en chois renonche a toutes exceptions, fuites, bares et delais qui me porroient aidier en ce fait, et as dis religieus grever et nuire. Et pour che que ce soit ferme choze et estable, jou ai ces presentes lettres seelees de men propre seel dou quel je use. Les queles lettres furent donnees, en lan de grace mil cc. LXXX et XIX, ou mois de novembre.

DCXLV.

ELEMOSINA ALMARRICI DE TRANSVERSO DE CONFLANS.

1290.

Universis presentes litteras inspecturis, Almarricus de Nigella, prepositus Insulensis, salutem. Notum facimus quod nos ob remedium anime nostre et antecessorum nostrorum in puram et perpetuam elemosinam damus, concedimus et quitamus perpetuo viris religiosis abbati et con-

quitatione eidem ecclesie tenetur portare garandiam. In cujus rei testimonium presentes litteras sigillo curie Suessionensis fecimus roborari. Actum anno Domini millesimo cc° xxx° vii°, mense julio.

DCXLVII.

DE DUABUS PECIIS VINEARUM ET DUABUS PRATI IN DOMINIO RENALDI DE COURTEMONT.

Junio 1232. G....., canonicus et officialis Suessionensis, omnibus hec visuris in Domino salutem. Noverint universi quod Renaldus de Courtemont, armiger, in nostra presentia recognovit quod ecclesia beate Marie Ursicampi habet in territorio et in dominio suo apud Coperville duas pecias vinearum et duas prati, videlicet vineam que fuit Radulfi de Juvigni de viginti sextariis, aliam que fuit Ricardi de Belleu de sex sextariis, unam prati que fuit Rogeri Dodin, alteram autem que fuit Petri Pelliparii de Sancto Martino, de quibus peciis prenominatis reddet dicta ecclesia dicto R....... xxxiiii sextarios et dimidium vinagiorum cum quatuor gallinis et duobus solidis nigrorum censualibus, videlicet xii denarios pro predictis duabus peciis vinearum, xii denarios pro peciis prati. Ita quod per censum illum predictos redditus, videlicet vinagium et gallinas, dictus R..... non poterit de cetero augmentare, fidem interponens quod compositionem istam ratam habebit et firmam, et quod dictam ecclesiam super predictis peciis tam vinearum quam prati non molestabit, nec faciet molestari. In cujus rei testimonium presentes litteras sigillo curie Suessionensis fecimus roborari. Actum anno Domini millesimo cc° xxx° secundo, mense junio.

DCXLVIII.

DE TERRA ROGERI DODIN IN PRATO.

1227. Godefridus, canonicus et officialis Suessionensis, omnibus presentes litteras inspecturis in Domino salutem. Noveritis quod Rogerus Dodins, civis Suessionensis, in nostra presentia constitutus recognovit se vendidisse ecclesie Ursicampi xii sextarios terre in prato sito prope domum de Cupavilla pretio sex librarum parisiensium, fidem interponens quod dictam ecclesiam super dicta venditione de cetero non molestabit, immo eidem ecclesie contra omnes legitimam portabit garandiam. Hunc emptionem Renaldus de Cortemont, armiger, Renardus Dambries, Robertus frater ejus, in quorum fundo et dominio est pratum supra dictum, voluerunt et concesserunt dicte ecclesie in perpetuum possidendam, salvis redditibus suis, scilicet sex sextariis vini et una gallina. Et pro legitima garandia portanda investivit dictus Rogerus dictam ecclesiam de decem sextariatis vinee site subtus Palie in loco qui dicitur Orgepains per Dyonisium majorem loci. In cujus rei testimonium presentes litteras sigilli nostri munimine roboravimus. Actum anno Domini m° cc° vicesimo septimo.

DCXLIX.

QUITATIO DOMINI RADULFI DE COURTEMONT DE HIIS QUE HABEBAT APUD COPERVILLE, EXCEPTA JUSTITIA ET PLURIBUS ALIIS REBUS QUE SIBI DEBENTUR.

Julio 1257.

Universis presentes litteras inspecturis magister Johannes de Parisiis, canonicus et officialis suessionensis, in Domino salutem. Noverit universitas vestra quod dominus Renaldus de Courtemont, miles, coram mandato nostro speciali propter subsequentia constitutus, recognovit quod, pro domo ecclesie Ursicampi que vocatur Coperville prope Suessionem, et pro terris, pratis et vineis circum dictam domum in fundo et dominio dicti militis existentibus et ad eandem hactenus pertinentibus, eidem militi ab ipsa ecclesia debentur annuatim tantummodo ea que inferius sunt notata, videlicet quinque solidi nigrorum censuales uno obolo minus et tres picheti avene ad mensuram Suessionensem, in festo sancti Remigii, in capite octobri et etiam quadraginta et quinque sextarios vini vinagii et septem galline et dimidia in medio Martii annis singulis in perpetuum solvendos ad usus et consuetudines patrie. Quibus denariis, avena, vino et gallinis annui redditus mediantibus, idem miles quitavit eidem ecclesie penitus in perpetuum quicquid redditus et juris, excepta justicia, habebat vel habere poterat in domo, terris, vineis et pratis memoratis, promittens sub fide ab ipso prestita corporali, quod contra premissa vel aliquod premissorum non veniet in futurum, nec aliquid aliud quam dictos redditus et justitiam in predictis domo, terris, vineis et pratis de cetero reclamabit, neque per alium faciet reclamari, nec etiam ipsam ecclesiam in posterum compellet per se vel per alium nec compelli procurabit ad ponendum extra manum ipsius ecclesie aliquid de premissis, immo easdem domum, terras, vineas et prata predicta permittet in perpetuum a dicta ecclesia pacifice possideri, mediantibus redditibus supra dictis, obligans heredes suos presentes et futuros ad premissa firmiter observanda, et renuncians expresse, quantum ad premissa omni statuto et consuetudini patrie sive loci et omnibus exceptionibus et rationibus juris et facti per quas premissa vel aliquod premissorum infringi valeant vel aliquatenus impediri. Ad hec autem presentes fuerunt dominus Nicholaus de Compendio, cellararius, etc. In cujus rei testimonium et munimen presentibus litteris sigillum curie Suessionensis ad instanciam dicti militis duximus apponendum. Actum anno domini millesimo cc° quinquagesimo septimo, mense julio.

DCL.

CONCESSIO DOMINI GAUCHERI DE FRAISNOI DE ACQUISITIS ET ACQUIRENDIS IN TERRITORIIS DE MONTIGNI ET DE COURTIUS.

April. 1256.

Je Gauchiers, chevaliers, sires de Fraisnoi et de Cortins, et je Marie, sa femme, faisons savoir a tous ceus qui ces lettres verront et orront que nous, pour la pitié de Dieu et pour le remede de nos ames et des ames a nos ancessors, avons donne et otrie en pure et perpetuel aumosne a leglize de notre dame d'Oscans a tenir a tous jors sans contredit de nous ne de nos hoirs quanque cele eglize a acquis et porra acquerre puis ore en avant soit par achat ou par aumosne es terrois de Courtiex et de Montigni, qui sont desous nous et nostre seignorie, cest a savoir es lius qui ne doivent ventes, sauve nostre justice, nostre seignorie, nos rentes et toutes nos autres droitures qui sont acoustumees a paier et que cil nous doivent et devoient, de qui cele eglise a acquis ou porra acquerre es liu et es terroirs devant nommes, sauf franc fief qui doit hommage que nous retenons a nous et a nos hoirs. Des quelz chozes qui sont acquises et que on porra acquerre, si comme il est par desus devise, nous, nostre hoir sommes tenu a porter loial warandise a leglise devant dite contre tous ceus qui a droit et a loi en devroient venir et vorroient par devant nous. Et en tesmoignage de ceste choze et garnissement, et por ce que ce soit ferme choze et estable, nous en avons donnees nos lettres a la devant dite eglize seelees de nos seaus. Ce fu fait en lan del incarnacion nostre seigneur M. CC et cinquante sis, ou mois davril.

DCLI.

DE UNO ESSINO VINEE SYMONIS FILII AGATHE DE MONNEVOISIN, IN TERRITORIO DE COURTIEX ET DE BANRU.

Maio 1257.

Universis presentes litteras inspecturis, magister Johannes de Parisiis, canonicus et officialis Suessionensis, salutem in Domino. Noverit universitas vestra quod Symon, filius Agathe de Monnevoisin, coram mandato nostro speciali ad hoc et consilio deputato constitutus, vendidit et se bene et legitime vendidisse recognovit ecclesie Ursicampi, Cysterciensis ordinis, duas petias vinee unum essinum terre vel circiter continentes, contigue vinee Radulfi quondam de Mongombert, quarum una sita est in territorio de Banru, ubi dicitur en Martigni, et alia est ibi prope in territorio de Courtiex, pro pretio videlicet novem librarum parisiensium de quibus dictus Symon recognovit sibi esse a dicta ecclesia plenarie satisfactum in pecunia numerata. Hanc autem venditionem voluit, laudavit et approbavit coram nobis Ructia, uxor dicti Symonis, cedens et quitans eidem ecclesie penitus et in perpetuum, sponte sua et absque coactione aliqua, quicquid juris habebat vel habere debebat ratione dotis vel donationis propter nuptias seu alio modo quocunque in peciis vinee supra dictis. Promiserunt etiam dicti Symon et Ructia uxor ejus sub fide ab ipsis prestita corporali, quod contra venditionem predictam non venient in futurum, nec aliquid in dictis peciis vinee quacunque ratione de cetero per se vel per alium reclamabunt nec etiam ipsam ecclesiam de predictis peciis vinee se altera eorum in posterum molestabunt vel gravabunt, neque per alium facient seu procurabunt molestari vel gravari, immo eidem ecclesie contra omnes juri et placito parere volentes legitimam portabunt garandiam super duabus peciis vinee memoratis, renunciantes expresse, quantum ad premissa, sub data fide, exceptionibus non numerate et non solute pecunie, doli mali et deceptionis cujuscunque beneficio, vel etiam omni statuto et consuetudini patrie sive loci et omnibus aliis exceptionibus, rationibus juris et facti, per quas premissa vel aliquod premissorum infringi valeant vel aliquatenus impediri. Ad hec autem presentes fuerunt Colardus de Montigni, clericus, et Matheus tabellio curie Suessionensis. In cujus rei testimonium et munimen perpetuum presentibus litteris sigillum curie Suessionensis, ad instanciam dictorum Symonis et ejus uxoris, duximus apponendum. Actum anno Domini M° CC° quinquagesimo septimo, mense maio.

DCLII.

DE VINEA EN CLEULEU QUAM EMIT COLARDUS DE MONTIGNI AD USUS INFIRMITORII PAUPERUM.

Omnibus hec visuris, officialis Suessionensis salutem in Domino. Noverint universi quod in presentia curie Suessionensis constitutus Colardus clericus de Montigniaco recognovit coram nobis quod vineam que fuit Jacobi, filii Huardi de Fonte de Montigni, sitam in loco qui dicitur en Cleuleu de Montigni, quam emerat dictus C..... a dicto Jacobo de propriis denariis infirmitorii de Ursicampo ad opus dicti infirmitorii, pretio quatuor librarum parisiencium emerat in nomine dicti infirmitorii, sicut per juramentum dicti C..... a nobis super receptum ab eodem C...... dedicimus. In cujus rei testimonium presentibus litteris sigillum curie Suessionensis duximus apponendum. Datum anno Domini M° CC° quinquagesimo primo, mense februario.

Febr. 1251.

DCLIII.

CONFIRMATIO DOMINI GALCHERI DE FRAISNOY DE VINEA ADE DE GIAUSI EN ATOUMIERES INTER MONTIGNI ET LE CASTELER ET COURTIEX.

Universis presentes litteras inspecturis, ego Galcherus de Fraisnoi, miles, notum facio quod ego promitto me portaturum legitimam garandiam et in perpetuum usque ad plenum jus viris religiosis abbati et conventui Ursicampi, Cysterciensis ordinis, Noviomensis dyocesis, super quadam vinea sita in loco qui dicitur Atourmieres inter Montigniacum dictum le Chasteler et villam de Courtiex, quam predicti abbas et conventus emerunt a domicella Adea de Giausi pro xxx libris parisiensibus ad usus pauperum infirmarie monasterii Ursicampi, quam predictam vineam predicti abbas et conventus de me tenent sub annuo censu duorum denariorum parisiencium michi singulis annis in festo sancti Remigii in capite octobri reddendorum, salvo jure quod in dicta vinea habere debebam ante quam dicta vinea ad monasterium Ursicampi deveniret. Quod ut ratum et firmum permaneat, presentes litteras sigilli mei munimine predictis abbati et conventui ad petitionem predicte Adee tradidi roboratas. Actum anno domini M° CC° quinquagesimo, mense januarii.

Januar. 1250.

DCLIV.

CONCESSIO DROARDI DE RESSONS LE LONC ET HELUIS MATRIS EJUS DE ACQUISITIS ET ACQUIRENDIS IN TERRITORIO DE COURTIEX ET DE MONTIGNI.

Je Gauchiers, chevaliers, sires de Fraisnoy et de Cortiex, fas savoir a tous ceus qui ces lettres verront et orront que Droars de Ressons-le-Long, escuiers, qui fu fiex monseigneur

Maio 1256.

Symon de Ressons-le-Long, chevalier, et madame Heluis, mere celui Droart, pour la pitie de Dieu et pour le remede de lor ames et des ames a lor ancessors, ont donne et otrie en pure et perpetuelle aumosne a leglise de notre dame d'Oscans a tenir a tous jors sans contredit deus ne de leurs hoirs canque cele eglize a acquis et porra acquerre puis ore en avant, soit par achat ou par aumosne es terrois de Courtiex et de Montigni qui sont desous eux et desous lor seignorie. Cest asavoir es lieus qui ne doivent ventes sauve lor justice, lor seignorie, lor rentes et toutes autres droitures qui sont acoustumees a paier et que cil lor deurent ou devoient de qui cele eglize a acquis et porra acquerre es lieus et es terrois devant nommez, sauf franc fief qui doit hommage que il retienent a eus et a leurs hoirs, desquez chozes qui sont acquises et que on porra acquerre, si comme il est par desus devise cil devant dit Droars et sa mere et lor hoir sont tenu a porter loial warandise a leglize devant dite contre tous ceus qui a droit et a loi en deveroient venir et vorroient venir par devers eus. Et en tesmoignage de ceste choze et garnissement et por ce que ce soit ferme et estable, je devant dis Gauchiers pour ce que cil terroir sont de mon fief et por ce que cil devant dit Droars et sa mere nont pas seel, a leur proiere et a leur requeste, comme chies sires, ai ces presentes lettres donnees a la devant dite eglize seelees de mon seel. Ce fu fait en lan del incarnation Notre Seigneur M. CC. L. VI, ou mois de mai.

DCLV.

CONCESSIO DROARDI DE CORTIEX DE ACQUISITIS ET ACQUIRENDIS IN TERRITORIIS DE CORTIEX ET DE MONTIGNI.

Octob. 1270.

Je Drouars de Courtiex, escuiers, fiex jadis monseigneur Symon de Ressons le Lonc, chevalier, fas a savoir a tous ceus qui ces presentes lettres verront et orront que je, pour la pitie de Dieu et por le remede de mame et des ames a mes ancesseurs, ai donne et otrie en pure et perpetuel aumosne a leglise notre dame de Oscans a tenir a tous jors, sans contredit de moi et de mes hoirs, quanque cele eglize a acquis et porra acquerre puis ore en avant soit par achat ou par aumosne es terrois de Courtiex et de Montigni dessous moi et desous ma seignorie, cest asavoir es lius qui ne doivent ventes, sauve ma justice et ma seignorie, mes rentes et toutes autres droitures qui sont acoustumées a paier et que cil me doivent ou devoient de qui cele eglize a acquis et porra acquerre es lius et es terrois devant nommez, et sauf franc fief qui doit hommage que je retieng a moi et a mes hoirs. Des quez chozes qui sont acquises et que on porra acquerre, si comme il est desus devise, je sui tenus et premet fermement a porter loial warandise a leglize devant dite contre tous ceus qui a droit et a loi vorront et en deveront venir par devant moi, et à toutes ces choses devant dites garder fermement et a tous jors je oblige moi et mes hoirs qui sont et a venir sont. Et por ce que ce soit ferme et estable, j'ai ces presentes lettres baillees a la devant dite eglize seelees de mon seel. Ce fut fait en lan del incarnation Notre Seigneur M. CC. LXX, ou mois de octembre.

DCLVI.

CONCESSIO DOMICELLE AGNETIS UXORIS DICTI DROUARDI, DE EODEM.

Universis presentes litteras inspecturis, Guido de Pilco, archidiaconus Suessionensis, in Domino salutem. Noverit universitas vestra quod cum Drouardus de Courtiex, escuiers, filius quondam domini de Ressons militis, Dei et pietatis intuitu et pro remedio anime sue et animarum antecessorum suorum, dedit et concessit in puram et perpetuam elemosinam ecclesie beate Marie Ursicampi tenendum in perpetuum sine contradictione ipsius Drouardi et heredum ejusdem quicquid ipsa ecclesia acquisivit et acquirere poterit de cetero sive per emptionem sive per elemosinam in territoriis de Courtiex et de Montigni sub ipso Drouardo et dominio ejusdem, in locis videlicet que non debent ventas, salvis justitia, dominio et reddilibus dicti Drouardi ac omnibus aliis juribus que solvi consueverunt et quod illi a quibus dicta ecclesia acquisivit vel acquirere poterit in locis et in territoriis predictis debent seu debebant eidem Drouardo, salvo libero feodo pro quo debetur homagium, prout dictus Drouardus asserebat. Domicella Agnes, uxor dicti Drouardi, coram fideli mandato nostro ad hec et alia multa specialiter deputato constituta laudavit et approbavit sponte sua de assensu et auctoritate dicti Drouardi, mariti sui, omnia et singula prenotata, promittens bona fide, firmiter et expresse, quod contra premissa vel aliquod premissorum non venient in futurum ratione dotis vel donationis propter nuptias seu alio quoquomodo, immo Drouardus dictam ecclesiam de hujusmodi acquisitis et acquirendis in perpetuum pacifice gaudere permittet. Renunciavit etiam dicta domicella quantum ad premissa firmiter et expresso exceptionibus doli, fraudis, coactionis et deceptionis cujuscunque, omni statuto et consuetudini patrie sive loci, actioni in factum et omni alii auxilio juris canonici et civilis. Ad hec autem presentes fuerunt Galterus de Courtiex, armiger, etc. In cujus rei testimonium presentibus litteris sigillum curie nostre ad instantiam dicte Agnetis duximus apponendum. Datum anno Domini millesimo ducentesimo septuagesimo, mense octobri.

Octob. 1270.

DCLVII.

CARTA INGERRANNI, DOMINI DE COCIACO, DE PEDAGIIS ET AVOCARIA DE VADULIS.

Ego Enjorrannus, Dei gratia dominus de Cociaco, ecclesie Ursicampi Sancte Marie in perpetuum: quia in bonis operibus bonorum hominum participes esse volumus, concedo pro anima mea et antecessorum meorum ecclesie Ursicampi in elemosinam, quod res predicte ecclesie tam in eundo quam in redeundo libere a wienagio quod nostri juris est sive in terra mea sive extra in perpetuum permaneant. Concedo etiam eidem ecclesie avocariam grangie Vadulorum que est in territorio de Lier, concedente etiam Ada uxore mea. Huic concessioni testes interfuerunt hii, Guido castellanus Noviomi, Symon Crassus, Bonifacius dapifer, et Symon filius ejus. Actum Cociaco, anno verbi incarnati M° C° XL° III. indictione VII°, concurrente IIII*, epacta quatuor decima.

1143.

DCLVIII.

CARTA INGERRANNI DE PEDAGIIS ET DE HIS QUE HABEMUS IN TOTO DOMINIO EJUS ET MAXIME IN TERRITORIO DE BAIRI.

1199.   Ego Ingerrannus, dominus Cociaci, tam futuris quam presentibus notum volo fieri quod, pro salute anime mee et pro anima patris mei, nec non et pro animabus antecessorum, religiosos viros in monasterio Ursicampi divino obsequio mancipatos per totam terram meam de rebus usui suo necessariis ab omni jure et consuetudine wienagiorum in perpetuum absolvo, quicquid etiam habent sub avocaria mea et dominio meo quibuscunque locis et maxime in territorio de Bairi concedo illis liberum et quietum, et cum pace perpetua possidendum. Ne quis ergo ex parte mea super hiis eos impedire seu molestiam aliquam inferre presumat, districte prohibeo, presentemque paginam inde conscriptam sigilli mei appensione confirmo. Actum anno gratie M° C° XC° nono.

DCLIX.

CARTA DOMINI RADULFI DE COUCI DE EODEM.

Circa 1245.   Ego Radulfus, Dei gratia dominus Cociaci, tam futuris quam presentibus notum volo fieri quod pro remissione omnium peccatorum meorum et pro anima patris mei meorumque antecessorum religiosos viros in monasterio Ursicampi divino obsequio mancipatos per totam terram meam de rebus usui suo necessariis ab omni jure wienagiorum in perpetuum absolvo. Quicquid etiam habent sub advocaria mea meoque dominio quibuscunque in locis et maxime in territorio de Bairi concedo illis liberum et quietum et cum pace perpetua possidendum. Quod ut ratum sit, sigilli mei impressione confirmo. Hujus rei testes sunt, Guido Castellanus, Guido de Iryzum, Macharius, etc.

DCLX.

ELEMOSINA DOMINE ADE DE COUCI DE II MODIIS NEMORIS JUXTA NEMUS QUOD FUIT DOMINI GUIDONIS D'ERBLENCOURT.

1206.   Ego Aalidis, domina Cochiaci, notum facio omnibus hec visuris in perpetuum quod pro salute anime mee dedi in elemosinam ecclesie Ursicampi duas modiatas nemoris mensura Suessionensi ad faciendum vivarium vel quaslibet aisantias ejusdem domus. Est autem dictum nemus contiguum nemori quod fratres de Ursicampo emerunt a Guidone de Erblencort, metarumque positione terminatum. Concessi etiam eis quatinus terram et pratum que sita sunt inter jam dictum nemus et terram ipsorum acquirant, si possunt, salvo tamen censu meo. Et hanc elemosinam et concessionem meam eis presenti scripto et sigillo meo confirmavi. Actum anno gratie M° CC° VI°.

DCLXI.

CONCESSIO DOMINI INGERRANNI DE COUCI DE EODEM.

Ego Ingerrannus, dominus Cochiaci, notum facio omnibus hec visuris in perpetuum, quod Aalidis, Cochiacensis domina, mater mea, dedit in elemosinam ecclesie Ursicampi duas modiatas nemoris mensura Suessionensi ad faciendum vivarium vel quaslibet aisantias ejusdem domus. Est autem dictum nemus contiguum nemori quod fratres Ursicampi emerunt a Guidone de Erblencort metarumque positione determinatum. Hanc elemosinam matris mee ad ejus petitionem benigne concessi et sigillo proprio confirmavi. Actum anno gratie M° CC° VI°.

1206.

DCLXII.

CONCESSIO DOMINI INGERRANNI DE COUCI DE HIS QUE DEDIT NOBIS DOMINUS RADULFUS, CASTELLANUS NIGELLE, IN PLURIBUS LOCIS.

Ego Ingerrannus, dominus Couciaci, universis presentes litteras inspecturis notum facio quod ego, pro salute anime mee et antecessorum meorum, confirmo et libere in perpetuum habere concedo dilectis nostris monachis Ursicampi quicquid habent in territorio de Chempieng de elemosina bone memorie Radulfi, quondam Castellani Nigellensis, et hanc elemosinam eisdem garandire teneor contra Renaldum, castellanum Couciaci et heredes ejus. Confirmo nichilominus eisdem et in perpetuum libere habere concedo vineam quam habent apud Guny de elemosina domini Renaldi de Varennes, militis, necnon et quicquid acquisierunt apud Bairi usque ad hanc diem. Sciendum est autem quod monachi supra dicti nichil de cetero poterunt acquirere ad augmentum domus quam habent apud Bairi nisi de licentia mea in illis partibus, nec excolere carrucis suis alienas terras que non fuerint hominum de Bairi, nisi de licentia mea. Quod ut ratum permaneat, presentes litteras sigilli mei munimine roboravi. Actum anno gratie M° CC° XX VII°, mense augusto.

Aug. 1227.

DCLXIII.

CONCESSIO DOMINI INGERRANNI DE COUCHI DE TERRAGIO ET DE IIII^{or} LIBRIS QUE NOBIS DEBENTUR APUD NANCEL ET DE ACQUISITIS IN TERRITORIO DE BAIRI ET PLURIBUS ALIIS.

Je Engerrans, sires de Couci, fas savoir a tous ceus qui ces lettres verront que, comme Renaus, jadis chastelains de Couci, mes hom, eust en son tamps vendu et quite a tous jors a leglize notre dame d'Oscans, pour une somme de deniers quil eut de leglise devant dite, le

Jun. 1266.

terrage quil avoit en LX essins de terre, peu plus ou peu mains, qui sont es coultures de le maison de Puisieus ou terroir de Nancel, les quez LX essins de terre, peu plus ou peu mains, cele eglize tenra a tous jors de moi et de mes hoirs pour III deniers noires de cens apaier chascun an, le jor de la saint Remi, a men maieur, a Audignicourt, sauf ce a le dite eglize que ce ele ne paioit a jour le cens devant dit ele nen cherroit en nule amende, et sauve a moi et a mes hoirs toute autre justice et toute autre seignorie en la dite terre. Et de rechief comme Symons, chastelains de Couci et sires de Nancel, mes hom, eust assene a leglize devant dite IIII livres de rente a Paris, a prendre chascun an seur le taille de Nancel, en restor et eschange de la haie de la crois Herouart, que li devant dis Renaus cui heritage cil Symons ses niez tient comme hoirs en la chastelerie de Couci, et meismes en la vile ou terroir de Nancel, avoit laissiee a le dite eglize, et eust cil Symons oblige lui et ces hoirs a tous jors a rendre a cele eglize les IIII livres devant dites, par abandon de tous ces biens a saisir et a tenir por le seigneur de Couci, ensi comme il est contenu es lettres celui Symon que jai veues, je, a la requeste celui Symon et pour ce que je soye parchonniers des biens fais del eglize devant dite, et pour le salu des ames a mes ancesseurs, otroi et conferme comme sires toutes les coses devant dites qui mueuent de mon fief, otroies des devant diz Renaut et Symon a la dite eglize, si comme il est dessus dit, a tenir de par leglize devant dite a tous jors, sauve audit chastelain le haie devant dite. Et weil et otroi que cele eglize devant dite, des ore en avant tiegne en pais a tous jors toutes les chozes quele tient et a tenu jusques au jour de hui ou terroir de Bairi et es appartenances de cel lieu, et quit et ai quite en non daumosne a ladite eglize a tous jors la gruerie que je avois en ses bois appendans à sa maison de Puisieus, cest a savoir ou bois de Buillon, ou bois dou Val de le Haie, ou bois de Morlainval et ou bois dou Fay de seur Nancel, en tel maniere que cele eglize puist faire son pourfit et sa volente de tous ces bois en toutes les manieres quele vora, pour user et pour vendre et pour donner sans ce que je ne mi hoirs ni a riens ne penrien riens, sauf ce que je i retieng la waresne et la boe en tele maniere que la dite eglize ne aucuns autres ne puist sarter, et toute la justice haute et basse, et de fourfait de bois et toute autre. Et si porra des ore en avant la dite eglize mettre et avoir ses sergans es bois devant dis, pour warder et pour penre, pour moi et pour mamende et pour leglize avoir son damage, ciaus quil y trouveront a damage, et seront li devant dit sergent tenu a mener et livrer leur prise selonc leur loi al pooir en la maison men maieur, a Audignecort, et livrer au dit maieur ou a sa maisnie. Se li dis maire nest presens, et sil ne le puent mener, il sont tenu a denuncier celui qui le fourfait aroit fait au prevost de Couci, et sont tenu a faire faute a moi, ou a men commandement, de warder men droit es bois devant dis. Et li mien sergent qui warderont es bois devant diz feront autel faute a leglize devant dite ou a son commandement de son damage warder. Et a toutes ces choses desseur escriptes tenir fermement et warder a tous jors à l'eglise devant dite je oblige mai et mes hoirs Et pour que ce soit ferme et stable a tous jors, je ai baillies ces presentes lettres a la dite eglize seelees de mon seel. Ce fu fait en l'an del incarnation Nostre Seigneur Jesus-Christ, M. CC. LXI, ou mois de juing.

DCLXIV.

DE HAYA QUE INCIPIT A CRUCE HEROUART ET DURAT USQUE AD NEMUS DOMINI JOHANNIS DE BOUCHERRE, QUAM EMIMUS A DOMINO INGERRANNO DE COUCIACO, ET DE FIMO QUOD FIET IN DOMO NOSTRA DE GOMBAUTLIU, QUOMODO DIVIDATUR INTER NOS ET HOMINES IPSIUS INGERRANNI.

Nous Enjorrans, sires de Couci, de Mommirail et de Oysi, faisons savoir a tous ceux qui ces presentes lettres verront et orront, que nous, pour estre parchonnier des biens fais de leglise de Oscans et pour lame men pere et pour mes ancesseurs, avons donne et otrie en pure et permenable aumosne a leglize Nostre Dame d'Oscans, a tous jors, quanque nous aviemes en la haie le chastelain qui se commence a la crois Herouart et dure jusques au bos monseigneur Jehan Bocere, si comme ele se comporte de lonc et de le, par raison de gruerie ou en autre maniere. Et sil avenoit choze que li devant dis chastelains vendit le seurfait ou les despuelles de la devant dite haie, que il aient tout le droit que nous i aviesmes, et leur donnons pooir dacquerre et de retenir en main morte ce que li chastelains de Couci i a ou ses hoirs en quele maniere que il lacquirent. De rechief nous leur avons otrie et volons que bonnes soient mises entre leurs terres et la haie partout la ou leur terres joingnent a la haie et porront clorre de fossez leur terres dedens leur bonnes et relever leur fossez sans prendre et sans fourfait, et porront cauper et essarter le bos qui est et qui naistera dedens leur bonnes pardevers leur terres sans fourfait. De rechief nous volons que on sache que nous i retenons la waresne, si comme nous li aviesmes devant, for que envers aus qui i porront cachier quant il vaurront sans fourfait. De rechief nous retenons la haue en la dite haie en tel maniere que la dite eglize ne autres ni puist sarter, et toute la justice haute et basse et de fourfait de bos, et toute autre quanque sires i puet avoir fors que daus. Quant a la chace et de leur bestes, de quoi nous ne porrons riens demander, et en toutes les amendes que nous en leverons pour fourfait de bos, nous leur en devons faire avoir trois sons pour leur damage, et se li damages estoient plus grant, nous sommes tenu a faire rendre plus, selonc ce que raisons aporteroit. Et se i porra des ore en avant la devant dite eglize mettre et avoir ses serjans sans ars en la devant dite haie, pour warder et pour prendre pour nous pour notre amende et pour leglize pour ravoir son damage, selonc ce que il est deseur devise, ceus que il trouveront a damage de bos, fussent hommes, fussent bestes, et seront, li devant dit serjant tenu a amener et livrer leur prise selonc leur loial pooir en le maison nostre maieur d'Audignecort, et livrer au dit maieur ou a se maisnie se il ni estoit presens, et se il ne li pooient mener, il sont tenu a renoncier celui ou ceus qui le forfait aroient fait au prevost de Couchi a Cochi, et sont tenu de faire faute a nous ou a notre commandement de warder nostre droit en la devant dite haie, et li nostre serjant qui warderont la devant dite haie feront au tel faute a la devant dite eglize ou a son commandement de son damage warder selon ce que il est devise. En apres nous leur otroions que lamendement que on fera en leur maison de Gomboulıu, qui tous soloit aler en nos terres des essarts de Gomboulıu sanz ce que il en retenoient a leur courtiex fumer, que des ore en avant en face ou deus noieures en lan, et seront prises lune entre le

Junio 1266.

52

feste saint Martin en yver et la saint Andriu, et lautre entre Pasques et mi may, des queles cil qui tenront nos terres aront laquele que il voulront, et lautre la devant dite eglise de Oscans, a faire sa volente, soit en courtiex, soit en prez ou en autres chozes, dedens le clos de la devant dite maison, selonc que il verront que il soit plus pourfitable a aus. Et se il avenoit que des ore en avant, par une occoison, ladite eglise aquesist par acat, par eschange, par don ou par aumosne ou en autre maniere la dite haie, nous leur otroions que elle soit leur, hors de no fief en morte main et a tous jors, sans nule redevance ne nule service faire, et sauf ce que nous ni aions nule droiture, sanz ce qui est dit par deseur, ne nous ne notre hoir. Et a toutes ces chozes tenir fermement sans rapel et a warandir a tous jors a leglize devant dite obligons nous et nos hoirs. Et je, Marguerite, femme au devant dit Enjorrant, de ma propre volente, sans nul contraignement, pour estre es bien fais de leglize devant dite, la devant dite aumosne weil, gree et otroie, et renonce a tout le droit je i ai ou puis avoir par raison de douaire ou par autre maniere, et le doins a l'eglise devant dite, et premet par ma foi et par mon sairement que des ore en avant ne venrai en contre ne par moi ne par autrui. En tesmoignage et en conferment de laquel choze nous, Enjorrans et Marguerite devant dit, avons a le devant dite eglize baillies ces presentes lettres seelees de nos propres seaus. Ce fu fait en lan del Incarnation Nostre Seigneur Jhu Crist mil cc° lxvi, el mois de juingnet.

DCLXV.

CARTA DE ELEMOSINA QUAM FECIT GODARDUS, DICTUS LUPUS, DE CHOISI.

Julio 1262.

Universis presentes litteras inspecturis, magister Matheus de Savigniaco, canonicus et officialis Suessionensis, in Domino salutem. Noverit universitas vestra quod Godardus, dictus Lupus, burgensis de Choisiaco, in presentia curie Suessionensis propter subsequentia constitutus asseruit coram nobis se habere ex acquestu suo facto constante matrimonio inter ipsum et Ermengardim uxorem suam ea que inferius continentur. Videlicet totum manerium in quo manet cum omnibus ejus appenditiis, prout se comportat ante et retro, situm juxta hospitalariam de Choisiaco. Item quoddam pratum situm in territorio de Choisiaco, ubi dicitur ad Salicem, quod fuit Odeline dicte Baierne. Item quandam peciam terre duas minas vel circiter continentem, concessam ab ipso ad perpetuam censam quatuor minarum avene annui redditus Stephano dicto a Longevile, pro qua pecia debentur ab ipso Godardo priori de Choisiaco sex denarii censuales et totidem a Stephano prenotato. Item tres mencaudatas terre sitas in dicto territorio juxta parvum pratum. Item quatuor minas terre sitas ubi dicitur ad buccam Isare. Item quinque minas et dimidiam terre sitas in via des iaues. Item quadraginta solidos super censuales Parisienses annui et perpetui redditus, quorum sex solidi Parisienses debentur super manerium quod fuit Drouardi Rapin, situm apud Choisiacum, ubi dicitur en Visegneul, et decem solidi super manerium Quoqueti et solidi super manerium quod fuit Odeline Baierne, et sex solidi super clausellum quod fuit dicte Odeline, et quinque solidi super domum Radulfi Poupee, de quibus omnibus acquestis prenotatis idem Godardus medietatem ipsum contingentem dedit et concessit ecclesie beate Marie Ursicampi, Cysterciensis ordinis, in puram et perpetuam elemosinam, absque aliqua revocatione facienda, retento tantum sibi quandiu vixerit usufructu medietatis memorate. Insuper dictus Godardus coram nobis dedit et concessit eidem ecclesie ex nunc in perpetuum quandam peciam terre quatuor minas vel circiter continentem, ex hereditate dicti Godardi provenientem, sitam in territorio de Thorota inter mariscum et viam de Mommaques et de Molincoc et etiam tres mencoldos bladi annui redditus quos ei debebat dicta ecclesia super molendinum de Louvet, nichil sibi et heredibus suis retinens in eadem pecia terre et tribus mencaudis bladi prenotatis. Voluit etiam et ordinavit idem Godardus premissa omnia et singula omni actu circa hec legitime competenti roborari et quolibet juris et legis auxilio communiri, promittentes fide ab ipso prestita corporali quod contra premissa vel aliquod premissorum non veniet in futurum nec eadem in toto vel in parte de cetero per se vel per alium revocabit. Renuncians expresse sub dicta fide quantum ad premissa exceptioni doli mali et deceptionis cujuscunque et omni auxilio alii juris canonici et civilis. In cujus rei testimonium presentibus litteris sigillum curie Suesssionensis ad instanciam dicti Godardi duximus apponendum. Actum anno Domini millesimo CC° sexagesimo secundo, mense julio, pluribus presentibus ad premissa.

DCLXVI.

COMPOSITIO INTER NOS ET COMMUNIAM COMPENDII DE MINAGIO.

Nous maires et jure et toute la commugne de le vile de Compiegne faisons savoir a tous ceux qui ces lettres verront que comme fust contens entre nous dune part, et labbe et convent d'Oscans d'autre part pour minage que nous demandiens et voliens avoir des blez que li abbes et li convens devant dit faisoient vendre a Compiegne, et il deissent en contre que il estoient quite et franc, après amiablement cele querele fust apaisie entre nous et aus par bonne gent et par commun assent en tel maniere que leglize d'Oscans porra vendre a Compiegne ses propres blez et ses propres biens franchement et quitement sans minage et sans coustume paier a tous jors, et avera quand il leur plaira et porra avoir ses propres mesures por vendre et por mesurer ses propres biens seulement, et en tel maniere que leglize d'Oscans ne nus pour aus ne porra ne ne devera baillier ne prester nules de leur mesures pour nule choze mesurer a nule autre gent qua aus proprement nen leur maison a Compiegne ne dehors, se nest pas le congie des minageurs de Compiegne, et de ce fera faute a la vile cuis qui sera a Compiegne de par leglize d'Oscans kensi usera des mesures, cest a savoir, li convers sonr sen orde, et li servans lais par se foi, et par cele meesme faute cil qui sera de par leglize rechevera de chiaus a cui il vendera le tonliu de le vile, et le fera sauf as minageurs de Compiegne, sensi nest que aucuns soit qui len efforce et qui ne le vuelle paier. Mais il le feroit savoir as minageurs, et partant il sen acquiteroit, et se nule autre gent vendoient en le maison d'Oscans a Compiegne austres biens que les biens d'Oscans, il convenroit que on les mesurat as mesure de le vile, et en auroient li minageurs toutes leur coustumes. Et pour ce que ceste chose soit ferme et estable a tous jors, nous, comme maires et jure et toute la commugne qui sommes devant dit, avons confermés ces lettres dou seel de nostre commune de Compiegne et les avons baillies a leglize d'Oscans devant dite, sauve le droicture et le franchise de le vile

Febr. 1249.

de Compiegne et de leglize d'Oscans en toutes autres chozes. Ce fu fait en lan de grace Mᵉ cc et xlix, le mois de fevrier.

DCLXVII.

COMPOSITIO INTER NOS ET VILLAM COMPENDII DE TRANSVERSO COMPENDII.

1310. A tous ceus qui ces presentes lettres verront et orront, Michiex Loutrans, a cel tamps maires et prevos de le vile de Compiegne, li jure et toute la communaute de cel meisme lieu, salut en Notre Seigneur. Sachent tuit que comme contens et descors fussent meu entre nous dune part, et religieus hommes labbe et le convent d'Ourscamps d'autre part, seur ce que li dis abbes et li convent dessus dis disoient et maintenoient contre nous que par droit commun, usage souffisant, chartre de Roy, il pooient les vins creus en leur vignes et autres vins fransois et d'Auchuerre ou autres achetez pour leur usage, et monter et a faire monter en leur nef propre ou en autre contremont le riviere d'Oise courant par devant le vile de Compiegne, et tout outre mener et conduire et faire mener en leur abbeie a Oscans, franchement et quitement, sans calange et sans contredit de nous ou daucun de nous, et que bien en avoient este et estoient en saisine, et que nous, en venant contre le chozes dessus dites les tourbliens et empeechiens en leur saisine et en leur droiture, en ce que nous avons fait arrester par les gens le Roy leur nef, les biens qui dedens estoient, les chevax et le harnas de le dite nef, et queroient quil leur fussent desarreste, et que li tourbles et li empeechemens que nous leur metions et faisiens pour le dit arrest fust ostez, et que li damages que il souffroient et avoient souffert pour le cause du dit arrest leur fust rendus. Nous pour nous en notre non et notre communaute disans au contraire contre les dis religieus que nous nestiens mie tenu a faire oster larrest, ne desarrester les choses dessus dites, ne les tourbles et les empeechemens que nous leur faisiens et metions es choses dessus dites, car nous disiens que sans nostre congie il avoient fait passer et monter les vins en leur nef, que faire ne pooient ne devoient sans penre congie a nous. Pourquoi nous disiens que li arres de le nef des vins, des chevaus et du harnas fait a nostre requeste estoit bons et loiaux et que tout nous estoit acquis a cause de fourfaiture, pour ce que sans nostre congie avoient passe par leu dessus dit. Car nous disiens nous estre chartre et privilege des Rois de ce faire et de ce maintenir, et que bien en aviens use et souffissamment toutes fois quantes fois aucun sestoient efforcie de passer et monter leur vins par le riviere d'Oise courant par devant le vile de Compiegne, et demporter les vins et les autres chozes comme fourfais et acquis à nous. Tous desissent li dis religieus le contraire et plus les chozes dessus dites nous parties dessus dites, fussiens en errement et en proces commencies en le court le Roy a Compiegne pardevant sage homme et honneraule Robert de le Nueveville, a cel tamps bailliu de Senlis, et auditeur bailliez en le cause dessus dite par le dit bailliu de Senlis, cest a savoir nobles hommes honorables et discrez, monseigneur Raoul, seigneur de Faiel et monseigneur Henri Troussel, chevaliers, et en sont li dit auditeur ois diligamment et examinez grant nombre de tesmoins amenez seur les fais proposes de lune partie et de lautre. A le parfin li auditeur dessus dit moienans pour bien de pais et pour eschiver les grans cous et les grans frais entre les parties, traitie est et accorde des debas et des contens dessus dis entre nous maieur jurez et communaute de le vile de Compiegne dessus dite et labbe et le couvent d'Oscans dessus dis en le fourme et en le maniere que ci apres sensuit. Cest a savoir que li abbes et li convens d'Oscans dessus dis porront passer et faire passer, mener et conduire, toutes fois que il leur plaira, par le riviere d'Oise courant par devant le vile de Compiegne tous les ans tous les vins creus et a croistre en leur vignes, et avec ce sept vins tonniaus de vin d'Aussuerre et de mer sans estimation et sans nombre de uns ne dautres, mais tele quantite des vins et tant des autres comme il leur plaira, tant que tout le nombre de sept vins tonniaus de vins soit aemplis franchement, paisiblement, sanz congie, sanz contredit, et sans empeechement de nous ou daucuns de nous. Ne ne porrons nous ou aucun de nous ne autres pour nous les nez, les vins, les chevaus des diz abbe et convent d'Oscans arrester ne metre empeechement que il ne puissent passer tous leurs vins dessus dis franchement et paisiblement, si comme dessus est dit. Et se nous faisiens ou faisiens faire le contraire par nous ou par autre gent, pour cascune jornee que les chozes dessus dites arrestees demourroient en tel point ou sejorneroient pour nostre empeechement ou arrest dessus diz, nous seriens tenu a rendre et a paier as diz abbee et convent d'Oscans ou a leur commant LX. sous parisis pour larrest de cascune jornee de tant de jors comme leur vins ou leur chozes dessus dites i demourroient et sejorneroient par larrest ou empeechement dessus diz, et se il estoit ensi que el tamps a venir il achetassent vins outre le nombre dessus dit, et les feissent passer outre parmi le riviere d'Oise dessus dite que ia naviegne, sanz la volente et gre et assentement de nous, maieur, jurez et communautez de Compiegne dessus diz, li seurplus du nombre des tonniaus qui ci deseure est contenus quil passeroient ou feroient passer outre sans notre assentement, si comme dessus est dit, seraient acquis a celui ou a ceus qui il appartient ou deveroit estre acquis. Et pour ce que a la requeste de nous, maieur, jurez et communautez dessus diz, le nef, li cheval, li vins et les autres chozes labbe et le convent dessus diz furent arrestes grand piecha par le prevost le Roy de Compiegne, et en ont eu grant cous, frais et dammages, a la requeste de bone gent, il nous ont quite du tout et quitent parmi IIII vingt livres parisis fort monnoie, lesquelz ils recognoissent avoir recheus de nous en bonne monnoie et nous quitent a tous jors tous les cous et les frais dessus diz. Et por ce que ces chozes soient fermes et estables el tamps a venir, nous, maire, jure et communautez dessus diz, avons ces presentes lettres seelees du seel de le communaute de Compiegne dessus dites. Et supplions a sage homme et discret et honorable Robert de la Nueueville, a cel tamps bailliu de Senlis, que il weille ceste pais et cest acort et les convenanches faites seur ce greer, approuver et conferner par son seel de quoy il use. Et nous Robers, baillius de Senlis dessus dis, a le requeste des diz maieur jures de le communaute de Compiegne, otroions comme baillieus, et tant comme en nous est, loons et approuvons le pais, lacort et les convenanches dessus dites, et en signe et en confirmation de ce nous avons mis nostre seel a ces presentes lettres avec le seel de la dite communaute. Ce fu fait en lan del incarnation Nostre Seigneur, mil CCC et dis, le mardi apres le feste saint Luc.

DCLXVIII.

EXCAMBIUM GUIDONIS CASTELLANI CORBIE DE TERRAGIIS ET NEMORE IN POITERIA COMMUNIE.

Ego Guido, Castellanus de Corbia et dominus de Plasseio, omnibus presentes litteras inspec- Jul. 1252.

turis notum facio quod ego dedi in perpetuum excambium fratribus Ursicampi terragium triginta trium sextariatarum terre site in essarto dicto Jaquemon, et sextam partem terragii duarum sextariatarum terre site in territorio quod dicitur Linieres. Item quartam partem terragii unius sextariate terre site in territorio quod dicitur as praiaus, et unam modiatam nemoris siti in poiteria communie prope nemus magistri Johannis Pesel, cum omni jure et dominio quod habebam in eisdem, pro quadam terra sita in loco qui les Millerins dicitur, continenti xvii sextariatas terre, parum plus aut parum minus, quam fratres Ursicampi michi dederunt in perpetuum excambium cum omni jure et dominio quod habebant in terra illa, et teneor dictis fratribus, et ipsi fratres michi, ad usus et consuetudines patrie legitimam portare garandiam. Hec autem facta sunt de assensu et benivolentia reverendi patris Wermondi, Dei gratia Noviomensis episcopi, domini mei, de qua tenebam in feodo terragia et nemus que dedi in excambium fratribus supra dictis. In cujus recompensatione reposui in feodo dicti episcopi domini mei terram illam quam recepi a fratribus antedictis. Actum anno Domini m° cc° quinquagesimo secundo, mense julio.

DCLXIX.

EXCAMBIUM SUPRA DICTI G. DE J MODIO BLADI ET DOMINE ADE, AMITTE SUE, PRO QUATUOR JORNALIBUS NEMORIS JUXTA POITERIAM.

Junio 1257.

Ego Guido, miles, Castellanus Corbie et dominus de Plaisseio, universis presentes litteras inspecturis notum facio quod cum ego et heredes mei reddere teneremur ecclesie Ursicampi in perpetuum unum modium bladi de elemosina bone memorie Ade, amitte mee, percipiendum singulis annis in festo sancti Remigii sine contradictione aliqua in terragiis meis de Plasseio, et dicta ecclesia dictum modium bladi per viginti annos et amplius pacifice possedisset, tandem pro bono pacis, de voluntate et assensu dicte ecclsie, ratione excambii in assignamentum sufficiens pro modio supra dicto, dedi eidem ecclesie quatuor jornalia nemoris mei sita juxta Poiteriam, contigui ex una parte nemoribus Johannis de Danmeri, et ex alia, nemori ecclesie sepe dicte, obligans me fideliter et heredes meos in perpetuum ad ferendam legitimam garandiam dicte ecclesie contra quoscumque super quatuor jornalibus nemoris supradicti. In cujus rei testimonium et firmitatem perpetuam presentes litteras dicte ecclesie sigillo meo tradidi roboratas. Actum anno Domini millesimo cc° l septimo, mense junio.

DCLXX.

CONCESSIO DOMINI RADULPHI, CASTELLANI CORBEIE, DE DONIS DOMINI PETRI, AVI MEI.

Maio 1236.

Ego Radulfus, Castellanus Corbie et dominus de Plasseio, notum facio presentibus et futuris quod Petrus, dominus de Plasseto, qui loco nostro aderat, avus meus, dedit in perpetuam elemosinam ecclesie beate Marie Ursicampi pro salute anime sue et antecessorum suorum quicquid habebat in terra que vocatur de Noviomo, sita inter Guri et domum Alberici de

Beurignes militis. Item quicquid habebat in Bosco de Tirefol. Item omnes aisancias lapidicine de Plainmont ad omnes usus grangie de Lacheni. Croonium etiam ad meliorandas terras. Item terragium in terra de alodiis inter viam de Pillatavilla et boscum Odonis de Lacheni. Item omnes aisantias herbagii in omni terra sua, ubicumque sit, extra deffensum suum. Item concessit eidem ecclesie ut si aliquid fratres acquirere potuerint in bosco communie, disrumpere valeant usque ad unam carrucatam terre, absque prohibitione heredum suorum. Heć omnia concesserunt Goda, uxor ejusdem Petri, et post modum Guido Campusavene, pater meus, et Ada uxor ejus, mater mea. Hiis adiciendum quod Guido pater meus contulit in perpetuam elemosinam predicte ecclesie Ursicampi quicquid sui juris erat in hiis que fratres essartaverant in Grossa Poiteria et in bosco communie, et quicquid ad eum pertinebat in buscalia quam ante portam grangie de Lacheni. Hujus etiam elemosine beneficium concessit Ada mater mea. Ego autem horum beneficiorum participationem habere desiderans predictas elemosinas, sicut in presenti carta continentur, ratas habeo et approbo, et ne supradicte ecclesie super hiis a quoquam successorum meorum aliqua molestia in posterum suscitetur, presentes litteras sigilli mei appensione confirmo. Actum anno dominice incarnationis M° CC° xxx° vi°, mense maio.

DCLXXI.

DE TERRA ET TERRAGIO SIMONIS DE DRAILINCOURT.

Octob. 1238.

Omnibus hec visuris officialis curie Noviomensis salutem in Domino. Vobis notum facimus quod Symon, dictus Strabo, de Drailincourt, in nostra presentia constitutus recognovit se vendidisse pro quinquaginta et quinque libris parisiensibus ecclesie Ursicampi tres sextariatas et novem virgas terre site in territorio de Drailincort, au bus de Loneval, juxta viam que ducit ad Primpres apud Noviomum, quitas et liberas ab omni onere et exactione preterquam decimam. Recognovit etiam se vendidisse eidem ecclesie totum terragium quod habebat in octo sextariatis et viginti duabus virgis terre que quondam fuit Adele lippe de Chiri, dicte ecclesie bene et legitime in proprium possidendas, domicella Emelina, uxore dicti Symonis, presente, dictam venditionem volente et approbante, et recognoscente se habere excambium sufficiens pro dotalicio quod in dictis terra et terragio habebat, videlicet dimidium modii terre site in campo qui a le kieuerive dicitur, et per hujus excambium quicquid juris in dictis terra et terragio venditis habebat vel habere debebat tam jure dotalicii quam alio quocunque modo, spontanea et non coacta in manu nostra resignavit, et eidem fide data penitus renunciavit. Presentes etiam fuerunt huic vendagio Petrus dictus Sarracenus et Radulfus fratres dicti Symonis, qui dictum vendagium voluerunt et approbaverunt, et quicquid juris in dictis rebus venditis habebant vel habere poterant quocumque jure vel titulo spontanei et non coacti in manu nostra resignaverunt. Et tam dicti Symon et Emelina, ejus uxor, quam dicti Petrus et Radulfus, fratres dicti Symonis, spontanei et non coacti fidem in manu nostra prestiterunt corporalem quod dictam ecclesiam super dicto vendagio de certo non molestabunt nec facient molestari. Interfuerunt etiam huic vendagio dominus Aubertus de Marcatheelise etc. In cujus rei testimonium et perpetuam firmitatem presentes litteras ad petitionem predictarum partium sigillo curie Noviomensis fecimus communiri. Actum anno incarnationis dominice M° CC° xxx octavo, mense octobri.

DCLXXII.

DE OCTODECIM SEXTARIIS NEMORIS DOMINI PETRI SARRASIN IN TERRITORIO DE DRAILINCURTE.

April. 1253. Universis presentes litteras inspecturis, officialis curie Noviomensis salutem in Domino. Noveritis quod coram nobis in jure propter hoc constitutus dominus Petrus, dictus Sarrasins, miles, recognovit se bene et legitime vendidisse ecclesie Ursicampi pro centum libris parisiensibus sibi ab eadem ecclesia in pecunia numerata jam solutis, XVIII sextariatas nemoris vel circiter sitas in territorio de Drailincurt, in duabus peciis, scilicet in loco qui dicitur la Caisnotiere, juxta vallem de le Courre, XIIII sextariatas et dimidiam parum plus vel parum minus et in loco qui dicitur ad querrellum Radoul tres sextariatas et dimidiam parum plus vel parum minus, quod nemus tenetur de Willelmo, filio domine Emeline de Drailincurt, sub annuo censu quinque solidorum parisiensium in festo beati Remigii in capite octobri annis singulis solvendum, sicut dicta Emelina et Willelmus coram nobis asseruerunt. Quin etiam Willelmus dicte venditioni expresse consensit coram nobis, recognoscens se prefattam ecclesiam de dicto nemore ad instantiam et petitionem dicti Petri militis, qui de eodem in manu dicti Willelmi se devestivit, investisse et tenentem fecisse et exinde jura sua recepisse ab ipsa ecclesia jure perpetuo pacifice et quiete tenenda et possidenda, et habenda. Ad hec autem agenda domina Maria, uxor dicti Petri militis, presens fuit, et dictam venditionem voluit laudavit et approbavit et in eadem expresse consensit coram nobis, et recognoscens se sufficiens excambium seu restauramentum recepisse a dicto Petro, milite, marito suo, pro dotalicio quod in dicto nemore vendito habere dicebatur, videlicet medietatem trium modiatarum nemoris duabus sextariis minus, siti apud Fraitoi, quod nemus fuit quondam Symonis le Coc,· et per illud excambium sive restauramentum dicta domina Maria omne jus quod in toto nemore vendito supra dicto habebat aut habere poterat seu debebat ratione dotalicii seu donationis propter nuptias vel etiam alio quocunque modo, spontanea voluntate, non coacta in manu nostra resignavit, et eidem ecclesie in perpetuum quitavit penitus et guerpivit, et fidem in manu nostra prestiterunt corporalem prefacti Petrus et Maria uxor ejus quod de cetero nichil juris in dicto nemore, ut dictum est, vendito reclamabunt seu reclamari procurabunt, et quod dictam ecclesiam super dicto nemore seu et super aliqua parte ejus de cetero nullatenus molestabunt seu molestari procurabunt, et per se vel per alium coram aliquo judice ecclesiastico vel seculari. Immo eidem promiserunt prefati Willelmus, dominus Petrus et Maria ejus uxor legitimam ferre garandiam super dicto nemore vendito ad usus et consuetudines patrie adversus omnes juri ac legi parere volentes. In cujus rei testimonium et firmitatem perpetuam presentes litteras ad petitionem dictorum Petri, Willelmi et Marie prefate ecclesie sigillo Noviomensis curie tradidimus roboratas. Datum anno Domini millesimo CC° LIII, mense aprili.

DCLXXIII.

ELEMOSINA DOMINI JOHANNIS DE DRAILINCOURT DE XII SEXTARIATIS TERRE OUTREBIES PRO CONVENTU.

Ego Johannes de Drailincort, miles, dominus de le Chavate, universis presentes litteras ins- Maio 1255. pecturis notum facio quod ego sane mentis et compos mei pro salute anime mee et Aelidis uxoris mee, patris mei et matris mee et omnium antecessorum meorum, dedi ecclesie beate Marie Ursicampi in puram et perpetuam elemosinam XII sextariatas terre arabilis parum plus vel parum minus sitas in loco qui dicitur Outrebies a dicta ecclesia in perpetuum possidenda. Ita tamen quod dicte duodecim sextariate terre predicte cedent in proprios usus et utilitates conventus ecclesie supradicte, quam terram tenebam de domino Johanne, castellano Noviomensi, in feodo. In cujus rei testimonium presentes presentes litteras sigilli mei munimine roboratas tradidi ecclesie supradicte. Actum anno Domini M° CC° LV°, mense maio.

DCLXXIV.

CONCESSIO CASTELLANI NOVIOMENSIS DE EODEM.

Je Jehans, chastelains de Noion et de Thorote, fais savoir a tous ceus qui verront ces pre- Aug. 1255. sentes lettres que je pour le salut de mame et de tous mes ancisseurs ai otrie et gree laumosne que Jehans de Drailincourt, chevaliers sires de Chavate a faite pardurable a leglize nostre dame d'Oscans de XII sextiers de terre ahanable peu plus peu mains qui siet ou lieu que on apele Outrebies, qui tenoit de moi en fief, a tenir perdurablament a leglize devant dite, la quele aumosne doit estre despendue es propres us dou couvent, la quele terre devant dite cele eglize devant dite tenra de moi et de mes hoirs perdurablement par II sous de cens a rendre chas_ cun an a Thorote, a moi et a mes hoirs, a la feste saint Remi, et cele aumosne par devant dite je et mi hoir sommes tenu a garandir a leglize pardevant dite contre tous ceus qui a droit et a loi en vaurroient venir. Et por ce que ce soit ferme choze et estable, je scele ces presentes lettres de mon seel. Ce fu fait en lan del incarnation nostre seigneur M. CC. et LV, ou mois daoust.

DCLXXV.

CONFIRMATIO DOMINI JOHANNIS POKET, MILITIS, DE SEX SEXTARIIS TERRE ET QUATUOR FALCATIS PRATI QUAS EMINUS A JOHANNE HANELE DE PRIMPREZ.

Je Jehans Pokes, chevaliers, sires de Drailincurt, fas savoir a tous ceus qui ces lettres verront Decemb. 1266. que par devant moi estaulis Jehan Hanele de Primprez reconnut que il avoit vendu bien et et loiaument a leglize nostre dame de Oscans, de lordre de Cystiaus, parmi le pris de vii vins livres et set de Paris, desquez cil Jehans se tint a paie par devant moi, sis sestiers de terre peu plus ou peu mains qui siet en un lieu que on apele le bus de Longueval, joignant a le terre de leglize devant dite, et quatre faus de pre ou la entour qui siet en Outrebies, tenant au pre que on apele saint Eloy, lequel pre et lequele terre il tenoit de moi. Et je, a la requeste celui Jehan Hanele, le marchie deuant dit weil et gree et otroie et conferme comme sires, en tele maniere que leglize devant dite des ore en avant, chascun an, rendera a moi et a mes hoirs, a la feste saint Remi, en ma maison a Drailincort, pour chascun sestier de terre et pour chascun faus de pre devant dis, deus deniers parisis de fons de terre et parmi ce cens rendant leglize le tenra des ore en avant de moi et de mes hoirs a tous jors, ne ne le porrons des ore en avant contraindre de metre hors de se main. En tesmoignage et en seurte de la quele choze je ai ces presentes lettres baillies a leglize devant dite seelees de mon seel. Ce fu fait en lan del incarnation nostre seigneur Jhu. Crist. m. cc. lx sis, ou mois de decembre.

DCLXXVI.

ELEMOSINA PETRI DE REMIN DE X LIBRIS ANNUI REDDITUS APUD DRAILINCORT CAPIENDIS.

Martio 1271. Je Pierre de Remin, jadis baillius de Thorote, et Jehanne sa fame faisons savoir a tous ceus qui ces presentes lettres verront et orront que nous, pour le pourfit et le salut de nos ames et de nos aucisseurs, avons establi, fait et ordene une chapelerie en leglize sainte Marie notre dame de Oscans de dis libres de Paris de rente par an a paier chascun an a tous jors lendemain de le feste tous sains et a penre seur toute notre terre de Drailincourt que nous tenons de noble homme le chastelain de Noyon, et a lequele rente devant dite paier, ensi comme devant dit est, nous obligons toute le terre devant dite. Et se il avenoit choze que cuis qui la terre devant dite tenra defausist ou paiement de le rente devant dite aucun an, il sera tenus a paier et rendre en non de painne ou par raison de painne a leglize devant dite, chascun jour apres le terme que il defaura, deus sous de Paris avecke toute le rente devant dite. Et est a savoir que nous quitons leglize devant dite de sept sous de Paris es quels ele estoit tenue ou oblige envers nous chascun an de rente ou de cens par an, et a toutes les chozes devant dites a tenir et a warandir a tous jors fermement nous obligons nous et nos hoirs et prometons par le foi de nos cors que en contre les chozes devant dites, nous ne venrons par nous ne par autri. Et pour ce que ce soit ferme chose et estable a touz jors nous avons ceste presente lettre seelee de no propre seel. Ce fu fait en lan del incarnacion Nostre Seigneur Jhu Crist mil et deus cens et soissante et onze, ou mois de marsh.

DCLXXVII.

VENDAGIUM FLORENCII WAIGNART DE XII VIRGIS TERRE ET DUABUS SEXTARIATIS IN TERRITORIO DE DIVA, AU PERROIEL.

Febr. 1259. Omnibus hec visuris officialis curie Noviomensis salutem in Domino. Noveritis quod Florencius, dictus Waignars, de Villa, in nostra presentia constitutus recognovit se bene et legitime vendidisse in proprium janitori monasterii Ursicampi, ordinis Cysterciensis, pro decem et octo libris Parisiensibus et dimidia sibi in pecunia, ut dicebat, numerata jam solutis, duodecim virgas et duas sextariatas terre de hereditate dicti Florentii, sitas in territorio de Diva dicta le Franke, in una petia, in loco qui dicitur au Perroiel, ab ipso janitore et ejus successoribus tenendas perpetuo et possidendas pacifice et quiete. Ad hoc autem fuit presens coram nobis domicella Ada, uxor dicti Florentii que dictum vendagium scivit, voluit, laudavit et approbavit, et in eodem vendagio expresse consensit et omni juri quod in dicta terra vendita habebat vel habere poterat seu debebat ratione dotalicii aut quocumque alio jure vel titulo in manu nostra ad opus dicti janitoris et ejus successorum, spontanea voluntate, non coacta renunciavit expresse, et eidem janitori vel ejus successoribus quitavit penitus et guerpivit recognoscens se sufficiens habere restauramentum a dicto Florentio marito suo, quod pro dotalicio suo et pro omni jure quod in dicta terra vendita habebat vel habere debebat, videlicet tres mencoldotas terre ipsius Florentii sitas juxta domum ipsius Florentii in loco qui dicitur curtillus Ysabelle Bobeline, et de hujusmodi restauramento ipsa Ada recognovit se esse cententam et fide corporali in manu nostra prestita creantaverunt dicti Florentius et Ada quod nichil juris in terra vendita de cetero per se vel per alium reclamabunt, et quod dictum janitorem vel successores ejus super dicta terra vendita vel super aliqua parte ipsius non molestabunt in futurum nec gravabunt, nec artem nec ingenium per se vel per alium querent, per que dictus janitor vel ejus successores possint aut debeant super eadem terra vendita gravari ullo modo aut molestari, immo legitimam eidem janitori et ejus successoribus portabunt garandiam ad usus et consuetudines patrie, adversus omnes juri et legi parere volentes. In cujus rei testimonium et perpetuam memoriam presentes litteras ad petitionem dictorum Florentii et Ade sigillo curie Noviomensis fecimus communiri. Datum anno Domini. M. CC. quinquagesimo nono, mense februario.

DCLXXVIII.

EXCAMBIUM WILLELMI MUIDEBLE DI I MODIO TERRE JUXTA MARISCUM DE ARBOREA PRO I DENARIO CENSUS PRO QUATUOR MODIIS BLADI QUOS NOBIS DEBEBAT.

Ego Willelmus, dictus Muideble, armiger, dominus de Hiencort et de Dive le Franche, omnibus presentes litteras inspecturis notum facio quod ego dedi fratribus Ursicampi in perpetuum excambium unam modiatam terre ab eisdem libere et pacifice perpetuo possidendam et habendam, contiguam marisco de Arborea, que terra vocatur li camps Soibert, pro quatuor modiis bladi quos ego debebam eisdem annuatim de elemosina antecessorum meorum capiendos in grangia mea de Dive le Franche, quem bladum dicti fratres jam pridem possidebant et habebant. Ego vero dictum modiatam terre teneor eisdem contra omnes qui ad jus et legem venire voluerint garandire per unum denarium censualem in festo sancti Johannis Baptiste sine emenda persolvendum, ad hoc ipsum faciendum heredes mei in posterum obligando, et dicti fratres quitaverunt me et heredes meos in perpetuum de quatuor modiis supradictis. In cujus rei testimonium presentes litteras sigilli mei munimine roboratas dedi supradictis fratribus Ursicampi. Actum anno Domini M° CC° XL° sexto, mense februario.

Febr. 1246.

DCLXXIX.

VENDAGIUM FLORENTII WAIGNART DE QUINQUE SEXTARIATIS TERRE ET QUATUOR VIRGIS IN TERRITORIO DE DIVA, IN LOCO QUI DICITUR AU PRUEL.

Décemb. 1260. Omnibus hec visuris, officialis curie Noviomensis salutem in Domino. Noveritis quod Florencius Waignars in nostra presentia constitutus recognovit se vendidisse pro quadraginta quatuor libris Parisiensibus et undecim solidis sibi in pecunia numerata, ut dicebat, jam solutis, ecclesie Ursicampi ad opus elemosine porte dicte ecclesie, quinque sextariatas terre et quatuor virgas de hereditate dicti Florentii sitas in territorio de Diva in loco dicto au Pruel, quitas et liberas ab omni redditu, servitio, corveia et omni alio onere, excepta solummodo decima, tenendum pariter et possidendum a dicta ecclesia de certo bene et legitime in proprium sub annuo censu sex denariorum Parisiensium solummodo reddendorum ad festum beati Remigii in capite octobris annuatim Willelmo nepoti dicti Florentii vel ejus heredibus. Ad hec autem fuit presens coram nobis domicella Ada, uxor dicti Florentii, que dictum vendagium voluit et in eodem vendagio expresse consensit, recognoscens se habere sufficiens excambium pro dotalicio suo quod habebat in dicta terra vendita, videlicet quinque sextariatas terre de hereditate dicti Florencii sitas in loco dicto au Caisnot, et spontanei et non coacti fide data creantaverunt dicti Florencius et Ada quod dictam ecclesiam super dicta terra vendita vel super aliqua parte ipsius de cetero non molestabunt ullo modo in judicio vel extra, immo legitimam garandiam eidem ecclesie portabunt super ipsa terra vendita ad usus et consuetudines patrie, adversus omnes juri et legi parere volentes. In cujus rei testimonium et perpetuam memoriam presentes litteras ad petitionem dictorum Ada et Florencius sigillo curie Noviomensis fecimus communiri. Datum anno Domini, millesimo cc. lx, mense decembri.

DCLXXX.

DE UNO MODIO BLADI IN GRANGIA DE DIVA.

Junio 1239. Ego Petrus, dictus Modius bladi, miles, notum facio omnibus presentes litteras inspecturis quod ob remedium anime mee et antecessorum meorum contuli in puram et perpetuam elemosinam ecclesie beate marie Ursicampi post decessum meum unum modium frumenti ad mensuram Noviomi, pro hostiis faciendis, capiendum singulis annis in grangia mea de Diva in festo beati Remigii, de primo et meliori quod in dicta grangia trituratibur. Hanc autem elemosinam voluit et laudavit Aelidis uxor mea et nomine elemosine quitavit in perpetuum predicte ecclesie quicquid juris habebat in dicto modio bladi ratione dotis seu alio modo, fidemque dedit corporalem quod dictam ecclesiam super dicta elemosina nunquam molestabit nec faciet molestari. In cujus rei testimonium et perpetuam firmitatem presentes litteras sigillo meo consignatas tradidi sepe dicte ecclesie Ursicampi. Actum anno Domini m° cc° xxx° ix°, mense junio.

DCLXXXI.

DE TERRIS WALTERI MAJORIS DE CHIRI ET FILII EJUS.

Ego Johannes, Noviomensis archipresbiter, notum facio omnibus hec visuris in perpetuum quod Walterus, major de Chiri, dedit in elemosinam ecclesie Ursicampi quinque sextariatas terre arabilis quas habebat juxta clausellos supra villam que Dive nominatur. Hujus donationis gratia idem Walterus a fratribus Ursicampi x libras monete Parisiensis accepit. Donationem illam concesserunt tres filii Walteri, Robertus, Renerus et Rainardus clericus, data fide quod eam firmiter tenebunt et de ea warandisiam ferent. Porro pro quatuor sextariatis hujus terre datur census sex nummorum et pro dimidia sextariata II solidi censuales redduntur. Reliqua terre sextariata terragium solvit, videlicet nonam garbam. Post hec ad religionem transiens memoratus Rainardus dedit ecclesie Ursicampi unam sextariatam terre prope campum qui dicitur Viviani et tres mencoldatas terre apud Passel, juxta terram que fuit Hugonis de Pin, et unam sextariatam terre prope Vivarium episcopi, et hanc Rainardi elemosinam fratres ipsius Robertus et Renerus concesserunt. Pro hiis tribus agris quos dedit Renardus, sex nummi censuales reddentur. Itaque pro memoratis terris donationum istarum quas Walterus et Renardus ecclesie Ursicampi fecerunt, tres solidi censuales Roberto majori de Chiri in festo sancti Remigii annuatim solvendi sunt, et ipse Robertus et Renerus frater ipsius sub fidei interpositione tenentur terras istas Ursicampi ecclesie warandire. Que ut rata permaneant, presentem paginam inde conscriptam sigillo curie Noviomensis roboravi in testimonium et munimen. Actum anno Verbi incarnati millesimo ducentesimo decimo.

1210.

DCLXXXII.

DE UNO MODIO FRUMENTI APUD DIVAM DE ELEMOSINA DOMINE PETRINE.

Ego Petrus, dominus de Hiencort et de Diva, notum facio omnibus hec visuris in perpetuum quod domina Petrina, mater mea, in extremis, agens de consilio domini Wiberti, presbiteri de Villa, pro remedio anime sue legavit in testamento ecclesie beate marie Ursicampi unum modium frumenti annis singulis apud Divam in grangia sua percipiendum in festo sancti Luce evangeliste. Hanc elemosinam matris mee ego, pro salute anime mee, ratam habui et concessi, super quodam altare in ecclesia Ursicampi eam posui coram Johanne abbate et Wassone monacho ejusdem loci. Maria quoque uxor mea et liberi nostri, Petrus, Symon, et alius Petrus, necnon et ceteri omnes donationem hanc concesserunt. Quod ut ratum permaneat, presentem paginam inde conscriptam sigillo meo consignari feci in testimonium et munimen. Actum anno domini M° CC° quinto decimo.

1215.

DCLXXXIII.

DE DUOBUS MODIIS BLADI IN GRANGIA DE DENISCOURT.

Febr. 1278.

Je, Jehans de Catheni, escuiers, fiex jadis Perron de Catheni, escuier, fas savoir a tous ceus qui ces presentes lettres verront et orront que, pour le devocion que je ai a leglize Notre Dame d'Oscans, pour le salut de mame et de lame men pere et de mes ancissours, doins et lais en aumosne perdurable a leglize devant dite, ıı muis de ble a le mesure de Noyon, a penre et a rechevoir a tous jors en me grange de Deniscort, de dens le tresime jor de Noel, ne dou prieur ne dou millour, en maniere que je weil et ordenne que li doi mui de ble devant dit soient vendu et li denier soient warde dusques a le premiere semainne de quaresme, et cele semaine soient emploie et despendu en pitance pour le couvent, tant comme il se porront estendre, sauve lacoustumee pitance que li convens suet a avoir. Et se li denier devant dit nestoient emploie ne despendu en lusage devant dit, en le semainne de karesme devant dite ou au plus tost que on porroit apres, je ou mi hoir, quant nous le sariens, porriens retenir le ble de le presente ennee, et en seriens cuite toutes les fois que li denier dou ble ne seroient emploie ou despendu en lusage devant dit. Et oblige moi et mes hoirs, quel que il soient, et toute me terre de Deniscort, quiconques le tiegne dore en avant. En tesmoignage laquele choze jai ces presentes lettres seelees de men propre seel et baillies a leglize devant dite en lan del incarnation Notre Seigneur M° CC. LXXVIII ou mois de fevrier.

DCLXXXIV.

PRIMA DONATIO GUIDONIS DE ERBLENCORT DE NEMORE SUO IN TERRITORIO DE PRIMPRES.

1205.

Ego Guido de Erblencourt notum facio omnibus hec visuris in perpetuum quod dedi in elemosinam ecclesie Ursicampi partem illam nemoris mei que continetur inter nemus Ursicampi et nemus domini Cochiacensis supra viam que ducit ad sanctum Leodegarium, sicut metarum positio determinat et discernit. Hanc autem elemosinam tam libere et absolute feci quod in ea nichil mihi vel heredibus meis retinui, sed insuper eam dicte ecclesie ab omni usuario prorsus liberam et immunem contra omnes qui ad justitiam et legem venire voluerint, fide interposita teneor warandire. Hoc concessit Johannes castellanus Noviomi et Thorote de quo dictum nemus tenebam in feodum, atque inde plegium et obsidem se et heredem suum constituit, ita quod contra omnes qui ad justiciam et legem venire voluerint tenebuntur eandem elemosinam warandire. Id ipsum nichilominus fide interposita concessit Elizabet uxor mea et se ipsam sue fidei interpositione plevivit quod in eadem elemosina nichil in posterum reclamaret, facta prius recognitione quod ibi dotalicii nil haberet. Hoc quoque concesserunt fide interposita Johannes frater meus et sorores mei cum maritis suis scilicet, Matildis cum Rainaldo; Oda cum Johanne, Osilia cum Rainero. Porro domina Oda de Primpres dotalicii jus quod in usuagio nemoris habebat, in presentia Balduini, abbatis Ursicampi, et Nicholai, sacerdotis, qui loco domini Noviomensis episcopi ibi aderat, quitum clamavit, et ceteri ville homines usuarium quod in eodem nemore habebant, tam pro se quam pro suis heredibus quitaverunt, data fide quod in eo nichil in posterum reclamarent. Hujus donationis firmiter tenende plegios dedi Renaldum de Magniaco, Maldute castellane Cochiacensis filium, Florentium de Villa, Guidonem de Ponte-Sancti-Medardi et Robertum de Cuz, milites. Porro hii plegii sunt cum lege, hac conditione quod si inde fratribus Ursicampi molestia aliqua aut dampum evenerit, quilibet istorum, infra xv dies ex quo inde submonitus fuerit, apud Noviomum in custodia se tenebit, non exiturus inde, nisi de licentia abbatis Ursicampi, donec de dampno satisfactum fuerit et querela. Sciendum autem quod hujus rei gratia de beneficio Ursicampi ecclesie cxv libras Parisiensis monete accepi. Ut autem hec, prout in presenti pagina expressa sunt, rata permaneant et inviolabilem obtineant firmitatem, hanc eandem paginam sigilli mei testimonio roboravi quatinus ecclesie Ursicampi in posterum adversus omnes calumpnias esse debeat in munimen. Actum anno Verbi incarnati м° cc° quinto.

DCLXXXV.

SECUNDA DONATIO GUIDONIS DE ERBLENCOURT DE RESIDUO NEMORIS SUI.

Ego Guido, dominus de Erblencourt, notum facio omnibus hec visuris in perpetuum quod in perpetuam elemosinam contuli ecclesie Ursicampi quidquid habebam in bosco, pratis et redditibus et quibuslibet aliis rebus ab Ysara usque ad vivarium Ursicampi, et a Nova villa domini Cochiacensis, usque ad antiquum nemus ecclesie memorate, nichil in hiis omnibus michi vel heredi meo retinens aut reservans. Recognovi etiam in presentia domini Stephani, Noviomensis episcopi, hec omnia quondam fuisse juris et possessionis ecclesie Ursicampi, et quod ecclesia ipsa, sicut ex multorum relatione didiceram, de hiis omnibus ab antecessoribus meis injuste fuerat spoliata. Hec omnia pro salute anime mee et pro animabus antecessorum meorum in manu memorati episcopi resignavi, de quibus ipse, ad petitionem meam, per manum Balduini abbatis jam dictam ecclesiam investivit. Dedi preterea fidem in manu episcopi ejusdem quod hec predicta firmiter tenebo et hec eadem contra omnes qui inde querelam adversus ecclesiam moverint et ad justitiam et legem venire voluerint, sub interpositione fidei teneor warandire. Testes Vasso etc. — Hec omnia Elizabeth uxor mea cum filio nostro Johanne concessit, que etiam fidem dedit quod in predictis nichil in posterum reclamaret, facta prius recognitione quod ibi dotalicium non haberet. Hec quoque fide interposita concesserunt Johannes frater meus et sorores mee cum maritis suis, scilicet Matildis cum Rainardo, Oda cum Johanne, Osilia cum Rainero. Porro homines de Primprez in terra et nemoribus habebunt paturas exceptis talliciis a quorum ingressu per xl menses animalia abstinebunt. Hujus donationis firmiter tenende plegios dedi, scilicet Hugonem de Guni etc. Isti plegii sunt cum lege, data fide, et sub hac conditione quod si inde fratribus Ursicampi molestia aliqua aut dampum evenerit, quilibet istorum infra xv dies ex quo inde submonitus fuerit, apud Noviomum in custodia se tenebit, non exiturus inde nisi de licentia abbatis Ursicampi, donec de dampno satisfactum fuerit et querela. Sciendum vero quod hujus rei gratia de beneficio dicte ecclesie Ursicampi. ccc. xc. vi. libras monete Parisiensis accepi. Ut ergo hec omnia que in presenti pagina

1208.

expressa sunt, rata permaneant et inviolabilem obtineant firmitatem, hanc eandem paginam sigilli mei testimonio roboravi quatinus ecclesie Ursicampi in posterum adversus omnes calumpnias esse debeat in munimen. Actum anno gratie M° cc° octavo.

DCLXXXVI.

CONCESSIO SORORUM ET NEPOTUM DE RESIDUO EJUSDEM NEMORIS.

1208.

Ego Guido, dominus de Erblencourt, notum facio omnibus hec visuris in perpetuum, quod ecclesie Ursicampi in perpetuam elemosinam dedi quicquid habebam in terra, bosco, pratis et redditibus et quibuslibet aliis rebus ab Ysara usque ad vivarium Ursicampi et a Novavilla domini Cochiacensis usque ad antiquum nemus ejusdem ecclesie, nichil juris, proprietatis et dominationis in hiis omnibus michi vel heredi meo retinens aut reservans. Donationem istam concesserunt sorores mee cum maritis suis et liberis suis, scilicet Matildis cum Rainaldo et eorum liberis Roberto cum Guidone, Hugone et Symone, Oda cum Johanne et liberis eorum Radulfo et Elizabeth, Osilia etiam cum Rainero marito suo, et eorum liberi Robertus et Matildis hec omnia concesserunt. Inde est quod in testimonium concessionum istarum presentem paginam conscribi volui et sigilli mei appensione muniri. Actum anno Dominice incarnationis M° ducentesimo octavo.

DCLXXXVII.

CARTA DE AVENA ET CAPONIBUS DE PRIMPREZ.

1208.

Ego Guido, dominus de Erblencourt, notum facio omnibus hec visuris in perpetuum quod fratribus Ursicampi singulis annis reddere teneor modium unum et dimidium avene uno sextario minus, et septem capones vel tres solidos et vi nummos in redditibus meis de Chaina, quamdiu domina Oda de Primprez vixerit, pro eo quod quatuor sextariatas prati, quas tenet Odo, miles de Drailincort, et vii quas tenet Johannes Baez, miles de Primprez, eisdem fratribus nequeo liberare. Post decessum vero domine Ode in molendino vel in aliis redditibus meis de Primprez memoratis fratribus, ut eis gratum fuerit, hunc redditum teneor assignare annuatim perpetuo possidendum. Quod ut ratum sit, dictis fratribus presentes litteras in testimonium dedi sigilli mei appensione munitas. Actum anno Verbi incarnati millesimo cc. octavo.

DCLXXXVIII.

CARTA GUIDONIS DE ERBLENCOURT DE ACQUISITIS APUD PRIMPREZ.

1210.

Ego Guido, dominus de Erblencourt, notum facio omnibus hec visuris in perpetuum quod Iherosolimam profecturus contuli in elemosinam fratribus Ursicampi et concessi, quatinus terras et prata ad meum pertinentia, que in territorio de Primprez sine meo assensu acquisierant, libere in perpetuum teneant et quiete, ita tamen quod justi redditus possessionum illarum que domine Ode reddi solent, post ipsius decessum michi et heredi meo solventur. Hanc donationem feci solempniter in capitulo Ursicampi in abbatis presentia et conventus. Quod ut perpetue firmitatis robur obtineat, presentem paginam inde conscriptam sigillo meo roboravi in testimonium et munimen. Actum anno Domini M° CC° X°.

DCLXXXIX.

CARTA GUIDONIS DE AISANCIIS PASCUARUM.

Ego Guido de Erblencourt notum facio omnibus hec visuris in perpetuum quod Iherosolimam profecturus contuli in elemosinam fratribus Ursicampi aisantias pasturarum per terras meas, et hoc donum sollempniter feci in capitulo Ursicampi in prioris presentia et conventus. Quod ut ratum sit, presenti pagine sigillum meum apposui in munimen. Actum anno Domini M° ducentesimo decimo.

1210.

DCXC.

CARTA GUIDONIS DE CENSIBUS DE PRIMPREZ.

Ego Guido, dominus de Erblencourt, notum facio omnibus hec visuris in perpetuum quod in extremis positus, pro salute anime mee legavi ex testamento fratribus Ursicampi XXII solidos et X numuos censuales quos ipsi pro quibusdam terris apud Primprez michi solvebant. Et inde hujus rei testimonium et confirmationem dedi eis hoc scriptum sigilli mei appensione munitum. Actum anno Domini M° CC° XVIII° mense julio.

Julio 1218.

DCXCI.

DE CORVEIIS GUIDONIS DE ERBLENCOURT.

Ego Guido, dominus de Erblencourt, notum facio omnibus hec visuris in perpetuum quod pro salute anime mee, omnino quitavi ecclesie beate Marie Ursicampi corveias quas clamabam in pratis suis tam in morte quam in vita mea, salvis aliis justiciis. Et in testimonium hujus quitancie presentes litteras meo feci roborari sigillo. Actum anno Domini millesimo CC° XVIII°.

1218.

DCXCII.

CARTA GUIDONIS DE AVENA ET CAPONIBUS.

Ego Guido de Erblencourt notum facio omnibus hec visuris in perpetuum quod redditum

Julio 1218.

illum quem fratres Ursicampi hactenus accipiebant apud Chaine tam in avena quam in caponibus, de voluntate et constitutione mea a modo percipient apud Primprez, sicut in carta mea continetur, de nemore etiam quod Tenchunneus dicitur, quod dictis fratribus vendidi, statu i firmiter observandum ut si dampnum aliquod incurrerint, eis plena restitutio fiat. Si vero dicti fratres cum domino Ingerranno composuerint, similiter eorum provideatur indempnitati, et si nemus amiserint, vel pretium quod inde recepi vel tantum valens eis apud Primprez restituatur. Que ut rata permaneant, litteras istas meo roboravi sigillo in testimonium et munimen. Actum anno Domini, M° CC° XVIII mense julio.

DCXCIII.

DE UNO BOVARIO TERRE PHILIPPI ROSEE XXIIII VIRGIS MINUS IN TERRITORIO DE ESTALONS.

Januar. 1246. Omnibus hec visuris; officialis curie Noviomensis, salutem in Domino. Vobis notum facimus quod cum Walterus de Betencourt vendidisset Philippo Rousee unum bovarium terre viginti et quatuor virgis minus, parum plus vel parum minus, site in territorio de Estalons, que terra tenetur, ut dicitur, de ecclesia Premonstratensi in duabus peciis, videlicet juxta molendinum de Estalons unum jornale quatuor virgis minus, et ad pontem de Curchi residuum. Dictus Philippus post modum in nostra presentia in jure constitutus recognovit se vendidisse ecclesie Ursicampi pro quadraginta libris Parisiensibus sibi in pecunia numerata solutis terram memoratam a dicta ecclesia de cetero bene et legitime in proprium habendam, tenendam et possidendam. Ad hec autem presentes fuerunt in jure Ysabella, uxor dicti Walteri, et Mathildis, uxor dicti Philippi, coram nobis, que dictum vendagium dicte ecclesie Ursicampi factum voluerunt, laudaverunt et approbaverunt et in eodem vendagio expresse consenserunt, et quicquid juris in eadem terra habebant vel habere poterant, tam jure dotalicii quam alio jure vel titulo, spontanee et non coacte in manu nostra ad opus dicte Ursicampi ecclesie resignaverunt et guerpiverunt, recognoscentes se recepisse sufficiens excambium pro dotaliciis que in dicta terra vendita habebant, videlicet dicta Ysabella a marito suo sex jornalia terre site juxta viam herbosam de Derlencort, et dicta Matildis unum bovarium terre a marito suo site in valle de Paissillon, et tam dicti Walterus et Philippus quam dicte Ysabella et Mathildis spontanei et non coacti fidem in manu nostra prestiterunt corporalem quod dictam ecclesiam Ursicampi super dicta terra vendita vel super aliqua parte ipsius de cetero non molestabunt nec gravabunt aliquo modo vel aliquo pretextu, nec artem nec ingenium per se vel per alium querent vel queri procurabunt, per que ipsa ecclesia Ursicampi possit aut debeat super eadem terra aut super aliqua parte ipsius in posterum molestari aut gravari aut in causam trahi coram aliquo judice ecclesiastico vel seculari. In cujus rei testimonium et perpetuam firmitatem presentes litteras ad petitionem dictorum W....., Ph....., I..... et M..... sigillo curie Noviomensis fecimus communiri. Actum anno Domini M° CC° XL° VI°, mense januario.

DCXCIV.

DE DUOBUS BOVARIIS TERRE PETRI DE MAHARICOURT APUD ESTALONS.

Jun. 1248.

Omnibus hec visuris officialis curie Noviomensis salutem in Domino. Vobis notum facimus quod Petrus de Maharicourt in nostra presentia constitutus recognovit se vendidisse pro quater vigenti libris parisiensibus in pecunia numerata solutis ecclesie Ursicampi duo bovaria terre ad bovarium Royense site apud Estalons in duabus petiis, videlicet ad molendinum ad ventum una pecia et alia petia juxta molendinum aque domine de Bova. Quam terram dictus Petrus comparavit, ut dicitur, a Waltero dicto de Betencort a dicta ecclesia de cetero bene et legitime in perpetuum habenda, tenenda et possidenda. Ad hec autem fuerunt presentes coram nobis Ysabella, uxor dicti W...., nec non et ipse Walterus qui dictum vendagium voluerunt, laudaverunt et approbaverunt, et in eodem vendagio expresse consenserunt, et dicta Ysabella recognovit coram nobis se habere sufficiens excambium pro dotalicio quod ipsa I..... in dicta terra habebat seu habere debebat, videlicet sex jornalia terre et dimidium site super domum ipsius Walteri, videlicet juxta viam de Derlencort, et per hujusmodi excambium quicquid juris ipsa I..... in dicta terra vendita habebat seu habere poterat tam jure dotalicii quam alio modo spontanea et non coacta in manu nostra ad opus dicte ecclesie resignavit penitus et guerpivit, et tam dicti Walterus et Isabella, ejus uxor, quam dictus Petrus spontanei et non coacti fidem in manu nostra prestiterunt corporalem quod dictam ecclesiam super dicta terra vendita vel super aliqua parte ipsius de cetero non molestabunt nec gravabunt aliquo modo, nec artem nec ingenium per se vel per alium querent per que dicta ecclesia super eadem terra vendita aut super aliqua parte ipsius possit aut debeat in posterum molestari vel gravari, vel in causam trahi coram aliquo judice ecclesiastico vel seculari. In cujus rei testimonium et perpetuam firmitatem presentes litteras ad petitionem dictorum P...., W..... et I..... sigillo curie Noviomensis fecimus communiri. Actum anno Domini M° CC° XL° VIII°, mense junio.

DCXCV.

DE TERRA PETRI DE ESTREES.

Junio 1228.

Universis presentes litteras inspecturis Odo, decanus de Tabula, salutem in Domino. Notum facimus quod Petrus de Estrees, armiger, in nostra presentia constitutus cognovit quod ipse dederat ecclesie Ursicampi in hereditatem perpetuam duas minatas terre libere tam a suo terragio quam ab omni alio jure suo sitas in territorio de Balenviler in duobus locis, videlicet unam minatam contiguam vie que ducit ad Gornacum, et alteram minatam contiguam terre que fuit de elemosina Wiardi Carpentarii, in acquitatione dimidii modii bladi annui redditus quem bone memorie Arnulfus de Haimeviler, pater ipsius Petri, in elemosinam dederat ecclesie supradicte. Margareta vero, dicti Petri uxor, hoc ipsum voluit et ratum habuit coram nobis omni juri quod in duabus minatis terre dictis habebat vel habere poterat fide data renuncians spontanea non coacta. Concessit etiam dictus Petrus supradicte ecclesie ut omnia que acquisivit in territorio de Balenviler in suo feodo, tam dono quam emptione, usque ad hanc diem de cetero in perpetuum libere et pacifice possideat et habeat, salva sibi debita parte campi partis Tenetur autem jam dictus Petrus ferre garandiam supradicte ecclesie super duabus minatis terre predictis contra omnes qui ad jus et legem venire voluerint. Ob hujus rei gratiam recepit quatuor libras parisienses de beneficio ecclesie sepedicte. In hujus rei testimonium, ad petitionem jam dicti Petri et uxoris ejus, sigillo nostro et ipse Petrus sigillo suo presentes litteras sigillavimus. Actum anno Domini M° CC° xx° viii°. iii°, kalendas junii.

DCXCVI.

DE EXCAMBIO TERRE PETRI DE ESTREES.

1231.   Ego Odo, decanus de Tabula, omnibus hec visuris in perpetuum notum volo fieri quod fratres Ursicampi nomine decambii contulerunt Petro de Estrees, filio Arnulfi de Haime viler, circiter unam minatam terre et dimidiam que sita est in territorio de Balenviler pro simili quantitate terre quam idem Petrus in decambium eis assignavit, et sita est in duobus locis territoris memorati. Tenentur autem tam dicti fratres quam memoratus Petrus super hoc decambio legitimam sibi invicem ferre garandiam. Quod ut ratum permaneat, presentem paginam sigillo meo roboravi. Actum anno domini millesimo cc xxx primo.

DCXCVII.

DE FEODO DOMINI PETRI ET TERRIS DE BALENVILER.

Martio 1239.   Ego Petrus de Estrees, miles, notum facio tam presentibus quam futuris quod ego propter evidentem et urgentem necessitatem meam cui aliter commodius subvenire non poteram, vendidi bene et legitime in perpetuum ecclesie Ursicampi pro quingentis libris parisiensibus michi a dicta ecclesia in numerata pecunia ex integro persolutis, tres modiatas terre arabilis site in territorio de Balenviler, et quicquid juris habebam in eisdem. Vendidi etiam totum feodum meum, totum jus et totum dominium meum que habebam vel habere poteram jure hereditario sive alio modo in toto territorio de Balenviler, tam in terris, terragiis, hommagiis, quam in aliis omnibus rebus, nichil juris, nichil dominii, nichil omnino mihi nec meis heredibus in posterum retinens in eisdem. Huic autem venditioni presens fuit uxor mea Margareta que spontanea non coacta dictam venditionem voluit, laudavit et approbavit, recepto prius excambio competente pro dotalicio quod habebat in predictis, videlicet medietatem predicte summe pecunie vel medietatem hereditatis quam intendo de dicta summa pecunie comparare, Presentes etiam fuerunt omnes liberi nostri qui dictam venditionem voluerunt et approbaverunt, et ego, Margareta uxor mea et omnes liberi nostri fidem dedimus corporalem quod dictam ecclesiam super dicta venditione nunquam de cetero molestabimus nec gravabimus, nec per nos nec per alios artem aut ingenium queremus per que dicta ecclesia possit aut debeat super dicta venditione in posterum molestari vel gravari. Sed tam ego quam heredes mei tenemur dictam venditionem contra omnes qui juri et legi parere voluerint, ecclesie supradicte secundum usus et consuetudines patrie fideliter garandire. Ad majorem adhuc firmitatem et securitatem, ego feci tradi ecclesie memorate litteras domini Johannis de Casteignier, militis, avunculi mei, de quo predictum feodum tenebam, litteras etiam Colardi Daridel, armigeri, de quo dictus Johannes avunculus meus similiter dictum feodum tenebat. Qui ambo quitaverunt et in perpetuum renunciaverunt omni juri quod habebant vel habere poterant tam jure hereditario quam alio modo in feodo supra dicto, nichil omnino sibi nec suis heredibus de cetero in eodem reservantes, sicut in eorum litteris super hoc confectis plenius et distinctius est expressum. Ut ergo hec omnia firma et inconvulsa in posterum perseverent, presentem paginam sigillo meo confirmatam sepedicte ecclesie Ursicampi tradidi in testimonium perpetuum et munimen. Actum anno Domini M° CC° XXX° IX°, mense marcio.

DCXCVIII.

CONCESSIO MARGARETE DE ACQUISITIS IN FEODO DOMINI PETRI DE ESTREES.

Ego Petrus de Estreis omnibus hec visuris, notum facio quod ego in perpetuam elemosinam dedi et concessi ecclesie Ursicampi ut omnia que in territorio de Balainviler acquisivit elemosina seu emptione ut excambio, libere et pacifice in perpetuum possideat et habeat, salva tamen garba mea. Dedi etiam et concessi in perpetuum jam dicte ecclesie ut in territorio supradicto de Balainviler de cetero possit acquirere tam emptione quam elemosina seu excambio, absque contradictione mea vel heredum meorum, salvis tamen ventis meis et garba mea, nisi de jure debeo ista percipere. Hoc ipsum voluit et laudavit Margareta uxor mea spontanea non coacta quitans omnino quicquid juris nomine dotis vel alio modo habebat vel habere poterat in supradictis. Actum anno Domini M° CC° XXX° secundo.

1232.

DCXCIX.

DE TERRA JOHANNIS FILII PETRI ENGOUCART IN TERRITORIO DE ESTREES.

Magister Robertus de Avregni, officialis Belvacencis, omnibus presentes litteras inspecturis in Domino salutem. Noveritis quod in nostra presentia constitutus Johannes, filius Petri Engemart, defuncti, de stratis sancti Dyonisii, recognovit se vendidisse in perpetuum abbati et conventui beate Marie Ursicampi, Cysterciensis ordinis, quamdam petiam terre quam habebat in territorio de Estrees juxta crucem Walteri et Estrees, circiter tres minas et dimidiam sementis continentem, quam ab ecclesia Ursicampi tenebat pro x libris et x solidis parisiensibus de quibus dictus Johannes sibi satisfactum fuisse recognovit coram nobis, ita quod si in dicta pecia

Novemb. 1232.

terre plus quam tres mine et dimidia sementis fuerit inventum, de tanto quanto plus inventum fuerit dicto Johanni solvetur ad rationem LX solidorum pro mina, et si minus inventum fuerit, ad illam rationem de emptione cadet. Et quia Eremburgis, mater dicti Johannis, in jam dicta terra dotem habebat ex parte supradicti Petri Engemart, quondam mariti sui, ipsa in nullo coacta sed spontanea voluntate sua, ut coram nobis recognovit, quicquid dotis vel cujuscunque alterius juris in prenominata terre habebat, una cum Johanne filio suo resignavit in manu nostra, et dictis abbati et conventui in perpetuum quitavit pro medietate dicte venditionis, de qua sibi jam satisfactum fuisse coram nobis recognovit. Et tam dicta Eremburgis quam Johannes filius ejus fidem coram nobis prestiterunt corporalem quod de cetero in dicta terra nichil reclamabunt vel facient reclamari per se vel per alium ratione cujuscunque juris, sed ipsam prenominatis abbati et conventui ad usus et consuetudines patrie garandizabunt. In cujus rei testimonium presentes litteras sigillo curie Belvacensis, salvo jure alieno, fecimus communiri. Actum anno domini M° CC° XXXII, mense novembri.

DCC.

DE DUOBUS SEXTARIIS BLADI ET DIMIDIO ANNUI REDDITUS QUOS NOBIS DEBET PETRUS DE FLAVI AD MENSURAM NIGELLENSEM.

Octob. 1311. A tous ceus qui ces presentes lettres verront ou orront, nous, Pierres de Flavi, salut. Sachent tout que nous pour le fait de nos ancesseurs sommes tenu a paier chascun an de rente annuele II setiers et demi de ble a le mesure de Neele, au jour de feste de tous sains ou en dedens, a hommes religieus labbe et le convent de nostre dame de Oscans pour loquoison de seze journeus de terre peu plus ou peu mains que nous avons et tenons ou terroir de le vile de Biart en coste Marchel, qui sont tenu de noble homme mon seigneur Jehan de Launoy, chevalier, et se reconnissons nous et prometons a paier le rente dessus dite as dis religieus d'Oscans ou a leur commandement chascun an au terme deseur dit. Et nous obligons a ce paier et tous nos hoirs et tous nos biens presens et avenir. En tesmoignage des ques choses nous avons ces presentes lettres seelees de no seel, lesqueles furent faites lan de grâce mil trois cens et onze, el mois de octembre.

DCCI.

CONCESSIO DOMINI GAUCHERI DE FRAISNOIS, MILITIS, CENSUS ET DOMINII DOMUS COLARDI CLERICI ET BALDUINI PERMENTARII.

Octob. 1261. Je Gauchers, sires de Fraisnoi, chevaliers, et je Marie de Courtiex, femme au devant dit Gauchier, faisons savoir a tous ceux qui ces lettres verront et orront que nous avons donne et quite pour le salut de ames de nous et de nos ancesseurs en pure et perpetuel aumosne a leglize notre dame de Oscans iii deniers de cens que nous acquestames de Gervaise le Macecrier de Vi, qui la tenoit de nous an fief. Les ques iii deniers on nous devoit seur les masures qui furent Colart Le Clerc de Monnevoisin et Bauduin le permartier, qui sont dedens le pourpris de le maison que cele eglize a a Monnevoisin dessous Montigny Langrin, et avons donne et quite a tous jors a leglize devant dite toute le justice et le seignorie et toute autre droiture que nous i aviens ou deviens avoir par le raison de ces iii deniers de cens et autrement en la cort et ou curtil et en tout le pourpris de le maison devant dite, ne riens, ne droit, ne coustume, ni retenons ne a nous ne a nos hoirs. Et volons et otroions que cele eglize tiegne des ore en avant toute la vigne quele acquesta a Wibelet parmi tex rentes comme cil Wibeles en devoit quant il la tenoit, cest a savoir vii sestiers de vin de vinage et une geline chascun an, et a toutes ces chozes devant dites garder fermement et warandir loiaument a leglize devant dite contre tous ceus qui a droit et a loi en vorroient venir, sauve la droiture le Roy, nous obligons nous et nos hoirs qui sont et qui a venir sont. Et pour ce que ce soit ferme et estable a tous jors, nous avons baillies a le devant dite eglize ces presentes lettres seelees de nos seaus. Ce fu fait en lan del incarnation nostre seigneur Jeshu Crist m. cc. lxi, ou mois d'octembre.

DCCII.

DE TRIBUS BOVARIIS TERRE ET DIMIDIO ET XXXVI VIRGIS GAUFRIDI DE ARVILER CIRCA FRAISNOI.

Universis presentes litteras inspecturis Goderictus, decanus de Parviler, in Domino salutem. Noverit universitas vestra quod Gaufridus de Arviler et Ermentrudis uxor ejus in nostra constituti presentia recognoverunt se vendidisse fratribus Ursicampi tria bovaria terre et dimidium et xxxvi virgas in uno campo sita videlicet citra Fraisnoi, contigua terre domini Bartholomei de Roia. Dicta vero Ermentrudis que in illa terra dotem habere dicebatur, recognocens coram nobis fide firmans quod huic venditioni non coacta prebebat assensum, et quod a predicto viro suo sufficientem commutationem receperat, videlicet quinque bovaria terre sita inter Folies et calceiam que ducit Ambianensem, dictam dotem ad opus dictorum fratrum Ursicampi in manu nostra resignavit, promittens fide et sacramento prestitis quod ipsa nec aliquis per se de predicta terra fratres prefatos aliquatenus de cetero non presumeret molestare, postea vero nos de terra memorata, prout dictum est, in manu nostra resignata fratres investivimus supradictos. Ut hoc autem ratum ac stabile semper maneat, has presentes litteras tam de assensu et voluntate dicte E..... quam de petitione ipsorum fratrum, eisdem fratribus habendas concessimus sigilli nostri appensione munitas. Actum anno Domini m° cc° vicesimo quarto, mense martio.

Martio 1224.

DCCIII.

DE XI JORNALIBUS ET III VIRGIS TERRE DOMINI PETRI DE PRIMIAUS INTER FRAISNOI ET GREUNI, ET CONCESSIO B. DUCIS DE GOIENCORT PRO XXXIII DENARIIS CENSUS.

Omnibus presentes litteras inspecturis, Petrus, miles de Primiaus, et B..... dictus Dux de

April. 1239.

Goiencourt salutem in Domino. Noveritis quod ego Petrus de Primiaus vendidi in perpetuum fratri O..... provisori domus de Greuni, ad opus ecclesie Ursicampi, xi jornalia et tres virgas terre arabilis parum plus p arum minus, totum quod est infra metas, sita in valle inter Fraisnetum et grangiam de Greuni secus viam. Hanc autem venditionem teneor garandire ecclesie Ursicampi pro me et heredibus meis, fide corporali et juramento prestitis, adversus omnes qui juri ac legi parere voluerint ad usus et consuetudines patrie. Insuper venditionem istam volui et concessi salva perceptione fructuum quam habet in dictis xi jornalibus et tribus virgis terre prenominate relicta Roberti de sancto Taurino. Ego vero prefatus B..... dictus Dux de Goiencort, venditionem dicte terre factam a dicto P..... tanquam dominus fundi, volui et concessi, teneorque garandire prefacte ecclesie ad usus et consuetudines patrie prenominate, et dicta ecclesia prefactam terram de me tenebit in perpetuum per triginta et tres denarios parisienses censuales, annuatim michi vel heredi meo apud Goiencort, in crastino nativitatis Domini, persolvendos. In cujus rei testimonium et confirmationem ego B...... dictus Dux, et ego P..... prefatus miles, presentes litteras prefacte ecclesie Ursicampi tradidimus sigillis nostris sigillatas. Actum anno Domini millesimo ducentesimo xxx nono, mense aprili.

DCCIV.

EXCAMBIUM RENALDI DOU PLAISSIE DE XXVII JORNALIBUS TERRE PRO ALIIS XXVIII, JORNALIBUS IN TERRITORIO DE GREUNI.

Aug. 1260.

Je Renaus Waignars del Plaissie, escuiers, jadis fius monseigneur Robert Waignart del Plaissies, chevalier, fas savoir a tons ceus qui ces lettres presentes verront ou orront, que ai fait escange, pour le pourfit de moi et de mes hoirs, a religieus hommes a labbe et au couvent d'Oseans de xxvii jorneus de terre qui estoient de men biretage a le mesure de Roie, qui sient entre Greuni et Fraisnoi, el mont de Greuni, en ii pieches desqueles lune contient xxiiij jorneus, et lautre iii jorneus lesquez xx et vii jorneus je tenoie en fief de me dame Marie de Framicort, jadis femme monseigneur Raoul de Categnies, chevalier, a xxviii jorneus de terre seans ou terroir de Fraisnoi en ii pieches desqueles lune contient xxiiii jorneus en i lieu que on apele a iii puis, et lautre contient iiii jorneus desur le marcais dame Aelis, a le voie de Longue Estoie, desquels xxvii jorneus li abbes et li couvens devant nomme estoient en paisible possession de lonc tamps en tele maniere que jo et mi boir tenrons des ore en avant a tous jors les xxvii jorneus devant dis, qui furent labbe et le couvent devant nomme, en fief de madame de Framicourt devant dite, en tel point et en tel estat et de ses oirs, comme je tenoie pardevant les xxvii jorneus qui sont devant nommes, et li abbes et li couvens devant dit averont et tenront bien et en pais de ore en avant a tous jors les xxvii journaus de terre devant dit qui furent de men hyretage, et a cest escange, si comme il est devise devant, me dame Marie devant dite cest assentie bonnement, pour che quele et si boir averont des ore en avant a tous jours tele seignorie et tele droiture del tout es xxviii jorneus de terre devant dis, comme elle et si boir avoient et pooient avoir es xxvij jorneus de terre devant nommez, liquel mouvoient de men byretage, et je et Sesille, me fame, avons creante par nos sairemens, et par le foi de no cors fianchie, que encontre cest dit escange jamais des ore en avant nous nirons ne querrons art ne engien par quoi li abbes et li convens devant nommez soient greve, ne moleste, ne empeeschie des ore en avant del devant dit escange par nous ou par autre ne en court de crestiente ne en court laie, et tant comme a ces convenances appartient, je et me femme renunchons plainement a toute aide de droit et a toutes exceptions qui porroient estre mises en avant contre cest devant dit escange et contre ces presentes lettres par quoi li abbes et li convens devant nomme peussent estre destourbe ne greve. Et a toutes ces chozes devent dites, je Renaus devant nomme ai obligie moi et mes hoirs et mes successeurs a tenir fermement a tous jors mais, et pour ce que ceste choze soit ferme et estable, je Renaus devant nommes ai baillie a labbe et au convent devant nommez ces presentes lettres seelees de men seel. Ce fu fait en lan del incarnation Nostre Seigneur M. cc. LX. ou mois daoust.

DCCV.

DE X SEXTARIIS TERRE, DUOBUS CAPONIBUS ET UNO DENARIO, TRIBUS SEXTARIIS FRUMENTI ET XII DENARIIS APUD SALENCHI ET FRANCELI, DE ELEMOSINA NATRI R. DE SANCTO QUINTINO.

Omnibus presentes litteras inspecturis, officialis sancti Quintini salutem in Domino. Noverint universi quod Johannes Makeriaus et Margareta ejus uxor, burgenses de Sancto Quintino, nostri subditi, in nostra presentia propter hoc personaliter constituti, recognoverunt se propter urgentem et evidentem necessitatem suam cui commodius subvenire non poterant, vendidisse bene et legitime, quitasse bene et guerpisse in perpetuum in omnibus bonis punctis, Roberto Sarrasin, burgensi de Sancto Quintino, decem sextariatas terre parum plus vel parum minus, duos capones et unum denarium, tres sextarios frumenti, et XII denarios annuos Parisienses, dictum Johannem jure hereditario contigentes. Que sestariate site sunt in talibus territoriis, videlicet in territorio de Salenchi ad viam de Maissemi una sextariata, inter Salenchi et Holenon due sextariate viginti virge minus, una sextariata ad Ruam versus spinam de Salenchi, et due sextariate xx virgis minus in campo de Bussonchaus, juxta viam de Perona, tres mencaldate et una virga es larris de vallibus de Aubeterre, XL et IX virge ad nemus Huberti Longi, et videlicet in territorio de Franceli una sextariata x virge minus, juxta Curtile Marcelli, et au Martroi j. mencoldata et quatuor virge. In Campo Assummorceirs una mencoldata et quatuor virge ex una parte et in eodem campo XVI virge ex alia parte. Dicti vero duo capones et unus denarius percipi debent apud Selenchi super masuram de Belin, et dicti tres sextarii frumenti et XII denarii debent percipi in eadem villa super masuram Reneri Croket. Et ea omnia idem Johannes et Margareta uxor ejus coram nobis prefato Roberto quittaverunt in perpetuum et guerpierunt ab eodem Roberto et ejus heredibus sive successoribus in perpetuum possidenda et tenenda. Insuper dicta Margareta predictam venditionem approbans et acceptans expresse quitavit in perpetuum prefacto Roberto et ejus heredibus sive successoribus omne jus quod habebat vel habere poterat in predictis omnibus tam ratione dotis sive donationis propter nuptias quam alio quocunque titulo, nichil sibi juris re-

Junio 1241.

tinens in eisdem, et promittens bona fide quod si Johanni marito suo supervixerit, ipsa in viduitate sua quittationem predictam faciet, et renovabit ubicumque voluerint dicti Robertus vel ejus heredes sive successores, ad sumptus ipsius Roberti et ejus heredum, si super hoc ex parte ipsorum fuerit requisita. Et recognovit eadem Marga quod spontanea voluntate sua ulla vi vel metu mariti sui vel alterius ad hoc ducta, predictis venditioni, quitationi et guerpitioni consentiebat. Preterea supradicti Johannes et Marga firmiter creantaverunt fide et juramento prestitis quod nunquam venient per se vel per alium contra dictam quittationem, nec querent artem vel ingenium aliquatenus molestandi prefatum Robertum vel ejus heredes sive successores super premissis vel aliqua parte premissorum. Quod si facerent vel fieri procurarent, ipsi tenentur reddere ante litis alicujus ingressum supradicto Roberto et ejus heredibus sive successoribus xx libras Parisiense nomine pene, nichilominus predictis omnibus in suo robore permansuris. Et eidem Johannes et Marga ejus uxor expresse renunciantes in hoc facto omni privilegio crucis indulto vel indulgendo a quibuscumque personis, omni juris et legum auxilio, omni consuetudini et statuto, omni exceptioni lesionis, deceptionis et que de jure vel de facto posset obici contra presens instrumentum aut contra conventiones anotatas, quominus teneant aut valeant in futurum, et maxime dicta Margareta expresse renuntians exceptioni dotalicii repetendi. Concesserunt quod ubicunque fuerint per censuram ecclesiasticam compellantur ad omnia predicta et singula inviolabiliter observanda, si presumpserint in aliquo contrahire. Et fidem prestantes de omnibus predictis observandis se supposuerunt quantum ad premissa nostre juridictioni. In cujus rei testimonium presentes litteras sigillo officialitatis nostre fecimus roborari. Actum annno Domini millesimo ducentesimo quadragesimo primo, mense junio.

DCCVI.

CONCESSIO DOMINI JOHANNIS DE FRANSIERES DE DECIMA WALTERI MUSTELET IN TERRITORIO DESPARMONT.

Maio 1225.   Ego Johannes, miles et dominus de Fransieres, omnibus presentes litteras inspecturis in perpetuum notum facio quod ego donationem decimarum quas Walterus Mosteles tenebat de me, et in elemosinam in extrema voluntate sua contulit ecclesie Ursicampi, volui, et tanquam dominus firmiter in perpetuum tenendam concessi. In hujus rei testimonium presentes litteras dedi ecclesie supradicte sigillo meo sigillatas. Actum anno gratie millesimo cc. xxv., mense maio.

DCCVII.

ELEMOSINA EWRARDI DE FOILLEUSES DE UNO MODIO FRUMENTI ET CALUMPNIA MARIE UXORIS EJUS DE ESSARTO APUD DISTRICTUM DE FOILLEUSES.

1191.   Petrus, abbas Sancti-Justi, et magister Drogo de Moy, domini Belvacensis officialis universis fidelibus in perpetuum notum fieri volumus quod Maria, uxor Evrardi de Foilleuses, et Rogerus eorum filius coram me, Sancti Justi abbate, recognoverunt elemosinam dicti Evrardi, unum scilicet modium frumenti quem ecclesie Ursicampi dederat in grangia sua de Foilleuses annuatim persolvendum, et eandem elemosinam benigne concesserunt et bona fide tenendam pleviverunt. Preterea dicta Maria calumpniaverat essartum quod predicte ecclesie fratres fecerant apud districtum de Foilleuses in quo jus dotalicii se habere asserebat. Hanc autem calumpniam tam ipsa Maria quam Rogerus, filius ejus, quitam clamaverunt, et medietatem campiparti de eodem essarto provenientis quod fratres emerant a Waltero de Nuvereto, concesserunt, ut tanquam propriam ad grangiam suam ducerent. Terram quoque quam prefate ecclesie in elemosinam dederat Hubertus li Comtes, dicta Maria et Rogerus ejus filius fratribus ipsius ecclesie in perpetuum possidendam salvo jure sui terragii concesserunt. Ad majorem autem securitatem sepedicti, Maria et Rogerus hec omnia que benigne concesserant fide tenenda pleviverunt. Testes Maricius, Radulfus, canonici Sancti-Justi, etc. Hec autem omnia concessit Symon de Nuvereto de cujus feodo sunt omnia supra dicta. Testes Galterus et Galterus conversi, etc. Ut autem hec omnia rata permaneant et immota, presentem paginam inde conscriptam sigillo Belvacensis curie interim communire curavimus sigillo domini Belvacensis episcopi in posterum confirmandam. Actum anno Verbi incarnati M° c° xc primo.

DCCVIII.

ELEMOSINA PETRI MAJORIS DE FOILLOEL DE I MODIO FRUMENTI IN GRANGIA EJUS DE FOILLOEL.

Omnibus hec visuris officialis curie Noviomensis salutem in Domino. Noveritis quod Petrus major de Foilloel in nostra presentia constitutus contulit et concessit in puram elemosinam ecclesie Ursicampi unum modium frumenti ad mensuram Calniacensem capiendum et habendum ex parte dicte ecclesie super hereditate dicti Petri et Agnetis uxoris sue, in grangia dicti Petri apud Foilloel. Hoc modo videlicet post decessum ipsius et Agnetis uxoris sue totum dictum modium integraliter annis singulis ad festum beati Remigii, in capite octobris, et altero ipsorum P. et A. defuncto, dicta ecclesia medietatem dicti modii libere in dicta grangia percipiet et habebit singulis annis termino predicto, et post decessum amborum totum modium integrum, sicut superius est annotatum, et dicta Agnes ad hec coram nobis constituta dictam elemosinam voluit, laudavit et approbavit, et in eadem elemosina expresse consensit, et in omnibus aliis in presenti scripto contentis, et quicquid juris in toto dicto modio habebat vel habere poterat jure dotalicii vel alio modo dicte ecclesie de auctoritate et assensu dicti P... mariti sui in elemosinam contulit et concessit. In cujus rei testimonium et perpetuam memoriam presentes litteras ad petitionem dictorum Petri et Agnetis ejus uxoris sigillo curie Noviomensis fecimus communiri. Datum et actum anno Domini M. cc. quinquagesimo octavo, mense novembri.

Novemb. 1258.

DCCIX.

CONCESSIO DOMINI JOHANNIS DE FERIERES DE QUIBUSDAM PASCUIS IN TERRITORIO DE FERIERES ET DE FOILLOEL.

Junio 1263.   Je Jehans, chevaliers, sires de Foilloel, fas savoir a tous ceus qui ces lettres verront que comme il eust descort entre leglize Notre-Dame d'Oscans et moi des wis pastures dou terroir de Ferieres et dou terroir de Foilloel, de ce que je disoie que les bestes de leglize devant dite ne pooient ne ne devoient aler es wis pasturages devant dis, et cil de leglize devant dite disoient que il en avoient use par si long tamps que il nen devoient ne nen pooient estre jete par raison, je seur ce enquis la verite, et quant je leu enquise, pour ce que descors nen peust estre dore en avant, pour Dieu et pour estre es biens fais de leglize, et pour les ames a mes anchisseurs, leur otroi que dore en avant pour les bestes de leglize a tous voissent quitement et en pais et sanz contredit es wis pasturages des terroirs devant dis et que des ore en avant eles nen soient jetees, ne ni soient prises ni arrestees, ne par mi ne par mes hoirs. Et pour ce que ne je ne mi hoir en puissions dore en avant venir en contre, je leur ai baillies ces presentes lettres seelees de men seel. Ce fu fait en lan de lincarnacion Notre Seigneur Jesu Crist mil deus cens soissante et trois, el mois de juignet.

DCCX.

DE DECIMA JOHANNIS PRESBITERI DE YAUECOURT APUD GENVRI.

1208.   Guillermus, Ariensis prepositus et Noviomensis cancellarius, omnibus hec visuris in Domino salutem. Notum fieri volumus quod Johannes de Caumont, presbiter de Yauecourt, decimam illam quam de nobis tenebat apud Genvri assensu et voluntate matris sue, fratrum et sororum suarum, in manu nostra resignavit. Nos autem de eadem decima ecclesiam Ursicampi investivimus dictam decimam in perpetuum possessuram. Quod ut ratum permaneat, presens scriptum sigilli nostri munimine fecimus roborari. Actum anno Domini millesimo ducentesimo octavo.

DCCXI.

DE DECIMA SYMONIS DE BETENCOURT INTER NOVIOMUM ET GENVRI.

1200.   Stephanus, Dei gratia Noviomensis episcopus, universis presentes fidelibus hec visuris in perpetuum notum fieri volumus quod Symon de Betencort junior dedit in elemosinam porte Ursicampi quicquid decime habebat tam in vino quam in blado in territorio Noviomense inter Versam fluviolum et montem Sancti-Symeonis, villam que Genvry dicitur, et quicquid decimationis ad jus ejusdem Symonis pertinens inter has metas in futurem contingere potest. De hac autem decima dedit in puram elemosinam quinque modios, tres vini et duos bladi. Residuum vero decimationis hujus nichilominus in elemosinam contulit ita tamen quod pro singulis modiis bladi de substantia portarii decem libras et pro singulis modiis vini centum solidos monete Parisiensis in recompensatione accepit. Hujus elemosine donationem fecit Symon sollempniter in capitulo Ursicampi, et postea super altare ecclesie posuit coram multis. Item hanc decimam in manu nostra resignavit dictus Symon, et nos de eadem per manum Lamberti monachi portam investivimus Ursicampi. Donationem istam concessit Margareta, uxor ejusdem Symonis, et jus dotalici quod habebat in medietate ejusdem decime quitum clamavit et in manu nostra reddidit, sic tamen quod coram nobis congruam ac sibi placitam recompensationem accepit, aliam scilicet medietatem de Orestmonx, supra illam quam in dotalicio habebat, sicut in autentico facto quod tempore donationis hujus innovatum et sigillo nostro confirmatum est continetur. Hec concesserunt liberi Symonis et Margarete, Rainaldus, Elizabeth, Cecilia, Emmelina. Istam nichilominus donationem concesserunt Symon pater et Emmelina mater sepedicti Symonis, Matheus quoque Sancti-Quintini canonicus, et Hugo, fratres ipsius, et liberi ejusdem Hugonis, Johannes et Elizabet. Agnes etiam, soror ipsius, hoc concessit cum liberis suis, Roberto, Rainaldo, Symone, Eustachia, Ada et Agnete. Id ipsum concesserunt nepotes ejusdem Symonis, Wido et Radulphus de Belloramo. Ad hec sciendum quod memoratus Symon fide interposita plevit se hanc elemosinam contra omnes qui ad justitiam venire voluerint, sicut justum fuerit, warandire, et in super de hoc ipso Symon, senior de Betencourt, obses ac debitor, Rainerus autem de Magniaco et Hugo de Betencourt, plegii remanserunt. Porro predicta Margareta interposita fide plevivit quod in hac decima nichil in posterum reclamaret. Ut ergo memorata donatio salva in posterum porte Ursicampi permaneat et illesa, presentem paginam in robur et testimonium rei geste conscriptam sigilli nostri patrocinio fecimus communiri. Acta sunt hec anno Verbi incarnati millesimo ducentesimo.

DCCXII.

CONCESSIO DOMINI JOHANNIS ROIA DE EXCAMBIO TERRARUM JOHANNIS COTELE DE THOLA PRO TERRA QUAM DEDIT NOBIS DOMINUS ROGO DE ROIA APUD ANDECHI.

Ego Johannes de Roia, dominus de Monchi et de Garmeni, notum facio omnibus hec visuris quod Johannes Cotele de Thola fecit decambium cum fratribus Ursicampi tradens eis terram suam arabilem quam de me tenebat in feodo, videlicet ad metam sancti Martini v jornalia et xxvii virgas, in valle Belli i bovarium et xlv virgas et dimidiam, in Marchasio v jornalia et i virgam et in monte de Greuni xi jornalia ii virgis minus. Recepit autem ab eisdem fratribus totam terram quam iidem fratres habebant apud Andechi ex dono avi meidni Rogonis de Roia, videlicet decem bovaria et xl virgas terre arabilis. Quia vero prescriptum decambium absque assensu meo firmum esse non poterat, ego, ad petitionem domini Johannis, abbatis Ursicampi, et prenominati Johannis Cotele, ipsum decambium ratum fore benigne concessi, ita

1207.

tamen idem Johannes terram de Andechi a fratribus acceptam in feodum meum reposuit, sicut terra illa quam fratribus tradidit de meo feodo tenebatur. Hec ergo ut in perpetuum rata sint, presentibus litteris inde conscriptis sigillum meum appendi in testimonium et munimen. Actum anno gratie M° CC° VII°.

DCCXIII.

CONCESSIO DOMINI BARTHOLOMEI DE ROYA DE EXCAMBIO TERRE JOHANNIS VILAIN DE GREUNI.

1223.

Ego, Bartholomeus de Roia, camerarius Francie, notum facio omnibus hec visuris quod Johannes Vilains, filius Roberti Cavelier de Greuni, dedit in excambio fratribus Ursicampi sex boveria terre arabilis quam habebat in quinque frustis ultra viam que ducit ad Peronam versus domum dictorum fratrum de Greuni, pro sex boveriis et uno jornerio terre arabilis quam habebant in quinque frustis circa villam de Greuni, VII scilicet jorneria in duobus frustis juxta terras dicti Johannis retro Greuni, et in Cuileus sex jorneria et dimidium jorneri et in wada tria jorneria et residuum in campo de elemosina qui fuit de terra Prestrel. Et hoc factum est de assensu et voluntate mea de quo Johannes predictus terram illam in feodo tenebat, quam quitam et liberam sepe dictis fratribus in perpetuum concessi possidendam terram quam sepedicto Johanni per ista reddiderunt in meo feodo restituta. Quod ut ratum permaneat, presentes litteras sigillo meo signatas tradidi sepe dictis fratribus in testimonium et munimen. Actum anno gratie M° CC° XX° tertio.

DCCXIV.

DE XI BOVARIIS TERRE ROGONIS DE TRACHI SITE APUD GREUNI. HOC CONCESSESUNT MULTI.

1191.

Stephanus, Dei gratia Noviomensis episcopus, universis fidelibus tam futuris quam presentibus in perpetuum notum fieri volumus quod miles quidam Rorgo de Trachiaco vendidit fratribus Ursicampi XI bovaria terre apud Greuni CXXXII libras atrebatensis monete et in manu Soiberti, officialis nostri, titulo elemosine reddidit, qui de eadem per manum fratris Gaufridi, monachi Ursicampi, ecclesiam investivit. Plevivit autem idem Rorgo quod hanc conventionem bona fide teneret et contra omnes calumpnias ipsam terram dictis fratribus warandiret. Hoc etiam concesserunt et tenendum similiter pleviverunt Ivo et Philippus fratres ejus et Ivo nepos ejusdem, dominus de Trachiaco. Testes Hugo, decanus Noviomensis ecclesie, Johannes, nepos cantoris, etc. Ne qua ergo super hoc predictis fratribus in posterum molestia inferatur, presentem paginam tam sigilli nostri impressione quam prescriptorum testium assertione fecimus communiri. Actum anno dominice incarnationis M° C° nonagesimo primo.

DCCXV.

ELEMOSINA RADULFI DUCIS DE GREUNI DE I BOVARIO TERRE APUD HAISEROLES.

Sept. 1219.

Ego Radulfus Dux de Greuni, omnibus presentes litteras inspecturis notum facio quod ego dedi unum bovarium terre ecclesie beate Marie de Ursicampo apud Haiseroles in elemosinam hereditarie possidendum. Et ut hoc ratum et firmum habeatur, presens scriptum sigilli mei munimine roboravi. Actum anno incarnationis dominice M° CC° XIX°, mense septembri.

DCCXVI.

DE QUINQUE BOVARIIS ET DIMIDIO ET LXXX VIRGIS TERRE DOMINI RADULFI DUCIS DE GOIENCOURT, SITE ANTE PORTAM DE GREUNI.

Ego Radulfus, primogenitus domini Radulfi cognomento Ducis de Goiencort, notum facio omnibus hec visuris in perpetuum quod terram meam arabilem quinque bovariorum et dimidii et circiter octoginta virgarum ad mensuram Roiensem, que sita est ante portam grangie fratrum de Greuni, vendidi fratribus Ursicampi sub estimatione pretii viginti duarum librarum pro una quaque bovaria. Hoc concessit domina Mauducta mater mea, et jus dotalicii quod in eadem terra habebat quitum clamavit, fide prestita quod nichil ibidem in posterum reclamaret. Hoc etiam concesserunt fratres mei Rogo et Florencius sororesque mee Maria cum Balduino viro suo, et Agnes, qui omnes pleviverunt quod in illa terra nichil in posterum reclamarent. Ad majorem quoque firmitatem, dominus Petrus de Kikeri, miles, de quo memoratam terram tenebam in feodo, hoc benigne concessit, nichilque ibidem sibi vel heredibus suis retinuit, fidemque dedit quod contra omnes qui ad justitiam et legem venire voluerint, tanquam dominus garandiret. Hiis addiciendum quod eandem terram in manu ejusdem Petri de Quiqueri resignavi et ipse de ea fratres Ursicampi tanquam dominus investivit. Quod ut ratum permaneat et immotum, presentem paginam meo roboravi sigillo in testimonium et munimen. Actum anno domini millesimo CC° sexto decimo.

1216.

DCCXVII.

EXCAMBIUM DOMINI RADULFI PONSTEATERE, CAPELLANI ROIENSIS.

E......, decanus, et capitulum Roiense universis presentes litteras inspecturis salutem in Domino. Notum facio quod dominus Radulfus cognomento Ponstatere, capellanus ecclesie, habebat terram sitam in territorio de Greuni, pertinentem ad cappellaniam suam. Fratres similiter Ursicampi habebant terram ville de Roia satis vicinam concordantibus. Ergo dicto R..... capellano et dictis fratribus in unum consideratis quod utrarumque partium utilitatibus (conveniret), de bonorum virorum consilio fecerunt inter se excambium in hunc modum. Dedit itaque dictus R..... capellanus dictis fratribus Ursicampi duo bovaria et dimidium bovarii et XXIII virgas et tria quarteria unius virge terre arabilis site in territorio de Greuni, secus semitam que ducit a Roia ad grangiam de Greuni fratrum predictorum, videlicet juxta terram que fuit Mathei Cerarii, quondam burgensis Roiensis, que terra libera est ab omnibus preterquam a decima, pro terra ejusdem libertatis et similis quantitatis una eadem mensura

1238.

virga ad virgam mensuratam, quam terram dicti fratres habebant in territorio Roiensi sitam videlicet juxta locum qui Vetus Castellum nuncupatur. Nos vero attendentes commodum dicte capellanie que consistit in ecclesia nostra, et presertim ad nostram donationem ôt juridictionem, ad petitionem sepedicti R...., capellani, dictum excambium fieri concessimus, laudavimus et approbavimus, et tenemur nos dictis fratribus et ipsi fratres dicto R..... capellano et suis successoribus dictum excambium in perpetuum fideliter garandire, prout in presentibus litteris nostris et litteris dictorum fratrum super hoc confectis plenius continetur. In cujus rei testimonium et perpetuam firmitatem presentem paginam sigillo nostro fecimus communiri. Actum anno Domini M° CC° XXXVIII°.

DCCXVIII.

ELEMOSINA JOHANNIS JOUVART DE GREUNI DE VIII JORNALIBUS TERRE APUD HAISEROLES ET RETRO DOMUM WARINI DUCIS.

Jul. 1248.

Ego, Johannes Jouars de Greuni, notum facio omnibus presentes litteras inspecturis quod ego pro remedio anime mee contuli in puram et perpetuam elemosinam ecclesie beate Marie Ursicampi in quo loco eligo michi sepulturam et volo sepeliri, si me contigerit decedere in patria mea, quinque jornalia sita a Haizeroles, et tria jornalia sita juxta terram que fuit quondam domini Willelmi dicti Ducis, retro domum Warini dicti Ducis, volens et concedens ut ista collatio inter vivos facta irrevocabiliter firma permaneat et inconvulsa, retento tantum michi usufructu in predictis octo jornalibus terre quamdiu vixero. In cujus rei testimonium presentes litteras dicte ecclesie tradidi sigillo meo sigillatas. Actum anno Domini M° CC° XL VIII, mense julio.

DCCXIX.

DE VII JORNALIBUS TERRE XIIII VIRGIS MINUS GOBERTI DE KIKERI, INTER GREUNI ET ROIAM.

1248.

Ego Gobertus de Kikeri omnibus presentes litteras inspecturis notum facio quod ego pro necessitate mea abbati et conventui Ursicampi vendidi VII jornalia terre XIIII virgis minus sita inter grangiam de Greuni et Roiam pro certo et justo pretio plenarie michi a dictis abbate et conventui pecunia numerata persoluto. Teneor autem dictam venditionem prefatis abbati et conventui legitime garandire, et prefatos abbatem et conventum servare indempnes, si aliquo tempore aliqua dampna incurrerint vel consta aut expensas fecerint occasione defectus garandire legitime, vel occasione hac videlicet quod ego dictis abbati et conventui litteras nobilis viri Simonis domini Nigelle super approbatione ejusdem S. dictam venditionem approbantis non tradidi, et super quantitate prefatorum dampnorum, coustorum et expensarum simplici verbo abbatis predicti absque alie probatione ego et heredes mei credere tenemur et tenebimur. Preterea ego G. omnibus hec visuris notum facio quod ego prenominatis abbati et conventui debeo quinquaginta solidos parisienses quos ab eisdem abbate et conventu recepi mutuo in pecunia numerata. In testimonium autem rerum superius expressarum litteras presentes predictis abbati et conventui sigillo meo tradidi sigillatas. Datum anno Domini M° CC° XL° VIII, dominica post festum apostolorum Petri et Pauli.

DCCXX.

DE DOMO NOSTRA QUAM TENET R.... FAUKES APUD GREUNI PER XL SOLIDOS ANNUI ET PERPETUI REDDITUS.

A tous ceus qui ces presentes lettres verront et orront, Thoumas, dis li Seliers, a cel tamps maire de Roie, garde de par le Roy don seel de le baillie de Vermendois establi a Roie, salut. Sachent tuit que par devant nous est venus en se propre personne Raous Fauques de Fraisnoi, si comme il dit, et a reconnu que il a pris a religieus hommes et honestes labbe et le convent de l'eglise Notre Dame d'Oscans, un manoir que li dit religieus avoient a Greuni li ques manoirs fu jadis Bauduin le maieur de Greuni, si comme on dit, tout ainsi comme il se comporte dehors et dedens les murs a tous jours hyretaulement a tenir a lui et a sen hoir a cens parmi XL s. de Paris chascun an, a paier a deus termes, cest a savoir a le Saint-Jehan Baptiste, le premiere qui est a venir, xx sols de Paris, et xx sols de Paris au Noel apres ensievant. Et ensi ensievant cascun an XL sols de Paris a tous jors perpetuellement a rendre et a paier as deus termes devant dis, et doit li devant diz Raous retenir le devant dit manoir en tel estat comme il est, ou en milleur, et se il fondoit ou kaioit des maisons dou dit manoir ou des murs, li diz Raous ou si hoir les doit remetre ou refaire en estat deut, aussi souffissant ou plus comme il les prent, dedens lan que il ou si hoir en seront requis des diz religieus ou de leur procureur, et a tout ce tenir et aemplir que dessus est dit, et sour lamende le Roy, a li dis Raous obligie envers les devant diz religieus labbe et le convent ou le porteur de ces lettres son propre cors à tenir en prison serree et ses hoirs et tous ses biens et les biens de ses hoirs, meubles et non meubles, presens et a venir, a prendre, vendre, lever, saisir et detenir partout, a champ et a ville, par toutes manieres de justice, sans nul meffait. En tesmoignage des quez chozes nous avons ces lettres seelees don seel de le baillie dessus dite, sauf le droit le Roy et l'autrui. Ce fu fait en lan de grace mil et trois cens, el mois de jenvier, le mardi devant le Thiephaine.

Jan. 1300.

DCCXXI.

VENDITIO JOHANNIS LE CAT DE ROYA DE XI JORNALIBUS TERRE ET XXXVI VIRGIS INTER ROIAM ET GREUNI.

Universis presentes litteras inspecturis, officialis Ambianensis in Domino salutem. Noveritis quod Johannes dictus li Kas de Roia et domicella Margareta de Chessoi ejus uxor recognoverunt coram nobis se vendidisse in perpetuum ecclesie Ursicampi pro sexies viginti et septem libris et sexdecim solidis parisis sibi persolutis XI jornalia et XXX virgas vel circiter terre

Aug. 1249.

site in territorio de Roya inter Royam et Greuni. Dicta vero domicella que in dicta terra vendita dotalicium se habere dicebat, coram nobis recognoscens et juramento firmans quod huic venditioni spontanea non coacta benignum prebebat assensum, et quod a dicto J..... marito suo sufficiens et sibi gratum receperat excambium videlicet viginti quinque jornalia terre site in territorio de Pouppaincourt in una pechia que quondam fuit Philippi de Faveroles, dictum dotalicium in manu nostra ad opus dicte ecclesie spontanea resignavait, promittentes juramento prestito tam ipsa domicella quam J...., maritus ejus, quod contra hujusmodi venditionem de cetero non venirent nec dictam ecclesiam aut aliquem ex parte ipsius super ea per se vel per alium nomine dotalicii seu aliquo alio nomine aliquatenus molestarent nec molestari procurarent. In cujus rei testimonium presentes litteras confici fecimus et sigillo curie Ambianensis roborari. Actum anno Domini M° CC° XL° IX°, mense Augusto.

DCCXXII.

EXCAMBIUM CUM EGIDIA, UXORE HANEQUIN DE QUARREPUIS, ARMIGERI.

1286.

Je Gile de Fay, femme jadiz Jehan, dit Hanequin, de Quarrepuis, escuier, fas savoir a tous ceus qui ces lettres verront et orront que je, pour men grand pourfit apparent, ai donne, otrie et doins et otroi en pur et perpetuel escange a religieus hommes labe et le convent d'Oscans x journeus de terre peu plus ou peu mains que je avoie de mon heritage seant el teroir de Greuni tot en une pieche, entre Greuni et Tilloi, tenant a le terre Flourent Grivele et le terre Flourent le Jone dune part, et a le terre as devant diz religieus d'autre part, pour x journeus de terre peu plus ou peu mains que li dit religieus homme li abbes et li convens d'Oscans mont donne en pur et perpetuel escange hiretablement, seanz el teroir de Waescourt, en iij pieches, c'est a savoir iij journeuz peu plus ou peu mains seanz entre le couturele et Quarrepuis, et tenant au chemin qui va de Roie a Neele iii journeus peu plus ou peu mains, el camp que on dit as Moutiex iiii journeus peu plus ou peu mains. Et les x journeus devant diz qui sont en une pieche que je lor ai donnez en escange, ensi comme il est devant dit, tenoie je de noble homme mon cher seigneur monseigneur Raoul de Clermont, seigneur de Neele, connestable de France, parmi v sols de paris de cens, cascun an, lequel cenz je dois et deverai sor les dis jorneus que li dit religieus mont donne en escange, et je promech et ai creante par le foi de men cors que je en aquiterai a tousjors les devant diz religieus, et les x jorneus que je lor ai donnez en escange quitement et delivrement, et que je ensi lor garandirai ces dis jornens que je lor ai donnez en escange, et en seront carchie de cel cens li x jornel quil mont donne en escange en tel maniere que se je ne lor pooie garandir en aucun tamps a venir les x jorneus que je lor ai donne en escange quitement et delivrement, li dit religieus ou lor commandement porroient revenir quitement et franchement as iii pieches de terre devant devisees sanz meffait et sauz contredit, et tenroient aussi franchement comme il faisoie devant cel present escange, et je ou mi hoir ou mi successeur qui aroient cause de moi revenriemes aussi as x jorneus devant diz qui sont en une pieche que je lor ai donne en escange, et les tenriemes parmi le cens devant devise, aussi comme je fasoie devant cest escange. Et à ce tenir bien et fermement sans aler encontre, oblige je moi et mes hoirs et mes successeurs et tous mes biens

TITULUS VILLABUM.   443

presens et a venir. Et pour ce que ce soit ferme choze et estable a tous jors je ai seelees ces presentes lettres de men propre seel, et en plus grant seurte je ai prie et requis a mon chier seigneur monseigneur de Neele devant dit, quil weille greer, consentir et otroier cest present escange en la maniere quil est devant devise et quil weille mettre son seel avec le mien a ces presentes lettres. Et je Raous de Clermont, sires de Neele, conestables de France, a le proiere et a le requeste damoiselle Gile devant dite, ai volu et vuell, gree et otroi, tant comme en moi est, cest present escange en le fourme et en le maniere quil est devant devise, et ai mis men seel a ces presentes lettres avec le sien saus mes drois et lautrui. Ce fu fait a Neele en lan de grasse mil cc. quatrevins et sis, le mardi apres les octaves de le nativite saint Jehan Baptiste.

DCCXXIII.

ELEMOSINA JOHANNIS GRIVILER DE QUATUOR BOVARIIS TERRE IN TERRITORIO DE FALEVIOEL.

Stephanus, Dei gratia Noviomensis episcopus, in perpetuum. Noverint universi quod Johannes Grivilers et Galdinus ejus filius terram suam de Falevioel circiter iiij bovaria ecclesie Ursicampi in elemosinam facta resignatione in manu nostra contulerunt, retentis tamen terre fructibus patri quamdiu vixerit, post cujus decessum predicta terra cum fructibus suis cedet libera et immunis in jus ac possessionem ecclesie Ursicampi. Quod si voluerit in eadem domo habitum religionis suscipere, statim ipso ad religionem transeunte transibit cum ipso ad ecclesiam Ursicampi integra possessio predicte terre. Nos ergo in robur et testimonium predicte donationis presentem paginam sigili nostri karactere ac testium subscriptione duximus communire. S. fratris Gaufridi de Nigella, monachi Ursicampi, etc. Actum Nigelle, in domo nepotis fratris Gaufridi, anno Verbi incarnati M° c° xc° secundo. Datum per manum Petri cancellarii.

1192.

DCCXXIV.

CONCESSIO DOMINI PETRI DICTI WIGNON DE GOIENCOURT DE UNO BOVARIO TERRE XXXIIII VIRGIS MINUS IN VALLE DE GOIENCORT, QUEM VENDIDIT, RADULFUS DE CHANLE, GENER EJUS

Ego Petrus Wignons de Goencort, miles, omnibus presentes litteras inspecturis notum facio quod Radulfus de Chanle, gener meus, et Ysabellis, uxor ejus, filia mea, vendiderunt in perpetuum ecclesie Ursicampi unum bovarium triginta quatuor virgis minus terre site in valle de Goencort et ab omnibus emancipate preter decimam. Ego vero de quo dicti Radulfus et Ysabellis tenebant dictam terram, dictam venditionem volui tanquam dominus, et concessi ut ecclesia Ursicampi dictam terram in perpetuum libere et pacifice habeat et possideat, nichil juris in ipsa terra michi vel meis heredibus retinendo. Et sciendum quod ista terra comparata est de denariis datis in elemosina conventui Ursicampi pro anima bone memorie domini

Décemb. 1239.

Thome de Genveri. In cujus rei testimonium et munimen presentes litteras sigilli mei munimine roboratas dedi ecclesie supradicte. Actum anno Domini м° cc° xxx° ix°, mense decembri.

DCCXXV.

CONCESSIO DOMINI BALDUINI DUCIS DE GOIENCORT DE EXCAMBIO TERRE ALBRICI FILII TENARDI DE ROIA.

Maio 1224.

Ego Balduinus de Goencort, miles, Dux cognomine, notum facio tam presentibus quam futuris quod Albricus, filius Tenardi de Roia, homo meus, de consensu meo et de mea voluntate a meo removit feodo unum bovarium terre sue site in valle de Goencort, et commutavit illud bovarium terre fratribus Ursicampi, et concessit eis libere et quiete in perpetuum possidendum pro uno bovario alterius terre site inter Chempieng et Quadratum puteum in meo feodo reposite et restitute, et de dicta terra a meo remota feodo, sicut predictum est, dicti fratres Ursicampi suam possunt facere voluntatem, nec pro ea in aliquo modo servitio tenebuntur, et ut dominus prefatam terre teneor eis garandire contra omnes illos qui juri et legi parere voluerint. Ut hoc autem ratum permaneat et inconcessum, ad ejusdem abbatis petitionem, presentes litteras exinde confectas fratribus habendas concessi sigilli mei munimine roboratas. Actum anno Domini м° cc° vicesimo quarto, mense maio.

DCCXXVI.

CARTA CAPITULI ROIENSIS DE EXCAMBIO DOMINI LAMBERTI CAPELLANI.

Decemb. 1239.

E... decanus et capitulum Roiense omnibus presentes litteras inspecturis salutem in Domino. Notum facimus quod magister Lambertus, capellanus noster, dedit fratribus Ursicampi in perpetuum excambium tria boveria et dimidium bovarium et xxix virgas terre ad virgam sancti Georgii site in valle de Goencort in duobus locis, videlicet secus viam que ducit apud Goencort novem jornalia et xii virgas, et secus viam que tendit a Roia versus Lihons v jornalia et xvii virgas, et terre iste libere sunt ab omnibus consuetudinibus et rebus aliis preter quam a decima. Has ergo terras prenotatas dedit, sicut dictum est, prefatus Lambertus fratribus memoratis in excambium tenendas in perpetuum et habendas pro terris ejusdem libertatis, ejusdem mensure et quantitatis, videlicet pro tribus bovariis et quinquaginta quinque virgis sitis in campo qui dicitur Des Fossez, juxta semitam que ducit a Sancto Georgio usque ad Crapoutmesnil, et pro uno jornali et dimidio et xxiiii virgis sitis apud vetus castrum Roye. Nos vero sine quorum assensu et voluntate istud excambium fieri non poterat, quum terre quas dictus Lambertus tradidit dictis fratribus erant de capellania ejusdem Lamberti que consistit in ecclesia nostra Roiensi et pertinet ad nostram donationem et jurisdictionem, dicte capellanie commodum attendentes, ad petitionem sepedicti Lamberti, capellani nostri, dictum excambium fieri concessimus, volumus et approbamus, et tenemur ad invicem nos dictis fratribus et dicti fratres nobis et dicto capitulo dictum excambium fideliter garandire. Et sciendum quod cum nos haberemus III denarios annui census super uno jornali et dimidio et XXIIII virgis terre antedicte site apud vetus castrum Roie, quam terram dicti fratres a dicto capellano receperunt, que terra sita est secus viam que tendit a Roia versus Lihons. In cujus rei testimonium et perpetuam firmitatem presentes litteras sepedictis fratribus Ursicampi tradidimus sigillo nostri capituli confirmatas. Actum anno Domini millesimo cc° xxx ix, mense decembri.

DCCXXVII.

CONCESSIO JOHANNIS, CASTELLANI NOVIOMI ET THOROTE, DE ELEMOSINA DOMINI PHILIPPI DE VIGNEMONT, SCILICET DE CAMPARTO QUOD HABEBAT IN OMNIBUS TERRIS QUAS COLEBAMUS AD JUS IPSIUS PERTINENTIBUS, ET DE CAMPARTO TERRARUM ILLARUM QUAS HOMINES GORNACI COLEBANT. — ITEM DE I. CARRUCATA TERRE VERSUS ANTOLIUM ET MANAGIO IN EADEM TERRA.

Ego Johannes, castellanus Noviomi et Thorote, universis fidelibus tam futuris quam presentibus in perpetuum notum volo fieri quod miles quidam Philippus de Vinecmonte, homo meus, Jherosoliman profecturus, dedit in elemosinam monasterio beate Marie Ursicampi campartum quod habebat in omnibus terris quas fratres Ursicampi tum excolebant ad jus ipsius pertinentibus, insuper et campartum terrarum illarum quas homines Gornaci excolebant, pace perpetua contulit possidendum. Dedit preterea idem Philippus predicto monasterio unam carrucatam terre circa villam que Antolium dicitur sitam, quam Heldiardi uxori sue dederat in dotalicium, concedente eadem Heldiarde, similiter et managium quod edificaverant in eadem terra, ea tamen conditione quod tam ipse quam uxor ejus terre simul et managii usum, quamdiu viverent, possiderent, et, post utriusque decessum, ad jus predicti monasterii tam terra quam managium absolute et libere reverterentur. Hec omnia statuimus et concessimus tam ego quam predictus Philippus in ecclesia beate Marie Noviomi, presente et hoc idem attestante Radulfo, comite Suessionensi. Testes Hugo decanus Noviomi etc. Ego vero et ipse communiter inde investimus predictum manasterium per manum domini Guidonis, abbatis ejusdem loci. Plevivit quoque predictus Philippus in manu nostra jam dicti Radulfi, comitis Suessionensis, bona fide tenendam et conservandam eandem elemosinam. Ego etiam nichilomines in manu ejusdem comitis plevivi eam pro posse meo fideliter warandire, et inde plegium et obsidem me constitui. Et ut hec omnia majorem obtineant in posterum firmitatem, ea super altare predicti monasterii ego et predictas Philippus obtulimus. Testes Radulfus, comes Suessionensis, etc. Ne qua vero super eadem terra prescriptis fratribus molestia debeat pervenire, eam nominatim duximus exprimendam. Terram scilicet de valle Heluidis, haiam que circa managium et terram que est super eamdem hiam, et terram que est subtus eandem haiam. Quod si hec non sufficiunt ad unam carrucatam prescriptis fratribus perficiendam, de cultura ipsius Philippi que est juxta viam que tendit ad Monchi perficietur. Hanc Philippi elemosinam concessit Rainaldus, predicti Philippi frater, et ipsius Rainaldi filius Ni-

1289.

cholaus, et in manu mea pleviverunt bona fide tenendam, et warandisiam adversus omnes ferendam. Testes Gilebertus Salicius etc. Hoc idem concessi apud Ursicampum Johannes, predicti Renaldi filius primogenitus, et in manu sepedicti Philippi, patrui sui, bona fide tenere et pro posse suo warandire plevivit, et cum patre suo et fratre eandem elemosinam super quoddam altare sepedicte ecclesie obtulit. Testes Girardus, prior Ursicampi, etc. Et ne qua super hiis omnibus in posterum adversus sepe dictos fratres questio suscitetur, presentem paginam sigilli mei impressione communire curavi. Actum est hoc anno Verbi incarnati M° CC° octogesimo nono.

DCCXXVIII.

ELEMOSINA AGNETIS, UXORIS BALDUINI DE FURNIVAL, ET FILIORUM EJUS DE HIISQUE HABEBANT IN TERRITORIO GORNACI ET FUSNIVILE, IN TERRA, IN AQUA ET PASCUIS, PRO VIJ MODIIS FRUMENTI CENSUS.

In nomine summe et individue Trinitatis, ego Odo, Dei gratia Belvacensis episcopus, notum fieri volo universitati fidelium presentium et futurorum quod Agnes, uxor Balduini de Furnival, et filii sui et filia, videlicet Lescelinus et Hubertus et Erma, dederunt in elemosinam sancte Marie Ursicampi quicquid habebant et habere debebant in territorio Gornaci et Fusniville in terra et aqua et pascuis, sub hoc censu scilicet ut eidem Agneti per singulos annos reddantur a fratribus Ursicampi usque ad octavum diem post festum sancti Remigii VII modii de frumento quod cresceret in eadem terra. Et hoc actum est et concedente Petro de Triecoc, Gervini filio, et uxore sua et filiis, a quo videlicet Petro predicta Agnes ea que prediximus in feodum tenebat. Quod ut inconvulesum permaneat, sigillo nostro corroboravimus et probabilium personarum testimonio confirmavimus. S. Haimerici prioris ecclesie de Buglis. S. Rainaldi subprioris de Ursicampo, etc. S. Walteri de Pompona, etc.

DCCXXIX.

CONCESSIO RENALDI LESCACHIER DE GORNACO, ALBERTI, FILII DOMINE VILLANE, ET DOMINI ALBERTI DE FAIEL, DE ACQUISITIS ET AISANTIIS IN TERRITORIO GORNACI AD IPSOS PERTINENTIBUS.

Ego Bartholomeus, Dei gratia Belvacensis episcopus, omnibus sancte matris ecclesie filiis tam futuris quam presentibus in perpetuum universorum notitie volumus commendari et nulla temporum successione deleri quod Rainaldus Escachiers et Albertus, filius domine Villane, Albertus quoque de Faiel concesserunt in elemosinam fratribus Ursicampi libere possidendum quicquid de terris eorum propriis vel feodatis sive a cultoribus eis terragium persolventibus ubicunque vel quoquo modo hactenus acquisierunt vel deinceps acquirere poterunt, exceptis feodatis. Duos tamen modios, unum frumenti, et alium avene quos de feodo eorum Radulfus Daridellus annuatim recipit in granea Arcusvallis, concesserunt fratribus acquirendos, tempore autem messis fratres Ursicampi Gornacum ad predictorum militum hospitia mittent, ut terragium suum recipiant. Quod si non venerint vel miserint fratres, illis non expectatis Gornacum terragium suum eis deducent. Quod si predicti milites fratres suspectos habuerint ne terragium suum eis injuste dederint, fratres se juste terragium dedisse simpliciter verbis asserent. Deinde si milites addubitaverint, et majorem a fratribus certitudinem exegerint, fratres unum de serventibus suis id plevire facient, et milites nichil ab eis ultra exigent. Concesserunt etiam prefati milites predictis fratribus omnes aisantias tam in aquis quam in pascuis sive viis vel quibuscunque aliis rebus in territorio Gornaci ad ipsas pertinentibus. Hoc concessit Belvaci, in presentia nostra, Rainaldus li Escachiers et duo filii ejus, Manasses et Nicholaus. Testes sunt Johannes archidiaconus, etc. Apud Arcusvallem vero concessit hec eadem Albertus, filius domine Villane, omnes, et calumpnias quas adversus fratres Ursicampi habuerat et precipue pro ponte et viis et fossatis eorum in quibus piscari volebat et omnibus aisantiis in territorio Gornaci ad eum pertinentibus quitas clamavit et in manu Ebrardi de Ressons, decani nostri, apud Arcusvallem werpivit, qui scilicet tunc ibi ex parte nostra affuit, et ecclesiam Ursicampi per manum domini Guidonis abbatis investivit. Hec omnia concessit idem Florencius, frater predicti Alberti. Testes sunt Ebrardus, decanus de Ressons, etc. Ut ergo hec rata permaneant, presentem paginam tam sigilli nostri impressione quam testium presciptorum astipulatione volumus muniri. Actum anno Verbi incarnati M° C° LXXV°.

DCCXXX.

ELEMOSINA RAINALDI LESCACHIER DE GORNACO DE VII MINIS FRUMENTI CENSUS ET DE AISANTIIS INTER MOLENDINUM GORNACI ET DESPERMONT.

Ego Philippus, Dei gratia Belvacensis episcopus, notum volo fieri tam futuris quam presentibus quod Rainaldus Escachiers de Gornaco dedit in elemosinam fratribus Ursicampi septem minas frumenti que ei in granea Arcusvallis annuatim persolvebantur, insuper et omnes aisantias ad molendinum construendum quas inter molendinum ejus de Gornaco et molendinum de Espermont facere poterunt. Quando autem hanc elemosinam fratribus in presentia mea ipse et filius ejus Manasses concesserunt, testes affuerunt quorum signa et nomina subsecuntur, Signum Henrici, fratris mei, etc. Ubi vero predicti Renaldi Nicholaus et Elizabeth liberi et Walterus ipsius Elizabeth maritus hanc elemosinam apud Cuvelli concesserunt, testes interfuerunt hii, Evrardus decanus etc. Et ne hoc beneficium fratribus collatum aliqua in posterum deleat oblivio, presentem inde paginam volui conscribi, eamque tam sigilli mei impressione quam testium presciptorum assertione muniri. Actum est hoc anno ab incarnatione Domini, M° C° LXXX II°.

1182.

DCCXXXI.

CONCESSIO PETRI DE TRIECOC DE FEODO BALDUINI DE FURNIVAL, INTER FURNIVAL ET ARCHONVAL.

Ego Odo, Dei gratia Belvacensis episcopus, notum fieri volo universitati fidelium quod Petrus

1188.

de Triecoc satisfaciens precibus domini Galeranni, abbatis de Ursicampo, concessit in elemosinam ecclesie beate Marie predicti loci feodum totius illius terre quam Balduinus de Furnival a predicto Petro apud Archenvallem, et Fuscinevillam in feodum tenebat. Hujus concessionis testes sunt Petrus de Holdovillari, etc. Hec concessio facta est apud Triecoc, anno dominice incarnationis M° C° XXXVIII°. Hoc autem ut ratum permaneat, sigilli nostri impressione munire curavimus.

DCCXXXII.

CARTA DOMINI HUGONIS DE GUNI DE VINEA SANCTI PAULI ET DE ROLLOIR ET TORCULARE ET MANSIONE QUE PERTINENT AD PREDICTAM VINEAM.

1203.

Ego Hugo, dominus de Guni, omnibus tam presentibus quam futuris notum facio quod ego vendidi dilecto sororio meo Simoni juniori de Sarmaises et karissime sorori mee Margarete, uxori ejus, duas vineas, unam videlicet que vocatur clausum sancti Pauli et aliam que vocatur vinea de Rolloir, et torcular et mansionem que pertinent ad predictam vineam de Rolloir, cum omni justitia et districtu. Et hec omnia assensu et concessione domini mei Johannis de Trnegni, de quo hec omnia ipsi Symoni et uxori ad voluntatem suam faciendam absque omni onere in perpetuum tenenda concessi, ita quod nec ego nec predictus dominus aliquid juris in predictis retinuimus. Et ut hoc ratum permaneat, presens scriptum meo feci sigillo communiri. Actum anno dominice incarnationis M° CC° tertio.

DCCXXXIII.

QUITATIO HAVIDIS DE VARESNES DE VINEA DE GUNI.

Feb. 1226.

Ego Hugo, miles, cognomento Haves, notum facio omnibus hec visuris quod Hawidis de Varesnes, uxor mea, quitat in perpetuum spontanea non coacta monachis Ursicampi quiquid juris in medietate totius vinee de Guni que dicitur clausum sancti Pauli, nomine dotalicii vel alio modo habebat vel habere poterat, et ad hoc fideliter et firmiter observandum se astrinxit per interpositam in manu officialis Noviomensis corporalis fidei cautionem, consentiente me ipso et approbante omnia ista, qui eram cum ea coram dicto officiali propter hoc personaliter constitutus, qui etiam hec omnia fideliter observanda in manu ejusdem officialis fiduciavit. Actum anno Domini M° CC° XX° VI°, mense februario.

DCCXXXIV.

CONCESSIO JOHANNIS DE TRUEGNI DE EODEM.

1203.

Ego Johannes de Truegni omnibus presentis scripti inspectoribus notum facio quod ego concessi Symoni juniori de Sarmaises et Margarete uxoris ejus et heredibus eorum duas vineas quas dominus Hugo de Guni in feodum de me tenebat et ipse volunta eis vendidit, unam videlicet que vocatur clausum sancti Pauli et aliam que dicitur vinea de Rolloir, et torcular et mansionem que pertinent ad illam cum omni justitia et districtu, ita quod de eis integre voluntatem suam facient et absque aliquo honere in perpetuum tenebunt, ita etiam quod nec ego nec dominus Hugo de Guni aliquid juris in predictis retinuimus, scilicet totum integre cum dominio et fundo eis tenenda concessimus. Et ut hoc ratum permaneat et inconvulsum, presens scriptum meo feci sigillo communiri. Actum anno Verbi incarnati M° CC° tertio.

DCCXXXV.

CONCESSIO DOMINI DE COCIACO DE CLAUSO SANCTI PAULI, DE VINEA ROLLOIR ET TORCULAR.

Ingerrannus, dominus Cociaci et comes Perticensis, omnibus qui presens scriptum inspexerint, notum fieri volumus quod Hugo de Guni, consilio et voluntate mea, Symoni juniori de Sarmaises et Margarete uxori ejus et heredibus ejus duas vineas quas tenebat de Johanne de Truegni in perpetuum vendidit, unam videlicet que vocatur clausum sancti Pauli et aliam que dicitur vinea de Rolloir et torcular et mansionem que pertinent ad illam cum omni justitia et districtu, ita quod nec nos nec ipse Hugo de Guni nec predictus Johannes de Truegni aliquid juris in predictis retinuimus, sed hec omnia integre cum dominio et fundo et absque aliquo honere in perpetuum tenebunt. Et ut hoc ratum permaneat, presens scriptum nostro fecimus sigillo roborari. Actum anno Domini M° CC° tertio.

1203.

DCCXXXVI.

DE VINEA DE GUNI QUE DICITUR CLAUSUM SANCTI PAULI, QUAM VENDIDIT DOMINUS DE OFFEMONT.

A tous ceus qui ces presentes lettres verront, je Ansous, chevaliers, sires d'Offemont, et je Marie de Abbecort sa femme, faisons savoir que nous pour nostre pourfit avons vendu bien et loyaument a leglize nostre dame d'Oscans a tenir quitement et en pais a tous jours toute no vigne ke nous aviens si comme ele se porte entre le vigne d'Oscans et le vigne de Couci, laquele vigne nous aviens, acquise de noble femme Hauvi, dame de Varesnes, et Florent, dit Havet, son fils, chevalier et seigneur de Fourcheville, bien et loiaument, si comme il est contenu en leur chartre, pour trois cens libres de Paris, de quez nos grez est fais en deniers ses que nous avons recheus de le dite eglise. Et est a savoir que nous avons vendue le devant dite vigne a le dite eglize a tous jors, quite et delivre et franche de tous seignorages, de toutes rentes, de toutes coustumes et de toutes autres redevanches, sauf ce que elle doit disme, et quanke nous iaviens ou poiens avoir en le dite vigne, nous avons quitie et otroie a le dite eglize, ne rien ni avons retenu, a nous ne a nos hoirs, dore en avant a tous jors, et nous et nostre hoir sommes tenu a warandir permenablement contre tous le dite vigne si comme nous

Junio 1262.

lavons vendue et baillie a ledite eglize en le maniere devant dite. Et promettons en bone foi quen contre ledit marchiet ne venrons dore en avant par nous ne par autrui, ne nequerrons art ne engien par quoi ledite eglize puisse ne doie estre grevee ne molestee dore en avant seur le marchie devant dit. Et pour ce que ce soit ferme et estable a tous jors, nous avons ces presentes lettres baillies a le devant dite eglize seelees de nos seaus. Ce fu fait l'an del incarnation nostre seigneur mil deux cens LX° II, ou mois de juing.

DCCXXXVII.

CARTA DOMINI ODONIS DE HAMO DE PEDAGIIS ET TRANSVERSO PER TOTAM TERRAM SUAM.

1178.

Ego Odo, dominus Hamensis, notum volo fieri tam futuris quam presentibus quod, concedente Elizabeth uxore mea et filio meo Odone, pro remissione peccatorum meorum et predecessorum meorum, dedi in elemosinam fratribus Ursicampi et universo ordini Cysterciensi ut per totam terram meam securi et liberi eant et redeant, ullumque wienagium sive transversum, quantum ad meam attinet proprietatem, michi meisque successoribus in perpetuum exsolvant de his videlicet rebus que ad eorum proprios usus transferentur. Ut ergo hoc elemosine mee beneficium ulla possit oblivione deleri, presenti scripto volui commendari, et ut ratum consistat, sigilli mei impressione et testium subscriptorum astipulatione confirmari decrevi. Signum domini Gonteri, abbatis ecclesie Hamensis, etc. Actum est hoc anno ab incarnatione Domini M° C° septuagesimo octavo.

DCCXXXVIII.

DE QUATUOR FALCATIS PRATI APUD CONDRAN.

Junio 1223.

Magister Richardus, canonicus Noviomensis, omnibus presentes litteras inspecturis salutem in Domino. Noveritis quod ego divine pietatis intuitu et ob remedium anime mee donavi in perpetuum ecclesie Ursicampi quatuor falces pratorum apud Condran sitas. In cujus rei testimonium, ut hoc ratum sit et firmum, presens scriptum sigillo meo feci communiri. Actum anno domini M° CC° XX tertio, mense junio.

DCCXXXIX.

CONCESSIO DOMINI PETRI DE HAMEVILER ET ALIORUM DE VIA AB ARCUSVALLE APUD WARNAVILER ET ERROSIAS SINE BIGIS ET QUADRIGIS ET PECORIBUS.

1176.

Ego Philippus, Dei gratia Belvacensis electus, notum volo fieri tam futuris quam presentibus quod Petrus, dominus de Hameviler, concessit in elemosinam fratribus Ursicampi universoque ordini Cysterciensi et se warandire plevivit ut in terris suis et hominum suorum in territorio de Hamenviler semitam habeant de Arcusvalle vergentem versus Warnaviler, quam ipsi et eorum familie sive socii, pedites et equites, ad domos suas de Arrosiis scilicet et Warnaviler compendiosius incedant, verumptamen quadrigas vel bigas seu pecora per eandem semitam non deducant. Hanc eandem semitam concessit Odo Herlis miles predicti Petri in terris suis prescriptis fratribus habendam. Hoc etiam concesserunt apud Hamainviler fratres prenominati Petri, Arnulfus, Symon, etc. Ne ergo fratres pro hac semita a Petro sive ejus successoribus ulterius molestentur, vel ab eisdem preter quam a Petro concessum est in posterum presumatur, utriusque partis acquiescens postulationibus, presens cyrographum volui conscribi et utranque ejus partem tam sigilli mei impressione quam testium subscriptorum assertione roborari. S. Eurardi, decani de Ressons, etc. Actum est hoc anno incarnationis dominice M° C° LXXVI.

DCCXL.

CONCESSIO DOMINI PETRI DE HAMEVILER DE DONIS ET GARBIS QUE HABEBAT EGIDIUS LI TAILLIERES IN XIII MINATIS TERRE INTER VIAM DE GORNACO AD COMPENDIUM.

Ego Petrus, dominus de Hameviler, notum facio omnibus presentes litteras inspecturis quod cum fratres Ursicampi haberent XIII minatas terre arabilis site inter viam que ducit de Gornaco ad Compendium et Hameviler, in qua terra Egidius li Taillieres et Matildis uxor ejus habebant campartum et dona garbarum, dicti fratres Ursicampi, propter libertatem terrarum suarum acquirendam, dederunt prefactis Egidio et Matildi centum solidos parisienses et unum modium bladi et duas minatas terre de supradictis XIII minatis jam dictis Egidio et Matildi et eorum heredibus in perpetuum possidendas, et Egidius et Matildis uxor ejus supradicti quitaverunt in perpetuum fratribus Ursicampi totum campartum et dona garbarum et totum jus quod habebant vel habere poterant quocunque modo in terra memorata, fidemque dederunt corporalem tam Egidius quam Matildis supradicti quod illis XI minatis terre antedicte nichil in perpetuum reclamarent, nec per se nec alios fratres Ursicampi quoquomodo super hoc molestarent, sed tenentur omnia supradicta jam dictis fratribus secundum usus et consuetudines patrie fideliter garandire. Ego vero de quo dicti Egidius et Matildis tenebant terragium et dona garbarum antedicta, istam permutationem volui et approbavi, et concessi quod fratres Ursicampi antedictam libere et pacifice cum camparto et donis garbarum antedictis in perpetuum possideant et habeant. Que ut ratum permaneant, presentes litteras sigillo meo sigillatas ad petitionem dictorum Egidii et Matildis uxoris ejus fratribus Ursicampi tradidi in testimonium perpetuum et munimen. Actum anno Domini M° CC° XX° IX°, mense martio. *Martio 1229.*

DCCXLI.

ELEMOSINA DOMINI PETRI DE HAMEVILER DE GARBIS.

Ego Petrus, dominus de Hameviler, notum facio omnibus hec visuris quod ego, pro salute anime mee et antecessorum meorum, dedi in puram et perpetuam elemosinam ecclesie beate *Martio 1236.*

Marie Ursicampi omnia garbarum dona que habebam in terris grangie de Archonval. Hanc autem elemosinam in capitulo Ursicampi in multorum presentia recognovi. Actum anno Domini M° CC° XXX° VI°, mense martio.

DCCXLII.

ELEMOSINA DOMINI PETRI DE HAMEVILER DE MOLENDINO DE SALICE, ET CONCESSIO UXORIS ET FILIORUM EJUS BERNARDI DOMINI DE ANGEVILER, DE QUO TENEBATUR IN FEODUM, ET DOMINI WILLEMI DE MELLO.

1187.

In nomine sancte et individue Trinitatis, Amen. Ego Philippus, Dei gratia Belvacensis episcopus, universis fidelibus in perpetuum notum fieri volumus quod Petrus, dominus de Hameviler, in extremis positus dedit in elemosinam ecclesie Ursicampi, presente domino Guidone, abbate ejusdem loci, quodam molendinum quod dicitur de Salice, salvis redditibus qui de ipso molendino statutis temporibus reddebantur. Hujus elemosine largitioni testantur Guido, abbas Ursicampi, et Odo monachus, Bartholomeus, presbiter de Hameviler, Henredus, conversus Ursicampi, Bernardus, dominus de Angiviler, et Odo Herlis, milites. Hanc elemosinam concessit Lucia, uxor predicti Petri, liberi que ipsorum Willemus, Marga et Martina. Bernardus etiam, dominus de Angeviler, ipsius Petri consanguineus, de quo Petrus molendinum tenebat in feodum, hoc concessit, et in manu Adam, decani de Triccoc, qui loco nostro aderat, reddidit, qui scilicet decanus de eadem elemosina prefactam Ursicampi ecclesiam investivit per manum Gileberti, monachi ejusdem loci. Plevivit et ipse Bernardus quod hanc elemosinam contra omnes qui ad justitiam vellent venire, tam in ecclesiastica quam in laica curia, warandiret. Hoc preterea fratris sui Petri beneficium concesserunt Arnulphus, Ermengardis et Maria. Omnium prescriptarum concessionum testes sunt, Adam, decanus de Triccoc, etc. Hoc etiam concessit Willelmus, dominus de Mello, de quo sepedictus Bernardus molendinum tenebat in feodum, quod testantur hii : Engerbertus, conversus Ursicampi, etc. Ut ergo hec elemosina fratribus Ursicampi legitime collata inviolabilem obstineat firmitatem, presentem cartam inde conscriptam tam prescriptorum testium astipulatione quam sigilli nostri impressione fecimus communiri. Actum est hoc anno verbi incarnati millesimo centesimo LXXX° VII°.

DCCXLIII.

CONCESSIO DOMINI JOHANNIS DE HANGEST DE III JORNALIBUS ET LXV VIRGIS TERRE SITE IN VALLE DE LE BATAILLE.

Jul. 1287.

Je Jehans, sire de Hangest, fas savoir a tous ceus qui ces lettres verront et orront, que a le requeste de Perron Wignon de Goiencourt, escuier, men homme, jai baillie ces presentes lettres a labbe et au couvent notre dame d'Oscans en confermement de l escange que li abbes et li convens devant diz avoient fait a mon seigneur Robert Wignon, chevalier, en son vivant pere le devant dit Pierron, cest a savoir de trois jornaux de terre et LXXV verges peu plus ou peu mains qui estoient du fief que li devant diz Robers tenoit de moi, et que Pieres ses fix tient maintenant de moi, et siet le terre ou val de le bataille, tenant a le terre notre dame d'Oscans de deus pars, a deus buivere de terre, peu plus ou peu mains, tout en une pieche, que li abbes et li convens devant diz avoient, et tient cele terre a le voie qui va de Roie a Fraisnoi dune part et a le terre mon seigneur Jehan de Falevi dautre part, les quez deus boviers de terre li abbes et li convens a donne au devant dit Pierron men homme, et il les remet en men fief pour les trois jorneus et soissante quinze verges de terre dessus dites qui estoient de men fief, que li devant dis Pierres a donne au devant dit abbe et convent en escange, ainsi comme il est dessus dit. Et je Jehans, sire de Hangest, weill, gree et otroie commes sires cest escange dessus dit, et weill que li abbes et li convens dessus dit tiegnent les III jorneus et soissante quinze verges aussi paisiblement et en morte main, et en autele maniere comme ils tenoient les deus bouviere de terre dessus dites, et pour ce que ce soit ferme choze et estaule, je ai ces presentes lettres seeles de men seel. Ce fu fait en lan de grace mil cc lxxx et sept, ou mois de juillet.

DCCXLIV.

CONCESSIO DOMINI AUBERTI DE HANGEST DE UNO BOVARIO TERRE INTER WAESCORT ET GREUNI.

Ego, Aubertus de Hangest, miles, omnibus presentes litteras inspecturis notum facio quod Rainerus d'Estalons, filius Alberici Croisset, militis, et Florencia uxor ejus vendiderunt Roberto de Sancto-Taurino, burgensi Roiensi, et heredibus suis duo bovaria terre in uno campo site inter villam de Waescort ex una parte et villam de Greuni ex altera, quam terram Johannes Jowars, cognomine de Greuni, dedit dicto Rainero cum Florentia sorore sua ad maritagium, et quam terram prefatus J. tenebat de feodo meo. Illam vero terram ego, memoratus Aubertus, miles, dicto Roberto et heredibus suis sine aliqua actione et sine aliquo servitio faciendum ergo me et heredes meos libere et quiete concessi in perpetuum possidendam. In cujus rei testimonium presentes litteras sigilli mei dicto Roberto tradidi roboratas. Actum anno Domini M° cc° xxx primo, mense martio.

Martio 1231.

DCCXLV.

COMPOSITIO INTER NOS ET DOMINUM DE HANGEST DE CAMPARTIS TERRARUM IN DIVERSIS LOCIS.

A tous ceus qui ces presentes lettres verront et orront, dam Bertrans de Wignies, moingne de leglize Nostre Dame de Oscans, Jehans de Bergues et Pieres Brochars salut. Sachent tout que comme descors et debas fussent meu entre noble homme et poissant monseigneur Aubert de Hangest, chevalier, seigneur de Genli, dune part, et religieus hommes et honnestes labbe et le convent de leglize Nostre Dame de Oscans d'autre part, seur ce que li devant diz mesire Aubers disoit et affermoit que en plusieurs pieches de terre ci-desous nommees il

Aug. 1305.

avoit et devoit avoir de xii garbes de terrage les deus, cest a savoir en sis setiers de terre a le cave Oudart Rose, tenant a le vigne Grossepoire, en iii setiers de terre tenans a le terre Renaut Grossepoire et au mont d'Olivet, et en seze setiers de terre en le cousture, au debout desous en droit le buisson Maucuivert. Item, en onze setiers de terre par dela outre le buisson Maucuivert et le foise a liaue, et en ii setiers de terre dessous voie par devers le pre Sainte-Marie, tenant a le terre maistre Florent. Et en iiii setiers de terre entre le bruiere et le bos Renaut de Lacheni qui fu. Item, en wit setier de terre entre le bruiere et le saus Renaut. Et li abbes et li convens de leglize dessus dite affermans le contraire et disans qui li droit des deus garbes dessus dites appartenoit a eus et ne mie audit monseigneur Aubert, et comme li dit abbes et convens et me sires Aubers dessus nommez sen soient mis seur nous tant comme en arbitres ou amiaules apaiseurs, a ce que nous oies les raisons dune part et dautre, nous dou debat dessuz dit en puissiens ordener et pronunchier du haut et du bas a nos plainnes volentez, et ce que nous en dirons et prononcherons doit estre tenus dians sans aler encontre, et nous Bertrans, Jehans et Pierres dessus nommez, arbitres et apiseurs des debas dessus diz, oies les raisons de lune partie et de lautre, ois leurs temoins bien et diligemment et souffizamment examinez de nous, disons et pronunchons tout troi ensamble dun acort en notre dit et ordenance que li drois du terrage des ii garbes dessus dites, cest a savoir en seze setiers de terre en le cousture au debout dessous en droit le buisson Maucuivert et en onze setiers de terre par de la outre le buisson Maucuivert, demourra et sera des ore en avant ou tous jors as diz religieus des ore en avant tant seulement, et li drois dou terrage des ii garbes dessus dites, cest a savoir en trois setiers de terre joignans a le voie de la Taule, tenans a le terre Renaut Grossepoire et au mont d'Olivet, et en ii setiers de terre desus voie par devers le pre Sainte-Marie tenant a le terre maistre Florent de Roye, et en quatre setiers de terre entre le bruiere et le bos Renaut de Lacheni qui fu, et en wit setiers de terre entre le bruiere et le saus Renaut, et en vi setiers de terre en le cavee Oudard Rose, et a le vigne Grossepoire, demourra et sera des ore en avant a tous jours au dit monseigneur Aubert et a ces hoirs ou a chiaus qui de lui aront cause. Et che avons nous dit et pronunchiet, disons et pronunchons en notre dit et ordenanche. En tesmoing de che, nous, Bertran, Jehans et Pierre dessus nommez, avons ces lettres seelees de nos seaus, et en plus grant confirmation des choses dessus dites, et pour ce que nulle des parties ne puist aler encontre a tamps a venir, nous avons supplie et requis a nos chiers et ames seigneurs monseigneur Aubert de Hangest et labbe et le convent dessus dis que il a ces presentes lettres avec nos saingnes vausissent mettre leurs seaus en approvant les chozes dessus dites. Et nous, Aubers de Hangest, chevaliers, sire de Genli, et Jehans, abbes de leglise Nostre Dame d'Ourscans et li convens de ce mesme lieu, a le priere des diz arbitres, avons mis nos seaus a ces presentes lettres avecques les seaus des dis arbitres. Ce fu fait en lan de grace mil ccc et chuinc, el mis de aoust.

DCCXLVI.

CARTA PETRI DE HYENCOURT APUD DIVAM.

1211. Ego Petrus, dominus de Hyencourt, notum facio omnibus hec visuris quod concessi fratribus Ursicampi ut terras quas hactenus acquisierunt ad jus meum pertinentes libere et quiete perpetuo possideant, salvo michi et heredibus meis camparto. Et ut hoc ratum sit, litteras dictis fratribus tradidi sigilli mei munimine roboratas. Actum anno gratie M° CC° IX°.

DCCXLVII.

DE TERRA WILLELMI MUIDEBLE, QUE VOCATUR LI CANS SOIBERT.

Ego Willelmus, dictus Muideble, armiger, dominus de Hyencourt et de Dive le Franche, omnibus presentes litteras inspecturis notum facio quod ego dedi fratribus Ursicampi in perpetuum excambium unam modiatam terre ab eis libere et pacifice perpetuo possidendam et habendam, contiguam marisco de Arborea, que terra vocatur li Cans Soibert, pro quatuor modiis bladi quos ego debebam eisdem annuatim de elemosina antecessorum meorum capiendos in grangia mea de Dive le Franche, quem bladum dicti fratres jam pridem possidebant et habebant. Ego vero dictam modiatam terre teneor eisdem contra omnes qui ad jus et legem venire voluerint garandire per I. denarium censualem in festo sancti Johannis Baptiste sine emenda persolvendum, hoc ipsum faciendum heredes meos in posterum obligando. Et dicti fratres quitaverunt me et heredes meos in perpetuum de quatuor modiis supradictis. In cujus rei testimonium presentes litteras sigilli mei munimine roboratas dedi supradictis fratribus Ursicampi. Actum anno Domini M° CC° XL VI, mense februario.

Febr. 1246.

DCCXLVIII.

DE TREZE ESSINS DE BLE ET VII DAVAINE QUE GAUTIERS BURDINS NOUS LAISSA TOUS LES ANS A PENRE A JAUZI.

A tous ceus qui ces presentes lettres verront et orront, Huars Maurions, prevos de Pierrefons, et Jehans Gudins, garde no seel de le dite prevoste especialement establis dou mandement nostre seigneur le Roi de France a recevoir et a oir manieres de convenances en la prevoste de Pierreffons et ou ressort, salut. Vindrent en propres personnes par devant nous Gautiers Burdins et Isabias sa femme, considerans et attendans nulle choze plus certainne de mort, nule choze mains certainne de lore de le mort, de saine pense et de bonne entendement recognurent que ils ont donne, quite et otroie a tous jors, pour Dieu et en pure aumosne, et pour faire leurs anniversaires, chascun an a leglize Nostre Dame de Oscans vint essins de grains, cest a savoir XIII muis de ble et VII davainne bonne et loial, a le mesure que il a acoustume a baillier au diz donneurs, et aussint franchement comme a eus, et a lever et a percevoir dou maistre de Montigni Langrin ou de son commandement portant ces lettres, au terme que il a este coustume a paier et a lever a leurs devanchiers et a eus le quel grain dessus dit, li dit donneur recognurent pardevant nous que il avoient de leur acquest assiz seur les terrages voisins ou terroir de Crotoy, a penre a Crotoi, ou sur le terrage du reverent pere labbe de Compiegne, a Jauzi, cascun an. Et ont li dit donneur donne et translate des mainte-

Junio 1304.

nant a le dite eglize de Oscans tout le droit et laction que il avoient en la rente dou grain dessus dit, sanz point retenir, et que il en joissent paisiblement et renuncerent en ce fait a exception que la choze nait pas ainsint este faite, a toute aide de droit de canon et de citoien, a tous privileges de crois prise a penre, et a toutes autres exceptions, raisons, deffenses, allegations de droit et de fait especial et commun qui leur porroit aidier et valoir, et la dite eglize nuire, eu seur que tout li dit Gautiers et Ysabiaus, sa femme, promirent par leurs leaus creans que encontre le don, lotroi et laquitance dessus diz il ne venront ne feront venir par eus ne par autres des ore en avant, ne par doiaire, ne par don de mariage, ne par droit de heritage ne par autre raison quele quelle soit, mais a la dite eglize il porteront loial garandise a tous jors. Et quant a toutes ces chozes dessus dites fermement a tenir et foiaublement a emplir, li dit Gautier et Ysabiaus sa femme ont obligie tous leurs biens et leurs hoirset les biens de leurs hoirs, meubles, non meubles, presens et a venir, en queque lieu que il soient, a penre et saisir, pour vendre et pour despendre par lagent le Roy, se il aloient contre lotroi, laquitance et convenance dessus dite. Et pour cous et pour damages se aucuns en iavoit par leur defaut des ques ladite eglize ou procureres portant ces lettres seroit creus par son simple sairement, sanz autre prueuve faire, et a ce obligerent li dessus dit Gautier et Ysabiaus sa fame, et chascun pour le tout. Et en ont receu commandement par devant nous. Et pour ce que ce soit ferme chozé et estable, nous avons seele ces presentes lettres dou seel audit prevost et dou seel de la prevosté de Pierrefons, sauf le droit le Roi et lautrui. Et ce fu fait en lan de grace mil ccc et quatre, ou mois de juing.

DCCXLIX.

CONCESSIO ADE JAUZY DE V SEXTARIIS TERRE ET DIMIDIO IN TERRITORIO DE THOROTA.

Junio 1259.

Je Jehans de Jauzy, escuiers, et je Jehennne, sa fame, faisons savoir a tous ceus qui ces lettres verront et orront que nous avons otroie a labbe et au convent Nostre-Dame d'Ourscans a tenir a tous jors franchement et en pais, sanz contredit de nous ne de nos hoirs, v setiers de terre et demi, peu plus ou peu meins de terre gaagnable, qui siet ou terroir de Thorote, seur le port des Mommaques, tenant au pre le Roy, et iii quarterons de vigne, qui sient ou mont de Machemont, de bout a le vigne Jahan de Guni, dont une partie est de no justice, et dont nous les avons ravestus, si comme chiaus qui les tenront de nous et de nos hoirs a tous par le rente rendant, qui piecha iest acoustumee, cest a savoir de v setiers et demi de terre, xv deniers parisis de cens, rendus chascun an a le Saint-Remi a nous ou a nos hoirs, et de la vigne ce qua nostre partie affiert dou vinage rendu dedens la Saint-Martin. Et est a savoir que cette terre et ceste vigne il tenront a tous jors, sans rendre nulle coustume et nulle exaction fors que les rentes devant dites, ne nous, ne nostre oir, ne autre pour nous ne de par nous, ni poons jamais metre debat ne contredit se la rente est rendue et paie souffisamment, et sauve la justice et la droiture que nous et nostre ancisseur aviens pardevant en la terre et en la vigne devant dite, en tele maniere que nous ne notre hoir ne les poons jamais contredire, a che quil mechent ces chozes hors de leurs mains. Anchois lor avons fianchie de la foi de no cors que nous loiaument ces convenances lor tenrons, et que nous jamais ne ferons ne pourchacerons par nous ne par autrui art ne engien par quoi damages ne empeechemens ne destourbiers enviegne a labbe et au convent devant dis. Chis otrois et ces convenances furent faites en la main dam Bouchart, qui adonc ert portier d'Oscans, et ou nom de leglize et de la porte en fu ravestus et mis en tenance et en possession. Et en tesmoingnage de ceste choze et en garnissement, et pour ce que ce soit ferme et estable, nous donne a labbe et au convent devant dit ces presentes lettres seelees de nos seaus. Ce fu fait en lan del incarnaciòn Nostre Seigneur M. CC. LIX, ou mois de juing.

DCCL.

DE TERRA JOHANNIS DE KIKERI SITA APUD VALLI.

Ego Johannes de Kikeri, miles, notum facio omnibus hanc paginam inspecturis quod fratribus Ursicampi, concedente Odone, filio meo, vendidi sex bovaria terre arabilis certis metis distincta, sita apud Valli, que acquisicram, et ab eisdem fratribus lxxxx libras parisiensis monete recepi. Quam terram, quamdiu vixero, contra omnes qui ad legem et justitiam venire voluerint, teneor garandire. Hanc venditionem concessit et laudavit Holdiardis, uxor mea, et fide interposita quitavit quicquid juris in eadem terra habebat. Ut ergo hec rata et inconcussa permaneant, presentem paginam sigilli mei appensione munivi. Actum anno gratie M° CC° XIII°.

1213.

DCCLI.

QUITATIO DOMINE YSABELLE DE LAGNI ET JOHANNIS DE ARGIES, FILII EJUS, DE JURE QUOD HABEBANT IN XXXIII SESTARIIS TERRE IN TERRITORIO DE LAIGNI.

Universis presentes litteras inspecturis ego Elizabeth, domina de Lagniaco sicco, notum facio quod ego, divine pietatis intuitu et ob remedium animarum antecessorum nostrorum, in perpetuam elemosinam contuli et concessi ecclesie beate Marie Ursicampi quicquid juris habebam in xxxiii sextariis terre et dimidio, parum plus vel parum minus, site in territorio de Legniaco, in campis sub notatis, tam in terragiis, justiciis, quam in omnibus aliis, retentis michi et heredibus meis in eisdem terris tantummodo raptu, multro, incendio et latrocinio ex quo debet homo vitam amittere, exceptis fratribus et servientibus dicte ecclesie in quibus, quantum ad dictos quatuor casus, dicta ecclesia omnem sibi justiciam retinebit, retentis nichilominus michi duodecim denariis census annui qui michi et heredibus meis ex parte dicte ecclesie pro dictis terragiis et aliis que habebam in terris predictis apud Lagniacum siccum in festo beati Remigii debent solvi. Ita tamen quod si dicta ecclesia aliquo casu in solutione dicti census defecerit, ego vel heredes mei ab eadem ecclesia emendam propter hoc petere vel exigere non poterimus nec debebimus. Dicte autem terre sunt in hiis campis, videlicet a Guepre una sextariata que fuit Wiberti, super le Gorget una sextariata et xi virge, in campo qui dicitur de Tilloi, viginti et una sextariata et quinque virge et dimidia, in campo qui dicitur

Martio 1255.

458

TITULUS VILLARUM.

Sarrove decem sextariate et xvi virge. Et ut hec omnia rata et inconcussa permaneant, presentes litteras sigillo meo roboravi. Ego autem Johannes Dargies, miles, filius dicte Elizabeth, dictam elemosinam a predicta Katarina matre mea factam dicte ecclesie Ursicampi laudo, volo et approbo, et in quantum possum confirmo, et ut majus robur obtineat, una cum sigillo dicte matris mee sigillum meum aposui in testimonium et munimen. Actum anno Domini millesimo cc° lv, mense marcio.

DCCLII.

ASSIGNAMENTUM ROBERTI DE PONTE DE I MODIO BLADI IN DECIMA DE LAIGNI.

Martio 1233.

Omnibus hec visuris magister Hugo, canonicus et officialis Noviomensis, salutem in Domino. Vobis notum facimus quod Robertus de Ponte in nostra presentia constitutus assignavit ecclesiam Ursicampi ad decimam suam de Laigni pro uno modio bladi annuo quem mater ipsius Roberti dicte ecclesie in elemosinam legavit. Ita quod dicta ecclesia dictum modium bladi ad dictam decimam annis singulis post undecim modios quos ecclesia Noviomensis in eadem decima habet, ut dicitur, in medietate participet, et si forte contigeret quod dominus Matheus de Roia, miles, de quo dictus Robertus dictam decimam tenet, predictum assignamentum ad dictam decimam factum tanquam dominus non acceptaverit, idem Robertus dicte ecclesie sufficiens assignamentum alibi facere creantavit Helsendis, uxore dicti Roberti presente, et dictum assignamentum ad dictam decimam factum et alibi faciendum, si necesse fuerit, voluit, laudavit et approbavit, et omne jus quod in dicto modio assignato habebat vel habere debebat tam jure dotalicii quam alio modo, spontanea et non coacta in manu nostra resignavit, et eidem fide data penitus renunciavit absque omni dotalicii recompensatione, et tam dictus Robertus quam ipsa Helsendis spontanei et non coacti fidem in manu nostra prestiterunt corporalem quod dictam ecclesiam supra dicto assignamento facto vel faciendo pro dicto modio bladi de cetero non molestabunt nec gravabunt, nec artem, nec ingenium per se vel per alium querent per que possit vel debeat dicta ecclesia supra dicto modio bladi annuo vel super ejus assignamento in posterum molestari vel gravari. In cujus rei testimonium presentes litteras ad petitionem dictorum R..... et H...., sigillo curie Noviomensis fecimus communiri. Actum anno m° cc° xxx° iij°, mense marcio.

DCCLIII.

CONFIRMATIO DOMINI JOHANNIS, MILITIS ET DOMINI DE LAIGNI, DE XXV SOLIDIS PARISIENSIBUS QUOS DEDIT NOBIS MATER EJUS, CAPIENDIS ANNUATIM SUPER CENSUS DE LAIGNI IN NATALI DOMINI.

Octob. 1267.

Je Jehans, chevaliers et sires de Leigni, fas savoir a tous ceus qui ces presentes lettres verront que comme me dame me mere eust laissiet pour Diex et en aumosne a tous jors a leglize nostre dame d'Oscans vint et chuinc sous de Paris a prendre chascun an au Noel seur le cens de Laigni que je tieng, je laumosne devant dite weill et appreuve et mi consent espressement, et promet a leglize devant dite a rendre a tous jors des ore en avant chascun an au terme devant dit les xxv sols tout entierement, et a ces chozes tenir oblige je et moi et mes hoirs. En tesmoignage de laquele choze je ai ces presentes lettres baillies a labbe et au convent de leglize devant dite seelees de mon seel. Ce fu fait en lan del incarnation Nostre Seigneur mil cc. LX VII, el mois de octembre.

DCCLIV.

CONCESSIO CASTELLANI NOVIOMI ET THOROTE DE ESSARTIS DE LACHENI ET DE NONA GARBA IN ESSARTIS SANCTI MEDARDI IN TERRITORIO PUTEOLORUM.

Ego Johannes, castellanus Noviomi et Thorote, universis fidelibus hec visuris in perpetuum. Sciant omnes quod ego concessi fratribus Ursicampi ut duas carrucatas terre triginta sex modiorum possint essartare in territorio de Lacheni absque contradictione mea vel heredum meorum. Sciendum preterea quod de essartis territorii Sancti Medardi, ubi septimam partem pro parte mea clamabam, concessi dictis fratribus ut quod ad me pertinet ad nonam garbam teneant, sicut in diebus antecessorum meorum tenuerant, ita ut tam ego quam heredes mei nichil amplius ab eis super hoc exigere valeamus. Hec omnia concesserunt Oda, uxor mea, et liberi nostri, Guido, Willelmus, Johannes, Aalidis et Ermengardis. Ut ergo hec rata permaneant atque inviolabilem obtineant firmitatem, presentem paginam inde conscriptam sigilli mei impressione volui communire. Actum anno Verbi incarnati M° C° XC° sexto.

1196.

DCCLV.

ELEMOSINA AELIDIS LANGUE DE NOVEM SEXTARIIS TERRE IN TERRITORIO DE LACHENI.

Omnibus hec visuris, officialis curie Noviomensis salutem in Domino. Vobis notum facimus quod Aelidis Lingua in viduitate sua et sui juris existens in nostra presentia constituta recognovit se contulisse in elemosinam perpetuam ecclesie Ursicampi novem sextarias terre site in territorio de Lacheni, quam terram dicta Aelidis in viduitate sua acquisierat, ut dicitur. Recognovit etiam dicta Aelidis coram nobis quod ipsa Aelidis et Albericus Lingua, quondam maritus ejus, contulerunt eidem ecclesie in elemosinam perpetuam alias quatuor sextarias terre site in predicto territorio, quas ipsi Aelidis et Albericus maritus ejus acquisierant, constante matrimonio inter eos, ut dicebat, et dicta Aelidis spontanea et non coacta fidem in manu nostra prestitit corporalem quod dictam ecclesiam supra dicta de cetero non molestabit nec gravabit, nec artem nec ingenium per se vel per alium queret per que eadem ecclesia possit aut debeat super eadem collatione in posterum molestari vel gravari aliquo modo, vel etiam in causam trahi coram aliquo judice ecclesiastico vel seculari. In cujus rei testimonium et perpetuam firmitatem presentes litteras ad petitionem dicte Aelidis sigillo curie Noviomensis fecimus communiri. Actum anno Domini M° CC° XXX° septimo, mense februario.

Feb. 1237.

DCCLVI.

ELEMOSINA MARIE DE SUSOY DE DIMIDIA MODII TERRE ANTE PORTAM GRANGIE DE LACHENI.

Martio 1235.   Omnibus hec visuris, officialis curie Noviomensis salutem in Domino. Vobis notum facimus quod Maria de Lacheni de Susoy in nostra presentia juris sui existens constituta recognovit se debere domino Renalmo, quondam presbitero de Susoy, xx libras parisienses quas dictus Renalmus mutuaverat eidem Marie et quod, sicut ipsa intellexerat, dictus Renalmus dictas xx libras contulerat in elemosinam ecclesie Ursicampi pauperibus ad elemosinam porte Ursicampi erogandas, et fide data creantavit coram nobis dicta Maria quod dicte ecclesie de dictis xx libris parisiensibus satisfaciet, et ad majorem securitatem dicta Maria aboutavit dictam ecclesiam pro dictis denariis ad omnia bona sua ubicunque essent quousque eidem ecclesie de dictis xx libris plenarie esset satisfactum. Recognovit insuper eadem Maria coram nobis se habere dimidium modii terre de acquestu suo site ante portam male domus dicte ecclesie de Lacheni, de qua terra dicta ecclesia ipsi Marie, ut dicebat, modium et dimidium bladi, quoad vixerit ipsa Maria, annis singulis reddere tenetur, et ipsam terram dicta Maria coram nobis dicte ecclesie contulit in elemosinam perpetuam, tali modo quod dicta ecclesia ipsi Marie, quoad vixerit, dictum modium bladi et dimidium reddat, sive in religione fuerit ipsa Maria sive extra. In cujus rei testimonium presentes litteras ad petitionem dicte Marie sigillo curie Noviomensis fecimus communiri. Actum anno Domini millesimo ducentesimo tricesimo quinto, mense marcio.

DCCLVII.

CONCESSIO DOMINI MATHEI DE ROIA UT POSSIMUS CARRICARE ET ANIMALIA NOSTRA DUCERE PER VIAS POITERIE.

Martio 1247.   Ego Matheus de Roia, miles et dominus de Garmegni, omnibus presentes litteras inspecturis notum facio quod ego, pro salute anime mee et pro animabus omnium antecessorum meorum, dedi et concessi in perpetuum viris religiosis abbati et conventui Ursicampi, quod ipsi possint libere, quiete et pacifice in perpetuum carricare res suas et animalia sua ducere et reducere sine pascuo faciendo per vias Poiterie, cum sibi viderent expedire, et si contigeret dictos abbatem et conventum nemora sua vendere, dedi similiter et concessi widagiam sive evacuationem dictorum nemorum libere et quiete per vias supra dictas. In cujus rei testimonium et munimen prefatis et abbati et conventui presentes litteras sigilli mei munimine tradidi roboratas. Actum anno Domini millesimo ducentesimo xl° vii°, mense marcio.

DCCLVIII.

DE DUOBUS SOLIDIS CENSUS QUOS DEDIT NOBIS DOMINUS RADULFUS DE LACHENI, SINGULIS ANNIS, IN FESTO SANCTI REMIGII, PRO TERRA VETERIS MASURE.

Martio 1248.   Je, Raous de Lacheni, chevaliers, fas savoir a tous ceus qui ces presentes lettres verront que li abbes et li convens d'Oscans ont donne a moi et a men hoir hiretaulement auquel je le vaurai donner, soissante verges de terre franche, a le verge de xxv pieds, seans en cel liu que on apele le Vies Masure, pres de le vile de Lacheni, et seans delez le voie par le quele on va de Maison a Roie, et toute seignorie et toute justice et toute droiture quanqué il i porroit avenir en cele terre par II sous de Paris de cens que jou leur en doi rendre chascun an au jour de feste saint Remi, en lor maison a Lacheni, et se cil II sols de cens n'estoient rendu au jour devant dit, il porroient prendre en cele terre pour lor II sols et pour lamende. Et cil avenoit choze que jou ou cil qui apres moi tenroient cele terre le vendissent, il en doivent avoir les ventes et les wans, et ensi le me doivent il warandir comme seigneur le terre devant dite de tous ceus qui a droit et a loi en vaurroient venir selonc les us et les coustumes dou pais. Et pour que ce soit ferme et estable, je lor en ai baillie mes lettres seelees de mon seel. Ce fu fait en lan del incarnacion mil. cc. xl viii, en mois de march.

DCCLIX.

ELEMOSINA MARTINI MAJORIS DE PALISSETO DE DUOBUS JORNALIBUS NEMORIS.

Omnibus hec visuris, officialis curie Noviomensis salutem in Domino. Noveritis quod Martinus, major de Paisseto, domine Ade in nostra presentia constitutus recognovit se contulisse et contulit et concessit in puram et perpetuam elemosinam ob remedium anime sue et antecessorum suorum ecclesie Ursicampi duo jornalia nemoris de hereditate dicti M... siti prope Lacheni, videlicet inter nemus dictum Widonis Campdavainne et nemus Johannis de Daumeri, a dicta ecclesia de cetero in perpetuum habenda pariter et possidenda. Ad hoc autem fuit presens coram nobis Widela, uxor dicti M..., que dictam elemosinam voluit, laudavit et in eadem elemosina expresse consensit, et totum dotalicium suum et totum jus quod habebat vel habere poterat quocunque jure vel titulo in dictis duobus jornalibus nemoris dicte ecclesie contulit in elemosinam perpetuam et quitavit, et voluntate spontanea et non coacta fide data creantaverunt dicti M.... et W... , quod contra premissa vel aliquod premissorum non venient in futurum in judicio vel extra. In cujus rei testimonium et perpetuam memoriam presentes litteras ad petitionem dictorum M... et W... sigillo curie Noviomensis fecimus communiri. Datum anno Domini millesimo cc° L° IX°, mense junio.

Jun. 1259.

DCCLX.

ELEMOSINA GREBONDI DE PIMPREZ DE DUOBUS SEXTARIIS TERRE ANTE PORTAM NOSTRAM DE LACHENI.

Omnibus hec visuris, Magister Hugo, canonicus et Officialis Noviomensis, salutem in Domino. Vobis notum facimus quod Johannes Cains in nostra presentia constitutus recognovit se vendidisse pro decem libris parisiensibus Grebondi de Pimprez duas sextariatas et XL virgas

Julio 1235.

terre site in territorio de Lacheni, ante domum Ursicampi, Grebondoni et ejus heredibus de cetero bene et legitime in perpetuum possidendam, Emmelina, uxore dicti Johannis, presente, dictam venditionem volente, laudante et approbante, et recognoscente se habere sufficiens excambium pro dotalicio quod in dicta terra habebat, videlicet tres sextariatas terre in loco qui dicitur Portum Milonis, et per hujus modi excambium omne jus quod in dicta terra habebat vel habere debebat tam jure dotalicio quam alio modo spontanea et non coacta in manu nostra resignavit, et eidem fide data penitus renunciavit, et tam dictus Johannes quam ipsa Emmelina fidem in manu nostra prestiterunt corporalem quod dictum Grebondonem supra dicto vendagio de cetero non molestabunt nec gravabunt, nec artem nec ingenium querent per se vel per alium per que idem Grebondus vel ejus heres possint vel debeant super eodem vendagio in posterum molestari vel gravari. In cujus rei testimonium presentes litteras ad petitionem dictorum Johannis et Emeline sigillo curie Noviomensis fecimus communiri. Actum anno Verbi incarnati M° CC° xxx° v°, mense julio.

DCCLXI.

ELEMOSINA DOMINI PETRI DE LIER DE TRIBUS MODIIS FRUMENTI IN MOLENDINO DE LIER.

Julio 1244.

Ego Petrus, miles, de Lier, notum facio omnibus presentes litteras inspecturis quod ego, pro remedio anime mee et pro anniversario meo singulis annis in ecclesia beate Marie Ursicampi in perpetuum faciendo, legavi et in puram elemosinam concessi predicte ecclesie tria modia bladi ad mensuram sancti Quintini annui redditus in perpetuum capienda in molendino de Lier, unum modium ad natale Domini, et duo modia ad natale beati Johannis Baptiste. Illa vero tria modia bladi debent dari ad portam vel alibi ubicunque abbas et prior predicte ecclesie melius viderint esse necessarium, et ut corpus meum in cimiterio illius ecclesie sepeliatur. Quod ut ratum et firmum permaneat, scriptum istud sigilli mei munimine roboravi. Actum anno Dominice incarnationis millesimo ducentesimo quadragesimo quarto, mense julio.

DCCLXII.

ELEMOSINA DOMINE ADE DE LIER DE HIIS QUE HABEBAT APUD VILEPRE.

1202.

Ego Nicholaus de Urviler, decanus, notum volo fieri quod Ada, uxor Ade militis de Lier, dedit in elemosinam ecclesie Ursicampi quicquid habebat in Vilepre terragiorum tam in terra quam in pratis, et quicquid habebat in nemusculo quod est inter marescum et Manessias. Hoc bona fide tenendum plevivit ipsa, et ejus liberi, Petrus, Guido, Johannes, Maria, Agnes, Widila, hoc nichilominus concesserunt et bona fide tenere et contra omnes warandire pleviverunt. Porro de beneficio ecclesie recepit dicta Ada IX libras parisiensis monete ad acquitandum fidem Ade, mariti sui defuncti, de pecunia quam ipse Adam debebat. Liberorum predictorum plegii sunt Scotus de Maioc, Odo de Lier et Guido, fratres ejus, Balduinus de Montescourt et Willelmus de Montescourt, Iterus de Fera, hac conditione quod quum dicti liberi extra maimburniam erunt, hanc elemosinam concedent firmiter conservandam. Et ut hec omnia rata sint in futurum, presentem paginam inde scriptam sigillo meo volui confirmari. Actum anno gratie M° CC° secundo.

DCCLXIII.

ELEMOSINA ODONIS DE LIER DE HIIS QUE HABEBAT APUD VILEPRE.

Ego Nicholaus, decanus de Urviler, notum facio omnibus hec visuris quod Odo, dominus de Lier, dedit in elemosinam ecclesie Ursicampi quicquid habebat terragii in Vilepre tam in terra quam in prato, et insuper totam partem nemoris quod suum erat retro Manessias inter nemus domini Guidonis de Condran et marescum. Propter hoc autem accepit de beneficio dicte ecclesie x libras parisiensis monete. Hanc vero elemosinam ipse Odo affidavit tenendam, Osilia quoque uxor ejus, que in medietate omnium predictorum dotalicium habebat, hoc concessit et tenendum plevivit accepto congruo et beneplacito sibi decambio, Odo scilicet de Namiscourt. Hoc etiam concessit Petrus filius Odonis et Osillie. Hanc elemosinam reddidit ipsa Osillia in manu domini Symonis abbatis de sancti Eligii fonte, qui et ipse inde investivit ecclesiam Ursicampi per manum Wilardi ejusdem loci monachi. Testes Arnulphus pridem abbas, etc. Hec omnia recognoverunt prenominati Odo et Osilia in presentia mea, ad quorum etiam preces ac petitionem huic cartule sigillum meum apposui. Actum anno domini M° CC° secundo.

1202.

DCCLXIV.

CARTA ADE DE INSULA DE PEDAGIIS TERRE SUE.

In nomine sancte et individue Trinitatis, amen. Ego Adam de Insula notum fieri volo tam presentibus quam futuris quod transversum aque eundi et redeundi ecclesie Sancte Marie Ursicampi de rebus propriis mee salutis et antecessorum meorum intuitu perpetuo in elemosinam libere concessi et quitum clamavi. Cujus rei concessionem assensu filii mei Anselmi in aula Regis apud Compendium feci et abbatem vestivi. Quod ut ratum et inconcussum haberetur in posterum, sigilli mei munimine roboravi. Hujus rei testes sunt Guido, abbas Ursicampi, Philippus monachus, Guichardus monachus, etc. Factum est hoc anno ab incarnatione Domini M. C. LXXX quinto,

1185.

DCCLXV.

DE XIIII SOLS DE SEURCENS QUE BAUDUINS DU VAL DE LIENCORT DOIT A LE CHANDELER.

A tous ceus qui ces presentes lettres verront ou orront, Jehans de la Taille, a ce tamps baillius de Clermont, salut. Sachent tuit que par devant Andriu le Cornu, bourgois de Cler-

Maio 1301.

mont, et Wautier de Rouvenel, clerc especialement pour ce estauli dou comandement monseigneur le conte de Clermont, vint en propre personne Bauduins du Val de Liencourt, escuiers, et reconnut que il doit a religieus hommes labbé et le convent de leglize nostre dame d'Oscans vint et quatre sous de Paris de seürchens chascun an hiretaulement a tous jors pur le cause de ii pieces de vigne que li devant religieus avoient seant a Liencort en un lieu que on dit le larris maistre Rogier, desseur le maison dou dit Bauduin quil liont baillies a seurcens a tous jors perpetuelment a li et a ces hoirs a paier chascun an les xx et iiij sols dessus diz au terme de le chandeler, en tel maniere que se il defant de paier chascun an, de toutes les semainnes que il defaura dou paiement apres le terme queu, il sera enqueus en ij sols de paine, moitié a monseigneur et l'autre moitie as dis religieus, et aveuc tous cous et tous damages que li diz religieus ou chiex qui ces lettres porteroit aroient ou porroient avoir par le defaute dou paiement dessus diz, des quez cous et damages li dit religieus ou chiex qui ces lettres porteroit seront creu par leur sairemens sanz autre loi faire encontre autant pour les cous et pour les damages comme pour le paine et por le principal dessus dit. Et a ce tenir fermement oblige li diz Bauduins li et ses hoirs, meubles et hiretages, presens et a venir, et especialement il oblige les dites ii pieces de vigne que li dit religieus li ont baillie a seurchens et toutes celes quil a oudit larris que il tient des hoirs mesires Robert de Cressonessart a estre justichie par le gent monseigneur le conte dessus dit autant pour les cous et pour les damages comme pour le paine et pour le principal dessus dit, et sitot comme il defaura dou paiement dessus dit, il sera enqueus en lamende de monseigneur le conte et en le painne dessus dite, et porront le gent monseigneur le conte vendre et despendre les biens dessus diz et adenerer sanz nul delai et emprisonner sen cors en le prison monseigneur le conte desus dit serree, et a che renonce li di Bauduins a toutes aides de droit et de loi et de canon, a tous privileges de crois pris ou a penre, a toutes indulgences dapostole ou de Roy ou dautre prince, a toutes choses, exceptions, baras et deffences que il porroit mettre avant ou autres pour li, pour lesqueles li paiemens dessus dit porroit estre detries ou empeeschies. En tesmoignage de laquel choze nous, a le requeste doudit Bauduin faite par devant Andriu et Wautier dessus dis, si comme il le nous ont tesmoingnie par leurs seaus, avons ces lettres seeles dou seel de le baillie de Clermont, sauve le droiture monseigneur le conte et lautrui. Ce fu fait en lan de grace mil trois cens et vii, ou mois de may, le mardi apres Pentecouste.

DCCLXVI.

DE TERRA PETRI, FILII ROBERTI DICTI BELONGNE, APUD LOUVET.

1221.   Willelmus, prior Sancti Leodegarii in nemore, omnibus hec visuris salutem. Ad omnium notitiam volumus pervenire quod Petrus, filius Roberti Bolongue, de Bethencourt, contra Albigenses deffensione catholice fidei peregre profecturus, legavit in elemosinam ecclesie beate Marie Ursicampi quandam terram perpetuo possidendam, salvo sibi quamdiu viveret usu fructuario. Hec autem terra recipit circiter unam minam et dimidiam sementis, et est sita prope molendinum de Louvet. Sciendum tamen quod ipsa terra liberum alodium erat, sed eam dicti fratres Ursicampi nostro subdiderunt dominio, volente predicto Petro et annuente, et pro ea solvunt nobis singulis annis unum denarium censualem in festo Sancti-Remigii. Tandem idem Petrus, cum post reversionem suam jam accepisset uxorem, acceptis septuaginta solidis parisiensibus pro fructuum recompensatione, quitavit ecclesie Ursicampi quicquid in predicta terra juris retinuerat sibi, eamque absolute reddidit in manu nostra, et nos de eadem investivimus dictam ecclesiam Ursicampi per manum fratris Petri, monachi ejusdem loci. Idem vero Petrus Bolongue fidem prestitit corporalem quod in dicta terra nichil de cetero reclamaret, sed eam contra omnes qui ad legem et justitiam venire vellent dicte ecclesie garandiret. Soror etiam ejus Aelidis cum jam hanc elemosinam concessisset sub patris adhuc posita potestate, postea marito tradita eandem benigne concessit, presente magistro Odone de Drailincort, volente et jubente hoc Widone marito suo, et uterque fidem manu propria dedit quod nec per se nec per alium supra dicta elemosina deinceps ecclesiam Ursicampi molestarent. Hanc etiam elemosinam creantaverunt et voluerunt Laurentia de Bethencort, matertera dicti Petri, et filius ejus major, Johannes nomine. Quod ut ratum permaneat, presens scriptum sigilli nostri appensione fecimus roborari. Actum anno gratie M° CC° XXI°.

DCCLXVII.

DE TERRA DOMINI PETRI SARRASIN INTER MOLENDINUM DE LOVET ET BETHENCOURT.

Omnibus hec visuris, officialis curie Noviomensis salutem in Domino. Vobis notum facimus quod dominus Petrus, dictus Sarracenus, miles, in nostra presentia constitutus recognovit se vendidisse pro duodecim libris Parisiensibus sibi in numerata pecunia jam solutis ecclesie Ursicampi tres mencoldos terre site inter molendinum de Louvet et Bethencort, juxta viam que ducit de Louvet apud Betencourt, a dicta ecclesia bene et legitime in perpetuum habendum et possidendum, domina Maria, uxore dicti Petri presente, dictam venditionem volente, laudante et approbante. Et dicta Maria spontanea et non coacta quicquid juris in predicta terra vendita habebat vel habere debebat tam jure dotalicii quam alio quocumque jure vel titulo in manu nostra ad opus dicte ecclesie resignavit, et eidem fide data penitus renunciavit, recognoscens se sufficiens habere excambium pro dotalicio quod ipsa Maria habebat in predicta terra vendita, videlicet tres mencoldos terre site in valle le Contrait, in territorio de Thorota, que terra fuit Evrardi Daunel. Et tam dictus Petrus quam ipsa Maria spontanei et non coacti in manu nostra prestiterunt fidem corporalem quod dictam ecclesiam supra dicta terra vendita de cetero non molestabunt nec gravabunt, nec artem, nec ingenium, per se vel per alium querent per que dicta ecclesia possit aut debeat in aliquo super eadem terra vendita in posterum molestari vel gravari aliquo modo, vel etiam in curiam trahi coram aliquo judice ecclesiastico vel seculari. Immo eidem ecclesie super predicta terra vendita legitimam de cetero ferent garandiam ad usus et consuetudines patrie adversus omnes qui juri et legi parere voluerint. In cujus rei testimonium et firmitatem perpetuam presentes litteras ad petitionem dictorum Petri et Marie sigillo curie Noviomensis fecimus communire. Actum anno Domini M° CC° quadragesimo tercio, mense Augusto.

Aug. 1243.

DCCLXVIII.

DE TERRIS DOMINI RADULFI DE DRAILINCORT ET RADULFI, FILII DOMINI GILONIS, SUBTUS VETEREM MONTEM.

Januar. 1246.

Omnibus hec visuris, officialis curie Noviomensis salutem in Domino. Vobis notum facimus quod dominus Radulfus de Drailincort, miles, in nostra presentia constitutus recognovit se vendidisse legitimo pretio mediante de quo sibi in numerata pecunia est satisfactum, ecclesie Ursicampi III mèncoldatas terre, parum plus vel parum minus, quam idem Radulfus habebat prope molendinum dicte ecclesie quod Loveth dicitur. Et Radulfus, quondam filius domini Gilonis de Drailincort, militis, recognovit se similiter vendidisse eidem ecclesie legitime pretio mediante de quo est satisfactum, totam terram quam eidem R.... habebat subtus veterem montem, prope dictum molendinum, ab omni censu, terragio, onere et exactione qualibet quitam et liberam, a dicta ecclesia de cetero in perpetuum habendam et tenendam et possidendam. Ad hec autem presentes fuerunt coram nobis domina Ysabella, uxor dicti Radulfi militis, Mathildis, filia ipsorum R.... militis et Ysabelle ejus uxoris, dominus Petrus, dictus Sarracenus, Maria ejus soror, relicta Radulfi de Ponte episcopi, et Johannes de Mares, qui dictum vendagium voluerunt, laudaverunt et approbaverunt, et in eodem vendagio expresse consenserunt, et quicquid juris in tota terra dicta vendita habebant et habere poterant tam jure dotalicii quam jure hereditatis vel alio modo spontanei et non coacti in manu nostra resignaverunt ad opus ecclesie predicte, pariter et guerpiverunt. Et dicta Ysabella recognovit se sufficiens habere excambium pro dotalicio quod ipsa Ysabella in dicta terra vendita habebat, videlicet XL virgas terre in loco qui Viefri dicitur, et tam dicti R.... miles et R.... filius domini Gilonis militis quam dicti Ysabella, Mathildis, P.... miles, Maria et Johannes spontanei et non coacti fidem in manu nostra prestiterunt corporalem quod dictam ecclesiam supra dicta terra vendita vel supra aliqua parte ipsius de cetero non molestabunt nec gravabunt aliquo modo vel aliquo pretextu, nec artem nec ingenium per se vel per alium querent per que ipsa possit aut debeat super eadem terra vel super aliqua parte ipsius in posterum molestari vel gravari vel in causam trahi coram aliquo judice ecclesiastico vel seculari. In cujus rei testimonium et firmitatem perpetuam presentem paginam ad petitionem partium predictarum sigillo curie Noviomensis fecimus communiri. Actum anno Domini M° CC° quadragesimo sexto, mense januario.

DCCLXIX.

DE PEDAGIIS APUD MESONIAS ET MEDONTAM PRO TOTO ORDINE CYSTERCIENSI.

Ego Robertus de Pisciaco notum volo fieri tam presentibus quam futuris quod dominus Gasso, pater meus, pro salute anime sue et antecessorum suorum et heredum suorum, dedit et in perpetuam elemosinam concessit universis monachis Cysteriensis ordinis transitum liberum et quietum ab omni redditu et consuetudine de omnibus rebus ad ipsos pertinentibus tam apud Mesonias quam apud Medontam de hoc quod ad se pertinebat, quam donationem Gasso, frater meus, de assensu et voluntate mea et Almarici et Galteri, fratrum meorum, postea concessit et confirmavit. Ad cujus libertatis memoriam et testimonium unum talentum aureum a predictis monachis domino Mesoniarum redditur annuatim. Quam donationem ego Robertus concedo, et, ut rata et inconcussa in eternum permaneat, presentem cartam conscribi et sigilli mei testimonio feci roborari.

DCCLXX.

CONCESSIO DOMINI GAUCHERI DE THOROTA DE II VINEIS EN MACHEMONT.

Ego Walterus de Thorota, miles, filius Johannis castellani Noviomi, omnibus hec visuris Decemb. 1234. in perpetuum notum facio quod presbiter et communitas totius ville de Machemont vendiderunt ecclesie beate Marie Ursicampi quandam vineam quam ecclesia de Machemont habebat in monte de Machemont, sitam juxta viam Ursicampi, pro sua ecclesia reficienda, que vinea vinea sancti Sulpitii nuncupatur, tenendam pariter et possidendam a dicta ecclesia Ursicampi in perpetuum. Similiter Eligius Loche de Machemont dicte ecclesie Ursicampi vendidit quandam vineam quam habebat juxta dictam vineam sancti Sulpitii tenendam pariter et possidendam a dicta ecclesia Ursicampi in perpetuum. Has autem venditiones volui, laudavi et approbavi, et tenear dictas venditiones tanquam dominus contra omnes qui ad jus et legem venire voluerint dicte ecclesie Ursicampi fideliter garandire, ad hoc ipsum faciendum heredes meos in posterum obligando. In hujus rei testimonium presentes litteras sigillo sigillatas tradidi sepe dicte ecclesie Ursicampi. Actum Dominice incarnationis anno M° CC° XXXIIII°, mense decembri.

DCCLXXI.

DE VINEA QUE FUIT JOHANNIS DICTI CLERICI DE THOROTA SITA INTER THOROTAM ET MACHEMONT.

Universis presentes litteras inspecturis, officialis curie Noviomensis salutem in Domino. Martio 1303. Noverint universi quod coram nobis propter hoc personaliter constitutus Johannes, dictus Clericus, filius Petri dicti Louvet, de Thorota, vendidit et se vendidisse coram nobis recognovit bene et legitime justo ac legali pretio mediante, videlicet pro XIII libris parisiensibus sibi solutis, ut dicebat, in pecunia sicca et bene numerata, viris religiosis abbati et conventui ecclesie beate Marie Ursicampi, Noviomensis dyocesis, et ad opus ejusdem ecclesie, quandam vineam ipsius Johannis continentem triginta tres virgas vel circiter ad virgam et mensuram de Thorota, sitam inter Thorotam et Machemont, quam quidem vineam idem Johannes tenebat, ut dicebat, a Johanne dicto Milite, armigero, sub recto censu annuo unius oboli Parisiensis tantum modo ab eisdem religiosis et eorum causam habente tenendam, habendam, pariterque possidendam in futurum pacifice et quiete, totum jus et omnem actionem quod et quam idem Johannes venditor habebat et habere poterat in dicta vinea in ipsos religiosos totaliter transferendo et nichil juris in eadem retinendo, promittens idem Johannes per fidem suam super hoc in manu nostra prestitam corporalem quod contra venditionem hujus modi et premissa vel aliquid premissorum per se vel per alium de cetero non venient in futurum, nec aliquid juris in premisso de cetero reclamabunt. Immo sub dicta fide promisit dictis religiosis, supra premissis legitimam ferre garandiam adversus omnes ad usus et consuetudines patrie, et ad hoc obligavit se heredes suos et successores et omnia bona sua mobilia et immobilia presentia et futura. Ad hoc autem presens fuit coram nobis Johannes dictus Miles, armiger, supradictus fonsarius et dominus fondi vinee supradicte, qui dictam venditionem voluit, approbavit, acceptavit, et in eisdem expresse se consensit ac voluit quod dicti religiosi dictam vineam in manu sua teneant, habeant et possideant de cetero in futurum, mediante dicto recto censu sibi quolibet anno de cetero persolvendo, prout solvi est consuetum, et fide data promisit idem armiger quod de cetero super premissa dictos religiosos non molestabit vel inquietabit, nec ipsos compellet aut compelli faciet seu procurabit ad hoc quod dictam vineam extra manum suam ponere teneatur et ad hoc obligavit se et heredes suos et successores quoscunque. Renunciantes tam dictus venditor quam dictus armiger sub dicta fide exceptioni deceptionis, doli mali, lesionis, beneficio restitutionis in integrum rei dicto modo non geste omni jure dicente generalem renunciationem non valere et omnibus aliis exceptionibus, rationibus et deffensis juris et facti que contra presentes litteras seu contenta in eisdem possent adduci vel opponi. In quorum omnium testimonium presentes litteras sigillo curie Noviomensis fecimus communiri. Datum anno domini millesimo ccc° tertio, mense marcio.

DCCLXXII.

CARTA OFFICIALIS NOVIOMENSIS QUOD NEPTIS HELLINI MARIA DE MANESSIES ET YSABELLA NEPTIS SUA DEDERUNT DUOS MENCOLDOS TERRE IN ESSARTIS.

Maio 1263.

Omnibus hec visuris, officialis Noviomensis salutem in Domino. Noveritis quod Maria, neptis quondam Hellini de Manessies, et Isabella neptis ipsius M.... in nostro presentia propter hoc constitute dederunt, contulerunt et concesserunt in puram et perpetuam elemosinam ecclesie Ursicampi duas mencoldatas terre, videlicet quelibet ipsarum unam mencoldatam terre de hereditate ipsarum M.... et J...., sitis in essartis de Manessies, a dicta ecclesia post decessum ambarum bene et legitime in perpetuum irrevocabiliter habendas pariter et possidendas, et spontanee fide data creantaverunt dicte M.... et J.... quod contra dictam elemosinam non venient ullo modo in futurum. Datum et actum ad petitionem dictarum M.... et J.... anno Domini millesimo cc° sexagesimo tertio, mense maio.

DCCLXXIII.

CARTA OFFICIALIS NOVIOMENSIS QUOD EMMELINA UXOR, JACOBI LOMBARDI, DEDIT I MENCOLDUM TERRE IN ESSARTIS.

Novemb. 1273.

Omnibus hec visuris, magister Robertus de Monteacuto, officialis Noviomensis salutem in Domino. Noveritis quod Emmelina uxor Jacobi dicti Lombardi in nostra pretentia propter

TITULUS VILLARUM. 469

hoc personaliter constituta dedit, contulit et concessit coram nobis de auctoritate et assensu dicti Jacobi mariti sui, et ipso Jacobo coram nobis ad hoc presente et expresse consentiente, in elemosinam puram et perpetuam ecclesie Ursicampi unam mencoldatam terre de hereditate dicte Emeline, site in territorio de Manessics, in loco qui dicitur in Veteribus Sartis, a dicta ecclesia post decessum dicte Emmeline in perpetuum habendum pariter et possidendum, et fide data creantavit dicta E....., de auctoritate et assensu dicti Jacobi mariti sui, quod contra premissa vel aliquod premissorum non venient ullo modo in futurum. In cujus rei testimonium presentes litteras ad petitionem dictorum Emmeline et Jacobi mariti sui sigillo curie Noviomensis fecimus communiri. Datum anno Domini M° CC° LXXIII, mense novembri.

DCCLXXIV.

ELEMOSINA JOHANNIS DE MANESSIES DE V SEXTARIIS TERRE, ET TERRAGIO IN SEPTEM SEXTARIIS TERRE.

Je Jehans de Manessies, escuiers, fiex jadis monseigneur Gillon de Manessies, chevalier, qui fu, fas savoir a tous ceus qui ces presentes lettres verront et orront, que comme homme religieus et li convens de leglise de Nostre Dame de Oscans, de orde de Cisteaux et del eveschie de Noion, eussent tenu paisiblement par lespasse de soissante ans ou de plus et de tel tamps qui nest memoire dou contraire, comme propre hiretage de ledite eglize, sept sestelees de terre seans ou terroir de Manessie en certains liex esques VII sestelees de terre jou avoie le terrage et toute la seignorie haute et basse. Sachent tout que jou, pour le salut et le pourfit de mame et pour le remede des ames a monsieur men pere et a me dame me mere et de demoiselle Marie me femme, recognoisque jou ai donne bien et souflissament doins et werpis et quite des maintenant pour Dieu et en aumosne perpetuelement et a tous jours, sans rapel de mi et de mes hoirs, a ledite eglize d'Oscans, tout le terrage que jou avoie ou pooie avoir en toutes les sept sestelees de terre devant dites sauf chou que jou iai retenu et retieng a mi et a mes hoirs toute justice haute et basse, toutes les fois que cas si offerra, de queilconquez personnes que ce soit autres que de celes de leglize d'Oscans, cest a savoir moignes et convers, serjans et autre maisnie quele que ele soit, sil nia cas dont il la partiegne a faire justice, li quele justice iert a mi et a mes hoirs toute justice haute et basse. Et recognois encore de rechief que je doies et ai donne werpis et quite des maintenant a touz jors perpetuelment pour Dieu et en aumosne a ledite eglize d'Oscans, sanz rapel de mi ne de mes hoirs ne de mes successeurs, chiune sestelees de terre que jou avoie de mon acquest, seans ou terroir de Manessies, avec le terrage et tout le droit que jouei i avoie ou pooie avoir retenu a mi et a mes hoirs toute le justice haute et basse toutes les fois que cas si offerra en toutes persones autres que cheles de leglize d'Oscans, moines, convers, serjans et toute autre maisnie quele que ele soit, qui soit a leurs loirs et a leurs despens, lesquez, se jou ou mi hoir les prendiemes, nous leur renderiemes sanz amende, sil nia avoit cas dont il i apartenist a faire justice, laquele justice serait a mi et a mes hoirs. Et sieent les chuinc et les sept sestelees de terre dessus dites toutes en II pieches, es lius ci desous nommez, cest a savoir diz sestelees en une pieche ou lieu que on dit a l'Espinette, tenant dune part a le terre Wiart Mauclerc de Venduel et a

April. 1304.

le terre Biatris de Canetoise, et se adeboutent a lun des corons au bos de Brait, qui est del eglize Saint Nicholay el bos. Et les autres ij sestelees de terre sieent en une autre pieche tenant a le terre le dite Biatris dune part et a le terre ledit Wiart Malclerc dautre part, et a lun des corons au devant dit bos, lesqueles douze sestelees de terre devant dites je voiel, gree et otroie que li dite eglize d'Oscans ait et tiegne paisiblement dore en avant quitement et franquement a tous jors jors sanz riens retenir a mi, a mes hoirs ne a mes successeurs, fors ce qui dessus est dit, comme en main morte, tant comme en mi est. Et leur promech et ai en convent bien et loyaument en bonne foy a warandir a ledite eglize de Oscans as us et as coustumes dou pais, envers tous ceus qui a droit et a loi en vaurroient venir, tout en le fourme et en le maniere qui est devant expressee et ordenee en ces presentes lettres. Et a toutes ces convenanches devant dites fermement tenir et warder de par mi envers ledite eglize de Oscans oblige jou par le foi de mon cors, mi, mes hoirs et mes successeurs, et tous mes biens meubles et non meubles, cateux et hiretages presens et a venir, et en ce fait ai jou renunchiet et renunche encore a toutes bares de fraudeboidie et de tricherie, et a toutes aides de fait et de droit, et a toutes autres chozes qui a mi ou a mes hoirs ou a mes successeurs porroient valoir ou aidier, et as diz religieus de leglize dessus dite grever et nuire, et especialement au droit qui reprueve general renunciation. En tesmoige desqueles chozes jou ai ces presentes lettres seelees de mon propre seel et donnes a labbe et au convent de ledite eglize d'Oscans. Ce fu fait en lan de grace mil trois cens et quatre, ou mois d'avril.

DCCLXXV.

CONCESSIO BERTAUDI ARMIGERI DE TROLY DE EODEM PER LITTERAM ANNEXAM.

April. 1305.

A tous ceus qui ces presentes lettres verront et orront Bertaus de Troli, escuiers, salut. Sachent tuit que Jehans de Manessies, escuiers jadis et nos hom, donna, quita et otroia, etc. Et a ce tenir fermement et warder, nous obligons nous et nos hoirs et nos successeurs et tous ceus qui aroient cause de nous. En tesmoignage des quez choses nous avons ces presentes lettres seelees de no propre seel, qui furent faites lan de grace mil ccc et chuinc, el mois d'avril.

DCCLXXVI.

CONCESSIO JOHANNIS DE MANESSIES DE ELEMOSINA PATRIS SUI JOHANNIS, ARMIGERI.

Sept. 1306.

Je Jehans de Manessies, escuiers, jadis fiex Jehan de Manessies, qui fu fiex monseigneur Gillon de Manessies, chevalier jadis, fais savoir a tous que li deseus diz jadis escuiers mes peres, de le volente et l'assentement especial de moi et de Bertran de Troli, escuiers, de cui je tieng comme de souverain quant a ce donna pour Dieu et en aumosne perpetuel pour le salu des ame et des ames monsieur men taion sen pere deseure nome et ma dame me taie se mere, et me damoisele Marie se femme, a leglize d'Oscans, del orde de Cystiaus, de leveschie de Noion, chuinc sesterees de terre quil avoit el terroir de Manessies de sen propre acquest, et quanque il avoit en ledite terre en fons et treffons et en terrage et en quelconques autres chozes et avoec tout ce il donna a ledite eglize en le forme dessus dite le terrage en sept sesterees de terre que ledite eglize avoit et a encore el dit terroir de Manessies, qui estoient tenues del dit Jehan a terrage, et a ce tenir sans aler encontre obliga il lui et ces hoirs, meubles et non meuble a tous jours, en tele maniere qu'il retient a lui et a ces hoirs a tous jors toute le justice et le seignorie haute et basse tant es chuinc sesterees de terre qui estoient de sa queste, qu'il donno a le dite eglize avoec le terrage et quanque il i avoit et pooit avoir, comme es sept sesterees de terre qui sont del hiretage de le dite eglize dont il donna le terrage a cele meisme eglize, si comme il est dit, exceptees les persones d'Oscans, moinnes et convers, serjanz et autres mainies qui seroient a leur loier, et les autres chozes qui sont de le dite eglize, es quez il ne devoit avoir nule justice fors mis que se li dit sergant ou maisnies estoient pris ilec meffaisant en cas dont hommes deveroit perdre vie, par droit le justice en devoit et doit appartenir a lui et a ses hoirs, et se il les prendoit en autre cas en meffait present, il les devoit rendre a le dite eglize es quez il ne devoit avoir nule justice sanz amende. Et est a savoir que les vii sesterees qui sont del hiretage de ledite eglize, et les autre chuinc qui estoient de laqueste ledit Jehan men pere, qui fu, par deseur nommees, sont seans en ii pieches, cest a savoir dis sesterees ou lieu que on dit a lespinete, tenant d'une part a le terre que on dit Wiart Malclerc, d'autre part a le terre Biatris le Katenoise et se adeboutent a l'un des corons au bos de Brait qui est del eglize saint Nicholai el bos, et les autres deux sesteres sicent tenant à le terre le dite Biatris d'une part et a le terre ledit Wiart Malclerc d'autre part et a l'un des corons au devant dit bos, et je Jehan de Manessies dessus dit le don et laumosne faite a le dite eglize d'Oscans dou desus dit Jehan men pere, qui fu, dont Diex ait lame, weil, gree et otroie et conferme et me oblige a tenir en le forme dessus dite de point en point, et pour ce que je weil estre parchonniers des biens fais de ledite eglize, je donne et ai donne pour le salu de mame et des devanchiers a ledite eglize d'Oscans ii autres sesterees de terre, et quanque je ai et puis avoir en terrage et en autres chozes en le forme et en le maniere que mes peres donna les autres chiunc sesterces, si comme il est ci desus escript, les quez deus sesterees dessus dites sient tenant as dis sesterees dessus dites et a le terre Wiart Malclere dessus dit. En tesmoignage et confermement de quels chozes je ai ces presentes lettres seelees de men propre seel. Che fu fait en l'an de grasse mil trois cens et sis, el mois de septembre.

DCCLXXVII.

CONCESSIO DOMINI PETRI DE VI DE VINEIS DOMINI ANSELMI ET DE ACQUIRENDIS IN TERRITORIO DE MARTIMONT ET DE CHARLET.

Ego Petrus de Vi, miles, notum facio omnibus hec visuris quod dominus Anselmus prebister, quondam canonicus de Altrachia, in mea constitutus presentia recognovit se dedisse in puram et perpetuam elemosinam fratribus ecclesie beate Marie Ursicampi, omnes vineas suas quas idem A...., acquisierat sub meo dominio in territoriis de Martimont et de Charlet. Ego vero, ob remedium anime mee et antecessorum meorum, concessi quod ipsi fratres istam

Novemb. 1248.

elemosinam ipsis a dicto A. prebistero jam factam et etiam omnes elemosinas quas ipsis ab aliis in predictis territoriis de cetero fieri continget, libere et pacifice in perpetuum habeant et possideant, salvis michi et meis heredibus justicia et redditibus meis consuetis. In cujus rei testimonium et perpetuam firmitatem presentes litteras predictis fratribus tradidi sigilli mei munimine roboratas. Actum anno Domini m° cc° xl° viii°, mensi novembri.

DCCLXXVIII.

CONCESSIO MATHEI DE VI, ARMIGERI, DE ACQUIRENDIS IN TERRITORIIS DE MARTIMONT ET CHARLET.

Marcio 1268. Universis presentes litteras inspecturis, ego Matheus de Vi, armiger, salutem in Domino. Noveritis me litteras domini Petri de Vi, militis, quondam patris mei, vidisse et inspexisse in hec verba. Ego Petrus de Vi, miles, etc., prout superius continetur. Actum ut supra. Ego vero predictus Matheus, filius et heres domini Petri militis, predictam elemosinam a dicto patri meo factam volo, laudo et approbo, et in eadem expresse, prout facta est, consentio ob remedium anime mee, et ut particeps sim omnium bonorum que in dicta ecclesia fuerint et de cetero fient, volens et concedens eisdem fratribus ut quicquid in dictis territoriis jam acquisierunt vel de cetero acquirent vel acquirere poterunt quoquo modo, ratione elemosine, emptionis, excambii, seu alio quocumque modo, in perpetuum quiete, libere, integre et pacifice, salvis justicia et redditibus meis consuetis in manu mortua teneant, et possideant et habeant. Promitto etiam predictis fratribus sub fide et juramento a me prestitis quod ipsos fratres super acquisitis vel de cetero in dictis territoriis, prout dictum est, acquirendis per me vel per alium non molestabo quoquo modo, vel molestari procurabo, nec ad ponendum acquisita vel acquirenda extra manum suam compellam vel procurabo compelli. Immo omnia et singula premissa eisdem a patre meo et a me concessa firmiter tenebo et observabo, et garandizabo eisdem adversus omnes juri et legi parere volentes, preter quam adversus Regem Francie, ad hec omnia et singula predicta firmiter observanda me et omnia bona mea et etiam heredes meos in perpetuum obligando. In cujus rei testimonium et perpetuam firmitatem eisdem fratribus presentes litteras sigillo meo tradidi roboratas. Datum anno Domini millesimo ducentesimo sexagesimo octavo, mense marcio.

DCCLXXIX.

CONFIRMATIO GUILLELMI MILITIS DOMINI DE MARTIMONT DE QUADAM PETIA VINEE EMPTE A THEOBALDO DE PONTENGUERON, PRO QUA DEBETUR EI OBOLUS CENSUALIS.

Feb. 1272. Je Guillaumes, chevaliers, sires de Martimont, fas savoir a tous ceus qui ces lettres verront et orront que tel achat que li abbes et li convens d'Oscans ont fait a Thiebaut de Pontengueron et a Marie se fame, de une pieche de vigne qui siet en le rue des Champiaus ou terroir de Marlimont de Vi, joingnant dune part a le grant vigne d'Oseans, laquele pieche de vigne contient entoz I aissin, peu plus peu mains, et que chius Thiebaus et sa femme devant dite tenoient de moi par une maaille parisis de cens chacun an a le Saint-Remi, je le loe, gree et otroi comme sires, et weil que li abbes et li couvens devant dit le tiengnent quitement et en pais a tous jors par seulement le maaille de cens que cil d'Oseans paieront chascun an a moi et a mes hoirs a le Saint-Remi, insi comme il est par dessus devise. Et a ce garandir et tenir fermement sanz riens aler encontre, je oblige moi et mes hoirs a tous jors de tant comme a moi a monte. Et pour ce que ce soit ferme cose et estable, je en ai baillie a labbe et au couvent devant diz ces presentes lettres seelees de men propre seel. Ce fu fait en lan de lincarnation nostre Seigneur M. CC et LXXII, ou mois de fevrier.

DCCLXXX.

DE DUABUS MODIIS BLADI DOMINI RENALDI DE BESTISI CAPIENDIS IN MOLENDINO DE MAREGNI.

Renaldus de Bestisiaco, miles, omnibus presentes litteras inspecturis salutem in Domino. Notum facimus universis quod nos et Emelina, uxor nostra, communi assensu et voluntate nostra in elemosinam contulimus monachis in ecclesia beate Marie de Ursicampo Deo in perpetuum servituris duos modios bladi annuatim capiendos in molendino de Marregniaco super Mascum, quos simul acquisivimus ad faciendam pitanciam conventui pro obitu utriusque nostrum die festi Sancti Martini in hieme, quamdiu vixerimus, pro remedio animarum nostrarum et antecessorum nostrorum. Solutio vero dicti bladi debet incipere annuatim in crastino beati Remigii. Post quam autem decesserimus de presentis vita seculi, conventus dicte ecclesie in diebus obituum nostrorum, sicut evenire Domini voluntas fuerit, pro requie animarum nostrarum divina celebrabit. Quod ut ratum a successoribus teneatur, presentes litteras sigillo nostro fecimus confirmari. Actum anno Domini M° CC° XX° tertio, mense septembri, feria secunda post festum sancti Lamberti.

Sept. 1223.

DCCLXXXI.

CONCESSIO ODONIS DE FREMICORT DE WIENAGIIS APUD PONTISARAM ET MARI.

Ego Odo de Fremicort notum facio omnibus hec visuris in perpetuum, quod pro salute anime mee et pro anima Ydonee, uxoris mee, et pro animabus antecessorum meorum dedi in elemosinam ecclesie beate Marie Ursicampi liberam quitantiam wienagiorum de universis rebus ejusdem ecclesie propriis quas fratres Ursicampi per Pontisaram navigio transvehi fecerint in ea parte wienagii que ad me pertinet. Ita tamen quod frater custos navis res dicte ecclesie proprias verbo assereret aut unus de servientibus, si voluero, fidem dabit. Si navis fratrum res alienas detulerit, consuetudinem wienagii de rebus alienis accipiam. Concessi autem fratribus memoratis ut quitanciam wienagii ab eo qui tertiam partem wienagii de

1211.

474   TITULUS VILLARUM.

Pontisara de me tenet in feodum, si potuerint, acquirant. In tertia etiam parte wienagii de Mari quem teneo ex parte dicte Ydonee, uxoris mee, liberam quitanciam eis in elemosinam concessi de hiis que ad me pertinent, quandiu ego et illa vixerimus. Si vero heredem habuererimus, rata erit hec quitancia et firmitatem perpetuam obtinebit. Ut ergo hec predicta inviolabilem in posterum obtineant firmitatem, presentem paginam inde conscribi volui et sigilli mei appensione muniri. Actum anno gratie M° CC° XI°.

DCCLXXXII.

ELEMOSINA NICHOLAI DE MONTEGNI DE DOMO SUA CUM ORTO, VINEA ET ALNETO, ETC.

1241. Jacobus, archidiaconus Suessionensis, omnibus presentes litteras inspecturis in Domino salutem. Notum facimus universis quod Colardus, clericus, de Montegniaco, et Elizabeth uxor ejus in presentia curie nostre constituti recognoverunt se contulisse in perpetuam elemosinam ecclesie beate Marie Ursicampi quandam domum sitam in parochia de Montegniaco, in loco qui dicitur Monlevoisin, cum orto adjacente eidem domui et quandam vineam tres essinos terre continentem, sitam in loco qui dicitur Marsegni, et quodam alnetum situm inter predictam domum et predictam vineam subtus rivum, et quandam aliam vineam sitam in loco qui dicitur ad Pirum Hugonis, et aliam vineam sitam in loco qui dicitur Maisiaus, que due vinee continent circiter tres essinos terre, et sunt de acquestu dicti Colardi et uxoris ejus cum orto predicte domus, sicut coram nobis recognoverunt. Et quitavit dicta Elizabeth spontanea voluntate et non coacta, sicut coram nobis recognovit, quicquid juris habebat in predictis ratione dotis et acquestus, sive alio modo, fidem interponentes tam dictus Colardus quam dicta Elizabeth uxor ejus quod predictam ecclesiam Ursicampi super predicta elemosina de cetero per se vel per alium non molestabunt nec facient molestari, immo contra omnes molestatores legitimam tenentur ferre garandiam nichilomnino in predictis sibi retinentes. Preterea voluerunt et concesserunt quod omnia mobilia sua et ustensilia, ubicunque inveniri poterunt, post decessum eorum, predicte ecclesie Ursicampi remaneant, ita quod de cetero de ipsis mobilibus vel ustensilibus alio modo non possit ordinare vel disponere. Hanc autem elemosinam voluerunt et laudaverunt et concesserunt Guibertus, frater Colardi, Elizabeth, soror ejus, Laurentius, maritus Marsille sororis dicti Colardi, fidem interponentes quod ipsi dicte ecclesie supra dicta elemosina contra omnes legitimam portabunt garandiam. Quod ut ratum et stabile permaneat, presentem paginam ad petitionem dictorum Colardi et Elisabeth uxoris ejus sigillo curie nostre fecimus sigillari. Datum anno Domini M° CC° quadragesimo primo.

DCCLXXXIII.

CONCESSIO DOMINI NIVELONIS ET JOHANNIS DE MAUCRUES DE REBUS COLARDI DE MONTIGNY DE ACQUISITIS.

1240. Universis presentes litteras inspecturis, magistri Th.... de Monte, canonicus, et G. de Rem..., officialis Suessionensis, salutem in Domino. Noverint universi quod dominus Nivelo de Maucrues, miles, domina Hodierna, ejus uxor, Johannes de Maucrues, armiger, primogenitus eorumdem, et Agathes, ejus uxor, coram nobis propter hoc constituti, donationem et elemosinam quas Colardus de Montigniaco, clericus, et Elizabet ejus uxor fecerant ecclesie Ursicampi de quodam domo sita subtus Montigni, ubi dicitur Monlevoisin, cum orto adjacenti, et de quibusdam vineis sitis in territorio ejusdem loci, videlicet de vinea sita ubi dicitur Marsigni, tres essinos continent. Item de vinea sita ubi dicitur ad Pirum Hugonis. Item de vinea sita ubi dicitur Maisiaus. Item de quodam alneto sito versus dictam domum, subtus rivum. Item de vineis eorum sitis ubi dicitur en Cleuleu, prout in litteris archidiaconi curie Suessionensis, que nunc cum nostra curia est unita, super prefatis donatione et elemosina confectis vidimus plenius contineri, voluerunt, laudaverunt et approbaverunt liberaliter et benigne. Voluerunt etiam quod ipsa ecclesia ex nunc in posterum in territorio de Banru, eo videlicet ubi dicitur commune territorium, in terra, dominio et justitia eorumdem militis et Johannis et eorum uxorum acquirat, ut poterit, quoquo modo, preter quam in masuris de Banru, quas ipsi miles et Johannes possunt talliare alte et basse, et preterquam in terris de quibus vente debentur. Concedentes coram nobis eidem ecclesie prefati miles Johannes filius ejus et eorum uxores predicte quod ipsa ecclesia premissa sibi concessa, collata sive data ab ipsis Clerico et ejus uxore, et ea omnia que ex nunc in posterum dicta ecclesia in predicto communi territorio, in dominio et justitia eorumdem acquirere poterit quoquo modo, teneat et possideat in perpetuum pacifice et quiete, salvis ipsis Niveloni et Johanni et eorum heredibus redditibus suis et justitia in premissis. Pro domo enim predicta et orto adjacenti debentur xxx denarii parisienses et duo essini avene de annuo reddditu immuni ab aliis redditibus et consuetudinibus existente, et propter premissas laudationes, approbationes et concessiones faciendas iidem Nivelo miles, Johannes, filius ejus, et uxores eorum predicte recognoverunt coram nobis se ab ipsa ecclesia XII libras parisienses in numerata pecunia recepisse, fidem in manu nostra interponentes corporalem quod contra laudationem, approbationem et concessionem predictas per se vel per alium non venient in futurum, sed premissa eidem ecclesie adversus omnes preter quam adversus dominum regem et reginam coram nobis promiserunt legitime garandire. In cujus rei testimonium et robur, presentem cartam, ad petitionem dictarum partium, sigillo curie Suessionensis fecimus roborari. Actum presentibus Roberto clerico tabellione nostro, Calardo clerico et ejus uxore predictis, donno Ricardo monacho, etc. Anno Domini M. CC. quadragesimo.

DCCLXXXIV.

CONCESSIO DOMINI GOSSUINI, MILITIS, DE MENIN, DE PEDAGIO PRO TOTO ORDINE CYSTERCIENSI.

Ego Gossuinus, miles, de Menin, omnibus presentes litteras inspecturis in perpetuum notum facio quod ego, assensu et voluntate Wisille, uxoris mee, quitavi ecclesie beate Marie Ursicampi et toti ordini Cysterciensi, pro remedio anime mee et anime uxoris mee et antecessorum meorum, pedagium meum apud Menin, et in tota terra mea de omnibus rebus suis in proprios usus expendendis quas propriis vecturis vel conductiis duxerint vel portaverint. Quod ut ratum permaneat, presentes litteras feci sigilli mei appensione communiri. Actum anno gratie millesimo ducentesimo tertio, mense julio.

Julio 1203.

DCCLXXXV.

DE PEDAGIIS DE MERIACO.

1218. Ego, Drogo de Meriaco, universis notum facio presentibus pariter et futuris quod pro salute anime mee et omnium antecessorum meorum, de assensu et concessione Regine, uxoris mee, dedi in perpetuam elemosinam ecclesie beate Marie Ursicampi et fratribus ibidem Deo servientibus plenariam libertatem et quitanciam et transitum liberum et quitum ab omni consuetudine et exactione de omnibus rebus ad proprios usus ipsius ecclesie pertinentibus eundo et redeundo per transitum meum de Meriaco, ita ut ulli hominum meorum vel servientium meorum liceat de cetero unquam a fratribus predicte ecclesie de rebus eorum propriis quas duci vel reduci fecerint per ipsum transitum aliquam consuetudinem vel exactionem exigere vel extorquere. Quod ut perpetuam stabilitatem obtineat, presentem cartam conscribi et sigilli mei impressione feci communiri. Actum anno gratie m° ducentesimo decimo octavo.

DCCLXXXVI.

DE TERRA WILLELMI DE MELLOCO QUAM COLUMUS ET QUEDAM BENEFICIA EJUS.

1197. Ego Willelmus, dominus de Melloco, universis fidelibus hec visuris in perpetuum. Sciant quod dedi fratribus Ursicampi ad excolendum jure perpetuo totam terram arabilem de Lacheni, hac conditione quod medietas fructuum ejusdem terre michi et heredibus meis reddetur, exceptis redditibus quos debet eadem terra, qui de communi reddentur. Porro si michi aut heredi meo placuerit fruges in agris partientur, et medietas mea in quamcunque voluero domum de Lacheni et non alibi a fratribus deferetur, si vero michi visum fuerit totum fructum predicte terre fratres ad grangiam suam deferent et ad mencoldum particmus, foraginum quoque de parte mea si accipere voluero, meum erit. Totum vero bladum faciet semeti et excuti. Verum si michi aut heredi meo placuerit ut fruges in agris partiantur, ego hoc ipsum ante messionem fratribus faciam nunciari, ipsi vero fratres, quum messis partienda erit, famulo meo nunciabunt, qui si venire noluerit, fratres nichilominus partem meam sequestrabunt, et sicut predictum est facient deduci. Si vero prius ea aliquis ex parte mea de partitione illa dubitaverit unus e fratribus, in verbo veritatis aut aliquis de servientibus eorum fide data asseret partam meam michi integre redditam, et nichil amplius super hoc a fratribus exigi poterit. Sciendum autem quod post meum et uxoris mee Rainaldique filii mei decessum dicti fratres Ursicampi unam modiatam de ea parte ejusdem terre que grangie ipsorum vicinior est, sub perpetue elemosine titulo possidebunt. Hiis quoque adjiciendum quod similiter in elemosinam pro salute anime mee omniumque antecessorum contuli eisdem fratribus quicquid juris habebam in frutecto de communia que est ante portam grangie ipsorum libertate perpetua possidendum, aisantias quoque terrarum mearum in territorio de Lacheni eisdem fratribus concessi. Has omnes meas donationes et concessiones fecit Ermentrudis uxor mea ad quam predicta omnia jure hereditario pertinebant, et ad perpetuam confirmationem scripto huic inde facto sigillum suum apposuit. Hec eadem concessit Rainaldus filius meus et sigillo suo confirmavit. Hec etiam concesserunt Willelmus et Manasses filii mei. Ut autem hec rata et inconcussa permaneant, presentem paginam inde conscriptam sigilli mei impressione permunire curavi. Acta sunt hec anno Verbi incarnati M° C° XC° septimo.

DCCLXXXVII.

ÉLEMOSINA MATHILDIS DE ATTECHI.

Ego, Buchardus de Montemorenciacho, notum volo fieri tam futuris quam presentibus quod domina Matildis de Atichi dedit in elemosinam ecclesie Ursicampi pro salute anime sue et et antecessorum suorum tertiam partem clausi Heremboldi et tertiam partem quam possidebat in pratis de Gausi, sub annuo censu XVI denariorum XIII quoque solidorum census apud Attechi in festo Sancti Remigii accipiendos, que omnia quum de me in feodo tenebat, in manu mea derelinquit. Ego vero ut hujus beneficii fierem particeps, de hiis omnibus per manum domini Guidonis abbatis prefactam ecclesiam investivi. Ut ergo hec elemosina rata et inconvulsa permaneat, presentem paginam tam sigilli mei impressione quam testium subscriptorum astipulatione roboravi. S. Guidonis, abbatis Ursicampi, etc. Actum est hoc ante ecclesiam de Atichi anno ab incarnatione millesimo C° LXXX° V°.

1185

DCCLXXXVIII.

ELEMOSINA EMMELINE, QUONDAM UXORIS PETRI RESQUINIES, DE OMNIBUS QUE HABEBAT APUD MOMMAQUES.

Universis presentes litteras inspecturis magister Johannes de Thorota, officialis Suessionensis, salutem in Domino. Noverit universitas vestra quod Petrus, dictus Resquignies, de Mommaques, recognovit et asseruit coram nobis quod Emmelina, quondam uxor sua, dum adhuc viveret, sane mentis existens dederat et concesserat in elemosinam perpetuam ob remedium anime sue ecclesie beate Marie Ursicampi, Noviomensis dyocesis, ad opus elemosine porte dicte ecclesie, omnia et singula bona sua immobilia in manerio, terris et prato existentia apud Mommaques et in territorio dicte ville. Recognovit etiam idem Petrus coram nobis quod inter ipsum et dictam ecclesiam tales supra dictis bonis conventiones intervenerunt, videlicet quod ipse dictum manerium in quo ipse habebat medietatem, tenebit et possidebit quandiu vixerit quantum ad usum fructum et habitationem, proprietate ejusdem manerii ex nunc eidem ecclesie remanente. Dicta autem ecclesia totum pratum predictum in quo habuerat ipse P.... medietatem, ex nunc tanquam suum pacifice possidebit. Predictas vero terras dictus Petrus coram nobis recepit a dicta ecclesia ab eo quandiu vixerit tenendas et excolendas sub annua censa unius modii bladi hyemalis et dimidii modii avene ad mensuram de Thorota eidem ecclesie ab ipso pro singulis annis, quandiu vixerit, in festo beati Remigii in capite octobris

Feb. 1263.

apud Mommaques persolvenda et reddenda. Dictus autem Petrus coram nobis dedit et concessit in elemosinam perpetuam ob remedium anime sue eidem ecclesie Ursicampi ad opus elemosine dicte porte omnia et singula bona immobilia ipsius Petri que habebat in villa et territorio de Mommaques, in manerio, terris, masura et prato existentia, retentis tamen sibi in eisdem tantummodo usufructu et habitatione quandiu vixerit, preter quam in dicto prato in quo sibi nichil retinet quoquomodo. Post decessum vero dicti Petri omnia et singula bona immobilia supradicta ad dictam ecclesiam quita et libera ab omni debito et obligatione quacumque preterquam de redditibus consuetis devolventur. Promisit etiam fide media dictus Petrus quod contra premissa vel aliquid premissorum non veniet in futurum nec ea in toto vel in parte de cetero qualibet ratione per se vel per alium revocabit. Immo predictas conventiones omnes et singulas fideliter observabit et etiam adimplebit. Insuper magister Odoardus, presbiter de Chevincourt, filius dicti Petri ex dicta Emmelina procreatus, coram nobis premissa omnia et singula recognovit, laudavit et approbavit, sponte sua cedens et quitans eidem ecclesie penitus et in proprium quicquid juris ipse O..... habebat vel habere debebat ratione hereditatis vel alio quoquomodo in omnibus et singulis bonis immobilibus supra dictis, et etiam idem O..... coram nobis dedit et concessit in elemosinam perpetuam ob remedium anime sue eidem ecclesie, ad opus elemosine porte predicte, duas minatas terre ipsius O....., sitas subtus exclusam de Thorota ab eadem ecclesia post decessum dicti Odardi et patris sui nomine elemosine integraliter percipiendas et habendas. Premissa vero omnia et singula dictus Odardus coram nobis promisit in verbo sacerdotis se inviolabiliter observaturum, et contra eadem in toto vel in parte de cetero per se vel per alium non venturum. Pretera dicti Petrus et magister ejus filius coram nobis voluerunt et concesserunt expresse quod aliquid de bonis prenotatis non oneretur aliquo debito seu obligatione eorundum, immo debita et obligationes ipsorum de aliis bonis eorumdem persolvantur, obligantes in solidis se et sua alia bona presentia et futura sub fide et verbo predictis ad solvendum dicta debita et obligationes memoratas. In cujus rei testimonium presentibus litteris sigillum curie Suessionensis ad instantiam dictorum P..... et O..... duximus apponendum. Actum anno Domini M° CC° LX° iij°, mense februario.

DCCLXXXIX.

CONCESSIO DOMINI ABBATIS URSICAMPI DE EODEM NON CONVERTENDA NISI IN USUS PORTE.

Januar. 1263. Universis presentes litteras inspecturis frater Egidius, dictus abbas Ursicampi, totusque ejusdem loci conventus salutem in Domino sempiternam. Noveritis quod cum Emelina, uxor Recignie de Mommaques, nobis in puram et perpetuam elemosinam medietatem cujusdam manerii siti apud Mommaques, pratum et terras contulit, nos dictam ecclesiam et omnia nobis ab ipsa collata janitori nostro Ursicampi ad opus elemosine janue concedimus, volentes et concedentes quod janitores, qui pro tempore ibi erunt, premissa percipiant et habeant ad opus elemosine supradicte. Datum anno Domini millesimo CC° sexagesimo tertio, mense januario.

DCCXC.

CONCESSIO DOMINI BOUCHARDI DE MONTMARTIN DE TRIBUS MODIIS TERRE SUPER ESPERMONT ODONIS DARIDEL CUM OMNI JUSTITIA IN EADEM TERRA.

Ego Bouchardus, miles de Monte Martini, cognomine Hellis, notum facio omnibus hec visuris in perpetuum quod Odo de Remin, miles, cognomento Daridiaus, homo meus, vendidit ecclesie Ursicampi tres modiatas terre ad mensuram de Francieres, sitas juxta grangiam dicte ecclesie Ursicampi, videlicet Arcus vallem, super locum qui dicitur Espermons, et quia hanc terram de me tenebat in feodum, sine meo assensu vendere poterat vel alienare, rogavit me ut hanc venditionem concederem, et dicte ecclesie fratribus inde litteras meas donarem. Dedi ergo sepedicte ecclesie fratribus presentes litteras sigillo meo sigillatas in testimonium quod dictus Odo de hac terra se in manu mea devestivit nichil in ea sibi vel heredibus suis retinens in perpetuum, sed dicte ecclesie omne jus quod in dicta terra habebat sive in banno sive in sanguine vel in latrone vel alia aliqua justicia, sive in rebus aliis, plenarie concedens. Ego autem sicut dictus O.... de dicta terra se devestivit, prefactam ecclesiam Ursicampi apud Gornacum coram domino episcopo Belvacensi et domino Guidone de Castellione et multis aliis probis viris per manum domini Johannis abbatis investivi, plevivique quod hanc venditionem contra omnes qui ad jus et legem vellent venire, tanquam dominus semper et per omnia sepedicte ecclesie garandirem. Hanc etiam venditionem concesserunt dicti Odonis liberi, Petrus et Radulfus, et pleviverunt tam ipsi quam pater eorum dictus O...., quod in hac terra nichil in perpetuum reclamarent nec inde per se vel per alium sepedictam ecclesiam molestarent. Actum anno gratie M° CC° vicesimo secundo, mense octobri.

Octob. 1222.

DCCXCI.

CONCESSIO RADULFI DE MONTMARTIN DE TERRA DOMINI GERARDI DE MONTMARTIN SITA SUPER MOLENDINUM DESPERMONT PRO XII DENARIIS CENSUS.

Ego Radulfus de Montmartin, miles, notum facio omnibus presentes litteras inspecturis quod Gerardus de Montmartin, miles, vendidit ecclesie Ursicampi pro utilitate et necessitate sua urgenti septem minatas et VII virgas terre arabilis site super molendinum d'Espermont, videlicet secus viam que ducit ad Gornacum, pro XL libris parisiensibus et decem solidis et duobus denariis et obolo quibus sufficienter satisfactum est ei, domina vero Goda, uxore ejus presente, dictam venditionem volente, laudante et approbante, et recognoscente se habere excambium sufficiens pro dotalicio quod in dicta terra vendita habebat, videlicet in aliis septem minatis et septem virgis terre site retro villam de Montmartin, videlicet ad fossam que dicitur le Muicle, et per hoc excambium resignavit omni juri quod habebat vel habere poterat in dicta terra vendita tam jure dotalicii quam alio quocunque modo. Domina similiter Mathildis, mater dicti G..... militis, Henricus frater et Heluidis soror ejus, liberi dicte Matildis, dictam venditionem volnerunt et approbaverunt, fidemque dederunt corporalem tam dicti Gerardus et Goda uxor

Febr. 1238.

ejus quam Mathildis mater dicti Gerardi, Henricus et Heluidis frater et soror ejusdem Gerardi, liberi Mathildis predicte, quod dictam ecclesiam supra dicto vendagio de cetero non molestabunt, nec gravabunt, nec artem nec ingenium per se vel per alium querent per que possit aut debeat dicta ecclesia super eodem vendagio in posterum molestari vel gravari vel in causam trahi alicubi coram ecclesiastico judice vel seculari. Ego autem de quo predictus G.... miles dictam terram tenebat, dictum vendagium ratum habui et acceptum, et concessi ut dictam terram dicta ecclesia libere et pacifice in perpetuum tenebat et habeat per xii denarios consuales michi et heredibus meis a dicta ecclesia reddendos annis singulis in die vel in crastino beati Remigii in villa de Montmartin, et super hunc censum sine alia exactione teneor tanquam dominus dictam terram contra omnes qui ad jus et legem venire voluerint dicte ecclesie in perpetuum fideliter garandire. In cujus rei testimonium et munimen presentes litteras tradidi sepe dicte ecclesie sigillo meo sigillatas. Actum anno Domini m° cc° xxx° viii, mense februario.

DCCXCII.

DE SEX MINIS TERRE PETRI DE FAIEL APUD MONTMARTIN ET DE DOMINIO QUOD IBI HABEBAT ODO DARIDEL.

1219.

Ego Richardus, decanus de Bienvilla, notum facio omnibus hec visuris in perpetuum quod Petrus de Faiel et Biatrix uxor ejus vendiderunt fratribus Ursicampi sex minas terre arabilis site apud Montmartin, que dicitur de monasterio sancti Medardi, videlicet singulas minas precio quinquaginta solidorum parisiensis monete. Hanc terram reddiderunt in manu Odonis Daridel de cujus dominio terra erat, et ipse Odo per manum fratris Stephani ecclesiam Ursicampi investivit tam de terra quam de dominio quod in ea habebat. Testes Matheus de Faiel et Petrus filius Gervasii de Remin, milites, et Johannes de Franseriis, frater dicte Beatricis, et frater Petrus Gambars, conversus Ursicampi. Porro memorata Biatrix de cujus hereditate terra illa pervenerat, coram me recognovit quod necessitate inducta sponte et sine ulla mariti coactione hanc faciebat venditionem, fidemque interposuit quod in ea nichil in posterum reclamaret. Ipse etiam Petrus de ferenda warandisia contra omnes qui ad justitiam et legem venire voluerint, fidem dedit, filia quoque eorumdem Elizabeth hec eadem concessit. Cum ergo hec venditio rationabiliter gesta et coram me recognita sit, paginam istam inde conscriptam sigillo meo munire curavi in robur et testimonium veritatis. Actum anno Domini m° cc° nono decimo.

DCCXCIII.

CYROGRAPHUM RAINOLDI DE MONDISDERIO.

Circa 1143.

In nomine sancte et individue Trinitatis, ego Herveius, dictus abbas de Ursicampo, notum volo fieri Christianis omnibus tam futuris quam presentibus quod Drogo, filius Hugonis filii Lamberti de Roia, qui religionis habitum apud nos suscepit, ecclesie nostre quamdam terram juxta Mondisderium positam concessione filii filieque sue Roberti scilicet et Marie in elemosinam donavit. Quod etiam beneficium pro XL solidis concessit Hugo de Moresel a quo Drogo mediam partem ejusdem terre in feodum tenebat, id ipsum Pagano, filio Huardi, sine aliqua remuneratione annuente, de quo videlicet idem Drogo partem alteram simili conditione possidebat. Hanc ergo terram Rainoldi fratri Hiolberti, clerici de Mondisderio, pro XIIII libris vendidimus superaddito censu quatuor denariorum quem ecclesie nostre pro recognitione singulis annis in festivitate sancti Remigii exsolvendum determinavimus, tali dumtaxat conditione ut ipsam terram liberam et absolutam jure faceremus. Quod ne possit aliquando quoquo modo perturbari, hoc inde factum cyrographum sigillo nostre ecclesie munivimus ac personarum ibidem presentium testimonio corroboravimus. S. Herveii abbatis. S. Clementis prioris. S. Radulfi supprioris. S. Rainaldi, cellararii.

DCCXCIV.

ELEMOSINA NICHOLAI CAOURSIN DE MOLINIS DE V. ESSINIS TERRE SITE AU SAUCHOI ET BEELOI.

Ego Robertus, decanus chistianitatis et presbiter de Audegnicort, notum facio omnibus litteras istas inspecturis quod Nicholaus li Caoursins de Molendinis in presentia nostra constitutus dedit in puram et perpetuam elemosinam ecclesie beate Marie Ursicampi post decessum suum quinque aissinos terre quorum duo siti sunt juxta calceiam in loco qui vocatur Saucois, et alii tres in loco qui vocatur super Beloi. Hanc vero donationem idem N... sollempniter et in facie ecclesie multis presentibus super altare (confirmavit). Ego autem in hujus rei testimonium presentes litteras sigilli mei appensione roboravi. Datum anno Domini millesimo ducentesimo tricesimo nono, mense januario.

Januar. 1239.

DCCXCV.

DE III MODIIS NEMORIS APUD SOUVREL.

Ego Simon, decanus de Cameli, notum facio omnibus hoc visuris in perpetuum quod Renaldus de Nanchel, miles, vendidit fratribus Ursicampi tres modiatas nemoris quod jure hereditario apud Souvrel possidebat. Hujus nemoris venditionem concesserunt fratres ipsius Renaldi Gerardus et Wido, cum sororibus suis Elizabeth, Richelde, Eremburge, Maria, Gila, Agnete et Sabina et cum Helvide matre ipsorum. Laurentia quoque, uxor dicti Rainaldi, ipsam venditionem concessit cum liberis suis Petro et Elizabeth. Odelina etiam, prescripti Gerardi uxor, id ipsum voluit et concessit. Omnes isti memoratam venditionem in mea presentia concesserunt, et eam firmiter tenere sub fidei intepositione tenentur. Quod ut ratum sit et inviolabilem obtineat firmitatem, presentem paginam sigilli mei appensione roboravi. Actum anno gratie millesimo ducentesimo septimo.

1207.

DCCXCVI.

CARTA OFFICIALIS SUESSIONENSIS DE EODEM SUB EODEM NUMERO.

1207. Ego magister Constantius, domini Suessionensis episcopi officialis, notum facio omnibus hec visuris in perpetuum quod Rainaldus de Nanchel, miles, vendidit fratribus Ursicampi tres modiatas nemoris quod hereditario jure apud Souvrel possidebat, ut supra dictum est. Ut ergo venditio memorata firmiter in posterum teneatur, presentem paginam inde conscriptam sigilli mei appensione roboravi in testimonium et munimen. Actum anno gratie m° ducentesimo septimo.

DCCXCVII.

CONCESSIO DOMINI ARNULFI DE NANCEL, FRATRIS R... CASTELLANI DE COUCI, DE NEMORE PETRI, MAJORIS DE NANCEL, SITO JUXTA NEMUS DE BUILLON.

1207. Ego Arnulphus de Magniaco, miles, domini Rainaldi castellani Cochiacensis frater, notum facio omnibus hec visuris in perpetuum quod Petrus, major de Nancel, homo meus, fratribus Ursicampi vendidit quodam nemus continens tres modiatas terre ad mensuram Noviomi, quod situm est juxta nemus de Buillun, quod Rainaldus, prepositus de Nancel, antea vendiderat fratribus memoratis, et ipsum nemus certa metarum positio determinat et discernit. Sciendum autem quod uxor predicti Petri, Alidis nomine, que in eo bosco dotalicium habebat, gratis et sine ulla coactione ipsam venditionem concessit et voluit, plevivit quoque quod nullam calumpniam adversus ecclesiam Ursicampi super hoc moveret, ita tamen quod dotalicii predicti nemoris decambium accepit xx scilicet assinos terre in essartis de Murgiers. Hoc ipsum G..... presbiter et J. fratres ejusdem Petri, filii quoque ejus, Johannes, Wido, Odo, Radulfus, Gerardus, Robertus, Willemus, Agnes, Maria, Helvidis concesserunt. Hoc autem nemus quia de feodo meo erat, ad petitionem dicti Petri eadem venditionem concessi, et quia proprium sigillum non habebam, presentem cartam inde conscriptam et sigillo domini Rainaldi, castellani Couchiacencis, fratris mei, munitam dedi fratribus Ursicampi, ad perpetue patrocinium firmitatis. Actum anno gratie m° cc° septimo.

DCCXCVIII.

CARTA DECANI DE KAMELI DE EODEM.

1207. Ego Symon, decanus de Kameli, notum facio omnibus hec visuris in perpetuum quod Petrus, major de Nancel, vendidit fratribus Ursicampi circiter tres modiatas nemoris sui quod de Buillon dicitur, et est contignum nemori quod Renaldus, prepositus de Nancel, antea vendiderat, ut supra dictum est. Ut ergo memorata venditio perpetue robur firmitatis obtineat, presentem paginam inde conscriptam sigilli mei roboravi in testimonium et munimen. Actum anno gratie m° cc° septimo.

DCCXCIX.

VENDITIO GUIDONIS DE ERBLENCOURT DE TERRA INTER NANCEL ET HAIAM CASTELLANI DE COUCHI.

Ego Guido de Erblencourt, dominus de Kainne, miles, omnibus presentes litteras inspectu- Decemb. 1254. ris notum facio quod ego, pro utilitate mea, de voluntate et assensu domine Emeline, uxoris mee, vendidi bene et legitime in perpetuum Helvidi de Ambleniaco, civi Noviomensi, quendam campum terre arabilis cum segete meo nunc existente, situm inter villam de Nancello et Haiam castellani de Couciaco, continentem sexaginta aissinos et tres quart... vel circiter ad virgam et mensuram de Nancello, quem campum ego tenebam de dicto castellano Couciaci sub annuo censu quinque solidorum parisiensium, et quem campum vendidi dicte H... pro nonies viginti libris et xl solidis parisiensibus, michi a dicta H.... in pecunia numerata jam solutis et traditis. Et sciendum quod ego dictam terram tanquam meam terram propriam dicte H.... vendidi liberam et quitam ab omni censu et super censu et omni alio onere, exceptis dictis quinque solidis parisiensibus dicto castellano annuatim, ut dictum est, persolvendis, et me de eadem terra in manu dicti castellani ad opus dicte H.... devestivi, et dictus castellanus eandem H..., sub dicto annuo censu, ad petitionem meam loco mei investivit de terra memorata, et ego promisi et promitto bona fide quod contra dictam venditionem vel aliqua alia in presenti pagina contenta non veniam in futurum, nec in dicto campo terre arabilis aliquid de cetero reclamabo vel per alium faciam reclamari. Immo eidem H.... et ejus successoribus super eodem campo vendito, legitimam portabo garandiam adversus omnes juri et legi parere volentes. In cujus rei testimonium et perpetuam firmitatem presentes litteras dicte H.... sigilli mei munimine tradidi roboratas. Actum anno Domini M° cc° quinquagesimo quarto, mense decembri.

DCCC.

CONCESSIO RENALDI CASTELLANI DE COUCHI, DE ELEMOSINA HELVIDIS DE AMBLEGNI.

Ego Reginaldus, castellanus Couciaci et dominus de Maigni, omnibus hec visuris notum Aug. 1255. facio quod cum dilecta mea Helvidis de Ambleni, civis Noviomensis, ob remedium anime sue et antecessorum suorum contulit in puram et perpetuam elemosinam ecclesie Ursicampi, Cysterciensis ordinis, pro anniversario suo singulis annis in eadem ecclesia faciendo, sexaginta unum essinum terre, parum plus vel parum minus, site in territorio de Nancel, in loco qui dicitur juxta Haiam castellani Couchiaci, quam terram eadem Heluidis emerat a domino Guidone de Erblaincort, que etiam terra de me tenetur sub annuo censu quinque solidorum parisiensium in festo beati Remigii michi et heredibus meis annis singulis apud Nancel solvendorum, ita quod proventus dicte terre totaliter in die anniversarii sui vel in crastino expendantur in una pitancia vel in duabus ad opus conventus ejusdem loci, et quod in usus alios minime convertantur. Ego dictam elemosinam, salvo censu predicto et dominio meo, volo, laudo, approbo, et in quantum possum confirmo, et erga omnes qui juri et legi parere voluerint, teneor garandire, et ad hec observanda firmiter et tenenda heredes meos obligo in futurum. In cujus rei testimonium presentes litteras sigilli mei munimine roboravi. Actum anno Domini M° CC° quinquagesimo quinto, mense augusto.

DCCCI.

CONCESSIO DOMINI ARNULFI DE NAANCEL DE XXX ESSINIS TERRE PETRI, MAJORIS DE NAANCEL ET QUITATIO TERRAGII QUOD IBI HABEBAT.

1209. Ego Arnulfus de Magniaco notum facio omnibus in perpetuum hec visuris quod Petrus, major de Naancel, homo meus, tradidit ecclesie Ursicampi xxx aissinos terre arabilis perpetuo possidendos, sitos in territorio de Naancel, inter domum castellani et viam tendentem ad villam que Audignecourt nominatur. Continet autem assinus quinquaginta virgas habentes longitudinem pedum xx et v. De hac vero terra dedit idem Petrus prefacte ecclesie x aissinos in elemosinam, de quibus recognovit in mea presentia quod eos obtulisset super quodam altare in ipsa ecclesia coram Fulchone priore, Petro et Sansone monachis, Godone, Crispino, Hugone de Chiriaco, Richardo et Gerardo conversis Ursicampi. Residuos autem xx aissinos vendidit fratribus dicte ecclesie lx libras parisiensis monete. Porro tam elemosinam quam venditionem reddiderunt Petrus et Alidis, uxor ejus, in manu Willelmi, canonici, tunc presbiteri de Naancel, fide prestita quod in hiis nichil in posterum reclamarent. Idem vero Willelmus ecclesiam Ursicampi inde investivit per manum domini Fulconis prioris. Jus quoque dotalicii quod Aelidis, uxor Petri, in prenominata terra habebat in manu mea reddidit assignato sibi ad consilium et laudationem amicorum suorum grato et competenti decambio, videlicet xv aissinis in essartis de Naancel. Hec omnia concesserunt Gerardus presbiter et Johannes, fratres Petri, et Juliana soror eorum, plevivit quoque Johannes quod supra hiis in posterum calumpniam non moveret. Hec etiam concesserunt liberi Petri, Johannes, Guido, Radulfus, Gerardus, Odo, Robertus, Willelmus, Agnes, Maria et Helvidis. De warandisia vero supra hiis juxta legem et consuetudinem terre ferenda plegii remansimus, ego Arnulfus, tanquam dominus, Johannes, frater totiens dicti Petri, Petrus quoque de Kameli, miles, et Richardus frater ejus, Gerardus de Kameli, et Rainaldus de Naancel, militis. Quia vero prenominata terra de dominio et terragio meo erat, ad petitionem memorati Petri tam elemosinam quam venditionem fore stabilem concessi, ac terragium quod ibi habebam quitum clamavi, presentemque paginam tam sigilli mei appensione quam subscriptorum testium munimine volui roboravi. Testes Symon, decanus de Kameli, etc. Actum anno gratie M° CC° IX.

DCCCII.

CARTA DECANI DE KEMELI DE EODEM.

1209. Ego Symon, decanus de Kameli, notum facio omnibus hec visuris in perpetuum quod Petrus de Naancel tradidit ecclesie Ursicampi xxx aissinos terre arabilis perpetua possessione tenendos in territorio de Naancel, ut supra dictum est. Ut ergo hec rata permaneant, ad petitionem memorati Petri huic carte inde conscripte sigillum meum apposui in testimonium et munimen. Actum anno gratie millesimo ducentesimo nono.

DCCCIII.

QUITATIO PETRI DE NAANCEL DE JURE QUOD HABEBAT IN NEMORE JUXTA VIAM D'ORGIERE ET IN ALNETO APUD BELLUM FONTEM.

Omnibus presentes litteras inspecturis, magister R... de Vailliaco, canonicus, et Th... de Monte, officialis Suessionensis, salutem in Domino. Noverit universitas vestra quod Petrus de Nancel, filius domini Renaudi de Nancel, militis, in presentia curie Suessionensis constitutus quitavit et se quitasse recognovit ecclesie beate Marie Ursicampi quicquid juris habebat vel habere poterat ratione feodi sive quocumque alio modo in quatuor aissinis et dimidio nemoris siti juxta viam d'Orgiere, quos quatuor essinos nemoris et dimidium contulit et concessit Ingerrannus de Chermes dicte ecclesie in puram et perpetuam elemosinam, ut dicitur. Quitavit etiam simili modo idem Petrus coram nobis quicquid habebat aut habere poterat in quodam alneto sito in loco qui dicitur a Baillum Fontaine, quod dicte ecclesie Theophania, quondam preposita de Drachiaco, contulerat et concesserat in puram et perpetuam elemosinam, ut dicebatur, volens et concedens quod dicta ecclesia nemus et alnetum libere et pacifice in perpetuum teneat et possideat. Et promisit fide media coram nobis, idem P... quod contra dictam quitationem et concessionem de cetero non veniet, nec dictam ecclesiam supra dictis nemore et alneto vel occasione per se nec per alium molestabit, nec faciet molestari. In cujus rei testimonium presentes litteras sigillo curie Suessionensis fecimus roborari. Actum anno Domini millesimo cc quadragesimo primo, mense decembri.

Decemb. 1241.

DCCCIV.

COMPOSITIO INTER NOS ET HOMINES DE NANCEL ET DE NOVAVILLA DE PASCUIS IN NEMORIBUS NOSTRIS.

Omnibus presentes litteras inspecturis, Reginaldus, castellanus Conchiaci, salutem in Domino. Cum esset contentio inter abbatem et conventum Ursicampi ex una parte et homines nostros de Nancello et de Novavilla ex altera supra jure pascuarum quod dicti homines dicebant se habere in nemoribus dictorum abbatis et conventus sitis in territorio de Nancello, asserentes quod in taliciis dictorum nemorum, si ibi fierent, post habitam recressentiam per XL menses poterant immittere vacas suas si vellent, et debebant, dicti abbas et conventus e contrario dicebant quod nec poterant nec debebant donec dicta talicia haberent sufficientem recressentiam, ita quod ingressus vacarum sine ingenti lesione possint sustinere. Tandem post multas altercationes dicte partes in nos alte et basse compromiserunt, et dicti abbas et conventus litteras suas patentes dederunt, et sepe dicti homines nostri universi fidem prestiterunt cor-

Martio 1244.

poralem, nec non et ambe partes nos plegium constituerunt, sub pena xl marcarum argenti parti ordinationem nostram observanti a parte non observante reddendarum, quod quicquid supra premissis per nos alte et basso fuerit ordinatum, firmiter observabunt. Nos vero rebus diligenter inquisitis et plenius intellectis, de bonorum virorum freti consilio, pro bono pacis necnon et utriusque partis et patrie utilitate ordinavimus in hunc modum, videlicet quod vace dictorum hominum et successorum suorum talicia dictorum nemorum de cetero non intrabunt donec dicta talicia habuerint quinque annorum recrescentiam, et post habitam recrescentiam quinque annorum dicti homines et eorum successores poterunt immittere vaccas et vitulos et boves et tauros tantum modo quecumque voluerint sine contradictione aliqua vel molestatione, tam in dictis taliciis quam in dictis nemoribus universis. Et ut ista ordinatio nostra stabilis et firma in perpetuum perseveret, dictis partibus presentes litteras sigilli nostri tradidimus munimine roboratas, obligantes nos et heredes nostros quod quicquid continetur in presentibus litteris faciemus inviolabiliter observari. Actum anno Domini m° cc° quadragesimo quarto, mense martio.

DCCCV.

ELEMOSINA DOMINI JOHANNIS DE NIGELLA DE V BOVARIIS TERRE ET I JORNALI ET LXV VIRGIS QUITE ET LIBERE AD MARCASIUM SUPER ULMUM DE GOIENCORT.

Maio 1226.

Ego Johannes, dominus Nigelle, omnibus hec visuris notum facio quod ob anime mee remedium contuli conventui Ursicampi in perpetuam elemosinam totam terram quam emi a Bernardo, majore de Garmeni, videlicet quinque bovaria unum jornale et sexaginta quinque virgas ad virgam Roiensem, sita ad Marchasium, super ulmum de Goiencort, que movebant de meo feodo antequam ea emerem. Volo etiam ut dictam terram habeat dictus conventus liberam et quitam. Quod ut ratum habeatur in posterum, dicto conventui presentes dedi litteras sigilli mei munimine roboratas. Actum anno Domini, m° cc° xx° vi°, mense maio.

DCCCVI.

EXCAMBIUM INTER NOS ET DOMINUM SYMONEM DE CLAROMONTE, DOMINUM NIGELLENSEM. CONFIRMATIO LUDOVICI REGIS DE EODEM PRO XII PITANCIIS.

Febr. 1256.

Ludovicus, Dei gratia Francorum rex. Noverint universi presentes pariter et futuri quod nos litteras dilecti et fidelis nostri Symonis de Claromonte, militis, domini de Nigella, scriptas in gallico vidimus in hec verba. Je, Symons de Clermont, chevaliers, sires de Neele, fais à savoir a tous chiaus qui ces lettres verront, que comme mesires Jehans de Neele, mes oncles qui fu, a cui je suis oirs, eust en son derrien devis laissie en aumosne a leglise d'Oscans, pour faire pitanches au convent, cent litres de Paris de rente a tous jours, a prendre sor le wienage de Neele qui miens est, et mesires li Rois Loeys de Franche de cui je tieng le terre de Neele, eust par ces lettres confermee cele aumosne et je leusse io paie par plusieurs ans en pais, je et li abbes et li convens de la dite eglize pour le pais et pour le porfit des deus parties par acort et par conseil de bone gens, avons faite une convenance et vii escange, en tel maniere que jai donne pour ces cent livres de rente en escange et en restor souffisant a le dite eglize xl et trois jorneus et demi et seze verges et demie a le mesure de Nele de me terre el terroir de Secfours, de Tilloi et de Retonviler, que iai acquis de monseigneur Wautier le Petit, la quele terre li diz Wautiers acquist de ceus qui apres sont nomme, cest a savoir de le terre qui fu Jehan de Tilloy, chevalier, sept beviere et quarante verges et demie verge, et de le terre qui fu Grandin sept jorneus et demie et xi verges, et de le terre qui fu Nevelot chinc jorneus et treze verges, et de le terre qui fu Drujon Estribot ii jorneus et demi. Et si lor ai donne aveques cou de men bois xl et vi jorneus et demi et demie verge, li quez bos siet as treus de Bouveretes dune part, et dautres a le cauchie par devers Roieglise, si comme il est bonnes. Toutes ces terres et ces bois devant diz lor ai je fait mesurer et esbonner et leur ai ie baillie et livre tous frans et lor doi delivrer tous quites de tous fais de toutes redevanches, de tous usages, pasturages et pasnages, et de cerque, et de toutes rentes et de tous cens fors que de tant que tant que toutes ces rentes et tous ces bos devant diz tenra ladite eglize a tousjors, mais de moi et de mes oirs, pour ii s. de Paris de cens, que on nous rendera chascun an au Noel, en no maison a Neele sans amende. Et en toutes ces chozes que je lor ai donnees ai je retenu toute le justice, et toute le seignourie et toute le chace et le garde de le cache, si que nus ni porra cachier se jou non et mi serjant, de par moi et mes commandemens, et le warde des bos, fors que tant que leglize devant dite porra mettre son serjant pour garder lor bos sans archon porter. Et se il avient que en cel bois soit pris hom ou beste a damage ou a forfait, li serjant de leglize devant dite le doit mener a Biaulieu, et sil requiert laide mes gens, il les aideront a mener a Biaulieu et la sera lamende desclarie, et tout lor damage et toutes les amendes jusques a sept saus et demi ou de mains doi je faire venir eus et faire paier a le dite eglize. Et se lamende passoit sept saus et demi, je lor doi faire venir eus les sept saus et demi, et li sorplus est miens. Et sil avenoit que aucune des bestes de le vile de Biaulieu i eschapoient en cel bois, eles seroient tenues a forfait aussi comme en mes bos, et se eles en estoient coustumieres, je seroie tenus doster aussi comme de mes propres bos. Et si porra le devant dite eglize enclorre ses devant diz bois de fossez, fors que de cele part ou il joignent as miens bos, et lautre bos qui est par devers Deviscourt, il ne le pueent enclorre en maniere que je et mes gens ne puissons a pie et a cheval entrer et issir pour cachier. Et cest a savoir que es terres et es bos devant dis que je lor ai donnez, leglize devant dite avera toute le justice de ces moines et de ces convers et de ses serjans qui seront a son pain et a son loier par an, sauf chou que des serjans je retieng le justice de occision, de rat, de muldre, de larechin et toute autre haute justice, ne je ne mes oirs, ne pour chacier ne pour autre choze, ne porrons faire en ces bos devant dis laie ne haie, ne taillier, ne coper, par quoi li devant diz bos soit empiries ne amenuisies. Toutes ces chozes, si comme eles sont devant dites et divisees, ai je donnees et otroies a le dite eglize a tenir quitement et en pais et a faire lor esploit et lor volente, et lor sui tenus a warandir je et mi oir a tous jours. Et de ce restor que je en ai fait a leglize, li pourfit doivent de ces chozes estres convertis es pitances del convent aussi comme li cet livres devant dit avoient este devise. Et pour ce que ceste choze soit seurement faite, nostres sires li rois de France que Diex gart, a la requeste de moi et de leglize devant dite, a cest escange et cest restor gree et conferme par ces lettres. Et je je pour le sauvete et la seurte de la dite eglize, lor en ai baillies ces presentes lettres seelees de mon seel.

488 TITULUS VILLARUM.

Ce fu fait l'an de l'incarnation nostre Seigneur Jesus-Crist, mil deus cens chinquante sis ans, el mois de fevrier. Nos autem, ad petitionem dicti Symonis et monachorum supra dicte ecclesie, premissa secundum quod superios continetur, volumus, concedimus et auctoritate regia confirmamus, salvo jure in omnibus alieno. Quod ut ratum et stabile permaneat in futurum, presentes litteras sigilli nostri fecimus impressione muniri. Actum Parisiis anno Domini millesimo ducentesimo quinquagesimo sexto, mense februario.

DCCCVII.

DE DUOBUS SOLIDIS ANNUI CENSUS APUD NIGELLAM SUPER DOMUM QUANDAM.

April. 1216

Omnibus hec visuris A..., rector ecclesie Sancti-Nicholai et officialis Nigellensis, salutem in Domino. Noveritis quod Johannes, dictus Brueres, in extrema voluntate legavit coram nobis ecclesie Ursicampi, de assensu Heremburgis Bueree, matris ejusdem Johannis, duos solidos parisienses annui censns, capiendos singulis annis in perpetuum, in nativitate Domini, super mansum suum situm juxta domum Heissendis Matinee, in parrochia Sancti-Nicholai, in vico Lehunensi extra portam. In cujus rei testimonium litteras sigillo nostro fecimus communiri. Actum anno Domini M° CC° xvi, mense aprili.

DCCCVIII.

QUITATIO DOMINI ODONIS DE LIENCORT DE ELEMOSINI RENALDI DE CAMP ULLE.

Feb. 1238

Universis presentes litteras inspecturis, major et Sabini de Novavilla regis, salutem in Domino. Notum facimus quod dominus Odo de Liencort, miles, Johannes, Petrus, filii ejus, coram nobis constituti, quitaverunt ecclesie Ursicampi elemosinam quam Renaldus de Camp ulle et Hersendis, quondam uxor ejus, soror dicti Odonis, fecerunt dicte ecclesie, videlicet vineas contentas in carta curie Belvacensis, pratum et alnetum, que omnia dicti Renoldi et Hersendis inter se acquisierant, et sita sunt apud Liencourt et concesserunt dicti Odo, Johannes et Petrus, ut dicta ecclesia Ursicampi dictas vineas, pratum et alnetum in perpetum pacifice possideat et habeat. Juraverunt etiam coram nobis constitutis in ecclesia Noveville quod in predictis vineis, prato et alneto, nichil de cetero reclamabunt, nec facient alios reclamare. In cujus rei testimonium presentes litteras sigillo communie nostre fecimus communiri. Actum anno Domini M° CC° xxx octavo, mense februario.

DCCCIX.

ELEMOSINA BERTANDI MOLENDINARII ET AGNETIS, UXORIS EJUS, DE DECEM MINIS TERRE IN TERRITORIO NOVEVILLE REGIS QUOD DICITUR TERRA DE GODA.

1293.

Universis presentes litteras inspecturis, officialis Belvacensis salutem in Domino. Noverint universi quod coram Johanne Picardo, clerico, tabellione curie nostre Belvacensis, jurato ad hoc a nobis specialiter destinato, cui in hiis et in majoribus fidem plenariam adhibemus, propter hoc personaliter constituti, Berthaudus, dictus Molinendarius de Bello puteo, et Agnes ejus uxor recognoverunt se sponte ac provide, pari suo assensu, dedisse, contulisse et concessisse et etiam coram nostro tabellione predicto ex nunc dederunt, contulerunt et concesserunt in puram et perpetuam elemosinam et irrevocabilem ob remedium animarum suarum religiosis viris et honestis abbati et conventui monasterii Ursicampi, Cysterciensis ordinis, Noviomensis dyocesis, et eidem monasterio, quandam peciam terre arabilis, decem minas terre sementis vel circiter continentem, que vocatur de Goda, quam habebant ex acquisito suo, ut dicebant, sitam in territorio Noveville Regis, retento sibi in dicta pecia terre, quoad vixerit, solum modo usufructu, promittentes dicti Berthaudus et Agnes ejus uxor, fide ab ipsis in manu nostri tabellionis predicti prestita corporali, quod contra donationem et concessionem predictas per se vel per alium seu alios non venient in futurum nec venire procurabunt verbo vel facto, et quod in predicta pecia terre nichil juris de cetero reclamabunt seu facient reclamari in futurum nec venire procurabunt, nisi solummodo quoad vixerit usum fructum, renunciantes in hoc facto dicti conjuges sub fide predicta exceptioni rei nonita geste, composite vel ordinate, exceptioni doli mali, fraudis, lesionis, circumventionis, deceptionis et omnibus aliis exceptionibus, rationibus et deffensionibus tam facti quam juris que contra presens instrumentum vel aliquid in eo contentum possent obici quocumque tempore vel opponi, et omni juris auxilio tam canonici quam civilis, volentes et in hoc expresse consentientes et ad hoc se penitus obligantes dicti conjuges quod ista presens littera seu istud presens instrumentum faciat fidem et plenam probationem in quocumque foro ecclesiastico vel seculari et etiam in utroque. In cujus rei testimonium presentibus litteris, ad relationem nostri tabellionis predicti, sigillum curie Belvacensis duximus apponendum. Datum et actum anno Domini M° CC° nonagesimo tertio, die jovis ante festum cathedre sancti Petri.

DCCCX.

DE ELEMOSINA QUAM FECIT MARIA DE MESO EPISCOPI ECCLESIE BEATE MARIE URSICAMPI.

Omnibus hec visuris, officialis curie Noviomensis salutem in Domino. Vobis notum facimus quod Maria de Meso Episcopi, sana et incolumis et mentis compos, in nostra presentia constituta, contulit et concessit in puram et perpetuam elemosinam ecclesie Ursicampi quinque sextarios et dimidium terre site in locis subnotatis, videlicet iij sext., et dimidium juxta terram Aelidis Persete prope solam Sancti-Martini, que tenentur, ut dicitur, de Johanne de Waucheles, sub anno censu duorum denariorum parisiensium et duas sextariatas prope curtillos de Vauceles, que tenentur de thesaurario Noviomense ad septimam garbam, ut dicitur. Contulit etiam dicta Maria coram nobis in puram et perpetuam elemosinam eidem ecclesie domum suam magnam sitam in Meso Episcopi apud Noviomum, in qua ipsa Maria manet, sicut se comportat ipsa magna domus cum curtillo, terino et grangia usque ad cameras ipsius Marie de tegula tecas et duas calcitras ad opus pauperum infirmorum infirmarie Ursicampi. Hec omnia contulit et concessit dicta Maria coram nobis eidem ecclesie, salva vita ipsius Marie, a dicta ecclesia bene et legitime in perpetuum post decessum ipsius Marie possidendum et habendum.

Junio 1242.

Et dicta Maria spontanea et non coacta fidem in manu nostra prestitit corporalem quod dictam elemosinam supra dicta collatione de cetero non molestabit, nec gravabit, nec quod possit aut debeat supra eadem collatione in posterum molestari vel gravari, vel per se vel per alium ulla tenus procurabit. In cujus rei testimonium et firmitatem perpetuam presentes litteras ad petitionem dicte Marie sigillo curie Noviomensis fecimus communiri. Actum anno Domini M° cc° quadragesimo secundo, mense junio.

DCCCXI.

DE DUOBUS SEXTARIIS FRUMENTI PETRI, QUI DICITUR PRESBITER, APUD NOVIOMUM.

Nov. 1241. Omnibus hec visuris, officialis curie Noviomensis salutem in Domino. Vobis notum facimus quod Petrus, dictus presbiter, de vico Vadi, recognovit coram nobis in jure se et heredes suos teneri singulis annis in festo beati Remigii, in capite octobris, ecclesie Ursicampi, Cysterciensis ordinis, in duobus sextariis frumenti et dimidio, sani et pagabilis ad mensuram Noviomensem, in augmentationem elemosine janue dicte ecclesie Ursicampi reddendi singulis annis predicte ecclesie infra Noviomum, pro duabus sextariatis terre et quinque virgis site inter nemus Castellani et Noviomum in locis subnotatis, videlicet pro una mencoldata et quinque virgis sitis supra dictum nemus Castellani, juxta viam que ducit de Noviomo apud Genvri, inter terram Droardi Barenche et terram Willelmi le cambellenc, et pro tribus mencoldatis sitis in angulo dicti nemoris Castellani, inter terram Philippi de Curia, canonici Noviomensis, et terram que fuit Colardi Walentru. Ita quod quotienscunque frumentum sive tremesium sive aliud legumen in dictis duabus sextariis terre et quinque virgis erit, idem Petrus et ejus heredes predicte ecclesie dictum redditum reddere tenentur. Si vero aliquid in eisdem sextariis terre et quinque virgis non erit seminatum, dum tamen per defectum ipsius Petri vel ejus heredum non steterunt, nec per malitiam eorumdem, idem Petrus et ejus heredes nichil dicte ecclesie reddent in illo anno in quo nichil erit seminatum in eisdem duabus sextariatis terre et quinque virgis. In cujus rei testimonium et firmitatem perpetuam presentes litteras ad petitionem dicti Petri sigillo curie Noviomensis fecimus communiri. Datum anno Domini M° cc° quadragesimo primo, mense novembri.

DCCCXII.

VENDITIO YSABELLE LE LOMBARDE ET HERVEI MARITI SUI DE CENSIBUS QUOS HABEBANT EX EXCADENTIA HELUIDIS DE AMBLEGNI, ET ELEMOSINA DICTE HELUIDIS DE TERTIA PARTE DICTORUM CENSUUM APUD NOVIOMUM.

Julio 1257. Universis presentes litteras inspecturis, officialis curie Noviomensis salutem in Domino. Noveritis quod in jure propter hoc constituti coram nobis Ysabella, dicta le Lombarde, asseruit quod Heluidis dicta de Amblegni defuncta, civis quondam Noviomensis, tempore quo decessit possidebat et habebat tamquam sua in civitate et communia Noviomense super domo et manso que quondam fuerunt domini Goberti militis, ultra portam que dicitur Porta Bosquet, decem denarios parisienses, duas foachias et quatuor capones de annuo recto censu supra domo que quondam fuit Wiardi de Hamo, illa magna videlicet, que est versus domum magistri Hugonis pictoris, ante hospitalariam que est in vico sancti Eligii Noviomensis, duos capones et duas foachias de recto annuo censu, et decem denarios de supracensu supra alia domo dicte domui contigua, in qua scilicet Manesserus cerarius manet ad presens. Supra domo Agnetis le fuseliere, juxta domum que quondam fuit Ermuini, in vico sancti Eligii, III denarios parisienses de annuo recto censu, in vico de le lavenderie, supra domo Ade le lavendier et alia domo contigua in qua fratres hospitalis sancti Johannis Noviomensis suam faciunt lavatoriam, et supra pratis dictis domibus contiguis adjacentibus eisdem quatuor solidos et octo denarios et duos capones de annuo recto censu, super quinque quarteronnos terre quos tenet dominus Radulfus Flamens juxta Hedinum septimam garbam. Et insupra dictis omnibus habebat dicta Ysabella duas partes jure successionis ad eam devolutas ex morte Heluidis predicte, et ecclesia Ursicampi tertiam partem ex legato ab ipsa Heluide eidem Ysabelle facto, ut dicebat Ysabella predicta. Item asseruit dicta Ysabella quod dicta Heluidis possidebat et habebat tanquam sua sex solidos parisienses de supercensu super grangia Jacobi de Parisiis, juxta domum suam, retro ecclesiam sancte Godeberte. Item, super grangia Renaldi de Fontenay in parvo buato duos solidos parisienses et duos capones de recto annuo censu. Super domo Tierrici in parvo buato duos capones et duos solidos parisienses de annuo recto censu. Super curtillo Hugonis asinarii ad fontem calceye sancti Blasii duos capones et triginta et duos denarios parisienses de annuo recto censu. Et de hiis omnibus assseruit dicta Ysabella tertiam partem pertinere ecclesie Ursicampi ex legato a predicta Heluide ipsi ecclesie facto, et septimam partem ad ipsam Ysabellam ex sucessione dicte Heluidis pertinere. Quibus recognitis et essartis, ipsa Ysabella recognovit coram nobis in jure quod ipsa, ob evidentem necessitatem suam, bene legitime et mediante justo pretio, videlicet pro decem et octo libris parisiensibus eidem Ysabelle nomine dicte ecclesie jam solutis et in utilitatem suam conversis, ut asserebat ipsa Ysabellis, vendidit in perpetuum et tradidit prefacte ecclesie Ursicampi duas partes censuum prius nominatorum et septimam partem aliorum que post ea sunt descripta, cedens eidem ecclesie quicquid in predictis habebat et omne jus et omnem actionem quod vel que sibi competebat vel competere poterat in omnibus supradictis et occasione eorundem, et nichil sibi retinens in predictis, remittens nichilominus et cedens ipsi ecclesie omnem actionem et jus, si quod sibi competebat vel competere poterat occasione permutationis olim facte per eandem Helvidim de censu quem ipsa habuerat in quadam parte domus que quondam fuit magistri Symonis de Kaine, cum censu quem ecclesia sancti Eligii quondam habuerat in quadam parte domus que quondam fuit Perine le Monnote, quam nunc tenet eadem ecclesia Ursicampi. Recognovit etiam dicta Ysabella quod Herveus ejus maritus sibi recompensationem fecerat competentem pro rebus venditis suprascriptis, videlicet medietatem domus sue in qua manet dominus Herveus, et eadem recompensatione se asseruit esse contentam. Ad hec autem omnia agenda coram nobis presens fuit dictus Herveus, qui in omnibus supradictis dicte Ysabelle prestitit auctoritatem et assensum, et omnia et singula supra scripta recognovit esse vera, et omnia approbavit expresse, et tam dicta Ysabella quam dictus Herveus maritus ejus, fide et juramento prestitis, promiserunt in jure coram nobis quod contra ea que supra scripta sunt vel aliquod eorum per se vel per alium non venient in futurum, nec in judicio vel extra facient vel fieri procurabunt aliquid per quod eadem ecclesia supra hiis vel occasione eorum possit vel debeat in posterum molestari. Immo supra dictis rebus venditis dicte ecclesie Ursicampi legitimam ferent garandiam contra omnes juri ac legi parere volentes. In cujus rei testimonium presentes litteras, ad petitionem Ysabelle et Hervei ejus mariti predictorum, sigillo curie Noviomensis fecimus communiri. Actum anno Domini millesimo ducentesimo quinquagesimo septimo, mense julio.

DCCCXIII.

DE CAMPARTO EMELINE, FILIE ROGERI DE FOILLEUSES, IN CAILLOSELLIS.

Febr. 1218.

Ego Symon, dominus de Noeroy, miles, notum facio omnibus presentes litteras inspecturis quod dominus Johannes, abbas Ursicampi, dedit de caritate domus sue centum et viginti sex libras parisiensis monete Emeline, relicte Theobaldi de Fenix, pro campiparte quem habebat in terra de Caillosellis ex parte patris sui in undecim modiatis terre vel circiter xi, ita quod campipartem domui Ursicampi in perpetuum ipsa Emelina quitavit et fiduciavit coram me quod ullum jus in dicta terra de cetero reclamabit. Hoc etiam dominus Rogerus de Foilleuses, pater dicte Emeline, bona fide tenere fiduciavit. Ego etiam, cum dicta Emelina de me teneret quicquid juris habebat in dicta terra de Caillosellis, fide interposita, predictam pactionem me tenere promisi et warandire, et in manu memorati Johannis abbatis hec eadem resignavi. Quod ut ratum habeatur, presentes litteras abbati Ursicampi tradidi sigillo meo roboratas in testimonium et munimen. Actum apud Compendium anno Domini millesimo ducentesimo octavo decimo, mense februario.

DCCCXIV.

CONCESSIO COMITIS LUDOVICI BLESENSIS ET CLAROMONTENSIS DE CAMPIPARTO WALTERI DE NUELLI, IN ESSARTO DE FOILLEUSES.

1198.

Ego Ludovicus, Dei gratia comes Blesensis et Claromontensis, notum fieri volo omnibus hec visuris in perpetuum quod secundum tenorem carte autentice illustrissimi comitis Radulfi, predecessoris nostri, miles quidam Walterus de Nuelli dedit in elemosinam ecclesie beate Marie Ursicampi campipartum quod habebat in essarto de Foilleuses, quod erat fratrum Ursicampi, hoc etiam addito quod si idem fratres residuum nemorisi quod juxta essartum pro districto relictum fuerat, disrumperent, ullum campipartum Waltero vel heredi ejus inde persolverent. Et quia de hereditate Margarete uxoris sue hoc pervenerat, eadem Margareta hoc ipsum concessit et in manu comitis reddidit. Ipse vero inde ecclesiam Ursicampi investivit per manum Salicii ejusdem loci monachi. Recognovit etiam in presentia comitis eadem Margareta quod juraverat super sanctas reliquias se hanc elemosinam spontanea voluntate et absque ulla coactione concessisse, et quod super eadem elemosina nichil in posterum reclamaret, dato sibi nimirum decambio congruo a marito suo, terra scilicet de Auviler. Post modum vero Odo, frater dicte Margarete, super hiis que prescripta sunt, calumpniam adversus ecclesiam Ursicampi (movit). Deinde autem injustitiam suam recognoscens, saniori ductus concilio, querelam istam prorsus quitam clamavit, ac fide interposita plevivit quod deinceps ullam inde fratribus dicte ecclesie molestiam suscitaret, et insuper contra omnes qui ad justitiam vellent venire warandiret. Hoc idem tenendum plevivit prefata Margareta et Symon de Noereto frater ejus, Theobaldusque ejusdem Margarete maritus. Ut autem hec omnia inconcussa firmitate roborentur, eorumdem inviolabiliter tenendorum, ad petitionem dictorum Symonis, Odonis et Margarete, plegium atque obsidem me constitui, presentemque paginam inde conscriptam sigilli mei appensione communiri feci. Actum anno gratie millesimo c° xc° octavo.

DCCCXV.

DE XX SOLIDIS CENSUS JOHANNIS DE BOSCO, CANONICI SUESSIONENSIS, QUOS DEBET PRO BOSCO DE OISEMONT.

Ego Johannes de Bosco, canonicus Suessionensis, notum facio omnibus litteras istas inspecturis quod ego accepi ad perpetuitatem ab ecclesia beate Marie Ursicampi quodam nemus quod habebat in monte qui dicitur Oisemont, ad censum viginti solidorum parisiensium annuatim in festo sancti Remigii apud grangiam de Archonval reddendorum. Et sciendum est quod si ego vel heredes mei in solutione dicti census deficeremus in posterum, dicta ecclesia, per conventiones inter nos initas, non solum dictum nemus sed etiam quatuor minatas terre site juxta meum vivarium de bosco, quam terram teneo totam liberam, saisire poterit et tenere donec secundum jus et legem patrie eidem ecclesie fuerit plenarie satisfactum. Actum anno Domini millesimo cc° quadragesimo primo, mense aprili.

April. 1241.

DCCCXVI.

DE XX SEXTARIATIS TERRE, QUATUOR CAPONIBUS ET UNO QUARTERIO FRUMENTI APUD OISTRE QUE NOBIS LEGAVIT MAGISTER ROBERTUS DE SANCTO QUINTINO.

Vuermondus, decanus Sancti Quintini Viromandie, universis tam presentibus quam futuris in perpetuum salutem in eo qui est omnium fidelium vera salus. Robur suum amittit queque sollempnis actio, nisi confirmetur litterarum stabili fulcimento. Eapropter noverint universi tam presentes quam posteri quod Ada de Vervino, nostra christiana, relicta Roberti de Vervino, qui lepre contagione infectus de nostra permissione et ejusdem Ade licentia se transtulerat religioni leprosorum de Fara, sue libertatis et juris existens, coram nobis recognovit in jure se, pro urgenti et evidenti necessitate sua cui non poterat aliter commodius subvenire, vendidisse bene et legitime in perpetuum per justitiam et scabinos districti et territorii Sancti Projecti, videlicet per Guidonem majorem, Colardum Sarrasin, Rikerum et Renerum de Oistre, scabinos; qui ex inde sua jura habuerunt, Roberto Sarrasin, burgensi de Sancto Quintino, Havidi ejus uxori et eorum heredibus in omnibus punctis bonis eorumdem, quatuor capones

Febr. 1239.

annui redditus annuatim ad natale domini persolvendos, quos habuit assignatos apud Oistre super gardinum Herberti Le Heri, et unum quarterionem frumenti quem percipiebat et habebat annuatim in domo beate Marie Suessionensis ad capellam de Espargnemaille, et viginti sextariatas et unam mencoldatam et xxiii virgas vel circiter terre sue site in districtu et territorio predicto in locis subnotatis, ad sartum ultra Blancam Viam sunt quinque mencoldate, ad Buissonchiaus, ad calceiam centum virge, ad Praicus juxta sablonnariam Sancti Projecti due sextariate et octo virge, ad anglees de Longi Ponti campis, tres mencoldate, ad Montisellum una sextariata, ad kurtier desuper Longam Vallem quinque mencoldate, ad Hiege tres mencoldate, ad summum Ville, 1 mencoldata, ad Rosee Avesne una sextariata et xv virge, ad viam de Hamo due sextariate uno quarterio minus, ad Sentier, tres sextariate et una mencoldata, ad ries de Jvermont, tres mencoldate. Istam vero venditionem in omnibus articulis in presenti quarta contentis, et in omnibus punctis bonis predictorum Roberti Sarrasin, Havidis ejus uxoris et eorum heredum, Thivardus et Petrus fratres, et Gila soror eorum, liberi predicte Ade de Vervino, legitime etatis iniendi contractus et actus legitimos execendi et extra manuburniam positi sive emancipati per communes amicos et per justiciam et scabinos supradictos et sui juris existentes, coram nobis in jure constituti solempniter laudaverunt, voluerunt et concesserunt, etc. In cujus rei testimonium ac perpetuam firmitatem presentem paginam sigilli nostri munimine fecimus roborari. Actum anno ab incarnatione Domini m° cc° xxx nono, mense februario.

DCCCXVII.

CARTA SYMONIS, DOMINI DE OISI, ET HUGONIS, FILII EJUS, DE PEDAGIIS.

1169.

Ego Symon, Dei gratia dominus de Oisi, filiusque meus Hugo cunctis fidelibus tam posteris quam modernis in perpetuum. Bonos decet principes bonis assentire desideriis, exemplumque boni operis suis dare ac relinquere posteris. Divine ergo nemores retributionis, pro remissione peccatorum nostrorum predecessorum que nostrorum, religiosis viris de Ursicampo liberum dedimus transitum per totam terram dictionis nostre ab omni redditu et exactione. Hujus autem beneficii participes esse volentes fieri ceteri liberi mei mei, Petrus videlicet, archidiaconus Cameracensis, et Heldegardis et Mathildis, uxorque mea Ada, conjux que filii mei nomine Gertrudis, ipsam elemosinam benigne concesserunt. Ne qua ergo oblivione hoc beneficium possit deleri, litteris volumus commendari, et ne a posteris possit infringi, sigillorum nostrorum impressione testiumque subjectorum astipulatione presentem decrevimus cartam signari. S. Erlembaldi capellani, etc. Actum verbi incarnati anno millesimo c° lx° ix°.

DCCCXVIII.

ELEMOSINA DOMINI GODEFRIDI MILITIS DE BRETIGNI, DE XX MODIIS BLADI AD USUS PORTE.

1238.

Ego Godefridus, miles, dictus de Bretigny, omnibus tam presentibus quam futuris notum facio quod ego et Osillia, uxor mea, de nostro communi assensu pro salute animarum nostrarum et antecessorum nostrorum dedimus in puram et perpetuam elemosinam ecclesie beate Marie Ursicampi, ad elemosinam porte augmentandam, viginti modios bladi annui redditus ad mensuram Sancti Quintini , quos constante matrimonio inter nos acquisivimus et emimus a domino Matheo de Olezi, milite, dicte ecclesie libere, quiete, pacifice et sine exactione aliqua in perpetuum possidendos et singulis annis ad festum Sancti Remigii percipiendos super feodum de Praeles, situm inter Oroir, Jutigni et Germaines, quod quidem feodum continet in se decem et octo modiatas terre vel ea circiter, ad mensuram Sancti Quintini. Concessimus etiam eidem ecclesie totum jus quod in dictis xx modiis et feodo habebamus, et omnes cartas quas supra contractu dicti redditus annui habebamus confectas, prefacte ecclesie reddidimus, nichil juris nobis vel heredibus nostris in dicto redditu retinentes preter usum fructum dicti bladi quamdiu vixerimus, tali modo quod quam cito alter unus decesserit, dicta ecclesia decem modios bladi de dictis xx modiis indilate percipiet, et alter nostrorum alios x modios, quamdiu supervixerit, post decessum autem utriusque nostrorum, dicta ecclesia quiete et absolute dictos viginti modios integraliter possidebit. In cujus rei testimonium presentes litteras, ad petitionem dicte Osillie et de mera voluntate ejusdem Osillie et mea, presentes litteras sigilli mei munimine sepefacte ecclesie tradidi roboratas. Actum anno Domini M° CC° XXX VIII.

DCCCXIX.

CONFIRMATIO LUDOVICI REGIS DE EODEM SUB EODEM NUMERO, AD USUS PORTE.

Ludovicus, Dei gratia Francorum rex, Symoni de Fossatis salutem. Scire tibi facimus quod nos volumus et beneplacet nobis quod ecclesia Ursicampi habeat et perpetuo possideat ad opus pauperum ad portam Ursicampi venientium quandam elemosinam eidem ecclesie factam a Godefrido de Britigniaco et Osilia ejus uxore quondam ipsius defuncta, videlicet xx modios bladi ad mensuram Sancti Quintini quos viginti modios dictus Godefridus miles tenebat de dilecto et fideli nostro J...., domino de Ham, et dictus J...., de nobis in feodum, prout per tuas litteras intimasti. Unum tibi mandamus et precipimus quatinus tam dictam elemosinam quam seisinas dicte ecclesie Ursicampi deliberes indilate. Actum apud Stampum anno Domini M° CC° XL octavo, mense maio.

Maio 1248.

DCCCXX.

DE TERRA DROARDI DOSTREVAUS IN TERRITORIO DE BALENVILER.

Omnibus hec visuris, magister Hugo, canonicus et officialis Noviomensis, salutem in Domino. Noverit universitas vestra quod Droardus de Austrevaus in presentia nostra recognovit se bene et legitime in perpetuum vendidisse ecclesie Ursicampi quinque quateronnos terre ad mensuram Noviomensem, site juxta Warnaviler, in territorio de Balenviler, pro VII libris parisiensibus, Hersendi uxore sua presente, venditionem istam laudante et approbante, et dotalicio quod in eadem terra habebat spontanea voluntate non coacta penitus renunciante, et recognoscente se sufficiens excambium habere pro eodem dotalicio, videlicet in tribus mencoldatis

Febr. 1233.

terre site in territorio de Thiecort ultra Braiam, quam maritus suus predictus eidem H.... in recompensationem dicti dotalicii se contulisse recognovit. Predieti vero Droardus et H...., uxor ejus, fide corporali prestita promiserunt quod ipsam ecclesiam nec per se vel per alium supra dicta venditione terre prenotate de cetero aliquatenus molestarent, sed adversus omnes qui juri et legi parere voluerint, legitimam ferent warandiam. Ad quorum petitionem, in hujus rei testimonium presentes litteras sigillo curie Noviomensis fecimus roborari. Actum anno Domini M° cc° xxx° III°, mense februario.

DCCCXXI.

DE VINEIS WIARDI DE MARISI AD VADUM DE PALIE EN COMTESSE.

Martio 1236. Magister J..., dictus Gerins, canonicus Sancti Petri et officialis Suessionensis, omnibus presentes litteras inspecturis in Domino salutem. Noverint universi quod Wiardus de Marisi, civis Suessionensis, in nostra presentia constitutus recognovit se vendidisse ecclesie beate Marie Ursicampi duas partes quadraginta sextariarum vince in duabus peciis, quarum una sita est ad vadum de Palie et altera in loco qui dicitur Comitissa, pretio quadraginta octo librarum parisiensium. Recognovit etiam quod tertiam partem dictarum vinearum dederat in perpetuam elemosinam eidem ecclesie pro remedio anime sue et antecessorum suorum, fidem interponens quod de cetero dictam ecclesiam supra dicta venditione et elemosina non molestabit. Immo eidem tam super dicta venditione quam super elemosina predicta legitimam tenentur portare garandiam. Rogerus autem, filius Radulfi de Juvigni, Girardus, nepos dicti Wiardi, et Huardus de Marisi hanc venditionem voluerunt et laudaverunt fide media, et se plegios constituerunt de legitima garandia portanda. Item Renoudus Moutons et Droardus filius ejus sepe dictam venditionem voluerunt et laudaverunt et se plegios constituerunt de legitima garandia portanda. In cujus rei testimonium presentes litteras sigillo curie Suessionensis fecimus roborari. Actum anno Domini M° cc° xxx° sexto, mense martio.

DCCCXXII.

CONCESSIO DOMINI PETRI DE FAVEROLES ET THOME DE MARGIVAL ET COLARDI DE VAURESIS DE EODEM.

Jul. 1237. Magister Johannes, dictus Gerins, canonicus et officialis Suessionensis, omnibus presentes litteras inspecturis salutem in Domino. Noverint universi quod dominus Petrus, miles, de Faveroles, dominus Thomas, miles, de Margival, et Colardus, armiger, de Vauresis, in nostra presentia constituti concesserunt in perpetuum ecclesie Ursicampi vineam que fuit Wiardi de Maresi, civis Suessionensis, ad vadum de Palie, salvis redditibus suis, videlicet sex denariis censualibus et duobus sextariis et dimidio vinagii, quam quitationem domina Ada, uxor dicti Petri, Elizabeth, uxor domini Thome, et Flandrina, uxor dicti Colardi, istam quitationem voluerunt, laudaverunt, et tam predicte mulieres quam predicti mariti eorum fidem imposuerunt corporalem ut de cetero dictam ecclesiam Ursicampi super dicta quitatione nec molestabunt nec facient molestari. Immo eidem ecclesie super dicta quitatione contra omnes, preterquam contra comitem Suessionensem, legitimam tenentur portare garandiam. In cujus rei testimonium presentes litteras sigillo curie Suessionensis fecimus roborari. Actum anno Domini millesimo ducentesimo tricesimo septimo, mense julio.

DCCCXXIII.

DE VINEA GERARDI SITA IN LOCO QUI DICITUR COMTESSE.

Magister J..., dictus Gerins, canonicus Sancti Petri et officialis Suessionensis, omnibus presentes litteras inspecturis in Domino salutem. Noverint universi quod Gerardus, filius Hersendis de Marisi, in presentia nostra constitutus recognovit se vendidisse ecclesie beate Marie Ursicampi novem sextarios vinee site in loco qui dicitur Contesse, pretio duodecim librarum et XII solidorum parisiensium, fidem interponens corporalem quod dictam ecclesiam super dicta emptione de cetero non molestabit nec per alium faciet molestari, immo eidem ecclesie super dicta emptione legitimam tenetur portare garandiam, et de legitima garandia portanda dedit plegios omnes in solidum Huardum de Marisi, consanguineum ejus, et Wilardum patrem dicti Girardi, qui dictam plegiationem fide media intraverunt. In cujus rei testimonium presentes litteras sigillo curie Suessionensis fecimus roborari. Actum anno Domini millesimo cc° xxx° sexto, mense marcio.

Martio 1236.

DCCCXXIV.

CONCESSIO DOMINI PETRI DE VILLARIS DE VINEA SITA IN LOCO QUI DICITUR CUMITISSA.

Magister R.... de Vailli, canonicus, et Th.... de Monte, officialis Suesssionensis, omnibus presentes litteras inspecturis salutem in Domino. Noverint universi quod dominus Petrus de Villaris, miles, et domina Aelidis, ejus uxor, in presentia curie Suessionensis constituti voluerunt et concesserunt ecclesie beate Marie Ursicampi quandam vineam sitam in territorio de Palie, in loco qui dicitur Comitissa, tenendam et pacifice possidendam in perpetuum a dicta ecclesia, salvis dicto P..., militi, et A.... ejus uxori et heredibus eorum justitia, vinagio et aliis reddittibus que habent dicti miles et ejus uxor in dicta vinea tanquam domini fundi, fidem interponentes corporalem dicti miles et ejus uxor quod de cetero contra premissa non venient, nec dictam ecclesiam Ursicampi super dicta concessione per se nec per alios molestabunt, nec facient molestari. In cujus rei testimonium presentes litteras sigillo curie Suessionensis fecimus roborari. Actum anno Domini millesimo ducentesimo quadragesimo primo, mense septembri.

Sept. 1241.

DCCCXXV.

CONCESSIO DOMINI FLORENCII DE VILLA DE TERRA FROGERI DE CHIRI JUXTA PRATUM NOSTRUM IN CAISIEX.

Feb. 1238

Ego Florencius de Villa, miles, notum facio omnibus presentes litteras inspecturis, quod Frogerus de Chiri vendidit fratribus Ursicampi quatuor sextariatas terre arabilis quas habebat in loco qui dicitur Caisiex, sitas juxta pratum fratrum predictorum, pro xxx et sex libris parisiensibus, quam terram dictus Frogerus tenebat de me sub annuo censu octo denariorum parisiensium michi annis singulis in festo sancti Remigii reddendorum. Mathildis vero, uxor dicti Frogeri, spontanea et non coacta dictam venditionem concessit, voluit, laudavit, et approbavit, et recognovit se habere excambium sufficiens pro dotalicio quod in dictis quatuor sextariatis venditis habebat, videlicet in aliis quatuor sextariatis terre quas idem Frogerus, maritus ejus, receperat a Roberto, avunculo suo, majore de Chiri, et per illud excambium resignavit omni juri quod habebat vel habere poterat in dictis quatuor sextariatis terre venditis tam jure dotalicii quam alio quocunque modo, fidemque dedit corporalem quod dictos fratres super dicto vendagio de cetero non molestabit, nec gravabit, nec artem nec ingenium per se vel per alium queret per quo possint aut debeant dicti fratres supra dicto vendagio in posterum molestari, vel gravari, vel in causam trahi alicubi coram ecclesiastico judice vel seculari. Ego vero, de quo predictus Frogerus dictam terram tenebat, dictum vendagium ratum habui et acceptum, et concessi ut dicti fratres dictam terram pacifica possessione teneant et possideant in perpetuum, salvis predictis octo denariis censualibus michi et heredibus meis reddendis annis singulis in termino supra scripto, et per hos octo denarios censuales teneor tanquam dominus dictam terram sepe dictis fratribus fideliter in perpetuum garandire. In cujus rei testimonium et munimen presentes litteras sigilli mei appensione feci communiri. Actum anno Domini millesimo cc° xxx° octavo, mense februario.

DCCCXXVI.

DE TERRAGIO JOHANNIS LOUVETH IN QUADAM TERRA SUBTUS HAIRIMONT.

Maio 1243.

Omnibus hec visuris, officialis curie Noviomensis salutem in Domino. Vobis notum facimus quod Johannes dictus Louvel, quondam filius Gilcberti Loveth, recognovit coram (nobis) se vendidisse pro sex libris parisiensibus et dimidia sibi in numerata pecunia solutis ecclesie Ursicampi totum terragium quod ipse Johannes habebat in quatuor sextariatis terre et dimidia, parum plus vel parum minus, site inter vivarium situm subtus Hairimont et Passel, in campo qui as Forres dicitur, ipsum terragium ipsi ecclesie bene et legitime in perpetuum habendum et possidendum, Maria uxore dicti Johannis presente, dictam venditionem volente, laudante et approbante, et in eadem venditione expresse consentiente, et quicquid juris in dicto terragio habebat vel habere debebat tam jure dotalicii quam alio jure vel titulo spontanea et non coacta in manu nostra ad opus dicte ecclesie resignavit, et se devestivit, et nos ipsam ecclesiam de eodem terragio, ad petitionem ipsius M... nec non et dicti J... mariti sui, investivimus, et dicta Maria recognovit se sufficiens habere excambium pro dotalicio quod ipsa Maria habebat in dicto terragio, videlicet duas sextariatas et dimidiam de terra ipsius J... sita prope domum sancti Lazari Noviomensis, juxta vicum Judas, et tam dictus Johannes quam ipsa Maria spontanei et non coacti fidem in manu nostra prestiterunt corporalem quod dictam ecclesiam super dicto terragio vendito de cetero non molestabunt nec gravabunt, nec artem nec ingenium per se vel per alium querent per que dicta ecclesia possit aut debeat super eodem terragio in posterum molestari vel gravari aliquo modo vel in causam trahi coram aliquo judice ecclesiastico vel seculari. In cujus rei testimonium et firmitatem perpetuam presentes litteras ad petitionem dictorum Johannis et Marie sigillo curie Noviomensis fecimus communiri. Actum anno Domini millesimo cc° xl° iii°, mense maio.

DCCCXXVII.

DE MANERIO GONFRIDI DE PASSEL, AD OPUS PORTE.

Omnibus hec visuris, officialis curie Noviomensis salutem in Domino. Noveritis quod Gonfridus de Passel in nostra presentia propter hoc constitutus recognovit se vendidisse pro sex decem libris parisiensibus sibi, ut dicebat, in pecunia numerata jam solutis, ecclesie Ursicampi, ad opus elemosine porte ipsius ecclesie, quodam Manerium ipsius G... de hereditate, situm apud Passel, juxta molendinum domini episcopi, bene et legitime de cetero a dicta ecclesia in perpetuum habendum, tenendum pariter et possidendum. Ad hoc autem fuit presens coram nobis Maria, uxor dicti G.., que dictum vendagium voluit, laudavit et approbavit, et in eodem vendagio expresse consensit, recognoscens se habere sufficiens excambium pro dotalicio suo quod habebat, ut dicebat, in dicto manerio vendito, videlicet meditatem dictorum denariorum, ad quam medietatem denariorum dictus G... ipsam M... pro dotalicio predicto coram nobis assignavit. Et spontanei et non coacti, fide corporali in manu nostra prestita, creantaverunt dicti G... et M... quod contra dictum vendagium non venient per se vel per alium ullo modo in futurum, in judicio vel extra, nec dictam ecclesiam super dicto manerio vendito vel aliqua parte ipsius molestabunt vel gravabunt, nec ut possit molestari vel gravari procurabunt, imo legitimam eidem ecclesie ferent garandiam ad usus et consuetudines patrie adversus omnes juri et legi parere volentes. In cujus rei testimonium et perpetuam memoriam presentes litteras, ad petitionem dictorum G... et M.., sigillo curie Noviomensis fecimus communiri. Datum anno Domini millesimo cc° l° octavo, mense octobri.

Octob. 1258.

DCCCXXVIII.

VENDAGIUM JOHANNIS HANON DE CHIRI DE XII DENARIIS ET I CAPONE CENSUS SUPER QUODAM MANERIUM JUXTA MOLENDINUM DE PASSEL

Omnibus hec visuris, officialis curie Noviomensis salutem in Domino. Noveritis quod cum

Julio 1260.

Johannes Hanons de Chiri et Maia ejus uxor haberent, ut dicebant, duodecim denarios parisienses et unum caponem de annuo et perpetuo censu, videlicet medietatem de acquestu amborum et aliam medietatem de hereditate dicte M... super quodam manerio quod quondam fuerat Hugonis de Almeso, sito juxta molendinum de Passel, dicti J... et M... in nostra propter hoc presentia constituti recognoverunt se dictum censum vendidisse pro XL solidis parisiensibus sibi in pecunia numerata, ut dicebant, jam solutis, ecclesie Ursicampi a dicta ecclesia de cetero bene et legitime, quiete, libere et pacifice in perpetuum habendum pariter et possidendum, et spontanei et non coacti fidem in manu nostra dicti J... et M... prestiterunt corporalem quod dictam ecclesiam supra dicto censu vendito vel supra aliqua parte ipsius de cetero non molestabunt nec gravabunt ullo modo, in judicio vel extra, nec ut possit aut debeat molestari vel gravari per se vel per alium procurabunt. Immo eidem ecclesie legitimam garandiam portabunt ad usus et consuetudines patrie adversus omnes juri et legi parere volentes, et dictus J... auctoritatem dedit et assensum dicte M..., uxori sue, faciendi ea que in presenti pagina continentur. In cujus rei testimonium et perpetuam memoriam presentes litteras, ad petitionem dictorum J... et M..., sigillo curie Noviomensis fecimus communiri. Quem quidem censum venditum abbas et conventus dicte ecclesie ad opus elemosine porte dicte ecclesie, ut dicti J... et M... dicebant, comparaverunt. Datum anno Domini M° CC° LX°, mense julio.

DCCCXXIX.

VENDITIO DYONISII DE CAIGNI SEX DENARIORUM CENSUS ET UNIUS CAPONIS SUPER QUODAM MANERIUM SITUM JUXTA MOLENDINUM DE PASSEL.

Julio 1260.

Omnibus hec visuris, officialis curie Noviomensis salutem in Domino. Noveritis quod Dyonisius, dictus de Caigni, in nostra presentia constitutus recognovit se vendidisse pro XX solidis parisiensibus sibi in pecunia numerata, ut dicebat, jam solutis, ecclesie Ursicampi, ad opus elemosine porte dicte ecclesie, sex denarios parisienses et unum caponem de annuo et perpetuo censu de hereditate dicti D... supra quodam manerio sito juxta Molendinum de Passel a dicta ecclesia ad opus elemosine dicte porte de cetero bene et legitime in perpetuum habendum pariter et possidendum. Ad hoc autem fuit presens coram nobis Susanna, uxor dicti D.., que dictum vendagium voluit et in eodem vendagio expresse consensit, recognoscens se habere sufficiens excambium pro dotalicio suo quod habebat, ut dicebat, in dicto censu vendito, videlicet unum quarterum terre de hereditate dicti D.., situm retro Passel, juxta terram Petri majoris, et spontanei et non coacti fide data creantaverunt dicti D... et S... quod dictam ecclesiam supra eodem censu vendito non molestabunt nec gravabunt ullo modo in futurum, in judicio vel extra, immo legitimam garandiam eidem ecclesie portabunt ad usus et consuetudine patrie adversus omnes juri et legi parere volentes. In cujus rei testimonium et perpetuam memoriam presentes litteras ad petitionem dictorum D... et S... sigillo curie Noviomensis fecimus commuuiri. Datum anno Domini M° CC° LX°, mense julio.

DCCCXXX.

VENDAGIUM ADE, UXORIS PETRI GOILLART, DE I MANERIO SITO JUXTA MOLENDINUM DE PASSEL.

Aug. 1260.

Omnibus hec visuris, officialis curie Noviomensis salutem in Domino. Noveritis quod Ada, uxor Petri Goillart, filia quondam Walteri de Harbonieres, in nostra presentia constituta recognovit se vendidisse de auctoritate et assensu dicti Petri, mariti sui, et ipso Petro coram nobis ad hoc presente et in ipso vendagio expresse consentiente, pro quatuordecim libris parisiensibus sibi in pecunia numerata, ut dicebat, jam solutis, ecclesie Ursicampi, ad opus elemosine porte dicte ecclesie, manerium quodam de hereditate dicte A..., situm apud Passel, supra fundo ecclesie, juxta molendinum de Passel, a dicta ecclesia ad opus dicte elemosine bene et legitime de cetero in perpetuum habendum pariter et possidendum. Et spontanei et non coacti fide data creantaverunt dicti P... et A... quod dictam ecclesiam vel dictam portam seu portarium dicte porte super dicto manerio vendito vel super aliqua parte ipsius aut pertinentiis ad manerium de cetero non molestabunt nec gravabunt ullo modo, in judicio vel extra, immo legitimam garandiam eidem ecclesie portabunt ad usus et consuetudines patrie adversus omnes juri et legi parere volentes. In cujus rei testimonium et perpetuam memoriam presentes litteras, ad petitionem dictorum P... et A.., sigilllo curie Noviomensis fecimus communiri. Datum anno Domini m° cc° sexagesimo, mense Augusto.

DCCCXXXI.

VENDITIO THOME BOSQUET DE UNA FALCATA PRATI ET DIMIDIA SITA RETRO PASSEL.

Omnibus hec visuris, officialis curie Noviomensis salutem in Domino. Noveritis quod Tho- Decemb. 1260. mas Bosques in nostra presentia constitutus recognovit se vendidisse pro decem et octo libris parisiensibus sibi in pecunia numerata, ut dicebat, jam solutis, ecclesie Ursicampi ad opus elemosine porte ipsius ecclesie unam falcatam prati et dimidiam de hereditate dicti Thome, sitam retro Passel, super fundo dicte porte, a dicta ecclesia ad opus dicte elemosine bene et legitime in perpetuum habendum pariter et possidendum. Domicella Maria, uxor dicti Th..., fuit coram nobis ad hoc presens, que dictum vendagium voluit et in ipso vendagio expresse consensit, recognoscens se habere sufficiens excambium pro dotalicio suo quod habebat, ut dicebat, in dicto prato vendito, videlicet unam falcatam prati de hereditate dicti Th.., siti prope dictum pratum venditum, de quo excambio recognovit se esse contentam, et spontanei fide data creantaverunt dicti Th... et M... quod dictam ecclesiam super dicto prato vendito non molestabunt nec gravabunt ullo modo in futurum, in judicio vel extra, immo legitimam garandiam eidem ecclesie portabunt ad usus et consuetudines patrie adversus omnes juri et legi parere volentes. In cujus rei testimonium et perpetuam memoriam presentes litteras, ad petitionem dictorum Th... et M.., ejus uxoris, sigillo curie Noviomensis fecimus communiri. Datum anno Domini m° cc° lx°, mense decembri.

DCCCXXXII.

VENDITIO EMELINE FURNARIE DE MEDIETATE CUJUSDAM VINEE SITE UBI DICITUR EN PROUVA-COURT.

Martio 1262.

Universis presentes litteras inspecturis, officialis Suessionensis in Domino salutem. Noverit universitas vestra quod Emelina, dicta Furnaria, manens in parochia de Manicamp, et Bertrannus ejus filius vendiderunt et se legitime vendidisse recognoverunt coram nobis ecclesie beate Marie Ursicampi, Cysterciensis ordinis, ad opus elemosine porte ipsius ecclesie, totam escheainciam quam ipsa Emelina habere poterat et debebat in rebus que fuerunt Galteri Baillet, quondam fratris dicte Emeline, videlicet medietatem vinee que tenetur de prato dicto Acait, sito ubi dicitur en Prouvacourt, prout se comportat, que fuit dicti Galteri, et medietatem orti siti ante manerium Roberti dicti Gervaise, que tenetur de Petro dicto Troque, et medietatem cujusdam pecie terre que tenetur ad terragium de Roberto dicto Gervaise, sitam ubi dicitur a Mort-Pont. Hoc salvo quod abbas et conventus dicte ecclesie debent ibidem percipere prius et habere unum essinum terre quem dictus Galterus et Mathildis sua uxor in vita sua eidem abbati et conventui in elemosinam contulerunt et etiam quicquid ad ipsam G... poterat et debebat devenire ex decessu dicti Galteri de omnibus rebus que fuerunt dicti Galteri existentibus in villa et territorio ville de Sancto Albino. Hanc autem venditionem predicta Emelina et dictus Bertrannus contraxerunt pro pretio octo librarum parisiensium de quibus recognoverunt coram nobis sibi esse ex parte dicte ecclesie plenarie satisfactum in pecunia numerata sibi tradita et soluta, promittentes sub fide ab ipsis prestita corporali quilibet eorum insolidum, quod contra venditionem predictam non venient in futurum, nec aliquid in premissis venditis de cetero ratione quacunque per se vel per alium reclamabunt, immo ipsam ecclesiam de predictis venditis omnibus et singulis in perpetuum pacifice gaudere permittent, et super eisdem contra omnes juri et legi parere volentes legitimam eidem ecclesie portabunt garandiam. Renunciantes etiam expresse sub dicta fide, quantum ad premissa, exceptionibus non numerate nec solute pecunie et deceptionis cujuscunque, omni statuto, et consuetudini patrie sive loci e... divi Adriani actioni in factum et omni alii auxilio juris canonici et civilis. In cujus rei testimonium presentibus litteris sigillum curie Suessionensis duximus apponendum. Actum anno Domini M° CC° sexagesimo secundo, mense marcio.

DCCCXXXIII.

VENDITIO JOHANNIS ROUSSEL, ARMIGERI, DE SUSOY, DE DUOBUS SOLIDIS ET DUOBUS CAPONIBUS CENSUALIBUS SUPER QUENDAM DOMUM APUD PASSEL.

Maio 1270.

Je Jehans, dis Rossiaus, fieux Jehan Roussel de Susoy, escuier, qui fu, fas savoir a tous ceus qui ces presentes lettres verront et orront, que comme leglize Nostre Dame d'Oscans eust I. manoir qui siet a Passel, devant le molin levesque de Noion, joignant a une maison qui est de leglize devant dite, lequel manoir leglize devant dite d'Oscans avait achate a le femme Pierron Goislart, et je seur une partie de se manoir eusse II s. de Paris et II chapons de droit cens et une corvee chascun an, et avec ce je clamasse toute justice et toute seignorie seur tout ce manoir, ainsi comme il se comporte devant et derriere dusques a le maison le devant dite eglize, et cele justice et cele seignorie ne me fust mie connue, je par le conseil de bonnes gens en nom de pais et pour men pourfit, me sui acordes a leglize en tele maniere que a leglize devant dite les deus sous et les deus chapons de chens, le corvee, toute le justice et toute le seignourie que je avoie ou pooie et devoie avoir par raison deritage ou en autre maniere quele quele fust en tout le liu devant dit, sans riens retenir ne a moi ne a mes hoirs, ai vendu a leglize devant dite parmi diz livres de Paris, de quoi mes grez est fais en deniers contans, en bone monnoie a tenir et a avoir de l'eglize devant dite des ore en avant a tousjours quitement, franchement, en pais et en main morte, sanz nule redevanche faire et sanz riens rendre a moi ne a mes hoirs, et tout le droit que je avoie ou pooie et devoie avoir en toutes ces coses devant dites je quite et otroie bonement a leglize devant nomee des ore en avant a tous jors, et promet que en toutes ces chozes devant dites des ore en avant riens ne demanderai, ne riens ne clamerai, en contre ne venrai ne en tout ne en partie, ne leglize devant dite seur ces chozes je ne greverai, ne pourchacerai que ele soit grevee, ne en tout ne en partie, ains li porterai loial warandise as us et as coustumes don pais envers tous ceus qui a droit ou a loi en volroient venir. Et a toutes ces chozes je oblige moi et mes oirs, et toutes ces chozes devant dites ai je promis par le foi de mon cors et par men saiement a tenir fermement et loiaument a tous jors sans venir encontre de nule rien. Et ce vendage devant dit ai je fait del assentement et del autorite monseigneur de qui je tenoie ces chozes devant dites en fief, cest a savoir de Raoul de Dyvete, escuier, qui men pourfit iresgarda et vit et a me requeste la otroie et conferme de son seel. Et en tesmoignage et en seurte de toutes ces chozes devant dites, je Jehans devant dis ai ces presentes lettres seelees de mon seel. Et je, Raous de Dyvete, escuiers devant dis, de qui li devant dis Jehans tenoit ces chozes devant dites en fief pour le pourfit de celui Jehan que je iresgardai et vi, et a se requeste et pour estre parchonniers des biens fais de leglize devant nommee, le marchie et le vendage devant dit, tout ainsi comme il est devant devises, weill, otroie, loe et approuve et mi consent expressement, et tout le droit que je avoie et pooie et devoie avoir en toutes les chozes devant nommees, fust en justice, fust en autre maniere quele quele fust, je quite et relais et le met en le main de leglize devant dite sanz riens retenir en tout le liu devant dit, ne a moi ne a mes hoirs, et weil et otroi bonement que leglize devant dite toutes les chozes devant nommees des ore en avant tiegne quitement, franchement et en pais, en main morte, sanz nule redevanche faire ne a moi ne a mes hoirs, ne riens ni poons des ore en avant demander, ne seignerie clamer, ne en tout ne en partie, ne leglize devant dite nous ne poons contraindre des ore en avant par le raison du lieu devant dit. Et pour ce que ce soit ferme choze et estable, je ai pendu me propre seel a ces presentes lettres aveuc le seel le devant dit Jehan. Ce fut fait en lan del incarnacion Nostre Seigneur mil deus chens soissante et dis, el mois de mai.

DCCCXXXIV.

ELEMOSINA PHILIPPI PAILLART DE DOMO ET CURTILLO APUD PASSEL.

Universis presentes litteras inspecturis, magister Robertus de Monteacuto, canonicus et offi- Maio 1269.

cialis Noviomensis. salutem in Domino. Noverit universitas vestra quod Philippus, dictus Paillars, et Ada, ejus uxor, coram nobis propter hoc personaliter constituti dederunt, contulerunt et concesserunt ob remedium animarum nostrarum et antecessorum suorum ecclesie Ursicampi, ad augmentationem elemosine porte ipsius ecclesie, quendam curtillum et quandam domum sitos apud Passel, contiguos curtillo ipsius ecclesie sito apud Passel, quos quidem curtillum et domum dicti Philippus et Ada habebant de acquestu suo, ut dicebant, ab eadem ccelesia, in augmentationem elemosine dicte porte, nomine elemosine pure et perpetue, post decessum ipsorum Philippi et Ade tenendum, habendum pariter et possidendum pacifice et quiete. Promittentes dicti Philippus et Ada ejus uxor per fidem ab eis in manu nostra corporaliter prestitam, quod contra dictas donationem, collationem et concessionem per se vel per alium non venient in futurum, in judicio vel extra. In cujus rei testimonium presentes litteras inde factas sigillo curie Noviomensis fecimus communiri. Actum anno Domini M° CC° LX° IX°, mense maio.

DCCCXXXV.

ELEMOSINA PHILIPPI DICTI PAILLART DE IIII^{xx} VIRGIS TERRE PRO PORTA.

1282.

Omnibus hec visuris, officialis Noviomensis in Domino salutem. Noveritis quod coram nobis in jure propter hoc personaliter constitutus Philippus, dictus Paillars, de Passel, dedit, contulit et concessit irrevocabiliter in puram et perpetuam elemosinam donationem quidem inter vivos factam monasterio Ursicampi vel ecclesie ad usum tantum porte dicte ecclesie convertendum, quatuor vigenti virgas terre dicti Philippi, parum plus aut parum minus, ut dicebat, sitas in territorio de Passel, in loco qui dicitur as Osques, salvo sibi et retento quamdiu vixerit ipse Philippus usufructu in dicta terra ab eadem ecclesia cum fructibus et onere quos esse contigerit aut inesse in dicta terra die transitus ejusdem Philippi seu decessus aut obitus, ab illa die in posterum tenendam, habendam pariter perpetuo et possidendam terram ante dictam pacifice et quiete cum omni jure et actione dictum Philippum contingente, ratione, nomine et titulo quibuscunque, mediantibus quadraginta solidis parisiensibus ipsa die dicti decessus solum modo solvendis inde et percipiendis ad opus et usus conventus ejusdem ecclesie, quibus quidem mediantibus promisit ipse Philippus coram nobis fide data quod contra premissa vel aliquid premissorum, salvo sibi et retento quoad vixerit, ut dictum est, usufructu tantum modo ante dicto, per se vel per alium non venient aliquatenus in futurum. In cujus rei testimonium et munimen perpetuum premissorum, ad instanciam ipsius Philippi et petitionem, presentibus litteris sigillum curie Noviomensis duximus apponendum. Datum anno Domini M° CC° octogesimo secundo, die sabbati ante ramos palmarum.

DCCCXXXVI.

DE DOMO WERMONDI DE BOISSERIA, CANONICI NOVIOMENSIS ECCLESIE, APUD PASSEL.

Jun. 1290.

Ego Wermondus de Boisseria, canonicus Noviomensis, notum facio presentibus et futuris quod cum jamdiu et secundum tractatum super hoc tunc habitum inter me et ecclesiam Ursicampi, Noviomensis dyocesis, in domo et manso que sunt apud Passel, secundum quod continetur in litteris curie Noviomensis super hoc confectis quibus mee presentes sunt infixe, ego, intuitu caritatis et in favorem ecclesie supra dicte, eidem ecclesie prefactum usum fructum et quicquid juris habebam aut habere poteram in premissis benigne contuli et concessi, ut de eo suam a modo utilitatem faciant et profectum, promittens me contra hoc de cetero non venturum ullo modo. In cujus rei testimonium et stabilitatem in futurum, presentes litteras predicte ecclesie tradidi sigillo meo proprio sigillatas. Datum anno Domini M° cc° nonagesimo, mense januario, die martis ante festum purificationis beate Marie virginis.

DCCCXXXVII.

ELEMOSINA JOHANNIS DE BRITIGNIACO DE TERRA SUA APUD PASSEL ET WILLELMI DE GALES XII SEXTARIORUM. DE HOC DEBEMUS QUATUOR DENARIOS CENSUS.

Ego Johannes, dominus Britigniaci, notum facio omnibus hec visuris in perpetuum, quod Willelmus de Gales homo meus ligius erat de omnibus que apud Passel de me tenebat in feodum, Florencius vero de Villa ejusdem Willelmi homo ligius erat. Homagium ipsius Willelmi ego omnino quitum clamavi, et homagium Florencii pro eo in decambium accepi. Ut autem decambium homagiorum facerem, Willelmus de Gales dedit michi de terra quam de me tenebat VI sextarios ad mensuram Noviomi, quos fratribus titulo elemosine contuli, ipsamque elemosinam bona fide tenere plevivi. Fratres vero Ursicampi hujus rei gratia XXV libras monete parisiensis michi dederunt. Donationem istam concesserunt fratres mei Wido et Godefridus uxorque mea Hersendis et filia nostra Elizebeth. Hiis adiciendum quod fratres Ursicampi pro ipsis sex terre sextariis IIII denarios censuales michi solvent apud Noviomum in festo sancti Remigii ubi eis assignavero persolvendos. Sciendum preterea quod Willelmus de Gales duos sextarios terre ad mensuram Noviomi predictis sex contiguos, me concedente, vendidit fratribus Ursicampi octo libris parisiensis monete, ipsamque venditionem tenere plevivit. Filii autem ejusdem Willelmi, Walterus et Rainerus, hoc concesserunt et tenere pleviverunt, et Rainoldus, qui cognominatur Rosiaus, ipsius Willelmi cognatus, concessit. Fratres vero Ursicampi hos duos terre sextarios in prescripto censu meo IIII denariorum posuerunt. Ut ergo hec omnia rata in posterum maneant inviolabilemque obtineant firmitatem, rei geste seriem presenti pagine tradi volui, ipsamque cartam sigilli mei appensione muniri. Acta sunt hec anno Domini M° ducentesimo quarto.

1204.

DCCCXXXVIII.

DE TERRA DOMINI SYMONIS DE PLAISSETO.

Universis presentes litteras inspecturis, ego Albertus, miles et dominus de Plaisseto, notum facio quod dominus Symon, miles, frater meus, dedit ecclesie Ursicampi unam modiatam terre arabilis ad mensuram Calniaci in perpetuam elemosinam, que terra sita est in essarto apud

Junio 1234.

Ugnies, et quia terram illam de me tenebat, et sine assensu meo eam donare non poterat, ipsam de bona voluntate concessi ecclesie memorate ut in perpetuum quiete, libere et pacifice dictam terram possideat, nec michi nec heredibus meis aliquid in ea retinui preter duos denarios censuales quos michi fratres dicte ecclesie reddent ad festum Sancti Remigii apud grangiam de Vadulis. Hanc autem elemosinam tam ego quam heredes mei tenemur legitime garandire. Et sciendum quod supra dicta ecclesia poterit sepe dictam terram commutare, vendere sine venditionibus sine aliqua redditione vel alia exactione. Retinui autem in ea tam michi quam heredibus meis sanguinem et latronem tantum. Quod ut ratum permaneat, presentes litteras sigilli mei munimine roboravi. Actum anno Domini millesimo ducentesimo ricesimo quarto, mense junio.

DCCCXXXIX.

DE VINEA MICHAELIS CLERICI DE POMMIERS DESUPER PRESSORIUM LONGIPONTIS.

Octob. 1245. Omnibus presentes litteras inspecturis, magister Th... de Monte, canonicus et officialis Suessionensis, salutem in Domino. Noveritis quod Michael de Pommiers, clericus, coram nobis constitutus legavit ecclesie Ursicampi in puram et perpetuam elemosinam quandam vineam circiter duodecim sextarios continentem, sitam juxta vineam hospitalarie sancti Gervasii Suessionensis, supra pressorium Longipontis, volens nichilominus quod Johannes de Rivière, nepos ejus, qui in ipsa vinea dicebat se habere sextam partem, ut dicebat idem Michael, sextam partem in ipsa vinea obtineret et illam sextam partem caperet a qua parte ipsius vinee mallet. Et predictum legatum ipso facto voluit et concessit, dominium, proprietatem et possessionem dicte vinee a se in dictam ecclesiam in perpetuum esse translatum absque aliqua reclamatione ex parte ejus sive suorum heredum in eadam. In cujus rei testimonium presentes litteras sigillo nostre curie Suessionensis ad petitionem partium fecimus roborari. Actum anno Domini millesimo ducentesimo quadragesimo quinto, mense octobri.

DCCCXL.

DE TERRAGIO RENALDI LE MARTRE.

Febr. 1234. Ego Robertus de Ponte omnibus tam presentibus quam futuris notum facio quod Renaldus li Martres, civis Noviomensis, de assensu et voluntate mea quitavit in perpetuum ecclesie beate Marie Ursicampi terragium quod idem Renaldus habebat in terris dicte ecclesie sitis apud Sempigniacum. Quitavit etiam eidem ecclesie sex solidos, unam foachiam et unum caponem que idem Renaldus a dicta ecclesia annuatim percipiebat. Dedit insuper idem Renaldus prefate ecclesie in perpetuam elemosinam unam foachiam, unum caponem et unum denarium que Petrus de Lombrai eidem Renaldo de annuo censu debebat super quadam terra inter piscatoriam de Parviler et Sempigniacum sita. Hec omnia predicta que dictus Renaldus de me tenebat, de assensu et voluntate mea dicte ecclesie contulit et quitavit sicut superius continetur, ita quod dictus Renaldus ij modios bladi mediocris ad mensuram Noviomensem, quos dicta ecclesia, considerata devotione ipsius Renaldi quam habet erga dictam ecclesiam, in recompensationem dicte elemosine ipsi Renaldo concessit percipiendos ab ipso Renaldo annis singulis, ad festum beati Remigii, in grangia de Parviler, de me et heredibus meis teneat, eo modo quod sibi et heredibus suis ipsi duo modii a dicta ecclesia sunt concessi, videlicet duos modios, dum dictus Renaldus vixerit, idem Renaldus de me teneat, et post decessum ejus heredes ipsius Renaldi unum modium solum de dictis duobus modiis de me et heredibus meis tenebunt. Tali modo quod ego et heredes mei dictos duos modios, quoad vixerit dictus Renaldus, arrestare poteremus sicut faceremus census et terragium superius nominata, et post decessum ipsius Renaldi alterum modium solum de dictis duobus modiis sine foris facto, et si infra quindenam arrestationis nostre dicta ecclesia michi vel heredibus meis dictum bladum deliberare voluerit, terragium et census memoratos saisire poterimus et tenere donec dictum bladum dicta ecclesia nobis reddiderit. Hec autem omnia in presenti pagina contenta voluerunt et concesserunt dictus Renaldus et Helvidis ejus uxor et Agnes filia eorumdem, promittentes quod dictam ecclesiam super premissis omnibus confirmabunt indempnem, et ego et heredes mei eidem ecclesie super censibus et terragiis predictis de cetero legitimam ferre tenemur garandiam. In cujus rei testimonium presentes litteras sigilli mei appensione dicte ecclesie tradidi communitas. Actum anno Domini millesimo cc xxx quarto, mense februario.

DCCCXLI.

ITEM DE EODEM. DE TERRAGIO RENALDI LE MARTRE APUD SEMPIGNIACUM, ET DE. CENSU SUO ETC.

Omnibus hec visuris, magister Hugo, canonicus et officialis Noviomensis, salutem in Domino. Vobis notum facimus quod Renaldus li Martres, civis Noviomensis, in nostra presentia constitutus recognovit se quitasse ecclesie beate Marie Ursicampi totum terragium quod idem Renaldus in terris dicte ecclesie sitis apud Sempigniacum habebat, sex solidos, unam foachiam et unum caponem que idem Renaldus a dicta ecclesia annis singulis percipiebat. Recognovit etiam se in perpetuam elemosinam eidem ecclesie dedisse unam fouachiam, unum caponem et unum denarium que Petrus de Lombrai eidem Renaldo debebat, ut supra dictum est, etc. In cujus rei testimonium presentes litteras ad petitionem dictorum ecclesie, Renaldi, Heluidis et Agnetis, sigillo curie Noviomensis fecimus communiri. Actum anno Domini m° cc° xxx° quarto, mense februario.

Feb. 1234.

DCCCXLII.

CONCESSIO ERMENGARDIS, RELICTE DOMINI ROBERTI DE PONTE SANCTI MEDARDI, ET FILIORUM EJUS DE ACQUISITIS IN TERRITORIO DE AILLI.

Nivelo major, archidiaconus Suessionensis, omnibus presentes litteras inspecturis in Domino salutem. Noverint universi quod Ermengardis, relicta domini Roberti, militis, de Ponte

Jul. 1234.

508   TITULUS VILLARUM.

Sancti Medardi, Thomas et Philippus, filii ejus, in nostra presentia constituti concesserunt ecclesie beate Marie Ursicampi quicquid in territorio de Ailli, quod ad dominium et fundum ipsorum pertinet, acquisierat, in perpetuum pacifice et quiete possidendum, salvo vinagio suo quod de vineis in dicto territorio sitis eis dicta ecclesia solvere consuevit, fidem interponentes tam dicta Ermengardis quam liberi ejus quod dictam ecclesiam Ursicampi super dicta concessione vel quitatione per se vel per alios de cetero non molestabunt. In cujus rei testimonium presentes litteras sigilli nostri munimine fecimus roborari. Actum anno Domini M° CC° xxx secundo, mense julio.

DCCCXLIII.

DE PRATO HENRICI BAE IN ESSARTIS DE PRIMPRES. ITEM DE QUATUOR SEXTARIIS ET I MENCOLDO TERRE AD ALNETUM GERARDI LEPROSI.

Martio 1246. Ego Henricus, dictus Baes, armiger, notum facio omnibus tam presentibus quam futuris quod ego, pro evidenti utilitate mea, vendidi ecclesie beate Marie Ursicampi quodam pratum quod tenebam de eadem ecclesia ad xii denarios annui census situm in essartis de Primpres, continens circiter septem falces, pro lx libris parisiensibus michi in pecunia numerata ab eadem ecclesia plenarie persolutis. Vendidi etiam eidem ecclesie quatuor sextarios et unam mencoldatam terre arabilis ad mensuram noviomensem, site in duabus peciis ad alnetum Gerardi Leprosi, pro quinquaginta duabus libris Parisiensibus michi plenarie persolutis. Dictam autem terram vendidi dicte ecclesie liberam, quitam et exemptam ab omni jure et dominio alieno preter decimam tanquam alodium. Quam venditionem, libertatem et exemptionem ego et heredes mei tenemur dicte ecclesie contra omnes qui ad jus et legem venire voluerint in perpetuum garandire. Et ad majorem securitatem ego assignavi dictam ecclesiam usque ad decem annos ad ix' sextarios terre mee ad mensuram Noviomensem site juxta curtillos de Senelli, ita tamen quod si per defectum garandie dicte venditionis dicta ecclesia expensas, custa et dampna incurrerit, dicta ecclesia dictam terram de Senelli poterit saisire et infra annum et diem vendere, et de pretio suam omnino facere voluntatem donec de custis et dampnis et expensis que abbas Ursicampi qui pro tempore fuerit, occasione dicti venditionis simplici verbo sine alia probatione dictam ecclesiam dixerit incurrisse, dicte ecclesie plenarie fuerit satisfactum, me et heredibus meis ad ferendam perpetuam garandiam super predictis nichilominus in perpetuum obligatis. Quod ut ratum sit et firmum, presentes litteras sigillo meo sigillatas tradidi dicte ecclesie in perpetuum testimonium et munimen. Actum anno Domini M° cc° quadragesimo sexto, mense martio.

DCCCXLIV.

DE DIMIDIA MODIATA TERRE HENRICI BAE AU SAU BETON, XVI VIRGIS MINUS.

Jun. 1251. Ego Henricus, dictus Baes, armiger, universis presentes litteras inspecturis notum facio quod ego, pro evidenti utilitate mea, vendidi bene et legitime ecclesie beate Marie Ursicampi dimidiam modiatam terre arabilis ad mensuram Noviomensem, sexdecim virgis minus, sitam in territorio de Primpres, in loco qui dicitur au saus Beton, pro quinquaginta libris parisiensibus michi in pecunia memorata ab eadem ecclesia plenarie et integraliter persolutis. Quam videlicet terram de assensu et spontanea voluntate Ode, uxoris mee, dicte ecclesie vendidi quite et libere et pacifice a predicta ecclesia possidendam in perpetuum et habendam, promittens nichilominus fide prestita corporali quod ego nec heredes mei dictam ecclesiam supra dicta venditione de cetero gravabimus, nec artem nec ingenium queremus per que dicta ecclesia super dicta venditione possit vel debeat molestari in posterum seu gravari. Quinetiam contra omnes qui ad jus et legem venire voluerint, dictam venditionem dicte ecclesie tenemur in perpetuum fideliter garandire. Et ad hoc faciendum ego dictus H... me et heredes meos in perpetuum obligavi per sex denarios censuales michi et heredibus meis singulis annis a dicta ecclesia apud Primpres in festo sancti Remigii persolvendos. Preterea sciendum quod predicta Oda, uxor mea, in presentia officialis Noviomensis constituta recognovit se sufficiens excambium habere pro dotalicio quod in predicta terra a me sibi fuerat assignatum. In cujus rei testimonium et firmitatem perpetuam presentes litteras dicte ecclesie sigillo meo tradidi roboratas. Actum anno Domini M° cc° quinquagesimo primo, mense junio.

DCCCXLV.

DE PRATO ARNULPHI PISCATORIS DE PRIMPRES INTER BAALLI ET PRIMPREZ.

Omnibus hec visuris, officialis Noviomensis, salutem in Domino. Noveritis quod Arnulphus piscator, de Primpres, in nostra presentia constitutus recognovit se vendidisse et vendidit pro quatuor libris parisiensibus et dimidia jam, ut dicebat, in pecunia numerata solutis, ecclesie Ursicampi xxx et unam virgam prati de hereditate dicti A..., siti inter Balli et Primpres, a dicta ecclesia bene et legitime in perpetuum habendum pariter et possidendum. Ad hoc autem fuit presens coram nobis Emelina, uxor dicti A., que dictum vendagium voluit, laudavit et approbavit, et in eodem vendagio expresse consensit, recognoscens se habere sufficiens excambium pro dotalicio suo quod habebat, ut dicebat, in dicto prato vendito, videlicet medietatem dictorum denariorum ad quam dictus A... ipsam E... pro dotalicio suo predicto coram nobis assignavit. Et per hujus modi excambium quicquid juris in dicto prato vendito habebat vel habere poterat tam jure dotalicii quam alio modo, spontanea et non coacta, in manu nostra ad opus dicte ecclesie resignavit penitus et querpivit, et tam dictus A... quam dicta E... spontanei et non coacti fidem in manu nostra prestiterunt corporalem quod contra dictum vendagium per se vel per alium non venient in futurum, nec in judicio nec extra ullo modo dictam ecclesiam gravabunt supra dicto prato vendito, nec ut possit aut debeat molestari vel gravari procurabunt, immo legitimam eidem ecclesie super dicto prato vendito ferent garandiam ad usus et consuetudines patrie adversus omnes juri et legi parere volentes. In cujus rei testimonium et perpetuam memoriam presentes litteras ad petitionem dictorum A... et E... sigillo curie Noviomensis fecimus communiri. Datum anno Domini M° cc° quinquagesimo sexto.

1256.

DCCCXLVI.

DE ELEMOSINA BARTHOLOMEI ET BURNE DE CHIRI IN TERRIS IN LOCO QUI DICITUR ULTRA LE BIEZ.

Julio 1247. Omnibus hec visuris, officialis curie Noviomensis salutem in Domino. Vobis notum facimus quod Bartholomeus Carpentarius et Burna, ejus uxor, in nostra presentia constituti recognoverunt se contulisse in perpetuam et puram elemosinam ecclesie Ursicampi duas sextarias terre ipsorum Bartholomei et Burne sitas in territorio de Primpres in una pechia in loco qui dicitur ultra le Biez. Recognoverunt etiam se contulisse eidem ecclesie in puram et perpetuam elemosinam quinque quarterios terre in loco qui au Radel dicitur, a dicta ecclesia bene et legitime post decessum dictorum B... et B... in perpetuum tenendos, habendos pariter et possidendos, quam terram totam dicti B... et B... constante matrimonio inter eos, ut dicitur, acquisierunt. Recognoverunt etiam dicti B... et B... se contulisse eidem ecclesie in puram elemosinam sex libras parisienses capiendas a dicta ecclesia post decessum amborum, videlicet tempore ultimo decedentis in duos annos super duabus sextariatis terre site in dicto territorio in una piechia juxta terras dicte ecclesie et dimidia, tali modo quod si illi ad quos dicte due sextariate et dimidia, post decessum dictorum B... et B... jure hereditario debent devenire, voluerint eas de dictis sex libris parisiensibus erga dictam ecclesiam redimere, eas redimere poterunt de sex libris ante dictis non obstante elemosina dictarum sex librarum parisiensium super illis duabus sextariatis terre et dimidia dicte ecclesie facta, et spontanei et non coacti, sani et incolumes, sane et sensate loquentes, fide corporali prestita, creantaverunt dicti B... et B... quod contra dictam elemosine collationem de cetero per se vel per alium non venient nec facient, nec fieri procurabunt, quominus dicta ecclesia de tota dicta elemosina, prout superius continetur, possit quiete et pacifice gaudere, et eandem elemosinam integraliter habere. In cujus rei testimonium et firmitatem perpetuam presentes litteras ad petitionem dictorum B... et B... sigillo curie Noviomensis fecimus communiri. Actum anno Domini millesimo cc° xl septimo, mense julio.

DCCCXLVII.

DE PRATO GEROUDI DE PRIMPRES SITO INTER BAALLI ET PRIMPRES.

Maio 1257. Omnibus hec visuris, officialis curie Noviomensis salutem in Domino. Noveritis quod Gerardus, frater majoris de Primpres, in nostra presentia constitutus recognovit se vendidisse et vendidit pro viginti libris parisiensibus sibi in pecunia numerata, ut dicebat, jam solutis, ecclesie Ursicampi falcatam et dimidiam prati de hereditate dicti G.., sitis inter Primpres et Baalli, quod pratum idem G... tenebat, ut dicebat, de dicta ecclesia, a dicta ecclesia de cetero bene et legitime in perpetuum quite, libere et pacifice habendum pariter et possidendum. Ad hoc autem fuit presens coram nobis Agnes, uxor dicti G.., que dictum vendagium voluit, laudavit et approbavit, et in eodem vendagio expresse consensit, recognoscens se habere sufficiens excambium pro dotalicio suo quod habebat vel dicebat in dicto prato vendito, videlicet curtillum dicti G... situm apud Primpres juxta furnum de Primpres. ad quem dictus G... ipsam A... pro dotalicio suo predicto coram nobis assignavit, et tam dictus G... quam ipsa A..., spontanei et non coacti, fidem in manu nostra prestiterunt corporalem quod contra dictum vendagium non venient per se vel per alium in futurum, nec in judicio nec extra, nec dictam ecclesiam super dicto prato vendito vel super aliqua parte ipsius molestabunt vel gravabunt, nec ut possit aut debeat molestari vel gravari procurabunt, immo legitimam eidem ecclesie super eodem prato vendito ferent garandiam ad usus et consuetudines patrie, adversus omnes juri et legi parere volentes. In cujus rei testimonium et perpetuam memoriam presentes litteras ad petitionem dictorum G... et A... sigillo curie Noviomensis fecimus communiri. Datum anno Domini millesimo ducentesimo quinquagesimo septimo, mense maio.

DCCCXLVIII.

DE PRATO AGNETIS BOUDARDE, UXORIS OUDARDI PISCATORIS DE PRIMPRES, INTER PRIMPRES ET BAILLI.

Omnibus hec visuris, officiali s curie Noviomensis salutem in Domino. Noveritis quod Agnes dicta Boudarde, uxor Oudardi, piscatoris de Primpres, in nostra presentia constituta recognovit se vendidisse et vendidit de auctoritate et assensu dicti Oudardi, mariti sui, et ipso Oudardo coram nobis ad hoc presente et in ipso vendagio expresse consentiente, pro tredecim libris parisiensibus sibi, ut dicebat, in pecunia numerata jam solutis et dimidia; ecclesie Ursicampi unam falcatam prati de hereditate dicte Agnetis, sitam in territorio de Primpres, inter Primpres et Baalli, quod pratum tenebat, ut dicebat, de dicta ecclesia, a dicta de cetero quite, libere et pacifice, in perpetuum habendum pariter et possidendum. Et spontanei et non coacti. fidem in manu nostra prestiterunt dicti A... et O... corporalem quod contra dictum vendagium non venient ullo modo in futurum nec in judicio, nec extra, nec dictam ecclesiam molestabunt supra dicto prato vendito, nec gravabunt, nec ut possit au debeat molestari vel gravari procurabunt, immo legitimam eidem ecclesie supra eodem prato ferent garandiam ad usus et consuetudines patrie adversus omnes juri et legi parere volentes. In cujus rei testimonium et perpetuam memoriam presentes litteras ad petitionem dictorum A... et O... sigillo curie Noviomensis fecimus communiri. Datum anno Domini millesimo cc° quinquagesimo septimo, mense maio.

Maio 1257.

DCCCXLIX.

DE QUINQUE FALCATIS PRATI JOHANNIS TAISSON ET WILLELMI MAJORIS DE PRIMPRES IN EODEM TERRITORIO JUXTA PRATUM PORTARII ET PRATUM MILONIS.

Omnibus hec visuris, officialis curie Noviomensis salutem in Domino. Noveritis quod Johannes dictus Taissons et Willelmus, major de Primpres, in nostra presentia constituti re-

April. 1257.

cognoverunt se vendidisse et vendiderunt pro sexaginta et duabus libris parisiensibus et dimidia, sibi jam, ut dicebat, in pecunia numerata solutis, ecclesie Ursicampi quinque falcatas prati de hereditate dictorum J... et W.., sitas in territorio de Primpres ultra aquam, in duabus piechiis, quarum tres falcate site sunt juxta pratum portarii dicte ecclesie, et due falcate juxta pratum Milonis. Ad hoc autem fuerunt presentes coram nobis Richaldis, uxor dicti Johannis, et Isabella, uxor dicti Willelmi, et Wiardus clericus, frater dicti Willelmi, qui dictum vendagium voluerunt, laudaverunt et approbaverunt, et in eodem vendagio expresse consenserunt, et quicquid juris in dictis pratis venditis habebant vel habere poterant tam jure dotalicii quam jure hereditario vel alio modo spontanei et non coacti una cum dictis Johanne et Willelmo in manu nostra ad opus dicte ecclesie resignaverunt penitus et guerpiverunt, et dicte Richaldis et Isabella recognoverunt se recepisse sufficientia excambia pro dotaliciis suis que habebant, ut dicebant, in dictis pratis venditis, videlicet dicta Richaldis duas falcatas prati in eodem territorio sitas et dimidiam de hereditate Johannis mariti sui, sitas in dicto territorio juxta pratum sancti Leodegarii, et dicta Ysabella duas falcatas prati in eodem territorio sitas, videlicet in loco qui Froissenont dicitur, ad que excambia dicti Johannes et Willelmus ipsas Richaldim et Ysabellam pro dotaliciis suis predictis coram nobis assignaverunt, et tam dicti Johannes et Willelmus quam dicti Richaldis, Ysabella et Wiardus, spontanei et non coacti, fidem in manu nostra prestiterunt corporalem quod contra dictum vendagium per se vel per alium non venient in futurum, nec in judicio nec extra, nec dictam ecclesiam super premissis vel aliquo premissorum molestabunt vel gravabunt, nec ut possit aut debeat molestari vel gravari procurabunt, immo legitimam eidem ecclesie ferent garandiam ad usus et consuetudines patrie adversus omnes juri et legi parere volentes. In cujus rei testimonium et perpetuam memoriam presentes litteras ad petitionem partium predictarum sigillo curie Noviomensis fecimus communiri. Datum anno Domini M° CC° quinquagesimo septimo, mense aprili.

DCCCL.

DE TERRIS GIERBODI DE PRIMPRES, AU BUS DE LONGUEVAL, ET VII SEXTARIATIS XIJ VIRGIS MINUS.

Martio 1241. Omnibus hec visuris, officialis curie Noviomensis salutem in Domino. Vobis notum facimus quod Gierbodus de Primpres et Heluidis ejus uxor in nostra presentia constituti recognoverunt se recepisse et tenere de propriis terris ecclesie Ursicampi quatuor sextariatas terre sitas in loco qui dicitur li bus de Longavalle, tali conditione inter ipsos Gierboudum et Heluidem ex una parte et dictam ecclesiam ex altera habita, quod, post decessum ipsorum Gierboudi et Heluidis, ipsa terra, sive vacua fuerit sive semente onerata, in eo statu in quo fuerit in decessu ultimo decedentis, ad dictam ecclesiam sine contradictione aliqua et dilatione debet reverti. Recognoverunt etiam dicti Gierboudus et Heluidis coram nobis se dedisse in puram et perpetuam elemosinam ecclesie memorate septem sextariatas terre sexdecim virgis minus, provenientes de acquestu ipsorum Gierboudi et Heluidis post matrimonium inter eos contractum, sitas in locis subnotatis, videlicet duas sextariatas uno quarterio minus in essartis de Primpres, duas sextariatas ad salices Beton, quas tenent de dicta ecclesia ad censum annuum, unam sextariatum novem virgis minus in campo qui dicitur Longa Mors, quam similiter tenent de dicta ecclesia ad terragium, et duas sextariatas et xiii virgas sitas in dicto campo de Longa Morte, quas tenent de Petro de Curia, cive Noviomense, sub annuo censu octo denariorum parisiensium, et totam dictam terram de acquestu suo provenientem cum terris propriis dicte ecclesie memoratis tenebunt iidem Gierboudus et Heluidis quandiu vixerint, et post decessum ipsorum Gierboudi et Heluidis sub conditione predicta, sive vacue fuerint sive semente onerate, in eo statu in quo fuerint in decessu ultimo decedentis, ad dictam ecclesiam sine contradictione aliqua et dilatione debet reverti, et eas dicta ecclesia quite et pacifice in perpetuum possidebit, et habebit, et dicti Gierboudus et Heluidis, spontanei et non coacti, fidem in manu nostra prestiterunt corporalem quod omnia in presenti pagina contenta tam firmiter quam inviolabiliter observabunt, et quod dictam ecclesiam super premissis in presenti pagina contentis, seu etiam super aliquo premissorum de cetero non molestabunt nec gravabunt, nec quod possit aut debeat molestari vel gravari aliquo modo per se vel per alium procurabunt. In cujus rei testimonium presentes litteras ad petitionem dictorum Gierboudi et Heluidis sigillo curie Noviomensis fecimus communiri. Actum anno Domini millesimo ducentesimo quadragesimo primo, mense marcio.

DCCCLI.

COMPOSITIO INTER DOMINUM PETRUM SARRASIN ET GIERBODIUM DE PRIMPRES DE QUODAM PRATO DE CASIEX PRO QUO NOBIS DEBENTUR SEX DENARII CENSUS.

Omnibus hec visuris, frater W...., dictus abbas Ursicampi, salutem in Domino. Noverit universitas vestra quod cum contraversia orta esset coram cellarariis nostris inter dominum Petrum, militem, dictum Sarracenum, ex una parte, et Gerbodium de Primpres ex altera, super quodam prato sito in fundo nostro in essartis de Primpres, quod dictus Petrus miles emerat a quodam fratre suo, sicut dicebat, et tenet dictum pratum de nobis per sex denarios parisienses censuales, et quod nunquam fuit erga nos deficiens in solutione dicti census, et idcirco petebat a nobis cum justitia idem Petrus dictum pratum sibi deliberari, et e contrario dictus Grebodius dicebat dictum pratum suum esse et quod illud acceperat hereditarie a patre dicti P.... militis, et jam illud tenuerat a triginta annis et amplius par xx solidos parisienses supercensuales quos solverat patri dicti P... militis singulis annis, et adhuc paratus erat solvere ipsi P..., sicut patri suo actenus facere consueverat, quod idem P.... omnino fieri recusavit. Tandem mediantibus bonis viris facta fuit compositio inter partes in hunc modum, dictus Grebodius et heredes sui tenebunt de cetero dictum pratum in perpetuum pacifice et solvent singulis annis in perpetuum in festo Sancti Remigii ipsi P..., et ejus heredibus xx et duos solidos parisienses supercensuales. Nos vero, de quo dictus P..., miles, tenet dictum pratum per censum supra dictum sex denariorum, pro bono pacis, ad petitionem partium, dictam compositionem fieri concessimus salvo jure nostro. Acta sunt hec coram fratre Garnero, Gerardo et Richardo, monachis, et cellarariis nostris qui loco nostri erant constituti, anno Domini m° cc° xl octavo, in crastino purificationis beate Marie. Hiis presentibus Godefrido, domino de Bretigniaco, Johanne de Canduerre, Johanne Bae et Odardo Huart, militibus, Radulfo Gatee majore, Guidone pelliparo et

1248.

Jacobo juniore, civibus Noviomi, Johanne Taisson, Johanne de Vado et Frongero de Chiri. In cujus rei testimonium et munimen presentes litteras sigillo nostro fecimus communiri.

DCCCLII.

DE UNA SEXTARIATA TERRE GERARDI PISCATORIS DE PRIMPRES, IN EODEM TERRITORIO.

Martio 1256. Omnibus hec visuris, officialis curie Noviomensis salutem in Domino. Noveritis quod Gerardus, piscator de Primpres, in nostra presentia constitutus recognovit se vendidisse et vendidit pro sexaginta et quindecim solidis parisiensibus sibi in pecunia numerata, ut dicebat, jam solutis, ecclesie Ursicampi unam sextariatam terre de hereditate dicti G..., sitam in territorio de Primpres, videlicet juxta terram dicte ecclesie, a dicta ecclesia de cetero bene et legitime in perpetuum habendam pariter et possidendam. Ad hoc autem fuit presens coram nobis Widela, uxor dicti G..., que dictum vendagium voluit, laudavit et approbavit et in eodem vendagio expresse consensit, recognoscens se habere sufficiens excambium pro dotalicio suo quod habebat, ut dicebat, in dicta terra vendita, videlicet medietatem dictorum denariorum, ad quam medietatem dictorum denariorum dictus G.... ipsam W.... coram nobis pro dotalicio suo predicto assignavit, et per hujus modi excambium quicquid juris in dicta terra vendita habebat vel habere poterat, tam jure dotalicii quam alio modo, spontanea et non coacta in manu nostra ad opus dicte ecclesie resignavit penitus et guerpivit. Et tam dictus G.... quam ipsa W..., spontanei et non coacti, fidem in manu nostra prestiterunt corporalem quod contra dictum vendagium per se vel per alium non venient ullo modo in futurum, nec in judicio nec extra, nec dictam ecclesiam super dicta terra vendita molestabunt vel gravabunt, nec ut possit aut debeat molestari vel gravari procurabunt, immo ipsi ecclesie supra dicta terra vendita legitimam ferent garandiam ad usus et consuetudines patrie adversus omnes juri et legi parere volentes. In cujus rei testimonium et perpetuam memoriam presentes litteras ad petitionem dictorum G..... et W..... sigillo curie Noviomensis fecimus communiri. Datum anno Domini M° CC° quinquagesimo sexto, mense martio.

DCCCLIII.

DE TERRA ET PRATO THOME TABERNARII ET HESSIE UXORIS EJUS INTER PRIMPRES ET BALLI.

Maio 1257. Omibus hec visuris, officialis curie Noviomensis salutem in Domino. Noveritis quod Thomas tabernarius et Hessia ejus uxor in nostra presentia constituti recognoverunt se vendidisse et vendiderunt pro viginti libris parisiensibus sibi in pecunia numerata jam solutis ecclesie Ursicampi tres quarterios terre de acquestu suo et unam falcatam prati de hereditate ejusdem Heissie, que terra et pratum sita sunt inter Primprez et Baalli, et quam terram cum prato dicti Thomas et Heissia tenebant, ut dicebant, de dicta ecclesia, a dicta ecclesia de cetero bene et legitime in perpetuum habendum pariter et possidendum quite, libere et pacifice, et spontanei et non coacti fidem in manu nostra dicti Th.... et H.... prestiterunt corporalem quod contra dictum vendagium non venient per se vel per alium ullo modo in futurum, nec in judicio nec extra, nec dictam ecclesiam super premissis vel aliquo premissorum molestabunt vel gravabunt, nec ut possit aut debeat molestari vel gravari procurabunt, imo legitimam eidem ecclesie supra dictis terra et prato venditis ferent garandiam ad usus et consuetudines patrie, adversus omnes juri et legi parere volentes. Et dictus Thomas auctoritatem prestitit dicte H...., uxori sue, faciendi ea que in presenti pagina continentur. In cujus rei testimonium et perpetuam memoriam presentes litteras ad petitionem dictorum Thome et Hessie sigillo curie Noviomensis fecimus communiri. Datum anno Domini M° CC° quinquagesimo septimo, mense maio.

DCCCLIV.

DE TERRIS DOMINI RADULFI DE DRAILINCOURT ET RADULFI FILII DOMINI GILONIS SUBTUS VETEREM MONTEM.

Omnibus hec visuris, officialis curie Noviomensis salutem in Domino. Vobis notum facimus quod dominus Radulfus de Drailincort, miles, in nostra presentia constitutus recognovit se vendidisse legitimo pretio mediante, de quo sibi in pecunia numerata erat satisfactum, ecclesie Ursicampi tres mencoldatas terre, parum plus vel parum minus, quos idem Radulfus habebat prope molendinum dicte ecclesie quod Louvech dicitur; et Radulfus, filius quondam domini Gilonis de Drailincurte, militis, recognovit similiter se vendidisse eidem legitime, pretio mediante de quo est sibi satisfactum, totam terram quam idem R.... habebat subtus veterem montem prope dictum molendinum, ab omni censu, terragio, onere et exactione qualibet quitam et liberam, a dicta ecclesia de cetero in perpetuum habendam, tenendam et possidendam. Ad hec autem presentes fuerunt coram nobis domina Ysabella, uxor dicti R...., militis, Mathildis, filia ipsorum R.... militis, et Ysabelle ejus uxoris, dominus Petrus dictus Sarracenus, Maria ejus soror, relicta Radulfi de Ponte episcopi, et Johannes de Mares, qui dictum vendagium voluerunt, laudaverunt et approbaverunt, et in eodem vendagio expresse consenserunt, et quicquid juris in tota dicta terra vendita habebant et habere poterant tam jure dotalicii quam jure hereditatis vel alio modo, spontanei et non coacti, in manu nostra resignaverunt ad opus ecclesie predicte, pariter et guerpiverunt. Et dicta Ysabella recognovit se sufficiens habere excambium pro dotalicio quod ipsa Ysabella in dicta terra vendita habebat, videlicet quadraginta virgas terre in loco qui Viesri dicitur. Et tam dicti R.... miles et R..., filius domini Gilonis militis, quam Ysabella et Mathildis, P.... miles, Maria et Johannes, spontanei et non coacti, fidem in manu nostra prestiterunt corporalem quod dictam ecclesiam supra dicta terra vendita vel super aliqua parte ipsius de cetero non molestabunt nec gravabunt aliquo modo vel aliquo pretextu, nec artem, nec ingenium per se vel per alium querent per que ipsa possit aut debeat super eadem terra vel super aliqua parte ipsius in posterum molestari vel gravari, vel in causam trahi coram aliquo judice ecclesiastico vel seculari. In cujus rei testimonium et firmitatem perpetuam presentem paginam ad petitionem partium predictarum sigillo curi-

Januar. 1246.

Noviomensis fecimus communiri. Actum anno Domini m° cc° quadragesimo sexto, mense januario.

DCCCLV.

CONCESSIO DOMINI JOHANNIS POKET, MILITIS, DE VI SEXTARIATIS TERRE AU BUS DE LONGUEVAL ET QUATUOR FALCATIS PRATI EN OUTREBIES QUAS EMIMUS A JOHANNE HANELE DE PRIMPRES.

Decemb. 1266. — Je Jehans Pokes, chevaliers, sires de Drailincort, fas savoir a tous ceus qui ces lettres verront que par devant moi estaulis, Jehans Hanele de Primpres reconut que il avoit vendu bien et loiaument a leglise Nostre Dame d'Ourscans, del orde de Cystiaus, parmi le pris de sept vins et sept livres de Paresis des quez cis Jehans se tint a paies par devant moi, sis sestiere de terre peu plus ou peu mains, qui siet en 1 lieu que on apele le bus de Longueval, joignant a le terre de leglize devant dite, et quatre faus de terre ou la entour qui siet en Outrebiez, tenant au pre que on apele le pre Saint Eloi, lequel pre et lequele terre il tenoit de moi, et je, a le requeste celui Jehan Hanele, le marchie devant dit weil, gree, et otroie, et conferme comme sires, en tele maniere que leglise devant dite des ore en avant chascun an rendra a moi et a mes hoirs, a le feste Saint Remi, en une maison a Drailincort, pour chascun sestier de terre et pour chascune faus de pre devant dis, deus deniers parisis de fons de terre, et parmi ce cens rendant leglise le tenra des ore en avant de moi et de mes hoirs a tous jours, ne ne le porrons des ore en avant contraindre de metre hors de se maison. En tesmoignage et en seurte de lequele chose, jai ces presentes lettres seelees de mon seel et baillies a leglise devant dite. Che fu fait en lan del incarnation Nostre Seigneur Jhesu Crist mil deus cens soissante sis, ou mois de decembre.

DCCCLVI.

CONCESSIO DOMINI JOHANNIS POKET, MILITIS, DE XX ET OCTO SOLIDIS ET TRIBUS DENARIIS CENSUS QUOS EMIMUS A JOHANNE HANELE DE PRIMPRES.

Avril 1266. — Je Jehans Pokes, chevaliers, sires de Drailincourt, fas savoir a tous ceus qui ces presentes lettres verront, que par devant moi estaulis Jehans Hanele de Primpres reconnut quil avoit vendu bien et loiaument a leglise Nostre-Dame d'Oscans, del orde de Cystiaus, vint wit sols et iij deniers de cens fonsel que leglise devant li devoit de pres et de terres qui sient en Caisiex, xxviii livres de Paris en deniers contans des quels il se tient a paies, le quel chens il tenoit de moi, et je, a le requeste le devant dit Jehan Hanele, ceste vente weil, gree et otroie, comme sires a le devant dite eglise, ne ni retieng nient ne a moi ne a mes hoirs a tousjours des ore en avant. En tesmoignage et en seurte de laquel choze jai baillies ces presentes lettres a le devant dite eglise seelees de men seel. Che fu fait en lan del incarnation Nostre Seigneur Jhesu Crist mil deus cens soissante sis, ou mois d'avril.

DCCCLVII.

DE QUATUOR FALCATIS PRATI SITIS EN OUTREBIEZ ET SEX SEXTARIATIS TERRE SITIS OU BUZ DE LONGUEVAL QUAS EMIMUS A JOHANNE HANELE DE PRIMPREZ.

April. 1266.

Universis presentes litteras inspecturis, magister Robertus de Monte acuto, canonicus et officialis Noviomensis, salutem in Domino. Noveritis quod coram nobis in jure propter hoc personaliter constitutus Johannes dictus Hanele, de Primpres, vendidit bene et se legitime vendidisse recognovit ecclesie de Ursicampo pro septies viginti libris xl solidis minus parisiensibus quatuor falcatas sex virgas minus prati siti in territorio de Primpres, in loco qui dicitur Outrebiez, et sex sextariatas terre quatuor virgas minus terre site in eodem territorio, in loco qui dicitur li bus de Longueval, in una pecia, que quidem terra et pratum erant de hereditate ipsius Johannis, ut dicebat, ab eadem ecclesia de cetero in perpetuum tenenda, possidenda et habenda pacifice et quiete. Huic autem venditioni presens fuit coram nobis Johanna, uxor dicti Johannis, que premissa omnia et singula recognovit esse vera et dictam venditionem voluit, laudavit et approbavit, et in eadem venditione expresse consensit coram nobis, et recognovit se sufficiens excambium recepisse a dicto Johanne, marito suo, pro dotalicio quod in predictis prato et terra venditis habere dicebatur, videlicet septem sextariatas terre et dimidiam de hereditate ipsius Johannis, ut dicebat, site in eadem territorio ante domum Radulfi de Coudun, que domus vocatur li Aunois, et per illud excambium contenta fuit dicta Johanna, et omne jus quod habebat aut habere poterat seu debebat in predictis prato et terra venditis ratione dotis seu donationis propter nuptias vel alio quocunque jure vel titulo ex parte dicti Johannis mariti sui, spontanea voluntate, non coacta, in manu nostra resignavit ad opus dicte ecclesie, et illud jus eidem ecclesie quitavit in perpetuum penitus et guerpivit, recognoscentes prefati Johannes et Johanna ejus uxor de predictis septies viginti libris quadraginta solidis minus parisiensibus sibi ab eadem ecclesia fuisse plenarie satisfactum in pecunia numerata. Promiserunt insuper dicti Johannes et Johanna ejus uxor, fide prestita corporali ab eisdem, quod de cetero nichil juris in predictis prato et terra venditis reclamabunt seu reclamari procurabunt, et quod dictam ecclesiam super premissis venditis seu aliquo premissorum de cetero nullatenus molestabunt seu molestari procurabunt in judicio vel extra. Immo dictus Johannes eidem ecclesie super dicto vendagio legitimam promisit ferre garandiam ad usus et consuetudines patrie contra omnes juri ac legi parere volentes. In cujus rei testimonium presentes litteras sigillo Noviomensis curie, ad petitionem dictorum Johannis et Johanne ejus uxoris, dicte ecclesie tradidimus roboratas. Datum anno Domini millesimo ducentesimo sexagesimo sexto, mense aprili.

DCCCLVIII.

DE QUATUOR ESSINIS TERRE IN ESSARTIS DE PRIMPREZ EN LARGIERE, QUAM VENDIDIT BEATRIDIS QUAILLETE DE CONSENSU AELIDIS ET OSMONDI DE BAALLI.

Universis presentes litteras inspecturis, officialis curie Noviomensis salutem in Domino. Noveritis quod coram nobis in jure propter hoc constituti Beatridis Lequailleto, mater

Novemb. 1256.

Johanne filie quondam Gerardi Legars, Aelidis dicte Johanne matriters et Osmundus de Balli, dicte Johanne patruus, asseruerunt quod dicta Johanna habebat quatuor aissinos terre site in sartis de Primpres, in illa parte que dicitur Largiere, et quod illa terra tenetur de ecclesia Ursicampi, sub annuo censu dimidii modii avene et quatuor caponum, et quod census ille per duos annos super preteritos non fuit solutus, et quod illa terra tam ratione illius census quam arreragiorum et emendarum a eo est onerata quod inculta remanet et est tota inutilis dicte Johanne et prefacte Beatridi ad quam medietas dicte terre pertinet ratione dotis, ut dicebant. Quare consideraverunt bonum ecclesie et utilius tam matri quam filie predictis quod illa terra venderetur et pretium in earum commodum verteretur, quam quidem illà terra sterilis remaneret et successive de anno in annum per defectum solutionis dicti census de anno in annum adeo obligaretur quod redimi non posset nec deberet, et propter hoc dicta mater de consensu Osmundi et Aelidis predictorum suo nomine, quo ad dotem, et nomine dicte Johanne, quo ad proprietatem, dictam terram vendidit ecclesie predicte pro centum solidis parisiensibus jam sibi solutis, ut dicebat, perpetuo possidendam. Quia vero casu accidere poterat, ut dicebant, quod si dicta Johanna sine herede carne propria decederet, eadem terra, si non esset vendita ad dictum Osmundum vel ejus heredes jure hereditario deveniret, prefata Biatridis in recompensationem dicte terre vendite memorate Johanne contulit quandam vineam suam circiter unam mencoldatam continentem in valle Renoldi juxta Bellum montem sitam, et prefatum Osmundum nomine dicte Johanne de eadem vinea jam fecerat investiri, ut dicebant, et propter hoc dictus Osmundus et ad hoc se et successores suos et maxime dictam vineam erga ecclesiam Ursicampi obligavit, et promisit se procuratorum et facturum quod dicta Johanna in etate legitima constituta ratificabit infra annum expresse venditionem predictam, promittens nichilominus idem Osmundus quod dictam ecclesiam quo ad hoc conservabit indempnem. Et tam dictus Osmundus quam Biatridis predicta, que de dote sua predicta in manu nostra ad opus dicte ecclesie se devestivit, fide prestita promiserunt quod venditionem predictam et conventiones supra scriptas ratas habebunt, et contra non venient in futurum. Nos autem matri, amite et patruo supra dictis fidem adhibentes in hac parte venditionem predictam auctoritate ordinaria confirmamus. Et in hujus rei testimonium et munimen presentes litteras prefate ecclesie tradidimus sigillo curie Noviomensis sigillatas. Actum et datum anno Domini millesimo ducentesimo quinquagesimo sexto, mense novembri.

DCCCLIX.

DE UNA FALCATA PRATI QUAM EMIMUS AB OUDARDO PISCATORE DE PRIMPREZ.

Nov. 1269. Universis presentes litteras inspecturis, officialis curie Noviomensis salutem in Domino. Notum facimus quod coram nobis propter hoc in jure personaliter constituta Agnes, uxor Oudardi de Primpres, piscatoris, de assensu et voluntate dicti Oudardi, mariti sui, eidem super hoc auctoritatem prestantis et assensum, recognovit se vendidisse bene et legitime ecclesie Ursicampi, justo ac legitimo pretio mediante, videlicet pro octo libris parisiensibus sibi solutis, ut dicebat, in pecunia numerata a dicta ecclesia, et de quibus tenuit se penitus pro pagata, unam falcatam prati de hereditate dicte Agnetis, ut dicebat, sitam, ut dicitur, inter Primpres et Baalli, contiguam, ut dicitur, pratis dicte ecclesie et prato Simone Aubourc, tenendam et habendam ex nunc pacifice et quiete a dicta ecclesia. Dicta vero Agnes coram nobis recognovit se recepisse et habuisse pro dicto vendagio dicti prati sufficientem restitutionem sive restaurationem a dicto Oudardo, marito suo, videlicet unam sextariatam terre de hereditate dicti Oudardi, ut dicebat, sitam, ut dicitur, ad locum qui dicitur Verue, inter Primpres et capellam contiguam, ut dicitur, terre Haude, dicte Caille, et terre Thome, dicti Fieve. Ad hanc autem venditionem presentes fuerunt Johannes et Maria, liberi dictorum Oudardi et Agnetis, qui dictam venditionem spontanei et non coacti, ut dicebant, voluerunt, laudaverunt et approbaverunt, et in eadem venditione expresse consenserunt, promittentes dicti Agnes, Oudardus, Johannes et Maria, fide data in manu nostra, se istam venditionem firmiter in perpetuum servaturos et non contra venturos per se vel per alium, ratione quacunque, et quod non querent artem nec ingenium per se vel per alium per que dicta ecclesia super dicto vendagio valeat in aliquo molestari aut gravari, seu etiam in causam trahi coram aliqua justitia ecclesiastica vel seculari. Immo dicti Agnes et Oudardus sub fide predicta promiserunt se dicte ecclesie super dicto vendagio legitimam portare garandiam ad usus et consuetudines patrie adversus omnes juri et legi parere volentes. In cujus rei testimonium presentibus litteris sigillum curie Noviomensis duximus apponendum. Datum anno Domini millesimo ducentesimo sexagesimo nono, mense novembri.

DCCCLX.

DE QUIBUSDAM PECIIS TERRE ET PRATI EXCAMBIATIS ET EMPTIS CUM SYMONE AUBOURC ET SYMONE QUOQUELET IN TERRITORIO DE PRIMPRES.

Universis presentes litteras inspecturis, officialis Noviomensis salutem in Domino. Noveritis quod cum Symon, dictus Aubourc, haberet, ut dicebat, duas falcatas unum quarteronnum et sex virgas prati sitas in territorio de Primpres, in loco qui dicitur es essars de Primpres, inter prata ecclesie Ursicampi, juxta boscum qui dicitur boscus le Bochu, similiter et eadem ecclesia haberet, ut dicitur, unam falcatam prati et dimidiam contiguam cuidam prato suo sitam in loco qui dicitur Petit Casiex, et unam sextariatam terre contiguam terre Johannis dicti du Sauchoi, armigeri, et terre Symonis dicti le Bourgois, in loco qui dicitur Cornuel, in territorio de Primpres, ex legato dicte ecclesie Urs. facto a Houda dicta Rousselle defuncta, dictus Symon coram dilecto nostro et fideli Johanne de Querlu, clerico curie Noviomensis, notario ad hoc a nobis specialiter destinato, constitutus voluit et consensit expresse quod eadem ecclesia ex nunc in perpetuum dictas duas falcatas unum quarteronnum et sex virgas prati sui predicti teneat, habeat et possideat pacifice et quiete, mediantibus ipsis falcatis prati et dimidio cum dicta sextariata terre ecclesie supradicte ab eodem Symone et ejus heredibus a modo in futurum tenendum, habendum et possidendum, si dicta ecclesia illud ipsius Symonis superius expressum possidere velit et habere. Preterea quum Symon Quoqueles de Primprez haberet, ut dicebat, de hereditate sua unum jornale et duos boistellos terre parum plus vel parum minus de tenencia ecclesie Ursicampi situm in territorio de Primpres, videlicet as essars de Primpres, in loco qui dicitur au Correl, terras ipsius ecclesie hinc inde nec non unam sextariatam et XII virgas terre ad virgam et mensuram Noviomi, sitam in territorio et locis supradictis, contiguam terre ecclesie predicte, dictus Symon Quoqueles, coram dicto notario etiam ad hoc, ut supra dictum est, specialiter a nobis deputato constitutus, vendidit et se vendidisse bene et legitime in perpetuum recognovit ecclesie Ursicampi predicte duas pecias terre ejusdem Symonis superius expresse pro sexaginta solidis Parisiensibus sibi solutis ad plenum, ut dicebat, ab eadem ecclesia ex nunc in perpetuum tenendum, habendum pariter et possidendum pacifice et quiete. Premissis autem interfuerunt Balia, uxor dicti Symonis Aubourc, et Agnetis, uxor ipsius Symonis Quoquerel, que premissa et contenta in presentibus fieri voluerunt, ut dicebant, laudarunt et ea acceptarunt spontanee, ut dicebant, non coacte, et omnem dotem seu dotalicium aut donationem propter nuptias quam vel quod habebant aut habere poterant et debebant in premissis aut aliquo premissorum cesserunt ecclesie predicte, et quitaverunt ex nunc in futurum dictis doti, dotalicio seu donationi a modo penitus renuntiando, promittentes iidem conjuges fide data in manu dicti notarii quod contra premissa vel aliquod premissorum per se vel per alium non venient in futurum nec venire procurabunt. In hiis autem agendis dicti Symon et Symon dictis uxoribus suis auctoritatem prestiterunt et assensum. Nos vero premissa omnia coram dicto notario nostro facta de quibus nobis constat ex relatione ejusdem cui fidem in hac parte pleniorem adhibemus rata habentes et firma ac si coram nobis acta essent, presentibus litteris in testimonium premissorum et munimen perpetuum sigillum curie Noviomensis duximus apponendum. Datum anno Domini M° CC° septuagesimo, mense octobri.

DCCCLXI.

DE TRIBUS FALCATIS PRATI EMPTIS A JOHANNE DICTO TAISSON DE PRIMPRES.

1275. Omnibus hec visuris, officialis curie Noviomensis in Domino salutem. Noveritis quod coram fideli nostro Johanne dicto de Cuerlu, clerico curie Noviomensis, notario ad hoc a nobis specialiter destinato, constituti personaliter Johannes, dictus Taissons, de Primpres, et Richaldis, ejus uxor, vendiderunt de acquestu suo, ut dicebant, constante matrimonio inter ipsos, concesserunt et quitaverunt, seque vendidisse, quitasse et concessisse bene et legitime in perpetuum recognoverunt ecclesie seu monasterio Ursicampi, ad usum porte dicte ecclesie sive monasterii, pro triginta sex libris parisiensibus ipsis conjugibus ad plenum solutis et competenter in pecunia numerata et legali, ut dicebant, tres falcatas sex virgas et novem pedes prati dictorum conjugum, sitas in territorio de Primpres, in loco qui dicitur pratum Waignardi, inter prata hinc et inde que fuerunt quondam domini Henrici dicti Bae, militis, nunc autem filie militis ante dicti, ab ecclesia predicta sive monasterio ex nunc in futurum tenenda, habenda pariter et possidenda, prata vendita predicta in manum mortuam pacifice et quiete mediantibus tribus denariis parisiensibus de annuo censu et perpetuo, dictis conjugibus et eorum heredibus sive successoribus singulis annis in perpetuum ab eadem ecclesia sive monasterio predicto reddendis et persolvendis mediantibus, quibus promiserunt iidem conjuges fide data quod contra premissa vel aliquid premissorum seu in presentibus conten-

TITULUS VILLARUM.

torum per se vel per alium non venient in futurum, nec artem querent, ingenium vel materiam per quas sive per quod ecclesia predicta sive monasterium super hiis aut aliquo premissorum ullo modo molestari valeat aut inquietari coram aliquo judice ecclesiastico vel seculari. Immo super hiis venditis omnibus et singulis ecclesie predicte sive monasterio legitimam portabunt garandiam erga omnes juri et legi parere volentes, heredes suos et successores una cum eisdem quoque ad hec omnia et singula tenenda firmiter et in omnibus observanda expresse coram dicto notario in perpetuum ecclesie predicte obligando. In hiis autem omnibus agendis dictus Johannes eidem Richaldi, uxori sue, coram dicto notario auctoritatem prestitit et assensum, que Richaldis premissa, spontanea, non coacta, nulla vi, dolo vel metu ad hoc inducta, ut dicebat, se fecisse recognovit coram notario memorato. Nos vero premissa coram dicto notario facta rata habentes et firma ac si coram nobis acta essent, de quibus nobis constat ex relatione ejusdem cui fidem in hac parte pleniorem adhibemus, in testimonium premissorum et munimen perpetuum, presentes litteras sigillo curie Noviomensis fecimus communiri. Datum feria quarta ante festum omnium sanctorum anno Domini millesimo ducentesimo septuagesimo quinto.

DCCCLXII.

ELEMOSINA SYMONIS DE PRONVEROY ET EMELINE, UXORIS, DE XXV MINATIS TERRE ET IIII^{or} ARPENTIS PRATI ET II SOLIDIS ET VI DENARIIS CENSUS.

Universis presentes litteras inspecturis, officialis Belvacensis salutem in Domino. Noverint universi quod Symon dictus de Pronveroi, de Novavilla Regis, et Emelina, uxor sua, constituti coram Johanne dicto de Bulles, notario, tabellione jurato curie Belvacensis, a nobis ad hoc specialiter destinato, cuique ad hoc fidem plenariam duximus adhibendam, recognoverunt se dedisse in perpetuum et concessisse, suo pari assensu et voluntate, viris religiosis abbati et conventui monasterii Ursicampi in elemosinam, et ob aliqua beneficia a dictis religiosis conjugibus predictis facta et impensa, ac coram dicto notario, nomine quo supra, dederunt in perpetuum et etiam concesserunt prefatis religiosis quandam peciam terre arabilis quam habebant dicti conjuges de acquisito suo, ut dicebant, coram dicto notario, sitam apud locum qui dicitur Araynes, contiguam domui de Araynes, inter dictam domum de Araynes et terram grangie dicte Erreuses, viginti duas minas et dimidiam terre sementis ad mensuram de Claromonte vel circiter continentem. Item dederunt dicti conjuges et in perpetuum concesserunt nomine quo supra prefatis religiosis coram predicto notario quedam bona immobilia inferius annotata, videlicet tres pecias terre arabilis sitas in territorio de Sachiaco magno, unam scilicet continentem duas minas terre sementis vel circiter, sitam versus Landrencourt, que fuit Erme, filie Bynet, contiguam terre de Landrencort ex una parte et terre Oudardi, domini Mali regis, ex altera, aliam apud crucem de Grandi monte, contiguam terre Philippi dicti Mali regis ex una parte, et terre Oudardi dicti Thorel ex altera, unam minam terre sementis vel circiter continentem, terciam sitam apud pratum Ade, tria quarteria terre sementis vel circiter continentem. Item duas pecias pratorum sitas apud Sachiacum predictum, unam videlicet apud pratum Ade, arpentum et dimidium prati vel circiter continentem, contiguam predictis tribus

April. 1285.

quarteriis terre immediate superius annotatis, aliam vero sitam apud le Mote, duo arpenta et dimidium prati vel circiter continentem, contiguam prato Philippi dicti Mali regis ex una parte, et pratis Petri Barbarii et Johannis dicti Divitis ex altera. Item quarterium et dimidium vinee site apud le Castegneroie, que fuit Johannis dicti Roussel, et quandam aliam peciam vinee xii virgas vinee vel circiter continentem, que fuit Erme, filie Rivet. Item duos solidos et dimidium annui supercensus quos debet singulis annis dictis conjugibus Thomas dictus Mines super vineam dictam de Huelin, contiguam vinee Petri dicti Taisnel et vinee Gileberti dicti Wisnart. In quibus omnibus et singulis premissis bonis dicti conjuges a se retinuerunt, quandiu vixerint, solum modo usum fructum preterquam in premissis primitus viginti duabus minis et dimidia terre sementis quas ex nunc in perpetuum tenebunt predicti religiosi et etiam possidebunt, promittentes prefati conjuges quilibet eorum in solidum fide data in manu dicti notarii quod contra donum suum predictum, prout ab eis superius factum est, aliquo modo venire de cetero per se vel per alium non presument. In cujus rei testimonium presentes litteras sigillo curie Belvacensis fecimus communiri. Actum et datum anno domini M° CC° lxxx° v°, mense aprili, die sabbati post pascha.

DCCCLXIII.

ELEMOSINA SYMONIS DE PRONVEROY DE DECEM MINATIS TERRE.

1285. Universis presentes litteras inspecturis, officialis curie Belvacensis salutem in Domino. Noverint universi quod coram Johanne dicto de Parisius, clerico, tabellione curie Belvacencis, jurato ad hoc et consimilia a nobis specialiter destinato, cui in hiis et in majoribus fidem plenariam adhibemus, propter hoc personaliter constituti Symon dictus de Pronveroi et Emelina ejus uxor recognoverunt se pari ipsorum assensu dedisse, contulisse, legavisse et donavisse, et coram dicto tabellione dederunt, contulerunt, legaverunt, donaverunt pari assensu et in perpetuum concesserunt in puram, perpetuam et irrevocabilem elemosinam, ob remedium suarum et antecessorum suorum animarum viris religiosis abbati et conventui monasterii beate Marie Ursicampi et eorum monasterio, Noviomensis dyocesis, quandam peciam terre decem minatas terre vel circiter continentem, que dicitur campus le Gode, quam habebant ex acquisito suo, ut dicebant, sitam inter semitam per quam itur de Novavilla Regis apud Wasquemelin et viam de Arnele, que terra fuit magistri Petri de Liencort, retento sibi et cuilibet qui alterum supervivet in tota dicta terre pecia usufructu, promittentes fide ab ipsis data omne jus, dominium, proprietatem et possessionem que sibi in dicta terra competebant in dictos religiosos et eorum monasterium transferentes, nichil sibi in dicta terre pecia, heredibus vel successoribus suis retinentes, nisi solum modo quo dictum est usufructu, promittentes fide ab ipsis super hoc prestita corporali quod ipsi contra donationem, collationem, concessionem, legatum, donationem et translationem predictas non venient in futurum, et quod in dicta terra nichil reclamabunt de cetero vel facient reclamari, ad hec tenenda firmiter et inviolabiliter observanda se, heredes suos et omnia bona sua presentia et futura fideliter obligantes, renunciantes in hoc facto exceptioni rei non ita geste, deceptioni ultra medietatem justi pretii et omni juris auxilio canonici et civilis, volentes expresse et concedentes ne de cetero possint dicere se in premissis fuisse deceptos dolo, metu seu fraude inductos, errore vel ignorantia lapsos vel alias circumventos, salvo tamen sibi in dicta terra modo quo dictum est, quoad vixerint, usufructu. In cujus rei testimonium sigillum curie Belvacensis presentibus litteris duximus apponendum. Datum anno Domini M° cc° octogesimo quinto, die jovis post festum beati Remigii.

DCCCLXIV.

ELEMOSINA SYMONIS DE PRONVEROI DE MASURA APUD NOVAM VILLAM.

Universis presentes litteras inspecturis, officialis Belvacensis salutem in Domino. Noverint universi quod coram Johanne dicto de Parisius, clerico, tabellione curie Belvacensis jurato, cui in hiis et in majoribus fidem plenariam adhibemus, propter hoc personaliter constituti Symon dictus de Pronveroi et Emelina ejus uxor recognoverunt se legavisse, contulisse et concessisse et coram dicto tabellione dederunt, legaverunt, contulerunt et in perpetuum concesserunt in puram, perpetuam et irrevocabilem elemosinam religiosis viris abbati et conventui monasterii beate Marie Ursicampi, Cysterciensis ordinis, Noviomensis dyocesis, et eorum monasterio quandam mesuram quam habebant, ut dicebant, apud Novam villam Regis ex acquisito suo, sitam inter grangiam Ingerranni Vigneron et domum ipsorum Symonis et Emeline, aboutantem domui que fuit Mathildis Ravele et vico qui est retro domum Symonis et Emeline predictorum, que quidem masura fuit quondam Petri Aguillon, omne jus, dominium, proprietatem et possessionem que sibi in masura predicta competebant in dictos religiosos et eorum monasterium penitus transferendo, nichil sibi vel suis heredibus retinentes, promittentes fide data quod ipsi contra donationem, legatum, collationem et concessionem predictas non venient in futurum, obligantes quo ad hoc se, heredes suos et successores quoscunque, volentes ne de cetero possint dicere se in premissis fuisse deceptos dolo, metu, seu fraude inductos, errore vel ignorantia lapsos, vel esse circumventos. Iu cujus rei testimonium sigillum curie Belvacensis presentibus litteris duximus apponendum. Datum anno Domini millesimo ducentesimo octogesimo quinto, die sabbati ante festum beati Martini hiemalis.

1285.

DCCCLXV.

DE UNO MODIO BLADI SUPER TERRAM DE RAMECOURT QUOD NOBIS DEBET JOHANNES DE RAMECOURT, ARMIGER, SINGULIS ANNIS, ET VII MODIIS PRO ARRERAGIIS.

A tous ceus qui ces presentes lettres verront, Gautiers Bardins, baillius de Vermendois, salut. Connieuste choze soit a tous que en l'assise qui fu à Saint-Quentin le lundi apres le S. Remi en octembre, lan de grace mil cc. IIII** et quinze, furent par devant nous present en jugement le procureur de leglize d'Ourscamps et Jehans de Ramecourt, escuiers, li ques procureur ou non de ladite eglize demandoit au dit Jehan i mui de ble de rente a le mesure de Saint-Quentin, assis sur sa terre de Ramecourt, et VII muis darrerages de sept annees derrenierement

Oct. 1295.

passees, li ques escuiers reconnust par devant nous que il le devant dit mui de ble a le devant dite mesure assis sus se terre devant dite devoit a ledite eglize a touz jours perpetuelment de rente, et fu acorde dou dit escuier que se ses censsiers navoit paiet a la dite eglize les devant dis sept muis darrerages que il les rendroit et paieroit. En tesmoignage de laquel choze nous avons mis en ces presentes lettres le seel de le baillie de Vermendois, sauf le droit le Roy et l'autrui. Donne a Saint Quentin lan et le jour desus dit.

DCCCLXVI.

DE XL SOLIDIS PARISIENSIBUS QUOS DEDIT NOBIS ANNUATIM DOMINUS PETRUS DESTREES, MILES, SUPER TRANSVERSUM DE RESSONS.

Novemb. 1264. Je Pierres Destrees, chevaliers, manans a Haimeviler, fas savoir a tous chiaus qui ces lettres verront que je ai donne et laissie en pure et permanable aumosne a leglize nostre dame d'Oscans, pour le salu de mame de men pere et de ma mere et de tous mes anchisseurs, xl s. de Paris, chascun an a tous jours, sur men travers de Ressons, li quel denier sont a rendre lendemain de le Tieffainne. Et pour ce que ce soit ferme choze et estaule, ie ai seele ces presentes lettres de mon seel. Che fu fait en lan del incarnacion nostre Seigneur Jhesu Crist mil deus cens et soissante quatre, ou mois de novembre.

DCCCLXVII.

CARTA STEPHANI, NOVIOMENSIS EPISCOPI, DE ELEMOSINA SYMONIS LE BEGUE DE NEMORE QUOD DICITUR BELLOMONTIS, SUPRA VILLAM DE DRAILINCOURT.

1190. In nomine sancte et individue Trinitatis, amen. Stephanus, Dei gratia Noviomensis episcopus, universis fidelibus tam futuris quam presentibus in perpetuum. Notum sit omnibus quod miles quidam Symon, scilicet li Begues, de Ribercourt, in infirmitate positus dedit in elemosinam ecclesie beate marie Ursicampi quidquid habebat in nemore quod Bellomontis dicitur, super villam de Drailincourt sito, post decessum suum a predicte ecclesie fratribus perpetuo possidendum, hoc ipsum concedente Petro Sareello et Radulfo ejus filio de quorum feodo predictum nemus tenebat. Testes Stephanus de Prinprez, presbyter, etc. Processu vero temporis idem Symon jam dicte ecclesie prescriptum nemus ex integro derelinquit absolute et libere pace perpetua possidendum ipsumque in manu nostra reddidit, et ego de eo predictam ecclesiam per manum fratris Salicii, ejusdem loci monachi, investivi. Testes Hugo, archidiaconus Noviomensis etc. Hanc elemosinam concessit Herma, predicti Symonis uxor, et Petrus eorum filius. Et quia Erma in eodem nemore dotalicii jus habebat, in manu magistri Ingerrani, apud Ribercourt loco nostro assistentis, reddidit, qui de eodem predictam ecclesiam Ursicampi per manum fratris Raineri, ejusdem loci monachi, investivit. Symon vero, maritus ipsius Herme, congruum decambium ei reddidit, tres scilicet modiatas terre in Walterivalle sitas. Testes Ingerranus, Noviomensis scolarum rector, Rainerus, monachus Ursicampi, etc. Ne qua ergo super hac elemosina adversus sepedictam ecclesiam questio in posterum suscitetur, presentem paginam sigilli nostri impressione fecimus communiri Actum anno ab incarnatione Domini M° c° nonagesimo. Datum per manum Petri cancellarii.

DCCCLXVIII.

ELEMOSINA HELUIDIS, RELICTE JACOBI LE GRESSIER DE RIBERCORT, DE SEX BUSTELLIS TERRE IN TERRITORIO DE RIBERCOURT, IN LOCO QUI DICITUR BUS MARTIN.

Universis presentes litteras inspecturis, Guido de Colemedio, canonicus et officialis Noviomensis, in Domino salutem. Noveritis quod coram fideli nostro Johanne dicto de Querlu, clerico, curie Noviomensis notario ad hoc a nobis specialiter destinato, constituta personaliter, sicut nobis retulit ipse notarius cui fidem in hac parte plenam adhibemus, Heluidis, relicta Jacobi dicti le Gressier, de Ribercourt, donavit, contulit et concessit, et se donavisse, contulisse et concessisse bene et legitime in perpetuum ac irrevocabiliter in puram et perpetuam elemosinam donationem quidem inter vivos ecclesie Ursicampi post decessum tamen ipsius Heluidis ab eadem ecclesia tenendum, capiendum, habendum pariter et perpetuo possidendum pacifice et quiete sex bustellos terre sitos in territorio de Ribercourt, in loco qui dicitur li bus Martin, contiguos terre Johannis Clerici. Item unum quarteronum et sex virgas vinee que fuerunt Johannis dicti Bare, contiguos vinee Balduini sutoris, et quodam manerium prout se comportat cum suis appendiciis in longum et latum, ante et retro situm in villa de Ribercourt, inter maneria Roberti dicti Paumier ex parte una, et Jacobi Parmentarii ex altera. Quorum quidem omnium premissiorum ecclesie predicte collatorum se in quibus omnibus premissis eidem ecclesie collatis ipsa Heluidis, quandiu vixerit, sibi ad opus ejusdem retinet, et retenuit usum fructum, et in eodem manerio usum et habitationem. Quibus premissis mediantibus, dicta Heluidis vidua, bene et sui compos, prout humana nosse sinit fragilitas, et sui juris existens, cessit coram dicto notario eidem ecclesie, ad opus ejusdem ecclesie in perpetuum, omne jus quod habebat aut habere poterat aut debebat ipsa Heluidis, seu sibi competebat aut competere poterat in rebus ante dictis ecclesie predicte collatis quocumque modo, nomine, sive ratione quacumque, promittentes ipsa Heluidis per fidem suam corporalem in manu dicti notarii prestitam ab eadem quod contra premissa vel aliquod premissorum per se vel per alium non venient in futurum. Nos vero omnia premissa et singula coram dicto notario facta et recognita, de quibus nobis constat ex relatione dicti notarii cui fidem in hac parte plenam adhibemus, rata habentes et firma et eadem laudantes, approbantes et acceptantes ac si coram nobis acta essent, in testimonium premissorum et munimen perpetuum presentes litteras sigilli curie Noviomensis fecimus impressione communiri. Datum anno Domini M° cc° lxx° III°, feria secunda post festum nativitatis beati Johannis Baptiste.

1273.

DCCCLXIX.

DE DUABUS FALCATIS PRATI APUD RIBERCOURT.

Je Pierres, sires de Ribercourt, escuiers, fas savoir a tous ceux qui presentes lettres verront et orront, que comme me sires Henris de Ribercourt, jadis mes oncles, chevaliers, eust laissiet

Junio 1283.

pour Dieu et en aumosne en se darraine volente a toujours a l'eglise Nostre-Dame-d'Oscans deus faus de pre peu plus peu mains, lesqueles deux faus de pré seent ou terroir de Ribercourt, ou lieu que on dit de Villebus ou d'Oscans, de lez men pre d'une part et de lez le pre Jehan le Panetier d'autre part et tenant a le terre monseigneur Huon de Basentin, chevalier, que on claime a lessart, lequel lais je weul, otroie, gree et afferme comme oirs que je sui au devant dit monseigneur Henri, et le conferme et amortis a tous jour de mi et de mes hoirs pour leglise d'Oscans devant dite. Et promet à l'abbé et au couvent de l'eglize devant dite le devant dit lais warder, tenir et a emplir a tous jour par le foi de men propre cors baillie a aus, et a ce oblige ie moi et mes hoirs et tous mes biens. Et renonche à toutes exceptions de bordie, de tricherie et à toutes aidès de droit et de fait et que ce soit ferme choze et estable j'ai ces presentes lettres seelees de men propre seel, et baillies a l'abbe et au couvent devant dit, en tesmoignage et en warnissement des chozes devant dites. Ce fu fait en lan del incarnation Nostre Seigneur mil deus cens quatre vins et trois, ou mois de juing.

DCCCLXX.

CONCESSIO DOMINI ROGERI ET DOMINI PHILIPPI DE SANCTO ALBINO DE VINEA OUDARDI CROSET EN ROCHEMONT.

April. 1228.

Universis presentes litteras inspecturis, officialis Belvacensis salutem in Domino. Noverit universitas vestra quod domini de Foilleuses Rogerus et Philippus de sancto Albino, milites, in presentia nostra constituti concesserunt, approbaverunt et ratam habuerunt venditionem quam Odardus Croset, civis Suessionensis, fecerat ecclesie beate marie Ursicampi de quadam vinea sita apud Suessionem in territorio de Rochemont, in loco qui dicitur Noeles, quam scilicet vineam idem Odardus ab eisdem militibus tenebat. Concesserunt etiam dicti R.... et Ph..., milites, coram nobis prefate ecclesie vineam supradictam libere et pacifice in perpetuum possidendam et habendam, salvis eisdem militibus et eorum heredibus octo denariis nigrorum censualibus singulis annis in festo sancti Remigii tantum modo super predictam vineam persolvendis. Et super hiis firmiter et fideliter observandis tam dictus Rogerus quam dictus Philippus milites fidem suam corporaliter coram nobis interposuerunt. In cujus rei testimonium presentes litteras sigillo curie Belvacensis fecimus communiri. Actum anno Domini millesimo cc° xx° viii°, mense aprilis.

DCCCLXXI.

ELEMOSINA DOMICELLE BEATRIDIS DE ROINSOI ET WILLELMI, MARITI SUI, DE X LIBRIS APUD NIGELLAM.

Julio 1284.

Je Willaumes, escuiers, fiex de noble homme monsieur Nichole de Bailluel, chevalier, fais savoir à tous ceux qui ces lettres verront ou orront, que comme damoiselle Biatris me femme, fille et hoirs de noble homme jadis monseigneur Berart de Roinsoi et de noble dame me dame Jehenne, femme quant a ore de noble homme monseigneur Ansout, chevalier, seigneur d'Offemont, eust et ait donne avant que je le preisse a femme a leglize Notre Dame d'Oscans pour Dieu et en aumosne pure et perpetuel pour lame de li et de ses ancisseurs et especialement pour lame de Robert sen frere dont li cors gist en le devant dite eglize, x livre de paris de rente chascun an a penre a le quinzainne de le tous sains seur le partie dou paage ou dou winage de Neele qui a li appartient et quele tient en fie de monseigneur le Roi de France en tele maniere que li cent saus des dis livres devant diz soient mis en pitanche chascun an pour le couvent le jour del obit Robert devant dit et li autre cent saus soient donne a le porte pour departir as poures, je, pour le devotion que je ai a leglize devant dite et pour estre parchonniers des biens fais de laiens, lo, otroi et conferme laumosne devant dite, et a ce tenir et acomplir ferment, je Willaumes et je Beatris devant dit obligons nous, nos hoirs et tous nos successeurs quel que ils soient. En tesmoignage de la quel choze nous avons seelees ces presentes lettres de nos propres seaus et baillies a leglize devant dite. Ce fu fait en lan de grace mil deus cens quatre vins et quatre, el mois de juillet.

DCCCLXXII.

CONFIRMATIO JOHANNIS DE BUCHI, ARMIGERI, DE TRIBUS MODIIS BLADI CAPIENDIS SUPRA TERRAM SUAM DE ROY LE GRANT.

Je Jehan de Buchi, escuiers, fiex jadis monseigneur Oudart de Ham, chevalier, et me dame Heluis de Catheni, en men bon aage et en me delivre poeste tenans de terre fas savoir a tous ceux qui ces lettres verront ou orront que comme leglize d'Oscans ait iii muis de ble a le mesure de Neele de rente chascun an, qui furent aumosne seur toute me terre de Roy le grant, et en ait este la devant dite eglize lonctamps en possession paisible de rechevoir et davoir les devant dis trois muis de ble, recognois que ledite eglize est en possession paisible de recevoir et davoir la rente devant nommee, et que ma terre de Roy le grant est oblige a ledite eglize es devant dis iii muis de ble, et promet et ai enconnent par le foi de mon cors a rendre et a paier chascun an ledite eglize dedens le feste St. Andriu lapostre lez iii muis de ble devant dis moitain du milleur a ledite mesure. Et a ce faire et aemplir paisiblement sanz aler encontre oblige je moi et mes hoirs a tous jours et ceus qui apres moi la terre devant dite tenront. En tesmoignage et en seurte de laquelle choze jai ces presentes lettres seelees de men propre seel et baillies a leglize devant nommee en lan del incarnation nostre Seigneur mil deus cens soissante et quatorse, ou moi de may.

Maio 1274.

DCCCLXXIII.

ELEMOSINA DOMINI JOHANNIS DE BUCHI, MILITIS, DE IJ MODIIS BLADI ANNUI REDDITUS PRO PITANCIA CAPIENDIS SUPRA TERRAM DE HOMBLEUS.

Je Jehans de Buchi, chevaliers, fiex jadis monseigneur Oudart de Ham, chevalier, fas savoir a tous ceux qui ces presentes lettres verront ou orront, que pour le devotion que jai a leglize

Maio 1277.

Nostre Dame d'Ourscamps, pour le salut de mame, de lame men pere et me mere et de mes ancesseurs, doins et lais en aumosne perdurable au convent de leglize devant dite deus muis de ble de rente a le mesure de Neele a penre et a rechevoir a tous jours apres men deches seur toute me terre de Hombleus, chascun an, dedens le octaves de feste tous sains, et se le terre devant dite ne souffisoit a furnir et a parfaire les ii muis de ble devant diz, si weil que leglize devant dite soit assenee seur toute me terre, ou que ele soit, en maniere que je weil et ordenne que li doi mui de ble soient vendu et li dernier warde dusques a le premiere semainne de quaresme et cel semainne soient emploie et despendu en pitanches pour le convent, tant comme il se porront estendre, sauve lacoustumee pitanche que li convens sieut avoir, et se li denier devant dist nestoient empolie et despendu en lusage devant dit en le semaisne de quaresme devant dite ou au plus tost que on porroit apres, mi hoir porroient retenir le ble de le presente annee quant il le sairoient et en seroient cuite toute les fois que li denier du ble ne seroient emploie et despendu en lusage devant dit. Et a ceste aumosne tenir fermement et paie, si comme il est devise, sanz aler encontre, je oblige tous mes hoirs quelque il soient et toute me terre devant dite, quiconques le tiegne dore en avant. En tesmoignage et en confermement de laquele choze jai ces lettres presentes seelees de men propre seel et baillies a leglize devant dite en lan del incarnation nostre Seigneur mil deus cens soissante et dis et sept, ou moi de may.

DCCCLXXIV.

LEGATA DOMINI MATHEI DE ROVA.

Maio 1232.

Universis presentes litteras inspecturis ego Matheus de Chessoi et Heluidis uxor mea notum facimus quod nos, divine pietatis intuitu et nostrorum remissione peccaminum, testamentum nostrum, sicut decuit, ordinavimus in hunc modum. Primo ergo faciendum est quod nos legavimus sanctimonialibus de nemore etc. Item legavimus domui Ursicampi octo bovaria et dimidium terre site in via Perone ad faciendum nostrum obitum singulis annis et pitanciam unam decem librarum seu pitancias duas, si fieri potest, infra quindenam omnium sanctorum conventui Ursicampi per annos singulos faciendas. Et emimus terram istam a Christoforo Pelerino de Marchaviler. Legavimus etiam dicte domui Ursicampi totam mansionem nostram hospitatam sitam in foro Roie, stabulam et logias et coquinam ejusdem mansionis et totam terram vacuam que sita est inter dictam mansionem et domum Rochardi ante coquinam et retro, et pro illa mansione quam domui Ursicampi legavimus, fratres Ursicampi tenentur constituere unum presbiterum in perpetuum in veteri abbatia sancti Eligii pro nostris animabus. Tenetur etiam annis singulis usque ad quinque annos C tunicas, C paria sotularium in die animarum pauperibus erogare. Sciendum est autem quod cum alter nostrum decedet, alius totam mansionem nostram supradictam de foro omnibus diebus vite sue nichilominus possidebit, et cum ille qui supervixerit morietur, tota mansio, sicut prediximus, ad domum Ursicampi revertetur. Item contulimus domui Ursicampi tria bovaria terre site secus crucem Quadratriputei quiete et pacifice in presenti a fratribus Ursicampi recipienda et in perpetuum possidenda. Quod ut ratum et stabile perseveret, ego Matheus de Cessoi, post mortem Heluidis uxoris mee, presens scriptum sigillo meo sigillavi et virorum venerabilium Drogonis, abbatis Ursicampi, et Michaelis, decani Roiensis, sigillis sigillari feci in testimonium et muninem. Actum anno Domini millesimo cc° xxx° secundo, mense maio.

DCCCLXXV.

ELEMOSINA DOMINI BARTHOLOMEI DE ROYA DE XIIII BOVARIIS TERRE PRO DUABUS MISSIS COTIDIE CELEBRANDIS.

Ego Bartholomeus de Roya, camerarius Francie, notum facio universis presentibus pariter et futuris quod ego Deo et ecclesie beate Marie Ursicampi et monachis ibidem Deo servientibus dedi et concessi in puram et perpetuam elemosinam terram quam emi de Balduino de Goiencourt, scilicet quatuor decem bovarias terre, unum jornellum minus, ita quod ipsi debent providere de duobus monachis sacerdotibus qui celebrent missam singulis diebus pro domino meo Rege Francie et pro me et uxore mea et filiis meis, quamdiu vixero, et post decessum meum pro remedio anime mee et uxoris mee et filiorum et benefactorum meorum. Quod ut perpetuum robur obtineat, presentem paginam sigilli mei munimine confirmo. Actum anno Domini m° cc° ix°.

1209.

DCCCLXXVI.

DE DUABUS VINEIS EGIDII DE SEPTEM MONTIBUS.

G..., domini Suessionensis officialis, omnibus in perpetuum. Noverint universi quod Egi- Decemb. 1220. dius de Septem montibus et Heluidis uxor ejus in presentia nostra constituti recognoverunt se vendidisse pretio sexaginta et decem librarum fortium duas vineas in rupis montem sitas, unam sitam in dominio Ivonis de Vaubuin, militis, ad vinagium, et alteram tanquam liberum alodium ecclesie Ursicampi. Fidem etiam in manu nostra prestiterunt de predicta venditione firmiter servanda et tenenda, et quod etiam contra eam nunquam venire attemptarent. Dictus autem Ivo de Vaubuin, miles, in presentia nostra huic venditioni libere consensit et absolute. Guillelmus autem de Marois, miles, dictam similiter laudavit venditionem et eam garandire fide interposita promisit. Domina autem Odena de Valle racemorum et Johannes filius ejus dictam venditionem laudaverunt et de non veniendo contra fidem in manu nostra corporaliter prestiterunt. Quod ut ratum et firmum maneat, presentem cartulam sigilli curie Suessionensis munimine ad petitionem partium duximus roborare. Actum anno Domini m° cc° xx°, mense decembri.

DCCCLXXVII.

CONCESSIO SYMONIS VICECOMITIS DE VINEA QUE FUIT JOHANNIS DE FONTE, CIVIS SUESSIONENSIS.

Evrardus, archidiaconus Suessionensis in Tardena, omnibus ad quos presentes littere per- Januar. 1228. venirint in Domino salutem. Noveritis quod Symon, miles, vicecomes de Rosel, coram nobis concessit ecclesie Ursicampi vineam que fuit Johannis de Fonte, civis Sucssionensis, sitam in loco qui dicitur Richouars, subtus sanctam Genovefam, ad vinagium sex sextariorum et ad censum unius denarii nigri in perpetuum possidenda, fidem iuterponens in manu nostra quod dictam ecclesiam Ursicampi supra dicta vinea de cetero non molestabit nec faciet molestari. Immo, contra omnes qui dictam ecclesiam super dicta vinea molestare voluerint, legitimam portabit garandiam. In cujus rei testimonium presentes litteras sigilli nostri munimine roboravimus. Actum anno Domini millesimo ducentesimo vicesimo octavo, mense januario.

DCCCLXXVIII.

CONCESSIO BALDUINI DE GOIENCORT DE EXCAMBIO TERRE JOHANNIS DE ROVROI QUITE ET LIBERE.

Maio 1224.

Ego Balduinus de Goiencourt, miles, Dux cognomine, notum facio omnibus presens scriptum inspecturis quod Johannes de Rovroy, frater Walteri prepositi, meus homo, de assensu meo et de mea voluntate a meo removit feodo undecim bovaria et unum jornale et sex virgas terre site in uno campo, videlicet iu valle retro grangiam de Greuni, cujus terre octo bovaria fratribus Ursicampi commutavit pro octo bovariis alterius terre site inter Rovroi et Biaufort in qnatuor de elemosina et hereditate domini R...., viri bone memorie et castellani quondam Nigellensis, quam terram idem J..... in meo feodo reposuit, et alia tria bovaria et unum jornale et sex virgas eisdem fratribus in perpetuum vendidit et concessit. Ego si quidem Balduinus hec undecim bovaria et jornale jam dictum cum sex virgis prefactis memoratis concessi fratribus ab omni servicio ac rebus aliis universis libere et quiete in perpetuum possidenda, et teneor ipsa fratribus sepe dictis contra omnes ut dominus garandire, et heredes mei post decessum meum. Ut hoc autem semper sit firmius atque stabilius, scriptum presens, ad ejusdem Johannis petitionem, fratribus sepius memoratis habendum concessi sigilli mei munimine roboratum. Actum anno Domini millesimo ducentesimo vicesimo quarto, mense maio.

DCCCLXXIX.

COMPOSITIO INTER NOS ET MAJOREM NOSTRUM DE ROUVILER.

Feb. 1243.

Universis presentes litteras inspecturis, frater Willelmus dictus abbas et conventus Ursicampi salutem in Domino. Notum fieri volumus nos vidisse quasdam litteras sigillo bone memorie Balduini, quondam abbatis Ursicampi, sigillatas sub hac forma. Ego Balduinus, dictus abbas Ursicampi, et ejusdem loci conventus universis fidelibus in perpetuum. Sciant tam posteri quam moderni quod ecclesia nostra antecessoribus Roberti de Rouviler, majoris nostri, annuatim modinm unum frumenti reddebat in grangia nostra de Warnaviler percipiendum ad mensuram Gornaci. Processu vero temporis, remissis eidem Roberto consuetudinibus et servitiis que antecessores sui nobis debuerant, idem Robertus predicti modii medietatem nobis quitam clamavit, et insuper de dimidio modio frumenti quod sibi remanserat vendidit

-nobis tres minas. Sic quoque factum est quod jam de modio illo frumenti, non nisi tres mine eidem Roberto a nostris fratribus sunt reddende. Sciendum autem quod dictus Robertus de ecclesia nostra terras quasdam quinque circiter modiorum sementis tenet quarum partem ipse quidem excolit, pars ab aliis agricolis de eo sub terragii conditione tenetur, in aliis etiam terris qaas alii agricole de nobis in territorio Sancti Wandregisili sub terragio possident, prefactus Robertus de jure majorie sue dona sua est habiturus, nec alius ad colligenda terragia dicti territorii, nisi de ipsius Roberti voluntate a nobis est transmittendus. Ipse vero tenetur ad grangiam nostram venire propter vecturam ad decimam de dicto territorio deferendam. Porro si contigerit aliquando quod ecclesia nostra memoratas terras in territorio Sancti Wandregisili ab agricolis acquirat, ipse Robertus in terris illis deinceps dona nulla percipiet. Actum anno Verbi incarnati M° CC° iij, presentisque cyrographi conscriptione firmatum. Nos vere post modum cognoscentes quod ire, dissentiones et discordie inter nos et majores nostros de Rouviler occasione majorie sepius orientur, pro bono pacis, cum Reginaldo de Rouviler, majore nostro, fecimus excambium in hunc modum. Quitavimus enim Reginaldo et ejus heredibus in perpetuum illud servicium quod mense Augusti nobis impendere tenebantur. Dedimus etiam eidem Reginaldo x libras parisienses in pecunia numerata. Insuper dedimus eidem decem et octo minatas terre positione metarum terminatas et sitas in hiis locis, novem minatas ad campum Remigii, juxta terram domini Renaldi de Rouviler, militis, novem minatas juxta terram Foucardi, in via que ducit de Rouviler a Estrees, ita tamen quod dictus Reginaldus et omnes heredes ejus tenebunt de nobis libere in feodum has decem et octo minatas terre similiter et alias circiter quinque modiatas terre quas antea tenebant de ecclesia Ursicampi, sicut in jam dicta carta dicti Balduini, antecessoris nostri, quam hic inseruimus, est expressum. Et hec circiter quinque modiate site sunt in hiis locis, videlicet viginti et due minate apud Monchiaus, due minate ad Septem vias, dimidia minata ad Waste monstier de Rouviler, decem et septem minate et dimidia inter Bellum Puteum et Castellulum, et decem et octo minate quas prior de Cressonessart tenet apud Coupiel. Porro dictus Reginaldus de Rouviler quitavit nobis in perpetuum tres minas frumenti quas annuatim percipiebat in grangia nostra de Warnaviler, similiter et omnia dona que habebat vel habere poterat in territorio Sancti Wandregisili. Insuper et majoriam suam et omne jus quod habebat vel habere poterat occasione majorie quitavit et reddidit in manu nostra coram pluribus tam clericis quam laicis, nichil juris sibi in hiis omnibus retinens vel heredibus suis nec etiam in aliis ad ecclesiam Ursicampi pertinentibus, hoc excepto quod circiter sex modiatas et dimidiam tenebit in feodum, sicut supra diximus, ab ecclesia Ursicampi. Hec autem omnia voluerunt, concesserunt et approbaverunt Maria, relicta Roberti Forestarii, quondam majoris nostri, et Ermengardis, relicta Evrardi Forestarii, quondam similiter majoris nostri, mater dicti Reginaldi. Et recognoverunt coram nobis se competens excambium recepisse pro suis dotaliciis a Reginaldo memorato, et quitaverunt in perpetuum omnia illa que sepedictus Reginaldus nobis tradidit per excambium supradictum, et hoc idem fecerunt Maria et Ysabellis sorores sepe dicti Reginaldi, Johannes, Drogo et Odo ipsorum avunculi, Bartholomeus et Petrus dicti Forestarii. Qui omnes cum prefacto Reginaldo fide interposita promiserunt quod in hiis omnibus nec etiam in aliis pertinentibus ad ecclesiam Ursicampi nichil de cetero reclamabunt, nec per se nec per alios dictam ecclesiam in aliquo molestabunt, sed contra omnes pro posse suo fideliter garandizabunt. Nos vero in hujus rei testimonium et munimen, ad petitionem sepedicti Reginaldi, hominis nostri, presentes literas ad modum cyrographi scriptas sigillo nostro necnon et sigillis virorum nobilium R..., videlicet domini de Triecot, et Th.., domini de Cressonessart, fecimus communiri. Actum anno .gratie M° cc° xl° tertio, mense februario.

DCCCLXXX.

EXCAMBIUM ROBERTI DE ROUVILER, ARMIGERI, ET CONCESSIO ROBERTI AUBERTI MANASSERI DE EODEM.

April. 1259.

Ego Robertus de Rouviler, armiger, filius quondam domini Bartholomei Espec, militis, notum facio universis presentibus et futuris presentes litteras inspecturis, quod ego dedi et concessi in permutationem perpetuam seu excambium perpetuum viris religiosis abbati et conventui Ursicampi, Cysterciensis ordinis, campipartem decimam, donum et totum dominium que habebam in quadam pecia terre dictorum religiosorum que fuit Roberti Lerat et Mathildis ejus uxoris de Bello Puteo, sita ad kiminum herbosum, terris dictorum religiosorum undique circum data, quatuor minas sementis paulo plus vel paulo minus continente, pro quadam pecia terre minam et dimidiam vel circiter continente, sita au Sautoir, inter villam de Rousviler et vastum monsterium sancti Martini, quam dicti religiosi michi et heredibus meis in excambium dederunt et concesserunt pro decima, dono, campiparte et dominio supradictis, que in quatuor minis terre vel circiter habebam, ante dictis promittens fide mea interposita corporali quod ego de cetero in dictis decima, dono, campiparte seu dominio quatuor minarum terre vel circiter predictarum per me vel per alium ratione quacumque nichil reclamabo vel faciam reclamari, et quod super eisdem dictis religiosis contra omnes legitimam portabo garandiam. Quod ut ratum et stabile permaneat in futurum, presentes litteras sigilli mei impresione roboravi. Nos vero Robertus, filius domini Auberti de Rousviler, militis, secundus dominus, Aubertus de Rousviler, pater ejus, miles, tercius dominus, et Manasserus de Rousviler, filius quondam domini Renaudi, quartus dominus decime, doni, campipartis et dominii quod habebat dictus Robertus, filius domini Bartholomei Espec, militis, in quatuor minis terre vel circiter antedictis permutationem predictam seu excambium volumus, concedimus et approbamus, et dictis religiosis concedimus in manu mortua perpetuo possidenda. In cujus rei robur et perpetuam firmitatem sigilla nostra una cum sigillo dicti Roberti, filii domini Bartholomei, ad petitionem suam presentibus litteris duximus apponenda. Actum anno Domini millesimo ducentesimo quinquagesimo nono, mense aprili.

DCCCLXXXI.

EXCAMBIUM DOMINI AUBERTI DE ROUVILER DE X MINIS BLADI QUAS HABEBAT IN GRANGIA DE WARNAVILER.

1258.

Omnibus hec visuris, officialis Belvacensis salutem in Domino. Noverint universi quod dominus Aubertus de Rousviler, miles, et domina Maria ejus uxor coram Dyonisio, notario curie Belvacensis jurato, a nobis ad hoc specialiter destinato constituti, dederunt et concesserunt in puram et perpetuam permutationem viris religiosis abbati et conventui beate Marie Ursicampi decem minas bladi annui redditus quas habebant in grangia de Warnaviler, pro quatuor minis et dimidia et quatuor virgis terre sitis ad ulmum Thieboudi, contiguas excambio terre Roberto, filio dicti domini Auberti, a dictis religiosis facto, ipsis domino Auberto et ejus uxori et eorum heredibus a dictis religiosis pro dicto redditu bladi concessis, ut dictus dominus Aubertus et domina Maria ejus uxor coram nobis recognoverunt. Prefacta vero domina Maria dotem quam in dicto redditu bladi habebat vel habere poterat sponte et expresse in manu dicti Dyonisii clerici resignavit, et dictis religiosis in perpetuum benigne quitavit, facta sibi expresse a dicto milite marito suo recompensatione dotis ad terram predictam sibi a dictis religiosis excambiatam, quam sibi sufficere recognovit. Et promiserunt coram nobis dicti dominus Aubertus, miles, et domina Maria ejus uxor, fide prestita corporali, quod ipsi de cetero ratione cujuscunque juris et specialiter dicta domina Maria jure dotalicii contra permutationem predictam per se vel per alium venire non presumet, nec in dicto redditu bladi aliquid reclamabunt vel facient reclamari. In cujus rei testimonium presentes litteras sigillo curie Belvacensis fecimus communiri. Actum anno Domini millesimo cc° l° viii°, in crastino octabarum Petri et Pauli apostolorum.

DCCCLXXXII.

EXCAMBIUM ROBERTI, FILII DOMINI AUBERTI DE ROUVILER, DE HIIS QUE HABEBAT IN DUO JORNALIBUS TERRE AD CRUCEM LESCACHIER.

Omnibus presentes litteras inspecturis, officialis Belvacensis salutem in Domino. Noverint universi quod Robertus de Rouviler, armiger, filius domini Auberti de Rousviler, militis, et domicella Johanna, ejus uxor, coram Dyonisio, notario curie Belvacensis jurato, a nobis ad hoc vice nostra specialiter destinato constituti, dederunt et concesserunt in puram et perpetuam permutationem viris religiosis abbati et conventui Ursicampi totum donum, campipartem et decimam que habebant ex parte dicte domicelle Johanne in duobus jornaliis terre dictorum religiosorum sitis ad crucem Lescachier, contigue campo dou Cancelet, pro quadam pecia terre minam et dimidiam continente, sita ad ulmum Thieboudi, sibi a dictis religiosis in perpetuum excambium pro dictis dono, decima et campiparte concessis, ut iidem Robertus et J..... ejus uxor coram nobis recognoverunt. Et promiserunt coram dicto D..., clerico nostro, sponte et expresse, fide prestita corporali, quod ipsi de cetero ratione cujuscunque juris et specialiter dicta domicella Johanna jure hereditario contra predictam permutationem per se vel per alium venire non presument. In cujus rei testimonium presentes litteras sigillo curie Belvacensis fecimus communiri. Actum anno Domini m° cc° quinquagesimo octavo, in crastino octabarum Petri et Pauli.

1258.

DCCCLXXXIII.

ITEM. EXCAMBIUM EJUSDEM R..... DE X MINIS TERRE SITE AD ESSARTUM HUELIN.

1258.

Omnibus presentes litteras inspecturis, officialis curie Belvacensis salutem in Domino. Noverint universi quod Robertus de Rouviler, armiger, filius domini Auberti de Rouviler, militis, et domicella Johanna ejus uxor coram Dyonisio, notario curie Belvacensis a nobis ad hoc specialiter destinato constituti, dederunt et concesserunt in puram et perpetuam permutationem viris religiosis abbati et conventui beate Marie Ursicampi decem minas et xxxiii virgas et dimidiam de hereditate dicte domicelle Johanne moventem, sitam ad essartum Huelin, contiguam terre dictorum religiosorum de Warnaviler, pro quadam pecia terre decem minas similiter et xxxiii virgas et dimidiam continente, sita ad ulmum Thieboudi, sibi a dictis religiosis in perpetuum excambium concessa, ut iidem Robertus et Johanna ejus uxor coram nobis recognoverunt. Domina vero Maria, mater dicti Roberti, doti sive donationi propter nuptias quam in dicta terra dictis religiosis excambiata habebat aut habere poterat, si quam habebat in eadem, coram dicto D...., clerico nostro, sponte et expresse renunciavit et fidem prestitit de non contra veniendo seu reclamando ratione dotalicii seu alio quocunque jure. Promiserunt insuper dicti Robertus et domicella Johanna, ejus uxor, fide prestita corporali, quod ipsi de cetero ratione cujuscunque juris et specialiter dicta domicella Johanna jure hereditario contra permutationem predictam per se vel per alium venire non presument, et quod dictam terram permutatam dictis religiosis legitime garandizabunt. In cujus rei testimonium presentes litteras sigillo curie Belvacensis fecimus communiri. Actum anno Domini millesimo ducentesimo quinquagesimo octavo, in crastino octabarum apostolorum Petri et Pauli.

DCCCLXXXIV.

ELEMOSINA IVONIS MAJORIS DE ROUVILER ET UXORIS EJUS DE QUATUOR MINIS TERRE.

1255.

Omnibus presentes litteras inspecturis, officialis Belvacensis salutem in Domino. Noverint universi quod Ivo, major de Rouviler, et Hersendis, ejus uxor, coram Dyonisio, clerico, tabellione nostro jurato, a nobis ad hoc vice nostra specialiter destinato constituti, contulerunt et concesserunt in puram, perpetuam et irrevocabilem elemosinam, pro remedio et salute animarum et antecessorum suorum, ecclesie beate Marie Ursicampi quatuor minas sementis terre quarum due mine site sunt ad molendinum ad ventum de Rousviler, quod fuit juxta viam per quam itur de Rouviler apud Erreuses, inter viam illam et alias duas minas quas habent ibidem dicti Ivo et ejus uxor, incontinenti post unius decessum, quicunque eorum prius decesserit, in perpetuum possidendas, fidem in manu dicti Dyonisii clerici nostri prestantes corporalem sponte et expresse quod contra predictam elemosine collationem per se vel per alium venire non presument. Hanc autem elemosine collationem dominus Evrardus, presbiter de Tribus Stipitibus, filius dictorum Ivonis et ejus uxoris, et Ysabeldis, filia eorumdem Ivonis et ejus uxoris, coram dicto Dyonisi clerico nostro constituti voluerunt, concesserunt et approbaverunt, et promiserunt dictus presbiter in verbo sacerdotis et dicta Ysabeldis, fide data, quod contra predictam elemosine collationem per se vel per alium venire non presument. In cujus rei testimonium presentes litteras sigillo curie Belvacensis fecimus communiri. Actum anno Domino M° CC° quinquagesimo quinto, die beati Nicholay hiemalis.

DCCCLXXXV.

DE VINEA MARGARETE DE RUELLA ET WIBERTI FILII EJUS IN TERRITORIO DOMINI GALCHERI DE COURTIEX.

Universis presentes litteras inspecturis, magister Johannes de Paris, canonicus et officialis Decemb. 1257. Suessionensis, in Domino salutem. Noverit universitas vestra quod Margareta, relicta Walteri de Ruella de Tounieres, et Wilbertus, filius ejus, coram mandato nostro speciali ad hec et consimilia deputato propter hoc subsequentia constituti, vendiderunt et se legitime vendidisse recognoverunt ecclesie beate Marie Ursicampi, Cysterciensis ordinis, quandam peciam vinee que vocatur magna vinea, quam dicebant se habere in territorio et dominio domini Galcheri de Courtiex, militis, quinque pichetos vel circiter continentem, contiguam vinee Ade, filie Tigot, ex una parte, et vinee Rollandi de Montigni ex altera, pro pretio videlicet vigenti trium librarum parisiensium de quibus recognoverunt sibi esse a dicta ecclesia plenarie satisfactum in pecunia numerata. Promiserunt etiam sponte sua sub fide ab ipsis prestita corporali quod contra venditionem predictam non venient in futurum, nec aliquid in dicta pecia vinee ratione dotis vel hereditatis sue alio quocunque modo de cetero per se vel per alium reclamabunt, nec etiam dictam ecclesiam super dicta pecia vinee in posterum molestabunt vel gravabunt, neque per alium facient seu procurabunt molestari vel gravari. Immo eidem ecclesie contra omnes juri placito et legi parere volentes legitimam portabunt garandiam super pecia vinee memorata, renunciantes expresse sub dicta fide, quantum ad premissa, exceptionibus non numerate et non solute pecunie, doli mali et deceptionis cujuscunque, omni statuto et consuetudini patrie sive loci et omni alii auxilio et beneficio juris canonici et civilis. Ad hec autem presentes fuerunt frater Stephanus, conversus dicte ecclesie, Petrus de Courtiex, Johannes quadrigarius et Matheus tabellio curie Suessionensis. In cujus rei testimonium et munimen presentibus litteris sigillum curie Suessionensis ad instantiam dictorum venditorum duximus apponendum. Actum anno Domini millesimo ducentesimo quinquagesime septimo, mense decembri.

DCCCLXXXVI.

DE UNA MENCOLDATA TERRE SITE ES VAUS APUD RUMEGNI.

Viro venerabili et discreto officiali Noviomensi, suus decanus christianitatis de Vendolio 1271. salutem et debitam reverentiam cum honore. Noverit discretio vestra quod in nostra presentia constituta Ysabella, relicta Mathei sutoris de Rumigni, spontanea non coacta, sane mentis et sui compos, prout in facie apparebat, legavit ecclesie beate Marie Ursicampi et in perpetuum concessit ob remedium anime sue et salutem, unam mencoldatam terre sitam in loco qui dicitur es Vaus apud Rumigni, ab ecclesia eadem post decessum ipsius Ysabellis tenendum, habendum et possidendum, cum proventus ejusdem terre et usum fructum quandiu vixerit ipsa Ysabellis sibi retineat in eadem, volens quod si heredes ejusdem dictam terram vellent rehabere, quod solverent, priusquam rehaberent illam, ecclesie predicte ac etiam solvant xxx solidos parisienses, et hoc vobis et omnibus quorum interest tenore presentium significamus. Datum anno Domini m° cc° lxx primo, feria secunda ante diem cinerum.

DCCCLXXXVII.

ELEMOSINA GARNERI DE SAUCONI DE XIII SEXTARIIS VINI APUD CORTI.

1224.

Garnerus, majoris ecclesie Suessionensis archidiaconus, omnibus presentes litteras inspecturis in Domino salutem. Noverint universi quod Garnerus de Sauconni, civis Suessionensis, in extremis positus legavit ecclesie beate Marie Ursicampi xiii sextarios vini de vinagio apud Corti. Hanc autem elemosinam recognoverunt coram nobis se concessisse Beatrix, uxor dicti G..., et Radulfus filius eorum, ad quem dictum vinagium ratione elemosine spectabat, qui etiam Beatrix et Radulfus fidem dederunt corporalem quod dictam ecclesiam Ursicampi super elemosina memorata de cetero non molestarent, sed potius contra omnes, sicut deberent, garandirent. In hujus rei testimonium presentes litteras sigillo fecimus sigillari. Actum anno gratie m° cc° vicesimo quarto.

DCCCLXXXVIII.

CONCESSIO JOHANNIS DE BRUERIA DE TERRA GUIDONIS DE SUESSIONE.

Martio 1228.

Omnibus presentes litteras inspecturis, magister Evrardus, officialis Belvacensis, salutem in Domino. Noverint universi quod constitutus in presentia nostra Johannes, major de Brueria, voluit et concessit quod ecclesia Ursicampi teneat in perpetuum et possideat libere et quiete ad tres obolos censuales reddendos singulis annis in festo sancti Remigii eidem Johanni et heredibus suis, quandam terram circiter sex minas sementis continentem, sitam au bus de Sachiaco, que fuit domini Guidonis de Suessioni, presbiteri, et insuper promisit fide interposita idem Johannes quod ipse prefactam terram eidem ecclesie adversus omnes juri et legi stare volentes in perpetuum garantizabit, salvo sibi tamen justitia seculari in terra illa. Promisit etiam fide interposita idem Johannes quod istud faciet concedi ab Evrardo fratre suo et fidem dari de non reclamando. Actum anno Domini m° cc° xxviii, mense martio.

DCCCLXXXIX.

DE TERRA GALTERI DE SANCTO MARTINO AU BUS DE SACHI.

Maio 1231.

G...., canonicus et officialis Suessionensis, omnibus hec visuris in Domino salutem. Noverint universi quod in nostra presentia constituti Galterus de Sancto Martino et Matildis, uxor ejus, civis Suessionensis, recognoverunt se dedisse in elemosinam ecclesie beate Marie Ursicampi quicquid habebant in terra de bus de Sachi et unum denarium annui census, fidem in manu nostra interponentes corporalem de non reclamando et de legitimam garandiam portando super donatione predicta. Hanc autem donationem concesserunt Johannes, Guillelmus, clericus, Robinus et Maria, filii dictorum G.... et M..., et Johannes nepos dicti G...., canonicus Sancti Vedasti Suessionensis, et dederunt fidem in manu nostra de non reclamando et de legitimam garandiam portando ecclesie predicte Ursicampi super donatione sepedicta. Hanc etiam donationem dominus Evrardus, presbiter Sancti Martini Suessionensis, frater ipsius, voluit et laudavit et modis omnibus approbavit. In cujus rei testimonium presentes litteras sigillo curie Suessionensis fecimus roborari. Actum anno Domini millesimo cc° xxx primo, mense maio.

DCCCXC.

CONFIRMATIO ADE DE INSULA, ARMIGERI, DE OCTO MINIS NEMORIS SITIS IN NEMORE DE FAVIERES, QUOS VENDIDIT NOBIS HENRICUS GALES DE SACHI MAGNO.

Je Adans de Lille, escuiers, fais savoir a tous ceus qui ces lettres verront que Henris Gales de Sachi le Grant et Jehenne se femme, estaulis devant moi especiaument pour che, reconnurent que il avoient vendu bien et loiaument a leglize nostre dame d'Oscans, de l'ordre de Cystiaus, VIII mines de bos ou la en tour, et fons et tout, li quez bos siet ou bos de Favieres, entre le bos de Roiaumont et le bos saint Lucien de Biauvais, chascune mine soissante sous de Paris, desquez il se tienent a paiet en ses deniers, lequel bos il tenoient de moi en fief. Et je, a le requeste du devant dit Henri et se femme, et pour estre parchonniers des biens fais de la devant dite eglize, weil, gre et otroi, et conferme le devant dit marchie, et veul' et otroi que le devant dite eglize tiegne des ore en avant le bos devant dit en main morte, des ore en avant et tous jours, par quatre deniers de cens a paier a le saint Remi a Sachi a moi ou a men remanant. De rechief je leur ai otroie que il tiegnent en main morte deus arpens de bos qui joignent au bos devant dit que on leur avoit aumosne quil tenront de moi par deus deniers de cens a paier au terme par devant nomme et en che meisme lieu. Et toutes ces chozes devant dites leur sui je tenus de moi et de mes hoirs a warandir a tous jours comme sires, sauve le droiture le Roi. En tesmoignage et en seurte de laquel chose je leur ai donne ces presentes lettres seelees de mon seel. Ce fu fait en lan del incarnation nostre seigneur Jhesu Crist mil et deus cens et soissante sis, el mois de mars.

Martio 1266.

DCCCXCI.

CONFIRMATIO ADE DE INSULA DE OMNIBUS QUE ACQUISIERAMUS SUB IPSO ANNO DOMINI M° CC° SEXAGESIMO NONO.

Je Adans de Lille, escuiers, fas savoir a tous ceus qui ces presentes lettres verront que je, pour estre parchonniers des biens fais de le maison nostre dame d'Oscans, ai otroie en pure et

Martio 1269.

perdurable aumosne que il toutes les chozes que il ont acquises jusques au jour dui en quel maniere que che soit où terroir de Sachi et es appartenanches, tiegnent quitement et en pais en main morte a tous jors, sauves les rentes acoustumees que eles me doivent, et avoec ce dou praage dou mares de Sachi que il en puissent user paisiument si comme il en ont use paisiument. Et a ces chozes tenir fermement a tous jours oblige je moi et mes hoirs. En tesmoignage de laquele choze je ai ces presentes lettres seelees de men seel. Ce fu fait en lan del incarnation nostre seigneur mil et cc et soissante ix, el mois de march.

DCCCXCII.

DE QUINQUE SEXTARIATIS TERRE ET DIMIDIA PRO QUA DEBENTUR SEX DENARII CENSUS APUD ROUPI.

Martio 1230. Ego Auda, filia Balduini de Faucompre, notum facio omnibus presentes litteras inspecturis quod Gerardus de Dalon, homo meus, vendidit in perpetuum Blavoni Froumentin, burgensi de Sancto Quintino, et Widele ejus uxori per me et coram hominibus meis et paribus ipsius G..... quinque sextariatas et dimidiam terre site in territorio de Savi in valle in Pumeri, In duobus campis, in uno scilicet campo quatuor sextariatas vel circiter, et alio campo tres mencoldatas vel circiter. Predictam vero terram tenebat G.... predictus de me in feodum de exersitu et chevacheia. Et ego sicut domina laudavi et concessi istam venditionem et quitavi penitus prefactum G.... de meo predicto servitio. Preterea quitavi predictos Blavonem, uxorem ejus et eorum heredes de predicto servitio pro sex denariis parisiensibus annui census reddendis singulis annis ad festum beati Remigii apud Roupi. Et si predicti sex denarii non solverentur ad dictum terminum, ego facerem capere in terra predicta, si vellem, pro cessu meo, nec legem sive forisfactum possem capere ab ipsis. Et si predicti Blavo vel ejus uxor vel eorum heredes vellent vendere terram predictam, ego et heredes mei tenemur concedere illam venditionem receptis ex parte nostra xii denariis ab emptore pro nostro jure, et emptor redderet michi vel heredibus meis annuatim prefactum censum, sicut dictum est. Ego vero sicut domina et heredes mei tenemur garandizare predictos B..., ejus uxorem et eorum heredes adversus omnes qui juri et legi vellent comparere. Quod ut ratum sit et firmum, presens scriptum sigilli mei munimine confirmavi. Maria vero mater mea vidua spontanea voluntate sua renunciavit omni juri, si quod jus habebat in terra predicta ratione dotalicii vel aliqua ratione alia, et litteris istis in hujus rei testimonium sigillum suum apposuit. Omnia vero predicta facta sunt fide prestita corporaliter. Actum anno gratie m° cc° xxx, mense marcio.

DCCCXCIII.

CONFIRMATIO PETRI DE SANCTO ALBINO, ARMIGERI, DE TRIBUS PICHETIS VINEE SITIS APUD MACHEMONT, SCILICET GRAIN DOR ET EUREUSE.

Novemb. 1275. A tous ceus qui ces presentes lettres verront ou orront, Pierres de Saint Aubin, escuiers, et demoiselle Aelis de Marcateglize, se femme, salut en nostre Seigneur. Sachent tout cil qui sont et qui avenir sont, que nous, pour le salut de nos ames et de nos ancesseurs, avons otroie a hommes religieus labbe et le couvent de nostre dame d'Oscans, a l'usage de la porte de le devant dite eglize, a tenir en morte main perdurablement, trois pieches de vigne seans ou mont de Machemont es lieus par desous escris, cest a savoir le vigne de Grain dor, la vigne la Saqueresse, et le vigne que on apele Eureuse, qui fut achatée a Perron Male espine, sauves les droitures que nous i avons pardevant, et obligons nous et tous nos oirs a garandir en morte main a tous jours envers tous hommes qui a droit et a loi en porroient ou vouroient venir, et pour ce que ceste choze soit ferme et estable, nous avons ces presentes lettres seelees de nos propres seaus. Ce fu fait en lan del incarnation nostre seigneur mil cc lxxv, ou mois de novembre.

DCCCXCIV.

DE DOMO NOSTRA APUD SANCTUM QUINTINUM.

Radulfus, prior Sancti Eligii, Michael, presbiter Sancti Mauritii, et Drogo de Gardolio, canonicus beate Marie Noviomensis, omnibus hec visuris in Domino salutem. Universitati vestre notum facimus quod cum querela verteretur inter fratres Ursicampi pro Maria, sorore sua, relicta Huberti Venin, ex una parte, et Symonem Callarium de Nouviant, filiumque ejus Petrum, clericum, ex alia, super quadam domo apud sanctum Quintinum sita, tandem ipsi in nos compromiserunt, ita quod quicquid inde arbitraremur et constitueremus, pars utraque irrefragabiliter observaret. De hoc autem tenendo firmiter abbas Ursicampi litteras suas sigillatas et patentes nobis tradidit, prenominati quoque Simon et Petrus coram multis affidaverunt ac super sancta juraverunt quod a dicto nostro nullatenus resilirent. Nos itaque super dicta querela veritate inquisita et plenius cognita, fratres Ursicampi ab impetitione dictorum Symonis et Petri absolvimus, ipsis et successoribus eorum super domo memorata perpetuum silentium imponentes. Ne qua igitur super hoc in posterum a Symone et Petro vel eorum heredibus adversus omnes fratres Ursicampi controversia valeat suscitari, presentes litteras inde conscriptas fratribus eisdem tradidimus sigillorum nostrorum appensione munitas. Actum anno gratie M° CC° decimo sexto.

1216.

DCCCXCV.

QUITATIO SYMONIS DE SANCTO SANSONE DE HIIS QUE CLAMABAT IN LX MINIS TERRE ET IN OCTO MINIS. — ITEM, CONCESSIO EJUSDEM SYMONIS DE ACQUIRENDIS IN EODEM FEODO QUOQUO MODO.

Ego Bartholomeus, Dei gratia Belvacensis episcopus, omnibus fidelibus tam futuris quam presentibus in perpetuum notum fieri volumus quod miles quidam nomine Symon, filius Symonis de Sancto Sansone, calumpniabatur adversus ecclesiam Ursicampi terram quandam lx circiter minarum sementis, medietatem cujus eadem ecclesia tenebat in elemosinam, ita ut suum alodium, medietatem vero reliquam ad excolendum tenebat ad nonam garbam a filio

1267.

Alconii nomine Marcello. Tandem itaque idem Symon tam ratione quam consilio ductus, quia eidem ecclesie injuriam faceret, ut pote qui nichil juris aut potestatis in eadem terra habebat, in presentia nostra recognovit, ipsamque calumpniam omnino quitam clamavit. Aliam nichilominus querelam adversus habebat eandem ecclesiam pro quadam terra circiter octo minarum sementis quam Petrus de Louveth pro anima fratris sui eidem ecclesie in elemosinam dederat. Hanc autem terram idem Petrus cum alia terra in feodum tenebat de Drogone de Rouviler, idem que Drogo hoc ipsum feodum tenebat a memorato Symone ad quem ex parte uxoris sue ipsum feodum deveniebat. Hanc ergo controversiam sicut et priorem, precibus et consilio nostro patrisque sui Symonis, omnimodis quitam clamavit, et quicquid de eodem feodo quolibet modo prefacta ecclesia posset acquirere, benigne concessit. Ubi vero hec omnia uxor illius nomine Hawis et Hugo filius ejus et Emelina et Adelina filie ejus concesserunt, hii testes interfuerunt, Ernulfus, sacerdos de Bulenchi, Petrus, miles, Richardus de Morgnenval, etc. Ne quis ergo hoc infringere audeat, sub anathemate prohibemus, et ut ratum et inconvulsum permaneat, sigilli nostri impressione et testium subscriptorum astipulatione roborare decrevimus. S. Galteri, archidiaconi Belvacencis, fratris mei, S. magistri Josselini, cantoris, etc. Actum apud Sanctum Justum anno dominice incarnationis m° cc° lx° vii°.

DCCCXCVI.

DE NEMORE RAINOLDI DE SARMAISES.

Novemb. 1227. Universis presentes litteras inspecturis, Johannes de Betencourt et Radulfus de Moiencourt, milites, salutem in Domino. Notum facimus quod Renaldus de Sarmaises, miles, ecclesie Ursicampi contulit tam in elemosinam quam in recompensationem rerum quas de dicta ecclesia habuerat, duas modiatas nemoris in perpetuum libere possidendas et habendas, sitas juxta grangiam de Arborea. Nos autem huic donationi interfuimus et illam tanquam terre dicti Renaldi custodes ratam habemus et acceptamus. Sciendum est autem quod fratres Ursicampi pro solvendis debitis sepedicti Renaldi nobis decem libras parisienses pro spoliis nemoris sibi collati persolverunt. In hujus rei testimonium presentes litteras sigillis nostris roboratas jam dictis fratribus tradidimus in testimonium et munimen. Actum anno gratie m° cc° xx° vii°, mense novembri.

DCCCXCVII.

ORDINATIO INTER NOS ET PETRUM DE SARMAISES QUOD ANIMALIA NOSTRA POSSUNT PASTURARE IN VACUIS IN TERRITORIO DE ORESMIEX.

Januar. 1284. A tous ceus qui ces presentes lettres verront ou orront, nous Jaques dis Tricos et Jehans diz de Hainviler, salut en nostre Seigneur. Nous faisons asavoir que comme controversie et descorde fust mute entre hommes religieus, cest asavoir labbe et le convent de leglise Nostre Dame d'Oscans dune part et Perron de Sarmaises dautre part, escuier, sur les pasturages en toutes les wides terres qui sient es terrois de Sarmaises et de Oresmiex, es queles terres wides li devant dis Pieres disoit et proposoit que les bestes del eglise d'Oscans devant dite ne pooient ne ne devoient aler en pasturage, et li abbes et li convens d'Oscans devant dit disoient le contraire et affermoient que leur bestes y pooient aler et devoient, et que il en etoient en bone possession et de loing tamps, et du consail de bones gens et pour bien de pais, li abbes et li convens d'Oscans devant dit et li devant dis Pierres de Sarmaises, escuier, des devant dites controversies et descordes se misent en nous, tant comme en arbitres ou amiables apaisens communement esleu*s* des parties devant dites, et promisent a tenir et a warder fermement nostre ordenanche a tous paisiblement et a paine de xl livres de Paris que li partie qui ne tenroit no dit et nostre ordenanche seur le descorde devant dite paieroit et renderoit a le partie qui no dit tenroit et nostre ordenanche, et nous a le requeste et a le proiere des parties recheumes le fais de le mise en nous; et, le fais rechut en nous, apresimes du fait et oimes les parties par leur veritez et tesmoins amenez dune partie et dautre, et che fait, nous assenames jour as parties devant dites de oir no dit et notre ordenanche, et en ce jour assene nous desimes no dit et notre ordenanche en le forme et en le maniere quil est ci desous escrit, les parties presentes et a leur requeste. Nous Jaques dit Tricos et Jehans de Hainviler disons en no dit et en nostre ordenance par consail de bones gens que les bestes de leglize de Nostre Dame d'Oscans puent et doivent aler dore en avant a tous jours en pasture et en toutes les terres wides qui sient es terrois de Sarmaises et de Oresmiex paisiblement, sanz contredit de Perron de Sarmaizes, escuier, de ses hoirs et de ses successeurs, et en tesmoignage et en warnissement des choses deseur dites, de notre ordenanche et de no dit, nous avons seelees ces presentes lettres de nos propres seaux. Et je Pierres de Sarmaises, escuiers, recognois que toutes les chozes deseur dites et racontees sont vraies, et le weul et les apreuve et premet en bone foi que je les tenrai dore en avant fermes et estaules, et oblige moi et mes hoirs et mes successeurs a tenir et a warder fermement a tous jours sanz contredit. Et pour ce que les choses deseur dites soient fermes et estaules, je Pierres de Sarmaises devant nommez ai mis et pendu men propre seel a ses presentes lettres avec les seaus des devant dis Jaquemon dit Tricoc et Jehan de Hainviler. Che fu fait en lan del incarnacion Nostre Seigneur Jhesu Crist mil deus cens quatre vins et quatre, ou mois de jenvier.

DCCCXCVIII.

ELEMOSINA CONONIS, COMITIS SUESSIONENSIS ET DOMINI NIGELLENSIS, DE TERRA DE SEPTFOURS.

1176.

In nomine sancte et individue trinitatis, amen. Bonum principem decet boni operis exemplum posteris suis relinquere et de commissis sibi a Deo divitiis erga pauperes Christi et religiosos quosque viros opera pietatis exhibere. Ego ergo Cono, comes Suessionensis et dominus Nigellensis, notum fieri volo tam futuris quam presentibus quod dedi in elemosinam ecclesie beate Marie Ursicampi, pro anima mea et pro animabus patrui mei, comitis Ivonis, nec non et pro animabus predecessorum meorum, totam terram meam arabilem in territorio de Setfours, et per manum domini Guidonis, ejusdem loci abbatis, prius apud Crispiacum et postea apud Nigellam, coram multis de ipsa elemosina predictam ecclesiam investivi, et hoc totum in presentia domini Rainoldi, Noviomensis episcopi, recognovi, eumque rogavi ut elemosinam meam sigilli sui appensione prenominate ecclesie confirmaret. Hoc totum etiam fratres mei Johannes et Radulfus laudaverunt et eandem elemosinam similiter prefacte ecclesie contradiderunt. Ut igitur hujus largitionis mee beneficium ratum et inconcussum sepedicte ecclesie in perpetuum valeat permanere ad posterorum notitiam nec oblivioni traderetur, per presentem scripturam volui transmittere et tam sigilli mei impressione quam testium subscriptorum astipulatione hanc paginam communire. S. Odonis, domini Hamensis. S. Radulfi, castellani Nigellensis. Actum est hoc anno Domini millesimo c° LXX° VI°.

DCCCXCIX.

DE IX JORNALIBUS TERRE DOMIAI JOHANNIS BROIART, IN TERRITORIO DE SETFOURS.

Febr. 1242.   Omnibus presentes litteras inspecturis, A..., officialis Nigellensis, salutem in Domino. Noverint universi quod dominus Johannes Broiars, miles, in nostra presentia constitutus recognovit se vendidisse ecclesie beate Marie Ursicampi, Cysterciensis ordinis, novem jornalia septem virgis minus terre arabilis ad virgam Nigellensem, sita in territorio de Septem furnis, quam terram tenebat de Thomas de le Porte in feodum, videlicet ad viam qua itur de Retonviler apud Estalons tria jornalia, et ad viam que itur de Septem furnis apud Herlie in duabus peciis sex jornalia septem virgis minus, prefate ecclesie pacifice et quiete in perpetuum possidenda. Huic autem venditioni domina Aelidis, uxor dicti domini Johannis, benignum prebuit assensum spontanea non coacta, et omni juri quod habebat vel habere poterat in dicta terra vendita sive ratione dotalicii sive alio modo coram nobis renunciavit dicens se habere sufficiens excambium pro dote sua, videlicet decem jornalia terre site in una pecia tenenti ad viam qua itur de Nigella apud Roiam, quam terram dictus J.., maritus suus, tenet de domino Matheo le Maige, milite, in feodum. Promiserunt insuper coram nobis tam dictus dominus Johannes quam domina Aelidis ejus uxor fide et sacramento corporaliter prestitis, quod prefactam ecclesiam beate Marie Ursicampi per se vel per alium super dicta terra vendita de cetero non molestabunt, nec artem, nec ingenium querent per quod sepe dicta ecclesia a modo vexari debeat vel gravari super venditione predicta. In cujus rei testimonium ad instanciam dicti domini Johannis militis et domine Aelidis, ejus uxoris, presentibus litteris sigillum nostrum duximus apponendum. Actum anno Domini M° CC° XL° secundo, mense februario.

CM.

REFORMATIO PACIS INTER NOS ET JOHANNEM DE TORNELLA DE QUIBUSDAM TERRIS INTER SOICOURT ET MARCHEL ET WAILLU.

Martio 1235.   Ego Johannes de Tornella, miles, omnibus presentes litteras inspecturis notum facio quod cum discordia esset inter me ex una parte et ecclesiam beate Marie Ursicampi ex altera super circiter septem bovaria terre que sita est in territoriis vel circa de Soiercourt et de Marchel et de Waillu, eo quod dicta ecclesia dicebat se dictam terram tenere de nobili viro Johanne, domino

Nigelle, ad censum, et ego e contrario asserebam habere bona fide, omnino quitavi et quito in perpetuum quod dicta terra erat et movebat de feodo meo. Tandem bonorum virorum consilio pax reformata fuit in hunc modum quod ego recognovi et recognosco me nichil feodi vel cujuscumque juris habuisse vel habere in dicta terra, et si quid habebam vel habere poteram bona fide omnino quitavi et quito in perpetuum, ita quidem quod de cetero dicta ecclesia Ursicampi sepe dictam terram a nobili viro supradicto J.., domino Nigellense, libere et pacifice tenebit ad censum, fidemque dedi corporalem quod nunquam de cetero dictam ecclesiam super dicta terra per me vel per alium molestabo, nec occasionem queram vel queri faciam per me vel per alium ut dicta ecclesia possit vel debeat in posterum super dicta terra molestiam incurrere vel gravamen. In cujus rei testimonium presentes litteras sepe dicte ecclesie Ursicampi sigilli mei munimine tradidi roboratas. Actum anno dominice incarnationis M° CC° XXX° V°, mense martio.

CMI.

DE FORAGIO BERENGERII DE SUSOY.

In nomine Patris et Filii et Spiritus sancti. Notum sit omnibus tam futuris quam presentibus quod Berengarius, major de Suiseio, dedit in elemosinam ecclesie sancte Marie Ursicampi foragium de proprio vino ejusdem ecclesie de domo Arboree, concedente Agnete, uxore sua, et filiis suis Rainero et Symone, et werpivit illud in manu Balduini decani, et decanus dedit in manu Galeranni, abbatis Ursicampi, concedente communi capitulo sancte Marie Noviomensis de quo ipse Berengarius tenebat illud. Actum Noviomi, in presentia canonicorum, anno ab incarnatione Domini M° C° XXX° VIII°, epacta decima octava. S. Balduini decani....

1138.

CMII.

DE TERRA ODE, MAJORISSE DE SUSOY, APUD BELLAM ALNUM.

Stephanus, Dei gratia Noviomensis episcopus, omnibus hec visuris in perpetuum notum fieri volumus quod Oda, majorissa de Suisoi, dedit in elemosinam ecclesie Ursicampi quandam terram juxta locum qui Bella Alnus dicitur sitam, circiter XI sextarias sementis recipientem. Ipsa vero de beneficio ejusdem ecclesie XXXV libras monete Parisiensis accepit. Hanc elemosinam Willelmus de Galiis, de quo prefata Oda dictam terram tenebat in feodum, ad petitionem nostram benigne concessit, et quicquid juris in ea habebat liberum et absolutum in manu nostra reddidit, et nos inde ecclesiam Ursicampi investivimus per manum domini Balduini abbatis. Eandem quoque terram memorata Oda in manu dicti Willelmi de Galiis reddidit, et ipse inde ecclesiam Ursicampi investivit per manum grangiarii Radulfi, presentibus Johanne, thesaurario, magistro Theobaldo, capellano nostro, et Odone, presbitero sancti Mauricii, officiali nostro, qui ad gerende rei testimonium a nobis fuerant destinati. Hanc elemosinam concessit apud Fresmont Odo major de Susoy, filius Ode prenominate, in presentia domini Salicii abbatis. Hoc etiam concesserunt liberi totiens Ode, Rainoldus cognomento Rosellus, Agnes, Avelina et

1198.

mariti corum Robertus et Symon. Hoc ergo ut in perpetuum ratum sit, presentem paginam inde conscribi sigillo nostro volumus roborari. Actum anno gratie m° c° xc° viii°.

CMIII.

ELEMOSINA OGERI DE SUISOI DE DOMO ET VINEIS.

Maio 1246.

Omnibus hec visuris, officialis curie Noviomensis salutem in Domino. Vobis notum facimus quod Ogerus de Arborea de Suisoi, Agnes, ejus uxor, Heluidis, soror dicte Agnetis, et Emelina de Pokerincort, in nostra presentia et constituti, sani et incolumus, bene et sane loquentes, contulerunt et concesserunt in puram elemosinam ecclesie beate Marie Ursicampi, videlicet dictus Ogerus duas sextariatas terre site in territorio de Susoi, in loco qui ad Noes dicitur, que terra proveniebat de acquestu ipsius Ogeri, ut idem Ogerus dicebat, a dicta ecclesia post decessum ipsorum Ogeri, Agnetis et Heluidis in perpetuum habendum et possidendum. Item concessit et contulit idem Odo dicte ecclesie in elemosinam tertiam partem trium quarteriorum terre sue site in Orivalle, et etiam quicquid potest de eadem terra ecclesie conferre predicte, que terra, ut dicebat idem O..., de hereditate sua proveniebat, a dicta ecclesia post decessum dicti O.... in perpetuum habendum et possidendum, et dicta A..., spontanea et non coacta, de assensu et voluntate dicti Ogeri, mariti sui, contulit etiam eidem ecclesie in elemosinam quicquid eidem ecclesie conferre potuit de vinea ipsius O..., sita in sabulis, que ad ipsum O..., ut dicebat, jure hereditario pertinebat, a dicta ecclesia post decessum ipsius O.... in perpetuum habendum et possidendum. Et ipsa dicta Agnes spontanea et non coacta de assensu et voluntate dicti Ogeri, mariti sui, contulit et concessit ecclesie prefate quicquid conferre potuit de vinea sua sita apud Arboream in curtillis a dicta ecclesia post decessum ipsius Agnetis et Heluidis, sororis sue predicte, in perpetuum habendum et possidendum. Et ipsa Heluidis spontanea et non coacta et sui juris et in viduitate existens contulit et concessit dicte ecclesie in elemosinam, si ipsa Heluidis supervixerit dicte A..., et ipsa vinea de curtillis per excadentiam devenerit ad ipsam Heluidem, quicquid de eadem vinea de curtillis potest conferre seu legare, a dicta ecclesia post decessum ipsius Heluidis in perpetuum habendum et possidendum. Et dicta Emelina sui juris et non conjugata existens contulit et concessit sepe dicte ecclesie unam sextariatam terre in loco qui Terchcu campus nuncupatur, et tres quarterios vinee sue site in valle de Suisoi. Item eadem Emelina contulit et concessit memorate ecclesie mansum suum situm apud Susoi juxta mansum dicti Ogeri, a dicta ecclesia post decessum dicte E..., una cum dicta sextariata terre et tribus quarteriis vinee in perpetuam elemosinam habendum et possidendum. Et dicti Ogerus, Agnes, Heluidis et Emelina omnia predicta et singula dicte ecclesie in puram elemosinam, eo modo quod superius et expressum, contulerunt et concesserunt, hoc salvo ipsis O..., A..., H... et E... quod si necessitatem habuerint evidentem dum vixerint vendendi seu alienandi de predictis, vendere poterunt et alienare de predictis secundum quod necesse habuerint, non obstante elemosine predicte collatione. Et tam dictus Ogerus quam dicte Agnes, Heluidis et Emelina, spontanei et non coacti, fide corporali prestita coram nobis, creantaverunt quod contra elemosinam ab eis, ut dictum est, factam de cetero non venient ullo modo nisi, ut dictum est, per evidentem necessitatem de eisdem aliqua vendere vel alienare compellantur. Et dicta Emelina recognovit coram nobis quod Bernardus, frater ipsius Emeline, nunc frater et conversus ejusdem ecclesie, antequam idem B.... habitum religionis assumpsit, illam eandem elemosinam quam ipsa Emelina dicte ecclesie fecit, quantum in se erat, ecclesie fecerat memorate. In cujus rei testimonium et firmitatem perpetuam, presentes litteras ad petitionem dictorum O..., A..., H... et E..., sigillo curie Noviomensis fecimus communiri. Actum anno Domini M° CC° quadragesimo sexto, mense maio.

CMIV.

REFORMATIO PACIS INTER NOS ET HOMINES DE TRACHI.

Willelmus, cognomento Patez, Egidius de Verseilles et Rainaldus de Bestisiaco, baillivi domini Regis, omnibus hec visuris in Domino salutem. Notum fieri volumus quod cum fratres Ursicampi suam ad dominum regem querimoniam pertulissent super dampnis multis que per homines de Trachiaco sibi acciderant, ut certissimum presumebant, dictus Rex nobis injunxit ut inquisitionem de illis malefactoribus diligentius faceremus. Citantes igitur auctoritate regia illos malefactores quos fama publica maxime accusabat, ad locum determinatum convenimus ubi nobiscum multe persone nobiles, prudentes et fideles, pariter affuerunt, quarum nomina hic duximus annotanda, frater Milo de Templo, Johannes dominus Nigelle et Radulfus frater ejus, Johannes castellanus Noviomi et Thorote, Johannes dominus de Cousdun, Gobertus de Cherisiaco, Radulfus castellanus Nigelle, Rainaldus castellanus Cochiaci, Aubertus de Hangest, Radulfus de Estrees, Ivo de Trachi, Rainaldus de Magniaco, Guido de Erblencourt, et multi alii. In presentia itaque omnium horum homines de Trachi octo numero de quibus maxima suspitio habebatur, videlicet et Droardus de Bosco, Arnulfus Aigrez, Godardus de Bus, Wiardus Falviches, Bertrannus Buliers, Bartholomeus li Rekemez, Matheus tabernarius, Rainoldus faber, suam innocentiam super dampnis predictis fratribus illatis presentialiter fide prestita sacramento etiam prestando se probaturos promiserunt, ita quod in hoc sacramento os centem homines sequerentur et de cetero erga domum Ursicampi ita se futuros fideles quod nec domui nec rebus ad eandem pertinentibus dampna inferrent, et si presentirent ab aliquo vel ab aliquibus inferenda ipsi, pro posse suo restituerent, et quam citius fratribus indicarent. Cum vero hec que homines de Trachi promiserant minus sufficere viderentur, ipsi hoc etiam spontanei addiderunt quod si forte in predictis posterum sepedictis fratribus dampnum notabile perveniret, videlicet incendii, lesionis hominum, interfectionis animalium, ruptionis vivariorum, et super hoc a domino Rege vel a baillivis ejus suspecti haberent, ipsi in episcopatu Noviomensi ubi debent, per aque judicium se purgarent vel in personis propriis, vel in filiis, vel in nepotibus, vel propinquioribus de parentela sua. Die ergo constituta venimus Trachiacum cum multis viris nobilibus, ibique in ecclesia octo viri prenominati omniaque promiserant sacramento prestito firmaverunt, hoc in ipso sacramento expressius asserentes quod erga Philippum Morat, quem de accusatione sua suspectum habebant, pacem bonam servarent, et quod ab illo tanquam a se ipsis pro posse suo injurias et lesiones adverterent, et propter hoc ad consilium et laudationem nostram dominus abbas Ursicampi et ceteri fratres qui aderant, juramenta centum hominum que promissa fuerant remiserunt. Cum aliis quoque octo prenominatis Johannes Salvarius idem juramentum fecit, et eisdem se pactionibus obligavit. In ecclesia vero Ursicampi Philippus memoratus presentibus multis de fratribus eadem que alii novem promiserant et juraverant, ipse quoque promisit et juravit pariter. Hiis adiciendum quod si aliquis prefatorum decem hominum de Trachi a promisso resilierit vel per judicium aque reus apparuerit, dominus ejus omnia que reus sub se tunc habebit sine redditione tenebit. Horum constitutioni interfuerunt Johannes abbas, Johannes prior, Wasso, Wilardus et Albertus monachi Ursicampi. Que ut rata permaneant, rei geste seriem litteris presentibus traditam sigillis nostris roboravimus in testimonium et munimen. Actum anno Domini m° cc° quarto decimo.

CMV.

DE DOMO NOSTRA APUD TRACHI.

Martio 1306. A tous ceux qui ces presentes lettres verront ou orront, Guillaume Tybout, ballis de Senlis, salut. Comme debas fust meus entre nous pour nostre seignour le Roy dune part et religieux hommes labbe et le convent de leglize Nostre Dame de Ourscans dautre part, seur la justice de deus maisons et masures si comme elles se comportent, que li dit religieux ont à Trachi, cest asavoir lune des dites masures seant en mont en la dite ville et lautre seant en val en la dite vile, es queles nous pour le Roi disiens et mainteniens avoir justice et seignourie toute, en saisine estiens, et bien en avienz use pour tel tamps quil souffisoit, et li dit religieux proposant au contraire que il avoient es diz lieus toute justice et toute seignourie, en saisine en estoient et bien en avoient use de si lonc tamps quil net memoire dou contraire, et pour nous enfourmer de ce, li dit religieux nous aporterent lettres vraies et entieres des seigneurs qui au tamps que les dites maisons et masures virent en la main de diz religieux et avoient ja possesse lonc tamps icelles demouroient en la dite ville de Trachi, es queles lettres il estoit contenu que ou cas de la dite justice debas avoit este entre les diz religieux dune part et Pierre de Kemrel, escuier, et demoisele Marie, se femme, dautre part, pour lequel debat li dis escuiers et la dite demoisele sa femme renoncoient au droit que il disoient avoir en la dite justice et disoient que au dis religieux appartenoit toute la joustice et toute la seignourie du dis lieus par vraie informacion que il en avoit faite et par consail de bone gens. Item par autres lettres contenans que Wiars de Trachi, jadis fils monseigneur Regnier de Trachi, chevalier, sires de Oufois, donnoit as diz religieux en pure et perpetuel aumosne toute tele seignorie et justice avec tout tel droit comme il avoit et porroit avoir es dites masures sanz riens retenir. Et avec ce nous persoluement approchasmes as lieus et en la ville de Trachi et nous enfourmames diligement sur la dite justice et seignorie, tant dou droit le Roi comme dou droit as diz religieux, et comment chascuns en avoit use, a la quele information faire nous apelames plente de bone gens des plus anciens dou pais creables et dignes de foi, par les quez nous trouvames les diz religieux en bone saisine et bien avoir use de tel tamps que il nest memoire dou contraire de toute la justice et seignorie des dites maisons et masures continuement jusques au jour de ce present debat, et ne trouvames pas les gens nostre seigneur le Roi en saisine, ne avoir use au contraire des chozes dessus dites. Et en ostames la main le Roi que nous y aviens mise a cause dou debat dessus dit et tout lempeechement que mis i estoit par la gent le Roi. En tesmoignage de ce nous avons seele ceste presente lettre de nostre propre seel, et en gregneur confirmation nous y avons fait metre le seel de la baillie douquel on use es prevostez de Compiegne et de Choisi, saus tous drois. Ce fu fait lan de grace m. ccc. et sis, el mois de march.

CMVI.

DE QUODAM MANERIO NOSTRO APUD TRACHI.

Nous Pierres de Kemrel, escuiers, et damoiselle Marie, se femme, faisons savoir a tous ceus qui ces presentes lettres verront ou orront, que comme debas et descors fust meus entre nous Pierre de Kemrel, escuier, et demoiselle Marie, sa femme, deseure nommes dune part et religieus hommes labbe et le couvent de leglise d'Oscans dautre part, seur ce que nous Pierres et Marie deseur dit disiens que nous aviens toute justice et toute seignorie en i manoir que li dit religieus ont a Trachi, seant en la partie de la ville que on appele ou soloit appeler Aulencourt, pour la quel choze nous leur aviens fait commandement quil le mesissent hors de lor main, et pour ce quil navoient mie obei a notre commandement, nous aviens saisi le dit manoir come fourfait et por nous enforcier nous aviens requis a notre seigneur levesque de Noion de cui fief la chose mouvoit, quil nous en feist joir come sires, et por ce Jacques li Cras, adonc baillius nostre seigneur levesque de Noion deseur nomme, y avoit mis la main de par levesque a nostre plainte et a nostre requeste, les deseur diz religieus contredisanz et affermans le contraire, et disanz que a tort le faisiens, et que a aus appartenoit le justice et le seignorie del manoir deseur dit, et que li dis manoirs leur avoit este aumosnez avec toute la justice et la seignorie et quil lavoient ensi tenu quitement et en pais par lespasse de quarante et trois ans ou plus, en la parfin, veues les lettres quil en avoient, nous Pierres et Marie deseur dit, par le consail de bone gens, avons renoncie et renoncons a toute le justice et le seignorie dou manoir deseur dit et a toute le droiture et a toute laction que nous i aviens ou poiens avoir en quelcunques maniere que ce fust, et ensi Jakes li Cras, baillius nostre seigneur levesque deseur di, en a oste se main dou tout. Et volons, greeon et otroions que li dit religieus tiegnent et aient a tous jours le dit maneir avec toute justice et seignourie et toute autre droiture quele que ele soit sans contrediz de nous ou de nos hoirs ou de nos successeurs, les quez nous obligons et avons obligie a tenir toutes les chozes deseur dites envers les diz religieus a tous jours sanz contrediz. En tesmoignage des quez chozes nous avons ces presentes lettres seelees de nos propres seaus. Ce fu fait en lan de grace mil cc. quatre vins et sept, el mois de jenvier.

Jan. 1287.

CMVII.

ELEMOSINA DOMICELLE MARIE DE TRACHI DE II DENARIIS CENSUS PRO OUCHIA COLARDI CLERICI ET DE ACQUISITIS ET ACQUIRENDIS IN PAROCHIA DE MONTIGNI.

Je Marie de Trachi, fille jadis Jehan de Souci, escuier, fas savoir a tous ceus qui sont et qui a venir sont, qui ces presentes lettres verront ou orront, que je pour pitie et pour remede

Maio 1258.

de mame et des ames mes ancesseurs, ai donne en aumosne a tous jours a leglise d'Oscans deus deniers de cens que on me doit chascun an de louche qui fu Colart le Clerc et Marie, la femme Bauduin le Parmentier et ses enfants de Monnevoisin, que cele eglise a acquise, ne riens ne retieng ne a moi ne a mes hoirs en louche devant dite. Apres ce jai donne et otroie a a celi eglize en pure et perdurable aumosne quele puist avoir et tenir a tous jours sanz contredit de moi et de mes oirs quanque ele a acquis et quanque ele porra desoremais acquerre soit par achat soit par aumosne ou terroir et en la seignourie que j'ai orendroit dedans le perrochage de Montigni Langrin par tout, fors de ventes, sauves a moi et a mes oirs mes rentes, ma justice et mes droitures acoustumees, et promest par le foi de men cors que je ne venrai jamais par moi ne par autrui encontre les aumosnes devant dites, ains en porterai a celi eglize d'Oscans loial warandise de moi et de mes oirs encontre tous ceus qui a droit et a loi en vorront venir, fors que encontre le Roi de France. Et pour que ce soit ferme choze et estable a tous jours, jai ces lettres seelees de mon seel qui fu fais especiaument pour seeler ces presentes lettres. Ce fu fait en lan del incarnacion nostre seigneur Jhesu-Crist M. cc. LVIII, ou mois de mai.

CMVIII.

ELEMOSINA LAMBERTI CHARDASNE DE PRATO SUO APUD TRACHI.

Decemb. 1233. Omnibus hec visuris, magister Hugo, canonicus et officialis Noviomensis, salutem in Domino. Vobis notum facimus quod Lambertus Chardasne de Trachi et Agnes, ejus uxor, in nostra presentia constituti recognoverunt se dedisse et concessisse in elemosinam ecclesie beate Marie Ursicampi quodam pratum de acquestu suo quod a Johanne Godart comparaverunt, tenendum a dicta ecclesia et in perpetuum possidendum post amborum decessum, et quam cito alter eorum decesserit, medietas dicti pratri ad dictam ecclesiam revertetur, et post utriusque decessum dicta ecclesia totum pratum, ut dictum est, possidebit. Recognoverunt insuper se in elemosinam perpetuam dicte ecclesie dedisse medietatem omnium mobilium suorum post decessum suum, ita quod quam cito alter eorum decesserit, medietatem omnium mobilium ipsum decedentem contingentem cum lecto integro defuncti dicta ecclesia possidebit, et altero decedente eadem remanebit conditio. In cujus rei testimonium presentes litteras ad petitionem dictorum Lamberti et Agnetis sigillo curie Noviomensis fecimus communiri. Actum anno Domini M° cc° xxxIII, mense decembri.

CMIX.

DE XV FALCATIS PRATI IN TERRITORIO DE TRACHI DOMINI ANSOLDI DOFFEMONT.

Feb. 1258. Je Ansous, chevaliers, sires d'Offemont, fas savoir a tous ceus qui ces lettres verront que je ai vendu a leglize d'Oscans a tous jours xv faus de pre et L et une verge et demie peu plus peu mains a le mesure de Trachi, que je avoie ou terroir de Trachi, en plusieurs lieus, cest a savoir ou pre de Widegoie trois faus et demie peu plus peu mains et v verges et de-

TITULUS VILLARUM. 549

mie, ou pre qui fu le chapelain d'Offemont v faus et vi verges et demie mains, ou pre qui fu Wautier Nivart, que li chapelain d'Offemont tint, une faus et une verge et demie, ou pre Thiebaut, quatre faus et demie et xiii verges, ou pre des waises, une faus et xxx et viii verges, et les deux pieches qui dessus sont nommees, cest a savoir de Widegoie et dou pre Tiebert avoie je acquise de monseigneur Jehan de Trachi, et les autres deux pieches qui dessus sont nommees, cest a savoir le pre le chapelain d'Offemont et le pre Wautier Nivart, avoie je acquis au chapelain devant dit par souffisant escange et par le gre de son evesque et de son patron, et toutes les pieches de pre qui dessus sont nommees tenoie je en franc alues au jour que fis cest vendage a le devant dite eglize, et li ai livrees et baillies franches de tous seignourages et quites de toutes rentes, de toutes coustumes, de tous cens, de dismes et dautres redevanches. Et toutes les chozes et les droitures que je avoie ou pooie avoir en tous ces pres vendus ai je quites et otroies a le dite eglize. Et pour que ce soit ferme et estable, car ne riens ni ai retenu a moi ne a mes hoirs dore en avant a tous jours, et je et mi oir sommes tenu a warandir permanablement encontre tous les prez devant diz, si comme je leur ai vendus et bailliez en le maniere devant dite. Et fas a savoir que du fuer de cest vendage mes gres est fais en deniers ses que je ai recheus de le dite eglize. Et pour ce que ce soit ferme et estable a tous jours, je ai ces presentes lettres baillies a le devant dite eglize seelees de mon seel. Et je Marie d'Abecour, femme monseigneur Ansout, chevalier devant dit, sanz nul contraignement, de men boin gre, ai toutes ces chozes, si comme eles sont par dessus devisees, gree et otroie et quite a tous jours a le dite eglize, se je riens i avoie ou pooie avoir par raison de douaire ou autrement, et de quoi, se douaire i avoie, je ai restor souffissant a men gre en autre lieu, et pour toute seurte a tous jours je ai ajouste et mis men seel a ces lettres avec le seel de monseigneur Ansout d'Offemont, chevalier devant dit. Ce fu fait en lan del incarnacion nostre seigneur mil deus cens et cinquante wit, ou mois de fevrier.

CMX.

ELEMOSINA MARIE DICTE LAVINEE DE NOVIOMO DE VII SEXTARIATIS TERRE IN TERRITORIO DE CUI.

Universis presentes litteras inspecturis magister Robertus de Monteacuto, canonicus et officialis Noviomensis, salutem in Domino. Noveritis quod Maria dicta La Vinee, coram fideli nostro Arnulpho dicto de Sancto-Quintino, clerico, curie Noviomensis notario ad hoc a nobis specialiter destinato, personaliter constituta dedit, contulit et concessit in puram et perpetuam elemosinam ecclesie Ursicampi septem sextariatas terre de hereditate sua, parum plus vel parum minus, ad virgam et mensuram Noviomensem, ut dicebat, sitas in territorio de Cuy, in duabus peciis, videlicet quatuor sextariatas de super prata de Tiecourt, et tres sextariatas in loco qui dicitur sous Lausnoy de Cuy, ab eadem ecclesia tenendum, habendum pariter libere, quiete et pacifice perpetuo possidendum. Ad hoc autem presens fuit Marga, soror dicte Marie, uxor Petri dicti Balant, que premissa omnia et singula voluit, laudavit, approbavit, et in eisdem omnibus et singulis expresse consensit, recognoscens ipsa Marga se sufficiens restauramentum recepisse et habuisse a dicta Maria, ejus sorore, pro omni jure quod sibi com-

Januar. 1268.

petebat vel competere poterat quoquo modo in premissis et singulis premissorum, videlicet quandam domum ipsius Marie quam habebat de acquestu suo, ut dicebat, sitam in vico de Buat, inter domum Renaldi dicti de Solio ex parte una, et Relici, nunc notarii curie Noviomensis, ex altera. Ad hec autem omnia et singula facienda et recognoscenda dictus Petrus Balans ipsi Marge uxori sue auctoritatem prestitit et assensum, promittentes dicti Petrus, Marga et Maria, fide prestita corporali, quod premissa in omnibus et singulis observabunt, nec contra eadem vel aliquid premissorum per se vel per alium venient in futurum, nec artem querent nec ingenium per que dicta donatio et concessio retractari possit aut debeat in aliquo vel in aliqua parte sui infirmari. Nos vero premissa omnia et singula coram dicto notario facta de quibus nobis constat per relationem ipsius cui fidem adhibemus super hiis omnibus et singulis, volumus, laudamus et approbamus, et ea rata et firma habemus, ac si coram nobis acta fuissent. In cujus rei testimonium presentibus litteris, ad petitionem dictorum Petri, Margue et Marie, sigillum curie Noviomensis duximus apponendum. Datum anno Domini millesimo ducentesimo sexagesimo octavo, mense januario.

CMXI.

DE ELEMOSINIS HAUDE DICTE LA VAIGNARDE DE CUI.

Januar. 1240. Omnibus hec visuris, officialis curie Noviomensis salutem in Domino. Vobis notum facimus quod Hauda Wagnarde de Cui, sana et incolumis et mentis compos, in nostra presentia constituta contulit in puram et perpetuam elemosinam ecclesie Ursicampi ad pitanciam conventus ejusdem ecclesie duas sextariatas terre site in novis essartis de Cui et xxx solidos parisienses infirmarie pauperum ejusdem ecclesie capiendos super manso ipsius Haude sito apud Cui. Contulit etiam ecclesie predicte tres mencoldos terre site retro salices de Praele, et tres mencoldos in loco qui dicitur Vaus Tenchens, a dicta ecclesia post decessum ipsius Haude bene et legitime, sicut superius dictum est, possidendum et habendum. Et dicta Hauda fidem in manu nostra prestitit corporalem quod contra dictam collationem de cetero non veniet nec venire presumet, et quod dictam super dicta collatione de cetero non molestabit nec gravabit, nec quod possit aut debeat super eadem in posterum molestari nec gravari aliquo modo per se vel per alium procurabit. In cujus rei testimonium presentes litteras ad petitionem dicte Haude sigillo curie Noviomensis fecimus communiri. Actum anno Domini M° cc° quadragesimo, mense januario.

CMXII.

QUITATIO ET ELEMOSINA AGNETIS, FILIE ALBERICI, DE VINEA DE PONT VERT.

Julio 1219. Ego Garnerus, major ecclesie Suessionensis archidiaconus, omnibus presentes litteras inspecturis salutem in Domino. Noveritis quod cum Agnes, filia Alberici cognomento le Mauvais, in presentia nostra esset constituta, elemosinam quam fecerat Johannes Kinquenaus, avunculus ejus, de vinea de Pont Vert ecclesie beate Marie Ursicampi, libere et absolute quitavit et laudavit, et tertiam partem vinee que ei competebat jure hereditario eidem ecclesie contulit in perpetuum possidendam. Residuum autem ejusdem vinee quod ad ipsam jure hereditario pertinebat, acceptis a predicta ecclesia xl libras provensis monete, predicte ecclesie vendidit et de elemosina et venditione in manu nostra se devestivit, et ego ecclesiam beate Marie Ursicampi per manum Johannis, abbatis ejusdem loci, investivi. Et super hoc fidem in manu mea prestitit quod ecclesiam predictam nec per se nec per alios molestabit. Quod ut ratum sit et firmum, presentem paginam sigilli mei munimine roboravi. Actum anno Domini m° cc° nono decimo, mense julio.

CMXIII.

QUITATIO WILLELMI DE TRIECOC DE ACQUISITIS IN TERRITORIO DE PONT VERT.

Godefridus, canonicus et officialis Suessionensis, omnibus presentes litteras inspecturis in Domino salutem. Noveritis quod dominus Willelmus de Triecoc, miles, in nostra presentia constitutus quitavit ecclesie Ursicampi omnes vineas quas ipsa tenet in territorio ipsius Willelmi de Pont Vert, in perpetuum possidendas ad redditus consuetos, tam acquisitas videlicet quam illas quas de elemosina tenet, fidem interponens in manu nostra corporalem quod de cetero prefactam ecclesiam super predictis vineis per se vel per alios non molestabit vel faciet molestari, immo contra omnes super quitatione predicta eidem ecclesie legitimam portabit garandiam. In cujus rei testimonium presentes litteras sigilli nostri munimine fecimus roborari. Actum anno gratie millesimo ducentesimo vicesimo sexto, mense septembri.

Sept. 1226.

CMXIV.

THOROTE CASTELLANI TESTAMENTUM.

Nous Gauchiers, chastelains de Noion et de Thorote, et Marie, se femme, faisons savoir a tous que nous en nostre boin sens et en nostre bon memoire faisons nostre testament si comme il est ci desous escript et devise. En non dou pere et dou fil et dou saint esperit, etc. Infra. A Nostre Dame d'Oscans xii lib. et x sous de rente a tous jours a penre chascun an ou paage de Thorote pour faire nostre anniversaire ij fois lan, cest a savoir le jour de nostre obit et lendemain de la Chandeleur, etc. Infra. Et volons que tout ce que nous avons laissie soit a le monoie de tournois, etc. Ce fut fait en lan de grace mil deus cens quatre vins et 1.

1281.

CMXV.

DE ELEMOSINA DOMINI JOHANNIS DE OFFEMOMT DE X LIBRIS APUD THOROTAM.

Je Jehans de Offemont, chevaliers, fas savoir a tous ceus qui ces lettres verront que je ai donne en pure aumosne et perdurable pour le salut de mame et de mes ancessours au convent

Martio 1249.

de Oscans en cui biens et en cui oroisons je ai grant fianche et grant devocion, cent sous de Paris pour pitance le jour que il feront mon anniversaire, et cens saus de Paris a laumosne de icele meson pour donner au poures le jour de men anniversaire, a penre chascun an a tous jours mais perdurablement, ad huitaves de la toussains en mon travers de Thorote, et weil que mi hoir rendent ou facent rendre chascun an au devant dit couvent ces dis libres de Paris dessus nommez et a laumosne de la devant dite maison de Osquans de mon travers de Thorote, si comme il est pardessus devise. Et pour ce que ceste choze soit ferme et estable, je en ai donneez mes lettres pendans seelees de mon seel au devant dit convent. Ce fu fait en Egypte devant la Mansore sour le flun du Nil, lan del incarnacion mil et deus cens et XL IX, au mois de march.

CMXVI.

DE QUATUOR LIBRIS SUPER TRANSVERSO THOROTE.

Aug. 1289. Je Ansous d'Offemont, chevaliers, sires d'Offemont, et je Jehanne dame de Ronsoy et d'Offemont, feme au devant dit monseigneur Ansout, faisons savoir a tous ceus qui ces presentes lettres verront, que li abbes et li couvens d'Oscans nous ont rendues les vignes que on tient dou chapistre de S. Quentin et dou chastelain de Chauni, lesqueles vignes il avoient acatees a nous et leur deviens amortir. Et pour ce que li chapistres et li chastelains devant dit ne leur vorrent laissier tenir en main morte, il les nous ont remises en nostre main, et nous en ont baillie lettres de quitance. En recompensation et en restor de queles nous leur avons assene iiij libres de Paris de rente a tous jours a penre et a rechevoir chascun an a le tous sains seur nostre paage ou travers de Thorote, en tele maniere que se nostres chieres sires li Rois de France ou autres les contraignoit a metre hors de leur main le rente devant dite, nous leur seriens et sons tenu a rendre et a restorer en liu souffisant quatre livres de Paris de rente a tous jours a paier chascun an a le tous sains, et pour ce que nous seriens quite de paier les seur le travers de Thorote devant dit. Et a ceste choze tenir fermement et a tous jours obligons nous et nos hoirs quel quil soient. En tesmoignage des quels choses nous avons ces presentes seelees de nostres propres seaus. Ce fu fait en lan de grace mil deus cens quatre vins et neuf, ou mois daoust.

CMXVII.

ELEMOSINA DOMINI ANSOLDI DE OFFEMONT, MILITIS, DE CENTUM SOLIDIS PARISIENSIBUS ANNUI REDDITUS SUPER TRANVERSUM DE THOROTA. — CONCESSIO REGIS DE EODEM.

Octob. 1272. Je Ansous, sire d'Offemont, chevaliers, fas savoir a tous ceus qui ces lettres verront que pour la grant devocion que je ai a leglise me dame Sainte Marie d'Oscans et pour la devocion que mes peres i ot a vie et a mort de cui je tieng li hiretage et de cui li cors gist laiens avec pluseurs de mon lignage et de mes amis, pour les ames desquelz proieres et bien fait sont en la devant dite eglize fait chascun an, si comme je ai entendu et seu vraiement, de qui desirrier et mestier en ai de estre es biens fais de la maisons et pour le pourfit des ames devant dites et de la moie a le devant eglize ai donne et otroie hiretablement pour Dieu et en aumosne a tous jours cent sous de parisis de rente chascun an a la feste tous sains et li promet vraiement et fermement ensi a paier. Et pour ce que la choze soit plus seure, ai je cele rente assenee et assise a prendre seur mon travers de Thorote, et weil et commant que mi hoir et mi successeur et cil qui de par moi et apres moi tenront des ore en avant celui travers, paient la dite rente au terme deseure nomme sans coust, sans delai et sans empeechement, et tout ce ai je fait sauve la droiture le Roi de cui je tieng. En tesmoignage et en seurte de la quele choze je ai ces presentes lettes seelees de mon propre seel et baillies a la dite eglize. En lan del incarnacion nostre Seigneur mil deus cens soissante et douse, ou mois de octembre.

CMXVIII.

ELEMOSINA DOMINI D'OFFEMONT DE XX LIBRIS PARISIENSIBUS ANNUATIM SUPRA TRANSVERSUM DE THOROTA.

Je Ansous d'Offemont, chevaliers, fas savoir a tous que comme je et ma chiere femme Jehenne, jadis dame de Roinsoi, eussiens donne en pure et perdurable aumosne pour le salu de nos ames et de nos ancisseurs a hommes religieus labbe et le couvent d'Oscans, pour faire nos anniversaires cascun an a tous jours, vint livres de Paris de rente cascun an perdurablement a penre sor tous nos bos de Fraisniches et eussiens ordene que des vint livres dessus diz fussent converti en pitance cascun an pour ledit convent as jour de nos anniversaires ou dedens les wit jours apres, et les autres dis libres fussent converti pour donner en laumosne des communs poures a le porte de Oscans en tele maniere que, si tost comme il defauroit de lun de nous, il en recheveroient dis livres cascun an, et apres le dechest de nous deus toutes les vint livres entierement, cest a savoir le moitie por le couvent et lautre moitie pour le porte, lesquels vint livres li portiers de le dite eglize, quiconques il soit ou sera, doit recevoir cascun an pour convertir en lusage deseur dit, et que se li abbes en aloit encontre, nous ou nostre hoir peussiens retenir les dites vint livres, dusques adonc quil si consentiroit, selonc ce quil estoit contenu es lettres seelees de nos propres seaus faites sor ce et baillies as diz religieus, as queles il ont renoncie parmi lobligacion et lassenement ci en suivant de le rente deseur dite, faite de nouvel par moi, sil est a savoir que je, pour ce qu'il me samble et veritez est que les dites vint livres ne porroient mie bien souffisamment estre prises cascun an seur les bos de Fraisniches deseur diz, et pour le pourfit et l'avantage des diz religieus que je desir, wel et otroi et me consench que lesdites vint livres de Paris de rente en le maniere deseur dite soient des ore en avant prises cascun an a tous jours a le quinzainne de le candeliere sor le paage de Thorote, en leveschie de Soissons, cest a savoir sor quarante livrees de terre que nobles homes me sire Gauchiers, chevaliers, castelains de Thorote, mes chiers sires et cousins, me donna a tous jours a penre cascun an sor celui paage et les tenoie de lui en fie et en homage, et les dites vint livres de Paris de rente par an ai je donne et doins en principal as diz religieus et toute le droiture et le action que je i avoie ou pooie avoir sanz riens retenir ne a moi ne a mes hoirs. Et a ces choses tenir fermement a tous jours oblige je

April. 1293.

moi et mes hoirs et mes successeurs et renonce et ai renoncie expresseement en ce fait en non de moi et de mes hoirs et de mes successeurs a toutes barres, toutes aides de droit et de fait general et especial, de fraude et deception, et a toutes raisons qui poroient estre proposees contre l'ordenance, l'otroi, le don, l'assenement, et les autres choses devant dites et qui porroient aidier a mi et a mes hoirs ou a mes successeurs, et as devant diz religieus nuire ou empeeschier. En tesmoignage des quels chozes je ai ces presentes lettres seelees de men propre seel et prie au lit chastelain comme a mon chier seigneur et cousin quil weille ceste moie aumosne otroier et confermer comme sires. Ce fu fait en lan de grace mil deus cens quatre vins et treze, el mois davril, le lundi devant le feste saint March lewangeliste.

CMXIX.

DE UNA MODIATA TERRE IN TERRITORIO DE THOROTA, INTER MOLENDINUM DE LOUVET ET THOROTA.

Aug. 1299. Universis presentes litteras inspecturis, officialis curie Noviomensis in Domino salutem. Notum facimus quod in nostra propter hoc presentia personaliter constitutus vir discretus magister Jacobus de Thorota, canonicus ecclesie beate Marie Noviomensis, dedit, contulit et concessit, se que dedisse, contulisse et concessisse recognovit pure, libere, simpliciter et absolute ac irrevocabiliter, donatione facta inter vivos, in puram et perpetuam elemosinam viris religiosis abbati et conventui ecclesie beate Marie Ursicampi, Noviomensis dyocesis, unam modiatam terre vel circiter de acquestu ipsius magistri, ut dicebat, sitam in territorio de Thorota, inter molendinum de Louvet et villam de Thorota, in duabus peciis quarum una pecia continens septem sextariatas vel circiter, situata ante domum domini Guidonis de Jausi, contigua prato quod fuit Johannis de Mota ex uno latere et vie seu ytineri per quod itur a domo leprosarie ad navem de Mommakes, quarum septem sexteriatarum terre quinque sextariate et dimidia tenentur per indiviso ab episcopo Sylvanectum et castellano de Thorota sub recto censu annuo XIII denariorum parisiensium solvendorum quolibet anno apud Longuel in festo beati Remigii in capite octobri, alie vero tres mencoldate terre ex dictis septem sextariatis tenentur a dicto domino Guidone ad terragium, videlicet ad undecimam garbam, alia vero pecia continens unam sextariatam terre, que fuit Symonis dicti Raverdie, tenetur a domino dicto Guidone ad terragium. Quas si quidem octo sextariatas terre ab ipso magistro Jacobo, ut dicebat, acquisitas, et quicquid juris, actionis, proprietatis et possessionis habebat in eisdem aut habere poterat seu debebat, concessit ex nunc penitus et expresse ac etiam donavit religiosis ante dictis ac transtulit in eosdem, retento sibi solummodo usufructu in premissis quandiu vitam duxerit corporalem, ab eisdem religiosis et curam habentibus ab ipsis, post decessum dicti magistri Jacobi tenendum, habendum, pariter que possidendum in futurum pacifice et quiete, promittens idem magister Jacobus per juramentum suum super hoc in verbo sacerdotis ab ipso prestitum, quod contra predictas donationem, collationem, concessionem et premissa vel aliquid premissorum per se vel per alium de cetero non venient in futurum, et quod eas per se vel per alium de cetero non revocabit causa ingratitudinis aut aliqua alia de causa. Immo super premissis dictis religiosis et ab eis curam habentibus legi-

TITULUS VILLARUM. 555

timam portabit garandiam adversus omnes, et ad hoc obligavit se et successores suos et omnia bona mobilia et immobilia presentia et futura. In quorum omnium testimonium et munimen, ad petitionem dicti magistri Jacobi, presentibus litteris inde confectis sigillum curie Noviomensis duximus apponendum. Datum anno Domini millesimo ducentesimo nonagesimo nono, mense augusto, die martis post festum beati Petri ad vincula.

CMXX.

ELEMOSINA HUGONIS DE THOROTA DE TERRIS AD USUM PORTE ET MONASTERII. ITEM CENSUS XV SOLIDORUM SUPER DUAS DOMOS.

Universis presentes litteras inspecturis, officialis curie Noviomensis in Domino salutem. Noverit universitas vestra quod coram dilecto nostro et fideli Johanne dicto de Querlu, clerico curie predicte, ad hoc a nobis specialiter destinato, personaliter constituti Hugo, dictus de Louvet, et Hessia, uxor ejus, donaverunt et contulerunt in elemosinam perpetuam et concesserunt ecclesie Ursicampi seu monasterio ad usum porte dicti monasterii quatuor sextariatas terre dictorum conjugum, sitas in territorio de Thorota quo commorantur, ut dicitur, conjuges ante dicti, de tenentia viri nobilis castellani Noviomensis, quam terram ecclesia predicta seu portarius ejusdem tenere solet sub annuo terragio inde debito a portario predicto, a cujus quidem terragii prestatione dicte terre que sita est in loco qui dicitur ad campum Benoit, voluerunt iidem conjuges et consenserunt coram notario memorato dictos portarium et ecclesiam quitos a modo permanere et immunes, ipsamque terram ab eisdem portario et ecclesia teneri et possideri in manum mortuam quandiu vixerint conjuges antedicti, salvo tantum usufructu dictis conjugibus in premissis quandiu vixerint et superstes eorumdem. Contulerunt insuper et concesserunt iidem conjuges in elemosinam perpetuam sub hac forma monasterio predicto et ad opus ejusdem quandam grangiam dicti Hugonis sitam in villa de Thorota, ad pontem beate Marie, inter domum Petri dicti Patoul et ecclesiam beate Marie de Thorota, cum curtillo contiguo grangie predicte, de tenencia castellani predicti, sub annuo censu unius denarii. Item contulerunt ut supra et concesserunt iidem conjuges in elemosinam perpetuam ecclesie seu monasterio Ursicampi duas minas terre dicti Hugonis in territorio predicto, de tenentia domini Renaldi de Vignemont, militis, in loco qui dicitur Aissegni, contiguo terre Sancti Amandi et loco qui dicitur au Riu Castelain. Premissa quidem omnia et singula sub forma predicta dicta Heissia una cum Hugone predicto fieri voluit et consensit in eisdem spontanea non coacta, nulla vi, dolo vel metu ad hoc inducta, ut dicebat. De auctoritate siquidem et assensu sibi prestitis a Hugone predicto coram dicto notario in premissis ita peractis, constitutis insuper coram dicto notario pariter ad hoc a nobis specialiter destinato Johanne dicto Cornet et Johanna conjugibus de Thorota, recognoverunt se ab eodem monasterio Ursicampi ad censum seu sub annuo censu et perpetuo quindecim solidorum parisiensium dicto monasteroi singulis annis solvendorum ab eisdem et eorum heredibus in perpetuum sive solvendo cepisse duas domos ejusdem monasterii Ursicampi sitas apud Thorotam, que fuerunt quondam Wiardi dicti le Caron et Aie, uxoris sue, contiguas autem, ut dicebant, domui que fuit Theobaldi dicti le Caron, nunc vero Simonis dicti Puree, pro quibus quindecim solidis pari-

1276.

siensibus ecclesie Ursicampi predicte singulis annis itaque solvendis competenter ab eisdem Johanne et Johanna ac heredibus eorum in perpetuum quolibet scilicet anno, duobus terminis, videlicet medietatem dictorum quindecim solidorum in crastino festi dominice in nativitate, et residuum in festo assumptionis beate Marie, obligaverunt coram dicto notario dicti Johannes et Johanna erga dictam ecclesiam Ursicampi se et sua bona quecunque necnon heredes suos et eorum bona in perpetuum, obligatosque relinquunt, promittentes tam dicti Hugo et Heissia quam dicti Johannes et Johanna, fide data in manu dicti notarii, dictos scilicet Hugonem et Hessiam contra collata premissa ab eisdem et concessa de cetero non venturos in aliquo in futurum, ipsosque Johannem et Johannam premissa inita ab eisdem et conventiones eorum predictas firmiter ac inviolabiliter observaturos a modo in futurum, supponentes se sub fide predicta quoad hoc iidem Hugo, Hessia, Johannes et Johanna juridictioni curie Noviomensis, et choertioni. In quorum omnium testimonium premissorum et munimen perpetuum, nos premissa coram dicto notario facta de quibus nobis constat ex relatione ejusdem cui fidem in hiis pleniorem adhibemus, rata habentes et firma et eadem laudantes et acceptantes ac si coram nobis essent acta, presentibus litteris sigillum curie Noviomensis duximus apponendum. Datum anno Domini m° cc° septuagesimo sexto, feria sexta ante festum nativitatis beate Virginis Marie.

CMXXI.

ITEM, DE QUINDECIM SOLIDIS CENSUS.

1276. Omnibus hec visuris, officialis curie Noviomensis in Domino salutem. Noveritis quod constituti propter hoc personaliter Johannes dictus Cornet et Johanna ejus uxor de Thorota coram fideli nostro Johanne dicto de Querlu, clerico, curie Noviomensis notario ad hoc a nobis specialiter destinato, recognoverunt iidem conjuges, sicut ex relatione dicti notarii intelleximus et hec eadem rata habemus et firma ac si coram nobis essent acta, se recepisse ad censum annuum et perpetuum et accepisse a monasterio Ursicampi duas domos ejusdem monasterii sitas apud Thorotam, que fuerunt quondam Wiardi dicti le Caron et Aie, uxoris sue, contiguas etiam, ut dicebant, domui que fuit Theobaldi dicti le Caron, nunc vero Symonis dicti Puree, sub annno censu predicto quindecim solidorum scilicet ab eisdem conjugibus et eorum heredibus dicto monasterio singulis annis duobus terminis reddendorum, videlicet septem solidos et sex denarios in crastino festi Nativitatis Domini et totidem sive tantum in festo Assumptionis beate virginis Marie, pro quibus itaque singulis annis ipsi monasterio solvendis obligarunt iidem conjuges et obligant erga dictum monasterium a modo in perpetuum se et sua bona quecunque, promittentes iidem conjuges fide data in manu dicti notarii se omnia premissa et singula firmiter ac inviolabiliter observaturos et non in aliquo contraventuros, supponentes se etiam quod ad hec observanda et in hoc facto sub fide predicta juridictioni curie Noviomensis et cohertioni. In cujus rei testimonium presentibus litteris, ad munimen perpetuum premissorum, sigillum curie predicte duximus apponendum. Datum anno Domini millesimo ducentesimo septuagesimo sexto, feria sexta ante festum Nativitatis beate virginis Marie.

CMXXII.

DE TERRA, VINEA ET SEX SOLIDIS CENSUALIBUS RADULFI DE CASTELLO ET MARIE DE THOROTA, IN TERRITORIO DE LOUVET.

Omnibus presentes litteras inspecturis, magister Johannes de Parisius, canonicus et officia- Decemb. 1254. lis Suessionensis, in Domino salutem. Noverint universi quod Radulfus de Castello et Maria de Thorota, ejus uxor, coram Matheo fideli tabellione curie Suessionensis ad hoc et consimilia de putato constituti dederunt et se dedisse recognoverunt pro remedio animarum suarum ecclesie Ursicampi, Cysterciensis ordinis, in puram et perpetuam elemosinam ad augmentandam elemosinam porte dicte ecclesie, quinque minatas uno quarterio minus terre arabilis ad mensuram de Thorota sitas in loco qui dicitur campus Benedictus, et duas minatas et dimidiam terre arabilis ad eandem mensuram sitas prope portum de Mommakes, et tria quarteria vinee site apud Machemont juxta vineam Johannis Beguin, et sex solidos supercensuales annui redditus parisiensis in festo beati Remigii in capite octobris annuatim persolvendos super quamdam domum quam Balduinus dictus Maielez et Marga ejus uxor tenent, ut dicitur, jure hereditario, sitam apud Thorotam, prope monasterium beati Petri, que omnia videlicet terras, vineam et sex solidos supercensuales ipsi Radulfus et ejus uxor asseruerunt coram nobis se titulo emptionis acquisisse constante matrimonio inter ipsos. Voluerunt et concesserunt expresse quod dicta donatio firma et stabilis ac irrevocabilis eidem ecclesie in perpetuum remaneat et quolibet juris et legis auxilio roboretur, nichil sibi et heredibus suis in premissis de cetero aliquatenus retinentes, immo cedentes eidem ecclesie penitus et in perpetuum sponte sua quicquid juris habebant ratione dotis vel hereditatis seu acquestus vel alio quocumque modo in omnibus et singulis memoratis, fidem corporalem et juramentum ex habundanti non rogati non coacti sed ex sua mera benivolentia prestantes quod in predictis omnibus et singulis nichil de cetero reclamabunt nec facient reclamari, nec premissa in toto vel in parte per se vel per alium revocabunt. In cujus rei testimonium et munimen perpetuum presentibus litteris sigillum curie Suessionensis ad eorum instanciam duximus apponendum. Actum anno Domini M° CC° quinquagesimo quarto, mense decembri, presentibus Petro de Cuffies, Huardo dicto de Curia, Rogone, filio ejus, et aliis ad hec in testimonium vocatis.

CMXXIII.

ELEMOSINA DOMINI ROBERTI DE TORNELLA DE UNO MODIO BLADI ET TRIBUS PRO DOMINO ROGONE, PATRE SUO.

Robertus de Turnella omnibus presentibus litteras inspecturis in Domino salutem. Sciant Martio 1202. presentes et futuri quod dominus Rogo de Turnella, pater meus, dedit in elemosinam ecclesie beate Marie Ursicampi tres modios frumenti singulis annis recipiendos in grangia mea de Linvillario unum modium, alium in grangia Petri, fratris mei, de Menolio, tertium in grangia Rogonis, fratris mei, de Mesvillario recipiendos. Preterea notandum est quod ad refectionem fratrum de conventu ejusdem domus per duos dies in quibus sequitur processio, scilicet in die purificationis sancte Marie et in ramis palmarum. Ego vero Robertus tante elemosine volens fieri particeps pro anima mea et animabus antecessorum meorum superaddidi elemosine unum modium frumenti in grangia mea de Linvillario recipiendum ad terminum alterius frumenti, scilicet ad festum omnium sanctorum. Preterea sciendum est quod si fratres mei frumentum suum reddere nollent vel heredes sui, ego dominus vel heres meus, quum easdem grangias in feodo de me tenent, ratum teneri facerem. Quod ut ratum haberetur, sigillo meo feci roborari. Actum anno Domini M° CC° secundo, octavo iduum martii.

CMXXIV.

ELEMOSINA DOMINI RADULFI DE TURRICULA DE OCTO BOVARIIS TERRE APUD LINIERES PRO UNA CAPELLA FACIENDA.

Junio 1234.

Ego Radulfus de Turricula, miles et dominus de Linieres, notum facio universis presentes litteras inspecturis quod ego dedi in puram et perpetuam elemosinam ecclesie beate Marie Ursicampi octo bovaria et dimidium xx virgis minus terre arabilis site ad bruerias de Linieres, secus viam que ducit a Garmeigni ad Compendium, quam terram de consensu et voluntate uxoris mee dedi ecclesie memorate libere et pacifice in perpetuum possidendam et habendam in assignamento octo librarum parisiensium annui redditus pro quadam capellania construenda in ecclesia supra dicta pro anima patris mei et pro animabus antecessorum meorum et pro salute anime mee. Hanc autem terram liberam et quitam ab omni terragio et alia consuetudine dedi ecclesie supradicte, et ad legitimam ex inde portandam garandiam contra omnes qui ad jus et legem venire voluerint, me et heredes meos in perpetuum obligavi. Quod ut inviolabilem obtineat firmitatem, presentes litteras sigilli mei munimine roboravi. Actum anno dominice incarnationis M° CC° XXX° quarto, mense junio.

CMXXV.

CONCESSIO ROGONIS DE TURRICULA DE NEMORE DE AVREGNI. — CARTA DECANI DE TABULA DE EODEM.

Januar. 1228.

Universis presentes litteras inspecturis, Odo, decanus de Tabula, salutem in Domino. Notum facimus quod dominus Rogo de Turricula et domina Roscia, uxor ejus, in nostra presentia constituti recognoverunt quod ipsi vendiderant pretio centum librarum parisiensium ecclesie Ursicampi tres modiatas et dimidiam nemoris cum fundo sitas versus Avregni, contiguas nemori Symonis, domini de Avregni, et duas minatas nemoris cum fundo in eodem loco sitas. Dedit in elemosinam ecclesie Ursicampi predicta Roscia, de assensu et voluntate dicti Rogonis, mariti sui, omnes tam modiatas quam minatas predictas ab omni onere, grueria, hoa, exactione, usagio seu consuetudine alia emancipatas prorsus et liberas, et sub hac libertate ab ecclesia Ursicampi libere et pacifice perpetuo possidendas et habendas. Poterit etiam prefacta ecclesia predictum nemus dare, vendere, essartare et modis quibuscunque voluerit alienare. Porro prefati Rogo et Roscia tenentur per fidem hec omnia fideliter in perpetuum observare, et de jam dicto nemore et de omnibus aliis adversus omnes qui ad jus et legem vellent venire, omnimodam garandiam per se et per suos portare ecclesie Ursicampi. Hec omnia voluerunt, laudaverunt et in perpetuum quitaverunt fide interposita in manu nostra de non reclamando, primo jam dicta Roscia de cujus hereditate jam dictum nemus movebat, spontanea non coacta, postea dictus Petrus de Hamainviler, dominus Radulfus de Turricula, milites, Johannes, clericus, fratres, Mathildis et Anastasia sorores illorum, dominus Walterus de Chepoi, miles, et uxor ejus Colaia, Johannes Abamot et uxor Lucia, Philippus de Brueria, miles, et uxor ejus, Philippus de Dors, miles, et uxor ejus Elizabeth. Quitaverunt etiam venditionem istam fide interposita Reginaldus de Gornaco, Bartholomeus de Avregni, milites, et uxor ipsius Bartholomei, Petrus, frater dicti Reginaldi de Gornaco, Petrus de Avregni, Willelmus de Boulencourt. Preterea Symon, dominus de Avregni, de quo sepedicti Rogo et Roscia tenebant prenominatum nemus, coram nobis constitutus voluit et laudavit predictam venditionem et libertatem nemoris sepedicti ad omnimodam garandiam in perpetuum faciendam ecclesie Ursicampi de eodem nemore et de omnibus aliis supradictis erga dominum de quo tenet et omnes alios qui ad jus et legem vellent venire, se per fidem obligavit. Volentibus hoc ipsum et approbantibus fide interposita Ysabel, uxore ipsius, necnon et fratribus ipsius Symonis Wiardo videlicet et Wellelmo. Nos vero ad petitionem presentium presentes litteras sigilli nostri munimine roboratas dedimus sepedicte ecclesie in testimonium et munimen. Actum anno Domini m° cc° vicesimo octavo, mense januario.

CMXXVI.

CONCESSIO ADAM DE TROCHI DE CAMPIPARTO EVRARDI BOUCHARD ET DE CENSU DUORUM DENARIORUM.

Maio 1253.

Ego Adam de Trochi, armiger, omnibus presentes litteras inspecturis notum facio quod cum fratres Ursicampi emissent ab Evrardo dicto Bouchart campipartum quod habebat in quibusdam terris ipsorum, videlicet, in quatuor minatis sitis en Vauseme et in quatuor minatis sitis en Sauchoi et in quinque minatis sitis in duobus locis en Eranfosse, de voluntate et assensu Reneri dicti Fouchart de Senlis de quo dictus Evrardus dictum campartum tenebat, ego de quo dictus Renerus tenebat dictum campipartum, dictam venditionem approbavi, volui et concessi quod dicti fratres Ursicampi dictum campipartum libere et pacifice in perpetuum possideant et habeant, salvo censu duorum denariorum in octavis sancti Dyonisii absque ulla emenda reddendorum. Similiter et frater meus hoc ipsum approbavit, voluit et concessit, et ambo fidem dedimus corporalem quod in dicto campiparto nichil de cetero reclamabimus, ad hoc ipsum heredes nostros in posterum obligando. In cujus rei testimonium presentes litteras dedi predictis fratribus Ursicampi sigilli mei munimine roboratas. Actum anno Domini m° cc° liii, mense maio.

CMXXVII.

ELEMOSINA DOMINI FLORENCII DE VARESNES DE SEPTIES VIGINTI LIBRIS PARISIENSIBUS PRO QUIBUS ABBAS NOSTER TENETUR DARE ANNUATIM X LIBRAS PARISIENSES AD EMENDUM ALLECTIA PRO CONVENTU SUPRA SOLITUM CURSUM.

Decemb. 1274.

Je Flourens de Varesnes, chevaliers, sires de Forcheville, et Jehan, aisne fius chelui Flourent, faisons savoir a tous ceus qui ces lettres verront ou orront que nous, pour le devotion que nous avons a leglise de notre dame de Oscans, pour le pourfit de nos ames et de lame Lyenor de Montfort, femme a moi Flourent et mere a moi Jehan devant nomme, et pour les ames de nos anchesseurs. avons donne sept vins livres de Paris a leglize devant dite en pure et perdurable aumosne pour achater dis livrees de rente au pair, chascun an a tous jours, et doit estre cele devant dite rente convertie pour achater herens au convent de leglize devant dite, en tel maniere que chascuns moines et convers ou tamps des avens et de quaresme en doit avoir chascuns, chascun jour des tamps devant diz, avockes ce que il avoient devant ceste lettre, j herenc, fors les diemenches que il en ont ij. Et sil avenoit choze que li abbes que ore est ou cil qui venront apres lui laissaissent a achater les dis livrees de rente devant dites et ne le donnassent et convertissent en herens comme il est deseure devise, sil navenoit si grant tempeste ou si grant necessite a le maison qui fust a perte, pourquoi il convenist metre le rente devant dite en autre usage pour le pourfit dou couvent devant dit une pieche de temps, nous et nostre hoir porriemes demander le rente devant dite se ele estoit acatee, et se ele nestoit acatee, les sept vins livres devant dites jusques a tant quil auroient le rente devant dite acatee et mis en tel point quil est deseure devise. En tesmoignage et en seurte et en confermement de laquele choze nous avons baillie a leglise devant dite ces presentes lettres seelees de nos propres seaus. Ce fu fait en l'an del incarnation Nostre Seigneur mil deus cens soissante et quatorse, ou mois de decembre.

CMXXVIII.

ELEMOSINA RADULFI DE JUVIGNI DE VINEA SUA EN GREVES MELIOR.

Octob. 1208.

Jacobus, archidiaconus Suessionensis, omnibus presentes litteras inspecturis in Domino salutem. Noverint universi quod cum Radulfus de Juvigni, civis Suessionensis, de dissetin perpetuam elemosinam ecclesie beate Marie Ursicampi quatuor arpennos vinee site versus abbatiam sancti Crispini in cavea, in loco qui dicitur es greves, sicut idem R... coram nobis recognovit, et in dicta vinea medietatem proventuum tota vita sua retinuisset, tandem in nostra presentia constitutus predictam vineam et omnes proventus ejusdem predicte ecclesie Ursicampi in perpetuum quitavit, quam quitationem Elizabeth, uxor dicti Radulfi, voluit et approbavit, et spontanea quitavit quicquid juris habebat in dicta vinea et in fructibus ejusdem ratione dotis sive alio modo, et tam ipsa quam dictus Radulfus, maritus ejus, fidem dederunt quod predictam ecclesiam supradicta quitatione per se vel per (alium) de cetero non molestabunt nec facient molestari, immo eidem ecclesie quitationem istam tenentur garandire. Gerardus autem, frater dicti Radulfi et canonicus Sucssionensis, predictam quitationem voluit et laudavit. In cujus rei testimonium presentes litteras sigilli nostri munimine fecimus roborari. Actum anno Domini M° CC° octavo, mense octobri.

CMXXIX.

EXCAMBIUM INTER NOS ET DOMINUM RADULFUM DICTUM FLAMENC DE KAUNI DE QUADAM PECIA TERRE PRO DUABUS PECIIS ALIIS AD CARMEIAM.

Je Raous Flamens, chevaliers, sires de Kauni, fas savoir a tous ceus qui ces presentes lettres verront ou orront, que j'ai donne et laissie bien et loiaument a tous jours et sanz rapel à l'eglise nostre dame d'Oscans une pieche de terre que je tenoie de cele eglize, seant au terroir que on dit entre le bos que on apele le Keue saint Eloi et liaue d'Oise et entre le crois que on dit monseigneur Renaut de Magni et Parviler, en escange de deus pieches de terre le devant dite eglise, seans a la Carmoie, entre le liu que on dit Lescouvillon et men manoir de Biauvoir. Si wel, gree et otroi que le devant dite eglise tiegne et ait des ore mais a tous jours paisiulement, sans calange et sans contredit, le devant dite pieche de terre que je tenoie de li, avoec tout le droit que j'avoie et pooie avoir sanz nule droiture retenir a moi ne a mes (hoirs) en le pieche de terre devant dite, et a ces chozes tenir fermement a tous jours je oblige moi et mes hoirs. Et pour ce que ce soit ferme choze et estable, je ai donne ces presentes lettres a le devant dite eglize seelees de men propre seel. Ce fu fait en lan del incarnacion Nostre Seigneur mil deus cens et soissante et seze, ou mois daoust.

Aug. 1276.

CMXXX.

DE DIMIDIO MODIO FRUMENTI GUIDONIS DE CANDOIRRE.

Ego Rainaldus, dominus de Varennis et de Balbodio, notum facio omnibus hec visuris in perpetuum quod Guido de Canduerre, miles, fecit decambium cum fratribus Ursicampi de dimidio frumenti quem ipse annuatim percipiebat in grangia de Porvillari pro vineis quas ipsi apud Geaus habebant. Hoc decambium voluit et concessit Elizabeth, uxor Guidonis, de cujus hereditate ille dimidius modius frumenti erat, et maritus suus ei hereditatem restituit in vineis memoratis. Ego autem de cujus feodo dictum erat frumentum, et sine cujus assensu factum decambium ratum esse non poterat, ad petitionem ipsius Guidonis id ipsum ratum habui et approbavi, et fratribus Ursicampi frumentum illud perpetua pace tenendum concessi, presentem paginam inde conscriptam sigillo meo confirmans in testimonium et munimen. Actum anno Domini M° CC° decimo octavo.

1218.

CMXXXI.

DE ELEMOSINA DOMINE SIZILIE TRANSCRIPTUM,

1218. Ego Hugo, dominus de Guni, notum facio omnibus hec visuris in perpetuum quod domina Sizilia, soror mea, in extremis agens, pro remedio anime sue legavit ex testamento ecclesie beate Marie Ursicampi duos modios frumenti ad mensuram Suessionensem, qui percipiendi sunt annis singulis in festivitate omnium sanctorum in modiagiis terre sue de Juvigni, que ad ipsam jure hereditario spectabat. Hanc elemosinam dicte sororis mee ad feodum meum pertinentem ego, pro salute anime mee, concessi, volui et approbavi, et ut perpetuam obtineat firmitatem, ipsam presenti scripto et meo roboravi sigillo. Actum anno Domini M° CC° octavo decimo.

CMXXXII.

ITEM — DE EODEM,

1218. Ego Rainaldus, dominus de Varennes, notum facio omnibus hec visuris in perpetuum quod domina Sizilia, mater mea, in extremis agens, pro remedio anime sue legavit ex testamento ecclesie beate Marie Ursicampi duos modios frumenti ad mensuram Suessionensem, qui percipiendi sunt annis singulis in festivitate omnium sanctorum in modiagiis terre sue de Juvegni, que ad ipsam jure hereditario spectabat. Hanc elemosinam matris mee ego pro salute anime mee ratam habui et concessi, presentemque paginam inde conscriptam meo roboravi sigillo in testimonium et patrocinium firmitatis. Actum anno Domini M° CC° octavo decimo.

CMXXXIII.

DE ELEMOSINA DOMINE SIZILIE DE BALBODIO DE VII MODIIS FRUMENTI APUD JUVEGNI.

1218. Haimardus, Dei gratia Suessionensis episcopus, omnibus hec visuris in perpetuum notum fieri volumus quod Hugo, dominus de Guni, et Rainaldus, dominus de Varenis et de Balbodio, in nostra presentia constituti concesserunt et ratam habuerunt elemosinam illam quam domina Sizilia, soror ejusdem Hugonis et mater Rainaldi, in extremis agens fecit ecclesie beate Marie Ursicampi de duobus modiis frumenti ad mensuram Suessionensem, qui pro remedio anime sue annis singulis percipiendi sunt in festivitate omnium sanctorum in modiagiis terre sue de Juvegni, que ad ipsnm jure hereditario spectabat. Hanc elemosinam ad feodum suum pertinentem resignavit uterque in manu nostra et nos de ea ecclesiam Ursicampi investivimus per manum domini Johannis ejusdem loci abbatis. Nos vero dicte ecclesie paci et indempnitati in posterum providere volentes, presentem paginam inde conscriptam sigillo nostro fecimus roborari in testimonium et munimen. Actum anno Domini M° CC° decimo octavo.

CMXXXIV.

DE TERRA HUGONIS DE PORKERENCOURT ET CONCESSIO EJUSDEM SYMONIS DE VAUCELES.

Ego Hugo de Porkerencourt, miles, omnibus tam presentibus quam futuris notum facio Décemb. 1235. quod dominus Symon de Vaucellis, miles, de assensu et voluntate mea vendidit ecclesie Ursicampi quatuor sextariatas nemoris sui et dimidiam, quod de me tenebat in feodum, situm ante logias dicte ecclesie de Oresmiex, quod nemus le Coarde dicitur, ipsi ecclesie de cetero sub annuo censu duorum denariorum michi et heredibus meis annis singulis in festo beati Remigii reddendorum, bene et legitime in perpetuum possidendum. Huic autem venditioni presentes fuerunt Johannes, filius dicti Symonis primogenitus, Elizabeth, Maria et Agnes filie ejusdem Symonis, Garinus, maritus dite Marie, et Johannes maritus dicte Agnetis, qui omnes dictam venditionem voluerunt, laudaverunt et approbaverunt, et omne jus quod in dicto nemore habebant vel habere poterant dicere in perpetuum quitaverunt, et de eodem jure coram me devestiverunt, fide data creantes quod dictam ecclesiam super dicto vendagio de cetero non molestabunt vel gravabunt, nec artem, nec ingenium per se vel per alium querent per que dicta ecclesia possit vel debeat super eodem vendagio in posterum molestari vel gravari. Presentes etiam fuerunt homines de Porquerencourt et totius ville communitas, qui hanc venditionem voluerunt et approbaverunt, et omni usuagio quod habebant vel habere poterant tam in dicto nemore vendito quam etiam in tota terra sita inter le Coarde et le Fay, quam ego dicte ecclesie vendidi, renunciaverunt et in manu mea quicquid juris in eisdem nemore et terra habebant vel habere debebant, voluntate spontanea et non coacta resignaverunt. Quequidem nemus et terram tam ego quam heredes mei per predictum censum annuum adversus omnes qui juri et legi parere voluerunt, dicte ecclesie tenemur warandire. In cujus rei testimonium ego H.... tanquam dominus, et dictus Symon, qui dictum nemus vendidit, presentes litteras dicte ecclesie sigillorum nostrorum munimine tradidimus roboratas. Actum anno Domini millesimo ducentesimo tricesimo quinto, mense decembri.

CMXXXV.

ELEMOSINA ELISABET, COMITIS FLANDRIE ET VIROMANDIE, DE HIIS QUE HABEBAT IN TERRITORIO DE WAESCOURT.

Ego Elizabeth, Flandrie et Viromandie comitissa, notum esse volo tam futuris quam presentibus quod viris religiosis in monasterio Ursicampi Deo servientibus ex voluntate domini mei Philippi, comitis Flandrie et Viromandie, et per manum ipsius dedi in elemosinam quicquid in territorio de Waescurte jure patris hereditario possidebam, et per manum domini Guidonis abbatis per cirotece traditionem predictum monasterium de hac elemosina investivi. Hujus rei testes sunt, qui aderant Girardus de Mecinis, Walterus de Locris, Walterus de Attrebato, Lambequinus de Rinenghes, Sawalo Huquedeu. Ne quis autem hanc elemosine mee largitionem aliquando presumat infringere, precepi etiam scripto commendari et tam sigilli mei impressione quam testium prescriptorum assercione muniri. Nec fratribus predictis aliquis

1180.

struat calumpniam quod sigilli domini mei comitis testimonio presens pagina munimine (non) roboratur, quia tunc temporis, cum hanc feci elemosinam, idem dominus meus sigillum proprium non habebat, perditum quippe erat. Actum anno Domini millesimo c° lxxx°.

CMXXXVI.

QUITATIO DOMINI RADULFI FLAMENC DE TERRA DE WAESCOURT ET ELEMOSINA EJUSDEM DE DUOBUS BOVARIIS TERRE.

1289.

In nomine sancte et individue Trinitatis, amen. Stephanus, Dei gratia Noviomensis episcopus, universis sancte matris ecclesie filiis tam presentibus quam futuris in perpetuum notum fieri volumus querelam quandam exortam fuisse inter ecclesiam Ursicampi et Radulfum Flamenc pro terra de Waescort a viro illustri Philippo, comite Flandrensi et Viromandensi, ex voluntate et rogatu uxoris sue Elizabeth et concessione sororis ejusdem Elienor in elemosinam ei data, cujus partem idem Radulfus sui juris esse dicebat et prefatam ecclesiam molestavit. Processu vero temporis Iherosolimam profecturus, penitancia ductus, Ursicampum venit, et de illatis injuriis satisfaciens, si quid juris in prefata terra habuerat, quitum clamavit, et eidem ecclesie in elemosina mcontulit. Volens etiam spiritualium bonorum ipsius ecclesie particeps fieri, duo bovaria terre prope eidem ecclesie nichilominus in elemosinam dedit. Que cum in manu nostra reddidisset, de eisdem jam dictam ecclesiam investivimus per manum domini Guidonis, abbatis ejusdem loci. Testes Soibertus, archipresbiter, etc. Ne qua igitur in posterum super hiis adversus predicte ecclesie fratres questio verteretur, presentem paginam inde conscriptam tam sigilli nostri impressione quam testium prescriptorum assertione fecimus communiri. Actum est hoc anno ab incarnatione Domini M° c° lxxx° ix°. Ego Balduinus, Noviomensis cancellarius, relegi et subscripsi.

CMXXXVII.

DE DUOBUS JORNALIBUS ET XL VIRGIS TERRE ODONIS DE WAESCOURT, IBIDEM SITE.

1233.

Universis presentes litteras inspecturis, Robertus, decanus de Deviscourt, salutem in Domino. Notum facimus quod in nostra constitutus presentia Odo de Waescourt recognovit se vendidisse in perpetuum ecclesie Ursicampi duo jornalia et quadraginta virgas terre site apud Waescort, secus viam que a Waescort tendit a Retonviler. Porro hanc venditionem voluit et approbavit coram nobis Johanna, uxor dicti Odonis, spontanea non coacta, renuncians omni juri quod habebat vel habere poterat tam dotis nomine quam alio modo in dicta terra, recepto prius a marito suo in dotis recompensatione excambio competenti. Fiduciaverunt etiam tam dictus Odo quam Johanna uxor ejus quod dictam venditionem firmiter observarent, nec per se nec per alium prefactam ecclesiam in posterum super terra vendita molestarent. Quod ut ratum et firmum permaneat, ad petitionem jam dictorum Odonis et Johanne, uxoris ejus, presentes litteras sigillo nostro sigillatas dedimus supradicte ecclesie in testimonium et munimen. Actum anno Domini millesimo ducentesimo tricesimo tertio.

CMXXXVIII.

DE UNO BOVARIO TERRE ET XVII VIRGIS ODONIS DE WAESCOURT, IBIDEM SITE.

Universis presentes litteras inspecturis, Robertus, decanus de Deviscourt, salutem in Domino. Noveritis quod Odo de Waescort in nostra presentia constitutus recognovit se vendidisse in perpetuum ecclesie Ursicampi unum bovarium et decem et septem virgas terre site apud Waescourt inter duas vias quarum una ducit de Waescort ad Nigellam. Hanc venditionem voluit et approbavit coram nobis Johanna, uxor dicti Odonis,... (*Ut suprà*). Actum anno Domini millesimo ducentesimo xxx quinto, mense februario.

Febr. 1235.

CMXXXIX.

DE TRANSVERSO CLAREMBALDI MILITIS DE VENDALIO ET UXORIS EJUS.

Ego Clarembaldus, dominus Vendolii, et domina Emelina, mater mea, notum facimus omnibus hec visuris in perpetuum quod pro salute animarum nostrarum et pro animabus antecessorum nostrorum ecclesie beate Marie Ursicampi et fratribus ibidem Deo servientibus dedimus plenariam quitanciam et liberum transitum concessimus de cunctis rebus ipsorum propriis tantummodo eundo et redeundo per transversum nostrum de Vendolio, ut tam de eo Clarembaldus teneo in presenti, quam de eo quod in posterum tenere expecto, nullam michi vel heredi meo consuetudinem in perpetuum excoluerat. Quod ut ratum permaneat, hanc quitanciam et concessionem nostram presentibus litteris et sigillis nostris fecimus roborari. Actum anno Domini m° cc° nono decimo.

1219.

CMXL.

QUITATIO DOMINI REGINALDI DE VIGNEMONT DE UNO MODIO BLADI.

Ego Reginaldus de Vignemont, miles, omnibus presentes litteras inspecturis notum facio quod ego, de assensu et voluntate uxoris mee et liberorum meorum, quitavi in perpetuum viris religiosis abbati et conventui Ursicampi unum modium bladi quod michi debebant annuatim in grangia sua de Archonval. Quod ut ratum et firmum permaneat, presentes litteras sigillo meo sigillatas eisdem tradidi in testimonium et munimen. Actum anno Domini m° cc° l° quarto, mense decembri, in crastino beati Andree apostoli.

Decemb. 1254.

CMXLI.

QUE LI BORGNES DE CRAMAILLES AMORTIST TOUTES LES VIGNES ET TERRES QUE NOUS AVONS OU TERROIR DE VILE.

A tous ceus qui ces presentes lettres verront ou orront, nous Jehans, diz li Borgnes de Cramailles, chevaliers, et Marie se femme, seigneur de Vile, salus en Nostre Seigneur. Nous fai-

Decemb. 1311.

sons savoir a tous que religieus gent et nostre ame li abbes et li convens de nostre dame d'Ourscans tiegnent de nous comme de seigneurs souvrain pour tant comme il touche chascun de nous, une vigne que on dit lenfermerie des poures, ou terroir de Vile, seant avec autre chozes, vignes, prez, terres et possessions, a certain cens ou rentes, les queles choses nous, comme seigneur dou lieu, disions que li dit religieus ne les devoient, ne ne pooient tenir en main morte, et les volions contraindre a metre hors de leur main, yaus disans au contraire que il ne estoient mie tenu a che faire, et que il avoient le dite vigne de lenfermerie avec les autres choses tenues a cause par si lonc tamps que drois leur estoit acquis, et que des ore en avant les pooient tenir sanz contraignement de metre hors de leur main et nous offroient de faire certain, de che, tant comme seigneurs, et requeroient a grant instanche que nous en seusions le vérite, lequele requeste oie, nous nous sommes euforme de ce qui est desoure dit, et avons trouve que il est ensi comme il disoient, pour quoi nous cessons et cesserons des ore en avant des dis religieus contraindre de mettre hors de leur main, et volons, greons et otroions que ledite vigne et toutes les autres chozes dessus dites ils tiengnent des ore en avant de nous en main morte et de nos hoirs sans contrainte quele quele soit de metre hors de leur main, sauf et retenu par devers nous les chens et les rentes et le justice es lieus lan no devanchier les avoient et ensi comme il les avoient. Et prometons toutes les chozes dessus dites a tenir fermement sans venir encontre, et i obligons nous et nos hoirs et tous ceus qui aroient cause de nous. Ou tesmoignage des quez chozes nous avons ces presentes lettres seelees de nos seaus, les queles furent faites l'an de grace mil troiz cens et onze, ou mois de decembre.

CMXLII.

QUITATIO DOMINI JOHANNIS WAGNART DE VILLA DE QUINQUE SEXTARIIS TAM BLADI QUAM AVENE SUPER TERRA QUE DICITUR AS PRAIAUS, PRO TRIBUS SOLIDIS CENSUS.

Novemb. 1250. Omnibus hec visuris, officialis curie Noviomensis salutem in Domino. Noveritis quod cum dominus Johannes, dictus Wagnars, de Viila, miles, deberet, ut dicebat, ecclesie Ursicampi tres solidos parisienses de annuo et perpetuo censu super quodam prato dou Brulle, et eadem ecclesia deberet eidem J..., militi, quinque sextarios tam bladi quam avene, ad mensuram Noviomi, de tribus annis in tres annos, super duabus sextariatis terre site in loco qui as Praiaus dicitur, dictus J..., miles, in presentia Thome, notarii curie Noviomensis, loco nostri quo ad hoc specialiter destinati, quitavit dicte ecclesie in perpetuum et se quitasse recognovit pro quatuor libris parisiensibus sibi jam, ut dicebat, in pecunia numerata solutis, et pro dictis tribus solidis annuis, quinque sextarios bladi et avene memoratos. Et spontaneus et non coactus fide data creantavit idem J..., miles, quod dictam ecclesiam supra dictis quinque sextariis bladi et avene vel super dicto campo des Praiaus de cetero non molestabit nec gravabit ullo modo, nec artem, nec ingenium per se vel per alium queret per que possit aut debeat molestari vel gravari in judicio vel extra. In cujus rei testimonium et perpetuam memoriam presentes litteras sigillo curie Noviomensis fecimus communiri. Datum anno Domini M° CC° quinquagesimo, mense novembri.

CMXLIII.

DE UNA SEXTARIATA VINEE ABRAHAM DE GREUNI, IN TERRITORIO DE VILE, A BERNEUTRONC ET A LE SEULIERE, ET III QUARTERIIS TERRE JUXTA DICTAM VINEAM.

Jacobus, sedis Noviomensis officialis, omnibus presentes litteras inspecturis salutem in Domino. Noverit universitas vestra quod Abraham de Greuni in presentia nostra constitutus recognovit se vendidisse bene et legitime in perpetuum ecclesie beate Marie Ursicampi unam sextariatam vinee site in territorio de Vile in duobus locis propinquis, videlicet in loco uno qui dicitur vulgariter Berneutrunc et in alio loco qui dicitur a le Seulere, et tres quarterios terre arabilis site juxta dictam vineam. Emelina vero, uxor ejusdem Abrahe, coram nobis presente, venditionem illam laudante et approbante et omni juri quod habebat in vinea et terra predictis sive pro dotalicio sive alio modo, spontanea voluntate, non coacta, in manu nostra penitus renunciante et recognoscente se sufficiens excambium habere pro illo dotalicio, si quid habebat in eisdem vinea et terra, videlicet quoddam mansum situm in villa de Tyecort, quod fuit Abrahe le Baube, fide data promittentes tam dictus quam Emelina prenominata quod dictam ecclesiam per se vel per alium de cetero super dicto vendagio nullatenus molestabunt, nec artem nec ingenium querent per que prenominata ecclesia possit vel debeat deinceps molestari. In cujus rei testimonium presentes litteras ad instanciam predictorum Abrahe et Emeline sigillo curie Noviomensis ecclesie prefate tradidimus roboratas. Actum anno Domini M° CC° XX° octavo, mense januario.

Januar. 1228.

CMXLIV.

ELEMOSINA DOMINI GODEFRIDI DE VILLA DE UNO MODIO BLADI SUPER TERRAM QUAM TENET DE DOMINO NIGELLENSI PRO ANNIVERSARIO SUO FACIENDO.

Je Godefrois, chevaliers de Vile, fas a savoir a tous ceus qui ces lettres verront, que jai laissie i mui de ble a leglize d'Oscans por men anniversaire faire, a rendre chascun an a le feste saint Remi, seur me terre que je tieng del seigneur de Neele de liretage de men pere, au mui de Neele. Et por ce que ce soit ferme choze et estaule, je ai conferme par mes lettres et par men seel. Actum anno Domini M° CC° XL° octavo, mense januario.

Januar. 1248.

CMXLV.

CONCESSIO DOMINI FLORENCII DE VILLA DE TERRA FROGERI DE CHIRI JUXTA PRATUM NOSTRUM IN CAISIEX.

Ego Florencius de Villa, miles, notum facio omnibus presentes litteras inspecturis quod Frogerus de Chiri vendidit fratribus Ursicampi quatuor sextariatas terre arabilis quas habebat

Febr. 1238.

in loco qui dicitur Caisiex, sitas juxta pratum fratrum predictorum, pro xxx et sex libris parisiensibus, quam terram dictus Frogerus tenebat de me sub annuo censu octo denariorum parisiensium michi annis singulis in festo sancti Remigii reddendorum. Mathildis vero, uxor dicti Frogeri, spontanea et non coacta dictam venditionem concessit, voluit, laudavit et approbavit, et recognovit se habere excambium sufficiens pro dotalicio quod in dictis quatuor sextariatis venditis habebat, videlicet in aliis quatuor sextariatis terre quas idem Frogerus, maritus ejus, receperat ab avunculo suo Roberto, majore de Chiri, et per illud excambium resignavit omni juri quod habebat vel habere poterat in dictis quatuor sextariatis terre venditis tam jure dotalicii quam alioquocunque modo, fidemque dedit corporalem quod dictos fratres supra dicto vendagio de cetero non molestabit nec gravabit in aliquo, nec artem nec ingenium per se vel per alium querent per que possint aut debeant dicti fratres super dicto vendagio in posterum molestari, vel gravari, vel in causam trahi alicubi coram ecclesiastico judice vel seculari. Ego vero de quo predictus Frogerus dictam terram tenebat, dictum vendagium ratum habui et acceptum, et concessi ut dicti fratres dictam terram pacifica possessione teneant et possideant in perpetuum, salvis predictis octo denariis censualibus michi et heredibus meis reddendis annis singulis in termino suprascripto, et per hos octo denarios censuales teneor tanquam dominus dictam terram sepedictis fratribus fideliter garandire. In cujus rei testimonium et munimen presentes litteras sigilli mei appensione feci communiri. Actum anno Domini millesimo cc° xxxviii, mense februario.

CMXLVI.

ELEMOSINA DOMINI JOHANNIS DE VILLA DE UNO MODIO BLADI CAPIENDO IN CENSIBUS DE NIGELLA IN FESTO OMNIUM SANCTORUM.

Julio 1239.

Ego Johannes de Villa, miles, notum facio omnibus presentes litteras inspecturis quod ego, ob remedium anime mee et antecessorum meorum, contuli in puram et perpetuam elemosinam ecclesie beate Marie Ursicampi, post decessum meum, unum modium bladi annui redditus ad mensuram Nigellensem capiendum annis singulis in censibus meis de Nigella in festo omnium sanctorum. Domina vero Aelidis, uxor mea, hujus elemosine et benefactorum que fient in ecclesia memorata particeps volens fieri, hanc donationem spontanea et non coacta concessit, voluit et laudavit, et nomine elemosine quitavit in perpetuum supradicte ecclesie Ursicampi quicquid juris habebat in dicto modio bladi ratione dotis seu alio modo. Godefridus etiam miles et Emelina, soror ejus, et liberi nostri, ad petitionem meam et dicte A..., uxoris mee, istam elemosinam fieri concesserunt, voluerunt et approbaverunt et renunciaverunt omni juri quod habebant vel habere poterant in supradicto modio bladi tam jure hereditario quam alio modo, fidemque dederunt corporalem tam dicta A..., uxor mea, quam dicti G... et E..., et liberi nostri quod dictam ecclesiam supra dicta elemosina nunquam molestabunt, nec facient molestari, immo dictam elemosinam ecclesie supradicte in perpetuum legime garandirent, ad hoc ipsum faciendum heredes et successores suos in posterum obligando. In cujus rei testimonium et perpetuam firmitatem presentes litteras sigillo meo et sigillo supra dicti G...,

TITULUS VILLARUM. 569

militis, filii mei, sepedicte ecclesie Ursicampi tradidi sigillatas. Actum anno Domini m° cc° xxx° nono, mense julio.

CMXLVII.

DE VINEA QUAM DOMINUS JOHANNES, PRESBITER DE WIGNIES, EMIT JUXTA DOMUM NOSTRAM DE LANDRIMONT.

Omnibus hec visuris, officialis curie Noviomensis salutem in Domino. Noveritis quod in nostra presentia constituti dominus Petrus, presbiter sancti Leonardi Nigellensis, Johannes et Petrus dicti Flamenc, fratres ejusdem presbiteri, recognoverunt se bene et legitime vendidisse et per fonsarium tradidisse domino Johanni, presbitero de Wignies, pro novies vigenti libris parisiensibus sibi, ut dicebant, in pecunia numerata et sicca solutis, quandam vineam de hereditate ipsorum fratrum ad ipsos ex parte matris sue proveniente, sitam in territorio Noviomensi, contiguam muro cujusdam manerii de Ursicampo quod dicitur Landrimont, ab ipso domino Johanne, presbitero, et ejus heredibus habendum, tenendum et perpetuo possidendum integre, quiete et pacifice. Hanc autem venditionem Maria, uxor dicti Johannis Flamenc, et Colaia, uxor dicti Petri, factam sciverunt et fieri voluerunt, laudaverunt et approbaverunt et in ea expresse consenserunt, et omni juri quod in dicta vinea vendita habebant aut habere poterant vel debebant ratione dotalicii aut quocunque alio jure vel titulo in manu nostra ad opus dicti Johannis presbiteri et ejus heredum spontanea voluntate non coacte renunciaverunt expresse, et eidem domino Johanni et ejus heredibus quitaverunt et penitus guerpiverunt, etc. Datum anno Domini m° cc° lx° i°, mense aprilis.

April. 1261

CMXLVIII.

ELEMOSINA DOMINI JOHANNIS, PRESBITERI DE WIGNIES, DE QUINQUE VINEIS, UNA DOMO ET VII^{xx} LIBRIS.

Universis presentes litteras inspecturis, Guido de Collemedio, canonicus et officialis Noviomensis, salutem in Domino. Noveritis quod coram nobis propter hoc personaliter constitutus dominus Johannes, quondam curatus de Wignies, voluit et concessit quod ecclesia beate Marie Ursicampi habeat et teneat, quandiu vixerit idem Johannes, duas vineas ipsius Johannis ad medietatem excolendas, quarum vinearum una dicitur de Persier et altera de Frigido fonte. Item, aliam vineam que dicitur vinea de le Poile, sitam apud Landrimont juxta muros domus Ursicampi de Landrimont. Item, vineam aliam dicti Johannis que dicitur vinea des Quartiers, sitam apud Haplaincourt, supra domum ecclesie Hamensis, in duabus peciis, que vinee tam ratione acquestus quam jure hereditario eidem Johanni pertinebant, ut dicebat, quarum vinearum dictus Johannes, quandiu vixerit, medietatem fructuum, proventuum et exituum integraliter percipiet et habebit, volens, concedens et in hoc consentiens expresse dictus Johannes quod dicta ecclesia post decessum dicti Johannis dictas quinque vineas in puram

Aug. 1275.

72

et perpetuam elemosinam quitas et liberas, (ob) remedium anime ipsius Johannis, patris et matris et antecessorum suorum et pro anniversario suo faciendo, habeat in perpetuam elemosinam, teneat et possideat. Item, dictus Johannes dedit, contulit et concessit coram nobis predicte ecclesie Ursicampi et se dedisse, contulisse et concessisse recognovit in puram et perpetuam elemosinam ob remedium anime sue et antecessorum suorum domum quandam ipsius Johannis de acquestu suo, ut dicebat, sitam apud Noviomum in prato sancti Eligii Noviomensis, in loco qui dicitur ante murum ecclesie monasterii sancti Eligii Noviomensis, que quondam fuit Johannis dicti Fosset, carpentarii, tenendam, possidendam pariter et habendam perpetuo a tempore decessu dicti Johannis in antea, hoc salvo ad opus dicti Johannis quod idem Johannes fructus, proventus et exitus dicte domus, quandiu vixerit, integraliter et ad plenum percipiet et habebit, et post ejusdem Johannis decessum dicta domus cum ejus appendiciis ad dictam ecclesiam Ursicampi ratione dicte elemosine totaliter deveniet et redibit. Item, dictus Johannes legavit dicte ecclesie Ursicampi, ad opus conventus ipsius ecclesie, centum libras parisienses et quadraginta libras parisienses ad opus porte Ursicampi nomine elemosine et irrevocabiliter expresse capiendas et habendas super bonis dicti Johannis tam mobilibus quam immobilibus, post ipsius Johannis decessum. Et hec facta sunt et concessa donatione inter vivos. In quorum testimonium ac munimen presentibus litteris, ad instanciam et petitionem dicti Johannis, sigillum curie Noviomensis duximus apponendum. Datum anno Domini millesimo ducentesimo septuagesimo tercio, mense augusto.

CMXLIX.

DOMINI EGIDII DE WARCHIES DE II MODIIS FRUMENTI CAPIENDIS PRO ELEMOSINA DOMINORUM DE TORNELLA.

Januar. 1258. Ego Egidius, miles, dominus de Warsies, omnibus presentes litteras inspecturis notum facio quod ego debeo viris religiosis abbati et conventui Ursicampi duos modios frumenti boni et laudabilis perpetui redditus, capiendos in grangia mea de Warsies singulis annis in festo omnium sanctorum, et duo modii supra dicti fuerunt de elemosina domini Rogonis de Tornella, avi mei, et domini Rogonis de Tornella, avunculi mei, et hec omnia supra dicta ego et heredes mei ac successores tenemur predictis abbati et conventui contra omnes in perpetuum garandire. In cujus rei testimonium presentes litteras sepedictis abbati et conventui sigillo meo tradidi roboratas. Actum anno Domini M° CC° L° octavo, mense januario.

TABULA

ISTA CONTINET CENSUS SEU REDDITUS QUOS DEBEMUS ET PERSONAS QUIBUS SEU CAUSAM HABENTIBUS. LITTERE QUORUM SCILICET CENSUUM SEU REDDITUUM SUNT SCRIPTE IN LIBRO QUI VOCATUR. F° 102ʳ.

LIBER CARTARUM.

Que quidem tabula facta fuit et edita a fratre Guillelmo de Barro ecclesie beate Marie de Ursicampo monacho et professo. Anno Domini м° ccc° Lx°. xv° die mensis aprilis.

ATECHI. — Heredibus domini *Buchardi domini de Montmorenci*, xvi denarios in festo Regum pro prato de *Jauzi* quod dedit nobis domina *Mathildis de Athechi*. *Puiziex* iijᵃ cedula. Littera prima : et in libro folio cxlix et cxcvij.

ANNEEL. — Domino R... de *Anneel* et ejus heredibus vi denarios census ipso R. pro iij sextariis terre sitis in territorio de *Cambronne* quod nobis vendidit R. de *Drainlincourt*. Ursicampi xviijᵉ cedula. — Littera xviij et in libro folio clx.

AVREGNY. — Domino R... de *Avregni* et ejus heredibus unum modium avene et xviij minas bladi pro quibusdam terris sitis apud *Errosias* quas dedit nobis *Aalidis d'Avregni*. *Erreuses* vᵉ cedula, littera xiij et in libro, folio cl. Et debent solvi in festo Omnium Sanctorum.

BETHENCOURT DE LES LOUVET. — Domino abbati et conventui sancti Medardi Suessionensis solvendum in festo Remigii pro via per quam nobis licet ire et bigam ducere quod ante non poteramus, ut dicebant. Et iiij aissinos frumenti ad mensuram Suessionensem capiendos in molendino de Louvet, in festo Sancti Martini solvendos custodi domus domini abbatis apud Bethencourt. Et pro alneto contiguo vivario de *Louvet* xij denarios in festo Remigii solvendos custodi domus dicti Abbatis de *Melicoc*. Porte. Littera v et in libro folio xxxiiij.

BERY. — Roberto majori de *Altrechia* vel ejus heredibus ij denarios pro vinea quam ab ipso decambivimus, et debent dicti heredes nos acquitare de iiijᵒʳ sextariis vini quos debebamus quolibet anno sancto Petro in calce pro vinea dicta *Coci* sita in territorio Suessionensi. *Bery*. Littera v, in libro folio cliij.

Item. — Symoni de *Quinchi* armigero et ejus heredibus xi denarios census solvendos in festo Remigii pro pluribus vineis quarum nomina continentur in littera *Beri*. Littera x^a, in libro folio cliij.

BRETIGNY. — Priori et conventui sancti Petri *Britiniaci* vij solidos census in festo Regum pro terra que sita est inter *Querculos* in *Cus* et *Puteolos* quam tenemus ab ipsis. *Puisiex*. i^a cedula. Littera ix,, et in libro folio cxxxij.

CAILLOEL ET CRESPIGNY. — Domino R... de *Crespigni* vel ejus heredibus xij denarios census, ipso R. pro quadam terra sita in territorio de *Crespigni* et ij pratis apud *Apely*. Et pro domo nostra de *Cailloel*. *Cailloel* prima littera et in libro folio clvi clvij.

CASTENOY. — Episcopo Belvacensi xij denarios in festo Remigii pro clauso de *Castenoy* tali conditione a domino Philippo episcopo Belvacensi, etc. *Castenoy*. Littera ix^a in libro folio lxxi.

Item. — Domino *Ade de Lile* vi denarios, nescio quo termino, pro xi arpentis nemorum in territorio de Castenoi quos nobis vendidit *H. Galet de Novavilla*. *Ursicampus*. Prima cedula. Littera x^a et in libro folio cxxxviij.

CHIRY. — Domino episcopo vel alii, nescio cui, II capones et unum denarium census, pro quibusdam domibus curtillis et aliis rebus quas habemus in villa de *Chiri*, quas nobis dedit Maria Le Rousse de *Chiry*. *Ursicampi*, xvii^a cedula. Littera xij et in libro folio clxv.

Item. — Majori de *Chiri* vel majoriam tenentibus in festo Remigii pro quadam terra sita juxta *Clausellos de Diva*, et pro alia terra sita prope *Campum Viviani*. Ursicampi, xvij^a cedula. Littera vii^a et in libro folio clxxvi.

CHOISY. — Priori et monachis de *Choisy* IX sextarios frumenti ad mensuram Noviomensem in festo Remigii pro decima cujusdam terre apud *Esparmont*. T... iiij^a cedula. Littera iiij, et in libro folio xxiiij et cxxxij.

Item. — Dicto priori vi denarios census, nescio quo termino, pro quadam pecia terre sita in territorio de *Choisi*. *Ursicampus*, xvij cedula. Littera xiij et in libro folio clxxij.

COUCHI. — Domino de *Couchi* iij denarios nigros census in festo Remigii solvendos majori de *Audignecourt* pro LX aissinis terre sitis in territorio de *Nanchel*. *Puisiez*, ij^a cedula. Littera xvij^o et in libro f^o xlvi et xlvij.

Item. — *Castellano de Couchi* xii denarios in festo Remigii census pro dimidia modiata terre sita in essarto de *Gombaulieu*, quod si dicti denarii nobis non fuerint soluti illo die, nullam emendam debemus. *Puisiex* iiij^a cedula. Littera xvi^o et xvij^o, folio xlvij.

COMPIEGNE. — Abbati Santi Cornelii, pro pasturagiis de *Mares* videlicet usque ad iv.c oves et xxx boves et vaccas pro domo *Carmeie* iiij denarios solvendos, in festo Pasche, in dicta villa de *Mares*. *Ursicampus*, ij^a cedula. Littera xi^a et in libro folio xiij^o.

Item. — Eidem abbati iv solidos pro domo quam Hugo Martelot dedit nobis. *Ursicampus*, v^a cedula. Littera viij^a, f^o xiij^a.

DIVE. — *Domino de Dive* le *Franque* i denarius census in festo sancti Johannis-Baptiste pro quadam terra dicta le *Camp Soibert*, sita in marisco de *Arborea*, quam habuimus per excambium pro iiij^{or} modiis bladi quos Guillelmus dictus *Mui de blc*, dominus de *Diva*, nobis debebat annuatim. *Arbroye* ij^a cedula. Littera xxxi et in libro folio clxxxviij et clxxv.

Item. — Heredibus Guillelmi nepotis Florentii *Waignars de Diva* vi denarios in festo Remigii pro vi sextariis terre et iiij virgis sitis in territorio de *Diva. Porte.* Littera. xxxiiij, et in libro folio clxxv.

Item. — *Radulfo de Senicourt* et ejus heredibus ix modios bladi capiendos in grangia de *Warnaviler.*

Item. — xv modios bladi melioris pro semine quos debebamus domino *Radulfo de Tricoc* cognomine *Daridel* pro decima totius territorii de *Warnaviler.* Et hii debent solvi in festo Omnium Sanctorum et ad mensuram *Gornaci — Warnaviler* ij* cedula. Littera i*, in libro f° lxxiij.

DRAILINCOURT. — Willelmo quondam filio domine A...... de *Drailincourt* et ejus heredibus v solidos in festo Remigii pro xviij sestariis nemoris sitis in territorio dicte ville in loco qui dicitur le *Casnotiere*, et au *Quosrel Radoul. Ursicampus,* ix* cedula, littera ix* et in libro folio clxxiiij.

Item. — Domino de *Drailincourt* pro vi sestariis terre sitis au *Bus de Longueval,* et pro iiij*or* falcatis prati sitis en *Outrebies,* que omnia Johannes *Hanele* nobis vendidit, etc., quolibet sestario pretio ii denariorum census, valentes xx denarios solvendos in festo Remigii. *Ursicampus,* xviij* cedula. Littera xix, in libro folio clxxv.

ELINCOURT. — Priori et conventui *Sancte Margarete* iij denarios census in festo Remigii, pro uno sextario terre et dimidio site juxta vineam *Montis Astichiarum. Carmoye* — Littera vi* et in libro folio cxxxiij.

FURNIVAL. — *Agneti uxori Balduini* de *Furnival* et ejus heredibus vij modios de frumento in octavo sancti Remigii pro decima quam *Gunstelmus* et *Hubertus* habebant in territorio *Gornaci* et *Fusniville* pro nobis dederunt pro predictis vij modiis. *Archonval* — ij* cedula. Littera i*, folio clxxxv.

GOIENCOURT. — Balduino de *Goiencourt* dicto *Duci* et ejus heredibus xxxiij denarios census in crastino Nativitatis Domini, pro xi jornalibus et iii virgis terre site inter *Fraisnoy* et *Greuni* secus viam. *Greuni* iiij* cedula. Littera xvii et in libro folio clxxix.

GOURNAY. — Canonicis sancti Quintini Belvacensis iij modios, ij frumenti et unum avene capiendos ab illis in grangia de *Archonval,* nescio quo termino, pro decima terre Balduini de *Furnival. Archonval* iiij* cedula. Littera ij* et in libro folio xxv.

JAUZY. — Heredibus Ade de *Jauzi* xv denarios in festo Remigii pro v sestariis terre et dimidio site in territorio *Thorote* super portum de *Monmaques* et censum ad *pratum regis.*

Item. — Vinagium solvendum dictis heredibus infra festum sancti Martini pro iii quarteriis vinee sitis in monte de *Machemont* juncte vinee Johannis de *Guni. — Porte* — xxviij. Littera i*, in libro folio clxxxix.

LACHENI. — Monasterio *Sancti Martini Tornacensis* xviij modios frumenti et ix avene capiendos in grangia *Carmeie* a calendis novembri usque ad nativitatem Domini ad mensuram *Thorote* et de meliori excepto semine. *Lacheni* i* cedula. Littera iiij*or* et in libro folio xx.

LAIGNI-LE-SEC. — Domino de *Laigny* xij denarios in festo Remigii pro terragio quod habebat in xxxiij sestariis terre et dimidio sitis in territorio dicte ville. Videlicet in campo qui dicitur le *Gorget de Tilloy* et *Sarronel. — Arbroye* i* cedula. Littera xxxvij, et in libro folio clxxxix.

MACHEMONT. — Heredibus *Johannis* dicte *Militis* armigeri unum obolum parisiense, nescio quo termino, pro quadam vinea sito in territorio *Thorote* et *Machemont*. *Carmoie* — Littera xxi et in libro folio cxciij.

MANTE. — Domino de *Pissiaco,* domino de *Mante,* unum talentum aureum quod ei debet, quolibet anno, totus Ordo noster pro transitu libero quod habet dictus Ordo tam apud *Mesonias* quam apud *Medontam.* Originale non est in cartis, sed copia illius est in libro, folio cxciji.

MARTIMONT. — Heredibus domini Guillelmi de *Martimont* i· obolum census in festo Remigii pro uno aissino vinee site in vico de *Champiens* in territorio de *Martimont* debet et jungit in parte magne vince Ursicampi. *Montigni* ij⁴ cedula. Littera xviij⁴ et in libro folio cxcv.

MAUCRUES. — Heredibus domini *Nivelonis* de *Maucrues,* xxx denarios et iij aissinos avene pro quodam domo et orto sitis subtus *Montigny, Monlevoisin.* Nescio quo termino sunt solvendi. *Montigny* i⁴ cedula. Littera iij⁵, folio cxcli.

MONNEVOISIN. — Heredibus domini *Galcheri* dicti de *Fraisnoy* et de *Courtiex* vii sestarios vini et unam gallinam quolibet anno, nescio quo termino, pro quadam vinea sita in territorio dicte ville quam *Wibelet* tenebat, mediantibus dictis redditibus. *Montigny* i⁴ cedula. Littera xxxiij in libro folio clxxix. (Et est che Monnevoisin dessous Montigny-Langrin).

MONTMARTIN. — Heredibus domini R.... de *Montmartin* xij denarios census in festo Remigii, vel in crastino, pro quadam terra sita super molendinum de *Esparmont* quem nobis vendidit dominus G.... de *Montmartin. Archonval* iiij⁴ cedula. Littera xiij⁴ et in folio cxcvij.

MONCHI. — Guillelmo de *Monchi* armigero et ejus heredibus v modios annone, ij frumenti, iij avene, dimidium pisorum et dimidium vece et pro deffectu vece, avene dimidius solus. Quos quidem v modios Guacelino de *Castaneo* ante debebamus per compositionem factam inter nos et canonicos sancti *Qaentini Belvacensis,* quos postea dictus Guascelinus vendidit dicto Guillelmo de *Monchi.* Nescio quo tempore debent solvi. *Archonval* iij⁴ cedula. Littera iij, in libro folio xxv.

NANCHEL. — Heredibus domini R.... *castellani* de *Couchi* vi solidos census in festo Remigii pro lxi essainis terre site in territorio de *Nanchel* juxta *Haiam Castellani* quam dedit nobis Heluidis de *Amblegny.* D.... xiiij⁴ cedula. Littera ij⁴ et in libro folio cxcix.

NEELLE. — Domino *Nigellensi* et ejus heredibus iij solidos in Nativitate Domini absque emenda pro xliij jornalibus et dimidio cum xvi virgis terre et dimidio site in territorio de *Sepfours,* de *Tilloy* et de *Retonviler* et pro xlvi jornalibus et dimidio virge nemoris sitorum as⁴ *Treus* de *Bouvrech.* Greuni iij⁴ cedula. Littera xvi et in libro f° cc.

NOION. — Capitulo beate Marie Noviomensis, xi modios et xi mencoldos bladi ad mensuram suam que tunc temporis erat de meliori pro semine. Quod si in grangia de *Lacheni* quidquid bladum debet solvi infra festum sancti Martini et duci propriis equis nostris in granarium seu horreum ipsorum apud Noviomum.

Nota. — (Recompensati sunt in xxiiij modiis terre de pratis nostris de Lacheni).
Lacheni ij⁴ cedula. Littera xi⁴ et in libro f° xxxvi.

Item. — *Capitulo Noviomensi* iiij⁰ʳ solidos census in festo beati Martini vel Marci, pro vij falcatis prati in *Brolio Episcopi* juxta *Chiri* quos habuimus a *Matheo de Sancto Quintino* canonico Noviomensi. *Ursicampi* xviij⁴ cedula. Littera 1ᵃ in libro f° xxxvij.

Item. — Eidem capitulo pro quadam terra que fuit *Amisardi* pro quolibet sestario ejusdem terre, xviij denarios. Nescio quo termino.

Item. — Predicto capitulo viij sestarios vini et tertiam partem unius sestarii pro quadam vinea que est juxta pressoria dicti capituli quam *Odelina* de *Arborea* nobis vendidit — *Carmoie*. Littera i^a et in libro, xcvi.

Item. — Dicto capitulo xviij denarios, nescio quo termino, pro quadam domo sita *Noviomi in vico* qui dicitur *Masus Episcopi*.

Item. — Pro alia domo viij denarios, quas domos nobis dedit Petrus *Molinet* de *Noyon*, quos quidem xxvi denarios dictos debent solvere dicto canonico eas tenentes, ut credo. *Puisiex* v^a cedula. Littera xi^a et in libro folio xcvi.

Noyon adhuc. — Domino *Episcopo Noviomensi* xxij solidos in festo Remigii, pro prato de *Casiex*. Est nobis per unum excambium quod ei fecimus pro masuris de *Sempigni* et de *Cailloel*. Debebamus eidem xi solidos — *Cailloel* x^a littera et in libro f° lxxxiij.

Item. — Eidem xij denarios in festo Remigii pro prato qui fuit *Berengarii de Veterivilla*. *Ursicampus*, xviij^a cedula. Littera v^a et in libro f° xc.

Item. — Eidem, vi denarios in festo Remigii pro fontibus nostris de *Chiri*. *Ursicampi* xvij^a cedula. Littera v^a et in libro folio xc.

Item. — Eidem, iiij solidos in festo Sancti Martini pro vij falcatis prati sitis in brolio sito juxta *Chiri*, quodquidem pratum fuit *Mathei de Sancto Quintino*. *Ursicampi* xviij^a cedula. Littera prima, folio xc.

Item. — Eidem xij denarios in festo Remigii, de quibus vi denarii debentur pro ponte facto juxta domum nostram de Passel, et vi alii denarii pro ij sextariis et dimidio terre cum uno quarterone sitis au *Fresne Berdel*, de quibus vi denariis ultimis, Castellano Noviomensi et ejus heredibus iiij vel quatuor solvendi sunt pro predicta terra — *Ursicampi* xvij^a cedula. Littera xviiij^a in libro f° cj.

Palie. — Dominis Petro de *Faverolles*, Thome de *Margival* militibus et Colardo de *Vauresis*, armigero, vi denarios et ij sextarios et dimidium vini pro vinea sita ad *vadum de Palie* que fuit Viardi de *Maresi*. Nescio quo tempore sunt solvendi. *Soissons* iij^a cedula. Littera xiiij, in libro f° cciiij.

Paris. — *Fratribus Domus Dei Parisiensis*, xxx solidos solvendos quatuor terminis Parisius consuetis pro domo quam *Matheus de Sancto Germano* civis Parisiensis et *Heluis* uxor ejus dederunt nobis, et ea sita in vico porte *Baudoier ante Aquilam*, et facit angulum vici *Rogeri Asinarii*, *Ursicampi* v^a cedula. Littera xviij^a, xxxiij^a et xli^a in libro f° lxiii et cv.

Item. — Comiti Grandisprati iij^{os} denarios census, nescio quo termino, pro dicta domo nostra de *Pisiex*. *Ursicampi* v^a cedula. Littera xviij et xxxviij in libro folio lxiij.

Etnon quod alios presentes census per Parisiis debemus qui non scripti sunt in hoc libro C... cartarum de quibus Laurentius *Gadel* nos acquitat, ut patet, in littera sua.

Passel. — Heredibus domini Johannis de Bretigni iiij denarios census in festo Remigii apud Novionum pro vj sestariis terre quos dictus Johannes nobis contuluit — *Ursicampus*, xij^a cedula. Littera xi et in libro f° ccvi.

Pont l'Evesque. — Heredibus *Renaldi li Martres* unum modium bladi mediocris capiendi in grangia de *Parviler* in festo Remigii, per deffectum cujus heredes *Radulfi de Ponte* saisire poterunt terragium et census quos dictus Renaldus habebat in quadam terra sita inter piscaturas de *Parviler et Sempigniacum*, donec, etc. *Parviller*. Littera xij^a et in libro folio ccvij.

·Primpres. — Monialibus Sancti *Johannis in bosco*, iij modios bladi mediocris ad mensuram Claromontensem capiendos in grangia *Errosiarum* in festo Sancti Martini pro decimis quas habebant in territorio sito inter rivum de *Bailli* et flumen Ysare versus *Primpres* prout ipsum flumen et nemus monasterii quod *nemus Ursicampi* dicitur ab illa parte se comportat. *Ursicampus*, xi^a cedula. Littera viij. Libro folio xxix.

Item. — Presbitero S.... curato de *Primpres* ij modios bladi mestail ad mensuram Noviomensem, solvendos infra festum Omnium Sanctorum. Quosquidem modios bladi dictos tenemus propriis sumptibus nostris et victuris in villa de *Primpres* dicte, et debentur pro decimis supradictis. *Ursicampi* xi^a cedula. Littera viii^a et in libro folio xxix.

Item. — Heredibus *Henrici Baes* armigeri vi denarios census in festo Regum pro quadam terra sita in territorio de *Primpres* in loco dicto au *Saus Beton*. *Ursicampus*, xviij^a cedula. Littera xi^a et in libro f^o ccviij.

Item. — Petro *Delcourt* civi Noviomensi viij denarios, nescio quo termino, pro iij sextariis terre et xiij virgis site in campo de *Longuemorte* quos nobis dedit *Gerboudus* de *Primpres* et Heluidis ejus uxor. *Ursicampi* xvij^a cedula. Littera xv et in libro f^o ccviiij.

Item. — Heredibus domini *Henrici Baes* militis iiij denarios census, nescio quo termino, pro quodam prato sito in territorio de Primpres. Quodquidem pratum dicitur le *pré Waignart — Porte* — Littera xlv, in libro f^o ccxij.

Domino de Plaissie supra dimidium de *Campasnier* unum caseum pressum ponderis unius libre in festo sancti Remigii pro pasturagiis factis in dominio suo. F^o cxli.

Roye. — Decano et capitulo Royensi xxij denarios de quibus xviij denarii solvendi sunt matri domini et iiij alii in festo Sancti Johannis Baptiste, pro domo quam dedit nobis Robertus de Sancto Petro. *Ursicampus*, v^a cedula. Littera x^a et in libro f^o xxxix.

Item. — Eidem capitulo iiij solidos, iiij denarios, ij capones et unum sestarium bladi ad mensuram Roiensem solvendos in crastino Nativitatis Domini.

Item. — iij solidos et vi denarios census, in festo Sancti Johannis Baptiste, pro cujus census deffectu emendam debemus. Et est iste census pro nostris domibus sitis apud Royam inter domum nostram ex una parte et dominum Ad.......... ex altera............ *Ursicampus*, v. cedula. Littera xxxvi, in libro f^o xxxix.

Item. — Eidem capitulo iiij denarios census, nescio quo tempore, pro quadam terra que sita est secus viam que tendit a *Roya* versus *Lihons*, quam terram habuimus per excambium factum inter nos et dominum Lambertum, capellanum sancti *Florentii Royensis*. Greuni cedula prima. Littera xv^a et in libro f^o xxxix et clxxiiij.

Sachy. — Heredibus Johannis majoris de Brueria, iij obolos census in festo Remigii pro terra que fuit domini Guidonis presbiteri Suessionensis et ea sita au *Bus de Sachi*. *Erreuses* ij^a cedula. Littera xiij et in libro f^o ccxviij.

Item. — *Ade de Lile*, armigero et heredibus ejus vi denarios census in festo Remigii de quibus iiij denarii sunt solvendi pro viij arpentis nemorum sitis in nemore de Faveriis inter nemus *Regalimontis* et nemus *Sancti Luciani Belvacensis*, et duo alii denarii sunt solvendi pro ij aliis arpentis nemorum sitis in loco predicto. *Castenoy*. — Littera xx^a et in libro f^o ccxviij.

Savi. — Heredibus domine Aude filie B... de *Faucoupre* vi denarios census in festo Remigii pro v. sestariis et dimidio terre site in territorio de *Savi* quos nobis vendidit vel dedit *Blanc Fournimentum* de Sancto Quintino. *Ursicampus,* xiij^a cedula. Littera xx et in libro f° ccxix.

Saint-Denis en Franche. — Abbati et conventui Sancti Dyonisii cx libros xiij solidos vij denarios in octava sanctorum Petri et Pauli apostolorum. In recompensationem decime terragii et aliorum que habebant super quibusdam terris sitis in territorio *Errosiarum, Erreuses,* prima cedula. Littera ix et in libro folio clxij.

Item. — Abbati Sancti Dyonisii lxxij libras annui census persolvendas tertia die post Ascensionem Domini, in domo sua de *Moyenviler* sub emenda duorum solidorum per deffectum cujuslibet diei, pro xxiiij modiatis terre sitis in territorio *d'Estrees. Erreuses.* Littera viij in libro folio xv.

Item. — Sancto Dyonisio pro terra de Froieres xviij mine bladi, quum est seminata blado et totidem avene, quum est avena seminata, et quum unum defficit, nichil inde debetur.

Item. — Pro terra de Cailloilles una mina bladi au pre vi mine, tali conditione qua terra de Froiens.

Item. — In octavis Sancti Dyonisii ix solidos v den. tam pro gardino d'Erreuses, quam pro nemore juxta, dominus d'Erreuses, ut supra.

Item. — Eisdem pro terra de *Froeriis — Erreuses.* Littera prima et in libro folio xiiij.

Saint-Ligier u bos. — Monachi Sancti Leodegarii xxxv solidos et unum denarium in festo Regum, pro parte illa quam habebant in nemore de *Casiex. Ursicampus,* ix^a cedula, littera prima et ij^a et in libro f° xxvij et cxxxiij.

Item. — Eisdem, unum denarium census in festo Remigii pro quadam terra sita prope molendinum *de Louvet,* quod Petrus dictus Belongne nobis dedit. Porte. Littera v, in libro f° xxvij.

Iste census redemptus est, ut dictum est, a Johanne *d'Offemont,* tunc temporis cellario Ursicampi.

Sempigini. — Domino Soltano de Thorota l solidos census et ejus heredibus in festo decollationis sancti Johannis Baptiste, pro omnibus que habebat in toto territorio de Sempigni. *Parviller,* v littera, in libro f° lxxxi. Iste census redemptus est, ut dicit noster Johannes d'Offemont, tunc temporis cellarius Ursicampi.

Item. — Thesaurario Noviomensi, vi denarios census, in festo Remigii pro omnibus quos habebat de jure ecclesie monasterio Noviomensis in territorio dicte ville. *Porviler.* Littera vi^a, in libro f° lxxxi. Modo redempti sunt, sicut superius dictum est, et est de manu propria in sito libro.

Soissons. — Abbati et conventui sancti Leodegarii Suessionensis, xxii denarios census, nescio quo termino, pro quodam stabulo nostro quod est in domo quam emimus a Johanne *Cameli,* sita super Axonam. *Ursicampus,* v^a cedula, littera iv et x^a et in libro f° xix.

Item. — Eisdem, unum denarium census in festo Regum pro quadam vinea sita in territorio de *Chiri* dicta *Bordeu* quam nobis vendiderunt. *Soissons* iv^a cedula. Littera xiij, et in libro f° xix.

Item. — Eisdem xij denarios in festo Remigii pro omni jure et omnibus aliis quos habere poterant infra ambitum domus nostre site super Axonam, tam in stabulis et in quadam parte orti dicte domus inter pressorium; et novam portam, et tenet illa domus ad ecclesiam Sancti Leodegarii, quam in tota domo que fuit Gerardi filii prepositi sive Petri civis Suessionensis. *Ursicampus,* nescio qua cedula, qua littera, sed in libro folio xix.

Item. — Abbati et conventui sancti Medardi pro vii sol. et viij d. super quibusdam peciis terre sitis in territorio de Touvens et de Puisiex, et super omnibus aliis............. sitis in censivis et justiciis sancti Medardi.

Item. — xi d. nigros census super x aissinis terre site in *monte de Trachi*, in tribus peciis quarum una est *as Sentiaus,* altera ou *Val de pois* et iij³ au *Bons treus* et debent solvi illi viij s. dicti in festo Remigii.

Item. — Prioratui de *Retondes* qui est de Sancto Medardo ij solidos, nescio quo termino, pro vi arpentis et lvij virgis terre site in *Sarrion* versus montes.

Item. — Prioratui de *Choisy* qui est de sancto Medardo viij aissinos frumenti, nescio quo ternino, in recomparatione cujusdam decime quam illi debebamus supra terram de Esparmont.

Item. — Eisdem xij s. ix d. et obolum in festo Remigii, pro domo nostra *de Bery*, videlicet xi solidos pro loco de Bruiere et pro quadam vinea sita in valle per magnam vineam.

Item. — xvi denarios pro quadam pecia terre que dicitur *Caput sancti Medardi,* site a *l'Ourme traveillie.*

Item. — viiij obolos pro muro de vico *Oliere.*

Item. — xiiij denarios pro quodam picheto terre site in circuitu de *Beri*, versus molendinum de *Quaigny,* vel super iij aissinos terre site in *monte de Riviere.*

Item. — Preposito de *Vyaco* iij d. pro quodam alneto sito ultra rivum ante portam de *Bery.* Omnia ista, vide Puisiex, prima cedula. Littera xv et in libro folio xx et xxi.

Item. — Heredibus Stephani de *Cuffies* unum obolum census et vii sestarios vini, nescio quo termino, pro quadam vinea sita in territorio de *Cuffies* que dicitur en *Ailli*, quam habuimus per excambium factum inter nos et hospitalariam sancti Vedasti Suessionensis et vocata *Vinea Renier au Sac. Soissons* iij³ et iiij³ cedula. Littera xix et xxv. In libro folio xli et cxlvij.

Item. — Heredibus domini *Renaldi de Courtemont* v s. uno obolo excepto et iij pichetos avene ad mensuram Suessionensem, in festo Remigii et xlv sestariis vini, vij gallinas et dimidiam in............. ad usus porte solvendos pro domo nostra vocata *Coupeville* et pro terris, pratis et vineis ad dictam domum pertinentibus. *Soissons* iij³ cedula. Littera xx³ et in libro folio clxix.

Item. — Heredibus dominorum *Rogeri de Foilleuses* et *Philippi* de S. *Aubin* viij den. census in festo Remigii, pro quadam vinea sita apud Soissons in territorio de *Rochemont* s. à Foeleuses. *Soissons* iiij cedula. Littera xxi et in libro folio ccxv.

Item. — Comiti Suessionensi xij d. in festo Regum pro domo nostra sita apud Axonam juxta Abbatiam Saucti Leodegarii. *Soissons* v³ cedula. Littera iij et in libro, f° xvi.

THOROTE. — Hospitali pauperum de Thorota unum modium frumenti *ad mensuram Thorote* in festo Remigii quem debemus deferre propriis vecturis nostris illuc et solvuntur pro elemomosina Heluidis ecclesie Ursicampi. Nescio qua cedula nec qua littera. Sed in libro transcriptum invenies folio vij et viij.

Item. — Capellano leprosorum du *Mas* juxta *Thorotam* iij modios bladi capiendos in molendino de *Louvet* in festo Regum et usque ad festum Sancti Andree et sunt de elemosina domini *Goberti de Thorota*, militis. *Porte* — prima littera et in libro folio lvi.

Item. — Episcopo de Senlis *Sylvanectensi* et castellano de *Thorota* xii denarios in festo Regum, solvendos apud *Longuel* pro v sist. et dimidio terre site ante domum domini *Guidonis de Gausi* juxta pratum *Johannis de Mola* per quod itur de *Domo leprosarie* ad navem de *Monmaques*, quam terram et aliam nobis dedit Magister *Jacobus de Thorota*, canonicus Noviomensis. *Ursicampus*, xii° cedula. Littera xxv° , in libro folio ccxxiiij.

Item. — *Castellano Thorote* viiij denarios census, nescio quo termino, pro quadam grangia sita apud Thorotam ad pontem Beate Marie de Thorota. Quem nobis dederunt *Hugo de Louvet* et Hessia uxor ejus. *Ursicampus* xiiij° cedula. Littera xiiij, et in libro, folio ccxxv.

TRICOC. — Heredibus domini *Radulfi Daridel* de *Tricoc* xv modios frumenti et v modios avene ad mensuram Gornaci in festo Omnium Sanctorum pro omnibus que tenebat de feodo *Radulfi Flandrensis* et in decima totius territorii de *Warnaviler* tam in terris campestribus quam nemorosis, tali conditione quod si illum censum termino dicto non acceperint, et si usque ad Nativitatem Domini custodierint dictum censum in horreo de *Warnaviler*, tam pro ipsorum spontanea dilatione quam pro indigentia nostri ordinis, non perierit dictus census de quibus vel aliquod damnum inde acciderit, nichil eis pro damno delicti restituetur de quibus xx modiis dictis. *Willelmo de Ballenvalle* militi xl mine frumenti et xx mine avene sunt solvende in festo Sancti Johannis Baptiste, loco et mensura predictis. Quem censum si defferre voluit usque ad festum Remigii, conductione eadem quam emptione servabitur. *Warnaviller* ij° cedula. Littera prima, et in libro folio lxxiij.

Item. — Dictis heredibus, ij modios, unum frumenti, et alium avene quos *Radulfus* dictus capiebat, quo termino nescio, in grangiam *Arcusvallis* et erat de feodo *Radulfi Escachiers* de *Gournay* et *Alberti de Fayel*. *Arcusvallis* ij° cedula. Littera prima et in libro folio clxxxv. Quomodo sint acquisiti vel redempti, nescio.

TRACHI. — *A. de Trachi* armiger, iij den. census in octava sancti Dyonisii absque emenda pro campiparto quem G. Louchart nobis vendidit. *Erreuses* v° cedula. Littera xxij° et in libro folio ccxxvij.

VAUCHELES. — Thesaurario Noviomensi viij denarios census, nescio quo termino, pro quadam vinea sita apud *Vauchelas*, quam nobis dedit Radulfus Attrebatensis. *Ursicampus*. Cedula viij°. Littera ij° et in libro folio lxviij.

Item. — Heredibus domini *Hugonis de Porkericourt* iij° d. census in festo Remigii pro iiij°ʳ sest. et dimid. nemorum sitorum ante logias *nostras* de *Oremiex* quod nemus le *Caude* dicitur. *Arborea*, prima cedula. Littera x° in libro, folio ccxxvij.

Item. — *Johannis de Vaucellis*, vel ejus heredibus ij d. census, nescio quo termino, pro iiij°ʳ sest. terre et dimid. site juxta terram de *Ledis* prope solam sancti Martini, quam nobis dedit Maria de *Meso Episcopi*. *Ursicampus*, v° cedula. Littera xxiiij° et in libro folio cci.

VILLA. — Heredibus domini *Florentii de Villa* viij den. census in festo Sancti Remigii pro iiij°ʳ sextariis terre site juxta pratum nostrum in loco qui dicitur *Casiex*, quem nobis vendidit Frogerus de Chiri — *Ursicampus* xvii° cedula. Littera x° et in libro folio cciiij et ccxxix.

WIGNIES. — Heredibus domini Alberti de Plaissie ij denarios census in festo Sancti Remigii apud grangiam de *Voyaus* pro una modiata terre sita in essarto dicte ville, quam dominus *Symo* frater dicti Alberti nobis dedit. *Voyaus*. Littera xx, et in libro folio ccvii°. Ad ipsus illi moniales solvunt modo dictos duos denarios.

NOTA. — Si aliqui census contenti in ista tabula sunt vel fuerunt a predecessoribus nostris redempti, non est notum quod sicut in libro cartarum inveni ita, et hic posui forte quum carte seu littere nostre erant in manibus ecclesie. Tunc veritas dictorum censuum poterit sciri a diligenter inquirentibus.

FINIS.

TABLE

Des noms des lieux mentionnés dans le Cartulaire d'Ourscamp.

A

Abbecourt (canton de Chauny. — Aisne). — Abecort, Abecourt, p. 2, 328, 329, 332, 333, 334, 335, 336.

Ailly (canton de Soissons. — Aisne). — Ailli, p. 111. 339, 340, 341, 350, 578.

Ambleny (canton de Vic-sur-Aisne. — Aisne). — Ambleni, p. 274, 483, 574.

Amiens (Évêques d'), p. 179, 180, 181.

Andechy (canton de Roye. — Somme). — Andechi, p. 181, 437.

Angivillers (canton de St.-Just. — Oise). — Angeviler, Angiviler, p. 70, 72, 157, 332.

Anifontaine, p. 345.

Annel (annexe de Longueil-sous-Thourote) (canton de Ribécourt. — Oise). Anneel, Aunel, p. 375, 465, 571.

Antheuil (canton de Ressons. — Oise). — Antolium, p. 49, 51, 66, 206, 272, 277, 326, 330, 341, 342, 343, 344, 445.

Apilly (canton de Noyon. — Oise). — Apelli, Apely, p. 366, 367, 572.

Arblaincourt (canton de Chauny. — Aisne). — Erblaincort, Erblencourt, p. 199, 204, 228, 230, 407, 422, 423, 424, 425, 483.

Arbroie (l') (canton de Noyon. — Oise). — Arborea, Arboroie, p. 22, 45, 89, 98, 100, 205, 210, 250, 287, 292, 298, 326, 572, 579.

Arsonval (commune d'Hémevillers) (canton d'Estrées-Saint-Denis. — Oise). — Arcus vallis, Archonval, p. 158, 292, 298, 344, 447, 452, 477, 493, 573, 574, 579.

Arvillers (canton de Morcuil. — Somme). — Arviler, p. 431.

Atiches (commune de Dreslincourt) (canton de Ribecourt. — Oise). — p. 55, 573.

Athies (canton de Ham. — Somme), p. 176.

Attichy (Oise). — Atechi, Atechy, Atbechi, Atichi, p. 59, 65, 118, 125, 134, 222, 287, 345, 346, 477, 571.

Auberive (Haute-Marne). — Albarippa, p. 7.

Audignicourt (canton de Coucy-le-Château. — Aisne), Audegnicourt, p. 112, 113, 337, 409, 484.

Auroir (Aubigny) (canton de St.-Simon. — Aisne). — Oroir, Orooir, p. 50, 495.

Autrèches (canton d'Attichy. — Oise). — Altrachia, Altrechia, p. 65, 87, 250, 253, 355, 356, 471, 571.

Avesnes (Nord), p. 346.

Avrigny (canton de Clermont. — Oise). — Alvregni, Auregni, Avregni, p. 288, 347, 384, 558, 571.

B

Babœuf (canton de Noyon. — Oise). — Babue, Balbodium, p. 56, 84.

Baienselve, p. 345.

Bailleul-le-Soc (Stultum), (canton de Clermont. — Oise).—Bailleul,Baillol, Bailluel, Ballol, Balluel, Buillol, p. 35, 37, 153, 155, 183, 184, 186, 333, 353.

Bailly (canton de Ribécourt. — Oise). — Baalli, Balli, p. 78, 285, 349, 350, 351, 509, 515, 575.

Balainvillers (canton d'Estrées-Saint-Denis. — Oise). — Balainviler, Balenviler, p. 191, 427, 428, 429, 495.

Balny (canton de Lassigny. — Oise). — Balenni, p. 386.

Banru (commune de Montigny-Langrin) (canton de Vic-sur-Aisne. — Aisne), p. 363, 402.

Bazentin (canton d'Albert. — Somme), p. 526.

Beaufort (canton de Rosières. — Somme), p. 129.

Beaugies (canton de Guiscard. — Oise). — Bougiez, p. 369.

Beaulieu (canton de Lassigny. — Oise). — Biaulieu, p. 487.

Beaumont (canton de l'Isle-Adam. — Seine-et-Oise). — Bellimons, p. 149.

Beaupuits (commune de Grandvilliers-au-Bois) (canton de St.-Just. — Oise). — Bellus puteus, p. 8, 361, 489.

Beaurain (canton de Noyon.— Oise).— Belloramo, Belloramus, Biaurain, p. 223, 326, 362, 363.

Beauvais (évêques de), p. 183, 184, 185, 186, 187, 188, 189, 190, 191.

Beauvoir (commune d'Elincourt) (canton de Lassigny. — Oise). — Biauvoir, p. 561.

Beauvois (canton de Vermand. — Aisne). — Biauvoir-les-Rohardois, p. 6.

Behencourt (canton de Guiscard. — Oise), p. 137, 234, 282.

Béhéricourt (canton de Noyon. — Oise). — Béhéricort, p. 143, 372.

Bellefontaine (canton d'Attichy. — Oise). — Ad Baillum fontem, p. 266, 485.

Belleu (canton de Soissons. — Aisne), p. 86.

Berliére (la) (canton de Lassigny. — Oise), p. 24.

Berneuil (canton d'Attichy. — Oise). — Bernuile. p. 388.

Berny-Rivière (canton de Vic-sur-Aisne. — Aisne), — Rivière, p. 67.

Bery (canton de Vic-sur-Aisne. — Aisne). — Bari, Bairi, p. 287, 303, 407, 571, 577, 578.

Besincourt (canton de Noyon. — Oise). — Besincort, p. 98.

Béthencourt (commune de Cambronne) (canton de Ribécourt. — Oise). — Betencort, Betencourt, p. 23, 66, 83, 222, 223, 464, 465, 571.

Béthencourt-en-Vaux (canton de Chauny.—Aisne). — Betencourt-ès-Vaus, Betencourt-ès-Vaux, Bethencourt in Vallibus, Bethencuria, p. 2, 326, 329, 334, 354, 355, 437.

Beuvraignes (canton de Roye. — Somme). — Beurignes, Buvrignes, p. 241, 414.

Biarre (canton de Nesle. — Somme). — Biard, p. 430.

Bienville (canton de Compiègne. — Oise). — Bienvilla, Buenvilla, p. 107, 363, 480.

Billy-sur-Aisne (canton de Soissons. — Aisne). — Billi, p. 339.

Bitry (canton de Vic-sur-Aisne). — Biltiam, p. 267.

Blérancourt (canton de Coucy-le-Chateau.—Aisne). — Blerencourt, p. 364.

Bray-sur-Somme (Somme).— Braium, p. 179, 180.

Breteuil (abbaye de). — (Oise). — Britolium-Alveridus, p. 157.

Bretigny (canton de Noyon.—Oise).— Britiniacus, p. 275, 286, 321, 360, 361, 494, 495, 505, 513, 571, 575.

Bretonnière (commune de Passel) (canton de Noyon. — Oise). — Britoneria, p. 201, 204.

Briostel (abbaye Cistércienne), p. 19.

Bruyère (canton de Laon. — Aisne). — Brueria, p. 530, 576.

Buchy (canton de Guiscard. — Oise). — Buchi, p. 517.

Bucy-le-Long (canton de Vailly. — Aisne). — Buci, p. 86, 170, 171, 172.

Bulles. — Oise. — Bugle, p. 147.

C

Caillosell (canton de Clermont. — Oise). — Callosellis, p. 37, 153, 492.

Caillouel, (canton de Chauny. — Aisne), — Cailloue, Cailloel, p. 8, 326, 366, 367, 368, 371, 372, 373, 374, 572, 575.

— 583 —

Caisne (canton de Noyon. — Oise), Kainne, p. 365, p. 483.

Cambronne (canton de Ribécourt. — Oise), p. 55, 278, 327, 375, 571.

Camelin. — Cameli, Kameli, p. 481, 482, 484.

Campasnier (canton de Chauny. — Aisne), actuellement Campigny, commune de la Neuville-au-Bois, p. 16, 43, 44, 328, 576.

Camprémi (canton de Froissy. — Oise), p. 375.

Candor (canton de Lassigny. — Oise). — Canduerre, p. 379, 513, 561.

Cannectancourt (canton de Lassigny. — Oise). — Canetecort, Canethecort, p. 98.

Carlepont (canton de Ribécourt. — Oise). — Karolipons, p. 192, 196, 197, 198, 226, 256, 264.

Carmoye (La) (canton de Lassigny. — Oise). — Carmeia, Carmoie (Le), p. 32, 55, 98, 292, 295, 322, 572, 573.

Carrépuits (canton de Roye. — Somme). — Quadratus puteus, Quarrépuis, p. 442, 444, 528.

Catenoy (canton de Liancourt. — Oise). — Castanetum, Castenoy, Castinetum, p. 68, 85, 154, 183, 287, 322, 428, 572, 574, 576.

Catigny (canton de Guiscard. — Oise). — Categnies, Catheni, p. 127, 422, 432, 527.

Cauffry (canton de Liancourt. — Oise). — Cauferi, p. 40.

Caumenchon (canton de Coucy-le-Chateau. — Aisne), p. 377.

Celle (La) (canton de Condé. — Aisne). — Ad Cellas, p. 143, 378.

Châalis (Abbaye de) (canton de Nanteuil. — Oise). — Karolilocus, p. 10.

Champieng (canton de Roye. — Somme). — Cempiegne, Chempieng, p. 129, 326, 444.

Charlet (commune de Montigny-Langrin. — Aisne), p. 472.

Chaversy (commune de Trumilly. — Oise). p. 318, 377.

Chaulnes (Somme). — Chanle, p. 443.

Chauny (Aisne). — Calniacum, Chauni, p. 15, 41, 42.

Chavate (La) (canton de Roye. — Somme). — Chavate (Le), p. 417, 418.

Chevincourt (canton de Ribécourt. — Oise). — Chevincort, p. 380.

Chilly (canton de Montmirail. — Marne). — Chilli, p. 169.

Chiry (canton de Ribécourt. — Oise). — Chiri, Chiriacus, p. 52, 99, 191, 195, 201, 202, 204, 217, 218, 233, 330, 339, 388, 389, 390, 392, 393, 421, 498, 568, 572, 574, 575, 577, 579.

Choisy-au-Bac (canton de Compiègne. — Oise). — Coisiacus, Choisiacus, p. 66, 277, 327, 410, 572.

Choisy-la-Victoire (canton de Clermont. — Oise). — Soisi, p. 40.

Cinceni (canton de Chauny. — Aisne), actuellement Sinceny. — Chincheni, p. 366, 367.

Cinqueux (canton de Liancourt. — Oise). — Semquez, p. 186.

Citeaux (Côte-d'Or). — Cistercium, p. 3, 6.

Clairoix (canton de Compiègne. — Oise). — Clarais, p. 34.

Clervaux (Claravallis) (abbaye), p. 163, 164.

Compiègne (Oise), — Compendium, p. 34, 411, 412, 572.

Condren (canton de Chauny. — Aisne). — Condrau, p. 397, 450.

Conflans (canton de Poissy. — Seine-et-Oise), p. 167, 398.

Corbie (Somme), p. 413.

Conchy-les-Pots (canton de Ressons. — Oise). — Conchi, p. 394, 377.

Coucy-le-Château (Aisne). — Cochiacus, Couchi, Cociacus, Couci, Couciacus, p. 320, 321, 405, 406, 407, 408, 409, 449, 572, 574.

Coudun (canton de Ressons-sur-le-Mas. — Oise), Cosdun, p. 185, 186, 207, 278, 326, 327, 363, 374, 387, 395, 396, 397, 517.

Coupeville (canton de Soissons. — Aisne). — Cupavilla, Coperville, p. 400, 401.

Courcelle (commune de Pontoise) (canton de Noyon. — Oise), p. 143, 144.

Cours (Les) (Aisne). — Curces, p. 60, 63, 71.

Courtemont (canton de Condé-en-Brie. — Aisne). — Cortemont, p. 399, 400, 578.

Courtieux (canton d'Attichy. — Oise). — Cortius, Courtiex, p. 352, 401, 405, 535.

Courty (canton de Vic-sur-Aisne. — Aisne). — Corti, p. 536.

Cramailles (canton d'Oulchy. — Aisne), p. 565.

Crapeaumesnil (canton de Lassigny. — Oise). — Crapoutmaisnil, p. 240, 376, 377, 444.
Creil (Oise). — Cretolicus, p. 154.
Cremery (canton de Roye. — Somme). — Crimeri, p. 105, 221, 237, 377.
Crepy (Oise). — Crispeium, p. 380.
Crespigny (commune de Chauny. — Aisne), p. 326, 366, 367, 368, 369, 370, 371, 372, 373.
Cressonsacq (canton de St.-Just. — Oise). — Cressonessart, Cressunessart, p. 41, 69, 154, 155, 161, 162, 184, 188, 322, 382, 383, 384, 385, 386, 387, 388.
Crotoy (canton d'Attichy. — Oise). — Crotoi, p. 455.
Cuffies (canton de Soissons. — Aisne). — Cuffiers, p. 111, 112; 578.
Cugnières (canton de St.-Just. — Oise). — Cuignières, p. 394.
Curchy (canton de Roye. — Somme). — Curchi, p. 16, 426.
Cus (canton de Noyon. — Oise), p. 572.
Cuy (canton de Lassigny. — Oise). — Cui, p. 326, 549, 550.

D

Dargies (canton de Grandvilliers. — Oise), p. 146.
Deniscourt (canton de Noyon. — Oise). — Denicort, Deviscourt, p. 16, 130, 145, 422.
Dive (canton de Lassigny. — Oise). — Diva, p. 130, 205, 249, 263, 391.
Dive-la-Franche (commune de Ville) (canton de Noyon. — Oise), p. 419, 420, 421, 455, 572.
Divette (commune de Dive) (canton de Lassigny. — Oise). — Dyvete, p. 502.
Dreslincourt (canton de Ribécourt. — Oise). — Drailincort, Drailincourt, Dralincourt, Drainlincourt, Drellencort, p. 18, 144, 149, 150, 206, 209, 326, 415, 416, 417, 418, 419, 420, 466, 505, 515, 516, 571.

E

Eaucourt-Sommette (canton de Saint-Simon. — Aisne), p. 233, 427.
Elincourt-Ste-Marguerite (canton de Lassigny. — Oise), p. 17, 277, 278, 279, 573.
Emery-Hallon (canton de Ham. — Somme). — Halons, p. 209.

Eparmont (commune d') (canton d'Estrées-Saint-Denis. — Oise). — Esparmons, Espermons, Espermont, Esparmont, p. 57, 66, 277, 479, 572, 574, 577.
Épineuse (canton de Clermont. — Oise). — De Spinosis, p. 40.
Eraines (commune de Bailleul-le-Soc) (canton de Clermont. — Oise), p. 521.
Ercheu-Hersiu (canton de Roye. — Somme), p. 33, 194.
Erreuse (commune d') (canton de Clermont. — Oise). — Arreuses, Arrosia, Arrosiarum, Arrosiis, Ereuse, Erreuses, Errosia, Errosiæ, p. 10, 11, 14, 35, 37, 39, 189, 288, 298, 381, 383, 521, 571, 575, 576, 577, 579.
Estrées-Saint-Denis (Oise). — Estrées, de Stratis, p. 1, 38, 39, 70, 183, 184, 353, 427, 428, 429, 524.
Étalon (canton de Roye. — Somme). — Estalon, p. 16, 426, 427, 453.
Étouilly (canton de Ham. — Somme). — Estoli, p. 50.
Étreillers (canton de St.-Simon. — Oise). — Estreiliers, p. 6.

F

Faillouel (canton de Chauny. — Aisne). — Faiet, Faillel, Faillœul, p. 176, 177, 327, 397, 435, 436.
Falvy (canton de Nesle. — Somme). — Falevi, Falevivel, p. 147, 423.
Fauconpré, p. 576.
Faverolles (canton de Villers-Cotteretz. — Aisne). — Faveroles, p. 496, 575.
Favières, p. 576.
Fayel (canton d'Estrées-Saint-Denis. — Oise), p. 446, 480, 579.
La Fère (Aisne). — Fera, Fara, Fer, p. 8, 128, 463, 493.
Flavy-le-Martel (canton de St.-Simon. — Aisne). — Marcel, p. 175, 179.
Flavy-le-Meldeux (Lutosus) (canton de Guiscard. — Oise). — Flavi, p. 430.
Flay-St.-Germer (Abbaye de) (canton du Coudray. — Oise), p. 49.
Fontenoy (canton de Vic-sur-Aisne. — Aisne). — Fontenoi, p. 208, 360.
Forceville (canton d'Oisemont. — Somme). — Forcheville, p. 560.

Fouilleuse (canton de Clermont. — Oise). — Foilleuses, Foillousis (Rogerus de), Follouses, Fouleuses, p. 40, 152, 161, 174, 434, 492, 578.

Fournival (canton de St.-Just. — Oise). — Furnivalle (Balduinus de), Furnival, p. 53, 67, 446, 447, 573.

Flamicourt (Flamicourt-Ham. — Somme), p. 432.

Francières (canton d'Estrées-St.-Denis. — Oise). — Franciere, Franseriis (de), Fransieres, p. 17, 189, 380, 434, 480.

Fransart (canton de Rosières. — Somme), p. 108.

Fresnoy (canton de Roye. — Somme). — Fraisnois, Fraisnoy, p. 273, 430, 431, 573.

Fretoy (canton de Guiscard. — Oise). — Fraitoi, p. 416.

Frienvalet (commune de Rouviller (canton de St-Just. — Oise). — Friemvalez, Friemvalet, p. 70, 71, 191, 279.

Frières (canton de Chauny. — Aisne). — Ferrariarum, ad Ferrarias, Ferrieres, p. 42, 43, 104, 248, 397.

Froimont (canton de Nivillers. — Oise). — Fresmont, de Frigido Monte, p. 8, 9, 10, 37, 54, 69.

Froyères (canton de Clermont. — Oise). — De Froeriis, p. 35, 38, 577.

Fusniville (canton de Ressons. — Oise). — Fuscinivilla, p. 341, 448, 573.

G

Galle (commune de Rethonde. — Oise), p. 244.

Genlis (canton de Chauny. — Aisne). — Genli, p. 453.

Genvry (canton de Noyon. — Oise). — Genvri, p. 2, 326, 329, 333, 369, 436, 437, 490.

Gomboliu (commune d'Audignicourt) (canton de Coucy. — Aisne), p. 409.

Gournai-sous-Aronde (canton de Ressons. — Oise). — Gornacum, p. 51, 67, 69, 70, 158, 279, 353, 386, 447, 558, 573, 578.

Goyencourt (canton de Roye. — Somme). — Goencort, Goiencort, Goiencourt, p. 106, 183, 273, 431, 439, 443, 444, 486, 529, 530, 573.

Grandpré (Ardennes), p. 315.

Grandviller-aux-Bois (commune de Rouvillers (canton de St.-Just.— Oise).— Magnivillare, Grantviler, p. 35, 184, 380, 387.

Grivillers (canton de Montdidier. — Somme). — Grivilers, p. 443.

Gruny (canton de Roye. — Somme). — Groeni, Greuni, p. 3, 48, 181, 183, 288, 293, 432, 437, 438, 439, 440, 441, 442, 530, 573, 574, 576.

Guerbigny (canton de Roye. — Somme). — Garmegni, Garmeni, p. 158, 181, 437, 460 481, 486.

Guivry (canton de Chauny. — Aisne). — Givry, p. 209.

Guny (canton de Coucy-le-Château. — Aisne). — Guni, p. 113, 266, 423, 448, 449, 562, 573.

Guniviler, p. 345.

Gury (canton de Lassigny. — Oise). — Guri, p. 241, 414.

H

Haiserolles (canton de Roye. — Somme). — Haiseroles, p. 440.

Ham (Somme), p. 47, 50, 57, 173, 386, 450, 495, 527.

Ham (abbaye de Notre-Dame de) (Somme). — Pagus, Hamensis, Hamus, p. 50, 321, 450, 451, 453, 527.

Hangest-en-Santerre (canton de Moreuil. — Somme), p. 70, 180, 452, 453.

Harbonnières (canton de Rozières. — Somme). — Harbonières, p. 501.

Hemévillers (canton d'Estrées-St.-Denis. — Oise). — Haimeviler, Hameinvile, Hameviler, Hemmenvillaris, p. 51, 279, 332, 427, 428, 450, 451, 524, 558.

Herimont (commune de Passel-Mont-Renaut) (canton de Noyon. — Oise). — Hairimont, p. 498.

Hombleux (canton de Nesle. — Somme). — Hombleux, p. 527.

Homblières (abbaye d') (canton de St.-Quentin. — Aisne), p. 50.

Honnecourt (canton de Marcoing. — Nord). — Hosnecourt, p, 132.

Hyencourt-le-Grand (canton de Chaulnes. — Somme). — Hiencort, p. 419, 455.

I

Igny (abbaye d') (Marne). — Ancien diocèse de Soissons. — Igniacensis Abbatia, p. 13.

J

Jaux (canton de Compiègne. — Oise). — Geaus, p. 561.

Janville (canton de Compiègne. — Oise). — Johannisvilla, Jebanvile, Johanville, p. 34, 395.

Jauzy (canton d'Attichy. — Oise). — Gauzi, Jauzi, p. 345, 455, 456, 573.

Joye (abbaye de la) (de Gaudio) (canton d'Attichy. — Oise), p. 18.

Jussy (canton de Saint-Simon. — Aisne). — Jusis, p. 194, 195.

Juvigny (canton de Soissons. — Aisne). — Juvigni, p. 399, 496, 560, 562.

L

Lagny (canton de Lassigny. — Oise). — Laigni, Legniacum siccum, Leignie, p. 8, 239, 457, 458, 573.

Lanchy (canton de Ham. — Somme). — Lanchi, p. 366.

Landrimont (commune de Noyon. — Oise), p. 49, 299, 569.

Lassigny (Oise). — Lacheni, La Malmaison, Maladomus, p. 89, 93, 94, 97, 98, 177, 207, 219, 221, 237, 238, 239, 240, 241, 253, 288, 414, 459, 460, 461, 476, 573, 574.

Licuilliers (canton de Saint-Just.— Oise), p. 365, Leirville, Leirvilla, p. 176.

Liancourt (Somme). — Liencort, p. 464, 488. 557.

Lignières (canton d'Oisemont. — Somme), p. 558.

Liez (canton de La Fère. — Aisne). — Lier, Lies, p. 41, 42, 45, 128, 207, 222, 242, 287, 405, 462, 463.

Libons (canton de Chaulnes. — Somme). — Lehunensis prioratus, p. 275, 279, 280, 488, 576.

Lille, p. 322, 537.

Locourt (canton de Roye. — Somme), p. 240.

Lombray (canton de Coucy-le-Château. — Oise). — Lombrai, p. 506, 507.

Longpont (canton de Villers-Cotterets. — Aisne). — Longipontis, Longipontensis, p. 3, 12, 14.

Longuay (abbaye de), (canton d'Arc-en-Barrois. — Haute-Marne), p. 15.

Longueil-sous-Thourote (canton de Ribécourt. — Oise), — Longuel, p. 17, 554, 578.

Louvet (commune de Cambronne) (canton de Ribécourt. — Oise). — Loveth, Loveto (de), Lovez, p. 16, 65, 83, 133, 134, 135, 179, 465, 466, 498, 540, 554, 571, 577, 578, 579.

M

Machemont (canton de Ribécourt. — Oise), p. 137, 456, 467, 538, 573.

Maisons (canton de St.-Germain-en-Laie. — Seine et Oise). — Mesoniæ, p. 466.

Maissemy (canton de Vermand. — Aisne). — Maissemi, p. 433.

Magny-Guiscard (Oise). — Magniaco (de), Maigni, Maniaco (de), p. 113, 116, 117, 118, 120, 122, 126, 127, 158, 192, 209, 223, 235, 250, 251, 288, 292, 482, 483, 484, 561.

Manicamp (canton de Coucy-le-Château. — Aisne), p. 502.

Mantes (Seine-et-Oise), p. 573.

Marchélepot (canton de Nesle. — Somme), p. 426.

Marest-sur-le-Matz (canton de Ribécourt. — Oise). — Mares, p. 33, 278 572.

Margères (canton de Ham. — Somme). — Margellis (de), p. 51, 54, 56.

Margival (canton de Vailly.— Aisne), p. 496, 575.

Margny-aux-Cerises (canton de Lassigny. — Oise). — Maregni, Mareigni, p. 93, 273.

Margny-sur-le-Matz (canton de Ressons. — Oise). — Mareyniacus super Mascum, p. 93, 473.

Marly (canton de Ressons. — Oise). — Marli, p. 115, 344.

Marquéglise (canton de Ressons. — Oise). — Marcateglise, Marcatheclise, Markateglise, p. 127, 375, 415, 472.

Marquivillers (canton de Montdidier. — Somme). — Marcheviler, p. 528.

Martimont (canton d'Attichy.—Oise), p. 471, 472, 574.

Martin-aux-Jumeaux (abbaye de St.-), à Amiens. — S. Martini de Gemellis, p. 49, 181.

Mauconseil (cᵉ de Chiry.— Oise), p. 221, 224, 292.

Maucrues (canton de Villers-Cotterotz. — Aisne), p. 474, 574.

Mayot (canton de La Fère. — Aisne), p. 462.

Mébaricourt (canton de Rosières. — Somme). — Maharicourt, p. 437.

Melicoq (canton de Ribécourt. — Oise). — Melicoc, Molincoc, Molincot, Molincoth, p. 66, 209, 234, 410, 571.

Mello (canton de Creil. — Oise). — Melloco (de), Merlo, p. 8, 167, 182, 191, 288, 476.

Menevillers (Oise). — Magniviler, p. 35, 37, 151.
Menin (Nord), p. 475.
Mennessis (canton de La Fère. — Aisne). — Manessiarum, Manessias, Manessies, Menesiarum, p. 20, 41, 51, 104, 463, 468, 469, 470.
Mery (canton de Maignelay. — Oise). — Mairi, p. 70, 192, 476, 492.
Meulan. — Medontium (Seine-et-Oise), p. 467.
Mogneville (canton de Liancourt. — Oise). — Moenevile, Mogniville, Moignivilla, p. 11, 71, 151, 152, 186.
Mollimanso (de), p. 299.
Monchy-Humières (canton de Ressons. — Oise). — Monchiacus Petrosus, Monci, p. 19, 51, 445.
Monnevoisin (c° de Montigny-Langrin, canton de Vic-sur-Aisne. — Aisne). — Monlevoisin, p, 27, 474, 574.
Montdidier. — Mondisderium, p. 70, 192, 481.
Montescourt-Lizerolles (canton de Saint-Simon. — Aisne), p. 463.
Montigny-Langrin (canton de Vic-sur-Aisne. — Aisne). — Montègni, Montigni, Montigniacum, p. 13, 326, 402, 403, 405, 430, 494, 547, 574.
Montmacq (canton de Ribécourt. — Oise). — Mommac, Mommaches, Mommakes, Mommaques, p. 15, 135, 327, 376, 456, 477, 478, 554, 573, 578.
Montmartin (canton d'Estrées-St.-Denis. — Oise). — Mons-Martini, p. 479, 480, 574.
Montreuil (Pas-de-Calais). — Monsterolium, p. 168.
Morinie (évêques de), p. 192.
Mortemer (abbaye de) (canton de Neufchâtel-en-Bray. — Seine-Inférieure). — Mortuomari (de), p. 5, 82.
Moulin-sous-Touvent (canton d'Attichy. — Oise). — Molendinis, Molins, p. 59, 60, 61, 339, 481.
Mouy (Oise), p. 51.
Moyencourt (canton de Royc. — Somme). — Moiencourt, p. 540.
Moyenneville (canton de St.-Just. — Oise). — Medianavilla, Medianus viler, Mediovillare, p. 35, 37, 332. (Voir Arnele, Arnellum, p. 71.)
Moyvillers (canton d'Estrées-St.-Denis. — Oise). — Medianum villare, Mesvillers, p. 35, 577.
Muirancourt (canton de Guiscard. — Oise). — Muirencort, p. 389.

N

Nampcel (canton d'Attichy. — Oise). — Nancel, Nancellas, Nanchel, p. 22, 28, 29, 30, 65, 113, 115, 117, 120, 122, 123, 124, 125, 126, 127, 267, 269, 408, 482, 483, 484, 485, 572, 574.
Nesle. — Neele, Nigella, p. 17, 169, 222, 299, 328, 399, 486, 488, 574.
Neuilly-sous-Clermont (canton de Clermont. — Oise). — Nueli, p. 492.
Neuville-Roi (canton de St.-Just. — Oise). — Novavilla, p. 71, 322, 362, 489, 521, 522, 523, 572.
Noroy (canton de St-Just. — Oise). — Noeroy, Norereto (de), p. 152, 492.
Noyon (Oise). — Novionum, p. 24, 25, 46, 203, 250, 251, 274, 298, 326, 489, 490, 575.
Noyon (évêques de), p. 192, 193, 194, 195, 198, 201, 202, 203, 204, 205, 206, 207, 208, 209, 210, 211, 213, 214, 215, 217, 218, 219, 220, 221, 222, 223, 224, 225, 226, 227, 228, 229, 230, 231, 232, 233, 234, 235, 236, 237, 238, 239, 240, 241, 242, 243, 244, 245, 246, 247, 248, 249, 250, 251, 252, 253, 254, 256, 257, 258, 259, 260, 261, 263, 264, 265, 271, 574.

O

Offémont (canton d'Attichy. — Oise), p. 2, 140, 146, 211, 326, 332, 334, 449, 548, 551, 552, 553, 577.
Offoy (canton de Ham. — Somme). — Oufois, p. 546.
Ognes (canton de Chauny. — Aisne). — Oygne, p. 2, 326, 329, 336.
Ognolles (canton de Guiscard, — Oise). — Unnole, p. 174.
Oisy (canton de Wassigny. — Aisne). — Oisi, p. 494.
Oitre (Aisne). — Oistre, p. 493.
Ollezy (canton de St.-Simon. — Aisne). — Olezi, p. 494.
Oresmaux (canton de Noyon. — Oise). — Oresmiex, p. 130, 326, 563, 579.
Outrebray (c° d'Autrèches, canton d'Attichy. — Oise). — Ultrabrai, Ultrabreium, Outrebies, p. 65, 496, 573.

P

Parc-aux-Dames (abbaye du).(canton de Crépy. — Oise), p. 18.
Paris. — Parisiis, p. 101, 164, 165, 272, 322, 575.
Parvillers (canton de Noyon. — Oise). — Parviller, Portus de Viler, Porvilare, Porvillare, Porviler, Porviller, p. 99, 198, 209, 212, 220, 221, 227, 286, 287, 288, 292, 506, 561, 575, 577.
Pasly (canton de Soissons. — Aisne). — Palic, p. 14, 496, 497.
Passel (canton de Noyon. — Oise), p. 391, 393, 498, 499, 500, 502, 503, 504, 505, 575.
Pernant (canton de Vic-sur-Aisne. — Aisne). — Parnant, p. 103.
Pierrefont (canton d'Attichy. — Oise). — Petrifons, Petrofons, p. 169, 170, 188, 268.
Pierrefont (St.-Sulpice de) (canton d'Attichy. — Oise). — Pierrefons, p. 281.
Pimprez (canton de Ribécourt. — Oise). — Pimpres, Pinpres, p. 23, 24, 78, 79, 81, 150, 205, 216, 217, 224, 227, 282, 283, 349, 350, 390, 415, 417, 422, 423, 424, 461, 508, 509, 510, 511, 512, 513, 514, 516, 517, 518, 519, 520, 575, 576.
Pin (abbaye du) (Haute-Vienne). — Pinu, p. 5.
Plainval (canton de St.-Just. — Oise). — Plana vallis, p. 10.
Plemont (canton de Lassigny. — Oise). — Plainmont, p. 414.
Plessier (Le) (canton de Guiscard. — Oise). — Plaissetum, Plaissies, Plaissitum, p. 70, 432, 576.
Plessis-Godin (le) (canton de Chauny. — Aisne), p. 505.
Plessier-de-Roye (canton de Ressons. — Oise). — Plaissie, Plaissier, Plasseium de Roya, p. 148, 241, 278, 289, 326, 376, 377, 395, 413, 414.
Pommiers (canton de Soissons. — Aisne), p. 506.
Pont-l'Évêque (canton de Noyon. — Oise). — Pons Episcopi, Pont de l'Évesque, Pont de le Vesque, Pont-l'Évêque, Pont Levesques, p. 83, 84, 88, 130, 195, 198, 200, 213, 228, 229, 230, 392, 466, 575.
Pontengueron (commune du Crontoy) (canton d'Attichy. — Oise), p. 472.
Pont-St.-Mard (canton de Coucy-le-Chateau. — Aisne). — Pons Sancti Medardi, p. 113, 507.
Pontoise (canton de Noyon. — Oise). — Molendinum de Corcellis, Courcellis (de), p. 131, 143.
Pontoise (Seine-et-Oise). — Pons-Isare, p. 473.
Pont Vert (canton de Soissons. — Aisne), p. 550, 551.
Porquericourt (canton de Noyon. — Oise). — Porkerencourt, Porquericort, p. 366, 563, 579.
Porta (c⁰ d'Antheuil, canton de Ressons. — Oise). — Porte, p. 277.
Potière-Pesée (La) (canton de Lassigny. — Oise). Poiteria, Poteria, p. 288, 414, 415, 460.
Potte (canton de Nesle.—Somme).—Poter, p. 334.
Pronleroy (canton de St.-Just-en-Chaussée.—Oise). — Pronveroy, p. 521, 522, 523.
Puiseux (canton d'Attichy. — Oise). — Puisiez, Puisius, Puiziex, Puteoli, p. 56, 63, 87, 115, 124, 139, 286, 287, 288, 292, 321, 338, 571, 572, 575, 577, 578.

Q

Quarrépuits (canton de Roye. — Somme), p. 442.
Quarcy (c⁰ de Pont-l'Évêque) (canton de Noyon. — Oise). — Quarchy, p. 254.
Quennevières (canton d'Attichy. — Oise). — Caneviarum, Caveniarum, p. 62, 139.
Querrieux (canton de Villers-Bocage. — Somme), p. 578, 379.
Quierzy (canton de Coucy-le-Château. — Aisne), p. 545.
Quincy (canton de Coucy-le-Chateau. — Aisne). — Quinchi, p. 357, 358, 359, 559, 571.
Quiquery (canton de Nesle. — Somme). — Kikeri, p. 129, 130, 440, 457.

R

Ramicourt (canton de Bohain. — Aisne). — Ramecourt, p. 523.
Remi (canton d'Estrées-St.-Denis. — Oise). — Remin, p. 17, 326, 395, 418, 479, 480.
Ressons-le-Long (canton de Vic-sur-Aisne.—Aisne), p. 403, 404, 405, 524.
Ressons-sur-le-Mats (Oise). — Ressons-sur-Maz, p. 8, 9, 326, 524.
Rethonvillers (canton de Roye. — Somme). — Retonviler, Rotemviler, p. 78, 486, 564, 574.
Rethonde (canton d'Attichy. — Oise), p. 57, 577.
Ribécourt (Oise). — Ribercourt, p. 145, 150, 216, 327, 481, 524, 525.

Ribemont (Aisne). — Ribaldi mons, p. 208.
Rivière (c⁰ de Berny, canton de Vic-sur-Aisne. — Aisne), p. 506.
Roberval (canton de Pont-Ste-Maxence. — Oise). — Roberti vallis, p. 206.
Rochemont (canton de Soissons. — Aisne), p. 174, 175, 526, 578.
Ronquerolle (canton de Clermont. — Oise). — Roncherolles, Rònkeroles, p. 16, 40, 157.
Ronsoy (canton de Roisel. — Somme). — Roinsoi, Roinsoy, Rossoy, p. 115, 116, 211, 527, 552.
Roupy (canton de Vermand. — Aisne). — Roupi, p. 538.
Rouviller (canton de St.-Just. — Oise). — Rouviler, p. 72, 159, 532, 533, 534.
Royaumont (canton de Luzarches.—Seine-et-Oise). Regalis Mons, p. 6.
Roye (Somme). — Roia, Roya, p. 5, 15, 19, 49, 105, 106, 107, 109, 146, 147, 176, 180, 181, 182, 272, 273, 275, 440, 441, 444, 460, 529, 576.
Roy-le-Grand (canton de Nesle. — Somme). — Roy-le-Grant, p. 527.
Rumigny (canton de La Fère. — Aisne). — Rumigni, Ruminiacum, p. 51, 535.
Ruricourt (Abbaye de) (c⁰ de Saint-Martin-aux-Bois, canton de Maignelay. — Oise), p. 71.

. S

Sacy-le-Grand (canton de Liancourt. — Oise). — Sachi, Sachiacum, p. 14, 67, 521, 537, 538, 576.
Saint-Amand (Nord) (abbaye de), p. 21.
Saint-Amand (canton de Ribécourt. — Oise). — Sanctus Amandus, p. 96, 191, 219, 238, 278.
Saint-Aubin (canton de Coucy-le-Château. — Aisne), p. 538, 578.
Saint-Barthélemy (Abbaye de) (à Noyon. — Oise). — Saint-Betremil, p. 16, 21, 23, 25, 26, 180.
Saint-Christophe (à Berry, canton de Vic-sur-Aisne. — Aisne). — S. Christophorus in Brueriis, Bairi, p. 57, 194, 299, 356, 357, 358, 359, 360, 406.
Saint-Corneille (Abbaye de) (canton de Compiègne. — Oise), p. 31, 32, 33, 34.
Saint-Crépin-en-Chaie (Abbaye de) (à Soissons. — Aisne). — S. Crispinus in Caiâ, p. 21, 28, 29, 31.
Saint-Crépin-le-Grand (Abbaye de) (à Soissons.— Aisne), p. 27.
Saint-Denis (Seine). — S. Dyonisius, p. 35, 36, 37, 38, 576.
Saint-Éloi (Abbaye de) (à Noyon. — Oise), p. 41, 45, 46.
Saint-Éloi-Fontaine (Abbaye de) (canton de Chauny. — Aisne). — Sancti Eligii de Fonte, p. 42, 43, 335.
Saint-Jean-aux-Bois (Abbaye de) (canton de Compiègne. — Oise). — St.-Jean-au-Bos de Quise, p. 78.
Saint-Just (canton de Clermont. Oise), p. 434. — Sanctus Justus, p. 51.
Saint-Léger (canton de Ribécourt. — Oise). — S. Leodegarius, St.-Ligier, p. 15, 73, 74, 75, 280, 282, 283, 284, 285, 577.
Saint-Léger (Abbaye de) (à Soissons. — Aisne), p. 28, 52, 53, 171.
Saint-Loup-d'Esserant (canton de Creil. — Oise). — S. Lupus, p. 281.
Saint-Lucien (Abbaye de) (canton de Beauvais. — Oise), p. 67.
Saint-Martin-des-Jumeaux (canton d'Amiens. — Somme), p. 49, 181.
Saint-Martin (Abbaye de) (à Tournai.—Belgique), p. 55, 177.
Saint-Médard (Abbaye de) (près Soissons.—Aisne), p. 56, 65, 66.
Saint-Omer (Pas-de-Calais), p. 98.
Saint-Quentin (Aisne). — Sanctus Quintinus, p. 4, 16, 539.
Saint-Quentin-de-Beauvais (Abbaye de) (Oise), p. 67, 68, 69.
Saint-Sanson (canton de Ribécourt. — Oise). — Sanctus Sanso, p. 157, 539.
Saint-Simon (Aisne). — Sanctus Symon, p. 113, 114, 115.
Saint-Taurin (canton de Roye. — Somme). — Sanctus Taurinus, p. 48, 432.
Saint-Vaast (canton de Soissons. — Aisne), p, 168.
Saint-Vast (Abbaye de) (d'Arras.— Pas-de-Calais), p. 77.
Saint-Vandrille (Abbaye de) (canton de Caudebec. —Seine-Inférieure).— S. Wandregesilus, p. 76.
Saint-Wandrille, p.
Salenchy (c⁰ de Fayet, canton de Vermand. — Aisne), p. 433.

Sauchoy (commune de Ribécourt.— Oise).— Saucboi, p. 394.
Sauve-Majeure (Abbaye de) (Gironde). — Silva Major, p. 173, 174.
Savy (canton de Vermand. — Aisne). — Savi, p. 538, 576.
Sempigny (canton de Noyon. — Oise). — Sempenni, Sempigniacum, p. 148, 149, 196, 198, 202, 209, 210, 213, 214, 215, 243, 287, 506, 507, 575, 577.
Sept-Monts (canton de Soissons. — Aisne).— Septem Monte, p. 529.
Sermaise (canton de Noyon.—Oise).— Sarmaises, p. 210, 211, 260, 262, 448, 449, 540.
Setfour (canton de Roye. — Somme). — Secfurs, Septem furni, Setfors, Setfours, Setfurs, p. 173, 219, 288, 487, 541, 542, 574.
Sinceny (canton de Chauny. — Aisne). — Chincheni, p. 366, 367.
Soissons (comtes de), p. 111, 168, 169, 170, 171, 172, 173, 174, 175, 266, 267, 268, 269, 270, 271, 577.
Sommette-Eaucourt (canton de St.-Simon. — Aisne), p. 232, 364, 436.
Souvrel. — Souvril, p. 482.
Soyecourt (canton de Chaulnes. — Somme). — Soiercourt, p. 542.
Suzoy (canton de Noyon. — Oise), — Suesio, Suisoi, p. 3, 460, 502, 543, 544.

T

Taule (la) Tabula (canton de Ressons. — Oise), p. 454.
Thiescourt (canton de Lassigny. — Oise). — Thiccourt, Tihercort, p. 98, 496.
Thourote (canton de Ribécourt. — Oise). — Thorota, Thorote, Torota, p. 18, 65, 66, 88, 110, 111, 116, 130, 131, 132, 133, 134, 135, 136, 137, 138, 139, 140, 141, 142, 143, 144, 145, 146, 178, 206, 217, 230, 234, 245, 248, 267, 318, 326, 327, 418, 422, 445, 456, 459, 465, 467, 477, 478, 551, 552, 553, 554, 555, 556, 557, 573, 577, 578.
Tournelle (La) (canton de Montdidier. — Somme). — Tornella, Turnicula, p. 542, 557, 558, 570.
Tout-Vent (canton d'Attichy.—Oise). — Tousvens, Touz vens, p. 27, 57, 64, 577.
Tracy-le-Mont (canton d'Attichy. — Oise).— Trachi in Monte, Trochi, p. 57, 64, 74, 75, 545, 546, 547, 549, 559, 577, 579.
Tracy-le-Val (canton de Ribécourt. — Oise). — Trachi, Trachiaco (de), p. 7, 113, 133, 136, 140, 143, 158, 206, 209, 215, 231, 232, 239, 284, 438, 546, 547, 548.
Tricot (canton de Maignelay. — Oise). — Tricchoc, Triecoc, Triecooch, p. 8, 147, 190, 446, 551, 573, 578.
Tronc-Béranger ou d'Arrouaise (Abbaye de) (Pas-de-Calais). — Trunco-Berengerii (de), p. 53.
Trosly-Loire (canton de Coucy-le-Château.—Aisne). — Troli, Trosli, p. 113, 470.
Trugny (commune de Bruyères. — Aisne). — Truegni, p. 448.

U

Ugny-le-Gay (canton de Chauny. — Aisne). — Wignies, p. 335, 569.

V

Valbrie (canton d'Estrées-Saint-Denis. — Oise).— Vallebrie, Vallisbrie, p. 37, 39, 184, 185, 288.
Valières (c° de Gournay-sur-Aronde, canton de Ressons. — Oise). — Valerii, p. 158, 287.
Varennes (canton de Noyon. — Oise). — Varenni, Varesni, p. 407, 448, 449, 560, 561.
Vassens (canton de Coucy-le-Château. — Aisne). — Vassen, p. 59, 276, 277, 337, 338, 447.
Vaubeson (c° de Mortefontaine, canton de Vic-sur-Aisne. — Aisne), p. 13.
Vauchelles (canton de Noyon. — Oise). — Vaucelles (Waücheles), Vaucellas (ad), Vaucelli, p. 177, 489, 563, 579.
Vauclair (Abbaye de) (canton de Craonne.—Aisne), p. 12.
Vaucourt (canton de Roye. — Somme). — Vaescori, Waescourt, Waescurt, Waiscort, p. 129, 150, 219, 220, 288, 293, 326, 453, 563, 564, 565.
Vaurezis (canton de Soissons. — Aisne). — Vauresis, p. 496, 575.
Vaux (canton de Vermand.—Aisne).—Vaus, p. 6, 242.
Vauxbuin (canton de Soissons. — Aisne). — Vaubuin, p. 529.

Verpillières (canton de Roye. — Somme). — Velpellières, Gerpillere, p. 108, 183, 203.
Vendeuil (canton de Moy.—Aisne).—Vendolium, p. 292, 565.
Vermand (Abbaye de) (Aisne). — Viromandum, p. 77.
Vermandois (comtes de), p. 176, 177, 178.
Vic-sur-Aisne (Aisne). — Vi, Viacus, p. 57, 59, 185, 187, 188, 471, 472, 578.
Vieulaines (c° de Hallencourt, canton de Fontaine-sur-Somme. — Somme). — Vyulaines, p. 258.
Vieuville (La) (canton de Noyon. — Oise). — Vetus villa, p. 218, 575.
Vignemont (canton de Ressons. — Oise). — Vinemonte, Vinnemont, p. 49, 51, 278, 292, 330, 345, 395, 445, 555, 565.
Ville (canton de Noyon. — Oise). — Vila, Villa, p. 83, 201, 204, 209, 210, 233, 252, 326, 418, 498, 505, 565, 566, 567, 568, 579.
Villers (canton de Soissons. — Aisne). — Villaris, p. 497.

Villers (canton de Liancourt. — Oise). — Vilers, p. 155, 156, 362.
Villers-sous-Coudun (canton de Ressons. — Oise). — Vilers, p. 363.
Viry (canton de Chauny. — Aisne). — Viri, p. 42.
Vouel (canton de La Fère. — Aisne), p. 43.
Voyaux (canton de La Fère. — Aisne). — Vadulorum, Voiaus, p. 20, 42, 51, 104, 128, 287, 292, 299, 579.
Voyennes (canton de Nesle. — Somme), p. 258.

W

Warnavillers (commune de Rouvillers) (canton de Saint-Just. — Oise). — Warnaviller, p. 35, 76, 159, 160, 187, 188, 189, 288, 292, 299, 332, 380, 388, 450, 530, 532, 572, 573, 578, 579.
Warsy (canton de Moreuil. — Somme). — Warsies, p. 570.

FIN DE LA TABLE DES NOMS DES LIEUX.

TABULA

CARTARUM ORDINE CHRONOLOGICO DISPOSITARUM.

Années.		Pages.
1124.	Carta Symonis, Noviomensis atque Tornacensis episcopi, de fundatione de Lacheni.	253
1130.	Carta Milonis, prioris Lehunensis, de terra Sancti Petri de Britiniaco	276
1131.	Privilegium Innocentii pape nostra confirmans.	286
1132.	Cyrographum abbatis de Cluniaco de decambio terre Sancti Petri de Britiniaco	275
1133.	De uno modio frumenti Ludovici Regis	283
1133.	De eodem.	75
1133.	Carta Rainaldi, archiepiscopi Remensis, nostra confirmans	80
1133.	Carta sancti Amandi de terra Vadulorum et Menesiarum	20
1133.	Carta Radulfi, comitis Viromandorum, multa confirmans.	176
1133.	Carta Symonis, Noviomensis episcopi, inter nos et Odonem Dollatum de territorio Manessiarum	176
1134.	Carta Milonis, prioris Lehunensis, de terra de Britiniaco et de censu septem solidorum.	275
1134.	Cyrographum Gerardi, Decani Sancti Quintini, de quadam parte decime in terra Vadulorum et Manosciarum.	104
1135.	Humolariensis abbatis concessio terrarum Manessiarum et Vadulorum	50
1136.	Archiepiscopi Rothomagensis. — De monasterio Mortuimaris	82
1137.	De eo quod ecclesia Mortuimaris sit filia Ursicampi.	5
1137.	Carta Regis Ludovici nostra confirmans.	317
1138.	De vinea et terra Fulconis de Arborea	100
1138.	De foragio Berengerii de Susoy	543
1138.	Excambium terrarum inter Ursicampum et S. Medardum	62
1138.	Carta Ludovici Regis nostra confirmans.	318

Années.		Pages.
1138.	— Concessio Petri de Triecoc de feodo Balduini de Furnival, inter Furnival et Archonval . .	447
1139.	— Elemosina Renaldi, comitis Suessionensis, de tribus modiis et dimidio terre in monte de Vassen	172
1139.	— Carta Simonis, Noviomensis episcopi, de situ granearum Porvillaris et Astichiarum . . .	252
1140.	— Carta Symonis, Noviomensis episcopi, de Elemosina Odonis Govini	247
1140.	— De terris sancti Dyonisii nobis ad tenendum concessis.	35
1140.	— Concordia super donatione Erme de Furnival	53
1140.	— Carta Guarini episcopi Ambianensis de Roberto de Braio, et de terra de Marcel et aliorum, videlicet de decima de Stalliefai, et de Dolencourt, et de Toula	179
1140.	— S. Quintini Belvacensis — de minuta decima de Archonval.	67
1140.	— Item de eodem — de decima Gornaci.	67
1140.	— Carta Goislini, episcopi Suessionensis, de feodo domine Havidis de Thorota apud Sanctum Petrum in territorio de Biteri, et multa alia bona	267
1141.	— Capitulum Suessienense. — De Puteolis.	86
1141.	— Cyrographum. Excambium inter S. Eligium et Ursicampum.	47
1141.	— Symonis, Noviomensis episcopi, cyrographum inter nos et monachos Sancti Eligii de excambio terrarum.	247
1142.	— Carta comitis Flandrensis de pedagiis et teloneis	163
1142.	— Elemosina Petri Molinel de XVIII modiis terre apud Magni, quam decambivimus cum domino Symone de Magni pro aliis XVIII apud Autreche. Item de II domibus apud Noviomum. .	163
1142.	— Carta Petri dicti Molinel de decambio quod fecit nobis apud Autreche	253
1142.	— Carta Gileberti Fatati de medietate Ysare	251
1142.	— Carta castellani Guidonis de feodo et de le bus et concessio ejusdem de multis	252
1142.	— Elemosina Yteri de Guni de decima castelli et del bus Sancti Leodegarii et de usagio in bosco de Albouesne.	252
1143.	— Carta Symonis, Noviomensis episcopi, Petri de Berleria pactiones et multa multorum continens beneficia.	249
1143.	— Item de Sansone archiepiscopo. — Alia littera.	81
1143.	— Cyrographum Rainoldi de Moudisderio	480
1145.	— Cap uli de Lauduno — Carta canonicorum Laudunensium de decambio cujusdam terre in territorio Puteolorum.	87
1145.	— Confirmatio de cambio inter abbates S. Medardi et Ursicampi.	63
1145.	— Cyrographum Hersendis, domine de Cressonessart, de cercheria et de essertando ultra quercum et pirum	383
1146.	— Item de eodem. — De terra del bus	75
1146.	— Carta Goislini, Suessionensis episcopi, de terra del bus Sancti Leodegarii	284
1147.	— Item de eodem. — Decambium Gerardi Viatel et Berardi de Ainsolviers	66
1147.	— Carta abbatis de Calniaco, qui modo dicitur Eligii fontis, de media parte decime territorii Manesiarum	41
1147.	— Item de eodem. — De situ grangie de Warnaviler	187
1147.	— Calumpnia domine de Cressonessart in foresta Sancti Wandregisli	188
1147.	— Item de eodem, de rebus Mathei, filii Hugonis de Perona, in territorio de Hangest . . .	180
1148.	— Decambium Rainaldi, comitis Suessionensis, et monachorum de Britiniaco	275
1150.	— Concessio domini Werrici, Royensis castellani, et uxoris ejus domine Odote, de terris Sempigniaci	148

Années.		Pages.
1150.	Redemptio census Sancti Vandregisili	76
1154.	Item de eodem. — De terra que dicitur de Froeriis	85
1155.	Carta regis Ludovici de pedagiis similiter et theloneis Francie	318
1155.	Carta Balduini episcopi de censu Soltani	209
1156.	Carta Radulfi Daridel de majore decima de Warnaviler.	190
1156.	Item de eodem. — De feodo filiorum Milonis de Vi in hiis que dederat Guido Saccellus. .	188
1156.	Carta Ansculfi Suessionensis, et Balduini Noviomensis, episcoporum, de elemosinis Guidonis, castellani Noviomensis	139
1156.	De duobus solidis quos abbas et conventus sancti Bartholomei debent ecclesie Ursicampi.	21
1156.	De eadem. — Excambium terrarum inter abbates S. Medardi et Ursicampi	62
1157.	Carta Balduini, Noviomensis episcopi, de elemosina domine Ode in territorio Sempigniaci.	210
1157.	Carta Balduini, Noviomensis episcopi, de elemosina domini Odote in territorio Sempigniaci.	148
1158.	De duabus domibus Widonis Poechen, canonici Noviomensis, et 11 vineis, etc.	208
1158.	Carta Willelmi de Mello de feodo suo in majore decima de Warnaviler	191
1158.	Concessio Radulfi Flamenc de decima Radulfi Daridel	189
1159.	De decimis pro animalibus ad medietatem traditis	205
1159.	Elemosina Rainaldi de Antolio et Philippi, filii ejus, de terra circa Herbertilocum et de ortis in territorio de Funisvile qui fuerant ecclesie sancte Margarete et de jure quod habebat Albertus Gonteri in eisdem.	341
1159.	Elemosina domini Alberici de Bethencort de hiis que tenebat apud Bethencort de feodo Renaldi de Antolio, propter decimam ex concessione ipsius R.... — Item, concessio ejusdem R.... de elemosina Holde de Thorota in monte Astichiarum	341
1159.	Quitatio Clari, filii Radulfi de Morenchon, de tribus solidis et vi denariis census et de omnibus que tenebat apud Lacheni ab ecclesia sancti Amandi.	47
1159.	Concessio Rainaldi de Antolio et Philippi, filii ejus, de feodo Remigii et Itheri, filiorum Arnulphi Cainet. — Item, de septemdecim minis terre inter Archonval et viam de Monchi per censum xv librarum. — Item, de acquisitis in feodo dictorum Rainaldi et Philippi. — Item, de terra Alberici de Betencort	342
1160.	Carta Balduini episcopi de elemosina Fulconis Viart et Theodorici Noviomensis . . .	209
1160.	Secundum cyrographum de pascuis Errosiarum	69
1160.	De theloneo manachorum sancti Vedasti	77
1161.	De nemore de Casneel et terra Petri de Lier	207
1162.	Privilegium speciale pro domo nostra continens plura.	290
1162.	Cyrographum de molendino de Lier	28
1162.	De cultura de Valleriis	158
1162.	Castellani de Fera. — Carta Balduini, Noviomensis episcopi, de advocaria et masis Manesiarum et Vadulorum Sarraceni, castellani de Fera.	127
1162.	Concessio Bartholomei, Belvacensis episcopi, de decima Vallisbrie quam dedit nobis Hugo Martelos, decanus Belvacensis	185
1163.	Item de eodem — De decima d'Esparmont	66
1163.	Cyrographum inter nos et monachos de Coisiaco de decima terre de Sparmont . . .	277
1163.	Karoli loci, de pascuis Errosiarum.	10
1163.	Quod possumus celebrare divina in domibus, in civitatibus, villis, grangiis nostris . .	290
1164.	De pedagiis per Flandriam et Viromandiam.	164
1164.	Cyrographum Henrici, abbatis S. Quentini Belvacensis	68

Années.		Pages.
1164.	— De quitatione Werrici, filii Milonis de Vi, de eadem decima.	185
1164.	— Concessio Ludovici regis de quitatione Drogonis de Cressonessart de cacheria in silva sancti Wandregisili et de pascuis in terra sua	387
1165.	— Quitatio calumpnie Radulphi de Granviler et filiorum ejus in foresta sancti Wandregisili. — Item de pascuis in terris domini Drogonis de Cressonessart.	386
1165.	— De roagio quod Symon de Magniaco clamabat in civitate de Bairi.	192
1165.	— Concessio Drogonis de Cressonessart super cacheria et omnibus que habebat in foresta sancti Wandregisili.	385
1166.	— Carta Radulfi, comitis Viromandensis, de pedagiis et theloneis per terram suam.	176
1167.	— Carta Balduini, episcopi Noviom., de acquisitione viarum de Chiri	201
1167.	— De prato quod est ultra pontem Ysare et de nemore quod est inter antiquum boscum et inter illum quem Odo Govinus dedit	202
1167.	— De eodem nemore.	203
1167.	— Elemosina Petri Sarcel de octo bovariis et dimidio terre, in territorio de Groeni.	181
1167.	— De acquirendis tam in terra quam in nemore ad grangiam nostram de Tousvens pertinente	65
1169.	— De domo nostra de Compendio.	34
1169.	— Carta Symonis, domini de Oisi, et Hugonis, filii ejus, de pedagiis.	494
1170.	— De nemore quod ecclesia sancti Amandi vendidit nobis in monte Astichiarum	55
1170.	— De terra in monte de Atechi apud Viacum	64
1170.	— Carta Henrici, regis Anglie, de pedagiis	377
1170.	— Compositio inter nos et monachos sancte Margarete de via ante grangiam de portis ad animalia ducenda	277
1170.	— De aqua Huberti de Chiriaco.	204
1170.	— Guidonis de Erblencourt de concessione nemoris Odoni Govini.	204
1170.	— De aqua Petri de Andeu.	203
1171.	— De vinea Widonis de Belloramo et de nemore Hugonis de Diva.	205
1171.	— De tertia parte decime Astichiarum.	206
1171.	— Carta Holde, filie Bouchardi, de feodo Rainaldi de Antolio.	206
1172.	— De terra fratrum de hospitali sita in territorio de Antolio	272
1172.	— Compositio inter monasterium Ursicampi et sancte Margarete	278
1172.	— Privilegium Alexandri Pape de compositionibus inter nos et alios factas	303
1173.	— De essarto Petri de Noereto et Evardi de Fouleuses	160
1173.	— Elemosina Radulfi Wingnon de II bovariis et dimidio terre inter Goiencourt et Groeni. — Item elemosina Roberti Bochestant de III bovariis terre in territorio de Groeni. — Item Elemosina Ebrardi de Amihi de VII bovariis terre in eodem territorio	181
1174.	— Calumpnia hominum de Primpres in nemore Odonis Govini.	81
1175.	— Carta Ivonis, comitis Suessionensis, de querela quam adversus nos movit Petrus de Flavi pro terra quam dedit nobis Johannes de Marcel	175
1175.	— Concessio Renaldi Lescachier de Gornaco, Alberti, filii domine villane, et domini Alberti de Faiel, de acquisitis et aisantiis in territorio Gornaci ad ipsos pertinentibus	446
1175.	— De pedagiis Ivonis, comitis Suessionensis, et domini Cononis.	169
1176.	— Elemosina Cononis, comitis Suessionensis, et domini Nigellensis, de terra de Septfours	541
1176.	— Carta Rainoldi episcopi de prato ultra pontem Ysare	218
1176.	— De aqua Berengarii de Chiriaco	217

Années.		Pages.
1176.	— Concessio domini Petri de Hameviler et aliorum de via ab Arcusvalle apud Warnaviler et Errosias sine bigis et quadrigis et pecoribus	450
1176.	— Carta Rainoldi, Noviomensis episcopi, de eodem	173
1176.	— Elemosina Cononis, comitis Suessionensis et domini Nigellensis, de terra de Setfours	173
1177.	— Carta Rainoldi, Noviomensis episcopi, de calumpnia Radulfi de Sarto, pro via quam Sarracenus, pater ejus, concesserat fratribus Ursicampi.	128
1177.	— Carta Agathe, comitisse Suessionensis et domine Petrefontis	170
1177.	— De elemosina Anselmi vituli et Hersendis, uxoris ejus, de terra de Caillosellis	161
1178.	— Carta domini Odonis de Hamo de pedagiis et transverso per totam terram suam	150
1178.	— Carta Cononis, comitis Suessionensis, de wienagiis	169
1178.	— Carta Radulfi, comitis Clarimontis, de pedagiis	157
1178.	— Item de eodem. — De quinque modiis censualibus in grangia Arcusvallis	158
1178.	— Carta, Rainoldi episcopi. — Calumpnia Huberti de Trachiaco et Petri, filii Petri Bahe	215
1178.	— Carta comitis Mellotensisis de pedagiis	167
1179.	— Calumpnia Guidonis de Erblancourt et hominum de Prinprez super usuagio in nemore Odonis Govini	217
1179.	— Concessio Philippi, comitis Flandrensis et Viromandensis, de terra de Setfours.	174
1179.	— Confirmatio Suessionensis prepositi et decani	87
1179.	— Carta Rainoldi, Noviomensis episcopi, de elemosina Cononis comitis in territorio de Secfurs.	219
1180.	— De prato ante portam et de nemore circa Porviler	220
1180.	— Carta Renoldi, Noviomensis episcopi, de terra Anselli apud Lacheni	219
1180.	— De wienagio lane pecudum de Errosiis	261
1180.	— De quadam parte nemoris apud Errosias.	35
1180.	— S. Eligii excambium cum abbate Ursicampi.	45
1180.	— De prato ante portam et de nemore circa Perviler.	99
1180.	— De territorio de Frienvalet	72
1180.	— Elemosina Elisabet, comitis Flandrie et Viromandie, de hiis que habebat in territorio de Waescourt	563
1181.	— Confirmatio terre nostre de Waescourt et de Secfours quam dedit nobis Philippus, comes Flandrensis	307
1182.	— Carta comitis Claromontensis de essartis.	159
1182.	— Elemosina Rainaldi Lescachier de Gornaco de vii minis frumenti census et de aisantiis inter molendinum Gornaci et d'Espermont	447
1183.	— Carta regis Philippi nostra confirmans.	313
1183.	— De assignatione metarum inter decimam nostram et decimam S. Dyonisii	56
1184.	— Carta Rainoldi, Noviomensis episcopi, de elemosina comitis et comitisse Flandrensium de terra de Waescurt.	218
1184.	— De his que emimus a domino de Offemont apud Abecourt, Bethencort et Oingne, in terris, vineis, censibus, justitiis et omnibus aliis	334
1184.	— Carta comitisse Bellomentis, de terra de Waescourt.	150
1184.	— Carta regis Philippi de deffensione ab injuriosa molestatione et gravaminibus illatis vel nobis inferendis.	314
1185.	— Elemosina Mathildis de Attechi.	477
1185.	— Carta Rainoldi, Noviomensis episcopi, de prato Berengarii de Veterivilla	218
1185.	— Concessio domini Willelmi de Bulles de duobus bovariis terre et dimidium	147

— 598 —

Années.		Pages.
1185.	Carta Ade de Insula de pedagiis terre sue	463
1185.	Concessio domini Bucardi de Montemorendi de tertia parte clausi Herenboldi et tertia parte in pratis de Jausi pro xvi denariis census et de xiii solidis census apud Atechi. . .	345
1186.	Elemosina domini Rainaldi de Couci ac Petri Le Vermeil, fratris ejus, de quatuor modiis terre apud Nancel	268
1186.	Privilegium Urbani III pape nostra confirmans.	287
1187.	De decimis acquisitis et acquirendis	37
1187.	Elemosina domini Petri de Hameviler de molendino de Salice, et concessio uxoris et filiorum ejus Bernardi domini de Angeviler, de quo tenebatur in feodum, et domini Willelmi de Mello.	452
1188.	Carta Stephani, Noviomensis episcopi, de vinea Symonis de Magniaco sita in suburbio Noviomi et de donis R.., filio ejus apud Bairi	235
1188.	De terra juxta crucem Heroardi.	65
1189.	Carta Stephani, Noviomensis episcopi, de terra apud Sempigniacum quam Adam Balande dedit nobis et prius Robertus Moricans, filius ejus.	243
1189.	Carta Stephani, Noviomensis episcopi, de elemosina Petri de Lier in nemore de Kaisneaus.	242
1189.	Elienor comitissa quitat nemus quod Bellimontis dicitur super Drelincort	149
1189.	Carta Philippi, episcopi Belvacensis, de elemosina Odonis de Moignoville, s. de quinque minis frumenti, et quinque avene, et una pisorum, que habebat in grangia de Errosiarum.	186
1190.	Couchi — Carta Guidonis, castellani de Couchiaco, de terra apud Nanchel	112
1190.	Carta Stephani, Noviomensis episcopi, de elemosina Symonis le Begue de nemore quod dicitur Bellomontis, supra villam de Drailincourt	524
1190.	Carta Roberti de Buglis de octava parte territorii Medianeville.	332
1190.	Philippus de Vignemont. — De campiparto Antolii.	51
1190.	De terra de Saliceto	70
1190.	Compositio inter nos et ecclesiam S. Quentini Belvacensis super aqua molendini de Saliceto.	70
1190.	De territorie de Frienvalet	71
1190.	Elemosina Rogonis de Roia, de decem bovariis et dimidio terre inter Garmeni et Andechi.	181
1190.	Carta Stephani, Noviomensis episcopi, de elemosina Symonis le Begue, scilicet de nemore quod dicitur Bellomontis supra villam de Drailincourt	150
1190.	Carta comitis Pontivi de pedagiis	168
1191.	Carta Richardi, regis Anglorum, de omnibus pedagiis terre sue.	316
1191.	Carta Stephani, Noviomensis episcopi, de prato Henredi dicti Havart	244
1191.	Elemosina Ewrardi de Foilleuses de uno modio frumenti et calumpnia Marie uxoris ejus de essarto apud districtum de Foilleuses	434
1191.	De xi bovariis terre Rogonis de Trachi site apud Greuni. Hoc concesserunt multi. . . .	438
1192.	Elemosina Johannis Griviler de quatuor bovariis terre in territorio de Falevicel . . .	443
1193.	Carta Stephani, Noviomensis episcopi, nostra confirmans, scilicet nemora, lapidicinam et multa alia bona nostra	154
1193.	Carta Elyenor, comitisse Viromandie, confirmans possessiones nostras de Lacheni ab ecclesia sancti Martini collatas	177
1193.	Carta episcopi Ambianensis de elemosina Roberti, canonici Roie, de domo sua ante ecclesiam beati Petri sita	180
1194.	Carta Roiensis capituli de domo Roberti de sancto Petro	104
1195.	Compositio Nicholai Pontenarii, de terris suis.	191
1195.	De terra Gaufridi de Crimeri in territorio de Chiri	221

— 599 —

Années.		Pages.
1195.	Carta capituli Roye de quinque jornalibus terre quam vendidit li Pois domino baillivo de Fransart	159
1195.	De decima Gornaci	69
1195.	De Chiriaco	99
1196.	Carta Stephani, Noviomensis episcopi, de donatione domini Petri de Plaisseto terrarum, nemorum et aliorum	241
1196.	Carta Stephani, Noviomensis episcopi, de minuta decima duarum carrucatarum terre in deffenso sancti Amandi	238
1196.	Confirmatio pascuarum in Esga silva	224
1196.	Compositio de querela Gaufridi de Crimeri de decima essartorum de Lacheni	236
1196.	Carta Odonis de Perona de quadam decima in essartis de Lacheni	237
1196.	De pascuis communibus et via ante Manessias, que communia esse debent	42
1196.	Concessio Clari majoris de jure suo in essarto et terris de Lacheni	93
1196.	Concessio castellani Noviomi et Thorote de essartis de Lacheni et de nona garba in essartis Sancti Medardi in territorio Puteolorum	459
1197.	Carta Stephani, Noviomensis episcopi, de rebus Nicholai de Sarto	242
1197.	Carta Stephani de agro Wicardi et quicquid juris habebat a via de Peleevile usque ad boscum Odonis de Perona, item quicquid habebat in bosco, in fructeto et in lapidicinia	240
1197.	Decambium Roberti de Altrachia	355
1197.	Donatio Emmeline, uxoris Andree le Vallet, de jure suo in territorio de Lacheni	239
1197.	Carta Suessionensis episcopi de Elemosina Hugonis de Atechi	345
1197.	Concessio episcopi et capituli Noviomensis duarum carrucatarum de essartis et minuta decima non solvenda	238
1197.	Quitatio Drogonis de Cressonessart de nemore infra clausuram	386
1197.	Carta Noviomensis episcopi Stephani de uno modio frumenti ad mensuram de Athechi	222
1197.	Carta Elizabeth, buticularie Silvanectensis, de elemosina Hugonis de Atechi	346
1197.	Concessio episcopi et capituli Noviomensis duarum carrucatarum de essartis et minuta decima non solvenda	93
1197.	De terra Willelmi de Melloco quam colimus et quedam beneficia ejus	476
1197.	Cyrographum beate Marie de censu xi modiorum frumenti quos debemus canonicis beate Marie Noviomensis et divisiones terrarum	96
1197.	Concessio Guidonis Castellani de modio frumenti, et de domo de Gomboltiu	126
1197.	Donatio Guidonis castellani de nemore de Morlainval	125
1197.	Concessio domine Cochiacensis de nemore de Morlainval	125
1197.	Carta Suessionensis episcopi de nemore de Morlainval	125
1197.	Concessio Ingerrani, domini de Couchiaco, de donationibus Guidonis, castellani Couchiacensis	126
1197.	Querele Ingeranni de Vilcron et Marie de Mognivilla et aliorum	151
1197.	Littere Katerine comitisse de eadem compositione	152
1197.	Concessio comitisse Katerine de eodem	258
1198.	Carta comitis Ludovici de camparto Walteri de Nueli	152
1198.	De decimis animalium nostrorum non solvendis	296
1198.	Concessio Guidonis castellani de elemosina Raineri de Magni	113
1198.	Conservationes privilegiorum Ursicampi in canabo, archiepiscopo Remensi et omnibus suis suffraganeis et aliis prelatis ut revocent et faciant revocare omnes sententias excommunicationis, suspensionis vel interdicti in vos latas	309

Années.		Pages.
1198.	De terra Ode, majorisse de Susoy, apud bellam alnum	543
1198.	Conservatio ad abbatem Corbeie ne, sede apostolica vacante, ab aliquo molestemur . . .	311
1198.	De quibus aliquis decimas hactenus non accepit privilegium	308
1198.	Concessio comitis Ludovici Blesensis et Claromontensis de campiparto Walteri de Nuelli, in essarto de Foilleuses	192
1198.	De quadam terra juxta vineam Astichiarum pro qua debemus duos denarios census. . .	279
1198.	De decimis	294
1198.	Confirmatio privilegiorum	296
1199.	Concessio de Bosco de Primpres	45
1199.	Carta Nivelonis, episcopi Suessionensis	115
1199.	Nova carta Guidonis castellani, de carrucata terre in monte de Audignecourt.	113
1199.	Item de eodem. — Quitatio domini de Cociaco.	114
1199.	Item de eodem. — Carta Nivelonis, episcopi Suessionensis	114
1199.	Item de eodem. — Confirmatio de terra Petri dicti le Vermeil de feodo Castellani . . .	114
1199.	Carta comitis Bellimontensis de wienagiis	149
1199.	Donatio Johannis castellani de bosco quod Oresmox dicitur.	137
1199.	Elemosina domini Petri Bouchel et Rogeri, fratris ejus, de xxx essinis nemoris inter Nancel et Bellumfontem	266
1199.	Carta comitis Ludovici de querelis Bernardi filii Anselli Vituli	153
1199.	De decima de Baillol apud Errosias	153
1199.	Elemosina Radulfi, comitis Suessionensis, de III modiis vini, et Hugonis de Betancort de v apud Buci.	170
1199.	Carta Nivelonis, Suessionensis episcopi, utramque donationem confirmans.	171
1199.	De wineagiis Flandrie et Hainonie.	163
1199.	Carta Ingerranni de pedagiis et de his que habemus in toto domino ejus et maxime in territorio de Bairi	406
1199.	Carta Stephani, Noviomensis episcopi, de bosco de Oresmiex	234
1200.	Privilegium Innocentii pape III nostra confirmans.	291
1200.	De decima Symonis de Betencourt inter Noviomum et Genvri.	436
1200.	De decima Symonis de Betencurte inter Noviomum et Genvri.	223
1200.	Carta comitis Suessionensis de clausura domus Suessionensis	171
1200.	Abbas Hamensis. — De elemosina Balduini Barat.	50
1200.	Deffinitio querele Viromandensis ecclesie super decima de Setfurs	77
1200.	Carta Stephani, Noviomensis episcopi, de bosco de Casiux	224
1200.	De domo nostra in oppido Nigellense	222
1200.	Ad universos prelatos quod excommunicentur qui res nostras injuste detinent, et qui in nos manus mittunt violentas.	297
1201.	De censu xxxv solidorum qui debentur priori sancti Leodegarii in Bosco.	73
1201.	Cyrographum Sancti Leodegarii de Bosco de xxxv solidis census et I denario pro nemore de Caisiux	280
1201.	Concessio Johannis, castellani Noviomensis, de sexaginta modiatis	225
1201.	Carta Drogonis de Cressonessart	384
1201.	Item de eodem. — De nemoribus	40
1201.	Donatio Bartholomei de Dinoix de terra et censu	235
1201.	Carta Stephani, Noviomensis episcopi, et concessio domini Rainaldi de Melloto filii dicte G.	239

— 601 —

Années.	Pages.
1201. — Donatio Guidonis, castellani Couchiaci, de duabus carrucatis terre apud Nancel	115
1201. — Concessio J. castellani Noviomensis, de ipsa donatione	116
1201. — Concessiones Guidonis de elemosina sua	112
1201. — Littere Nivelonis, Suessionensis episcopi, de ipsa donatione.	116
1202. — Elemosina domini Roberti de Tornella de uno modio bladi et tribus pro domino Rogone, patre suo.	557
1202. — De donis Guidonis, castellani de Couchiaco. Carta domini Philippi, regis Francorum.	121
1202. — Excambium de vinea episcopi et de censibus de domo Balduini cancellarii	35
1202. — Carta episcopi Stephani et capituli Noviomensis de sexaginta modiatis Esge silve.	224
1202. — Carta Domini regis easdem sexaginta modiatas Esge silve confirmans.	225
1202. — Venditio census Petri de Vilers.	154
1202. — Carta comitisse Katerine Claromontensis et Blesensis de censu Petri de Vilers	162
1202. — Elemosina Odonis de Lier de his que habebat apud Vilepre.	463
1202. — Elemosina domine Ade de Lier de hiis que habebat apud Vilepre.	468
1203. — Concessio domini Gossuini, militis, de Menin, de pedagio pro toto ordine Cysterciensi	475
1203. — De absolutione venientium ad ordinem cum aliis pluribus.	298
1203. — Privilegium de emendis aliorum non solvendis post satisfactionem factam dampa passis	305
1203. — Carta abbatis Sancti Eligii fontis	42
1203. — Compositio inter Ursicampi fratres et Moricanos	63
1203. — De nemore Johannis, castellani Noviomi et Thorote, prope rivum de Largiere.	136
1203. — Carta Stephani, Noviomensis episcopi, de eodem nemore	137
1203. — Carta Stephani, episcopi Noviomensis, de bosco Moricannorum	228
1203. — Carta domini Hugonis de Guni de vinea sancti Pauli et de rolloir et torculare et mansione que pertinent ad predictam vineam	468
1203. — Willelmi Paste et Rainaldi de Betisiaco de bosco Moricannorum	230
1203. — Concessio Johannis de Truegni de eodem.	448
1203. — Concessio domini de Cociaco de clauso sancti Pauli, de vinea, rolloir et torcular.	449
1204. — Privilegium Innocentii pape de decimis	290
1204. — Philippi regis confirmatio donationum	324
1204. — De uno modio frumenti quod debemus hospitali pauperum de Thorota quolibet anno	18
1204. — De campo Rainaldi de Nancel qui de Warout dicitur.	117
1204. — Concessio Maldute castellane de donationibus Guidonis castellani.	118
1204. — Elemosina Leduidis de Thorota de vinagio.	234
1204. — Conservatio ad abbatem de Corbeia de emendis animalium nostrorum non solvendis.	311
1204. — Carta Johannis de Britigniaco de pedagiis per totam terram suam.	361
1204. — Elemosina Johannis de Britigniaco de terra sua apud Passel et Willelmi de Gales xii sextariorum. De hoc debemus quatuor denarios census.	505
1205. — De decem octo modiis frumenti et ix avene quos debemus abbati sancti Martini Tornacensis apud Carmeiam pro domo de Lacheni.	55
1205. — Conservatio ad episcopos Ambianensem, Suessionensem et Belvacensem, ut bona nobis ablata faciant restitui.	310
1205. — De xlvi solidis quos debemus ecclesie sancti Bartholomei Noviomensis pro Caisiex	21
1205. — Decambium Petri, majoris de Nancel.	117
1205. — De censu prati leprosorum de Trachi.	133
1205. — De molendino et vivario de Louvet.	133

Années.		Pages.
1205.	— Carta Stephani, Noviomensis episcopi, de eadem donatione.	154
1205.	— De vivario in Esga	135
1205.	— De vivario in Esga et de censu prati leprosorum	136
1205.	— Assignamentum quod fecit Stephanus, Noviomensis episcopus, castellano de quinquaginta quinque modiis nemoris.	141
1205.	— Carta Stephani, Noviomensis episcopi, de donatione Guidonis de Erblencurt de bosco	230
1205.	— Carta Stephani, Noviomensis episcopi, de vivario in Esga et de censu prati leprosorum.	231
1205.	— Prima donatio Guidonis de Erblencort de nemore suo in territorio de Primpres	422
1206.	— De grangia de Arreuses	10
1206.	— De quinque modiatis nemoris Drogonis Morican	229
1206.	— Concessio Radulfi, comitis Suessionensis, de vinea Petri, filii Alberici, apud Buci	171
1206.	— Elemosina domine Ade de Couci de II modiis nemoris juxta nemus quod fuit domini Guidonis d'Erblencourt	406
1206.	— Concessio domini Ingerranni de Couci de eodem	407
1207.	— Compositio inter nos et canonicos sancti Crispini in cavea de decimis in quibusdam terris de Nancel.	28
1207.	— De vinea quam habemus apud Buci, quam dedit nobis Petrus, filius Alberici de Ponte	85
1207.	— De redditu molendinariorum de Lovet	135
1207.	— Carta Nivelonis, Suessionensis episcopi, de domo nostra et larrico Suessionensis	270
1207.	— Concessio domini Johannis de Roia de excambio terrarum Johannis Cotele de Thola pro terra quam dedit nobis dominus Rogo de Roia apud Andechi	437
1207.	— De III modiis nemoris apud Souvrel	481
1207.	— Carta officialis Suessionensis de eodem	482
1207.	— Concessio domini Arnulfi de Nancel, fratris R .., castellani de Couci, de nemore Petri, majoris de Nancel, sito juxta nemus de Buillon.	482
1207.	— Carta decani de Kameli de eodem	482
1208.	— Abbas de Flay. — Compositio de decimis	49
1208.	— Elemosina Radulfi de Juvigni de vinea sua en greves	560
1208.	— Secunda donatio Guidonis de Erblencourt de residuo nemoris sui.	423
1208.	— Concessio sororum et nepotum de residuo ejusdem nemoris.	424
1208.	— Carta de avena et caponibus de Primprez	424
1208.	— De decima Johannis presbyteri de Yaucourt	232
1208.	— Carta Stephani, Noviomensis episcopi, de eadem decima	232
1208.	— De vinea domini Hugonis decani, et sex modiis frumenti	245
1208.	— Quod licet nobis successiones bonorum mobilium vel immobilium petere et recipere ac retinere	305
1208.	— Quod possumus confessiones hominum commorantium in nostro servitio audire et absolvere.	306
1208.	— Conservatio privilegii supra scripti ad officialem parisiensem super predictis	305
1208.	— De decima Johannis presbiteri de Yauecourt apud Genvri.	436
1209.	— Commutatio inter nos et canonicos sancti Bartholomei Noviomensis de decimis	23
1209.	— De II solidis parisiensibus in festo beati Remigii apud Bethencourt pro quadam via et aliis.	65
1209.	— De vinea Drogonis le Begue	356
1209.	— Concessio domini Arnulfi de Nancel de xxx essinis terre Petri, majoris de Nancel et quitatatio terragii quod ibi habebat.	484
1209.	— Carta decani de Kameli de eodem.	484

Années.		Pages.
1209.	Elemosina domini Bartholomei de Roya de xiii bovariis terre pro duabus missis cotidie celebrandis	529
1210.	De camparto Aalidis de Avregni in terris nostris Arrosiarum, et de censu	348
1210.	Commutatio camparti de Kaisniaus	138
1210.	De decambio Johannis de Atechi et Petri, majoris de Nancel	118
1210.	De domo nostra apud Suessionem	172
1210.	De alneto Ivonis de Primprez in Caisiux	282
1210.	Transcriptum de pedagiis prioris Sancti Lupi	281
1210.	Carta prioris Sancti Leodegarii	283
1210.	De terris Walteri, majoris de Chiri, et fiiii ejus	421
1210.	Carta Guidonis de Erblencourt de acquisitis apud Primprez	424
1210.	Carta Guidonis de aisanciis pascuarum	425
1210.	De pedagiis apud Mesonias et Medontam pro toto ordine Cysterciensi	466
1211.	Querele Rainaldi castellani pro acquisitis in feodo suo	119
1211.	Item de eodem. — Littere Stephani, episcopi Noviomensis	120
1211.	De domo et nemore super montem de Nancel	120
1211.	Carta Philippi, episcopi Belvacensis, de decimis Ade de Baillol	186
1211.	Confirmatio vince quam nobis dedit in elemosinam Hugo, decanus Noviomensis	307
1211.	Carta Petri de Hyencourt apud Divam	154
1211.	Concessio Odonis de Fremicort de wienagiis apud Pontisaram et Mari	473
1212.	De modio frumenti domui pauperum de Thorota	19
1212.	Carta Philippi, Belvacensis episcopi, de decimis Ade de Baillol	155
1212.	Carta Stephani, Noviomensis episcopi, de fonte et terris apud Chiri acquisitis	233
1213.	Venditio domini Johannis de Kikeri de sex bovariis terre apud Wailli	129
1213.	Item de eodem. — Concessio Radulfi, castellani Nigelle	130
1213.	Carta Stephani, Noviomensis episcopi, de vivario Wilardi	232
1213.	De pane episcopi faciendo si volumus	246
1213.	De vinea Wilardi de Altrachia	356
1213.	De terra Johannis de Kikeri sita apud Valli	457
1214.	Compositio inter nos et ecclesiam beate Marie Noviomensis, de garbis et partibus terrarum et nomina terrarum	94
1214.	De terris beate Marie acquirendis, pro quibus debebamus quinque solidos in ingressu et mutatione abbatis, modo redempti sunt	94
1214.	Elemosina et donatio pia Ysabelle, domine d'Abbecourt, de sexdecim modiatis nemoris quod dicitur li Oingnois	336
1214.	Carta abbatis sancti Martini de Gemellis de quinque jornalibus terre juxta grangiam de Greuni	49
1214.	Militia Templi. — De Antolio	49
1214.	Quitacio Templariorum de hiis que clamabant in una carrucata terre et uno managio sitis circa Antolium	330
1214.	Acquisitio domus a fratribus Ursicampi	52
1214.	De vinea Ermengardis de Sancto Christoforo in Brueriis	356
1214.	Reformatio pacis inter nos et homines de Trachi	545
1215.	De vinea Johannis de Darnestal apud Machemont	137
1215.	Querela Guidonis de Avregni pro camparto domine Aalidis	347

Années·		Pages.
1215.	— Concessio Juliani et Hemardi et Petri Daridel de elemosina Haimerici, majoris de Bailluel.	353
1215.	— De uno modio frumenti apud Divam de elemosina domine Petrine	421
1216.	— De usagio hominum de Drailincort quod habent in nemoribus nostris de Baumont . . .	144
1216.	— De duobus solidis annui census apud Nigellam super domum quandam	488
1216.	— De vinea Symonis Flandrensis.	268
1216.	— De quadraginta solidis redditus	9
1216.	— De quinque bovariis et dimidio et LXXX virgis terre domini Radulfi Ducis de Goiencourt, site ante portam de Greuni.	439
1216.	— De domo nostra apud sanctum Quintinum	539
1217.	— Determinatio abbatis sancti Auberti Cameracensis et aliorum.	20
1217.	— De nemore Guidonis de Thorota	140
1217.	— Carta Johannis castellani de eodem nemore	140
1217.	— Carta Noviomensis episcopi de eodem nemore.	142
1217.	— Carta Stephani, Noviomensis episcopi, de terra Petri, filii Gilberti Louvet	241
1218.	— De camparto Emeline, filie Rogeri de Foilleuses, in Caillosellis	492
1218.	— Carta capituli Noviomensis . . . . ·. . .	143
1218.	— Carta capituli Noviomensis de nemore quod fuit Guidonis de Thorota.	88
1218.	— Carta Guidonis de censibus de Primprez	425
1218.	— Carta Guidonis de avena et caponibus	425
1218.	— Cystercii et Ursicampi de duabus missis in capella infirmitorii cotidie celebrandis . . .	5
1218.	— Concessio domini Reginaldi de Couchi de uno modio frumenti apud Roy	127
1218.	— Carta regis Francie de eodem . . . . ·. .	142
1218.	— Venditio domini Willelmi de Thorota de XII bovariis terre apud Deviscourt	145
1218.	— Concessio domini Johannis, castellani Noviomensis et Thorote, patris sui, de eodem . .	145
1218.	— Carta Stephani, Noviomensis episcopi, de XII bovariis terre apud Deviscourt	245
1218.	— De corveiis Guidonis de Erblencourt . . . . ·. .	425
1218.	— De pedagiis de Meriaco	476
1218.	— De dimidio modio frumenti Guidonis de Candoirre	561
1218.	— De elemosina domine Sizilie transcriptum	562
1218.	— De elemosina domine Sizilie de Balbodio de VII modiis frumenti apud Juvegni	562
1218.	— Item de eodem . . . . . ·.	562
1219.	— Excambium Stephani, Noviomensis episcopi, et totius capituli, de decima novi essarti juxta domum de Lacheni . . . . ·.	93
1219.	— Excambium Stephani, Noviomensis episcopi, et totius capituli de decima novi essarti juxta domum de Lacheni	236
1219.	— Quitatio et elemosina Agnetis, filie Alberici, de vinea de Pont Vert . ·	550
1219.	— Elemosina Radulfi Ducis de Greuni de I bovario terre apud Haiseroles	438
1219.	— Elemosina Ade, castellane Nigelle, pro pitancia facienda in obitu suo . .·	17
1219.	— De sex minis terre Petri de Faiel apud Montmartin et de dominio quod ibi habebat Odo Daridel.	480
1220.	— De vinagio Symonis de Quinchi	357
1220.	— S. Leodegarius Suessionensis. — De vinea de Chiri	55
1220.	— Excambium Symonis de Puille de tribus peciis terre pro aliis duabus. — Item elemosina ejusdem Symonis de una mina ad Godam	279
1220.	— De duobus vineis Edigii de Septem montibus . . . . ' . .	329
1220.	— De vinagio vinee de Fermet. Sigillum prioris de Pierrefons	281

Années.		Pages.
1221.	— De planta de Behericourt, quatuor modiis frumenti, prato apud Trachi, et x modiis nemoris G. de Thorota .	143
1221.	— Carta Abbatis S. Eligii de censu apud Noviomum.	48
1221.	— De terra Petri filii Roberti Belongne apud Lovet.	282
1221.	— Littera regis Philippi sub sigillo episcopi Sylvanectensis de justicia et advocaria plurium abbatiarum et de emendis animalium non solvendis post satisfactionem dampni dati, cum pluribus aliis.	319
1221.	— De terra Petri, filii Roberti dicti Belongne, apud Louvet	464
1222.	— Quitancia Margarete de Chuisi, civis Suessionensis, de hereditate Roberti de Cheringes	339
1222.	— Radulfi, castellani Nigelle, concessiones fratribus Ursicampi	129
1222.	— Concessio domini Bouchardi de Montmartin de tribus modiis terre super Espermont Odonis Daridel cum omni justitia in eadem terra.	479
1222.	— De foragio et census domus Noviomensis.	25
1223.	— De quatuor falcatis prati apud Condran.	450
1223.	— De duobus modiis Bladi domini Renaldi de Bestisi capiendis in molendino de Maregni	473
1223.	— Carta Ludovici regis de justitia nobis facienda	319
1223.	— De rebus Symonis de Quinchi.	357
1223.	— Concessio domini Bartholomei de Roya de excambio terre Johannis Vilain de Greuni	438
1224.	— De tribus bovariis terre et dimidio et xxxvi virgis Gaufridi de Arviler circa Fraisnoi	431
1224.	— Concessio Balduini de Goiencort de excambio terre Johannis de Rovroi quite et libere	530
1224.	— Carta domini Willelmi de Thorota.	131
1224.	— Carta castellani Noviomi de decem libris.	131
1224.	— Elemosina Garneri de Sauconi de xiii sextariis vini apud Corti.	536
1225.	— Elemosina Roberti, decani Atrebatensis, de hiis que habebat in territorio de Carmoia et Mollimanso, et de vinea apud Vaucellas juxta Noviomum, pro qua debemus iii denarios de censu.	177
1225.	— Concessio domini Johannis de Fransieres de decima Walteri Mustelet in territorio d'Esparmont.	434
1225.	— De vinea monialium de Parcho.	18
1225.	— De elemosina domini Revelini de Susoi, presbiteri	3
1226.	— Quitatio Havidis de Varennes de vinea de Guni	448
1226.	— Compromissum super litteris supra scriptis quod non possumus acquirere prout supra	37
1226.	— Item de eodem. Carta de compositione.	39
1226.	— Concessio domini Theobaldi de Cressonessart de deductione decimarum et de pascuis et aisantiis in terra sua.	383
1226.	— Carta Gerardi episcopi de nemore domini Rainaldi de Sarmaises.	210
1226.	— Elemosina domini Johannis de Nigella de v bovariis terræ et i jornali et lxv virgis quite et libere ad Marcasium super ulmum de Goiencort	486
1226.	— Quitatio Willelmi de Triecoc de acquisitis in territorio de Pont Vert.	551
1227.	— Concessio domini Radulfi Flamenc de decima domini Galteri de Antolio	344
1227.	— Ne a grangiis vel cellariis nostris procurationes exigantur.	301
1227.	— Concessio domini Ingerranni de Couci de his que dedit nobis dominus Radulfus, Castellanus Nigelle, in pluribus locis.	407
1227.	— Carta Ludovici, comitis Blesensis et Claromontensis, de donatione Rainulfi dicti Herlis, militis.	155
1227.	— Elemosina Roberti, decani Atrebatensis, de libris suis.	178

Années.		Pages.
1227.	— Carta Ludovici regis pro abbatia Ursicampi.	315
1227.	— Concessio capituli Suessionensis de acquisitis in fundis et feodis Suessionensis episcopi	270
1227.	— Concessio abbatis B. Crispini et conventus de vinea Oudardi Craket.	30
1227.	— Item de eadem vinea.	31
1227.	— De nemore Rainoldi de Sarmaises.	541
1227.	— Quod non tenemur cognoscere de causis nec esse judices auctoritate apostolica.	301
1227.	— De vinea Drogonis clerici, filii Geroudi Pesel	340
1227.	— De terra Rogeri Dodin in prato.	400
1228.	— Concessio Symonis vicecomitis de vinea que fuit Johannis de Fonte, civis Suessionensis.	529
1228.	— Concessio Rogonis de Turricula de nemore de Avregni. — Carta decani de Tabula de eodem.	558
1228.	— De una sextariata vinee Abraham de Greuni, in territorio de Vile, a Berneutronc et à le Sculiere, et in quarteriis terre juxta dictam vineam	567
1228.	— Concessio Johannis de Brueria de terra Guidonis de Suessione.	536
1228.	— Concessio domini Rogeri et domini Philippi de Sancto Albino de vinea Oudardi Croset en Rochemont	467
1228.	— De omnibus que habebamus in feodo Symonis de Quinchi.	358
1228.	— De terra Petri de Estrees.	427
1228.	— Privilegium speciale pro domo Ursicampi, in quo plura continentur.	298
1228.	— Concessio Milonis, episcopi Belvacensis, de decima domini Galteri de Antolio in diversis locis	365
1228.	— Compositio inter abbates S. Cornelii et S. Eligii, et H. de S. Taurino	48
1228.	— De privilegiis Ursicampi.	298
1228.	— Compositio inter nos et homines de Chiri.	488
1229.	— Concessio domini Petri de Hameviler de donis et garbis que habebat Egidius li Taillieres in xiii minatis terre inter viam de Gornaco ad Compendium.	451
1229.	— Confirmatio venditionis ab Hugone, S. Leodegarii abbate	53
1229.	— Concessio domini Johannis, castellani de Thorota	143
1230.	— De quinque sextariis terre et dimidia pro qua debentur sex denarii census apud Roupi	538
1230.	— Carta Ludovici regis pro defensione grangie Puteolorum contra dominum Ingerranum de Couchi.	32
1230.	— Quitatio Oudardi Troussel de hiis que clamabat in decimis et terris domini Ade de Baillolo.	352
1230.	— De sex modiis terre et manso apud Crespigni et Cailloue et duobus pratis Apelli que dedit nobis dominus Guido de Chincheni.	366
1231.	— Carta Ludovici regis de violentia nobis facta amovenda per prepositos Roye, Compendii et Petrefontis	314
1231.	— Concessio domini Auberti de Hangest de uno bovario terre inter Waescort et Greuni	453
1231.	— De terra Galteri de Sancto Martino au bus de Sachi.	536
1231.	— De excambio terre Petri de Estrees	428
1232.	— De vinea Galteri Potelet en Rochemont.	174
1232.	— De tribus sextariis vinee en Rochemont.	175
1232.	— Carta comitis Monsteroli et Pontivi de wienagiis	168
1232.	— Legata domini Mathei de Roya.	528
1232.	— De terra et prato Petri Bolongii juxta pontem de Bailli.	351
1232.	— De duabus peciis vinearum et duabus prati in dominio Renaldi de Courtemont.	400

— 607 —

Années.		Pages.
1232.	De calceia de Sempigni	215
1232.	Quitatio Ermengardis de hiis que habebat in territorio de Ailli	340
1232.	Concessio Ermengardis; relicte domini Roberti de Ponte Sancti Medardi, et filiorum ejus de acquisitis in territorio de Ailli	507
1232.	Carta majorisse de Bebericort et liberorum ejus de obolis	144
1232.	De terra Johannis, filii Petri Engoucart, in territorio de Estrees	429
1232.	Carta abbatis Longipontis de terra apud le Bus de Sachi	14
1232.	Concessio Margarete de acquisitis in feodo domini Petri de Estrees	429
1233.	De terra Droardi Dostrevaus in territorio de Balenviler	495
1233.	Elemosina de terris Bartholomei et decani de Thorota	178
1233.	Assignamentum Roberti de Ponte de i modio bladi in decima de Laigni	458
1233.	Carta Ludovici regis pro defensione grangie Puteolorum contra dominum Engerrannum de Couchi	320
1233.	Concessio Thome Daridel de acquisitis in territorio de Baillol et maxime de elemosina Haimerici, majoris de Baillol	353
1233.	Elemosina Lamberti Chardasne de prato suo apud Trachi	548
1234.	Carta comitis Montisfortis infra Conflans	147
1234.	De terragio Renaldi le Martre	506
1234.	De terragio Renaldi le Martre apud Sempigniacum, et de censu suo, etc.	507
1234.	De terris Bartholomei et decani de Thorota	110
1234.	Elemosina domini Radulfi de Turricula de octo bovariis terre apud Linieres pro una capella facienda	358
1234.	De terra domini Symonis de Plaisseto	503
1234.	Concessio domini Gaucheri de Thorota de ii vincis en Machemont	467
1234.	Carta Guidonis Bac de duobus modiis bladi	348
1235.	Elemosina Marie de Susoy de dimidio modii terre ante portam grangie de Lacheni	460
1235.	Reformatio pacis inter nos et Johannem de Tornella de quibusdam terris inter Soicourt et Marohel et Waillu	542
1235.	De terra Petri Boihuers in monte de Bairi	359
1235.	Elemosina Grebondi de Pimprez de duobus sextariis terre ante portam nostram de Lacheni	461
1235.	De terra Hugonis de Porkerencourt et concessio ejusdem Symonis de Vauceles	563
1235.	Carta Johanne, comitisse Flandrie, de pedagiis	164
1236.	De vinea Huberti Piedoie	34
1236.	De vincis Wiardi de Marisi ad vadum de Palie en Comtesse	496
1236.	Elemosina domini Petri de Hameviler de garbis	451
1236.	De vinea Gerardi sita in loco qui dicitur Comtesse	496
1236.	Concessio domini Radulphi, castellani Corbeic, de donis domini Petri, avi mei	414
1236.	De quinque modiatis nemoris Drogonis Moricani	83
1236.	Compositio de pasturagiis de Lacheni, Carmeia, et Arborea	98
1236.	Concessio de pasturagiis	99
1237.	Elemosina Aelidis Langue de novem sextariis terre in territorio de Lacheni	459
1237.	Concessio domini Renaldi de Courtemont de pressorio et de duobus essinis terre acquirendis in dominio	499
1237.	Concessio domini Petri de Faveroles et Thome de Margival et Colardi de Vaucesis de eodem	496

— 608 —

Années.		Pages.
1237.	— Elemosina domini Guidonis de Chincheni de sex modiatis terre apud Cailloue	367
1238.	— Carta Jacobi, episcopi Suessionensis, de excambio vinee in tribus peciis Thierrici et Johannis in valle Radulfi.	260
1238.	— Concessio Radulfi de Montmartin de terra domini Gerardi de Montmartin sita super molendinum d'Espermont pro xii denariis census	479
1238.	— Quitatio domini Odonis de Liencort de elemosina Renaldi de Camp Ulle	488
1238.	— Concessio domini Florencii de villa de terra Frogeri de Chiri juxta pratum nostrum in Caisiex	498
1238.	— Concessio domini Florencii de Villa de terra Frogeri de Chiri juxta pratum nostrum in Caisiex	567
1238.	— Carta abbatis S. Leodegarii de decima de Nancel.	28
1238.	— Carta abbatis Frigidimontis de pitancia conventus ejusdem loci	10
1238.	— De molendino de Arnele.	71
1238.	— Capitulum Noviomense de terris Ursicampi.	86
1238.	— Carta Capituli de Thorota de terris Petri cognomine Alexandri et Theobaldi Martiaus apud Thorotam.	110
1238.	— Compositio inter nos et canonicos Noviomenses de usagio pascuarum.	97
1238.	— De terra et terragio Simonis de Drailaincourt.	415
1238.	— Excambium inter nos et ecclesiam sancti Arnulphi de Crespi de terris, campartis et decimis.	380
1238.	— Excambium domini Radulfi Ponsteatere, capellani Roiensis.	439
1238.	— Elemosina domini Godefridi militis de Bretigni de xx modiis bladi ad usus porte	494
1239.	— Elemosina Nicholai Caoursin de molinis de v. essinis terre site au Suchoi et Beeloi.	481
1239.	— De feodo domini Petri et terris de Balenviler	428
1239.	— De xi Jornalibus et iii virgis terre domini Petri de Primiaus inter Fraisnoi et Greuni, et concessio B. Ducis de Goiencort pro xxxiii denariis census	431
1239.	— De uno modio bladi in grangia de Diva	420
1239.	— Elemosina domini Johannis de Villa de uno modio bladi capiendo in censibus de Nigella in festo omnium sanctorum.	568
1239.	— De xx sextariatis terre, quatuor caponibus et uno quarterio frumenti apud Oistre que nobis legavit magister Robertus de Sancto Quintino	493
1239.	— Carta capituli Roiensis de excambio domini Lamberti capellani.	444
1239.	— Concessio domini Petri dicti Wignon de Goiencourt de uno bovario terre xxiiii virgis minus in valle de Goiencort, quem vendidit Radulfus de Chanle, gener ejus.	443
1239.	— Excambium domini Lamberti, capellani ecclesie Royensis. Cyrographum capituli.	116
1240.	— De elemosinis Haude dicte La Vaignarde de Cui	550
1240.	— De quodam terragio domini Reginaldi, castellani Couchiaci.	121
1240.	— Concessio domini Nivelonis et Johannis de Maucrues de rebus Colardi de Montigny de acquisitis.	474
1241.	— De terris Gierbodi de Primpres, au bus de Longueval, et vii sextariatis xii virgis minus.	512
1241.	— De xx solidis census Johannis de Bosco, canonici Suessionensis, quos debet pro bosco de Oisemont.	493
1241.	— De x sextariis terre, duobus caponibus et uno denario, tribus sextariis frumenti et xii apud Salenchi et Franceli, de elemosina natri R. de Sancto Quintino	433
1241	— De censu in quadam terra inter Chiri et Passel, quem quitavit Albertus de Ponte Episcopi Petro, majori, de Chiri.	392

Années.		Pages.
1241.	— Concessio domini Petri de Villaris de vinea sita in loco qui dicitur Comitissa	497
1241.	— Littere Ludovici regis ad omnes ballivos et prepositos, ut firmiter teneant et teneri faciant litteras Ludovici regis, patris ejus, de justitia nobis facienda	323
1241.	— Compositio inter nos et moniales de Monchi	19
1241.	— De duobus sextariis frumenti Petri, qui dicitur Presbiter, apud Noviomum.	490
1241.	— Quitatio Petri de Naancel de jure quod habebat in nemore juxta viam d'Orgiere et in alneto apud Bellum Fontem	48
1241.	— Carta abbatis Frigidimontis, de censibus apud Legniacum, Bellum Puteum, Ressons, de centum et x solidis redditus	8
1241.	— De xx solidis redditus Ressons	9
1241.	— De vineis Ysabelle Le Plastriere	14
1241.	— Elemosina Nicholai de Montegni de domo sua cum orto, vinea et alneto, etc.	474
1242.	— Concessio domini Odardi de Bernaile de quibusdam campartis in territorio de Warnaviler.	388
1242.	— De xi jornalibus terre domini Johannis Broiart, in territorio de Setfours	542
1242.	— De elemosina quam fecit Maria de Meso episcopi ecclesie beate Marie Ursicampi.	489
1242.	— Concessio Huardi et Rudulphi de legato Stephani de Pargnant.	163
1243.	— Compositio inter nos et majorem nostrum de Rouviler	530
1243.	— De transverso per aquam apud Compendium	31
1243.	— De terragio Johannis Louveth in quadam terra subtus Hairimont	498
1243.	— De transverso per aquam apud Compendium	31
1243.	— Episcopus Belvacensis quitat nobis omnia que habemus in dominio suo de Casteneto.	183
1243.	— De terra domini Petri Sarrasin inter molendinum de Lovet et Bethencourt.	465
1243.	— De duobus modiis bladi apud Fai domine Aclidis de Magni et domini Petri, filii sui.	127
1243.	— De feodo domini Johannis de Loecort apud Cremeri, scilicet de quarta garba quam habebat in sex jornaliis terre in diversis locis. — Item de uno mencoldo bladi et ii denariis et i capone census	378
1243.	— Concessio domini Radulfi de Kierriu de eodem.	379
1243.	— Confirmatio capituli Belvacensis de rebus nostris de Castaneto.	85
1244.	— Compositio inter nos et homines de Nancel et de Novavilla de pascuis in nemoribus nostris.	485
1244.	— Elemosina domini Petri de Lier de tribus modiis frumenti in molendino de Lier	462
1244.	— Venditio Guidonis de Erblencourt de terra inter Nancel et haiam castellani de Couchi.	483
1244.	— Transcriptum de pedagiis de Avesnes. Istud privilegium est apud Fusniacum	346
1245.	— De vinea Michaelis Clerici de Pommiers desuper pressorium Longipontis	506
1245.	— Compositio inter nos et canonicos Sancti Bartholomei Noviomensis de muro domus nostre apud Noviomum.	23
1245.	— Carta domini Radulfi de Couci de Wienagio.	406
1246.	— De uno bovario terre Philippi Rosee xxiiii virgis minus in territorio de Estalons	426
1246.	— De terris domini Radulfi de Drailincort et Radulfi, filii domini Gilonis, subtus veterem montem	466
1246.	— De eodem.	515
1246.	— Excambium Willelmi Muideble de i modio terre juxta mariscum de Arborea pro i denario census pro quatuor modiis bladi quos nobis debebat	419
1246.	— De terra Willelmi Muideble, que vocatur li cans Soibert	455
1246.	— De prato Henrici Bae in essartis de Primpres. Item de quatuor sextariis et i mencoldo terre ad alnetum Gerardi Leprosi	508

— 610 —

Années.		Pages.
1246.	Elemosina Ogeri de Suisoi de domo et vineis	544
1247.	Concessio domini Mathei de Roia ut possimus carricare et animalia nostra ducere per vias Poiterie	460
1247.	De elemosina Bartholomei et Burne de Chiri in terris	390
1247.	De elemosina Bartholomei et Burne de Chiri in terris in loco qui dicitur ultra le Biez . .	510
1247.	De terra Marie de Vi, super villam de Beri.	359
1247.	De viginti quinque solidis annui redditus Gerardi de Atrio de Couduno.	396
1248.	Elemosina domini Godefridi de Villa de uno modio bladi super terram quam tenet de domino Nigellensi pro anniversario suo faciendo	567
1248.	De duobus solidis census quos dedit nobis dominus Radulfus de Lacheni, singulis annis, in festo sancti Remigii, pro terra Veteris Masure	460
1248.	Ludovici regis confirmatio donationum Godefridi de Britiniaco.	321
1248.	Confirmatio Ludovici regis de eodem, sub eodem numero, ad usus porte	495
1248.	Carta comitis Suessionensis de pedagiis et elemosina factis et faciendis	168
1248.	De duobus bovariis terre Petri de Mabaricourt apud Estalons	427
1248.	Elemosina Johannis Jouvart de Greuni de vIII jornalibus terre apud Haiseroles et retro domum Warini Ducis.	440
1248.	De vII jornalibus terre xIII virgis minus Goberti de Kikeri, inter Greuni et Roiam . . .	440
1248.	Concessio domini Petri de Vi de vineis domini Anselmi et de acquirendis in territorio de Martimont et de Charlet	471
1248.	Compositio inter dominum Petrum Sarrasin et Gierbodium de Primpres de quodam prato de Casiex pro quo nobis debentur sex denarii census	513
1249.	Compositio inter nos et communiam Compendii de minagio.	411
1249.	De elemosina domini Johannis de Offemont de x libris apud Thorotam	551
1249.	Concessio domini Radulfi de Anneel de terra Radulfi de Drailincort sita in territorio de Cambronne	375
1249.	Elemosina Renaldi de Bosco de censu vII denariorum et quatuor essinorum terre	363
1249.	Venditio Johannis le Cat de Roya de xI jornalibus terre et xxxvI virgis inter Roiam et Greuni	441
1249.	Dominus Reginaldus concedit acquisita in feodo suo	121
1250.	Confirmatio domini Galcheri de Fraisnoy de vinea Ade de Giausi en Atoumieres inter Montigni et le Casteler et Courtiex.	403
1250.	Concessio Johannis de Thorota de x libris pro conventu capiendis in minuta castellania Noviomensi	131
1250.	Elemosina Henrici de Ruella de vinea de Sommiers apud Chevincort, infirmitorio pauperum.	380
1250.	Quitatio domini Johannis Wagnart de Villa de quinque sextariis tam bladi quam avene super terra que dicitur as Praiaus, pro tribus solidis census.	566
1251.	Carta capituli sancti Petri in parvisio Suessionensi de vinea Stephani de Parvagnant, sita ad fossam Wilardi	103
1251.	De vinea en Cleuleu quam emit Colardus de Montigni ad usus infirmitorii pauperum . .	403
1251.	De dimidia modiata terre Henrici Bae au sau Beton, xvI virgis minus.	508
1251.	Compositio inter nos et dominum Wermondum, Noviomensem episcopum, super justicia ville et chemini ac territorii de Sempigni, ac confirmatio ejusdem compositionis per reginam Blancam	261
1251.	De domo parisiensi	161

Années.		Pages.
1251.	— Compositio inter nos et Wermundum, episcopum Noviomensem, de pasnagio nemorum et caccia absque incisione, et aliis.	227
1251.	— Carta Wermondi, Noviomensis episcopi, de transitu in Esga silva.	264
1252.	— Excambium Guidonis, castellani Corbie, de terragiis et nemore in Poiteria communie	413
1252.	— De octodecim sextariis nemoris domini Petri Sarrasin in territorio de Drailincurte	416
1253.	— Concessio Adam de Trachi de campiparto Evrardi Bouchard et de censu duorum denariorum.	559
1254.	— Nec possumus evocari ad judicium per ordinariam juridictionem, nec suspendi seu excommunicari nec interdici absque mandato sedis apostolice speciali.	304
1254.	— Privilegium de prato ultra pontem et de nemore Esga et possessionibus quibusdam apud Suessionem sitis.	302
1254.	— Privilegium Alexandri pape de domo et rebus Belvacensis decani	303
1254.	— Privilegium ejusdem de vineis de Bari	302
1254.	— Elemosina de tribus modiis bladi capiendis in molendino de Cressonessart	382
1254.	— De prato ultra pontem privilegium.	302
1254.	— Privilegium Alexandri pape exclusam et diversa prata nobis confirmans.	304
1254.	— Carta Ludivici regis confirmativa	315
1254.	— De terra et censu Johannis de Bairi, et de acquirendis et excolendis terris alienis in dominio suo.	360
1254.	— De terra, vinea et sex solidis censualibus Radulfi de Castello et Marie de Thorota in territorio de Louvet.	557
1254.	— Quitatio domini Reginaldi de Vignemont de uno modio bladi	565
1255.	— De pedagiis in terra castellani de Couchi, et concessio ejusdem de hiis que habemus in dominio ejus et de pascuis	122
1255.	— Quitatio domine Ysabelle de Lagni et Johannis de Argies, filii ejus, de jure quod habebant in xxxiii sestariis terre in territorio de Laigni.	457
1255.	— Elemosina domini Gaucheri de Thorota de octo libris in Ponte episcopi et de terragiis	130
1255.	— De muro domus Ursicampi apud Noviomum.	24
1255.	— Elemosina domini Johannis de Drailincourt de xii sextariatis terre Outrebies pro conventu.	417
1255.	— Concessio Johannis, castellani Noviomensis.	417
1255.	— Concessio castellani Noviomensis	120
1255.	— Concessio Renaldi, castellani de Couchi, de elemosina Helvidis de Amblegni	483
1255.	— Elemosina Ivonis, majoris de Rouviler, et uxoris ejus de quatuor minis terre	534
1256.	— Excambium inter nos et dominum Symonem de Claromonte, dominum Nigellensem. Confirmatio Ludovici regis de eodem pro xii pitanciis.	486
1256.	— De prato Arnulphi piscatoris de Primprez inter Bailli et Primpres.	450
1256.	— De una sextariata terre Gerardi piscatoris de Primpres, in eodem territorio.	514
1256.	— Concessio domini Gaucheri de Fraisnoi de acquisitis et acquirendis in territoriis de Montigni et de Courtius	401
1256.	— Concessio Droardi de Ressons le Lonc et Heluis, matris ejus, de acquisitis et acquirendis in territorio de Courtiex et de Montigni	403
1256.	— De quatuor essinis terre in essartis de Primprez en Largiere, quam vendidit Beatridis Quaillete de consensu Aelidis et Osmondi de Baalli.	517
1256.	— Carta Wermondi, Noviomensis episcopi, de compositione inter nos et canonicos sancti Bartholomei	257
1256.	— Ne teneamur alicui clerico impensione pecuniaria providere per litteras a sede apostolica impetratas	306

Années.		Pages.
1256.	— De domo nostra Compendii ad Ambianensem et Attrebatensem episcopos contra abbatem Compendii	312
1256.	— De prato Arnulphi piscatoris de Primpres inter Baalli et Primprez	509
1257.	— Elemosina Frogeri de Chiri de terris, prato, quatuor solidis censns et quatuor caponibus capiendis super hostisiis de Passel	389
1257.	— De quinque falcatis prati Johannis Taisson et Willelmi, majoris de Primpres, in eodem territorio juxta pratum portarii et pratum Milonis	511
1257.	— De octo modiis frumenti domini Roberti de Ribercort quos redemit Wermondus episcopus.	258
1257.	— De prato Agnetis Boudarde, uxoris Oudardi piscatoris de Primprez, inter Primprez et Bailli	349
1257.	— De uno essino vince Symonis, filii Agathe de Monnevoisin, in territorio de Courtiex et de Banru	402
1257.	— De terra et prato Thome tabernarii et Hessie, uxoris ejus, inter Primpres et Balli . . .	514
1257.	— De prato Geroudi de Primpres sito inter Baalli et Primpres.	510
1257.	— De prato Agnetis Boudarde, uxoris Oudardi piscatoris de Primpres, inter Primpres et Bailli.	511
1257.	— De tribus mencoldatis terre Roberti Hemart et Colaie, uxoris ejus, et Ysabellis, sororis dicti R. . . . . . in territorio de Bailli.	351
1257.	— De vinea Margarete de Ruella et Wiberti, filii ejus, in territorio domini Galcheri de Courtiex	535
1257.	— Excambium supra dicti G. de 1 modio bladi et domini Ade, amite sue, pro quatuor jornalibus nemoris juxta Poiteriam	414
1257.	— Confirmatio cujusdam vince apud Suessionem quam nobis dedit Odo, Tusculanensis episcopus.	307
1257.	— Quitatio domini Radulfi de Courtemont de hiis que habebat apud Coperville, excepta justitia et pluribus aliis rebus que sibi debentur	401
1257.	— Venditio Ysabelle le Lombarde et Hervei, mariti sui, de censibus quos habebant ex excadentia Heluidis de Amblegni, et elemosina dicte Heluidis de tertia parte dictorum censuum apud Noviomum.	490
1257.	— De quadam domo contigua domui nostre Parisiensi, pro qua debetur domui Dei Parisiensi triginta solidorum singulis annis census.	272
1258.	— Domini Egidii de Warchies de 11 modiis frumenti capiendis pro elemosina dominorum de Tornella	570
1258.	— Carta de tribus minis terre quas nobis vendit Petrus Tassel de Bello Puteo.	361
1258.	— De xv falcatis prati in territorio de Trachi domini Ansoldi d'Offemont	548
1258.	— Littere Ludovici regis ad omnes prepositos et baillivos Francie de justicia nobis exhibenda sub pena c. solidorum quamdiu distulerint	319
1258.	— Elemosina domicelle Marie de Trachi de 11 denariis census pro ouchia Colardi Clerici et de acquisitis et acquirendis in parochia de Montigni	547
1258.	— Quitatio de decima quam habebant in terra Johannis de Rouviler.	72
1258.	— Transcriptum Ludovici regis de confirmatione omnium bonorum nostrorum.	318
1258.	— Excambium domini Auberti de Rouviler de x minis bladi quas habebat in grangia de Warnaviler	532
1258.	— Excambium Roberti, filii domini Auberti de Rouviler, de hiis que habebat in duo jornalibus terre ad crucem Lescachier.	533
1258.	— Item. Excambium ejusdem R. . . . . de x minis terre site ad essartum Huelin	534

Années.		Pages.
1258.	— De Manerio Gonfridi de Passel, ad opus porte	499
1258.	— Elemosina Petri, majoris de Foillocl, de i modio frumenti in grangia ejus de Foilloel	435
1258.	— De camera quam habet abbas Ursicampi in Cystercio	3
1258.	— De camera et stabulo Alberippe	7
1259.	— Compositio inter nos et hospitale sancti Johannis Noviomensis super censu domus Heluidis de Amb!egni	274
1259.	— Vendagium Florencii Waignart de xii virgis terre et duabus sextariatis in territorio de Diva, au Perroiel	418
1259.	— Excambium Roberti de Rouviler, armigeri, et concessio Roberti Auberti Manasseri de eodem.	532
1259.	— De vinea domini Petri Thayn, et ii minatis terre	376
1259.	— Excambium Johannis Caumai et Stephani, filii ejus, et aliorum de aqua, prato et oseria in cauda de Graveroles	392
1259.	— Concessio Ade Jauzy de v sextariis terre et dimidio in territorio de Thorota.	456
1259.	— Elemosina Martini, majoris de Plaisseto, de duobus jornalibus nemoris.	461
1259.	— De tribus modiis bladi abbatisse Sancti Johannis in bosco apud Erreuses	78
1260.	— De quatuor libris quas nobis annuatim debet Symon, castellanus de Couci, pro haia domini R........ castellani de Couci	123
1260.	— Littere Theobaldi, regis Navarre, de annuo redditu xx librarum Turonensium apud Pruvi......, annis singulis in portagio suo capiendarum in nundinis sancti Aigulfi . . .	156
1260.	— Concessio d ~ini Johannis de Couduno de elemosina avi sui xl solidorum annui redditus pro pitai.	397
1260.	— Vendagium Johannis Hanon de Chiri de xii denariis et i capone census super quodam manerio juxta Molendinum de Passel	499
1260.	— Venditio Dyonisii de Caigni sex denariorum census et unius caponis super quodam manerio sito juxta Molendinum de Passel.	500
1260.	— Vendagium Ade, uxoris Petri Goillart, de i manerio sito juxta Molendinum de Passel .	501
1260.	— De duobus modiis prebistero de Pimpres	79
1260.	— Excambium Renaldi dou Plaissie de xxvii jornalibus terre pro aliis xxviii jornalibus in territorio de Greuni	432
1260.	— Vendagium Florentii Waignart de quinque sextariatis terre et quatuor virgis in territorio de Diva, in loco qui dicitur au Pruel	420
1260.	— Venditio Thome Bosquet de una falcata prati et dimidia sita retro Passel	501
1260.	— Concessio Rainoldi de Antolio de terris Remigii et Iteri fratrum Ursicampi ante grangiam de porta	343
1261.	— Concessio monasterii B. Dyonisii in territorio de Erreuses	39
1261.	— Concessio Ingerranni de Couchi de terragio lx aissinorum terre domini Raudulfi, castellani de Couchi, et de iii libris quas nobis annuatim debet Symon, castellanus de Couci, supra censu de Nancel, et de acquisitis in territorio de Bairi, et de quitatione juris in quibusdam nemoribus nostris	124
1261.	— Concessio Petri Colart de Bienviler de xi minis terre domini Petri Thaicus	363
1261.	— Concessio demini Gaucheri de Fraisnois, militis, census et dominii domus Colardi Clerici et Balduini Permentarii	430
1262.	— Venditio Emeline Furnarie de medietate cujusdam vince site ubi dicitur en Prouvacourt .	502
1262.	— Ne liceat alicui bona nostra invadere, detinere, infestare, et de hoc conservatio ad omnes prelatos, et de hiis qui in nos manus injecerint	310

Années.		Pages.
1262.	— De vinea de Guni que dicitur clausum sancti Pauli, quam vendidit dominus de Offemon.	449
1262.	— Carta de elemosina quam fecit Godardus, dictus Lupus, de Choisi	410
1263.	— Concessio domini abbatis Ursicampi de maneriis de Mommaques non convertendo nisi in usus porte	478
1263.	— Elemosina Emmeline, quondam uxoris Petri Resquinies, de omnibus que habebat apud Mommaques.	477
1263.	— De quibusdam peciis terre quas abbas Egidius vendidit portario	17
1263.	— Carta officialis Noviomensis quod neptis Hellini Maria de Manessies et Ysabella neptis sua dederunt duos mencoldos terre in essartis	468
1263.	— Concessio domini Johannis de Ferieres de quibusdam pascuis in territorio de Ferieres et de Foilloel	436
1263.	— Quitatio Radulfi de Guignieres de xi minis terre sitis ou Sauchoi	394
1264.	— Testamentum Ysabelle, domine de Abbecort, nulli tradendum sed in perpetuum apud Ursicampum custodiendum	335
1264.	— Carta officialis Noviomensis	359
1264.	— De xl solidis parisiensibus quos dedit nobis annuatim dominus Petrus d'Estrees, miles, super transversum de Ressons	524
1264.	— Carta Johannis de Betencourt es Vaus de elemosina perpetua trium modiorum frumenti quam dedit Balduinus, frater ejusdem, ecclesie Ursicampi	354
1265.	— Confirmatio castellane Roye et domine de Tricchoc de domo nostra apud Royam, et quod ibi libere vinum possumus vendere	147
1265.	— De animalibus nostris in nemoribus de Morican	88
1265.	— De duabus domibus	105
1265.	— Elemosina Johannis de Genvri, scutiferi, de decem modiis bladi annui redditus . . .	368
1265.	— Confirmatio castellani Royensis de domo nostra Roye, et quod ibi vinum vendere possumus.	146
1265.	— De domo que fuit Warini	106
1265.	— Concessio domini Renaldi de Crespegni, militis, quod possumus acquirere sub ipso . . .	367
1266.	— Confirmatio Ade de Insula, armigeri, de octo minis nemoris sitis in nemore de Favieres, quos vendidit nobis Henricus Gales de Sachi Magno	537
1266.	— Concessio domini Johannis Poket, militis, de xx et octo solidis et tribus denariis censns quos emimus a Johanne Hanele de Primpres.	516
1266.	— De quatuor falcatis prati sitis en Outrebiez et sex sextariatis terre sitis ou buz de Longueval quas emimus a Johanne Hanele de Primprez	517
1266.	— Concessio episcopi Noviomensis, quod mutatio mensurarum apud Noviomum nullum prejudicium faciat nobis	258
1266.	— Concessio episcopi et capituli Noviomensis quod possumus acquirere n sextarios terre subtus boucam de Dyva usque ad pontem qui est ante portam nostram	261
1266.	— Concessio domini Ingerranni de Couchi de terragio et de iii libris que nobis debentur apud Nancel et de acquisitis in territorio de Bairi et pluribus aliis.	407
1266.	— De haya que incipit a cruce Herouart et durat usque ad nemus domini Johannis de Boucherre, quam emimus a domino Ingerranno de Couciaco, et de fimo quod fiet in domo nostra de Gombautliu, quomodo dividatur inter nos et homines ipsius Ingerranni.	409
1266.	— Excambium inter nos Wermondum, episcopum Noviomensem, et capitulum de quibusdam aquis, pratis et terris sitis in diversis locis.	259
1266.	— Littera baillivi Viromandie de pluribus acquisitis in sua baillivia	325

Années.		Pages.
1266.	— Confirmatio domini Nivelonis de Voutiers, militis, de acquisitis et acquirendis in territorio de Banru	352
1266.	— Concessio domini Johannis Poket, militis, de vi sextariatis terre au bus de Longueval et quatuor falcatis prati en Outrebies quas emimus a Johanne Hanele de Primpres . . .	516
1266.	— Confirmatio domini Johannis Poket, militis, de sex sextariis terre et quatuor falcatis prati quas eminus a Johanne Hanele de Primprez.	417
1267.	— Excambium cujusdam vinee inter nos et hospitalariam sancti Vedasti Suessionensis . . .	111
1267.	— Quitatio et confirmatio Henrici, comitis Grandi prati, de domo parisiensi	165
1267.	— Quitatio domini Radulfi de Genvri, militis, de hiis que tenebat a Johanne de Genvri, scutifero, pro legatis a dicto Johanne. — Item venditio ejus de pluribus rebus	368
1267.	— Confirmatio Johannis de Crespegni de quitatione et venditione domini Radulfi de Genvri pro legatis a Johanne de Genvri nobis factis.	369
1267.	— Confirmatio domini Johannis, militis et domini de Laigni, de xxv solidis parisiensibus quos dedit nobis mater ejus, capiendis annuatim super census de Laigni in natali Domini . .	458
1267.	— Concessio decani et capituli de Thorota de terra Godardi dicti Lupi	111
1267.	— Quitatio Symonis de Sancto Sansone de hiis que clamabat in lx minis terre et in octo minis. — Item, concessio ejusdem Symonis de acquirendis in eodem feodo quoquo modo. . .	539
1268.	— Elemosina Marie dicte Lavinee de Noviomo de vii sextariatis terre in territorio de Cui . .	549
1268.	— Excambium Johannis de Bailli de decem sextariis terre pro duobus modiis bladi, quos nobis debebat idem Johannes	349
1268.	— Concessio Mathei de Vi, armigeri, de acquirendis in territoriis de Martimont et Charlet . .	472
1268.	— Quitatio Johannis, majoris de Crespegni, de majoria quam habebat in terris de Cailloue et omni alio jure	370
1268.	— Confirmatio domini Symonis, fratris dicti Renaldi, de haia juxta Nancel quam vendidit frater suus	122
1268.	— De haia quam emimus a Reginaldo, domino de Nancel	122
1269.	— De dimidio modio bladi quem nobis vendidit Johannes, major de Crespegni, annuatim capiendo in loco qui dicitur vallis des Rues	371
1269.	— Confirmatio Ade de Insula de omnibus que acquisieramus sub ipso anno domini m° cc° sexagesimo nono	537
1269.	— Elemosina Philippi Paillart de domo et curtillo apud Passel.	503
1269.	— Recognitio abbatis sancti Crispini majoris, Suessionensis, quod injuste petunt terras, masuras et domos infra ambitum domus de Montigni	27
1269.	— De una falcata prati quam emimus ab Oudardo piscatore de Primprez	578
1270.	— Venditio Johannis Roussel, armigeri, de Susoy, de duobus solidis et duobus caponibus censualibus super quandam domum apud Passel	502
1270.	— Confirmatio Wermondi, Noviomensis episcopi	263
1270.	— De pace reformata inter nos et priorem Sancti Leodegarii in Bosco de quadam via . . .	285
1270.	— Concessio et confirmatio Ludovici, regis Francorum, de Campasnier cum omnibus appendiciis suis	318
1270.	— Concessio Droardi de Cortiex de acquisitis et acquirendis in territoriis de Cortiex et de Montigni	404
1270.	— Concessio domicelle Agnetis, uxoris dicti Drouardi, de eodem	405
1270.	— De quibusdam peciis terre et prati excambiatis et emptis cum Symone Aubourc et Symone Quoquelet in territorio de Primpres	519

Années.		Pages.
1270.	— Recognitio et concessio Bernaldi de Plaisseto de elemosina domine Agnetis, matris sue, de uno modio frumenti annui redditus ad mensuram Noviomensem capiendum apud Conchi.	394
1270.	— De concordia inter nos abbatem et conventum Longipontis super domo nostra de Montigni.	12
1270.	— Concessio capituli beati Florencii Roiensis, de duabus domibus domui nostre de Roia contiguis.	105
1271.	— Elemosina domini Auberti de Markateglize de dimidio modio bladi	375
1271.	— De una mencoldata terre site es vaus apud Rumegni.	735
1271.	— Elemosina Petri de Remin de x libris annui redditus apud Drailincort capiendis.	418
1271.	— Carta Wermondi, episcopi Noviomensis, de eodem et de justitia in eisdem.	226
1271.	— Concessio Wermondi, Noviomensis episcopi, de ponte faciendo in domo nostra de Passel et perpetuo retinendo, et de terra Roberti Fouache	265
1271.	— Carta Wermondi, Noviomensis episcopi, de terra Roberti dicti Fouache au Fraisne Bredel.	265
1271.	— Concessio Stephani de Cuffies de quadam vinea.	112
1271.	— Concessio Stephani de Cufies de vinea excambii inter nos et hospitalarium sancti Vedasti.	340
1271.	— Elemosina Petri, majoris de Chiri senioris, et Berte, uxoris ejus, de quadam terra sita inter Chiri et Passel in campo qui dicitur Gloriete	393
1272.	— Confirmatio Guillelmi militis, domini de Martimont, de quadam petia vinee empte a Theobaldo de Pontengueron, pro qua debetur ei obolus censualis.	472
1272.	— Elemosina Marie le Rousse de Chiri de quodam manerio apud Chiri et vi sextaris terre, vinee, prati, in territorio de Chiri in diversis locis.	390
1272.	— Elemosina Gaucheri, castellani Noviomi, de decem libris annui redditus capiendis super transversum Thorote	132
1272.	— Elemosina domini Ansoldi de Offemont, militis, de centum solidis parisiensibus annui redditus super tranversum de Thorota. — Concessio regis de eodem.	532
1272.	— Venditio Thome dicti de Vaus de Behericourt et Odeline, uxoris ejus, de tribus mencoldatis terre in loco qui dicitur de sous le Mes in territorio de Cailloue.	372
1272.	— Littera Wermundi de pedagio Sempigniaci	215
1273.	— De I mencoldata terre quam emimus ab abbatissa de Gaudio in territorio de Drailincort.	18
1273.	— Elemosina domini Johannis, presbiteri de Wignies, de quinque vineis, una domo et vii^{xx} libris	569
1273.	— Elemosina Heluidis, relicte Jacobi le Gressier de Ribercort, de sex bustellis terre in territorio de Ribercourt, in loco qui dicitur bus Martin	525
1273.	— Carta officialis Noviomensis quod Emmelina, uxor Jacobi Lombardi, dedit I mencoldum terre in essartis	468
1273.	— De domo de Cailloue quam emimus a Petro de Meso de Cailloue.	373
1274.	— Confirmatio Johannis de Buchi, armigeri, de tribus modiis bladi capiendis supra terram suam de Roy le grant	527
1274.	— Elemosina domini Florencii de Varesnes de septies viginti libris parisiensibus pro quibus abbas noster tenetur dare annuatim x libras parisienses ad emendum allectia pro conventu supra solitum cursum.	560
1275.	— De molendino dicto Hubelet	74
1275.	— Procuratio prioris sancti Leodegarii in bosco.	73
1275.	— Confirmatio inter nos de quibusdam vineis et terris.	30
1275.	— De tribus falcatis prati emptis a Johanne dicto Taisson de Primpres	520
1275.	— Confirmatio Petri de Sancto Albino, armigeri, de tribus pichetis vinee sitis apud Machemont, scilicet Grain dor et Eureuse	538

Années.		Pages.
1276.	— Transcriptum de uno modio frumenti sub sigillo curie Noviomensis	362
1276.	— De uno modio bladi super totam terram domini de Belloramo	362
1276.	— Ne liceat alicui pretextu alicujus consuetudinis bona nostra occupare, vadiare seu etiam detinere	308
1276.	— Carta Philippi regis de amortizatione bonorum nostrorum, et cum ista est littera baillivi Viromandie in qua loca exprimuntur et acquisita.	321
1276.	— Excambium inter nos et dominum Radulfum dictum Flamenc de Kauni de quadam pecia terre pro duabus peciis aliis ad Carmeiam	561
1276.	— De demi mui de ble seur le molin de Blerancourt	364
1276.	— Elemosina Hugonis de Thorota de terris ad usum porte et monasterii. Item census xv soli-. dorum super duas domos.	555
1276.	— De quindecim solidis census	556
1276.	— De centum et decem libris parisiensibus et xiii solidis et vii denariis quos debemus apud sanctum Dyonisium, in perpetuum, annuatim	381
1277.	— Elemosina domini Johannis de Buchi, militis, de ij modiis bladi annui redditus pro pitancia capiendis supra terram de Hombleus.	527
1277.	— Carta regis Philippi de hiis que habebamus in baillivia Sylvanectensi a xxx annis et intra.	322
1277.	— De terris et blado assignatis portario pro hiis que magister Robertus de Sancto Quintino dederat ad portam.	16
1277.	— De chamera et stabulo equorum abbatis Ursicampi in abbatia Longivadi.	14
1278.	— De duobus modiis bladi in grangia de Deniscourt	422
1278.	— In ista littera recognoscit Guido, episcopus Noviomensis, quod nullum jus clamare potest in domo nostra quam ei infra clausuram monasterii nostri accomodavimus	246
1279.	— De elemosina magistri Roberti de Sancto Quintino	4
1279.	— Compositio inter nos et monachos Sancti Eligii fontis de molendino nostro de Campasnier.	43
1280.	— Excambium inter nos et fratres domus Dei de Roya quarumdam terrarum et censuum et concessio capituli Royensis de eodem	272
1280.	— Carta Philippi regis de acquisitione trium denariorum super domam nostram Parisiis	322
1280.	— Recognitio Symonis, clerici episcopi Noviomensis, sub sigillo baillivi Viromandensis, de arrestatione piscium nostrorum absque voluntate episcopi	84
1280.	— Excambium quarumdam terrarum et censuum inter nos et fratres domus Dei de Roya et concessio capituli Royensis de eodem	107
1280.	— Elemosina Agnetis, uxoris Balduini de Furnival, et filiorum ejus de hiis que habebant in territorio Gornaci et Fusnivile, in terra, in aqua et pascuis, pro vij modiis frumenti census	446
1281.	— Carta Philippi regis confirmans privilegia Ursicampi	320
1281.	— De domo nostra Parisiense. — Concessio fratrum domus Dei et Capituli beate Marie Parisiensis de amortisatione	101
1281.	— De c solidis supra transverso Thorote	132
1281.	— Thorote castellani testamentum	551
1282.	— Littera domini regis de sentencia lata contra nos, data per copiam pro garda de Warnaviler pertinente ad dominum Claromontensem	159
1282.	— Carta Guidonis, episcopi Noviomensis, de decem libris annui redditus	311
1282.	— Elemosina Philippi dicti Paillart de iiij^{xx} virgis terre pro porta	504
1283.	— Carta Philippi regis de pedagiis et theloneis tam per terram nostram quam per aquam.	323

Années.		Pages.
1283.	— De duabus falcatis prati apud Ribercourt	525
1284.	— Ordinatio inter nos et Petrum de Sarmaises quod animalia nostra possunt pasturare in vacuis in territorio de Oresmiex	540
1284.	— Amortizatio regis Philippi de pluribus rebus versus Thorotam.	327
1284.	— Confirmations monseigneur Florent de Potes, soigneur d'Abecourt, de che que nous avons achatet à monseigneur d'Offemont a Bethencort es vaus, a Oingne et a Abecort. . . .	321
1284.	— Concessio domini Balduini Ducis de Goiencort de excambio terre Albrici filii Tenardi de Roia.	444
1284.	— Elemosina domicelle Beatridis de Roinsoi et Willelmi, mariti sui, de x libris apud Nigellam.	526
1284.	— Carta Philippi regis de venditione Ansoldi de Offemonte.	329
1284.	— De ce que li sires de Offemont nous vendi a Abbecort, a Bethencort, es vaus de Oingne, quanque il i avoit et pooit avoir.	332
1284.	— Compositio inter nos et Guidonem, episcopum Noviomensem, de diversis articulis, scilicet de le cache de connins et dun por de motes et wasons et aliis	211
1285.	— Carta domini Bernardi de Pleissi, domini de Conchy, de tribus modiis bladi redditus, scilicet i. apud Crapoutmaisnil et i. apud Conchi	377
1285.	— Elemosina Symonis de Pronveroy et Emeline, uxoris, de xxv minatis terre et iii^{or} arpentis prati et ii solidis et vi denariis census.	521
1285.	— Carta abbatis Ursicampi, de emptis a domino de Offemont apud Bethencourt, Oingne et Abbecourt	1
1285.	— Abbatis Ursicampi compositio cum abbate Regalis montis de terris magistri Roberti Sarrasin.	6
1285.	— Quod Johannes de Bailli dedit nobis xviii sesteriatas terre in territorio de Bailli, inter nemus suum et nostrum.	348
1285.	— Elemosina Symonis de Pronveroy de decem minatis terre	522
1285.	— Elemosina Symonis de Pronveroi de masura apud Novam villam	523
1286.	— Quitatio comitis Clarimontis de emendatione pro custodia grangie de Warnaviler, pro V. C. libris Turonensibus.	160
1286.	— Excambium cum Egidia, uxore Hanequin de Quarrepuis, armigeri	442
1287.	— De quodam manerio nostro apud Trachi.	447
1287.	— Elemosina Petri de Fontainnes de uno modio bladi super terragia de Blerencourt . . .	364
1287.	— Concessio domini Johannis de Hangest de iii jornalibus et lxv virgis terre site in valle de le bataille	452
1287.	— De tribus modiis bladi in molendino de Cressonessart	387
1289.	— De quatuor libris super transverso Thorote	552
1289.	— De centum solidis redditus ad pitanciam de elemosina Johannis Belvacensis, domini de Cainne.	365
1289.	— Quitatio domini Radulfi Flamenc de terra de Wacscourt et elemosina ejusdem de duobus bovariis terre.	564
1289.	— Concessio Johannis, castellani Noviomi et Thorote, de elemosina domini Philippi de Vignemont, scilicet de camparto quod habebat in omnibus terris quas colebamus ad jus ipsius pertinentibus, et de camparto terrarum illarum quas homines Gornaci colebant. — Item de i. carrucata terre versus Antolium et managio in eadem terra	445
1290.	— De domo Wermondi de Boisseria, canonici Noviomensis ecclesie, apud Passel . . .	509
1290.	— De censu et jure sive justitia domus nostre de Cailloue quam acquisivimus.	374
1290.	— Elemosina Almarrici de transverso de Conflans	398
1290.	— De pedagiis per castellaniam Thorote.	146
1290.	— Concessio Stephani, Noviomensis episcopi.	146

Années.		Pages.
1293.	— Elemosina Bertandi molendinarii et Agnetis, uxoris ejus, de decem minis terre in territorio Noveville regis quod dicitur terra de Goda	488
1293.	— Elemosina domini de Offemont de xx libris parisiensibus annuatim supra transversum de Thorota	553
1293.	— Littera Guidonis	215
1293.	— Recognitio domini Auberti de Caumenchon de uno modio frumenti, annis singulis	377
1295.	— De uno modio bladi super terram de Ramecourt quod nobis debet Johannes de Ramecourt, armiger, singulis annis, et vii modiis pro arreragiis	523
1295.	— Carta Stephani, Noviomensis episcopi, de prato domini Mathei	233
1296.	— Confirmatio capituli Noviomensis de eodem	214
1296.	— Excambium inter nos et dominum Guidonem, episcopum Noviomensem, de hostisiis seu masuris de Sempigni ad hostisias seu masuras apud Cailloel	213
1298.	— Li testamens Jehan de Bailli	348
1298.	— De duobus modiis frumenti apud Crimeri capiendis	379
1298.	— Carta decani Roye de censu apud Royam	108
1298.	— De censibus Huon le Cat sub sigillo Baillivie	109
1298.	— Carta Drogonis de Cressonessart de nemore retro grangiam et terram apud Trois Estos	385
1299.	— Compositio inter nos et dominum Symonem, Noviomensem episcopum, de diversis articulis	254
1299.	— Carta Jacobi, Suessionensis episcopi, de vinea Emeline de Paris	267
1299.	— De una modiata terre in territorio de Thorota, inter molendinum de Louvet et Thorota	554
1299.	— Concessio domini Guidonis de Foillouel de portu de Condran et amortizatione, i. modii frumenti, et assanciis unius prati. — Item littera uxoris de eodem annexa	397
1300.	— De domo nostra quam tenet R.... Faukes apud Greuni per xl solidos annui et perpetui redditus.	441
1300.	— Excambium de domo juxta portam nostram	26
1300.	— Excambium de pluribus apud Noviomum inter nos et monachos Sancti Eligii Noviomensis.	26
1300.	— Procuratio pro littera immediate supra scripta	47
1300.	— De uno modio frumenti domini Gilonis de Plaisseio capiendo apud Couchi	376
1300.	— Confirmatio a Johanne de Herchiu	60
1301.	— De quibusdam peciis terre in loco ubi dicitur en Chastel-Ernaut, pro quo debentur nobis vii denarii census pro quolibet assino	338
1301.	— De domo apud Noyon	39
1301.	— De xiii sols de seurcens que Bauduins du Val de Liencort doit a le Chandeler	463
1301.	— Carta Philippi regis de capella beati Ludovici in Ursicampo	316
1301.	— Elemosina Petri dicti Remuse de terragio et censu quod habebat in duabus peciis terre site in territorio de Audignecourt	337
1303.	— De vinea que fuit Johannis dicti Clerici de Thorota sita inter Thorotam et Machemont.	467
1304.	— Compositio inter nos de pasturagiis in Lesga	92
1304.	— Elemosina Johannis de Manessies de v sextariis terre, et terragio in septem sextariis terre.	469
1304.	— De treze essins de ble et vii davaine que Gautiers Burdins nous laissa tous les ans a penre a Jauzi	455
1304.	— De diversis articulis, scilicet de justicia et hostisiis de Lacheny, Arborea, et pastura in Lisga.	88
1304.	— Compositio inter nos et Templarios de decimis terrarum in territorio de Chiri et domo apud Passel	330
1304.	— Carta Andree, Noviomensis episcopi, quod per litteram nobis missam ullum prejudicium nobis generetur	102

Années.		Pages.
1304.	— Compositio erga monachos Sancti Medardi Suessionensis de diversis articulis.	56
1305.	— Concessio Bertaudi armigeri de Troly	470
1305.	— Compositio inter nos et dominum de Hangest de campartis terrarum in diversis locis	453
1305.	— Confirmationes privilegiorum Ursicampi in forma sequenti videlicet Honorii, Urbani, Gregorii, Clementis III, Martini, Nicholai III. Bonifacii privilegia	309
1305.	— Carta domini Roberti de Cosduno de pedagiis per Jehanville et per totam terram suam,	395
1305.	— Compromissum de censibus apud Lacheni	90
1306.	— De domo nostra apud Trachi	546
1306.	— Concessio Johannis de Manessies de elemosina patris sui Johannis, armigeri.	470
1306.	— Compositio inter nos et abbatem et conventum sancti Cornelii Compendiensis de transverso aque et de pasturagiis ville de Mares.	32
1308.	— Concordia super excommunicatione lata ab episcopo et officiali Noviomensibus in nos, quod propter hoc prejudicium nobis non generetur.	193
1309.	— Compositio inter nos et episcopum Noviomensem Andream super diversis articulis	195
1309.	— De domo nostra apud Peronam pro octo libris parisiensibus in festo sancti Remigii.	279
1309.	— Compromissum inter nos et Andream, episcopum Noviomensem, super temporalibus controversis	194
1310.	— De decem modiis bladi capiendis apud Cailloel pro pitancia conventus	7
1310.	— Carta domiselle Marie de Betencourt de tribus modiis frumenti accipiendis apud Bethencourt es Vaus.	355
1310.	— Compositio inter nos et villam Compendii de transverso Compendii.	412
1311.	— De duobus sextariis bladi et dimidio annui redditus quos nobis debet Petrus de Flavi ad mensuram Nigellensem	430
1311.	— Carta Philippi regis confirmans donationem	315
1311.	— Que li Borgnes de Cramailles amortist toutes les vignes et terres que nous avons ou terroir de Vile	565
1311.	— Elemosina Balduini de Roy de viginti libris redditus pro conventu et sacrista Ursicampi.	15
1312.	— Compositio inter nos et dominum Andream, episcopum Noviomensem, factam per magistros Johannem de Gaissart et Johannem Wastel, cantorem Noviomensem, super diversis articulis.	198
1312.	— Confirmatio abbatis Cluniacensis de domo in villa Perone	280
1313.	— De Puteolis. — Concordia inter S. Medardum et Ursicampum.	60
1325.	— De festivitate conversionis sancti Pauli	312
1372.	— Carta Egidii, Noviomensis episcopi, de non prejudicio.	245
1417.	— Concessio usus pontificalium.	313
1496.	— Quomodo Guillelmus, episcopus Noviomensis, recognoscit non habere jus placita tenendi, ordines sacros celebrandi, chrisma faciendi, etc., in monaterio Ursicampi	271

FINIS.

Amiens. — LEMER Aîné, Imprimeur-Libraire, place Périgord, 3.

www.ingramcontent.com/pod-product-compliance
Lightning Source LLC
Chambersburg PA
CBHW051326230426
43668CB00010B/1156